DIREITO ADMINISTRATIVO

ESQUEMATIZADO®

Histórico da Obra

■ **1.ª edição:** jan./2018; 2.ª tir., jun./2018; 3.ª tir., set./2018

Celso Spitzcovsky
Mestre em Direito do Estado pela PUC-SP

DIREITO ADMINISTRATIVO

ESQUEMATIZADO®

Coordenador
Pedro Lenza

1ª edição
3ª tiragem
2018

saraiva jur

ISBN 978-85-472-2130-0

DADOS INTERNACIONAIS DE CATALOGAÇÃO NA PUBLICAÇÃO (CIP)
ANGÉLICA ILACQUA CRB-8/7057

Spitzcovsky, Celso

Direito administrativo esquematizado® / Celso Spitzcovsky. – São Paulo : Saraiva Educação, 2018.
(Coleção esquematizado® / coordenador Pedro Lenza)

1. Direito administrativo – Brasil I. Título II. Lenza, Pedro III. Série.

17-0983 CDU 342.9(81)

Índice para catálogo sistemático:

1. Brasil : Direito administrativo 342.9(81)

Av. das Nações Unidas, 7.221, 1º andar, Setor B
Pinheiros – São Paulo – SP – CEP 05425-902

SAC
0800-0117875
De 2ª a 6ª, das 8h às 18h
www.editorasaraiva.com.br/contato

Data de fechamento da edição: 19-12-2017

Dúvidas? Acesse www.editorasaraiva.com.br/direito

CL 603781 CAE 622626

MENSAGEM DE PAIS PARA FILHO

Começamos a te amar antes mesmo de você nascer.

Será homem? Ou será mulher?

No futuro, será médico?

Engenheiro?

Advogado talvez?

Sim, tornou-se advogado.

Dedicou-se à carreira universitária e ao magistério, e passou a produzir cada vez mais.

Temos orgulho de você, filho.

Te amamos muito.

Obrigado pelo que você é.

Queremos estar presentes com nosso carinho em todos os momentos importantes da sua vida, como esse.

AGRADECIMENTOS

Aos meus pais, não só pela oportunidade da vida, mas também por terem me ensinado os valores para enfrentá-la.

A você, Sil, maior prova de que o verdadeiro amor é eterno.

A você, Debi, por ter iluminado nossas vidas com sua alegria contagiante.

Às minhas irmãs e aos meus cunhados e sobrinhos, pelo convívio fraterno.

Às tias Nilce e Nininha e à minha sogra, Dorothy, pessoas queridas de muitas jornadas, por tudo o que me ensinaram.

Ao Professor Damásio de Jesus, pelo incentivo constante e pelos exemplos de retidão, lealdade e perseverança, inspirando todos que com ele convivem.

Aos advogados e amigos Murilo Sechieri Costa Neves, Fábio Nilson Soares de Moraes, Felipe Mello de Almeida e Marcos Seixas Franco do Amaral.

Ao advogado e amigo João Antonio Bezinelli Neto, pela ajuda inestimável na realização deste trabalho.

À advogada e amiga Marisa Germano Bortolin, pela ajuda importante na elaboração da obra, com sugestões de texto e pesquisa doutrinária e jurisprudencial.

Aos estudantes Iraê Tabajara da Cruz e Fernando Henrique Anadão Leandrin, cuja amizade o tempo não vai apagar.

Aos estudantes Daniel Dantas Guimarães de Oliveira e Kátia Alves de Lira Santos, pelo auxílio na elaboração desta obra.

A todos os funcionários do Complexo Jurídico Damásio de Jesus, por todo o apoio que sempre me ofereceram.

Um especial agradecimento ao amigo Pedro Lenza, pela confiança depositada para a elaboração desta obra.

A Leda, com todo o meu carinho, pelo exemplo que deixou e pela saudade que ficará para sempre (*in memoriam*).

METODOLOGIA ESQUEMATIZADO®

Durante o ano de 1999, pensando, naquele primeiro momento, nos alunos que prestariam o exame da OAB, resolvemos criar uma **metodologia** de estudo que tivesse linguagem "fácil" e, ao mesmo tempo, oferecesse o conteúdo necessário à preparação para provas e concursos.

O trabalho foi batizado como ***Direito constitucional esquematizado®***. Em nosso sentir, surgia ali uma metodologia **pioneira**, idealizada com base em nossa experiência no magistério e buscando, sempre, otimizar a preparação dos alunos.

A metodologia se materializou nos seguintes "pilares":

- **esquematizado®**: a parte teórica é apresentada de forma objetiva, dividida em vários itens e subitens e em parágrafos curtos. Essa estrutura revolucionária rapidamente ganhou a preferência dos concurseiros;
- **superatualizado**: doutrina, legislação e jurisprudência em sintonia com as grandes tendências da atualidade e na linha dos concursos públicos de todo o País;
- **linguagem clara**: a exposição fácil e direta, a leitura dinâmica e estimulante trazem a sensação de que o autor está "conversando" com o leitor;
- **palavras-chave (*keywords*)**: os destaques na cor azul possibilitam a leitura "panorâmica" da página, facilitando a fixação dos principais conceitos. O realce colorido recai sobre os termos que o leitor certamente grifaria com a sua caneta marca-texto;
- **recursos gráficos**: esquemas, tabelas e gráficos favorecem a assimilação e a memorização dos principais temas;
- **questões resolvidas**: ao final de cada capítulo, o assunto é ilustrado com questões de concursos ou elaboradas pelos próprios autores, o que permite conhecer as matérias mais cobradas e também checar o aprendizado.

Depois de muitos anos de **aprimoramento**, o trabalho passou a atingir tanto os candidatos ao **Exame de Ordem** quanto todos aqueles que enfrentam os concursos em geral, sejam das **áreas jurídica** ou **não jurídica**, de **nível superior** ou mesmo os de **nível médio**, assim como os **alunos de graduação** e demais **profissionais**.

Ada Pellegrini Grinover, sem dúvida, anteviu, naquele tempo, a evolução do *Esquematizado®*. Segundo a Professora escreveu em 1999, "a obra destina-se, declaradamente, aos candidatos às provas de concursos públicos e aos alunos de graduação, e, por isso mesmo, após cada capítulo, o autor insere questões para aplicação da parte teórica. Mas será útil também aos operadores do direito mais experientes, como fonte de consulta rápida e imediata, por oferecer grande número de informações buscadas em diversos autores, apontando as posições predominantes na doutrina, sem eximir-se de criticar algumas delas e de trazer sua própria contribuição. Da leitura amena surge um livro 'fácil', sem ser reducionista, mas que revela, ao contrário, um grande poder de síntese, difícil de encontrar mesmo em obras de autores mais maduros, sobretudo no campo do direito".

Atendendo ao apelo de "concurseiros" de todo o País, sempre com o apoio incondicional da Editora Saraiva, convidamos professores das principais matérias exigidas nos concursos públicos das *áreas jurídica* e *não jurídica* para compor a **Coleção Esquematizado®**.

Metodologia pioneira, vitoriosa, consagrada, testada e aprovada. **Professores** com larga experiência na área dos concursos públicos. Estrutura, apoio, profissionalismo e *know-how* da **Editora Saraiva**. Sem dúvida, ingredientes indispensáveis para o sucesso da nossa empreitada!

Para o **direito administrativo**, tivemos a honra de contar com o primoroso trabalho de **Celso Spitzcovsky,** que soube, com maestria, aplicar a **metodologia Esquematizado®** à sua vasta e reconhecida trajetória profissional.

Mestre em direito do estado pela PUC-SP, professor de direito administrativo e eleitoral no Damásio Educacional com larga experiência, advogado militante na área de direito constitucional, administrativo e eleitoral, Celso, sem dúvida, foi o nome mais que certo para essa importante e estratégica matéria.

O Professor Damásio, com precisão, bem observa que este livro "supera a sua função didática para apesentar ao Advogado, Juiz, Promotor, enfim, a todos os militantes da atividade administrativa, conhecimentos precisos e atualizados".

Todas essas qualidades são reforçadas pela relação pessoal que temos com o autor e que está simbolizada em uma pessoa: *Leda Pereira Mota*, a grande responsável por este sonho que começou com o NOSSO Esquematizado® e hoje está ampliado e fortificado na vitoriosa Coleção.

Leda, com a sua generosidade inigualável, despertou o amor pela docência em muitos, e, sem dúvida, essas lições estão refletidas neste primoroso trabalho, que reflete a experiência de uma vida. Afinal, conforme dissemos, são muitos anos lecionando a matéria e, também, atuando profissionalmente como advogado, o que, sem dúvida, aproxima a teoria e a prática!

Não temos dúvida de que este livro contribuirá para "encurtar" o caminho do ilustre e "guerreiro" concurseiro na busca do "sonho dourado"!

Esperamos que a **Coleção Esquematizado®** cumpra o seu papel. Em constante parceria, estamos juntos e aguardamos suas críticas e sugestões.

Sucesso a todos!

Pedro Lenza

Mestre e Doutor pela USP

pedrolenza@terra.com.br

https://twitter.com/pedrolenza

http://instagram.com/pedrolenza

http://www.periscope.tv/pedrolenza

https://www.facebook.com/pedrolenza

https://www.youtube.com/pedrolenza

saraiva jur http://www.saraivajur.com.br/esquematizado

PREFÁCIO

Celso Spitzcovsky, além de professor de Direito Constitucional e Administrativo na Universidade Paulista (Unip) e na Pontifícia Universidade Católica de São Paulo (PUC-SP), é um dos mais competentes e respeitados Mestres do Curso do Professor Damásio, integrante do Complexo Jurídico Damásio de Jesus, em São Paulo. Inteiramente devotado à causa do ensino da Ciência Jurídica, exerce com efetivo sucesso sua missão de transmitir todos os temas relacionados ao Direito Administrativo.

Em *Direito Administrativo Esquematizado®*, Celso Spitzcovsky vai além de sua pretensão didática. Abordando os pontos de modo objetivo e direto, esmera-se em oferecer ao leitor aquilo que ele necessita saber no dia a dia da prática administrativa. O resultado é precioso: um livro que supera a sua função didática para apresentar ao Advogado, Juiz, Promotor, enfim, a todos os militantes da atividade administrativa, conhecimentos precisos e atualizados. Advogado atuante, Spitzcovsky sabe muito bem o que é importante em Direito Administrativo, expondo-o com esmero e atualidade.

Damásio de Jesus

NOTA DO AUTOR À 1ª EDIÇÃO

O objetivo que nos levou a desenvolver este trabalho prendeu-se à necessidade de elaborar uma obra que pudesse abordar de maneira mais compacta os diversos pontos do programa de Direito Administrativo.

Nesse sentido, em momento algum foi nossa intenção desenvolver um trabalho que trouxesse significativas inovações em relação às demais obras elaboradas por autores de fôlego, há muito reconhecidas pela comunidade jurídica.

Ao revés, procuramos enfrentar o desafio didático de passar em revista, ainda que sucintamente, os principais aspectos do Direito Administrativo, analisando os pontos essenciais por meio de uma abordagem direta.

Nesse contexto, procuramos nos deter mais naqueles temas considerados polêmicos, oferecendo ao leitor as posições defendidas pela nossa melhor doutrina e também aquelas teses que têm prevalecido em nossos Tribunais.

Entre outros aspectos, procuramos trazer uma quantidade maior de aportes em relação aos seguintes temas:

a) necessidade ou não de motivação de todos os atos administrativos;

b) possibilidade ou não de convalidação dos atos administrativos;

c) existência ou não em nosso ordenamento jurídico dos decretos autônomos;

d) possibilidade ou não de se conferirem prerrogativas processuais e tributárias para todas as empresas públicas e sociedades de economia mista em vista das regras constitucionais, em especial aquelas trazidas pela EC n. 19/98;

e) implicações decorrentes das “cláusulas exorbitantes” nos contratos administrativos;

f) implicações e limites de aplicação da denominada “teoria da imprevisão” nos contratos administrativos;

g) perfil da responsabilidade do Estado em nosso ordenamento jurídico (objetiva ou subjetiva, possibilidade de denunciação da lide aos agentes públicos, de ingressar com ação diretamente contra o agente etc.);

h) problemas envolvendo o perfil da retrocessão e seus desdobramentos em razão das prescrições do Código Civil de 2002 e do Decreto-lei n. 3.365/41.

Em todos eles, procuramos oferecer ao leitor uma ideia geral do posicionamento doutrinário e jurisprudencial, sem nos furtarmos a emitir nossa opinião a respeito.

Para facilitar a análise desses temas, procuramos inserir no conteúdo do próprio texto esses excertos e também os dispositivos pertinentes, evitando, assim, as notas de rodapé, tudo na tentativa de melhor situar o leitor.

Outrossim, para efeitos didáticos, incluímos no final de cada capítulo quadros sinóticos, bem como questões de concursos relacionadas ao tema abordado.

Celso Spitzcovsky

Mestre em Direito do Estado pela PUC-SP

celsospitzcovsky@uol.com.br

https://www.facebook.com/profcelsospitzcovsky

SUMÁRIO

1

REGIME JURÍDICO ADMINISTRATIVO

1.1. FUNÇÃO ADMINISTRATIVA — DEFINIÇÃO

Inquestionavelmente, para que se possa compreender o **Direito Administrativo**, o primeiro passo a ser dado é detectar as regras componentes do seu **regime jurídico**.

Não se pode, com efeito, perder de vista que os **interesses** envolvendo a atuação do **Poder Público** são diametralmente **opostos àqueles** que norteiam as **atividades** desenvolvidas pelos **particulares**.

Nesse sentido, a primeira ideia importante a ser registrada é aquela segundo a qual **toda** a **atividade** desenvolvida pelo **Poder Público** tem por objetivo **representar** os **interesses** de **terceiros**, vale dizer, os da **coletividade**.

É essa, aliás, a noção de **função administrativa**, tão bem captada pelo administrativista **Celso Antônio Bandeira de Mello**, como se verifica do excerto a seguir colacionado:

> "Tem-se função apenas quando alguém está assujeitado ao dever de buscar, no interesse de outrem, o atendimento de certa finalidade (...).
>
> Onde há função, pelo contrário, não há autonomia da vontade, nem a liberdade em que se expressa, nem a autodeterminação da finalidade a ser buscada, nem a procura de interesses próprios, pessoais.
>
> Há a discrição a uma finalidade previamente estabelecida, e, no caso de função pública, há submissão da vontade ao escopo pré-traçado na Constituição ou na lei e há o dever de bem curar o interesse alheio, que, no caso, é o interesse público; vale dizer, da coletividade como um todo, e não da entidade governamental em si mesma considerada"[1].

O conceito de função, de tamanha importância para determinar o **regime jurídico** que envolve a Administração, encontra suporte no **art. 1º da CF**, em especial no **conceito de República**, vale dizer, *Res publica*, que, do latim, significa **coisa pública**.

---

[1] MELLO, Celso Antônio Bandeira de. *Curso de direito administrativo*. 11. ed. São Paulo: Malheiros, 1999, p. 56-57.

Isto porque, se desde a Constituição de 1891 o Brasil se apresenta como uma **República** cuja **titularidade do poder** foi entregue ao **povo**, apresenta-se como consequência lógica o fato de a Administração ter como finalidade única atuar para representar o titular do poder, que é o povo.

Nesse sentido, pode-se afirmar que o único **objetivo** a ser perseguido pela **Administração** é a preservação dos **interesses da coletividade**, apresentando-se ela como gestora dos interesses desta, mesma conclusão que se extrai como consequência da previsão estabelecida no mesmo art. 1º, segundo a qual o Brasil se apresenta como uma democracia, vale dizer, governo do povo.

Nesse particular, vale o registro de que o **povo** exerce a **titularidade** do **poder** a ele conferido de forma direta (sem nenhum tipo de intermediário, quando se fala em **democracia direta**), ou por intermédio de representantes eleitos, quando se trabalha com o conceito de **democracia representativa**.

Dentro desse contexto, apenas para efeito de registro, cumpre salientar que os **instrumentos** que viabilizam a chamada **democracia direta** encontram-se relacionados no art. 14 da Constituição, podendo ser assim sumariados:

- sufrágio;
- voto;
- plebiscito;
- referendo;
- iniciativa popular de leis.

De outra parte, em relação à chamada **democracia representativa**, vale destacar as **condições** de **elegibilidade** relacionadas no **art. 14, § 3º, da Constituição**, a seguir descritas:

> **Art. 14.** (...)
> § 3º São condições de elegibilidade, na forma da lei:
> I — a nacionalidade brasileira;
> II — o pleno exercício dos direitos políticos;
> III — o alistamento eleitoral;
> IV — o domicílio eleitoral na circunscrição;
> V — a filiação partidária;
> VI — a idade mínima de:
> *a)* trinta e cinco anos para Presidente e Vice-Presidente da República e Senador;
> *b)* trinta anos para Governador e Vice-Governador de Estado e do Distrito Federal;
> *c)* vinte e um anos para Deputado Federal, Deputado Estadual ou Distrital, Prefeito, Vice-Prefeito e juiz de paz;
> *d)* dezoito anos para Vereador.

Ainda é preciso destacar as chamadas **hipóteses de inelegibilidade**, também conhecidas como direitos políticos negativos, relacionadas, de forma exemplificativa, no **art. 14, §§ 4º a 8º, da CF:**

Art. 14. (...)

§ 4º São inelegíveis os inalistáveis e os analfabetos.

§ 5º O Presidente da República, os Governadores de Estado e do Distrito Federal, os Prefeitos e quem os houver sucedido, ou substituído no curso dos mandatos poderão ser reeleitos para um único período subsequente.

§ 6º Para concorrerem a outros cargos, o Presidente da República, os Governadores de Estado e do Distrito Federal e os Prefeitos devem renunciar aos respectivos mandatos até seis meses antes do pleito.

§ 7º São inelegíveis, no território de jurisdição do titular, o cônjuge e os parentes consanguíneos ou afins, até o segundo grau ou por adoção, do Presidente da República, de Governador de Estado ou Território, do Distrito Federal, de Prefeito ou de quem os haja substituído dentro dos seis meses anteriores ao pleito, salvo se já titular de mandato eletivo e candidato à reeleição.

§ 8º O militar alistável é elegível, atendidas as seguintes condições:

I — se contar menos de dez anos de serviço, deverá afastar-se da atividade;

II — se contar mais de dez anos de serviço, será agregado pela autoridade superior e, se eleito, passará automaticamente, no ato da diplomação, para a inatividade.

De qualquer forma, em razão de todo o exposto, reitera-se a conclusão segundo a qual, apresentando-se o **povo** como **titular** do **poder** do papel atribuído ao **administrador**, é este o **simples gestor** dos seus interesses, justificando-se a tese segundo a qual **só poderá atuar** para a **preservação** dos **interesses** da **coletividade**, expressão também conhecida por interesse público primário.

■ 1.2. DIREITOS E DEVERES DA ADMINISTRAÇÃO

Atingida essa primeira conclusão, ela irá nos conduzir, como desdobramento lógico, a outra constatação, segundo a qual:

Por força desses **interesses representados** pela **Administração** quando atua, a ela o ordenamento jurídico confere direitos, vantagens, **prerrogativas**, mas também **deveres** e obrigações que não se estendem aos particulares.

Assim, tem-se que esses **direitos** e **obrigações** não são atribuídos ao **Poder Público** gratuitamente, mas em decorrência do **interesse público** que está sendo por ele representado.

A título de exemplo, podem-se mencionar os **atributos** conferidos aos **atos administrativos**, vale dizer, a presunção de **legitimidade**, **autoexecutoriedade** e **imperatividade**.

Como se percebe, os **atributos** oferecidos aos atos praticados pela **Administração**, que serão mais bem analisados em momento oportuno, não se estendem àqueles praticados pelos particulares, traduzindo-se em vantagens conferidas por força dos **interesses** que **representa** quando atua.

Entre os poderes a ela atribuídos, pode-se destacar o **poder de polícia**, como se verá melhor em capítulo próprio, que possibilita a **restrição** de **direitos** a terceiros sem representar qualquer sorte de ilegalidade.

O mesmo ocorre no campo dos **contratos administrativos**, no qual ao **Poder Público** são conferidas prerrogativas que o colocam em posição diferenciada em relação aos particulares a ele relacionados, recebendo a denominação de "cláusulas exorbitantes".

Outra situação digna de registro para exemplificar à perfeição o que se está a dizer refere-se aos meios de intervenção na propriedade, em relação aos quais a Administração, de modo unilateral, em vista dos interesses que representa, tem a possibilidade de impor comportamentos aos particulares.

Assim ocorre nas questões envolvendo **procedimentos expropriatórios**, nas quais, em vista do **interesse público**, a Administração tem a perspectiva de excepcionar direitos previstos na Constituição, como o direito de propriedade.

Aliás, o mesmo se verifica em relação aos demais meios de intervenção, como a **limitação administrativa**, a **servidão administrativa**, a **ocupação**, a **requisição**, o **tombamento**, por meio dos quais o **Poder Público** pode nos impor restrições ao direito de propriedade constitucionalmente assegurado, ainda que nenhuma ilegalidade tenha sido praticada.

De outra parte, cumpre agora registrar que, por força do mesmo **interesse público**, o ordenamento jurídico atribui à Administração **obrigações** e **deveres** que não se estendem aos particulares.

Por exemplo, se um particular pretender contratar funcionários para compor os quadros de sua empresa ou mesmo se pretender contratar algum serviço, não precisará cumprir maiores formalidades, pois, afinal, estará defendendo seus próprios interesses, seu próprio patrimônio.

O mesmo não se verifica em se tratando da **Administração Pública**, por força do **interesse** da **coletividade**, que deve ser preservado.

Dessa forma, exige o ordenamento jurídico, respectivamente, que sejam abertos concursos públicos e licitações para assim serem contratados aqueles que, de modo impessoal, obtiverem melhores resultados ou apresentarem as propostas mais vantajosas nos termos estabelecidos no edital.

Em face do exposto, portanto, pode-se repetir, uma vez mais, que toda a **atividade administrativa** é regida por um **conjunto** específico de **regras** em vista dos **interesses** por ela **representados** nos momentos em que atua. Assim, pode-se concluir que a esse **conjunto** de **regras** no qual estão incluídas as **vantagens** e as **obrigações** a serem seguidas pela **Administração** dá-se o nome de **regime jurídico** administrativo.

Dentro desse contexto, inequívoca a conclusão segundo a qual a **Administração**, ao se **afastar** desta **finalidade única** que deve perseguir, incide em **desvio** de **finalidade** que surge como uma forma de **ilegalidade** passível, pois, de apreciação pelo Poder Judiciário.

Dessa forma, tendo em vista os elementos até aqui desenvolvidos, em especial a finalidade única a ser perseguida pela Administração, pode-se sintetizá-los da seguinte forma:

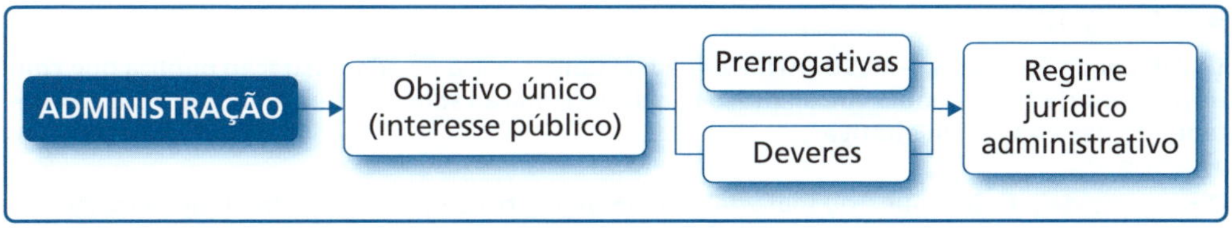

Em outras palavras, importante anotar que o **controle** feito pelo **Judiciário** em relação aos atos da **Administração** é, tão somente, de **legalidade**, com o oferecimento de contraditório e ampla defesa em homenagem à cláusula do **devido processo legal**, a teor do disposto no art. 5º, LV, da Constituição Federal.

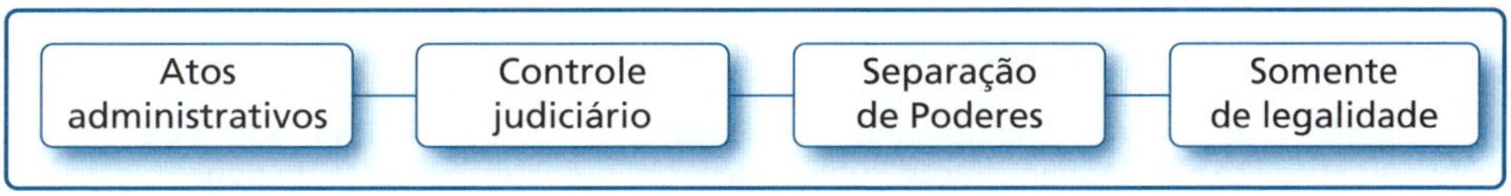

Nesse particular, oportuna a referência à criação, em 2009, por meio da Lei federal n. 12.153, dos denominados Juizados Especiais da Fazenda Pública.

Por derradeiro, importante anotar a diferença entre regime jurídico administrativo (conjunto de regras envolvendo direitos e deveres que incide sobre a Administração para a preservação dos interesses da coletividade) e regime jurídico da Administração, que designa os regimes de direito público e privado (este último em caráter excepcional) incidentes sobre a Administração Pública.

■ 1.3. QUADRO SINÓTICO

REGIME JURÍDICO ADMINISTRATIVO	
FUNÇÃO ADMINISTRATIVA	Em toda a atividade desenvolvida pelo Poder Público o objetivo único é a preservação dos interesses da coletividade, também rotulado como interesse público primário.
REFLEXOS	Por força desses interesses representados pela Administração, a ela o ordenamento jurídico confere direitos, vantagens, prerrogativas, mas também deveres e obrigações que não se estendem aos particulares.
DIREITOS DA ADMINISTRAÇÃO	**Exemplos:** ■ poder de polícia; ■ atributos do ato administrativo; ■ cláusulas exorbitantes (contratos administrativos); ■ desapropriação, confisco, requisição.
DEVERES DA ADMINISTRAÇÃO	**Exemplos:** ■ contratação por concurso; ■ abertura de licitação; ■ motivação e publicação dos seus atos.
REGIME JURÍDICO DA ADMINISTRAÇÃO	Conjunto de regras no qual estão incluídas as vantagens e as obrigações a serem seguidas pela Administração para a preservação do interesse público.

1.4. QUESTÕES

1. (Advogado Petrobras — CESGRANRIO — 2012) Contra o ato da administração pública que contrariar enunciado de súmula vinculante, o uso da reclamação somente será admitido após o esgotamento das vias administrativas.

PORQUE

O princípio da jurisdição una ou inafastabilidade do controle jurisdicional não tem aplicação nas causas que envolvem a Administração Pública. Analisando-se as afirmações acima, conclui-se que

a) as duas afirmações são verdadeiras, e a segunda justifica a primeira.
b) as duas afirmações são verdadeiras, e a segunda não justifica a primeira.
c) a primeira afirmação é verdadeira, e a segunda é falsa.
d) a primeira afirmação é falsa, e a segunda é verdadeira.
e) as duas afirmações são falsas.

2. (XIX Concurso Juiz do Trabalho Substituto TRT — 14ª Região — 2013) Acerca dos poderes administrativos, é correto afirmar que:

a) Normas gerais e abstratas editadas pela Administração Pública para a explicitação de conceitos legalmente previstos não são admitidas no Direito Administrativo brasileiro, haja vista a existência de matérias absolutamente reservadas à lei pela Constituição Federal de 1988.
b) São atribuições da Administração Pública, decorrentes exclusivamente do poder hierárquico, delegar atribuições, impor prestação de contas, controlar e avocar atividades dos órgãos subordinados, aplicar sanções disciplinares e editar atos regulamentares.
c) Sobre temática não prevista em lei, o regulamento autônomo de autoria dos chefes do Executivo é válido e está dentro do âmbito do chamado Poder Regulamentar.
d) Encontra-se dentro dos atributos do poder de polícia discricionário o juízo de conveniência e oportunidade, a autoexecutoriedade e a coercibilidade, obedecidos os requisitos da competência, objeto, forma, finalidade e motivo, bem assim os princípios da administração pública, consistentes na legalidade, moralidade, proporcionalidade e vinculação.
e) Não são admitidas no Direito Administrativo brasileiro normas gerais e abstratas editadas pela Administração Pública de forma independente ou autônoma em relação a regras gerais, salvo hipóteses excepcionais previstas necessariamente na Constituição Federal de 1988.

3. (Advogado — IPT — SPProva — VUNESP — 2014) Assinale a alternativa correta.

a) O regime jurídico administrativo é amparado por dois princípios basilares, a supremacia do interesse público e a indisponibilidade do interesse público.
b) O regime jurídico administrativo e o regime jurídico da Administração Pública são expressões sinônimas.
c) A supremacia do interesse público, que orienta o regime jurídico administrativo, é um princípio previsto expressamente na Constituição Federal.
d) O regime jurídico administrativo não contempla qualquer restrição à administração.
e) A Administração Pública é regida exclusivamente pelo regime jurídico administrativo.

4. (Defensor Público — DPE-MS — VUNESP — 2014) A expressão regime jurídico-administrativo é utilizada para designar

a) os regimes de direito público e de direito privado a que pode submeter-se a Administração Pública.
b) o conjunto das prerrogativas e restrições a que está sujeita a Administração Pública e que não se encontram nas relações entre particulares.
c) as restrições a que está sujeita a Administração Pública, sob pena de nulidade do ato administrativo, excluindo-se de seu âmbito as prerrogativas da Administração.
d) as prerrogativas que colocam a Administração Pública em posição de supremacia perante o particular, excluindo-se de seu âmbito as restrições impostas à Administração.

5. (Auditor — FUB — CESPE — 2015) No que concerne ao regime jurídico-administrativo, julgue o item subsequente.

A proteção da confiança, desdobramento do princípio da segurança jurídica, impede a administração de adotar posturas manifestadamente contraditórias, ou seja, externando posicionamento em determinado sentido, para, em seguida, ignorá-lo, frustrando a expectativa dos cidadãos de boa-fé.

( ) Certo ( ) Errado

6. (Auditor — FUB — CESPE — 2015) No que concerne ao regime jurídico-administrativo, julgue o item subsequente.

O princípio da segurança jurídica não se sobrepõe ao da legalidade, devendo os atos administrativos praticados em violação à lei, em todo caso, ser anulados, a qualquer tempo.

( ) Certo ( ) Errado

7. (Procurador Municipal — Bloco I — FUNDATEC — Prefeitura de Porto Alegre-RS — CESPE — 2016) O Regime Jurídico Administrativo decorre de um conjunto de princípios e regras que orientam o desempenho da função administrativa, sempre voltada à concretização dos direitos fundamentais, o verdadeiro interesse público primário. Dentro desse contexto e amparados pela legislação vigente, alguns institutos jurídicos são reveladores desta necessária supremacia do interesse público sobre o interesse privado, ao mesmo tempo que afirmam o poder-dever do Estado de melhorar concretamente a vida das populações mais carentes. A respeito do tema, analise as seguintes assertivas:

I. O princípio da supremacia do interesse público e o da indisponibilidade do interesse público estabelecem prerrogativas e limites ao Estado, sendo a intenção predominante realizar o interesse da coletividade.
II. Da mesma forma que a Administração Pública goza de poderes especiais, exorbitantes do direito comum, pode sofrer restrições em sua atuação que não existem para os particulares.
III. O exercício do poder de polícia e a existência de cláusulas exorbitantes nos contratos administrativos são também demonstrações evidentes da existência do princípio da supremacia do interesse público sobre o interesse privado com respaldo no ordenamento jurídico brasileiro.
IV. O princípio da supremacia do interesse público também é expressamente referido na lei que estabelece normas gerais de Processo Administrativo no Município de Porto Alegre.

Quais estão corretas?

a) Apenas I e II.
b) Apenas III e IV.
c) Apenas I, II e III.
d) Apenas II, III e IV.
e) I, II, III e IV.

8. (Titular de Serviços de Notas e de Registros — TJ-SP — Provimento — VUNESP — 2016) O regime jurídico-administrativo caracteriza-se por

a) priorizar o interesse do governante sobre a vontade dos governados, em proteção às minorias.
b) princípios específicos, como a supremacia e a indisponibilidade do interesse público.
c) um conjunto de normas e princípios próprios de direito público e de direito privado, considerando que a Administração Pública também celebra contratos típicos de direito privado.
d) estabelecer as prioridades da Administração Pública, de acordo com a plataforma política do eleito.

9. (Procurador Municipal — Bloco I — Prefeitura de Porto Alegre-RS — FUNDATEC — 2016) O Regime Jurídico Administrativo decorre de um conjunto de princípios e regras que orientam o desempenho da função administrativa, sempre voltada à concretização dos direitos fundamentais, o verdadeiro interesse público primário. Dentro desse contexto e amparados pela legislação vigente, alguns institutos jurídicos são reveladores desta necessária supremacia do interesse público sobre o interesse privado, ao mesmo tempo que afirmam o poder-dever do Estado de melhorar concretamente a vida das populações mais carentes.

A respeito do tema, analise as seguintes assertivas:

I. O princípio da supremacia do interesse público e o da indisponibilidade do interesse público estabelecem prerrogativas e limites ao Estado, sendo a intenção predominante realizar o interesse da coletividade.
II. Da mesma forma que a Administração Pública goza de poderes especiais, exorbitantes do direito comum, pode sofrer restrições em sua atuação que não existem para os particulares.
III. O exercício do poder de polícia e a existência de cláusulas exorbitantes nos contratos administrativos são também demonstrações evidentes da existência do princípio da supremacia do interesse público sobre o interesse privado com respaldo no ordenamento jurídico brasileiro.
IV. O princípio da supremacia do interesse público também é expressamente referido na lei que estabelece normas gerais de Processo Administrativo no Município de Porto Alegre.

Quais estão corretas?

a) Apenas I e II.
b) Apenas III e IV.
c) Apenas I, II e III.
d) Apenas II, III e IV.
e) I, II, III e IV.

10. (Auditor Fiscal da Receita Federal — TCE-PR — ESAF — 2003) Tratando-se do regime jurídico-administrativo, assinale a afirmativa falsa.

a) Por decorrência do regime jurídico-administrativo não se tolera que o Poder Público celebre acordos judiciais, ainda que benéficos, sem a expressa autorização legislativa.
b) O regime jurídico-administrativo compreende um conjunto de regras e princípios que baliza a atuação do Poder Público, exclusivamente, no exercício de suas funções de realização do interesse público primário.
c) A aplicação do regime jurídico-administrativo autoriza que o Poder Público execute ações de coerção sobre os administrados sem a necessidade de autorização judicial.
d) As relações entre entidades públicas estatais, ainda que de mesmo nível hierárquico, vinculam-se ao regime jurídico-administrativo, a despeito de sua horizontalidade.
e) O regime jurídico-administrativo deve pautar a elaboração de atos normativos administrativos, bem como a execução de atos administrativos e ainda a sua respectiva interpretação.

■ GABARITO ■

1. "c".
2. "e".
3. "a".
4. "b".
5. "certo".
6. "errado".
7. "e".
8. "b".
9. "e".
10. "b".

2

PRINCÍPIOS CONSTITUCIONAIS DA ADMINISTRAÇÃO PÚBLICA

■ 2.1. NOÇÕES GERAIS

Compreendido o conceito de regime jurídico da Administração Pública, o passo seguinte será dissecá-lo, procurando dele extrair as suas regras fundamentais.

Em outras palavras, a compreensão desse **regime jurídico** deverá partir de uma **análise** dos **princípios** que conformam toda a **atividade administrativa**. Isso porque são eles, os princípios, que oferecem coerência e **harmonia** a todo o **ordenamento jurídico**, procurando eliminar lacunas, além de aparentes contradições, razão pela qual toda a interpretação deve ser feita levando em conta o seu conteúdo.

Pode-se dizer, em síntese, que:

Os **princípios** surgem como **parâmetros** para a **interpretação** do conteúdo das demais regras jurídicas, apontando as diretrizes que devem ser seguidas pelos aplicadores da lei.

Em outras palavras, para melhor visualização acerca da importância dessas normas para o Direito Administrativo, tem-se que:

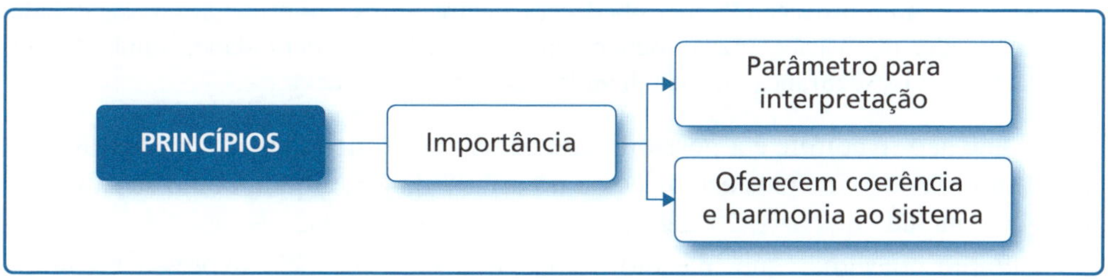

Para o Direito Administrativo, esses princípios estão **localizados** no ***caput*** do **art. 37 da CF:**

> **Art. 37.** A administração pública direta e indireta de qualquer dos Poderes da União, dos Estados, do Distrito Federal e dos Municípios obedecerá aos princípios de legalidade, impessoalidade, moralidade, publicidade e eficiência e, também, ao seguinte: (...).

Trata-se de uma **relação** meramente **exemplificativa**, de um mínimo de regras que deverão ser obrigatoriamente cumpridas quando no exercício de atividades administrativas. Isso porque não se pode descurar da existência de **outros princípios** que, embora **não expressamente previstos** no dispositivo constitucional, de igual sorte, comandam toda a atividade administrativa.

Nesse sentido, podem-se mencionar, a título de exemplo, os princípios da supremacia do interesse público sobre o particular, da motivação dos atos administrativos, da proporcionalidade, da finalidade, que, aliás, podem ser encontrados no art. 111 da Constituição do Estado de São Paulo:

> **Art. 111.** A administração pública direta, indireta ou fundacional, de qualquer dos Poderes do Estado, obedecerá aos princípios de legalidade, impessoalidade, moralidade, publicidade, razoabilidade, finalidade, motivação, interesse público e eficiência.

Como se observa da leitura do dispositivo constitucional extraído da Carta paulista, a relação de princípios prevista no **art. 37 da CF** surge apenas como um conjunto de **regras mínimas** que devem ser seguidas pelo administrador, mas que longe está de esgotar o tema.

Destarte, cada Estado, no exercício do seu poder constituinte derivado decorrente, com fundamento no art. 25 da CF, tem a possibilidade, quando da elaboração de suas Constituições, de acrescentar outros princípios.

A mesma conclusão pode ser adotada para o Distrito Federal e para os Municípios quando da elaboração de suas leis orgânicas, a teor do disposto, respectivamente, nos arts. 32 e 29 da CF, e também para o legislador infraconstitucional.

É o que se verifica, por exemplo, na **Lei n. 9.784/99**, que, ao disciplinar o processo administrativo federal, em seu art. 2º, também acrescentou à relação de **princípios** estabelecida no art. 37 da CF outros, como se verifica da sua redação, a seguir reproduzida:

> **Art. 2º** A Administração Pública obedecerá, dentre outros, aos princípios da legalidade, finalidade, motivação, razoabilidade, proporcionalidade, moralidade, ampla defesa, contraditório, segurança jurídica, interesse público e eficiência.

O que não se admite é a possibilidade de não estar incluída em seus textos a relação mínima de princípios estabelecida no art. 37 da CF, a qual, como se sabe, por força do conteúdo dos arts. 25, 29 e 32, deverá ser observada.

Cumpre consignar que, mesmo se não houvesse previsão expressa nenhuma acerca desses princípios, ainda assim não perderiam eles a condição de **norteadores** de toda a **atividade administrativa** devido aos **interesses** aqui representados, vale dizer, os da **coletividade**.

De se considerar, também, que a previsão dessas regras na Constituição não se limita ao *caput* do art. 37, podendo ser encontrada em outros pontos. Servem de exemplo as previsões do art. 5º, LXXIII (moralidade administrativa); art. 93, IX e X (motivação das decisões judiciais); art. 169 (princípio da eficiência, quando limita os gastos com folha de pessoal), entre outros.

Outro ponto de destaque diz respeito à **abrangência** desses **princípios**, ou seja, quem deve a eles se **submeter**.

A resposta a essa indagação vem oferecida pelo próprio art. 37, em seu *caput*:

> **Art. 37.** A administração pública direta e indireta de qualquer dos Poderes da União, dos Estados, do Distrito Federal e dos Municípios (...).

Como regra geral, estão **submetidas** a eles não só a **Administração Direta** do Estado (composta basicamente de órgãos públicos, tais como Ministérios, Secretarias, Subprefeituras, Administrações Regionais) ou Prefeituras Regionais, mas também as **pessoas jurídicas** encontradas em sua **estrutura indireta**, tais como suas autarquias, fundações, empresas públicas, sociedades de economia mista e, mais recentemente, as agências reguladoras e executivas de **todas as esferas de governo**.

Oportuno registrar também que a aplicabilidade desses princípios recai sobre todas as pessoas integrantes da Administração Pública, independentemente da atividade que estejam desenvolvendo, vale dizer, prestando **serviço público** ou explorando **atividade econômica**.

Com efeito, ainda que estejam em competição com a iniciativa privada, não deixam de integrar a estrutura da Administração Pública, razão pela qual se aplica, de maneira incondicionada, a exigência de concurso para provimento de seus cargos.

Não fosse assim, estar-se-ia conferindo um cheque em branco para os administradores dessas entidades, o que não se justifica, em vista dos interesses por ela representados, vale dizer, os da coletividade.

Em outras palavras, ainda que estejam explorando **atividades econômicas**, continuam **submetidos** aos **princípios** constitucionais balizadores da atividade administrativa nomeados no ***caput*** do **art. 37 da CF:**

> **Art. 37.** A administração pública direta e indireta de qualquer dos Poderes da União, dos Estados, do Distrito Federal e dos Municípios obedecerá aos princípios da legalidade, impessoalidade, moralidade, publicidade e eficiência e, também, ao seguinte: (...).

Assim, em que pese ter a CF preconizado em seu art. 173, § 1º, que as empresas públicas e as sociedades de economia mista que explorem **atividade econômica** devam submeter-se ao mesmo regime jurídico das empresas privadas, isso não as desobriga do **cumprimento** dos **princípios** relacionados no **art. 37** transcrito, situação não alterada pela edição da Lei n. 13.303/2016, que disciplina as empresas públicas e sociedades de economia mista exploradoras de atividade econômica.

Outra, aliás, não foi a conclusão extraída por nossa **doutrina:**

> "Esse princípio, insculpido no art. 37, II, da CF, alcança também as empresas públicas, sociedades de economia mista e outras entidades de que o Estado participe, que explorem atividade econômica. Isso porque a Constituição de 1988 deu a essas entidades um tratamento assemelhado ao das empresas privadas, 'ressalvados os casos previstos nela própria' (art. 173, § 1º, da CF). Ora, entre as 'ressalvadas constitucionais expressas', há

um princípio que alcança não só a Administração direta como a indireta (e nestas obrigatoriamente estão incluídas as sociedades de economia mista e empresas públicas, cf. Dec.-lei 200/1967, alterado pelo Dec.-lei 900/1969), a necessidade de concurso público para admissão de pessoal"[1].

"A conclusão, portanto, é no sentido de que todas as entidades da administração indireta, inclusive empresas públicas e sociedades de economia mista, qualquer que seja o tipo de atividade exercida, sujeitam-se à exigência de concurso público para admissão de pessoal, não apenas no período eleitoral, mas enquanto permanecer em vigor a regra do art. 37, II, da Constituição Federal, que teve evidente intuito moralizador principalmente quando se sabe do procedimento usual da administração pública de admitir pessoal nessas entidades, com maiores salários e sem concurso, para prestação de serviços na administração direta, com flagrante ofensa até ao princípio da isonomia, pois coloca em situação de desigualdade servidores que trabalham lado a lado, no exercício de idênticas atribuições, porém como remuneração diversa"[2].

"Ora, na medida em que institutos de Direito público como os da licitação e do concurso público é que ensejam, por excelência, igualdade de oportunidade a todos os eventuais interessados em celebrar contratos com a Administração Pública, ou em ingressar nos seus quadros de pessoal, a sequência lógica do raciocínio só nos pode levar à conclusão de que as empresas estatais estão obrigadas a realizar concurso público para admissão de pessoal, como regra"[3].

"Dessa forma, as autarquias, empresas públicas ou sociedades de economia mista estão sujeitas à regra que envolve a administração direta, indireta ou fundacional, de qualquer dos poderes da União, dos Estados, do Distrito Federal e dos Municípios. Sociedade de economia mista destinada a explorar atividade econômica está igualmente sujeita a esse princípio, que não colide com o expresso no art. 173, § 1º.
As exceções ao princípio somente existirão com expressa previsão na própria Constituição, sob pena de nulidade.
Assim, apesar de o regime de pessoal das entidades paraestatais ser o mesmo dos empregados de empresas privadas, sujeitos à CLT, às normas acidentárias e à Justiça Trabalhista (CF, art. 114), permanece a obrigatoriedade do postulado do concurso público, mesmo para as empresas que exerçam atividades econômicas, salvo, obviamente, para os cargos ou funções de confiança, por serem instrumento de realização concreta dos princípios constitucionais da isonomia e da impessoalidade.
A regra do concurso público, portanto, consiste em pressuposto de validez da admissão de pessoal não apenas pela administração direta e pelos entes públicos da administração indireta, mas também pelas empresas públicas e sociedades de economia mista, apesar de a previsão do art. 173 da Constituição Federal submetê-los às regras do Direito do Trabalho"[4].

1 MAZZILLI, Hugo Nigro. Concurso público na Administração. *RT*, São Paulo, n. 716, 1995, p. 65.

2 DI PIETRO, Maria Sylvia Zanella. Concurso público na Administração indireta. *RDP*, São Paulo, n. 93, jan.-mar. 1990, p. 132.

3 CAMMAROSANO, Márcio. Admissão de pessoal nas empresas estatais em face da Constituição. *RDP*, São Paulo, n. 91, [19--], p. 40.

4 MORAES, Alexandre de. *Constituição do Brasil interpretada*. São Paulo: Atlas, 2002, p. 828.

> "Evidente, nesta medida, que por meio de uma interpretação *literal* deste dispositivo constitucional parece evidenciada a intenção da nossa lei maior de submeter não só os órgãos da Administração Direta Federal, Estadual, Distrital e Municipal, mas como também *as autarquias, as empresas públicas, as sociedades de economia mista e as fundações estatais ou governamentais* (5) ao princípio do concurso público. (...)
>
> Empresas públicas, sociedades de economia mista e as fundações criadas ou mantidas pelo governo estariam, assim, literalmente subordinadas por este dispositivo ao princípio do concurso público.
>
> Segundo, porque ainda a literalidade do texto constitucional faz referência à exigência de concurso público para a 'investidura em cargo ou *emprego público*'. (...)
>
> Com isso não se coloca como difícil concluir que da mesma forma que a expressão *cargo* utilizada no *caput* do art. 37 da nossa lei maior diz respeito à exigência de concurso público na *Administração direta e nas autarquias*, a expressão emprego diz respeito à exigência de concurso público nas únicas pessoas em que pode vir a se configurar, quais sejam, *as pessoas privadas que integram a Administração Indireta (empresas públicas, as sociedades de economia mista e as fundações estatais ou governamentais de direito privado).*
>
> (...) o princípio do concurso público incide sobre as empresas públicas e as sociedades de economia mista federais, estaduais, distritais e municipais, diante do disposto no inc. II do art. 37 da Constituição da República, independentemente destas serem ou não entidades exploradoras de atividade econômica.
>
> (...)
>
> Diante de todo o exposto, podemos afirmar como principais conclusões deste breve estudo:
>
> I — o princípio do concurso público incide sobre empresas públicas e sociedades de economia mista, não importando se foram criadas ou assumidas com o objetivo de prestarem serviços públicos ou de realizarem a exploração de atividade econômica (art. 37, II, da CF)"[5].

De resto, outra não foi a orientação oferecida por nossa **Suprema Corte**, consoante se verifica dos excertos a seguir colacionados:

> "Sociedade de economia mista destinada a explorar atividade econômica está igualmente sujeita ao princípio do concurso público, que não colide com o expresso no art. 173, § 1º, da CF" (STF, *RTJ* 146/139).

> "Absorção pela administração direta estadual dos empregados de sociedade de economia mista em liquidação: plausibilidade da alegação de afronta ao princípio constitucional do concurso público (CF, art. 37, II): precedentes. O Supremo Tribunal julgou ser o concurso público pressuposto de validez da admissão de pessoal não apenas pela administração direta e pelos entes públicos da administração indireta — ou seja, dos segmentos alcançados pelo regime jurídico único — mas também pelas empresas públicas e sociedades de economia mista, não obstante, por força do art. 173, CF, a sua relação com os respectivos empregados se submeta ao Direito do Trabalho (MS 21.322, Brossard, *RTJ* 146/139)" (STF, *RTJ,* 165/474).

---

[5] CARDOZO, José Eduardo Martins. As empresas públicas e as sociedades de economia mista e o dever de realizar concursos públicos no direito brasileiro. *Jus Navigandi*, Teresina, n. 17, ago. 1997.

Assim, para a **contratação** de contingente humano pelo governo, a abertura de **concurso público**, como regra geral, se impõe, o mesmo se verificando para a **contratação** de **serviços** ou a aquisição e a alienação de bens, que deverão ser precedidas de **licitação**.

Visando facilitar a visualização do conteúdo do *caput* do art. 37 da Constituição, tomando por base as observações até o momento estudadas, apresentamos o seguinte esquema com relação ao destinatário desses princípios:

Ainda em relação a este tema, importante destacar que a Administração Pública, nas quatro esferas de governo, é composta por uma estrutura direta e outra indireta composta por figuras que só podem atuar para a preservação do interesse público, razão pela qual sobre elas incidem os mesmos princípios.

De forma a promover melhor visualização, vejamos o quadro contendo estas figuras:

ADMINISTRAÇÃO DIRETA	ADMINISTRAÇÃO INDIRETA
Órgãos	Pessoas
Ministérios	Autarquias
Secretarias	Fundações
Subprefeituras	Empresas
Administrações Regionais	Sociedades

O esquema apresentado permite visualizar que a **Administração Pública**, nas quatro esferas de governo, é composta por uma **estrutura direta** (onde se encontram **órgãos**) e uma **estrutura indireta** (onde se encontram as **pessoas** jurídicas ali relacionadas).

Dessa maneira, todas essas figuras, por integrarem a estrutura da **Administração**, surgem como **destinatárias** dos **princípios** que comandam essa atividade, uma vez que só podem editar atos para a preservação do **interesse público**.

Nesse sentido, sem a pretensão de esgotar o tema neste capítulo inicial, entendemos oportunas algumas considerações, ainda que breves, acerca dessas figuras integrantes da **estrutura** da **Administração**.

Assim é que se apresentam os **órgãos** como unidades de competência **desprovidas de personalidade jurídica** e, como consequência, ao menos em regra, desprovidas de **capacidade processual**.

Dessa forma, não apresentam eles competência nem para a propositura de ações judiciais, nem para figurar no polo passivo.

Como consequência lógica, não responderão pelos **danos** que causarem a **terceiros**, mas sim a esfera de governo em que se encontram.

A título de exemplo, os danos causados por um Ministério serão suportados em juízo pela União; os ocasionados por Secretarias de Estado, pelo Estado ou Município em que se encontrem. Os resultantes de Subprefeituras ou Administrações Regionais, pelos Municípios.

É o que se chama de **teoria do órgão**, que atribui a **responsabilidade** pelos atos praticados por servidores e órgãos à esfera de **governo** em que se encontram.

Por fim, a título de exceção, importante observar a existência de órgãos que, embora desprovidos de personalidade jurídica, apresentam capacidade processual, em razão de seu posicionamento no ordenamento jurídico, vale dizer, dos interesses que representam.

Nessa situação se encontram, a título de exemplo, o Ministério Público e a Defensoria Pública, que, pela importância a eles atribuída pelo nosso ordenamento jurídico, justificam, para melhor visualização, o seguinte quadro:

	NATUREZA	PERSONALIDADE JURÍDICA	CAPACIDADE PROCESSUAL	LOCALIZAÇÃO
MINISTÉRIO PÚBLICO	Órgão	Não tem	Tem	Administração direta
DEFENSORIA PÚBLICA	Órgão	Não tem	Tem	Administração direta

De outra parte, na **estrutura indireta** da Administração se apresentam **pessoas jurídicas**, que são unidades de competência dotadas de **personalidade jurídica** e, como consequência, de **capacidade processual**.

Se, por um lado, a exemplo dos órgãos, também apresentam campo de competência previamente definido em lei, por outro, **respondem** pelas **obrigações** que contraírem, bem como pelos danos que causarem.

Assim, a vítima de danos causados por autarquias, fundações, empresas públicas ou sociedades de economia mista deverá acioná-las em juízo e não a esfera de governo em que se encontrem.

Nesse sentido, para facilitar a compreensão do posicionamento dessas pessoas na estrutura indireta da Administração, oportuna a elaboração do quadro a seguir:

	NATUREZA	PERSONALIDADE JURÍDICA	CAPACIDADE PROCESSUAL	LOCALIZAÇÃO
AUTARQUIAS	Pessoa jurídica	Tem	Tem	Administração indireta
FUNDAÇÕES	Pessoa jurídica	Tem	Tem	Administração indireta
EMPRESAS	Pessoa jurídica	Tem	Tem	Administração indireta
SOCIEDADES	Pessoa jurídica	Tem	Tem	Administração indireta

Cumpre agora, traçadas as premissas gerais sobre esse tema, passar em revista o conteúdo desses princípios, iniciando pelo da legalidade, em vista da importância de que se reveste.

2.2. ESPÉCIES

Inicialmente, é importante reiterar que os **princípios** que comandam a atividade administrativa encontram-se divididos em dois grandes blocos: os **explícitos** ou **expressos**, que se encontram positivados na Constituição Federal, e os **implícitos**, que não encontram previsão expressa na Lei Maior, embora também permeiem toda a atividade administrativa.

2.2.1. Princípios expressos

2.2.1.1. Princípio da legalidade

A primeira observação a ser feita diz respeito à importância desse princípio para um **Estado Democrático de Direito** como o nosso.

Destarte, traduz ele uma das mais expressivas conquistas da humanidade, ou seja, permitir que as divergências, os conflitos, as tensões se resolvam não pelo **primado** da força, mas pelo império da **lei**.

Nesse contexto é que se justifica sua presença na Constituição de todos os países, não sendo outra a realidade prevista em todos os Textos Constitucionais brasileiros.

Assim é que algumas **referências** importantes ao princípio da legalidade podem ser vislumbradas em nossa **Carta Maior** e serão reproduzidas, a título de exemplificação, para que se possa ter uma ideia da dimensão a ele conferida.

De início, como base para o Estado Democrático de Direito, está sua inclusão no título relativo aos direitos fundamentais, mais precisamente no art. 5º, II, que traz a fórmula por demais conhecida, mas que se pede vênia para reproduzir em razão de sua pertinência:

> **Art. 5º** (...)
>
> II — ninguém será obrigado a fazer ou deixar de fazer alguma coisa senão em virtude de lei.

Trata-se, como se observa, de uma regra vital, porque está a revelar que a imposição de **comportamentos unilaterais** pelo Poder Público só será possível se tiver **respaldo em lei**, impedindo, dessa forma, a legitimação de atitudes arbitrárias por parte dos detentores desse poder.

Em outras palavras, essa regra consubstancia, simultaneamente, uma salvaguarda para o direito dos administrados e uma **limitação**, uma fronteira para a atuação do **Poder Público**.

Com efeito, se é verdade que, por força dos interesses que representa, pode a Administração impor unilateralmente comportamentos, não é menos verdade que essa imposição só será possível se tiver **respaldo em lei**.

Em outro dizer, conclui-se, com meridiana clareza, que não existe **interesse público** que se legitime sem que apresente **apoio em lei**.

Pode-se também afirmar que a **atividade administrativa** está totalmente **subordinada à lei**, situação essa traduzida com maestria pelas lições do eminente jurista Seabra Fagundes[6] quando explicitou: "Administrar é aplicar a lei de ofício".

Essas conclusões podem ser encontradas sob outra roupagem em outros dispositivos constitucionais, como é o caso do art. 5º, XXXIX, que explicita o princípio da estrita legalidade penal nos seguintes termos:

> **Art. 5º** (...)
> XXXIX — não há crime sem lei anterior que o defina, nem pena sem prévia cominação legal.

Trata-se, uma vez mais, de um **limite** para a **atuação** do **Estado**, na medida em que só poderá ele tipificar situações como caracterizadoras de crime se for por meio de lei, o mesmo se verificando para as hipóteses em que pretender instituir sanções ou penalidades.

Não é diversa, outrossim, a situação que se verifica no campo tributário.

> **Art. 150.** Sem prejuízo de outras garantias asseguradas ao contribuinte, é vedado à União, aos Estados, ao Distrito Federal e aos Municípios:
> I — exigir ou aumentar tributo sem lei que o estabeleça.

Para melhor visualização destas referências constitucionais, acerca do princípio da legalidade, vejamos o quadro:

	REFERÊNCIAS CONSTITUCIONAIS
LEGALIDADE	Art. 5º, II; art. 5º, XXXIX; art. 150, I; art. 37, II

Verifica-se, como regra geral, que a diretriz aqui apontada pela Constituição impede, para a **segurança do contribuinte**, que possa o Poder Público **criar ou majorar tributos** a não ser por meio de **lei**.

Não é outra a razão pela qual as regras inseridas nos diversos incisos desse artigo recebem o nome de ***limitações constitucionais ao poder de tributar***.

Dessa forma, ainda que exceções possam ser encontradas na própria Constituição quanto à possibilidade de criação ou majoração de tributos por meio de medidas provisórias, essa situação não pode servir de fundamento para afastar a regra geral acima mencionada, mesmo porque essa espécie normativa só pode ser utilizada na hipótese de relevância e urgência.

Estabelecida a importância do princípio, cumpre observar, também, que, embora todos — Administração Pública e particulares — devam obediência à lei, esse

[6] *Controle dos atos administrativos pelo Poder Judiciário*. 5. ed. Rio de Janeiro: Forense, 1979, p. 45.

princípio se apresenta com **perfil diferenciado** para ambos, por força dos **interesses representados**.

Assim, enquanto aos **particulares** é conferida a possibilidade de fazer, na defesa de seus interesses e do seu patrimônio, **tudo aquilo que a lei não proíbe**, a **Administração**, na defesa dos interesses da coletividade, só poderá fazer **aquilo que a lei expressamente autoriza**.

Por essa razão é que se diz que no campo do direito privado a atividade desenvolvida pelos particulares deve pautar-se por uma **relação de não contradição** com a lei, enquanto para o Poder Público trata-se de uma **relação de subordinação** para com ela.

Dessa forma, para melhor visualização das diferenças existentes entre os agentes públicos e os particulares relacionadas a esse princípio, confira-se o quadro:

	PERFIL	EDIÇÃO DE ATOS
ADMINISTRAÇÃO	Relação de subordinação	Depende de lei anterior
PARTICULARES	Não contradição	Não depende de lei anterior

Outrossim, pode-se dizer que na expressão "lei" podem ser inseridas outras espécies normativas que, embora com ela não se confundam, também podem inovar originariamente o ordenamento jurídico porque derivadas diretamente da Constituição.

Nessa situação encontramos as **medidas provisórias**, os **decretos legislativos**, as **resoluções**, desde que, por óbvio, editados com o preenchimento dos requisitos constitucionais exigidos.

Da mesma forma, oportuno salientar a obrigatoriedade de atendimento dos **atos infralegais**, desde que editados em cumprimento da diretriz constitucional estabelecida no art. 84, IV, vale dizer, para oferecer **fiel execução** a ela.

Em outras palavras, a **imposição** de comportamentos de modo **unilateral** por meio desses atos só será possível se se mantiverem eles dentro dos **limites** previamente estabelecidos pela **lei** à qual pretendem oferecer fiel execução.

A título de encerramento, oportuno ressaltar que, em termos de hierarquia, os **atos administrativos** encontram-se em **patamar inferior ao da lei**, razão pela qual, além de dependerem da existência dela para serem editados, não poderão **inovar** em relação a ela, estabelecendo direitos e obrigações.

Portanto, teremos uma **ilegalidade**, quer quando o ato administrativo for editado **sem a existência de lei** anterior, quer quando **inovar** em relação a ela.

Para melhor visualização, cite-se a impossibilidade de um edital de concurso estabelecer exigências para os candidatos que não tenham previsão anterior na lei que disciplina a carreira.

Não se trata de uma conclusão gratuita: resulta da expressa disposição contida na Constituição Federal, em seu art. 37, II, em especial quando deixa consignado que a investidura em cargos e empregos públicos depende de aprovação prévia em **concurso**

público de provas ou de provas e títulos, de acordo com a natureza e a complexidade do cargo, **na forma prevista em lei**.

Assim, a exigência de submissão de candidatos a **teste psicotécnico** será legítima tão somente se existir previsão nesse sentido na **lei** disciplinadora da carreira, não sendo por outra razão que nossa Suprema Corte editou a **Súmula 686:**

> **Súmula 686 do STF:** Exame psicotécnico — Candidato a cargo público. Só por lei se pode sujeitar a exame psicotécnico a habilitação de candidato a cargo público.

Nesse sentido, importante anotar que a edição da referida súmula não se revelou suficiente para pôr termo às inúmeras situações que implicavam seu descumprimento, o que obrigou a Suprema Corte a reiterar seu conteúdo através da edição da **Súmula Vinculante 44:**

> **Súmula Vinculante 44:** Só por lei se pode sujeitar a exame psicotécnico habilitação de candidato a cargo público.

Nesse sentido, importante também registrar ter a Constituição atribuído enorme importância a essa situação ao deixá-la consignada no **art. 5º, XIII**, onde se lê que é livre o exercício de qualquer trabalho, ofício ou profissão, atendidas as **qualificações profissionais** estabelecidas em **lei**.

Dentro desse contexto, assume enorme importância a questão relacionada à exigência estabelecida em diversos editais de concurso relacionada à necessidade de comprovação por parte do candidato de **três anos de atividade jurídica**.

Com efeito, por força das observações até então relacionadas ao princípio da legalidade, a referida previsão editalícia exige, para que se legitime, **anterior previsão na lei** que disciplina a carreira em que os cargos estão sendo oferecidos. Em outras palavras, tendo em vista que o **edital** de um concurso apresenta **natureza jurídica de ato administrativo**, ao ser publicado, não pode ele **inovar** no ordenamento jurídico, dependendo de anterior previsão estabelecida em **lei**. Nesse sentido, oportuno observar que a esse respeito a Constituição Federal, em seu art. 93, I, com a redação determinada pela **Emenda Constitucional n. 45/2004**, estendeu a obrigatoriedade do cumprimento dessa exigência apenas para o ingresso na **Magistratura**, mesma situação que se apresenta para o ingresso na carreira do **Ministério Público** a teor do disposto no art. 129, § 3º.

Assim sendo, em vista do conteúdo do princípio da legalidade, conclui-se que, exceção feita a essas duas carreiras, que têm previsão expressa na Constituição, a exigência de comprovação de **tempo de atividade jurídica** para as demais depende de **expressa previsão em lei**, não sendo suficiente a simples previsão no edital.

Da mesma forma, a previsão constitucional relacionada à participação dos usuários promovendo denúncias acerca da execução de serviços públicos, na forma prevista pelo art. 37, § 3º, I, II e III, da CF.

Por fim, importante salientar que exatamente por força desse princípio é que se verificam as diferenças entre os **bacharéis em direito** e os demais em relação ao efetivo exercício das profissões, uma vez que, enquanto os primeiros terão de ser aprovados no Exame da OAB, por força de expressa previsão contida no **Estatuto da OAB**, os demais estão liberados do cumprimento dessa exigência.

Aliás, a esse respeito, importante registrar que diversos questionamentos acerca da constitucionalidade da exigência de aprovação no Exame da OAB já foram deduzidos junto ao STF, resultando na conclusão pela sua legitimidade.

Em outras palavras, a exigência de aprovação prévia em **exame da Ordem dos Advogados do Brasil (OAB)** para que bacharéis em direito possam exercer a advocacia foi considerada constitucional pelo Plenário do **Supremo Tribunal Federal (STF)**. Por unanimidade, os Ministros negaram provimento ao **recurso extraordinário (RE 603.583)** que questionava a obrigatoriedade do Exame. Como o recurso teve **repercussão geral reconhecida**, a decisão nesse processo será aplicada a todos os demais que tenham pedido idêntico.

A votação acompanhou o entendimento do relator, Ministro Marco Aurélio, no sentido de que a prova, prevista na Lei n. 8.906/94 (Estatuto da Advocacia), não viola qualquer dispositivo constitucional. Concluíram desta forma os demais Ministros presentes à sessão: Luiz Fux, Dias Toffoli, Cármen Lúcia Antunes Rocha, Ricardo Lewandowski, Ayres Britto, Gilmar Mendes, Celso de Mello e Cezar Peluso.

■ *2.2.1.2. Princípio da impessoalidade*

Seguindo pela ordem apresentada no art. 37, chega-se agora ao princípio da impessoalidade, que pode ser traduzido pela obrigação atribuída ao Poder Público de manter uma **posição neutra** em relação aos administrados, só produzindo **discriminações** que se justifiquem em vista do **interesse público**.

Em razão desse princípio, não fica a Administração proibida de estabelecer **discriminações**, mas tão somente aquelas que se revelarem **gratuitas**.

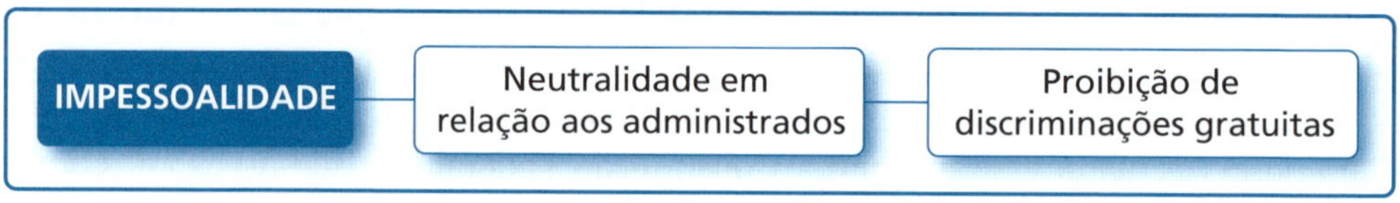

Assim, para a viabilização de contratações, o Texto Constitucional exige, como regra, a abertura de concurso público em que devem incidir regras idênticas sobre todos os eventuais interessados, resultando na possibilidade de contratação somente daqueles que tenham obtido os melhores resultados.

Nesse sentido, qualquer atitude tomada pelo administrador, durante o desenvolvimento do **concurso**, que vise ao **favorecimento gratuito** de pessoas determinadas deve ser imediatamente fulminada por agressão ao princípio ora comentado.

Da mesma forma, exige-se, como regra geral, para a viabilização de **contratação de serviços**, a abertura de certame **licitatório** visando à escolha da **proposta mais vantajosa para o interesse público**, respeitados os termos previstos no edital.

Está a Administração Pública, portanto, proibida de contratar com outra proposta que não aquela que tenha se revelado a melhor nos termos prefixados no edital de convocação, sendo, inclusive, obrigada a desclassificar aquela que se tenha revelado inexequível.

De igual sorte, quanto à **liquidação dos seus débitos**, tem a Administração o dever de assumir uma atitude impessoal, respeitando a **ordem cronológica** de apresentação dos **precatórios** na forma prevista no **art. 100 da CF**.

De resto, em relação a este item, importante anotar as alterações promovidas pela **Emenda Constitucional n. 99, de 14 de dezembro de 2017**, que modificou os arts. 101, 102, 103 e 105 das Disposições Constitucionais Transitórias, instituindo novo regime especial de pagamento de precatórios.

Com essas alterações, fica estendido de 2020 para 2024 o limite para o pagamento dos precatórios.

Outrossim, determinou essa Emenda Constitucional que o Distrito Federal, Estados e Municípios estabeleçam **plano de pagamento a ser anualmente apresentado ao Tribunal de Justiça local**, órgão onde deverá ser depositado, mensalmente, em conta especial, um doze avos do valor calculado percentualmente sobre suas receitas correntes líquidas, apuradas no segundo mês anterior ao pagamento.

De outra parte, esses **precatórios** passarão a ser **atualizados pelo Índice Nacional de Preços ao Consumidor Amplo Especial (IPCA-E), seguindo decisão recente (20.09.2017) do Supremo Tribunal Federal (STF)**.

Em relação à preferência de pagamento para aqueles de **natureza alimentícia, para idosos, portadores de doença grave ou pessoas com deficiência, limitou a três vezes o valor da requisição de pequeno valor (RPV), em torno de R$ 16,5 mil**.

Por fim, prescreveu que, nos **pagamentos feitos pelo regime especial (até 2024), a preferência para esse público abrangerá valores cinco vezes a RPV, aproximadamente R$ 27,6 mil**.

Se o precatório tiver valor maior, poderá ser fracionado para que a pessoa receba esse montante. O restante seguirá a ordem cronológica de apresentação, prestigiando o princípio da impessoalidade.

Como se viu, a atitude **impessoal** que deve nortear toda a atividade administrativa está diretamente relacionada com os **interesses** a serem atendidos, vale dizer, os da **coletividade**, razão pela qual alguns autores acabam relacionando esse princípio com o da *finalidade*, como Hely Lopes Meirelles, e outros com o da *isonomia*, como Celso Antônio Bandeira de Mello.

De outra parte, esse princípio também nos leva à conclusão de que todos os atos praticados pelos agentes públicos assumem caráter de **impessoalidade**, **impedindo** possam eles buscar **finalidades particulares**.

É nesse particular que se apresenta a **"teoria do órgão"**, que, como já visto, atribui a **responsabilidade pelos danos** causados a terceiros em vista de atos administrativos não ao agente que o praticou, mas à **pessoa jurídica** por ele representada.

Por derradeiro, cumpre registrar a aplicabilidade do princípio da impessoalidade em vista da redação prevista no art. 37, § 1º, da CF:

> **Art. 37.** (...)
> § 1º A publicidade dos atos, programas, obras, serviços e campanhas dos órgãos públicos deverá ter caráter educativo, informativo ou de orientação social, dela não podendo constar nomes, símbolos ou imagens que caracterizem promoção pessoal de autoridades ou servidores públicos.

A leitura desse dispositivo constitucional bem está a demonstrar o perfil a ser empregado pelo administrador quando da veiculação de **publicidade** acerca de atos, obras e **programas de governo**.

Com efeito, em vista do princípio da **impessoalidade**, só poderá emprestar a essa publicidade institucional o **caráter informativo**, educativo ou de orientação social, sendo terminantemente proibido qualquer tipo de **promoção pessoal** por meio de nomes, imagens ou símbolos, matéria enfrentada por nossos tribunais.

Para melhor visualização das hipóteses de incidência desse princípio, confira-se o quadro:

CONTRATAÇÃO DE PESSOAS	Concurso	Art. 37, II, da CF
CONTRATAÇÃO DE SERVIÇOS	Licitação	Art. 37, XXI, da CF
PAGAMENTO DE CREDORES	Ordem cronológica de precatórios	Art. 100 da CF
PROPAGANDA DE GOVERNO	Proibição para nomes, imagens e símbolos	Art. 37, § 1º, da CF
TEORIA DO ÓRGÃO	Imputa responsabilidade para atos dos agentes à pessoa jurídica	Art. 37, § 6º, da CF

A propósito, confira-se a decisão exarada pelo Tribunal Regional Eleitoral do Distrito Federal, em 2016 (AIJE 138.069 — Brasília-DF), em que se discute a configuração ou não de abuso de poder político por força da escolha da cor vermelha para as cadeiras do Estádio Mané Garrincha e o uso da foto do governador na bola de futebol em evento da FIFA:

> "Ação de investigação judicial eleitoral. Abuso de autoridade e uso indevido de meios de comunicação social. Conduta vedada aos agentes públicos. Art. 73, Lei das Eleições. Rito da Lei Complementar n. 64/1990. Prejudicial. Condenação anterior. Causa de pedir e pedidos distintos. Rejeição. Preliminares. Incompetência do TRE-DF e inadequação da via eleita. Preclusão da oportunidade da produção probatória. Ilegitimidade ativa e passiva *ad causam*. Inépcia da inicial e ausência de tipicidade material. Rejeitadas. Mérito. Campanha publicitária: Programa Alimentação Escolar do GDF. Configurada a autopromoção dos representados. Descaracterizado o intuito de prestação de contas. Publicidade institucional: logomarca e propaganda diversas. Exaltação indevida das qualidades do governo. Gravidade. Presença de abuso dos meios de comunicação social. **Uso de bola com fotografia do Governador em evento da FIFA.** Objetos não produzidos pelos representados. Não configuração do abuso do poder político e dos meios de comunicação social. **Cadeiras do Estádio Nacional Mané Garrincha na cor vermelha. Subjetivismo na escolha da cor.** Abuso do poder político e econômico afastados. Participação em programa da CEB. Não configuração do abuso. Despesas com publicidade em ano eleitoral. Desvirtuamento da finalidade de utilidade pública. Violação ao artigo 37, § 1º da Constituição Federal. Configurado o abuso do poder político e econômico. Gravidade dos fatos narrados. Parcial procedência. Declaração de inelegibilidade dos representados. Multa.

1. (...)
2. Parcial procedência aplicando-se a sanção de inelegibilidade aos Representados para as eleições a se realizarem nos 8 (oito) anos subsequentes à eleição em que se verificou a conduta vedada, nos termos do artigo 22, XIV, da Lei Complementar n. 64/1990.
3. Aplicação da sanção de multa pelo uso indevido da logomarca do GDF no sítio GDF Dia a Dia, durante período eleitoral, nos termos dos artigos 73, VI, *b*, combinado com o § 4º do artigo 73, da Lei n. 9.504/1997, no valor de R$ 30.000,00 (trinta mil reais), a ambos os Representados, solidariamente, em virtude do caráter reiterado da exposição do referido símbolo na Internet".

Caminhando no mesmo sentido, a decisão proferida pelo Tribunal de Justiça de Santa Catarina quando da apreciação de questão envolvendo o uso de logomarca em uniforme escolar:

"Agravo de instrumento. Ação civil pública. Insurgência em face da decisão que deferiu em parte a liminar e determinou a proibição de utilização nas comunicações governamentais do Município de Blumenau de expressões com conteúdo de promoção pessoal ou político-partidário. Campanha publicitária municipal prestada pelo uso de logomarca 'Blumenau 2050' e o *slogan* 'Trabalhando sério pra gente se orgulhar'. Afronta ao princípio da impessoalidade. Ausência de caráter informativo, educativo ou do interesse social. Proibição irrestrita de divulgação de atos, programas, obras, serviços e campanhas governamentais, nos termos do art. 37, § 1º, da Constituição Federal. Decisão interlocutória mantida. Recurso desprovido.
A regra constitucional do artigo 37, parágrafo 1º, objetiva assegurar a impessoalidade da divulgação dos atos governamentais que devem voltar-se exclusivamente para o interesse social. Não quis o constituinte que os atos de divulgação servissem de instrumento para a propaganda de quem está exercendo o cargo público, espraiando com recursos orçamentários a sua presença política no eleitorado. O que o constituinte quis foi marcar que os atos governamentais objeto de divulgação devem revestir-se de impessoalidade, portanto, caracterizados como atos do governo e não deste ou daquele governo em particular (...) (STF, RE 191.668, rel. Min. Menezes Direito, Primeira Turma, j. 15-04-2008). A vinculação nas comunicações governamentais de expressões, *slogans* e logomarca identificadores da atual administração municipal em detrimento ao símbolo oficial de Município evidenciam a extrapolação dos limites legais da publicidade dos atos administrativos (art. 37, § 1º da CF), o que, a princípio, caracteriza promoção pessoal e/ou político-partidária" (Ag. 20120446526-SC 2012.044652-6 — Acórdão).

No mesmo sentido, a diretriz estabelecida pela Suprema Corte:

"Publicidade de atos governamentais. Princípio da impessoalidade. Art. 37, parágrafo 1º, da Constituição Federal. 1. O *caput* e o parágrafo 1º do artigo 37 da Constituição Federal impedem que haja qualquer tipo de identificação entre a publicidade e os titulares dos cargos alcançando os partidos políticos a que pertençam. O rigor do dispositivo constitucional que assegura que o princípio da impessoalidade vincula a publicidade ao caráter educativo, informativo ou de orientação social é incompatível com a menção de nomes, símbolos ou imagens, aí incluídos *slogans*, que caracterizem promoção pessoal ou de servidores públicos. A possibilidade de vinculação do conteúdo da divulgação com o partido político a que pertença o titular do cargo público mancha o princípio da

> impessoalidade e desnatura o caráter educativo, informativo ou de orientação que constam do comando posto pelo constituinte dos oitenta. 2. Recurso extraordinário desprovido" (RE 191.668-RS).

Não por outra razão preocupou-se a **Lei n. 9.504/97** (Lei das Eleições) em reservar um capítulo específico denominado **"Das condutas vedadas aos agentes públicos"**, voltado a assegurar **igualdade** de **oportunidades entre os candidatos** a mandatos eletivos, durante a **campanha eleitoral**.

Nesse sentido, o legislador proíbe a realização de **propagandas de governo** que impliquem uma exposição maior do **candidato à reeleição** em relação aos candidatos de oposição, exceção feita àquelas situações que se apresentarem necessárias para a preservação do interesse público.

Dessa forma, não se revela inconstitucional a **propaganda** realizada para orientar a população em relação a uma campanha de vacinação para **combater** determinada **epidemia**.

A mesma situação já não se apresenta para aquela propaganda voltada a incrementar a imagem do candidato à reeleição junto ao eleitorado. É o que se verifica na previsão estabelecida no art. 73 do referido diploma legal.

Essa preocupação do legislador encontra justificativa na previsão estabelecida no **art. 14, § 5º, da CF**, que permite às autoridades ali relacionadas, vale dizer, **prefeitos, governadores, Presidente da República**, e àqueles que os tenham substituído ou sucedido no curso do mandato, concorrer a uma eleição sem a necessidade de renúncia ao mandato que titularizam.

Destarte, a possibilidade de essas autoridades se manterem à frente do mandato, portanto comandando toda a **máquina administrativa**, levaria de forma inquestionável a uma **desequiparação** em relação aos **candidatos de oposição**, justificando a reserva pela Lei n. 9.504/97 de um capítulo voltado a proibições a esses agentes durante o período de **campanha eleitoral**.

Por fim, oportuno registrar ter sido essa matéria também contemplada pela **Lei n. 9.784/99**, que regula os **processos administrativos** na área federal, em especial em seu **art. 2º, parágrafo único, III:**

> **Art. 2º** (...)
>
> Parágrafo único. Nos processos administrativos serão observados, entre outros, os critérios de: (...)
>
> III — objetividade no atendimento do interesse público, **vedada a promoção pessoal de agentes ou autoridades**.

■ *2.2.1.3. Princípio da moralidade*

Trata-se de princípio que aparece, de forma expressa, pela primeira vez entre aqueles positivados no art. 37 da Constituição Federal. Indica a necessidade do **administrador** público de praticar um **governo honesto** de forma a preservar os **interesses** da **coletividade**. Nesse particular, importante anotar, desde logo, que o **perfil** desse princípio em relação à Administração Pública apresenta-se totalmente **diferenciado** em relação à moralidade que atinge os **particulares**.

Nesse sentido, para melhor visualização, cumpre anotar que, enquanto a **Administração** está obrigada a abrir **concurso**, ao menos em regra, para o preenchimento de cargos e empregos públicos, o **particular** tem **liberdade para contratar** quem achar por bem, no momento que julgar adequado e sob as condições que entender serem as melhores.

■ *2.2.1.3.1. Controle dos atos imorais*

Pela primeira vez inserida entre os princípios expressos na Constituição Federal, a **moralidade**, segundo tendência consagrada pela nossa jurisprudência, integra o conceito de **legalidade** no direito administrativo. É **gênero** que apresenta como **espécie** o conceito de **"improbidade"**.

Essa ideia inicial assume relevo, uma vez que a partir dela se pode concluir, de maneira inequívoca, pela possibilidade de se estabelecer um **controle de moralidade** dos atos administrativos pelo **Poder Judiciário**.

Aliás, essa ideia resulta nítida em vista da redação oferecida pelo art. 5º, LXXIII, do Texto Constitucional, que, ao disciplinar a ação popular, estabeleceu:

> **Art. 5º** (...)
> LXXIII — qualquer cidadão é parte legítima para propor ação popular que vise a anular ato lesivo ao patrimônio público ou de entidade de que o Estado participe, **à moralidade administrativa**, ao meio ambiente e ao patrimônio histórico e cultural, ficando o autor, salvo comprovada má-fé, isento de custas judiciais e ônus da sucumbência.

Ora, é bem de ver, pela redação desse comando constitucional, que a possibilidade de anulação de ato lesivo à moralidade administrativa representa diretriz adotada pela Carta Maior no sentido de ratificar a tese segundo a qual a **imoralidade** surge como **forma de ilegalidade**.

Neste momento, importante deixar claro que o princípio ora comentado se refere à **moralidade administrativa**, aquela intimamente **ligada** à preservação do **interesse público**, o que traz como reflexo imediato encontrarem-se as situações de imoralidade intimamente **ligadas** à figura do **desvio de finalidade**.

Essa observação assume importância, uma vez que deixa claro não ter sido a preocupação da Constituição a disciplina da moralidade desenvolvida pelos particulares, tendo em vista atuarem eles em nome próprio, representando seus interesses, seu patrimônio.

Assim, com base nessa distinção, mais tranquila a visualização de situações que, por envolverem a participação da Administração, apresentam soluções totalmente diferentes daquelas que incidem quando com a participação de particulares.

A título de exemplificação, tem-se que a contratação de pessoal para integrar quadro de empresa particular não se reveste de maiores formalidades, podendo recair sobre qualquer pessoa, incluindo aquelas que apresentem laços de parentesco com o empregador.

Outrossim, poderá o empregador pagar, a título de remuneração, qualquer quantia, tendo em vista a inexistência de teto máximo previsto em lei ou convenção.

Essas contratações, independentemente da forma como se verifiquem, não configuram nenhuma sorte de imoralidade que possa ser levada à apreciação do Judiciário.

Por óbvio, a mesma conclusão não se impõe quando se transporta essa questão para o âmbito da **Administração Pública**, tendo em vista o **objetivo único** a ser por ela perseguido, vale dizer, os **interesses da coletividade**.

Com efeito, ao menos como regra geral, as **contratações** levadas a efeito pela **Administração** devem ser precedidas da abertura de **concurso** público, de forma a evitar a titularização de cargos e empregos públicos por aqueles que não apresentem a menor condição para tanto.

Em outras palavras, tem o administrador a obrigação de selecionar os **candidatos** mais **eficientes**, configurando imoralidade administrativa as contratações que não atendam a essa diretriz constitucional.

Nesse sentido, importante destacar que a regra geral permanece, mesmo para aquelas situações envolvendo a nomeação para **cargos de provimento em comissão**. Com efeito, embora sejam de nomeação livre, a teor do disposto no **art. 37, II**, parte final, da Constituição Federal, isso não significa a possibilidade de nomeação para esses cargos de quaisquer pessoas, outra não sendo a conclusão adotada pela nossa **Suprema Corte** por meio da **Súmula Vinculante 13**, editada em 2008:

> **Súmula Vinculante 13:** A nomeação de cônjuge, companheiro ou parente em linha reta, colateral ou por afinidade, até o terceiro grau, inclusive, da autoridade nomeante ou de servidor da mesma pessoa jurídica investido em cargo de direção, chefia ou assessoramento, para o exercício de cargo em comissão ou de confiança ou, ainda, de função gratificada na administração pública direta e indireta em qualquer dos poderes da União, dos Estados, do Distrito Federal e dos Municípios, compreendido o ajuste mediante designações recíprocas, viola a Constituição Federal.

Ainda sobre esse item, importante anotar que o conteúdo da **Súmula Vinculante 13** não se **estende** em relação à nomeação de **parentes** para **mandatos**, conclusão extraída do conteúdo da decisão tomada pela Suprema Corte quando do julgamento da **Reclamação n. 6.650/PR-2009**, do qual se extrai o seguinte trecho:

> "Por sete votos a um, o Supremo Tribunal Federal rejeitou o recurso (agravo regimental) na Reclamação (RCL) 6.650. Com isso, o Plenário da Corte confirmou a decisão liminar do ministro Cezar Peluso de que o cargo ocupado por Eduardo Requião, irmão do governador do Paraná, Roberto Requião, tem natureza política, e portanto, está fora dos especificados na Súmula Vinculante 13 do Tribunal contra a prática de nepotismo (todos de natureza administrativa)"[7].

Outrossim, de forma a destacar a inexistência de posicionamento unânime sobre a matéria, importante anotar, seguindo a cronologia de julgados da **Suprema Corte** sobre a matéria, o voto proferido em **fevereiro de 2016** pelo Ministro **Luiz Fux**, quando

[7] Disponível em: <http://www.stf.jus.br/portal/cms/verNoticiaDetalhe.asp?idConteudo=97791>.

do julgamento em que decidiu que a nomeação para **cargos políticos** não afasta a incidência da **Súmula Vinculante 13**, uma vez que necessária a comprovação de aptidão profissional para o exercício do cargo:

> "O ministro Fux lembrou que, nesses casos, a configuração ou não do nepotismo deve ser analisada caso a caso, a fim de verificar a eventual ocorrência de 'nepotismo cruzado' ou outra modalidade de fraude à lei e descumprimento dos princípios administrativos. 'Nessa seara, tem-se que a nomeação de agente para exercício de cargo na administração pública, em qualquer nível, fundada apenas e tão somente no grau de parentesco com a autoridade nomeante, sem levar em conta a capacidade técnica para o seu desempenho de forma eficiente, além de violar o interesse público, mostra-se contrária ao princípio republicano', asseverou"[8].

De outra parte, cumpre observar ser considerada a **improbidade** administrativa uma **imoralidade qualificada**, tendo em vista tratar-se, aqui, da prática de atos de **desonestidade** que pressupõem seu conhecimento por aquele que os pratica.

Em outras palavras, apresentando-se a expressão "improbidade" como sinônimo de **desonestidade**, inadmissível sua configuração sem a comprovação da **intenção do agente** na prática do ato.

Dentro desse contexto, transportando essas observações para a área jurídica, tem-se que a **caracterização** do ato de improbidade administrativa exige a **configuração de dolo**.

Insistindo, a **improbidade** administrativa se apresenta como uma **espécie qualificada de imoralidade**, uma vez que se encontra associada à comprovação do dolo, que surge, então, como seu elemento comum.

Segundo nossa **doutrina:**

> "No caso da lei de improbidade, a presença do elemento subjetivo é tanto mais relevante pelo fato de ser objetivo primordial do legislador constituinte o de assegurar a probidade, a moralidade, a honestidade dentro da administração pública. Sem um mínimo de má-fé não se pode cogitar a aplicação de penalidades tão severas como a suspensão dos direitos políticos e a perda da função pública"[9].

> "Cuida-se de uma imoralidade administrativa qualificada. A improbidade administrativa é uma imoralidade qualificada pelo dano ao Erário e correspondente vantagem ao ímprobo ou a outrem. O texto constitucional vincula, notoriamente, os atos de improbidade administrativa ao dano ao Erário Público, tanto que uma das sanções impostas consiste no ressarcimento ao erário, porque é essa sanção que reprime o desrespeito ao dever de honestidade que é da essência do conceito da probidade administrativa"[10].

> "Do latim *improbitate*. (...). Entendemos que a probidade é espécie do gênero moralidade administrativa, a que alude, *v.g.*, o art. 37, *caput*, e seu § 4º, da CF. O núcleo da

---

[8] Disponível em: <http://www.stf.jus.br/portal/cms/verNoticiaDetalhe.asp?idConteudo=309934>.

[9] DI PIETRO, Maria Sylvia Zanella. *Direito administrativo*. 18. ed. São Paulo: Atlas, 2005, p. 728.

[10] SILVA, José Afonso da. *Comentário contextual à Constituição*. São Paulo, Malheiros, p. 347-348.

probidade está associado (deflui) ao princípio maior da moralidade administrativa; verdadeiro norte à Administração em todas as suas manifestações"[11].

A mesma conclusão resulta de diversos **excertos jurisprudenciais**, dentre os quais pedimos vênia para destacar os seguintes:

> "A ilegalidade por si só não acarreta incidência da lei de improbidade, pois, segundo Fábio Medina Osório, somente os atos que, além de ilegais se mostrarem frutos de desonestidade ou inequívoca e intolerável incompetência do agente público, devem ser considerados configuradores de improbidade administrativa" (AI 354.430-PR, rel. Min. Francisco Falcão, *DJU* 28.02.2001).

> "O ato de improbidade, a ensejar a aplicação da Lei 8.429/1992, não pode ser identificado tão somente com o ato ilegal. A incidência das sanções previstas na lei carece de um *plus* traduzido no evidente propósito de auferir vantagem, causando dano ao erário, pela prática de ato desonesto, dissociado da moralidade e dos deveres de boa administração, lealdade e boa-fé" (REsp 269.683-SC, rel. Min. Laurita Vaz, j. 06.08.2002, *DJ* 03.11.2004, p. 168).

Diante desse cenário, resulta cristalina a conclusão segundo a qual é **impossível a responsabilização** pela prática de atos dessa natureza com lastro, tão somente, no conceito de **nexo causal**, base para o conceito de **responsabilidade objetiva**.

Em outras palavras, a exigência do **dolo** aponta, portanto, para a **responsabilidade subjetiva**, para a incidência de **sanções** sobre aqueles condenados pela prática de atos de **improbidade administrativa**.

Sendo assim, o **administrador inábil** ou aquele que revela extrema incompetência no trato da coisa pública, sem a configuração de **dolo**, poderá, no máximo, ser condenado por um ato imoral, o que faz enorme diferença, na medida em que, como se verá em seguida, os atos de improbidade, em razão de seu aspecto peculiar, comportam **sanções específicas**.

Por fim, cumpre esclarecer que a questão da improbidade administrativa, por implicar a necessidade de um aprofundamento maior, será detalhada em capítulo à parte, deixando desde logo claro encontrar-se ela intimamente ligada ao princípio ora em análise, vale dizer, da moralidade administrativa.

■ 2.2.1.4. *Princípio da publicidade*

O princípio da **publicidade** se traduz no dever conferido à Administração de manter **plena transparência** de todos os seus **comportamentos**, incluindo-se aqui, como regra geral, a obrigação de oferecer, desde que solicitadas, todas as **informações** que estejam armazenadas em seus **bancos de dados**.

Essa obrigação decorre, registre-se uma vez mais, da natureza dos interesses que representa quando atua, consolidada também pelo conceito de **"República"** (*res publica*, coisa pública), cuja previsão consta do art. 1º da CF.

Destarte, sobressai mais uma vez a ideia segundo a qual, nessa forma de governo, o administrador só poderá atuar com vistas a privilegiar o **interesse** daqueles a quem representa, ou seja, a **coletividade**.

---

[11] FIGUEIREDO, Marcelo. *Probidade administrativa*. 3. ed. São Paulo, Malheiros, 1995, p. 21.

Nesse sentido, nada mais lógico do que conferir ao **administrador** a **obrigação** de oferecer à coletividade todas as **informações** de que necessite acerca dos **atos de governo**, até mesmo como pré-requisito para que possa impor e cobrar comportamentos.

Em outras palavras, se a ninguém é lícito alegar desconhecimento da lei, os comportamentos com base nela só poderão ser cobrados a partir do instante em que se der conhecimento de sua existência, podendo o mesmo raciocínio ser aplicado aos atos administrativos, uma vez que só podem ser editados em cumprimento da lei.

Sem embargo, a regra geral até aqui apresentada quanto à **publicidade** dos atos administrativos apresenta **exceções** dentro da própria Constituição Federal, admitindo-se situações ou **informações** que devam permanecer em **sigilo**.

Assim é que o **art. 37, § 3º, II**, com a redação dada pela EC n. 19/98, depois de afirmar a possibilidade de acesso dos usuários aos registros administrativos sobre atos de governo, prescreveu algumas restrições nos seguintes termos:

> **Art. 37.** (...)
>
> § 3º A lei disciplinará as formas de participação do usuário na administração pública direta e indireta, regulando especialmente: (...)
>
> II — o acesso dos usuários a registros administrativos e a informações sobre atos de governo, observado o disposto no art. 5º, X e XXXIII.

Ao decidir pelo oferecimento ou não de informações, deverá o **Poder Público respeitar** o disposto no art. 5º, X, da CF, que assegura o direito à **intimidade das pessoas**, e também a prescrição do inciso XXXIII do mesmo art. 5º.

Este último preceptivo constitucional, não obstante assegurar a todos o direito à obtenção de informações de interesse particular ou da coletividade armazenadas em bancos de dados da Administração, acaba por permitir a negativa no oferecimento delas quando comprovadamente colocarem em **risco a segurança da sociedade** ou do **Estado**, tudo na forma prevista em lei.

Dessa forma, a título de **regulamentação** desse dispositivo constitucional, foi editada a **Lei n. 12.527/2011** (Lei de Acesso a Informações Públicas), em que se destaca, inicialmente, a previsão estabelecida no **art. 10, *caput*,** que aponta para a possibilidade de qualquer interessado solicitar essas informações:

> **Art. 10.** Qualquer interessado poderá apresentar pedido de acesso a informações aos órgãos e entidades referidos no art. 1º desta Lei, por qualquer meio legítimo, devendo o pedido conter a identificação do requerente e a especificação da informação requerida.

Outrossim, em seu art. 11, *caput* e § 1º, a lei estabelece a obrigação da Administração de prestar de imediato as informações solicitadas, a menos que dificuldades se apresentem, quando, então, abre-se um **prazo de 20 dias**, prorrogáveis por outros 10:

> **Art. 11.** O órgão ou entidade pública deverá autorizar ou conceder o acesso imediato à informação disponível.
>
> § 1º Não sendo possível conceder o acesso imediato, na forma disposta no *caput*, o órgão ou entidade que receber o pedido deverá, em prazo não superior a 20 (vinte) dias.

Nesse particular, sobreleva notar que a **negativa** injustificada no **oferecimento** dessas **informações** não rende ensejo, como se poderia entender de maneira equivocada, à propositura de ***habeas data***, por não se tratar de dados de caráter personalíssimo.

Destarte, uma leitura atenta da redação contida no art. 5º, XXXIII, bem está a demonstrar que as informações ali veiculadas apresentam natureza diversa, uma vez que de interesse particular ou da coletividade.

Assim, a título de exemplo, cite-se o interesse de alguém que pretende adquirir um imóvel em obter do Poder Público informações sobre planos de desapropriação para determinada área.

De igual sorte, pode-se mencionar a circunstância na qual o indivíduo solicita ao Poder Público informações acerca do paradeiro de algum conhecido seu que foi encaminhado a uma delegacia ou que, devendo estar em uma penitenciária, dela foi transferido, sem qualquer comunicação, para lugar incerto ou não sabido.

O que vai determinar, portanto, o instrumento a ser utilizado para as hipóteses em que o Poder Público, de maneira imotivada, se recusa a fornecer informações solicitadas é a natureza delas.

Com efeito, tratando-se de **informações personalíssimas**, a negativa administrativa abre oportunidade à propositura de ***habeas data*** nos termos do art. 5º, LXXII, da CF.

Se as informações forem, no entanto, tão somente de **interesse particular ou coletivo**, solicitadas com base no inciso XXXIII, sua negativa abre ensejo à propositura de **mandado de segurança**, em caráter residual.

Essa conclusão, aliás, não é gratuita, mas decorrente de expressa previsão constitucional contida no art. 5º, LXIX, cuja redação, não obstante ser por demais conhecida, será a seguir reproduzida, destacando-se os aspectos que assumem relevo em vista da discussão ora desenvolvida:

> **Art. 5º** (...)
> LXIX — conceder-se-á mandado de segurança para proteger direito líquido e certo, não amparado por *habeas corpus* ou *habeas data* (...).

O dispositivo transcrito permite a conclusão inequívoca, segundo a qual, em que pese ser o objeto do mandado de segurança a proteção de **direito líquido e certo**, encontra ele **restrições**.

Com efeito, não será qualquer direito líquido e certo a ser amparado por essa garantia constitucional, mas apenas e tão somente em **caráter residual**, aquele que não for resguardado pelo ***habeas corpus*** ou também, mais recentemente, pelo ***habeas data***. Nesse sentido:

> "Apelação Cível. Mandado de Segurança. Pretensão da impetrante de que a autoridade impetrada expeça a certidão de contagem de tempo de contribuição para fins de aposentadoria. Sentença que denega a segurança. Recurso da impetrante. Provimento de rigor. Expedição de certidão de contagem de tempo de contribuição. Indeferimento. Ilegalidade. Objetivo de aposentadoria junto ao INSS. Direito líquido e certo. Art. 5º, XXXIII e XXXIV, *b*, da Constituição Federal. Precedentes. R. Sentença reformada. Apelação provida" (APL 30049079420138260071-SP 3004907-94.2013.8.26.0071).

"PROCESSUAL CIVIL. *HABEAS DATA*. OBTENÇÃO DE INFORMAÇÕES CONSTANTES DE INQUÉRITO SIGILOSO. INADEQUAÇÃO DA VIA ELEITA. 1. O *habeas data* não é meio processual idôneo para obrigar autoridade coatora a prestar informações sobre inquérito que tramita em segredo de justiça, cuja finalidade precípua é a de elucidar a prática de uma infração penal e cuja quebra de sigilo poderá frustrar seu objetivo de descobrir a autoria e materialidade do delito. Não se enquadra, portanto, nas hipóteses de cabimento do *habeas data*, previstas no art. 7º da Lei 9.507/97.2. Agravo regimental desprovido" (AgRg nos EDcl no HD 98/DF, rel. Min. Teori Albino Zavascki, j. 22.09.2004, *Informativo STJ*, 222).

"Processual civil. Agravo regimental no recurso extraordinário com agravo. Preliminar de repercussão geral. Fundamentação deficiente. Ônus do recorrente. *Habeas data*. Informações relativas a terceiros. Falta de interesse de agir. Precedente do Plenário do STF: HD 87 AGR/DF, Min. Cármen Lúcia, Tribunal Pleno, *DJE* de 05/02/2010. Agravo regimental a que se nega provimento" (ARE 705.009-SP).

Cabe ainda a referência à exceção contida no **inciso LX do art. 5º**, de modo a permitir a **restrição da publicidade** de atos processuais em nome da **defesa da intimidade** ou do interesse social.

Sobreleva notar que a negativa do agente público em dar publicidade aos atos oficiais caracteriza ato de improbidade administrativa por força da previsão contida no art. 11, IV, da Lei n. 8.429/92, que dispõe sobre as sanções a serem aplicadas aos agentes públicos em casos de enriquecimento ilícito, como se vê:

> **Art. 11.** Constitui ato de improbidade administrativa que atenta contra os princípios da administração pública qualquer ação ou omissão que viole os deveres de honestidade, imparcialidade, legalidade e lealdade às instituições, e notadamente: (...)
>
> IV — negar publicidade aos atos oficiais.

Dentro desse contexto, importante destacar que o **descumprimento** por parte do administrador dessa **regra geral de publicidade**, em relação a todas as informações constantes em bancos de dados da Administração Pública, seria inócua se não houvesse qualquer sorte de previsão quanto à incidência de **responsabilidade** em relação aos **agentes**.

Nesse sentido, de forma a regulamentar a previsão estabelecida no art. 5º, XXXIII, da CF, a matéria foi regulamentada pelo art. 32 da Lei n. 12.527/2011 (Lei de Acesso à Informação), que cuidou de relacionar as condutas ilícitas ensejadoras de responsabilidade.

> **Art. 32.** Constituem condutas ilícitas que ensejam responsabilidade do agente público ou militar:
>
> I — recusar-se a fornecer informação requerida nos termos desta Lei, retardar deliberadamente o seu fornecimento ou fornecê-la intencionalmente de forma incorreta, incompleta ou imprecisa;
>
> II — utilizar indevidamente, bem como subtrair, destruir, inutilizar, desfigurar, alterar ou ocultar, total ou parcialmente, informação que se encontre sob sua guarda ou a que tenha acesso ou conhecimento em razão do exercício das atribuições de cargo, emprego ou função pública;

> III — agir com dolo ou má-fé na análise das solicitações de acesso à informação;
>
> IV — divulgar ou permitir a divulgação ou acessar ou permitir acesso indevido à informação sigilosa ou informação pessoal;
>
> V — impor sigilo à informação para obter proveito pessoal ou de terceiro, ou para fins de ocultação de ato ilegal cometido por si ou por outrem;
>
> VI — ocultar da revisão de autoridade superior competente informação sigilosa para beneficiar a si ou a outrem, ou em prejuízo de terceiros; e
>
> VII — destruir ou subtrair, por qualquer meio, documentos concernentes a possíveis violações de direitos humanos por parte de agentes do Estado.

No referido dispositivo, importante destacar também a previsão estabelecida no § 2º, que abre a perspectiva de o **agente público responder** também por atos de **improbidade administrativa**, o que bem demonstra a gravidade atribuída pelo descumprimento das diretrizes estabelecidas nesse diploma legal.

Sobre esse tema, importante ainda relembrar que a diretriz constitucional estabelecida no art. 5º, XXXIII, bem demonstra que a **regra geral** quanto à transparência dessas informações comporta **flexibilização** sempre que necessário para a **preservação da segurança** da sociedade do Estado.

Nesse sentido, não teria lógica atribuir ao agente público a necessidade de oferecimento de informações acerca da segurança das fronteiras do País.

De igual sorte, não teria cabimento o repasse para terceiros sobre o sistema de segurança da Amazônia, ou mesmo das usinas nucleares.

Nesse particular, de forma a regulamentar o referido dispositivo constitucional, a Lei n. 12.527/2011 estabeleceu em seu art. 24 a **classificação** dessas **informações**, que devem permanecer em **sigilo**, dividindo-as em três grupos distintos: **ultrassecreta** (com prazo de sigilo de vinte e cinco anos), **secreta** (com prazo de sigilo de quinze anos) e **reservada** (com prazo de sigilo de cinco anos).

A propósito da importância do tema, oportuna a reprodução do referido dispositivo:

> **Art. 24.** A informação em poder dos órgãos e entidades públicas, observado o seu teor e em razão de sua imprescindibilidade à segurança da sociedade ou do Estado, poderá ser classificada como ultrassecreta, secreta ou reservada.
>
> § 1º Os prazos máximos de restrição de acesso à informação, conforme a classificação prevista no *caput,* vigoram a partir da data de sua produção e são os seguintes:
>
> I — ultrassecreta: 25 (vinte e cinco) anos;
>
> II — secreta: 15 (quinze) anos; e
>
> III — reservada: 5 (cinco) anos.
>
> § 2º As informações que puderem colocar em risco a segurança do Presidente e Vice-Presidente da República e respectivos cônjuges e filhos(as) serão classificadas como reservadas e ficarão sob sigilo até o término do mandato em exercício ou do último mandato, em caso de reeleição.
>
> § 3º Alternativamente aos prazos previstos no § 1º, poderá ser estabelecida como termo final de restrição de acesso a ocorrência de determinado evento, desde que este ocorra antes do transcurso do prazo máximo de classificação.
>
> § 4º Transcorrido o prazo de classificação ou consumado o evento que defina o seu termo final, a informação tornar-se-á, automaticamente, de acesso público.

§ 5º Para a classificação da informação em determinado grau de sigilo, deverá ser observado o interesse público da informação e utilizado o critério menos restritivo possível, considerados:

I — a gravidade do risco ou dano à segurança da sociedade e do Estado; e

II — o prazo máximo de restrição de acesso ou o evento que defina seu termo final.

Percebe-se da leitura do dispositivo reproduzido que, embora louvável a preocupação do legislador em classificar as chamadas **informações sigilosas**, trata-se de um **critério** extremamente **subjetivo**, uma vez que não se cuidou de explicitar quais os casos envolvidos por cada uma dessas categorias, o que acaba por abrir perigosa válvula de escape a permitir a prática de atos de **arbitrariedade** por parte do administrador de plantão.

A propósito, confira-se a seguinte ementa da Suprema Corte quando da análise da existência de sigilo em relação aos contratos celebrados pelo BNDES:

"Ementa: Direito administrativo. Controle legislativo financeiro. Controle externo. Requisição pelo Tribunal de Contas da União de informações alusivas a operações financeiras realizadas pelas impetrantes. Recusa injustificada. Dados não acobertados pelo sigilo bancário e empresarial. (...) 3. O sigilo de informações necessárias para a preservação da intimidade é relativizado quando se está diante do interesse da sociedade de se conhecer o destino dos recursos públicos. 4. Operações financeiras que envolvam recursos públicos não estão abrangidas pelo sigilo bancário a que alude a Lei Complementar n. 105/2001, visto que as operações dessa espécie estão submetidas aos princípios da administração pública insculpidos no art. 37 da Constituição Federal. Em tais situações, é prerrogativa constitucional do Tribunal [TCU] o acesso a informações relacionadas a operações financiadas com recursos públicos. 5. O segredo como 'alma do negócio' consubstancia a máxima cotidiana inaplicável em casos análogos ao *sub judice*, tanto mais que, quem contrata com o poder público não pode ter segredos, especialmente se a revelação for necessária para o controle da legitimidade do emprego dos recursos públicos. É que a contratação pública não pode ser feita em esconderijos envernizados por um arcabouço jurídico capaz de impedir o controle social quanto ao emprego das verbas públicas. (...) 9. A preservação, *in casu*, do sigilo das operações realizadas pelo BNDES e BNDESPAR com terceiros não, apenas, impediria a atuação constitucionalmente prevista para o TCU, como, também, representaria uma acanhada, insuficiente, e, por isso mesmo, desproporcional limitação ao direito fundamental de preservação da intimidade. (...) 18. Denegação da segurança por ausência de direito material de recusa da remessa dos documentos".

Como arremate dessa questão, o legislador, em seu art. 27, tratou de relacionar quais as **autoridades** dentro da Administração **competentes** para relacionar uma **informação** como **ultrassecreta, secreta** e **reservada**.

Outrossim, como não poderia deixar de ser, fixou também em seu art. 28 a necessidade de a classificação da informação em qualquer grau de **sigilo** vir acompanhada das **razões e fundamentos** que deram origem a ela por se tratar de ato administrativo.

Diante desse cenário, como já dissemos, abre-se a perspectiva da prática de **atos arbitrários** de forma a preservar não os **interesses da sociedade ou do Estado**, mas os do administrador de plantão.

Assim é que os atos praticados pela **junta militar** relacionados ao **período de ditadura** vivenciado pelo País entre as décadas de 1960 e 1980 se encontram em larga escala protegidos por esse **sigilo**, sob a argumentação de não comprometimento da **estabilidade das relações institucionais**.

Por fim, cumpre destacar a previsão estabelecida no art. 38 desse diploma legal determinando a aplicação, no que couber, das regras estabelecidas na Lei n. 9.507/97, disciplinadora do *habeas data*.

Importante comentar ainda que essa legislação, a teor do disposto em seu art. 47, foi regulamentada pelo Decreto n. 7.724/2012.

De se destacar, também, que o **não oferecimento de informações** solicitadas por meio de atos, contratos de governo, no prazo fixado em lei, gera como consequência a possibilidade de caracterização de **crime de responsabilidade**, a teor do disposto no Decreto-lei n. 201/67, em particular em seu art. 1º, XV:

> **Art. 1º** São crimes de responsabilidade dos Prefeitos Municipais, sujeitos ao julgamento do Poder Judiciário, independentemente do pronunciamento da Câmara dos Vereadores: (...)
>
> XV — deixar de fornecer certidões de atos ou contratos municipais, dentro do prazo estabelecido em lei.

Oportuno registrar também ter sido essa matéria contemplada pela Lei n. 9.784/99, que disciplina os processos administrativos na área federal, em especial no art. 2º, parágrafo único, V:

> **Art. 2º** (...)
>
> Parágrafo único. Nos processos administrativos serão observados, entre outros, os critérios de: (...)
>
> V — divulgação oficial dos atos administrativos, ressalvadas às hipóteses de sigilo previstas na Constituição.

No que se refere à **transparência das informações**, aspecto que se encontra na base deste princípio, importante destacar a decisão proferida pelo **STF**, através do **órgão pleno**, em **março de 2017**, que julgou procedente **reclamação** ajuizada contra o **Superior Tribunal Militar**, para que os impetrantes tivessem acesso a registros documentais de **sessões** ocorridas na **década de 1970**.

No referido julgado, oportuna a reprodução do seguinte trecho do **voto da relatora, Ministra Cármen Lúcia**:

> "O direito à informação, a busca pelo conhecimento da verdade sobre sua história, sobre os fatos ocorridos em período avassalador do sentimento nacional e do espírito democrático que exsurgia, assim como sobre suas razões, integra o patrimônio jurídico de todo e qualquer cidadão e constitui dever do Estado assegurar os meios para o seu exercício" (*Informativo* n. 857, de março de 2017).

De outra parte, e somente a título de recordação, pois já visto por ocasião da análise do princípio da impessoalidade, de se lembrar da regra estabelecida no art. 37, § 1º, da Constituição, que estabelece a necessidade do administrador de fazer publicidade dos atos, programas, obras, serviços e campanhas dos órgãos públicos, para fins educativos, informativos ou de orientação social.

Por fim, cabe reafirmar que a **negativa** indevida do **oferecimento** dessas **informações** gera a possibilidade de propositura de medida judicial variável conforme a natureza da informação solicitada. Assim, se de **caráter personalizado**, a recusa comporta a propositura de ***habeas data*** a teor do disposto no **art. 5º, LXXII, da CF**, e, se for de **outra natureza**, vale dizer, de interesse particular, coletivo ou geral, comporta a propositura de **mandado de segurança**, conforme a previsão estabelecida no **art. 5º, LXIX, da CF**. Confira-se o seguinte quadro:

INFORMAÇÕES PERSONALIZADAS	*Habeas data*	Art. 5º, LXXII, da CF
OUTRAS INFORMAÇÕES	Mandado de segurança	Art. 5º, LXIX, da CF

■ *2.2.1.5. Princípio da eficiência*

Introduzido de maneira expressa, em nossa Constituição, pela EC n. 19/98, esse princípio impõe ao Poder Público a busca pelo **aperfeiçoamento** na prestação dos seus **serviços**, bem como das **obras** que executa, como forma de chegar à preservação dos interesses que representa.

Pode-se sentir sua presença em diversos dispositivos do Texto Constitucional, que surgem como um desdobramento natural na busca pela otimização das atividades administrativas.

Nesse contexto, pode-se mencionar o aumento do prazo de duração do **estágio probatório** para os servidores públicos de dois para três anos, conforme a previsão estabelecida no art. 41, *caput,* da CF:

> **Art. 41.** São estáveis após três anos de efetivo exercício os servidores nomeados para cargo de provimento efetivo em virtude de concurso público.

Segue-se a redação prevista no § 4º do mesmo dispositivo constitucional, que exige, como condição para a aquisição da **estabilidade do servidor**, seja ele aprovado em avaliação de desempenho:

> **Art. 41.** (...)
> § 4º Como condição para a aquisição da estabilidade, obrigatória a avaliação especial de desempenho por comissão instituída para essa finalidade.

No mesmo diapasão está a possibilidade de demissão de servidores públicos, inclusive os estáveis, desde que comprovada a insuficiência de desempenho nos termos prescritos no art. 41, § 1º, III:

> **Art. 41.** (...)
> § 1º O servidor público estável só perderá o cargo: (...)
> III — mediante procedimento de avaliação periódica de desempenho, na forma de lei complementar, assegurada ampla defesa.

Oportuna, também, a lembrança quanto à necessidade de **limitação de gastos** com a folha de pessoal ativo e inativo, nos termos estabelecidos pela **LC n. 101/2000** (Lei de Responsabilidade Fiscal), regulamentadora do art. 169, *caput,* da CF:

Art. 169. A despesa com pessoal ativo e inativo da União, dos Estados, do Distrito Federal e dos Municípios não poderá exceder os limites estabelecidos em lei complementar.

Pode-se, de igual sorte, mencionar a prescrição no art. 37, § 8º, do chamado **"contrato de gestão"** a ser firmado entre órgãos e entidades da Administração direta e indireta, com o intuito de oferecer a estes últimos mais autonomia gerencial, orçamentária e financeira em troca da fixação de metas de desempenho:

Art. 37. (...)

§ 8º A autonomia gerencial, orçamentária e financeira dos órgãos e entidades da administração direta e indireta poderá ser ampliada mediante contrato, a ser firmado entre seus administradores e o poder público, que tenha por objeto a fixação de metas de desempenho para o órgão ou entidade, cabendo à lei dispor sobre:

I — o prazo de duração do contrato;

II — os controles e critérios de avaliação de desempenho, direitos, obrigações e responsabilidade dos dirigentes;

III — a remuneração do pessoal.

Ainda como desdobramento do princípio da eficiência, anote-se a obrigação atribuída à União, aos Estados e ao Distrito Federal de manutenção de **escolas de governo** visando à formação e ao aperfeiçoamento de seus servidores, constituindo a participação nesses cursos requisito para promoção na carreira (art. 39, § 2º):

Art. 39. (...)

§ 2º A União, os Estados e o Distrito Federal manterão escolas de governo para a formação e o aperfeiçoamento dos servidores públicos, constituindo-se a participação nos cursos um dos requisitos para a promoção na carreira, facultada, para isso, a celebração de convênios ou contratos entre os entes federados.

Aliás, conveniente mencionar, igualmente, que o Texto Constitucional se preocupou também em prescrever a diretriz a ser dada às **verbas** resultantes de **economia com despesas** que não ficam ao livre critério do administrador, como se vê da redação do art. 39, § 7º:

Art. 39. (...)

§ 7º Lei da União, dos Estados, do Distrito Federal e dos Municípios disciplinará a aplicação de recursos orçamentários provenientes da economia com despesas correntes em cada órgão, autarquia e fundação, para aplicação no desenvolvimento de programas de qualidade e produtividade, treinamento e desenvolvimento, modernização, reaparelhamento e racionalização do serviço público, inclusive sob a forma de adicional ou prêmio de produtividade.

Dentro desse contexto, diante das inúmeras possibilidades de aplicação desse princípio, oportuna a elaboração de quadro descrevendo outras hipóteses de cabimento.

OBRAS	Execução eficiente, sob pena de responsabilidade
SERVIÇOS	Execução eficiente, sob pena de responsabilidade
CONCURSO	Obrigação de escolha dos candidatos mais eficientes

POSSE	Somente para aqueles aprovados em concurso que preencham as exigências dos arts. 13 e 14 da Lei n. 8.112/90
ESTÁGIO	Aprovação somente para os que preencham as exigências do art. 20 da Lei n. 8.112/90
ESTABILIDADE	Aquisição somente para os que preencham as exigências do art. 41, § 4º, da CF
PROCESSOS	Prazo limitado para conclusão (art. 5º, LXXVIII, da CF e art. 97-A da Lei n. 9.504/97)

Como ideia final, anote-se a impossibilidade de atingir conclusão segundo a qual a Administração Pública apenas passou a ter a obrigação de ser eficiente a partir da previsão desse princípio de maneira expressa no Texto Constitucional, por intermédio da EC n. 19/98.

Destarte, bem antes desse período existiam previsões em diversos diplomas legais, podendo-se destacar aquelas contidas na Lei n. 8.078/90 **(Código de Defesa do Consumidor)**, art. 22, e na Lei n. 8.987/95 (que regulamenta as **concessões e permissões** de serviços públicos), que, em seu art. 6º, inclui entre as características do serviço público adequado a eficiência.

Também com o objetivo de concretizar esse princípio, importante destacar ter a Constituição estabelecido em seu art. 37, XI, um **teto de remuneração** para todos aqueles que se encontram dentro da Administração Pública, titularizando cargos, empregos, funções e mandatos.

Também de se destacar a previsão estabelecida nos **arts. 106 a 114 do Ato das Disposições Constitucionais Transitórias**, por meio da promulgação da **Emenda Constitucional n. 95**, em 15 de **dezembro de 2016**, que implementou **novo regime fiscal** no âmbito dos orçamentos fiscais da seguridade social da União por 20 exercícios financeiros, conhecida como **Emenda da Redução de Gastos**.

Para implementar esse objetivo, a referida emenda fixou para o exercício de 2017, com o objetivo de promover redução de gastos, que as despesas primárias não poderão ultrapassar o índice de 7,2% daquele verificado no exercício de 2016.

Para os exercícios posteriores, as **despesas primárias** não poderão ultrapassar o valor do **limite** referente ao **exercício** imediatamente **anterior**, corrigido pela avaliação do Índice Nacional de Preços ao Consumidor Amplo — **IPCA**, publicado pelo IBGE, ou de outro índice que vier a substituí-lo, para o período de 12 meses encerrado em junho do exercício anterior a que se refere a lei orçamentária.

Também se apresenta como reflexo desse princípio a previsão estabelecida no art. 173, § 1º, da Constituição Federal, quando estabelece a necessidade de edição do **Estatuto Jurídico da Empresa Pública, da Sociedade de Economia Mista** que explore **atividade econômica**, com destaque para a previsão estabelecida no inciso V, acerca da titularização dos mandatos, da avaliação de desempenho e a responsabilidade de seus administradores.

Nesse sentido, foi editada a **Lei n. 13.303/2016**, o **Estatuto Jurídico das Estatais**, com destaque para seu **art. 17:**

> **Art. 17.** Os membros do Conselho de Administração e os indicados para os cargos de diretor, inclusive presidente, diretor-geral e diretor-presidente, serão escolhidos entre cidadãos de reputação ilibada e de notório conhecimento, devendo ser atendidos, alternativamente, um dos requisitos das alíneas *a*, *b* e *c* do inciso I e, cumulativamente, os requisitos dos incisos II e III:

I — ter experiência profissional de, no mínimo:

a) 10 (dez) anos, no setor público ou privado, na área de atuação da empresa pública ou da sociedade de economia mista ou em área conexa àquela para a qual forem indicados em função de direção superior; ou

b) 4 (quatro) anos ocupando pelo menos um dos seguintes cargos:

1. cargo de direção ou de chefia superior em empresa de porte ou objeto social semelhante ao da empresa pública ou da sociedade de economia mista, entendendo-se como cargo de chefia superior aquele situado nos 2 (dois) níveis hierárquicos não estatutários mais altos da empresa;

2. cargo em comissão ou função de confiança equivalente a DAS-4 ou superior, no setor público;

3. cargo de docente ou de pesquisador em áreas de atuação da empresa pública ou da sociedade de economia mista;

c) 4 (quatro) anos de experiência como profissional liberal em atividade direta ou indiretamente vinculada à área de atuação da empresa pública ou sociedade de economia mista;

II — ter formação acadêmica compatível com o cargo para o qual foi indicado; e

III — não se enquadrar nas hipóteses de inelegibilidade previstas nas alíneas do inciso I do *caput* do art. 1º da Lei Complementar n. 64, de 18 de maio de 1990, com as alterações introduzidas pela Lei Complementar n. 135, de 4 de junho de 2010.

§ 1º O estatuto da empresa pública, da sociedade de economia mista e de suas subsidiárias poderá dispor sobre a contratação de seguro de responsabilidade civil pelos administradores.

§ 2º É vedada a indicação, para o Conselho de Administração e para a diretoria:

I — de representante do órgão regulador ao qual a empresa pública ou a sociedade de economia mista está sujeita, de Ministro de Estado, de Secretário de Estado, de Secretário Municipal, de titular de cargo, sem vínculo permanente com o serviço público, de natureza especial ou de direção e assessoramento superior na administração pública, de dirigente estatutário de partido político e de titular de mandato no Poder Legislativo de qualquer ente da federação, ainda que licenciados do cargo;

II — de pessoa que atuou, nos últimos 36 (trinta e seis) meses, como participante de estrutura decisória de partido político ou em trabalho vinculado a organização, estruturação e realização de campanha eleitoral;

III — de pessoa que exerça cargo em organização sindical;

IV — de pessoa que tenha firmado contrato ou parceria, como fornecedor ou comprador, demandante ou ofertante, de bens ou serviços de qualquer natureza, com a pessoa político-administrativa controladora da empresa pública ou da sociedade de economia mista ou com a própria empresa ou sociedade em período inferior a 3 (três) anos antes da data de nomeação;

V — de pessoa que tenha ou possa ter qualquer forma de conflito de interesse com a pessoa político-administrativa controladora da empresa pública ou da sociedade de economia mista ou com a própria empresa ou sociedade.

§ 3º A vedação prevista no inciso I do § 2º estende-se também aos parentes consanguíneos ou afins até o terceiro grau das pessoas nele mencionadas.

§ 4º Os administradores eleitos devem participar, na posse e anualmente, de treinamentos específicos sobre legislação societária e de mercado de capitais, divulgação de informações, controle interno, código de conduta, a Lei n. 12.846, de 1º de agosto de 2013 (Lei Anticorrupção), e demais temas relacionados às atividades da empresa pública ou da sociedade de economia mista.

§ 5º Os requisitos previstos no inciso I do *caput* poderão ser dispensados no caso de indicação de empregado da empresa pública ou da sociedade de economia mista para cargo de administrador ou como membro de comitê, desde que atendidos os seguintes quesitos mínimos:

I — o empregado tenha ingressado na empresa pública ou na sociedade de economia mista por meio de concurso público de provas ou de provas e títulos;

II — o empregado tenha mais de 10 (dez) anos de trabalho efetivo na empresa pública ou na sociedade de economia mista;

III — o empregado tenha ocupado cargo na gestão superior da empresa pública ou da sociedade de economia mista, comprovando sua capacidade para assumir as responsabilidades dos cargos de que trata o *caput*.

■ 2.2.2. Princípios implícitos da Administração Pública

Como visto no início deste capítulo, a redação do *caput* do art. 37 da CF não esgota a matéria relativa ao tema ora em discussão, representando, ao contrário, uma **relação mínima** de regras que devem ser **observadas** pelo **administrador** quando em atuação.

Em outras palavras, existem **outros princípios** que, nada obstante não estejam expressamente previstos, também **norteiam** toda a **atividade administrativa**, os chamados **princípios implícitos**, cujos mais importantes serão relacionados em seguida.

■ *2.2.2.1. Princípio da supremacia do interesse público sobre o particular*

Este princípio é responsável pela possibilidade de o **Poder Público**, em nome dos interesses que representa, **impor aos administrados**, de maneira **unilateral**, o cumprimento de determinados **comportamentos**, ainda que **nenhuma irregularidade** tenham praticado.

Dessa forma, estará o **administrador** autorizado a **desconsiderar** a existência de **direitos**, ainda que expressamente previstos na Constituição Federal, se conseguir demonstrar sua utilidade para a **preservação do interesse público**, desde que nos **limites da lei** e assegurada sua indenização.

Surge como exemplo do que se está a dizer a hipótese de **intervenção na propriedade**, ainda que esta esteja prevista como um **direito fundamental** e mesmo que tenha o proprietário conferido ao seu patrimônio uma **função social**.

Embora **não positivado** expressamente no nível da **Constituição Federal**, encontra-se relacionado no art. 2º da **Lei n. 9.784/99**, que regula processos administrativos no âmbito da Administração Pública federal.

■ *2.2.2.2. Princípio da motivação*

Outro princípio a ser mencionado é o da ***motivação***, que se traduz na **obrigação** atribuída ao Poder Público de apresentar as **razões** que justificaram a necessidade da edição do ato, surgindo inclusive como **requisito de validade**.

Por **motivação** deve-se entender não só a referência ao **dispositivo legal** embasador do ato editado pela Administração, mas também a necessidade de se relacionarem os **elementos que concretamente** contribuíram para formar a **convicção** do administrador.

Em que pese a existência de posicionamento contrário, encabeçado por **Hely Lopes Meirelles**, para quem os **atos discricionários** não demandariam motivação, acompanhamos a maioria doutrinária e jurisprudencial, segundo a qual a **necessidade de motivação** abrange todos os atos administrativos, até mesmo como **forma de controle de legalidade**, como se observa nos excertos a seguir:

> "Assinale-se que é imprescindível a motivação da atividade administrativa (embora muitos autores neguem, asseverando, equivocadamente, ser a motivação obrigatória, apenas e tão somente, quando texto de lei expressamente a previr).
>
> Não se concebe possa a Administração permitir a alguns o que nega a outros sem qualquer motivação. Tal proceder não é abrigado pelo ordenamento jurídico. Muito pelo contrário: é rejeitado. E só pode ser assim mesmo, em face da já antes afirmada possibilidade de controle judicial da atividade administrativa.
>
> A motivação, como forma de controle da atividade administrativa, é de extrema importância"[12].

> "A motivação é necessária para todo e qualquer ato administrativo, consoante já decidiu o STF (*RDP* 34/141). Hoje, com mais razão, essa afirmação é de todo pertinente, pois a Constituição Federal exige que até as decisões administrativas dos Tribunais sejam motivadas (art. 93, X)"[13].

> "Adotado esse princípio como norma constitucional, acolhe-se a doutrina dos que entendem que a motivação é necessária em qualquer tipo de ato administrativo, seja ele vinculado ou discricionário. Trata-se de mais um princípio que revela a preocupação de possibilitar maior controle da Administração Pública pelo Poder Judiciário, porque, por meio da motivação, é possível verificar a existência e veracidade dos motivos e a adequação do objeto aos fins de interesse público impostos pela lei"[14].

> "Dito princípio implica para a Administração o dever de justificar seus atos, apontando-lhes os fundamentos de direito e de fato assim como a correlação lógica entre os eventos e situações que deu por existentes e a providência tomada, nos casos em que este último aclaramento seja necessário para aferir-se a consonância da conduta administrativa com a lei que lhe serviu de arrimo. (...)
>
> Assim, atos administrativos praticados sem a tempestiva e suficiente motivação são ilegítimos e invalidáveis pelo Poder Judiciário toda vez que sua fundamentação tardia, apresentada apenas depois de impugnados em juízo, não possa oferecer segurança e certeza de que os motivos aduzidos efetivamente existiam ou foram aqueles que embasaram a providência contestada"[15].

Sobre esse tema, sobreleva notar que outra não é a orientação pacificada pelos nossos tribunais. Nesse sentido:

---

[12] FIGUEIREDO, Lúcia Valle. *Curso de direito administrativo*. 4. ed. São Paulo: Malheiros, 2000, p. 48.

[13] GASPARINI, Diogenes. *Direito administrativo*. 5. ed. São Paulo: Saraiva, 2000, p. 10.

[14] DI PIETRO, Maria Sylvia Zanella. *Direito administrativo*. 10. ed. São Paulo: Atlas, 1999, p. 73.

[15] MELLO, Celso Antônio Bandeira de. *Curso de direito administrativo*. 11. ed. São Paulo: Malheiros, 1999.

"Ementa: Administrativo. Mandado de segurança. Servidor público federal. Auditor-fiscal da Receita Federal do Brasil. Fixação de exercício junto ao Ministério da Previdência Social. Retorno à Receita Federal do Brasil. Possibilidade. Ato precário. Revogação. Ato discricionário. Motivação. Necessidade. Arts. 2º e 50 da Lei 9.784/1999. Inexistência. Ilegalidade reconhecida. Segurança concedida. 1. Trata-se de mandado de segurança impetrado contra ato do Ministro de Estado da Previdência Social que determinou o retorno do impetrante, Auditor-Fiscal da Receita Federal do Brasil, à Secretaria da Receita Federal do Brasil. Sustenta o impetrante a arbitrariedade e ilegalidade do ato coator, por ausência de razoabilidade, proporcionalidade, motivação e por ser contrário aos interesses públicos. 2. O ato administrativo que determina o retorno do servidor ao seu órgão de origem, **mesmo ostentando natureza discricionária, exige** a **regular motivação**, a fim de possibilitar o seu controle de legalidade. Inteligência dos arts. 2º, parágrafo único, inc. I, e 50, I e § 1º, todos da Lei 9.784/1999. Precedentes do STJ. 3. Carecendo de motivação o ato coator, padece de ilegalidade. 4. Segurança concedida, ressalvado o direito da Administração de proferir nova decisão, devidamente motivada, para determinar o retorno do servidor ao órgão de origem" (MS 19449-DF 2012/0245833-9, S1 — Primeira Seção, Ministro Mauro Campbell Marques, *DJe*, 04.09.2014).

"Ementa: Administrativo. Recurso especial. Concurso público. Exame psicológico. Critérios subjetivos e ausência de motivação do ato que declarou o candidato não recomendado. Nulidade da avaliação. Necessidade de novo exame. 1. Hipótese em que o Tribunal de origem, não obstante tenha reconhecido o caráter subjetivo da avaliação psicológica a que foi submetida o recorrente, como também a ausência de motivação do laudo que o declarou não recomendado, entendeu por bem afastar a alegada nulidade do exame, em razão da natureza especial do cargo, que envolve atividade policial, assentando que o laudo oficial, realizado por profissionais que possuem o conhecimento técnico e científico, deve ser prestigiado, negando-se admissão do candidato que não se enquadre nas exigências para o desempenho do cargo. 2. Ao assim proceder, o acórdão recorrido contrariou a jurisprudência desta Corte que exige a adoção de critérios objetivos nos testes psicológicos e a possibilidade de revisão do seu resultado, como também a que requer que todo ato administrativo seja devidamente motivado, nos termos do artigo 50, I, da Lei 9.784/99, o que, obviamente, só é possível com a obtenção, de uma forma clara, motivada e compreensível, das razões pelas quais o candidato foi considerado inapto no certame. Uma vez declarada a nulidade do teste psicotécnico, deve o candidato se submeter a outro exame. Precedentes: RMS 32.813/MT, Rel. Min. Eliana Calmon, Segunda Turma, *DJe* 24/05/2013; REsp 991.989/PR, Rel. Min. Luiz Fux, Primeira Turma, *DJe* 03/11/2008; MS 9.944/DF, Rel. Min. Teori Albino Zavascki, Primeira Seção, *DJ* 13/06/2005; AgRg no RMS 31.067/SC, Rel. Min. Sebastião Reis Júnior, Sexta Turma, *DJe* 22/08/2012; AgRg no RMS 27.105/PE, Rel. Min. Maria Thereza de Assis Moura, Sexta Turma, *DJe* 28/09/2011; AgRg no REsp 1.326.567/DF, Rel. Min. Mauro Campbell Marques, Segunda Turma, *DJe* 21/11/2012. 3. Recurso especial provido, para determinar a submissão do candidato a novo exame psicotécnico, a ser aplicado em conformidade com as normas pertinentes, a partir de critérios de avaliação objetivos, resguardada a publicidade e motivação a ele inerentes" (REsp 1444840-DF 2013/0322994-9, rel. Min. Benedito Gonçalves, Primeira Turma, *DJe*, 24.04.2015).

Como se vê, portanto, a **motivação** para os atos administrativos assume **aspecto fundamental** como forma de **controle da legalidade** pelo Poder **Judiciário**, aspecto básico para o Estado Democrático de Direito.

Destarte, por meio dela, confere-se ao **administrado** o direito ao **devido processo legal** na medida em que se torna impossível a sua viabilização sem que se possam **conhecer** as **razões** que levaram o administrador a lhe impor, em nome do interesse público, comportamentos unilaterais.

Assim, não se pode admitir, sem que isso implique agressão a esse direito ao devido processo legal, a **negativa** de direito de **acesso a procedimentos administrativos** a defensores das partes envolvidas sob a alegação de necessidade de manutenção de sigilo.

Dentro desse contexto é que se justifica a edição, em fevereiro de 2009, pelo STF, da **Súmula Vinculante 14:**

> **Súmula Vinculante 14:** É direito do defensor, no interesse do representado, ter acesso amplo aos elementos de prova que, já documentados em procedimento investigatório realizado por órgão com competência de polícia judiciária, digam respeito ao exercício do direito de defesa.

2.2.2.2.1. *Da impossibilidade de demissão de cargos e empregos públicos sem justa causa*

Nesse sentido, ainda, oportuno registrar **decisão** proferida pelo **STF** relatada pelo Ministro Ricardo Lewandowski, veiculada em *Notícias do STF* no dia 09.02.**2009**, **cassando** acórdão do **Tribunal Superior do Trabalho** que entendeu válida a **dispensa imotivada de servidor** público de autarquia estadual ainda em estágio probatório, sob o argumento de que não se encontrava no gozo de estabilidade.

Segundo o eminente Relator, a decisão guerreada estaria em **confronto com a jurisprudência da Suprema Corte**, apontando em especial o precedente do **RE 223.904**, no qual se concluiu que "é necessário o devido processo administrativo em que se garanta o contraditório e a ampla defesa, para a demissão de servidores públicos, mesmo que não estáveis".

Por fim, acrescentou que o entendimento adotado pelo TST afronta também o conteúdo da **Súmula 21** daquela Corte.

De resto, essa tese, como se disse, encontra-se consolidada naquele Tribunal, apresentando **inúmeros precedentes**. Confira-se: RE 223.927; RE 244.543; RE 222.532; RE 378.041; RE 240.735; AI 560.566-AGR; RE 395.219; AI 436.387; AI 521.843 e RE 553.020.

Cumpre salientar, ainda, que a questão relacionada à demissão motivada de servidores públicos, ainda que ocupantes de **empregos públicos**, em **empresas públicas** prestadoras de **serviços públicos** e dependentes de verbas orçamentárias, já foi reconhecida, pela nossa **Corte Suprema**, como questão de repercussão geral no **RE 589.998-PI**, relatado pelo Ministro Ricardo Lewandowski. A título de registro, trata-se de recurso extraordinário interposto pela **Empresa Brasileira de Correios e Telégrafos** contra decisão do **TST** segundo a qual a demissão de funcionário dessa estatal exige **motivação**.

O Ministro relator, acompanhado pelo Ministro Eros Grau, no julgamento do recurso extraordinário, justificou seu voto no fato de que a ECT, embora seja uma empresa de direito privado, presta serviço público, tem exclusividade dos serviços postais, excetuados encomendas e impressos, e, sobretudo, goza de imunidade tributária e se beneficia da impenhorabilidade de seus bens, além de poder pagar suas dívidas trabalhistas por precatório e de gozar de algumas prerrogativas processuais, afastando-se a incidência do art. 173 da Constituição.

A questão envolvendo a **EBCT** foi retomada pelo STF, em abril de **2013**, quando foi ratificada a postura em relação à natureza jurídica da EBCT, no **RE 601.392-PR**, Rel. orig. Min. Joaquim Barbosa, red. p/ o acórdão Min. Gilmar Mendes.

Nesse julgado, a Suprema Corte concluiu que os serviços prestados pela EBCT estão abrangidos pela imunidade recíproca, na forma do art. 150, VI, *a,* e §§ 2º e 3º, da Constituição, por se tratar da execução de serviços em caráter de monopólio.

No mesmo julgado, restou consignado que, mesmo quando a **EBCT** exercesse a atividade fora do regime de **privilégio**, sujeitar-se-ia a condições decorrentes desse *status*, não extensíveis à iniciativa privada, a exemplo da exigência de **prévia licitação** e da realização de **concurso público**.

Por óbvio, com base nos mesmos fundamentos, incide sobre ela a **proibição de demitir sem justa causa**, precedida de processo administrativo, em que se assegure o **contraditório e ampla defesa**.

A correção dessa decisão justifica-se por força dos princípios da **impessoalidade** e **isonomia**, que permeiam a atividade da Administração, evitando-se demissões por motivos políticos ou pessoais de forma **arbitrária**.

Em outras palavras, com essa orientação se evita que a **Administração** receba um **cheque** em **branco** para buscar tão somente interesses pessoais do administrador de plantão, e não os da coletividade.

Outrossim, importante anotar a existência de precedente no **MS 21.485-DF**, em que o então Min. Néri da Silveira proferiu o seguinte voto: "A dispensa do servidor público regido pela CLT não se pode dar da mesma forma que a dispensa do empregado privado. É que **todos os atos** da Administração Pública terão de ser sempre **motivados**; não podem ser sem causa".

Acertada a decisão proferida, uma vez que não se pode descurar para o fato de que, preservando sempre o **interesse público**, não poderia o administrador lançar mão do **poder potestativo** atribuído ao **empregador particular**, que atua em nome próprio, para **demitir** seus **empregados** sem motivação.

Importante registrar, ainda, a identidade de opiniões em nossa doutrina, consoante se verifica dos ensinamentos de **Hely Lopes Meirelles** e **Celso Antônio Bandeira de Mello**. Confira-se:

> "O ato de dispensa, no nosso entender, deve ser motivado, expondo-se por escrito o seu motivo ou a sua causa. A motivação decorre dos princípios da legalidade, da eficiência, da moralidade e da razoabilidade, pois só com ela é que poderão ser afastados os desligamentos de celetistas motivados por perseguição política ou por desvio de finalidade. Se o particular pode, em tese, desligar o empregado que queira, o mesmo raciocínio não cabe tratando-se de empregado público"[16].

[16] MEIRELLES, Hely Lopes. *Direito administrativo brasileiro*. 27. ed. São Paulo, Malheiros, 2002, p. 414.

"(...) 51. Assim como a contratação de pessoal nas empresas públicas e sociedades de economia mista sofre o condicionamento aludido, **também não é livre o desligamento de seus empregados. Cumpre que haja razões prestantes e demonstráveis para efetuá-lo, já que seus administradores não gerem negócio particular**, onde prepondera o princípio da autonomia da vontade, mas conduzem assunto de interesse de toda a coletividade, cuja gestão sempre reclama adscrição à finalidade legal preestabelecida, exigindo, pois, transparência, respeito à isonomia e fundamentação satisfatória para os atos praticados. **Daí que a despedida de empregado demanda apuração regular de suas insuficiências ou faltas, com direito à defesa e, no caso de providências amplas de enxugamento de pessoal, prévia divulgação dos critérios que presidirão as dispensas, a fim de que se possa conferir a impessoalidade das medidas concretamente tomadas**"[17].

Como arremate deste item, importante registrar que no nível do **TST** já foram proferidas **diversas decisões** concluindo pela **impossibilidade** de a Administração levar a efeito **demissões sem justa causa** em relação aos titulares de **empregos públicos**, lotados em empresas públicas e sociedades de economia mista, exploradoras de atividade econômica, em que pese encontrarem-se em regime de competição com a iniciativa privada.

Em outras palavras, segundo entendimento recente de diversas turmas do TST, a necessidade de essas estatais submeterem-se ao mesmo regime jurídico das empresas privadas, em especial quanto aos direitos e obrigações trabalhistas, a teor do disposto no art. 173, § 1º, II, da CF, não afasta a necessidade de motivação dessas decisões de forma a evitar a prática de atos de arbitrariedade por parte da Administração Pública.

Nesse sentido, confira-se a seguinte ementa:

"Nesse contexto, resta superado o entendimento da Orientação Jurisprudencial n. 247 da SDI-1, que dispunha que a despedida de empregados de empresas públicas e sociedades de economia mista independe de motivação para sua validade, conforme se constata dos seguintes precedentes da Corte:

Agravo de instrumento em recurso de revista do reclamante. Nulidade do acórdão do TRT por negativa de prestação jurisdicional. Dano moral.

Nega-se provimento ao agravo de instrumento por meio do qual a parte não consegue desconstituir os fundamentos da decisão agravada.

II — Recurso de revista do reclamado. Ente da Administração indireta. Empregado público regido pela CLT. Dispensa imotivada. Orientação Jurisprudencial n. 247 da SBDI-1 do TST. Entendimento superado. Decisão do STF proferida no RE 589.998/PI. REPERCUSSÃO GERAL. 1. O STF proferiu decisão no RE 589.998/PI, com efeito vinculante, reconhecendo a repercussão geral e consagrando a tese jurídica de exigência de motivação da dispensa de empregados de empresas públicas e sociedades de economia mista que prestam serviços públicos, a fim de assegurar ao ato da dispensa a observância dos mesmos princípios regentes da admissão por concurso público. 2. O entendimento da Corte Suprema decorre da necessidade de que os princípios constitucionais da impessoalidade, isonomia e legalidade, que regem a admissão por concurso público,

[17] MELLO, Celso Antônio Bandeira de. *Curso de direito administrativo*. 18. ed. São Paulo: RT, 2004, p. 262-263.

> sejam observados e respeitados por ocasião da dispensa, protegendo o empregado de um possível não cumprimento desses postulados. 3. A partir da decisão do STF, tornou-se superada a jurisprudência do TST, consubstanciada na Orientação Jurisprudencial n. 247, I, da SBDI-1, passando a ser imperioso que o ato de dispensa do empregado de empresa pública ou de sociedade de economia mista seja motivado, para que não ocorram despedidas ilegais ou abusivas. 4. Recurso de revista de que não se conhece. HONORÁRIOS ADVOCATÍCIOS. AUSÊNCIA DE ASSISTÊNCIA SINDICAL.
> SÚMULA N. 219 DO TST. 1. O TRT, ao deferir os honorários advocatícios, sem que o reclamante estivesse assistido pelo sindicato de sua categoria profissional, contrariou a Súmula n. 219, I, do TST. 2. Recurso de revista a que se dá provimento" (ARR 1276-77.2012.5.04.0012, rel. Min. Kátia Magalhães Arruda, j. 24.02.2016, 6ª T., *DEJT,* 26.02.2016).

No mesmo sentido caminham inúmeros outros precedentes de diversas turmas do TST[18].

Pode-se dizer, também, que a necessidade de **motivação** acaba encontrando lastro no **princípio republicano**, uma vez que não se pode conceber qualquer atuação do administrador sem que preste conta dos atos que edita a seus representados por meio da explicitação dos motivos que o justificaram.

De se mencionar, ainda, que a **Constituição Federal**, preocupada com esse tema, estipulou no **art. 93, IX e X**, a necessidade de o Poder **Judiciário fundamentar** todas as suas **decisões**, como se vê:

> **Art. 93.** (...)
> IX — todos os julgamentos dos órgãos do Poder Judiciário serão públicos, e fundamentadas todas as decisões, sob pena de nulidade, podendo a lei limitar a presença, em determinados atos, às próprias partes e a seus advogados, ou somente a estes (...);
> X — as decisões administrativas dos tribunais serão motivadas (...) sendo as disciplinares tomadas pelo voto da maioria absoluta de seus membros.

Assim, se até mesmo para o exercício de funções atípicas pelo Judiciário a Constituição Federal exige a **fundamentação**, a mesma conclusão se aplica, com maior razão, para a **Administração Pública** quando no exercício da sua **função típica** ou principal.

A título de conclusão, temos para nós que a motivação surge como obrigação atribuída ao Poder Público, quando no exercício de suas atividades, por força dos interesses que representa.

Essa conclusão, repetimos uma vez mais, se aplica em relação a todos os atos administrativos, mas principalmente em relação aos **atos discricionários**, por conferirem a possibilidade de o administrador estabelecer um juízo de valores, o que não se apresenta nos **vinculados**, demandando também a competente justificativa em razão da opção feita.

[18] Processo: RR 48300-12.1999.5.15.0090, rel. Min. Aloysio Corrêa da Veiga, 6ª T., *DEJT,* 20.03.2015; Processo: AIRR 10260-71.2014.5.03.0153, rel. Min. Alberto Luiz Bresciani de Fontan Pereira, 3ª T., *DEJT,* 04.09.2015; Processo: AIRR 441-12.2010.5.15.0026, rel. Des. convocado José Ribamar Oliveira Lima Júnior, 4ª T., *DEJT,* 11.09.2015; Processo: RR 84700-37.2010.5.17.0008, rel. Min. Emmanoel Pereira, 5ª T., *DEJT,* 28.08.2015; Processo: RR 139100-53.2009.5.04.0022, rel. Min. Douglas Alencar Rodrigues, 7ª T., *DEJT,* 11.09.2015.

De resto, quer nos parecer que a discussão relativa à necessidade ou não de **motivação** de todos os atos administrativos, não fossem suficientes todos os aportes doutrinários e jurisprudenciais citados, acaba perdendo fôlego também em vista da edição da **Lei n. 9.784/99**, regulamentadora dos procedimentos administrativos no âmbito federal, em especial por força dos artigos a seguir reproduzidos:

> **Art. 2º** A Administração Pública obedecerá, dentre outros, aos princípios da legalidade, finalidade, *motivação*, razoabilidade, proporcionalidade, moralidade, ampla defesa, contraditório, segurança jurídica, interesse público e eficiência.
>
> Parágrafo único. Nos processos administrativos serão observados, entre outros, os critérios de: (...)
>
> VII — indicação dos pressupostos de fato e de direito que determinarem a decisão.
>
> **Art. 50.** Os atos administrativos deverão ser motivados, com indicação dos fatos e dos fundamentos jurídicos, quando: (...).

Em comentários ao dispositivo transcrito, assim se manifestou o publicista **Diogenes Gasparini**[19]:

> "A discussão motivada/não motivada parece resolvida com o advento da Lei Federal 9.784/1999, que regula o processo administrativo no âmbito da Administração Federal. Pelo art. 50 dessa lei, todos os atos administrativos, sem qualquer distinção, deverão ser motivados, com indicação dos fatos e dos fundamentos jurídicos. Assim, tanto os atos administrativos vinculados como os discricionários devem ser motivados. O fato desse artigo elencar as situações em que os atos administrativos devem ser motivados não elide esse entendimento, pois o rol apresentado afeiçoa-se a tais espécies".

■ *2.2.2.2.2. Da teoria dos motivos determinantes*

Ainda sobre esse tema, oportuno estabelecer algumas considerações acerca da **"teoria dos motivos determinantes"**, segundo a qual, a partir do instante em que o ato administrativo foi editado, devidamente acompanhado dos **motivos que deram origem**, fica o **administrador vinculado a eles** durante sua execução, não podendo deles se afastar, como regra geral, sob pena de **comprometimento** de sua **validade**.

Em outras palavras, a **correspondência** desses **motivos** com a **realidade** dos fatos assume extrema importância, na medida em que, se inexistentes ou falsos, acabam por comprometer a validade do ato.

A propósito, importante conferir alguns excertos doutrinários de modo a verificar quais os desdobramentos gerados por essa teoria em relação aos atos administrativos:

> "A obrigatoriedade de existência, no mundo real, dos motivos alegados e que determinam a prática do ato administrativo, como requisito de sua validade, acabou por dar origem à teoria dos motivos determinantes. Por essa teoria só é válido o ato se os motivos enunciados efetivamente aconteceram. Desse modo, a menção de motivos

---

[19] *Direito administrativo*. 5. ed. São Paulo: Saraiva, 2000, p. 60-61.

falsos ou inexistentes vicia irremediavelmente o ato praticado, mesmo que não exigidos por lei"[20].

"A teoria dos motivos determinantes funda-se na consideração de que os atos administrativos, quando tiverem sua prática motivada, ficam vinculados aos motivos expostos, para todos os efeitos jurídicos. Tais motivos é que determinam e justificam a realização do ato, e, por isso mesmo, deve haver perfeita correspondência entre eles e a realidade. Mesmo os atos discricionários, se forem motivados, ficam vinculados a estes motivos como causa determinante do seu cometimento e se sujeitam ao confronto da existência e legitimidade dos motivos indicados. Havendo desconformidade entre os motivos determinantes e a realidade, o ato é inválido"[21].

"Ainda relacionada com o motivo, há a teoria dos motivos determinantes, em consonância com a qual a validade do ato se vincula aos motivos indicados como seu fundamento, de tal modo que, se inexistentes ou falsos, implicam a sua nulidade. Por outras palavras, quando a Administração motiva o ato, mesmo que a lei não exija a motivação, ele só será válido se os motivos forem verdadeiros"[22].

Nesse contexto, oportuno registrar também a **contribuição** oferecida por **outros diplomas legais** acerca desse tema:

Lei n. 8.666/93. Regulamenta o art. 37, inciso XXI, da Constituição Federal; institui normas para licitações e contratos da Administração Pública e dá outras providências. (...)

Art. 49. A autoridade competente para a aprovação do procedimento somente poderá revogar a licitação por razões de interesse público decorrente de fato superveniente **devidamente comprovado, pertinente e suficiente para justificar tal conduta**, devendo anulá-la por ilegalidade, de ofício ou por provocação de terceiros, mediante parecer escrito e **devidamente fundamentado**. (...)

Art. 78. Constituem motivo para rescisão do contrato: (...)
XII — razões de interesse público, de alta relevância e amplo conhecimento, **justificadas e determinadas** pela máxima autoridade da esfera administrativa a que está subordinado o contratante e exaradas no processo administrativo a que se refere o contrato. (...)
Art. 79. A rescisão do contrato poderá ser: (...)
§ 1º A rescisão administrativa ou amigável deverá ser precedida de **autorização escrita e fundamentada** da autoridade competente.

Por sua vez, a **Lei n. 8.112/90**, que dispõe sobre o regime jurídico dos servidores públicos civis da União, das autarquias e das fundações públicas federais, também contribui para fortalecer a necessidade de motivação dos atos administrativos, ao

20 GASPARINI, Diogenes. *Direito administrativo*. 5. ed. São Paulo: Saraiva, 2000, p. 59.

21 MEIRELLES, Hely Lopes. *Direito administrativo brasileiro*. 24. ed. São Paulo: Malheiros, 1999, p. 181-182.

22 DI PIETRO, Maria Sylvia Zanella. *Direito administrativo*. 15. ed. São Paulo: Atlas, 2003, p. 178.

estabelecer em seu art. 128 os itens que deverão ser considerados pelo administrador quando da aplicação de penalidades:

> **Art. 128.** Na aplicação das penalidades serão consideradas a natureza e a gravidade da infração cometida, os danos que dela provierem para o serviço público, as circunstâncias agravantes ou atenuantes e os antecedentes funcionais.

No mesmo dispositivo, o legislador houve por bem estabelecer quais **itens** integram o **conceito de motivação**, deixando claro que, além da referência ao **dispositivo legal** embasador do ato, deve também relacionar os **fatos** que contribuíram para sua **aplicação** ao **caso concreto:**

> **Art. 128.** (...)
> Parágrafo único. O ato de imposição da penalidade mencionará sempre o fundamento legal e a causa da sanção disciplinar.

De outra parte, importante verificar também a contribuição oferecida pela nossa jurisprudência, consoante se verifica da **Súmula 684 do STF:**

> **Súmula 684 do STF:** É inconstitucional o veto não motivado à participação de candidato a concurso público.

Como arremate deste item, pode-se extrair a conclusão segundo a qual a necessidade de **motivação** atinge **todos os atos** administrativos, independentemente de sua natureza, viabilizando, outrossim, **o controle de legalidade** que o **Judiciário** faz em relação a eles.

Em outras palavras, surgindo a necessidade de **motivação** como forma de viabilizar o controle a ser efetivado pelo **Judiciário**, incide ela em relação tanto a atos **vinculados** quanto **discricionários**.

Nesse sentido, cumpre fazer referência a uma situação normalmente invocada como excepcionadora dessa regra geral, vale dizer, aquela relacionada ao provimento de **cargos em comissão**, uma vez que de **livre nomeação**, a teor do disposto na parte final do **art. 37, II, da CF**.

Sem embargo de opiniões em sentido contrário, temos para nós que a **livre nomeação** apontada pelo dispositivo constitucional para cargos dessa natureza **não torna desnecessária** a sua **motivação**, pois a escolha não poderá afrontar os princípios que presidem toda a atividade administrativa.

Em abono a essa linha de argumentação, oportuna a referência ao julgamento realizado pela nossa **Suprema Corte**, em 20 de junho de 2006, da **Adecon 12**, em que se reconheceu a constitucionalidade da **Resolução n. 7/2005 do Conselho Nacional de Justiça** contra o nepotismo em cargos dessa natureza. Em comentários a respeito da decisão, segue trecho de notícia veiculada pelo próprio STF:

> "No dia 20 de agosto de 2008, uma decisão histórica do Supremo Tribunal Federal (STF) determinou uma mudança drástica no sistema de contratação para o serviço público nacional. Ao julgar procedente, por unanimidade, a Ação Declaratória de Consti-

tucionalidade (ADC) 12, o Plenário da Suprema Corte pôs fim à prática do nepotismo no Poder Judiciário do país, decisão aplaudida por toda a sociedade brasileira. O efeito da determinação também alcançou os poderes Legislativo e Executivo, com a edição, no dia seguinte, da Súmula Vinculante n. 13.

A ADC 12 pediu o reconhecimento da legitimidade da Resolução n. 7/2005 do Conselho Nacional de Justiça (CNJ), que impede o emprego, nos tribunais, de cônjuges, companheiros e parentes de magistrados, se estes não forem aprovados em concurso público. Isso significa que a proibição também é extensiva aos pais, avós, filhos, tios, irmãos, sobrinhos, sogros, e cunhados para cargos de livre nomeação e exoneração, além de restringir a contratação cruzada, isto é, quando um servidor contrata parentes de outro"[23].

Outrossim, de forma a ratificar esse entendimento, oportuna a referência para o conteúdo da **Súmula Vinculante 13 do STF**, editada logo em seguida, que, em síntese, proíbe a nomeação sem concurso para esses cargos, de parentes até 3° grau do administrador, em uma clara tentativa de combater a questão relacionada ao nepotismo:

"**STF — Súmula Vinculante 13** — Sessão Plenária de 21/08/2008 — *DJe* n. 162/2008, p. 1, em 29/8/2008 — *DO* de 29/8/2008, p. 1.

Nomeação de Cônjuge, Companheiro ou Parente da Autoridade Nomeante ou de Servidor da Mesma Pessoa Jurídica, Investido em Cargo de Direção, Chefia ou Assessoramento em Cargo em Comissão, de Confiança ou Função Gratificada na Administração Pública Direta e Indireta em Qualquer dos Poderes — e Designações Recíprocas — Constitucionalidade — Nepotismo.

A nomeação de cônjuge, companheiro ou parente em linha reta, colateral ou por afinidade, até o terceiro grau, inclusive, da autoridade nomeante ou de servidor da mesma pessoa jurídica investido em cargo de direção, chefia ou assessoramento, para o exercício de cargo em comissão ou de confiança ou, ainda, de função gratificada na administração pública direta e indireta em qualquer dos Poderes da União, dos Estados, do Distrito Federal e dos Municípios, compreendido o ajuste mediante designações recíprocas, viola a Constituição Federal".

De resto, a mesma diretriz já se encontrava na **Constituição Federal**, a teor do disposto no **art. 37, V**, em relação aos cargos em comissão e funções de confiança que impliquem **atribuições de chefia, direção e assessoramento**, que deverão ser preenchidos preferencialmente por servidores de carreira:

Art. 37. (...)

V — as funções de confiança, exercidas exclusivamente por servidores ocupantes de cargo efetivo, e os cargos em comissão, a serem preenchidos por servidores de carreira nos casos, condições e percentuais mínimos previstos em lei, destinam-se apenas às atribuições de direção, chefia e assessoramento.

Por derradeiro, oportuno fazer referência à questão relacionada aos **atos administrativos aliundes**, que se apresentam como aqueles que **não possuem motivação própria**, adotando a de outro ato a que fazem referência expressa.

[23] *ADC 12: decisão histórica do Supremo põe fim ao nepotismo no Judiciário.* Disponível em: <http://www.stf.jus.br/portal/cms/verNoticiaDetalhe.asp?idConteudo=115820>. Acesso em: 17 fev. 2017.

Dentro desse contexto, se o ato utilizado como **paradigma** for **anulado** ou **revogado**, sendo ele discricionário, **repercute** ele sobre o **ato aliunde**, que deverá ser declarado nulo.

De outra parte, em se tratando de ato paradigma vinculado, será considerado tão somente anulável, uma vez que os motivos ali utilizados encontram-se previstos em lei. A esse respeito, confiram-se as seguintes ementas de nossa Suprema Corte:

> "Ementa: Agravo regimental no recurso extraordinário. Mandado de segurança. Superveniente revogação do ato administrativo que supostamente dera causa à alegação de constrangimento. Mandado de segurança prejudicado. Agravo regimental a que se nega provimento. I — A revogação do ato administrativo que dera causa à suposta alegação de constrangimento ilegal trouxe como consequência a superveniente prejudicialidade do mandado de segurança, por perda do seu objeto. II — Impossibilidade de se ter o prosseguimento da ação mandamental em face da ausência de pressuposto de desenvolvimento válido e regular do processo. Precedente. III — Agravo regimental a que se nega provimento" (RE 598.609-MG).

> "Ementa: Reclamação — Ato emanado de Tribunal de Contas Estadual — Alegada transgressão ao teor da Súmula Vinculante n. 03/STF — Enunciado sumular vinculante que se refere, tão somente, aos procedimentos administrativos instaurados perante o e. Tribunal de Contas da União e dos quais puder resultar anulação ou revogação de ato administrativo benéfico — Inexistência da necessária relação de identidade entre a matéria versada na decisão objeto da reclamação e os fundamentos que dão suporte ao paradigma de confronto invocado pela parte reclamante — Inadmissibilidade, no caso, do instrumento reclamatório — Precedentes — Inadequação, ademais, do emprego da reclamação como sucedâneo recursal. Recurso de agravo improvido" (Rcl 14.169-RS).

2.2.2.3. *Princípio da autotutela*

O ***princípio da autotutela*** pode ser traduzido pela obrigação conferida à Administração Pública de controlar os atos que edita, de modo a **retirar do ordenamento** jurídico aqueles que se revelarem **ilegítimos** ou **inoportunos**.

Em outras palavras, tem ela o dever de **eliminar os atos nulos** e a prerrogativa de **revogar** aqueles que, não obstante guardarem a condição de legitimidade, não mais se justificarem por **inconvenientes e inoportunos**.

Esse princípio encontra seu perfil claramente delineado nas **Súmulas 346** e **473 do STF:**

> **Súmula 346 do STF:** A Administração Pública pode declarar a nulidade dos seus próprios atos.
>
> **Súmula 473 do STF:** A Administração pode anular seus próprios atos, quando eivados de vícios que os tornem ilegais, porque deles não se originam direitos; ou revogá-los, por motivo de conveniência ou oportunidade, respeitados os direitos adquiridos, e ressalvada, em todos os casos, a apreciação judicial.

■ 2.2.2.4. *Princípio da isonomia*

O primeiro ponto a ser observado com relação a esse princípio, por óbvio, diz respeito ao seu conteúdo, de compreensão aparentemente tranquila, mas que na prática tem revelado problemas dos mais diversos.

Destarte, a primeira noção que se tentou implementar foi a da **igualdade substancial**, segundo a qual todos os homens seriam iguais quanto ao gozo e fruição de direitos e também à sujeição a deveres, noção essa que logo se inviabilizou pelas inúmeras diferenças existentes entre os indivíduos.

Em um segundo momento, evoluiu-se para o conceito de **igualdade formal**, e foi elaborado o seguinte postulado, que surge hoje em todas as Constituições modernas, inclusive na brasileira, com pequenas variações, é certo: "todos são **iguais perante a lei**, **sem distinção** de qualquer natureza (...)".

Inspirada nesse postulado, a doutrina não titubeou em afirmar que a isonomia poderia ser assim representada: tratar igualmente os **iguais** e desigualmente os **desiguais**, na **medida** de suas **desigualdades**.

Sem embargo, o problema permaneceu e consistiu em saber quem eram os iguais e quem eram os desiguais para os quais a lei admitia o tratamento isonômico, uma vez que um **mesmo grupo** de pessoas poderia, por **inúmeros critérios**, ser assemelhado ou diferenciado.

Atento a esse problema, **Celso Antônio Bandeira de Mello** criou um critério para detectar lesões ao princípio da isonomia, levando em consideração dois fatores distintos: o **elemento de discriminação** utilizado para o caso concreto e a **finalidade**, o objetivo da **norma**.

Quando houver uma **adequação**, uma compatibilidade **entre os dois**, não estaremos diante de uma agressão ao princípio da **igualdade**. São suas estas palavras:

> "(...) então, no que atina ao ponto central da matéria abordada, procede afirmar: é agredida a igualdade quando o fator diferencial adotado para qualificar os atingidos pela regra não guarda relação de pertinência lógica com a inclusão ou exclusão no benefício deferido ou com a inserção ou arredamento do gravame imposto"[24].

Dessa forma, fica claro que a aplicação desse princípio destina-se a **impossibilitar discriminações de caráter gratuito**, é dizer, por razões que nenhuma ligação apresentem com a finalidade pública a ser atingida. Nesse sentido:

- STF, RE 197.847/MG, rel. Min. Moreira Alves, *DJU* 19.05.1998;
- TRF, 3ª Região, 4ª T., RO 90.03.03029101, rel. Des. Lúcia Figueiredo, *DJU* 30.09.1991;
- TRF, 3ª Região, Plenário, MS 03020496/90/SP, rel. Des. Homar Cais, *DJU* 12.11.1990.

---

[24] MELLO, Celso Antônio Bandeira de. *Conteúdo jurídico do princípio da igualdade*. 3. ed. São Paulo: Revista dos Tribunais, 1993, p. 49.

Por derradeiro, oportuno consignar que essa tendência jurisprudencial acerca do princípio em referência acabou resultando na edição pela **Corte Suprema da Súmula 683:**

> **Súmula 683 do STF:** "O limite de idade para a inscrição em concurso público só se legitima em face do art. 7º, XXX, da Constituição, quando possa ser justificado pela natureza das atribuições do cargo a ser preenchido".

Nesse sentido, vale a pena destacar **acórdão** proferido pelo **Conselho Nacional de Justiça** (procedimento de controle administrativo 200810000005866), relatado pelo Conselheiro Paulo Lobo, em que se concluiu pela ilegalidade de **cláusula editalícia** de concurso para preenchimento de vagas para juiz no **Mato Grosso do Sul.**

A ementa traz a seguinte redação:

> "Concurso público para a magistratura estadual. Limite de idade para inscrição. Ofensa ao princípio da isonomia. Inaplicabilidade de Lei Estadual que admite a limitação. Matéria objeto de ADI não decidida pelo STF".

Nessa decisão, referendada pelo plenário na 59ª **sessão ordinária** de **25.08.2008**, oportuna a reprodução dos seguintes trechos:

> "Em relação à Magistratura, não é razoável a imposição de idade máxima de quarenta e cinco anos feita pela norma local, porque é atividade exclusivamente intelectual e a experiência de vida é fator que favorece o ato de julgar. (...)
>
> Ora, se a Constituição Federal não impôs limitação de idade para a investidura em cargo público de magistrado, não poderia a legislação estadual fazê-lo, tampouco um edital de concurso, já que desarrazoada a determinação. (...)
>
> Em relação à magistratura, não é razoável a imposição de idade máxima de quarenta e cinco anos feita pela norma local. A atividade desenvolvida por um magistrado é meramente intelectual, não havendo falar em necessidade de força física para o seu exercício. A experiência profissional e de vida adquirida com o tempo e a maturidade são fatores que favorecem o ato de julgar. Se assim não fosse, um jurista com até sessenta e cinco anos não poderia ingressar no Supremo Tribunal Federal. (...)
>
> Diante da crescente expectativa de vida dos brasileiros, entende-se que a limitação de idade máxima para a inscrição em concurso público para a magistratura em 45 anos é incoerente com o sistema que concede aposentadoria compulsória ao cidadão com 70 anos de idade. Permitir a limitação pode significar a perda de até 25 anos de exercício da magistratura em prol do Estado e da Sociedade, no período de vida em que há maior vigor intelectual.
>
> O plenário do CNJ já se posicionou acerca da limitação de idade para participação em concurso público para magistratura decidindo o seguinte 'Procedimento de controle administrativo. Concurso público para a magistratura. Tribunal de Justiça do Estado de São Paulo. Exigência de idade máxima menor que 45 anos. Impossibilidade. I. A limitação de idade para ingresso na magistratura afronta os princípios da isonomia, razoabilidade e legalidade, pois não há previsão constitucional desta natureza e a maturidade é elemento importante para o exercício da judicatura. II. O argumento referente ao tempo de aposentadoria é inconsistente, não podendo ser vedado o acesso do candidato ao concurso com base na suposta data em que ele se aposentaria'" (CNJ, PCA 347, rel. Cons. Ruth Carvalho, 7ª Sessão Extraordinária, j. 14.03.2007, *DJU* 23.03.2007).

Conclui-se, portanto, com base nesse longo, porém riquíssimo arrazoado, que no entendimento do **CNJ** a exigência de limite de **idade** para o ingresso na Magistratura representa **afronta** a diversos **princípios constitucionais**, com especial destaque para o da **isonomia**, o da **razoabilidade** e o da **legalidade**.

De outra parte, percebe-se também que a imposição desse limite tendo em vista o tempo para a aposentadoria é linha de argumentação que não encontrou acolhida naquele órgão.

■ *2.2.2.5. Princípio da razoabilidade*

a) Perfil constitucional

Outro princípio de extrema importância para o desenvolvimento das atividades administrativas, em que pese não estar expressamente previsto na Constituição Federal, é o da razoabilidade.

Por esse princípio é **lícito ao Judiciário** reapreciar os **atos** praticados pela **Administração Pública** para verificar a existência de uma **relação de pertinência**, de proporcionalidade, com o **interesse público**, que surge como objetivo único a ser por ela perseguido.

Em outras palavras, as **atitudes** tomadas pelo **Poder Público** devem guardar **proporcionalidade** com os objetivos específicos a serem alcançados, sob pena de caracterização de **desvio de finalidade**.

Claro está que existe uma íntima **relação** entre o princípio sob comento **e outros** que, de igual forma, norteiam a atividade administrativa.

Assim é que não se pode dissociá-lo do princípio da **isonomia**, na medida em que discriminações que não se revelam razoáveis, mas sim gratuitas, acabam por provocar agressão também a esse princípio.

Revela-se, outrossim, próximo também do princípio da **motivação**, pois é pela fundamentação apresentada pelo administrador que se poderá apreciar a razoabilidade da medida por ele tomada.

Por esse princípio, portanto, não está o **administrador livre** para estabelecer as **exigências** que achar por bem em relação aos particulares, mas tão somente aquelas que se revelarem **necessárias** para o atingimento das **finalidades públicas** específicas.

Nesse contexto, também se pode estabelecer uma íntima relação entre o princípio ora comentado e o da **impessoalidade**, na medida em que, como visto, impede possa o administrador levar a efeito discriminações gratuitas.

b) Perfil legal

De outra parte, cumpre registrar que, nada obstante não ter ele sido relacionado entre os princípios expressos no art. 37 da CF, tem previsão, a título de exemplo, no art. 111 da Constituição do Estado de São Paulo e no art. 2º, parágrafo único, da **Lei n. 9.784/99** (Processos Administrativos Federais):

> **Art. 111.** A administração pública direta, indireta ou fundacional, de qualquer dos Poderes do Estado, obedecerá aos princípios de legalidade, impessoalidade, moralidade, publicidade, razoabilidade, finalidade, motivação, interesse público e eficiência.

> **Art. 2º** A Administração Pública obedecerá, dentre outros, aos princípios da legalidade, finalidade, motivação, razoabilidade, proporcionalidade, moralidade, ampla defesa, contraditório, segurança jurídica, interesse público e eficiência.
>
> Parágrafo único. Nos processos administrativos serão observados, entre outros, os critérios de: (...)
>
> VI — adequação entre meios e fins, vedada a imposição de obrigações, restrições e sanções em medida superior àquelas estritamente necessárias ao atendimento do interesse público.

De toda sorte, o princípio em referência tem assumido larga importância em um campo específico, posto ter lastreado inúmeras decisões judiciais que abordam aspectos relacionados às exigências formuladas pelo Poder Público nos editais de concurso.

Isso se deve à previsão inserida no **art. 37, II, da CF**, que, depois de ter preconizado a necessidade de aprovação prévia em **concurso público** para o ingresso em carreiras públicas, estabeleceu, em relação às **provas** e aos **títulos**, o dever de estarem de **acordo com a natureza e a complexidade do cargo** ou emprego colocados em disputa.

A redação do dispositivo constitucional não poderia ter sido mais clara ao estipular que a fixação das provas e dos títulos em concurso público não fica ao livre critério do administrador.

Essas **provas e títulos**, ao revés, só terão legitimidade se estiverem **compatibilizados** com as **necessidades** exigidas pelo **cargo** ou emprego.

A previsão desse princípio está também implícita na regra estabelecida pelo **§ 3º do art. 39 da CF**, que, depois de estender aos servidores públicos uma série de benefícios previstos para os trabalhadores urbanos e rurais, na forma dos diversos incisos do **art. 7º da CF**, atribuiu ao legislador a possibilidade de estabelecer requisitos diferenciados de admissão.

Sem embargo, só poderá fazê-lo quando a **natureza do cargo** assim o **exigir**, em clara referência ao princípio em comentário.

Se, como visto, somente o legislador pode estipular requisitos para o ingresso em carreiras públicas, não sendo o edital instrumento legítimo para tanto, esse mister deverá ser permeado pelo princípio da razoabilidade, sob pena de inconstitucionalidade.

De resto, acerca da importância desse princípio em nosso ordenamento jurídico, oportuno conferir excertos extraídos de nossa melhor doutrina, a começar pela eminente jurista **Maria Sylvia Zanella Di Pietro**[25]:

> "Trata-se de princípio aplicado ao Direito Administrativo como mais uma das tentativas de impor-se limitações à discricionariedade administrativa, ampliando-se o âmbito de apreciação do ato administrativo pelo Poder Judiciário".

Mais adiante, em continuidade a seus comentários, a festejada administrativista reproduz lições do jurista argentino **Agustín Gordillo**, nos seguintes termos:

[25] *Direito administrativo*. 15. ed. São Paulo: Atlas, 2003, p. 80.

> "Segundo Gordillo (1977:183-184), 'a decisão discricionária do funcionário será ilegítima, apesar de não transgredir nenhuma norma concreta e expressa, se é 'irrazoável', o que pode ocorrer, principalmente, quando:
>
> a) não dê os fundamentos de fato ou de direito que a sustentam ou;
>
> b) não leve em conta os fatos constantes do expediente ou públicos e notórios; ou
>
> c) não guarde uma proporção adequada entre os meios que emprega e o fim que a lei deseja alcançar, ou seja, que se trate de uma medida desproporcionada, excessiva em relação ao que se deseja alcançar'"[26].

Dando sequência a esse mosaico de opiniões, reproduz ela as lições de **Diogo de Figueiredo Moreira Neto**, **Lúcia Figueiredo** e **Celso Antônio Bandeira de Mello**:

> "Diogo de Figueiredo Moreira Neto (1989:37-40) dá maior realce a esse último aspecto ao afirmar que, pelo princípio da razoabilidade, 'o que se pretende é considerar se determinada decisão, atribuída ao Poder Público, de integrar discricionariamente uma norma, contribuirá efetivamente para um satisfatório atendimento dos interesses públicos'. Ele realça o aspecto teleológico da discricionariedade; tem que haver uma relação de pertinência entre oportunidade e conveniência, de um lado, e a finalidade, de outro. Para esse autor, 'a razoabilidade, agindo como um limite à discrição na avaliação dos motivos, exige que sejam eles adequáveis, compatíveis e proporcionais, de modo a que o ato atenda a sua finalidade pública específica; agindo também como um limite à discrição na escolha do objeto, exige que ele se conforme fielmente à finalidade e contribua eficientemente para que ela seja atingida'.
>
> Também se refere a esse princípio Lúcia Valle Figueiredo (1986:128-129). Para ela, 'discricionariedade é a competência-dever de o administrador, no caso concreto, após a interpretação, valorar, dentro de um critério de razoabilidade, e afastado de seus próprios *standards* ou ideologias, portanto, dentro do critério da razoabilidade geral, qual a melhor maneira de concretizar a utilidade pública postulada *pela norma*'.
>
> Embora a Lei 9.784/1999 faça referência aos princípios da razoabilidade e da proporcionalidade, separadamente, na realidade, o segundo constitui um dos aspectos contidos no primeiro. Isto porque o princípio da razoabilidade, entre outras coisas, exige proporcionalidade entre os meios de que se utiliza a Administração e os fins que ela tem que alcançar.
>
> E essa proporcionalidade deve ser medida não pelos critérios pessoais do administrador, mas segundo padrões comuns na sociedade em que vive; *e não pode ser medida diante dos termos frios da lei mas diante do caso concreto.* Com efeito, embora a norma legal deixe um espaço livre para decisão administrativa, segundo critérios de oportunidade e conveniência, essa liberdade às vezes se reduz no caso concreto, onde os fatos podem apontar para o administrador a melhor solução (cf. Celso Antônio Bandeira de Mello, *RDP* 65/27).
>
> Se a decisão é manifestamente inadequada para alcançar a finalidade legal a Administração terá exorbitado dos limites da discricionariedade e o Poder Judiciário poderá corrigir a ilegalidade (cap. 7, item 7.8.5).
>
> O princípio da razoabilidade, sob a feição de proporcionalidade entre meios e fins, está contido implicitamente no art. 2º, parágrafo único, da Lei 9.784/1999, que impõe à Administração Pública: adequação entre meios e fins, vedada a imposição de obrigações,

[26] *Direito administrativo.* 15. ed. São Paulo: Atlas, 2003.

restrições e sanções em medida superior àquelas estritamente necessárias ao atendimento do interesse público (inc. VI); observância das formalidades essenciais à garantia dos direitos dos administrados"[27].

No mesmo sentido, encontramos as preciosas lições de **Diogenes Gasparini**[28], observando que, em vista desse princípio, torna-se inaceitável qualquer conduta tomada pelo administrador não desejada pela lei. Confira-se:

> "A lei, ao conceder ao agente público o exercício da discricionariedade não lhe reservou, em absoluto, qualquer poder para agir a seu gosto, ao contrário, impôs-lhe o encargo de agir tomando a melhor providência à satisfação do interesse público a ser conseguido naquele momento. A lei, portanto, não lhe permite, sob pena de ilegalidade, qualquer conduta não desejada pela lei, que somente aceita as coerentes. Em suma: nada que esteja fora do razoável, do sensato, do normal, é permitido ao agente público mesmo quando atua no exercício de competência discricionária".

Ainda sobre esse tema, importantes as observações proferidas pelo eminente Procurador de Justiça **Márcio Fernando Elias Rosa**[29], para quem, em nome desse princípio, está o administrador impossibilitado de tomar medidas com base em seus valores pessoais. Confira-se:

> "Por ele sabe-se que o administrador não pode atuar segundo seus valores pessoais, optando por adotar providências segundo o seu exclusivo entendimento devendo considerar valores ordinários, comuns a toda a coletividade".

Nesse sentido:

> "Ementa: Processual penal. Recurso ordinário em *habeas corpus*. Associação e tráfico de drogas. Excesso de prazo na instrução processual. Princípio da razoabilidade. Ausência de ilegalidade manifesta. 1. Conforme entendimento consolidado na jurisprudência do Superior Tribunal de Justiça, o alegado constrangimento ilegal da prisão preventiva por excesso de prazo para conclusão da instrução criminal deve ser analisado à luz do princípio da razoabilidade. 2. Cuidando-se de processo com certo grau de dificuldade para o desenvolvimento da instrução criminal, não só em virtude da pluralidade de réus, mas também da necessidade de expedição de cartas precatórias, expediente que todos sabem ser demorado, torna-se razoável e justificada a delonga na formação da culpa, de modo a afastar, por ora, o alegado constrangimento ilegal. 3. Recurso desprovido" (RHC 53.926-GO 2014/0308809-6, rel. Min. Gurgel de Faria, 5ª T., *DJe*, 01.06.2015).

> "Ementa: Processual penal e penal. *Habeas corpus*. Prisão preventiva. Fundamentação. Excesso de prazo na instrução. Princípio da razoabilidade. Incidente de insanidade mental. Constrangimento ilegal não verificado. 1. É uníssona a jurisprudência desta Corte

[27] *Direito administrativo*. 15. ed. São Paulo: Atlas, 2003, p. 80-81.

[28] *Direito administrativo*. 8. ed. São Paulo: Saraiva, 2003, p. 22-23.

[29] *Direito administrativo*. 4. ed. São Paulo: Saraiva, 2003 (Sinopses Jurídicas, v. 19), p. 21.

no sentido de que o constrangimento ilegal por excesso de prazo só pode ser reconhecido quando seja a demora injustificável, impondo-se adoção de critérios de razoabilidade no exame da ocorrência de constrangimento ilegal. 2. Justificável o prolongamento do feito especialmente complexo, no qual foi instaurado incidente de insanidade mental, requerido pela defesa. 3. *Habeas corpus* denegado, cassando-se a liminar concedida, com recomendação de celeridade no julgamento do Incidente de Insanidade Mental n. 0100846-46.2013.8.20.0128" (HC 299.481-RN 2014/0177565-6, rel. Min. Rogerio Schietti Cruz, 6ª T., *DJe*, 24.06.2015).

Pode-se concluir, portanto, que as **atitudes** tomadas pelo administrador público em geral, e em particular aquelas desenvolvidas pela **comissão de concursos**, deverão pautar-se pela **compatibilidade** com os **fins** a serem alcançados. Nesse sentido:

"Ementa: Direito constitucional e administrativo. Mandado de segurança. Concurso público de agente da polícia civil. Convocação por meio de publicação na imprensa oficial quando já decorrido mais de 04 anos da homologação do resultado final do concurso. **Princípio da razoabilidade**. A convocação deveria ser pessoal. Direito líquido e certo do candidato. Segurança concedida. Decisão unânime. 1. O impetrante participou de concurso público para Agente da Polícia Civil do Estado, não tendo tomado conhecimento de sua convocação para o curso de formação pelo fato de que sua convocação foi publicada no meio oficial quando já decorrido longo período desde a homologação do concurso. 2. Não é razoável exigir que o candidato acompanhe diariamente as publicações oficiais após transcorrido mais seis anos da publicação do Edital do concurso. 3. Houve lesão a direito líquido e certo do impetrante, que sofreu prejuízo com a publicação de sua convocação apenas por meios oficiais. 4. Segurança concedida por decisão unânime" (MS 2942932-PE, rel. Erik de Sousa Dantas Simões, Grupo de Câmaras de Direito Público, publicação 14.06.2013).

"Ementa: Apelação. Ação Ordinária. Idade limite. 28 anos quando da inscrição em curso de formação. Eliminação de concurso. **Princípio da razoabilidade**. CF/88, art. 7º, XXX. Possível definição do limite máximo de idade. Lei n. 7.479/86 — Estatuto do Corpo de Bombeiros. Previsão editalícia" (APC 20130110796869 DF 0004430-18.2013.8.07.0018, rel. João Egmont, 5ª T. Cível, *DJE*, 27.02.2014, p. 173).

"Ementa: Constitucional e Administrativo. Apelação e Reexame Necessário. Mandado de Segurança. Concurso público. Polícia Militar do Distrito Federal. Inspeção de saúde. Não entrega de um dos vinte e oito exames médicos exigidos. Fato de terceiro. Ausência de dolo. Boa fé da candidata. Continuação no concurso. **Princípio da razoabilidade**, proporcionalidade e eficiência. Recurso improvido" (APO 20140110067254-DF 0001272-18.2014.8.07.0018, rel. João Egmont, 5ª T. Cível, *DJE*, 23.01.2015, p. 429).

■ *2.2.2.6. Da razoabilidade e da proibição de tatuagem em concurso público*

Em relação a esse princípio, questão polêmica vinha se desenvolvendo em nossos tribunais relacionada à legitimidade de **cláusula editalícia** que impedia a **inscrição** de candidatos **portadores de tatuagem**, vedação que se apresentava em especial para carreiras militares, servindo como exemplo a previsão estabelecida no art. 3º da Lei Complementar do Estado de São Paulo n. 1.291, de julho de 2016:

> **Art. 3º** O candidato ao ingresso não poderá apresentar tatuagem que, nos termos do detalhamento constante nas normas do Comando da Polícia Militar:
>
> I — divulgue símbolo ou inscrição ofendendo valores e deveres éticos inerentes aos integrantes da Polícia Militar;
>
> II — faça alusão a:
>
> *a)* ideologia terrorista ou extremista contrária às instituições democráticas ou que pregue a violência ou a criminalidade;
>
> *b)* discriminação ou preconceito de raça, credo, sexo ou origem;
>
> *c)* ideia ou ato libidinoso;
>
> *d)* ideia ou ato ofensivo aos direitos humanos;
>
> III — seja visível na hipótese do uso de uniforme que comporte camisa de manga curta e bermuda, correspondente ao uniforme operacional de verão.

Percebe-se que as possibilidades relacionadas no referido dispositivo apresentam um **caráter de subjetividade** enorme, algumas até sem razão aparente como a última, uma vez que, ainda que visível a tatuagem mesmo com o fardamento, sua proibição só se justificaria, à luz da **razoabilidade**, se revelasse **natureza ofensiva**.

Essa discussão perdeu fôlego a partir do instante em que nossa **Suprema Corte** enfrentou o tema, em **agosto** de **2016**, entendendo **inconstitucional** a referida **exigência**, **exceção** feita àquelas situações em que a **tatuagem** se revelasse **ofensiva**.

Assim é que, por maioria, o Plenário do **Supremo Tribunal Federal** (STF) julgou inconstitucional a proibição de tatuagens a candidatos a cargo público estabelecida em leis e editais de concurso público. Foi dado provimento ao **Recurso Extraordinário (RE) n. 898.450**, com repercussão geral reconhecida, em que um candidato a soldado da **Polícia Militar de São Paulo** foi eliminado por ter tatuagem na perna. "Editais de concurso público não podem estabelecer restrição a pessoas com tatuagem, salvo situações excepcionais, em razão de conteúdo que viole valores constitucionais", foi a tese de repercussão geral fixada. Confira-se a ementa:

> "Ementa: Repercussão Geral no Recurso Extraordinário. Administrativo. Concurso público. Edital. Requisitos. Impedimento do provimento de cargo, emprego ou função pública decorrente da existência de tatuagem no corpo do candidato. Aferição da constitucionalidade da exigência estatal de que a tatuagem esteja dentro de determinados parâmetros. Arts. 5º, I e 37, I e II da CRFB/88. Repercussão Geral reconhecida".

Segundo consta do ***Informativo Notícias* do Supremo**, de 17 de agosto de 2016, o relator do RE, Ministro Luiz Fux, observou que a criação de barreiras arbitrárias para impedir o acesso de candidatos a cargos públicos fere os **princípios constitucionais da isonomia e da razoabilidade**. Em seu entendimento, qualquer obstáculo a acesso a cargo público deve estar relacionado unicamente ao exercício das funções, por exemplo, idade ou altura que impossibilitem o exercício de funções específicas. Salientou que a **jurisprudência do STF** prevê que o **limite de idade** previsto em lei é **constitucional**, desde que justificável em relação à **natureza das atribuições do cargo** a ser exercido.

O Ministro destacou que a tatuagem, por si só, não pode ser confundida como uma transgressão ou conduta atentatória aos bons costumes. Segundo ele, a tatuagem passou a representar uma autêntica forma de liberdade de manifestação do indivíduo, pela qual não pode ser punido, sob pena de flagrante violação dos princípios constitucionais. Para o Ministro Fux, o respeito à **democracia** não se dá apenas na realização de eleições livres, mas também quando se permite aos **cidadãos se manifestarem da forma que quiserem, desde que isso não represente ofensa direta a grupos ou princípios e valores éticos**.

Em seu entendimento, o desejo de se expressar por meio de pigmentação definitiva não pode ser obstáculo a que um cidadão exerça cargo público. "Um **policial** não se torna melhor ou pior em suas funções apenas por ter **tatuagem**", afirmou.

O relator destacou que o **Estado** não pode querer representar o papel de **adversário da liberdade de expressão**, impedindo que candidatos em concurso ostentem **tatuagens** ou marcas corporais que demonstrem simpatia por ideais que não sejam ofensivos aos preceitos e valores protegidos pela Constituição Federal. "A máxima de que cada um é feliz à sua maneira deve ser preservada pelo Estado", ressaltou o Ministro.

Em seu voto, o Ministro Fux assinalou que **tatuagens** que prejudiquem a disciplina e a **boa ordem**, sejam **extremistas, racistas, preconceituosas** ou que atentem contra a instituição, devem ser **coibidas**. Observou, por exemplo, que um policial não pode ostentar sinais corporais que signifiquem apologia ao crime ou exaltem organizações criminosas. Entretanto, não pode ter seu ingresso na corporação impedido apenas porque optou por manifestar-se por meio de pigmentação definitiva no corpo.

O relator explicou que as Forças Armadas vedam o ingresso de pessoas com **tatuagens** que transmitam mensagens relacionadas à violação da lei e da ordem, tais como as que discriminem grupos por sua **cor, origem, credo, sexo** ou que incitem o **consumo de drogas** ou a prática de **crimes**, por entender que são incompatíveis com a função militar.

Assim, considera-se inconstitucional todo ato que não possuir um mínimo de compatibilidade com a finalidade pública, único objetivo a ser perseguido pelo administrador.

Diante desse cenário, é importante deixar claro que a questão da razoabilidade do ato administrativo integra, sim, o conceito de legalidade, tendo em vista, em especial, a previsão estabelecida na Lei n. 9.784/99, em seu art. 2º, parágrafo único, VI:

> **Art. 2º** (...)
>
> VI — adequação entre meios e fins, vedada a imposição de obrigações, restrições e sanções em medida superior àquelas estritamente necessárias ao atendimento do interesse público.

Esse aspecto revela-se de extrema importância, uma vez que autoriza a conclusão segundo a qual a edição de **atos desarrazoados** acaba por transformá-los em **atos ilegais**, passíveis, pois, de apreciação pelo Poder Judiciário, sem que isso implique invasão do mérito, o que lhe é vedado, em respeito ao princípio da separação entre os Poderes.

Essa questão tem ganhado importância, não sendo outra a razão pela qual vem sendo sistematicamente objeto de **apreciação** pelos nossos **tribunais**.

■ 2.2.2.7. *Princípio da segurança jurídica*

Trata-se de uma das mais importantes diretrizes inerentes a qualquer Estado Democrático de Direito, pois confere **estabilidade às relações jurídicas**, de forma a promover uma estreita confiança entre a Administração Pública e seus administrados.

Não por outra razão, nossa melhor doutrina tem estabelecido uma íntima ligação desse princípio com o da boa-fé, que deve presidir tais relações.

Assim é que a presença desse princípio em um **Estado Democrático de Direito** impede a utilização de **interpretações retroativas** para atingir **situações já consolidadas**, não sendo outra a orientação estabelecida pela Constituição no **art. 5º, XXXVI**, protegendo o direito adquirido, o ato jurídico perfeito e a coisa julgada.

Dentro desse contexto, cumpre observar que a importância atribuída a esse princípio foi bem captada pela nossa **doutrina**. Confira-se:

> "Por força do princípio (conjugadamente com os da presunção de legitimidade dos atos administrativos e lealdade e boa-fé), firmou-se o correto entendimento de que orientações firmadas pela Administração em dada *matéria não podem, sem prévia e pública notícia, ser modificadas em casos concretos para fins de sancionar, agravar a situação dos administrados ou denegar-lhes pretensões, de tal sorte que só se aplicam aos casos ocorridos depois de tal notícia*"[30].

O excerto do eminente administrativista bem está a revelar a impossibilidade de a Administração simplesmente promover **alterações** sobre o entendimento acerca de determinada matéria, sem qualquer publicidade, promovendo, **retroativamente**, um **agravamento** da situação do administrado.

Outrossim, cumpre observar que a importância atribuída a esse princípio fez com que se concluísse pela sua **prevalência**, até mesmo diante de **atos supostamente ilegais** que se tenham **consolidado** ao longo do **tempo**.

Em outras palavras, a instabilidade das relações jurídicas teria um efeito mais nefasto que a manutenção do ato ilegal, que se consolidou, outra não sendo a conclusão atingida por **Hely Lopes Meirelles:**

> "A ele está visceralmente ligada a exigência de maior estabilidade das situações jurídicas, *mesmo daquelas que na origem apresentam vícios de ilegalidade.*
>
> (...) em muitas hipóteses o interesse público prevalecente estará precisamente na conservação do ato que nasceu viciado, mas que, após, pela omissão do Poder Público em invalidá-lo, por prolongado período de tempo, *consolidou nos destinatários a crença firme na legitimidade do ato. Alterar este estado de coisas sob o pretexto de restabelecer a legalidade, causará mal maior do que preservar o* status quo. *Ou seja, em tais circunstâncias, no cotejo dos dois subprincípios do Estado de Direito, o da legalidade*

[30] MELLO, Celso Antônio Bandeira de. *Curso de direito administrativo*. 18. ed. Malheiros, 2004, p. 114.

> *e o da segurança jurídica, este último prevalece sobre o outro, como imposição da justiça material.*
> *Pode-se dizer que é esta a solução que tem sido dada em todo o mundo, com pequenas modificações de país para país*"[31].

Dentro desse contexto, a necessidade de aplicação desse princípio, inclusive, fazendo-o prevalecer sobre supostos atos ilegais, resulta das inevitáveis e necessárias, até, diga-se de passagem, **mudanças de orientação** promovidas pela **Administração** na busca pelo **interesse público**.

Sem embargo, essas alterações, como visto, não podem atingir **situações já consolidadas** no passado, sob pena de gerar **instabilidade**, conforme o alerta oferecido pela eminente jurista **Maria Sylvia Zanella Di Pietro:**

> "O princípio se justifica pelo fato de ser comum, na esfera administrativa, haver mudança de interpretação de determinadas normas legais, com a consequente mudança de orientação, caráter normativo, afetando situações já reconhecidas e consolidadas na vigência de orientação anterior. Essa possibilidade de mudança de orientação é inevitável, porém gera insegurança jurídica, pois os interessados nunca sabem quando a sua situação será passível de contestação pela própria Administração pública. *Daí a regra que veda a aplicação retroativa.* (...)
> A segurança jurídica tem muita relação com a ideia de respeito à boa-fé. Se a Administração adotou determinada interpretação como a correta e a aplicou a casos concretos, *não pode depois vir a anular atos anteriores, sob o pretexto de que os mesmos foram praticados com base em errônea interpretação.* Se o administrado teve reconhecido determinado direito com base em interpretação adotada em caráter uniforme para toda a Administração, é evidente que a sua boa-fé deve ser respeitada. Se a lei deve respeitar o direito adquirido, o ato jurídico perfeito e a coisa julgada, por respeito ao princípio da segurança jurídica, *não é admissível que o administrado tenha seus direitos flutuando ao sabor de interpretações jurídicas variáveis no tempo.*
> Isto não significa que a interpretação da lei não possa mudar; ela frequentemente muda como decorrência e imposição da própria evolução do direito. O que não é possível é fazê-la retroagir a casos já decididos com base em interpretação anterior, considerada válida diante das circunstâncias do momento em que foi adotada"[32].

Cumpre ainda salientar que a aplicação desse princípio revela-se ampla, incidindo não só nas situações descritas no art. 5º, XXXVI, da CF, mas também sobre outros temas como a possibilidade de a Administração rever seus próprios atos **(Súmula 473 do STF)**, bem como em matéria de **prescrição administrativa**, que será melhor analisada no capítulo referente aos servidores públicos.

De outra parte, oportuno destacar que a orientação acerca desse princípio, adotada pela nossa doutrina, encontra também lastro na jurisprudência do **Supremo Tribunal Federal** (**MS 22.357-0-DF**, rel. Min. Gilmar Mendes, Tribunal Pleno, 27.05.2004), destacando-se o seguinte trecho:

---

31 MEIRELLES, Hely Lopes. *Direito administrativo brasileiro*. 27. ed. Malheiros, 2002, p. 94-95.

32 DI PIETRO, Maria Sylvia Zanella. *Direito administrativo*. 18. ed. São Paulo: Atlas, 2005, p. 85.

> "(...) 5. Obrigatoriedade da observância do princípio da segurança jurídica enquanto subprincípio do Estado de Direito. Necessidade de estabilidade das situações criadas administrativamente. 6. Princípio da confiança como elemento do princípio da segurança jurídica. Presença de um componente de ética jurídica e sua aplicação nas relações jurídicas de direito público".

O excerto colacionado demonstra a preocupação de nossa Suprema Corte em relação a esse princípio, para assegurar a **estabilidade das relações jurídicas**, alicerce de qualquer **Estado Democrático de Direito**.

Outrossim, a mesma diretriz encontra-se na redação do **art. 2º, parágrafo único, XIII, da Lei n. 9.784/99**, que regula o processo administrativo no âmbito da Administração Pública federal:

> **Art. 2º** A Administração Pública obedecerá, dentre outros, aos princípios da legalidade, finalidade, motivação, razoabilidade, proporcionalidade, moralidade, ampla defesa, contraditório, **segurança jurídica**, interesse público e eficiência.
>
> Parágrafo único. Nos processos administrativos serão observados, entre outros, os critérios de: (...)
>
> XIII — interpretação da norma administrativa da forma que melhor garanta o atendimento do fim público a que se dirige, **vedada aplicação retroativa de nova interpretação**.

Ainda como reflexo desse princípio, pode-se mencionar a figura do **"agente de fato"**, aquele que está investido irregularmente no cargo. Isto porque, sendo sua atuação revestida de **aparente legalidade**, os atos consideram-se válidos, para preservar a **segurança jurídica** e os interesses dos **terceiros de boa-fé**.

Outro ponto a ser destacado em relação a esse princípio refere-se à necessidade de **modulação dos efeitos de uma decisão** que implique **mudança de orientação** sobre **determinado tema**, de forma a preservar situações já consolidadas até então.

Nesse sentido, surge como exemplo a mudança de orientação promovida pelo **Supremo Tribunal Federal**, em **2013**, acerca da possibilidade até então franqueada ao candidato participante de concurso público de pleitear mudança da data para a realização de avaliação física, o que até então era autorizado e passou a ser proibido.

Essa mudança de orientação teve lugar quando do julgamento do **Recurso Extraordinário n. 630.733/DF**, com Repercussão Geral reconhecida em 20.11.2013, onde se concluiu pela constitucionalidade de cláusula editalícia que veda a remarcação de teste de aptidão física em concurso público, em razão de problema temporário de saúde.

Referida decisão, por representar um verdadeiro divisor de águas em matéria de concurso público, merece análise mais detida pela repercussão que gerou em vista do princípio da segurança das relações jurídicas ora em análise.

Assim, uma passada de olhos pelos votos proferidos pelos integrantes da Suprema Corte, no referido recurso extraordinário, revela extrema preocupação quanto aos efeitos resultantes dessa **mudança de orientação**.

No centro dessa preocupação encontram-se os desdobramentos que iriam incidir sobre situações que já se encontravam em curso, em respeito ao princípio constitucional da **segurança das relações jurídicas**.

Em outras palavras, houve intensa preocupação com a **modulação dos efeitos** dessa decisão, de forma a evitar o cometimento de injustiças em relação àqueles, de **boa-fé**, que já tinham se beneficiado da orientação até então pacificada no nível daquela Suprema Corte.

Insistindo, os Ministros da Suprema Corte, em que pese a votação pela mudança de orientação, assinalaram que a **modificação da jurisprudência** não pode vir acompanhada do efeito ***ex tunc***, comportando **modulação**.

Ao assim decidir, a Suprema Corte concluiu que a modulação dos efeitos da decisão ali tomada não se deu em homenagem a **teoria do fato consumado**, mas diante da necessidade de garantir a **segurança** das relações jurídicas realizadas sob a égide da **orientação anterior**.

Não se trata de conclusão gratuita, uma vez que observável por meio da reprodução de alguns trechos do referido acórdão.

Assim é que, de início, o **Ministro Gilmar Mendes**, relator, assinalou que a jurisprudência anterior da Corte autorizava a remarcação de teste de aptidão física, por força de fatos imprevisíveis que atingissem a saúde do candidato:

> "(...) Esta corte tem precedentes no sentido de que a remarcação do teste de aptidão física para data diversa daquela prevista no edital do certame, em virtude da ocorrência de caso fortuito que comprometa a saúde do candidato, devidamente comprovado por atestado médico, não afronta o princípio da Isonomia" (fls. 02).

Portanto, inequívoca a conclusão quanto ao posicionamento anterior adotado pela Suprema Corte, legitimando a remarcação de teste de avaliação física, em razão de comprometimento comprovado da saúde do candidato.

De outra parte, cumpre **investigar** quais as **razões** que levaram a Suprema Corte a promover **mudança** radical em relação à orientação anterior.

Nesse sentido, a reprodução dos seguintes trechos integrantes do relatório do eminente Ministro ajudam a aclarar a questão:

> "Permitir a remarcação do teste" de aptidão física em situações previsíveis e corriqueiras abriria precedentes para a possibilidade de adiamento de qualquer etapa do certame, o que causaria verdadeiro tumulto e dispêndio desnecessário para a Administração
>
> Outra questão que deve ser levada em consideração é o limite de quantas vezes admitir-se-ia a remarcação do teste, pois é possível que, marcada a segunda chamada, o candidato ainda não se encontrasse em plenas condições para realizá-la.
>
> Ora, não é razoável que a Administração fique à mercê de situações adversas para colocar fim ao certame, deixando os concursos em aberto, por prazo indeterminado. Se cada caso for isoladamente considerado, conferindo-se tratamento diferenciado a cada candidato que apresentar doença, a conclusão do processo seletivo poderia restar inviabilizada" (fls. 05).

Do trecho reproduzido, percebe-se que a preocupação central que norteou a **mudança** de orientação da Suprema Corte resulta da necessidade de **preservação** do **interesse público**, não privilegiando interesses de um candidato em detrimento de todos os demais e, como corolário, do próprio certame.

Sem embargo, conscientes de que a **alteração** que estava sendo promovida traria **repercussão** significativa para as situações já em curso, os Ministros alertaram para a necessidade de **modulação dos efeitos da decisão**.

Assim, oportuna a reprodução de outro trecho do voto proferido pelo Ministro Relator, em que justifica a necessidade de modulação em homenagem ao princípio da segurança das relações jurídicas:

> "SEGURANÇA JURÍDICA. No caso concreto, no entanto, o recorrido realizou a prova de aptidão física de segunda chamada em razão de liminar concedida pelo poder judiciário em 2002, confirmada pela sentença (fl. 215-218) e pelo Acórdão do Tribunal Regional Federal da 1ª Região (fl. 289-297), tendo sido empossado há quase dez anos.
>
> Em casos como este, em que se altera jurisprudência longamente adotada, parece sensato considerar seriamente a necessidade de se modularem os efeitos da decisão, com base em razões de segurança jurídica. Essa tem sido a praxe neste Supremo Tribunal Federal, quando há modificação sensível de jurisprudência" (fls. 07-08).

A leitura do trecho reproduzido torna visível a preocupação do Ministro com a modulação dos efeitos da decisão, em vista do princípio da segurança das relações jurídicas, demonstrando ser essa a praxe daquela Corte em momentos de sensível modificação de jurisprudência.

Nesse sentido, o eminente Relator reiterou a necessidade de observar essa modulação:

> "O caso é de substancial mudança de jurisprudência, decorrente de nova interpretação do texto constitucional, o que impõe ao Tribunal, tendo em vista razões de segurança jurídica, a tarefa de proceder à ponderação das consequências e o devido ajuste do resultado, adotando a técnica de decisão que possa melhor traduzir a mutação constitucional operada" (fl. 09).

Essa preocupação apresenta-se, novamente, no voto proferido pelo Relator, mais adiante no seguinte trecho:

> "Nesses casos, fica evidente que o Tribunal não poderá fingir que sempre pensara dessa forma. Daí a necessidade de, em tais casos, fazer-se o ajuste do resultado, adotando-se técnica de decisão que, tanto quanto possível, traduza a mudança de valoração" (fl. 12).

Dentro desse contexto, oportuna a reprodução do seguinte trecho:

> "Todas essas considerações estão a evidenciar que as mudanças radicais na interpretação da Constituição devem ser acompanhadas da devida e cuidadosa reflexão sobre suas consequências, tendo em vista o postulado da segurança jurídica como subprincípio do Estado de Direito" (fl. 12).

Como consequência lógica da linha de argumentação adotada, o eminente Ministro concluiu seu voto reconhecendo, com **repercussão geral**, a **inexistência de direito dos candidatos** à prova de **segunda chamada** nos testes de **aptidão física**.

De outra parte, assinalou a necessidade de assegurar a validade das provas de segunda chamada realizadas até a data de conclusão daquele julgamento, em nome da segurança jurídica (fls. 20).

O **Ministro Marco Aurélio**, em seu voto, corretamente destacou que a **recusa** por parte do candidato em participar da **avaliação física** deve apresentar **justa causa** para que se possa legitimar e que a pretensão não acarrete prejuízo para o andamento do concurso ou gastos desproporcionais:

> "Claro que não podemos imaginar que por bel-prazer, um candidato queira fazer um teste de esforço físico neste dia ou naquele outro. Há de se exigir uma justa causa para a recusa, considerada a data normal. É preciso que, no caso, a pretensão não acarrete prejuízo para o andamento do concurso ou gastos desproporcionais" (fl. 30).

Mais adiante, o eminente Ministro conclui sua linha de raciocínio, assinalando a necessidade de levar em consideração as **características** apresentadas em cada **caso**, de forma a demonstrar a **justa causa:**

> "Assento, de qualquer forma, que, caso a caso, para ter-se a colocação do edital em segundo plano, há de se demonstrar a justa causa quanto ao não comparecimento no dia assinado e para o teste de esforço físico" (fl. 31).

Por sua vez, o **Ministro Teori Zavascki**, no trecho final de seu voto, reiterou a necessidade de **modulação** dos efeitos da decisão:

> "Essas razões levariam ao provimento do recurso. Todavia, acompanho o relator quando sustenta que, no caso, mostra-se adequada a manutenção da sentença proferida na origem. Esclareço, contudo, que essa conclusão se dá não com base na aplicação da tese do 'fato consumado', nem com fundamento na longa vigência da liminar, fundamentos esses que não têm assento constitucional. O que justifica a manutenção do julgado é, única e exclusivamente, a alteração da jurisprudência do STF, cuja orientação anterior conferia ao administrado uma justificada confiança em sua manutenção no cargo de Agente da Polícia Federal" (fl. 45).

Não divergindo da orientação do relator, a eminente **Ministra Rosa Weber** assim se manifestou:

> "Sr. presidente, peço vênia aos respeitáveis entendimentos contrários para também acompanhar o eminente Relator, especificamente quanto ao recurso extraordinário, negando-lhe provimento. Mas também o faço forte no princípio da Segurança Jurídica, porque não reconheço ao recorrido direito líquido e certo a, contra a previsão editalícia, ver assegurada a possibilidade de um segundo teste ou de designação de nova data para teste" (fl. 47).

Já o **Ministro Luiz Fux**, em seu voto, destacou:

> "Então, efetivamente sob esse ângulo, a parte não revela direito líquido e certo, mas aqui nós temos duas questões relativas à segurança jurídica: Em primeiro lugar, o fato já destacado pelo eminente Relator de que o candidato não fez outras provas, ele fez as mesmas provas noutra data. Ele obteve a liminar e passou em todos os testes. Está há dez anos no exercício da atividade" (fl. 50).

■ 2.3. A TEORIA DO FATO CONSUMADO E O PRINCÍPIO DA CONFIANÇA LEGÍTIMA

Intimamente relacionada a esse princípio das relações jurídicas encontra-se a **teoria do fato consumado**, que objetiva manter situações que não tenham a **proteção da legalidade**, mas que **beneficiam terceiros** sob o argumento da demora do Estado em solucionar uma lide, ou mesmo por força da **morosidade** de se tomar uma **decisão administrativa**.

Na seara da Administração Pública, visa manter os efeitos de decisões administrativas inválidas, nas quais o **particular** age de **boa-fé** e tem uma expectativa positiva em relação ao fato.

Caso a Administração demore na solução da questão e deixe a situação se perpetuar no tempo, pode ela mesma aplicar a teoria para confirmar a situação em favor do particular, argumentando com a **boa-fé do administrado** e a **segurança jurídica** necessária.

O **art. 53 da Lei n. 9.784/99** prevê, administrativamente, a convalidação de atos administrativos defeituosos, desde que inexista lesão a terceiros, ao interesse público, haja boa-fé, legalidade aparente e não configure nulidade absoluta. Visa consolidar situações fáticas, para a permanência da confiança no Estado, na chamada segurança jurídica.

Conclui-se, pois, que a aplicação dessa teoria exige o cumprimento de alguns requisitos, vale dizer, a **boa-fé** do beneficiário, o **grande lapso temporal**, a **certeza** do **direito**, a **legalidade** pelo menos aparente e o não prejuízo a terceiros ou ao interesse público.

Dentro deste contexto, sobreleva notar que a **boa-fé** representa o **desconhecimento** sobre a ilegalidade do ato e a **certeza** do direito. O indivíduo tem a certeza de possuir o **direito**, pois desconhece totalmente a ilegalidade.

O reconhecimento de situações consolidadas ocorre devido ao valor social que adquirem os atos inválidos com o decurso do tempo, em detrimento da contrariedade à lei.

Observa-se que a **teoria do fato consumado** foi criada para beneficiar o **particular de boa-fé** que foi agraciado, ou atendido, pela prática de **ato** administrativo eivado de **vício insanável**.

Assim, as situações jurídicas consolidadas pelo decurso do tempo, amparadas por decisão judicial ou administrativa, não devem ser desconstituídas, em razão do princípio da segurança jurídica e da estabilidade das relações sociais (STJ, REsp 709.934/RJ):

> "Ementa: Administrativo — Dispositivos constitucionais — Matéria afeta ao STF — Militar — Transferência *ex officio* — Ensino superior — Matrícula de dependente — Congeneridade — Decurso de 6 anos da concessão da segurança — Aplicação da teoria

> do fato consumado. 1. A apreciação de suposta ofensa a preceitos constitucionais não é possível na via especial, nem à guisa de prequestionamento; porquanto matéria reservada, pela Carta Magna, ao Supremo Tribunal Federal. 2. É assegurado o direito à transferência obrigatória de servidor militar estudante e de seus dependentes quando ele tenha sido removido *ex officio* e no interesse da Administração Pública, desde que a instituição de ensino seja congênere à de origem; ou seja, de pública para pública ou de privada para privada, caso dos autos. 3. Entretanto, na hipótese dos autos, verifica-se que, entre a sentença que concedeu a segurança tornando possível a matrícula da ora recorrida na UFRJ e a presente data, decorreram aproximadamente seis anos. 4. Impõe-se, no caso, a aplicação da Teoria do Fato Consumado, segundo a qual as situações jurídicas consolidadas pelo decurso do tempo, amparadas por decisão judicial, não devem ser desconstituídas, em razão do princípio da segurança jurídica e da estabilidade das relações sociais. Recurso especial conhecido em parte e improvido".

Dessa forma, de acordo com essa posição, se uma **decisão judicial** ou **administrativa** autorizou determinada situação jurídica e, após muitos anos, constatou-se que tal **solução não era acertada**, ainda assim não deve ser **desconstituída** para que não haja **insegurança jurídica**.

Em outras palavras, a utilização da **teoria do fato consumado** demanda uma **ponderação** entre a **situação fática** consolidada e os **princípios jurídicos** em questão, para que a parte beneficiada com o provimento judicial ou administrativo não seja prejudicada pela posterior desconstituição da decisão que lhe conferiu o direito pleiteado inicialmente.

Por óbvio, a aplicação da **teoria do fato consumado** também tem lugar para aquelas situações em que a consolidação de uma situação ao longo do tempo, como já se disse, resultou não de decisão judicial, mas de **decisão administrativa**, outra não sendo a postura já adotada pelo **STJ**, consoante se verifica do trecho a seguir colacionado:

> "(...) a teoria aplica-se apenas em situações excepcionalíssimas, **nas quais a inércia da administração ou a morosidade do Judiciário deram ensejo a que situações precárias se consolidassem pelo decurso do tempo**" (RMS 34.189, rel. Min. Castro Meira).

De outra parte, intimamente ligado a essa teoria do **fato consumado**, bem como aos princípios da **boa-fé** e da **segurança** das relações jurídicas, surge o princípio da **proteção da confiança legítima**, que ganhou destaque inicialmente na Alemanha, por volta da década de 1950.

Segundo esse princípio, os **comportamentos** adotados pelo **Estado**, em virtude da **presunção de legitimidade** dos seus atos, geram no **particular** a **confiança** de que são eles legais.

Logo, o administrado não pode ser prejudicado caso esse ato seja desfeito (revogado ou anulado) já que, de **boa-fé**, acreditou (confiou) que eram **legítimos**.

A importância da referência a esse princípio está em que o STF tem oferecido a ele aplicabilidade para aquelas situações em que, por ato de iniciativa da própria Administração, decorrente de **equivocada interpretação** da lei ou dos fatos, o **particular** ou **servidor** recebem alguma **condição jurídica melhor**.

Nesses casos, tem a Suprema Corte concluído pela incidência do referido princípio, uma vez que tinha o beneficiado a confiança de que o ato era legítimo.

Assim, mesmo que fique, posteriormente, constatada a **ilegitimidade do ato**, não pode o servidor **beneficiado** ser penalizado, considerando que atuou de **boa-fé**.

Sobre esse tormentoso tema debruçou-se o plenário do **STF**, em agosto de **2014**, quando do julgamento do **RE 608.482, Rel. Min. Teori Zavascki**, do qual se pede vênia para destacar o seguinte trecho:

> "(...) quando, por ato de iniciativa da própria Administração, decorrente de equivocada interpretação da lei ou dos fatos, o servidor se vê alçado a determinada condição jurídica ou vê incorporado a seu patrimônio pessoal determinada vantagem, fazendo com que essas peculiares circunstâncias provoquem em seu íntimo uma natural e justificável convicção de que se trata de um *status* ou de uma vantagem legítima"; por essa razão, a verificação *a posteriori* da ilegitimidade do *status* ou da vantagem "caracteriza, certamente, comprometimento da boa-fé ou da confiança legítima do administrado", provocado por ato da Administração, **"o que pode autorizar, ainda que em nome do fato consumado, a manutenção do *status quo* ou a dispensa da restituição de valores"**.

A leitura do trecho colacionado autoriza a conclusão segundo a qual, no entendimento adotado pela Suprema Corte, possível a **manutenção de atos** decorrentes de **equivocada interpretação de lei** ou de fatos pela Administração, em respeito aos princípios da **boa-fé** objetiva ou da **confiança legítima do administrado**, autorizando a aplicação da teoria do **fato consumado**.

Atingindo a mesma conclusão, em que pese ter adotado linha de argumentação diferenciada, encontramos o voto proferido pelo **Ministro Roberto Barroso**, que inclusive, para efeito de repercussão geral, relacionou três requisitos que, se preenchidos, legitimariam a preservação de situações já consolidadas ao longo do tempo:

> "(...) a) o 'tempo decorrido entre as decisões judiciais contraditórias', se maior ou menor do que um determinado lapso temporal — considerando razoável, para tanto, o prazo de 5 anos, por analogia ao estabelecido pela Lei 9.784/1999 para anulação dos seus atos pela própria Administração;
>
> b) o 'grau de estabilidade da decisão judicial' — sendo mais frágil a situação de quem obteve acesso ao cargo público por força de provimento judicial liminar, um pouco mais consistente quando por sentença de primeiro grau e mais forte para situações consolidadas por força de acórdão de Tribunal de segundo grau; e,
>
> c) o órgão do qual provém a decisão — salientando que, 'quanto mais elevado o grau do órgão, maior a expectativa de direito a ser protegida'".

Observado como a questão relacionada à aplicação da teoria do **fato consumado**, em vista dos princípios constitucionais da segurança das relações jurídicas, da **boa-fé objetiva** e da **confiança legítima**, tem se apresentado no nível da Suprema Corte, oportuna agora a reprodução de algumas ementas. Confira-se:

"STJ — RECURSO ORDINÁRIO EM MANDADO DE SEGURANÇA RMS 25.219-PR 2007/0226093-9 (STJ), Data de publicação: 14/03/2011.

Ementa: Recurso ordinário. Mandado de segurança. Administrativo. Concurso público. Servidor nomeado e empossado no cargo de professor. Anulação do ato de nomeação tendo em vista a ausência de reconhecimento do curso de Pedagogia em que graduado o recorrente no momento da posse. Documento expedido dois meses após o ato de posse. Prejuízo causado ao servidor por força da demora e da burocracia do Estado. Observância dos princípios da boa-fé, segurança jurídica e razoabilidade. 1. 'Em sede de concurso público não se deve perder de vista a finalidade para a qual se dirige o procedimento. Na avaliação da nulidade do ato administrativo é necessário temperar a rigidez do princípio da legalidade, para que ele se coloque em harmonia com os princípios da estabilidade das relações jurídicas, da boa-fé e outros valores essenciais à perpetuação do estado de direito. 2. Afronta os princípios da boa-fé, da segurança jurídica e da razoabilidade o ato da Administração que, após empossar a recorrente por considerar que os documentos por ela apresentados demonstrariam sua devida aptidão para o cargo de professor, torna sem efeito o ato de nomeação ao fundamento de que à época da posse o Curso de Pedagogia do qual graduada aguardava, após parecer favorável, reconhecimento pelo MEC, ato expedido em apenas dois meses da posse. 3. Recurso ordinário provido'" (REsp 6.518/RJ, rel. Min. Humberto Gomes de Barros, 1ª T., *DJ* 16.09.1991).

"TJ-RS — Apelação Cível AC 70045590288 RS (TJ-RS) Data de publicação: 22/11/2013

Ementa: Apelação cível. Município de Gravataí. Desconstituição do ato de nomeação. Irregularidades no concurso público. Princípios da boa fé e da segurança jurídica. Ilegitimidade do TCE mantida. Juros e correção monetária. Custas. O Município é o único legitimado passivamente por ser quem suportará os efeitos da sentença. O poder de invalidar atos administrativos, consagrado na Súmula 473 do STF pode sofrer restrições, ante a aplicação do princípio da segurança jurídica e da boa-fé. Não cabe desconstituir ato de nomeação de servidor público, ainda que por orientação do Tribunal de Contas do Estado, em face do decurso do tempo e do respeito ao princípio da segurança jurídica e da boa fé, *decorridos 13 anos da data da nomeação.* (...) Deram parcial provimento ao apelo. Unânime" (Apelação Cível n. 70045590288, 4ª Câmara Cível, TJRS, rel. Alexandre Mussoi Moreira, j. 13.11.2013).

"TJ-RS — Apelação e Reexame Necessário REEX 70040911851 RS (TJ-RS) Data de publicação: 26/08/2013

Ementa: Apelação cível. Servidor público. Município de Tapes. Desconstituição do ato de nomeação. Negativa de registro da nomeação pelo TCE. Violação ao art. 37, II, da CF. Irregularidades no concurso público. Princípios da boa fé e da segurança jurídica. Prescrição administrativa afastada. Não há falar em prescrição, nos termos da Lei Federal n. 9.784 /99 que não se aplica no âmbito municipal. O poder de invalidar atos administrativos, consagrado na Súmula 473 do STF pode sofrer restrições, ante a aplicação do princípio da segurança jurídica e da boa-fé. Não cabe desconstituir ato de nomeação de servidor público, ainda que por orientação do Tribunal de Contas do Estado, em face do decurso do tempo e do respeito ao princípio da segurança jurídica e da boa fé, *decorridos 18 anos da data da nomeação.* NEGARAM PROVIMENTO AO APELO, CONFIRMANDO A SENTENÇA EM REEXAME NECESSÁRIO. UNÂNIME" (Apelação e Reexame Necessário n. 70040911851, 4ª Câmara Cível, TJRS, rel. Alexandre Mussoi Moreira, j. 14.08.2013).

A visitação de alguns dos princípios implícitos que norteiam toda a atividade administrativa demanda, para melhor visualização, a elaboração do seguinte quadro comparativo:

MODALIDADE	LOCALIZAÇÃO
SUPREMACIA DO INTERESSE PÚBLICO	Lei n. 9.784/99, art. 2º
MOTIVAÇÃO	Lei n. 9.784/99, arts. 2º e 50
AUTOTUTELA	Lei n. 9.784/99, art. 53, e Súmulas 346 e 473 do STF
RAZOABILIDADE	Lei n. 9.784/99, art. 2º, *caput* e parágrafo único, VI
SEGURANÇA DAS RELAÇÕES JURÍDICAS	Lei n. 9.784/99, arts. 2º, *caput* e parágrafo único, XIII, e 54, e o art. 5º, XXXVI, da CF

De se observar, ainda, que a lista desses princípios é bastante extensa, incluindo-se o da *finalidade*, o da *indisponibilidade do interesse público*, o da *proporcionalidade*, todos eles surgindo como um desdobramento natural dos interesses representados pela Administração quando atua, vale dizer, os da coletividade.

■ 2.4. PRECEDENTE DO STF PERMITINDO A RETROATIVIDADE DA LEI

Em julgamento marcado por intensa controvérsia, o **Supremo Tribunal Federal**, em **4 de outubro de 2017**, decidiu, por **maioria dos votos** (6 a 5), que é **válida** a **aplicação** do **prazo** de oito anos de **inelegibilidade** àqueles que foram condenados pela Justiça Eleitoral, por abuso do poder econômico ou político, **anteriormente** à edição da **Lei Complementar n. 135/2010** (Lei da Ficha Limpa).

A controvérsia jurídica contida no recurso consistiu em saber se há ou não **ofensa** às **garantias constitucionais** da **coisa julgada** e da **irretroatividade** da lei mais grave (art. 5º, XXXVI, da CF) nas hipóteses de aumento do prazo de três para oito anos da inelegibilidade prevista no art. 22, inciso XIV, da Lei Complementar n. 64/90, em razão da condenação por abuso do poder político ou poder econômico por força do trânsito em julgado (quando não cabe mais recurso).

Nesse processo, importante destacar o **voto contrário** do **Ministro Gilmar Mendes,** que assinalou a impossibilidade de se fazer restrição, com efeito retroativo, a qualquer direito fundamental.

Por sua vez, também em **voto contrário**, o **Ministro Marco Aurélio** ponderou: por melhor que seja a intenção, "não se pode cogitar da retroação da Lei Complementar n. 135/2010". O Ministro avaliou que o cuidado com os temas relacionados ao processo eleitoral — inelegibilidade ou elegibilidade — foi tão grande que se inseriu na Constituição Federal de 1988 um preceito sobre anterioridade no art. 16, segundo o qual a lei nova que versa sobre processo eleitoral entra em vigor imediatamente, mas não se aplica à eleição que ocorra até um ano da data de sua vigência. "Portanto, é preciso resguardar-se, e essa foi a intenção do legislador constituinte, a própria segurança jurídica em termos de pleito eleitoral."

Importante destacar também o **voto contrário** do **Ministro Celso de Mello**, que asseverou que a eficácia retroativa das leis é sempre excepcional, portanto supõe a existência de texto expresso e autorizativo de lei, jamais se presume, bem como não deve e nem pode gerar, em hipótese alguma, lesão ao ato jurídico perfeito, ao direito adquirido e à coisa julgada.

O Ministro entendeu que, no caso, **houve ofensa** ao **inciso XXXVI** do **art. 5º** da Constituição Federal, "que assegura a incolumidade, a intangibilidade, a integridade do ato jurídico perfeito e que obsta, por isso mesmo, qualquer conduta estatal — que provenha do Legislativo, Judiciário ou Executivo — que provoque, mediante restrição normativa superveniente, a desconstrução ou a modificação de situações jurídicas definitivamente consolidadas".

Portanto, trata-se de importante julgado que pode esvaziar, perigosamente, o conteúdo do princípio da segurança jurídica.

■ 2.5. QUADRO SINÓTICO

PRINCÍPIOS CONSTITUCIONAIS DA ADMINISTRAÇÃO PÚBLICA	
NOÇÕES GERAIS	Surgem como parâmetros para a interpretação do conteúdo das demais regras jurídicas, apontando as diretrizes que devem ser seguidas pelos aplicadores da lei.
LOCALIZAÇÃO	CF, art. 37, *caput*
NATUREZA	Meramente exemplificativa, comportando, pois, ampliação
DESTINATÁRIOS	Administração direta e indireta das quatro esferas de governo
LEGALIDADE	**Para o setor privado:** particulares podem fazer o que a lei não proíbe. **Para o setor público:** a Administração só faz o que a lei expressamente determina.
IMPESSOALIDADE	Obrigação atribuída ao Poder Público de manter uma posição neutra em relação aos administrados, proibindo-se discriminações gratuitas e autorizando-se somente as que se justifiquem em vista do interesse público a ser preservado.
PUBLICIDADE	Dever conferido à Administração de manter plena transparência de todos os seus comportamentos, incluindo-se aqui, como regra geral, a obrigação de oferecer, desde que solicitadas, todas as informações que estejam armazenadas em seus bancos de dados. **Exceções:** informações que devam permanecer sob sigilo. Exemplo: CF, art. 5º, XXXIII.
MORALIDADE	Configura hipótese de ilegalidade qualificada. **Hipóteses:** a) enriquecimento ilícito (art. 9º da Lei n. 8.429/92); b) danos ao erário (art. 10 da Lei n. 8.429/92); c) agressão a princípios constitucionais (art. 11 da Lei n. 8.429/92). **Ações judiciais:** 1. Ação civil pública: ■ *Legitimidade ativa*: Ministério Público (CF, art. 129, III) e demais pessoas jurídicas (CF, art. 129, § 1º, c/c o art. 5º da Lei n. 7.347/85); ■ *Legitimidade passiva*: agentes públicos (art. 2º da Lei n. 8.429/92) e particulares que contribuíram para o ato (art. 3º da Lei n. 8.429/92). 2. Ação popular: ■ *Legitimidade ativa*: cidadão (CF, art. 5º, LXXIII); ■ *Legitimidade passiva*: pessoa física que praticou o ato; pessoa jurídica representada; terceiros que se beneficiaram (art. 6º da Lei n. 4.717/65). **Sanções:** CF, art. 37, § 4º, c/c os arts. 11 e 12 da Lei n. 8.429/92.

EFICIÊNCIA	Impõe ao Poder Público a busca pelo aperfeiçoamento na prestação dos seus serviços, de forma a preservar os interesses da coletividade. Exemplos: ■ contratação por concurso (CF, art. 37, II); ■ abertura de licitação (CF, art. 37, XXI); ■ aquisição de estabilidade (CF, art. 41, § 4º); ■ limitação de gastos com folha de pessoal (CF, art. 169).
OUTROS	■ motivação; ■ autotutela; ■ isonomia; ■ razoabilidade; ■ indisponibilidade do interesse público; ■ supremacia do interesse público sobre o interesse particular.

■ 2.6. SÚMULAS SOBRE PRINCÍPIOS CONSTITUCIONAIS DA ADMINISTRAÇÃO PÚBLICA

■ 2.6.1. Súmulas do STF

654. A garantia da irretroatividade da lei, prevista no art 5º, XXXVI, da Constituição da República, não é invocável pela entidade estatal que a tenha editado.

655. A exceção prevista no art. 100, *caput*, da Constituição, em favor dos créditos de natureza alimentícia, não dispensa a expedição de precatório, limitando-se a isentá-los da observância da ordem cronológica dos precatórios decorrentes de condenações de outra natureza.

■ 2.6.2. Súmulas vinculantes

1. Ofende a garantia constitucional do ato jurídico perfeito a decisão que, sem ponderar as circunstâncias do caso concreto, desconsidera a validez e a eficácia de acordo constante de termo de adesão instituído pela Lei Complementar n. 110/2001.

3. Nos processos perante o Tribunal de Contas da União asseguram-se o contraditório e a ampla defesa quando da decisão puder resultar anulação ou revogação de ato administrativo que beneficie o interessado, excetuada a apreciação da legalidade do ato de concessão inicial de aposentadoria, reforma e pensão.

13. A nomeação de cônjuge, companheiro ou parente em linha reta, colateral ou por afinidade, até o terceiro grau, inclusive, da autoridade nomeante ou de servidor da mesma pessoa jurídica investido em cargo de direção, chefia ou assessoramento, para o exercício de cargo em comissão ou de confiança ou, ainda, de função gratificada na administração pública direta e indireta em qualquer dos Poderes da União, dos Estados, do Distrito Federal e dos Municípios, compreendido o ajuste mediante designações recíprocas, viola a Constituição Federal.

14. É direito do defensor, no interesse do representado, ter acesso amplo aos elementos de prova que, já documentados em procedimento investigatório realizado por órgão com competência de polícia judiciária, digam respeito ao exercício do direito de defesa.

18. A dissolução da sociedade ou do vínculo conjugal, no curso do mandato, não afasta a inelegibilidade prevista no § 7º do art. 14 da Constituição Federal.

21. É inconstitucional a exigência de depósito ou arrolamento prévios de dinheiro ou bens para admissibilidade de recurso administrativo.

■ 2.6.3. Súmula do STJ

373. É ilegítima a exigência de depósito prévio para admissibilidade de recurso administrativo.

■ 2.7. QUESTÕES

1. (Analista Judiciário — Área Administrativa — TRT — 8ª Região (PA e AP) — CESPE — 2016)

A respeito dos princípios da administração pública, assinale a opção correta.

a) Decorre do princípio da hierarquia uma série de prerrogativas para a administração, aplicando-se esse princípio, inclusive, às funções legislativa e judicial.
b) Decorre do princípio da continuidade do serviço público a possibilidade de preencher, mediante institutos como a delegação e a substituição, as funções públicas temporariamente vagas.
c) O princípio do controle ou tutela autoriza a administração a realizar controle dos seus atos, podendo anular os ilegais e revogar os inconvenientes ou inoportunos, independentemente de decisão do Poder Judiciário.
d) Dado o princípio da autotutela, a administração exerce controle sobre pessoa jurídica por ela instituída, com o objetivo de garantir a observância de suas finalidades institucionais.
e) Em decorrência do princípio da publicidade, a administração pública deve indicar os fundamentos de fato e de direito de suas decisões.

2. (Escrivão de Polícia Substituto — PC-GO — CESPE — 2016) Sem ter sido aprovado em concurso público, um indivíduo foi contratado para exercer cargo em uma delegacia de polícia de determinado município, por ter contribuído na campanha política do agente contratante.

Nessa situação hipotética, ocorreu, precipuamente, violação do princípio da

a) supremacia do interesse público.
b) impessoalidade.
c) eficiência.
d) publicidade.
e) indisponibilidade.

3. (Procurador Municipal — Bloco II e III — Prefeitura de Porto Alegre-RS — FUNDATEC 3 2016)

Em nosso sistema constitucional, o princípio da moralidade abrange as seguintes dimensões:

I. A "boa-fé", que, no direito público, traduz- se pela tutela da confiança.
II. A eficiência.
III. A probidade administrativa (deveres de honestidade e lealdade).
IV. A razoabilidade (expectativa de conduta civilizada, do homem comum, da parte do agente público).

Quais estão corretas?

a) Apenas I e III.
b) Apenas I e IV.
c) Apenas II e IV.
d) Apenas II e III.
e) Apenas I, III e IV.

4. (Agente Penitenciário — SEJUS-PI — NUCEPE — 2016) Quando a própria Administração Pública anula seus atos ilegais e revoga seus atos inconvenientes e inoportunos, sua atuação encontra fundamento específico no princípio conhecido como:

a) Legalidade.
b) Moralidade.
c) Eficiência.
d) Autotutela.
e) Razoabilidade.

5. (Procurador Municipal — Prefeitura de Araguari-MG — IADHED — 2016) Qual dos princípios administrativos expressos na CF/88 exige que o administrador público não dispense os preceitos éticos que devem estar presentes em sua conduta:

a) Princípio da conveniência;
b) Princípio da oportunidade;
c) Princípio da improbidade;
d) Princípio da moralidade.

6. (Procurador Jurídico — Câmara de Mongaguá-SP — 2016) "A imposição à administração pública direta e indireta e a seus agentes a persecução do bem comum, por meio do exercício de suas competências de forma imparcial, neutra, transparente, participativa, sem burocracia e sempre em busca da qualidade, rimando pela adoção dos critérios legais e morais necessários para melhor utilização possível dos recursos públicos, de maneira a evitarem-se desperdícios e garantir-se maior rentabilidade social". Estamos falando de qual princípio?

a) impessoalidade
b) moralidade
c) eficiência
d) moralidade
e) legalidade

7. (Procurador Jurídico — CRO-PR — Quadrix — 2016) Com relação aos princípios administrativos expressos na Constituição Federal de 1988, bem como os princípios reconhecidos pelos publicistas, assinale a alternativa incorreta.

a) O administrador público, além de averiguar os critérios de conveniência, oportunidade e justiça em suas ações, deve distinguir o que é honesto do que é desonesto.
b) Um dos objetivos do princípio da eficiência é reduzir os desperdícios de dinheiro público, o que impõe a execução dos serviços públicos com presteza, perfeição e rendimento funcional.
c) De acordo com a doutrina, a ação popular, prevista na Constituição Federal de 1988, apresenta-se como um dos instrumentos de proteção à moralidade administrativa.
d) As empresas públicas, sociedades de economia mista e fundações públicas não estão sujeitas ao princípio da publicidade.
e) Todas as pessoas administrativas devem submeter-se ao princípio da publicidade, quer as que constituem as próprias pessoas estatais, quer aquelas outras que, mesmo sendo privadas, integram o quadro da Administração Pública.

8. (Analista de Vendas Jr. — CEMIG-TELECOM — FUMARC — 2016) O princípio da autotutela permite que a Administração Pública

a) suprima direitos adquiridos mediante revogação dos atos que julgar inconvenientes.
b) julgue em caráter final e definitivo os conflitos nos quais seja parte.
c) declare seus próprios atos inalcançáveis pelo controle jurisdicional.
d) declare a nulidade de seus próprios atos quando ilícitos e os revogue quando inconvenientes.

9. (Auditor Fiscal — Prefeitura de Juiz de Fora-MG — AOCP — 2016) Sobre o Princípio da Motivação, é lícito afirmar que ele

a) obriga o Estado a proporcionar aos seus agentes públicos condições para que estejam sempre motivados a atender o interesse público.
b) garante que o Poder Público exerça o controle sobre os próprios atos, podendo anular os ilegais e revogar os inconvenientes, sem a necessidade de buscar o Poder Judiciário.
c) obriga que o administrador público obedeça à lei e ao Direito, o que inclui os princípios administrativos, sob pena de responder disciplinar, civil e criminalmente.
d) determina que o administrador público deve expor os fundamentos de fato e de direito que embasaram sua decisão ou ato praticado.
e) decorre do próprio Estado de Direito e motiva à autoridade competente a se sentir obrigada a dar publicidade de seus atos.

10. (Analista Judiciário — Área Administrativa — TRE-BA — CESPE — 2017) A respeito da administração pública, julgue os itens a seguir.

I. São princípios que regem a administração pública expressos na Constituição Federal de 1988: legalidade, indivisibilidade, moralidade, publicidade e eficiência.

II. A avaliação de desempenho como condição para a aquisição de estabilidade do servidor público é um exemplo de aplicação do princípio da eficiência.

III. A afronta a qualquer um dos princípios explícitos da administração pública pode configurar ato de improbidade administrativa.

IV. A moralidade administrativa é definida com base na concepção pessoal do agente público acerca da conduta administrativa considerada ética.

Estão certos apenas os itens

a) I e II.
b) I e III.
c) II e III.
d) II e IV.
e) III e IV.

■ GABARITO ■

1. "b".
2. "b".
3. "e".
4. "d".
5. "d".
6. "c".
7. "d".
8. "d".
9. "d".
10. "c".

3

DA IMPROBIDADE ADMINISTRATIVA

3.1. NOÇÕES GERAIS E DEFINIÇÃO

A questão relacionada à **improbidade administrativa** tem ganhado enorme **repercussão** por força das reiteradas notícias veiculadas nos **meios de comunicação** acerca da prática de atos dessa natureza.

Outrossim, pelas mesmas razões, importante ressaltar que essa questão tem sido enfrentada de forma abundante pelos nossos **tribunais** nas áreas **cível**, **penal** e também **eleitoral**.

Como visto anteriormente, quando dos comentários ao princípio da moralidade administrativa (capítulo 2 desta obra), o termo **improbidade administrativa** indica **desonestidade administrativa**, razão pela qual se apresenta como uma **imoralidade qualificada**, uma vez que caracterizada pela presença do **dolo**, que surge dessa maneira como **elemento comum** a todas as **hipóteses** de improbidade previstas em lei com uma única **exceção**, que admite também a **modalidade culposa**. Esta será mais bem analisada um pouco mais adiante, ainda dentro deste capítulo. Trata-se das hipóteses de improbidade que causam danos ao erário previstas no **art. 10 da Lei n. 8.429/92**, tema já enfrentado em sucessivas oportunidades pelos nossos tribunais, em especial pelo **STJ**.

Assim é que, no entendimento já consolidado no nível daquela corte, é inadmissível a responsabilidade objetiva na aplicação da Lei n. 8.429/92, exigindo-se a presença de dolo nos casos do arts. 9º e 11, e ao menos de culpa nos termos do art. 10, que censura os atos de improbidade por danos ao erário.

Nesse particular, para efeito de melhor visualização, confiram-se as seguintes ementas:

> "Processual civil e administrativo. Agravo regimental no recurso especial. Ação civil pública. Improbidade administrativa. Contratação de servidor sem concurso público. Prática de ato violador de princípios administrativos. Artigo 11 da Lei 8.429/92. Reconhecimento de dolo genérico. Penalidade aplicada. Proporcionalidade. Reexame do conjunto fático e probatório dos autos. Impossibilidade. Súmula 7/STJ. 1. A jurisprudência desta Corte Superior de Justiça é no sentido de que não se pode confundir improbidade com simples ilegalidade. A improbidade é a ilegalidade tipificada e qualificada pelo elemento subjetivo da conduta do agente. Assim, para a tipificação das condutas descritas nos artigos 9º e 11 da Lei 8.429/92 é indispensável, para a caracterização de improbidade, que o agente tenha agido dolosamente e, ao menos, culposamente, nas hipóteses do artigo 10. 2. Os atos de improbidade administrativa descritos no artigo 11

da Lei n. 8.429/92, como visto, dependem da presença do dolo genérico, mas dispensam a demonstração da ocorrência de dano para a Administração Pública ou enriquecimento ilícito do agente. 3. Na hipótese dos autos, o Tribunal *a quo*, embora tenha consignado que era prescindível a demonstração de dolo ou culpa do agente, reconheceu expressamente ser 'flagrante a inobservância da regra de provimento dos cargos públicos por meio de concurso público, conforme previsto na Carta Magna, deve ser reconhecida a ilegalidade na contratação', daí porque não há que se falar na inexistência do elemento doloso. 4. No que concerne à apontada violação ao art. 12 da Lei 8.429/92, a análise da pretensão recursal no sentido de que sanções aplicadas não observaram os princípios da proporcionalidade e razoabilidade, com a consequente reversão do entendimento manifestado pelo Tribunal de origem, exige o reexame de matéria fático-probatória dos autos, o que é vedado em sede de recurso especial, nos termos da Súmula 7/STJ. 5. Agravo regimental não provido" (AgRg no REsp 1500812 SE 2014/0311577-0, rel. Min. Mauro Campbell Marques, 2ª T., *DJe* 28.05.2015).

■ "Processual civil e administrativo. Agravo regimental no recurso especial. Imputação da prática de ato de improbidade administrativa por descumprimento de decisão judicial. Alegação de ausência de intimação para cumprimento. Prova diabólica: exigência de fato negativo, por ilógico que pareça. Cerceamento de defesa. Requisito da má-fé. Acórdão em confronto com a jurisprudência do STJ por entender indispensável a demonstração do dolo. Violação ao art. 11, da Lei 8.429/92 reconhecida. 1. O Tribunal *a quo* não demonstrou a presença do indispensável elemento subjetivo do agente; pelo contrário, assentou, expressamente, que a existência de má-fé na negativa do fornecimento das informações não é relevante, importando, apenas, que não foi cumprida uma decisão judicial transitada em julgado; essa orientação não tem o abono jurisprudencial do STJ, que exige o dolo como elemento da conduta, para submeter legitimamente o infrator às iras do art. 11 da Lei 8.429/92. 2. Caso entenda-se que o dolo está no resultado, pode-se dizer que todo resultado lesivo será automaticamente doloso; no entanto, certo é que o dolo está na conduta, na maquinação, na maldade, na malícia do agente, sendo isso o que deve ser demonstrado e o que não foi, no caso em apreço. 3. O ato havido por ímprobo deve ser administrativamente relevante, sendo de se aplicar, na sua compreensão, o conhecido princípio da insignificância, de notável préstimo no Direito Penal moderno, a indicar a inaplicação de sanção criminal punitiva ao agente, quando o efeito do ato agressor é de importância mínima ou irrelevante, constituindo a chamada bagatela penal: *de minimis non curat Praetor*. 4. Agravo Regimental a que se nega provimento" (AgRg no REsp 968.447 PR 2007/0164169-0, rel. Min. Napoleão Nunes Maia Filho, 1ª T., *DJe* 18.05.2015).

■ "Ação de improbidade originária contra membros do Tribunal Regional do Trabalho. Lei 8.429/92. Legitimidade do regime sancionatório. Edição de portaria com conteúdo correcional não previsto na legislação. Ausência do elemento subjetivo da conduta. Inexistência de improbidade. 1. (...) 2. Não se pode confundir improbidade com simples ilegalidade. A improbidade é ilegalidade tipificada e qualificada pelo elemento subjetivo da conduta do agente. Por isso mesmo, a jurisprudência do STJ considera indispensável, para a caracterização de improbidade, que a conduta do agente seja dolosa, para a tipificação das condutas descritas nos artigos 9º e 11 da Lei 8.429/92, ou pelo menos eivada de culpa grave, nas do artigo 10. (...)" (AIA 30/AM Ação de Improbidade Administrativa 2010/0157996-6, rel. Min. Teori Albino Zavascki).

Em que pese a importância atribuída ao tema, importante destacar que a Constituição Federal pouco se referiu a ele, limitando-se a previsões pontuais, deixando que a matéria ficasse na dependência da regulamentação por meio de lei, o que acabou por se verificar somente em 1992, com a edição da Lei n. 8.429, que disciplinou a questão.

Na referida lei, serão em sequência abordados itens relacionados às **hipóteses** configuradoras de improbidade; as **ações** previstas em nosso ordenamento jurídico para o combate de atos dessa natureza e ainda as questões relacionadas a **sanções** a serem aplicadas por aqueles que experimentarem condenação, e, por fim, os prazos de **prescrição**.

■ 3.2. HIPÓTESES PREVISTAS NA LEI N. 8.429/92

Nesse particular, sobreleva notar que as **hipóteses** tipificadoras de improbidade administrativa foram disciplinadas pela **Lei n. 8.429/92**, que, inclusive, separou-as em **três modalidades** diversas, todas elas de **caráter exemplificativo**.

Com efeito, seria por demais presunçosa a intenção do legislador de procurar, por meio de prescrições legais, esgotar essa matéria, ainda mais diante das inúmeras variações que tem apresentado ultimamente.

Assim é que, para melhor visualização, pode-se mencionar a presença de **hipótese** de **improbidade em matéria eleitoral**.

Com efeito, a questão da improbidade administrativa mereceu também atenção da Constituição no campo eleitoral, a teor do disposto no **art. 14, § 9º**, que abre a possibilidade de criação de outras **hipóteses de inelegibilidade pelo legislador infraconstitucional**, desde que respeitados os requisitos ali estabelecidos, vale dizer, que venham por meio de lei complementar e recaiam em uma das hipóteses ali relacionadas: para a **preservação da probidade administrativa**; da **moralidade administrativa** para o exercício do **mandato**, tendo em vista a **vida pregressa do candidato** e para assegurar a normalidade e a legitimidade das eleições contra abusos de poder econômico e político.

Dentro desse contexto, a matéria encontra-se disciplinada no nível da **Lei Complementar n. 64/90** (Lei das Ilegibilidades), com a redação que lhe foi oferecida pela **Lei Complementar n. 135/2010**, conhecida por **Lei da Ficha Limpa**.

No nível da **referida legislação**, destaca-se a previsão estabelecida no **art. 1º, I, *l***, que torna **inelegíveis para qualquer cargo** os que forem **condenados** à suspensão dos direitos políticos, em decisão transitada em julgado ou proferida por **órgão judicial colegiado**, por **ato doloso de improbidade** administrativa que importe lesão ao patrimônio público e enriquecimento ilícito.

Percebe-se, pois, da leitura do dispositivo reproduzido que a prática de atos de **improbidade** administrativa, na **modalidade dolosa**, pode **resultar** em situação de **inelegibilidade** para a titularização de qualquer cargo público, desde que a decisão tenha sido proferida por **órgão colegiado**, mesmo que **sem** a configuração do **trânsito em julgado**.

Referido dispositivo legal, portanto, **excluiu** a condição de **inelegibilidade** para os responsáveis pela prática de atos de **improbidade** na **modalidade culposa**.

Outrossim, cumpre destacar que a **Lei n. 9.504/97**, que disciplina as eleições, estabeleceu em seu **art. 73** inúmeras **condutas vedadas aos agentes públicos** com o objetivo de assegurar igualdade de oportunidades entre os candidatos durante a campanha eleitoral, surgindo como exemplo a cessão de bens públicos, serviços públicos ou servidores para beneficiar determinada candidatura. O **descumprimento** dessa exigência também configura **ato de improbidade** administrativa, por desrespeito às regras previstas no **art. 11 da Lei n. 8.429/92**. É o que se conclui da redação prevista no **art. 73, § 7º:**

> **Art. 73.** (...)
> § 7º As condutas enumeradas no *caput* caracterizam, ainda, atos de improbidade administrativa, a que se refere o art. 11, inciso I, da Lei n. 8.429, de 2 de junho de 1992, e sujeitam-se às disposições daquele diploma legal, em especial às cominações do art. 12, inciso III.

■ 3.2.1. Extensão das hipóteses de improbidade: por atos, omissões, por danos materiais e danos morais

As hipóteses de improbidade administrativa, no que se refere a sua **extensão**, podem incidir quer quando o administrador faz o que não deveria **(atos)**, quer para aquelas situações em que ele deixa de fazer o que deveria **(omissões)**, respondendo o responsável quer por **danos materiais**, quer por **danos morais**, nesta última hipótese, em razão das variantes que apresenta, merecedora de alguns comentários específicos.

A importância deste item resulta de imprecisão estabelecida pelo legislador, em especial no art. 10, ao descrever os atos de improbidade causadores de danos ao erário sem discriminar se a prescrição se restringe tão somente aos danos materiais ou se poderia ser estendida também para os danos morais.

Nesse particular, o **STJ** pacificou o **entendimento** segundo o qual **não há vedação legal** ao entendimento de que cabem **danos morais** em **ações** que discutam **improbidade** administrativa, seja pela frustração trazida pelo ato ímprobo na comunidade, seja pelo desprestígio efetivo causado a entidade pública que dificulte a ação estatal. Foi o entendimento adotado pela 2ª Turma daquela corte em **2008**, no **REsp 960.926:**

> "ADMINISTRATIVO. IMPROBIDADE ADMINISTRATIVA. DANO AO ERÁRIO. MULTA CIVIL. DANO MORAL. POSSIBILIDADE. PRESCRIÇÃO. 1. (...) 3. *Não há vedação legal ao entendimento de que cabem danos morais em ações que discutam improbidade administrativa seja pela frustração trazida pelo ato ímprobo na comunidade, seja pelo desprestígio efetivo causado à entidade pública que dificulte a ação estatal.* 4. A aferição de tal dano deve ser feita no caso concreto com base em análise detida das provas dos autos que comprovem efetivo dano à coletividade, os quais ultrapassam a mera insatisfação com a atividade administrativa. 5. (...) 6. Recurso especial conhecido em parte e provido também em parte".

Superada a questão quanto à natureza meramente exemplificativa das hipóteses de improbidade administrativa relacionadas na Lei n. 8.429/92, cumpre agora esclarecer ter o legislador utilizado como **critério** para agrupar as **hipóteses** positivadas na lei o da **gravidade** do **ato** praticado.

Por força desse critério, foram elas divididas em atos de improbidade administrativa que importam em **enriquecimento ilícito (art. 9º)**, causam **prejuízo ao erário (art. 10)** e, finalmente, atentam contra os **princípios da Administração Pública (art. 11)**.

a) Dos atos de improbidade que importam em enriquecimento ilícito

O primeiro grupo de atos de improbidade, considerado pelo legislador como de maior gravidade, encontra-se disciplinado no art. 9º, *caput*:

> **Art. 9º** Constitui ato de improbidade administrativa importando enriquecimento ilícito auferir qualquer tipo de vantagem patrimonial indevida em razão do exercício de cargo, mandato, função, emprego ou atividade nas entidades mencionadas no art. 1º desta lei, e notadamente (...).

A leitura do dispositivo constitucional reproduzido deixa clara a lista de requisitos a serem preenchidos para a configuração de um ato de improbidade dessa gravidade.

Assim é que, em primeiro lugar, deve restar **configurado** um **enriquecimento** que seja **ilícito**, apresentando-se dessa maneira a necessidade de caracterização de **dolo**.

Em outras palavras, o simples enriquecimento não se revela suficiente para a configuração do ato de improbidade aqui descrito, uma vez que poderá ter se verificado de forma legítima.

Não por outra razão, o legislador exige que esse **enriquecimento**, **além de ilícito**, resulte da **titularização** de um **cargo, mandato, função, emprego** ou atividade nas entidades integrantes da estrutura da **Administração Pública**.

Como consequência, se o enriquecimento não decorreu do seu exercício, e em respeito aos limites estabelecidos pelo ordenamento jurídico, não se configura o ato de improbidade.

Assim, por exemplo, se o agente público experimentou um enriquecimento resultante de recebimento de herança, ou de uma doação, legítimos, nenhuma razão para a sua condenação por atos dessa natureza.

De resto, exatamente para facilitar a **fiscalização** dessa **variação patrimonial** do agente público foi que o legislador prescreveu, no **art. 13** da legislação de regência, a necessidade de apresentação de **declaração de bens** por ocasião da **posse**, que deverá ser **renovada**, periodicamente, até o momento de sua **saída dos quadros** da Administração, sob pena de **demissão:**

> **Art. 13.** A **posse** e o exercício de agente público ficam **condicionados** à apresentação de **declaração dos bens** e valores que compõem o seu patrimônio privado, a fim de ser arquivada no serviço de pessoal competente.
>
> § 1º A declaração compreenderá imóveis, móveis, semoventes, dinheiro, títulos, ações, e qualquer outra espécie de bens e valores patrimoniais, localizado no País ou no exterior,

> e, quando for o caso, abrangerá os bens e valores patrimoniais do cônjuge ou companheiro, dos filhos e de outras pessoas que vivam sob a dependência econômica do declarante, excluídos apenas os objetos e utensílios de uso doméstico.
>
> § 2º A **declaração** de bens será **anualmente atualizada** e na data em que o **agente** público **deixar** o exercício do **mandato, cargo, emprego** ou **função**.
>
> § 3º Será **punido com a pena de demissão, a bem do serviço público**, sem prejuízo de outras sanções cabíveis, o agente público que se recusar a prestar declaração dos bens, dentro do prazo determinado, ou que a prestar falsa.
>
> § 4º O declarante, a seu critério, poderá entregar cópia da declaração anual de bens apresentada à Delegacia da Receita Federal na conformidade da legislação do Imposto sobre a Renda e proventos de qualquer natureza, com as necessárias atualizações, para suprir a exigência contida no *caput* e no § 2º deste artigo.

De outra parte, ainda em razão da prescrição contida no *caput* do art. 9º, necessária a configuração de **perda patrimonial** para a Administração, para que o ato de improbidade ali enunciado se materialize. Nesse particular, importante destacar que a regra existente no **art. 21, I**, dessa mesma legislação, que aponta para a desnecessidade de configuração de dano para a caracterização dos atos de improbidade, para as hipóteses do art. 9º, não tem serventia:

> **Art. 21.** A aplicação das sanções previstas nesta lei independe:
>
> I — da efetiva ocorrência de dano ao patrimônio público, salvo quanto à pena de ressarcimento.

Destarte, por imposição lógica, as hipóteses previstas no art. 9º, ora comentado, exigem a caracterização de perda patrimonial, o que se revela incompatível com a previsão descrita neste art. 21, ora reproduzido.

Por fim, importante observar, ainda por força da redação do *caput* do art. 9º, que as inúmeras **hipóteses** de improbidade ali descritas revelam um **elenco** meramente **exemplificativo**, tendo em vista a expressão "especialmente" utilizada pelo legislador.

Entre as **hipóteses** ali **relacionadas**, pode-se mencionar, a título de exemplificação, a utilização, em obra ou serviço particular, de veículos, materiais ou equipamentos públicos (art. 9º, IV); aceitar emprego, comissão ou exercer atividade de consultoria ou assessoramento para pessoa física ou jurídica que tenha interesse suscetível de ser atingido ou amparado por ação ou omissão decorrente das atribuições do agente público, durante a atividade (art. 9º, VIII); perceber vantagem econômica para intermediar a liberação ou aplicação de verba pública de qualquer natureza (art. 9º, IX);

Como mencionado, essa relação de situações descrita pelo legislador representa meros exemplos, não excluindo, assim, a possibilidade de caracterização de atos de improbidade em outras circunstâncias.

Por fim, importante anotar que, configurado o **enriquecimento ilícito**, o responsável perderá todos os bens ou valores acrescidos por força desse ato desonesto, consoante o disposto no **art. 6º:**

> **Art. 6º** No caso de enriquecimento ilícito, perderá o agente público ou terceiro beneficiário os bens ou valores acrescidos ao seu patrimônio.

b) Dos atos de improbidade que importam em danos ao erário

Seguindo pelo mesmo critério, apresentam-se, agora, os atos de improbidade que causam **danos ao erário**, considerados pelo legislador como de **gravidade intermediária**. Encontram-se eles relacionados no **art. 10**, *caput*, da referida legislação:

> **Art. 10.** Constitui ato de improbidade administrativa que causa lesão ao erário qualquer ação ou omissão, dolosa ou culposa, que enseje perda patrimonial, desvio, apropriação, malbaratamento ou dilapidação dos bens ou haveres das entidades referidas no art. 1º desta lei, e notadamente (...).

O dispositivo reproduzido demonstra, de forma inequívoca, os **requisitos necessários** para a **configuração** de ato de improbidade dessa natureza, a começar pela necessidade de caracterização de **lesão ao erário**.

Portanto, sem a configuração dessa lesão não se pode cogitar de responsabilização por atos dessa natureza, resulte ela de ato ou omissão.

Em outras palavras, a **lesão ao erário** poderá se caracterizar tanto como resultado de um **ato** praticado pelo administrador como por uma **omissão**, quando deixa de fazer o que deveria, resultando em prejuízo para os cofres públicos.

Nesse contexto, importante destacar uma vez mais que, se por um lado a configuração de atos de improbidade administrativa depende da caracterização de **dolo**, admite-se, aqui, uma relativização na **modalidade culposa**, como já visto no início deste capítulo. Nesse sentido, oportuna a reprodução do **art. 5º da Lei n. 8.429/92**, uma vez que encerra qualquer dúvida que pudesse subsistir a esse respeito:

> **Art. 5º** Ocorrendo lesão ao patrimônio público por ação ou omissão, **dolosa** ou **culposa**, do agente ou de terceiro, dar-se-á o integral ressarcimento do dano.

Dentro desse contexto, importante registrar que, nada obstante a prescrição estabelecida nesse dispositivo, nossos **tribunais têm exigido** ao menos a caracterização de **culpa grave** para a configuração de um ato de improbidade administrativa, para que sobre o administrador inábil ou incompetente não incidam as rigorosas penalidades estabelecidas tanto pela Constituição quanto pela Lei de Regência, como visto no item anterior.

Merecem destaque, dentre as hipóteses alinhadas no art. 10, que se entende configurada a improbidade quando o agente público permitir ou facilitar a alienação, permuta ou locação de bens, por preço inferior ao de mercado (inciso IV); ou ainda aquela em que ele permite ou facilita a aquisição, permuta ou locação de bens e serviços por preço superior ao de mercado (inciso V), hipótese conhecida como superfaturamento; a viabilização de operações financeiras de forma ilegal (inciso VI); a frustração da licitude de um processo licitatório ou sua dispensa indevida (inciso VIII).

Nesse particular, importante consignar a inclusão, pela **Lei Complementar n. 157, de 29 de dezembro de 2016, do art. 10-A**, que disciplina como ato de improbidade administrativa qualquer ação ou omissão para conceder, aplicar ou manter benefício financeiro ou tributário, implicando a condenação em perda de função;

suspensão de direitos políticos de 5 a 8 anos, e multa civil de até 3 vezes o valor do benefício financeiro ou tributário concedido.

De outra parte, resulta cristalina a ideia segundo a qual necessária a configuração de **dano efetivo ao erário** para que o ato de improbidade se materialize, consoante a previsão estabelecida no **art. 21, I**, já reproduzido. Nesse sentido a jurisprudência de nossos tribunais.

Para que o ato de improbidade se materialize conforme o disposto no art. 21, I, da lei de regência, a aplicação das sanções independe da efetiva ocorrência de dano, **salvo quanto à pena de ressarcimento**.

Portanto, em se tratando de pedidos dessa natureza resultantes de atos de improbidade relacionados no art. 10, a necessidade de comprovação de **dano efetivo** revela-se inequívoca, não sendo outro o posicionamento já consolidado no nível do **STJ**.

Dessa forma, impossível a caracterização de ato de desonestidade, de má-fé, com base no **art. 10**, sem a comprovação de **dano efetivo**, outra não sendo a conclusão atingida pelo Superior Tribunal de Justiça, por meio da relatoria da **Ministra Denise Arruda**, no julgamento do **REsp 805.080:**

> "(...) Assim, o ato de improbidade previsto no art. 10 da Lei 8.429/92 **exige** para a sua **configuração, necessariamente**, o **efetivo prejuízo ao erário**, sob pena da não tipificação do ato impugnado. Existe, portanto, uma exceção à hipótese prevista no inciso I do art. 21, o qual somente deve ser aplicado nos casos de improbidade administrativa descritos nos arts. 9º e 11, da Lei 8.429/92. (...)".

Nesse sentido ainda, importante consignar que essa conclusão é a única que se sustenta em homenagem ao princípio da razoabilidade, outra não sendo a opinião adotada pelo eminente **Ministro Castro Meira** quando do julgamento dos **Embargos de Divergência em REsp n. 917.437:**

> "(...) 2. Isto porque à luz dos princípios da razoabilidade e da proporcionalidade, impõe-se a mitigação do preceito que preconiza a prescindibilidade da ocorrência do **dano efetivo ao erário** para se infligir a sanção de ressarcimento: 'a hipótese prevista no inciso I do artigo 21, que dispensa a ocorrência de dano para aplicação das sanções da lei, merece meditação mais cautelosa. (...)'".

Neste momento, importante registrar que, em outra oportunidade, o eminente **Ministro** manifestou-se no mesmo sentido, asseverando ser esse o entendimento predominante naquela Corte:

> "Processo civil. Improbidade administrativa. Julgamento antecipado da lide. Violação do art. 330, I, do CPC. Procedência da ação com base na ausência de provas. Impossibilidade. Retorno dos autos à origem. Instrução probatória. Art. 10 da LIA. *Dano presumido. Exigência da comprovação do dano.* Desvio de verbas. Revisão de matéria fático-probatória. Impossibilidade. Súmula 7/STJ. (...) 3. *As condutas descritas no art. 10 da LIA demandam a comprovação de dano efetivo ao erário público, não sendo possível caracterizá-las por mera presunção.* O acórdão recorrido concluiu, quanto aos

demais recorrentes, que a mera realização de despesa pública sem o prévio empenho caracteriza ato de improbidade ensejador de lesão ao erário, admitindo a existência de dano presumido, por impedir o controle dos gastos públicos. Esse entendimento destoa da jurisprudência do STJ, devendo ser afastada a condenação nesse particular. (...)" (REsp 1.228.306-PB (2010/0224764-8), rel. Min. Castro Meira).

Da mesma forma, as conclusões atingidas pelo **Ministro Luiz Fux** quando do julgamento de recurso especial em que a ausência de dano efetivo resultou da efetiva prestação de serviços pela empresa contratada:

"Processual civil. Administrativo. Ação civil pública. Improbidade administrativa. Art. 10, *caput,* da Lei 8.429/92. Contratação. Especialização notória. Ausência de dano ao erário e de enriquecimento ilícito dos demandados. Má-fé. Elemento subjetivo. Essencial à caracterização da improbidade administrativa. (...) 7. *In casu*, a ausência de má-fé dos demandados (elemento subjetivo) coadjuvada pela **inexistência de dano ao patrimônio público**, uma vez que o pagamento da quantia de R$ 49.820,08 (quarenta e nove mil, oitocentos e vinte reais, oito centavos) **se deu à luz da efetiva prestação dos serviços pela empresa contratada** (fl. 947), revelando *error in judicando* a análise do ilícito apenas sob o ângulo objetivo. (...)" (REsp 1.038.777-SP (2008/0052296-3), rel. Min. Luiz Fux).

Em outra oportunidade, o eminente Ministro reiterou seu pensamento quanto à necessidade de comprovação de dano efetivo e, também de dolo, para a condenação por atos de improbidade:

"Processual civil. Administrativo. Ação civil pública. Improbidade administrativa. Apropriação indevida de diárias. Art. 10, *caput*, da Lei 8.429/92. **Ausência de dano ao erário. Má-fé. Elemento subjetivo. Essencial à caracterização do ato de improbidade.** Sanções. Dosimetria. Cumulatividade. Princípios da proporcionalidade e da razoabilidade (art. 12, parágrafo único da Lei 8.429/92). Violação ao art. 535. Inocorrência. (...) 4. O elemento subjetivo é essencial à caracterização da improbidade administrativa, sendo certo, ainda, que a tipificação da lesão ao patrimônio público (art. 10, *caput,* da Lei 8.429/92) exige a prova de sua ocorrência, mercê da impossibilidade de condenação ao ressarcimento ao erário de dano hipotético ou presumido. Precedentes do STJ: REsp 805.080/SP, Primeira Turma, *DJe* 06/08/2009; REsp 939142/RJ, Primeira Turma, *DJe* 10/04/2008; REsp 678.115/RS, Primeira Turma, *DJ* 29/11/2007; REsp 285.305/DF, Primeira Turma; *DJ* 13/12/2007; e REsp 714.935/PR, Segunda Turma, *DJ* Documento: 1033046 — Inteiro Teor do Acórdão — *Site* certificado — *DJe* 23/02/2011" (REsp 980.706-RS (2007/0210742-0), rel. Min. Luiz Fux).

Ainda no nível daquela Superior Corte de Justiça, importante destacar decisão proferida em **2015** pelo **Ministro Benedito Gonçalves:**

"Processual civil e administrativo. Recurso especial. Ação civil pública por improbidade administrativa. Art. 10 da Lei n. 8.429/92. Não recolhimento de contribuições previdenciárias. Necessidade de fazer frente a outras despesas. Ausência de subsunção do ato reputado ímprobo ao tipo previsto indigitado dispositivo. **1. A configuração dos atos de improbidade administrativa previstos no art. 10 da Lei de Improbidade**

Administrativa (atos de Improbidade Administrativa que causam prejuízo ao erário), à luz da atual jurisprudência do STJ, exige a presença do efetivo dano ao erário (critério objetivo) e, ao menos, culpa. Precedentes: AgRg no Ag 1.386.249/RJ, Relator Ministro Benedito Gonçalves, Primeira Turma, *DJe* 13/4/2012; EREsp 479.812/SP, Relator Ministro Teori Albino Zavascki, Primeira Seção, *DJe* 27/09/2010; e AgRg no AREsp 21.662/SP, Relator Ministro Napoleão Nunes Maia Filho, Primeira Turma, *DJe* 15/2/2012. [...] 6. Recurso especial provido" (REsp 1206741-SP, rel. Min. Benedito Gonçalves, 1ª T., *DJe* 24.04.2015).

c) Dos atos de improbidade que atentam contra os princípios da Administração Pública

No art. 11 encontram-se relacionados os atos de **improbidade de menor gravidade**, vale dizer, aqueles que implicam **agressão aos princípios da Administração:**

> **Art. 11.** Constitui ato de improbidade administrativa que atenta contra os princípios da administração pública qualquer ação ou omissão que viole os deveres de honestidade, imparcialidade, legalidade, e lealdade às instituições, e notadamente: (...).

A leitura do dispositivo reproduzido demonstra que, contrariamente ao que se verificou no artigo anterior, admite-se, aqui, tão somente a modalidade dolosa para a configuração do ato de improbidade administrativa, conforme o entendimento já pacificado no nível do STJ, segundo o qual os atos relacionados nesse dispositivo necessitam apenas da configuração de **dolo genérico**, não sendo necessária a comprovação de dolo específico:

"Administrativo e processual civil. Recurso especial. Ação civil pública por ato de improbidade administrativa. A deficiência na fundamentação recursal atrai o óbice da Súmula 284/STF. Contratação direta realizada pelo Poder Público sem suporte legal. **Dolo genérico suficiente para ensejar a condenação do réu no *caput* do art. 11 da LIA. Dispensa de prova de prejuízo ao erário e de enriquecimento ilícito do agente. Recurso desprovido.** 1. (...) 2. (...) 3. O STJ tem compreensão no sentido de que 'o elemento subjetivo, necessário à configuração de improbidade administrativa censurada nos termos do art. 11 da Lei 8.429/1992, é o dolo genérico de realizar conduta que atente contra os princípios da Administração Pública, não se exigindo a presença de dolo específico' (REsp 951.389/SC, Rel. Ministro Herman Benjamin, Primeira Seção, *DJe* (4/5/2011). 4. (...) 5. (...) 6. O ilícito de que trata o art. 11 da Lei n. 8.429/92 dispensa a prova de prejuízo ao erário e de enriquecimento ilícito do agente. 7. Recurso especial a que se nega provimento" (REsp 1275469/SP, rel. p/ acórdão Min. Sérgio Kukina, 1ª T., j. 12.02.2015).

De forma a demonstrar não se tratar de orientação isolada do STJ, seguem inúmeros outros precedentes no mesmo sentido:

"Administrativo. Ação civil pública. Improbidade. Ato ímprobo. Elemento subjetivo. Dolo não caracterizado. Precedentes. Súmula 83/STJ. Razões recursais dissociadas da fundamentação do acórdão recorrido. Incidência das súmulas 283 e 284 do STF, por analogia. (...) 3. O Tribunal *a quo* decidiu de acordo com a jurisprudência desta Corte,

> no sentido de que 'a caracterização do ato de improbidade por ofensa a princípios da administração pública **exige** a **demonstração** do **dolo *lato sensu* ou genérico**' (EREsp 772.241/MG, Rel. Min. Castro Meira, Primeira Seção, *DJe* 6/9/2011). Outros precedentes: AgRg nos EREsp 1.260.963/PR, Rel. Min. Humberto Martins, Primeira Seção, *DJe* 3/10/2012; e AgRg nos EAREsp 62.000/RS, Rel. Min. Mauro Campbell Marques, Primeira Seção, *DJe* 18/9/2012. Incidência da Súmula 83/STJ. (...)" (AgRg no AREsp 562.250-GO, rel. Min. Humberto Martins, 2ª T., j. 19/5/2015).

Diante desse cenário, merecem destaque as hipóteses previstas nos incisos IV, V e VII, a seguir reproduzidos:

> **Art. 11.** (...)
>
> IV — negar publicidade aos atos oficiais;
>
> V — frustrar a licitude de concurso público; (...)
>
> VII — revelar ou permitir que chegue ao conhecimento de terceiro, antes da respectiva divulgação oficial, teor de medida política ou econômica capaz de afetar o preço de mercadoria, bem ou serviço.

A negativa de publicidade a atos oficiais resulta em descumprimento do princípio da publicidade, previsto no *caput* do art. 37 da Constituição, no art. 5º, XXXIII, ainda da Lei Maior, e também no disposto na Lei n. 12.527/2011, que regula o acesso a informações.

De outra parte, a frustração à licitude de concurso público implica descumprimento à regra estabelecida no art. 37, II, da CF, que obriga a Administração a selecionar os candidatos mais eficientes para os cargos e empregos dentro de sua estrutura.

Por derradeiro, o oferecimento de informações privilegiadas, hipótese prevista no inciso VII, implica a realização de ato de desonestidade administrativa, em clara afronta ao princípio da moralidade.

Enfrentada a questão relacionada às hipóteses de improbidade descritas na Lei n. 8.429/92, oportuna a elaboração de quadro comparativo:

ART. 9º	Enriquecimento ilícito	Só a modalidade dolosa
ART. 10	Danos ao erário	Modalidades dolosa (dolo específico) ou culposa (culpa grave)
ART. 11	Agressão a princípios da Administração	Só a modalidade dolosa (dolo genérico)

■ 3.3. DAS AÇÕES VOLTADAS A COMBATER ATOS DE IMPROBIDADE ADMINISTRATIVA

■ 3.3.1. Ação popular

Destacados alguns dos aspectos preliminares previstos na Lei n. 8.429/92 e na Lei n. 7.347/85, cumpre não perder de vista que os atos de **improbidade administrativa** podem ser combatidos por meio de **ação popular**, a teor do disposto no **art. 5º, LXXIII, da CF:**

> **Art. 5º** (...)
> LXXIII — **qualquer cidadão** é parte legítima para propor **ação popular** que vise a anular ato lesivo ao patrimônio público ou de entidade de que o Estado participe, à moralidade administrativa, ao meio ambiente e ao patrimônio histórico e cultural, ficando o autor, salvo comprovada má-fé, isento de custas judiciais e do ônus da sucumbência.

Nesse contexto, importante registrar que essa garantia constitucional foi disciplinada pela **Lei n. 4.717/65**, da qual procuraremos destacar, inicialmente, a questão relacionada à **legitimidade** para a sua **propositura**.

Com efeito, foi atribuída, seguindo-se a diretriz constitucional, a qualquer **cidadão**, vale dizer, ao **nacional no pleno exercício dos direitos políticos**, condição que se comprova de acordo com a previsão estabelecida no **art. 1º, § 3º**, com a apresentação do **título de eleitor**. Confira-se:

> **Art. 1º** (...)
> § 3º A prova da cidadania, para ingresso em juízo, será feita com o título eleitoral, ou com documento que a ele corresponda.

Dessa forma, percebe-se que a Constituição **afastou a possibilidade** de essa garantia ser utilizada por **pessoas jurídicas** ou mesmo pelo **Ministério Público**, na medida em que o requisito de **cidadania** é inerente à **pessoa física**.

Nesse sentido, ainda que cristalina a diretriz estabelecida pela Constituição, oportuno esclarecer que a matéria também foi **sumulada pelo STF**, conforme se verifica da seguinte ementa:

> **Súmula 365 do STF:** Pessoa jurídica não tem legitimidade para propor ação popular.

Portanto, constatada a impossibilidade de o **Ministério Público** promover uma ação popular, oportuno registrar ter esse órgão a perspectiva de **substituir o autor popular** no curso da ação proposta, desde que preenchidas as **exigências** estabelecidas no **art. 9º** da referida legislação.

Assim é que, **se o autor popular desistir da ação** ou der motivo para a absolvição da instância, serão publicados editais objetivando a **substituição** do autor popular por **outro cidadão**. Não se pode perder de vista que a ação foi proposta para preservar não os interesses do autor, mas os da coletividade:

> **Art. 9º Se o autor desistir da ação** ou der motivo à absolvição da instância, serão publicados editais nos prazos e condições previstos no art. 7º, inciso II, ficando assegurado a qualquer cidadão, bem como ao representante do **Ministério Público**, dentro do prazo de 90 (noventa) dias da última publicação feita, **promover o prosseguimento da ação**.

Tomada referida medida sem que se apresente **nenhum substituto**, poderá o **Ministério Público**, se configurada a hipótese de improbidade, promover o **prosseguimento da ação**, na qualidade de representante dos interesses da coletividade.

Não se trata de previsão legal sem nenhuma serventia, uma vez que retrata **situação** extremamente **comum**, principalmente em períodos de **campanha eleitoral**, em que a ação popular é utilizada, em especial por **candidatos de oposição**, para **impressionar** o **eleitorado** em vista de atos de improbidade praticados na gestão daqueles que concorrem à **reeleição**.

Assim, proposta a **ação popular** às **vésperas** da realização do **pleito eleitoral**, muito frequente a **desistência** dela por parte do autor, se não obteve êxito.

De resto, importante salientar que **previsão de idêntico teor** encontra-se em relação à **ação civil pública**, a teor do disposto no **art. 5º, § 3º, da Lei n. 7.347/85**, que autoriza o **Ministério Público** a assumir a **titularidade** da ação, em caso de **desistência** infundada ou abandono, por **associação** legitimada para tanto.

De outra parte, no **polo passivo** dessa ação deverão figurar a **pessoa física** responsável pelo ato lesivo, a **pessoa jurídica** por ela representada e, ainda, os **terceiros** que se beneficiaram, consoante se verifica da redação estabelecida pelo art. 6º, *caput*, da Lei n. 4.717/65:

> **Art. 6º** A ação será proposta contra as pessoas públicas ou privadas e as entidades referidas no art. 1º, contra as autoridades, funcionários ou administradores que houverem autorizado, aprovado, ratificado ou praticado o ato impugnado, ou que, por omissão, tiverem dado oportunidade à lesão, e contra os beneficiários diretos do mesmo.

Assim, a título de exemplo, se o Governo Estadual celebra um contrato acima dos valores praticados pelo mercado, a ação deverá ser proposta contra o Governo do Estado, o Governador e outras autoridades envolvidas e também contra a empresa contratada que se beneficiou do ato.

Nesse particular, a propositura da ação contra a pessoa jurídica, em que pese ter ela se beneficiado do ato, justifica-se por força da previsão estabelecida no § 3º, de ela abster-se de contestar o pedido ou até mesmo de reconhecê-lo, passando a atuar ao lado do autor popular:

> **Art. 6º** (...)
>
> § 3º A **pessoa jurídica de direito público ou de direito privado**, cujo ato seja objeto de impugnação, poderá **abster-se de contestar o pedido, ou poderá atuar ao lado do autor**, desde que isso se afigure útil ao interesse público, a juízo do respectivo representante legal ou dirigente.

■ 3.3.2. Ação civil pública

O **art. 129** da CF inseriu entre as funções institucionais do **Ministério Público** a propositura de **ação civil pública** para a proteção do patrimônio público e social, do meio ambiente e de outros interesses difusos e coletivos (inciso III):

> **Art. 129.** São funções institucionais do Ministério Público: (...)
>
> III — promover o inquérito civil e a **ação civil pública**, para a proteção do patrimônio público e social, do meio ambiente e de outros interesses difusos e coletivos.

O § 1º do referido dispositivo constitucional amplia o rol de legitimados, consoante se verifica de sua redação:

> **Art. 129.** (...)
>
> § 1º A **legitimação do Ministério Público** para as ações civis previstas neste artigo **não impede a de terceiros**, nas mesmas hipóteses, segundo o disposto nesta **Constituição** e na **lei**.

Por seu turno, a matéria também foi disciplinada pela **Lei n. 7.347/85**, em especial em seu **art. 5º**, cuja redação, alterada pela **Lei n. 11.448, de 15 de janeiro de 2007**, a seguir se reproduz:

> **Art. 5º** Têm legitimidade para propor a ação principal e a ação cautelar:
>
> I — o Ministério Público;
>
> II — a Defensoria Pública;
>
> III — a União, os Estados, o Distrito Federal e os Municípios;
>
> IV — a autarquia, empresa pública, fundação ou sociedade de economia mista;
>
> V — a associação que, concomitantemente:
>
> *a)* esteja constituída há pelo menos 1 (um) ano nos termos da lei civil;
>
> *b)* inclua, entre suas finalidades institucionais, a proteção ao meio ambiente, ao consumidor, à ordem econômica, à livre concorrência ou ao patrimônio artístico, estético, histórico, turístico e paisagístico.
>
> § 1º O Ministério Público, se não intervier no processo como parte, atuará obrigatoriamente como fiscal da lei.
>
> § 2º Fica facultado ao Poder Público e a outras associações legitimadas nos termos deste artigo habilitar-se como litisconsortes de qualquer das partes.
>
> § 3º Em caso de desistência infundada ou abandono da ação por associação legitimada, o Ministério Público ou outro legitimado assumirá a titularidade ativa.
>
> § 4º O requisito da pré-constituição poderá ser dispensado pelo juiz, quando haja manifesto interesse social evidenciado pela dimensão ou característica do dano, ou pela relevância do bem jurídico a ser protegido.
>
> § 5º Admitir-se-á o litisconsórcio facultativo entre os Ministérios Públicos da União, do Distrito Federal e dos Estados na defesa dos interesses e direitos de que cuida esta lei.
>
> § 6º Os órgãos públicos legitimados poderão tomar dos interessados compromisso de ajustamento de sua conduta às exigências legais, mediante cominações, que terá eficácia de título executivo extrajudicial.

Outrossim, oportuno anotar a possibilidade de essa ação ser proposta também por **qualquer pessoa jurídica interessada**, nos termos da **Lei n. 8.429/92**, em especial em seu **art. 17**, *caput*. Confira-se:

> **Art. 17.** A ação principal, que terá o rito ordinário, será proposta pelo Ministério Público ou pela pessoa jurídica interessada, dentro de trinta dias da efetivação da medida cautelar.

A leitura dos dispositivos colacionados não deixa dúvidas quanto à **impossibilidade** de **pessoas físicas** lançarem mão desse **instrumento** para o **combate** a atos de **improbidade administrativa**.

De outra parte, cumpre estabelecer que a **Lei n. 8.429/92** consigna, em seus **arts. 2º e 3º**, quem serão aqueles que poderão ser **responsabilizados pela prática de atos de improbidade** administrativa: o agente público e o particular que tenha contribuído para sua consumação ou dele tenha se beneficiado:

> **Art. 2º** Reputa-se **agente público**, para os efeitos desta Lei, todo aquele que exerce, ainda que transitoriamente ou sem remuneração, por eleição, nomeação, designação, contratação ou qualquer outra forma de investidura ou vínculo, mandato, cargo, emprego ou função nas entidades mencionadas no artigo anterior.
>
> **Art. 3º** As disposições desta lei são aplicáveis, no que couber, **àquele** que, mesmo **não sendo agente público, induza** ou **concorra** para a prática do ato de **improbidade** ou dele se **beneficie** sob qualquer forma direta ou indireta.

Da leitura dos dispositivos legais reproduzidos, em especial o **art. 2º**, emerge, de imediato, constatação de enorme importância relacionada à utilização, mais uma vez, da expressão **"agentes públicos"**, cuja previsão já se encontrava no artigo inaugural, conforme se verifica:

> **Art. 1º** Os atos de improbidade praticados *por qualquer* ***agente público, servidor*** *ou* ***não***, contra a administração direta, indireta ou fundacional de qualquer dos Poderes da União, dos Estados, do Distrito Federal, dos Municípios, de Território, de empresa incorporada ao patrimônio público ou de entidade para cuja criação ou custeio o erário haja concorrido ou concorra com mais de cinquenta por cento do patrimônio ou da receita anual, serão punidos na forma desta lei.
>
> Parágrafo único. Estão também sujeitos às penalidades desta lei os atos de improbidade praticados contra o patrimônio de entidade que receba subvenção, benefício ou incentivo, fiscal ou creditício, de órgão público bem como daquelas para cuja criação ou custeio o erário haja concorrido ou concorra com menos de cinquenta por cento do patrimônio ou da receita anual, limitando-se, nestes casos, a sanção patrimonial à repercussão do ilícito sobre a contribuição dos cofres públicos.

Percebe-se, pois, que a utilização da expressão **"agentes públicos"** não ocorreu de maneira aleatória, mas, ao contrário, propositalmente, visto que **abrange todas as pessoas** que se encontram **dentro** da estrutura da **Administração Pública**, pouco importando a natureza desse vínculo.

Destarte, uma passada de olhos pelos dispositivos colacionados revela que o uso dessa **expressão** acaba por **envolver** aqueles que titularizam **cargos, empregos, funções** na **Administração direta e indireta**, assumindo um papel secundário se, com ou sem remuneração; de forma permanente ou temporária se, por eleição, nomeação ou contratação.

De resto, ao assim proceder, o legislador apenas seguiu a **mesma diretriz** já estabelecida pela **CF** ao disciplinar a questão relacionada à responsabilidade do Estado, a teor do disposto no **art. 37, § 6º**. Confira-se:

> **Art. 37.** (...)
>
> § 6º As pessoas jurídicas de direito público e as de direito privado prestadoras de serviços públicos responderão pelos danos que *seus agentes*, nessa qualidade, causarem a terceiros, assegurado o direito de regresso contra o responsável nos casos de dolo ou culpa.

Dentro desse contexto, cumpre observar que tal opção resulta da **amplitude** desse **conceito**, uma vez que abarca os chamados **agentes políticos**, os **servidores** públicos, expressão que acaba por englobar os **funcionários** públicos, os **empregados** públicos e os **contratados** em **caráter temporário**, bem como os **particulares** em **colaboração** com o **Estado**.

Nesse sentido, para melhor visualização da amplitude dessa expressão, sugerimos o seguinte esquema:

Destacada a **amplitude** do conceito de **agentes públicos** utilizado pelo legislador, passaremos agora a estabelecer alguns comentários em especial sobre os **agentes políticos**, em razão da **polêmica** instalada no nível do **STF** e do **STJ** quanto à possibilidade de serem eles alcançados pela Lei n. 8.429/92.

De início, importante destacar que por **agentes políticos** se deve entender aqueles que não mantêm com o Estado um **vínculo** de natureza **profissional**, uma vez que não titularizam nem cargos, nem empregos, mas temporariamente **mandatos eletivos ou não**. Surgem como exemplos dessa categoria o Presidente da República, Ministros de Estado, Secretários, Governadores, Prefeitos, bem como os Parlamentares nas quatro esferas de Governo.

Nesse particular, importante observar que, nada obstante a previsão estabelecida no **art. 2º da Lei n. 8.429/92**, incluindo os **agentes políticos** entre aqueles que podem **responder** por atos de **improbidade**, a questão, como já dito, não se encontra pacificada.

Destarte, em **13.06.2007**, o **STF** foi instado a se manifestar acerca da constitucionalidade dessa previsão legal por ocasião do julgamento da **Reclamação n. 2.138**, promovida pelo ex-Ministro Ronaldo Motta Sardenberg, relatada, originariamente, pelo Min. Nelson Jobim e, posteriormente, pelo Min. Gilmar Mendes.

A **reclamação** foi proposta em virtude de sentença proferida em primeira instância condenando o então Ministro-Chefe da Secretaria de Assuntos Estratégicos da Presidência da República nas **penalidades do art. 12 da Lei n. 8.429/92 e do art. 37, § 4º, da CF**, em virtude da solicitação e utilização indevidas de aeronaves da Força Aérea Brasileira, bem como da fruição de hotel de trânsito da Aeronáutica, no arquipélago de Fernando de Noronha.

Ao apreciar o tema, a **Corte Suprema** inicialmente teve de resolver **aspectos preliminares** relacionados à sua **competência**, tendo em vista que o reclamante não mais se encontrava na **condição de Ministro de Estado**, mas de chefe de missão diplomática de caráter permanente.

Nesse sentido, entenderam os Ministros que a competência remanescia daquela Corte, por força da **manutenção da prerrogativa de foro**, nos seguintes termos:

> "Inicialmente, o Tribunal, por maioria, rejeitou a preliminar de prejudicialidade, tendo em conta que o réu daquela ação, apesar de cessada sua investidura como Ministro de Estado, atualmente seria chefe de missão diplomática de caráter permanente, mantendo, por isso, a prerrogativa de ser julgado perante o Supremo, por força do disposto no art. 102, I, *c*, da CF ('Art. 102. Compete ao Supremo Tribunal Federal...: I — processar e julgar, originariamente: ... c) nas infrações penais comuns e nos crimes de responsabilidade... os chefes de missão diplomática de caráter permanente;'). Vencidos, no ponto, os Ministros Joaquim Barbosa, Carlos Britto, Celso de Mello e Sepúlveda Pertence, que acolhiam a preliminar, sob os fundamentos de ausência de tipo legal relativamente a chefe de missão diplomática e de, considerada a jurisprudência do STF no sentido de que a legitimidade ativa para denúncia por crime de responsabilidade é do Ministério Público Federal, ter este sustentado a inexistência de crime de responsabilidade. Em seguida, o Tribunal, também por maioria, rejeitou a questão de ordem suscitada pelo Min. Marco Aurélio, no sentido de sobrestar o julgamento da reclamação para aguardar-se o pregão de outro processo em que se tivesse a possibilidade de participação do Colegiado atual. Vencidos, quanto a essa questão, os Ministros Marco Aurélio, Joaquim Barbosa e Celso de Mello. Rcl 2.138/DF, rel. orig. Min. Nelson Jobim, rel. p/ o acórdão Min. Gilmar Mendes, 13.06.2007 (Rcl-2.138)" (*Informativo* n. 471).

Outrossim, equacionada a questão relacionada à competência da Corte para apreciação do tema, enfrentando o **mérito, concluiu-se pela impossibilidade de os agentes políticos responderem por atos de improbidade administrativa**, com base na **Lei n. 8.429/92**.

Com efeito, pela prática de atos dessa natureza, responderiam por **crime** de **responsabilidade**, a teor do disposto no **art. 85, V, da CF**, cuja redação a seguir se reproduz:

> **Art. 85.** São crimes de responsabilidade os atos do Presidente da República que atentem contra a Constituição Federal e, especialmente, contra: (...)
> V — a probidade na administração.

Nesse particular, oportuno registrar que essa matéria encontra-se regulamentada pela **Lei n. 1.079/50**, recepcionada por todas as Constituições supervenientes, **afastando-se**, assim, para a espécie, a incidência da **Lei n. 8.429/92**.

Pela importância do tema, reproduziremos o extrato dessa decisão, inserido no *Informativo* n. 471 do STF.

> "Quanto ao mérito, o Tribunal, por maioria, julgou procedente a reclamação para assentar a competência do STF para julgar o feito e declarar extinto o processo em curso no juízo reclamado. Após fazer distinção entre os regimes de responsabilidade político-administrativa previstos na CF, quais sejam, o do art. 37, § 4º, regulado pela Lei 8.429/1992, e o regime de crime de responsabilidade fixado no art. 102, I, *c*, da CF e disciplinado pela Lei 1.079/1950, entendeu-se que os agentes políticos, por estarem

regidos por normas especiais de responsabilidade, não respondem por improbidade administrativa com base na Lei 8.429/1992, mas apenas por crime de responsabilidade em ação que somente pode ser proposta perante o STF nos termos do art. 102, I, *c*, da CF. Vencidos, quanto ao mérito, por julgarem improcedente a reclamação, os Ministros Carlos Velloso, Marco Aurélio, Celso de Mello, estes acompanhando o primeiro, Sepúlveda Pertence, que se reportava ao voto que proferira na ADI 2.797/DF (*DJU* de 19.12.2006), e Joaquim Barbosa. O Min. Carlos Velloso, tecendo considerações sobre a necessidade de preservar-se a observância do princípio da moralidade, e afirmando que os agentes políticos respondem pelos crimes de responsabilidade tipificados nas respectivas leis especiais (CF, art. 85, parágrafo único), mas, em relação ao que não estivesse tipificado como crime de responsabilidade, e estivesse definido como ato de improbidade, deveriam responder na forma da lei própria, isto é, a Lei 8.429/1992, aplicável a qualquer agente público, concluía que, na hipótese dos autos, as tipificações da Lei 8.429/1992, invocadas na ação civil pública, não se enquadravam como crime de responsabilidade definido na Lei 1.079/1950 e que a competência para julgar a ação seria do juízo federal de 1º grau. Rcl 2.138/DF, rel. orig. Min. Nelson Jobim, rel. p/ o acórdão Min. Gilmar Mendes, 13.06.2007" (Rcl-2.138).

■ "O Min. Joaquim Barbosa acompanhou o voto vencido do Min. Carlos Velloso quanto à conclusão de que os fatos em razão dos quais o Ministério Público Federal ajuizara a ação de improbidade não se enquadravam nas tipificações da Lei 1.079/1950 e de que não seria aplicável, portanto, o art. 102, I, *c*, da CF. Em acréscimo a esses fundamentos, asseverava, também, a existência, no Brasil, de disciplinas normativas diversas em matéria de improbidade, as quais, embora visando à preservação da moralidade na Administração Pública, possuiriam objetivos constitucionais diversos: a específica da Lei 8.429/1992, que disciplina o art. 37, § 4º, da CF, de tipificação cerrada e de incidência sobre um amplo rol de possíveis acusados, incluindo até mesmo pessoas que não tenham vínculo funcional com a Administração Pública; e a referente à exigência de probidade que a Constituição faz em relação aos agentes políticos, especialmente ao Chefe do Poder Executivo e aos Ministros de Estado (art. 85, V), a qual, no plano infraconstitucional, se completa com o art. 9º da Lei 1.079/1950. Esclarecia que o art. 37, § 4º, da CF traduziria concretização do princípio da moralidade administrativa inscrito no *caput* desse mesmo artigo, por meio do qual se teria buscado coibir a prática de atos desonestos e antiéticos, aplicando-se, aos acusados as várias e drásticas penas previstas na Lei 8.429/1992. Já o tratamento jurídico da improbidade prevista no art. 85, V, da CF e na Lei 1.079/1950, direcionada aos fins políticos, ou seja, de apuração da responsabilização política, assumiria outra roupagem, porque o objetivo constitucional visado seria o de lançar no ostracismo político o agente político faltoso, cujas ações configurassem um risco para o estado de Direito; a natureza política e os objetivos constitucionais pretendidos com esse instituto explicariam a razão da aplicação de apenas duas punições ao agente político: perda do cargo e inabilitação para o exercício de funções públicas por 8 anos. Dessa forma, estar-se-ia diante de entidades distintas que não se excluiriam e poderiam ser processadas separadamente, em procedimentos autônomos, com resultados diversos, não obstante desencadeados pelos mesmos fatos. Salientando que nosso ordenamento jurídico admitiria, em matéria de responsabilização dos agentes políticos, a coexistência de um regime político com um regime puramente penal, afirmava não haver razão para esse mesmo ordenamento impedir a coabitação entre responsabilização política e improbidade administrativa. Entendia que eximir os agentes políticos da ação de improbidade administrativa, além de gerar situação de perplexidade que violaria os princípios isonômico e republicano, seria um desastre para a Administração Pública, um retrocesso institucional. Por fim, considerava que a solução então preconizada pela maioria dos Ministros, ao criar nova hipótese de competência originária para o Supremo (CF, art. 102), estaria rompendo com a jurisprudência tradicional, segundo a qual a competência da Corte só poderia ser estabelecida mediante norma de estatura constitucional, sendo insuscetível de extensões a situações outras que não as previstas no próprio texto constitucional. Destarte, a ação proposta deveria ter seu curso normal perante as instâncias ordinárias. Rcl. 2.138/DF, rel. orig. Min. Nelson Jobim, rel. p/ o acórdão Min. Gilmar Mendes, 13.06.2007" (Rcl 2.138).

De outra parte, sobreleva notar que, a respeito do tema, o Pleno da **Suprema Corte** julgou **improcedente**, sob o aspecto formal, a **ADI 2.182**.

De toda sorte, cumpre registrar que, com base nessa linha de argumentação, o STF, pelas mãos da Ministra **Ellen Gracie**, determinou o arquivamento de **três outras Reclamações** (5.389, 5.391 e 5.393) que pleiteavam a **extensão** dos **efeitos** da **Rcl 2.138**, por não ser dotada **nem de efeito vinculante, nem *erga omnes***, tendo aplicabilidade somente para aquele caso.

Mesmo destino teve a **Reclamação n. 5.378**, em que a Ministra acrescentou não ter se configurado afronta à autoridade da decisão do STF, por força da decisão proferida na **Rcl 2.138**, em virtude da pendência do julgamento da **ADIn 2.182**, proposta no ano 2000.

Dentro desse contexto, inexistindo efeito vinculante, cumpre observar a **existência de outras decisões acerca do tema**, proferidas posteriormente à diretriz estabelecida pelo STF, surgindo como exemplo o excerto a seguir reproduzido:

"**Ex-Prefeito. Dano. Erário**. Trata-se de **ação civil pública** ajuizada pelo Ministério Público estadual contra ex-prefeito, em razão de ele ter praticado, no exercício do mandato eletivo, ato de improbidade administrativa que causou lesão ao erário e violou os princípios da Administração Pública ao reter indevidamente e não repassar a instituto de previdência e assistência municipal valores relativos a empréstimos simples contraídos por servidores públicos municipais e seus equiparados, descontados em folha de pagamento, além da utilização das mencionadas cifras para fim diverso daquele instituído por lei complementar. A Turma entendeu que o **ex-prefeito não se enquadra entre** aquelas **autoridades** que estão **submetidas à Lei 1.079/1950**, que trata dos crimes de responsabilidade, **podendo responder por** seus atos na ação civil pública de **improbidade administrativa**. O MP tem legitimidade para propor a ação civil pública em defesa de qualquer interesse difuso ou coletivo, incluindo-se nessa previsão a proteção ao patrimônio público. Na espécie, o Tribunal *a quo*, lastreado na prova dos autos, entendeu que a conduta estava prevista no art. 10 da Lei 8.429/1992 e estipulou as sanções como dispostas no art. 12, II, da referida lei, não podendo este Superior Tribunal rever o tema em razão da Súm. n. 7-STJ. REsp 895.530-PR, Rel. Min. Luiz Fux, julgado em 18.11.2008".

Dentro desse contexto, demonstrando a **inexistência de orientação única no STF** em relação a esse tema, oportuna a reprodução de notícia inserida no informativo de **06.03.2009** acerca de decisão proferida pelo **Min. Ricardo Lewandowski**. Confira-se:

> "O Ministro Ricardo Lewandowski devolveu à vara de origem, no Amazonas, os autos de ação civil pública ajuizada pelo Ministério Público daquele estado contra seis servidores públicos, por improbidade administrativa. O juiz de primeiro grau se julgou incompetente para julgar o feito, porque à época em que foi iniciado, um dos réus, o ex-senador Alfredo Nascimento (também ex-ministro dos Transportes e ex-prefeito de Manaus) tinha foro por prerrogativa da função, ou seja, o direito de ser julgado pelo Supremo Tribunal Federal (STF), por ser parlamentar.
>
> A decisão foi tomada na apreciação da Petição (PET) 4.497. Ao devolver o processo ao juízo de origem, o ministro Ricardo Lewandowski lembrou que 'entendimento recente do Supremo Tribunal Federal consigna a competência do Juízo de 1º grau para processar e julgar os casos de improbidade administrativa, eis que se trata de questão diversa do crime de responsabilidade, disciplinado pelo Decreto-lei 201/1967'.
>
> Nesse sentido, o ministro citou o julgamento, pelo Plenário do STF, da PET 3.923, relatada pelo ministro Joaquim Barbosa. Naquele julgamento, a Corte entendeu que as condutas descritas na lei de improbidade administrativa, quando imputadas a autoridades detentoras de prerrogativa de foro, não se convertem em crimes de responsabilidade. Além disso, estando o processo em fase de execução de sentença condenatória, o STF não tem competência para o prosseguimento da execução".

Percebe-se, assim, a **inexistência de orientação única** em nossa **Suprema Corte** em relação a esse tema, não se podendo tomar por base a decisão tomada em sede de reclamação por **não ser ela dotada de efeito vinculante (Reclamação n. 2.138)**.

Em razão da importância do tema, importante ainda anotar as seguintes ementas:

> "Constitucional. Competência. Ação de improbidade contra **Governador de Estado**. **Duplo regime sancionatório dos agentes políticos:** legitimidade. Foro por prerrogativa de função: reconhecimento. Usurpação de competência do STJ. Procedência parcial da reclamação. 1. **Excetuada a hipótese de atos de improbidade praticados pelo Presidente da República (art. 85, V)**, cujo julgamento se dá em **regime especial** pelo **Senado** Federal (art. 86), **não há norma constitucional alguma que imunize os agentes políticos**, sujeitos a crime de responsabilidade, de qualquer das **sanções** por ato de **improbidade** previstas no **art. 37, § 4º**. Seria incompatível com a Constituição eventual preceito normativo infraconstitucional que impusesse imunidade dessa natureza. (...) 4. Reclamação procedente, em parte" (Rcl 2790 SC 2008/0076889-9, rel. Min. Teori Albino Zavascki, j. 2.12.2009).

> "Constitucional. Administrativo. Ação civil pública por atos de improbidade administrativa. Prefeito municipal. Agente político. Desvio e aplicação indevida de recursos do FUNDEF. Liberação de verbas sem prévia licitação. Fraude em processos licitatórios. Desnecessidade de lesão patrimonial ao erário para caracterização de ato de improbidade administrativa que viole princípios administrativos. 1. O **STF** entendeu, na **Reclamação n. 2.138**, que os **agentes políticos**, por serem regidos por normas especiais de responsabilidade, **não respondem por improbidade** administrativa com base na **Lei 8.429/92**, mas, apenas, por crime de responsabilidade em ação que somente pode ser

> proposta perante a Corte, nos termos do art. 102, I, *c*, da CF. 2. A decisão proferida na Reclamação n. 2.138, **contudo, não possui efeito vinculante nem eficácia *erga omnes***, não se estendendo a quem não foi parte naquele processo, uma vez que não tem os mesmos efeitos das ações constitucionais de controle concentrado de constitucionalidade. 3. Os **Prefeitos Municipais**, ainda que sejam **agentes políticos**, estão **sujeitos** à Lei de Improbidade **Administrativa**, conforme o disposto no art. 2º dessa norma, e nos artigos 15, V, e 37, § 4º, da Constituição Federal. Também estão sujeitos à ação penal por crime de responsabilidade, na forma do Decreto-Lei n. 201/67, em decorrência do mesmo fato. Precedentes do STJ e deste Tribunal. (...) 9. Recurso de apelação não provido" (RE 683.235/PA, rel. Min. Teori Albino Zavascki, j. 30.08.2012).

> "Agravo regimental no agravo de instrumento. Prequestionamento implícito. Impossibilidade. Alegada existência de ofensa direta a normas constitucionais, a permitir o conhecimento do recurso. Decisão atacada que apreciou adequada e exaustivamente as questões em debate nos autos. Eventuais ofensas concernentes ao plano infraconstitucional. Precedentes. (...) 2. **A ação de improbidade administrativa, com fundamento na Lei n. 8.429/92, também pode ser ajuizada em face de agentes políticos**. Precedentes. (...) 4. Agravo regimental não provido" (AgRg no AI 809.338/RJ, rel. Min. Dias Toffoli, j. 29-10-2013).

Portanto, a título de conclusão deste item, pode-se dizer, em razão da jurisprudência colacionada, que, de acordo com o entendimento adotado no nível de nossas Cortes Superiores, só **não responde** por atos de **improbidade** administrativa, com lastro na **Lei n. 8.429/92**, o **Presidente da República**, em razão da previsão estabelecida no **art. 85, V, da Constituição Federal**, pois enquadrado na prática de **crime de responsabilidade**.

Nesse sentido, oportuna a referência a **voto lapidar** proferido pelo **Ministro Celso de Mello**, no **RE 803.297/RS**, publicado no *Informativo* n. 853, de fevereiro de 2017, em que faz um apanhado dessas oscilações em torno do tema **agentes políticos** para concluir submeterem-se eles ao regime estabelecido pela Lei n. 8.429/92, como resultado do ideal republicano:

> "Improbidade administrativa. Agente político. Comportamento alegadamente ocorrido no exercício de mandato de governador de estado. Possibilidade de sujeição a duplo regime jurídico: (1) responsabilização política, mediante *impeachment* (Lei n. 1.079/50), desde que ainda titular de referido mandato eletivo e (2) responsabilização civil por improbidade administrativa (Lei n. 8.429/92). Extinção subsequente do mandato de Governador de Estado. Exclusão do regime fundado na Lei n. 1.079/50 (art. 76, parágrafo único). Pleito recursal que objetiva extinguir processo civil de improbidade administrativa, em razão de, à época dos fatos, a recorrente (Yeda Crusius) ostentar a qualidade de Chefe do Poder Executivo local. Aplicabilidade, contudo, a ex-Governador de Estado, do regime jurídico fundado na Lei n. 8.429/92. Doutrina. Precedentes. **Regime de plena responsabilidade dos agentes estatais, inclusive dos agentes políticos, como expressão necessária do primado da ideia republicana. O respeito à moralidade administrativa como pressuposto legitimador dos atos governamentais. Pretensão que, se acolhida, transgrediria o dogma republicano da responsabilização dos**

> **agentes públicos.** Parecer da Procuradoria-Geral da República pelo improvimento do recurso extraordinário deduzido por Yeda Rorato Crusius. Decisão que nega provimento a esse apelo extremo, prejudicado o Recurso Extraordinário interposto pelo Ministério Público Federal".

Em seu voto condutor, nada obstante a abordagem feita pelo Ministro relacionada a diversos itens do tema improbidade administrativa, importante destacar aquele em que conclui pela submissão dos agentes políticos tanto ao regime estabelecido pela Lei n. 8.429/92 quanto àquele estipulado pela Lei n. 1.079/50:

> "Cumpre ter presente, por necessário, que o Supremo Tribunal Federal, em julgamento plenário ocorrido após o exame da Rcl 2.138/DF (que a ora recorrente Yeda Rorato Crusius invocou como fundamento de sua pretensão jurídica), ao defrontar-se, uma vez mais, com idêntica controvérsia, placitou, em unânime votação, o entendimento de que agentes políticos estão sujeitos a uma 'dupla normatividade em matéria de improbidade, com objetivos distintos', tanto aquela fundada na Lei n. 8.429/92, quanto aquela decorrente da Lei n. 1.079/50".

> **IMPORTANTE:** Em relação àqueles que devem integrar o **polo passivo**, importante anotar ser **inviável** a propositura de **ação** civil de improbidade administrativa **exclusivamente** contra o **particular, sem** a presença de **agente público**, por tratar-se de desonestidade administrativa.

Em outras palavras, resulta inequívoca a conclusão segundo a qual o **particular sozinho não** pode ser **responsabilizado**, ao passo que em relação ao agente público essa possibilidade se apresenta.

De resto, trata-se de posicionamento já consolidado, no nível do **STJ**, consoante se verifica do seguinte excerto a seguir reproduzido.

> "Administrativo. Improbidade administrativa. Impossibilidade de figurar apenas particulares no polo passivo da ação de improbidade administrativa. **Ausência de agente público. Impossibilidade.** Precedentes."

> "(...) 4. É inegável que o particular sujeita-se à Lei de Improbidade Administrativa, porém, para figurar no polo passivo, deverá, como bem asseverou o eminente Min. Sérgio Kukina, 'a) induzir, ou seja, incutir no agente público o estado mental tendente à prática do ilícito; b) concorrer juntamente com o agente público para a prática do ato; e c) quando se beneficiar, direta ou indiretamente do ato ilícito praticado pelo agente público' (REsp 1.171.017/PA, Rel. Min. Sérgio Kukina, Primeira Turma, julgado em 25/2/2014, *DJe* 6/3/2014) (grifo nosso). 5. A **jurisprudência desta Corte** firmou **entendimento** no sentido de que 'os **particulares não podem** ser **responsabilizados** com base na **LIA sem** que figure no polo passivo um **agente público** responsável pelo ato questionado, o que não impede, contudo, o eventual ajuizamento de Ação Civil Pública comum para obter o ressarcimento do Erário' (REsp 896.044/PA, Rel. Min. Herman Benjamin, Segunda Turma, julgado em 16.9.2010, *DJe* 19.4.2011). Agravo regimental improvido" (AgRg 574.500/PA, rel. Min. Humberto Martins, j. 2-6-2015).

	AÇÃO POPULAR	AÇÃO CIVIL PÚBLICA
SUJEITO ATIVO	Qualquer cidadão (art. 5º, LXXIII, da CF)	■ Ministério Público (art. 129, III, da CF) ■ Defensoria Pública (art. 5º, Lei n. 7.347/85) ■ União, Estados, Municípios, Distrito Federal (art. 5º da Lei n. 7.347/85) ■ Autarquias, fundações, empresas públicas, sociedades de economia mista (art. 5º da Lei n. 7.347/85) ■ Pessoas jurídicas interessadas (art. 17, § 1º, da Lei n. 8.429/92)
SUJEITO PASSIVO	Pessoa física que praticou o ato ou terceiros que tenham se beneficiado	■ Agentes públicos (art. 2º da Lei n. 8.429/92) ■ Exceção: Presidente da República (art. 85, V, da CF) ■ Particulares que participaram do ato ou dele se beneficiaram (art. 3º da Lei n. 8.429/92)

■ 3.3.3. Foro privilegiado

Importante ainda destacar a tormentosa questão acerca da existência ou não de **foro privilegiado** para **ações de improbidade** administrativa, **orientação** que tem **oscilado** muito nos últimos tempos.

Em relação a esse tópico, importante destacar dois **precedentes importantes:** um no nível do **Supremo Tribunal Federal**, quando do julgamento, em **novembro de 2014**, do **Agravo Regimental na Petição n. 3.240/DF**, no qual se discutiu a **competência para processar e julgar** ação civil de **improbidade administrativa** supostamente **praticada** por **autoridade** detentora de **foro por prerrogativa de função**, cuja síntese foi incluída no *Informativo* n. 768. Confira-se:

> "Ao se buscar consolidar entendimento quanto às regras sobre competências jurisdicionais, os dispositivos da Constituição comportam interpretação sistemática que permite preencher vazios e abarcar certas competências implícitas, mas inafastáveis por imperativo do próprio regime constitucional. Em suma, por entender que essa linha de compreensão também deveria ser adotada em relação ao foro por prerrogativa de função, o relator reconheceu a competência do STF para processar e julgar a ação de improbidade contra o requerido, deputado federal. Determinou, ainda, o desmembramento do processo em relação aos demais demandados para que, no tocante a eles, tivesse prosseguimento no foro próprio. Em seguida, pediu vista dos autos o Ministro Roberto Barroso".

O trecho reproduzido bem retrata as incertezas relacionadas a este tema, com a orientação fixada, pelo então Ministro Relator, reconhecendo a competência da Corte para processar e julgar ação de improbidade contra agente político.

Em relação a esse precedente, importante anotar que, até o fechamento desta edição, o julgamento ainda não foi concluído, deixando em aberto a questão.

De outra parte, **orientação diferenciada sobre o tema** foi fixada pela **2ª Turma do STJ**, quando do julgamento do **REsp 1569811/RJ**, em **fevereiro de 2016**, quando concluiu, por unanimidade, pela inexistência de foro privilegiado para o julgamento de autoridades em ação de improbidade administrativa, uma vez que a prerrogativa de foro se apresenta tão somente para ações penais, segundo a Constituição, não alcançando estas ações que têm natureza cível.

> "Processo civil. Administrativo. Improbidade administrativa. Deputado federal que retorna ao cargo de prefeito. Art. 462 do CPC. Fato superveniente. Reconhecimento. **Ausência de prerrogativa de foro**. Recurso especial provido. (...) 4. **Não existe prerrogativa de foro no âmbito da ação de improbidade. Precedentes. Recurso especial provido**".

No mesmo sentido, a conclusão atingida pelo STJ, em 2015, quando do julgamento do REsp 1138173/RN:

> "Processo civil. Ação civil pública. Improbidade administrativa. Prerrogativa de função. Competência da justiça de primeiro grau para julgamento de magistrados em ação de improbidade administrativa. 1. O Supremo Tribunal Federal, por meio da ADI 2.797, declarou a inconstitucionalidade dos parágrafos 1º e 2º do art. 84 do CPP, acrescidos por força da Lei n. 10.628/02. Assim, não é possível se conhecer da alegação de malferimento ao referido dispositivo, já que desvencilhado do ordenamento pátrio. 2. 'As prerrogativas de foro, pelo privilégio que, de certa forma, conferem, não devem ser interpretadas ampliativamente, numa Constituição que pretende tratar igualmente os cidadãos comuns' (Inq. 687/SP, Tribunal do Pleno, Rel. Min. Sydney Sanches, julgado em 25.8.1999). 3. **Ante o princípio da igualdade, é inadmissível a interpretação ampliativa da Lei n. 1.079/1950 de modo a abrigar autoridades não constantes daquelas especificamente previstas**. 4. Cogentes as normas que determinam a competência do juízo de primeiro grau, não há que se cogitar em extinção do processo. Recurso especial provido" (REsp 1138173/RN, rel. Min. Humberto Martins, 2ª T., j. 23.06.2015).

■ 3.4. DAS SANÇÕES

Como **ilegalidade qualificada** que representa, a prática de **atos** ímprobos acarreta a seu responsável a aplicação de **sanções específicas** sistematizadas no **art. 37, § 4º, da Constituição**, como se vê:

> **Art. 37.** (...)
>
> § 4º Os atos de improbidade administrativa importarão a suspensão dos direitos políticos, a perda da função pública, a indisponibilidade dos bens e o ressarcimento ao erário, na forma e gradação previstas em lei, sem prejuízo da ação penal cabível.

Essas **sanções** de natureza civil e administrativa dependem, **em regra**, para sua incidência, do **trânsito em julgado da sentença**, consoante se vê da reprodução do **art. 20 da Lei n. 8.429/92:**

> **Art. 20.** A perda da função pública e a suspensão dos direitos políticos só se efetivam com o trânsito em julgado da sentença condenatória.

No mesmo dispositivo, anota o legislador a possibilidade de **afastamento sumário** do **agente público** do **cargo** que titulariza, quando a medida se apresentar **necessária** para não comprometer a **instrução processual**. Confira-se:

> **Art. 20.** (...)
>
> Parágrafo único. A autoridade judicial ou administrativa competente poderá determinar o afastamento do agente público do exercício do cargo, emprego ou função, sem prejuízo da remuneração, quando a medida se fizer necessária à instrução processual.

3.4.1. Indisponibilidade de bens

Dentro desse contexto, de se registrar a **possibilidade** de decretar a **indisponibilidade de bens**, no curso da ação, **sem** a configuração do **trânsito em julgado**, quando se verificar que o réu procura se **desfazer** do seu **patrimônio**, de forma a frustrar uma futura execução, na hipótese de condenação, tudo com base na previsão estabelecida no **art. 7º da Lei n. 8.429/92:**

> **Art. 7º** Quando o ato de improbidade causar lesão ao patrimônio público ou ensejar enriquecimento ilícito, caberá a autoridade administrativa responsável pelo inquérito representar ao Ministério Público, para a indisponibilidade dos bens do indiciado.
>
> Parágrafo único. A indisponibilidade a que se refere o *caput* deste artigo recairá sobre bens que assegurem o integral ressarcimento do dano, ou sobre o acréscimo patrimonial resultante do enriquecimento ilícito.

Sobre este tema, **inúmeras** são as **teses** já consolidadas no nível do **STJ**, a começar por aquela que estabelece a possibilidade de essa medida alcançar tantos bens quantos necessários a garantir as consequências financeiras da prática de improbidade, **excluídos os bens impenhoráveis**, assim definidos por lei:

> "Processual civil. Ofensa ao art. 535 do CPC não configurada. Administrativo. Ação civil pública por improbidade administrativa. Medida cautelar de indisponibilidade de bens. Art. 7º da Lei 8.429/92. Violação. Desnecessidade de individualização dos bens. Bens impenhoráveis. Exclusão. (...) 3. A decretação da indisponibilidade, que não se confunde com o sequestro, prescinde de individualização dos bens pelo *Parquet*. A exegese do art. 7º da Lei 8.429/1992, conferida pela jurisprudência do STJ, é de que a indisponibilidade pode alcançar tantos bens quantos necessários a garantir as consequências financeiras da prática de improbidade, mesmo os adquiridos anteriormente à conduta ilícita, excluídos os bens impenhoráveis assim definidos por lei, salvo quando estes tenham sido, comprovadamente, adquiridos também com produto da empreitada ímproba, hipótese em que se resguarda apenas os essenciais à subsistência do indiciado/acusado. (...)" (REsp 1461892/BA, rel. Min Herman Benjamin, 2ª T., j. 17.03.2015).

Ainda sobre este tema, o **STJ** consolidou entendimento segundo o qual a **constrição** de bens pode ser **efetivada independentemente da comprovação de dilapidação patrimonial** iminente; que pode **recair sobre bens adquiridos antes ou depois da prática do ato**, bem como sobre os **bens de família**, uma vez que há apenas a limitação de eventual alienação do bem:

> "Recurso especial. Improbidade administrativa. Art. 7º da Lei n. 8.429/92. Indisponibilidade de bens. Desnecessidade de comprovação de dilapidação iminente ou efetiva do patrimônio do demandado e de individualização dos bens a serem alcançados pela constrição. 1 — A Primeira Seção do STJ, no julgamento do REsp 1.366.721/BA, sob a sistemática dos recursos repetitivos (art. 543-C do CPC), consolidou o entendimento de que o decreto de indisponibilidade de bens em ação civil pública por ato de improbidade administrativa constitui tutela de evidência e **dispensa a comprovação de dilapidação iminente ou efetiva do patrimônio** do legitimado passivo, uma vez que o *periculum in mora* está implícito no art. 7º da Lei n. 8.429/1992 (LIA). 2 — Nas 'demandas

> por improbidade administrativa, a decretação de **indisponibilidade** prevista no art. 7º, parágrafo único, da LIA não depende da individualização dos **bens** pelo *Parquet*, **podendo recair sobre** aqueles **adquiridos antes** ou **depois dos fatos** descritos na inicial, **bem como** sobre **bens de família**' (REsp 1.287.422/SE, Rel. Ministra Eliana Calmon, Segunda Turma, *DJe* 22/8/2013). Nesse mesmo sentido, vejam-se, ainda: REsp 1.343.293/AM, Rel. Ministra Diva Malerbi — Desembargadora Convocada TRF 3ª Região —, Segunda Turma, *DJe* 13/3/2013; AgRg no REsp 1.282.253/PI, Rel. Ministro Castro Meira, Segunda Turma, *DJe* 5/3/2013; REsp 967.841/PA, Rel. Ministro Mauro Campbell Marques, Segunda Turma, *DJe* 8/10/2010; bem como as seguintes decisões monocráticas: REsp 1.410.1689/AM, Rel. Ministra Assusete Magalhães; *DJe* 30/9/2014; e AREsp 436.929/RS, Rel. Ministro Benedito Gonçalves, *DJe* 26/9/2014, e AgRg no AREsp 65.181/MG, Rel. Ministro Arnaldo Esteves Lima, *DJe* 12/5/2014. 3 — Recurso especial provido" (REsp 1461882/PA, rel. Min. Sérgio Kukina, j. 05.03.2015).

Da decisão reproduzida, destaca-se, uma vez mais, o entendimento dessa Superior Corte de Justiça quanto à possibilidade de a **indisponibilidade** de bens recair sobre o **patrimônio adquirido antes da configuração do ato de improbidade**. Confira-se a propósito o **REsp 1461892/BA:**

> "Processual civil. Ofensa ao art. 535 do CPC não configurada. Administrativo. Ação civil pública por improbidade administrativa. Medida cautelar de indisponibilidade de bens. Art. 7º da Lei 8.429/92. Violação. Desnecessidade de individualização dos bens. Bens impenhoráveis. Exclusão. (...) 3. A decretação da indisponibilidade, que não se confunde com o sequestro, prescinde de individualização dos bens pelo *Parquet*. A exegese do art. 7º da Lei 8.429/1992, conferida pela jurisprudência do STJ, é de que **a indisponibilidade pode alcançar tantos bens quantos necessários a garantir as consequências financeiras da prática de improbidade, mesmo os adquiridos anteriormente à conduta ilícita**, excluídos os bens impenhoráveis assim definidos por lei, salvo quando estes tenham sido, comprovadamente, adquiridos também com produto da empreitada ímproba, hipótese em que se resguarda apenas os essenciais à subsistência do indiciado/acusado. (...) 6. Recurso especial parcialmente provido para determinar a indisponibilidade dos bens penhoráveis do recorrido no montante necessário à reparação do dano ao erário decorrente do ato ímprobo que lhe é imputado, excluídos, portanto, os proventos de aposentadoria da abrangência de tal Medida Cautelar".

De outra parte, importante anotar a possibilidade também de incidência para aqueles que forem responsabilizados por atos dessa natureza, de **sanções de natureza penal**, uma vez que **improbidade** configura **crime contra a Administração** Pública.

Importante observar que as **sanções** aqui previstas incidirão, não de modo sequencial, mas **simultaneamente**, sobre o agente responsável pelo ato ímprobo, não esgotando, outrossim, o tema.

De outra parte, questão importante se apresenta quanto aos **requisitos** autorizadores de sua **concessão**, vale dizer, a **fumaça do bom direito** e o **perigo da demora**.

Nesse particular, importante anotar a **inexistência**, no nível do **STJ**, de **tese única**. Com efeito, existem decisões que concluem que a concessão dessa medida não está condicionada à comprovação de dilapidação de bens, mesmo a iminência, tendo em vista que o *periculum in mora* encontra-se implícito no comando legal.

Nesse sentido, REsp 1115452 e AgRg no AREsp 460.279/MS:

"PROCESSUAL CIVIL E ADMINISTRATIVO. AÇÃO CIVIL PÚBLICA. IMPROBIDADE ADMINISTRATIVA. INDISPONIBILIDADE DOS BENS. DECRETAÇÃO. REQUISITOS. ART. 7º DA LEI 8.429/1992. 1. Cuidam os autos de Ação Civil Pública movida pelo Ministério Público Federal no Estado do Maranhão contra a ora recorrida e outros, em virtude de suposta improbidade administrativa em operações envolvendo recursos do Fundef e do Pnae. 2. A **indisponibilidade** dos bens é medida de cautela que visa a assegurar a indenização aos cofres públicos, sendo **necessária**, para respaldá-la, a **existência de fortes indícios de responsabilidade** na prática de ato de improbidade que cause dano ao Erário (*fumus boni iuris*). 3. **Tal medida não está condicionada** à **comprovação** de que os réus estejam dilapidando seu patrimônio, ou na iminência de fazê-lo, tendo em vista que o ***periculum in mora*** está **implícito** no **comando legal**. Precedente do STJ. 4. Recurso Especial provido".

"Processual e administrativo. Ação de improbidade. Medida cautelar. Indisponibilidade de bens adquiridos anteriormente à prática do suposto ato ímprobo. Deferimento antes da defesa prévia. Possibilidade. *Periculum in mora* presumido. Jurisprudência pacífica do STJ. Revisão dos requisitos. Súmula 7/STJ. (...) 3. A jurisprudência do STJ encontra-se pacificada, inclusive sob o rito do art. 543-C do CPC e da Resolução STJ 8/2008 (REsp 1.366.721/BA, Relator Ministro Napoleão Nunes Maia Filho, Relator para acórdão Ministro Og Fernandes, julgamento em 26.2.2014, ainda não publicado), no sentido de que, para a Medida Cautelar de **indisponibilidade de bens**, prevista na LIA, **basta comprovar a verossimilhança das alegações**, pois, pela própria natureza do bem protegido, o legislador dispensou o requisito do perigo da demora. Nesse sentido: REsp 1.319.515/ES, Rel. Ministro Napoleão Nunes Maia Filho, Rel. p/ Acórdão Ministro Mauro Campbell Marques, Primeira Seção, *DJe* 21.9.2012. (...) 7. Agravo Regimental não provido".

Com **entendimento diferenciado** encontram-se aqueles que entendem, no nível daquela Corte Superior, que a medida só terá guarida quando configurados o ***fumus boni iuris*** e o ***periculum in mora***, sendo **insuficiente** para ampará-la o **simples ajuizamento da ação**, também por implicar agressão a **diretrizes constitucionais** como a **ampla defesa**, o **contraditório**, a presunção de inocência e a razoabilidade.

"RECURSO ESPECIAL. AGRAVO DE INSTRUMENTO — AÇÃO CIVIL PÚBLICA — IMPROBIDADE ADMINISTRATIVA — INDISPONIBILIDADE DE BENS. LESÃO AO ERÁRIO PÚBLICO. 1. Não há de confundir ato de improbidade administrativa com lesão ao patrimônio público, porquanto aquele insere-se no âmbito de valores morais em virtude do ferimento a princípios norteadores da atividade administrativa, não se exigindo, para sua configuração, que o ente público seja depauperado. 2. A **indisponibilidade de bens** prevista no art. 7º da Lei n. 8.429/92 **depende da existência de fortes indícios** de que o ente público atingido por ato de **improbidade** tenha sido defraudado patrimonialmente ou de que o agente do ato tenha-se enriquecido em consequência de resultados advindos do ato ilícito. 3. A medida prevista no art. 7º da Lei n. 8.429/92 é atinente ao poder geral de cautela do juiz, prevista no art. 798 do Código de Processo Civil, pelo que seu **deferimento exige a presença dos requisitos do *fumus boni iuris* e *periculum in mora***. 4. Recurso especial parcialmente conhecido e, nessa parte, provido" (REsp 731.109/PR, rel. Min. João Noronha, 2ª T., j. 02.02.2006).

Tese também pacificada no nível daquela Corte aponta para a impossibilidade de essa **medida acautelatória recair** sobre **bens impenhoráveis** definidos em lei, outra não sendo a posição adotada pelo **STJ:**

> "Processual civil. Ofensa ao art. 535 do CPC não configurada. Administrativo. Ação civil pública por improbidade administrativa. Medida cautelar de indisponibilidade de bens. Art. 7º da Lei 8.429/92. Violação. Desnecessidade de individualização dos bens. Bens impenhoráveis. Exclusão. (...) 3. A decretação da indisponibilidade, que não se confunde com o sequestro, prescinde de individualização dos bens pelo *Parquet*. A exegese do art. 7º da Lei 8.429/1992, conferida pela jurisprudência do STJ, é de que a indisponibilidade pode alcançar tantos bens quantos necessários a garantir as consequências financeiras da prática de improbidade, mesmo os adquiridos anteriormente à conduta ilícita, **excluídos** os **bens impenhoráveis assim definidos por lei**, salvo quando estes tenham sido, comprovadamente, adquiridos também com produto da empreitada ímproba, hipótese em que se resguardam apenas os essenciais à subsistência do indiciado/acusado. (...)" (REsp 1461892/BA 2014/0148586-8, rel. Min. Herman Benjamin, 2ª T., *DJe*, 06.04.2015).

Dessa forma, analisados os principais itens relacionados à indisponibilidade de bens, oportuna a elaboração do seguinte quadro comparativo:

REQUISITOS	Embora o art. 7º da Lei n. 8.429/92 exija a caracterização da fumaça do bom direito e do perigo da demora, o STJ entende que basta a propositura da ação
PATRIMÔNIO	Segundo o STJ, tanto o anterior quanto o posterior à realização do ato
BENS DE FAMÍLIA	Segundo o STJ, pode incidir sobre esses bens
BENS IMPENHORÁVEIS	Segundo o STJ, não pode incidir sobre esses bens

■ 3.5. A PROIBIÇÃO DE TRANSAÇÃO E A POSSIBILIDADE DO AJUSTAMENTO DE CONDUTA

Uma passada de olhos pelo **art. 17, § 1º, da Lei n. 8.429/92** autoriza a conclusão pela proibição de qualquer **transação**, **acordo** ou **conciliação** nas ações que visam combater a prática de improbidade administrativa, de forma a preservar os interesses da coletividade.

Referida previsão legal poderia autorizar a **conclusão** pela **impossibilidade** de celebração de um **termo de ajustamento de conduta**, o que **não se sustenta** se a medida se revelar viável também para a preservação do **interesse público**.

Não se trata de afirmação gratuita, pois respaldada pela previsão estabelecida no **art. 5º, § 6º, da Lei n. 7.347/85**, acrescentada pela **Lei n. 8.078/90**, que autoriza os órgãos públicos legitimados a tomar dos interessados compromisso de ajustamento de sua conduta às exigências legais. Confira-se:

> **Art. 5º** (...)
>
> § 6º Os órgãos públicos legitimados poderão tomar dos interessados compromisso de ajustamento de sua conduta às exigências legais, mediante cominações, que terá eficácia de título executivo extrajudicial.

Em que pese a vedação de transação prevista no art. 17, § 1º, da Lei n. 8.429/92, nada impede a celebração de termo de ajustamento de conduta, de acordo com a previsão estabelecida no art. 5º, § 6º, da Lei n. 7.347/85.

■ 3.6. GRADUAÇÃO DA INTENSIDADE DAS SANÇÕES

Por outro lado, importante enfatizar que o **art. 37, § 4º, da CF** estabeleceu, em sua parte final, que as **penalidades** incidentes sobre o agente público flagrado na prática de atos de improbidade administrativa seriam **graduadas** pelo **legislador infraconstitucional**, o que efetivamente se verificou.

Destarte, a matéria está regulada pelo **art. 12 da Lei n. 8.429/92**, que **utilizou** como **critério** para a **graduação** dessas **sanções** a **gravidade** do **ato** praticado. No mesmo dispositivo, ficou consignado que essas **sanções** poderiam ser aplicadas de forma **isolada** ou **cumulativa e independente** de outras **sanções penais, civis e administrativas:**

> **Art. 12.** Independentemente das sanções penais, civis e administrativas, previstas na legislação específica, está o responsável pelo ato de improbidade sujeito às seguintes cominações, que podem ser aplicadas isolada ou cumulativamente, de acordo com a gravidade do fato: (*caput* com a redação dada pela Lei 12.120, de 15 de dezembro de 2009)
>
> I — na hipótese do art. 9º, perda dos bens ou valores acrescidos ilicitamente ao patrimônio, ressarcimento integral do dano, quando houver, perda da função pública, suspensão dos direitos políticos de oito a dez anos, pagamento de multa civil de até três vezes o valor do acréscimo patrimonial e proibição de contratar com o Poder Público ou receber benefícios ou incentivos fiscais ou creditícios, direta ou indiretamente, ainda que por intermédio de pessoa jurídica da qual seja sócio majoritário, pelo prazo de dez anos;
>
> II — na hipótese do art. 10, ressarcimento integral do dano, perda dos bens ou valores acrescidos ilicitamente ao patrimônio, se concorrer esta circunstância, perda da função pública, suspensão dos direitos políticos de cinco a oito anos, pagamento de multa civil de até duas vezes o valor do dano e proibição de contratar com o Poder Público ou receber benefícios ou incentivos fiscais ou creditícios, direta ou indiretamente, ainda que por intermédio de pessoa jurídica da qual seja sócio majoritário, pelo prazo de cinco anos;
>
> III — na hipótese do art. 11, ressarcimento integral do dano, se houver, perda da função pública, suspensão dos direitos políticos de três a cinco anos, pagamento de multa civil de até cem vezes o valor da remuneração percebida pelo agente e proibição de contratar com o Poder Público ou receber benefícios ou incentivos fiscais ou creditícios, direta ou indiretamente, ainda que por intermédio de pessoa jurídica da qual seja sócio majoritário, pelo prazo de três anos;
>
> IV — na hipótese prevista no art. 10-A, perda da função pública, suspensão dos direitos políticos de 5 (cinco) a 8 (oito) anos e multa civil de até 3 (três) vezes o valor do benefício financeiro ou tributário concedido.

Nesse sentido, para melhor visualização da sistemática adotada pelo legislador, confira-se o seguinte quadro:

	SUSPENSÃO DE DIREITOS POLÍTICOS	MULTA	PROIBIÇÃO DE CONTRATAÇÃO
ART. 9º	8 a 10 anos	Até 3 vezes o enriquecimento ilícito	10 anos

ART. 10	5 a 8 anos	Até 2 vezes o valor do dano	5 anos
ART. 10-A	5 a 8 anos	Até 3 vezes o valor do benefício financeiro ou tributário concedido	—
ART. 11	3 a 5 anos	Até 100 vezes o valor da remuneração	3 anos

■ 3.7. DA DOSIMETRIA DAS PENAS

No mesmo **art. 12**, em seu **parágrafo único**, o legislador estabeleceu regra de extrema importância dirigida à magistratura, estabelecendo, em caráter de **obrigatoriedade**, **parâmetros** para a **fixação** da **sentença**. Confira-se:

> **Art. 12.** (...)
>
> Parágrafo único. Na fixação das penas previstas nesta lei o juiz levará em conta a extensão do dano causado, assim como o proveito patrimonial obtido pelo agente.

Trata-se da questão relacionada à **dosimetria da pena**, que exige que sua intensidade seja dosada pelo juiz, de acordo com os **dois itens** ali **relacionados**, vale dizer, a **extensão do dano** causado e o **proveito patrimonial** obtido pelo agente.

Dessa forma, a desconsideração de apenas um desses itens, por ocasião da sentença, implicará desrespeito ao disposto em lei federal, abrindo oportunidade de propositura de **recurso especial**, na forma do **art. 105 da CF**.

Nesse contexto, claro está que o cumprimento dessa regra legal só será possível a partir do momento em que a ação proposta **descrever**, de maneira **individualizada**, a **conduta** de cada um dos responsabilizados, atendendo à diretriz estipulada no **art. 5º, XLVI, da CF**, que preconiza a **individualização da pena** como direito fundamental.

Portanto, desconsiderar um desses itens estabelecidos pelo legislador implica, também, o descumprimento de importante preceito constitucional, abrindo também a possibilidade de propositura de **recurso extraordinário**, com lastro no **art. 102, III, da Constituição**.

Nesse particular, a dificuldade a enfrentar para que essa questão possa ser apreciada tanto pela **Suprema Corte** quanto pelo **Superior Tribunal de Justiça** apresenta-se quanto à necessidade de **reapreciação de fatos** relacionados à **dosimetria** da sanção, esbarrando no conteúdo das **Súmulas 279** e **7:**

> **Súmula 279 do STF:** Para simples reexame de prova não cabe recurso extraordinário.
>
> **Súmula 7 do STJ:** A pretensão de simples reexame de prova não enseja recurso especial.

Nesse particular ainda, cumpre observar que, segundo o entendimento adotado pelo **STF**, o **óbice** representado pela **súmula** reproduzida **não se apresenta** para aquelas situações em que se verifique da leitura do acórdão a **desproporcionalidade** entre os **atos** praticados **e** as **sanções** impostas. Confira-se a propósito o seguinte precedente:

> "Administrativo. Agravo regimental no recurso especial. Improbidade administrativa. Violação a princípios da Administração Pública. Revisão das sanções impostas. Princí-

pios da proporcionalidade e razoabilidade. Verificação. Reexame de matéria fático-probatória. Impossibilidade. Súmula 7/STJ. 1. A jurisprudência desta Corte é uníssona no sentido de que a revisão da dosimetria das sanções aplicadas em ações de improbidade administrativa implica reexame do conjunto fático-probatório dos autos, o que esbarra na Súmula 7/STJ, salvo em casos excepcionais, nos quais da leitura do acórdão exsurgir a desproporcionalidade entre o ato praticado e as sanções aplicadas, o que não é o caso dos autos. Precedentes: AgRg no AREsp 194312/RN, Rel. Min. Marga Tessler (Juíza Federal Convocada do TRF 4ª Região), Primeira Turma, *DJe* 17/03/2015, AgRg no AREsp 597359/MG, Rel. Min. Humberto Martins, Segunda Turma, *DJe* 22/04/2015. 2. Agravo regimental não provido" (AgRg no REsp 1452792/SC, rel. Min. Benedito Gonçalves, 1ª T., j. 26.05.2015).

LOCALIZAÇÃO	Art. 12, parágrafo único, da Lei n. 8.429/92
PARÂMETROS	Extensão do dano causado e proveito patrimonial obtido pelo agente
SÚMULAS	O STF entende ser impossível a revisão da dosimetria da pena por implicar a revisitação de fatos, esbarrando na Súmula 279, mesmo entendimento do STJ em vista da Súmula 7

■ 3.8. REQUISITOS DESNECESSÁRIOS PARA A APLICAÇÃO DAS SANÇÕES

Ainda em relação às **sanções** resultantes da prática de improbidade administrativa, importante anotar a previsão estabelecida no **art. 21 da Lei n. 8.429/92**, segundo o qual:

> **Art. 21.** A aplicação das sanções previstas nesta Lei independe:
>
> I — da efetiva ocorrência de dano ao patrimônio público, salvo quanto à pena de ressarcimento.
>
> II — da aprovação ou rejeição das contas pelo órgão de controle interno ou pelo Tribunal ou Conselho de Contas.

Da leitura do dispositivo reproduzido, algumas conclusões importantes encontram-se autorizadas. Assim é que, em primeiro lugar, tem-se que, em razão da previsão estabelecida no **inciso I**, a configuração dos atos de improbidade administrativa relacionados nos **arts. 9º** e **11 independe da efetiva ocorrência de dano ao erário**.

Dentro desse contexto, a **necessidade de caracterização de dano efetivo** ao patrimônio público **incide**, tão **somente**, em relação à **pena** de **ressarcimento**, própria dos atos de improbidade ali relacionados, de forma a evitar enriquecimento sem causa, como já visto anteriormente.

De outra parte, autoriza-se também a conclusão segundo a qual a **aplicação das sanções** previstas nesta lei **independe da aprovação ou rejeição** do ato pelo **Tribunal de Contas**, previsão que se justifica pela posição ocupada por esse órgão dentro do nosso ordenamento jurídico.

Com efeito, apresenta-se a ele como **órgão auxiliar** do Poder Legislativo no controle externo da legalidade dos atos da Administração, conforme previsão estabelecida no **art. 70 da Constituição Federal**.

Dentro desse contexto, emerge a conclusão segundo a qual os **pareceres e decisões** exarados por esses tribunais **não são dotados** da característica de **coisa julgada**, uma vez que inerente tão somente a decisões judiciais.

Dessa forma, conclui-se que os **atos** praticados por esses **tribunais** poderão ser objeto de **reapreciação**, quer pelo **Legislativo**, a teor do disposto no **art. 31, § 2º, da CF**, quer pelo **Judiciário**, na hipótese de se revestirem de **ilegalidade**.

Assim, não sendo essas decisões dotadas de coisa julgada, aqui se encontra a razão pela qual a **aprovação** ou **rejeição** dos atos administrativos por esses **tribunais não impede** a aplicação das **sanções** previstas na **Lei n. 8.429/92**.

LOCALIZAÇÃO	Art. 21 da Lei n. 8.429/92
ESPÉCIES	■ Efetiva ocorrência do dano ao patrimônio público, salvo quanto à pena de ressarcimento ■ Aprovação ou rejeição das contas pelo órgão de controle interno ou pelo tribunal ou conselho de contas

■ 3.9. TRANSFERÊNCIA DE SANÇÕES PARA HERDEIROS

Por derradeiro, importante consignar a **possibilidade** aberta pelo legislador de **transferência das sanções** resultantes da prática de atos de **improbidade** para os **herdeiros** daqueles que foram condenados, dentro, por óbvio, dos limites impostos pela lógica, matéria disciplinada no **art. 8º da Lei n. 8.429/92:**

> **Art. 8º** O sucessor daquele que causar lesão ao patrimônio público ou se enriquecer ilicitamente está sujeito às cominações desta lei até o limite do valor da herança.

Com efeito, entre as sanções relacionadas pela Constituição (art. 37, § 4º) e disciplinadas pela Lei n. 8.429/92 (art. 12), surgem algumas de natureza personalizada, que impedem sua transferência para os herdeiros, aparecendo, aqui, a perda da função e a suspensão de direitos políticos.

De outra parte, o mesmo cenário não se apresenta em relação às penas de **indisponibilidade de patrimônio**; **ressarcimento de danos** e, ainda, a pena de **multa, passíveis de transferência para os herdeiros**, nos limites da herança recebida.

ESPÉCIES	Art. 37, § 4º, da CF: perda da função; suspensão de direitos políticos; indisponibilidade de bens; ressarcimento de danos; afastamento do servidor (Lei n. 8.429, art. 20); penais (crime X Administração)
INTENSIDADE	Art. 12 da Lei n. 8.429/92: critério → gravidade do ato
DOSIMETRIA DA SANÇÃO	Art. 12 da Lei n. 8.429/92: parâmetros { extensão do dano; proveito patrimonial }
TRANSFERÊNCIA PARA HERDEIROS	Sim (art. 8º da Lei n. 8.429/92)
REQUISITO	Trânsito em julgado da sentença (art. 20 da Lei n. 8.429/92) **Exceção:** indisponibilidade de bens (art. 7º da Lei n. 8.429/92)
APLICAÇÃO	A aplicação das sanções independe das hipóteses descritas no art. 21 da Lei n. 8.429/92

■ 3.10. PRESCRIÇÃO

Outro ponto importante a ser considerado é aquele relacionado ao **prazo de prescrição** para a **propositura de ações** visando o combate de atos de improbidade administrativa, matéria disciplinada inicialmente no **art. 37, § 5º, da CF**. Confira-se:

> **Art. 37.** (...)
> § 5º A lei estabelecerá os prazos de prescrição para ilícitos praticados por qualquer agente, servidor ou não, que causem prejuízos ao erário, ressalvadas as respectivas ações de ressarcimento.

A leitura do dispositivo reproduzido permite entrever a fixação de **prazo** para ilícitos praticados por agentes públicos, que causem **prejuízos ao erário**, estabelecendo a **imprescritibilidade** apenas em relação a **pedidos de ressarcimento**, tese já consolidada no nível do STJ. Confira-se:

> "Processual civil. Ação civil pública. Improbidade administrativa. Pretensão ressarcitória. Ressarcimento ao erário. Prescrição. Demora da citação. Não ocorrência. Falha da máquina judiciária. Revisão. Súmula 7/STJ. O prazo prescricional para as ações de improbidade administrativa é, em regra, de cinco anos, ressalvando-se a imprescritibilidade da pretensão de ressarcimento ao erário. No caso de agente político detentor de mandado eletivo ou de ocupantes de cargos em comissão e de função de confiança inseridos no polo passivo da ação, inicia-se a contagem do prazo com o fim do mandato. Exegese do art. 23, I, da Lei 8.429/92. Precedentes. (...)" (AgRg no AREsp 663.951/MG, rel. Min. Humberto Martins, 2ª T., j. 14.04.2015).

Em relação à regra geral, a Constituição transferiu para o legislador infraconstitucional, portanto, a tarefa de estabelecer os **prazos de prescrição** para a propositura de ações voltadas a levar a efeito as sanções previstas na **Lei n. 8.429/92**, matéria disciplinada no **art. 23**, a seguir reproduzido:

> **Art. 23.** As ações destinadas a levar a efeitos as sanções previstas nesta Lei podem ser propostas:
> I — até cinco anos após o término do exercício de mandato, de cargo em comissão ou de função de confiança;
> II — dentro do prazo prescricional previsto em lei específica para faltas disciplinares puníveis com demissão a bem do serviço público, nos casos de exercício de cargo efetivo ou emprego.

Percebe-se, do dispositivo reproduzido, que os prazos de prescrição ali estabelecidos têm o seu **termo inicial** não na data em que a irregularidade ocorreu; não naquela em que o administrador dela tomou conhecimento, mas **após o término do exercício do mandato, cargo ou função** ocupado pelo agente. Assim, a título de exemplo, se o ato de improbidade foi praticado em 2013, mas o agente responsável ainda se encontrar à frente do cargo ou do mandato que titulariza, essa circunstância indica que o prazo prescricional ainda nem começou a fruir, tudo de forma a preservar o interesse público.

A redação oferecida pelo legislador acabou por excluir diversas questões relacionadas ao tema, o que demandou a necessidade do seu enfrentamento por nossa **jurisprudência**, em especial do **Superior Tribunal de Justiça**.

Dentro desse contexto, a **primeira questão** que se apresenta refere-se ao termo inicial do **prazo de prescrição** em relação aos **particulares**, que, segundo a orientação pacificada no nível do STJ, é **o mesmo** daquele **imposto aos agentes públicos**, na medida em que só praticam atos de improbidade administrativa se tiverem concorrido, induzido ou deles se beneficiado, a teor do disposto no art. 2º da Lei n. 8.429/92.

Assim, se dependem da participação de algum agente público para a prática de atos dessa natureza, os prazos prescricionais em relação a eles devem fluir da mesma forma. Confira-se o seguinte precedente:

> "Agravo regimental no recurso especial. Administrativo. Ação de improbidade administrativa. Particular em conluio com agentes públicos. Aplicação do art. 23 da LIA. Possibilidade. 1. A compreensão firmada no Superior Tribunal de Justiça é no sentido de que, nas ações de improbidade administrativa, para o fim de fixação do termo inicial do curso da prescrição, aplicam-se ao particular que age em conluio com agente público as disposições do art. 23, I e II, da Lei n. 8.429/1992. Precedentes: REsp 1405346/SP, Relator(a) p/ Acórdão Min. Sérgio Kukina, Primeira Turma, *DJe* 19/08/2014, AgRg no REsp 1159035/MG, Rel. Ministra Eliana Calmon, Segunda Turma, *DJe* 29/11/2013, AgRg no REsp 1197967/ES, Rel. Min. Humberto Martins, Segunda Turma, *DJe* 08/09/2010. 2. Agravo Regimental não provido" (AgRg no REsp 1510589/SE, rel. Min. Benedito Gonçalves, j. 26.05.2015).

Nesse particular, ainda, importante anotar que, no entendimento da mesma Corte, o particular sozinho não pode ser responsabilizado pela prática de atos dessa natureza. Exige-se a presença de um agente público, uma vez que se cuida de sanções pela prática de atos de desonestidade administrativa.

De outra parte, ainda que o legislador tenha se referido no art. 23 ao prazo de prescrição de cinco anos após o término do exercício de um mandato, remanesce ainda **dúvida** em relação à **hipótese de reeleição**.

Nesse sentido, o **STJ** também pacificou a questão concluindo que para essa situação o **prazo de prescrição começa a fluir do final do último mandato**.

> "Administrativo. Improbidade administrativa. Prescrição. Art. 23, I, da Lei 8.429/1992. Reeleição. Termo inicial — encerramento do segundo mandato. Ato ímprobo. Elemento subjetivo — culpa caracterizada. Precedentes. Súmula 83/STJ. A jurisprudência deste Superior Tribunal é assente em estabelecer que o termo inicial do prazo prescricional da ação de improbidade administrativa, no caso de reeleição de prefeito, se aperfeiçoa após o término do segundo mandato" (AgRg no AREsp 161.420/TO, rel. Min. Humberto Martins, 2ª T., j. 3.04.2014).

Portanto, se um parlamentar estiver envolvido na prática de um ato de improbidade administrativa enquanto estiver à frente do mandato, o prazo de prescrição em relação a ele não começará a fluir, mesma conclusão que se apresenta em relação aos particulares envolvidos.

REGRA GERAL	5 anos a partir da vacância do cargo (art. 23 da Lei n. 8.429/92)
EXCEÇÃO	Imprescritibilidade (ressarcimento de danos): art. 37, § 5º, da CF

■ 3.11. A LEI N. 12.846/2013

Em boa hora foi editada, em agosto de 2013, a **Lei n. 12.846**, conhecida como **Lei Anticorrupção**, criando **novos mecanismos de responsabilização de pessoas jurídicas** nas esferas civil e administrativa.

■ 3.11.1. Importância

Essa perspectiva revela-se de extrema importância, uma vez que, **até então**, por força de disposições contidas na Lei n. 8.429/92, cogitava-se tão **somente** da possibilidade de **responsabilização** ou dos **agentes públicos** (art. 2º) **ou** de **particulares** que tivessem contribuído para que o ato ocorresse ou dele tenham se beneficiado (art. 3º).

Sem embargo, como se verá com maior riqueza de detalhes na sequência, a aplicação dessa lei não está isenta de dificuldades, tendo em vista que muitas das situações ali descritas já se encontram previstas em outros diplomas legais.

Nesse sentido, ainda que o legislador tenha asseverado, no art. 30, que a aplicação das sanções previstas nesta lei não prejudica o disposto tanto na Lei n. 8.429/92 quanto na Lei n. 8.666/93, inclusive no tocante ao RDC (Regime Diferenciado de Contratações Públicas — Lei n. 12.462/2011), a **possibilidade de superposição desses diplomas legais** fatalmente se apresentará.

Outrossim, contribui para a mesma conclusão a disposição contida no **art. 29**, segundo a qual **as regras dessa lei não excluem as competências do CADE** para processar e julgar fatos que constituam infração à ordem econômica.

■ 3.11.2. Origem

A edição da referida lei resultou da necessidade de cumprimento, pelo País, de compromissos de combate à corrupção assumidos perante órgãos internacionais.

■ 3.11.3. Objeto

Como já dito, a lei dispõe sobre a responsabilização objetiva, administrativa e civil das pessoas jurídicas por atos praticados contra a Administração Pública, nacional ou estrangeira.

■ 3.11.4. Extensão

A **responsabilização** atinge **qualquer** modalidade de **pessoa jurídica**, incluindo as **sociedades estrangeiras** e mesmo que o ato tenha sido praticado no exterior, consoante o disposto no art. 1º, parágrafo único, e no **art. 28** da referida legislação.

Confira-se:

> **Art. 1º** (...)
>
> Parágrafo único. Aplica-se o disposto nesta Lei às sociedades empresárias e às sociedades simples, personificadas ou não, independentemente da forma de organização ou modelo societário adotado, bem como a quaisquer fundações, associações de entidades

> ou pessoas, ou sociedades estrangeiras, que tenham sede, filial ou representação no território brasileiro, constituídas de fato ou de direito, ainda que temporariamente. (...)
> Art. 28. Esta Lei aplica-se aos atos lesivos praticados por pessoa jurídica brasileira contra a administração pública estrangeira, ainda que cometidos no exterior.

■ 3.11.5. Perfil da responsabilidade

Acompanhando a diretriz estabelecida pela Constituição, a teor do disposto no art. 37, § 6º, atribuiu-se à **pessoa jurídica** a **responsabilidade objetiva**, vale dizer, baseada no conceito de nexo de causalidade, conforme a disposição estabelecida em seu **art. 2º:**

> **Art. 2º** As pessoas jurídicas serão responsabilizadas objetivamente, nos âmbitos administrativo e civil, pelos atos lesivos previstos nesta Lei praticados em seu interesse ou benefício, exclusivo ou não.

A leitura do dispositivo reproduzido permite entrever, ainda, que essa responsabilidade objetiva terá lugar no âmbito administrativo e civil, **não excluindo a responsabilidade individual** dos seus **dirigentes** ou administradores, que será **subjetiva**, conforme se verifica da redação do seu **art. 3º**. Confira-se:

> **Art. 3º** A responsabilização da pessoa jurídica não exclui a responsabilidade individual de seus dirigentes ou administradores ou de qualquer pessoa natural, autora, coautora ou partícipe do ato ilícito.
>
> § 1º A pessoa jurídica será responsabilizada independentemente da responsabilização individual das pessoas naturais referidas no *caput*.
>
> § 2º Os dirigentes ou administradores somente serão responsabilizados por atos ilícitos na medida da sua culpabilidade.

Ainda sobre esse tema, importante destacar outro item de extrema importância, que aponta para a **subsistência da responsabilidade da pessoa jurídica**, mesmo diante de **alterações contratuais** ou de incorporação ou fusão, impedindo que através desses artifícios pudesse ser esvaziada.

No mesmo sentido, sobreleva notar a possibilidade franqueada pelo legislador de **desconsideração da personalidade jurídica**, para facilitar o combate a abusos de direito ou tentativas de provocar confusão patrimonial, tudo nos termos previstos pelo **art. 14** da referida legislação:

> **Art. 14.** A personalidade jurídica poderá ser desconsiderada sempre que utilizada com abuso do direito para facilitar, encobrir ou dissimular a prática dos atos ilícitos previstos nesta Lei ou para provocar confusão patrimonial, sendo estendidos todos os efeitos das sanções aplicadas à pessoa jurídica aos seus administradores e sócios com poderes de administração, observados o contraditório e a ampla defesa.

De outra parte, de forma a impedir também a responsabilização desarrazoada, asseverou o legislador que os **sucessores** ficarão restritos à **obrigação** do pagamento de **multa e reparação integral do dano**, até o limite do patrimônio transferido.

Nesse aspecto, oportuna a reprodução da redação estabelecida no art. 4º:

> **Art. 4º** Subsiste a responsabilidade da pessoa jurídica na hipótese de alteração contratual, transformação, incorporação, fusão ou cisão societária.
>
> § 1º Nas hipóteses de fusão e incorporação, a responsabilidade da sucessora será restrita à obrigação de pagamento de multa e reparação integral do dano causado, até o limite do patrimônio transferido, não lhe sendo aplicáveis as demais sanções previstas nesta Lei decorrentes de atos e fatos ocorridos antes da data da fusão ou incorporação, exceto no caso de simulação ou evidente intuito de fraude, devidamente comprovados.
>
> § 2º As sociedades controladoras, controladas, coligadas ou, no âmbito do respectivo contrato, as consorciadas serão solidariamente responsáveis pela prática dos atos previstos nesta Lei, restringindo-se tal responsabilidade à obrigação de pagamento de multa e reparação integral do dano causado.

■ 3.11.6. Hipóteses configuradoras de responsabilização

Nesse particular, o legislador relacionou **hipóteses** geradoras de **responsabilização da pessoa jurídica por atos lesivos** à Administração Pública nacional ou estrangeira que atentem contra o patrimônio público nacional ou estrangeiro; contra os princípios da Administração Pública ou contra os compromissos internacionais assumidos pelo País, a teor do disposto no seu **art. 5º:**

> **Art. 5º** Constituem atos lesivos à administração pública, nacional ou estrangeira, para os fins desta Lei, todos aqueles praticados pelas pessoas jurídicas mencionadas no parágrafo único do art. 1º, que atentem contra o patrimônio público nacional ou estrangeiro, contra princípios da administração pública ou contra os compromissos internacionais assumidos pelo Brasil, assim definidos:
>
> I — prometer, oferecer ou dar, direta ou indiretamente, vantagem indevida a agente público, ou a terceira pessoa a ele relacionada;
>
> II — comprovadamente, financiar, custear, patrocinar ou de qualquer modo subvencionar a prática dos atos ilícitos previstos nesta Lei;
>
> III — comprovadamente, utilizar-se de interposta pessoa física ou jurídica para ocultar ou dissimular seus reais interesses ou a identidade dos beneficiários dos atos praticados;
>
> IV — no tocante a licitações e contratos:
>
> *a)* frustrar ou fraudar, mediante ajuste, combinação ou qualquer outro expediente, o caráter competitivo de procedimento licitatório público;
>
> *b)* impedir, perturbar ou fraudar a realização de qualquer ato de procedimento licitatório público;
>
> *c)* afastar ou procurar afastar licitante, por meio de fraude ou oferecimento de vantagem de qualquer tipo;
>
> *d)* fraudar licitação pública ou contrato dela decorrente;
>
> *e)* criar, de modo fraudulento ou irregular, pessoa jurídica para participar de licitação pública ou celebrar contrato administrativo;
>
> *f)* obter vantagem ou benefício indevido, de modo fraudulento, de modificações ou prorrogações de contratos celebrados com a administração pública, sem autorização em lei, no ato convocatório da licitação pública ou nos respectivos instrumentos contratuais; ou

> g) manipular ou fraudar o equilíbrio econômico-financeiro dos contratos celebrados com a administração pública;
>
> V — dificultar atividade de investigação ou fiscalização de órgãos, entidades ou agentes públicos, ou intervir em sua atuação, inclusive no âmbito das agências reguladoras e dos órgãos de fiscalização do sistema financeiro nacional.

Portanto, a leitura do *caput* do dispositivo mencionado permite concluir que as hipóteses ali relacionadas, em seus diversos incisos e parágrafos, deverão todas elas ser interpretadas à luz das diretrizes nele estabelecidas.

Diante desse cenário descrito pelo legislador, importante que se estabeleçam as noções de **Administração Pública estrangeira**, bem como de **agente público estrangeiro**, tendo em vista a possibilidade, inclusive, de responsabilização deste último.

Nesse sentido, oportuna a reprodução das definições contidas nos **§§ 1º, 2º e 3º** do art. 5º dessa lei:

> **Art. 5º** (...)
>
> § 1º Considera-se administração pública estrangeira os órgãos e entidades estatais ou representações diplomáticas de país estrangeiro, de qualquer nível ou esfera de governo, bem como as pessoas jurídicas controladas, direta ou indiretamente, pelo poder público de país estrangeiro.
>
> § 2º Para os efeitos desta Lei, equiparam-se à administração pública estrangeira as organizações públicas internacionais.
>
> § 3º Considera-se agente público estrangeiro, para os fins desta Lei, quem, ainda que transitoriamente ou sem remuneração, exerça cargo, emprego ou função pública em órgãos, entidades estatais ou em representações diplomáticas de país estrangeiro, assim como em pessoas jurídicas controladas, direta ou indiretamente, pelo poder público de país estrangeiro ou em organizações públicas internacionais.

Além disso, uma passagem de olhos pelas inúmeras hipóteses relacionadas no **art. 5º** bem demonstra a repetição de situações já caracterizadas tanto na **Lei n. 8.429/92** quanto na **Lei n. 8.666/93**, o que sem dúvida trará problemas no que se refere à configuração da responsabilidade, como também para a aplicação de sanções.

Com efeito, **inúmeras situações idênticas** comportarão encaminhamento diferente se praticadas por pessoas físicas (responsabilidade subjetiva) ou por pessoas jurídicas (responsabilidade objetiva).

■ 3.11.7. Das sanções

Tendo em vista que a referida legislação **estendeu** a **responsabilidade** da **pessoa jurídica** para os **campos administrativo** e **civil**, essa diretriz reflete no perfil das sanções a serem aplicadas.

a) Da responsabilidade administrativa

Nesse sentido, inicialmente o legislador disciplina a questão da responsabilidade administrativa em seu **art. 6º**, em que se encontra relacionada a **multa**, bem como a **publicação extraordinária** da decisão **condenatória**, que poderá incidir de forma **isolada ou cumulativa**, de acordo com as características apresentadas em cada caso concreto.

Outrossim, oportuno destacar que a aplicação dessas sanções **não exclui a obrigação de reparação integral do dano causado**.

Diante desse cenário, em relação à **multa**, de forma a facilitar a recuperação dos danos causados, foi ela estipulada **entre 0,1% e 20%** do faturamento bruto do último exercício anterior ao da instauração do processo administrativo, quando, por óbvio, for possível a sua estimação.

Com efeito, existem situações em que a aplicação desse critério será impossível, hipótese em que, de acordo com a previsão estabelecida no **art. 6º, § 4º**, a **multa** poderá ser arbitrada **entre 6 mil e 60 milhões de reais**.

De toda sorte, a leitura do dispositivo referenciado autoriza a conclusão segundo a qual são mecanismos mais eficazes de recuperação do patrimônio público, representando, pois, um avanço em relação ao tema.

Outrossim, importante observar que, na hipótese de os **prejuízos** apurados se revelarem **superiores** aos valores apontados pela lei, **prevalecerá o valor que for maior**, conclusão que se extrai do art. 6º, I.

De outra parte, em relação à **publicação extraordinária de decisão condenatória**, o legislador não se limitou a prescrevê-la, pura e simplesmente, uma vez que estipulou, no **art. 6º, § 5º**, os seus **contornos e limites**.

Assim é que asseverou a necessidade de **publicação** da decisão condenatória nos **meios de comunicação de grande circulação** ou por meio de afixação em edital, tudo a expensas da pessoa jurídica responsabilizada. Confira-se:

> **Art. 6º** (...)
>
> § 5º A publicação extraordinária da decisão condenatória ocorrerá na forma de extrato de sentença, a expensas da pessoa jurídica, em meios de comunicação de grande circulação na área da prática da infração e de atuação da pessoa jurídica ou, na sua falta, em publicação de circulação nacional, bem como por meio de afixação de edital, pelo prazo mínimo de 30 (trinta) dias, no próprio estabelecimento ou no local de exercício da atividade, de modo visível ao público, e no sítio eletrônico na rede mundial de computadores.

Outrossim, com o objetivo de concretizar essa diretriz, criou o legislador, no **art. 22**, o **CNEP** (Cadastro Nacional de Empresas Punidas), que deverá manter atualizados os dados relativos às empresas responsabilizadas e às sanções.

De resto, também com o intuito de fortalecer essa diretriz de transparência, o legislador, no **art. 23**, criou o **CEIS** (Cadastro Nacional de Empresas Inidôneas e Suspensas), que também deverá manter dados atualizados.

Ainda sobre esse tema, importante registrar o **veto** estabelecido pela **Presidência da República** à redação prevista no **art. 6º, § 6º**, que estabelecia que o valor da multa não poderia exceder o valor total do bem ou serviço contratado.

A aposição desse **veto** revelou-se **positiva**, uma vez que poderia tornar a punição imposta à pessoa jurídica **insuficiente** em face do **prejuízo** por ela ocasionado.

Por derradeiro, ainda sobre esse tema, importante destacar que, em respeito ao princípio constitucional da **razoabilidade**, positivado no **art. 2º, parágrafo único, VI, da Lei n. 9.784/99** (processo administrativo na área federal), o legislador houve por bem estabelecer a necessidade de observação, pelo administrador, quando da aplicação de qualquer sanção, de **atenuantes** e **agravantes** características do caso concreto, consoante o disposto no **art. 7º**. Confira-se:

> **Art. 7º** Serão levados em consideração na aplicação das sanções:
> I — a gravidade da infração;
> II — a vantagem auferida ou pretendida pelo infrator;
> III — a consumação ou não da infração;
> IV — o grau de lesão ou perigo de lesão;
> V — o efeito negativo produzido pela infração;
> VI — a situação econômica do infrator;
> VII — a cooperação da pessoa jurídica para a apuração das infrações;
> VIII — a existência de mecanismos e procedimentos internos de integridade, auditoria e incentivo à denúncia de irregularidades e a aplicação efetiva de códigos de ética e de conduta no âmbito da pessoa jurídica;
> IX — o valor dos contratos mantidos pela pessoa jurídica com o órgão ou entidade pública lesados; e
> X — (Vetado)
> Parágrafo único. Os parâmetros de avaliação de mecanismos e procedimentos previstos no inciso VIII do *caput* serão estabelecidos em regulamento do Poder Executivo federal.

Outrossim, sobreleva notar que a aplicação de qualquer das **sanções** aqui previstas fica **na dependência de abertura de processo administrativo**, em que se ofereça **ampla defesa**, cuja competência foi entregue à autoridade máxima de cada órgão ou entidade dos Poderes Executivo, Legislativo e Judiciário.

Referidas autoridades poderão agir de ofício ou por provocação, sendo **vedada a delegação de competências**, tudo na forma disposta no **art. 8º** dessa lei, seguindo as diretrizes já estabelecidas pela Lei n. 9.784/99.

No que se refere à **apuração da responsabilidade por ilícitos praticados contra a Administração Pública estrangeira**, a **competência** foi atribuída à **Controladoria-Geral da União**, na forma prevista em seu **art. 9º**, dispositivo que deve ser interpretado levando em consideração que o referido órgão foi **extinto em maio de 2016**, deixando de ser parte da Presidência da República e passando a integrar o recém-criado **Ministério da Transparência, Fiscalização e Controle**.

a.1) Do acordo de leniência

Ainda dentro do tema relacionado à responsabilidade administrativa, seguindo tendência já verificada em outros diplomas legais, o legislador houve por bem abrir a **possibilidade de celebração, pela autoridade máxima de cada órgão ou entidade** pública e na hipótese de atos lesivos à Administração estrangeira pela CGU, de **acordo de leniência** com a pessoa jurídica responsável.

Nesse sentido, importante deixar registrado que o legislador estabeleceu **limites** para que esse acordo se configure, uma vez que na direta dependência do **cumprimento das exigências** estipuladas no **art. 16**, em especial nos incisos I, II e § 1º, incisos I, II e III:

> **Art. 16.** A autoridade máxima de cada órgão ou entidade pública poderá celebrar acordo de leniência com as pessoas jurídicas responsáveis pela prática dos atos previstos nesta Lei que colaborem efetivamente com as investigações e o processo administrativo, sendo que dessa colaboração resulte:
>
> I — a identificação dos demais envolvidos na infração, quando couber; e
>
> II — a obtenção célere de informações e documentos que comprovem o ilícito sob apuração.
>
> § 1º O acordo de que trata o *caput* somente poderá ser celebrado se preenchidos, cumulativamente, os seguintes requisitos:
>
> I — a pessoa jurídica seja a primeira a se manifestar sobre seu interesse em cooperar para a apuração do ato ilícito;
>
> II — a pessoa jurídica cesse completamente seu envolvimento na infração investigada a partir da data de propositura do acordo;
>
> III — a pessoa jurídica admita sua participação no ilícito e coopere plena e permanentemente com as investigações e o processo administrativo, comparecendo, sob suas expensas, sempre que solicitada, a todos os atos processuais, até seu encerramento.

De outra parte, cumpre registrar que, celebrado o **acordo**, trará ele como **consequência imediata** a isenção da pessoa jurídica responsabilizada quanto à pena de publicação extraordinária da decisão condenatória; o afastamento da proibição de recebimento de incentivos, subsídios, subvenções e doações, de acordo com a previsão estabelecida no **art. 19, IV**, além de autorizar a redução em dois terços do valor da multa aplicada.

Outrossim, importante deixar consignado que a celebração desse **acordo não exime a pessoa jurídica da reparação integral do dano causado**, a teor do disposto no **art. 16, § 3º**.

Quanto à **extensão** desse **acordo** de leniência, seguindo a diretriz estabelecida no art. 1º, parágrafo único, o legislador, no art. 16, § 5º, asseverou que os efeitos alcançam **todas as pessoas jurídicas que integram o mesmo grupo econômico**.

Na mesma toada, importante consignar que a celebração desse **acordo interrompe o prazo prescricional** dos ilícitos (art. 16, § 9º).

Por fim, importante ainda salientar que o **descumprimento** desse **acordo** traz como **consequência** a impossibilidade de a pessoa jurídica **celebrar contrato** com a Administração pelo **prazo de 3 anos** (art. 16, § 8º).

b) Da responsabilidade judicial

A questão relacionada à **responsabilização da pessoa jurídica** pela prática de atos lesivos à Administração Pública assume importância ainda maior, em vista da possibilidade franqueada pelo legislador de sua configuração também no **nível judicial**, em especial por força das sanções relacionadas no **art. 19**, que poderão ser aplicadas de forma isolada ou cumulativa:

> **Art. 19.** Em razão da prática de atos previstos no art. 5º desta Lei, a União, os Estados, o Distrito Federal e os Municípios, por meio das respectivas Advocacias Públicas ou

> órgãos de representação judicial, ou equivalentes, e o Ministério Público, poderão ajuizar ação com vistas à aplicação das seguintes sanções às pessoas jurídicas infratoras:
>
> I — perdimento dos bens, direitos ou valores que representem vantagem ou proveito direta ou indiretamente obtidos da infração, ressalvado o direito do lesado ou de terceiro de boa-fé;
>
> II — suspensão ou interdição parcial de suas atividades;
>
> III — dissolução compulsória da pessoa jurídica;
>
> IV — proibição de receber incentivos, subsídios, subvenções, doações ou empréstimos de órgãos ou entidades públicas e de instituições financeiras públicas ou controladas pelo poder público, pelo prazo mínimo de 1 (um) e máximo de 5 (cinco) anos.
>
> § 1º A dissolução compulsória da pessoa jurídica será determinada quando comprovado:
>
> I — ter sido a personalidade jurídica utilizada de forma habitual para facilitar ou promover a prática de atos ilícitos; ou
>
> II — ter sido constituída para ocultar ou dissimular interesses ilícitos ou a identidade dos beneficiários dos atos praticados (...).

Dentro desse contexto, importante anotar que as referidas **ações** seguirão o **rito** previsto na **Lei n. 7.347/85** (Lei da Ação Civil Pública, **art. 21**), incluindo-se a possibilidade de decretação de indisponibilidade de bens, quando necessária para garantir uma futura execução, hipótese, aliás, que encontra sua origem no art. 37, § 4º, da Constituição e no art. 7º da Lei n. 8.429/92.

3.11.8. Prescrição

De acordo com a previsão estabelecida no **art. 25** dessa lei, as infrações nele descritas **prescrevem em 5 anos**, contados da **ciência da infração**, ou, no caso de infração permanente ou continuada, do dia em que tiver cessado.

3.11.9. Vigência inicial

Em vista das inúmeras e importantes novidades instituídas por essa lei, concluiu-se pela necessidade de oferecimento de um **período de transição de 180 dias**, contados a partir da sua publicação, para melhor adequação a ela, na forma prevista pelo **art. 31**.

OBJETO	Responsabilização das pessoas jurídicas
EXTENSÃO	Qualquer modalidade de pessoa jurídica (art. 1º, parágrafo único)
RESPONSABILIDADE	Art. 2º, pessoa jurídica: objetiva Art. 3º, dirigentes: subjetiva
HIPÓTESES	Atos lesivos à Administração nacional ou estrangeira, aos princípios e aos compromissos internacionais assumidos pelo País (art. 5º)
SANÇÕES	■ Administrativas (art. 6º) ■ Judiciais (art. 19)
ACORDO DE LENIÊNCIA	Art. 16
PRESCRIÇÃO	5 anos (art. 25)

■ 3.12. QUADRO SINÓTICO

DA IMPROBIDADE ADMINISTRATIVA	
DEFINIÇÃO	Desonestidade administrativa
ELEMENTO COMUM	Dolo
LEGISLAÇÃO	Lei n. 8.429/92
HIPÓTESES	Enriquecimento ilícito (só admite a modalidade dolosa); danos ao erário (exige dolo específico ou culpa grave); agressão a princípios da Administração (só admite a modalidade dolosa/dolo genérico)
AÇÕES	■ Popular (sujeito ativo: qualquer cidadão — art. 5º, LXXIII, da CF) (sujeito passivo: pessoa física + terceiros que se beneficiaram — art. 6º da Lei n. 4.717/65) ■ Civil pública (sujeito ativo: MP — art. 129, III, da CF + outras pessoas — art. 5º da Lei n. 7.347/85 + art. 17 da Lei n. 8.429/92) (sujeito passivo: agentes públicos — art. 2º da Lei n. 8.429/92 + particulares que colaboraram pra o ato ou dele se beneficiaram — art. 3º da Lei n. 8.429/92)
SANÇÕES	Civis, administrativas, penais (art. 37, § 4º, da CF + art. 12 da Lei n. 8.429/92)
PRESCRIÇÃO	Regra geral: 5 anos, contados do momento em que o agente deixa o cargo (art. 23 da Lei n. 8.429/92) Exceção: imprescritibilidade para pedido de ressarcimento (art. 37, § 5º, da CF)
LEI N. 12.846/2013 (ANTICORRUPÇÃO)	■ Importância: permite a responsabilização da pessoa jurídica por atos de corrupção de forma objetiva (art. 2º) e de seus dirigentes de forma subjetiva (art. 3º) ■ Hipóteses (art. 5º) ■ Sanções administrativas (art. 6º) e judiciais (art. 19) ■ Acordo de leniência (art. 16) ■ Prescrição (art. 25)

■ 3.13. SÚMULAS SOBRE IMPROBIDADE ADMINISTRATIVA

■ 3.13.1. Súmula do STF

365. Pessoa jurídica não tem legitimidade para propor ação popular.

■ 3.13.2. Súmula vinculante

13. A nomeação de cônjuge, companheiro ou parente em linha reta, colateral ou por afinidade, até o terceiro grau, inclusive, da autoridade nomeante ou de servidor da mesma pessoa jurídica investido em cargo de direção, chefia ou assessoramento, para o exercício de cargo em comissão ou de confiança ou, ainda, de função gratificada na administração pública direta e indireta em qualquer dos poderes da União, dos Estados, do Distrito Federal e dos Municípios, compreendido o ajuste mediante designações recíprocas, viola a Constituição Federal.

■ 3.14. QUESTÕES

1. (Escrivão de Polícia — PC-PE — CESPE — 2016) Assinale a opção correta com referência a improbidade administrativa e à Lei de Improbidade Administrativa (Lei n. 8.429/92).

a) A aplicação administrativa da pena de demissão prevista em lei reguladora de carreira pública exige que se aguarde o trânsito em julgado da ação de improbidade administrativa.

b) Os atos de improbidade descritos no art. 11 da Lei n. 8.429/1992 não exigem a presença do dolo para sua configuração.

c) Os atos de improbidade descritos no art. 11 da Lei n. 8.429/1992, para sua configuração, exigem a demonstração da ocorrência de dano para a administração pública ou enriquecimento ilícito do agente.
d) A punição administrativa do servidor faltoso impede a aplicação das penas previstas na Lei de Improbidade Administrativa (Lei n. 8.429/1992).
e) O atentado à vida e à liberdade individual de particulares, se praticado por agentes públicos armados, pode configurar improbidade administrativa.

2. (Promotor de Justiça Substituto — MPE-GO — 2016) Assinale a alternativa incorreta:

a) Será competente a Justiça Comum Estadual para o processamento e julgamento de ação civil por ato de improbidade administrativa que tenha por objeto o mau uso de verbas federais transferidas e incorporadas ao patrimônio público municipal, salvo se a União manifestar interesse na causa.
b) O agente público condenado pela Justiça Eleitoral ao pagamento de multa não estará sujeito às sanções da Lei n. 8.429/92 pelo ato de improbidade decorrente da mesma conduta, uma vez que dentre estas sanções está prevista o pagamento de multa civil.
c) É cabível a condenação do agente público por ato de improbidade administrativa que importe enriquecimento ilícito, ainda que não reste configurado o dano ao erário, ficando excluída, nessa hipótese, a possibilidade de aplicação da pena de ressarcimento ao erário.
d) Constitui ato de improbidade administrativa atentatório aos princípios da Administração Pública a tortura de preso custodiado em delegacia.

3. (Promotor de Justiça — MPE-SC — Vespertina — 2016) As sanções aplicáveis em razão do cometimento de ato de improbidade administrativa são reguladas pela Lei n. 8.429/92 (Improbidade Administrativa). Esse regramento legal também se aplica aos eventos ocorridos no âmbito de ente privado que receba benefício fiscal ou creditício da administração pública.

( ) Certo ( ) Errado

4. (Analista Judiciário — Área Administrativa — TRT-24ª Região (MS) — FCC — 2017) Joaquim, diretor de autarquia estadual, contratou, sem concurso público, três pessoas para integrarem o quadro de servidores da mencionada entidade. Alguns meses após a contratação, o Ministério Público ajuizou ação de improbidade administrativa contra Joaquim, sob o fundamento de que foi frustrada a licitude de concurso púbico, pleiteando sua condenação pela prática de ato ímprobo que atenta contra os princípios da Administração pública. Ao longo do citado processo, restou demonstrado que Joaquim, de fato, frustrou a licitude de concurso público. Nos termos da Lei n. 8.429/1992,

a) a conduta praticada por Joaquim apenas configurará ato de improbidade administrativa se for comprovada a ocorrência de dano ao erário.
b) o ato ímprobo praticado por Joaquim restará configurado mesmo que ausente o dolo, desde que presente a conduta culposa.
c) está incorreto o enquadramento feito pelo Ministério Público, pois a conduta de Joaquim enquadra-se em outra modalidade de ato ímprobo, qual seja, ato ímprobo causador de prejuízo ao erário.
d) está correto o enquadramento feito pelo Ministério Público, e, caso seja condenado, Joaquim estará sujeito, dentre outras cominações, à proibição de receber benefícios ou incentivos fiscais ou creditícios, direta ou indiretamente, ainda que por intermédio de pessoa jurídica da qual seja sócio majoritário, pelo prazo de cinco anos.
e) está correto o enquadramento feito pelo Ministério Público, e, caso seja condenado, Joaquim estará sujeito, dentre outras cominações, à suspensão dos direitos políticos de três a cinco anos.

5. (Analista do Ministério Público — MPE-RJ — Processual — FGV — 2016) Leandro, Prefeito Municipal, confeccionou e distribuiu pela cidade, utilizando verba pública, vinte mil panfletos intitulados "boletim informativo", contendo sua imagem em diversas fotografias de inauguração de obras públicas com os seguintes dizeres: "O Prefeito Leandro continua cuidando de seu povo e construindo postos de saúde e escolas municipais para sua família! Com o seu apoio, darei continuidade às minhas ações beneficentes no próximo mandato!!!". No caso em tela, Leandro:

a) não cometeu ato de improbidade administrativa, porque, na qualidade de agente político, não se sujeita ao regime da lei de improbidade, respondendo apenas por crime de responsabilidade;

b) não cometeu ato de improbidade administrativa, porque a legislação permite que seja feita publicidade de caráter institucional, para dar ciência à população das ações sociais do Município;
c) não cometeu ato de improbidade administrativa, porque não houve dano ao erário, já que a publicação veiculou obras públicas que efetivamente existiram, mas cometeu ilícito de natureza eleitoral por propaganda antecipada;
d) cometeu ato de improbidade administrativa, porque a publicidade não teve caráter educativo, informativo ou de orientação social, e sim de promoção pessoal, com ofensa aos princípios da moralidade e impessoalidade;
e) cometeu ato de improbidade administrativa, porque implicitamente solicitou votos para a próxima eleição e, por isso, está sujeito à cassação de seus direitos políticos e outras sanções previstas na lei de improbidade.

6. (Analista Judiciário — Área Administrativa — TRE-BA — CESPE — 2017) De acordo com a Lei n. 8.429/1992 — Lei de Improbidade Administrativa —, servidor público que, utilizando-se do cargo que ocupa, facilitar o enriquecimento ilícito de terceiros, causando prejuízo ao erário, estará sujeito à pena de

a) proibição do recebimento de qualquer benefício até o total ressarcimento do dano.
b) perda dos valores acrescidos ilicitamente ao patrimônio.
c) suspensão da função pública.
d) suspensão dos direitos políticos até o integral ressarcimento do dano ao erário.
e) pagamento de multa civil, cujo valor deve ser equivalente ao valor do dano causado.

7. (Juiz Federal Substituto — TRF-4ª Região — 2016) Dadas as assertivas abaixo, assinale a alternativa correta.

I. Sem que haja dano efetivo ao patrimônio público, ou enriquecimento ilícito do réu, é inviável a constatação de ter ocorrido ato de improbidade administrativa.
II. A utilização de provas emprestadas não é possível na ação de improbidade administrativa.
III. A indisponibilidade de bens pode ser decretada na ação de improbidade administrativa, independentemente da comprovação de que o réu esteja dilapidando seu patrimônio ou na iminência de fazê-lo.

a) Está correta apenas a assertiva III.
b) Estão corretas apenas as assertivas I e II.
c) Estão corretas apenas as assertivas II e III.
d) Estão corretas todas as assertivas.
e) Nenhuma assertiva está correta.

8. (Analista Judiciário — Área Judiciária — TRE-BA — CESPE — 2017) No que concerne à improbidade administrativa, julgue os seguintes itens, à luz da Lei n. 8.429/1992.

I. É possível conduta omissiva culposa configurar ato de improbidade administrativa que cause lesão ao erário.
II. As hipóteses de improbidade administrativa previstas na Lei de Improbidade são taxativas.
III. Em ação de improbidade, é inadmissível transação, acordo ou conciliação.
IV. Aplica-se aos atos de improbidade administrativa o princípio da insignificância.

Estão certos apenas os itens

a) I e II.
b) I e III.
c) II e III.
d) III e IV.
e) I, II e IV.

9. (Advogado — CISMEPAR-PR — FAUEL — 2016) A Constituição Federal consagra no art. 37 o princípio da moralidade como um dos vetores da atividade administrativa do Estado. Assim, o direito a um governo honesto, íntegro e probo tem guarida constitucional, e condutas que violem referido preceito merecem severa reprovação. A disciplina das sanções aplicáveis aos responsáveis pela prática de atos de improbidade administrativa encontra-se prevista na Lei 8.429/1992. Sobre o assunto, é INCORRETO afirmar que:

a) Aquele que nega publicidade aos atos oficiais incorre em ato de improbidade administrativa que causa prejuízo ao erário, em conformidade com o disposto na Lei 8.429/1992.

b) De acordo com a jurisprudência pacífica do Supremo Tribunal Federal, os atos de improbidade administrativa não possuem natureza penal.
c) Os atos de improbidade administrativa importarão a suspensão dos direitos políticos, a perda da função pública, a indisponibilidade dos bens e o ressarcimento ao erário, na forma e gradação previstas em lei, sem prejuízo da ação penal cabível. A posse e o exercício de agente público ficam condicionados à apresentação de declaração dos bens e valores que compõem o seu patrimônio privado, a fim de ser arquivada no serviço de pessoal competente.
d) Existem atos de improbidade administrativa na modalidade culposa.

10. (Analista — Processos Administrativos e Disciplinares — IBGE — FGV — 2016) De acordo com a Lei n. 8.429/92, que dispõe sobre os atos de improbidade administrativa, a prescrição para a pretensão de aplicação aos agentes das sanções pessoais pela prática de ato de improbidade ocorre em:

a) oito anos após o término do exercício de mandato, de cargo em comissão ou de função de confiança, incluindo as ações de ressarcimento ao erário;
b) oito anos após o término do exercício de mandato, de cargo em comissão ou de função de confiança, sendo que o ressarcimento ao erário é imprescritível;
c) cinco anos após o término do exercício de mandato eletivo e dois anos após o fim da investidura de cargo em comissão ou de função de confiança;
d) cinco anos após o término do exercício de mandato, de cargo em comissão ou de função de confiança, incluindo as ações de ressarcimento ao erário;
e) cinco anos após o término do exercício de mandato, de cargo em comissão ou de função de confiança, sendo que o ressarcimento ao erário é imprescritível.

■ GABARITO ■

1. "e".
2. "b".
3. "certo".
4. "e".
5. "d".
6. "b".
7. "a".
8. "b".
9. "a".
10. "e".

4

PODERES DA ADMINISTRAÇÃO

■ 4.1. NOÇÕES GERAIS

Antes de adentrarmos a análise de cada um dos poderes conferidos à Administração Pública, não será demasiado lembrar que eles surgem como consequência dos interesses representados pela Administração quando atua.

Dessa afirmação resulta o seu caráter instrumental, uma vez que **surgem** como **instrumentos** conferidos pelo ordenamento jurídico para que por meio deles possa o Poder Público atingir a única finalidade que lhe é permitida, vale dizer, a **preservação dos interesses da coletividade**.

Assim, pode-se enxergar esses **poderes**, na verdade, como **deveres**, **obrigações** que a **Administração** tem de cumprir para viabilizar os objetivos que deve perseguir.

Pode-se, dessa forma, facilmente concluir pela **impossibilidade de o administrador renunciar** ao uso desses poderes **e** pela possibilidade de ser **responsabilizado pela sua utilização incorreta**.

Outrossim, sobreleva notar que a utilização desses instrumentos deve **respeitar** a **forma federativa** de Estado adotada em nosso país, o que cria a necessidade de respeito aos **limites de competência territorial** estabelecidos pela Constituição Federal.

Dessa maneira, não poderá a União lançar mão desses poderes invadindo o campo de atuação reservado aos Estados, nem estes em relação aos Municípios ou ao Distrito Federal, porque, como se sabe, a **característica fundamental dessa forma de Estado** é a inexistência de hierarquia entre as pessoas que a compõem e a existência, apenas, de **diferentes campos de atuação** entre elas.

Como conclusão, tem-se que, quando no exercício desses poderes, encontra o administrador cristalinos **limites** delineados pelo nosso ordenamento jurídico, que **não podem ser ultrapassados** mesmo diante dos interesses representados.

Se ultrapassada essa barreira, estaremos diante de figuras por demais conhecidas, como o **abuso de poder**, nas quais o administrador, embora competente para a prática do ato, ultrapassa os limites das suas atribuições **ou se desvia das finalidades** que deve perseguir.

Note-se, ainda, que o **abuso de poder** poderá ser verificado em termos de **extensão**, tanto em relação a **atos** quanto em relação a **omissões** praticadas pelo administrador.

Em se configurando essas situações, ficam elas sujeitas ao **controle** por parte tanto da própria **Administração** Pública quanto do Poder **Judiciário**, uma vez que são caracterizadoras de ilegalidade.

Por derradeiro, cumpre observar que, por força da possibilidade de o Poder Público lançar mão desses poderes, de maneira unilateral, adentrando a esfera jurídica de terceiros, atribui-se a eles o rótulo de ***poder extroverso***, aspecto captado nas preciosas lições de **Celso Antônio Bandeira de Mello**[1]**:**

> "Permite ao Poder Público editar provimentos que vão além da esfera jurídica do sujeito emitente, ou seja, que interferem na esfera jurídica de outras pessoas, constituindo-as unilateralmente em obrigações".

Estabelecidas as considerações gerais, passaremos a enfrentar, agora, cada uma das espécies de poder, não sem antes relembrar que todos os poderes devem ser exercidos nos limites estipulados pela lei.

NATUREZA	Instrumental
OBJETIVO	Preservação dos interesses da coletividade
RENÚNCIA	Não se admite
LIMITES	Os resultantes de lei e os territoriais, consequência da forma de Estado federativa
CONTROLE	De legalidade, pelo Judiciário (art. 5º, XXXV, da CF) e pelo Legislativo (art. 49, V, da CF)
FORMA DE UTILIZAÇÃO	Unilateral, adentrando a esfera jurídica de terceiros (poder extroverso)

■ 4.2. ESPÉCIES

■ 4.2.1. Poder vinculado

É aquele em que o administrador fica **inteiramente preso** ao **enunciado** da **lei**, que, de resto, estabelece o único comportamento a ser adotado em situações concretas, não deixando **nenhuma margem de liberdade** para uma **apreciação subjetiva**. O aspecto característico desse poder, portanto, é a **inexistência** de qualquer **traço de liberdade** para o **administrador**, restando a ele tão somente subsumir a previsão teórica e abstrata da lei para a situação concreta a ele apresentada.

A título de exemplo, menciona-se a situação envolvendo servidor público que ingressa com pedido de aposentadoria em razão de atingir o limite máximo de idade permitido pela Constituição Federal para a permanência no serviço público, ou seja, 75 anos, de acordo com a previsão estabelecida pela Emenda Constitucional n. 88, de maio de 2015. Para esse caso, revela-se nítida a **ausência de possibilidade** para que o administrador possa estabelecer um **juízo de conveniência e oportunidade** para efeito do atendimento ou não do pedido formulado.

[1] *Curso de direito administrativo*. 17. ed. São Paulo: Malheiros, 2004, p. 383.

Destarte, se o único requisito exigido pela lei — atingir o limite de idade de 75 anos — estiver comprovado, não terá ele alternativa que não atender ao pedido formulado.

De outra parte, se o requisito não estiver suficientemente demonstrado, da mesma sorte, não terá o administrador opção a não ser rejeitá-lo, mais uma vez, sem **nenhum espaço** para o estabelecimento de um **juízo de valores**.

Da mesma forma, deverá o administrador proceder diante de um pedido de licença formulado por servidor público, em vista de sua convocação para o serviço militar, uma vez que não poderá recusá-lo por se tratar de atividade obrigatória, na forma prevista pelo art. 143 da Constituição e ainda pelo art. 85 da Lei n. 8.112/90.

CARACTERÍSTICA	O administrador fica totalmente preso ao enunciado da lei
JUÍZO DE VALORES PELO ADMINISTRADOR	Impossibilidade
CONTROLE	De legalidade pelo Judiciário

■ 4.2.2. Poder discricionário

Por opção didática, procuraremos aqui uma definição de poder discricionário, partindo daquela estabelecida no tópico anterior para o poder vinculado, alterando o que for necessário.

Pode-se defini-lo como aquele em que o **administrador** também fica **preso ao enunciado da lei**, que, no entanto, não estabelece um **único comportamento** a ser adotado por ele em **situações concretas**.

Da definição acima, dois aspectos são merecedores de registro. Em primeiro lugar, o poder discricionário também só poderá ser **exercido nos estritos limites previstos em lei**, a exemplo do que foi visto para o poder vinculado.

Em segundo lugar, e é daí que resulta a diferença básica entre os dois, **abre-se espaço** para que o **administrador**, lançando mão de um **juízo de conveniência e oportunidade**, não se limite a um único comportamento possível.

Em outras palavras, pode-se afirmar que **discricionariedade** significa **liberdade** para o administrador atuar, **nos limites da lei**, de acordo com um juízo de valores a ser estabelecido em razão das nuanças balizadoras de cada situação concreta.

Assim é que a concessão de porte de armas surge situação elucidativa da aplicação desse poder, uma vez que, para tanto, deverá levar o administrador em consideração os elementos que tenham justificado o pedido dessa natureza, como os antecedentes do requerente, o motivo que ensejou o pedido e os reflexos para o interesse público, nos termos da lei.

Da mesma forma, poder-se-ia mencionar, a título elucidativo, pedido para a colocação de mesas e cadeiras em calçada defronte a bares e restaurantes, visto que tem o administrador aqui a possibilidade de atendimento ou não de pedido dessa natureza.

Para tanto, deverá estabelecer **juízo de valor** que leve em consideração, entre outros aspectos, a partir de que horário isso ocorrerá, qual a quantidade de mesas e cadeiras, até que horário lá permanecerão, se prejudicarão ou não o fluxo de pedestres na calçada etc.

Note-se, ainda, em razão de todo o exposto, a **impossibilidade de se confundir discricionariedade com arbitrariedade**, uma vez que, enquanto aquela representa liberdade para agir dentro dos limites da lei, esta se consubstancia na atuação fora, além dos limites previstos em lei.

Enquanto o ato **discricionário** não pode ter seu **mérito** reapreciado pelo Poder **Judiciário**, porque **válido**, o mesmo não se verifica com o ato **arbitrário**, por representar situação de manifesta **ilegalidade**.

Assim, temos para nós que, conforme explicitado no tópico anterior, também no ato **discricionário** deverá o **administrador esclarecer os motivos** que o levaram a tomar determinada decisão entre várias que se apresentavam para a situação concreta.

Em outras palavras, quer-nos parecer que a **motivação dos atos discricionários** assume **importância** ainda maior que nos atos vinculados para efeito de **controle de sua legalidade** pelo Poder **Judiciário**, conforme procuramos demonstrar quando da abordagem do princípio da motivação.

De resto, essa orientação já se encontra consolidada em nossa Suprema Corte, bem antes da promulgação da Constituição em vigor, consoante se verifica, apenas para registro, do RE 17.126/MG, *DJ* 12.04.1952, assim ementado:

> "Cabe ao Poder Judiciário apreciar a realidade e a legitimidade dos motivos em que se inspira o ato discricionário da Administração. O exercício do poder de polícia está sujeito à censura judiciária".

CARACTERÍSTICA	O administrador não fica totalmente preso ao enunciado da lei
JUÍZO DE VALORES PELO ADMINISTRADOR	Possibilidade, dentro dos limites da lei
CONTROLE	De legalidade pelo Judiciário

4.2.3. Poder hierárquico

Em termos técnicos, costuma-se definir o poder hierárquico como aquele conferido ao administrador para **distribuir e escalonar as funções dos órgãos** públicos e ordenar e rever a atuação dos **agentes**, estabelecendo entre eles uma **relação de subordinação**.

Pode-se dizer, de outra forma, que o poder hierárquico representa aquele conferido ao administrador para **organizar** toda a **estrutura** da Administração Pública e **fiscalizar a atuação** daqueles que ali estejam.

A importância desse princípio se revela tanto para aqueles lotados na Administração quanto para aqueles fora de sua estrutura.

Na primeira hipótese, destarte, permite o **esclarecimento** quanto à **forma de ingresso**, quanto aos **critérios para ascensão na carreira**, quanto ao **cumprimento de ordens** estabelecidas por **superiores** hierárquicos.

Nesse contexto, o princípio ora em análise está intimamente relacionado com as questões envolvendo a **delegação e a avocação de competências**, pois só poderão se realizar dentro dos limites previamente estipulados pela lei.

Nesse particular, importante estabelecer os limites fixados para a delegação e avocação de competências pela **Lei n. 9.784/99**, em especial nos seus **arts. 11, 13 e 15:**

> **Art. 11.** A competência é irrenunciável e se exerce pelos órgãos administrativos a que foi atribuída como própria, salvo os casos de delegação e avocação legalmente admitidos. (...)
>
> **Art. 13.** Não podem ser objeto de delegação:
> I — a edição de atos de caráter normativo;
> II — a decisão de recursos administrativos;
> III — as matérias de competência exclusiva do órgão ou autoridade. (...)
>
> **Art. 15.** Será permitida, em caráter excepcional e por motivos relevantes devidamente justificados, a avocação temporária de competência atribuída a órgão hierarquicamente inferior.

Dessa forma, o exercício do **poder hierárquico** implica a **fixação de campos de competência** dos órgãos (integrantes da estrutura direta da Administração), das pessoas jurídicas (integrantes da estrutura indireta), bem como na organização dos servidores em carreiras.

Em síntese, a questão relacionada ao **poder hierárquico** revela sua **importância**, na medida em que atos editados pela Administração por **pessoa** que não tinha **legitimidade** para tanto apresentam-se como sinônimo de **atos inválidos** e, portanto, passíveis de **apreciação pelo Judiciário**.

Em outras palavras, dentro da **Administração** Pública, em vista dos interesses por ela representados, **não é competente quem quer**, **mas** tão **somente** aquele expressamente **autorizado por lei**.

Para a segunda hipótese, a importância desse princípio se revela, em especial, para aqueles que, embora não integrantes da Administração, litigam contra ela.

A título de exemplo, o conhecimento da forma pela qual se **estrutura** a **Administração** assume **contornos importantes** em relação à **propositura de ações judiciais contra o Poder Público**, em especial quando se trata de mandado de segurança.

Com efeito, é sabido que o **mandado de segurança** pode ser impetrado, em vista do perfil a ele conferido pelo art. 5º, LXIX, da CF, contra **atos de autoridade** que representem agressão a direito líquido e certo.

Nesse particular, cumpre relembrar que o conceito de autoridade não abrange todos os agentes públicos, mas tão somente aqueles **investidos de poder de decisão**; vale dizer, aqueles que tenham competência para desfazer o ato que está sendo questionado, não sendo outra a diretriz estabelecida no **art. 1º, § 2º, III, da Lei n. 9.784/99**. Confira-se:

> **Art. 1º** Esta Lei estabelece normas básicas sobre o processo administrativo no âmbito da Administração Federal direta e indireta, visando, em especial, à proteção dos direitos dos administrados e ao melhor cumprimento dos fins da Administração. (...)
>
> § 2º Para os fins desta Lei, consideram-se: (...)
>
> III — autoridade — o servidor ou agente público dotado de poder de decisão.

Outrossim, importante registrar que a mesma orientação, a título de regulamentação do **art. 5º, LXIX**, da Constituição, foi oferecida pelo art. 1º, § 1º, e pelo **art. 6º, § 3º, da Lei n. 12.016/2009**, disciplinadora do mandado de segurança:

> **Art. 1º** (...)
>
> § 1º Equiparam-se às autoridades, para os efeitos desta Lei, os representantes ou órgãos de partidos políticos e os administradores de entidades autárquicas, bem como os dirigentes de pessoas jurídicas ou as pessoas naturais no exercício de atribuições do poder público, somente no que disser respeito a essas atribuições.

> **Art. 6º** (...)
>
> § 3º Considera-se autoridade coatora aquela que tenha praticado o ato impugnado ou da qual emane a ordem para a sua prática.

Essa observação vem a propósito da constatação de uma enorme quantidade de ações que não tiveram seu mérito sequer apreciado em razão da **composição irregular do polo passivo**, vale dizer, terem sido ajuizadas não contra a **autoridade**, mas contra aqueles que tão somente **cumpriram ordens** e que, portanto, não podem desfazer o ato lesivo a direito líquido e certo.

A importância do **poder hierárquico**, sob essa ótica, cristaliza-se em função da possibilidade de **responsabilização dos agentes** envolvidos em **práticas irregulares** e da detecção de prática de atos nulos por agentes que não tinham competência para tanto.

Em síntese, poder-se-ia dizer que, sob essa perspectiva, o poder ora em análise se apresenta para os particulares como um reflexo da prerrogativa de auto-organização conferida ao Estado.

OBJETO	Fixa campos de competência para todos os que se encontram dentro da estrutura da Administração
EXTENSÃO	Intimamente ligado aos institutos da "avocação" e "delegação" de competências (Lei n. 9.784/99, arts. 13 e 15)
IMPORTÂNCIA	Ato praticado por quem não tinha competência é inválido

■ 4.2.4. Poder disciplinar

Pode-se definir esse poder como aquele conferido ao administrador para a **aplicação de sanções**, penalidades aos seus **servidores**, diante da prática de **infrações de caráter funcional**.

Outrossim, importante destacar que essas **sanções** são apenas aquelas de **natureza administrativa**, surgindo como exemplos a advertência; a suspensão; a demissão; **não se apresentando a possibilidade** de incidência de **sanções** de natureza **cível** e **penal**.

Esse aspecto revela-se importante, tendo em vista a possibilidade de **tríplice responsabilização** do **agente** em razão da **prática** de um **mesmo ilícito**.

Assim é que, se configurado desvio de verbas públicas, o agente público poderá ser simultaneamente responsabilizado no campo administrativo (pena de demissão), no cível (devolução das verbas irregularmente desviadas) e no campo penal, por ter praticado crime contra a Administração.

Assim, com fundamento no **poder disciplinar**, a Administração **só** tem legitimidade para aplicação de **sanções de natureza administrativa**, sem prejuízo das outras anteriormente relacionadas.

Outro aspecto importante diz respeito à **natureza das infrações** passíveis de **penalização**, vale dizer, somente aquelas de **caráter funcional**, ou seja, aquelas que tenham **ligação com as atividades desenvolvidas pelo agente**.

Assim, em caráter de **exclusão** estão aquelas que, em que pese sua **irregularidade**, não revelam nenhum ponto de contato com os misteres desenvolvidos pelo agente público.

Para elucidar a questão, menciona-se a situação do agente público que trabalha diariamente, das 8 às 18 horas, e se embriaga no período restante, vale dizer, das 18 às 8 horas.

Se a conduta por ele assumida no período noturno em nada interferir nos seus afazeres diários, por se tratar de um "alcoólatra", nenhuma penalidade poderá ser a ele imposta.

Outrossim, se o agente público mata seu cônjuge, por óbvio, nenhuma sanção de natureza administrativa poderá ser imposta a ele como advertência ou suspensão em razão de o crime configurar uma irregularidade ligada ao cargo.

De outra parte, as **sanções** de natureza **administrativa** poderão **incidir** diante da prática de irregularidades **ligadas ao cargo**, como a retirada de documentos de repartição pública, sem autorização; a falta ou o atraso injustificado do servidor.

De esclarecer-se, também, que, não obstante estarem disciplinadas em lei as penalidades que poderão ser impostas pelo administrador, o exercício do **poder disciplinar** assume **caráter discricionário** em razão da possibilidade a ele conferida de estabelecer um **juízo de valores**, levando em consideração os itens exigidos pelo legislador.

Assim, por exemplo, pode-se mencionar, em vista de seu caráter elucidativo, a redação **do art. 128 da Lei n. 8.112/90** (o Estatuto dos Servidores Públicos Federais), que a seguir se reproduz:

> **Art. 128.** Na aplicação das penalidades serão consideradas a natureza e a gravidade da infração cometida, os danos que dela provierem para o serviço público, as circunstâncias agravantes ou atenuantes e os antecedentes funcionais.

Como se observa, o próprio dispositivo legal transcrito abre a possibilidade para que o administrador, diante de situações concretas, possa lançar mão de um **juízo de valores** que leve em consideração, no mínimo, os elementos ali relacionados.

Trata-se, sem dúvida, de regra que permite melhor **acompanhamento** por parte dos particulares das **atitudes** tomadas pela **Administração**, porque possibilita aferir a **razoabilidade**, a proporcionalidade da **decisão tomada** em vista dos itens ali mencionados.

Convém recordar, no entanto, uma vez mais, a necessidade de se fazer acompanhar a **decisão** tomada, seja qual for, das **razões**, dos **motivos** que a nortearam.

Com efeito, essa conclusão decorre não só dos argumentos que foram utilizados em comentários ao princípio da motivação, mas também de expressa disposição legal nesse sentido, contida no art. 128, parágrafo único, do mesmo diploma legal, como se vê:

> **Art. 128.** (...)
>
> Parágrafo único. O ato de imposição da penalidade mencionará sempre o fundamento legal e a causa da sanção disciplinar.

Importante consignar que a **motivação** se revela **imprescindível**, quer para aquelas situações em que a **penalidade** seja efetivamente **aplicada**, quer para aquelas em que o administrador opte pela sua não aplicação.

Destarte, convém relembrar que a **ausência de motivação** naquelas circunstâncias em que a penalidade não for aplicada, quando, em tese, deveria sê-lo, pode resultar na caracterização de crime de condescendência, a teor do disposto no **art. 320 do CP**, assim redigido:

> **Art. 320.** Deixar o funcionário, por indulgência, de responsabilizar subordinado que cometeu infração no exercício do cargo ou, quando lhe falte competência, não levar o fato ao conhecimento da autoridade competente (...).

Percebe-se, portanto, que nesse particular a **motivação**, embora imprescindível, assume uma vertente diferenciada, voltada à **proteção** não do servidor que deixou de sofrer a penalidade, mas do **agente** que deixou de aplicá-la de modo a evitar o **enquadramento no tipo penal**.

Nesse particular ainda, importante anotar que a necessidade de **motivação** apresenta-se de capital **importância** para que se possa **avaliar** em que medida a **decisão** proferida revela-se **compatível** com o princípio da **razoabilidade**, circunstância que se encontra positivada no art. 2º, parágrafo único, VI, da Lei federal n. 9.784/99, que regula os processos administrativos no âmbito da Administração Pública federal. Confira-se:

> **Art. 2º** (...)
>
> Parágrafo único. Nos processos administrativos serão observados, entre outros, os critérios de: (...)
>
> VI — adequação entre meios e fins, vedada a imposição de obrigações, restrições e sanções em medida superior àquelas estritamente necessárias ao atendimento do interesse público.

Por outro lado, a aplicação de sanções e penalidades encontra **limite** no princípio do **devido processo legal**, uma vez que, como dito em nossa Carta Maior, no **inciso LIV do art. 5º**, ninguém será privado de sua liberdade ou de seus bens sem que se leve em consideração essa diretriz.

Acresça-se que esse princípio, que envolve o **contraditório** e a **ampla defesa**, aplica-se aos **litigantes** em **processo judicial**, **administrativo** e aos **acusados** em geral, com os meios e recursos a ele inerentes, na forma do inciso LV do mesmo artigo.

Ora, é bem de ver que não se pode cogitar de ampla defesa e, como consequência, de devido processo legal sem que o ato praticado pelo agente público venha acompanhado das razões que deram origem a ele.

De se destacar, também, que a **aplicação** dessas **penalidades** com a concessão do contraditório e da ampla defesa deve ser **antecedida**, conforme o grau da irregularidade praticada, da abertura de **sindicância** (se a infração cometida comportar a pena de suspensão por até 30 dias) ou de **processo administrativo disciplinar**, que não apresenta nenhum tipo de limitação para sua utilização, consoante se verifica das regras estabelecidas na **Lei n. 8.112/90** (Estatuto dos Servidores Públicos da União), respectivamente nos seus **arts. 145 e 148**. Por derradeiro, não se pode, por razões óbvias, admitir a possibilidade de aplicação de penalidades pelo **critério da "verdade sabida"**, pois implicaria afronta aos princípios do contraditório e da ampla defesa.

Essa conclusão não surge de maneira gratuita, mas por implicar a **possibilidade** de **aplicação** de **penalidades** em vista do **conhecimento pessoal**, pela **autoridade** competente, da infração cometida, podendo atuar de forma unilateral.

A propósito, oportuna a transcrição de excerto doutrinário extraído da obra de **Maria Sylvia Zanella Di Pietro**[2]:

> "Verdade sabida é o conhecimento pessoal e direto da falta pela autoridade competente para aplicar a pena. É o conceito que consta do art. 271, parágrafo único, do Estatuto Paulista. Pelo *caput* do dispositivo, é possível aplicar-se a pena pela verdade sabida, quando se tratar de repreensão e suspensão.
> Esse dispositivo estatutário não mais prevalece, diante da norma do art. 5º, LV, da Constituição, que exige o contraditório e ampla defesa nos processos administrativos".

De resto, o mesmo raciocínio deve prevalecer em relação a outro meio sumário de aplicação de penalidades conhecido por **"termo de declaração"**, consistente na **aplicação de sanção** em vista de comprovação da infração por força de **confissão**.

Outra, aliás, não é a opinião adotada por **Diogenes Gasparini**[3], consoante se verifica do trecho a seguir colacionado:

> "Esses dois meios sumários de apuração de irregularidades e de punição de seus autores não podem ser utilizados em nosso meio, pois aos acusados em geral são assegurados o contraditório e ampla defesa, com os meios e recursos a ela inerentes (art. 5º, LV, da

[2] *Direito administrativo*. 15. ed. São Paulo: Atlas, 2003, p. 522.

[3] *Direito administrativo*. 5. ed. São Paulo: Saraiva, 2000, p. 795.

> Constituição Federal), que esses institutos não propiciam. Com efeito, pela verdade sabida, a autoridade competente, que presenciou a infração, aplica a pena, consignando no ato punitivo as circunstâncias em que foi cometida e presenciada a falta. Também já se considerou verdade sabida a infração pública e notória, divulgada pela imprensa e por outros meios de comunicação de massa. Pelo termo de declaração, a comprovação da falta do servidor surge com a tomada do depoimento do acusado sobre a irregularidade que lhe é imputada. Se esta é confessada, o termo de declaração serve de base para a aplicação da pena".

De outra parte, importante deixar consignado que a **observância desses requisitos** para a penalização de um agente público tem lugar mesmo na hipótese de **flagrante**.

Destarte, em que pese a **impossibilidade** de o **agente** negar tanto a **configuração do ilícito** quanto sua **autoria**, continua ele tendo direito à **ampla defesa** dentro de um processo administrativo ou de uma sindicância, pois terá o direito de **explicar a razão** que o levou a **praticar** o referido **ilícito**.

De resto, essa possibilidade, normalmente utilizada pelo agente, tem por **objetivo** a **diminuição** de sua **intensidade** e não a eliminação de uma possível **sanção**, tendo em vista os itens estabelecidos no art. 128 da Lei n. 8.112/90:

> **Art. 128.** Na aplicação das penalidades serão consideradas a natureza e a gravidade da infração cometida, os danos que dela provierem para o serviço público, as circunstâncias agravantes ou atenuantes e os antecedentes funcionais.
>
> Parágrafo único. O ato de imposição da penalidade mencionará sempre o fundamento legal e a causa da sanção disciplinar.

A leitura do dispositivo reproduzido permite concluir que, quando da decisão em processo administrativo disciplinar, tem o administrador a obrigação de levar em consideração os cinco itens ali estabelecidos, sob pena de ilegalidade.

Assim, a título de exemplo, o agente público flagrado desviando verbas públicas terá o mesmo direito à ampla defesa, mesmo que não possa negar o desvio nem a autoria dele.

Com efeito, poderá apresentar para a Comissão processante, como justificativa, o fato de um integrante de sua família ter sido sequestrado; que um resgate de valor elevado foi exigido e que, pressionado pela situação, acabou desviando a verba.

Com essa linha de argumentação, pode não conseguir evitar a aplicação de uma sanção, como já se disse, mas alcançar uma **diminuição de sua intensidade**, tendo em vista as **atenuantes** do caso hipotético descrito.

De outra parte, também importante deixar consignado que, durante a tramitação do processo administrativo disciplinar, a **falta de defesa técnica** produzida por **advogado** não implica sua anulação, conclusão que resulta da **Súmula Vinculante 5** do **STF:**

> **Súmula Vinculante 5:** Falta de Defesa Técnica por Advogado no Processo Administrativo Disciplinar — Ofensa à Constituição.

Dentro desse contexto, importante registrar que o **conteúdo** dessa **Súmula** não teve por **objetivo** retirar a importância do advogado em processos dessa natureza, mas sim **coibir tentativas** do agente processado de **anular o procedimento**, por força de falta de defesa técnica, que lhe foi oferecida.

Em outras palavras, a **incidência da Súmula** só se verifica para aquelas **hipóteses** em que foi dada oportunidade ao **agente** para apresentar defesa técnica e ele, por simples **liberalidade**, abriu mão dela, exatamente para, na hipótese de confirmação da condenação, ter a possibilidade de pedir a **anulação** do processo perante o **Judiciário**.

Por óbvio que o **conteúdo** da referida **súmula não se aplica** para aquelas situações em que sequer foi oferecido ao agente processado o direito à defesa técnica por advogado, já que essa situação afronta a Constituição, a teor do disposto **no art. 5º, LV**.

Nesse particular, importante anotar que a referida súmula foi objeto de pedido de cancelamento formulado pela OAB, sob a alegação de que seu conteúdo implicaria não só um desprestígio para a classe dos advogados, mas também uma agressão ao princípio da ampla defesa.

Diante desse pedido, o **STF**, por seu **plenário**, em **novembro de 2016**, por maioria de votos, rejeitou o pedido com base no voto proferido pelo Ministro Ricardo Lewandowski, do qual se destaca o seguinte trecho:

> "O mero descontentamento ou divergência quanto ao conteúdo do verbete vinculante não propicia a reabertura das discussões sobre tema já debatido à exaustão por esta Suprema Corte. Ademais, na linha do que foi observado pelo Presidente da Comissão de Jurisprudência do STF e também pelo Procurador Geral da República, ressalto que, para admitir-se a revisão ou o cancelamento de súmula vinculante, é necessário que seja evidenciada a superação da jurisprudência da suprema corte no trato da matéria, que haja alteração legislativa quanto ao tema ou, ainda, modificação substantiva de contexto político, econômico ou social".

Assim sendo, prevalece o entendimento acerca da **única situação de cabimento** da referida **súmula**, de forma a não implicar esvaziamento da regra prevista não só no art. 5º, LV, da Constituição, mas também no art. 133, que estabelece ser o advogado imprescindível para o atingimento da justiça.

Da mesma forma, a manutenção da referida súmula apenas aperfeiçoa a diretriz estabelecida pelo **STJ** em sua **Súmula 343**, segundo a qual a presença do advogado revela-se indispensável em todas as fases do processo administrativo disciplinar.

Por fim, também não implica o esvaziamento da regra estabelecida no **art. 156 da Lei n. 8.112/90**, que assegura ao servidor o direito de acompanhar o processo pessoalmente ou por intermédio de procurador.

Por derradeiro, cumpre destacar que a **responsabilidade** administrativa do servidor só será **afastada**, nos termos do **art. 126** da **Lei n. 8.112/90**, no caso de **absolvição criminal** que **negue a existência do fato ou sua autoria**. Confira-se:

Art. 126. A responsabilidade administrativa do servidor será afastada no caso de absolvição criminal que negue a existência do fato ou sua autoria.

Dentro desse contexto, intuitiva a conclusão segundo a qual a **absolvição criminal** por **falta de provas** não produz os mesmos efeitos, vale dizer, **não vincula a Administração Pública**.

OBJETO	Aplicação de sanções de natureza administrativa
DESTINATÁRIOS	Servidores públicos
SANÇÕES	Advertência, suspensão, demissão, cassação de aposentadoria, destituição de cargos em comissão (art. 127 da Lei n. 8.112/90)
FATO GERADOR	Infrações de caráter funcional
CARACTERÍSTICA	Discricionariedade, levando em consideração os itens relacionados no art. 128 da Lei n. 8.112/90
REQUISITO	Respeito ao devido processo legal (art. 5º, LIV e LV, da CF)
INSTRUMENTOS	Sindicância ou processo disciplinar, dependendo da gravidade do ato
RESPONSABILIDADE	Afastada na hipótese de absolvição penal que negue a existência do fato ou da autoria (art. 126 da Lei n. 8.112/90)

4.2.5. Poder normativo ou regulamentar

Poder normativo ou regulamentar pode ser definido pela faculdade atribuída ao administrador para a **expedição de decretos e regulamentos**.

No nível mundial, são conhecidas **duas modalidades de decretos e regulamentos**, a saber: os decretos e regulamentos **autônomos** e os decretos ou regulamentos de **execução**. Os primeiros recebem esse nome uma vez que sua edição **independe** da **existência de lei anterior** disciplinando a matéria, o que faz com que ocupem eles no ordenamento jurídico o mesmo posicionamento atribuído às leis em geral, vale dizer, encontram-se eles localizados diretamente abaixo da Constituição.

Sendo assim, a exemplo do que se verifica nas leis em geral, se **extrapolarem** eles os **limites** estabelecidos na Constituição, serão considerados **inconstitucionais**, submetendo-se, pois, a um controle de constitucionalidade.

De outra parte, os chamados **decretos** ou regulamentos de **execução** são aqueles que **dependem** da existência de uma **lei anterior** para serem editados, ocupando, portanto, em termos de hierarquia, um posicionamento inferior ao das leis em geral. São, pois, atos infralegais, razão pela qual pressupõem a existência de uma lei anterior para serem editados.

Dessa forma, conclui-se que, em razão desse posicionamento, **não podem inovar** no ordenamento jurídico, **mas**, tão somente, oferecer à lei **fiel execução**, vale dizer, o melhor detalhamento.

Assim sendo, se **extrapolarem os limites** que lhes são atribuídos, serão considerados **ilegais**, submetendo-se a um controle de legalidade.

Apresentadas as duas modalidades conhecidas no nível mundial, cumpre agora verificar qual ou quais delas se apresentam em nosso ordenamento jurídico, o que se fará a seguir.

■ 4.2.6. Situação existente no Brasil

a) Decretos ou regulamentos de execução

Tem previsão em nossa **Constituição**, no **art. 84**, como se observa:

> **Art. 84.** Compete privativamente ao Presidente da República: (...).

Da leitura do dispositivo reproduzido conclui-se que as **competências** ali relacionadas só poderão ser exercidas pelo **chefe do Poder Executivo**, sob pena de, em assim não se verificando, invalidação do ato.

Dentro desse cenário, importante destacar agora a previsão estabelecida no inciso IV, com destaque especial para sua parte final:

> **Art. 84.** (...)
> IV — sancionar, promulgar e fazer publicar as leis, **bem como expedir decretos e regulamentos para a sua fiel execução**.

A diretriz constitucional apresentada acaba por delinear o exato **papel atribuído aos decretos e regulamentos** expedidos pelo Poder Executivo, vale dizer: *oferecer **fiel execução à lei***.

Resta clara, portanto, a **impossibilidade** de utilização dessas espécies normativas, em um primeiro momento para **inovar a ordem jurídica**. Com efeito, sua edição só se justifica em vista do perfil a ela emprestado pelo dispositivo constitucional para oferecer fiel execução a uma lei existente.

Em outras palavras, se determinada matéria ainda não tiver sido objeto de regulamentação, por via de lei, não se justificará a edição de decretos e regulamentos, pois não terão a que oferecer fiel regulamentação.

Aliás, a própria **Constituição Federal** se incumbiu de prever a **sanção** a ser aplicada naquelas situações em que a edição de um decreto ou regulamento **extrapole os limites** por ela estabelecidos.

É o que se vê da competência atribuída ao Congresso Nacional na forma do **art. 49, V**, para, em caráter de exclusividade, sustar os atos normativos que exorbitem o poder regulamentar. Confira-se:

> **Art. 49.** É da Competência exclusiva do Congresso Nacional: (...)
> V — sustar os atos normativos do Poder Executivo que exorbitem do poder regulamentar ou dos limites de delegação legislativa.

Em razão dos aportes até este passo trazidos, **a edição de um decreto ou regulamento não pode contrariar, restringir ou ampliar** o conteúdo de **leis** existentes, mas tão somente melhor explicitá-los.

Tudo o que se disse até aqui retrata o que, na classificação doutrinária, recebe o nome de decretos ou regulamentos de execução, sendo os únicos, aliás, admitidos em nosso ordenamento jurídico **como regra geral**.

De resto, é a conclusão que se atinge pela leitura de excertos extraídos de autores renomados, do porte de **Celso Antônio Bandeira de Mello**[4]:

> "Em suma: é livre de qualquer dúvida ou entre dúvida que, entre nós, por força dos arts. 5º, II, 84, IV, e 37 da Constituição, só por lei se regula liberdade e propriedade; só por lei se impõem obrigações de fazer ou não fazer. Vale dizer: restrição alguma à liberdade ou à propriedade pode ser imposta se não estiver previamente delineada, configurada e estabelecida em alguma lei, e só para cumprir dispositivos legais é que o Executivo pode expedir decretos e regulamentos.
>
> Este último traço é que faz do regulamento, além de regra de menor força jurídica que a lei, norma dependente dela, pois forçosamente a pressupõe, sem o que nada poderia dispor. No direito pátrio, sem a lei não haveria espaço jurídico para o regulamento. (...)
>
> É, pois, à lei, e não ao regulamento, que compete indicar as condições de aquisição ou restrição de direito. Ao regulamento só pode assistir, à vista das condições preestabelecidas, a especificação delas. E esta especificação tem que se conter no interior do conteúdo significativo das palavras legais enunciadoras do teor do direito ou restrição e do teor das condições a serem preenchidas".

Posição um pouco diferente é adotada por **Maria Sylvia Zanella Di Pietro**[5], como se vê:

> "Com a alteração do dispositivo constitucional, fica restabelecido o regulamento autônomo no Direito brasileiro, para a hipótese específica inserida na alínea *a*. A norma estabelece certo paralelismo com atribuições semelhantes da Câmara dos Deputados (art. 51, IV), do Senado (art. 52, XIII) e dos Tribunais (art. 96, I, *b*).
>
> Portanto, no Direito brasileiro, excluída a hipótese do art. 84, VI, com a redação dada pela Emenda Constitucional 32, só existe o *regulamento de execução*, hierarquicamente subordinado a uma lei prévia, sendo ato de competência privativa do Chefe do Poder Executivo".

De outra parte, importante anotar que a **edição** desses decretos se revela **indelegável**, não podendo, assim, ser transferida para terceiros de acordo com a previsão estabelecida no **art. 84, parágrafo único**. Confira-se:

> **Art. 84.** (...)
>
> Parágrafo único. O Presidente da República poderá delegar as atribuições mencionadas nos incisos VI, XII e XXV, primeira parte, aos Ministros de Estado, ao Procurador-Geral da República ou ao Advogado-Geral da União, que observarão os limites traçados nas respectivas delegações.

---

4 *Curso de direito administrativo*. 11. ed. São Paulo: Malheiros, 1999, p. 245 e 251.

5 *Direito administrativo*. 15. ed. São Paulo: Atlas, 2003, p. 89.

b) Decretos e regulamentos autônomos

Sem embargo da clareza dos excertos transcritos, cumpre alertar para a existência de **polêmica doutrinária e jurisprudencial** acerca do tema ora enfocado, a ponto de se admitirem em nosso ordenamento jurídico os chamados **decretos** e regulamentos **autônomos**, ou seja, aqueles que não dependem da existência de lei anterior para que possam ser editados.

É o que se observa do excerto extraído do magistério de **Hely Lopes Meirelles**[6], em que o renomado administrativista **vislumbra** essa **possibilidade** em nosso ordenamento jurídico nas seguintes hipóteses:

> "O nosso ordenamento administrativo admite duas modalidades de decreto geral (normativo): o independente ou autônomo e o regulamentar ou de execução.
>
> Decreto independente ou autônomo: é o que dispõe sobre matéria ainda não regulada especificamente em lei. A doutrina aceita esses provimentos administrativos *praeter legem* para suprir a omissão do legislador, desde que não invadam as reservas da lei, isto é, as matérias que só por lei podem ser reguladas.
>
> Advirta-se, todavia, que os decretos autônomos ou independentes não substituem definitivamente a lei: suprem, apenas, a sua ausência, naquilo que pode ser provido por ato do Executivo, até que a lei disponha a respeito. Promulgada a lei, fica superado o decreto".

Em nossa **jurisprudência** detecta-se a mesma tendência apontada pelo ilustre administrativista, como se percebe dos excertos do **STF** e do **STJ**, que pela sua importância excepcionalmente serão reproduzidos de forma integral:

> "Ação direta de inconstitucionalidade. Pedido de liminar. Dec. 409, de 30.12.1991.
>
> Esta Corte, excepcionalmente, tem admitido ação direta de inconstitucionalidade cujo objeto seja decreto, quando este, no todo ou em parte, manifestamente não regulamenta lei, apresentando-se, assim, como decreto autônomo, o que dá margem a que seja ele examinado em face diretamente da Constituição no que diz respeito ao princípio da reserva legal" (STF, ADIn 708, rel. Min. Moreira Alves, j. 22.05.1992, *DJU* 07.08.1992).

> "Constitucional. Administrativo. Decreto regulamentar. Controle concentrado de constitucionalidade. Dec. 982, de 12.09.1993.
>
> I — Decreto regulamentar não está sujeito ao controle de constitucionalidade, dado que, se o decreto vai além do conteúdo da lei, pratica ilegalidade e não inconstitucionalidade. Somente na hipótese de não existir lei que preceda o ato regulamentar é que poderia este ser acoimado de inconstitucional, assim sujeito ao controle de constitucionalidade" (STF, ADIn 1.253, rel. Min. Carlos Velloso, j. 30.06.1994, *DJU* 25.08.1995).

> "Ação direta de inconstitucionalidade. Medida liminar. Dec. 1.719/1995. Telecomunicações: concessão ou permissão para a exploração. Decreto autônomo: possibilidade de controle concentrado. Ofensa ao art. 84, IV, da CF/1988. Liminar deferida. A ponderabilidade da tese do requerente é segura. Decretos existem para assegurar a fiel execução das leis (art. 84, IV, da CF/1988). A EC 8, de 1995 — que alterou o inc. XI e alínea *a* do

6 *Direito administrativo brasileiro*. 24. ed. São Paulo: Malheiros, 1999, p. 162.

inc. XII do art. 21 da CF —, é expressa ao dizer que compete à União explorar, diretamente ou mediante autorização, concessão ou permissão, os serviços de telecomunicações, nos termos da lei. Não havendo lei anterior que possa ser regulamentada, qualquer disposição sobre o assunto tende a ser adotada em lei formal. O decreto seria nulo, não por ilegalidade, mas por inconstitucionalidade, já que supriu a lei onde a Constituição a exige. A Lei 9.295/1996 não sana a deficiência do ato impugnado, já que ela é posterior ao decreto. Pela ótica da maioria, concorre, por igual, o requisito do perigo na demora. Medida liminar deferida" (STF Pleno, ADIn MC 1.435/DF, rel. Min. Francisco Rezek, j. 07.11.1996, *DJU* 06.08.1999).

■ "Ação direta de inconstitucionalidade. Objeto. Decreto. Possuindo o decreto característica de ato autônomo abstrato, adequado é o ataque da medida na via da ação direta de inconstitucionalidade. Isso ocorre relativamente a ato do Poder Executivo que, a pretexto de compatibilizar a liberdade de reunião e de expressão com o direito ao trabalho em ambiente de tranquilidade, acaba por emprestar à Carta regulamentação imprópria, sob os ângulos formal e material. Liberdade de reunião e de manifestação pública. Limitações. De início, surge com relevância ímpar pedido de suspensão de decreto mediante o qual foram impostas limitações à liberdade de reunião e de manifestação pública, proibindo-se a utilização de carros de som e de outros equipamentos de veiculação de ideias" (STF Pleno, ADIn MC 1.969/DF, rel. Min. Marco Aurélio, j. 24.03.1999, *DJU* 05.03.2004).

■ "ADI. Bingos. Decreto. Natureza Autônoma. O Tribunal, por maioria, deu provimento a agravo regimental interposto contra decisão do Min. Marco Aurélio, relator, que negara seguimento a pedido de ação direta de inconstitucionalidade ajuizada pelo Procurador-Geral da República contra o Dec. 25.723/1999, do Estado do Rio de Janeiro, que regulamenta a exploração de loterias de bingo pela Loterj — Loteria do Estado do Rio de Janeiro, por considerar que o decreto impugnado seria mero ato regulamentar da Lei 2.055/1993 desse Estado — que, em seu art. 9º, autorizou a Loterj a distribuir prêmios relativos ao 'sorteio de bingo' — não se submetendo, por isso, a controle concentrado de constitucionalidade. Entendeu-se que o decreto em questão é norma autônoma em relação à Lei 2.055/1993, dotada de natureza geral e abstrata, sujeitando-se, portanto, à análise de sua constitucionalidade por meio de ação direta. Vencido o Min. Marco Aurélio, relator, que negava provimento ao recurso, mantendo o entendimento esposado" (STF, ADIn 2.950/RJ, rel. Min. Marco Aurélio, rel. p/ o acórdão Min. Eros Grau, j. 06.10.2004, *Informativo STF*, n. 364).

■ "Constitucional. Administrativo. Mandado de segurança. Regulamento autônomo. Tribunal de Contas. Fiscalização. Controle. 1. O ordenamento jurídico brasileiro prestigia o regulamento autônomo, cuja função é a de 'suprir as omissões do Legislativo que estiverem na alçada do Executivo, preenchendo, assim, o vazio da lei e a imprevisibilidade de certos fatos e circunstâncias que surgem, a reclamar providências imediatas da Administração' (cf. Hely Lopes Meirelles, *Direito Administrativo brasileiro*, 18. ed., São Paulo, Malheiros, 1993, p. 111-112)" (STJ, ROMS 6.234/DF, rel. Min. José Delgado, *DJU* 06.04.1998).

A importância desse tema refletiu-se também quando do julgamento, em 2012, da **ADI 3.239/DF**, com relatoria do **Min. Cezar Peluso**.

Naquele momento, o plenário da corte iniciou o julgamento de uma ADI contra o Decreto n. 4.887/2003, que regulamenta o procedimento para identificação, reconhecimento, delimitação, demarcação e titulação das terras ocupada por remanescentes das comunidades dos quilombos de que trata o art. 68 do ADCT.

O ministro relator, preliminarmente, conheceu da demanda e rememorou a jurisprudência da Corte, segundo a qual a aferição de constitucionalidade dos decretos, na via da ação direta, só seria vedada quando estes se adstringissem ao papel secundário de regulamentar normas legais, cuja observância ensejasse apenas conflito resolúvel no campo da legalidade.

Ocorre que o caso cuidaria de decreto autônomo, de maneira que o ato normativo credenciar-se-ia ao controle concentrado de constitucionalidade, de acordo com o art. 84, VI (*Informativo STF* n. 661, abr. 2012).

Nesse sentido, oportuno registrar que até a data do fechamento desta edição, em razão dos diversos pedidos de vista, o referido julgamento ainda não se encerrou.

Como se vê, em que pese a **polêmica** instaurada em âmbito **doutrinário e jurisprudencial**, não se pode ignorar a presença em nosso ordenamento jurídico dos **chamados decretos autônomos**, que, aliás, nessa qualidade têm sido apreciados por nossos Tribunais, surgindo como **exemplo** o Decreto n. 3.048/99, que no seu art. 56 e s. regulamenta, sem lei anterior, a aposentadoria por tempo de contribuição, instituída pela EC n. 20/1998.

Outrossim, de modo a reforçar essa conclusão, cumpre registrar as alterações promovidas pela EC n. 32, criando a hipótese descrita no **inciso VI** do **art. 84**, a seguir reproduzido:

> **Art. 84.** Compete privativamente ao Presidente da República: (...)
>
> VI — dispor, mediante decreto, sobre:
>
> *a)* organização e funcionamento da administração federal, quando não implicar aumento de despesa nem criação ou extinção de órgãos públicos;
>
> *b)* extinção de funções ou cargos públicos, quando vagos.

Com efeito, por meio dessas alterações ampliou-se a possibilidade de o Presidente da República, por decretos, atuar em relação a certas matérias, o que antes não era possível por essa espécie normativa.

Dentro deste contexto, e apenas para efeito de ilustração, pode-se relacionar o **Decreto n. 6.944**, de 21 de agosto de **2009**, editado pela Presidência da República, estabelecendo medidas organizacionais para o aprimoramento da Administração Pública Federal direta, autárquica e fundacional, e dispondo sobre normas gerais relativas a concursos públicos e outras providências.

Mais recentemente, no ano de 2017, foi editado o Decreto n. 9.101, de 20 de julho, alterando as alíquotas da contribuição para o PIS/PASEP e para o COFINS incidente sobre combustíveis, que teve a sua constitucionalidade questionada no STF.

Da mesma forma, o Decreto n. 9.147, de 28 de agosto de 2017, que extinguiu a reserva nacional de cobre (RENCA), também foi questionado quanto a sua constitucionalidade na Suprema Corte.

Assim, se ele utilizar decretos fora dessas situações trazidas pela Emenda n. 32, obviamente será possível levar a efeito um **controle de constitucionalidade**, por derivarem essas espécies normativas diretamente da Constituição.

Diante desse cenário, importante observar, também, que o decreto previsto no **inciso VI do art. 84** da Constituição não poderia ser o mesmo daquele previsto no **inciso IV** do mesmo dispositivo, até por força de questões relacionadas à **cronologia**.

Com efeito, se o decreto de execução encontrava-se já consignado no **inciso IV** do **art. 84**, desde a promulgação da Constituição, em **1988** (sendo desnecessário recuar ainda mais no tempo), não teria sentido que **treze anos depois**, em **2001**, por meio de emenda constitucional, fosse introduzida a regra estabelecida no **inciso VI** do mesmo dispositivo, se o decreto ali previsto tivesse o mesmo perfil daquele já existente.

De resto, essa orientação, que talvez não seja a mais simpática, mas que, sem dúvida, é aquela que resulta das previsões estabelecidas pela Constituição, encontra-se fortalecida pela própria **diferenciação** estabelecida no mesmo dispositivo constitucional, em seu **parágrafo único:**

> **Art. 84.** (...)
> Parágrafo único. O Presidente da República poderá delegar as atribuições mencionadas nos incisos VI, XII e XXV, primeira parte, aos Ministros de Estado, ao Procurador-Geral da República ou ao Advogado-Geral da União, que observarão os limites traçados nas respectivas delegações.

Destarte, verifica-se da leitura do dispositivo reproduzido que a Constituição emprestou ao **decreto** relacionado no **inciso VI** um **perfil diferenciado**, atribuindo a ele a **possibilidade** de sua **delegação**, o que não se verifica em relação àquele previsto no **inciso IV**.

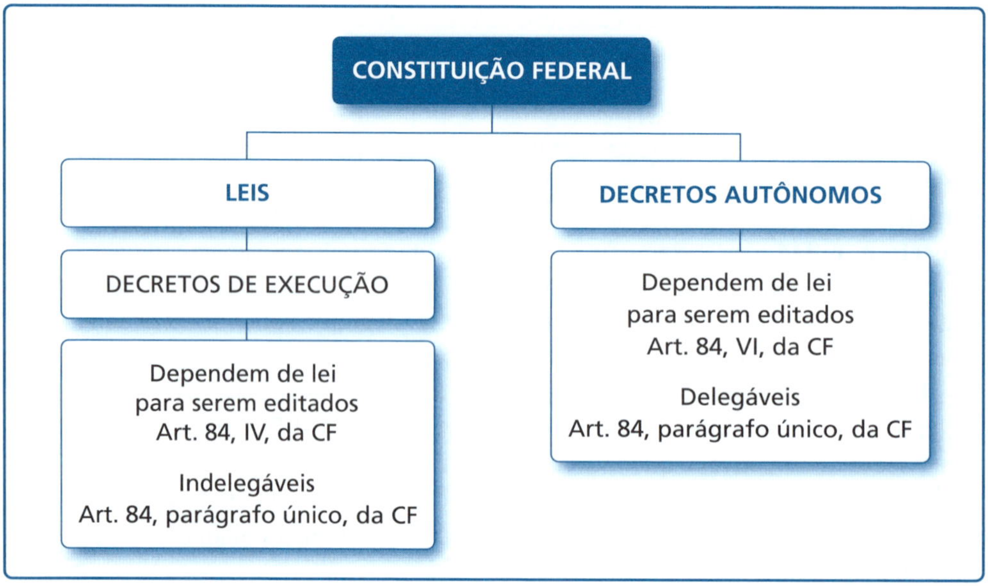

■ 4.2.6.1. *Poder de polícia*

Poder de polícia é definido como aquele de que dispõe a **Administração** para **condicionar**, **restringir, limitar** e **frenar** atividades e **direitos** de **particulares** para a preservação dos **interesses** da **coletividade**.

Sem dúvida, a definição oferecida faz com que o exercício desse poder encontre **fundamento** na **supremacia do interesse público sobre o particular**, que norteia todas as atividades administrativas.

Sem embargo, além dessa definição doutrinária, existe ainda uma definição oferecida pelo próprio legislador, como se verifica da redação contida no **art. 78 do CTN:**

> **Art. 78.** Considera-se poder de polícia a atividade da administração pública que, limitando ou disciplinando direito, interesse ou liberdade, regula a prática de ato ou abstenção de fato, em razão de interesse público concernente à segurança, à higiene, à ordem, aos costumes, à disciplina da produção e do mercado, ao exercício de atividades econômicas dependentes de concessão ou autorização do Poder Público, à tranquilidade pública ou ao respeito à propriedade e aos direitos individuais ou coletivos.

Também dessa definição legal se pode concluir, pela imensa gama de situações em que o exercício desse poder pode se manifestar, que em todas elas se torna **necessária a caracterização** da preservação do **interesse público**.

De se registrar, ainda, que essa **restrição a direitos individuais** e coletivos poderá ter lugar quer quanto a **atos praticados**, quer em relação a **abstenções**, sempre respeitando os limites da lei.

De outra forma, não se pode cogitar da existência de interesse público sem lei que o respalde, não sendo outra a orientação oferecida pelo próprio legislador, a teor do disposto no **parágrafo único do art. 78 do CTN:**

> **Art. 78.** (...)
> Parágrafo único. Considera-se regular o exercício do poder de polícia quando desempenhado pelo órgão competente nos limites da lei aplicável, com observância do processo legal e, tratando-se de atividade que a lei tenha como discricionária, sem abuso ou desvio de poder.

Outrossim, sobreleva notar que o **exercício** desse poder pode dar-se por meio da **edição de atos** normativos de **alcance geral** ou mesmo por meio de atos de **efeitos concretos**.

Nesse contexto, surge como exemplo da primeira possibilidade a edição de regulamentos e portarias que disciplinem o uso e a venda de fogos de artifício, a soltura de balões, a venda de bebidas alcoólicas.

Quanto à segunda possibilidade, representada pela edição de atos concretos, os exemplos se multiplicam, podendo-se verificar a **extensão desse poder na fiscalização** sobre o comércio de medicamentos, o controle sobre as publicações, na aplicação de sanções a estabelecimentos comerciais por falta de segurança ou higiene, no embargo a obras irregulares ou no simples guinchamento de um veículo parado em lugar proibido.

Dentro desse contexto, importante salientar que a questão relacionada ao poder de polícia foi objeto da **Súmula 645 do Supremo Tribunal Federal**. Confira-se:

> **Súmula 645 do STF:** É competente o Município para fixar o horário de funcionamento de estabelecimento comercial.

O verbete reproduzido autoriza a conclusão segundo a qual, no exercício do poder de polícia, têm os Municípios a possibilidade de estabelecer restrições para o funcionamento do comércio tendo em vista situações de ordem local.

Nesse sentido, possível que o Município autorize a ampliação do horário do comércio para fazer frente a uma maior demanda presente em épocas como Natal e Ano-Novo, assim como também possível essa extensão em razão da inauguração de uma estação do metrô, ou ainda em épocas de alta temporada para aqueles que têm vocação turística, surgindo como exemplos os Municípios de Campos do Jordão, em São Paulo, Gramado, no Rio Grande do Sul, São Joaquim, em Santa Catarina, que recebem um fluxo maior de turistas em épocas de inverno por conta dos atrativos que apresentam.

Nesse sentido, oportuno registrar que, nada obstante a clareza envolvendo o verbete dessa súmula, viu-se a Suprema Corte diante da necessidade de reproduzir seu conteúdo agora por meio da **Súmula Vinculante 38:**

> **Súmula Vinculante 38:** É competente o Município para fixar o horário de funcionamento de estabelecimento comercial.

Outrossim, em relação ao poder de polícia, cabe destacar a edição da **Súmula 646 do STF**, cuja redação a seguir se reproduz:

> **Súmula 646 do STF:** Ofende o princípio da livre concorrência lei municipal que impede a instalação de estabelecimentos comerciais do mesmo ramo em determinada área.

O conteúdo dessa súmula revela-se importante, uma vez que demonstra, de forma cristalina, que o exercício desse poder não se revela ilimitado por disposições estabelecidas em lei e em especial na Constituição Federal.

Assim é que, se por um lado tem o poder público a discricionariedade de restringir a instalação de estabelecimentos comerciais em determinadas áreas, por exemplo, em razão do zoneamento estabelecido pelo plano diretor, por outro essa restrição não pode se revelar contrária a diretrizes constitucionais, em especial aquelas relacionadas aos princípios que regulam a ordem econômica listados no art. 170.

Da mesma forma, em que pese a clareza do verbete, viu-se a Suprema Corte diante da necessidade de edição de outra **Súmula Vinculante**, a de número **49**, mantendo-se a mesma redação. Confira-se:

> **Súmula Vinculante 49:** Ofende o princípio da livre concorrência lei municipal que impede a instalação de estabelecimentos comerciais do mesmo ramo em determinada área.

A questão relacionada ao exercício desse poder também foi objeto de preocupação do Superior Tribunal de Justiça, consoante se verifica da **Súmula 19:**

> **Súmula 19 do STJ:** A fixação do horário bancário, para atendimento ao público, é da competência da União.

Percebe-se aqui, novamente, a possibilidade de o poder público estabelecer limitações quanto ao horário de funcionamento de atividades bancárias, atribuindo-se essa competência, em caráter exclusivo, para a União.

Não poderia ser outra a diretriz estabelecida, sob pena de inviabilização da atividade bancária no território nacional, com especial destaque para a compensação de cheques, que restaria inviabilizada caso a competência fosse atribuída para Estados e, em especial, para cada um dos mais de 5.500 Municípios existentes em nosso país.

De outra parte, merece destaque também o reconhecimento por parte do **Supremo Tribunal Federal**, em **agosto de 2015**, quando do julgamento do **Recurso Extraordinário n. 658.570**, da competência das **guardas municipais para fiscalizar o trânsito**, lavrar autos de infração e aplicar multas. Por seis votos a cinco, o Plenário da Suprema Corte, seguindo divergência aberta pelo Ministro Luís Roberto Barroso, entendeu que o poder de polícia de trânsito pode ser exercido pelo Município, por delegação, uma vez que o Código de Trânsito Brasileiro estabeleceu que essa competência é comum aos órgãos federados.

Inquestionavelmente, o problema que se apresenta quando do exercício desse poder reflete-se na existência de tênue fronteira com o instituto da **censura**, no que se refere ao campo das **telecomunicações**, da **radiodifusão**.

Como discernir aquelas situações em que direitos individuais e coletivos são sacrificados, dentro dos limites da lei, pelo legítimo exercício do **poder de polícia** daquelas em que tal atuação, extrapolando esses limites, representa a volta da **censura**?

Essa discussão, que aliás está longe de ser pacificada, vem ganhando relevo e alcance principalmente em relação aos **meios de comunicação de massa**, em particular com relação à **programação** por eles veiculada, em vista do enorme poder de influência que exercem sobre a população.

Como se sabe, destarte, a Constituição Federal assegura, entre os direitos e as garantias fundamentais, a **livre manifestação do pensamento**, em seu **art. 5º, IV**, ao mesmo tempo que proíbe a **censura** no **inciso IX** do mesmo dispositivo.

Estabelece, outrossim, a possibilidade de restrição, por parte do Poder Público, à programação dos meios de comunicação, desde que nos termos por ela mesma estipulados, a teor do **art. 220, *caput*:**

> **Art. 220.** A manifestação do pensamento, a criação, a expressão e a informação, sob qualquer forma, processo ou veículo não sofrerão qualquer restrição, observado o disposto nesta Constituição.

Nesse sentido, é importante destacar a impossibilidade de incidência de censura de qualquer natureza, nos meios de comunicação social, conforme a diretriz estabelecida no **§ 2º do art. 220:**

> **Art. 220.** (...)
> § 2º É vedada toda e qualquer censura de natureza política, ideológica e artística.

Registre-se que as **restrições** previstas pela Constituição Federal a serem utilizadas pelo Poder Público a essa programação só podem ser **veiculadas por lei federal**, conforme o **§ 3º** do mesmo art. 220:

> **Art. 220.** (...)
> § 3º Compete à lei federal:
> I — regular as diversões e espetáculos públicos, cabendo ao Poder Público informar sobre a natureza deles, as faixas etárias a que não se recomendem, locais e horários em que sua apresentação se mostre inadequada;
> II — estabelecer os meios legais que garantam à pessoa e à família a possibilidade de se defenderem de programas ou programações de rádio e televisão que contrariem o disposto no art. 221, bem como da propaganda de produtos, práticas e serviços que possam ser nocivos à saúde e ao meio ambiente.

Entre elas, como visto, destaca-se a **obrigação de informar sobre a natureza desses programas**, as **faixas etárias** às quais não se recomendem e **locais** e **horários** em que sua apresentação se mostre inadequada; também o de estabelecer os **meios legais que garantam à pessoa e à família** a possibilidade de defesa em relação à programação que não observe os valores éticos e sociais da pessoa e da família.

A possibilidade, contudo, conferida à Administração, a título de exercício do **poder de polícia**, de propor uma **classificação indicativa da programação** das emissoras de rádio e televisão não poderá extrapolar os **limites** estabelecidos pela **Constituição**, pois passaria a exercer atividades próprias de um censor.

A propósito, importante anotar a previsão estabelecida no **art. 21, XVI, da CF**, que atribui à União a competência para exercer a classificação, para efeito indicativo, de diversões públicas e de programas de rádio e televisão.

Dessa forma, em vista do **caráter** meramente **indicativo** dessa **classificação**, **impossível** a aplicação de qualquer **sanção** às emissoras de rádio e TV que exibirem programas em horário diverso daquele autorizado pelo Poder Público.

Nesse sentido, é importante destacar a decisão proferida em **agosto de 2016** pelo **Supremo Tribunal Federal**, declarando a **inconstitucionalidade** de dispositivo do **Estatuto da Criança e do Adolescente** que estabelecia multa e suspensão da programação das emissoras de rádio e TV que exibissem programas em horário diverso do autorizado pela classificação indicativa quando do julgamento da ação direta de inconstitucionalidade **(ADI 2.404)** proposta pelo Partido Trabalhista Brasileiro.

No referido julgamento, concluiu a **Suprema Corte** que **a Constituição Federal estabelece** um modelo de **classificação indicativa** que busca colaborar com as famílias, informando os pais ou responsáveis na tutela do conteúdo acessível aos menores de idade. O texto constitucional formatou um modelo em que a competência da União para classificar tem efeito indicativo, cabendo ao Poder Público, por **lei federal**, apenas **informar** sobre a **natureza** de diversões e **espetáculos públicos**.

De se destacar ainda, que, no voto proferido pelo **Ministro Teori Zavascki**, esse paradigma constitucional de atuação do Poder Público não se compraz com medidas de conteúdo sancionatório, sob pena de transformar a indicação em obrigação para as emissoras de rádio e difusão.

A **exceção** se apresenta, por óbvio, em relação àquela programação que fizer **apologia de valores proibidos pela Constituição**, como é o caso daquelas que levem a discriminações raciais, ideológicas, religiosas, ou que conduzam à prática de crimes, como é o caso do tráfico de entorpecentes.

Por tudo quanto se disse até aqui, importante salientar que o exercício desse poder de polícia, por representar atividade típica do Estado, revela-se indelegável, impossibilitando a transferência de sua execução para particulares, conclusão respaldada pelo entendimento já **pacificado** pela **Suprema Corte**, em 2003, quando do julgamento da **ADI 1.717/DF**, relatada pelo então **Ministro Sidnei Sanches**, dentro desse contexto, para melhor visualização da questão, perfeitamente possível a contratação de particulares mediante procedimento licitatório para o fornecimento de equipamentos para viabilizar a lavratura de autos de infração, bem como aplicação de multas, mas impossível que essa contratação abarque a possibilidade de o particular aplicá-las, ou decidir recursos interpostos por aqueles que se sentirem prejudicados.

■ *4.2.6.1.1. Atributos do poder de polícia*

De outra parte, cumpre observar que o exercício desse **poder de polícia**, como de resto se verifica em relação aos atos administrativos em geral, é dotado de **atributos** que não surgem de forma gratuita, uma vez que voltados à **preservação dos interesses da coletividade**. Assim é que os atos relacionados ao exercício de poder de polícia são dotados, em regra, de **discricionariedade**, em que o administrador pode exercer um juízo de valores, de conveniência e oportunidade.

Excepcionalmente, esses atos revelam-se **vinculados**, surgindo como exemplos a edição de um alvará para a execução de determinada obra, ou ainda uma licença para o exercício de determinada atividade, uma vez que, preenchidos os requisitos legais, não poderá a administração se recusar a concedê-los.

Dentro desse contexto, **destaca-se** o atributo da **autoexecutoriedade**, que permite à Administração executar seus próprios atos, tomar suas decisões, sem a necessidade de autorização do Poder Judiciário.

Esse atributo pode ser dividido em **exigibilidade**, que permite a utilização de meios indiretos de coação, e **executoriedade**, que permite a utilização de meios diretos de coação sempre para a preservação dos interesses da coletividade.

Também esse atributo não representa regra absoluta, comportando **exceções**. Surge como exemplo clássico a aplicação de multas que só se concretizam depois de esgotadas as possibilidades de ampla defesa conferidas àquele que se sentir prejudicado.

Por fim, a **coercibilidade**, que autoriza a imposição coercitiva das manifestações do poder de polícia com o **emprego de força pública**, mas sempre de forma **dosada**, em respeito ao princípio da razoabilidade, já comentado em capítulo anterior.

Nesse sentido, merece destaque a **Súmula 323 do STF**, segundo a qual é inadmissível a apreensão de mercadorias como meio coercitivo para o pagamento de tributos.

No mesmo sentido, a decisão proferida pelo **TRF da 1ª Região**, através da sua 7ª Turma, quando do julgamento, em 22 de **setembro** de **2015**, da Apelação/Reexame Necessário n. 0053926-61.2010.4.01.3400/DF, consoante se verifica da ementa a seguir reproduzida:

> "Constitucional e Administrativo — Ação Ordinária — Retenção de Mercadoria — Interrupção do desembaraço aduaneiro — Liberação condicionada ao pagamento de tributo e/ou prestação de garantia — Ilegitimidade — Súmula n. 323 do STF".

Dentro desse contexto, apresenta-se, também, a possibilidade de exercício do **poder de polícia** em relação à **propaganda** de determinados **produtos**, em especial aqueles relacionados pela Constituição, no **art. 220, § 4º:**

> **Art. 220.** (...)
> § 4º A propaganda comercial de tabaco, bebidas alcoólicas, agrotóxicos, medicamentos e terapias estará sujeita a restrições legais, nos termos do inciso II do parágrafo anterior, e conterá, sempre que necessário, advertência sobre os malefícios decorrentes de seu uso.

A leitura do dispositivo reproduzido permite concluir que, embora não tenha considerado os produtos ali como ilícitos, a Constituição autorizou a incidência de **restrições** quando de sua **propaganda**, por força de tê-los considerado lesivos à saúde.

Não por outra razão, verifica-se a presença de **avisos** quanto aos **malefícios** causados pelo consumo de **cigarro**, **bebida** alcoólica, **medicamentos**, matéria disciplinada pela **Lei n. 9.294/96**, regulamentadora da matéria.

■ *4.2.6.1.2. Remuneração*

De outra parte, importante anotar que o exercício do poder de polícia se apresenta como fato gerador da cobrança de taxas, a teor do disposto no art. 145, II, da Constituição Federal:

> **Art. 145.** A União, os Estados, o Distrito Federal e os Municípios poderão instituir os seguintes tributos: (...)
> II — taxas, em razão do exercício do poder de polícia ou pela utilização, efetiva ou potencial, de serviços públicos específicos e divisíveis, prestados ao contribuinte ou postos a sua disposição.

Portanto, em razão da disposição constitucional, pressupõe-se que o pagamento de **taxas** pelo exercício do **poder de polícia** implica efetiva **contraprestação**, feita pelo Poder Público, uma vez que surge ela como pressuposto para a cobrança desse tributo.

■ 4.2.6.1.3. *Polícia administrativa X polícia judicial*

Por derradeiro, importante registrar a **diferença** estabelecida no nível doutrinário entre **polícia administrativa** e **polícia judicial**.

Com efeito, a **primeira** é regida por **regras** de **direito administrativo**, atuando em **caráter preventivo**, enquanto a **segunda**, por **regras processuais penais**, atuando em **caráter repressivo**, diferença essa apontada pela nossa melhor doutrina, consoante se verifica dos excertos a seguir reproduzidos:

> "Costuma-se, mesmo, afirmar que se distingue a polícia administrativa da polícia judiciária, com base no caráter preventivo da primeira e repressivo da segunda. (...)
> Seu traço característico seria o cunho repressivo, em oposição ao preventivo, tipificador da polícia administrativa. (...)
> O que efetivamente aparta polícia administrativa de polícia judiciária é que a primeira se predispõe unicamente a impedir ou paralisar atividades antissociais, enquanto a segunda se preordena à responsabilização dos violadores da ordem jurídica. (...)
> A importância da distinção entre polícia administrativa e polícia judiciária está em que a segunda rege-se na conformidade da legislação processual penal e a primeira pelas normas administrativas"[7].

DEFINIÇÃO	Limita, restringe, disciplina direitos e atividades dos particulares (art. 78 do CTN)
FUNDAMENTO	Supremacia do interesse público (art. 78 do CTN)
CARACTERÍSTICA	Indelegabilidade — atividade típica do Estado (STF, ADI 1.717/DF)
ATRIBUTOS	■ Discricionariedade — exceção: licença para dirigir ■ Autoexecutoriedade — exceção: aplicação de multas; coercitividade
ESPÉCIES	Exterioriza-se por meio de atos gerais e individuais
REMUNERAÇÃO	Por meio de taxas (art. 145, II, da CF)
SÚMULAS	Súmula 19 do STJ e Súmulas Vinculantes 38 e 49
POLÍCIA ADMINISTRATIVA X POLÍCIA JUDICIAL	■ Limita direitos no campo do direito administrativo ■ Limita direitos no campo do direito penal

■ 4.2.7. Poder de império ou extroverso

Por fim, a título de encerramento deste capítulo, em vista de reiterados questionamentos realizados por bancas examinadoras de concurso, cumpre esclarecer, uma vez mais, que a Administração, por força dos interesses que representa, é dotada de um **poder de império**, também chamado de **poder extroverso**, que a autoriza a **agir unilateralmente sem depender da concordância** ou participação dos **particulares**, que, como se vê, em certa medida, aproxima-se do atributo conferido aos atos administrativos em geral, vale dizer, da **autoexecutoriedade**.

---

7 MELLO, Celso Antônio Bandeira de. *Curso de direito administrativo*. 18. ed. São Paulo: Malheiros, 2005, p. 762-764.

■ 4.3. QUADRO SINÓTICO

PODERES DA ADMINISTRAÇÃO	
NOÇÃO BÁSICA	Surgem como instrumentos conferidos pelo ordenamento jurídico para que por meio deles possa o Poder Público atingir a única finalidade que lhe é permitida, vale dizer, a preservação dos interesses da coletividade.
REFLEXO	Impossibilidade de o administrador renunciar ao uso desses poderes e possibilidade de ser responsabilizado por sua utilização incorreta.
Espécies	
VINCULADO	O administrador fica inteiramente preso ao enunciado da lei, que estabelece o único comportamento a ser adotado em situações concretas, não deixando nenhuma margem de liberdade para uma apreciação subjetiva. Exemplo: aposentadoria compulsória do servidor (CF, art. 40, § 1º, II).
DISCRICIONÁRIO	O agente também fica preso ao enunciado da lei, que, no entanto, não estabelece um único comportamento a ser adotado por ele em situações concretas, permitindo a realização de um juízo de valores, de conveniência e de oportunidade. Exemplo: termo de permissão de uso para a colocação de mesas e cadeiras em frente a bares e restaurantes.
HIERÁRQUICO	É aquele conferido ao administrador para distribuir e escalonar as funções dos órgãos públicos e ordenar e rever a atuação dos agentes, estabelecendo entre eles uma relação de subordinação. Exemplos: ■ atribuição para emitir ordens a um subordinado; ■ fiscalização dos atos e comportamentos dos subalternos.
DISCIPLINAR	É aquele conferido ao administrador para a aplicação de sanções aos seus servidores, em decorrência da prática de infrações de caráter funcional. Exemplos de penalidades: ■ demissão; ■ suspensão; ■ advertência. Itens a serem observados: ■ natureza da infração; ■ gravidade dela; ■ prejuízos que causou; ■ atenuantes e agravantes; ■ antecedentes do servidor (Lei n. 8.112/90, art. 128). Requisito para aplicação: abertura de processo administrativo ou sindicância, atribuindo-se contraditório e ampla defesa (CF, art. 5º, LV).
NORMATIVO OU REGULAMENTAR	Poder atribuído ao administrador para a expedição de decretos e regulamentos. Espécies: 1. De execução: editados para oferecer fiel execução à lei. 2. Autônomos: editados independentemente da existência de lei anterior. No Brasil: 1. De execução: CF, art. 84, IV. 2. Autônomos: negados por grande parte da doutrina.
PODER DE POLÍCIA	Poder atribuído ao administrador para condicionar, restringir, limitar e frenar atividades e direitos de particulares para a preservação dos interesses da coletividade. Exemplos: ■ embargo de uma obra; ■ apreensão de produtos deteriorados; ■ fechamento de estabelecimento por falta de higiene; ■ fechamento de um teatro por falta de segurança; ■ fechamento de um bar por falta de licença.

4.4. SÚMULAS SOBRE PODERES DA ADMINISTRAÇÃO

4.4.1. Súmulas do STF

397. O poder de polícia da Câmara dos Deputados e do Senado Federal, em caso de crime cometido nas suas dependências, compreende, consoante o regimento, a prisão em flagrante do acusado e a realização do inquérito.

419. Os Municípios têm competência para regular o horário do comércio local, desde que não infrinjam leis estaduais ou federais válidas.

645. É competente o Município para fixar o horário de funcionamento de estabelecimento comercial.

646. Ofende o princípio da livre concorrência lei municipal que impede a instalação de estabelecimentos comerciais do mesmo ramo em determinada área.

4.4.2. Súmulas vinculantes

5. A falta de defesa técnica por advogado no processo administrativo disciplinar não ofende a Constituição.

38. É competente o Município para fixar o horário de funcionamento de estabelecimento comercial.

49. Ofende o princípio da livre concorrência lei municipal que impede a instalação de estabelecimentos comerciais do mesmo ramo em determinada área.

4.3.3. Súmula do STJ

343. É obrigatória a presença de advogado em todas as fases do processo administrativo disciplinar.

4.5. QUESTÕES

1. (Técnico do Ministério Público Estadual — Área Administrativa — MPE-RN — COMPERVE — 2017) Os poderes inerentes à Administração Pública são necessários para que ela sobreponha a vontade da lei à vontade individual, o interesse público ao privado. Nessa perspectiva,

a) no exercício do poder disciplinar, são apuradas infrações e aplicadas penalidades aos servidores públicos sempre por meio de procedimento em que sejam asseguradas a ampla defesa e o contraditório.

b) no exercício do poder normativo, são editados decretos regulamentares estabelecendo normas *ultra legem*, inovando na ordem jurídica para criar direitos e obrigações.

c) o poder de polícia, apesar de possuir o atributo da coercibilidade, carece do atributo da autoexecutoriedade, de modo que a Administração Pública deve sempre recorrer ao judiciário para executar suas decisões.

d) o poder conferido à Administração Pública é uma faculdade que a Constituição e a lei colocam à disposição do administrador, que o exercerá de acordo com sua livre convicção.

2. (Analista Técnico — Administrativo — DPU — CESPE — 2016) Tendo como referência as normas do direito administrativo, julgue o próximo item.

A interdição de restaurante por autoridade administrativa de vigilância sanitária constitui exemplo de manifestação do exercício do poder de polícia.

( ) Certo ( ) Errado

3. (Agente de Polícia Substituto — PC-GO — CESPE — 2016) Com relação aos poderes administrativos e ao uso e abuso desses poderes, assinale a opção correta.

a) O poder de polícia refere-se às relações jurídicas especiais, decorrentes de vínculos jurídicos específicos existentes entre o Estado e o particular.
b) O poder disciplinar, mediante o qual a administração pública está autorizada a apurar e aplicar penalidades, alcança tão somente os servidores que compõem o seu quadro de pessoal.
c) A invalidação, por motivos de ilegalidade, de conduta abusiva praticada por administradores públicos ocorre no âmbito judicial, mas não na esfera administrativa.
d) Poder regulamentar é a competência atribuída às entidades administrativas para a edição de normas técnicas de caráter normativo, executivo e judicante.
e) Insere-se no âmbito do poder hierárquico a prerrogativa que os agentes públicos possuem de rever os atos praticados pelos subordinados para anulá-los, quando estes forem considerados ilegais, ou revogá-los por conveniência e oportunidade, nos termos da legislação respectiva.

4. (Delegado de Polícia Civil — PC-PA — FUNCAB — 2016) Com relação aos Poderes da Administração, marque a opção correta.

a) O supremo Tribunal Federal decidiu que os conselhos reguladores de profissão têm natureza de autarquia. Tal decisão se fundamentou no fato de que elas atuam no exercício regular do poder de polícia, sendo este poder indelegável ao particular.
b) O poder de polícia poderá ser exercido pela administração indireta, dentre elas as autarquias e as sociedades de economia mista.
c) O poder de polícia é sempre discricionário, cabendo ao executor do ato de polícia decidir pela conveniência e oportunidade.
d) Não há contraditório quando o Estado age revestido do poder de polícia. No momento em que os agentes de vigilância sanitária apreendem mercadorias impróprias para o consumo, diante da flagrância, afasta-se o contraditório, por expressa determinação constitucional.
e) A sanção de polícia prescreve em 3 anos, contados da data do ato, ou no caso de infrações permanentes, do dia em que tiver cessado.

5. (Agente Penitenciário — SEJUS-PI — NUCEPE — 2016) Quando a Administração Pública restringe direitos individuais em benefício do interesse público, sua atuação revela o exercício do poder:

a) Regulamentar.
b) Discricionário.
c) De Polícia.
d) Disciplinar.
e) Hierárquico.

6. (Escrivão de Polícia Civil — PC-PA — FUNCAB — 2016) No que se refere aos poderes da Administração Pública, é correto afirmar que:

a) praticado o ato por autoridade, no exercício de competência delegada, contra a autoridade delegante caberá mandado de segurança, ou outra medida judicial, por ser detentora da competência originária.
b) o Poder regulamentar deverá ser exercido nos limites legais, sem inovar no ordenamento jurídico, expedindo normas gerais e abstratas, permitindo a fiel execução das leis, minudenciando seus termos.
c) o Poder Hierárquico é o escalonamento vertical típico da administração direta. Desta forma, a aplicação de uma penalidade pelo poder executivo da União a uma concessionária de serviço público é uma forma de manifestação deste Poder.
d) tanto a posição da doutrina, quanto da jurisprudência são pacíficas sobre a possibilidade de edição dos regulamentos autônomos, mesmo quando importarem em aumento de despesas.
e) decorre do Poder Hierárquico a punição de um aluno de uma universidade pública pelo seu reitor, uma vez que este é o chefe da autarquia educacional, sendo competência dele a punição dos alunos faltosos.

7. (Procurador do Estado — SEGEP-MA — FCC — 2016) A atividade de polícia administrativa

a) pode ser exemplificada pela atuação das corregedorias, ao fiscalizar a atividade dos órgãos públicos.
b) sempre é exercida de forma discricionária, sendo que tal característica é impositiva, em razão do princípio da proporcionalidade.
c) nem sempre é prestada de forma gratuita pela Administração, havendo situações que implicam em onerosidade de seu exercício.
d) é irrenunciável, de modo que não é possível a revogação de medidas de polícia administrativa, uma vez que tenham sido aplicadas pela autoridade competente.
e) é dotada do atributo de imperatividade, que consiste na possibilidade que a Administração tem de executar suas decisões com seus próprios meios, sem necessidade de provocação do Poder Judiciário.

8. (Advogado — CASAN — Instituto AOCP — 2016) Sobre os Poderes Administrativos, assinale a alternativa correta.

a) O poder de polícia administrativa, exercido pelo Estado, consiste unicamente na prevenção e repressão a infração da lei penal.
b) O Poder Judiciário não pode intervir nos atos administrativos discricionários, nem mesmo quando o administrador se afasta dos motivos que o levou a praticar o ato.
c) O poder regulamentar da administração pública pode ser expresso por meio de resoluções, portarias, deliberações e instruções.
d) O poder vinculado implica liberdade a ser exercida pelo administrador nos limites fixados na lei.
e) O poder disciplinar da Administração Pública consiste na obrigação que a Administração tem em proporcionar treinamentos e educação aos servidores, para sempre manter a eficiência e a disciplina na administração.

9. (Procurador Municipal — Prefeitura de Chopinzinho-PR — FAU — 2016) Acerca dos Poderes da Administração Pública, assinale a alternativa INCORRETA:

a) O poder discricionário é a prerrogativa legal conferida à Administração Pública para a prática de determinados atos administrativos com certa liberdade de escolha, com base em sua conveniência e oportunidade.
b) O poder regulamentar é prerrogativa conferida aos Chefes dos Poderes Executivos para expedir decretos e regulamentos, editando normas gerais e abstratas que permitam o cumprimento da lei.
c) Os institutos da delegação e avocação de competência decorrem do poder hierárquico.
d) Regra geral, as competências administrativas são delegáveis, comportando exceções como competências exclusivas, decisão de recursos e atos normativos.
e) Quando ocorre desvio de poder, há uma atuação do agente público sem competência ou que ultrapassa seu limite de competência. O ato será ilegal em razão de vício de competência.

10. (Técnico Judiciário — Área Administrativa — TRE-BA — CESPE — 2017) Assinale a opção correta com relação aos poderes da administração pública.

a) O poder de polícia é a faculdade de condicionar e restringir o uso e gozo de bens, atividades e direitos individuais em benefício da coletividade ou do próprio Estado.
b) O poder disciplinar caracteriza-se pela possibilidade de punir internamente os servidores e externamente aqueles que praticarem atos contrários aos interesses da administração.
c) O poder regulamentar é a faculdade que o dirigente de órgão administrativo possui de editar normas para a execução e organização próprias daquele órgão.
d) O poder discricionário caracteriza-se pela conveniência e oportunidade para a prática e a anulação de atos administrativos viciados.
e) O poder hierárquico caracteriza-se pela existência de subordinação dentro da mesma pessoa jurídica ou entre duas pessoas jurídicas distintas.

■ GABARITO ■

1. "a".
2. "certo".
3. "d".
4. "a".
5. "c".
6. "b".
7. "c".
8. "c".
9. "e".
10. "a".

5

ATOS ADMINISTRATIVOS

5.1. DEFINIÇÃO

Antes de iniciarmos propriamente o estudo acerca dos atos administrativos, cumpre um **esclarecimento preliminar**, para justificar a opção didática pela qual iremos enveredar.

Quando da análise de todos os itens, procuraremos estabelecer um **traço comparativo entre** os **atos administrativos** e aqueles regidos pelo direito privado, **editados por particulares**.

Isso se deve ao fato de os atos administrativos surgirem como modalidade de atos jurídicos, com a diferença significativa de serem editados pela Administração Pública no exercício de uma função administrativa, representando, pois, interesses de terceiros.

Dessa forma, pode-se **defini-los** como toda manifestação unilateral de vontade da Administração, ou de quem lhe faça as vezes, que, agindo nessa qualidade, tenha por fim imediato adquirir, resguardar, transferir, modificar, extinguir e declarar direitos ou impor obrigações aos administrados, passível de reapreciação pelo Poder Judiciário.

Trata-se aqui de **manifestação unilateral** de vontade da **Administração**, o que se deve aos **interesses** por ela **representados**, que lhe permitem impor o cumprimento de **obrigações**, ainda que nenhuma ilegalidade tenha o administrado praticado.

Outrossim, observa-se que essa manifestação **unilateral** de vontade pode ser **proveniente também de terceiros**, que, embora não se confundindo com a Administração, agem nessa qualidade, fazendo-lhe as vezes, vale dizer, **executando serviços públicos**.

É a situação envolvendo **particulares** que temporariamente, como executores de **serviços públicos**, podem impor de modo unilateral comportamentos, desde que **nos limites da lei**. São os **concessionários** e os **permissionários**, que serão mais bem analisados em capítulo próprio.

Dessa forma, pode-se concluir que nem todo ato administrativo provém da Administração Pública, da mesma maneira que nem todo ato da Administração pode ser considerado administrativo, pois, como se verá mais adiante, os chamados **atos de gestão** são editados pelo Poder Público, mas debaixo de **regime** jurídico de **direito privado**.

Oportuno observar, ainda pela definição oferecida, que todos os **atos administrativos** podem ser objeto de **reapreciação** pelo **Poder Judiciário**, que, no entanto, deverá restringi-la ao aspecto de sua **legalidade**, de modo a **não interferir** no princípio da **separação** entre os **Poderes**, e desde que, por óbvio, tenha sido provocado por terceiros.

De outra parte, cumpre analisar os **requisitos de validade** do ato administrativo, para o que lançaremos mão, uma vez mais, da **comparação** com os atos jurídicos regulados pelo **Código Civil** de 2002.

■ 5.2. REQUISITOS DE VALIDADE

De início, cumpre deixar registrado que esses **requisitos de validade** do ato administrativo, assim como seus **atributos**, que serão analisados em sequência, não se apresentam de forma gratuita, pois necessários para a **preservação dos interesses da coletividade**.

Outrossim, o **descumprimento** de qualquer um desses **requisitos** de validade leva, inexoravelmente, à possibilidade de sua **invalidação pelo Judiciário**, por tratar-se de controle de legalidade.

De outra parte, frise-se, uma vez mais, que a **comparação** com os **requisitos** de validade previstos no **Código Civil**, para os **atos jurídicos em geral**, tem por objetivo propiciar uma visão ampla sobre o tema, em especial com destaque para as **diferenças** entre os atos disciplinados por esse diploma legal e os administrativos.

O **CC/2002**, como se sabe, relaciona como requisitos de validade do ato jurídico, em seu **art. 104**, *agente capaz, objeto lícito, possível, determinado ou determinável* e *forma prescrita ou não defesa em lei.*

O ato administrativo, como modalidade de ato jurídico, também não dispensa esses três requisitos de validade, vale dizer, agente, objeto e forma, guardada a necessidade de algumas adaptações, por força dos diferentes interesses a serem defendidos.

Sem embargo, conforme se procurará demonstrar, em vista dos interesses representados pelo Poder Público, os atos administrativos necessitam de outros requisitos que não aparecem naqueles editados por particulares, submetidos que estão a outro regime jurídico, destacando-se a **finalidade** e o **motivo**.

Nesse contexto, nossa **doutrina** e nossa **jurisprudência** alinham, com algumas variantes, os seguintes **requisitos de validade** para os atos administrativos, que serão analisados de maneira isolada, consoante suas características e desdobramentos:

a) competência;

b) forma;

c) objeto;

d) finalidade;

e) motivo.

5.2.1. Competência

Por esse requisito, torna-se claro que o **agente capaz** (a que faz alusão o Código Civil de 2002) encontra seu correspondente na ***competência***, de sorte que o ato administrativo, para ser considerado válido, deve ser editado por quem detenha **legitimidade** para tanto.

Não será demasiado lembrar que a questão relativa a esse requisito de **competência** deve ser analisada considerando a **forma de Estado federativa** adotada em nosso país, que atribui às pessoas que a integram campos diferentes de atuação.

De observar-se, também, que a questão da **competência** passa pelo poder de **auto-organização** conferido ao Poder Público **(poder hierárquico)**, que estabelece em sua própria estrutura áreas diversas de atuação.

Em relação a esse item, oportuno relembrar a questão relacionada ao **agente de fato**, que, nada obstante investido de forma irregular no cargo, não compromete a validade de seus atos, em vista do princípio da **segurança jurídica** e dos **interesses dos terceiros de boa-fé**, principalmente se as medidas por ele tomadas guardarem a aparência de legalidade. Confira-se, nesse sentido, a seguinte decisão:

> "Agravo de instrumento. Tutela antecipada não concedida. Insurgências em relação às supostas ilegalidades nos autos de infração. Agente cedido pela URBS. Irregularidade na investidura no cargo que não contamina os atos praticados pelo agente. **Aplicação da teoria do 'funcionário de fato'**? **Presunção de veracidade dos atos administrativos**. Decisão mantida neste momento processual. Agravo de instrumento desprovido. Precedente: apelação cível. Ação cautelar. Trânsito. Irregularidade na investidura no cargo que não contamina os atos praticados pelo agente. Segundo a **teoria do 'funcionário de fato'** o vício atinente à investidura no cargo não gera nulidade dos atos praticados pelo agente, quando a situação é de aparente legalidade. Incidência dos princípios da segurança jurídica e da boa-fé dos administrados. **Precedente do STF** e desta Corte. Adequado indeferimento da petição inicial. APELAÇÃO DESPROVIDA (Apelação Cível n. 70054987276, Segunda Câmara Cível, Tribunal de Justiça do RS, Relator: Almir Porto da Rocha Filho, Julgado em 10/07/2013) (TJ-RS, Relator: Almir Porto da Rocha Filho, Data de Julgamento: 10/07/2013, Segunda Câmara Cível). Diante do exposto, esta Turma Recursal resolve, por unanimidade, conhecer do presente recurso de agravo de instrumento e, no mérito, NEGAR-LHE PROVIMENTO" (TJPR, 3ª T. Recursal em Regime de Exceção, 0001237-92.2015.8.16.9000/0, Curitiba, rel. Des. Daniel Tempski Ferreira da Costa, j. 15.10.2015).

5.2.2. Forma

O requisito **forma**, que aparece relacionado no Código Civil de 2002, também adquire sua importância no campo do **direito administrativo**, apresentando, entretanto, um **aspecto peculiar**.

Com efeito, enquanto os **particulares** podem fazer a edição de seus atos com maior grau de liberdade, vale dizer, desde que a **lei não** o **proíba**, a **Administração** Pública só pode **exteriorizá-los** de acordo com a **forma** previamente **estabelecida** por **lei**, que, em geral, é a escrita.

Sem embargo, pode-se cogitar da existência de **atos** administrativos que não sigam essa forma escrita, mas que acabem sendo exteriorizados por intermédio de **gestos**, ou mesmo de **maneira verbal**, surgindo como exemplos os gestos e apitos emitidos por um guarda de trânsito.

No mesmo sentido aparece a possibilidade, prevista em lei, de a Administração celebrar **contratos verbais**, a teor do disposto no parágrafo único do **art. 60 da Lei n. 8.666/93:**

> **Art. 60.** (...)
> Parágrafo único. É nulo e de nenhum efeito o contrato verbal com a Administração, salvo o de pequenas compras de pronto pagamento, assim entendidas aquelas de valor não superior a 5% (cinco por cento) do limite estabelecido no **art. 23, inciso II, alínea *a***, desta Lei, feitas em regime de adiantamento.

Essa diferença quanto ao requisito forma deve-se, uma vez mais, aos interesses representados pelos particulares e pela Administração Pública, que, como se viu inúmeras vezes, tem sua atividade subordinada à lei, só podendo fazer aquilo que ela expressamente autoriza.

5.2.3. Objeto

Com relação ao **objeto**, nenhuma diferença de fôlego se verifica, uma vez que, se o **Código Civil de 2002** exige **objeto lícito** como requisito de validade dos atos emitidos pelos particulares, com muito maior razão essa conclusão atinge os atos administrativos.

Sobreleva notar que, enquanto a licitude dos **atos** praticados pelos **particulares** é verificada pela sua **não contrariedade** à lei, a dos **atos administrativos** é aferida por sua **compatibilidade em relação a ela**.

Inquestionavelmente, essa constatação representa uma diferença significativa, pois, como visto, estabelece uma **relação de subordinação do administrador** perante a **lei**, o que acaba por limitar suas atitudes.

Para encerramento deste tópico, cumpre ainda tecer algumas considerações em relação a **outros** dois **requisitos** de validade apontados para os atos administrativos e que **não** se fazem **presentes** no **Código Civil** de 2002: ***finalidade* e *motivo***.

5.2.4. Finalidade

A **finalidade** aparece como requisito de validade somente para os atos administrativos, pois representa a essência das atividades desenvolvidas pelo Poder Público, todas elas no exercício de uma função, como visto no capítulo inicial desta obra.

Dessa forma, se o **único objetivo** a ser **perseguido** pelo **administrador** é o da **preservação** do **interesse público**, resta clara a conclusão segundo a qual, toda vez que ele dessa finalidade se **afastar**, o ato não poderá ser considerado válido, caracterizando **desvio de finalidade** que se apresenta como variante do **abuso de poder**, que, por seu turno, surge como forma de **ilegalidade**.

Quanto aos atos regidos pelo **direito privado**, a **finalidade não surge** como **requisito de validade**, uma vez que, na defesa de seu patrimônio e de seus interesses, poderão os particulares fazer tudo aquilo que a lei não proíbe.

Assim, se agirem de modo a dilapidar seu patrimônio, desde que o façam dentro dos limites da lei, o ato não poderá ser questionado quanto ao aspecto de sua validade.

■ 5.2.5. Motivo e a teoria dos motivos determinantes

Por fim, a mesma conclusão se impõe com relação ao **motivo**, que se traduz pela obrigação que tem a Administração Pública de oferecer àqueles a quem representa **explicações** quanto aos **atos** que edita, requisito não verificado relativamente aos particulares, por representarem seus próprios interesses.

Diga-se de passagem, aliás, é exatamente por meio da **explicitação** desses **motivos** que o Poder **Judiciário** terá condições, desde que provocado para tanto, de estabelecer o **controle da legalidade** em relação aos atos administrativos, o único que lhe é permitido.

Também da necessidade de motivação desses atos é que surge a chamada **"teoria dos motivos determinantes"**, segundo a qual a existência de fato dos motivos mencionados pelo administrador, que justificaram a edição do ato, condiciona sua validade, ficando ele, de resto, inteiramente **preso** aos **motivos** durante sua execução.

Se deles se **afastar** durante a execução, caracterizada estará a figura do **desvio de finalidade**, modalidade de ilegalidade e, portanto, passível de **reapreciação** pelo Poder **Judiciário**, como observado quando da análise do princípio da motivação.

De outra parte, oportuno mencionar que o afastamento desses motivos só **não implicará** caracterização de **ilegalidade** naquelas hipóteses em que o **interesse público** continuar **caracterizado**.

É o que se verifica, por exemplo, nos procedimentos expropriatórios, em que determinado imóvel é desapropriado para a construção de uma escola e posteriormente o Poder Público resolve, por necessidade superveniente, construir naquele local uma delegacia de polícia.

De considerar-se, em razão de todo o exposto, que essa **necessidade de motivação** dos atos administrativos, como requisito de validade, **estende-se a todos eles**, em nosso entendimento, incluindo os atos **discricionários** e os **vinculados**.

Com efeito, entendendo-se por motivação não só a referência ao dispositivo legal aplicável, mas, também, o relacionamento dos fatos que concretamente justificaram sua utilização, conclui-se, com clareza, que o administrador, ainda mais quando da possibilidade de exercer um **juízo de valores**, tenha de **justificar a razão da opção** realizada. Nesse sentido, STJ, 1ª S., MS 6.166/DF, rel. Min. Humberto Gomes de Barros, v.u., j. 13.10.1999, *RSTJ* 133/78.

Na referida decisão, pedimos vênia para destacar o seguinte trecho:

> "Não existem, nesta circunstância, atos discricionários absolutamente imunes ao controle jurisdicional. Diz-se que o administrador exercita competência discricionária, quando a lei lhe outorga a faculdade de escolher entre diversas opções aquela que lhe pareça mais condizente com o interesse público. No exercício desta faculdade, o Administrador é imune ao controle judicial. Podem, entretanto, os Tribunais apurar se os limites foram observados (...)".

O trecho colacionado revela-se oportuno na medida em que acaba por sintetizar as **controvérsias** existentes em nosso ordenamento jurídico em relação a esse tema.

Destarte, não obstante reconhecer ter o administrador a faculdade de escolher nos atos discricionários entre as diversas opções aquela que lhe pareça a mais condizente com o interesse público, destaca-se a **necessidade de motivação** de todos os atos administrativos, inclusive esses que, como se viu, não estão absolutamente imunes ao **controle jurisdicional**, em que se poderá apreciar se os limites impostos pela lei foram ou não respeitados.

Em outras palavras, como se observou, por meio da **motivação** é que o **Judiciário** poderá **aferir** se na hipótese concreta a **opção** tomada pelo **administrador** revelou-se razoável, proporcional aos fatos, e se por intermédio dela se conseguiu atingir o interesse público, única finalidade possível de ser por ele atingida.

De resto, somente dessa maneira o Judiciário terá condições de apurar a existência ou não de ilegalidade, como abuso de poder e desvio de finalidade.

Cumpre ainda salientar que a **necessidade** de **motivação** de todos os atos administrativos, **incluindo-se** os **discricionários**, acabou por se consolidar. Nesse sentido: STJ, RMS 11.283/TO; ROMS 1999/0096200-1, rel. Min. Paulo Medina, *DJU* 17.05.2004, p. 286; MS 9.944/DF e 2004/0122461-0, rel. Min. Teori Albino Zavascki, *DJU* 13.06.2005, p. 157.

Desta última decisão, pedimos vênia para destacar o seguinte trecho:

> "A margem de liberdade de escolha da conveniência e oportunidade, conferida à Administração Pública, na prática de **atos discricionários**, **não a dispensa do dever de motivação**. O ato administrativo que nega, limita ou afeta direitos ou interesses do administrado deve indicar, de forma explícita, clara e congruente, os motivos de fato e de direito em que está fundado (art. 50, I e § 1º, da Lei 9.784/1999). Não atende a tal requisito a simples invocação da cláusula do interesse público ou a indicação genérica da causa do ato (...)".

No mesmo sentido, destacando a necessidade de motivação dos atos discricionários para viabilizar o controle de legalidade pelo Judiciário, encontramos: STJ, RMS 15.459/MG e 2002/0143588-5, rel. Min. Paulo Medina, *DJU* 16.05.2005, p. 417, destacando-se o seguinte trecho:

> "2. Consoante a jurisprudência de vanguarda e a doutrina, praticamente, uníssona, nesse sentido, todos os atos administrativos, mormente os classificados como discricionários, dependem de motivação, como requisito indispensável de validade (...)".

STJ, AgRg nos EDcl no RMS 17.718/AC e 2003/0236684-0, rel. Min. Paulo Medina, *DJU* 12.06.2006, p. 542:

> "2. Todos os atos administrativos, inclusive, os discricionários são passíveis de controle jurisdicional (art. 5º, XXXV, CR/1988). Esse controle, mormente nos atos discricionários, depende da devida motivação, como condição de sua própria validade (...)".

STJ, RMS 15.018/GO e 2002/0075502-5, rel. Min. Humberto Gomes de Barros, *DJU* 10.03.2003, p. 89:

> "Em nosso atual estágio, os atos administrativos devem ser motivados e vinculam-se aos fins para os quais foram praticados (v. Lei 4.717/1965, art. 2º). Não existem, nesta circunstância, atos discricionários, absolutamente imunes ao controle jurisdicional. Diz-se que o administrador exercita competência discricionária, quando a lei lhe outorga a faculdade de escolher entre diversas opções aquela que lhe pareça mais condizente com o interesse público. No exercício desta faculdade, o Administrador é imune ao controle judicial. Podem, entretanto, os tribunais apurar se os limites foram observados" (MS 6.166, rel. Min. Humberto Gomes de Barros).

STJ, REsp 429.570/GO e 2002/0046110-8, rel. Min. Eliana Calmon, *DJU* 22.03.2004, p. 277:

> "1. Na atualidade, a Administração pública está submetida ao império da lei, inclusive quanto à conveniência e oportunidade do ato administrativo. (...)
>
> 3. O Poder Judiciário não mais se limita a examinar os aspectos extrínsecos da administração, pois pode analisar, ainda, as razões de conveniência e oportunidade, uma vez que essas razões devem observar critérios de moralidade e razoabilidade (...)".

Por fim, sobreleva notar que a **soma** dos requisitos de validade, **motivo** e **objeto** representa o que se convencionou denominar ***mérito do ato administrativo***, cuja exata compreensão assume relevo para delinear os limites, as **fronteiras de controle** pelo Poder **Judiciário**.

Destarte, tem-se revelado pacífica a posição segundo a qual o Poder **Judiciário** está **proibido** de **reapreciar o mérito** do ato administrativo, desde que, por óbvio, seja ele legal, para não tornar letra morta o princípio da separação entre os Poderes.

A propósito, em razão da síntese que se faz sobre o tema, oportuna a transcrição das lições da eminente administrativista Maria Sylvia Zanella Di Pietro[1], que reproduzimos a seguir:

> "A **distinção** entre atos **discricionários** e atos **vinculados** tem importância fundamental no que diz respeito ao **controle** que o Poder **Judiciário** sobre eles exerce.
>
> Com relação aos **atos vinculados**, não existe restrição, pois, sendo todos os elementos definidos em lei, caberá ao Judiciário examinar, em todos os seus aspectos, a conformidade do ato com a lei, para decretar a sua nulidade, se reconhecer que essa conformidade inexistiu.
>
> Com relação aos **atos discricionários**, o **controle judicial** é **possível**, mas terá que respeitar a discricionariedade administrativa nos **limites** em que ela é assegurada à Administração Pública pela **lei**.

[1] DI PIETRO, Maria Sylvia Zanella. *Direito administrativo*. 15. ed. São Paulo: Atlas, 2003, p. 210.

Isto ocorre precisamente pelo fato de ser a **discricionariedade** um poder delimitado previamente pelo legislador; este, ao definir determinado ato, intencionalmente deixa um **espaço** para livre **decisão** da **Administração** Pública, legitimando previamente a sua opção; qualquer delas será legal. Daí por que **não pode** o Poder **Judiciário** invadir esse **espaço reservado**, pela **lei**, ao administrador, pois, caso contrário, estaria substituindo por seus próprios critérios de escolha a opção legítima feita pela autoridade competente com base em **razões** de **oportunidade** e **conveniência** que ela, melhor do que ninguém, pode decidir diante de cada caso concreto.

A rigor, pode-se dizer, com relação ao ato **discricionário**, que o **Judiciário** pode apreciar os **aspectos** da **legalidade** e verificar se a Administração não ultrapassou os limites da discricionariedade; neste caso, pode o Judiciário invalidar o ato, porque a autoridade ultrapassou o espaço livre deixado pela lei e invadiu o campo da legalidade."

A transcrição, embora longa, revela-se oportuna, pois reflete com precisão a tendência de nossos Tribunais sobre os limites de controle dos atos administrativos.

Por derradeiro, importante observar que os prazos **prescricionais** para a defesa de direitos só podem ter seu **início** a partir de expressa **manifestação do Poder Público**, acompanhada das razões que lhe deram origem, não se prestando para essa finalidade o silêncio da Administração.

COMPETÊNCIA	■ Não se presume. ■ Resulta de expressa previsão legal.
FORMA	Somente aquela expressamente prevista em lei.
OBJETO	Lícito, ou seja, o que preserva o interesse público e tem sustentação em lei.
FINALIDADE	Somente aquela que preserva o interesse público.
MOTIVAÇÃO	■ Indispensável para a viabilização do controle de legalidade. Surge como reflexo a teoria dos motivos determinantes, que, como o nome indica, determinam a finalidade a ser seguida pelo administrador, sob pena de desvio de finalidade. ■ Exceção para aquelas situações que preservem o interesse público.

■ 5.3. ATRIBUTOS DO ATO ADMINISTRATIVO

A primeira observação a ser feita diz respeito ao fato de que os atributos que os atos administrativos recebem não surgem de maneira gratuita, mas, ao revés, em decorrência dos interesses que a Administração representa quando atua, vale dizer, os da coletividade.

■ 5.3.1. Presunção de legitimidade

Nesse contexto, o primeiro atributo é denominado ***presunção de legitimidade***, segundo o qual os atos administrativos se pressupõem legítimos até prova em contrário.

Em outras palavras, a presunção de legitimidade **autoriza a imediata execução** do ato, que, mesmo dotado de qualquer sorte de ilegalidade, permanece em vigor até prova em contrário.

5.3.2. Autoexecutoriedade

O segundo atributo é a chamada ***autoexecutoriedade*** e representa a possibilidade de a **Administração executar sozinha seus próprios atos** sem buscar a concordância prévia do Poder Judiciário.

Em outras palavras, enquanto os particulares, para a defesa de seus direitos, necessitam bater às portas do Poder Judiciário a fim de evitar a caracterização do crime de exercício arbitrário das próprias razões, a Administração Pública pode executar sozinha seus próprios atos, sem passar pelo crivo prévio do Judiciário.

Isso não quer dizer, em absoluto, que os **particulares** que porventura tenham sido lesados por atos praticados pela Administração Pública não possam pleitear a **devida reparação** perante o Poder **Judiciário**, visto que, por força da **diretriz constitucional** adotada, nenhuma lesão ou ameaça a direito será subtraída a sua apreciação.

Assim, por exemplo, se uma danceteria toca músicas em volume acima do limite máximo permitido pela legislação municipal, seus vizinhos incomodados com a irregularidade não poderão aplicar-lhe qualquer sorte de sanção, devendo, ao contrário, promover a competente ação judicial.

Isso se deve ao fato de os **particulares** estarem agindo em defesa de seus **próprios interesses**, o que os **impede** de tomar **medidas unilaterais** que excluam o Poder Judiciário.

Por outro lado, o mesmo raciocínio não prevalece se a **irregularidade** for **constatada** por um **agente público**, agindo no limite de suas atribuições, no exercício do poder de polícia, porque poderá **lavrar auto de infração sem a concordância prévia** do Judiciário.

Essa possibilidade franqueada ao Poder Público, é bom que se diga, em nada enfraquece o princípio da separação dos Poderes, desde que o interesse público esteja resguardado.

5.3.2.1. Cláusulas de reserva judicial

De outra parte, sobreleva notar que esse atributo da **autoexecutoriedade** dos atos administrativos não se aplica em todas as situações, encontrando **exceções** na própria Constituição Federal.

São as denominadas **"cláusulas de reserva judicial"**, nas quais o direito só admite flexibilização por meio de **decisão judicial**, surgindo como **exemplos** a inviolabilidade do lar (art. 5º, XI); a inviolabilidade do sigilo de dados e das comunicações (art. 5º, XII); a suspensão das atividades ou a dissolução compulsória de associações (art. 5º, XIX) e o cancelamento de permissões e concessões antes de vencido o prazo (art. 223, § 4º).

5.3.3. Imperatividade

Por esse atributo, ao editar os seus atos, a **Administração** poderá **impor de modo unilateral** seu cumprimento aos particulares em vista dos interesses que representa.

Nossa doutrina ainda estabelece algumas variantes decorrentes desse atributo, vale dizer, a exigibilidade e a executoriedade, consoante se verifica do excerto extraído da obra de **Celso Antônio Bandeira de Mello**[2], que a seguir se reproduz:

> "Exigibilidade — é a qualidade em virtude da qual o Estado, no exercício da função administrativa, pode exigir de terceiros o cumprimento, a observância das obrigações que impôs. Não se confunde com a simples imperatividade, pois, através dela, apenas se constitui uma dada situação, se impõe uma obrigação. A exigibilidade é o atributo do ato pelo qual se impele à obediência, ao atendimento da obrigação já imposta, sem necessidade de recorrer ao Poder Judiciário para induzir o administrado a observá-la.
>
> Executoriedade — é a qualidade pela qual o Poder Público pode compelir materialmente o administrado, sem precisão de buscar previamente as vias judiciais, ao cumprimento da obrigação que impôs e exigiu".

5.3.4. Tipicidade

É atributo do ato administrativo que exige, **para cada situação concreta**, a utilização do **ato** administrativo que lhe seja **correspondente**, **típico**, o que, por óbvio, limita a atuação do administrador quanto à escolha daquele a ser utilizado.

De resto, outra não é a conclusão atingida por **Maria Sylvia Zanella Di Pietro**[3]:

> "Tipicidade é o atributo pelo qual o ato administrativo deve corresponder a figuras definidas previamente pela lei como aptas a produzir determinados resultados. Para cada finalidade que a Administração pretende alcançar, existe um ato definido em lei.
>
> Trata-se de decorrência do princípio da legalidade, que afasta a possibilidade de a Administração praticar atos inominados; estes são possíveis para os particulares, como decorrência do princípio da autonomia da vontade.
>
> Este atributo representa uma garantia para o administrado, pois impede que a Administração pratique atos dotados de imperatividade e executoriedade, vinculando unilateralmente o particular, sem que haja previsão legal; também fica afastada a possibilidade de ser praticado ato totalmente discricionário, pois a lei, ao prescrever o ato, já define os limites em que a discricionariedade poderá ser exercida".

Dentro desse contexto, **para melhor visualização desse atributo**, quando concordar com uma construção em determinado imóvel, a Administração deverá expedir uma licença para construir. Quando concordar com a ocupação de um imóvel já construído, deverá expedir "habite-se". Quando concordar com a entrada em funcionamento de um bar ou restaurante, deverá emitir um alvará de funcionamento. Quando concordar com a instalação de um restaurante, de uma joalheria, uma livraria dentro de um aeroporto, deverá celebrar uma concessão de uso.

Nesse sentido, apresentam-se ainda como **exemplos** a emissão de licença para viabilizar uma determinada construção; a emissão de "habite-se" para que o imóvel já construído possa ser ocupado, e a permissão de uso expedida para efeito de regularização da situação de ambulantes.

---

2 *Curso de direito administrativo*. 11. ed. São Paulo: Malheiros, 1999, p. 298.

3 *Direito administrativo*. 15. ed. São Paulo: Atlas, 2003, p. 195.

PRESUNÇÃO DE LEGITIMIDADE	Desde a sua edição, admitindo-se prova em sentido contrário
IMPERATIVIDADE	São de cumprimento obrigatório, ainda que o particular não tenha cometido nenhuma irregularidade
COERCIBILIDADE	Autoriza a aplicação de sanções, de forma unilateral, por seu descumprimento
AUTOEXECUTORIEDADE	Autoriza a Administração a executar sozinha seus atos, sem a concordância de ninguém, em especial, do Judiciário
TIPICIDADE	Exige, para cada situação concreta, a edição de ato típico, conforme previsão legal

■ 5.4. CLASSIFICAÇÃO DOS ATOS ADMINISTRATIVOS

A **classificação** dos atos administrativos é extremamente **extensa**, **variando** de acordo com o **enfoque adotado**. Assim, um mesmo ato poderá ser enquadrado em todas elas, como se procurará demonstrar ao final.

Procuraremos selecionar as consideradas de maior relevo na forma a seguir discriminada.

■ 5.4.1. Quanto aos destinatários

Por esse critério, os atos administrativos podem ser classificados em **gerais** e **individuais**, sendo os primeiros editados sem um destinatário específico, surgindo como exemplo o edital de um concurso público, uma portaria proibindo a venda de bebidas alcoólicas para menores etc.

Por sua vez, os atos individuais são aqueles editados com destinatário certo, surgindo como exemplo a permissão de uso de um bem público, a nomeação de um funcionário, sua exoneração, a autorização para porte de arma etc.

■ 5.4.2. Quanto ao alcance

Por esse critério, os atos administrativos podem ser classificados em **internos** e **externos**. Os primeiros geram efeitos dentro da Administração Pública, enquanto os últimos produzem efeitos fora do Poder Público.

A edição de pareceres surge como exemplo de atos internos, enquanto a permissão de uso, a concessão de porte de arma, de atos externos.

■ 5.4.3. Quanto ao objeto

Por esse critério, os atos administrativos podem ser classificados em atos de **império** e de **gestão**. Segundo nossa doutrina, os primeiros são aqueles que a Administração pratica de modo unilateral, lançando mão de sua supremacia sobre os interesses dos particulares. Surgem como exemplos a interdição de um estabelecimento comercial em vista de irregularidades encontradas, o embargo de uma obra pelos mesmos motivos, a aplicação de sanções administrativas aos agentes públicos pela prática de irregularidades.

De outra parte, os atos de gestão são definidos como aqueles que a Administração pratica afastando-se das prerrogativas que normalmente utiliza para se equiparar aos particulares com quem se relaciona.

É o que ocorre naquelas situações em que o Poder Público celebra contratos de locação com particulares na qualidade de locatário, pois esse tipo de ajuste não caracteriza contrato administrativo.

Com efeito, a Administração não é dotada das chamadas "cláusulas exorbitantes", despindo-se, pois, das prerrogativas que normalmente possui, como a confecção unilateral das cláusulas, rescisão unilateral dos contratos, aplicação unilateral de penalidades etc.

Sob esse aspecto surgem ainda os chamados *atos de expediente*, vale dizer, aqueles destinados a dar andamento aos processos e papéis que tramitam no interior das repartições.

5.4.4. Quanto ao grau de liberdade conferido ao administrador

Por esse critério, os atos administrativos podem ser classificados em **vinculados** e **discricionários**.

Como se disse anteriormente, tanto os atos vinculados quanto os discricionários são exercidos debaixo da lei, ficando a principal diferença existente entre eles para o grau de liberdade conferido ao administrador.

Assim é que os **atos vinculados** são aqueles em que o administrador fica inteiramente preso ao enunciado da lei, que estabelece, previamente, um único comportamento possível de ser adotado em situações concretas, não existindo, pois, nenhum espaço para a realização de um juízo de conveniência e oportunidade.

Esse fato ocorre naquela situação em que o administrador se vê diante de pedido de aposentadoria por idade em que o agente demonstra, de maneira inequívoca, ter atingido o limite exigido pela Constituição.

Nessa situação, não tem o administrador possibilidade de rejeitar o pedido, por exemplo, sob a alegação de que a vida pregressa do requerente aponta para a existência de diversas irregularidades.

Diverso será o encaminhamento em relação aos **atos discricionários**, visto que, embora também esteja o administrador submetido ao império da lei, aqui ela não prevê um único comportamento possível de ser adotado em situações concretas, abrindo, por consequência, espaço para que o administrador estabeleça um juízo de conveniência e oportunidade.

De modo a exemplificar o que se diz, pode-se mencionar a situação envolvendo pedidos de permissão de uso de bens públicos, aos quais o administrador poderá ou não atender, dependendo das características que envolvem cada caso concreto.

Assim, poderá atender a pedido formulado por associação de moradores visando ao fechamento de uma rua, por um final de semana, para a realização de festas juninas, por não vislumbrar nenhum prejuízo para o interesse público.

Sem embargo, poderá rejeitar o mesmo pedido se, por hipótese, fossem os festejos se estender por todo o mês, demandando o fechamento de importante via de circulação na cidade, em cristalino prejuízo para a coletividade.

Frise-se, portanto, que a **marca registrada dos chamados atos discricionários** é o espaço reservado ao administrador para um juízo de conveniência e oportunidade, o que não se verifica em relação aos atos vinculados.

5.4.5. Quanto à formação do ato

Em relação a esse critério, os atos administrativos são classificados em **simples**, **complexos** e **compostos**.

Atos **simples** são aqueles que resultam da manifestação de vontade de um único órgão, pouco importando a natureza, se unipessoal ou colegiada.

Atos **compostos** resultam, de igual sorte, da vontade única de um órgão, ficando, entretanto, na dependência de confirmação por outro superior para se tornarem exequíveis.

Por seu turno, os atos **complexos** são aqueles que se formam pela conjugação de vontades de mais de um órgão, surgindo como exemplo o ato de investidura na Administração.

Com efeito, demanda o ato de investidura o cumprimento de diversas etapas, não necessariamente levadas a efeito pela mesma autoridade, não sendo outras as lições extraídas da obra do eminente administrativista **Hely Lopes Meirelles**[4], como se observa:

> "A investidura de um funcionário é um ato complexo consubstanciado na nomeação feita pelo chefe do Executivo e complementado pela posse e exercício dados pelo chefe da repartição em que vai servir o nomeado".

Diante desse cenário, surge ainda como exemplo de ato complexo a celebração de tratados internacionais, tendo em vista se realizar pelo Poder Executivo, dependendo, no entanto, de confirmação pelo Congresso Nacional, na forma prevista pelos arts. 84, VIII, e 49, I, da Constituição Federal.

No mesmo sentido, a titularização de cargo de Ministro do STF, uma vez que dependente de indicação pelo Presidente da República e confirmação pelo Senado Federal, a teor do disposto nos arts. 101, parágrafo único, e 52, III, *a*, da Constituição Federal.

Como arremate, consoante procuramos demonstrar no início deste tópico, **um mesmo ato pode ser classificado por diversos critérios simultaneamente**.

Assim, uma permissão de uso pode ser classificada entre os critérios que foram relacionados: ato individual, externo, de império, discricionário e simples.

Do mesmo modo, o ato de investidura de um servidor pode ser classificado, em vista desses mesmos critérios, da seguinte forma: individual, externo, de império e complexo.

---

4 *Direito administrativo brasileiro*. 24. ed. São Paulo: Malheiros, 1999, p. 154.

5.4.6. Quanto à perfeição, validade e eficácia

Por esse critério, considera-se o ato administrativo **perfeito** quando esgotadas todas as etapas imprescindíveis para a sua produção. Assim, o ato será imperfeito quando não providenciada sua publicação ou mesmo sua homologação, quando exigida por lei.

Ato válido é aquele expedido de acordo com as exigências estabelecidas pelo ordenamento jurídico, já vistas no início deste capítulo, vale dizer, competência; forma; finalidade; motivo e objeto.

Por derradeiro, ato administrativo **eficaz** é aquele que se encontra apto para a produção de todos os efeitos para os quais foi editado, não dependendo de qualquer condição ulterior.

Percebe-se, pois, que, em razão da adoção desse critério, algumas variações importantes podem ocorrer em relação aos conceitos de perfeição, validade e eficácia, que foram assim sintetizadas pelo Professor **Celso Antônio Bandeira de Mello**[5]:

> "23. Note-se, por conseguinte, que um ato pode ser:
>
> a) Perfeito, válido e eficaz — Quando, concluído seu ciclo de formação, encontra-se plenamente ajustado às exigências legais e está disponível para deflagração dos efeitos que lhe são típicos;
>
> b) Perfeito, inválido e eficaz — Quando, concluído seu ciclo de formação, e apesar de não se achar conformado às exigências normativas, encontra-se produzindo os efeitos que lhe seriam inerentes;
>
> c) Perfeito, válido e ineficaz — Quando, concluído seu ciclo de formação e estando adequado aos requisitos de legitimidade, ainda não se encontra disponível para a eclosão de seus efeitos típicos, por depender de um termo inicial ou de uma condição suspensiva, ou autorização, aprovação ou homologação, a serem manifestados por uma autoridade controladora;
>
> d) Perfeito, inválido e ineficaz — Quando, esgotado seu ciclo de formação, sobre encontrar-se em desconformidade com a ordem jurídica, seus efeitos ainda não podem fluir, por se encontrarem na dependência de algum acontecimento previsto como necessário para a produção dos efeitos (condição suspensiva ou termo inicial, ou aprovação ou homologação dependentes de outro órgão)".

PRINCIPAIS CRITÉRIOS DE CLASSIFICAÇÃO	
DESTINATÁRIOS	**Gerais:** não apresentam destinatário certo **Individuais:** apresentam destinatário certo
OBJETO	**De império:** editados debaixo de regras de direito público **De gestão:** editados debaixo de regras de direito privado
ALCANCE	**Internos:** geram efeitos dentro da Administração **Externos:** geram efeitos fora da Administração
GRAU DE LIBERDADE	**Vinculados:** apresentam solução única prevista em lei **Discricionários:** não apresentam solução única prevista em lei

[5] *Curso de direito administrativo*. 11. ed. São Paulo: Malheiros, 1999.

FORMAÇÃO	**Simples:** dependem de uma única manifestação de vontade para se aperfeiçoarem **Compostos:** dependem de mais de uma manifestação de vontade para se aperfeiçoarem, produzidas no mesmo órgão **Complexos:** dependem de mais de uma manifestação de vontade para se aperfeiçoarem, produzidas em órgãos distintos
PERFEIÇÃO, VALIDADE E EFICÁCIA	**Perfeitos:** aqueles que concluíram todas as etapas para sua produção **Válidos:** aqueles que preencheram todos os requisitos de validade **Eficazes:** aqueles que se encontram aptos a produzir seus efeitos

■ 5.5. ESPÉCIES DE ATOS ADMINISTRATIVOS

Quanto às espécies, os atos administrativos podem ser classificados de diversas maneiras, das quais procuraremos destacar somente as principais.

■ 5.5.1. Atos normativos

São aqueles que contêm um **comando geral do Executivo visando à correta aplicação da lei**, encontrando seu fundamento de validade no art. 84, IV, da CF e, por via de consequência, no poder normativo, analisado no capítulo anterior.

Exemplos dessa modalidade de atos: decretos, regulamentos, resoluções, portarias, que apresentam de comum entre si o fato de surgirem como atos infralegais.

A importância deles pode revelar-se, entre outros pontos, na questão relativa ao controle da constitucionalidade das leis, em especial quando se trata da arguição por descumprimento de preceito fundamental.

Com efeito, o art. 1º da Lei n. 9.882/99, disciplinadora da matéria, estabelece o cabimento da ação para evitar lesão ao preceito fundamental resultante de ato do Poder Público, sem discriminar de qual natureza.

■ 5.5.2. Atos ordinatórios

São os que **visam disciplinar o funcionamento da Administração e a conduta funcional de seus agentes no desempenho de suas atribuições**, tendo, assim, respaldo no denominado poder hierárquico.

Esses atos se materializam por intermédio da emissão de ordens, por instruções, circulares, avisos, portarias, ordens de serviço e ofícios.

■ 5.5.3. Atos negociais

São aqueles que **contêm uma declaração de vontade da Administração visando concretizar negócios jurídicos**, conferindo certa faculdade ao particular nas condições impostas ou consentidas por ela.

Em outras palavras, envolvem uma declaração de vontade do poder público coincidente com a pretensão do particular que venha também a preservar os interesses da coletividade.

Em relação a esses atos, cumpre salientar não representarem a prática de negócios jurídicos como se de particulares estivéssemos tratando, porque, como visto na definição proposta, os ajustes são fixados de acordo com condições estabelecidas unilateralmente pela própria Administração.

Em outras palavras, embora estejamos diante de um interesse recíproco das partes envolvidas, o **negócio** apresenta **características peculiares**, porque, repita-se, é **elaborado de modo unilateral** pela Administração.

Como exemplo: a permissão para o uso de um bem público em troca da possibilidade de exploração de publicidade pelo particular responsável pela conservação da área.

■ 5.5.4. Atos enunciativos

São todos aqueles em que a Administração **se limita a certificar ou atestar um fato ou emitir opinião** sobre determinado assunto sem se vincular ao seu enunciado.

Nesse contexto, são exemplos característicos da modalidade: a expedição de certidões, atestados, a elaboração de pareceres e o apostilamento de direitos, vale dizer, atos declaratórios de uma situação anterior criada por lei.

■ 5.5.5. Atos punitivos

São os que contêm uma **sanção imposta pela Administração àqueles que infringem disposições legais**, encontrando fundamento no poder disciplinar, conforme analisado.

Surgem como exemplos dessa modalidade: a interdição de estabelecimentos comerciais em vista de irregularidades encontradas, a inutilização de substâncias tóxicas, a aplicação de multas etc.

NORMATIVOS	Contêm um comando geral do Executivo para a correta aplicação da lei
ORDINATÓRIOS	Configuram um comando visando disciplinar o funcionamento da Administração e a conduta de seus servidores
NEGOCIAIS	Concretizam negócios jurídicos com particulares em condições unilaterais impostas pela Administração
ENUNCIATIVOS	Contêm uma declaração de vontade da Administração certificando ou atestando certo fato
PUNITIVOS	Contêm uma sanção imposta pela Administração pela prática de irregularidades, tanto por servidores quanto por particulares

■ 5.6. FORMAS DE EXTINÇÃO

De início, cumpre registrar que o controle dos atos administrativos pode ser realizado pela própria Administração, quando então se poderá falar em **controle interno** ou **autotutela**, podendo verificar-se **externamente** por meio do Poder **Legislativo** ou do Poder **Judiciário, limitando-se** a abordagem acerca da sua **legalidade**, sempre em respeito ao princípio da separação entre os Poderes.

■ 5.6.1. Anulação

A anulação tem como fundamento a **ilegalidade do ato**, podendo ser promovida, como visto, pela própria Administração ou pelo Poder Judiciário, sendo esse, aliás, o único tipo de controle que se pode realizar sobre os atos administrativos.

Os **efeitos** da anulação são ***ex tunc***, ou seja, retroagem até a origem do ato, tendo em vista que o vício de ilegalidade apresentado se verifica desde o momento em que foi editado, surgindo, como desdobramento lógico, a necessidade de eliminação de todos os efeitos até então gerados por ele.

Dessa forma, **veda-se**, ao menos como regra geral, a possibilidade de **invocação** de **direitos adquiridos** em relação ao período em que o ato esteve em vigor, uma vez que não se pode cogitar da retirada de benefícios de atos ilegais.

Excepcionalmente, abre-se a possibilidade de se pleitear direitos adquiridos sobre esse período, por parte daqueles atingidos pelo ato e que estivessem de **boa-fé**.

Por fim, cumpre registrar que, em homenagem ao princípio da segurança das relações jurídicas, o Poder Público tem **prazo** para promover a **anulação** de seus atos, por razões de legalidade, fixado, como regra geral, em **5 anos** pelo **art. 54, *caput*, da Lei federal n. 9.784/99**, que disciplina os processos administrativos na área federal:

> **Art. 54.** O direito da Administração de anular os atos administrativos de que decorram efeitos favoráveis para os destinatários decai em cinco anos, contados da data em que foram praticados, salvo comprovada má-fé.

Assim, a não incidência desse prazo de prescrição de cinco anos deverá ser apurada caso a caso, conforme as características apresentadas.

Com efeito, a leitura do dispositivo reproduzido permite concluir que o prazo de 5 anos ali fixado surge apenas como regra geral, uma vez que possível sua **ampliação para terceiros** que estejam de **má-fé**, sem que o legislador tenha, no entanto, fixado que prazo seria esse.

5.6.2. Revogação

A revogação, embora também se apresente como meio de extinção de atos administrativos, tem como **fundamento razões de conveniência e oportunidade**, incidindo, portanto, sobre atos até então considerados legais.

Dessa forma, a **revogação**, por envolver um **juízo de valores**, só poderá ser realizada pela própria Administração, **não se abrindo essa perspectiva para o Judiciário**.

Quanto aos **efeitos da decisão**, são considerados ***ex nunc***, ou seja, a partir de então, porque, como visto, até o momento em que a revogação foi operada, o ato era válido, devendo-se, pois, manter todos os efeitos gerados por ele até aquele momento.

Com relação ao **prazo** para a **revogação** de atos administrativos, em regra, não existe, uma vez que sua retirada do ordenamento jurídico se deve a razões de conveniência e oportunidade, podendo, pois, ocorrer **a qualquer momento**, desde que o **interesse público** assim o exija.

De outra parte, não se pode deixar de fazer referência ao fato de que, em relação a alguns atos, **excepcionalmente**, a possibilidade de **revogação não se apresenta**. Assim, quando estes já tiverem se consumado, surgindo como exemplo a impossibilidade de revogação de uma licitação quando já celebrado o contrato com o vencedor. Esse panorama da **extinção** dos atos administrativos, envolvendo essas duas figuras analisadas, está sintetizado nas **Súmulas 346** e **473** do **STF**, cujo conteúdo, embora verificado por ocasião das considerações acerca do princípio da autotutela no Capítulo 2, em razão de sua oportunidade, uma vez mais se reproduz:

> **Súmula 346 do STF:** A Administração Pública pode declarar a nulidade dos seus próprios atos.
> **Súmula 473 do STF:** A Administração pode anular seus próprios atos, quando eivados de vícios que os tornem ilegais, porque deles não se originam direitos; ou revogá-los, por motivo de conveniência ou oportunidade, respeitados os direitos adquiridos, e ressalvada, em todos os casos, a apreciação judicial.

Em comentários à última súmula, o eminente jurista **Roberto Rosas**[6] assim se manifestou:

> "Distingue-se nesta Súmula a anulação do ato administrativo e da revogação do ato administrativo. Ambas as espécies pertencem ao gênero invalidação do ato administrativo. Assim ocorre quando há inconveniência, inoportunidade ou ilegalidade nesse ato. A revogação do ato administrativo decorre da inconveniência para a Administração, porém o ato é legal e perfeito. Somente a Administração o pode fazer, não cabendo ao Judiciário, que somente pode anular o ato, como também o pode a Administração, no entanto, com base na ilegalidade ou ilegitimidade do ato".

De se destacar, ainda, que a mesma orientação foi estabelecida no art. 53 da Lei federal n. 9.784/99, que disciplina os processos administrativos no âmbito da União. Confira-se:

> **Art. 53.** A Administração deve anular seus próprios atos, quando eivados de vício de legalidade, e pode revogá-los por motivo de conveniência ou oportunidade, respeitados os direitos adquiridos.

Percebe-se que a redação reproduzida aperfeiçoou, sob certo aspecto, a Súmula 473 ao estabelecer não a possibilidade, mas o dever da Administração de anular seus próprios atos e não a obrigação, mas a faculdade de revogá-los por motivos de conveniência ou oportunidade.

Por fim, oportuno estabelecer algumas considerações em relação aos denominados **atos administrativos irrevogáveis**, como já visto, dos quais surgem como **exemplos:** os vinculados, aqueles que a própria lei assim tenha declarado; os complexos (de inviável revogação por apenas um dos órgãos que integraram a elaboração do ato); os que geraram direitos adquiridos (em atenção ao princípio da segurança das relações jurídicas); os que integrem um procedimento e para os quais já se tenha operado a preclusão pela prática de um ato posterior; os que já tenham exaurido seus efeitos, e, por derradeiro, os enunciativos ou declaratórios.

---

6 *Direito sumular*. 9. ed. São Paulo: Malheiros, 1998, p. 192.

Dentro desse contexto, para permitir uma melhor visualização do tema, confira-se o seguinte esquema comparativo:

	ANULAÇÃO	REVOGAÇÃO
FUNDAMENTO	Ilegalidade	Conveniência e oportunidade
TITULAR	Administração e Judiciário	Administração
EFEITOS DA DECISÃO	*Ex tunc*	*Ex nunc*
PRAZO	5 anos (Lei n. 9.784/99, art. 54), salvo comprovada má-fé	Não há

■ 5.6.3. Outras modalidades de extinção

Além das duas formas de extinção, mencionadas no tópico anterior, oportuno registrar a existência de outras apontadas pela doutrina. Assim é que, nesse contexto, seguindo as lições de Celso Antônio Bandeira de Mello, citado por **Maria Sylvia Zanella Di Pietro**[7], podem ser elencadas as seguintes modalidades:

> "***Cassação***, em que a retirada se dá 'porque o destinatário **descumpriu condições** que deveriam permanecer atendidas a fim de poder continuar desfrutando da situação jurídica'; o autor cita o exemplo de cassação de licença para funcionamento de hotel por haver se convertido em casa de tolerância;
>
> ***Caducidade***, em que a retirada se deu 'por que **sobreveio norma jurídica** que tornou inadmissível a situação antes permitida pelo direito e outorgada pelo ato precedente'; o exemplo dado é a caducidade de permissão para explorar parque de diversões em local que, em face da nova lei de zoneamento, tornou-se incompatível com aquele tipo de uso;
>
> ***Contraposição***, em que a retirada se dá por que foi **emitido ato** com fundamento em competência diversa que gerou o ato anterior, mas cujos **efeitos** são **contrapostos** aos daqueles; é o caso da exoneração de funcionário, que tem efeitos contrapostos ao da nomeação.
>
> Finalmente, pela ***renúncia***, extinguem-se os efeitos do ato por que o próprio **beneficiário abriu mão** de uma vantagem de que desfrutava".

ANULAÇÃO	Extingue o ato por razões de ilegalidade
REVOGAÇÃO	Extingue o ato por razões de conveniência e oportunidade
CASSAÇÃO	Extingue o ato por descumprimento de obrigações pelo destinatário
CADUCIDADE	Extingue o ato pela edição de lei posterior em sentido oposto
CONTRAPOSIÇÃO	Extingue o ato pela edição de outro posterior em sentido oposto
RENÚNCIA	Extingue o ato pela renúncia do destinatário

■ 5.7. CONVALIDAÇÃO DOS ATOS ADMINISTRATIVOS

Ainda em relação a esse tema, cumpre indagar acerca da possibilidade ou não, em nosso ordenamento jurídico, de se cogitar da **convalidação** dos atos administrativos.

[7] *Direito administrativo.* 15. ed. São Paulo: Atlas, 2003, p. 226.

De início, sobreleva notar que o verbo ***convalidar* significa tornar válido** o ato, que até então não era com efeito retroativo, o que pressupõe a possibilidade da presença no direito público dos chamados atos anuláveis, como se verifica no direito privado.

Sobre esse tema, ainda, importante destacar o **reconhecimento** pelo **legislador**, ao menos o federal, da possibilidade de convalidação dos atos administrativos consoante regra estabelecida pela **Lei n. 9.784/99**, em especial em seu art. 50, VIII, cuja redação a seguir se reproduz:

> **Art. 50.** Os atos administrativos deverão ser motivados, com indicação dos fatos e dos fundamentos jurídicos quando: (...)
>
> VIII — importem anulação, revogação, suspensão ou **convalidação** de ato administrativo.

Nesse contexto, oportuno também consignar que a mesma legislação, no art. 55, estabelece os **requisitos necessários** para que se possa cogitar de **convalidação** dos atos administrativos. Confira-se:

> **Art. 55.** Em decisão na qual se evidencie não acarretarem lesão ao interesse público nem prejuízo a terceiros, os atos que apresentarem defeitos sanáveis poderão ser convalidados pela própria Administração.

Dessa forma, pode-se concluir que a tendência, na prática, é pelo acolhimento da tese que torna **possível** a **convalidação** dos atos administrativos, desde que **preenchidos os requisitos** mencionados, vale dizer, que não tenha o ato acarretado lesão ao interesse público, nem prejuízo a terceiros, e que o defeito inicialmente apresentado seja passível de correção.

Percebe-se, portanto, que, pela redação oferecida pelo dispositivo em análise, em algumas hipóteses, o defeito inicialmente apresentado pelo ato pode ser objeto de correção e, como corolário, de convalidação, ao passo que, em outras hipóteses, essa possibilidade não se apresenta.

Assim, tem-se que, se o **defeito** inicialmente apresentado pelo ato estiver **radicado** no seu **objeto**, por ser ilícito, ou mesmo em sua finalidade, por não preservar o interesse público, o ato **não será passível de convalidação**.

Com efeito, alterado o objeto ou mesmo sua finalidade, o ato já não será mais o mesmo.

Cenário diferente se apresenta quando o **vício** inicialmente **apresentado** pelo ato estiver **radicado** na **falta de motivação**, ou mesmo na forma incorreta utilizada para sua exteriorização, uma vez que são **defeitos passíveis** de correção e, pois, de **convalidação**.

Em outras palavras, o simples acréscimo dos motivos inexistentes por ocasião da edição do ato em nada altera sua estrutura, o mesmo se podendo dizer em relação à correção da maneira pela qual o ato foi exteriorizado.

Resta ainda a questão relacionada às formas de controle dos atos administrativos, que se apresentam sob duas modalidades distintas: o **controle interno**, vale dizer, aquele feito pela **própria Administração**, que poderá atuar de **ofício** ou por **provocação** de terceiros e que se estende tanto pelo campo do **mérito** quanto pelo da

legalidade. De outra parte, o **controle externo**, realizado pelo Poder **Legislativo**, com auxílio do **Tribunal de Contas** e pelo Poder **Judiciário**, limitando-se ao campo da legalidade em respeito ao princípio constitucional da separação entre os Poderes.

Trata-se, pois, de tema que demanda maior aprofundamento, em razão das inúmeras informações que o envolvem, razão pela qual optamos pela abertura de um capítulo específico, denominado "Formas de controle sobre a Administração", conforme se verá mais adiante.

DEFINIÇÃO	Tornar válido o ato que nasceu viciado
POSSIBILIDADE	Sim
FUNDAMENTO	Lei federal n. 9.784/99, art. 55
REQUISITOS	■ Inexistência de lesão ao interesse público ■ Inexistência de prejuízos a terceiros ■ Ser o vício sanável

■ 5.8. QUADRO SINÓTICO

ATOS ADMINISTRATIVOS	
ATRIBUTOS	■ presunção de legitimidade ■ autoexecutoriedade ■ imperatividade ■ tipicidade
REQUISITOS DE VALIDADE	■ competência ■ forma ■ finalidade ■ motivo ■ objeto
CLASSIFICAÇÃO	■ quanto aos destinatários (gerais ou individuais) ■ quanto ao alcance (internos ou externos) ■ quanto ao objeto (de império ou de gestão) ■ quanto ao grau de liberdade (vinculado ou discricionário) ■ quanto à formação do ato (simples, composto ou complexo) ■ quanto à perfeição, validade e eficácia
ESPÉCIES	■ normativos ■ ordinatórios ■ negociais ■ enunciativos ■ punitivos
FORMAS DE EXTINÇÃO	■ anulação (por razões de ilegalidade) ■ revogação (por razões de conveniência e oportunidade) ■ cassação (por descumprimento de condições pelo destinatário) ■ caducidade (pela edição de norma posterior incompatível com a situação anterior) ■ contraposição (pela edição de ato com efeitos opostos ao anterior) ■ renúncia (por ter o beneficiário aberto mão da vantagem de que desfrutava)
CONVALIDAÇÃO	Tornar válido o ato que até então não era em razão da presença de vício que o maculava Requisitos (Lei n. 9.784/99, art. 55): 1. inexistência de lesão ao interesse público 2. inexistência de prejuízos a terceiros 3. vício sanável

5.9. SÚMULAS SOBRE ATOS ADMINISTRATIVOS

5.9.1. Súmulas do STF

346. A administração pública pode declarar a nulidade dos seus próprios atos.

473. A administração pode anular seus próprios atos, quando eivados de vícios que os tornam ilegais, porque deles não se originam direitos; ou revogá-los, por motivo de conveniência ou oportunidade, respeitados os direitos adquiridos, e ressalvada, em todos os casos, a apreciação judicial.

5.9.2. Súmula vinculante

3. Nos processos perante o Tribunal de Contas da União asseguram-se o contraditório e a ampla defesa quando da decisão puder resultar anulação ou revogação de ato administrativo que beneficie o interessado, excetuada a apreciação da legalidade do ato de concessão inicial de aposentadoria, reforma e pensão.

5.10. QUESTÕES

1. (Agente Penitenciário — SEJUS-PI — NUCEPE — 2016) Sobre os atos administrativos, assinale a alternativa INCORRETA.

a) Até prova em contrário, presume-se que os atos administrativos foram emitidos em conformidade com o previsto na lei e presumem-se verdadeiros os fatos indicados pela Administração.
b) O atributo da imperatividade não está presente em todos os atos administrativos.
c) A competência para a prática de ato administrativo não pode ser objeto de avocação e nem de delegação.
d) De acordo com a teoria dos motivos determinantes, a validade do ato administrativo está vinculada aos motivos mencionados como seu fundamento.
e) A desobediência à finalidade do ato administrativo caracteriza desvio de poder.

2. (Analista Judiciário — Área Administrativa — TRT-24ª Região (MS) — FCC — 2017) Considere:

I. O atributo da presunção de legitimidade dos atos administrativos depende de lei expressa.
II. A imperatividade significa que os atos administrativos são cogentes, obrigando a todos quantos se encontrem em seu círculo de incidência, ainda que o objetivo por ele alcançado contrarie interesses privados.
III. Em alguns atos administrativos, como as permissões e autorizações, está ausente o cunho coercitivo.
IV. A presunção de legitimidade dos atos administrativos é *juris et de jure*, ou seja, presunção relativa.

No que concerne aos atributos dos atos administrativos, está correto o que se afirma APENAS em

a) I, II e IV.
b) III e IV.
c) II e III.
d) I e III.
e) II.

3. (Analista do Ministério Público — MPE-RJ — Administrativa — FGV — 2016) Mônica se inscreveu em concurso público, pretendendo ingressar no serviço público estadual do Rio de Janeiro, no cargo efetivo de auxiliar administrativo. Após realizar a prova e obter classificação entre os dez primeiros candidatos, Mônica foi nomeada e tomou posse. Ocorre que, seis meses após a investidura, a Administração Pública recebeu diversas representações dando conta de que houve fraude no concurso, envolvendo alguns candidatos. Assim, foram instaurados os necessários processos administrativos em face de cada candidato, sobre cuja investidura recaíam indícios de irregularidade. Ao final do processo administrativo relativo a Mônica, ficou fartamente comprovado

que a candidata fraudou o concurso, eis que obteve as respostas durante a prova utilizando um aparelho de telefone celular que manteve escondido sob suas vestes. Dessa forma, a Administração Pública declarou nulo o ato de investidura de Mônica, com base na prerrogativa da:

a) imperatividade, que permite à Administração rever seus próprios atos, inclusive anulando os inoportunos;
b) autoexecutoriedade, que permite à Administração rever seus próprios atos, após autorização do Poder Judiciário;
c) discricionariedade, que permite à Administração rever seus próprios atos, inclusive revogando os ilegais;
d) autotutela, que permite à Administração rever seus próprios atos, inclusive invalidando os ilegais;
e) legalidade, que permite à Administração rever seus próprios atos, inclusive revogando os vinculados.

4. (Analista Fiscal de Serviços — Prefeitura de São Paulo-SP — VUNESP — 2016) Considerando o que dispõe a legislação brasileira, na hipótese de a Administração Pública constatar a ilegalidade de um ato administrativo praticado por um servidor público, é correto afirmar que o ato

a) deve ser revogado pela administração, e o servidor deve responder pelos danos causados.
b) é passível de ser anulado pela própria administração.
c) pode ser anulado pela própria administração, desde que tenha causado danos materiais a terceiros.
d) deve ser revogado pela Administração, e o poder público responderá pelos danos causados, podendo cobrar os prejuízos do servidor em ação regressiva.
e) somente pode ser anulado pelo Poder Judiciário, mas a Administração e o servidor responderão pelos danos causados a terceiros.

5. (Juiz de Direito Substituto — TJ-RS — FAURGS — 2016) No que se refere aos atos administrativos, assinale a alternativa correta.

a) Em face de sua competência para apreciar a legalidade de quaisquer atos administrativos para fins de registro, a declaração de invalidade ou anulação por vícios legais desses atos é exclusiva do Poder Legislativo respectivo.
b) O direito da Administração de anular seus próprios atos de que decorram efeitos favoráveis aos destinatários prescreve em 3 (três) anos, contados da data em que foram praticados, salvo comprovada má-fé.
c) A Administração deve anular seus próprios atos, quando eivados de vício de legalidade, e pode revogá-los por motivos de conveniência ou oportunidade, respeitados os direitos adquiridos.
d) Têm natureza política e são excluídos de apreciação pelo Poder Judiciário os atos administrativos dotados de vinculação resultantes do exercício do poder de polícia administrativa que limitam ou disciplinam direito, interesse ou liberdade dos administrados.
e) Os atos administrativos eivados de vício que os tornem ilegais somente podem ser declarados inválidos ou revogados pelo Poder Judiciário.

6. (Juiz do Trabalho Substituto — TRT-2ª Região — 2016) Em relação ao regime jurídico dos atos administrativos é INCORRETO afirmar que:

a) A Administração pode revogar seus próprios atos, quando eivados de vício de legalidade, ou por motivo de conveniência ou oportunidade, respeitados os direitos adquiridos.
b) O direito da Administração de anular os atos administrativos de que decorram efeitos favoráveis para os destinatários decai, em regra, em cinco anos, contados da data em que foram praticados, salvo comprovada má-fé.
c) Os atos administrativos, quando importem anulação, revogação, suspensão ou convalidação de ato administrativo, deverão ser motivados, com indicação dos fatos e dos fundamentos jurídicos.
d) Os atos administrativos, quando decidam processos administrativos de concurso ou seleção pública, deverão ser motivados, com indicação dos fatos e dos fundamentos jurídicos.
e) Segundo a "teoria dos motivos determinantes", os motivos que determinaram a vontade do agente, ou seja, os fatos que serviram de suporte à sua decisão, integram a validade do ato

administrativo, de forma que, uma vez enunciados pelo agente os motivos que o fundam, ainda quando a lei não haja expressamente imposto a obrigação de enunciá-los, o ato administrativo editado no exercício de competência discricionária só será válido se tais motivos realmente ocorreram e o justificavam.

7. (Procurador Municipal — Prefeitura de Lauro de Freitas-BA — Planejar Consultoria — 2016) Acerca dos Atos da Administração Pública, assinale a alternativa correta.

a) Atos de império: é o comando da administração com carga de ordem ou decisão coativa, não passível de contestação, senão no plano da legalidade, expropriações, interdição de atividades, requisição de bens etc.
b) Atos de expediente: são aqueles que conduzem e ordenam os atos internos da Administração e de seus agentes, criando, ainda, direitos e obrigações entre o Poder Público e os administrados, despachos, permissões, contratos públicos, nomeação de servidores etc.
c) Atos de gestão: situa-se no âmbito dos expedientes de preparo de papéis e impulsos processuais, tal como recebimento e expedições de papéis e despachos de rotina, sem envolver o mérito da matéria.
d) Atos de império: são aqueles que conduzem e ordenam os atos internos da Administração e de seus agentes, criando, ainda, direitos e obrigações entre o Poder Público e os administrados, despachos, permissões, contratos públicos, nomeação de servidores etc.
e) Atos de império: situa-se no âmbito dos expedientes de preparo de papéis e impulsos processuais, tal como recebimento e expedições de papéis e despachos de rotina, sem envolver o mérito da matéria.

8. (Oficial de Chancelaria — MRE — FGV — 2016) O Ministro de Estado da Justiça editou portaria determinando a expulsão de estrangeiro do território nacional, em razão de sua condenação em processo criminal à pena privativa de liberdade de oito anos. Inconformado, o estrangeiro ajuizou a ação judicial cabível e comprovou que o ato expulsório baseou-se unicamente em pressuposto de fato equivocado, uma vez que, na verdade, foi absolvido naquela ação penal, por força do provimento de sua apelação criminal pelo Tribunal. Dessa forma, o estrangeiro obteve judicialmente a declaração da nulidade da portaria de sua expulsão, porque a validade do ato administrativo, ainda que discricionário, vincula-se aos motivos apresentados pela administração, ou seja, o motivo do ato administrativo deve sempre guardar compatibilidade com a situação de fato que gerou a manifestação da vontade. Com base na doutrina de Direito Administrativo, no caso em tela houve a aplicação:

a) da teoria dos motivos determinantes;
b) da teoria da vinculação da expulsão;
c) do princípio administrativo da autotutela;
d) do princípio da reciprocidade administrativa;
e) do princípio da motivação ministerial.

9. (Advogado — Prefeitura de Nova Ponte-MG — IBGP — 2016) Quando o advento de uma legislação nova altera situação anteriormente consentida e formalizada pela prática de um ato administrativo, impedindo a permanência desse ato exarado pelo poder público, ocorre a chamada:

a) Revogação do ato administrativo.
b) Anulação do ato administrativo.
c) Cassação do ato administrativo.
d) Caducidade do ato administrativo.

10. (Técnico Judiciário — Área Administrativa — TRE-BA — CESPE — 2017) De acordo com a doutrina, os atos administrativos que possuem todas as suas condições e requisitos estipulados por lei, prevendo uma única e obrigatória atuação administrativa, são classificados como

a) complexos.
b) vinculados.
c) constitutivos.
d) declaratórios.
e) discricionários.

■ GABARITO ■

1. "c".
2. "c".
3. "d".
4. "b".
5. "c".
6. "a".
7. "a".
8. "a".
9. "d".
10. "b".

6

ESTRUTURA DA ADMINISTRAÇÃO PÚBLICA

6.1. ESTRUTURA DA ADMINISTRAÇÃO

6.1.1. Noção geral

A **Administração** Pública, nas quatro esferas de governo, vale dizer, federal, estadual, municipal e distrital, é composta de uma estrutura **direta** e **indireta**, sobre as quais incidem não só os **princípios** relacionados no *caput* do **art. 37** da Constituição, como também as demais regras relacionadas nos parágrafos e incisos desse dispositivo, como se verifica da redação a seguir reproduzida:

> **Art. 37.** A administração pública direta e indireta de qualquer dos Poderes da União, dos Estados, do Distrito Federal e dos Municípios obedecerá aos princípios de legalidade, impessoalidade, moralidade, publicidade e eficiência e, também, ao seguinte (...).

Tendo em vista a redação reproduzida, resta claro que as quatro esferas de governo devem se curvar às **diretrizes** ali estabelecidas, para a preservação dos **interesses da coletividade**.

Sem embargo, cumpre registrar a existência de **diferenças** estruturais entre as figuras **integrantes** da **estrutura direta** e **indireta** da Administração Pública, o que demanda a abertura de itens específicos para trabalhar com cada uma delas, o que se fará a seguir.

6.2. ESTRUTURA DIRETA DA ADMINISTRAÇÃO

A **estrutura** da Administração **direta** é composta fundamentalmente por **órgãos** que são instrumentos da vontade estatal **desprovidos**, em regra, de **personalidade jurídica**, sendo esse o aspecto que os diferencia das pessoas que integram a Administração indireta, conforme se verifica da definição oferecida pelo art. 4º, I, do **Decreto-lei n. 200/67**. Confira-se:

> **Art. 4º** A administração Federal compreende:
>
> I — a administração direta, que se constitui dos serviços integrados na estrutura administrativa da Presidência da República e dos ministérios.

Essa questão foi também disciplinada pela **Lei n. 9.784/99**, que regula o processo administrativo no âmbito da Administração Pública federal, em particular em seu **art. 1º, § 2º, I**, cuja redação a seguir se reproduz:

> **Art. 1º** Esta Lei estabelece normas básicas sobre o processo administrativo no âmbito da Administração Federal direta e indireta, visando, em especial, à proteção dos direitos dos administrados e ao melhor cumprimento dos fins da Administração. (...)
>
> § 2º Para os fins desta Lei, consideram-se:
>
> I — órgão — a unidade de atuação integrante da estrutura da Administração direta e da estrutura da Administração indireta.

A leitura do dispositivo legal colacionado permite concluir, inicialmente, que, apresentando-se como unidades de atuação, esses **órgãos** possuem um **campo próprio de atuação**, previamente estabelecido por **lei**, não podendo ser ultrapassado, sob pena de ilegalidade do ato.

A propósito, importante deixar consignado que são eles **criados** por **lei** de iniciativa do **Presidente da República**, na esfera federal, conclusão que se atinge pela leitura do **art. 61, § 1º, II, *e*, da CF:**

> **Art. 61.** A iniciativa das leis complementares e ordinárias cabe a qualquer membro ou Comissão da Câmara dos Deputados, do Senado Federal ou do Congresso Nacional, ao Presidente da República, ao Supremo Tribunal Federal, aos Tribunais Superiores, ao Procurador-Geral da República e aos cidadãos, na forma e nos casos previstos nesta Constituição.
>
> § 1º São de iniciativa privativa do Presidente da República as leis que:
>
> II — disponham sobre:
>
> *e)* criação e extinção de Ministérios e órgãos da administração pública, observado o disposto no art. 84, VI.

A leitura do dispositivo constitucional reproduzido permite entrever que a **criação** e a **extinção** de órgãos depende de **lei** de iniciativa do **Presidente da República**, situação que não se apresenta alterada pela redação prevista no **art. 84, VI, *a***, da Constituição:

> **Art. 84.** Compete privativamente ao Presidente da República: (...)
>
> VI — dispor, mediante decreto, sobre:
>
> *a)* organização e funcionamento da administração federal, quando não implicar aumento de despesa nem **criação ou extinção de órgãos públicos**;
>
> *b)* extinção de funções ou cargos públicos, quando vagos.

Com efeito, percebe-se, pois, que, se a Constituição atribuiu ao Presidente da República a possibilidade de alterar, mediante decreto, a organização e o funcionamento da Administração Federal, manteve, no entanto, a previsão única de **criação** e **extinção** de **órgãos** através de **lei**.

Dentro desse contexto, cumpre registrar que a possibilidade de **delegação** dessas **competências**, prevista no **art. 84, parágrafo único**, por certo não incide sobre a criação e extinção de órgãos, uma vez que não se pode atribuir essa prerrogativa para um Ministro de Estado.

Confira-se, a propósito, a redação do art. 84, parágrafo único, da Constituição:

> **Art. 84.** (...)
> Parágrafo único. O Presidente da República poderá delegar as atribuições mencionadas nos incisos VI, XII e XXV, primeira parte, aos Ministros de Estado, ao Procurador-Geral da República ou ao Advogado-Geral da União, que observarão os limites traçados nas respectivas delegações.

Em síntese, a leitura conjunta do art. 84, VI e parágrafo único, permite concluir que em relação à **criação** e **extinção** de **órgãos** permanece a **diretriz** estabelecida no **art. 61**, que exige a aprovação de **lei** de iniciativa do Poder Executivo.

Sem embargo, em relação às demais alterações sobre organização e funcionamento da Administração Pública, abre-se a possibilidade de sua veiculação por meio de decretos, bem como sua delegação para Ministros de Estado.

De outra parte, importante considerar que, embora tecnicamente o legislador tenha considerado possível a existência de órgãos na estrutura indireta da Administração, essa hipótese apresenta-se remota, tendo em vista as características das figuras que a integram, como se verá no item seguinte.

Seguindo pela descrição feita pelo legislador, percebe-se que esses **órgãos** que integram a **estrutura direta** da Administração Pública não são dotados de **personalidade jurídica**.

Nesse sentido, sendo **desprovido de personalidade jurídica**, o **órgão** — como visto —, não se confunde com a **pessoa jurídica**, surgindo apenas como parte integrante dela, tampouco como agente público que vai desempenhar suas funções.

A propósito do tema, oportuna a transcrição dos ensinamentos de Maria Sylvia Zanella Di Pietro[1]:

> "Na realidade, o órgão não se confunde com a pessoa jurídica, embora seja uma de suas partes integrantes; a pessoa jurídica é o todo enquanto os órgãos são parcelas integrantes do todo. O órgão também não se confunde com a pessoa física, o agente público, porque congrega funções que este vai exercer. (...)
> Isto equivale a dizer que o órgão não tem personalidade jurídica própria, já que integra a estrutura da Administração Pública Direta, ao contrário da entidade que constitui 'unidade de atuação dotada de personalidade jurídica' (art. 1º, § 2º, II, da Lei 9.784/1999); é o caso das entidades da Administração Indireta (autarquias, fundações, empresas públicas e sociedades de economia mista)".

Tem-se que a Administração **direta** é, portanto, composta basicamente por **órgãos desprovidos**, pois, de **personalidade jurídica**, como Ministérios, Secretarias, Superintendências, ao contrário da Administração indireta, composta por pessoas jurídicas, entes personalizados.

[1] *Direito administrativo*. 15. ed. São Paulo: Atlas, 2003, p. 426.

6.2.1. Teoria do órgão

Partindo-se do pressuposto de que o Estado não tem vontade própria, chega-se à conclusão de que ela acaba por se manifestar por meio da atuação de seus agentes, o que levou à formulação da chamada **teoria do órgão**.

Preconiza essa teoria que a pessoa jurídica manifesta sua vontade por meio de órgãos cujas atribuições são desempenhadas pelos seus agentes, fazendo surgir a ideia de imputação, uma vez que os **atos** realizados pelos **agentes** devem ser **imputados à própria Administração**.

A esse respeito, confiram-se os ensinamentos de Maria Sylvia Zanella Di Pietro[2]:

> "Pela teoria do órgão, a pessoa jurídica manifesta sua vontade por meio dos órgãos, de tal modo que quando os agentes que os compõem manifestam a sua vontade, é como se o próprio Estado o fizesse; substituísse a ideia de representação pela de imputação".

Percebe-se, na citação reproduzida, que **excepcionalmente** o ordenamento jurídico consagra a **possibilidade de atribuição de capacidade processual** a alguns **órgãos**, em que pese não serem eles dotados de personalidade jurídica.

Essas **exceções** não se apresentam de forma gratuita, mas resultam da importância atribuída a eles em nosso ordenamento jurídico, a exemplo do que se verifica em relação ao **Ministério Público**, por tratar-se de órgão que representa os interesses da coletividade, a teor do disposto do art. 129 da Constituição.

De resto, essa afirmação encontra respaldo também nos arts. 176 e 177 do NCPC, cuja redação a seguir se reproduz:

> **Art. 176.** O Ministério Público atuará na defesa da ordem jurídica, do regime democrático e dos interesses e direitos sociais e individuais indisponíveis.
>
> **Art. 177.** O Ministério Público exercerá o direito de ação em conformidade com suas atribuições constitucionais.

De resto, por força do posicionamento constitucional e legal atribuído a esse órgão é que o NCPC, a teor do disposto em seu art. 180, conferiu a ele a mesma prerrogativa processual atribuída às esferas de Governo, autarquias e fundações (art. 180), vale dizer, prazo em dobro para todas as manifestações. Confira-se:

> **Art. 180.** O Ministério Público gozará de prazo em dobro para manifestar-se nos autos, que terá início a partir de sua intimação pessoal, nos termos do art. 183 § 1º.

Mesma conclusão se impõe em relação à **Defensoria Pública**, por tratar-se de órgão essencial à função jurisdicional do Estado, incumbindo-lhe a orientação jurídica e a defesa em todos os graus dos necessitados, a teor do disposto no art. 134 da CF.

Dessa forma, justifica-se também a atribuição a esse órgão de prazo em dobro em todas as suas manifestações processuais, conforme se vê na previsão estabelecida no art. 186 do NCPC, a seguir reproduzida:

---

2 *Direito administrativo*. 15. ed. São Paulo: Atlas, 2003, p. 425.

> **Art. 186.** A defensoria pública gozará de prazo em dobro para todas as suas manifestações processuais.

Da mesma forma, impõe-se a conclusão em relação aos **Tribunais de Contas**, por se apresentarem como órgãos de capital importância para viabilizar o controle externo dos atos administrativos em auxílio ao Congresso Nacional, por força da previsão estabelecida no art. 71 da Constituição.

> **Art. 71.** O controle externo, a cargo do Congresso Nacional, será exercido com o auxílio do Tribunal de Contas da União, ao qual compete:

Por derradeiro, também se impõe essa conclusão em relação a todas as **Casas Legislativas** quando atingirem interesses de terceiros por meio da expedição de atos ilegais, bem como quando atingidas por **decisões** que possam **comprometer** sua **autonomia**, implicando o esvaziamento do princípio constitucional da separação entre os Poderes.

Assim é que se revela possível a propositura de uma ação judicial por uma dessas **Casas Legislativas** quando atingidas por **decisões** que possam **comprometer** sua **estrutura** ou **funcionamento**.

Dentro desse contexto, partindo da premissa de que esses **órgãos** não são dotados de **personalidade jurídica**, emerge cristalina a conclusão segundo a qual **não têm** eles, ao menos **como regra geral**, **capacidade processual**, vale dizer, para estar em juízo, promovendo ou sofrendo medidas judiciais.

Dessa forma, conclui-se pela **impossibilidade** de esses **órgãos responderem** pelas **obrigações** que contraírem junto a **terceiros**, bem como pelos danos a eles causados, exigindo da vítima ou do prejudicado a propositura de medida judicial em face da esfera de governo em que se encontram.

Assim, a título de exemplo, a vítima de um dano causado por um Ministério deverá propor a ação judicial pleiteando indenização, em face da União, da mesma forma que deverá propor a ação em face de Estados e Municípios, quando o dano experimentado for resultante da atuação de uma Secretaria de Estado ou de uma Subprefeitura.

Aliás, outra não é a conclusão que se extrai da leitura do **art. 37, § 6º**, da **Constituição**, que abre a possibilidade de a vítima **ingressar** em **juízo** pleiteando **indenização**, em face tão somente de **pessoas jurídicas**, de direito público ou de direito privado, prestadoras de serviços públicos, mas, de toda sorte, somente pessoas jurídicas.

Diante desse cenário, importante ainda apontar para a existência de exceções envolvendo órgãos, que, nada obstante não serem dotados de personalidade jurídica, possuem capacidade processual, em razão da importância a eles conferida pelo ordenamento jurídico, como já visto, destacando-se uma vez mais o Ministério Público; a Defensoria Pública; os Tribunais de Contas; as Casas Legislativas (Câmara de Vereadores; Assembleia Legislativa e Congresso Nacional).

6.2.2. CLASSIFICAÇÃO DOS ÓRGÃOS

Da mesma forma como visto no capítulo relacionado aos atos administrativos (Capítulo 5 desta obra), **diversos são os critérios** que permitem a elaboração de uma **classificação dos órgãos** que integram a estrutura direta da Administração Pública.

Assim sendo, possível também a inclusão de um mesmo órgão entre os diversos critérios de classificação, apresentando-se como principal, o que leva em consideração a posição hierárquica que ocupa.

Assim, os órgãos podem ser divididos em dois grandes grupos:

- **aqueles que têm base diretamente na Constituição;**
- **aqueles previstos no nível infraconstitucional.**

Quanto aos primeiros, surgem como **exemplos** as casas legislativas (Congresso Nacional, Assembleias Legislativas, Câmara de Vereadores, Câmara Distrital); os tribunais integrantes da estrutura do Judiciário; os Tribunais de Contas (órgãos auxiliares do Legislativo); o Ministério Público e a Defensoria Pública.

Quanto aos **Tribunais de Contas, oportuno registrar a diferença estabelecida pelo STF quando da apreciação, em agosto de 2017, das ADIs 346/SP e 4.776/SP, ambas relatadas pelo Ministro Gilmar Mendes, entre os Tribunais de Contas dos Municípios (art. 31, § 1º) e os Tribunais de Contas do Município, apenas existentes nos Municípios de São Paulo e Rio de Janeiro.**

No entendimento da Suprema Corte, os **primeiros são órgãos estaduais**, criados por deliberação autônoma dos respectivos Estados-Membros com a finalidade de auxiliar as Câmaras Municipais na atribuição de exercer o controle externo.

Já o Tribunal de Contas do Município (São Paulo e Rio de Janeiro) **é órgão independente e autônomo, pertencente à estrutura da esfera municipal**, **com a função de auxiliar a Câmara Municipal** no controle externo da fiscalização financeira e orçamentária do respectivo Município (*Informativo* n. 871, de agosto de 2017).

No nível constitucional, **importante destacar ainda** as regiões metropolitanas, as aglomerações urbanas e as microrregiões, conforme a previsão estabelecida no art. 25, § 3º.

De outra parte, em relação àqueles que têm previsão no **nível infraconstitucional** surgem como **exemplos** os Ministérios e Secretarias de Estado, as Procuradorias e Tribunais Administrativos.

Por derradeiro, importante observar que esses órgãos pode**m ser compostos por uma só pessoa**, a exemplo da Presidência da República, **como também por um colegiado**, a exemplo dos Tribunais.

INTEGRANTES	Órgãos
DEFINIÇÃO	Centros de competência previamente definidos por lei
PERSONALIDADE JURÍDICA	Não tem. Assim, não se apresentam como sujeito de direitos e obrigações
CAPACIDADE PROCESSUAL	Em regra, não possuem. As exceções que se apresentam devem-se ao posicionamento jurídico do órgão e aos interesses que representa

TEORIA DO ÓRGÃO	Imputa a responsabilidade pelos atos praticados aos agentes, não a eles, não aos órgãos em que se encontram lotados, mas à esfera de governo em que se encontram
CRIAÇÃO	Por lei, de iniciativa do Chefe do Executivo (art. 61, § 1º, II, *e*, da Constituição Federal)
EXTINÇÃO	Por lei, de iniciativa do Chefe do Executivo (art. 61, § 1º, II, *e*, da Constituição Federal)
ORGANIZAÇÃO E FUNCIONAMENTO	Por lei, se implicar aumento de despesa. Por simples decreto, se não implicar (art. 84, VI, *a*, da Constituição Federal)
CLASSIFICAÇÃO	Principal critério — quanto a posição ocupada, dividindo-se em: a) no nível constitucional b) no nível infraconstitucional

■ 6.3. ESTRUTURA INDIRETA DA ADMINISTRAÇÃO

■ 6.3.1. Noções gerais

A **estrutura indireta** da Administração Pública, nas quatro esferas de governo, é composta não de órgãos, mas de **pessoas jurídicas**, outra não sendo a orientação estabelecida pelo Decreto-lei n. 200/67, em seu art. 4º, II:

> **Art. 4º** A Administração Federal compreende: (...)
>
> II — a Administração Indireta, que compreende as seguintes categorias de entidades, dotadas de personalidade jurídica própria:
>
> Parágrafo único. As entidades compreendidas na Administração Indireta vinculam-se ao Ministério em cuja área de competência estiver enquadrada sua principal atividade.

A leitura do dispositivo autoriza inicialmente a conclusão segundo a qual **todas as figuras** ali descritas são **dotadas de personalidade jurídica** própria, ao contrário dos órgãos integrantes da Administração direta.

Outrossim, em razão dessa natureza jurídica, em especial da autonomia a elas atribuída para a tomada de decisões, **não se encontram elas subordinadas, mas vinculadas aos Ministérios** integrantes da Administração direta afetos a sua área de atuação.

Outrossim, a matéria encontra-se também prevista na **Lei n. 9.784/99**, disciplinadora dos processos administrativos na área federal, em especial em seu **art. 1º, § 2º, II:**

> **Art. 1º** (...)
>
> § 2º Para os fins desta Lei, consideram-se:
>
> I — órgão — a unidade de atuação integrante da estrutura da Administração direta e da estrutura da Administração indireta;
>
> II — entidade — a unidade de atuação dotada de personalidade jurídica;
>
> III — autoridade — o servidor ou agente público dotado de poder de decisão.

A leitura do dispositivo reproduzido permite concluir que, a exemplo dos órgãos que integram a estrutura direta da Administração, também **essas pessoas se apresentam como unidades de atuação**, o que equivale a dizer, são elas **dotadas de um campo específico de competência**, previamente estabelecido em lei.

Outrossim, da mesma forma como se viu para os órgãos integrantes da estrutura direta, essas pessoas também são **criadas** e **extintas** por **lei** de iniciativa do Poder Executivo, a teor do disposto no **art. 37, XIX**, da Constituição:

> **Art. 37.** (...)
>
> XIX — somente por lei específica poderá ser criada autarquia e autorizada a instituição de empresa pública, de sociedade de economia mista e de fundação, cabendo à lei complementar, neste último caso, definir as áreas de sua atuação.

O dispositivo reproduzido permite entrever que, embora os integrantes da estrutura indireta da Administração demandem a **aprovação de lei** para serem **criados**, verifica-se diferença significativa em relação ao **papel atribuído a ela**, na medida em que, com relação às **autarquias** e **fundações** com **personalidade jurídica de direito público**, a **simples aprovação** da lei revela-se **suficiente** para concretizar sua **criação**.

Já com relação a **fundações com personalidade jurídica de direito privado**, **empresas públicas e sociedades de economia mista**, a **aprovação** da **lei** representa apenas a **primeira etapa** de sua **criação**, pois necessária, ainda, a **aprovação** de seus **estatutos sociais**, e seu competente registro.

De outra parte, por meio da definição oferecida pelo art. 2º da Lei n. 9.784/99, percebe-se a presença de outra diferença entre essas **pessoas** integrantes da estrutura indireta da Administração e os **órgãos** integrantes de sua estrutura direta.

Com efeito, corretamente o legislador apontou serem **elas** dotadas de **personalidade jurídica**, o que traz como consequência terem **capacidade processual**, vale dizer, para estar em juízo, promovendo ou sofrendo ações.

Dessa forma, cristalina a conclusão segundo a qual são **elas a responder pelas obrigações** contraídas junto a **terceiros**, bem como pelos danos causados, e não a esfera de governo em que se encontram.

Assim sendo, a vítima de **danos causados** por uma autarquia, fundação, empresa pública ou sociedade de economia mista deverá **acioná-las em juízo**, em busca de **indenização, e não**, como já se disse, a **esfera de governo** que integram.

De outra parte, estabelecidas as noções preliminares e antes de passarmos em revista as características apresentadas pelos integrantes da Administração indireta, sobreleva notar que dois são os **objetivos que norteiam a criação dessas figuras:** a prestação de **serviços públicos** e a **exploração de atividades econômicas**.

A criação das pessoas para a prestação de **serviços públicos** tem por objetivo oferecer concretude ao princípio da **eficiência**, visto que se parte do pressuposto de que a criação de uma pessoa para desenvolver somente um tipo de atividade faz com que ao longo do tempo se transforme em uma especialista, melhorando, assim, a qualidade do serviço.

Nesse contexto, cumpre observar que a situação descrita impede os administradores das entidades de afastá-las dos objetivos definidos na lei, para os quais, aliás, foram criadas, recebendo o nome de **princípio da especialização**.

Confira-se a respeito o trecho extraído das lições de Maria Sylvia Zanella Di Pietro[3]:

> "Dos princípios da legalidade e da indisponibilidade do interesse público, decorre, dentre outros, o da especialidade, concernente à ideia de descentralização administrativa.
>
> Quando o Estado cria pessoas jurídicas públicas administrativas — as autarquias — como forma de descentralizar a prestação de serviços públicos, com vistas à especialização de função, a lei que cria a entidade estabelece com precisão as finalidades que lhe incumbe atender, de tal modo que não cabe aos seus administradores afastar-se dos objetivos definidos na lei; isto precisamente pelo fato de não terem a livre disponibilidade dos interesses públicos.
>
> Embora esse princípio seja normalmente referido às autarquias, não há razão para negar a sua aplicação quanto às demais pessoas jurídicas, instituídas por lei, para integrarem a Administração Pública indireta".

Pode-se dizer, portanto, que a prestação de **serviços públicos** configura **atividade típica** do Estado, **não se configurando** nenhuma espécie de **competição** com a **iniciativa privada**, uma vez que terá ela acesso, no máximo, à execução dessas atividades, jamais podendo assumir sua titularidade, conclusão que se justifica, uma vez que diversos são os objetivos perseguidos pela Administração e pelos particulares.

Dessa forma, admitir a possibilidade de a iniciativa privada assumir a atividade de um serviço público implicaria a perspectiva de submeter seus usuários a medidas tomadas única e exclusivamente com o objetivo de obtenção de lucro, o que não se pode cogitar.

Por outro lado, a criação dessas pessoas para a **exploração de atividades econômicas**, entrando em um campo até então exercido com exclusividade pela iniciativa privada, ocorre em **caráter excepcional** e somente nas **hipóteses** expressamente **autorizadas pela Constituição**.

Assim, encontram-se as hipóteses no art. 173, cuja redação a seguir se reproduz:

> **Art. 173.** Ressalvados os casos previstos nesta Constituição, a exploração direta de atividade econômica pelo Estado só será permitida quando necessária aos imperativos da segurança nacional ou a relevante interesse coletivo, conforme definidos em lei.

Como se verifica da leitura desse dispositivo constitucional, a criação dessas pessoas para a **exploração de atividades econômicas** não se revela livre, uma vez que só é permitida em situação de **segurança nacional ou interesse coletivo relevante**.

Ainda que explorando atividade econômica, a atuação do Poder Público não pode, em absoluto, ser confundida com a que desenvolve um particular, visto que, nesse caso, totalmente voltada à obtenção de lucro.

Com efeito, ainda que **explorando atividade econômica**, **não pode a Administração balizar** suas **atitudes** para a obtenção de **lucro**, mas sim para a **preservação do interesse público** que representa.

---

[3] *Direito administrativo*. 15. ed. São Paulo: Atlas, 2003, p. 72.

Nesse contexto, perfeitamente **admissível** é que, ao término de um exercício, o **resultado** da gestão das empresas estatais se apresente deficitário, desde que os números decorram não de uma má administração, mas da própria **natureza da atividade** desenvolvida — por si mesma **deficitária**. Razão essa, aliás, para que ninguém na iniciativa privada tenha demonstrado interesse para sua assunção.

Em outras palavras, nada impede que a **Administração assuma a execução de atividades** que se saibam **deficitárias** de antemão, desde que o faça visando à **preservação do interesse público**.

Outro aspecto importante a ser abordado, antes de adentrarmos propriamente a análise das pessoas componentes da Administração indireta, refere-se ao **regime jurídico** a ser conferido a elas quando da exploração de **atividades econômicas**.

Assim, ao explorar atividades econômicas, essas pessoas deverão **submeter-se** aos **princípios** constitucionais que direcionam esse tema, que estão no **art. 170**, no qual se destaca o da livre concorrência:

> **Art. 170.** A ordem econômica, fundada na valorização do trabalho humano e na livre iniciativa, tem por fim assegurar a todos existência digna, conforme os ditames da justiça social, observados os seguintes princípios: (...)
>
> IV — livre concorrência.

Em vista desse princípio constitucional, portanto, tem-se que toda atividade desenvolvida pelo Poder Público no setor será marcada pela **absoluta ausência de prerrogativas** em relação à iniciativa privada, sob pena de tornar letra morta o princípio da livre concorrência, acima mencionado.

Essa conclusão está arrimada também no conteúdo do inciso II do § 1º do art. 173 da CF, a saber:

> **Art. 173.** (...)
>
> § 1º A lei estabelecerá o estatuto jurídico da empresa pública, da sociedade de economia mista e de suas subsidiárias que explorem atividade econômica de produção ou comercialização de bens ou de prestação de serviços, dispondo sobre: (...)
>
> II — a sujeição ao regime jurídico próprio das empresas privadas, inclusive quanto aos direitos e obrigações civis, comerciais, trabalhistas e tributários.

Nota-se, por oportuno, que a **igualdade de regimes** quanto aos **direitos** e **obrigações** não se restringe à relação desse dispositivo constitucional, conclusão que se atinge por força do advérbio "inclusive".

Com efeito, tivesse o constituinte a intenção de limitar a igualdade de **regimes jurídicos** somente aos direitos e obrigações ali mencionados, teria ele eliminado o advérbio "inclusive".

Como não o fez, entende-se que a mensagem deve ser assim traduzida: o regime jurídico das **estatais**, quando exploradoras de **atividades econômicas**, deve ser **basicamente o mesmo da iniciativa privada** em relação a todos os direitos e obrigações, e não só, mas principalmente, em relação às de caráter civil, comercial, trabalhista e tributário.

Nesse sentido, elimina-se alguma dúvida que ainda pudesse persistir em relação a essa conclusão pela diretriz estabelecida no **art. 173**, agora em seu **§ 2º**, como se verifica:

> **Art. 173.** (...)
>
> § 2º As empresas públicas e as sociedades de economia mista não poderão gozar de privilégios fiscais não extensivos às do setor privado.

Inquestionavelmente, no princípio da livre concorrência está a justificativa para essas previsões constitucionais, que, como visto, baliza a interpretação de todos os demais artigos integrantes desse título da Constituição Federal.

Oportuno ainda consignar que as **exploradoras de atividade econômica** não deixam de **integrar** a **estrutura** da **Administração** Pública.

Essa constatação assume relevo, porque torna **cogente** para elas o **cumprimento** das regras estabelecidas pelo **art. 37 da CF**, ao menos em relação aos **princípios** que norteiam toda a atividade administrativa, em especial quanto à contratação de pessoas e aquisição de bens e serviços que deverão seguir, como regra geral, os princípios licitatórios.

De resto, outra não foi a orientação oferecida pela nossa **Suprema Corte**, consoante se verifica dos excertos a seguir colacionados:

> "Sociedade de economia mista destinada a explorar atividade econômica está igualmente sujeita ao princípio do concurso público, que não colide com o expresso no art. 173, § 1º, da CF" (STF, *RTJ* 146/139).
>
> "Absorção pela administração direta estadual dos empregados de sociedade de economia mista em liquidação: plausibilidade da alegação de afronta ao princípio constitucional do concurso público (CF, art. 37, II): precedentes. O Supremo Tribunal julgou ser o concurso público pressuposto de validez da admissão de pessoal não apenas pela administração direta e pelos entes públicos da administração indireta — ou seja, dos seguimentos alcançados pelo regime jurídico único — mas também pelas empresas públicas e sociedades de economia mista, não obstante, por força do art. 173, CF, a sua relação com os respectivos empregados se submeta ao Direito do Trabalho (MS 21.322, Brossard, *RTJ* 146/139)" (STF, *RTJ* 165/474).

A necessidade de submissão, outrossim, das empresas públicas e sociedades de economia mista exploradoras de atividade econômica aos princípios da Administração Pública está prevista no art. 173, § 1º, III, da CF, como se vê:

> **Art. 173.** (...)
>
> § 1º A lei estabelecerá o estatuto jurídico da empresa pública, da sociedade de economia mista e de suas subsidiárias que explorem atividade econômica de produção ou comercialização de bens ou de prestação de serviços, dispondo sobre: (...)
>
> III — licitação e contratação de obras, serviços, compras e alienações, observados os princípios da administração pública.

Nesse particular, importante registrar, ainda que apenas de passagem, uma vez que o tema será abordado com o grau de profundidade que exige ao término deste capítulo, que, a título de **regulamentação** do **art. 173, § 1º**, foi editada, em 30 de junho de 2016, a **Lei n. 13.303**, que dispõe sobre o Estatuto Jurídico da Empresa Pública, da Sociedade de Economia Mista e de suas subsidiárias, no âmbito da União, dos Estados, do Distrito Federal e dos Municípios.

Compreendidas as noções iniciais acerca do tema, passaremos agora a cuidar de cada uma das pessoas componentes da Administração indireta do Estado, procurando abordar os mesmos itens para todas, de modo a facilitar o estudo comparativo.

INTEGRANTES	Pessoas jurídicas
PERSONALIDADE JURÍDICA	Tem. Assim se apresentam como sujeitos de direitos e obrigações
CAPACIDADE PROCESSUAL	Tem, podendo, pois, propor ou sofrer ações judiciais
CRIAÇÃO (ART. 37, XIX, DA CF)	Por lei, específica, ordinária, de iniciativa do Chefe do Executivo
EXTINÇÃO (ART. 37, XIX, DA CF)	Por lei específica, ordinária, de iniciativa do Chefe do Executivo, variando o seu papel de acordo com a personalidade jurídica da pessoa ■ Se de direito público, a lei cria ■ Se de direito privado, apenas autoriza a sua criação
OBJETIVOS	São criadas ou para a prestação de serviços públicos (atividade típica do Estado) ou para a exploração de atividades econômicas (atividade atípica do Estado).

■ 6.4. INTEGRANTES

Como visto, os **integrantes da estrutura indireta** da Administração apresentam de comum, entre si, o fato de se apresentarem como **pessoas jurídicas**, dotadas de **personalidade jurídica**, e criadas ou para a prestação de **serviços públicos** ou para a exploração de **atividades econômicas**.

Sem embargo, **apresentam** essas figuras **diferenças importantes**, que serão melhor analisadas a partir deste momento, com a especificação de cada uma delas.

■ 6.4.1. Autarquias

As **autarquias** são consideradas **pessoas jurídicas de direito público** criadas para a prestação de **serviços públicos**, contando com um capital exclusivamente público, consoante se verifica da definição estabelecida pelo **Decreto-lei n. 200/67**, em seu **art. 5º**, que a seguir se reproduz:

> **Art. 5º** Para os fins dessa lei, considera-se:
>
> I — autarquia — o serviço autônomo, criado por lei, com personalidade jurídica, patrimônio e receita próprios, para executar atividades típicas da administração pública que requeiram, para seu melhor funcionamento, gestão administrativa e financeira descentralizada.

Como se percebe da definição oferecida, das duas finalidades para as quais se prevê a criação de pessoas dentro da Administração indireta do Estado, as **autarquias** só podem ser idealizadas para a **prestação de serviços públicos**, não podendo atuar, portanto, na exploração de atividades econômicas.

Surgem como exemplos de autarquias, guardando-se as características até aqui apresentadas, em particular quanto ao grau de especialização na prestação de serviços públicos, os seguintes entes:

- Incra (Instituto Nacional de Colonização e Reforma Agrária);
- INPI (Instituto Nacional da Propriedade Industrial);
- Ibama (Instituto Brasileiro do Meio Ambiente e dos Recursos Naturais Renováveis);
- INSS (Instituto Nacional do Seguro Social);
- Cade (Conselho Administrativo de Defesa Econômica);
- Banco Central do Brasil.

Apresentam como **características importantes**: **autonomia administrativa**, autonomia **financeira** e **patrimônio próprio**, de modo a demonstrar que, uma vez criadas, apresentam independência em relação à Administração direta, não sendo outro o significado da expressão **"autarquia"** (***autos*** **+** ***arquia*** **= governo próprio**).

De se destacar também que, embora **não se possa cogitar** a **existência** de um **vínculo de hierarquia** ou subordinação entre a Administração direta e as autarquias, é perfeitamente **possível vislumbrar** aqui a **existência** de um **controle** daquela para com estas, que se restringirá ao campo da **legalidade** ou finalidade, podendo, ainda, receber o nome de tutela.

Quanto à **criação**, por se tratar de pessoas jurídicas de direito público, serão elas efetivadas por intermédio de **lei específica**, na forma do disposto no **art. 37, XIX, da CF:**

> **Art. 37.** (...)
>
> XIX — somente por lei específica poderá ser criada a autarquia e autorizada a instituição de empresa pública, de sociedade de economia mista e de fundação, cabendo à lei complementar, neste último caso, definir as áreas de sua atuação.

Da leitura desse dispositivo, pode-se concluir que o **único instrumento** viável para a **criação** de **autarquias** é a **lei**, não se prestando para essa finalidade os decretos, as medidas provisórias, sendo, outrossim, necessária lei específica quando da criação de cada autarquia.

Em outras palavras, toda vez que o Poder Executivo pretender criar uma nova autarquia — tendo em vista que a competência sobre essa matéria é sua, em caráter privativo (art. 61, § 1º, II, *e*, da CF) —, deverá providenciar lei própria, **não sendo possível**, portanto, imaginar a **criação**, por intermédio de **uma só lei**, de **diversas autarquias**.

Por outro lado, se a criação dessas entidades só pode verificar-se por meio de lei específica, por óbvio que sua **extinção** deverá seguir o **mesmo procedimento**, aplicando-se igual raciocínio para a **criação** das suas **subsidiárias**, conforme se verifica no **inciso XX** do **art. 37:**

> **Art. 37.** (...)
> XX — depende de autorização legislativa, em cada caso, a criação de subsidiárias das entidades mencionadas no inciso anterior, assim como a participação de qualquer delas em empresa privada.

De outra parte, cumpre observar a **possibilidade de atribuir** a essas entidades os mesmos **privilégios** de que é dotada a **Administração direta**, uma vez que são prestadoras de serviços públicos, única atividade que lhes é possível, e também em vista de sua personalidade de direito público.

Em outras palavras, resta claro que as prerrogativas conferidas a essas pessoas devem-se às atividades por elas desenvolvidas, vale dizer, a prestação de serviços públicos aliada à sua personalidade jurídica.

Assim, **usufruem** elas da **imunidade** tributária em relação aos impostos, fixada no **art. 150, VI, *a*, da CF,** a teor do disposto no § 2º do mesmo dispositivo. Confira-se:

> **Art. 150.** Sem prejuízo de outras garantias asseguradas ao contribuinte, é vedado a união, aos estados, ao Distrito Federal e aos municípios: (...)(...)
> VI — instituir impostos sobre:
> *a)* patrimônio, renda ou serviços, uns dos outros; (...)
> § 2º A vedação do inciso VI, *a*, é extensiva às **autarquias** e as fundações instituídas e mantidas pelo Poder Público, no que se refere o patrimônio, a renda e aos serviços, vinculados a suas finalidades essenciais, ou às delas recorrentes.

De igual sorte, estendem-se a elas os **privilégios processuais** fixados pelo NCPC, em seu art. 183, cuja redação a seguir se reproduz:

> **Art. 183.** A União, os Estados, o Distrito Federal, os municípios e suas respectivas autarquias e fundações de Direito Público gozarão de prazo em dobro para todas as suas manifestações processuais cuja contagem terá início a partir da intimação pessoal.

As autarquias, com efeito, estão incluídas na expressão "Fazenda Pública", sendo essa, aliás, matéria pacificada em nossos Tribunais, como se observa da ementa a seguir, que não restou alterada por ocasião da entrada em vigor do novo CPC, exceção feita, por óbvio, ao número do artigo:

> "Recurso. Autarquia. Art. 188 do CPC. As autarquias, pessoas jurídicas de direito público, **incluem-se na locução 'Fazenda Pública'** prevista no art. 188 do CPC, dispondo, pois, de prazo em dobro para recorrer" (STJ, 1ª T., REsp 60.591/PR, rel. Min. Cesar Rocha, *RSTJ* 812/75).

De observar-se, também, que a **responsabilidade** pelas **obrigações contraídas** por essas pessoas **a elas pertence**, podendo-se admitir, no máximo, seja o **Estado** chamado apenas em **caráter subsidiário**, vale dizer, apenas depois de esgotadas as forças da autarquia.

Não se cogita aqui a **possibilidade de o Estado responder em caráter solidário**, ou seja, conjuntamente com as autarquias.

Vale notar que essas pessoas, em razão das atividades que desenvolvem (serviços públicos), **não se submetem ao regime falimentar**.

Oportuno também dizer que as **demandas** envolvendo **autarquias federais** apresentam-se de **competência da Justiça Federal**, a teor do disposto no **art. 109, I, da Constituição Federal:**

> **Art. 109.** Aos juízes federais compete processar e julgar:
>
> I — as causas em que a União, entidade autárquica ou empresa pública federal forem interessadas na condição de autoras, rés, assistentes ou oponentes, exceto as de falência, as de acidentes de trabalho e as sujeitas à Justiça Eleitoral e à Justiça do Trabalho.

Ainda quanto ao tema relacionado às autarquias, importante estabelecer algumas considerações em relação a uma modalidade especial, as denominadas "agências reguladoras", o que se fará a seguir.

DEFINIÇÃO	Pessoas jurídicas de direito público de base associativa
PERSONALIDADE JURÍDICA	Tem. De direito público
CAPACIDADE PROCESSUAL	Tem. Assim, podem propor ou sofrer medidas judiciais
CRIAÇÃO E EXTINÇÃO	Por lei específica, ordinária, de iniciativa do Chefe do Executivo (art. 37, XIX, da Constituição Federal)
CONTROLE	Sofrem controle de legalidade, de finalidade de quem as criou, não existindo relação de hierarquia, de subordinação
PRIVILÉGIOS	Os mesmos atribuídos à Administração direta (art. 150, VI, *a*, da CF e art. 183 do NCPC)
OBJETIVO	Criadas apenas para a prestação de serviços públicos
RESPONSABILIDADE	É delas, pelas obrigações que contraírem, pelos danos que causarem, respondendo a Administração, no máximo, em caráter subsidiário
FALÊNCIA	Não se submetem
DEMANDAS JUDICIAIS	Para autarquias federais, a competência foi atribuída para a Justiça Federal de primeira instância, a teor do disposto no art. 109, I, da CF

■ 6.4.2. Agências reguladoras

■ *6.4.2.1. Natureza e regime jurídico*

Surgem como **espécies de autarquias** que apresentam por **objetivo** a **regulamentação**, o **controle** e a **fiscalização** da execução dos **serviços** públicos **transferidos ao setor privado**.

Trata-se, portanto, de **autarquias de regime especial**, às quais se aplicam todas as características até então verificadas para as demais.

Esse regime especial se traduz por um conjunto de privilégios específicos, outorgados por lei, para a consecução de seus fins, em que se destacam os seguintes:

a) Estabilidade de seus dirigentes: essa característica encontra justificativa na necessidade de conferir a seus dirigentes maior autonomia em relação à Administração direta responsável por sua indicação.

Destarte, cumpre consignar que a indicação desses dirigentes é levada a efeito na forma prevista no **art. 52, III, *f*, da CF**, vale dizer, por meio de voto secreto dos integrantes do Senado Federal após arguição pública.

Não se pode, entretanto, confundir essa estabilidade com aquela conferida para os servidores em geral, preenchidos os requisitos estabelecidos pelo art. 41 da CF, vale dizer, nomeação em caráter efetivo; estágio probatório de três anos e aprovação em avaliação especial de desempenho.

É que essa **estabilidade** apenas **impede a demissão dos dirigentes** dessas agências reguladoras enquanto **durarem** seus **mandatos**, sendo, portanto, conferida por **prazo determinado**, a não ser em vista da **caracterização de falta grave** durante esse período, consoante previsão estabelecida no art. 9º da Lei n. 9.986/2000, que dispõe sobre a gestão de recursos humanos das agências reguladoras e dá outras providências:

> **Art. 9º** Os Conselheiros e os Diretores somente perderão o mandato em caso de renúncia, de condenação judicial transitada em julgado ou de processo administrativo disciplinar.
>
> Parágrafo único. A lei de criação da Agência poderá prever outras condições para a perda do mandato.

b) Ampliação da autonomia financeira: essa característica de seu regime especial acaba por conferir a elas a possibilidade de auferirem rendas por intermédio de outras fontes de arrecadação nos termos previstos em sua legislação criadora.

Assim é que têm elas a possibilidade de **cobrança de taxas de fiscalização** pelos serviços que prestam, cobrança de multas e também dos convênios que celebram. E, ainda, proveniente da transferência de verbas de fundos de desenvolvimento, como se poderá observar nos comentários em relação a algumas dessas agências.

c) Poder normativo: essa característica de seu regime especial transfere às agências a **competência para a regulamentação de matérias a elas destinadas**, sem, no entanto, invadir aquelas de reserva de lei.

Em outras palavras, mediante esse poder normativo, têm essas agências competência para estabelecer **regras para a execução dos serviços públicos** transferidos a terceiros que estejam sob sua fiscalização, sem, contudo, frise-se uma vez mais, invadir matéria de reserva de lei.

Outro item importante, para efeito de preservação da **autonomia** dessas **agências** reguladoras, é aquele que prevê a **não coincidência dos mandatos de seus dirigentes** em relação aos dos responsáveis pelas suas nomeações, **evitando**, dessa forma, uma **quebra de continuidade** nas atividades por ela desenvolvidas **quando** da **mudança** no **comando** da **Administração** Pública por meio de eleições, conforme se verifica do art. 7º da referida legislação.

> **Art. 7º** A lei de criação de cada Agência disporá sobre a forma da não coincidência de mandato.

Por derradeiro, oportuno observar que, de forma a impedir que seus **dirigentes** possam **experimentar** qualquer **benefício**, por força dos **cargos** que titularizam, em especial depois de sua saída, referida legislação houve por bem fixar um **período, denominado quarentena**, em que não poderão exercer atividades ou prestar serviços nesse setor por um período de quatro meses, conforme a previsão estabelecida no **art. 8º**. Confira-se:

> **Art. 8º** O ex-dirigente fica impedido para o exercício de atividades ou de prestar qualquer serviço no setor regulado pela respectiva agência, por um período de quatro meses, contados da exoneração ou do término do seu mandato.
>
> § 1º Inclui-se no período a que se refere o *caput* eventuais períodos de férias não gozadas.

Diante desse cenário, de forma a **compensar o ex-dirigente** em razão das limitações de ordem temporal apresentadas, prescreve a referida legislação o direito a uma **remuneração compensatória** balizada pelos §§ 2º, 3º e 5º do mesmo dispositivo:

> **Art. 8º** (...)
>
> § 2º Durante o impedimento, o ex-dirigente ficará vinculado à agência, fazendo jus a remuneração compensatória equivalente à do cargo de direção que exerceu e aos benefícios a ele inerentes.
>
> § 3º Aplica-se o disposto neste artigo ao ex-dirigente exonerado a pedido, se este já tiver cumprido pelo menos seis meses do seu mandato. (...)
>
> § 5º Na hipótese de o ex-dirigente ser servidor público, poderá ele optar pela aplicação do disposto no § 2º, ou pelo retorno ao desempenho das funções de seu cargo efetivo ou emprego público, desde que não haja conflito de interesse.

Dessa forma, intuitiva a conclusão segundo a qual o desrespeito a essa diretriz legal implicará **responsabilização do ex-dirigente nas esferas civil, administrativa e penal**, nos termos fixados pelo § 4º do mesmo dispositivo:

> **Art. 8º** (...)
>
> § 4º Incorre na prática de crime de advocacia administrativa, sujeitando-se às penas da lei, o ex-dirigente que violar o impedimento previsto neste artigo, sem prejuízo das demais sanções cabíveis, administrativas e civis.

Nesse particular, para melhor visualização deste item, oportuna a reprodução do art. 321 do Código Penal, bem como do art. 117, IX, da Lei n. 8.112/90:

> **Art. 321.** Patrocinar, direta ou indiretamente, interesse privado perante a administração pública, valendo-se da qualidade de funcionário:
>
> Pena — detenção, de um a três meses, ou multa.
>
> Parágrafo único. Se o interesse é ilegítimo:
>
> Pena — detenção, de três meses a um ano, além da multa.

> **Art. 117.** Ao servidor é proibido: (...)
>
> IX — valer-se do cargo para lograr proveito pessoal ou de outrem, em detrimento da dignidade da função pública.

6.4.2.2. Espécies

a) Agência Nacional de Energia Elétrica (Aneel)

O primeiro exemplo de agência reguladora que citamos é o da Aneel.

Como se viu anteriormente, as agências reguladoras, modalidades de autarquias que são, só podem ser criadas para a prestação de serviços públicos. No caso ora em análise, a previsão está no **art. 21, XII, *b*, da CF**, como se observa:

> **Art. 21.** Compete à União: (...)
>
> XII — explorar, diretamente ou mediante autorização, concessão ou permissão: (...)
>
> *b)* os serviços e instalações de energia elétrica e o aproveitamento energético dos cursos de água, em articulação com os Estados onde se situam os potenciais hidroenergéticos.

Como se observa, o objeto dessa agência reguladora, consoante o disposto na Lei n. 9.427/96, que a criou, é a fiscalização da produção, transmissão, distribuição e comercialização de energia elétrica, estando ela vinculada, não subordinada, ao Ministério de Minas e Energia.

Nesse contexto, a agência reguladora, dentre outras competências, pode promover licitações destinadas à contratação de concessionários, celebrar contratos de concessão, fiscalizar sua execução e fixar multas e outras sanções aos concessionários por descumprimento de cláusulas contratuais.

b) Agência Nacional de Telecomunicações (Anatel)

A segunda agência reguladora é denominada Anatel, criada pela Lei n. 9.472/97.

Trata-se, pois, de autarquia de regime especial vinculada ao Ministério das Comunicações, que tem por objetivo fiscalizar, regulamentar os serviços de telecomunicações, cuja execução tenha sido repassada para terceiros.

Seu fundamento constitucional está contido no art. 21, XI, cuja redação a seguir se reproduz:

> **Art. 21.** Compete à União: (...)
>
> XI — explorar, diretamente ou mediante autorização, concessão ou permissão, os serviços de telecomunicações, nos termos da lei, que disporá sobre a organização dos serviços, a criação de um órgão regulador e outros aspectos institucionais.

Por sua vez, a legislação regulamentadora à qual se fez referência relaciona em seu art. 8º os traços característicos dessa agência, nos seguintes termos:

> **Art. 8º** Fica criada a Agência Nacional de Telecomunicações, entidade integrante da Administração Pública Federal indireta (...) vinculada ao Ministério das Comunicações, com a função de órgão regulador das telecomunicações, com sede no Distrito Federal, podendo estabelecer unidades regionais.

Nesse contexto, o § 2º do mesmo dispositivo legal relaciona as características componentes de seu regime especial conforme discriminado no início deste tópico:

Art. 8º (...)

§ 2º A natureza de autarquia especial conferida à Agência é caracterizada por independência administrativa, ausência de subordinação hierárquica, mandato fixo e estabilidade de seus dirigentes e autonomia financeira.

No mesmo diapasão, a leitura do art. 19 permite vislumbrar o denominado poder normativo atribuído a essas agências, consoante se verifica da transcrição de seu conteúdo:

Art. 19. À Agência compete adotar as medidas necessárias para o atendimento do interesse público e para o desenvolvimento das telecomunicações brasileiras, atuando com independência, imparcialidade, legalidade, impessoalidade e publicidade, e especialmente: (...)

IV — expedir normas quanto à outorga, prestação e fruição dos serviços de telecomunicações no regime público.

c) Agência Nacional do Petróleo, Gás Natural e Biocombustíveis (ANP)

A terceira agência reguladora é a ANP, também criada pela Lei n. 9.478/97, vinculada ao Ministério de Minas e Energia, e responsável pela contratação e fiscalização das atividades relacionadas ao setor de petróleo.

Tem seu fundamento constitucional no art. 177:

Art. 177. Constituem monopólio da União:

I — a pesquisa e a lavra das jazidas de petróleo e gás natural e outros hidrocarbonetos fluidos;

II — a refinação do petróleo nacional ou estrangeiro;

III — a importação e exportação dos produtos e derivados básicos resultantes das atividades previstas nos incisos anteriores;

IV — o transporte marítimo do petróleo bruto de origem nacional ou de derivados básicos de petróleo produzidos no País, bem assim o transporte, por meio de conduto, de petróleo bruto, seus derivados de gás natural de qualquer origem;

V — a pesquisa, a lavra, o enriquecimento, o reprocessamento, a industrialização e o comércio de minérios e minerais nucleares e seus derivados (...).

A leitura do dispositivo constitucional demonstra que as matérias ali relacionadas representam atividades monopolistas, pertencendo sua titularidade ao Estado.

Das cinco hipóteses ali relacionadas, no entanto, quatro delas, aquelas relacionadas às atividades petrolíferas, não mais representam monopólio desde 1995, devido à edição da EC n. 9.

De resto, é o que se conclui da leitura do § 1º do mesmo dispositivo:

Art. 177. (...)

§ 1º A União poderá contratar com empresas estatais ou privadas a realização das atividades previstas nos incisos I a IV deste artigo observadas as condições estabelecidas em lei.

O mesmo dispositivo constitucional, de resto, em seu § 2º, cuidou de relacionar os itens que deveriam ser abordados pela referida legislação no momento em que fosse editada, ali incluindo a estrutura e as atribuições desse órgão regulador.

Aliás, convém mencionar que exatamente a título de regulamentação desse parágrafo foi editada a Lei n. 9.478/97, que, entre outras matérias, conforme determinação constitucional, criou a ANP.

Passando em revista a referida legislação, podem-se destacar alguns itens de modo a confirmar as noções desenvolvidas no início deste tópico, a começar pela sua natureza jurídica, consoante se verifica da leitura de seu art. 7º:

> **Art. 7º** Fica instituída a Agência Nacional do Petróleo, Gás Natural e Biocombustíveis — ANP, entidade integrante da Administração Federal Indireta, submetida ao regime autárquico especial, como órgão regulador da indústria do petróleo (...) vinculada ao Ministério de Minas e Energia.

Por sua vez, o art. 8º, entre as finalidades atribuídas a ela, destaca a regulação e a autorização das atividades relacionadas ao abastecimento de combustíveis, inclusive os biocombustíveis, nos seguintes termos:

> **Art. 8º** A ANP terá como finalidade promover a regulação, a contratação e a fiscalização das atividades econômicas integrantes da indústria do petróleo, do gás natural e dos biocombustíveis, cabendo-lhe: (...)
>
> XV — regular e autorizar as atividades relacionadas com o abastecimento nacional de combustíveis, fiscalizando-as diretamente ou mediante convênios com outros órgãos da União, Estados, Distrito Federal ou Municípios;
>
> XVI — regular e autorizar as atividades relacionadas à produção, à importação, à exportação, à armazenagem, à estocagem, ao transporte, à transferência, à distribuição, à revenda e à comercialização de biocombustíveis, assim como avaliação de conformidade e certificação de sua qualidade, fiscalizando-as diretamente ou mediante convênios com outros órgãos da União, Estados, Distrito Federal ou Municípios. (Redação dada pela Lei 12.490, de 2011)

De outra parte, no que se refere à sua estrutura organizacional, em seu art. 11, § 2º, vislumbra-se a forma de **indicação dos membros de sua diretoria**, duração de seu mandato e ainda o instituto que se convencionou chamar de quarentena, como se vê da redação de seu art. 14:

> **Art. 11.** (...)
>
> § 2º Os membros da Diretoria serão nomeados pelo Presidente da República, após aprovação dos respectivos nomes pelo Senado Federal, nos termos da alínea *f* do inciso III do art. 52 da CF.
>
> § 3º Os membros da Diretoria cumprirão mandatos de quatro anos, não coincidentes, permitida a recondução, observado o disposto no art. 75 desta Lei. (...)

> **Art. 14.** Terminado o mandato, ou uma vez exonerado do cargo, o ex-Diretor da ANP ficará impedido, por um período de doze meses, contados da data de sua exoneração, de prestar, direta ou indiretamente, qualquer tipo de serviço a empresa integrante das indústrias do petróleo e dos biocombustíveis ou de distribuição.

Percorrendo ainda essa extensa legislação, vislumbra-se a questão envolvendo a **autonomia financeira** atribuída a essas agências, conforme se verifica da redação apresentada pelo art. 15, a seguir reproduzida:

> **Art. 15.** Constituem receitas da ANP:
>
> I — as dotações consignadas no Orçamento Geral da União, créditos especiais, transferências e repasses que lhe forem conferidos;
>
> II — parcela de participações governamentais referidas nos incisos I e III do art. 45 desta Lei, de acordo com as necessidades operacionais da ANP, consignadas no orçamento aprovado;
>
> III — os recursos provenientes de convênios, acordos ou contratos celebrados com entidades, organismos ou empresas, excetuados os referidos no inciso anterior;
>
> IV — as doações, legados, subvenções e outros recursos que lhe forem destinados;
>
> V — o produto dos emolumentos, taxas e multas previstos na legislação específica, os valores apurados na venda ou locação dos bens móveis e imóveis de sua propriedade, bem como os decorrentes da venda de dados e informações técnicas, inclusive para fins de licitação, ressalvados os referidos no § 2º do art. 22 desta Lei.

d) Agência Nacional de Saúde Suplementar (ANS)

Cabe agora uma palavra sobre outra importante agência reguladora, denominada ANS, criada pela **Lei n. 9.961/2000** e vinculada ao Ministério da Saúde.

Essa agência reguladora, responsável pela fiscalização de todos os serviços desenvolvidos por particulares na área, tem competência para abertura de licitações, celebração de contratos e para acompanhamento de sua execução, podendo, por óbvio, aplicar as sanções que se fizerem necessárias.

Tem seu fundamento constitucional nos **arts. 196** e, em especial, **197 da CF:**

> **Art. 197.** São de relevância pública as ações e serviços de saúde, cabendo ao Poder Público dispor, nos termos da lei, sobre sua regulamentação, fiscalização e controle, devendo sua execução ser feita diretamente ou através de terceiros e, também, por pessoa física ou jurídica de direito privado.

Da legislação regulamentadora, por sua vez, é oportuna a reprodução de dispositivos que acabam por demonstrar suas **características básicas**, a começar pelo art. 1º e parágrafo único, que deixam em evidência sua **natureza jurídica**, nos termos seguintes:

> **Art. 1º** É criada a Agência Nacional de Saúde Suplementar — ANS, autarquia (...) vinculada ao Ministério da Saúde, com sede e foro na cidade do Rio de Janeiro — RJ, prazo de duração indeterminado e atuação em todo o território nacional, como órgão de regulação, normatização, controle e fiscalização das atividades que garantam a assistência suplementar à saúde.
>
> Parágrafo único. A natureza de autarquia especial conferida à ANS é caracterizada por autonomia administrativa, financeira, patrimonial e de gestão de recursos humanos, autonomia nas suas decisões técnicas e mandato fixo de seus dirigentes.

Por sua vez, o **poder normativo** conferido a essas agências está retratado nas **inúmeras competências** a elas atribuídas, consoante se verifica em seu **art. 4º, VII:**

> **Art. 4º** Compete à ANS: (...)
> VII — estabelecer normas relativas à adoção e utilização, pelas operadoras de planos de assistência à saúde, de mecanismos de regulação do uso dos serviços de saúde.

A questão envolvendo o período denominado **quarentena** vem sublinhada no **art. 9º**, consoante se verifica:

> **Art. 9º** Até doze meses após deixar o cargo, é vedado a ex-dirigente da ANS:
> I — representar qualquer pessoa ou interesse perante a Agência, excetuando-se os interesses próprios relacionados a contrato particular de assistência à saúde suplementar, na condição de contratante ou consumidor;
> II — deter participação, exercer cargo ou função em organização sujeita à regulação da ANS.

Por derradeiro, cumpre destacar artigo referente à caracterização de sua autonomia financeira, o que se fará a seguir:

> **Art. 17.** Constituem receitas da ANS:
> I — o produto resultante da arrecadação da Taxa de Saúde Suplementar de que trata o art. 18; (...)
> III — o produto da arrecadação das multas resultantes das suas ações fiscalizadoras; (...)
> VI — os recursos provenientes de convênios, acordos ou contratos celebrados com entidades ou organismos nacionais e internacionais.

Sem prejuízo das **agências reguladoras** mencionadas, pode-se registrar a existência de **outras** que se vêm multiplicando nos últimos tempos de modo a demonstrar a existência de uma tendência em nosso ordenamento jurídico nesse sentido.

Assim é que, a título de exemplo, pode-se mencionar a Agência Nacional de Transportes Terrestres **(ANTT)** e a Agência Nacional de Transportes Aquaviários **(Antaq)**, ambas vinculadas ao Ministério dos Transportes, criadas por lei específica (Lei n. 10.233/2001) para a fiscalização dos serviços públicos nesse setor.

Pode ser ainda relacionada a Agência Nacional de Vigilância Sanitária **(Anvisa)**, vinculada ao Ministério da Saúde, criada pela Lei n. 9.782/99, responsável pela fiscalização, controle sanitário da comercialização e de produtos e tecnologias.

Oportuno também o registro em relação à Agência Nacional de Águas **(ANA)**, vinculada ao Ministério do Meio Ambiente, responsável pela implementação da política nacional de recursos hídricos, criada pela Lei n. 9.984/2000.

A título de encerramento do tópico, pode-se concluir terem sido essas **autarquias especiais criadas** em uma tentativa de **aperfeiçoar**, de tornar mais eficaz, a prestação de **serviços públicos**, surgindo como um prolongamento da atuação do Estado, sendo-lhes vedada, como visto, a exploração de atividades econômicas.

Nesse contexto, poderíamos, de maneira didática, estabelecer um quadro comparativo contendo as principais informações acerca das agências reguladoras. Confira-se:

AGÊNCIA REGULADORA	CRIAÇÃO	VINCULAÇÃO	FUNDAMENTO
ANEEL	Lei n. 9.427/96	Ministério de Minas e Energia	CF, art. 21, XII, *b*
ANATEL	Lei n. 9.472/97	Ministério das Comunicações	CF, art. 21, XI
ANP	Lei n. 9.478/97	Ministério de Minas e Energia	CF, art. 177, § 2º, III
ANS	Lei n. 9.961/2000	Ministério da Saúde	CF, art. 197
ANTT	Lei n. 10.233/2001	Ministério dos Transportes	CF, art. 178
ANTAQ	Lei n. 10.233/2001	Ministério dos Transportes	CF, art. 178
ANVISA	Lei n. 9.782/99	Ministério da Saúde	CF, art. 200
ANA	Lei n. 9.984/2000	Ministério do Meio Ambiente	CF, art. 225

De outra parte, oportuno consignar que a edição, em 2005, da **Lei n. 11.107**, a qual disciplina os **consórcios públicos**, acabou por criar, em seu art. 6º, I, uma **nova modalidade de autarquia**, vale dizer, as **associações públicas:**

> **Art. 6º** O consórcio público adquirirá personalidade jurídica:
> I — de direito público, no caso de constituir associação pública, mediante a vigência das leis de ratificação do protocolo de intenções.

Em consequência, essa inovação estabelecida pelo diploma legal referido tornou necessária modificação no **art. 41 do CC**, que relaciona as pessoas jurídicas de direito público:

> **Art. 41.** São pessoas jurídicas de direito público interno: (...)
> IV — as autarquias, inclusive as associações públicas.

DEFINIÇÃO	Autarquias de regime especial
PERSONALIDADE JURÍDICA	Tem. Assim se apresentam como sujeitos de direitos e obrigações
CAPACIDADE PROCESSUAL	Tem, podendo, pois, propor ou sofrer ações judiciais
CRIAÇÃO E EXTINÇÃO	Por lei específica, ordinária, de iniciativa do Chefe do Executivo
CONTROLE	Sofrem controle de legalidade, de finalidade de quem as criou, não existindo relação de hierarquia, de subordinação
PRIVILÉGIOS	Os mesmos atribuídos à Administração direta
OBJETIVO	Regular a prestação de serviços públicos
RESPONSABILIDADE	É delas, pelas obrigações que contraírem, respondendo a Administração em caráter subsidiário
FALÊNCIA	Não se submetem
REGIME ESPECIAL	■ dotadas de poder normativo ■ estabilidade para seus dirigentes durante a vigência do mandato, na forma prevista pelo art. 9º da Lei n. 9.986/2000
QUARENTENA	A lei prevê um período de 4 meses em que o ex-dirigente fica impedido de prestar serviços neste setor (art. 8º da Lei n. 9.986/2000).
SANÇÕES	O descumprimento dessa orientação abre a possibilidade de responsabilização nas esferas administrativa, civil e penal, na forma do art. 8º, § 4º, da Lei n. 9.986/2000.

■ 6.4.3. Fundações

São **definidas** como pessoas jurídicas dotadas de patrimônio personalizado, destacado pelo seu instituidor para atingir uma finalidade específica.

Essa definição vale para as fundações particulares inteiramente reguladas pelo Código Civil e para aquelas que integram a Administração indireta do Estado.

Em relação a estas últimas, encontram elas definição no **art. 5º, IV, do Decreto-lei n. 200/67**, com a redação que lhe foi oferecida pela Lei n. 7.596/87:

> **Art. 5º** Para os fins dessa lei considera-se: (...)
> IV — fundação pública — a entidade dotada de personalidade jurídica de direito privado, sem fins lucrativos, criada em virtude de autorização legislativa, para o desenvolvimento de atividades que não exijam execução por órgãos ou entidades de direito público, com autonomia administrativa, patrimônio próprio gerido pelos respectivos órgãos de direção, e funcionamento custeado por recursos da União e de outras fontes.

As semelhanças se encerram, entretanto, com a presença do patrimônio personalizado, na medida em que estão sob regimes jurídicos diferenciados.

A propósito, acerca desse **patrimônio personalizado** que surge como **traço marcante** de qualquer modalidade de fundação, oportuna a transcrição dos ensinamentos do jurista Sérgio de Andrea Ferreira[4]:

> "Na fundação, o patrimônio dotado se personifica e se destaca, definitivamente, do patrimônio do instituidor. A fundação não tem, portanto, capital, pois que nada nela pertence a outrem, ainda que ao instituidor. Ela só tem patrimônio, ou, mais exatamente, ela é um patrimônio".

Dessa forma, as **fundações particulares** são inteiramente **disciplinadas pelo Código Civil**, como foi dito, comandadas, pois, por regras próprias, que não se confundem com aquelas que comandam a atividade administrativa em vista dos interesses defendidos por cada um.

Essa conclusão não se revela gratuita, pois arrimada na disposição estabelecida no **art. 5º, IV, § 3º, do Decreto-lei n. 200/67:**

> **Art. 5º** (...)
> § 3º As entidades de que trata o inciso IV desse artigo adquirem personalidade jurídica com a inscrição da escritura pública de sua constituição no registro civil de pessoas jurídicas, **não se lhes aplicando as demais disposições do Código Civil, concernentes às fundações**.

Correta a orientação estabelecida por esse diploma legal, na medida em que as **fundações particulares** são constituídas de parcelas do **patrimônio de um particular** com a finalidade de atingir **objetivos pessoais**, desde que não vedados pelo direito.

---

[4] O direito administrativo das empresas governamentais brasileiras. *RDA*, Rio de Janeiro, v. 136.

Adquirem personalidade jurídica a partir do **registro** de seus **estatutos sociais** no órgão competente. Adquirida a personalidade jurídica, seu instituidor se afasta, dando lugar ao Ministério Público, que ficará responsável pela fiscalização de todos os seus atos.

Outrossim, por não integrarem a estrutura da Administração indireta, **não se submetem** à análise, **ao controle pelo Tribunal de Contas**, na medida em que não trabalham com verbas públicas.

Seus **dirigentes não se submetem**, em vista dos atos que praticam, ao **mandado de segurança** nem à **ação popular**, na medida em que não surgem como autoridades nem lesam patrimônio público.

De outra parte, surgem as **fundações**, integrantes da estrutura da **Administração indireta** do Estado, **sujeitas**, pois, a todos os **princípios** que comandam a atividade administrativa relacionados no *caput* do **art. 37** da **CF**.

Nesse contexto, em que pese a definição legal oferecida pelo **Decreto-lei n. 200/67**, importante anotar que **na prática** se tem verificado a **presença de fundações** dotadas de personalidade jurídica não só de **direito privado, mas também de direito público**.

Assim, pois, sobreleva notar que, independentemente da personalidade jurídica que assumirem, só poderão ser **criadas** pelo Poder Público para a prestação de **serviços públicos**, não podendo, dessa forma, explorar atividades econômicas.

Surgem como exemplos dessas fundações, guardando todas as características até aqui anunciadas, em particular a prestação de serviços públicos, as seguintes entidades:

- Biblioteca Nacional;
- IBGE (Instituto Brasileiro de Geografia e Estatística);
- Funai (Fundação Nacional do Índio);
- Hospital das Clínicas;
- Fundação Padre Anchieta (Rádio e Televisão Cultura);
- Fapesp (Fundação de Amparo à Pesquisa do Estado de São Paulo);
- Fundação Butantã;
- Fundação Memorial da América Latina;
- Fundação Casa (ex-Febem — Fundação Estadual do Bem-Estar do Menor);
- Cepam (Centro de Estudos e Pesquisas da Administração Municipal).

Ao assumirem **personalidade** de **direito público**, as fundações em tudo se assemelham ao regime jurídico das **autarquias**, surgindo, aliás, como espécies desse gênero, sendo rotuladas como autarquias **fundacionais**.

A propósito, oportuna a transcrição das lições de Hely Lopes Meirelles[5] a respeito do tema, em que se verifica a aceitação por parte do eminente administrativista da presença dessas figuras, em vista da tendência pacificada no **STF:**

[5] *Direito administrativo brasileiro*. 24. ed. São Paulo: Malheiros, 1999, p. 320.

"Com esse tratamento, a Carta da República transformou essas fundações em entidades de direito público, integrantes da administração indireta, ao lado das autarquias e empresas governamentais. Nesse sentido, já decidiu o STF, embora na vigência da Constituição anterior, que 'tais fundações são espécies do gênero autarquia'. Não entendemos como uma entidade (fundação) possa ser espécie de outra (autarquia) sem se confundirem nos seus conceitos. Todavia, a prevalecer essa orientação jurisprudencial, aplicam-se às fundações públicas todas as normas, direitos e restrições pertinentes às autarquias".

A respeito do tema, encontramos ainda as lições de Maria Sylvia Zanella Di Pietro[6], a seguir reproduzidas:

"A autarquia fundacional corresponde à figura da fundação de direito público, cuja existência alguns doutrinadores negam, por entenderem que todas as fundações são de direito privado e se regem pelo Código Civil.

A fundação pública é colocada, para aqueles que aceitam (entre os quais nos colocamos), como modalidade de autarquia, porque seu regime jurídico é o das pessoas jurídicas públicas administrativas; quer nas relações perante a Administração Pública, quer nas relações com terceiros, elas se regem pelo direito público".

Assim, apresentam como **características** serem dotadas de **patrimônio próprio, personalizado**, autonomia financeira, **autonomia administrativa e dirigentes próprios**.

Da mesma forma, assim como visto para as autarquias, **não se pode cogitar** a existência de **hierarquia** em relação à **Administração direta**, responsável pela sua criação, uma vez que a elas não estão subordinadas, mas tão somente vinculadas.

Sem embargo, cogita-se a **existência** de um **controle** de **legalidade**, **finalístico** ou de tutela para que se possa acompanhar a legalidade, a compatibilidade, dos atos praticados por seus dirigentes, com os limites da lei que as criou.

Quanto a sua **criação**, a matéria vem, de igual sorte, disciplinada pelo **art. 37, XIX, da CF**, com a redação dada pela EC n. 19/98.

Assim, se dotadas de **personalidade jurídica de direito público, são criadas por lei específica**, não se podendo cogitar sua criação por meio de medidas provisórias, decretos ou qualquer outro ato normativo nem da criação de diversas por meio de uma só lei. De outra parte, se dotadas de **personalidade** jurídica de **direito privado**, a aprovação da **lei** apenas **autoriza** sua criação, pois dependente ainda de **aprovação** e registro de **estatutos sociais**.

Sobreleva notar, também, que a lei referenciada é **lei ordinária**, de iniciativa do **Presidente** da **República**, em razão do disposto no **art. 61, § 1º, *e*, da CF**.

Em relação aos **privilégios** que a Administração direta possui, todos são **estendidos a elas**, surgindo como exemplos: as **prerrogativas tributárias**, em especial a imunidade recíproca em relação aos impostos prevista no **art. 150, VI, *a*, e no art. 150, § 2º**, todos da **CF**.

---

6 *Direito administrativo*, 15. ed., p. 371.

O mesmo raciocínio aplica-se às **prerrogativas processuais**, a teor do disposto no **art. 183** do **NCPC**, que, ao trabalhar com prazos especiais para recorrer e também para contestar, estende-os, tão somente, para as pessoas jurídicas de direito público.

Quanto à **responsabilidade** pelas obrigações contraídas com terceiros, as fundações **respondem** por elas de maneira **objetiva**, a teor do disposto no **art. 37, § 6º, da CF**, e o **Estado** responde tão somente em caráter **subsidiário**, vale dizer, depois de esgotadas todas as forças da fundação, não se cogitando responsabilidade solidária.

Por fim, oportuno registrar que as fundações públicas, a exemplo do que se viu em relação às autarquias, **não se submetem ao regime falimentar** por serem unicamente prestadoras de serviços públicos.

Como visto no início do tópico, é perfeitamente **possível** cogitar a **existência**, dentro da **Administração indireta**, de **fundações com personalidade** jurídica de **direito privado**, não se podendo confundi-las, no entanto, com as chamadas fundações particulares, porque são inteiramente disciplinadas pelo direito privado, como se viu.

Com efeito, essas fundações são criadas e mantidas pelo Poder Público, só podendo perseguir finalidades públicas, uma vez que **só** podem ser **criadas** para a prestação de **serviços públicos**.

Suas **características** são as **mesmas** mencionadas para as **fundações públicas**, vale dizer, patrimônio próprio, autonomia financeira, autonomia administrativa e dirigentes próprios.

Por sua vez, **não se cogita**, também, da existência de **hierarquia** em relação à **Administração direta**, mas tão somente da existência de um vínculo, de modo a permitir que incida sobre elas um **controle de legalidade, de finalidade**, também denominado tutela.

Quanto a sua **criação**, diferentemente do que foi visto para as fundações públicas, também **dependem** elas de **lei**, que, sem embargo, apresenta um papel diferente, visto que apenas **autoriza** sua **criação**, conforme se verifica da leitura do **art. 37, XIX, da CF**, cuja redação, pela oportunidade, mais uma vez se reproduz:

> **Art. 37.** (...)
>
> XIX — somente por lei específica poderá ser criada autarquia e autorizada a instituição de empresa pública, de sociedade de economia mista e de fundação, cabendo à lei complementar, neste último caso, definir as áreas de sua atuação.

Assim, sua **personalidade** jurídica só será **adquirida** com o **registro dos estatutos sociais** no cartório de títulos e documentos, como se verifica com qualquer outra pessoa jurídica de direito privado.

Quanto a serem elas dotadas ou não de **privilégios**, a questão não se revela pacífica, ao menos em sua totalidade, por força da redação estabelecida pelo **art. 150, § 2º, da CF:**

> **Art. 150.** (...)
> § 2º A vedação do inciso VI, *a*, é extensiva às autarquias e às fundações instituídas e mantidas pelo Poder Público, no que se refere ao patrimônio, à renda e aos serviços, vinculados a suas finalidades essenciais ou às delas decorrentes.

Destarte, na área tributária, o mesmo raciocínio aplicado para as fundações públicas poderia ser aplicado aqui, a teor do disposto no comando constitucional reproduzido.

Com efeito, referido **dispositivo** acaba por **estender** a **imunidade** recíproca aos impostos, às autarquias e às **fundações** instituídas e mantidas pelo Poder Público, o que acaba por incluir, também, as fundações de direito privado.

De resto, outra não é a conclusão atingida por Maria Sylvia Zanella Di Pietro[7], consoante excerto a seguir:

> "A imunidade tributária relativa a impostos sobre o patrimônio, renda ou serviços, referida no art. 150, VI, *a*, da Constituição, estende-se expressamente às autarquias e fundações instituídas e mantidas pelo Poder Público, conforme § 2º do mesmo dispositivo. Note-se que, pela forma como se referiu às fundações, foram alcançadas as de direito público e as de direito privado".

A redação desse dispositivo serve de lastro para aqueles que não concebem que possa essa prerrogativa ser estendida para as fundações incluídas na estrutura da Administração indireta, mas dotadas de personalidade de direito privado. É que, quanto aos **privilégios na área processual**, o mesmo raciocínio não pode ser utilizado, em vista da redação apresentada pelo legislador, consoante se verifica da redação do **art. 183 do NCPC:**

> **Art. 183.** A União, os Estados, o Distrito Federal, os municípios e suas respectivas autarquias e **fundações** de **Direito Público** gozarão de **prazo em dobro** para todas as suas manifestações processuais cuja contagem terá início a partir da intimação pessoal.

Em relação a sua **responsabilidade**, em vista das obrigações contraídas perante terceiros, da mesma forma surge ela como sendo **objetiva**, a teor do disposto no **art. 37, § 6º, da CF**, por se tratar de pessoas jurídicas de direito privado prestadoras de serviços públicos.

Por seu turno, a **responsabilidade da Administração direta** será tão somente **subsidiária**, ou seja, só poderá ser acionada depois de esgotadas as forças da fundação.

Por derradeiro, menciona-se, também **não ficam submetidas a regime falimentar**, visto que, não obstante sua personalidade jurídica, executam serviços públicos.

Estabelecidas as considerações que julgamos oportunas em relação às fundações, procuraremos encerrar este tópico trazendo à colação as lições de Maria Sylvia Zanella Di Pietro, nas quais a eminente administrativista estabelece as diversas posições existentes sobre esse tormentoso tema.

---

[7] *Direito administrativo*. 15. ed. São Paulo: Atlas, 2003, p. 397.

Pedimos vênia apenas para atualizar a citação reproduzida, tendo em vista que no CC/2002 a matéria está regulamentada no art. 44, I, II e III:

> "Com a denominação de fundações públicas, a Lei 7.596, de 10.04.1987, alterando a redação do art. 4º do Dec.-lei 200, de 25.02.1967, incluiu entre os órgãos da Administração Indireta as fundações públicas, definindo-as como pessoas jurídicas de direito privado.
>
> Nem por isso se põe fim à discussão que se trava no direito brasileiro a respeito de sua natureza jurídica, pública ou privada. De todas as entidades da Administração Indireta, a fundação é, sem dúvida alguma, a que tem provocado maiores divergências doutrinárias no que diz respeito à sua natureza jurídica e às consequências que daí decorrem.
>
> Formaram-se, basicamente, duas correntes: de um lado, a que defende a natureza privatística de todas as fundações instituídas pelo Poder Público, e, de outro, a que entende possível a existência de fundações com personalidade pública ou privada, a primeira das quais como modalidade de autarquia. Após a Constituição de 1988, há quem entenda que todas as fundações governamentais são pessoas jurídicas de direito público.
>
> Colocamo-nos entre os que defendem a possibilidade de o Poder Público, ao instituir fundação, atribuir-lhe personalidade de direito público ou de direito privado. Isto porque nos parece incontestável a viabilidade de aplicar-se, no direito público, a distinção que o Código Civil contém entre as duas modalidades de pessoas jurídicas privadas, associação e sociedade de um lado, e fundação de outro (art. 16, I)"[8].

Mais adiante, a publicista estipula, de maneira sintética e objetiva, a diferença essencial existente entre as associações e as fundações, conforme transcrito:

> "Sinteticamente, pode-se dizer que, na pessoa jurídica de forma associativa, o elemento essencial é a existência de determinados membros que se associam para atingir a determinados fins que a eles mesmos beneficiam; na fundação, o elemento essencial é o patrimônio destinado à realização de certos fins que ultrapassam o âmbito da própria entidade, indo beneficiar terceiros estranhos a ela"[9].

Fixados os contornos gerais acerca das duas espécies de fundações, a renomada jurista atinge conclusão que pedimos vênia para encampar, nos seguintes termos:

> "Quando o Estado institui pessoa jurídica sob a forma de fundação, ele pode atribuir a ela regime jurídico administrativo, com todas as prerrogativas e sujeições que lhe são próprias, ou subordiná-la ao Código Civil, neste último caso, com derrogações por normas de direito público. Em um e outro caso se enquadram na noção categorial do instituto da fundação, como patrimônio personalizado para a consecução de fins que ultrapassam o âmbito da própria entidade"[10].

Por fim, cumpre enfrentar a questão relacionada à **competência** para a apreciação de **demandas judiciais** envolvendo as fundações que deve ser atribuída a **Justiça Federal**, com lastro na previsão estabelecida no **art. 109, I, da CF**.

---

8 *Direito administrativo*. 15. ed. São Paulo: Atlas, 2003, p. 371-372.

9 *Direito administrativo*. 15. ed. São Paulo: Atlas, 2003, p. 371-372.

10 *Direito administrativo*. 15. ed. São Paulo: Atlas, 2003, p. 371-372.

Outrossim, oportuno anotar a existência de precedente no nível do **STJ** por meio da **Súmula 324**, cuja redação a seguir se reproduz:

> **Súmula 324 do STJ:** Compete à Justiça Federal processar e julgar ações de que participa a Fundação Habitacional do Exército, equiparada à entidade autárquica federal, supervisionada pelo Ministério do Exército.

DEFINIÇÃO	Pessoas jurídicas de direito público (fundações públicas) ou de direito privado (fundações governamentais integrantes da Administração indireta)
PERSONALIDADE JURÍDICA	Podem assumir ou personalidade de direito público (fundações públicas) ou de direito privado (fundações governamentais)
CAPACIDADE PROCESSUAL	Têm, podendo, pois, propor ou sofrer ações judiciais
CRIAÇÃO E EXTINÇÃO	Por lei específica, ordinária, de iniciativa do Chefe do Executivo (art. 37, XIX, da CF). Se for atribuída personalidade de direito privado, a lei apenas autoriza sua criação. Se atribuída a personalidade de direito público, a aprovação da lei resulta na sua criação
CONTROLE	Sofrem controle de legalidade, de finalidade do Executivo, inexistindo relação de hierarquia, de subordinação
PRIVILÉGIOS	Sim, tanto de natureza fiscal (art. 150, VI, *a* e § 2º, da CF) quanto de natureza processual (art. 183 do NCPC)
OBJETIVO	Criadas apenas para a prestação de serviços públicos
RESPONSABILIDADE	Respondem pelas obrigações que contraírem e pelos danos que causarem, e a Administração que as criou, em caráter subsidiário
FALÊNCIA	Não se submetem a regime falimentar
DEMANDAS JUDICIAIS	Justiça Federal, art. 109, I, da CF; Súmula 324 do STJ

6.4.4. Agências executivas

Ainda sobre o tema relativo às autarquias e fundações, oportuno fazer referência à existência das chamadas **agências executivas**, que podem ser definidas da seguinte forma: **qualificativo atribuído** às **autarquias** e **fundações** da Administração Federal, por iniciativa do Ministério supervisor, que tiverem com ele celebrado **contrato de gestão** e possuam **plano estratégico** de reestruturação e desenvolvimento institucional voltado para a **melhoria da qualidade de gestão** e para a **redução de custos**.

Da definição oferecida, pode-se verificar, com clareza, que essas **agências executivas**, ao contrário do que foi visto até agora em relação às autarquias e fundações, **não representam a criação de uma nova pessoa**, mas, apenas, a **atribuição de um qualificativo** em caráter temporário.

Esse **qualificativo temporário**, por sua vez, é atribuído por **iniciativa do Ministério** ao qual as autarquias ou fundações estão vinculadas, com o **objetivo de melhorar a eficiência** dessas entidades com o estabelecimento de **metas predeterminadas** que deverão ser alcançadas por elas.

Criadas pela **Lei n. 9.649/98**, as agências executivas recebem esse qualificativo da Administração indireta por intermédio de um **contrato de gestão**, que tem por objetivo **fixar metas** de **desempenho** em troca da ampliação da sua autonomia gerencial, orçamentária e financeira, nos termos previstos pelo **art. 37, § 8º, da CF:**

> **Art. 37.** (...)
>
> § 8º A autonomia gerencial, orçamentária e financeira dos órgãos e entidades da administração direta e indireta poderá ser ampliada mediante contrato, a ser firmado entre seus administradores e o poder público, que tenha por objeto a fixação de metas de desempenho para o órgão ou entidade, cabendo à lei dispor sobre:
>
> I — o prazo de duração do contrato;
>
> II — os controles e critérios de avaliação de desempenho, direitos, obrigações e responsabilidades dos dirigentes;
>
> III — a remuneração do pessoal.

Como se percebe, a instituição do rótulo agências executivas não pode ser confundida com a criação de uma nova pessoa jurídica, como nos casos das autarquias e fundações.

Destarte, trata-se apenas de um **qualificativo a elas atribuído por iniciativa da Administração** direta e em caráter **temporário**, com o objetivo de estabelecer metas a serem cumpridas em nome do princípio da eficiência.

É importante, aliás, observar que, ao **término do prazo** para a duração desse contrato, essas **autarquias** ou **fundações continuarão existindo**, mas não mais com o rótulo de agências executivas, razão pela qual se torna difícil a colocação de alguns exemplos, porquanto perderiam eles facilmente a sua validade com o passar do tempo.

Não se pode deixar de mencionar a **existência** de algumas **impropriedades** cometidas pela própria **Constituição Federal**, a começar pela **impossibilidade de ampliar a autonomia** gerencial, orçamentária e financeira de órgãos da Administração Pública por meio de um **simples contrato**.

Com efeito, não se pode esquecer que a **autonomia** dessas pessoas foi **estabelecida por lei** específica no momento de sua criação, demandando, pois, a mesma espécie normativa para sua ampliação, e não por intermédio de um simples contrato, como pretendeu a Constituição.

De qualquer forma, a regra estabelecida pelo § 8º do art. 37 da CF está em pleno vigor, devendo ser observada quando da atribuição desse qualificativo para as autarquias e fundações.

De se registrar, ainda, que a possibilidade atribuída à Administração direta de **escolha aleatória** das **autarquias** ou **fundações** que receberão esse qualificativo abre inúmeras **possibilidades** para o cometimento de **abusos**.

Isso porque a exigência, como requisito para o recebimento do atributo, da existência de um plano estratégico de reestruturação e desenvolvimento institucional revela-se extremamente subjetiva, abrindo oportunidade para que desvios sejam praticados.

Por derradeiro, não se pode deixar de mencionar a **possibilidade** prevista na **Lei n. 8.666/93**, a Lei de Licitações e Contratos Administrativos, para que possam **contratar**, **por dispensa de licitação**, com percentuais superiores aos usualmente utilizados.

É o que se verifica da redação do **art. 24, parágrafo único**, do referido diploma legal:

Art. 24. (...)
Parágrafo único. Os percentuais referidos nos incisos I e II deste artigo serão 20% (vinte por cento) para compras, obras e serviços contratados por (...) sociedade de economia mista, empresa pública e por autarquia ou fundação qualificadas, na forma da lei, como Agências Executivas.

A leitura do dispositivo reproduzido revela-se importante, uma vez que acaba por confirmar, em sua parte final, a natureza jurídica dessas agências, apresentando-se como um qualificativo atribuído na forma da lei a autarquias e fundações, tão somente.

DEFINIÇÃO	Qualificativo atribuído a certas pessoas integrantes da Administração indireta, por prazo determinado
DESTINATÁRIOS	Autarquias e fundações de esfera federal
NATUREZA	Não se trata da criação de uma nova pessoa jurídica, mas apenas de um qualificativo atribuído temporariamente
LEGITIMIDADE	A legitimidade para a atribuição deste qualificativo pertence ao Ministério a que se encontram vinculadas
LEGISLAÇÃO	Criadas pela Lei n. 9.649/98, em especial no art. 51
QUALIFICAÇÃO	a) celebração de contrato de gestão com Ministério supervisor (art. 37, § 8º, da CF) b) possuir plano estratégico de reestruturação e de desenvolvimento institucional em andamento
INSTRUMENTO	Decreto
OBJETIVOS	Ampliação da autonomia gerencial, orçamentária e financeira para o cumprimento de metas de desempenho
FUNDAMENTO	Princípio da eficiência, nos termos do art. 37, § 8º, da CF

6.4.5. Associações públicas

A questão relacionada às **associações públicas** revela-se recente em nosso ordenamento jurídico, uma vez que intimamente **ligadas à celebração de consórcios públicos**, matéria disciplinada na Constituição Federal em seu **art. 241**, com a redação oferecida pela Emenda Constitucional n. 19/98.

Confira-se:

Art. 241. A União, os Estados, o Distrito Federal e os Municípios disciplinarão por meio de lei os consórcios públicos e os convênios de cooperação entre os entes federados, autorizando a gestão associada de serviços públicos, bem como a transferência total ou parcial de encargos, serviços, pessoal e bens essenciais à continuidade dos serviços transferidos.

Trata-se, portanto, de **importante inovação** em matéria de **execução de serviços públicos**, uma vez que permite uma **gestão associada** entre as diversas esferas de governo para o atingimento de **interesses comuns**.

Dessa forma, referido dispositivo constitucional viabiliza a **execução compartilhada** de **serviços públicos** que, de forma isolada, seriam **inviáveis para uma esfera de governo apenas**, em especial para Municípios, tendo em vista os valores elevados envolvidos e ainda as possibilidades financeiras dessas Unidades Federativas em razão das inúmeras e significativas diferenças existentes entre os mais de cinco mil e quinhentos que se apresentam hoje no Brasil.

Portanto, a inovação constitucional acaba por **viabilizar a execução de serviços**, em especial para **Municípios de pequeno porte**, que, em razão de sua dimensão, apresentam também orçamentos reduzidos que impedem a realização desses objetivos.

A referida matéria foi objeto de **regulamentação** através da edição da **Lei n. 11.107/2005**, que dispõe sobre normas gerais de contratação de consórcios públicos.

Referida legislação exigiu, uma vez constituídos esses consórcios, a **criação** de **pessoa jurídica, independente dos entes consorciados**, encarregada de acompanhar a execução de seu objeto, podendo **atribuir-lhe a personalidade jurídica de direito público**, quando então assumiria a forma de **associação pública**, conforme a previsão estabelecida nos arts. 1º, § 1º, e 6º, I. Confira-se:

> **Art. 1º** (...)
>
> § 1º O consórcio público constituirá associação pública ou pessoa jurídica de direito privado.
>
> **Art. 6º** O consórcio público adquirirá personalidade jurídica:
>
> I — de direito público, no caso de constituir associação pública, mediante a vigência das leis de ratificação do protocolo de intenções.

Dentro desse contexto, cumpre destacar que essas **associações públicas**, em razão da personalidade jurídica que adquirem, foram **incluídas** no elenco apresentado pelo **art. 41 do Código Civil**, assumindo a roupagem de autarquias:

> **Art. 41.** São pessoas jurídicas de direito público interno:
>
> I — a União;
>
> II — os Estados, o Distrito Federal e os Territórios;
>
> III — os Municípios;
>
> **IV — as autarquias, inclusive as associações públicas;**
>
> V — as demais entidades de caráter público criadas por lei.

Dessa forma, passam a **integrar a estrutura indireta da Administração dos entes consorciados**, conforme o disposto no **art. 6º, § 1º, da Lei n. 11.107/2005:**

> **Art. 6º** (...)
>
> § 1º O consórcio público com personalidade jurídica de direito público integra a administração indireta de todos os entes da Federação consorciados.

Diante desse cenário, importante ainda destacar serem dotadas dos mesmos **privilégios direcionados para as autarquias em geral**, de natureza **processual e fiscal**, acrescentando-se a possibilidade de sua **contratação por dispensa de licitação** e com valores diferenciados, por força da redação estabelecida no **art. 24**, I e II, da **Lei n. 8.666/93:**

Art. 24. É dispensável a licitação:

I — para obras e serviços de engenharia de valor até 10% (dez por cento) do limite previsto na alínea *a* do inciso I do artigo anterior, desde que não se refiram a parcelas de uma mesma obra ou serviço ou ainda para obras e serviços da mesma natureza e no mesmo local que possam ser realizadas conjunta e concomitantemente;

II — para outros serviços e compras de valor até 10% (dez por cento) do limite previsto na alínea *a* do inciso II do artigo anterior e para alienações, nos casos previstos nesta Lei, desde que não se refiram a parcelas de um mesmo serviço, compra ou alienação de maior vulto que possa ser realizada de uma só vez.

DEFINIÇÃO	Pessoas jurídicas de direito público, integrantes da Administração indireta dos entes consorciados.
NATUREZA	Em que pese a existência de divergências, pode-se afirmar tenham elas natureza autárquica, em razão do art. 41, IV, do CC.
ORIGEM	Nomenclatura atribuída, pelo art. 6º da Lei n. 11.107/2005, à sociedade de propósito específico, com personalidade jurídica de direito público, encarregada de gerenciar a execução do consórcio público.
PRIVILÉGIOS	Possibilidade de serem contratadas por dispensa de licitação e pelo dobro do limite em razão do valor (art. 24, I e II, da Lei n. 8.666/93).

6.4.6. Empresas públicas

As **empresas públicas** são definidas como **pessoas jurídicas de direito privado**, criadas para a prestação de **serviços públicos** ou para a **exploração de atividades econômicas**, constituídas por um **capital** exclusivamente **público** e sob **qualquer modalidade empresarial**.

Da definição, observa-se que, ao contrário do que se verificou em relação às autarquias e a algumas fundações, as empresas públicas só podem assumir uma personalidade jurídica, vale dizer, de direito privado.

Outrossim, é importante observar que, ao contrário das autarquias e fundações, que só podem ser criadas para a prestação de serviços públicos, o mesmo aqui não se verifica.

É que, como visto, podem ser **criadas** não só para a prestação de **serviços públicos**, mas também para a exploração de **atividades econômicas**, o que era vedado às autarquias e fundações.

Assim, cumpre resgatar as ideias inicialmente fixadas no início deste capítulo, segundo as quais, quando o Estado explorar **atividades econômicas**, deverá submeter-se, basicamente, ao **mesmo regime jurídico** aplicado às **empresas privadas**, inclusive quanto às obrigações civis, comerciais, trabalhistas e tributárias, na forma do **art. 173, § 1º, II, da CF**, com a redação oferecida pela EC n. 19/98.

Ressalta-se, também, que o seu **capital** é **inteiramente público**, não se cogitando, pois, a presença de capital privado, o que não se verifica com as sociedades de economia mista, como se verá a seguir.

Por outro lado, quanto à sua **constituição empresarial**, ocorre livremente, por força da previsão contida no **art. 5º, II, do Decreto-lei n. 200/67**, cuja redação segue:

> **Art. 5º** (...)
>
> II — (...) a entidade dotada de personalidade jurídica de direito privado, com patrimônio próprio e capital exclusivo da União, criada por lei para a exploração de atividade econômica, que o governo seja levado a exercer por força de contingência ou de conveniência administrativa, podendo revestir-se de qualquer das formas admitidas em direito.

A leitura do dispositivo legal acima revela a possibilidade de essas entidades assumirem o perfil de sociedades civis ou comerciais disciplinadas ou não pela legislação comercial.

Nesse sentido, tem-se verificado a presença de **empresas públicas** sob a **forma** de **sociedade civil** ou **comercial unipessoal** (constituídas por um único sócio), **sociedade civil** ou **comercial pluripessoal** (com capital pertencente a diversos sócios, no caso, das diversas esferas do governo).

Surgem como exemplos de empresas públicas, guardando-se as características até então relacionadas, as seguintes instituições:

- BNDES (Banco Nacional de Desenvolvimento Econômico e Social);
- Emurb (Empresa Municipal de Urbanização);
- Caixa Econômica Federal;
- Infraero;
- Empresa Brasileira de Correios e Telégrafos (EBCT).

Em relação à definição oferecida pelo Decreto-lei n. 200/67, importante deixar consignado que, ainda que o referido dispositivo legal aponte apenas para a possibilidade de **criação** dessas **empresas** somente para a exploração de **atividades econômicas**, inquestionável a possibilidade também de sua constituição para a prestação de **serviços públicos**, consoante se verifica em relação a alguns dos exemplos acima mencionados.

Nesse particular, importante destacar, uma vez mais, que, em relação às **empresas públicas** exploradoras de **atividade econômica**, o **regime jurídico** ao qual se submetem será **equiparado** ao da **iniciativa privada**, com quem estarão atuando em regime de competição a teor do disposto no **art. 173, § 1º**, da Constituição, com a regulamentação oferecida pela **Lei n. 13.303/2016**, que será objeto de análise mais apurada ao término deste capítulo. Sem embargo, importante anotar, desde já, que referida legislação cuidou também de promover uma definição de empresa pública, o que se verifica através da leitura do seu **art. 3º**, a seguir reproduzido:

> **Art. 3º** Empresa Pública é entidade dotada de personalidade jurídica de direito privado, com criação autorizada por lei e com patrimônio próprio, cujo capital social é integralmente detido pela União, pelos Estados, pelo DF ou pelos Municípios.
>
> Parágrafo único. Desde que a maioria do capital votante permaneça em propriedade da União, do Estado, do Distrito Federal ou do Município, será admitida, no capital da empresa pública a participação de outras pessoas jurídicas de Direito Público interno, bem como de entidades da administração indireta da União, dos Estados, do DF e dos Municípios.

Percebe-se da definição oferecida que **semelhanças** e **diferenças** emergem em vista da redação anteriormente oferecida pelo **Decreto-lei n. 200/67**.

Destarte, ambos os diplomas legais estabelecem, e nem poderia ser diferente, tratar-se de pessoa jurídica com personalidade de direito privado, dotada de autonomia com capital social integralmente público.

De outra parte, quer-nos parecer que, quanto a sua **criação**, a **redação** apresentada pela **Lei n. 13.303/2016** encontra-se **melhor arquitetada**, uma vez que estabelece criação autorizada por lei enquanto o **Decreto-lei n. 200/67** estabelece a criação por lei.

De se observar ainda a possibilidade expressa pela **Lei n. 13.303/2016** de **participação de outras pessoas jurídicas** de direito público interno, bem como entidades da Administração indireta no **capital da empresa pública**, fato esse que não implicaria descaracterização de seu capital eminentemente público, aspecto que não aparecia no **Decreto-lei n. 200/67**, que apontava para um capital exclusivo da União.

Em termos de **características**, são elas dotadas de **autonomia administrativa**, autonomia **financeira** e **patrimônio próprio** da mesma forma como visto para as autarquias e fundações.

Em relação à Administração direta, responsável pela sua criação, cumpre mais uma vez observar que **não existe um vínculo de hierarquia ou subordinação** entre elas, o que não impede a existência de um **controle** sobre suas **atividades**.

Assim, cogita-se a existência de um controle de legalidade, de finalidade ou tutela em relação às atividades por elas desenvolvidas, da mesma forma como visto para as demais pessoas até aqui analisadas.

Sua **criação**, por integrarem a Administração Pública, também depende de lei **específica**, na forma do disposto no **art. 37, XIX, da CF**, respeitadas algumas diferenças importantes.

Com efeito, por se tratar, como visto, de pessoas jurídicas de direito privado, o **papel atribuído à lei** nesses casos revela-se completamente **diferente**, uma vez que ela não cria, mas **apenas autoriza** a **sua criação**, que se concretizará mediante **registro dos estatutos sociais** no órgão competente, outra não sendo a orientação oferecida pelo **art. 45 do Código Civil**. Confira-se:

> **Art. 45.** Começa a existência legal das pessoas jurídicas de direito privado com a inscrição do ato constitutivo no respectivo registro, precedida, quando necessário, de autorização ou aprovação do Poder Executivo, averbando-se no registro todas as alterações por que passar o ato constitutivo.

Quanto à possibilidade de atribuição a essas pessoas dos **privilégios** recebidos pela Administração direta, a questão, por força de expressa referência no **art. 150, § 2º, da CF**, ficaria na estreita **dependência** da **atividade** por elas **desenvolvida**.

Se fossem criadas para a **prestação de serviços públicos**, por não estarem concorrendo com a iniciativa privada, não se veria impedimento para a **concessão dos privilégios**. Se fossem **criadas** para a exploração de **atividades econômicas**, a **concessão** desses privilégios seria **proibida**, por força de expressa disposição constitucional que determina seja o regime jurídico adotado por elas o mesmo da iniciativa privada, inclusive quanto às obrigações civis, comerciais, trabalhistas e tributárias **(art. 173, § 1º, II, da CF)**, tudo com o objetivo de assegurar o princípio da **livre concorrência**, que informa toda a atividade econômica, a teor do disposto no **art. 170 da Constituição Federal**.

Sem embargo, em vista da redação oferecida pelo **§ 3º** do mesmo dispositivo constitucional **(art. 150)**, também para as prestadoras de **serviços públicos** a **vedação se impõe**, pois, via de regra, esses serviços são executados por meio de **contraprestação ou pagamento de preços ou tarifas** pelo usuário.

Em relação a este item, em razão da **inexistência de orientação jurisprudencial única** e tendo em vista a existência de **divergências doutrinárias**, importante anotar a existência de alguns **precedentes** no nível de nossa **Suprema Corte**, consoante se verifica das ementas a seguir reproduzidas:

> "Constitucional. Tributário. Empresa Brasileira de Correios e Telégrafos: imunidade tributária recíproca: CF, art. 150, VI, *a*. Empresa pública que exerce atividade econômica e empresa pública prestadora de serviço público: distinção.
>
> I — As empresas públicas prestadoras de serviço público distinguem-se das que exercem atividade econômica. A Empresa Brasileira de Correios e Telégrafos é prestadora de serviço público de prestação obrigatória e exclusiva do Estado, motivo por que está abrangida pela imunidade tributária recíproca: CF, art. 150, VI, *a*.
>
> II — R.E. conhecido em parte e, nessa parte, provido" (RE 407.099/RS, 2ª T., rel. Min. Carlos Velloso, j. 22.06.2004).

> "Processual civil. Ação cível originária. Decisão monocrática que indefere antecipação de tutela. Agravo regimental. Constitucional. Tributário. Imposto sobre a Propriedade de Veículos Automotores (IPVA). Imunidade recíproca. Empresa Brasileira de Correios e Telégrafos (ECT). Exame da índole dos serviços prestados. Diferenciação entre serviços públicos de prestação obrigatória e serviços de índole econômica. Art. 150, VI, *a*, e § 3º da Constituição. Em juízo cautelar, reputa-se plausível a alegada extensão da imunidade recíproca à propriedade de veículos automotores destinados à prestação de serviços postais. Precedentes da Segunda Turma do Supremo Tribunal Federal. Agravo regimental conhecido e provido" (ACO-AgRg 765/RJ, TP, rel. Min. Marco Aurélio, j. 5.10.2006).

Os **privilégios processuais** são terminantemente vedados, por não estarem as empresas abrangidas pela expressão "Fazenda Pública", conclusão essa que se atinge em vista das seguintes ementas:

> "Empresa pública e sociedade de economia mista. As prerrogativas processuais conferidas à Fazenda Pública devem ser interpretadas restritivamente. Somente as pessoas jurídicas de direito público, incluídas as autarquias, é que estão compreendidas no conceito de Fazenda Pública. Nele não se incluem as empresas públicas nem as sociedades de economia mista" (STJ, 1ª T., REsp 30367-2/DF, rel. Min. Demócrito Reinaldo, j. 03.03.1993).

- "A empresa pública não dispõe de prazo em dobro para recorrer" (*JTJ* 162/247).

- "Fazenda Pública. Fazenda Pública é a Administração Pública por qualquer de suas entidades da Administração direta: União, Estados e Municípios. As empresas públicas e sociedades de economia mista não fazem jus ao benefício de prazo"[11].

Quanto à questão relativa à **responsabilidade pelas obrigações** que contraíram perante terceiros, sem dúvida nenhuma **serão elas chamadas, respondendo o Estado** apenas em **caráter subsidiário**, se forem **prestadoras de serviços públicos**.

Se tiverem sido **criadas para a exploração de atividade econômica**, contudo, o **Estado** responsável pela sua criação **não poderá responder** nem mesmo em caráter subsidiário, por força do mesmo dispositivo constitucional mencionado, que proíbe a concessão a essas empresas de qualquer vantagem não extensiva à iniciativa privada.

Por fim, quanto à possibilidade de se submeterem ao **regime falimentar**, a questão fica em **direta dependência**, uma vez mais, **das atividades desenvolvidas**, porquanto, se prestadoras de **serviços públicos**, não se vislumbra essa possibilidade.

Se exploradoras de **atividade econômica**, a possibilidade se torna possível, principalmente a partir da edição da EC n. 19/98, que, alterando a redação do **art. 173, § 1º, II**, ali acrescentou as obrigações comerciais.

De outra forma, se, quando exploradoras de **atividades econômicas**, devem submeter-se à redação do art. 173 da CF — que, por sua vez, só poderá ser interpretado à luz do princípio da livre concorrência, estabelecido no art. 170, IV —, **não se poderia a elas conferir a possibilidade** de não se submeterem à **falência**.

Se aberta essa possibilidade, tornaria letra morta o princípio anteriormente mencionado, o que não se pode admitir por se tratar de norma fundamental reguladora da ordem econômica e financeira dentro da Constituição.

Por derradeiro, cumpre registrar que essa matéria foi também **disciplinada pela Lei n. 11.101/2005**, que regula a **recuperação judicial**, a **extrajudicial** e a falência do empresário e da sociedade empresária, que, no entanto, não trouxe grandes esclarecimentos em relação às empresas públicas.

Destarte, em seu **art. 2º**, consignou que seu conteúdo não se aplica a elas nem às sociedades de economia mista, consoante se verifica de sua redação, a seguir reproduzida:

> **Art. 2º** Esta Lei não se aplica a:
> I — empresa pública e sociedade de economia mista.

Importante também destacar que as **demandas judiciais** envolvendo as **empresas públicas** federais são de **competência da Justiça Federal**, nos termos do **art. 109, I, da Constituição Federal:**

---

[11] NERY JUNIOR, Nelson; NERY, Rosa Maria de Andrade. *Código de Processo Civil comentado*. 3. ed. São Paulo: Revista dos Tribunais, 1997, p. 488.

Art. 109. Aos juízes federais compete processar e julgar:

I — as causas em que a União, entidade autárquica ou empresa pública federal forem interessadas na condição de autoras, rés, assistentes ou oponentes, exceto as de falência, as de acidentes de trabalho e as sujeitas à Justiça Eleitoral e à Justiça do Trabalho.

DEFINIÇÃO	Pessoas jurídicas integrantes da Administração indireta
PERSONALIDADE JURÍDICA	Sim. Se direito privado
CAPACIDADE PROCESSUAL	Sim
CRIAÇÃO E EXTINÇÃO	Por lei, ordinária, específica, de iniciativa do Chefe do Executivo que apenas autoriza sua criação dependendo de aprovação e registro
CONTROLE	Sim, de legalidade e finalidade, inexistindo relação de hierarquia, de subordinação
PRIVILÉGIOS	Processuais, não têm, por força do disposto no art. 183 do NCPC. Tributários, também não, por força do disposto nos arts. 150, § 3º, e 173, § 2º, da CF, em que pese a existência de precedentes em sentido contrário no nível do STF
OBJETIVOS	Podem ser criadas para a prestação de serviços públicos ou para a exploração de atividades econômicas
RESPONSABILIDADE	É da própria empresa, cogitando-se, no máximo, de responsabilidade subsidiária da Administração se prestadoras de serviços públicos, não se apresentando essa possibilidade se exploradoras de atividades econômicas, por força da previsão estabelecida no art. 173, § 1º, II, da CF
FALÊNCIA	■ Se criadas para a prestação de serviços públicos, não se cogita da possibilidade de falência ■ Se criadas para exploração de atividades econômicas, ainda que inexistentes exemplos concretos, a possibilidade se apresentaria por força do art. 173, § 1º, II, da CF
CAPITAL	Inteiramente público de uma das diversas esferas de governo
FORMA EMPRESARIAL	Qualquer modalidade empresarial
DEMANDAS JUDICIAIS	Para empresas públicas federais, a competência foi atribuída para a Justiça Federal de primeira instância, a teor do disposto no art. 109, I, da CF

■ 6.4.7. Sociedades de economia mista

São definidas como **pessoas jurídicas de direito privado**, criadas para a prestação de **serviços públicos** ou para a **exploração** de **atividades econômicas**, contando com um capital misto e constituídas **somente** sob a **modalidade empresarial** de **sociedade anônima**.

Pela definição, em razão dos traços de **semelhança** e **diferenças**, revela-se inevitável uma comparação entre as **sociedades de economia mista** e as **empresas públicas**, vistas no tópico anterior.

Nesse sentido, a exemplo daquelas, as **sociedades de economia mista** assumem **personalidade jurídica de direito privado**, podendo ser criadas tanto para a prestação de **serviços públicos** quanto para a exploração de **atividades econômicas**.

Em outras palavras, da mesma forma como verificado em relação às empresas públicas, as sociedades de economia mista surgem como instrumentos aptos a propiciar a atuação do Estado na atividade econômica, situação que não se cogita em relação às autarquias e fundações.

Seguindo ainda pela definição oferecida, surgem agora as **diferenças** entre as **empresas públicas** e as **sociedades de economia mista**, a começar pelo **capital**, porque inteiramente público para aquelas e misto para estas.

Essa questão, é bom frisar, não se resume tão somente ao aspecto do capital, porquanto o que efetivamente caracteriza esse tipo de entidade é a participação do Estado, interferindo ativamente em seus atos, em suas decisões, outras não sendo as lições de Hely Lopes Meirelles[12], consoante se verifica abaixo:

> "Não se infira, porém, que toda participação estatal converte o empreendimento particular em sociedade de economia mista. Absolutamente, não. Pode o Estado subscrever parte do capital de uma sociedade sem lhe atribuir o caráter de empresa governamental. O que define a sociedade de economia mista é a participação ativa do Poder Público na vida e realização da empresa. Não importa seja o Estado sócio majoritário ou minoritário; o que importa é que lhe reserve, por lei ou convenção, o poder de atuar nos negócios sociais".

Em relação à **modalidade empresarial** que podem assumir, outrossim, as **diferenças** mais uma vez aparecem.

Enquanto as empresas públicas podem assumir qualquer modalidade empresarial, podendo surgir na forma de sociedades civis ou comerciais por força do **art. 5º** do **Decreto-lei n. 200/67**, as sociedades de economia mista, em vista do mesmo comando legal, só poderão assumir a modalidade de sociedades anônimas e, portanto, só o formato de sociedades comerciais, ficando assim sujeitas à Lei n. 10.303/2001, disciplinadora da matéria. Confira-se:

> **Art. 5º** Para os fins dessa lei considera-se: (...)
>
> III — sociedade de economia mista — entidade dotada de personalidade jurídica de Direito privado, criado por lei para exploração de atividade econômica, sob a forma de sociedade anônima, cujas ações com direito a voto, pertençam, em sua maioria, a união ou a entidade da administração indireta.

Da definição legal oferecida conclui-se, uma vez mais, que a **personalidade jurídica** atribuída à **sociedade de economia mista** só pode ser de direito privado, mesma conclusão que se apresenta em relação à **forma empresarial única** que podem assumir, vale dizer, a de **sociedade anônima**.

Sem embargo, oportuno comentar a imprecisão da redação do dispositivo legal quanto a sua **forma de criação**, uma vez que, aprovada a necessária lei, depende ainda de aprovação e registro de seus estatutos sociais.

Em outras palavras, ao contrário do que poderia dar a entender a redação legal em relação a essas sociedades, a **lei**, uma vez aprovada, não cria, mas **apenas autoriza** sua **criação**, conclusão que se extrai da redação estabelecida no **art. 37, XIX, da Constituição Federal**.

De resto, a exemplo do que se fez em relação às empresas públicas, oportuna a reprodução da definição oferecida pela **Lei n. 13.303/2016**, em seu **art. 4º:**

---

12 *Direito administrativo brasileiro*. 24. ed. São Paulo: Malheiros, 1999, p. 334-335.

> **Art. 4º** Sociedade de economia mista é entidade dotada de personalidade jurídica de direito privado, com criação autorizada por lei, sob a forma de sociedade anônima, cujas ações com direito a voto pertençam em sua maioria à União, Estados, Distrito Federal, aos municípios ou a entidade da Administração Indireta.

Percebe-se da redação reproduzida maior precisão em relação à definição dessas entidades, em especial quanto à **forma de criação**, pois ali não se verifica "criada por lei", mas **"autorizada por lei", mantendo-se as demais características** relacionadas à personalidade jurídica; à forma única de sociedade anônima e ainda com a maioria das ações pertencendo às esferas de governo ou a entidades da Administração indireta.

Nesse particular, importante acrescentar que o **diploma legal** aprovado em **2016** acresce, em seu **art. 4º, § 1º**, que os **deveres e responsabilidades do acionista controlador** são aqueles disciplinados pela Lei n. 6.404/76. Confira-se:

> **Art. 4º** (...)
>
> § 1º A pessoa jurídica que controla a sociedade de economia mista tem os deveres e as responsabilidades do acionista controlador estabelecidos na Lei n. 6.404, de 15 de dezembro de 1976.

Nesse contexto, podem ser relacionadas, a título de exemplo, as seguintes sociedades de economia mista, todas elas guardando as características até aqui apresentadas:

- Banco do Brasil;
- Petrobras (Petróleo Brasileiro S.A.);
- Sabesp (Companhia de Saneamento Básico do Estado de São Paulo);
- Cohab (Companhia de Habitação Popular);
- Metrô (Companhia do Metropolitano de São Paulo);
- Dersa (Desenvolvimento Rodoviário S.A.);
- Cetesb (Companhia Ambiental do Estado de São Paulo);
- CET (Companhia de Engenharia de Tráfego).

As sociedades de economia mista apresentam como **características básicas** serem dotadas, a exemplo das demais pessoas integrantes da Administração indireta, de **autonomia administrativa** e **financeira** e de **patrimônio próprio**.

Embora, de igual sorte, **não** estejam **subordinadas** à **Administração direta**, responsável pela sua criação, a exemplo das demais pessoas integrantes da Administração indireta, também elas **se submetem** a um **controle de legalidade** ou de finalidade denominado tutela.

Para sua **criação**, repete-se o raciocínio aplicado às empresas públicas, com base no disposto no **art. 37, XIX, da CF**, acrescidos os comentários deduzidos em relação ao **art. 5º do Decreto-lei n. 200/67**.

Assim, por integrarem a Administração indireta do Estado, necessitam de lei específica para sua criação.

Sem embargo, por assumirem personalidade jurídica de direito privado, a **lei específica**, a que faz alusão o Texto Constitucional, assume aqui um papel diferente, pois não cria, **apenas autoriza sua criação**, que vai se consumar por meio do **registro dos estatutos sociais** no órgão competente, da mesma forma como se verifica em relação a qualquer outra pessoa jurídica de direito privado.

Sobre os **privilégios** que lhes podem ser atribuídos, a **questão**, se observada sob o ângulo constitucional, revela-se **tormentosa** em um primeiro momento, em vista da ausência de qualquer referência a esse respeito no **art. 150, § 2º, do Texto Constitucional**, como visto por ocasião da análise das empresas públicas.

Essa constatação, repete-se uma vez mais, poderia levar à conclusão de que a questão ficaria diretamente atrelada à atividade por elas desenvolvida.

Destarte, se prestadoras de serviços públicos, nada impediria pudessem elas receber alguns dos privilégios atribuídos à Administração direta do Estado, visto que não estariam aqui concorrendo com a iniciativa privada.

Diversa seria a conclusão, entretanto, se fossem exploradoras de atividade econômica, porque, como visto, nessa qualidade não poderiam, por expressa disposição constitucional, receber qualquer privilégio que não fosse estendido para os particulares, em nome do princípio da livre concorrência previsto no art. 170, IV, da CF.

Uma **leitura** mais atenta dos **comandos constitucionais** pertinentes levará a **conclusão diversa**, **impedindo** possam elas, **independentemente** da **atividade** que desenvolvam, **receber** esses **privilégios**.

É o que se conclui da leitura do **§ 3º** do mesmo **art. 150**, cuja redação a seguir se reproduz:

> **Art. 150.** (...)
>
> § 3º As vedações do inciso VI, *a*, e do parágrafo anterior não se aplicam ao patrimônio, à renda e aos serviços, relacionados com exploração de atividades econômicas regidas pelas normas aplicáveis a empreendimentos privados, ou em que haja contraprestação ou pagamento de preços ou tarifas pelo usuário, nem exonera o promitente comprador da obrigação de pagar imposto relativamente ao bem imóvel.

Destarte, o dispositivo constitucional citado bem está a demonstrar a impossibilidade de se conferirem **prerrogativas** para as pessoas que, não obstante integrarem a estrutura da Administração Pública, explorem **atividades econômicas**, o que de resto se extraía do conteúdo do **art. 173, § 2º**.

Também **impede** sejam esses privilégios conferidos para aquelas que, apesar de surgirem como **prestadoras de serviços públicos**, executem a atividade mediante **contraprestação** ou **pagamento** de **preços** e **tarifas**.

Aliás, outro não é o entendimento adotado por Celso Antônio Bandeira de Mello[13]:

> "As empresas estatais, conquanto prestadoras de serviços públicos, quando haja contraprestação ou pagamento de preços ou tarifas pelo usuário do serviço, não se beneficiam da imunidade prevista no art. 150, VI, *a*, da Constituição Federal — onde se proíbe que União, Estados, Distrito Federal e Municípios instituam impostos sobre o patrimônio,

[13] *Curso de direito administrativo*. 11. ed. São Paulo: Malheiros, 1999, p. 139.

rendas ou serviços uns dos outros. É que o § 3º do mesmo artigo é explícito em excluir, em tais casos, a incidência da referida imunidade. Ora, como ditas empresas operam mediante as referidas contraprestações, salvo em hipóteses incomuns nas quais inexistam, ficarão ao largo do aludido dispositivo protetor".

Convém mencionar, oportunamente, a forte tendência jurisprudencial admitindo a possibilidade de atribuição de privilégios administrativos, tributários e processuais, desde que por força de disposição expressa de lei.

É o que se observa da transcrição dos ensinamentos de Hely Lopes Meirelles[14], que conclui pela impossibilidade de receberem essas entidades quaisquer privilégios, a não ser que venham previstos na legislação criadora. São suas estas lições:

> "Ao concluir, permitimo-nos relembrar que as sociedades de economia mista, como as empresas públicas, não têm, por natureza, qualquer privilégio estatal, só auferindo as prerrogativas administrativas, tributárias e processuais que lhe forem concedidas especificamente na lei criadora ou em dispositivos especiais pertinentes, conforme a doutrina exposta precedentemente e a firme orientação da jurisprudência".

Quanto à **responsabilidade** pelas **dívidas**, pelas **obrigações** contraídas perante terceiros, uma vez mais a **resposta** ficará na **dependência** das **atividades** por elas **desenvolvidas**.

Quando **prestadoras de serviços públicos**, nada impede que a **Administração direta** possa ser **acionada**, desde que somente em **caráter subsidiário**, vale dizer, depois de esgotadas as forças dessas sociedades.

Por outro lado, se forem **exploradoras de atividades econômicas**, a **mesma conclusão não pode ser atingida**, tendo em vista as diretrizes constitucionais mencionadas anteriormente.

Com efeito, o **art. 173, § 1º, II**, como visto no início deste capítulo, estabelece a **igualdade de regimes jurídicos** com a **iniciativa privada**, inclusive quanto às obrigações comerciais, de acordo com a redação oferecida pela EC n. 19/98.

Ora, é bem de ver que, se o regime deve ser o mesmo da iniciativa privada, inclusive quanto às obrigações comerciais, e se é certo que os particulares ficam submetidos ao regime de falência, o mesmo deve ocorrer em relação a essa modalidade de sociedade de economia mista, sob pena de afrontar a regra constitucional mencionada.

É preciso resgatar, entretanto, a ideia segundo a qual as **sociedades de economia mista** somente poderão ser **criadas** sob a **modalidade** empresarial de **sociedades anônimas**.

Em razão dessa imposição, ficam elas submetidas às regras contidas na **Lei n. 6.404/76**, disciplinadora da matéria.

Nesse contexto, oportuno destacar que o referido diploma legal, em seu **art. 235**, trazia diretriz nesse sentido, nos seguintes termos:

---

[14] *Direito administrativo brasileiro*. 24. ed. São Paulo: Malheiros, 1999.

> **Art. 235.** As sociedades anônimas de economia mista estão sujeitas a esta Lei, sem prejuízo das disposições especiais de lei federal.

Por seu turno, no mesmo diploma legal, encontrávamos a disposição contida no art. 242, que regulamentava a questão relativa à falência e à responsabilidade em relação a essas sociedades, da seguinte forma:

> **Art. 242.** As companhias de economia mista não estão sujeitas a falência, mas os seus bens são penhoráveis e executáveis, e a pessoa jurídica que a controla responde, subsidiariamente, pelas suas obrigações.

Sem dúvida alguma, a leitura desse dispositivo legal bem estava a demonstrar seu descompasso com a Constituição Federal, em especial com as regras estabelecidas pela EC n. 19/98.

Enquanto a Constituição Federal estabelece que o regime das sociedades de economia mista, exploradoras de atividades econômicas, deve ser o mesmo da iniciativa privada, inclusive quanto às obrigações comerciais **(art. 173, § 1º, II)**, a **Lei n. 6.404/76**, como visto, estabelecia que elas não se sujeitavam ao regime de **falência**.

Oportuno registrar, também, que esse diploma legal se mostrava uma vez mais em descompasso com a Constituição Federal ao estabelecer que a **Administração direta** poderia ser chamada a **responder subsidiariamente pelas obrigações** contraídas pelas sociedades.

Esse descompasso manifestava-se nitidamente em relação ao **art. 173, § 1º, II**, em que o comando constitucional estabelece que o regime das obrigações civis dessa modalidade de sociedade de economia mista deve ser o mesmo adotado para a iniciativa privada, em respeito ao princípio da livre concorrência.

Nesse contexto, quer-nos parecer que a melhor solução para o aparente impasse não constava na declaração de inconstitucionalidade do artigo ora em análise, até porque ele continuava em vigor, gerando seus efeitos.

A **solução** para essa **aparente incongruência**, portanto, demandava a utilização de **regra** de **hermenêutica** denominada "interpretação conforme à Constituição", para harmonizar o dispositivo infraconstitucional ao conteúdo do art. 173 da CF.

Assim, a **única maneira** de manter a **constitucionalidade** desse **dispositivo** seria entender que a sua **redação só se aplicaria** para as sociedades de economia mista **prestadoras de serviços públicos**.

Com efeito, por não concorrerem com a iniciativa privada, nada impede que não se submetam elas ao regime de falência e que a Administração direta possa responder, em caráter subsidiário, pelas obrigações contraídas.

Como consequência, seu **conteúdo** seria **inaplicável** às **sociedades** de economia mista **exploradoras de atividade econômica**, em razão da necessidade de estarem elas submetidas basicamente ao mesmo regime jurídico das empresas privadas por expressa disposição constitucional.

Aliás, ao **utilizar** essa **técnica de interpretação**, estar-se-ia fazendo um **controle de constitucionalidade**, **sem redução de texto**, uma vez que desnecessária a modificação da redação original do dispositivo ora analisado para harmonizá-lo com a Constituição Federal.

Nesse momento, faz-se oportuno mencionar que essa **matéria longe está** de tornar-se **pacífica** em nosso ordenamento jurídico, em vista, principalmente, das diversas posições assumidas pela nossa **doutrina**, consoante se verifica:

> "Quanto à extinção das sociedades de economia mista, alerte-se que esta poderá ocorrer por insolvência e por determinação legal. Não podem, por conseguinte, extingui-las a Administração Pública, seus dirigentes ou a assembleia geral. Essas sociedades, quando exploradoras de atividade econômica, estão sujeitas à falência, embora o art. 242 da Lei das Sociedades Anônimas prescreva, sem fazer qualquer distinção, regra contrária, e, pois, assegura-lhes a não sujeição ao regime falimentar, a que se submetem as demais sociedades anônimas. Nesse sentido, também, é a inteligência de Eros Roberto Grau (*RDP* 79/103). A distinção exploradora de atividade econômica ou prestadora de serviço público é relevante no caso, já que em favor da continuidade do serviço público justifica-se a não sujeição da sociedade de economia mista ao regime falimentar quando prestadora de serviço público"[15].

> "Põe-se, aqui, o problema de saber se, tendo forma mercantil, podem vir a desaparecer em decorrência de falência. Surge, concomitantemente com este tópico, o tema da existência ou não de responsabilidade subsidiária do Estado em relação aos débitos que estas não tenham como solver.
>
> A Lei de Sociedades Anônimas (Lei n. 6.404, de 15.12.1976), em seu art. 242, estabelece que as sociedades de economia mista não estão sujeitas à falência, mas seus bens são penhoráveis e executáveis, respondendo a pessoa controladora, subsidiariamente, por suas obrigações. Cremos, entretanto, que a solução do problema não pode ser dada uniformemente, nem para sociedades de economia mista — como pretendeu fazê-lo a lei citada — nem para as empresas públicas. Entre tais entidades, é necessário distinguir as que são prestadoras de serviços públicos das exploradoras de atividade econômica.
>
> Com relação às exploradoras de atividade econômica, nem a lei poderia excluí-las de sujeição à falência, assim como não poderia estabelecer responsabilidades subsidiárias do Poder Público. Isto porque, quando a Constituição atribuiu-lhes regime correspondente ao das empresas privadas, inclusive quanto ao direito das obrigações (§ 1º do art. 173), pretendeu evitar que tais sujeitos desfrutassem de uma situação jurídica não suscetível de colocá-las em vantagem em relação às empresas privadas em geral. Ora, é isto que sucederia — e não pode suceder — se o Estado respondesse subsidiariamente por elas. Se lhes fosse dada a possibilidade de se eximirem de falência, vindo o Poder Público a respaldá-las para garantir os créditos de terceiros, quando as entidades ficassem insolventes, é bem de ver que, graças a tal respaldo juridicamente assegurado, aquele que com elas negociasse estaria em todo e qualquer caso garantido por alguém que é sempre solvente. Seriam, pois, mais confiáveis que as demais empresas privadas. Destarte, as estatais desfrutariam de situação privilegiada no mercado, precisamente o que quer a Constituição interditar.
>
> Em síntese: tanto empresas públicas como sociedades mistas exploradoras de atividade econômica podem vir a falir.

[15] GASPARINI, Diogenes. *Direito administrativo*. 8. ed. São Paulo: Saraiva, 2003, p. 373.

Já no que atina às prestadoras de serviços públicos, a situação é outra. Se forem sociedades de economia mista, ainda que se tornem insolventes, não se assujeitarão à falência, e o Poder Público responderá, subsidiariamente, perante terceiros, procedendo-se na forma disposta no precitado art. 242 da Lei das S.A."[16].

De toda sorte, cumpre observar que o **art. 242 da Lei n. 6.404/76** foi expressamente **revogado** pelo **art. 10 da Lei n. 10.303/2001**, como se vê:

> **Art. 10.** São revogados o art. 242, da Lei n. 6.404, de 15 de dezembro de 1976, e os arts. 29 e 30, da Lei n. 6.385, de 7 de dezembro de 1976.

Por sua vez, cumpre registrar, como observado no tópico anterior, que essa matéria foi disciplinada pela **Lei n. 11.101/2005**, que regula a recuperação judicial, a extrajudicial e a falência do empresário e da sociedade empresária.

Sem embargo, sobreleva notar não ter a referida legislação contribuído para a resolução das dúvidas que pairam sobre o tema, na medida em que, em seu **art. 2º**, consignou que seu conteúdo não se aplica às empresas públicas nem às sociedades de economia mista, consoante se verifica de sua redação a seguir reproduzida:

> **Art. 2º** Esta Lei não se aplica a:
> I — empresa pública e sociedade de economia mista.

Em relação aos bens integrantes de seu patrimônio, o mesmo eminente administrativista faz importantes ressalvas em vista do interesse a ser resguardado, consoante se verifica:

> "(...) entretanto, como os bens que estejam afetados à prestação do serviço são bens públicos e, ademais, necessários à continuidade das prestações devidas ao corpo social, não podem ser extraídos de tal finalidade. Com efeito, não faria sentido que interesses creditícios de terceiros preferissem aos interesses de toda a coletividade no regular procedimento de um serviço público. Assim, jamais caberia a venda destes bens em hasta pública, que seria o consectário natural da penhora e execução judicial, previstas no citado artigo. Donde o efeito das medidas referidas seria tão somente o de caracterizar juridicamente a irrupção da responsabilidade subsidiária do Estado. Já com relação aos bens não afetados ao serviço, nenhum problema haveria em que os credores neles se saciassem normalmente"[17].

Os **excertos doutrinários** acima permitem a **conclusão** de que, na maioria das vezes, as questões envolvendo **empresas públicas** e **sociedades** de **economia mista demandam** uma **análise** por intermédio de sua **legislação criadora** acerca da **atividade para a qual foram criadas**.

---

[16] MELLO, Celso Antônio Bandeira de. *Curso de direito administrativo*. 11. ed. São Paulo: Malheiros, 1999, p. 127.

[17] MELLO, Celso Antônio Bandeira de. *Curso de direito administrativo*. 11. ed. São Paulo: Malheiros, 1999, p. 128-129.

Se criadas para a prestação de **serviços públicos**, submetem-se ao regime jurídico específico, considerando-se os interesses que estão sendo representados e a ausência de competição em relação à iniciativa privada.

Se criadas para a exploração de **atividades econômicas**, submetem-se às mesmas regras que basicamente norteiam as atividades desenvolvidas pelos particulares em respeito ao princípio constitucional da livre concorrência e às alterações a esse respeito promovidas pela EC n. 19/98.

Por fim, quanto à **competência** para a apreciação de **demandas judiciais**, foi ela atribuída para a **justiça comum estadual**, matéria objeto das **Súmulas 556 do STF e 42 do STJ**. Confira-se:

> **Súmula 556 do STF:** É competente a Justiça comum para julgar as causas em que é parte sociedade de economia mista.
> **Súmula 42 do STJ:** Compete à Justiça Comum Estadual processar e julgar as causas cíveis em que é parte sociedade de economia mista e os crimes praticados em seu detrimento.

Essa **regra geral** será **afastada** para aquelas situações em que a **União intervenha como assistente ou opoente**, quando então a competência será deslocada para a **Justiça Federal**, nos termos da **Súmula 517 do STF:**

> **Súmula 517 do STF:** As sociedades de economia mista só têm foro na Justiça Federal, quando a União intervém como assistente ou opoente.

6.4.8. As empresas públicas e sociedades de economia mista na Lei n. 13.303/2016

Como visto no curso deste capítulo, o Estado, em caráter excepcional, pode explorar atividades econômicas, desde que respeitados os limites impostos pelo **art. 173** da Constituição, a começar pelas únicas **hipóteses autorizadoras**, vale dizer, a preservação da segurança nacional e o interesse coletivo relevante.

Outrossim, restou consignado, no mesmo dispositivo constitucional, que a **exploração** de **atividades econômicas** pelo Estado só poderá ser realizada por intermédio de **empresas públicas** e sociedades de economia mista, submetidas a um **estatuto jurídico específico**, que só foi editado em **2016**, com a publicação da **Lei n. 13.303**, que ficou conhecida como **Lei de Responsabilidade das Estatais**.

Portanto, em uma apreciação inicial da referida legislação, pode-se dizer ter sido ela editada para regulamentar o art. 173, § 1º, do texto constitucional.

Sem embargo, quanto à **abrangência** da referida **legislação**, percebe-se acabar ela por incidir sobre **todas as empresas públicas** e **sociedades de economia mista**, nas quatro esferas de governo, **independentemente da atividade** para a qual **tenham sido criadas**, vale dizer, para a exploração de atividades econômicas, ou para a prestação de serviços públicos, a teor do disposto em seu art. 1º:

Art. 1º Esta Lei dispõe sobre o estatuto jurídico da empresa pública, da sociedade de economia mista e de suas subsidiárias, abrangendo toda e qualquer empresa pública e sociedade de economia mista da União, dos Estados, do Distrito Federal e dos Municípios que explore atividade econômica de produção ou comercialização de bens ou de prestação de serviços, ainda que a atividade econômica esteja sujeita ao regime de monopólio da União ou seja de prestação de serviços públicos.

A leitura do dispositivo legal reproduzido ratifica a conclusão anteriormente atingida quanto aos **destinatários** da referida **legislação**, envolvendo as estatais exploradoras de **atividade econômica** e também as prestadoras de **serviços públicos** nas quatro esferas de governo.

Da mesma forma, apresenta **restrições** quanto à **aplicabilidade** dessa lei para estatais que não apresentem no exercício social anterior **receita** operacional **bruta inferior** ao patamar ali estabelecido, condição que se verifica da previsão do seu **art. 1º, § 1º:**

Art. 1º (...)

§ 1º O Título I desta Lei, exceto o disposto nos arts. 2º, 3º, 4º, 5º, 6º, 7º, 8º, 11, 12 e 27, não se aplica à empresa pública e à sociedade de economia mista que tiver, em conjunto com suas respectivas subsidiárias, no exercício social anterior, receita operacional bruta inferior a R$ 90.000.000,00 (noventa milhões de reais).

Ainda em relação aos seus destinatários, a referida legislação estabelece a possibilidade de sua aplicação parcial a **empresas** públicas **chamadas de "dependentes"**, nos termos da **Lei Complementar n. 101/2000 (Lei de Responsabilidade Fiscal**), que explorem atividade econômica ou serviços públicos nos termos fixados pela Lei de Responsabilidade Fiscal. Confira-se:

Art. 1º (...)

§ 2º O disposto nos Capítulos I e II do Título II desta Lei aplica-se inclusive à empresa pública dependente, definida nos termos do inciso III do art. 2º da Lei Complementar n. 101, de 4 de maio de 2000, que explore atividade econômica, ainda que a atividade econômica esteja sujeita ao regime de monopólio da União ou seja de prestação de serviços públicos.

A propósito do tema, importante trazer à colação a **definição legal** de **empresa** pública **dependente**, nos termos da Lei de Responsabilidade Fiscal:

Art. 2º Para os efeitos desta Lei Complementar, entende-se como: (...)

III — empresa estatal dependente: empresa controlada que receba do ente controlador recursos financeiros para pagamento de despesas com pessoal ou de custeio em geral ou de capital, excluídos, no último caso, aqueles provenientes de aumento de participação acionária.

Debruçando-se ainda sobre a questão relacionada aos **destinatários** atingidos por esse diploma legal, surgem agora as **empresas** públicas **de sociedade** de economia mista, participantes de **consórcio** a teor do disposto no art. 1º, § 5º:

Art. 1º (...)

§ 5º Submetem-se ao regime previsto nesta Lei a empresa pública e a sociedade de economia mista que participem de consórcio, conforme disposto no art. 279 da Lei n. 6.404, de 15 de dezembro de 1976, na condição de operadora.

A propósito dessa previsão, importante a reprodução dos **arts. 278 e 279 da Lei n. 6.404/76**, para que se possa ter uma melhor visualização dessas estatais submetidas ao regime de consórcio:

Art. 278. As companhias e quaisquer outras sociedades, sob o mesmo controle ou não, podem constituir consórcio para executar determinado empreendimento, observado o disposto neste Capítulo.

§ 1º O consórcio não tem personalidade jurídica e as consorciadas somente se obrigam nas condições previstas no respectivo contrato, respondendo cada uma por suas obrigações, sem presunção de solidariedade.

§ 2º A falência de uma consorciada não se estende às demais, subsistindo o consórcio com as outras contratantes; os créditos que porventura tiver a falida serão apurados e pagos na forma prevista no contrato de consórcio.

Art. 279. O consórcio será constituído mediante contrato aprovado pelo órgão da sociedade competente para autorizar a alienação de bens do ativo não circulante, do qual constarão:

I — a designação do consórcio se houver;

II — o empreendimento que constitua o objeto do consórcio;

III — a duração, endereço e foro;

IV — a definição das obrigações e responsabilidade de cada sociedade consorciada, e das prestações específicas;

V — normas sobre recebimento de receitas e partilha de resultados;

VI — normas sobre administração do consórcio, contabilização, representação das sociedades consorciadas e taxa de administração, se houver;

VII — forma de deliberação sobre assuntos de interesse comum, com o número de votos que cabe a cada consorciado;

VIII — contribuição de cada consorciado para as despesas comuns, se houver.

Parágrafo único. O contrato de consórcio e suas alterações serão arquivados no registro do comércio do lugar da sua sede, devendo a certidão do arquivamento ser publicada.

Por derradeiro, importante anotar que também sofrerão a incidência dessa lei as sociedades de propósito específico controladas por empresas públicas e sociedades de economia mista, a teor do disposto no art. 1º, § 6º. Confira-se:

Art. 1º (...)

§ 6º Submete-se ao regime previsto nesta Lei a sociedade, inclusive a de propósito específico, que seja controlada por empresa pública ou sociedade de economia mista abrangidas no *caput*.

A título de encerramento deste item, importante registrar que o campo de incidência dessa lei estabelecido no **art. 1º** é de **constitucionalidade duvidosa**, para dizer o menos, uma vez que, como já noticiado, **atinge todas as empresas públicas**

e sociedades de economia mista, **independentemente da finalidade** para a qual tenham sido **criadas**, vale dizer, para a prestação de serviços públicos ou para a exploração de atividades econômicas.

Trata-se de alteração significativa, uma vez que, até a edição da referida legislação, tinha-se por certo que, quando criadas para a prestação de **serviços públicos**, as estatais, por **não se encontrarem em regime de competição** com a iniciativa privada, seriam comandadas por um regime jurídico de direito público.

De outra parte, se criadas para a **exploração de atividades econômicas**, portanto em **regime de competição** com a iniciativa privada, estariam submetidas ao **mesmo regime** jurídico **das empresas privadas**, por força da redação apresentada pelo **art. 173, § 1º, II, da Constituição Federal**.

Dentro desse contexto, com a redação oferecida pelo **art. 1º**, as regras estabelecidas nessa legislação apanham, como já se disse, **todas as estatais**, submetendo-as a um **regime jurídico único**, independentemente de se encontrarem ou não em regime de competição com a iniciativa privada.

Nesse sentido, importante anotar que por essa razão, entre outras, é que a questão já foi levada à apreciação do **STF** em **janeiro** de **2017**, por meio da propositura da **ADI 5.624**, pela Federação Nacional das Associações do Pessoal da Caixa Econômica Federal (Fenae) e pela Confederação Nacional dos Trabalhadores do Ramo Financeiro (Contraf/CUT), sob a relatoria do Ministro Ricardo Lewandowski.

Na referida ação, os autores sustentam que a lei apresenta **abrangência excessiva**, pois alcança a **totalidade** das **empresas públicas** e **sociedades**, quando o **art. 173, § 1º, da Constituição** prevê o estabelecimento do estatuto jurídico das estatais que explorem atividade econômica de produção ou comercialização de bens ou prestação de serviços.

Foi feito o pedido de **medida cautelar** solicitando a **suspensão** da totalidade **da Lei n. 13.303/2016**, ou a **interpretação conforme à Constituição**, para que seu conteúdo seja direcionado exclusivamente para as empresas públicas e sociedades de economia mista exploradoras de atividade econômica, vale dizer, em regime de competição com o mercado.

O pedido foi indeferido em 7-2-2017, nos seguintes termos:

> "Entendo, contudo, que não é hipótese dos autos. Isso porque, embora o tema demande solução urgente, a Lei 13.303/2016 foi promulgada em 30 de junho de 2016. Além disso, seu texto já produziu efeitos, conforme se observa do seu art. 97, *in verbis*:
>
> 'Art. 97. Esta Lei entra em vigor na data de sua publicação'.
>
> Assim, penso que a situação descrita na inicial desta ação direta de inconstitucionalidade recomenda a adoção do rito previsto no art. 10 da Lei 9.868/1999.
>
> Isso posto, solicitem-se informações ao Congresso Nacional, que deverá pronunciar-se no prazo de cinco dias.
>
> Após, ouça-se o Advogado-Geral da União e o Procurador-Geral da República, no prazo de três dias".

Até o fechamento desta edição, a ação ainda encontra-se em curso, sem previsão para o julgamento do mérito.

■ 6.4.9. Da função social da empresa pública e da sociedade de economia mista

Estabelecidos comentários em relação ao campo de **abrangência** da **referida legislação**, importante salientar que houve uma **preocupação** quanto à necessidade de melhor **detalhar** as duas **hipóteses de cabimento da exploração de atividades econômicas** previstas no *caput* do art. 173 da Constituição, com a reserva de um artigo específico. É o que se vê da leitura do **art. 27**, que se preocupou com a melhor discriminação do conceito de função social da empresa pública e da sociedade de economia mista. Confira-se:

> **Art. 27.** A empresa pública e a sociedade de economia mista terão a função social de realização do interesse coletivo ou de atendimento a imperativo da segurança nacional expressa no instrumento de autorização legal para a sua criação.
>
> § 1º A realização do interesse coletivo de que trata este artigo deverá ser orientada para o alcance do bem-estar econômico e para a alocação socialmente eficiente dos recursos geridos pela empresa pública e pela sociedade de economia mista, bem como para o seguinte:
>
> I — ampliação economicamente sustentada do acesso de consumidores aos produtos e serviços da empresa pública ou da sociedade de economia mista;
>
> II — desenvolvimento ou emprego de tecnologia brasileira para produção e oferta de produtos e serviços da empresa pública ou da sociedade de economia mista, sempre de maneira economicamente justificada.
>
> § 2º A empresa pública e a sociedade de economia mista deverão, nos termos da lei, adotar práticas de sustentabilidade ambiental e de responsabilidade social corporativa compatíveis com o mercado em que atuam.
>
> § 3º A empresa pública e a sociedade de economia mista poderão celebrar convênio ou contrato de patrocínio com pessoa física ou com pessoa jurídica para promoção de atividades culturais, sociais, esportivas, educacionais e de inovação tecnológica, desde que comprovadamente vinculadas ao fortalecimento de sua marca, observando-se, no que couber, as normas de licitação e contratos desta Lei.

■ 6.4.10. Da nomeação dos seus dirigentes

De outra parte, **inovação** importante trazida por essa legislação refere-se à **forma de nomeação** de pessoas para a ocupação do **conselho de administração e da diretoria** dessas estatais, inovações que se justificam em homenagem aos princípios constitucionais da eficiência e da moralidade administrativa.

Com efeito, em uma **tentativa de evitar nomeações de caráter político** para essas estatais que tantos desvios promoveram, e levando em consideração que se encontram elas, em larga escala, em regime de competição com a iniciativa privada, o legislador estabeleceu a **necessidade de preenchimento** de inúmeros **requisitos**, de forma a se **comprovar** não só a **honestidade**, mas também a **competência** profissional daqueles que irão comandá-las, a teor do disposto em seu **art. 17**.

> **Art. 17.** Os membros do Conselho de Administração e os indicados para os cargos de diretor, inclusive presidente, diretor-geral e diretor-presidente, serão escolhidos entre cidadãos de reputação ilibada e de notório conhecimento, devendo ser atendidos, alter-

nativamente, um dos requisitos das alíneas *a, b* e *c* do inciso I e, cumulativamente, os requisitos dos incisos II e III:

I — ter experiência profissional de, no mínimo:

a) 10 (dez) anos, no setor público ou privado, na área de atuação da empresa pública ou da sociedade de economia mista ou em área conexa àquela para a qual forem indicados em função de direção superior; ou

b) 4 (quatro) anos ocupando pelo menos um dos seguintes cargos:

1. cargo de direção ou de chefia superior em empresa de porte ou objeto social semelhante ao da empresa pública ou da sociedade de economia mista, entendendo-se como cargo de chefia superior aquele situado nos 2 (dois) níveis hierárquicos não estatutários mais altos da empresa;

2. cargo em comissão ou função de confiança equivalente a DAS-4 ou superior, no setor público;

3. cargo de docente ou de pesquisador em áreas de atuação da empresa pública ou da sociedade de economia mista;

c) 4 (quatro) anos de experiência como profissional liberal em atividade direta ou indiretamente vinculada à área de atuação da empresa pública ou sociedade de economia mista;

II — ter formação acadêmica compatível com o cargo para o qual foi indicado; e

III — não se enquadrar nas hipóteses de inelegibilidade previstas nas alíneas do inciso I do *caput* do art. 1º da Lei Complementar n. 64, de 18 de maio de 1990, com as alterações introduzidas pela Lei Complementar n. 135, de 4 de junho de 2010.

A leitura do dispositivo reproduzido permite constatar a **preocupação do legislador** de **mesclar requisitos** de **experiência profissional**, de forma a oferecer a essas estatais maiores condições de competitividade (consoante as previsões estabelecidas nos incisos I e II), com **requisitos de natureza moral** de forma a impedir sejam elas comandadas por pessoas que já tenham contra si condenação proferida por um órgão colegiado, ainda que sem o alcance do trânsito em julgado (inciso III), nos termos estabelecidos pela Lei Complementar n. 64/90, conhecida como Lei das Inelegibilidades.

Correta a **inovação legislativa**, uma vez que nenhum sentido faz proibir a candidatura para mandatos eletivos daqueles que já tenham uma condenação penal contra si, nos termos da Constituição Federal (art. 14, § 9º) e da LC n. 64/90, e não **estender** essa **proibição para aqueles** que **comandarão os destinos das estatais**.

Dentro desse contexto, a **inovação** legislativa certamente **dificultará** a realização de **acordos** realizados **entre partidos** que se coligam para determinada campanha eleitoral, sob a promessa de que, em caso de vitória no pleito, estaria reservada durante os quatro anos de **mandato** a **presidência** de algumas **estatais**, em especial aquelas que se revelam extremamente lucrativas, a exemplo do Banco do Brasil, da Petrobras, da Caixa Econômica Federal, entre outras.

De resto, com a mesma preocupação, o legislador houve por bem estabelecer **limites** para **nomeações** tanto para o **conselho de administração** quanto para a diretoria dessas estatais, consoante se verifica da previsão estabelecida nos **§§ 2º a 5º** do **art. 17**. Confira-se:

Art. 17. (...)

§ 2º É vedada a indicação, para o Conselho de Administração e para a diretoria:

I — de representante do órgão regulador ao qual a empresa pública ou a sociedade de economia mista está sujeita, de Ministro de Estado, de Secretário de Estado, de Secretário Municipal, de titular de cargo, sem vínculo permanente com o serviço público, de natureza especial ou de direção e assessoramento superior na administração pública, de dirigente estatutário de partido político e de titular de mandato no Poder Legislativo de qualquer ente da federação, ainda que licenciados do cargo;

II — de pessoa que atuou, nos últimos 36 (trinta e seis) meses, como participante de estrutura decisória de partido político ou em trabalho vinculado a organização, estruturação e realização de campanha eleitoral;

III — de pessoa que exerça cargo em organização sindical;

IV — de pessoa que tenha firmado contrato ou parceria, como fornecedor ou comprador, demandante ou ofertante, de bens ou serviços de qualquer natureza, com a pessoa político-administrativa controladora da empresa pública ou da sociedade de economia mista ou com a própria empresa ou sociedade em período inferior a 3 (três) anos antes da data de nomeação;

V — de pessoa que tenha ou possa ter qualquer forma de conflito de interesse com a pessoa político-administrativa controladora da empresa pública ou da sociedade de economia mista ou com a própria empresa ou sociedade.

§ 3º A vedação prevista no inciso I do § 2º estende-se também aos parentes consanguíneos ou afins até o terceiro grau das pessoas nele mencionadas.

§ 4º Os administradores eleitos devem participar, na posse e anualmente, de treinamentos específicos sobre legislação societária e de mercado de capitais, divulgação de informações, controle interno, código de conduta, a Lei n. 12.846, de 1º de agosto de 2013 (Lei Anticorrupção), e demais temas relacionados às atividades da empresa pública ou da sociedade de economia mista.

§ 5º Os requisitos previstos no inciso I do *caput* poderão ser dispensados no caso de indicação de empregado da empresa pública ou da sociedade de economia mista para cargo de administrador ou como membro de comitê, desde que atendidos os seguintes quesitos mínimos:

I — o empregado tenha ingressado na empresa pública ou na sociedade de economia mista por meio de concurso público de provas ou de provas e títulos;

II — o empregado tenha mais de 10 (dez) anos de trabalho efetivo na empresa pública ou na sociedade de economia mista;

III — o empregado tenha ocupado cargo na gestão superior da empresa pública ou da sociedade de economia mista, comprovando sua capacidade para assumir as responsabilidades dos cargos de que trata o *caput*.

6.4.11. Das limitações quanto a despesas com publicidade e patrocínio

Em relação a este item, certamente preocupado com os inúmeros desvios de verbas públicas apurados de forma reiterada nesse setor, o legislador, em homenagem aos princípios da eficiência e da moralidade, houve por bem, corretamente, estabelecer **limites** em cada exercício **para os gastos com publicidade e patrocínio** dessas estatais, consoante se verifica da previsão estabelecida em seu **art. 93, *caput*:**

> **Art. 93.** As despesas com publicidade e patrocínio da empresa pública e da sociedade de economia mista não ultrapassarão, em cada exercício, o limite de 0,5% (cinco décimos por cento) da receita operacional bruta do exercício anterior.

Com o mesmo propósito, franqueou a **possibilidade de ampliação desse limite** até 2%, desde que seja ela **acompanhada** dos **motivos** que deram origem a ela, sempre de acordo com **parâmetros de mercado**, condicionando ainda a **aprovação** pelo **conselho de administração**, até mesmo para apuração posterior de responsabilidades, se necessário for, consoante se verifica na previsão estabelecida no § 1º.

> **Art. 93.** (...)
> § 1º O limite disposto no *caput* poderá ser ampliado, até o limite de 2% (dois por cento) da receita bruta do exercício anterior, por proposta da diretoria da empresa pública ou da sociedade de economia mista justificada com base em parâmetros de mercado do setor específico de atuação da empresa ou da sociedade e aprovada pelo respectivo Conselho de Administração.

Por derradeiro, inspirado na previsão estabelecida no **art. 73, VII, da Lei n. 9.504/97**, com a redação oferecida pela **Lei n. 13.165/2015**, o **legislador**, corretamente, **estendeu** para as **estatais** a **limitação** ali estabelecida para despesas e **gastos com publicidade** que excedam a média dos últimos três anos, de forma a evitar a configuração de desigualdade de oportunidade entre os candidatos a pleitos eleitorais, consoante se verifica no **§ 2º** desse **art. 93**. Confira-se:

> **Art. 93.** (...)
> § 2º É vedado à empresa pública e à sociedade de economia mista realizar, em ano de eleição para cargos do ente federativo a que sejam vinculadas, despesas com publicidade e patrocínio que excedam a média dos gastos nos 3 (três) últimos anos que antecedem o pleito ou no último ano imediatamente anterior à eleição.

A **previsão legal**, como já dito, assume enorme **importância**, uma vez que frequente, em **ano** de **eleição**, o **aumento de despesas** com **publicidade e patrocínio**, de forma a alavancar candidaturas de prefeitos, governadores, e presidente da República à reeleição. O art. 14, § 5º, da Constituição silencia quanto à necessidade de renúncia dessas autoridades ao mandato que titularizam, facilitando o uso da máquina administrativa que comandam a favor de suas campanhas.

Portanto, a **ampliação** dessa **limitação**, já prevista na Lei das Eleições para as estatais, vem em boa hora, de forma a **assegurar** a **normalidade** e a **legitimidade** das **eleições** contra abusos de poder econômico ou político.

6.4.12. Das regras de transição

Diante das importantes alterações promovidas pela **Lei n. 13.303/2016**, o bom senso indicava a necessidade do estabelecimento de **regras de transição** de forma a salvaguardar situações anteriores já consolidadas pelo tempo, em respeito ao **princípio da segurança das relações jurídicas**, estabelecendo-se, outrossim, **prazo** para que as estatais por ela abrangidas pudessem se **adaptar** aos **novos parâmetros**.

Dentro desse contexto, encontra-se a previsão do **art. 91**, estabelecendo um prazo de 24 meses para que as adaptações necessárias fossem promovidas:

> **Art. 91.** A empresa pública e a sociedade de economia mista constituídas anteriormente à vigência desta Lei deverão, no prazo de 24 (vinte e quatro) meses, promover as adaptações necessárias à adequação ao disposto nesta Lei.

De se destacar ainda que o mesmo **prazo** foi estabelecido para determinar quais os **procedimentos licitatórios** e **contratos** que permaneceriam regidos pelas diretrizes estabelecidas pela lei anterior, a Lei n. 8.666/93, a teor do disposto em seu **§ 3º:**

> **Art. 91.** (...)
>
> § 3º Permanecem regidos pela legislação anterior procedimentos licitatórios e contratos iniciados ou celebrados até o final do prazo previsto no *caput*.

■ 6.4.13. Das sanções incidentes sobre as empresas públicas e sociedades de economia mista

Nesse particular, importante salientar que todas as inovações propostas por essa lei experimentariam um enorme esvaziamento se seu descumprimento não resultasse na **aplicação** de severas **sanções**, em particular se resultantes da configuração de **atos de improbidade administrativa**.

Nesse sentido, importante a previsão estabelecida no **art. 94**, estendendo para as empresas públicas e sociedades de economia mista praticamente as **mesmas sanções incidentes sobre as demais pessoas jurídicas** responsáveis pela prática de **atos de corrupção** estabelecidas na **Lei n. 12.846/2013**. Confira-se:

> **Art. 94.** Aplicam-se à empresa pública, à sociedade de economia mista e às suas subsidiárias as sanções previstas na Lei n. 12.846, de 1º de agosto de 2013, salvo as previstas nos incisos II, III e IV do *caput* do art. 19 da referida Lei.

Nesse sentido, possível, em vista do dispositivo reproduzido, a incidência sobre as empresas estatais das sanções estabelecidas pelo art. 6º da Lei n. 12.846/2013, de natureza econômica, consoante se verifica da sua redação a seguir reproduzida:

> **Art. 6º** Na esfera administrativa, serão aplicadas às pessoas jurídicas consideradas responsáveis pelos atos lesivos previstos nesta Lei as seguintes sanções:
>
> I — multa, no valor de 0,1% (um décimo por cento) a 20% (vinte por cento) do faturamento bruto do último exercício anterior ao da instauração do processo administrativo, excluídos os tributos, a qual nunca será inferior à vantagem auferida, quando for possível sua estimação; e
>
> II — publicação extraordinária da decisão condenatória.
>
> § 1º As sanções serão aplicadas fundamentadamente, isolada ou cumulativamente, de acordo com as peculiaridades do caso concreto e com a gravidade e natureza das infrações.

> § 2º A aplicação das sanções previstas neste artigo será precedida da manifestação jurídica elaborada pela Advocacia Pública ou pelo órgão de assistência jurídica, ou equivalente, do ente público.
>
> § 3º A aplicação das sanções previstas neste artigo não exclui, em qualquer hipótese, a obrigação da reparação integral do dano causado.
>
> § 4º Na hipótese do inciso I do *caput*, caso não seja possível utilizar o critério do valor do faturamento bruto da pessoa jurídica, a multa será de R$ 6.000,00 (seis mil reais) a R$ 60.000.000,00 (sessenta milhões de reais).
>
> § 5º A publicação extraordinária da decisão condenatória ocorrerá na forma de extrato de sentença, a expensas da pessoa jurídica, em meios de comunicação de grande circulação na área da prática da infração e de atuação da pessoa jurídica ou, na sua falta, em publicação de circulação nacional, bem como por meio de afixação de edital, pelo prazo mínimo de 30 (trinta) dias, no próprio estabelecimento ou no local de exercício da atividade, de modo visível ao público, e no sítio eletrônico na rede mundial de computadores.

A título de arremate, só **não poderão incidir sobre as estatais**, conforme se viu da redação do art. 94, as **sanções** relacionadas no **art. 19 da Lei n. 12.846/2013:**

> **Art. 19.** Em razão da prática de atos previstos no art. 5º desta Lei, a União, os Estados, o Distrito Federal e os Municípios, por meio das respectivas Advocacias Públicas ou órgãos de representação judicial, ou equivalentes, e o Ministério Público, poderão ajuizar ação com vistas à aplicação das seguintes sanções às pessoas jurídicas infratoras:
>
> I — perdimento dos bens, direitos ou valores que representem vantagem ou proveito direta ou indiretamente obtidos da infração, ressalvado o direito do lesado ou de terceiro de boa-fé;
>
> II — suspensão ou interdição parcial de suas atividades;
>
> III — dissolução compulsória da pessoa jurídica;
>
> IV — proibição de receber incentivos, subsídios, subvenções, doações ou empréstimos de órgãos ou entidades públicas e de instituições financeiras públicas ou controladas pelo poder público, pelo prazo mínimo de 1 (um) e máximo de 5 (cinco) anos.
>
> § 1º A dissolução compulsória da pessoa jurídica será determinada quando comprovado:
>
> I — ter sido a personalidade jurídica utilizada de forma habitual para facilitar ou promover a prática de atos ilícitos; ou
>
> II — ter sido constituída para ocultar ou dissimular interesses ilícitos ou a identidade dos beneficiários dos atos praticados.
>
> § 2º (Vetado)
>
> § 3º As sanções poderão ser aplicadas de forma isolada ou cumulativa.
>
> § 4º O Ministério Público ou a Advocacia Pública ou órgão de representação judicial, ou equivalente, do ente público poderá requerer a indisponibilidade de bens, direitos ou valores necessários à garantia do pagamento da multa ou da reparação integral do dano causado, conforme previsto no art. 7º, ressalvado o direito do terceiro de boa-fé.

Dessa forma, destacados os principais itens relacionados à Lei n. 13.303/2016, oportuno apenas anotar que, por razões de ordem didática, deixaremos os dispositivos relacionados a essa lei sobre o tema licitações e contratos para análise nos capítulos correspondentes.

DEFINIÇÃO	Pessoas jurídicas integrantes da Administração indireta
PERSONALIDADE JURÍDICA	Sim. De direito privado
CAPACIDADE PROCESSUAL	Sim
CRIAÇÃO E EXTINÇÃO	Por lei, ordinária, específica, de iniciativa do Chefe do Executivo que apenas autoriza sua criação dependendo de aprovação e registro
CONTROLE	Sim, de legalidade e finalidade, inexistindo relação de hierarquia, de subordinação
PRIVILÉGIOS	Processuais, não têm, por força do disposto no art. 183 do NCPC. Tributários, também não, por força do disposto nos arts. 150, § 3º, e 173, § 2º, da CF
OBJETIVOS	Podem ser criadas para a prestação de serviços públicos ou para a exploração de atividades econômicas
RESPONSABILIDADE	É da própria sociedade, cogitando-se, no máximo, de responsabilidade subsidiária da Administração se prestadoras de serviços públicos, não se apresentando essa possibilidade se exploradoras de atividades econômicas, por força da previsão estabelecida no art. 173, § 1º, II, da CF
FALÊNCIA	■ Se criadas para a prestação de serviços públicos, não se cogita da possibilidade de falência ■ Se criadas para exploração de atividades econômicas, ainda que inexistentes exemplos concretos, a possibilidade se apresentaria por força do art. 173, § 1º, II, da CF
CAPITAL	Misto, com prevalência do público
FORMA EMPRESARIAL	Somente a forma de sociedade anônima
DEMANDAS JUDICIAIS	Justiça Comum estadual, Súmulas 556 do STF, 42 do STJ e 517 do STF quando se desloca para a Justiça Federal em razão da presença da União

■ 6.5. QUADROS SINÓTICOS

ESTRUTURA DA ADMINISTRAÇÃO PÚBLICA	
NOÇÕES GERAIS	■ É composta por uma estrutura direta e por outra indireta. ■ As figuras que a integram submetem-se aos princípios da Administração Pública. ■ São criadas ou para a prestação de serviços públicos ou para a exploração de atividades econômicas, quando entram em regime de competição com a iniciativa privada.
ESTRUTURA DA ADMINISTRAÇÃO DIRETA	É constituída basicamente por órgãos que, em regra, não são dotados de personalidade jurídica. Exemplos: ■ Ministérios; ■ Secretarias; ■ Administrações regionais; ■ Subprefeituras.
TEORIA DO ÓRGÃO	Preconiza que a pessoa jurídica manifesta sua vontade por meio de órgãos cujas atribuições são desempenhadas pelos seus agentes, fazendo surgir a ideia de imputação, uma vez que os atos realizados pelos agentes devem ser imputados à própria Administração.

ADMINISTRAÇÃO INDIRETA			
Autarquias	**Fundações**	**Empresas públicas**	**Sociedades de economia mista**
Definição: Pessoa jurídica de direito público prestadora de serviço público	**Definição:** Pessoa jurídica de direito público ou privado prestadora de serviço público	**Definição:** Pessoa jurídica de direito privado prestadora de serviço público ou exploradora de atividade econômica	**Definição:** Pessoa jurídica de direito privado prestadora de serviço público ou exploradora de atividade econômica
Autonomia: Administrativa e financeira	**Autonomia:** Administrativa e financeira	**Autonomia:** Administrativa e financeira	**Autonomia:** Administrativa e financeira
Controle: Finalístico ou de legalidade pela Administração direta	**Controle:** Finalístico ou de legalidade pela Administração direta	**Controle:** Finalístico ou de legalidade pela Administração direta	**Controle:** Finalístico ou de legalidade pela Administração direta
Criação/Extinção: Lei específica (CF, art. 37, XIX)	**Criação/Extinção:** Lei específica se com personalidade de direito público e específica autorizando se com personalidade jurídica de direito privado (CF, art. 37, XIX)	**Criação/Extinção:** Lei específica **autoriza** (CF, art. 37, XIX)	**Criação/Extinção:** Lei específica **autoriza** (CF, art. 37, XIX)
Privilégios: Fiscais, tributários e processuais	**Privilégios:** Fiscais, tributários e processuais	**Privilégios:** Fiscais, tributários e processuais se prestadoras de serviço público, em que pesem precedentes do STF em sentido oposto	**Privilégios:** Fiscais, tributários e processuais se prestadoras de serviço público
Responsabilidade: Objetiva e subsidiária da Administração direta	**Responsabilidade:** Objetiva e subsidiária da Administração direta	**Responsabilidade:** ■ Se prestadoras de serviços públicos: objetiva e subsidiária da Administração direta ■ Se exploradoras de atividade econômica: CF, art. 173, § 1º, II	**Responsabilidade:** ■ Se prestadoras de serviços públicos: objetiva e subsidiária da Administração direta ■ Se exploradoras de atividade econômica: CF, art. 173, § 1º, II
Falência: Não	**Falência:** Não	**Falência:** ■ Se prestadora de serviço público: não ■ Se exploradora de atividade econômica: ■ CF, art. 173, § 1º, II ■ Lei n. 10.303/2001 (arts. 1º e 10) ■ Lei n. 11.101/2005 (art. 2º)	**Falência:** ■ Se prestadora de serviço público: Não ■ Se exploradora de atividade econômica: ■ CF, art. 173, § 1º, II ■ Lei n. 10.303/2001 (arts. 1º e 10) ■ Lei n. 11.101/2005 (art. 2º)
Demandas judiciais: Justiça Federal, art. 109, I, da CF	**Demandas judiciais:** Justiça Federal, art. 109, I, da CF; Súmula 324 do STJ	**Demandas judiciais:** Justiça Federal, art. 109, I, da CF	**Demandas judiciais:** Justiça comum estadual, Súmulas 556 do STF, 42 do STJ e 517 do STF, quando se desloca para a Justiça Federal em razão da presença da União

LEI N. 13.303/2016					
Destinatários	**Função social**	**Nomeações**	**Despesas com publicidade**	**Sanções**	**Regras de transição**
Todas as empresas públicas e sociedades de economia mista (art. 1º)	Regras para o seu cumprimento (art. 27)	Limites para o conselho de administração e para a diretoria (art. 17)	Limites (art. 93)	Pela prática de atos de corrupção (art. 94)	Para adaptação aos termos estabelecidos pela lei (art. 91)

■ 6.6. SÚMULAS SOBRE ESTRUTURA DA ADMINISTRAÇÃO PÚBLICA

■ 6.6.1. Súmulas do STF

8. Diretor de sociedade de economia mista pode ser destituído no curso do mandato.

25. A nomeação a termo não impede a livre demissão, pelo Presidente da República, de ocupante de cargo dirigente de autarquia.

73. A imunidade das autarquias, implicitamente contida no art. 31, V, *a*, da Constituição Federal, abrange tributos estaduais e municipais.

75. Sendo vendedora uma autarquia, a sua imunidade fiscal não compreende o imposto de transmissão *inter vivos*, que é encargo do comprador.

336. A imunidade da autarquia financiadora, quanto ao contrato de financiamento, não se estende à compra e venda entre particulares, embora constantes os dois atos de um só instrumento.

511. Compete à Justiça Federal, em ambas as instâncias, processar e julgar as causas entre autarquias federais e entidades públicas locais, inclusive mandados de segurança, ressalvada a ação fiscal, nos termos da Constituição Federal de 1967, art. 119, § 3º.

517. As sociedades de economia mista só têm foro na Justiça Federal, quando a União intervém como assistente ou opoente.

556. É competente a Justiça comum para julgar as causas em que é parte sociedade de economia mista.

620. A sentença proferida contra autarquias não está sujeita a reexame necessário, salvo quando sucumbente em execução de dívida ativa.

644. Ao titular do cargo de procurador de autarquia não se exige a apresentação de instrumento de mandato para representá-la em juízo.

654. A garantia da irretroatividade da lei, prevista no art. 5º, XXXVI, da Constituição da República, não é invocável pela entidade estatal que a tenha editado.

■ 6.6.2. Súmula vinculante

27. Compete à Justiça estadual julgar causas entre consumidor e concessionária de serviço público de telefonia, quando a ANATEL não seja litisconsorte passiva necessária, assistente, nem opoente.

■ 6.6.3. Súmulas do STJ

38. Compete à Justiça Estadual Comum, na vigência da Constituição de 1988, o processo por contravenção penal, ainda que praticada em detrimento de bens, serviços ou interesse da União ou de suas entidades.

42. Compete à Justiça Comum Estadual processar e julgar as causas cíveis em que é parte sociedade de economia mista e os crimes praticados em seu detrimento.

107. Compete à Justiça Comum Estadual processar e julgar crime de estelionato praticado mediante falsificação das guias de recolhimento das contribuições previdenciárias, quando não ocorrente lesão à autarquia federal.

150. Compete à Justiça Federal decidir sobre a existência de interesse jurídico que justifique a presença, no processo, da União, suas Autarquias ou Empresas públicas.

249. A Caixa Econômica Federal tem legitimidade passiva para integrar processo em que se discute correção monetária do FGTS.

333. Cabe mandado de segurança contra ato praticado em licitação promovida por sociedade de economia mista ou empresa pública.

324. Compete à Justiça Federal processar e julgar ações de que participa a Fundação Habitacional do Exército, equiparada à entidade autárquica federal, supervisionada pelo Ministério do Exército.

421. Os honorários advocatícios não são devidos à Defensoria Pública quando ela atua contra a pessoa jurídica de direito público à qual pertença.

483. O INSS não está obrigado a efetuar depósito prévio do preparo por gozar das prerrogativas e privilégios da Fazenda Pública.

505. A competência para processar e julgar as demandas que têm por objeto obrigações decorrentes dos contratos de planos de previdência privada firmados com a Fundação Rede Ferroviária de Seguridade Social — REFER é da Justiça estadual.

506. A Anatel não é parte legítima nas demandas entre a concessionária e o usuário de telefonia decorrentes de relação contratual.

514. A CEF é responsável pelo fornecimento dos extratos das contas individualizadas vinculadas ao FGTS dos Trabalhadores participantes do Fundo de Garantia do Tempo de Serviço, inclusive para fins de exibição em juízo, independentemente do período em discussão.

525. A Câmara de Vereadores não possui personalidade jurídica, apenas personalidade judiciária, somente podendo demandar em juízo para defender os seus direitos institucionais.

■ 6.7. QUESTÕES

1. (Promotor de Justiça Substituto — MPE-GO —2016) Por terem personalidade jurídica de direito público e designarem espécie de descentralização por serviços, as autarquias possuem todas as prerrogativas ou poderes decorrentes do regime jurídico administrativo.

Feita a afirmação acima, assinale a alternativa incorreta:

a) A autarquia possui autonomia financeira. Seus recursos, não importa se oriundos de trespasse estatal ou hauridos como produto da atividade que lhe seja afeta, configuram recursos e patrimônio próprios.

b) a autarquia, como pessoa jurídica pública, usualmente persegue objetivos públicos, sem finalidades lucrativas.

c) os bens das autarquias são inalienáveis e imprescritíveis, podendo, no entanto, ser adquiridos pela via do usucapião, conforme autoriza o artigo 191 da Constituição da República, bem como o artigo 102 do Código Civil brasileiro.

d) Os Conselhos de fiscalização profissional, por possuírem natureza jurídica de autarquia corporativa, devem se submeter aos princípios constitucionais concernentes à Administração Pública, inclusive o da exigência de realização de concurso público para contratação de pessoal.

2. (Juiz de Direito Substituto— TJ-RS — FAURGS) Sobre a Administração Pública indireta, assinale a alternativa correta.

a) As agências reguladoras têm a forma de autarquia especial, regem-se pelo direito público, são dotadas de personalidade jurídica de direito público e integram a administração pública indireta.
b) As autarquias são pessoas jurídicas de direito público, com personalidade jurídica, patrimônio e receita próprios, criadas somente por lei federal para executar exclusivamente quaisquer atividades de prestação de serviços públicos da administração pública federal.
c) As empresas públicas, com a finalidade de explorar atividade econômica, são instituídas exclusivamente pela União, dotadas de personalidade jurídica de direito público e têm a forma de sociedades anônimas.
d) Os empregados das sociedades de economia mista e das empresas públicas, por serem regidos exclusivamente pela Consolidação das Leis do Trabalho, são nomeados independentemente de prévia aprovação em concurso público.
e) Todas as entidades que compõem a administração pública indireta possuem personalidade jurídica de direito público.

3. (Técnico do Ministério Público Estadual — Área Administrativa — MPE-RN — COMPERVE — 2017) O exercício das funções administrativas pode ser realizado pela Administração Pública direta ou indireta. Com relação à administração indireta, analise as afirmativas a seguir.

I. A vedação de acumulação de cargos públicos não se estende às autarquias, já que estas integram a administração indireta.
II. Somente por lei específica poderá ser criada autarquia e autorizada a instituição de sociedade de economia mista.
III. A vedação de acumulação de cargos públicos estende-se a empregos e funções e abrange sociedades de economia mista e suas subsidiárias.
IV. Somente por lei específica poderá ser criada autarquia e empresa pública, independendo de autorização a sociedade de economia mista.

Dentre as afirmativas, estão corretas

a) I e III.
b) I e IV.
c) II e III.
d) II e IV.

4. (Juiz — TJ-DFT — CESPE — 2016) No que se refere a características e regime jurídico das entidades da administração indireta, assinale a opção correta.

a) As agências reguladoras são fundações de regime especial, cuja atividade precípua é a regulamentação de serviços e de atividades concedidas, que possuem regime jurídico de direito público, autonomia administrativa e diretores nomeados para o exercício de mandato fixo.
b) As autarquias são pessoas jurídicas de direito público com autonomia administrativa, beneficiadas pela imunidade recíproca de impostos sobre renda, patrimônio e serviços, cujos bens são passíveis de aquisição por usucapião e cujas contratações são submetidas ao dever constitucional de realização de prévia licitação.
c) As sociedades de economia mista, cuja criação e cuja extinção são autorizadas por meio de lei específica, possuem personalidade jurídica de direito privado, são constituídas sob a forma de sociedade anônima e aplica-se ao pessoal contratado o regime de direito privado, com empregados submetidos ao regime instituído pela legislação trabalhista.
d) As empresas públicas, que possuem personalidade jurídica de direito público, são organizadas sob qualquer das formas admitidas em direito, estão sujeitas à exigência constitucional de contratação mediante licitação e têm quadro de pessoal instituído pela legislação trabalhista, cuja contratação condiciona-se a prévia aprovação em concurso público.

e) As agências executivas são compostas por autarquias, fundações, empresas públicas ou sociedades de economia mista que celebram contrato de gestão com órgãos da administração direta a que estão vinculadas, com vistas ao aprimoramento de sua eficiência no exercício das atividades-fim e à diminuição de despesas.

5. (Procurador Municipal — Prefeitura de Chopinzinho-PR — FAU — 2016) Sobre as Autarquias, pode-se afirmar que:

a) Possuem personalidade jurídica de direito público, são criadas por lei e possuem patrimônio e receita próprios.
b) Possuem estreita relação com a Fundação, vez que ambas possuem personalidade jurídica de direito privado.
c) Possuem personalidade jurídica de direito público, porém, não possui patrimônio e receita próprios.
d) São órgãos da Administração Pública Direta, resultado da descentralização do poder administrativo.
e) Não estão sujeitas a controle ou tutela, pois possuem patrimônio e receita próprios.

6. (Procurador Municipal — Prefeitura de Guarapari-ES — IBEG — 2016) Com relação à Organização administrativa, é correto afirmar que:

a) Ressalvados os casos previstos na lei, a exploração direta de atividade econômica pelo Estado só será permitida quando necessária aos imperativos da segurança nacional ou diante de ofensa aos interesses individuais e coletivos, conforme definidos em lei.
b) As autarquias são entidades criadas pelos entes federativos para a execução de atividades que requeiram gestão administrativa e financeira descentralizada, porém, o ente federativo continuará titular do serviço, sendo responsável, dessa forma, pelos atos praticados pela autarquia.
c) As organizações sociais são pessoas jurídicas de direito público que prestam serviços públicos de natureza social.
d) São consideradas agências executivas as autarquias e as fundações, que, mediante a celebração de um contrato de gestão, apresentam regime jurídico especial que lhes concede maior autonomia em relação ao ente federativo que as criou.
e) As sociedades de economia mista e as empresas públicas são entidades criadas por lei com personalidade de direito privado.

7. (Juiz Federal Substituto — TRF-3ª Região — 2016) Ao explorarem diretamente atividade econômica, as empresas públicas e as sociedades de economia mista:

a) não se sujeitam à exigência de licitação para contratar obras, serviços, compras e alienações, diante da supremacia do interesse público.
b) sujeitam-se ao regime jurídico das empresas privadas quanto aos direitos e obrigações civis, comerciais, tributários e trabalhistas.
c) estão impedidas de atuar nas atividades econômicas que são de livre exploração pelo setor privado.
d) não podem desfrutar de tratamento fiscal mais favorecido que não é estendido ao setor privado, mas em compensação não se sujeitam aos princípios constitucionais que animam a Administração Pública.

8. (Procurador Municipal — Prefeitura de Porto Alegre-RS — FUNDATEC — 2016) Em relação à Administração Indireta, NÃO é apropriado afirmar que:

a) É formada pelo conjunto de pessoas (ou entidades) administrativas que, vinculadas à respectiva Administração Direta, tem como função desempenhar atividades administrativas de maneira descentralizada.
b) Diante do que é afirmado pela Constituição Brasileira, pode-se admitir a existência de entidades da Administração Indireta vinculadas também às estruturas dos Poderes Legislativo e Judiciário.
c) Existe autorização constitucional no Brasil para a criação de autarquias com o objetivo de exercer atividade econômica em sentido estrito.
d) As autarquias, mesmo dotadas de personalidade jurídica de direito público, podem produzir atos administrativos típicos e atos predominantemente de direito privado.

e) As empresas públicas e sociedades de economia mista podem ser criadas com o objetivo de prestar serviço público e/ou exercer atividade econômica em sentido estrito.

9. (Técnico Judiciário — Área Administrativa — TRE-BA — CESPE — 2017) Assinale a opção correta no que tange às entidades públicas em espécie e à administração direta e indireta.

a) As fundações públicas são entidades integrantes da administração indireta, sendo dotadas exclusivamente de personalidade jurídica de direito público.
b) Criada por força de autorização legal como instrumento de ação do Estado, uma empresa pública federal é uma pessoa jurídica dotada de personalidade jurídica de direito público.
c) As agências reguladoras são, em regra, autarquias sob regime especial criadas com a finalidade de disciplinar e controlar certas atividades econômicas.
d) As sociedades de economia mista são submetidas a regras especiais, sendo constituídas sob a forma de sociedades anônimas ou limitadas, cujas ações ou cotas com direito a voto devem pertencer, em sua maioria, ao ente federativo.
e) As empresas públicas e as sociedades de economia mista, integrantes da administração direta federal, são instrumentos de ação do Estado, logo, são entidades voltadas à busca de interesse público.

10. (Procurador do Estado — PGE-MT — FCC — 2016) O Estado X pretende criar estrutura administrativa destinada a zelar pelo patrimônio ambiental estadual e atuar no exercício de fiscalização de atividades potencialmente causadoras de dano ao meio ambiente. Sabe-se que tal estrutura terá personalidade jurídica própria e será dirigida por um colegiado, com mandato fixo, sendo que suas decisões de caráter técnico não estarão sujeitas à revisão de mérito pelas autoridades da Administração Direta. Sabe-se também que os bens a ela pertencentes serão considerados bens públicos. Considerando-se as características acima mencionadas, pretende-se criar uma

a) agência reguladora, pessoa de direito público, cuja criação se dará diretamente por lei.
b) agência executiva, órgão diretamente vinculado ao Poder Executivo, cuja criação se dará diretamente por lei.
c) associação pública, pessoa de direito privado, cuja criação será autorizada por lei e se efetivará com a inscrição de seus atos constitutivos no registro competente.
d) agência executiva, entidade autárquica de regime especial, estabelecido mediante assinatura de contrato de gestão.
e) fundação pública, pessoa de direito privado, cuja criação será autorizada por lei e se efetivará com a inscrição de seus atos constitutivos no registro competente.

■ GABARITO ■

1. "c".
2. "a".
3. "c".
4. "c".
5. "a".
6. "d".
7. "b".
8. "c".
9. "c".
10. "a".

7 TERCEIRO SETOR

De início, cumpre registrar que a nomenclatura (terceiro setor) não aparece ao acaso, tendo em vista que o **primeiro setor** é composto pelas figuras que se encontram dentro da Administração, nas quatro esferas de governo.

Por sua vez, o **segundo setor** é composto por **particulares** que atuam com o objetivo de **lucro**, enquanto o **terceiro setor** é integrado por **particulares**, mas que atuam **sem essa finalidade**.

O denominado **terceiro setor** é **composto** por particulares, portanto **pessoas jurídicas** de **direito privado**, que **não integram** a estrutura da **Administração Pública**, mas que com ela mantêm, por razões diversas, relacionamentos com o intuito de preservar o interesse público.

Em outras palavras, são **entidades** que **não apresentam finalidade lucrativa**, o que equivale a dizer que todas as verbas por elas recebidas devem ser aplicadas para a melhoria de sua própria estrutura.

Aqui serão analisadas figuras como as **organizações sociais** e as **organizações da sociedade civil de interesse público**, os **serviços sociais autônomos**, que, não obstante apresentem diferenças entre si, têm em comum o fato de surgirem como **entes particulares**, **sem finalidade lucrativa**, que, mediante procedimentos diversos, relacionam-se com o Poder Público.

	INTEGRANTES	FINALIDADE
PRIMEIRO SETOR	Figuras que se encontram dentro da Administração, nas quatro esferas de governo	Preservação do interesse público, sem finalidade lucrativa
SEGUNDO SETOR	Figuras integrantes da iniciativa privada	Com finalidade lucrativa
TERCEIRO SETOR	Organizações da sociedade civil, integrantes, pois, da iniciativa privada	Sem finalidade lucrativa

■ 7.1. ORGANIZAÇÕES SOCIAIS

São definidas como **pessoas jurídicas de direito privado**, **sem fins lucrativos**, criadas por particulares, para desempenhar **serviços públicos não privativos do Estado**, como: ensino, pesquisa científica, proteção ao meio ambiente, incentivo à cultura, programas de saúde.

No âmbito federal, foram criadas pela **Lei n. 9.637/98**. Para que essas organizações possam receber esse qualificativo, **não podem ter finalidade lucrativa**, e os **excedentes financeiros** devem ser canalizados somente **para** o **fomento de suas atividades**.

Devem ter também finalidade social de interesse coletivo, e o **órgão diretivo** deve ter a **participação** de **representantes** do **Poder Público** e da **comunidade** dotados de notória capacidade e idoneidade moral.

Trata-se, portanto, de **instrumento de privatização** para diminuir as atividades desenvolvidas pelo Estado, repassando-as, em caráter temporário, para a iniciativa privada.

Essa parceria, segundo a Lei n. 9.637/98, será **concretizada** por meio de um **"contrato de gestão"**, pelo qual serão definidos os incentivos que essas pessoas receberão do Estado para a execução das atividades.

Entre os incentivos previstos na lei encontramos:

- destinação de recursos orçamentários;
- destinação de bens (por meio de permissão de uso);
- destinação de servidores;
- possibilidade de serem elas contratadas por dispensa de licitação, conforme o disposto na Lei n. 8.666/93, art. 24, IV, e suas atualizações posteriores.

Nesse particular, oportuna a transcrição do referido dispositivo legal:

> **Art. 24.** É dispensável a licitação: (...)
> XXIV — para a celebração de contratos de prestação de serviços com as **organizações sociais**, qualificadas no âmbito das respectivas esferas de governo, para atividades contempladas no **contrato de gestão**.

De anotar-se na redação desse comando legal que a possibilidade de contratação dessas entidades, por **dispensa de licitação**, revela-se tão somente em relação às **atividades contempladas** no **contrato de gestão**, instrumento pelo qual, como se viu, a parceria é concretizada.

Dentro desse contexto, surgem como exemplos dessas organizações sociais:

- Associação de Comunicação Educativa Roquette Pinto;
- Associação Brasileira de Tecnologia de Luz Sincroton;
- Orquestra Sinfônica do Estado de São Paulo — OSESP;
- Associação Amigos do Museu da Imagem e do Som.

Como se pode observar das considerações até aqui realizadas, muitas **críticas** podem ser efetuadas a essas **organizações sociais**.

Destarte, para que possam assumir a qualificação e ser contratadas pela Administração direta, **não necessitam comprovar habilitação técnica** e **financeira** para que possam receber todos os incentivos por parte do Estado, vale dizer, bens, recursos, servidores, na medida em que, como visto, poderão ser **contratadas por dispensa de licitação**.

Assim, acabam por ferir a diretriz fixada pelo **art. 175 da CF**, que **exige licitação** sempre que o Poder Público for **transferir** a execução de **serviços públicos** para **particulares**, como é o caso.

De outra parte, embora a Lei n. 9.637/98, em seu art. 5º, estabeleça que essa parceria se concretiza por intermédio de um **contrato** de **gestão**, **não se pode confundir** essa figura com aquela prevista no **art. 37, § 8º, da CF**.

Como visto, aquele contrato de gestão surge como instrumento para viabilizar ajustes entre a Administração direta e as pessoas integrantes da Administração indireta, vale dizer, **autarquias** e **fundações** às quais se atribui o rótulo de **agências executivas**, tão somente para atingir metas previamente determinadas em troca de uma ampliação da sua autonomia gerencial, orçamentária e financeira, **realidade que não se confunde com as organizações sociais**.

Em outras palavras, embora a Lei n. 9.637/98 estabeleça como **conteúdo do contrato de gestão** o programa de trabalho a ser desenvolvido, as metas a serem atingidas, os prazos de execução e os critérios de avaliação de desempenho, estamos trabalhando com uma **realidade** completamente **diferente** daquela prevista no **art. 37, § 8º, da CF**.

Por derradeiro, cumpre observar que, por ser a execução de **serviços públicos não privativos do Estado**, o aspecto que justifica o estabelecimento dessa **parceria** entre a Administração e a **iniciativa privada**, visando conferir-lhe mais **eficiência**, traz como corolário a necessidade de esses **serviços** serem **prestados** sob a égide de **regras de direito público**.

Diante dos elementos expostos, torna-se evidente que a **titularidade** do serviço público **não está sendo repassada para essas organizações**, mas somente sua execução.

Como consequência, em caso de **descumprimento** das **metas** previstas no **contrato de gestão**, poderá o Poder Público, assegurada a **ampla defesa**, no bojo de **processo administrativo**, aplicar as **penalidades**, inclusive desqualificando a entidade como organização social.

Por fim, cumpre anotar que o contexto no qual foram idealizadas as **organizações sociais** revela-se permeado de **inconstitucionalidades**, que foram cristalinamente demonstradas pela argúcia de Celso Antônio Bandeira de Mello[1], como se depreende dos trechos a seguir:

> "Na lei disciplinadora das organizações sociais, chamam atenção alguns pontos nos quais se patenteiam inconstitucionalidades verdadeiramente aberrantes.
>
> O primeiro deles é que, para alguém qualificar-se a receber bens públicos, móveis e imóveis, recursos orçamentários e até servidores públicos, a serem custeados pelo Estado, não necessita demonstrar habilitação técnica ou econômico-financeira de qualquer espécie. Basta a concordância do Ministro da área (ou mesmo do titular do órgão que a supervisione) e do Ministro da Administração.
>
> Enquanto para travar com o Poder Público relações contratuais singelas (como um contrato de prestação de serviços e execução de obras) o pretendente é obrigado a minuciosas

[1] *Curso de direito administrativo*. 11. ed. São Paulo: Malheiros, 1999, p. 157.

demonstrações de aptidão; inversamente, não se faz exigência de capital mínimo nem demonstração de qualquer suficiência técnica para que um interessado receba bens públicos, móveis ou imóveis, verbas públicas e servidores públicos custeados pelo Estado, considerando-se bastante para a realização de tal operação a simples aquiescência de dois Ministros de Estado ou, conforme o caso, de um Ministro e de um supervisor da área correspondente à atividade exercida pela pessoa postulante ao qualificativo de 'organização social'. Trata-se, pois, da outorga de uma discricionariedade literalmente inconcebível, até mesmo escandalosa, por sua desmedida amplitude, e que permitirá favorecimentos de toda espécie."

Mais adiante, o eminente jurista segue desenvolvendo suas críticas acerca da maneira pela qual esse novo ente foi idealizado, vislumbrando a caracterização de **novas inconstitucionalidades**, como se observa:

> "Já no caso em que se pretenda promover a absorção de serviços públicos por Organizações Sociais, irrompe uma aberrante ofensa ao art. 175 da Constituição, segundo o qual 'Incumbe ao Poder Público, na forma da lei, diretamente ou sob o regime de concessão ou permissão, sempre através de licitação, a prestação de serviços públicos'. Demais disto, cumpre tomar tento para o fato de que no art. 196 a Constituição prescreve que a saúde é 'dever do Estado' e nos arts. 205, 206 e 208 configura a educação e o ensino como deveres do Estado, circunstâncias que o impedem de se despedir dos correspondentes encargos de prestação pelo processo de transpassá-los a organizações sociais"[2].

Por fim, importante mencionar que sua **utilização** tem se verificado, em **maior escala**, no **setor de saúde**, quando então o Estado repassa a essas entidades a administração de hospitais públicos localizados na periferia com todas as características analisadas, melhorando, em tese, a qualidade dos serviços prestados.

Sem embargo, não se nega a possibilidade de que esse relacionamento com a Administração resulte em desvio de verbas públicas, outra não sendo a razão pela qual estas entidades, ainda que integrantes da iniciativa privada, submetem-se a uma fiscalização por parte dos Tribunais de Contas, com lastro no disposto no art. 70, parágrafo único, da Constituição Federal. Confira-se:

> **Art. 70.** (...)
>
> Parágrafo único. Prestará contas qualquer pessoa física ou jurídica, pública ou privada, que utilize, arrecade, guarde, gerencie ou administre dinheiros, bens e valores públicos ou pelos quais a União responda, ou que, em nome desta, assuma obrigações de natureza pecuniária.

■ 7.2. SERVIÇOS SOCIAIS AUTÔNOMOS

Podem ser **definidos** como todos aqueles **instituídos por lei** com **personalidade jurídica de direito privado** para ministrar assistência ou ensino a certas categorias sociais ou grupos profissionais, e que **não tenham finalidade lucrativa**.

---

2 MELLO, Celso Antônio Bandeira de. *Curso de direito administrativo*. 11. ed. São Paulo: Malheiros, 1999, p. 157-159.

Pela definição oferecida, torna-se claro que esses serviços sociais autônomos **não integram**, a exemplo das organizações sociais, **a estrutura da Administração Pública**.

Ao contrário, **atuam ao lado do Estado**, em caráter de cooperação, não prestando serviço público delegado, como ocorre com as organizações sociais, mas **atividades privadas que o Poder Público tem interesse em incentivar**.

Esses serviços sociais autônomos têm **autorização do Estado** para **arrecadar** e utilizar, em sua manutenção, **contribuições parafiscais**, que em um primeiro momento seriam canalizadas para a manutenção da Seguridade Social, conforme previsão estabelecida no **art. 240 da CF:**

> **Art. 240.** Ficam ressalvadas do disposto no art. 195 as atuais contribuições compulsórias dos empregadores sobre a folha de salários, destinadas às entidades privadas de serviço social e de formação profissional vinculadas ao sistema sindical.

Dentro desse contexto, para melhor visualização do significado do conteúdo do dispositivo reproduzido, importante destacar que a **Seguridade Social**, na forma do **art. 195 da CF**, é **mantida** não só por **recursos** provenientes do orçamento das quatro esferas de governo, mas também por recursos **resultantes** de **contribuições sociais** pagas pela **iniciativa privada**, das quais os serviços sociais autônomos estão isentos.

Confira-se, a propósito, a redação do art. 195 da CF:

> **Art. 195.** A seguridade social será financiada por toda a sociedade, de forma direta e indireta, nos termos da lei, mediante recursos provenientes dos orçamentos da União, dos Estados, do Distrito Federal e dos Municípios, e das seguintes **contribuições sociais:**
>
> I — **do empregador**, da empresa e da entidade a ela equiparada na forma da lei, incidentes sobre:
>
> *a)* a **folha de salários** e demais rendimentos do trabalho pagos ou creditados, a qualquer título, à pessoa física que lhe preste serviço, mesmo sem vínculo empregatício;
>
> *b)* a receita ou o faturamento;
>
> *c)* o lucro;
>
> II — do trabalhador e dos demais segurados da previdência social, não incidindo contribuição sobre aposentadoria e pensão concedidas pelo regime geral de previdência social de que trata o art. 201;
>
> III — sobre a receita de concursos de prognósticos;
>
> IV — do importador de bens ou serviços do exterior, ou de quem a lei a ele equiparar.

Percebe-se, pois, que essa **isenção** a eles atribuída pelo art. 240 representa um grande **incentivo oferecido pelo Poder Público** para o desenvolvimento dessas atividades de **fomento** a **categorias profissionais**, uma vez que produzem geração de empregos, atividade que a Administração deveria desenvolver, mas não consegue.

Embora **não integrantes** da estrutura **da Administração Pública**, **sujeitam-se aos princípios da licitação**, à realização de processo seletivo e à prestação de contas, por estarem utilizando verbas públicas.

Assumem a forma de instituições particulares convencionais, como fundações, sociedades civis e associações, e não possuem privilégios fiscais, administrativos e processuais.

Surgem como **exemplos** desses serviços sociais autônomos, guardando, portanto, as características até aqui apresentadas, as seguintes entidades, que justificam seu reconhecimento também como **sistema "s"** por estarem vinculadas ao sistema sindical, nos termos do art. 240 da CF, e, também, por começarem todos com a letra "s":

- Senai (Serviço Nacional de Aprendizagem Industrial);
- Sesi (Serviço Social da Indústria);
- Sesc (Serviço Social do Comércio);
- Senac (Serviço Nacional de Aprendizagem Comercial);
- Sebrae (Serviço Brasileiro de Apoio às Micro e Pequenas Empresas).

A respeito desse tema, transcreveremos em seguida as lições de Maria Sylvia Zanella Di Pietro[3]:

> "Essas entidades não prestam serviço público delegado pelo Estado, mas atividade de interesse público (serviços não exclusivos do Estado); exatamente por isso, são incentivadas pelo Poder Público. A atuação estatal, no caso, é de fomento e não de prestação de serviço público. Por outras palavras, a participação do Estado, no ato de criação, se deu para incentivar a iniciativa privada, mediante subvenção garantida por meio da instituição compulsória de contribuições parafiscais destinadas especificamente a esta finalidade. Não se trata de atividade que incumbisse ao Estado, como serviço público, e que ele transferisse a outra pessoa jurídica, por meio do instrumento da descentralização. Trata-se, isto sim, de atividade privada de interesse público que o Estado resolveu incentivar e subvencionar".

A título de conclusão deste item, importante consignar que tanto as **organizações sociais** quanto os **serviços sociais autônomos surgem como entidades paraestatais**, porque não integram a estrutura da Administração Pública, mantendo, entretanto, parcerias por razões diferenciadas.

Dessa forma, enquanto para as **organizações sociais** o que justifica a parceria é a **transferência de serviços públicos**, para os chamados **serviços sociais autônomos** é o **fomento de atividades** que, embora não possam ser confundidas com serviços públicos, o **Estado** tem interesse em **incentivar** e desenvolver, por **promoverem** sobretudo **geração de empregos**.

Por fim, em vista de divergências verificadas principalmente em sede doutrinária, cumpre esclarecer que a palavra **"paraestatal"** se aplica àqueles **entes** que, embora **não integrem a estrutura da Administração**, estabelecem com ela **parcerias** a título de **colaboração**.

---

[3] *Direito administrativo*. 15. ed. São Paulo: Atlas, 2003, p. 416.

É termo, pois, que se **aplica** aos **entes privados**, não podendo ser utilizado, dessa forma, para designar entes integrantes da Administração, como consequência da própria etimologia da palavra.

Com efeito, o termo **"paraestatal"** significa ***ao lado do Estado***, o que exclui a possibilidade de sua utilização para aqueles que integram sua estrutura, consoante se verifica do trecho a seguir, da obra de Maria Sylvia Zanella Di Pietro[4]: "À letra, paraestatal é algo que não se confunde com o Estado, porque caminha lado a lado, paralelamente ao Estado".

Sem embargo, a **imprecisão do termo** acaba gerando **divergências**, como se disse em nossa melhor doutrina, dentro da qual preferimos nos posicionar de acordo com a opinião adotada por Celso Antônio Bandeira de Mello e Maria Sylvia Zanella Di Pietro, que optaram por conferir a esse termo o seu sentido literal.

Procuram, dessa forma, **aplicá-lo** para as **pessoas privadas** que **colaboram com o Estado**, como é o caso dos serviços sociais autônomos e das organizações sociais, conforme as indicações oferecidas a esse respeito[5].

■ 7.3. ORGANIZAÇÕES DA SOCIEDADE CIVIL DE INTERESSE PÚBLICO

Estas pessoas integrantes do terceiro setor estão disciplinadas pela **Lei n. 9.790/99**, que logo em seu **art. 1º** tratou de **qualificá-las** da seguinte forma:

> **Art. 1º** Podem qualificar-se como Organizações da Sociedade Civil de Interesse Público as pessoas jurídicas de direito privado, sem fins lucrativos, desde que os respectivos objetivos sociais e normas estatutárias atendam aos requisitos instituídos por esta Lei.
>
> § 1º Para os efeitos desta Lei, considera-se sem fins lucrativos a pessoa jurídica de direito privado que não distribui, entre os seus sócios ou associados, conselheiros, diretores, empregados ou doadores, eventuais excedentes operacionais, brutos ou líquidos, dividendos, bonificações, participações ou parcelas do seu patrimônio, auferidos mediante o exercício de suas atividades, e que os aplica integralmente na consecução do respectivo objeto social.

De outra parte, o legislador houve por bem esclarecer quais as **pessoas que não podem ser qualificadas** dessa forma. Confira-se:

> **Art. 2º** Não são passíveis de qualificação como Organizações da Sociedade Civil de Interesse Público, ainda que se dediquem de qualquer forma às atividades descritas no art. 3º desta Lei:
>
> I — as sociedades comerciais;
>
> II — os sindicatos, as associações de classe ou de representação de categoria profissional;
>
> III — as instituições religiosas ou voltadas para a disseminação de credos, cultos, práticas e visões devocionais e confessionais;
>
> IV — as organizações partidárias e assemelhadas, inclusive suas fundações;

[4] *Direito administrativo*. 15. ed. São Paulo: Atlas, 2003, p. 412.

[5] DI PIETRO, Maria Sylvia Zanella. *Direito administrativo*. 15. ed. São Paulo: Atlas, 2003, p. 412.

V — as entidades de benefício mútuo destinadas a proporcionar bens ou serviços a um círculo restrito de associados ou sócios;

VI — as entidades e empresas que comercializam planos de saúde e assemelhados;

VII — as instituições hospitalares privadas não gratuitas e suas mantenedoras;

VIII — as escolas privadas dedicadas ao ensino formal não gratuito e suas mantenedoras;

IX — as organizações sociais;

X — as cooperativas;

XI — as fundações públicas;

XII — as fundações, sociedades civis ou associações de direito privado criadas por órgão público ou por fundações públicas;

XIII — as organizações creditícias que tenham qualquer tipo de vinculação com o sistema financeiro nacional a que se refere o art. 192 da Constituição Federal.

Outrossim, condicionou o legislador o recebimento dessa **qualificação** aos **objetivos sociais** desenvolvidos pela pessoa jurídica, **em regra de caráter assistencial**, a teor do disposto no **art. 3º:**

Art. 3º A qualificação instituída por esta Lei, observado em qualquer caso, o princípio da universalização dos serviços, no respectivo âmbito de atuação das Organizações, somente será conferida às pessoas jurídicas de direito privado, sem fins lucrativos, cujos objetivos sociais tenham pelo menos uma das seguintes finalidades:

I — promoção da assistência social;

II — promoção da cultura, defesa e conservação do patrimônio histórico e artístico;

III — promoção gratuita da educação, observando-se a forma complementar de participação das organizações de que trata esta Lei;

IV — promoção gratuita da saúde, observando-se a forma complementar de participação das organizações de que trata esta Lei;

V — promoção da segurança alimentar e nutricional;

VI — defesa, preservação e conservação do meio ambiente e promoção do desenvolvimento sustentável;

VII — promoção do voluntariado;

VIII — promoção do desenvolvimento econômico e social e combate à pobreza;

IX — experimentação, não lucrativa, de novos modelos socioprodutivos e de sistemas alternativos de produção, comércio, emprego e crédito;

X — promoção de direitos estabelecidos, construção de novos direitos e assessoria jurídica gratuita de interesse suplementar;

XI — promoção da ética, da paz, da cidadania, dos direitos humanos, da democracia e de outros valores universais;

XII — estudos e pesquisas, desenvolvimento de tecnologias alternativas, produção e divulgação de informações e conhecimentos técnicos e científicos que digam respeito às atividades mencionadas neste artigo.

Parágrafo único. Para os fins deste artigo, a dedicação às atividades nele previstas configura-se mediante a execução direta de projetos, programas, planos de ações correlatas, por meio da doação de recursos físicos, humanos e financeiros, ou ainda pela prestação de serviços intermediários de apoio a outras organizações sem fins lucrativos e a órgãos do setor público que atuem em áreas afins.

Preocupado com esse tema, o legislador também estabeleceu **restrições** em **relação** aos **Estatutos Sociais** para o recebimento dessa qualificação:

> **Art. 4º** Atendido o disposto no art. 3º, exige-se ainda, para qualificarem-se como Organizações da Sociedade Civil de Interesse Público, que as pessoas jurídicas interessadas sejam regidas por estatutos cujas normas expressamente disponham sobre:
>
> I — a observância dos princípios da legalidade, impessoalidade, moralidade, publicidade, economicidade e da eficiência;
>
> II — a adoção de práticas de gestão administrativa, necessárias e suficientes a coibir a obtenção, de forma individual ou coletiva, de benefícios ou vantagens pessoais, em decorrência da participação no respectivo processo decisório;
>
> III — a constituição de conselho fiscal ou órgão equivalente, dotado de competência para opinar sobre os relatórios de desempenho financeiro e contábil, e sobre as operações patrimoniais realizadas, emitindo pareceres para os organismos superiores da entidade;
>
> IV — a previsão de que, em caso de dissolução da entidade, o respectivo patrimônio líquido será transferido a outra pessoa jurídica qualificada nos termos desta Lei, preferencialmente que tenha o mesmo objeto social da extinta;
>
> V — a previsão de que, na hipótese de a pessoa jurídica perder a qualificação instituída por esta Lei, o respectivo acervo patrimonial disponível, adquirido com recursos públicos durante o período em que perdurou aquela qualificação, será transferido a outra pessoa jurídica qualificada nos termos desta Lei, preferencialmente que tenha o mesmo objeto social;
>
> VI — a possibilidade de se instituir remuneração para os dirigentes da entidade que atuem efetivamente na gestão executiva e para aqueles que a ela prestam serviços específicos, respeitados, em ambos os casos, os valores praticados pelo mercado, na região correspondente a sua área de atuação;
>
> VII — as normas de prestação de contas a serem observadas pela entidade, que determinarão, no mínimo:
>
> *a)* a observância dos princípios fundamentais de contabilidade e das Normas Brasileiras de Contabilidade;
>
> *b)* que se dê publicidade por qualquer meio eficaz, no encerramento do exercício fiscal, ao relatório de atividades e das demonstrações financeiras da entidade, incluindo-se as certidões negativas de débitos junto ao INSS e ao FGTS, colocando-os à disposição para exame de qualquer cidadão;
>
> *c)* a realização de auditoria, inclusive por auditores externos independentes se for o caso, da aplicação dos eventuais recursos objeto do termo de parceria conforme previsto em regulamento;
>
> *d)* a prestação de contas de todos os recursos e bens de origem pública recebidos pelas Organizações da Sociedade Civil de Interesse Público será feita conforme determina o parágrafo único do art. 70 da Constituição Federal.

Estabelecidos os requisitos para que uma pessoa jurídica possa receber essa qualificação, o legislador fixou agora um **instrumento para sua celebração**, denominado **"termo de parceria"**. Confira-se:

> **Art. 9º** Fica instituído o Termo de Parceria, assim considerado o instrumento passível de ser firmado entre o Poder Público e as entidades qualificadas como Organizações da

Sociedade Civil de Interesse Público destinado à formação de vínculo de cooperação entre as partes, para o fomento e a execução das atividades de interesse público previstas no art. 3º desta Lei.

Art. 10. O Termo de Parceria firmado de comum acordo entre o Poder Público e as Organizações da Sociedade Civil de Interesse Público discriminará direitos, responsabilidades e obrigações das partes signatárias.

§ 1º A celebração do Termo de Parceria será precedida de consulta aos Conselhos de Políticas Públicas das áreas correspondentes de atuação existentes, nos respectivos níveis de governo.

§ 2º São cláusulas essenciais do Termo de Parceria:

I — a do objeto, que conterá a especificação do programa de trabalho proposto pela Organização da Sociedade Civil de Interesse Público;

II — a de estipulação das metas e dos resultados a serem atingidos e os respectivos prazos de execução ou cronograma;

III — a de previsão expressa dos critérios objetivos de avaliação de desempenho a serem utilizados, mediante indicadores de resultado;

IV — a de previsão de receitas e despesas a serem realizadas em seu cumprimento, estipulando item por item as categorias contábeis usadas pela organização e o detalhamento das remunerações e benefícios de pessoal a serem pagos, com recursos oriundos ou vinculados ao Termo de Parceria, a seus diretores, empregados e consultores;

V — a que estabelece as obrigações da Sociedade Civil de Interesse Público, entre as quais a de apresentar ao Poder Público, ao término de cada exercício, relatório sobre a execução do objeto do Termo de Parceria, contendo comparativo específico das metas propostas com os resultados alcançados, acompanhado de prestação de contas dos gastos e receitas efetivamente realizados, independente das previsões mencionadas no inciso IV;

VI — a de publicação, na imprensa oficial do Município, do Estado ou da União, conforme o alcance das atividades celebradas entre o órgão parceiro e a Organização da Sociedade Civil de Interesse Público, de extrato do Termo de Parceria e de demonstrativo da sua execução física e financeira, conforme modelo simplificado estabelecido no regulamento desta Lei, contendo os dados principais da documentação obrigatória do inciso V, sob pena de não liberação dos recursos previstos no Termo de Parceria.

Nesse contexto, conclui-se que as características dessas organizações se assemelham, em muito, àquelas relacionadas para as organizações sociais, com a diferença básica de que o Estado não transfere o serviço público para terceiros, estabelecendo, ao revés, um termo de parceria.

Nesse sentido, para melhor visualização das **diferenças** envolvendo as **organizações sociais** e as organizações da sociedade civil de interesse público **(OSCIP)**, confira-se o seguinte quadro:

	ORGANIZAÇÃO SOCIAL	OSCIP
LEGISLAÇÃO	Lei n. 9.637/98	Lei n. 9.790/99
INSTRUMENTO	Contrato de gestão	Termo de parceria

DIREÇÃO	Com participação da Administração	Sem participação da Administração
OBJETO	Transferência de serviços públicos Exemplo: ensino, saúde, cultura, meio ambiente, pesquisa científica	Fomento a atividades de interesse público Exemplo: assistência social, voluntariado, combate à pobreza, desenvolvimento sustentável
REPASSE DE SERVIDORES	Possibilidade	Impossibilidade
RESTRIÇÕES SOCIETÁRIAS	Impossibilidade	Possibilidade

■ 7.4. DAS PARCERIAS VOLUNTÁRIAS: LEI N. 13.019/2014

■ 7.4.1. Dos objetivos e dos destinatários

De forma a **aperfeiçoar** o **relacionamento** da Administração com o **setor privado** e em vista das constantes **denúncias** acerca do **desvio de verbas públicas** nesse setor, o Governo Federal editou a Lei n. 13.019/2014, com a redação alterada pela Lei n. 13.204/2015, denominada Lei das Parcerias Voluntárias.

Referida legislação, objeto de **regulamentação** pelo **Decreto n. 8.726/2016**, trouxe importantes **inovações** demonstrando que estas parcerias voluntárias vão contribuir largamente para a **qualificação de políticas públicas**, aproximando-as das pessoas e das realidades locais, em homenagem aos **princípios da eficiência e da moralidade** que permeiam a atividade administrativa.

Dentro desse contexto, apresentada a importância desse diploma legal, passaremos em seguida a analisar as **principais inovações** apresentadas por esse **marco regulatório das organizações da sociedade civil**.

De início, cumpre observar tratar-se aqui de **norma de âmbito nacional**, de incidência portanto sobre as quatro esferas de governo, em sua estrutura direta e indireta, consoante previsão estabelecida no art. 1º.

■ 7.4.2. Do objeto

Outro aspecto importante a ser destacado refere-se às definições estabelecidas no art. 2º dessa lei, em que se destacam, inicialmente, aquelas que envolvem o **objeto desse relacionamento** entre o Estado e a iniciativa privada, vale dizer, a definição de parceria que se apresenta no inciso III, cuja redação a seguir se reproduz:

> **Art. 2º** (...)
> III — parceria: conjunto de direitos, responsabilidades e obrigações decorrentes de relação jurídica estabelecida formalmente entre a administração pública e organizações da sociedade civil, em regime de mútua cooperação, para a consecução de finalidades de interesse público e recíproco, mediante a execução de atividade ou de projeto expressos em termos de colaboração, em termos de fomento ou em acordos de cooperação.

Nesse sentido, importante anotar que o próprio diploma legal, em seu **art. 3º**, cuidou de relacionar as **hipóteses de não cabimento** dessas parcerias, consoante se verifica de sua redação a seguir reproduzida:

Art. 3º Não se aplicam as exigências desta Lei:

I — às transferências de recursos homologadas pelo Congresso Nacional ou autorizadas pelo Senado Federal naquilo em que as disposições específicas dos tratados, acordos e convenções internacionais conflitarem com esta Lei;

II — (revogado)

III — aos contratos de gestão celebrados com organizações sociais, desde que cumpridos os requisitos previstos na Lei n. 9.637, de 15 de maio de 1998;

IV — aos convênios e contratos celebrados com entidades filantrópicas e sem fins lucrativos nos termos do § 1º do art. 199 da Constituição Federal;

V — aos termos de compromisso cultural referidos no § 1º do art. 9º da Lei n. 13.018, de 22 de julho de 2014;

VI — aos termos de parceria celebrados com organizações da sociedade civil de interesse público, desde que cumpridos os requisitos previstos na Lei n. 9.790, de 23 de março de 1999;

VII — às transferências referidas no art. 2º da Lei n. 10.845, de 5 de março de 2004, e nos arts. 5º e 22 da Lei n. 11.947, de 16 de junho de 2009;

VIII — (Vetado);

IX — aos pagamentos realizados a título de anuidades, contribuições ou taxas associativas em favor de organismos internacionais ou entidades que sejam obrigatoriamente constituídas por:

a) membros de Poder ou do Ministério Público;

b) dirigentes de órgão ou de entidade da administração pública;

c) pessoas jurídicas de direito público interno;

d) pessoas jurídicas integrantes da administração pública;

X — às parcerias entre a administração pública e os serviços sociais autônomos.

■ 7.4.3. Das organizações da sociedade civil

Por outro lado, importante agora anotar qual a definição oferecida pelo legislador acerca dos **destinatários** dessa legislação, vale dizer, as **organizações da sociedade civil**, que aparece no mesmo **art. 2º**, agora em seu **inciso I**. Confira-se:

Art. 2º (...)

I — organização da sociedade civil:

a) entidade privada sem fins lucrativos que não distribua entre os seus sócios ou associados, conselheiros, diretores, empregados, doadores ou terceiros eventuais resultados, sobras, excedentes operacionais, brutos ou líquidos, dividendos, isenções de qualquer natureza, participações ou parcelas do seu patrimônio, auferidos mediante o exercício de suas atividades, e que os aplique integralmente na consecução do respectivo objeto social, de forma imediata ou por meio da constituição de fundo patrimonial ou fundo de reserva;

b) as sociedades cooperativas previstas na Lei n. 9.867, de 10 de novembro de 1999; as integradas por pessoas em situação de risco ou vulnerabilidade pessoal ou social; as alcançadas por programas e ações de combate à pobreza e de geração de trabalho e renda; as voltadas para fomento, educação e capacitação de trabalhadores rurais ou capacitação de agentes de assistência técnica e extensão rural; e as capacitadas para execução de atividades ou de projetos de interesse público e de cunho social;

c) as organizações religiosas que se dediquem a atividades ou a projetos de interesse público e de cunho social distintas das destinadas a fins exclusivamente religiosos.

Nesse particular, importante anotar que o referido diploma legal **ampliou o conceito de organização da sociedade civil** para além daquelas pessoas jurídicas de direito privado, **incluindo** as chamadas **cooperativas sociais**, o que se revelou positivo, uma vez que permite que essas parcerias possam ser utilizadas em relação a um universo muito maior.

Nesse particular, oportuno registrar que o diploma legal ora analisado, em respeito principalmente aos princípios da eficiência e da moralidade, houve por bem **limitar** o **universo das organizações da sociedade civil** que podem celebrar essas parcerias com o Poder Público, matéria que se apresenta relacionada no **art. 39:**

> **Art. 39.** Ficará impedida de celebrar qualquer modalidade de parceria prevista nesta Lei a organização da sociedade civil que:
>
> I — não esteja regularmente constituída ou, se estrangeira, não esteja autorizada a funcionar no território nacional;
>
> II — esteja omissa no dever de prestar contas de parceria anteriormente celebrada;
>
> III — tenha como dirigente membro de Poder ou do Ministério Público, ou dirigente de órgão ou entidade da administração pública da mesma esfera governamental na qual será celebrado o termo de colaboração ou de fomento, estendendo-se a vedação aos respectivos cônjuges ou companheiros, bem como parentes em linha reta, colateral ou por afinidade, até o segundo grau;
>
> IV — tenha tido as contas rejeitadas pela administração pública nos últimos cinco anos, exceto se:
>
> *a)* for sanada a irregularidade que motivou a rejeição e quitados os débitos eventualmente imputados;
>
> *b)* for reconsiderada ou revista a decisão pela rejeição;
>
> *c)* a apreciação das contas estiver pendente de decisão sobre recurso com efeito suspensivo;
>
> V — tenha sido punida com uma das seguintes sanções, pelo período que durar a penalidade:
>
> *a)* suspensão de participação em licitação e impedimento de contratar com a administração;
>
> *b)* declaração de inidoneidade para licitar ou contratar com a administração pública;
>
> *c)* a prevista no inciso II do art. 73 desta Lei;
>
> *d)* a prevista no inciso III do art. 73 desta Lei;
>
> VI — tenha tido contas de parceria julgadas irregulares ou rejeitadas por Tribunal ou Conselho de Contas de qualquer esfera da Federação, em decisão irrecorrível, nos últimos 8 (oito) anos;
>
> VII — tenha entre seus dirigentes pessoa:
>
> *a)* cujas contas relativas a parcerias tenham sido julgadas irregulares ou rejeitadas por Tribunal ou Conselho de Contas de qualquer esfera da Federação, em decisão irrecorrível, nos últimos 8 (oito) anos;
>
> *b)* julgada responsável por falta grave e inabilitada para o exercício de cargo em comissão ou função de confiança, enquanto durar a inabilitação;
>
> *c)* considerada responsável por ato de improbidade, enquanto durarem os prazos estabelecidos nos incisos I, II e III do art. 12 da Lei n. 8.429, de 2 de junho de 1992.

7.4.4. Dos instrumentos viabilizadores das parcerias

Em sequência, importante agora o conhecimento dos **instrumentos** por meio dos quais essas parcerias fixadas entre o Poder Público e as organizações da sociedade civil se viabilizarão, surgindo **duas modalidades:** o **termo de colaboração** e o **termo de fomento**, definidos respectivamente nos incisos VII e VIII do art. 2º:

> **Art. 2º** (...)
>
> VII — termo de colaboração: instrumento por meio do qual são formalizadas as parcerias estabelecidas pela administração pública com organizações da sociedade civil para a consecução de finalidades de interesse público e recíproco propostas pela administração pública que envolvam a transferência de recursos financeiros;
>
> VIII — termo de fomento: instrumento por meio do qual são formalizadas as parcerias estabelecidas pela administração pública com organizações da sociedade civil para a consecução de finalidades de interesse público e recíproco propostas pelas organizações da sociedade civil, que envolvam a transferência de recursos financeiros.

Das definições legais reproduzidas, percebe-se que as duas figuras acabam por viabilizar o atingimento de finalidades de interesse público com a só **diferença em relação ao autor das propostas**, uma vez que no **termo de colaboração** serão elas elaboradas pela Administração Pública, enquanto no **termo de fomento** serão deduzidas pelas organizações da sociedade civil.

Para que esses ajustes possam ser celebrados, alguns **requisitos** devem ser preenchidos, observadas as condições que se verificam no **art. 33:**

> **Art. 33.** Para celebrar as parcerias previstas nesta Lei, as organizações da sociedade civil deverão ser regidas por normas de organização interna que prevejam, expressamente:
>
> I — objetivos voltados à promoção de atividades e finalidades de relevância pública e social; (...)
>
> III — que, em caso de dissolução da entidade, o respectivo patrimônio líquido seja transferido a outra pessoa jurídica de igual natureza que preencha os requisitos desta Lei e cujo objeto social seja, preferencialmente, o mesmo da entidade extinta;
>
> IV — escrituração de acordo com os princípios fundamentais de contabilidade e com as Normas Brasileiras de Contabilidade;
>
> V — possuir:
>
> *a)* no mínimo, um, dois ou três anos de existência, com cadastro ativo, comprovados por meio de documentação emitida pela Secretaria da Receita Federal do Brasil, com base no Cadastro Nacional da Pessoa Jurídica — CNPJ, conforme, respectivamente, a parceria seja celebrada no âmbito dos Municípios, do Distrito Federal ou dos Estados e da União, admitida a redução desses prazos por ato específico de cada ente na hipótese de nenhuma organização atingi-los;
>
> *b)* experiência prévia na realização, com efetividade, do objeto da parceria ou de natureza semelhante;
>
> *c)* instalações, condições materiais e capacidade técnica e operacional para o desenvolvimento das atividades ou projetos previstos na parceria e o cumprimento das metas estabelecidas.

> § 1º Na celebração de acordos de cooperação, somente será exigido o requisito previsto no inciso I.
>
> § 2º Serão dispensadas do atendimento ao disposto nos incisos I e III as organizações religiosas.
>
> § 3º As sociedades cooperativas deverão atender às exigências previstas na legislação específica e ao disposto no inciso IV, estando dispensadas do atendimento aos requisitos previstos nos incisos I e III. (...)
>
> § 5º Para fins de atendimento do previsto na alínea *c* do inciso V, não será necessária a demonstração de capacidade instalada prévia.

■ 7.4.5. Forma de escolha: chamamento público

Apresentados os instrumentos viabilizadores dessas parcerias, importante dizer que sua celebração deve ser precedida da realização de **chamamento público**, modalidade de licitação, consoante se verifica da previsão estabelecida em seu **art. 24:**

> **Art. 24.** Exceto nas hipóteses previstas nesta Lei, a celebração de termo de colaboração ou de fomento será precedida de chamamento público voltado a selecionar organizações da sociedade civil que tornem mais eficaz a execução do objeto.
>
> § 1º O edital do chamamento público especificará, no mínimo:
>
> I — a programação orçamentária que autoriza e viabiliza a celebração da parceria;
>
> II — (revogado);
>
> III — o objeto da parceria;
>
> IV — as datas, os prazos, as condições, o local e a forma de apresentação das propostas;
>
> V — as datas e os critérios de seleção e julgamento das propostas, inclusive no que se refere à metodologia de pontuação e ao peso atribuído a cada um dos critérios estabelecidos, se for o caso;
>
> VI — o valor previsto para a realização do objeto;
>
> VII — (revogado);
>
> *a)* (revogada);
>
> *b)* (revogada);
>
> *c)* (revogada);
>
> VIII — as condições para interposição de recurso administrativo;
>
> IX — a minuta do instrumento por meio do qual será celebrada a parceria;
>
> X — de acordo com as características do objeto da parceria, medidas de acessibilidade para pessoas com deficiência ou mobilidade reduzida e idosos.
>
> § 2º É vedado admitir, prever, incluir ou tolerar, nos atos de convocação, cláusulas ou condições que comprometam, restrinjam ou frustrem o seu caráter competitivo em decorrência de qualquer circunstância impertinente ou irrelevante para o específico objeto da parceria, admitidos:
>
> I — a seleção de propostas apresentadas exclusivamente por concorrentes sediados ou com representação atuante e reconhecida na unidade da Federação onde será executado o objeto da parceria;
>
> II — o estabelecimento de cláusula que delimite o território ou a abrangência da prestação de atividades ou da execução de projetos, conforme estabelecido nas políticas setoriais.

Dentro desse contexto, para melhor visualização, de forma a permitir o afastamento de eventuais dúvidas que possam surgir em relação a essa figura, criada pelo **Decreto n. 7.568/2011**, que privilegia a **transparência** e **isonomia** no **processo de seleção**, oportuna a reprodução de sua definição, estabelecida no **art. 2º, XII**. Confira-se:

> **Art. 2º** (...)
>
> XII — chamamento público: procedimento destinado a selecionar organização da sociedade civil para firmar parceria por meio de termo de colaboração ou de fomento, no qual se garanta a observância dos princípios da isonomia, da legalidade, da impessoalidade, da moralidade, da igualdade, da publicidade, da probidade administrativa, da vinculação ao instrumento convocatório, do julgamento objetivo e dos que lhes são correlatos.

7.4.6. Da publicidade

Neste particular, em atenção ao **princípio constitucional da publicidade**, o diploma legal ora analisado estabeleceu algumas medidas importantes, como a necessidade de a Administração manter a possibilidade de **acesso eletrônico** à **relação das parcerias** celebradas e os respectivos **planos de trabalho** após o seu encerramento (art. 10), bem como a possibilidade de **rastreamento do processo** e da **gestão de recursos**, uma vez que todas as etapas de sua execução, desde a seleção até a prestação de contas, deverão estar registradas em plataforma eletrônica:

> **Art. 10.** A administração pública deverá manter, em seu sítio oficial na internet, a relação das parcerias celebradas e dos respectivos planos de trabalho, até cento e oitenta dias após o respectivo encerramento.

7.4.7. Do controle de resultados e monitoramento

Em relação a este item, de forma a concretizar o **princípio da eficiência**, referido diploma legal priorizou o **controle de resultados** dessas parcerias de forma a verificar o **cumprimento correto de seu objeto**, bem como estabeleceu a obrigação de promover um monitoramento e avaliação nos termos estabelecidos no art. 58:

> **Art. 58.** A administração pública promoverá o monitoramento e a avaliação do cumprimento do objeto da parceria.
>
> § 1º Para a implementação do disposto no *caput*, a administração pública poderá valer-se do apoio técnico de terceiros, delegar competência ou firmar parcerias com órgãos ou entidades que se situem próximos ao local de aplicação dos recursos.
>
> § 2º Nas parcerias com vigência superior a 1 (um) ano, a administração pública realizará, sempre que possível, pesquisa de satisfação com os beneficiários do plano de trabalho e utilizará os resultados como subsídio na avaliação da parceria celebrada e do cumprimento dos objetivos pactuados, bem como na reorientação e no ajuste das metas e atividades definidas.
>
> § 3º Para a implementação do disposto no § 2º, a administração pública poderá valer-se do apoio técnico de terceiros, delegar competência ou firmar parcerias com órgãos ou entidades que se situem próximos ao local de aplicação dos recursos.

Importante também destacar que, além da Administração Pública, esse **monitoramento** poderá ser realizado **por outros órgãos**, conforme se verifica da redação estabelecida no art. 60:

> **Art. 60.** Sem prejuízo da fiscalização pela administração pública e pelos órgãos de controle, a execução da parceria será acompanhada e fiscalizada pelos conselhos de políticas públicas das áreas correspondentes de atuação existentes em cada esfera de governo.
>
> Parágrafo único. As parcerias de que trata esta Lei estarão também sujeitas aos mecanismos de controle social previstos na legislação.

■ 7.4.8. Da vigência

Por derradeiro, cumpre anotar que, quando da referida publicação dessa lei, não entrou ela em **vigor** de imediato, em razão da previsão estabelecida em seu **art. 88**, *caput*, que inicialmente estabeleceu um **prazo de 360 dias**, posteriormente alterado pelas **Leis n. 13.102**, de 26 de fevereiro de 2015, e **13.204**, de 14 de dezembro de 2016, resultando na redação que a seguir se reproduz:

> **Art. 88.** Esta Lei entra em vigor após decorridos quinhentos e quarenta dias de sua publicação oficial, observado o disposto nos §§ 1º e 2º deste artigo.
>
> § 1º Para os Municípios, esta Lei entra em vigor a partir de 1º de janeiro de 2017.
>
> § 2º Por ato administrativo local, o disposto nesta Lei poderá ser implantado nos Municípios a partir da data decorrente do disposto no *caput*.

Assim, conclui-se que, para as esferas federal, estadual e distrital, referida lei entrou em vigor em 23 de janeiro de 2016, enquanto para os Municípios a vigência se deu a partir de 1º de janeiro de 2017.

■ 7.4.9. Das contratações diretas

De outra parte, a exemplo do que se verifica na Lei n. 8.666/93, aqui também o legislador se preocupou em estabelecer **hipóteses de contratação direta**.

Dentro desse contexto, apresentam-se inicialmente as hipóteses de contratação direta, por dispensa de licitação, que apresentam de comum entre si a **viabilidade de competição** descritas no art. 30:

> **Art. 30.** A administração pública poderá dispensar a realização do chamamento público:
>
> I — no caso de urgência decorrente de paralisação ou iminência de paralisação de atividades de relevante interesse público, pelo prazo de até cento e oitenta dias;
>
> II — nos casos de guerra, calamidade pública, grave perturbação da ordem pública ou ameaça à paz social;
>
> III — quando se tratar da realização de programa de proteção a pessoas ameaçadas ou em situação que possa comprometer a sua segurança; (...)
>
> VI — no caso de atividades voltadas ou vinculadas a serviços de educação, saúde e assistência social, desde que executadas por organizações da sociedade civil previamente credenciadas pelo órgão gestor da respectiva política.

De outra parte, as hipóteses de inelegibilidade, que pressupõem inviabilidade de competição, descritas no art. 31:

> **Art. 31.** Será considerado inexigível o chamamento público na hipótese de inviabilidade de competição entre as organizações da sociedade civil, em razão da natureza singular do objeto da parceria ou se as metas somente puderem ser atingidas por uma entidade específica, especialmente quando:
>
> I — o objeto da parceria constituir incumbência prevista em acordo, ato ou compromisso internacional, no qual sejam indicadas as instituições que utilizarão os recursos;
>
> II — a parceria decorrer de transferência para organização da sociedade civil que esteja autorizada em lei na qual seja identificada expressamente a entidade beneficiária, inclusive quando se tratar da subvenção prevista no inciso I do § 3º do art. 12 da Lei n. 4.320, de 17 de março de 1964, observado o disposto no art. 26 da Lei Complementar n. 101, de 4 de maio de 2000.

Apresentadas as informações essenciais introduzidas pela Lei n. 13.019/2014, podem ser elas sumariadas da seguinte forma:

LEGISLAÇÃO	Lei n. 13.019/2014
OBJETIVO	Desempenho de atividades de interesse recíproco - arts. 1º e 2º da Lei n. 13.019/2014
DESTINATÁRIOS	Organizações da sociedade civil — arts. 1º e 2º da Lei n. 13.019/2014
DEFINIÇÃO	Pessoa jurídica de direito privado sem fins lucrativos — art. 2º, I, da Lei n. 13.019/2014
VEDAÇÕES	Hipóteses de proibição para a celebração dessas parcerias — art. 39 da Lei n. 13.019/2014
OBJETO	Fomento a atividades sociais — arts. 2º, III, e 3º da Lei n. 13.019/2014
FORMA DE ESCOLHA: CHAMAMENTO PÚBLICO	Art. 24 da Lei n. 13.019/2014 e art. 2º, XII, do Decreto n. 7.568/2011
INSTRUMENTOS VIABILIZADORES DAS PARCERIAS	Termo de colaboração e termo de fomento — art. 2º, VII e VIII, e art. 33 da Lei n. 13.019/2014
PUBLICIDADE	Obrigatoriedade do oferecimento de informações em sítio oficial na internet — art. 10 da Lei n. 13.019/2014
CONTROLE DE RESULTADOS E MONITORAMENTO	Dever da Administração e dos conselhos de políticas públicas de realizar a fiscalização das parcerias — arts. 58 e 60 da Lei n. 13.019/2014
VIGÊNCIA	Após 540 dias de sua publicação — art. 88 da Lei n. 13.019/2014
CONTRATAÇÕES DIRETAS	Permitidas, em caráter excepcional, de acordo com os arts. 30 (dispensa) e 31 (inexigibilidade) da Lei n. 13.019/2014

■ 7.5. QUADRO SINÓTICO

TERCEIRO SETOR	
NOÇÃO BÁSICA	O denominado terceiro setor é composto por particulares (pessoas jurídicas de direito privado) que não integram a estrutura da Administração Pública, mas que com ela mantêm, por razões diversas e por meio de maneiras diferenciadas, parcerias com o intuito de preservar o interesse público.

ORGANIZAÇÕES SOCIAIS	Pessoas jurídicas de direito privado, sem fins lucrativos, criadas por particulares, para desempenhar serviços sociais não exclusivos do Estado, como: ensino, pesquisa científica, proteção ao meio ambiente, incentivo à cultura, programas de saúde. Lei n. 9.637/98. Exemplos: ■ Associação de Comunicação Educativa Roquette Pinto; ■ Associação Brasileira de Tecnologia de Luz Sincroton; ■ Orquestra Sinfônica do Estado de São Paulo — OSESP; ■ Associação Amigos do Museu da Imagem e do Som.
SERVIÇOS SOCIAIS AUTÔNOMOS	São todos aqueles instituídos por lei, com personalidade jurídica de direito privado, para ministrar assistência ou ensino a certas categorias sociais ou grupos profissionais, e que não tenham finalidade lucrativa. Exemplos: ■ Senai; ■ Sesi; ■ Sesc; ■ Senac.
ORGANIZAÇÕES DA SOCIEDADE CIVIL DE INTERESSE PÚBLICO	São pessoas jurídicas de direito privado, sem fins lucrativos, que atendam aos requisitos instituídos pela Lei n. 9.790/99.
LEGISLAÇÃO	Lei n. 13.019/2014.
OBJETIVO	Desempenho de atividades de interesse recíproco — arts. 1º e 2º da Lei n. 13.019/2014.
DESTINATÁRIOS	Organizações da sociedade civil — arts. 1º e 2º da Lei n. 13.019/2014.
DEFINIÇÃO	Pessoa jurídica de direito privado sem fins lucrativos — art. 2º, I, da Lei n. 13.019/2014.
VEDAÇÕES	Hipóteses de proibição para a celebração dessas parcerias — art. 39 da Lei n. 13.019/2014.
OBJETO	Fomento a atividades sociais — art. 2º, III, e art. 3º da Lei n. 13.019/2014.
FORMA DE ESCOLHA: CHAMAMENTO PÚBLICO	Art. 24 da Lei n. 13.019/2014 e art. 2º, XII, do Decreto n. 7.568/2011.
INSTRUMENTOS VIABILIZADORES DAS PARCERIAS	Termo de colaboração e termo de fomento — art. 2º, VII e VIII, e art. 33 da Lei n. 13.019/2014.
PUBLICIDADE	Obrigatoriedade do oferecimento de informações em sítio oficial na internet — art. 10 da Lei n. 13.019/2014.
CONTROLE DE RESULTADOS E MONITORAMENTO	Dever da Administração e dos conselhos de políticas públicas de realizar a fiscalização das parcerias — arts. 58 e 60 da Lei n. 13.019/2014.
VIGÊNCIA	Após 540 dias da sua publicação — art. 88 da Lei n. 13.019/2014.
CONTRATAÇÕES DIRETAS	Permitidas, em caráter excepcional, de acordo com os arts. 30 (dispensa) e 31 (inexigibilidade) da Lei n. 13.019/2014.

■ 7.6. SÚMULAS SOBRE TERCEIRO SETOR

■ 7.6.1. Súmula do STJ

499. As empresas prestadoras de serviços estão sujeitas às contribuições ao Sesc e Senac, salvo se integradas noutro serviço social.

■ 7.6.2. Súmula do STF

516. O Serviço Social da Indústria (Sesi) está sujeito à jurisdição da Justiça Estadual.

■ 7.7. QUESTÕES

1. (Promotor de Justiça — MPE-SC — 2016) De acordo com a Lei n. 13.019/14 (Terceiro Setor), a entidade privada sem fins lucrativos, que distribua ou não, entre os seus sócios ou associados, eventuais resultados, sobras, excedentes operacionais, participações ou parcelas do seu patrimônio, auferidos mediante o exercício de suas atividades, e que os aplique integralmente na consecução do respectivo objeto social, de forma imediata ou por meio da constituição de fundo patrimonial ou fundo de reserva, é considerada organização da sociedade civil.

( ) Certo ( ) Errado

2. (Promotor de Justiça — MPE-SC — 2016) De acordo com a Lei n. 9.790/99 (Organizações da Sociedade Civil de Interesse Público), que dispõe sobre a qualificação de pessoas jurídicas de direito privado, sem fins lucrativos, como OSCIP, exige-se, para tanto, que sejam regidas por estatutos cujas normas expressamente disponham sobre a constituição de conselho fiscal ou órgão equivalente, dotado de competência para opinar sobre os relatórios de desempenho financeiro e contábil, e sobre as operações patrimoniais realizadas, emitindo pareceres para os organismos superiores da entidade, sendo vedada a participação de servidores públicos na composição desse conselho.

( ) Certo ( ) Errado

3. (Auditor Fiscal Tributário da Receita Municipal — Prefeitura de Cuiabá-MT — FGV —2016)

Sobre as normas gerais acerca da prestação de serviços públicos por Organizações Sociais — OS's, assinale a afirmativa correta.

a) A qualificação de pessoas jurídicas de direito privado sem fins lucrativos em Organização Social depende de lei específica de iniciativa do chefe do Poder Executivo.
b) A Organização Social formada será integrante da Administração Indireta do ente federado que a criou, estando submetida aos princípios da hierarquia e do controle.
c) Não obstante a qualificação como Organização Social, a entidade de direito privado qualificada está submetida à prévia licitação para a prestação do serviço delegado.
d) A qualificação da entidade privada como Organização Social depende de licitação na modalidade de concorrência, salvo se por inviabilidade de competição a mesma for inexigível.
e) As entidades qualificadas como Organização Social não integram a estrutura da Administração Pública e não possuem fins lucrativos, mas se submetem ao controle financeiro do Poder Público, inclusive do Tribunal de Contas.

4. (Analista de Controle — Contábil — TCE-PR — CESPE — 2016) Em relação à administração pública direta e indireta, assinale a opção correta.

a) O vínculo entre o poder público e as organizações da sociedade civil de interesse público é estabelecido mediante a celebração de contrato de gestão, no qual deverão estar previstos os direitos e as obrigações dos pactuantes e destinado à formação de vínculo de cooperação entre as partes para o fomento e a execução das atividades de interesse público.
b) Organizações sociais são pessoas jurídicas de direito privado, sem fins lucrativos, cujas atividades sejam dirigidas ao ensino, à pesquisa científica, ao desenvolvimento tecnológico, à proteção e preservação do meio ambiente, à cultura e à saúde.
c) Os serviços sociais autônomos, que são instituídos pelo poder público por meio de lei, integram a administração pública.
d) Não é obrigatória a participação de agentes do poder público no conselho de administração das organizações sociais, exigindo-se, contudo, que seja formado por membros representantes de entidades da sociedade civil e por membros com notória capacidade profissional e reconhecida idoneidade moral, a serem eleitos pelos integrantes do conselho.
e) A qualificação das organizações sociais será concedida pelo Ministério da Justiça por meio de ato vinculado.

5. (Promotor de Justiça — MPE-SC — 2016) De acordo com a Lei n. 9.637/98 (Organizações Sociais), o Poder Executivo, observados os requisitos legais, poderá qualificar como organizações sociais pessoas jurídicas de direito privado, sem fins lucrativos, cujas atividades sejam dirigidas ao ensino, à pesquisa científica, ao desenvolvimento tecnológico, à proteção e preservação do meio

ambiente, à cultura e à saúde. E é por meio de contrato de gestão que o Poder Público e a entidade qualificada como organização social formam parcerias para fomento e execução de atividades relativas às áreas suprarrelacionadas.

( ) Certo ( ) Errado

6. (Procurador Municipal — Prefeitura de Chapecó-SC — IOBV — 2016) Determinado Município firmou convênio com uma Organização Social de assistência aos deficientes visuais, repassando-lhe mensalmente verbas públicas, e cedendo também uma sala em escola municipal para o desempenho das atividades. Diante da situação em epígrafe, é correto afirmar:

a) Este convênio tão somente poderá ter realizado por intermédio de uma licitação, na modalidade Concorrência, uma vez que a livre escolha feita pela Administração não se enquadra nos casos de dispensa de licitação.
b) Uma vez que recebeu verbas públicas, a referida Organização Social deverá obrigatoriamente realizar procedimentos licitatórios para a utilização destes recursos.
c) As organizações sociais, por integrarem o Terceiro Setor, não fazem parte do conceito constitucional de Administração Pública, razão pela qual não se submetem, em suas contratações ao dever de licitar, visto a ausência de determinação constitucional.
d) As organizações sociais como as entidades paraestatais se submetem aos procedimentos licitatórios, nos mesmos moldes da Administração Direta.

7. (Promotor de Justiça — MPE-SC — 2016) De acordo com a Lei n. 9.637/98 (Organizações Sociais), os responsáveis pela fiscalização da execução do contrato de gestão, ao tomarem conhecimento de qualquer irregularidade ou ilegalidade na utilização de recursos ou bens de origem pública por organização social, dela darão ciência ao Tribunal de Contas da União, e representarão ao Ministério Público, à Advocacia-Geral da União ou à Procuradoria da entidade para que requeira ao juízo competente a decretação da indisponibilidade dos bens da entidade e o sequestro dos bens dos seus dirigentes, bem como de agente público ou terceiro, que possam ter enriquecido ilicitamente ou causado dano ao patrimônio público, sob pena de responsabilidade solidária.

( ) Certo ( ) Errado

8. (Juiz Federal Substituto — TRF-5ª Região — CESPE — 2015) Com relação às entidades do terceiro setor e às pessoas jurídicas que integram a administração indireta, assinale a opção correta.

a) As OSs formalizam o regime de cooperação com o poder público por meio da celebração de termo de parceria no qual são descritos, de modo detalhado, os direitos e as obrigações dos pactuantes.
b) São passíveis de qualificação como OSCIP, entre outras entidades, as fundações públicas e as sociedades civis ou associações de direito privado, desde que se dediquem a atividades e objetivos sociais descritos na Lei n. 9.790/1999, conhecida como Lei das OSCIPs.
c) As fundações estatais, sejam elas de direito público ou de direito privado, somente podem ser criadas por lei específica de iniciativa do chefe do Poder Executivo.
d) As empresas públicas devem ter a forma de sociedades anônimas; as sociedades de economia mista, por sua vez, podem revestir-se de qualquer uma das formas admitidas em direito.
e) As pessoas jurídicas de direito privado que pretendem qualificar-se como OSCIPs não podem ter fins lucrativos e devem ter como objetivos, entre outros, a promoção gratuita da educação e da saúde, da segurança alimentar e nutricional e do voluntariado.

9. (Defensor Público Substituto — DPE-RN — CESPE — 2015) Acerca dos serviços sociais autônomos, assinale a opção correta.

a) Segundo entendimento jurisprudencial consolidado no âmbito do STF, os serviços sociais autônomos integrantes do denominado Sistema S estão submetidos à exigência de concurso público para a contratação de pessoal, nos moldes do que prevê a CF para a investidura em cargo ou emprego público.
b) Por serem destinatários de dinheiro público arrecadado mediante contribuições sociais de interesse corporativo, os serviços sociais autônomos estão sujeitos aos estritos procedimentos e termos estabelecidos na Lei n. 8.666/1993.
c) Assim como outras entidades privadas que atuam em parceria com o poder público, como as OSs e as OSCIPs, os serviços sociais autônomos necessitam da celebração de contrato de gestão com o poder público para o recebimento de subvenções públicas.

d) Serviços sociais autônomos são pessoas jurídicas de direito privado integrantes do elenco das pessoas jurídicas da administração pública indireta e têm como finalidade uma atividade social que representa a prestação de um serviço de utilidade pública em benefício de certos agrupamentos sociais ou profissionais.
e) Referidos entes de cooperação governamental, destinatários de contribuições parafiscais, estão sujeitos à fiscalização do Estado nos termos e condições estabelecidos na legislação pertinente a cada um.

10. (Analista em Desenvolvimento de Tecnologia Nuclear — Advogado — AMAZUL — CETRO — 2015) É correto afirmar que são exemplos de instituições do terceiro setor:

a) empresas doadoras, pessoas físicas e sociedades de economia mista.
b) entidades beneficentes, autarquias especiais e organizações não governamentais.
c) entidades beneficentes e organizações não governamentais.
d) sociedades de economia mista e empresas públicas.
e) organizações não governamentais e empresas públicas.

GABARITO

1. "errado".
2. "errado".
3. "e".
4. "b".
5. "certo".
6. "c".
7. "errado".
8. "e".
9. "e".
10. "c".

8

SERVIÇOS PÚBLICOS

8.1. SERVIÇOS PÚBLICOS

8.1.1. Definição

Inexistindo **definição legal** acerca do tema, vamos conceituá-lo como todo aquele prestado pela Administração ou por particulares, mediante **regras de direito público** previamente estabelecidas por ela, visando à **preservação do interesse público**.

Da definição oferecida, o primeiro ponto a ser destacado diz respeito à **titularidade** para a prestação de um serviço público, que nunca poderá sair, em vista dos interesses representados, das mãos da **Administração**.

Com efeito, não se pode descurar que a passagem da titularidade de um serviço público para as mãos da iniciativa privada significaria colocar os interesses da coletividade à mercê dos interesses de particulares, o que não se pode admitir.

O máximo que se cogita é a **transferência** da **execução** desse **serviço**, permanecendo a **titularidade** sempre nas mãos do **Poder Público**, devido às razões demonstradas.

Assim, mesmo diante de situações em que se verifica a **transferência da execução do serviço público** para **particulares**, mantém a **Administração** a condição de **fiscalização**, podendo inclusive, em caso de necessidade, aplicar as sanções que se mostrarem cabíveis.

Pelas mesmas razões, a **execução** desses **serviços** só pode se verificar mediante **regras** prévia e unilateralmente **impostas pela Administração**, sem qualquer tipo de interferência do particular. Aliás, isso ocorre em razão dos interesses que devem ser privilegiados quando da prestação de um serviço dessa natureza, vale dizer, os **interesses da coletividade**, não sendo outra a razão pela qual a ele também se atribui o caráter de continuidade.

8.1.2. Princípios relacionados à prestação de serviços públicos

Em relação à **prestação de serviços públicos**, em que pese incidirem os princípios gerais que norteiam toda a atividade administrativa, relacionados no *caput* do art. 37 da CF, também se cogita a aplicação de alguns **princípios específicos**.

Nesse contexto, deve-se observar, uma vez mais, que a presença desses **princípios específicos** não se dá de maneira gratuita, mas, ao revés, para a **preservação dos interesses da coletividade**.

A lista desses princípios pode conter diversos itens, variando de acordo com o enfoque adotado pelo aplicador do direito, o que nos leva à necessidade de destacar aqueles que, a nosso juízo, surgem como os principais, como se verá a seguir.

■ 8.1.2.1. Princípio da continuidade do serviço público

Por força desse princípio, a **execução** de serviços públicos **não pode ser interrompida**, ao menos como **regra geral**, de forma a não gerar prejuízos para os interesses da coletividade. Referido princípio, que não se encontra positivado de forma expressa no nível da Constituição Federal, tem sua **previsão** estabelecida no **art. 6º, § 1º, da Lei n. 8.987/95**, cuja redação a seguir se reproduz.

> **Art. 6º** (...)
>
> § 1º Serviço adequado é o que satisfaz as condições de regularidade, **continuidade**, eficiência, segurança, atualidade, generalidade, cortesia na sua prestação e modicidade das tarifas.

A redação reproduzida bem demonstra que a **paralisação** de serviços públicos **não amparada** por nenhuma **disposição legal** e nem acompanhada de **razões de interesse público** revela-se **ilegal**, abrindo a perspectiva de ajuizamento de ações pleiteando indenização por parte dos usuários prejudicados.

Outrossim, acaba por gerar inúmeros **reflexos**, a começar pela impossibilidade de deflagração de movimentos **grevistas** que impliquem a **paralisação integral da atividade**.

A **gravidade** desse desdobramento obviamente se revela ainda **mais acentuada** em relação aos **serviços públicos** considerados de **caráter essencial**, como o de saúde e o de transporte coletivo, o que abre ensejo à **responsabilização por abusos** cometidos.

Nesse sentido, importante consignar que, pela **primeira vez**, uma **Constituição assegura o direito de greve para o servidor público**, conforme a previsão estabelecida no **art. 37, VII**, consignando, entretanto, que deverá ser exercido nos termos e **limites** definidos em lei específica. Confira-se:

> **Art. 37.** (...)
>
> VII — o direito de greve será exercido nos termos e nos limites definidos em lei específica.

A leitura do dispositivo constitucional reproduzido permite concluir que esse **direito de greve** não terá o mesmo **perfil** daquele assegurado aos trabalhadores da iniciativa privada.

Com efeito, enquanto se cogita da possibilidade de **greve total na iniciativa privada**, pois em prejuízo apenas do empregador, que é um particular, **quanto ao serviço público** a **mesma conclusão não se sustenta**.

Isto porque implicaria a **paralisação total** da atividade, **prejudicando** não o empregador público, mas a **coletividade**.

Dentro desse contexto, o grande problema que se apresenta em relação ao direito de **greve** refere-se à necessidade da edição de uma **lei específica** para regulamentar a matéria.

Nesse sentido, em um primeiro momento prevaleceu o entendimento de que a regra estabelecida no **art. 37, VII**, caracterizava-se como **norma de eficácia limitada**, pois para gerar os efeitos para o qual foi produzida dependia de regulamentação posterior.

Ocorre que esse **entendimento inicial** foi **superado**, tendo em vista que deixava esse direito de greve totalmente à mercê da edição de regulamentação pelo Poder Legislativo, o que até os dias de hoje não se verificou.

Assim, nossos **Tribunais**, principalmente os **trabalhistas**, mudaram a postura inicial, passando a entender que essa **norma constitucional** é de **eficácia contida** e não limitada.

Dessa forma, permite-se a deflagração de movimentos grevistas dentro da Administração Pública, mesmo sem a edição de norma regulamentadora do dispositivo constitucional.

Outrossim, os Tribunais têm entendido, ainda, como já noticiado, que, enquanto a necessária **regulamentação não for editada**, a deflagração de movimento grevista no setor público, que implique a **paralisação total** da atividade, **está proibida**.

Diante desse cenário, consolidaram o entendimento segundo o qual um **percentual dos serviços** tem de permanecer **à disposição da população**, implicando o descumprimento dessa diretriz configuração de inconstitucionalidade do movimento grevista e, como corolário, a responsabilização de seus organizadores, sendo possível, ainda, a incidência de **multa diária por seu descumprimento**.

De outra parte, ainda sobre essa questão relacionada ao direito de **greve**, importante deixar registrada a previsão estabelecida no **art. 142, § 3º, IV**, que **proíbe** a deflagração desse movimento pelos **servidores militares:**

> **Art. 142.** As Forças Armadas, constituídas pela Marinha, pelo Exército e pela Aeronáutica, são instituições nacionais permanentes e regulares, organizadas com base na hierarquia e na disciplina, sob a autoridade suprema do Presidente da República, e destinam-se à defesa da Pátria, à garantia dos poderes constitucionais e, por iniciativa de qualquer destes, da lei e da ordem. (...)
>
> § 3º Os membros das Forças Armadas são denominados militares, aplicando-se-lhes, além das que vierem a ser fixadas em lei, as seguintes disposições: (...)
>
> IV — ao militar são proibidas a sindicalização e a greve.

Dentro desse contexto, observados os reflexos do direito de **greve** em relação ao princípio da **continuidade da prestação dos serviços públicos**, oportuno, agora, estabelecer comentários sobre **situações** em que se revela possível sua **paralisação** de forma **legítima**.

Estas hipóteses encontram-se relacionadas no **art. 6º, § 3º**, da Lei n. 8.987/95, que disciplina as concessões e permissões, podendo ser sumariadas da seguinte forma:

a) Hipótese de emergência ou urgência: nesta situação, o legislador permite a **paralisação** da execução dos **serviços** em razão de sua **imprevisibilidade**, **não se podendo** aqui **cogitar**, portanto, de qualquer sorte de **responsabilização da Administração** por danos resultantes da paralisação dos serviços.

Neste caso, diante das características apresentadas, os usuários de serviços públicos, prejudicados por essa paralisação, não poderiam cogitar de ingresso de ação de indenização perante o Judiciário, uma vez que o Poder Público poderia invocar, em sua defesa, **excludente de responsabilidade**.

Diante desse cenário, surge como **exemplo** a interrupção na prestação de serviços de energia elétrica, em razão de fortes chuvas. O usuário somente poderá ajuizar ação em se tratando de emergência que não seja imprevisível, vale dizer, aquela que foi fabricada pela Administração, por força de incúria da sua parte.

b) Hipótese de necessidade de realização de obras de manutenção: trata-se de **situação previsível**, não sendo outra razão pela qual a lei exige, para que a paralisação se legitime, o fornecimento de **aviso prévio aos usuários**, oferecido de forma geral, através de publicação em órgãos de imprensa de grande circulação e com **antecedência mínima**, de modo que possam estes tomar as providências que se fizerem necessárias.

c) Inadimplência do usuário: neste particular, a paralisação dos serviços, por se tratar também de **situação previsível**, deverá ser obrigatoriamente precedida de **aviso prévio**, sem o que será considerada ilegal.

Não se perca de vista que esse **aviso prévio** deverá ser providenciado de **forma personalizada**, sendo de bom tom que sua comprovação se dê mediante aviso de recebimento, providências de fundamental importância para que o usuário possa exercer seu **direito de ampla defesa**.

Em outras palavras, diante de notificação recebida, poderá ele alegar que a dívida não existe; que o valor cobrado não é o correto; ou, ainda, que não tem possibilidade econômica de saldar a dívida, em que pese sua correção, pleiteando um parcelamento.

Dentro desse contexto, a **jurisprudência do STJ**, diante das características apresentadas em cada caso concreto, tem se inclinado pela **impossibilidade** do **corte** do fornecimento de **energia elétrica** quando a **inadimplência recair** sobre instituições como **hospitais** públicos, **creches**, prontos-socorros, escolas, em razão de prejuízos irreversíveis que poderão ser gerados, uma vez que devem prevalecer os interesses de proteção à vida e à saúde[1].

Em outras palavras, consolidada no nível do **STJ** a **tese** segundo a qual é **legítimo o corte** no fornecimento de **serviços** públicos **essenciais** quando o inadimplente pessoa jurídica de direito público, **desde que** precedido de **notificação, e a interrupção não atinja as unidades prestadoras de serviços indispensáveis à população**[2].

---

1 AgRg no Ag 1329795/CE, rel. Min. Herman Benjamin, 2ª T., *DJE*, 03.02.2011; AgRg no REsp 1142903/AL, rel. Min. Humberto Martins, 2ª T., *DJE* 13.10.2010.

2 AgRg no AREsp 152.296/AP, rel. Min. Mauro Campbell, 2ª T., *DJE*, 11.12.2013; AgRg no Ag 1270130/RJ, rel. Min. Benedito Gonçalves, 1ª T., *DJE* 19.08.2011.

Da mesma forma, concluiu o **STJ** pela **ilegitimidade do corte** no fornecimento de **serviços** públicos essenciais quando o débito decorrer de **irregularidade** no **hidrômetro** ou no **medidor de energia elétrica**, **apurada unilateralmente** pela **concessionária**[3].

■ *8.1.2.2. Princípio da mutabilidade do regime jurídico*

Por força desse princípio, autoriza-se a realização de **mudanças** na forma de **execução** de um **serviço** público, muitas vezes de maneira **unilateral**, em vista da necessidade de preservação dos **interesses da coletividade**.

Em função desse aspecto, aliás, é que se justifica a presença das chamadas ***cláusulas exorbitantes*** nos **contratos** administrativos, mas sempre **preservando** o **equilíbrio** da **equação econômico-financeira**, tema este que será mais bem desenvolvido em capítulo específico.

Portanto, em vista desse princípio, conclui-se que nem os **concessionários** e **permissionários** que se encontram à frente da execução do serviço público, nem os **usuários** terão a possibilidade de invocar **direitos adquiridos** em relação às **mudanças** levadas a efeito pela Administração. Em outras palavras, **não existe direito adquirido** à **manutenção de regime jurídico** em se tratando da prestação de serviços públicos.

■ *8.1.2.3. Princípio da modicidade das tarifas*

Esse princípio, que surge como **corolário da eficiência**, estabelece a necessidade de o prestador do serviço mantê-lo **acessível ao usuário** em geral, posto ser em nome dele que toda a atividade administrativa deverá ser exercida.

Está implicitamente previsto na ideia de função administrativa desenvolvida no capítulo inicial desta obra e explicitamente disciplinado no **art. 6º, § 1º, da Lei n. 8.987/95** (Lei de Concessões e Permissões), integrando o conceito de serviço adequado.

Dessa forma, pode-se concluir, com meridiana clareza, que a fixação do **valor** de **tarifas** públicas que **extrapole** o conceito de **modicidade**, vale dizer, o de acessibilidade do usuário ao serviço público, revela-se **inconstitucional**.

Seguindo por essa linha de raciocínio, perfeitamente **possível** que o **Judiciário** aprecie a questão relacionada a **aumentos tarifários**, desde que o faça restrito ao aspecto de sua **constitucionalidade**.

Portanto, o conceito de **modicidade das tarifas**, em que pese encontrar-se carregado de forte dose de subjetividade, apresenta uma **zona de certeza** passível de exploração por parte daqueles prejudicados por força de sua majoração.

Com efeito, pode-se abstrair que **tarifa módica** é aquela que apresenta um **valor acessível ao usuário comum do serviço**. Dessa forma, se no plano teórico o administrador promove um aumento no valor da tarifa do transporte coletivo para o

---

[3] AgRg no AREsp 346561/PE, Rel. Min. Sérgio Kukina, 1ª T., *DJE*, 01.04.2014; AgRg no AREsp 412849/RJ, rel. Min. Humberto Martins, 2ª T., *DJE*, 10.12.2013.

patamar de R$ 5,00, por óbvio essa situação torna o transporte coletivo inacessível para o trabalhador comum, que recebe salário mínimo.

Destarte, imaginando tenha ele a necessidade de tomar duas conduções para se deslocar de casa para o trabalho, e pressupondo que o mesmo trajeto seja feito na volta para o lar, arcará ele com uma despesa diária de R$ 20,00. Multiplicado esse valor pelos 5 dias da semana, implicará um gasto de R$ 100,00, que, multiplicado por quatro semanas, levará a uma despesa final de R$ 400,00 por mês. A situação descrita, por certo, como já se disse, torna para esse trabalhador inviável o **valor da tarifa**, pois implicaria comprometimento, nos valores atuais, de quase metade do valor do **salário mínimo** vigente, o que não se admite, levando em consideração a diretriz fixada no **art. 7º, IV, da Constituição Federal**.

Referido dispositivo assinala que o valor do salário mínimo deve ser suficiente para que o trabalhador e sua família possam ver atendidas suas necessidades vitais básicas, em relação aos itens ali mencionados. Confira-se:

> **Art. 7º** (...)
> IV — salário mínimo, fixado em lei, nacionalmente unificado, capaz de atender a suas necessidades vitais básicas e às de sua família com moradia, alimentação, educação, saúde, lazer, vestuário, higiene, transporte e previdência social, com reajustes periódicos que lhe preservem o poder aquisitivo, sendo vedada sua vinculação para qualquer fim.

Assim, diante do dispositivo constitucional reproduzido, pode-se afirmar que, sempre que o valor do **salário mínimo** não se afigurar suficiente para fazer frente aos itens ali relacionados, revela-se ele **inconstitucional**.

Por via de consequência, sempre que o **aumento** no valor de **tarifas públicas** tornar inviável o **acesso a bens**, **serviços** e **equipamentos públicos** por parte do **trabalhador comum**, que percebe **salário mínimo**, pode-se de igual sorte afirmar que esse **aumento será ilegal**, não se tratando de conclusão meramente acadêmica, uma vez que encontra respaldo na previsão estabelecida no **art. 6, § 1º**, da Lei n. 8.987/95, autorizando, como já se disse, a propositura de ações no Judiciário por se tratar de **controle** não de mérito, mas de **legalidade**.

Situação distinta se apresenta quando as **majorações tarifárias** permaneçam dentro dos limites de **modicidade**, conforme exigido por lei, análise que deverá ser levada a efeito diante das **características de cada caso concreto**, uma vez que aqui teríamos tão somente um controle de mérito, o que não se admite possa o Judiciário realizar, sob pena de produzir inaceitável esvaziamento do princípio da separação entre os Poderes.

■ *8.1.2.4. Princípio da generalidade*

Esse princípio, de igual sorte previsto no **art. 6º, § 1º, da Lei n. 8.987/95**, uma vez que integrante do conceito de serviço público adequado, surge como **reflexo** natural do **princípio da impessoalidade**, na medida em que estabelece o **acesso de todos os administrados** a sua prestação.

Impede-se, da mesma maneira, o estabelecimento de **discriminações gratuitas** aos **usuários** por parte não só do titular, mas também de quem esteja à frente da sua execução, sob pena de agressão, ainda, ao **princípio da isonomia**.

Nesse sentido, **nada impede** que a **Administração** Pública, para a preservação do interesse da coletividade, e respaldada em lei, promova **discriminações** entre os **usuários** de serviços públicos, oferecendo **vantagens apenas para alguns**. De resto, é exatamente o que se verifica com a concessão de benefícios a integrantes da terceira idade e também para estudantes em relação a ingressos em casas de espetáculo ou ainda em relação a alguns serviços públicos, dentre os quais se destaca o transporte coletivo, em que tem direito ou à isenção ou ao pagamento de valor diferenciado.

■ 8.1.3. Formas de prestação de serviços públicos

Os **serviços públicos**, cuja titularidade nunca sai das mãos da Administração Pública, podem ser **prestados** de **duas formas diferentes**.

Sua execução poderá ocorrer de maneira **centralizada ou direta**, ou então poderá verificar-se de maneira **descentralizada ou indireta**, quando então será repassada para terceiros, cumpridos os requisitos exigidos pelo legislador, que serão analisados ainda no curso deste capítulo.

Nesse contexto, será considerada **direta** ou **centralizada** a prestação de serviços públicos quando **executada** pela **Administração** direta do Estado, e **indireta** ou **descentralizada** quando levada a efeito por pessoas jurídicas **integrantes** da sua **estrutura indireta** ou por **terceiros** que com ela não se confundem, vale dizer, integrantes da **iniciativa privada**.

Nesse particular, cumpre observar o fenômeno da **descentralização**, que tem lugar sempre que a execução de um serviço público for retirada das mãos da Administração direta, sendo **transferida** para **terceiros** que com ela não se confundem, localizados na iniciativa privada ou mesmo para pessoas jurídicas integrantes de sua estrutura indireta.

Dessa forma, **não** se pode **confundir** a figura da ***descentralização*** com a da ***desconcentração***, que significa a **transferência de competências de um órgão para outro**, mas dentro da **Administração direta**, mediante diversos critérios, como o territorial, o geográfico, o hierárquico, por matéria, como se verifica, a título de exemplo, com a criação de administrações regionais ou subprefeituras (modelo antigo usado em São Paulo até dezembro de 2016) ou prefeituras regionais, modelo atual adotado a partir de janeiro de 2017, ou ainda quando da transferência de um Ministério para outro ou de uma Secretaria de Estado para outra.

Com efeito, embora nas situações mencionadas haja uma **transferência** de **competências** para outros órgãos, situar-se-ão estes **dentro** da estrutura da **Administração direta**, não se podendo, portanto, cogitar de descentralização, mas sim de desconcentração.

De mencionar-se que essa transferência de competências, característica da **desconcentração**, pode verificar-se também **dentro de um mesmo órgão**, desde que não extrapole os limites da Administração direta.

A propósito desse tema, assim se manifestou nossa melhor doutrina, consoante se verifica dos excertos a seguir:

> "Na desconcentração, de seu turno, não há criação de outras pessoas, mas sim atribuição de determinadas competências a serem exercidas no âmbito da mesma pessoa.
> E na desconcentração, como o nome está a sugerir, traspassam-se atribuições, competências, a outros órgãos dentro do mesmo centro.
> A desconcentração pode ser geográfica ou territorial. É dizer, os serviços serão exercidos desconcentradamente, por órgãos territorialmente espalhados. Como exemplo da desconcentração geográfica, podemos citar as administrações regionais da Prefeitura de São Paulo. Ou os serviços de saúde, de competência da União, exercidos em vários pontos do território nacional.
> Pode se dar a desconcentração por matéria. Exemplos típicos serão os Ministérios da Administração Federal, ou, então, as Secretarias Estaduais ou Municipais.
> Ainda a desconcentração pode se dar estribada na hierarquia, tal seja, na distribuição interna decisória: a desconcentração por grau.
> Determinadas matérias ficam afetas decisoriamente a certas autoridades de escalão superior, descendo-se de grau em grau (departamentos, divisões, unidades etc.)"[4].

> "O fenômeno da distribuição interna de plexos de competência agrupadas em unidades individualizadas denomina-se desconcentração"[5].

> "Descentralização é a distribuição de competências de uma para outra pessoa, física ou jurídica.
> Difere da desconcentração pelo fato de ser esta uma distribuição interna de competências, ou seja, uma distribuição de competências dentro da mesma pessoa jurídica"[6].

> "Diversa da descentralização é a desconcentração administrativa, que significa repartição de funções entre os vários órgãos despersonalizados de uma mesma administração, sem quebras de hierarquia"[7].

> "Diga-se, a par disso, que a descentralização administrativa não se confunde com a desconcentração. Na descentralização têm-se duas pessoas: a entidade central e a descentralizada; a que outorga e a que é outorgada. Na desconcentração só há uma: a central. Na descentralização a atividade transferida ou a sua simples execução está fora da Administração Pública, ao passo que a atividade desconcentrada está no seu interior. Lá não há hierarquia; aqui há"[8].

---

4 FIGUEIREDO, Lúcia Valle. *Curso de direito administrativo*. 4. ed. São Paulo: Malheiros, 2000, p. 79-80.

5 MELLO, Celso Antônio Bandeira de. *Curso de direito administrativo*. 11. ed. São Paulo: Malheiros, 1999, p. 97.

6 DI PIETRO, Maria Sylvia Zanella. *Direito administrativo*. 15. ed. São Paulo: Atlas, 2003, p. 349.

7 MEIRELLES, Hely Lopes. *Direito administrativo brasileiro*. 24. ed. São Paulo: Malheiros, 1999, p. 677.

8 GASPARINI, Diogenes. *Direito administrativo*. 8. ed. São Paulo: Saraiva, 2003.

Por seu turno, a **transferência da execução de serviços** públicos pode ocorrer para **terceiros** que estejam **dentro** ou **fora** da estrutura da **Administração** Pública.

Nesse sentido, quando realizada para **terceiros** que estão **dentro** da estrutura da **Administração**, mas que não se confundem com a Administração direta, surgem as figuras das **autarquias**, **fundações**, **empresas públicas** e **sociedades de economia mista** e, mais recentemente, as **agências reguladoras**.

Oportuno registrar que essa descentralização na prestação de serviços públicos pode ser feita sob duas **modalidades:** por **outorga** ou por **delegação**.

Quando for feita por **outorga**, implicará **transferência da titularidade e** da **execução** dos serviços, o que só poderá ocorrer para pessoas integrantes da **Administração indireta** que tenham **personalidade de direito público**, a exemplo do que se verifica com as **autarquias** e **fundações públicas**, e por meio de lei.

Por seu turno, quando for realizada **por delegação**, importará **transferência** tão somente da **execução** dos serviços para **pessoas jurídicas** de **direito privado** integrantes da **Administração indireta** e para particulares, sendo suficiente um simples **contrato** para viabilizá-la.

De outra parte, quando a **transferência** ocorre para **terceiros** que estejam fora da estrutura da Administração, vale dizer, para **particulares**, surgem as figuras dos **permissionários**, **concessionários**, **autorizatários**, **parceiros privados** nos termos da Lei n. 11.079/2004, e **parceiros voluntários**, nos termos da Lei n. 13.019/2014.

Nesse sentido, para melhor visualização da questão, segue quadro sinótico em que se encontram incluídas as três formas de execução de serviços públicos:

ADMINISTRAÇÃO — FEDERAL, ESTADUAL, MUNICIPAL E DISTRITAL		
DIRETA	**INDIRETA**	**PARTICULARES (apenas a execução — LICITAÇÃO)**
Órgãos	Pessoas	Pessoas — que se encontram fora da Administração Pública
Ministérios	Autarquias	Concessão
Secretarias	Fundações	Permissão
Subprefeituras	Empresas públicas	Autorização
Administrações Regionais	Sociedades de economia mista	PPPs
Prefeituras Regionais	Agências reguladoras	Parcerias voluntárias

A visualização do quadro sinótico permite concluir que a **titularidade dos serviços** pertence à **Administração**, repartida entre as **quatro esferas de governo** (federal, estadual, municipal e distrital), conforme divisão feita pela própria Constituição.

Dessa forma, como já se disse inúmeras vezes, ao **Poder Público** pertence, respeitada a repartição de competências estabelecida pela Constituição, a **decisão** acerca da **forma de execução** desses serviços.

De resto, o conteúdo desse quadro sinótico se apresenta sintetizado na redação do **art. 175 da Constituição**, que a seguir se reproduz:

> **Art. 175.** Incumbe ao Poder Público, na forma da lei, diretamente ou sob regime de concessão ou permissão, sempre através de licitação, a prestação de serviços públicos.

Assim, percebe-se, pela redação reproduzida, que a **titularidade** para a prestação de **serviços** públicos foi entregue ao **Poder Público**.

Outrossim, que a forma de **execução** desses serviços, **direta** ou por **concessão** ou **permissão**, será por ele decidida.

Por derradeiro, que, quando a opção for pela **transferência** da **execução** do **serviço** público para **particulares**, mediante concessão ou permissão, deverá sempre ser **precedida** de abertura de **licitação**.

De outra parte, em decorrência do dispositivo constitucional reproduzido, cumpre agregar que a **titularidade** desses **serviços** foi **repartida** pela **Constituição** entre as **quatro esferas de governo** integrantes da Federação, vale dizer, federal, estadual, municipal e distrital.

Assim é que, para serviços públicos cuja competência foi reservada à **União**, será dela a decisão quanto à forma de execução dos serviços, o que se verifica, a título de exemplificação, com o serviço de telecomunicações, nos termos do **art. 21, XI, da CF**. Confira-se:

> **Art. 21.** Compete à União: (...)
>
> XI — explorar, diretamente ou mediante autorização, concessão ou permissão, os serviços de telecomunicações, nos termos da lei, que disporá sobre a organização dos serviços, a criação de um órgão regulador e outros aspectos institucionais.

Dessa forma, percebe-se que pertence à **União** a **decisão** quanto a ser ela mesma a **executar** o **serviço de telecomunicações** ou por intermédio de órgãos que integram sua estrutura direta; ou por intermédio de pessoas que integram sua estrutura indireta; ou, ainda, transferindo a execução dos serviços, via licitação, para particulares, mediante concessão, permissão ou autorização.

Da mesma forma, apresenta-se a questão relacionada à forma de execução do serviço público de **energia elétrica**, pois também de **competência da União:**

> **Art. 21.** Compete à União: (...)
>
> XII — explorar, diretamente ou mediante autorização, concessão ou permissão: (...)
>
> *b)* os serviços e instalações de energia elétrica e o aproveitamento energético dos cursos de água, em articulação com os Estados onde se situam os potenciais hidroenergéticos.

Portanto, também nesse setor, a decisão quanto à forma de **execução** dos serviços foi atribuída pela Constituição para a **União**, sendo vedada a interferência das outras esferas de governo.

Dentro desse contexto, de modo a deixar bem clara a questão relacionada à decisão quanto à forma de **execução** de **serviços públicos**, oportuna uma passada de olhos pela Constituição, em relação à competência por ela atribuída para a execução do serviço público de **gás canalizado**, a teor do disposto no **art. 25, § 2º:**

> **Art. 25.** Os Estados organizam-se e regem-se pelas Constituições e leis que adotarem, observados os princípios desta Constituição. (...)
>
> § 2º Cabe aos Estados explorar diretamente, ou mediante concessão, os serviços locais de gás canalizado, na forma da lei, vedada a edição de medida provisória para a sua regulamentação.

Percebe-se, portanto, que nesse particular a **competência** para decidir sobre a forma de execução desses serviços foi atribuída a cada **Estado-Membro**, restando proibida qualquer interferência tanto da União quanto dos Municípios.

Por sua vez, a **titularidade** relacionada ao **serviço funerário** foi atribuída pela Constituição Federal para os **Municípios**, sendo deles, pois, a decisão quanto a forma de sua execução, a teor do disposto no **art. 30, I e V, da Constituição:**

> **Art. 30.** Compete aos Municípios:
>
> I — legislar sobre assuntos de interesse local; (...)
>
> V — organizar e prestar, diretamente ou sob regime de concessão ou permissão, os serviços públicos de interesse local, incluído o de transporte coletivo, que tem caráter essencial.

Outrossim, importante destacar que essa **divisão** de **competências** elaborada pela **Constituição**, entre as diversas esferas de governo integrantes da Federação, **nem sempre** se apresenta de forma tão **simples** quanto os exemplos até aqui utilizados.

Com efeito, para alguns **serviços públicos**, a **competência se reparte** entre **mais de uma esfera de governo**, conforme se verifica, a título de exemplo, com a questão relacionada ao serviço público de **transporte coletivo**, prevista, inicialmente, no art. 30, V:

> **Art. 30.** Compete aos Municípios: (...)
>
> V — organizar e prestar, diretamente ou sob regime de concessão ou permissão, os serviços públicos de interesse local, incluído o de transporte coletivo, que tem caráter essencial.

Dentro desse contexto, percebe-se que a Constituição não só atribuiu ao transporte coletivo o perfil de serviço público de caráter essencial, mas, também, conferiu aos Municípios a competência para decidir sobre sua forma de execução.

Sem embargo, como já se disse, a questão não se apresenta de forma tão simplificada, como se poderia imaginar em um primeiro momento, uma vez que, se o **transporte coletivo** ultrapassar as fronteiras do Município, sendo ele **intermunicipal**, a **competência** se **desloca** para os **Estados**, a teor do disposto no art. 25, § 1º:

> **Art. 25.** (...)
>
> § 1º São reservadas aos Estados as competências que não lhes sejam vedadas por esta Constituição.

Outrossim, se a prestação do serviço público se revelar **interestadual**, a **competência** se **desloca** para a **esfera federal**, a quem compete estabelecer normas gerais sobre trânsito e transporte, conforme o disposto no art. 22, XI, da CF:

> **Art. 22.** Compete privativamente à União legislar sobre: (...)
> XI — trânsito e transporte.

Por derradeiro, importante estabelecer comentários acerca da questão relacionada à prestação do **serviço público de saúde**, cuja titularidade foi entregue ao **Estado**, expressão aqui utilizada em sentido amplo, a teor do disposto no **art. 196:**

> **Art. 196.** A saúde é direito de todos e dever do Estado, garantido mediante políticas sociais e econômicas que visem à redução do risco de doença e de outros agravos e ao acesso universal e igualitário às ações e serviços para sua promoção, proteção e recuperação.

Sem embargo, importante deixar anotado que a **titularidade** desse serviço foi **atribuída simultaneamente** às **quatro esferas de governo**, consoante se verifica da redação do **art. 23, II**, que incluiu a preservação da saúde entre as competências comuns:

> **Art. 23.** É competência comum da União, dos Estados, do Distrito Federal e dos Municípios: (...)
> II — cuidar da saúde e assistência pública, da proteção e garantia das pessoas portadoras de deficiência.

Percebe-se, pois, que em vista da consagração, em nosso país, da forma de Estado federativa, a competência para a decisão acerca da maneira de execução dos serviços públicos foi dividida pela Constituição Federal entre as quatro esferas de governo que a integram. Para melhor visualização dessa repartição de competências no nível constitucional, apresenta-se o seguinte quadro:

SERVIÇO	TITULARIDADE	FUNDAMENTO CONSTITUCIONAL
TELECOMUNICAÇÕES	União	Art. 21, XI, da CF
ENERGIA ELÉTRICA	União	Art. 21, XII, *b*, da CF
GÁS CANALIZADO	Estados	Art. 25, § 2º, da CF
FUNERÁRIO	Municípios	Art. 30, I e V, da CF
TRANSPORTE COLETIVO	As quatro esferas de governo	Arts. 30, V, 25, § 1º, e 22, XI, da CF
SAÚDE	As quatro esferas de governo	Art. 23, II, da CF

8.1.4. Formas de remuneração

As formas de **remuneração** de um **serviço público variam** conforme a **natureza** por ele apresentada, identificando-se **duas modalidades** distintas.

Assim é que, em se tratando da execução de **serviços** públicos considerados **divisíveis**, vale dizer, aqueles em que se consegue visualizar o quanto cada usuário deles se beneficia, a **remuneração** se dá pela cobrança de **taxas** ou **tarifas**, a teor do disposto no **art. 145, II, da Constituição:**

> **Art. 145.** A União, os Estados, o Distrito Federal e os Municípios poderão instituir os seguintes tributos: (...)

> II — taxas, em razão do exercício do poder de polícia ou pela utilização, efetiva ou potencial, de serviços públicos específicos e divisíveis, prestados ao contribuinte ou postos a sua disposição.

Surgem como **exemplos** os serviços de energia elétrica domiciliar, de água, de telefonia, de transporte coletivo.

Quando for essa a forma de remuneração, fala-se na execução de um serviço ***uti singuli***, porque são **prestados de forma singular**, de maneira a permitir a visualização do quanto cada usuário se utiliza dele.

A **segunda possibilidade** que se apresenta é aquela que envolve a **execução de serviços** públicos considerados **indivisíveis**, vale dizer, aqueles em que não é possível identificar o quanto cada usuário se beneficia dele.

Tais serviços são **remunerados** por meio da **cobrança** de **impostos**, de maneira que o Poder Público canaliza o valor arrecadado para a execução de serviço público como achar mais conveniente, não se cogitando, portanto, de nenhuma contraprestação por parte do Estado.

Dentro desse contexto, surgem como **exemplos** os serviços de iluminação pública, segurança pública, saúde, educação, que são prestados de forma generalizada, sem que se possa apurar o quanto cada usuário deles se utiliza.

Nesse sentido, são chamados de **serviços prestados *uti universi***, uma vez que prestados de forma universal, atingindo os usuários de forma indistinta.

De resto, não por outros fundamentos é que o **Supremo Tribunal Federal** editou a **Súmula Vinculante 41**, proibindo a remuneração do serviço de iluminação pública por meio da cobrança de taxas:

> **Súmula Vinculante 41:** O serviço de iluminação pública não pode ser remunerado mediante taxa.

Dentro desse contexto, oportuna também a referência à Súmula Vinculante 19 da Suprema Corte, que legitima a cobrança de taxa em razão do serviço público de coleta, remoção e tratamento de lixo. Confira-se:

> **Súmula Vinculante 19:** A taxa cobrada exclusivamente em razão dos serviços públicos de coleta, remoção e tratamento ou destinação de lixo ou resíduos provenientes de imóveis, não viola o art. 145, II, da Constituição Federal.

Sobre o mesmo tema, importante também reproduzir a **Súmula 407** do **Superior Tribunal de Justiça:**

> **Súmula 407 do STJ:** É legítima a cobrança da tarifa de água fixada de acordo com as categorias de usuários e as faixas de consumo.

8.1.5. Código de defesa dos usuários de serviços públicos

Em junho de 2017, com o objetivo de proteger os direitos dos usuários de serviços públicos, foi editada a Lei n. 13.460, cuja vigência não se dará de imediato, mas de forma escalonada, consoante se verifica da previsão estabelecida em seu art. 25. Confira-se:

> **Art. 25.** Esta Lei entra em vigor, a contar da sua publicação, em:
>
> I — **trezentos e sessenta dias** para a União, os Estados, o Distrito Federal e os Municípios com mais de quinhentos mil habitantes;
>
> II — **quinhentos e quarenta dias** para os Municípios entre cem mil e quinhentos mil habitantes; e
>
> III — **setecentos e vinte dias** para os Municípios com menos de cem mil habitantes.

Sem embargo, importante desde já relacionar os **itens que mais se destacam na referida lei**, a começar pelos seus **destinatários**, vale dizer, a Administração Pública direta e indireta, nas quatro esferas de governo **(art. 1º, § 1º)**, bem como os particulares que estejam à frente da prestação de serviços públicos **(art. 1º, § 3º)**.

De outra parte, em seu **art. 4º**, a lei estabelece a necessidade de esses **serviços** serem **prestados de forma adequada**, de acordo com os princípios ali relacionados, sob pena de configuração de ilegalidade, basicamente os mesmos que aparecem no art. 6º da Lei n. 8.987/95, que serão comentados no capítulo seguinte. Confira-se:

> **Art. 4º** Os serviços públicos e o atendimento do usuário serão realizados de forma adequada, observados os princípios da regularidade, continuidade, efetividade, segurança, atualidade, generalidade, transparência e cortesia.

Novidade digna de registro refere-se à previsão estabelecida no **art. 7º**, que estabelece a **obrigatoriedade de divulgação de carta de serviços aos usuários** para informá-los sobre os serviços prestados, as formas de acesso, bem como os padrões de qualidade de atendimento ao público que deverão ser observados.

Outrossim, a **referida carta** deverá **detalhar** os **compromissos** e **padrões de qualidade** de atendimento relativos aos inúmeros aspectos descritos no § 3º, dentre os quais se destacam as prioridades de atendimento (inciso I) e a previsão de tempo de espera (inciso II).

Dentro desse contexto, de forma a garantir a eficácia desses direitos, o legislador prescreveu no **art. 9º** a **possibilidade de o usuário se manifestar junto ao poder público** acerca da prestação desses serviços, **tarefa atribuída** basicamente à **ouvidoria** do órgão ou entidade responsável pela sua prestação.

Essa previsão não representa novidade em nosso ordenamento jurídico, uma vez que consolida, em relação à prestação de serviços, o **direito de petição** aos órgãos públicos, previsto no **art. 5º, XXXIV, da CF**. A propósito, as atribuições conferidas a essas ouvidorias encontram-se disciplinadas, em caráter meramente exemplificativo, ao longo do art. 13.

Nesse particular, importante destacar a previsão estabelecida no **art. 16**, que estabeleceu **prazos para que seja proferida a decisão administrativa em resposta à manifestação protocolada pelo usuário**. Confira-se:

> **Art. 16.** A ouvidoria encaminhará a decisão administrativa final ao usuário, observado o **prazo de trinta dias**, prorrogável de forma justificada uma única vez, por igual período.
>
> Parágrafo único. Observado o prazo previsto no *caput*, a ouvidoria poderá solicitar informações e esclarecimentos diretamente a agentes públicos do órgão ou entidade a que se vincula, e as **solicitações devem ser respondidas no prazo de vinte dias**, prorrogável de forma justificada uma única vez, por igual período.

Por derradeiro, prescreveu em seu art. 18, como forma de fiscalização desse serviço pelos usuários, a criação de conselhos de caráter consultivo, cujas atribuições e composição encontram-se relacionadas ao longo dos arts. 19 a 22.

■ 8.2. QUADRO SINÓTICO

SERVIÇOS PÚBLICOS	
DEFINIÇÃO	É todo aquele desenvolvido pela administração ou por quem lhe faça as vezes, mediante regras de direito público previamente estabelecidas por ela, visando à preservação dos interesses da coletividade.
REFLEXO	A titularidade de um serviço público pertence sempre à Administração, sendo intransferível. Cogita-se, tão somente, da transferência para particulares da sua execução.
PRINCÍPIOS RELACIONADOS À PRESTAÇÃO DE SERVIÇOS PÚBLICOS	■ continuidade de sua prestação (art. 6º, § 1º, da Lei n. 8.987/95); ■ mutabilidade de regime jurídico (art. 6º, § 1º, da Lei n. 8.987/95); ■ modicidade das tarifas (art. 6º, § 1º, da Lei n. 8.987/95); ■ generalidade da sua prestação (art. 6º, § 1º, da Lei n. 8.987/95).
FORMAS DE PRESTAÇÃO DO SERVIÇO	■ Execução direta ou centralizada: é realizada pela própria administração através de um dos órgãos integrantes de sua estrutura direta (Ministérios; Secretarias de Estado). Aqui se destaca a desconcentração, que prevê a mudança da execução do serviço de um órgão para outro sem sair da estrutura direta. ■ Execução indireta ou descentralizada: é realizada pela própria Administração por intermédio de uma das pessoas localizadas em sua estrutura indireta, por outorga (autarquias e fundações com personalidade de direito público) ou por delegação (fundações com personalidade de direito privado: empresas públicas, sociedades de economia mista), ou para particulares mediante concessão, permissão, autorização.
FORMAS DE REMUNERAÇÃO DO SERVIÇO	■ Para serviços indivisíveis: remuneração por meio da cobrança de impostos (art. 145, I, da CF), conhecida por *uti universi*. ■ Para serviços divisíveis: remuneração através da cobrança de taxas ou tarifas (art. 145, II, da CF), conhecida por *uti singuli*.
CÓDIGO DE DEFESA DOS USUÁRIOS DE SERVIÇOS PÚBLICOS	■ objeto (art. 1º); ■ destinatários: administração e particulares (art. 1º); ■ características do serviço (art. 4º); ■ carta de serviços ao usuário (art. 7º); ■ direito de manifestação (art. 9º); ■ ouvidorias (arts. 13 a 17); ■ prazo para proferir a decisão (art. 16); ■ conselhos de usuários (arts. 18 a 22).

■ 8.3. SÚMULAS SOBRE SERVIÇOS PÚBLICOS

■ 8.3.1. Súmulas vinculantes

12. A cobrança de taxa de matrícula nas universidades públicas viola o disposto no art. 206, IV, da Constituição Federal.

19. A taxa cobrada exclusivamente em razão dos serviços públicos de coleta, remoção e tratamento ou destinação de lixo ou resíduos provenientes de imóveis, não viola o art. 145, II, da Constituição Federal.

41. O serviço de iluminação pública não pode ser remunerado mediante taxa.

■ 8.3.2. Súmula do STJ

407. É legítima a cobrança da tarifa de água fixada de acordo com as categorias de usuários e as faixas de consumo.

■ 8.4. QUESTÕES

1. (Advogado — Câmara de Conceição do Mato Dentro — FUMARC — 2016) Sobre princípios inerentes ao regime jurídico dos serviços públicos, é CORRETO afirmar:

a) De acordo com o princípio da mutabilidade do regime jurídico, é possível estabelecer tarifas diferenciadas em função das características técnicas e dos custos específicos provenientes de atendimento aos distintos segmentos de usuário.
b) O princípio da continuidade do serviço público, em decorrência do qual o serviço não pode parar, tem como uma de suas consequências a aplicação da teoria da imprevisão, para recompor o equilíbrio econômico-financeiro do contrato e permitir a continuação do serviço.
c) Pelo princípio da flexibilidade dos meios aos fins, fica proibida a aplicação da exceção do contrato não cumprido contra a Administração Pública quando o contrato tiver como objeto a prestação de serviços públicos essenciais.
d) Pelo princípio da igualdade dos usuários, fica a Administração Pública autorizada a realizar mudanças no regime de execução do serviço para adaptá-lo ao interesse público, que é sempre variável no tempo.

2. (Analista Judiciário — Administrativa — TRE-PI — CESPE —2016) Assinale a opção correta no que se refere ao princípio da continuidade na administração pública.

a) A delegação de ato administrativo decorre do poder disciplinar, propiciando a continuidade do serviço público por viabilizar a manutenção do funcionamento de órgãos e entidades, mesmo durante impedimentos temporários dos agentes originalmente competentes para a prática do ato.
b) O reequilíbrio econômico-financeiro de contrato administrativo representa um contraponto à possibilidade de alteração unilateral do contrato pela administração pública, funcionando como mecanismo de garantia da continuidade do serviço público contratado.
c) A continuidade do serviço público afasta a possibilidade de o contratado opor à administração a exceção do contrato não cumprido.
d) O princípio da continuidade do serviço público não impede a suspensão do fornecimento de energia elétrica, ainda que se trate de iluminação pública.
e) Embora o direito de greve seja assegurado constitucionalmente aos servidores públicos, a falta de norma federal regulamentadora desse dispositivo, que garanta a continuidade do serviço público, torna ilícito o exercício desse direito.

3. (Conhecimentos Gerais — FUNAI — ESAF — 2016) Entre as modalidades de delegação da prestação do serviço público, pode-se citar a

a) nomeação.
b) atribuição.
c) concessão.

d) avocação.
e) encampação.

4. (Analista Judiciário — Área Judiciária — TRT-12ª Região (SC) — FGV — 2017) Concessão de serviço público é a transferência da prestação de serviços públicos para particulares, feita pelo poder concedente, mediante licitação, na modalidade de concorrência, à pessoa jurídica ou consórcio de empresas que demonstre capacidade para seu desempenho, por sua conta e risco e por prazo determinado.

De acordo com a Lei n. 8.987/95, ocorre extinção do contrato de concessão por encampação quando:

a) a concessionária perder as condições econômicas, técnicas ou operacionais para manter a adequada prestação do serviço concedido, conforme apurado em processo administrativo, assegurado o direito de ampla defesa;
b) o contrato de concessão for rescindido por iniciativa da concessionária, no caso de descumprimento das normas contratuais pelo poder concedente, mediante ação judicial especialmente intentada para esse fim;
c) o serviço estiver sendo prestado de forma inadequada ou deficiente e a concessionária não atender à intimação do poder concedente no sentido de regularizar a prestação do serviço;
d) a concessionária paralisar o serviço ou concorrer para tanto, por violação ao princípio da continuidade do serviço público, ressalvadas as hipóteses decorrentes de caso fortuito ou força maior;
e) o poder concedente retomar o serviço, durante o prazo da concessão, por motivo de interesse público, mediante lei autorizativa específica e após prévio pagamento da indenização à concessionária.

5. (Delegado de Polícia Civil — PC-PA — FUNCAB — 2016) Levando em consideração o assunto serviço público, seus princípios específicos e o posicionamento acerca do assunto nos Tribunais Superiores, marque a opção correta.

a) É ilegítimo o corte no fornecimento de serviços públicos essenciais quando o débito for decorrente de suposta fraude no medidor de consumo de energia apurada unilateralmente pela concessionária.
b) É legítimo o corte no fornecimento de serviços públicos essenciais quando a inadimplência do consumidor decorrer de débitos pretéritos, uma vez que se busca impedir o enriquecimento sem causa e também como forma de coação ao pagamento.
c) É ilegítima a cobrança da tarifa de água fixada de acordo com as categorias de usuários e as faixas de consumo.
d) Caracteriza como descontinuidade do serviço a sua interrupção em situação de emergência motivada por razões de ordem técnica ou de segurança das instalações.
e) Não se caracteriza como descontinuidade do serviço a sua interrupção após prévio aviso, quando por inadimplemento, considerado o interesse da coletividade. Sendo assim, é viável, portanto, responsabilizar-se o atual usuário, adimplente com suas obrigações, por débito pretérito relativo ao consumo de água, por exemplo, do usuário anterior.

6. (Procurador Jurídico — Prefeitura de Alumínio-SP — VUNESP — 2016) Com relação aos Serviços Públicos, é correto afirmar que serviço

a) *uti singuli* é aquele prestado à coletividade, mas usufruído apenas indiretamente pelos indivíduos.
b) *uti universi* é aquele prestado à coletividade e usufruído diretamente pelos indivíduos.
c) *uti universi* é aquele prestado à coletividade, mas usufruído apenas indiretamente pelos indivíduos.
d) *uti singuli* é aquele que tem por finalidade a satisfação individual ou coletiva, porém sempre usufruído diretamente pelos indivíduos.
e) *uti universi* é aquele que tem por finalidade a satisfação individual ou coletiva, porém sempre usufruído indiretamente pelos indivíduos

7. (Analista Judiciário — Área Administrativa — TRE-BA — CESPE — 2017) Determinada empresa autorizada pela União, mediante concessão, a explorar serviço público, parou de prestar os devidos serviços sem apresentar qualquer justificativa.

Nos termos da Lei n. 8.987/1995 — Lei de Concessões —, a referida concessão deve ser extinta por

a) caducidade.

b) rescisão.
c) anulação.
d) advento do termo contratual.
e) encampação.

8. (Promotor de Justiça — MPE-SC — 2016) Não se caracteriza como descontinuidade do serviço público a sua interrupção em situação de emergência ou após prévio aviso, quando motivada por razões de ordem técnica ou de segurança das instalações; por inadimplemento do usuário, considerado o interesse da coletividade; e, por comprovada inviabilidade econômica.

( ) Certo ( ) Errado

9. (Analista Fiscal de Serviços — Prefeitura de São Paulo-SP — VUNESP —2016) Em relação a esse tipo de serviço público, o Estado reconhece sua conveniência à comunidade, embora não essencial, e o Estado o presta diretamente ou por terceiros delegados, mediante remuneração, regulamentado e controlado pelo poder público, por conta e risco dos prestadores. Considerando a sua classificação e as suas características, a definição acima diz respeito aos serviços públicos denominados de

a) *uti universi.*
b) próprios do Estado.
c) utilidade pública.
d) privativos do Estado.
e) administrativos.

10. (Analista Técnico — Administrativo — DPU — CESPE — 2016) Em relação aos serviços públicos e ao disposto na Lei n. 8.112/1990, julgue o item seguinte.

A classificação de determinado serviço público como singular pressupõe a individualização de seus destinatários, propiciando a medição da utilização individual direta do serviço público prestado.

( ) Certo ( ) Errado

GABARITO

1. "b".
2. "b".
3. "c".
4. "e".
5. "a".
6. "c".
7. "a".
8. "errado".
9. "c".
10. "certo".

9

CONCESSÕES E PERMISSÕES DE SERVIÇOS PÚBLICOS

9.1. PERFIL CONSTITUCIONAL

Como visto anteriormente, a **execução de serviços públicos** poderá ser realizada pela própria Administração direta do Estado, quando se fala em **execução direta** ou **centralizada**, ou poderá ser **descentralizada** para terceiros que estejam dentro ou fora da estrutura da Administração Pública.

Se a **descentralização** for feita para **terceiros** que estejam **dentro** da estrutura da **Administração** Pública, aparecem as figuras das **autarquias**, **fundações**, **empresas públicas** e **sociedades de economia mista**, já vistas em capítulo anterior.

De outra parte, se a transferência da **execução** dos **serviços** públicos for realizada para **terceiros** que estão **fora** da estrutura da **Administração** Pública, vale dizer, para **particulares**, aparecem então os institutos da **concessão**, da **permissão** e da **autorização**.

A matéria vem regulamentada pelo **art. 175 da CF**, cuja redação a seguir se reproduz:

> **Art. 175.** Incumbe ao Poder Público, na forma da lei, diretamente ou sob regime de concessão ou permissão, sempre através de licitação, a prestação de serviços públicos.

A leitura desse dispositivo constitucional, como já visto, permite alcançar conclusões importantes, a começar por aquela segundo a qual a **titularidade** da prestação de **serviços** públicos nunca sai das mãos da **Administração**, por força dos interesses por ela representados quando atua.

De fato, a **transferência** da **titularidade** da prestação de serviço público para **particulares** fatalmente traria **problemas** gravíssimos, visto que, como se sabe, sua atuação é inteiramente direcionada para a obtenção de lucros, o que **não** se **compatibiliza** com a necessidade de preservação dos **interesses da coletividade**.

Em segundo lugar, o **dispositivo constitucional** ora em análise estabelece que a **prestação** de **serviços** públicos se dará **diretamente** ou sob regime de **concessão** ou **permissão**.

Em outras palavras, estabeleceu a Constituição que a **prestação de serviços** poderá ser feita **diretamente** pela **Administração** Pública ou de maneira **descentralizada** por intermédio dos instrumentos de **concessão** e **permissão**, quando então os **particulares** é que passarão a executá-los.

Por fim, pode-se extrair da leitura desse dispositivo constitucional uma terceira conclusão importante, segundo a qual a **transferência** da **execução** desses **serviços** para **particulares** deverá ser, sempre, **precedida** de **licitação** para que se possa apurar, em caráter de igualdade, a proposta mais vantajosa para o interesse público nos termos previstos no edital.

Para melhor visualização acerca das formas de execução desses serviços, veja-se o seguinte quadro:

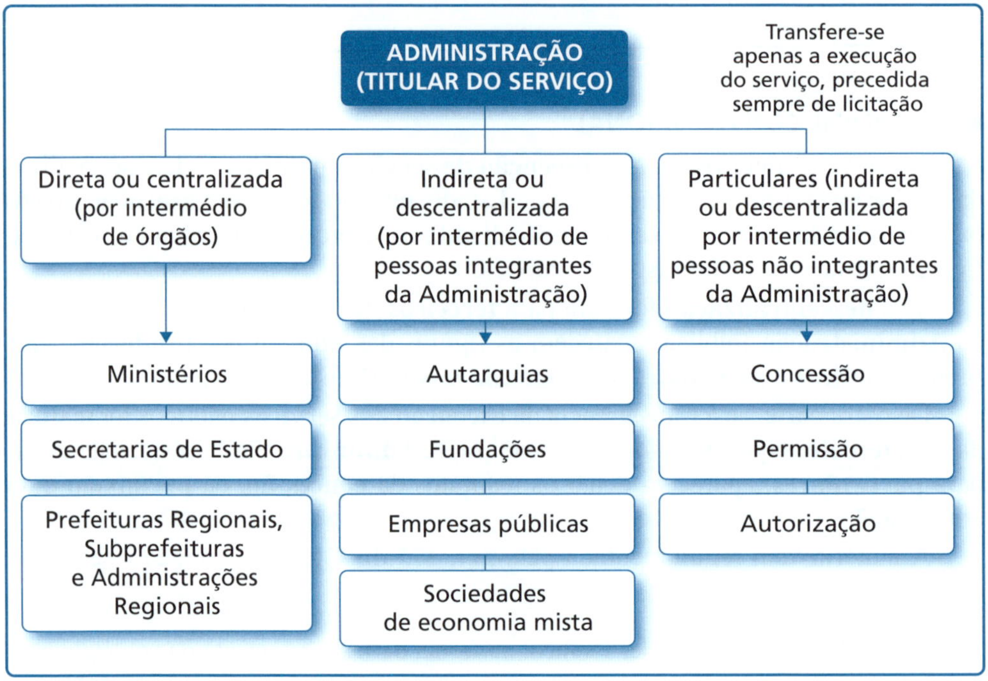

Passando em revista ainda a redação desse dispositivo, verifica-se que a Constituição abriu espaço para que a **matéria** fosse **regulamentada por** meio de **lei**, e, preocupada com o tema, tratou de estabelecer, desde logo, os **requisitos mínimos** que a legislação deveria conter, como se observa do parágrafo único a seguir reproduzido:

> **Art. 175.** (...)
>
> Parágrafo único. A lei disporá sobre:
>
> I — o regime das empresas concessionárias e permissionárias de serviços públicos, o caráter especial de seu contrato e de sua prorrogação, bem como as condições de caducidade, fiscalização e rescisão da concessão ou permissão;
>
> II — os direitos dos usuários;
>
> III — política tarifária;
>
> IV — a obrigação de manter serviço adequado.

A previsão contida nesse parágrafo único, em particular aquela localizada no **inciso I**, acabou por gerar polêmica em nossa melhor doutrina no que se refere à

natureza jurídica das **concessões** e, principalmente, das **permissões** de serviços públicos.

Destarte, sempre se definiram as **concessões** de serviços públicos como **modalidades** de **contratos administrativos**, aplicando-se a elas todas as características desses ajustes, em especial a de serem celebradas com **prazo certo** e **determinado**.

Por outro lado, em relação às **permissões** de serviços públicos, as **características** eram **diversas**, pois, consideradas modalidades de **atos** administrativos e não de contratos, entendia-se, de maneira pacífica, serem elas celebradas em **caráter precário**, vale dizer, **sem prazo certo** e **determinado**, podendo ser desfeitas a qualquer momento.

Sem embargo, essas **diferenças** até então pacíficas **deixaram** de **existir** a partir da **previsão constitucional** ora analisada, pela qual caberá à lei estabelecer o regime das empresas **concessionárias** e **permissionárias** de serviços públicos, fixando o caráter especial *de seu* ***contrato*** *e de sua* ***prorrogação***.

Ao assim disciplinar o tema, a **Constituição** acabou por conferir às **permissões** de serviços públicos, salvo melhor juízo, o **caráter contratual** que antes era negado por nossa melhor doutrina.

Assumindo um **caráter contratual**, as **permissões** de serviços públicos passam, obrigatoriamente, a ser dotadas de **prazo certo** e **determinado**, como qualquer contrato administrativo, **desaparecendo**, por consequência, o caráter de **precariedade** que antes lhes era inerente.

Essa diretriz foi reafirmada pela própria **CF** em seu **art. 223**, que, ao tratar das concessões e permissões em relação aos meios de comunicação social em seu **§ 4º**, estabeleceu:

> **Art. 223.** (...)
>
> § 4º O cancelamento da concessão ou permissão, antes de vencido o prazo, depende de decisão judicial.

É claro que, se a Constituição reafirmou, uma vez mais, que a permissão de **serviços** públicos, ao menos no setor de **radiodifusão**, tem **prazo certo** e **determinado**, não se pode mais conferir a ela o caráter de precariedade que possuíam.

Confirmando, outrossim, o raciocínio até aqui desenvolvido, o Texto Constitucional, para não deixar margem a qualquer dúvida, prescreve no **§ 5º** do mesmo dispositivo qual o prazo aplicável para as concessões e permissões nesse setor, como se vê:

> **Art. 223.** (...)
>
> § 5º O prazo da concessão ou permissão será de dez anos para as emissoras de rádio e de quinze para as de televisão.

Essa ideia, aliás, embora não esteja pacificada em nossa mais abalizada doutrina, encontra adeptos do porte de Lúcia Valle Figueiredo e Diogenes Gasparini:

> "(...) impende perquirir se, neste texto constitucional, distinguem-se as figuras da permissão e da concessão de serviço público.

Classicamente, sempre foram ambas diferenciadas, sobretudo no que concerne à ausência ou presença de prazo. Ainda, porque a permissão seria unilateral, enquanto a concessão, bilateral.

Entretanto, de há muito, mesmo antes da Constituição, não víamos diferenças essenciais, quanto ao regime jurídico, entre permissão e concessão de serviço público. Exatamente porque os serviços públicos normalmente dependem de grandes capitais para ser implementados, o que impossibilitaria a permissão, como classicamente concebida.

Deveras, se era verdade que a permissão, pela tradição da doutrina brasileira, entendia-se como ato unilateral, precário e sem termo determinado, pois a revogabilidade seria sua nota tipificadora, parece-nos não ser mais assim, em face de nosso texto constitucional (...)

Segue-se que a permissão de serviço público (não toda e qualquer permissão) foi colocada, neste texto constitucional, *pari passu* com a concessão de serviço público, inadequadamente, nos termos de toda a construção doutrinária até então feita. Mas, se assim está, obviamente devemos concluir por um regime jurídico assemelhado (Figueiredo, 2000, p. 99-100)"[1].

"De há muito objetamos a precariedade como da essência da permissão. Com efeito, só tem sentido, lógico e jurídico, falar-se em precariedade ou não de um dado instituto, como é a permissão de serviço público, à vista de certo sistema legal, pois fora do direito positivo nem instituto jurídico se tem. Afirmar que a permissão de serviço público é precária porque essa qualidade é da índole do próprio ato não nos parece válido, sobretudo em nosso ordenamento jurídico. O ato, seja da espécie que for, tem sua configuração ou o regime legal que lhe é tracejado pelo Direito Positivo, independentemente de qualquer construção doutrinária ou orientação fundada em outros sistemas normativos ou, ainda, do nome que se lhe atribua. O nosso ordenamento jurídico sempre deu à permissão de serviço público outra dimensão, que não a indicada por esta doutrina.

Essa realidade hoje se confirma, na medida em que a Constituição Federal, ao tratar da prestação dos serviços públicos, mediante concessão ou permissão, impõe à lei dispor sobre o caráter especial de seu contrato. Se a lei deverá dispor sobre o contrato pelo qual o concessionário e o permissionário vincular-se-ão ao Poder Público para a prestação dos serviços públicos que lhes foram trespassados, é certo afirmar que a permissão de serviço público não é mais precária que a concessão de serviço público, pois ambas são formalizadas por contrato, instrumento que dá estabilidade jurídica ao negócio contratado"[2].

Seguindo a diretriz estabelecida pela Constituição Federal, o **tema** relativo às **concessões** e **permissões** de serviços públicos foi regulamentado pela **Lei n. 8.987/95**, da qual procuraremos abordar os aspectos principais.

---

1 FIGUEIREDO, Lúcia Valle. *Curso de direito administrativo*. 4. ed. São Paulo: Malheiros, 2000, p. 99-100.

2 GASPARINI, Diogenes. *Direito administrativo*. 8. ed. São Paulo: Saraiva, 2003, p. 341.

Para melhor visualização dos itens tratados, observe-se o seguinte quadro:

FUNDAMENTO	Art. 175 da CF		
TITULARIDADE	Poder Público, dividida entre as quatro esferas de governo, de acordo com regras constitucionais		
EXECUÇÃO	**Direta:** Quando realizada pela própria Administração por meio de um dos órgãos de sua estrutura direta	**Indireta:** Quando realizada pela própria Administração Pública por intermédio de uma das pessoas integrantes da sua estrutura indireta	**Indireta:** Quando realizada por particulares mediante concessão, permissão ou autorização
DESCONCENTRAÇÃO	Transferência da execução do serviço de um órgão para outro dentro da própria Administração direta		
DESCENTRALIZAÇÃO	Transferência da execução do serviço para pessoas localizadas dentro ou fora da Administração	**Modalidades:** **Por outorga:** quando se transfere a titularidade e a execução para pessoa jurídica de direito público **Por delegação:** quando se transfere apenas a execução para pessoa jurídica de direito privado	

■ 9.2. DISCIPLINA INFRACONSTITUCIONAL — LEI N. 8.987/95

■ 9.2.1. Noções gerais

O referido diploma legal, logo em seu **art. 1º**, estabelece qual a legislação aplicável em relação a esse tema, nos termos a seguir reproduzidos:

> **Art. 1º** As concessões de serviços públicos e de obras públicas e as permissões de serviços públicos reger-se-ão pelos termos do art. 175 da Constituição Federal, por esta Lei, pelas normas legais pertinentes e pelas cláusulas dos indispensáveis contratos.

Esse dispositivo legal demonstra o objetivo que norteou sua edição, vale dizer, a **regulamentação** do **tema** relativo às **concessões** e **permissões** conforme diretriz estabelecida pela Constituição Federal.

Em hipótese alguma, portanto, poderia esse diploma legal conter algum aspecto que extrapolasse os limites impostos pela Constituição Federal em relação ao tema ora em discussão.

Ainda nesse artigo, o legislador estabelece a possibilidade de **aplicação ao tema** relativo às concessões e permissões das **"normas legais pertinentes"**, surgindo como **exemplos** a **Lei de Licitações e Contratos Administrativos**, no que for possível, e o **Código de Defesa do Consumidor**, por se tratar de prestação de serviços.

O que chama mais a atenção em relação ao dispositivo ora comentado, sem dúvida nenhuma, é a sua parte final, em que se lê: *pelas **cláusulas dos indispensáveis contratos.***

Diante disso, ao assim regulamentar o tema, o **legislador** acabou por **consolidar**, e não poderia ser diferente, a diretriz estabelecida pela Constituição Federal, segundo a qual tanto as **concessões** quanto as **permissões** de serviços públicos assumem a **natureza** de **contratos**.

Aliás, o que fez o legislador aqui foi ir além daquilo que a Constituição havia estabelecido, sem extrapolar os limites de sua competência, ao estabelecer que as **concessões** e **permissões** são regidas pelas **cláusulas** dos ***indispensáveis contratos***, como visto.

De outra parte, importante observar que essa **legislação** assume **caráter nacional**, permitindo aos **Estados**, **Municípios**, **Distrito Federal** e também à **União** a possibilidade de **edição das suas próprias leis**, estabelecendo as adaptações que se fizerem necessárias nos termos do parágrafo único do art. 1º:

> **Art. 1º** (...)
>
> Parágrafo único. A União, os Estados, o Distrito Federal e os Municípios promoverão a revisão e as adaptações necessárias de sua legislação às prescrições desta Lei, buscando atender as peculiaridades das diversas modalidades dos seus serviços.

■ 9.2.2. Definições

Outro aspecto importante a ser considerado diz respeito às diversas **definições** promovidas por esse diploma legal em seu **art. 2º**, das quais se destacam as seguintes:

> **Art. 2º** Para os fins do disposto nesta Lei, considera-se:
>
> I — **poder concedente:** a União, o Estado, o Distrito Federal ou o Município, em cuja competência se encontre o serviço público, precedido ou não da execução de obra pública, objeto de concessão ou permissão;
>
> II — **concessão de serviço público:** a delegação de sua prestação feita pelo poder concedente, mediante licitação, na modalidade de concorrência, à pessoa jurídica ou consórcio de empresas que demonstre capacidade para seu desempenho, por sua conta e risco e por prazo determinado;
>
> III — **concessão de serviço público precedida da execução de obra pública:** a construção, total ou parcial, conservação, reforma, ampliação ou melhoramento de quaisquer obras de interesse público, delegada pelo poder concedente, mediante licitação, na modalidade de concorrência, à pessoa jurídica ou consórcio de empresas que demonstre capacidade para a sua realização, por sua conta e risco, de forma que o investimento da concessionária seja remunerado e amortizado mediante a exploração do serviço ou da obra por prazo determinado;
>
> IV — **permissão de serviço público:** a delegação, a título precário, mediante licitação, da prestação de serviços públicos, feita pelo poder concedente à pessoa física ou jurídica que demonstre capacidade para seu desempenho, por sua conta e risco.

A primeira das **definições** oferecidas, a de **Poder concedente**, revela, uma vez mais, que a titularidade para a prestação de serviços públicos jamais poderá sair das mãos da Administração em vista dos interesses por ela representados, ou seja, os da coletividade.

Traz também uma conclusão, segundo a qual, por estarmos em uma **forma** de **Estado federativa**, a **prestação de serviços públicos divide-se entre as quatro pessoas** que a integram, vale dizer, a União, os Estados, os Municípios e o Distrito Federal, nos termos fixados pela Constituição Federal.

Por sua vez, a **definição** de **concessão** de serviço público está a demonstrar que o que se **transfere** para terceiros é **apenas** a sua **execução**, o que se realiza por meio de delegação e sempre **precedida** de **licitação**, conforme previsão constitucional.

Sem embargo, inovou o legislador ao especificar melhor o tema, estabelecendo que, em se tratando de **concessões** de serviços públicos, a **única modalidade** de **licitação** cabível é a **concorrência** pública, descartando-se as demais. Ainda, percebe-se que o legislador estabeleceu que a **transferência** da **execução** de serviços públicos para **particulares só** poderá ocorrer à **pessoa jurídica ou** ao **consórcio de empresas** que demonstre capacidade para seu desempenho.

A **capacidade de desempenho** será determinada durante o transcorrer do procedimento licitatório, com a análise dos documentos de natureza jurídica, técnica, econômica e financeira na fase de habilitação e da proposta comercial apresentada na fase de classificação, temas esses que serão mais bem enfocados em capítulo próprio.

Importante destacar, também, ter dito o legislador que a **concessão** é dotada de **prazo determinado**, como, aliás, se verifica em qualquer tipo de contrato administrativo, sendo essa cláusula essencial, a teor do disposto no art. 55 da Lei n. 8.666/93, disciplinadora da matéria.

Assume importância básica a previsão do legislador segundo a qual a **responsabilidade** em razão de **problemas** ocorridos durante a **execução** de um contrato de **concessão** fica por conta e risco dos **concessionários**.

Essa diretriz, aliás, consolida-se pela previsão contida no **art. 25** do mesmo diploma legal, cuja redação a seguir se reproduz:

> **Art. 25.** Incumbe à concessionária a execução do serviço concedido, cabendo-lhe responder por todos os prejuízos causados ao poder concedente, aos usuários ou a terceiros, sem que a fiscalização exercida pelo órgão competente exclua ou atenue essa responsabilidade.

Fica claro, pois, que a **responsabilidade** que se atribui aos **concessionários** durante a **execução** dos contratos de **concessão não** fica, em hipótese alguma, **afastada** por força de uma **fiscalização deficiente** do Poder Público.

Cumpre observar, também, que essa **responsabilidade** será **objetiva** na forma do **§ 6º do art. 37 da CF**, visto que, nada obstante não integrarem os **concessionários** a estrutura da Administração Pública, surgem como **pessoas jurídicas de direito privado, prestadoras de serviços públicos**, o que os inclui na redação do citado dispositivo constitucional. Nesse sentido: TJDFT, 3ª T., ACív. 4625697, rel. Des. Carmelita Brasil, j. 15.12.1997, *DJU*, 06.05.1998, p. 50.

Em termos de **responsabilidade**, portanto, pode-se concluir que pertence ela aos concessionários em um primeiro momento, podendo, entretanto, ser o **Poder Público acionado**, mas tão somente em **caráter subsidiário**, vale dizer, somente depois de esgotadas as forças dos concessionários.

Outrossim, importante deixar consignado o entendimento já consolidado pelo **STF**, desde 26 de agosto de 2009, quando do julgamento do **Recurso Extraordiná-**

rio n. 591.874, relatado pelo Ministro Lewandowski, em que prestigiou como **critério** para determinar o **perfil da responsabilidade** do Estado o da **natureza** da **atividade** causadora do dano à vítima. Confira-se:

> "Constitucional. Responsabilidade do Estado. Art. 37, § 6º, da Constituição. Pessoas jurídicas de Direito privado prestadoras de Serviço Público. Concessionário ou permissionário do serviço de transporte coletivo. Responsabilidade objetiva em relação a terceiros não usuários do serviço. Recurso desprovido.
>
> I — A responsabilidade civil das pessoas jurídicas de direito privado prestadoras de serviço público é objetiva relativamente a terceiros usuários e não usuários do serviço, segundo decorre do art. *37, § 6º*, da *Constituição Federal.*
>
> II — A inequívoca presença do nexo de causalidade entre o ato administrativo e o dano causado ao terceiro não usuário do serviço público, é condição suficiente para estabelecer a responsabilidade objetiva da pessoa jurídica de direito privado.
>
> III — Recurso extraordinário desprovido".

A leitura do excerto reproduzido bem demonstra o entendimento da **Corte Suprema**, segundo a qual, se o **dano** experimentado pela **vítima** resultou da prestação de um **serviço público**, que a **responsabilidade** seria sempre **objetiva**, sendo secundário saber quem causou o dano, bem como quem o sofreu.

Essa orientação revela-se de extrema **importância**, uma vez que se sabe que a **execução** de um **serviço público** pode ser feita ou pela **Administração**, ou ser transferida para **particulares**.

Diante desse cenário, o **STF** concluiu que, em qualquer uma das duas possibilidades, a **responsabilidade** seria **objetiva**, o que justifica a identidade de perfil da responsabilidade do **Estado**, bem como do **concessionário**, do **permissionário**.

Aliás, importante anotar que outra linha de argumentação acaba por conduzir à mesma conclusão quanto à natureza **objetiva** da **responsabilidade dos concessionários e permissionários** resultante da previsão estabelecida no **art. 7º** desse diploma legal, quando estabelece que:

> **Art. 7º** Sem prejuízo do disposto na Lei n. 8.078, de 11 de setembro de 1990, são direitos e obrigações dos usuários:

Destarte, ao assim dispor, bem demonstra o legislador a intenção de caracterizar a **prestação** de **serviços públicos** como uma **relação de consumo**, o que autoriza a aplicação, pelo menos no que couber, de seus dispositivos, destacando-se em especial as regras relacionadas à responsabilidade por danos causados por usuários consumidores.

Nesse sentido, percorrendo o **Código consumerista**, verifica-se a indicação da **responsabilidade objetiva** para o **prestador do serviço** por danos causados aos usuários:

> **Art. 14.** O fornecedor de serviços responde, **independentemente da existência de culpa**, pela reparação dos danos causados aos consumidores por defeitos relativos à prestação dos serviços, bem como por informações insuficientes ou inadequadas sobre sua fruição e riscos.

De outra parte, ao concluir pela **irrelevância da condição da vítima, se usuário ou não do serviço**, a Corte Suprema reafirmou a ideia segundo a qual se deve prestigiar a natureza da atividade.

Assim, a título de exemplo, se um ciclista é atropelado por um ônibus, a responsabilidade da empresa será objetiva, ainda que não seja ele usuário do serviço.

Da mesma forma, se um passageiro do ônibus, como consequência de uma freada brusca, é arremessado para a frente do coletivo e sofre danos, também poderá ele acionar a empresa em juízo, que responderá de forma objetiva.

Aliás, ao assim decidir, a **Corte Suprema** não só se manteve **alinhada** com as **diretrizes** estabelecidas na **Constituição**, em especial no **art. 37, § 6º**, como também acabou prestigiando a parte mais fraca dessa relação jurídica, vale dizer, a vítima.

De outra parte, se quanto à definição de **concessão** o legislador acabou por seguir a diretriz estabelecida pela Constituição Federal, definindo-a como um **contrato**, a mesma clareza não se observa em relação ao conceito de permissão de serviços públicos.

Destarte, pela **definição** oferecida, a **permissão** surge como **delegação** a título **precário** da prestação de serviços públicos, o que não se compatibiliza com aquela do **art. 1º**.

É que não se pode perder de vista que, no art. 1º, o legislador estabeleceu, seguindo a orientação constitucional, que tanto as concessões quanto as permissões de serviços públicos seriam regidas pelas cláusulas dos *indispensáveis contratos.*

Ora, é bem de ver, torna-se **incompreensível** possa vir ele agora e **definir** a **permissão** de serviços como **"delegação a título precário"**, uma vez que o que é precário não pode ser incluído entre os contratos que, entre outros aspectos, apresentam como característica fundamental a existência de prazo certo e determinado.

De outra forma, o que tem prazo certo e determinado não pode ser definido como ato precário, assim como o que é precário não pode ser caracterizado como contrato administrativo.

O **problema** em análise assume **proporções** ainda **maiores**, por força do disposto no **art. 40** do mesmo diploma legal, como se verifica da redação:

> **Art. 40.** A permissão de serviço público será formalizada mediante contrato de adesão, que observará os termos desta lei, das demais normas pertinentes e do edital de licitação, inclusive quanto à precariedade e à revogabilidade unilateral do contrato pelo poder concedente.

Como se observa, uma vez mais, o legislador caracterizou a **permissão** de serviços como **contrato**, agora na **modalidade** de **adesão**, o que, convenhamos, não representa nenhuma novidade, visto que os contratos que os particulares celebram com a Administração Pública são todos dotados dessa característica.

Em outras palavras, ao celebrarem seus ajustes com a Administração Pública, os **particulares aderem** às **cláusulas previamente estabelecidas** por ela em vista dos interesses que representa.

O que chama a atenção é ter o legislador estipulado surgir a **permissão** como **contrato de adesão**, mas de caráter **precário**, uma vez que, como visto, esse aspecto não se compatibiliza com a natureza dos contratos administrativos.

De qualquer forma, repita-se uma vez mais, por força da expressa disposição constitucional, as **permissões** passaram a ter o **mesmo regime jurídico** atribuído às **concessões** de serviços públicos, principalmente em relação a sua natureza contratual, em que pese não ser essa uma conclusão pacífica, tanto em nossa doutrina quanto na jurisprudência.

9.2.3. Serviço público adequado

Outro tema importante a ser observado em matéria de concessões e permissões diz respeito à necessidade de definir o que é um **serviço público adequado**, por força da diretriz constitucional estabelecida no **art. 175, parágrafo único, IV**.

Nesse sentido, a **Lei n. 8.987/95**, em seu **art. 6º**, assim disciplina o tema:

> **Art. 6º** Toda concessão ou permissão pressupõe a prestação de serviço adequado ao pleno atendimento dos usuários, conforme estabelecido nesta lei, nas normas pertinentes e no respectivo contrato.
>
> § 1º Serviço adequado é o que satisfaz as condições de regularidade, continuidade, eficiência, segurança, atualidade, generalidade, cortesia na sua prestação e modicidade das tarifas.

O dispositivo legal transcrito acaba por estabelecer quais as **características** inerentes à **prestação** de um **serviço público** de modo que possa ele satisfazer a exigência prevista na Constituição.

Em outras palavras, a prestação de **serviços** públicos **sem** uma das **características** previstas pelo legislador torna-se **ilegal**, abrindo a possibilidade de o **usuário**, consumidor, **ingressar** na **Justiça** em busca de seus direitos.

Nesse particular, aliás, surge uma vez mais a possibilidade de **aplicação**, em **caráter subsidiário**, das **regras** contidas no **Código de Defesa do Consumidor**, por força da previsão contida no art. 1º dessa lei, e também de maneira expressa, em vista da previsão contida no **art. 7º**, como se vê uma vez mais:

> **Art. 7º** Sem prejuízo do disposto na Lei 8.078, de 11 de setembro de 1990, são direitos e obrigações dos usuários:

Torna-se claro, portanto, que, por orientação do próprio legislador, a **possibilidade** de **utilização** das **regras** estabelecidas pelo **Código de Defesa do Consumidor** para as situações envolvendo **concessões** e **permissões** revela-se **plena**.

Nessa ordem, assume grande importância a questão relativa à possibilidade ou não do **corte** no **fornecimento** do **serviço** em razão da **ausência** de **pagamento** por parte dos usuários.

Essa hipótese está disciplinada no **§ 3º** do **art. 6º**, cuja redação a seguir se reproduz:

> **Art. 6º** (...)
>
> § 3º Não se caracteriza como descontinuidade do serviço a sua interrupção em situação de emergência ou após aviso prévio, quando:
>
> I — motivada por razões de ordem técnica ou de segurança das instalações; e,
>
> II — por inadimplemento do usuário, considerado o interesse da coletividade.

Esse dispositivo legal revela que, como **regra geral**, a **interrupção** do **serviço público** não pode ser levada a efeito, a não ser naquelas hipóteses relacionadas acima pelo próprio legislador.

Assim, a **regra geral** foi **flexibilizada**, conforme já visto no capítulo anterior, para as **situações** de **emergência ou** após **aviso prévio**, e desde que por **razões de ordem técnica** ou de segurança das instalações ou, ainda, por **inadimplemento do usuário** em vista dos interesses da coletividade.

Nessas hipóteses, pois, o **corte** do fornecimento **não representa descontinuidade** de sua **prestação** e, por via de consequência, **não sujeita o Poder Público** a nenhum tipo de **responsabilização**, ainda que tenham sido caracterizados prejuízos a seus usuários.

Sem dúvida alguma, das circunstâncias relacionadas pelo legislador, que flexibilizam a regra geral, aquela que chama mais a atenção é a que diz respeito à possibilidade de **interrupção** na prestação dos **serviços por inadimplemento do usuário**, desde que tenha sido ele previamente notificado.

Segundo se conclui dessa redação, abre-se ao Poder Público a **possibilidade** de **interrupção** do **serviço** nas hipóteses em que o usuário deixou de cumprir suas obrigações, ficando em segundo plano a questão de saber se tem ele natureza essencial ou não.

Essa situação ganha contornos de maior gravidade se analisadas as disposições pertinentes integrantes do **Código de Defesa do Consumidor**, que, como visto, devem ser utilizadas em **caráter subsidiário** em matéria de **concessões** e **permissões**.

Nesse contexto, cumpre trazer à colação a redação de alguns dos dispositivos, a começar pelo art. **6º**, que, relacionando os direitos do consumidor em seu **inciso X**, estabeleceu:

> **Art. 6º** São direitos básicos do consumidor: (...)
>
> X — a adequada e eficaz prestação de serviços públicos em geral.

Ainda no **CDC**, encontramos em seu **art. 22** disposição pertinente à discussão ora realizada, como se verifica:

> **Art. 22.** Os órgãos públicos, por si ou suas empresas, concessionárias, permissionárias ou sob qualquer outra forma de empreendimento, são obrigados a fornecer serviços adequados, eficientes, seguros e, quanto aos essenciais, contínuos.
>
> Parágrafo único. Nos casos de descumprimento, total ou parcial, das obrigações referidas neste artigo, serão as pessoas jurídicas compelidas a cumpri-las e a reparar os danos causados, na forma prevista neste código.

Verifica-se, assim, a existência de **contradição** entre as **disposições** contidas na **Lei n. 8.987/95** e aquelas verificadas no **Código de Defesa do Consumidor**, gerando dúvidas quanto à solução correta a ser empregada para as hipóteses de inadimplemento do usuário em relação aos serviços públicos que lhe são prestados.

A **matéria longe** está de encontrar-se **pacificada**, tanto na nossa melhor doutrina quanto na jurisprudência dos nossos Tribunais. Nesse sentido, admitindo o corte do fornecimento em vista do inadimplemento do usuário, confira-se: 1º TACivSP, 2ª Câm., Ap. 725.643-5/SP, rel. Juiz Morato de Andrade, m.v., j. 18.11.1998; TJSP, 3ª Câm. de Direito Público, ACív 51.219-5, rel. Des. Rui Stoco, j. 09.02.1999; 1º TACivSP, AgI 799.873-0/Cafelândia, rel. Juiz Mateus Fontes, j. 23.02.1999.

Como dito anteriormente, a matéria ora em debate longe está de tornar-se pacífica em nossos Tribunais, razão pela qual encontramos também torrencial **jurisprudência** em sentido contrário, **não admitindo** o **corte** na **prestação** dos serviços mesmo diante de **inadimplemento dos usuários**. Nesse sentido: STJ, 1ª T., ROMS 8.915/MA, rel. Min. José Delgado, *DJU*, 17.08.1998; TJSP, 3ª Câm. Cív., ACív 236.975-1/Taubaté, rel. Des. Eduardo Braga, j. 06.06.1995; TJPR, 2ª Câm. Civ., Acórdão 14.346, rel. Juiz Airvaldo Stela Alves, j. 23.12.1997; 1º TACivSP, 11ª Câm., Apelação *ex officio*, Acórdão 30.541/Mirante do Paranapanema, rel. Juiz Urbano Ruiz, j. 09.11.1998; 1º TACivSP, 9ª Câm. Extraordinária, ACív, Acórdão 27.831/Ourinhos, rel. Juiz Silva Filho, j. 09.10.1997.

Nesse contexto, em vista das diferentes posições assumidas pela nossa jurisprudência, talvez a **melhor solução** seja aquela em que o exame deva ser feito **caso a caso**. Nesse sentido: 1º TACivSP, 12ª Câm., AI 1207.662-3, rel. Juiz Artur César Beretta da Silveira, v.u., j. 23.09.2003.

Sem embargo, importante anotar que em algumas **situações a impossibilidade de se interromper** a prestação de **serviços** públicos, **mesmo** diante de **inadimplência** do usuário, revela-se cristalina, surgindo como exemplos a situação de inadimplência de **hospitais públicos**; **escolas públicas**; **creches públicas** etc.

Para melhor visualização acerca dos fundamentos de serviço público adequado, bem como dos direitos e deveres dos usuários, veja-se o quadro:

SERVIÇO PÚBLICO ADEQUADO (FUNDAMENTO CONSTITUCIONAL)	Art. 175, parágrafo único, IV, da CF
SERVIÇO PÚBLICO ADEQUADO (FUNDAMENTO LEGAL)	Art. 6º, § 1º, da Lei n. 8.987/95
CONTINUIDADE DO SERVIÇO (EXCEÇÕES)	Art. 6º, § 3º, da Lei n. 8.987/95
DIREITOS E DEVERES DOS USUÁRIOS (FUNDAMENTO CONSTITUCIONAL)	Art. 175, parágrafo único, II, da CF
DIREITOS E DEVERES DOS USUÁRIOS (FUNDAMENTO LEGAL)	Art. 7º da Lei n. 8.987/95

9.2.4. Política tarifária

Outro aspecto que merece destaque, passando em revista os dispositivos da Lei n. 8.987/95, é aquele relativo à **política tarifária**, item relacionado entre os incisos do parágrafo único do **art. 175 da CF**, lá incluído com o objetivo de estabelecer um balizamento mínimo para o valor da tarifa, uma vez que não poderia ser deixada sua fixação ao livre critério do particular que se encontra à frente da execução dos serviços.

Em primeiro lugar, é de mencionar-se que a **natureza jurídica das tarifas** a serem cobradas, em razão da prestação de serviços públicos, **não pode ser confundida com a tributária**, uma vez que elas surgem como **preços públicos**.

Essa primeira observação gera desdobramentos importantes na medida em que, não assumindo as **tarifas** públicas uma **natureza tributária**, também **não se submetem aos princípios constitucionais** pertinentes a esse tema, localizados nos diversos incisos do **art. 150 da CF**, dos quais se podem destacar **legalidade**, **anterioridade**, **isonomia**, entre outros. Nesse sentido, importante anotar que a matéria foi objeto da **Súmula 545** da Suprema Corte, cuja redação a seguir se reproduz:

> **Súmula 545 do STF:** Preços de serviços públicos e taxas não se confundem, porque estas, diferentemente daqueles, são compulsórias e têm sua cobrança condicionada à prévia autorização orçamentária, em relação à lei que as instituiu.

Diante da **diretriz** estabelecida pela referida **súmula**, estabelecendo as **importantes consequências da diferenciação entre preços públicos e taxas**, oportuna a reprodução de trechos de dois **excertos** da própria **Suprema Corte**, relacionados ao tema, que bem demonstram os reflexos dessa distinção:

> "6. Segundo a jurisprudência firmada nessa Corte, o elemento nuclear para identificar e distinguir taxa e preço público é o da compulsoriedade, presente na primeira e ausente na segunda espécie, como faz certo, aliás, a Súmula 545: 'Preços de serviços públicos e taxas não se confundem, porque estas, diferentemente daqueles, são compulsórias e têm sua cobrança condicionada à prévia autorização orçamentária, em relação à lei que as instituiu'. Esse foi o critério para determinar, por exemplo, que o fornecimento de água é serviço remunerado por preço público (...). Em suma, no atual estágio normativo constitucional, o pedágio cobrado pela efetiva utilização de rodovias não tem natureza tributária, mas sim de preço público, não estando, consequentemente, sujeita ao princípio da legalidade estrita. 8. Ante o exposto, julgo improcedente o pedido formulado nesta ação direta de inconstitucionalidade" (ADI 800, rel. Min. Teori Zavascki, TP, j. 11.06.2014, *DJe*, 01.07.2014).

> "A Súmula 545 está atrelada às constituições precedentes que previam o princípio da anualidade, não repetido na Constituição de 1988. A facultatividade caracterizadora de tarifas ou de preços públicos é o regime jurídico à qual a exação está sujeita, isto é, se se trata de serviço público primário e de prestação obrigatória pelo Estado (ou exercício de poder de polícia, e.g., na forma de fiscalização), trata-se de tributo (cf., e.g., o AI 531.529 AgR, rel. min. Joaquim Barbosa, Segunda Turma, *DJe* de 07.10.2010 e o RE 181.475, rel. mim. Carlos Velloso, Segunda Turma, *DJ* de 25.06.1999). Os próprios precedentes citados na inicial, sobre o Adicional de Tarifa Portuária — ATP, confirmam essa assertiva (a ATP foi caracterizada invariavelmente como tributo, ora da espécie contribuição de domínio econômico, ora como taxa)" (STA 710/MC, rel. Min. Presidente Joaquim Barbosa, Decisão Monocrática, j. 31.05.2013, *DJe*, 06.06.2013).

Quanto ao **valor inicial** da **tarifa** a ser cobrada do usuário em razão da prestação de serviços públicos, não será ele fixado nem pelo Poder concedente nem pelo concessionário, **devendo**, ao revés, **corresponder ao valor da proposta** que se sagrou **vencedora** na **licitação** aberta anteriormente para essa finalidade, sob pena de burla ao procedimento.

De resto, outra não é a regra estipulada no **art. 9º** da lei ora em análise, como se observa da redação a seguir reproduzida:

> **Art. 9º** A tarifa do serviço público concedido será fixada pelo preço da proposta vencedora da licitação e preservada pelas regras de revisão previstas nesta lei, no edital e no contrato.

Quanto à **revisão do valor inicialmente previsto** durante a execução dos contratos, de observar-se essa **possibilidade**, mas apenas **para** a **manutenção do equilíbrio econômico-financeiro** do ajuste, como se observa da leitura do **§ 2º** do mesmo artigo:

> **Art. 9º** (...)
> § 2º Os contratos poderão prever mecanismos de revisão das tarifas, a fim de manter-se o equilíbrio econômico-financeiro.

Importante registrar, também — e não poderia ser diferente por configurar, como visto, a concessão modalidade de contrato administrativo —, a **possibilidade** de **alterações unilaterais nesses ajustes** diante do **surgimento** de **situações imprevisíveis** e supervenientes para restabelecer o equilíbrio econômico-financeiro inicial, conforme se verifica da redação do **§ 4º:**

> **Art. 9º** (...)
> § 4º Em havendo alteração unilateral do contrato que afete o seu inicial equilíbrio econômico-financeiro, o poder concedente deverá restabelecê-lo, concomitantemente à alteração.

Verifica-se, portanto, que a **promoção** de **alterações posteriores** durante a **execução** do **contrato** é medida que se impõe para **recuperar** o **equilíbrio econômico-financeiro** inicialmente estabelecido.

Trata-se, pois, da **aplicação** às **concessões** da denominada **"teoria da imprevisão"**, utilizada em larga escala em todos os demais contratos administrativos diante de situações supervenientes e imprevisíveis que impeçam ou dificultem de maneira cristalina a execução do ajuste nas condições inicialmente estabelecidas.

Por derradeiro, importante mencionar também a diretriz estabelecida pelo legislador no sentido de permitir a criação de **fontes alternativas de arrecadação**, por parte dos concessionários, com o **objetivo** de **manter a modicidade das tarifas**, uma das características essenciais da prestação dos serviços públicos, como observado anteriormente por ocasião da análise do **art. 6º, § 1º**, dessa lei, bem como no capítulo anterior.

Em outras palavras, além da fonte principal de arrecadação na prestação de serviços públicos, vale dizer, a tarifa, os concessionários poderão lançar mão das **fontes alternativas**, **desde que**, importante ressaltar, tenha **previsão expressa** nesse sentido no **edital** de licitação, para impedir fraudes no procedimento.

De resto, outra não é a conclusão que se atinge por meio da leitura do **art. 11** da **Lei n. 8.987/95:**

> **Art. 11.** No atendimento às peculiaridades de cada serviço público, poderá o poder concedente prever, em favor da concessionária, no edital de licitação, a possibilidade de outras fontes provenientes de receitas alternativas, complementares, acessórias ou de projetos associados, com ou sem exclusividade, com vistas a favorecer a modicidade das tarifas, observado o disposto no art. 17 desta lei.

Sobreleva notar que essas **fontes alternativas** de arrecadação deverão ser, obrigatoriamente, levadas em consideração para a aferição do **equilíbrio econômico-financeiro** inicial do ajuste, não sendo outra a regra estabelecida no parágrafo único do mesmo **art. 11**, como se vê:

> **Art. 11.** (...)
>
> Parágrafo único. As fontes de receita previstas neste artigo serão obrigatoriamente consideradas para a aferição do inicial equilíbrio econômico-financeiro do contrato.

As regras relativas às **fontes alternativas** de arrecadação, como se pode verificar, têm o cristalino **objetivo de manter o valor da tarifa acessível** ao usuário comum do serviço público, preservando-se todas as características relacionadas no **art. 6º** da lei ora analisada, vale dizer, regularidade, continuidade, eficiência, segurança, atualidade, cortesia e, **principalmente**, **modicidade das tarifas**.

Com efeito, a possibilidade de utilização dessas **fontes alternativas** traz como consequência a **possibilidade** de o concessionário **manter o serviço** que executa, **de modo satisfatório ao consumidor**, seu usuário, **sem** a **necessidade** de promover o **aumento do valor** inicial estipulado para **tarifas** no contrato.

Trata-se, pois, de importante inovação, surgindo, como **exemplos**, a possibilidade de exploração, pelos concessionários, de painéis publicitários ao longo das estradas ou no interior dos transportes coletivos, a construção de empreendimentos comerciais ao longo das estradas, a venda de guias da região nas cabines de pedágio etc.

O que **não se pode admitir**, por ser contrário à diretriz estipulada pelo legislador no art. 11, parágrafo único, é a possibilidade de **utilização** dessas **fontes alternativas com acúmulo** de **sucessivos aumentos** no **valor** inicial das **tarifas**, a fim de interferir no equilíbrio inicial estabelecido nos contratos em favor dos concessionários e em detrimento dos interesses dos usuários.

Portanto, percebe-se que a utilização dessas **fontes alternativas** representa inovação importante, uma vez que permite, de um lado, a **manutenção do valor da tarifa ou** ao menos a **majoração** de sua alíquota de **forma menos impactante** para os usuários do serviço, **e** de outro, **economia** para os **cofres públicos**, uma vez que evita a injeção de verbas públicas a título de subsídio.

Para melhor visualização acerca das informações fornecidas sobre política tarifária, confira-se o seguinte quadro:

NATUREZA JURÍDICA	Preço público (Súmula 545 do STF)
VALOR INICIAL	Deve corresponder ao valor da proposta vencedora da licitação (art. 9º da Lei n. 8.987/95)
REVISÃO DO VALOR	Possível, desde que para manter o equilíbrio econômico-financeiro (art. 9º, § 2º, da Lei n. 8.987/95)
TITULARIDADE PARA ALTERAÇÃO DO VALOR	Poder Público, de acordo com regras constitucionais de competência
LIMITE	O valor da tarifa não pode deixar de ser módico, acessível ao usuário comum do serviço, sob pena de ilegalidade (art. 6º, § 1º, da Lei n. 8.987/95)
FONTES ALTERNATIVAS	Possibilidade de sua utilização para manter o valor da tarifa a preços módicos (art. 11 da Lei n. 8.987/95)

9.2.5. Responsabilidade dos concessionários e permissionários

Outro ponto específico a ser destacado diz respeito ao problema da **responsabilidade** pelos **prejuízos**, pelas obrigações contraídas **durante a execução das concessões e permissões**.

Essa matéria, embora analisada por ocasião das definições previstas no art. 2º, no qual se observou que os riscos durante a execução dos ajustes ficam **por conta** dos **concessionários e permissionários**, merece ser retomada em razão das regras específicas previstas pelo legislador.

Dessa maneira, estabelece a referida lei que a **responsabilidade** pelos prejuízos causados durante a execução dos serviços é **inteiramente** do **concessionário**, do **permissionário**, ainda que resultante de fiscalização ineficaz por parte da Administração, como se vê da leitura do **art. 25:**

> **Art. 25.** Incumbe à concessionária a execução do serviço concedido, cabendo-lhe responder por todos prejuízos causados ao poder concedente, aos usuários ou a terceiros, sem que a fiscalização exercida pelo órgão competente exclua ou atenue essa responsabilidade.

A leitura do dispositivo permite concluir também que essa **responsabilidade** se **estende** por **danos** causados aos **usuários** do serviço, aos **terceiros**, que embora não usuários, por ele tenham sido atingidos, bem como por danos causados ao **Poder Público**.

Por fim, acerca desse tema, importante reiterar que essa **responsabilidade** dos **concessionários**, dos **permissionários**, será **objetiva**, vale dizer, com base no conceito de **nexo de causalidade**, sendo desnecessária, pois, a comprovação de culpa ou dolo por parte da vítima por se tratar de danos resultantes da prestação de serviços públicos.

Nesse sentido, em que pese a ausência de qualquer referência a esse respeito no dispositivo reproduzido, a **conclusão** se **impõe** não só por conta da **diretriz** estabelecida no **art. 37, § 6º, da CF**, como também em razão da aplicação, ainda que em caráter subsidiário, das regras estabelecidas no **Código de Defesa do Consumidor**, por força da previsão contida no **art. 7º** desta **Lei n. 8.987/95**.

Outrossim, importante anotar que essa **responsabilidade** se apresenta na **variante do risco administrativo**, permitindo assim aos concessionários e permissionários a utilização, em sua defesa, de **caso fortuito** (danos causados por terceiros), **força maior** (danos causados pela natureza) ou **culpa da vítima**, para **excluir ou atenuar** sua responsabilidade.

De se destacar também a possibilidade de **responsabilização do Poder Público**, mas tão somente **em caráter subsidiário**, vale dizer, depois de esgotadas as forças do concessionário, do permissionário.

Para melhor visualização das informações acerca desse item, observe-se o quadro:

LEGITIMIDADE	A responsabilidade é de quem executa o serviço, vale dizer, do concessionário, do permissionário (art. 25 da Lei n. 8.987/95)
PODER PÚBLICO	Cogita-se no máximo de responsabilidade subsidiária, vale dizer, depois de esgotadas as forças do concessionário, do permissionário
EXTENSÃO	Respondem por danos causados aos usuários do serviço: a terceiros e ao poder concedente (art. 25 da Lei n. 8.987/95)
PERFIL	Em se tratando de danos resultantes da prestação de serviços públicos, a responsabilidade será objetiva (nexo causal) na variante do risco administrativo
EXCLUSÃO	Não se exclui essa responsabilidade na hipótese de a fiscalização exercida pelo Poder Público ser deficiente (art. 25 da Lei n. 8.987/95)

■ 9.2.6. Subconcessões e contratos com terceiros

Registre-se a possibilidade aberta pelo legislador de os **concessionários** e **permissionários celebrarem, com terceiros, contratos** para o desenvolvimento de atividades que não se confundem com o objeto da concessão, mas que são inerentes e acessórias ou complementares a ela.

Os contratos **não têm natureza administrativa**; ao contrário, são **regidos** pelo **direito privado**, não se vislumbrando nenhuma participação do Poder Público, o que leva, como consequência lógica, à impossibilidade de ser ele acionado diante de prejuízos ocasionados a terceiros, conforme regra prevista nos **§§ 1º e 2º do art. 25:**

> **Art. 25.** (...)
>
> § 1º Sem prejuízo da responsabilidade a que se refere este artigo, a concessionária poderá contratar com terceiros o desenvolvimento de atividades inerentes, acessórias ou complementares ao serviço concedido, bem como a implementação de projetos associados.
>
> § 2º Os contratos celebrados entre a concessionária e os terceiros a que se refere o parágrafo anterior reger-se-ão pelo direito privado, não se estabelecendo qualquer relação jurídica entre os terceiros e o poder concedente.

Não se podem **confundir** os **contratos** celebrados **com terceiros**, cujo objeto não apresenta pontos de contato com o da concessão, **com** as **subconcessões**, porque, neste último caso, temos verdadeiros **contratos administrativos**, cuja concretização depende não só de expressa previsão anterior no edital de licitação e no contrato, mas também de expressa autorização do Poder concedente.

Nesse tipo de ajuste, o **subconcessionário**, ao contrário do que se verificou na contratação de terceiros, mantém-se **vinculado à Administração** Pública, **sub-rogando-se** em todos os **direitos** e **obrigações** do concessionário.

É o que estipula o **art. 26**, cuja redação a seguir se reproduz:

> **Art. 26.** É admitida a subconcessão, nos termos previstos no contrato de concessão, desde que expressamente autorizada pelo poder concedente.
>
> § 1º A outorga de subconcessão será sempre precedida de concorrência.
>
> § 2º O subconcessionário se sub-rogará todos os direitos e obrigações da subconcedente dentro dos limites da subconcessão.

Para melhor visualização acerca deste item, veja-se o quadro:

	CONTRATAÇÃO COM TERCEIROS	SUBCONCESSÕES
FUNDAMENTO	Art. 25, § 1º, da Lei n. 8.987/95	Art. 26 da Lei n. 8.987/95
OBJETO	Desenvolvimento de atividades inerentes, acessórias ou complementares da concessão com terceiros	Transferência de parte do contrato de concessão para terceiros
NATUREZA	Contratos regidos pelo direito privado (Art. 25, § 2º, da Lei n. 8.987/95)	Contratos administrativos
REGRAS	De direito privado (art. 25, § 2º, da Lei n. 8.987/95)	De direito público
LICITAÇÃO	Desnecessidade	Necessidade só na modalidade de concorrência (art. 26, § 1º, da Lei n. 8.987/95)
SUB-ROGAÇÃO	Não se configura entre o terceiro contratado e o Poder concedente	Configura-se entre o subconcessionário e o Poder concedente, nos limites da subconcessão (art. 26, § 2º, da Lei n. 8.987/95)

■ 9.2.7. Encargos do Poder concedente e do concessionário

Em relação a este item, o legislador houve por bem relacionar os encargos atribuídos ao Poder concedente, bem como aos concessionários, que resultam da posição por eles assumida durante a vigência desses ajustes, na condição de titular e executor do serviço respectivamente, conforme previsão estabelecida nos arts. 29 e 31 da Lei n. 8.987/95. Para melhor visualização, observemos alguns exemplos:

ENCARGOS DO PODER CONCEDENTE	FUNDAMENTO
Regulamentar o serviço concedido e fiscalizar sua prestação	Art. 29, I
Aplicação de penalidades	Art. 29, II
Homologar reajustes e proceder à revisão das tarifas	Art. 29, V
Cumprir e fazer cumprir as disposições regulamentares dos serviços e as cláusulas contratuais da concessão	Art. 29, VI
Promover desapropriações diretamente ou mediante outorga de poderes à concessionária	Art. 29, VIII

ENCARGOS DA CONCESSIONÁRIA	FUNDAMENTO
Prestar serviço adequado na forma da lei	Art. 31, I
Prestar contas da gestão do serviço	Art. 31, III
Cumprir as normas dos serviços e cláusulas contratuais	Art. 31, IV
Promover as desapropriações e constituir servidões autorizadas pelo Poder concedente	Art. 31, VI

■ 9.2.8. Intervenção

Em relação a este item, houve por bem o legislador franquear ao Poder Público a possibilidade de decretar intervenção durante a vigência do contrato de concessão, com o objetivo de verificar a adequação da execução dos serviços em vista dos termos assinalados no contrato.

Referida intervenção será promovida através da publicação de um decreto, tudo nos termos previstos no art. 32 dessa lei.

A apuração de eventuais irregularidades demanda, por óbvio, a abertura de processo administrativo, assegurada a ampla defesa. Constatada qualquer sorte de irregularidade, poderá conduzir à devolução dos serviços ou à decretação da caducidade da concessão, nos termos previstos no art. 34, bem como a continuidade do serviço, se nenhuma irregularidade for encontrada. Para melhor visualização deste item, observe-se o quadro:

OBJETO	Assegurar a adequação da prestação do serviço, bem como o cumprimento das normas contratuais	Art. 32 da Lei n. 8.987/95
LEGITIMIDADE	Poder concedente	Art. 32 da Lei n. 8.987/95
INSTRUMENTO	Decreto do Poder concedente	Art. 32, parágrafo único, da Lei n. 8.987/95
REQUISITO	Abertura de processo administrativo, assegurada a ampla defesa	Art. 33 da Lei n. 8.987/95
RESULTADOS POSSÍVEIS	Devolução dos serviços à concessionária ou extinção da concessão	Arts. 33 e 34 da Lei n. 8.987/95

■ 9.2.9. Formas de extinção

Por derradeiro, cumpre estabelecer algumas considerações em relação às **formas de extinção** dos **contratos de concessão**, cuja previsão encontra-se a partir do **art. 35** dessa lei.

■ *9.2.9.1. Termo*

A primeira forma de extinção prevista na Lei n. 8.987/95 é o **termo contratual**, que se materializa por ocasião do **encerramento do prazo** estipulado para o contrato de concessão.

Com efeito, não se pode esquecer que, surgindo a concessão como modalidade de contrato administrativo, ela apresenta, como característica marcante, a existência de prazo certo e determinado.

Assim, surge como desdobramento natural o fato de que, com o advento do término do prazo previsto para a duração do contrato, considera-se ele encerrado, sendo essa a **única forma de extinção natural**, por assim dizer, desse tipo de ajuste.

9.2.9.2. *Encampação*

A segunda forma de extinção é a **encampação**, que pode ser definida como forma de **extinção** do **contrato** de concessão durante sua vigência por **razões de interesse público**.

Resta claro que o **fundamento** para a extinção das concessões, por meio da encampação, é a **supremacia do interesse público sobre o do particular**, sendo levada a efeito, por razões óbvias, de modo unilateral pelo Poder Público.

Cumpre observar, sem embargo, que, não tendo o **concessionário** dado causa à extinção do contrato, fará ele jus a uma **indenização**, sendo necessária também a edição de uma **lei específica** autorizadora.

De resto, é a previsão estabelecida pelo **art. 37** da Lei n. 8.987/95, cuja redação a seguir se reproduz:

> **Art. 37.** Considera-se encampação a retomada do serviço pelo poder concedente durante o prazo da concessão, por motivo de interesse público, mediante lei autorizativa e específica e após prévio pagamento da indenização na forma do artigo anterior.

9.2.9.3. *Caducidade*

A caducidade pode ser definida como forma de **extinção** do contrato de **concessão** durante sua vigência, por força da **inexecução do ajuste pelo concessionário**.

Claro está que essa forma de extinção, que também se verifica de modo **unilateral**, é promovida pelo Poder Público, que tem por **fundamento** o **descumprimento** de **obrigações** pelo **contratado**.

Nesse sentido, não faz o concessionário jus a **nenhum tipo de indenização**, e a caracterização do descumprimento de obrigações por ele deverá ser **precedida de processo administrativo**, em que lhe sejam assegurados o **contraditório** e **ampla defesa**.

Importante observar que a declaração de caducidade do ajuste acaba por **afastar** qualquer **responsabilidade do Poder Público** perante terceiros, por prejuízos até então causados pela concessionária, consoante regra estabelecida no **art. 38, § 6º**, da Lei n. 8.987/95.

Por derradeiro, cumpre fazer registro acerca de hipótese prevista na Lei n. 8.987/95, configuradora da possibilidade de declaração da caducidade da concessão, a teor do disposto no **art. 27, *caput*,** desse diploma legal. Confira-se:

> **Art. 27.** A transferência de concessão ou do controle societário da concessionária sem prévia anuência do poder concedente implicará a caducidade da concessão.

A leitura do dispositivo legal reproduzido bem demonstra a possibilidade de configuração da caducidade, em se verificando uma das duas hipóteses ali relacionadas, vale dizer, quando houver **transferência do objeto** da concessão **para terceiros, sem** prévia **anuência do Poder Público**, ou quando se verificar a **transferência do controle acionário**, uma vez que não se pode perder de vista ser a concessão celebrada em caráter personalizado.

■ *9.2.9.4. Rescisão*

A quarta forma de extinção dos contratos de concessão é a **rescisão**, que tem lugar durante a vigência do contrato por **descumprimento de cláusulas pelo Poder concedente**.

Por força desse aspecto, claro está que essa forma de extinção é levada a efeito por iniciativa do concessionário, sendo, entretanto, **necessária a propositura de ação judicial**, como se observa da redação prevista no **art. 39:**

> **Art. 39.** O contrato de concessão poderá ser rescindido por iniciativa da concessionária, no caso de descumprimento das normas contratuais pelo poder concedente, mediante ação judicial especialmente intentada para esse fim.

Essa **diferença de tratamento** oferecida pelo legislador, dando oportunidade para que o Poder Público possa, unilateralmente, **extinguir** os **contratos** de concessão e oferecendo tratamento diverso ao concessionário, exigindo a propositura de ação judicial, **deve-se** aos **interesses representados pelas partes**.

Na hipótese de rescisão, enquanto não sobrevier o **trânsito em julgado** da decisão judicial, o **serviço** deverá **continuar** sendo **prestado** pela **concessionária** na forma prevista no parágrafo único do mesmo **art. 39**, como se verifica:

> **Art. 39.** (...)
>
> Parágrafo único. Na hipótese prevista no *caput* deste artigo, os serviços prestados pela concessionária não poderão ser interrompidos ou paralisados, até a decisão judicial transitada em julgado.

Sem dúvida, essa **previsão legal** representa um grande **incentivo** para que os **contratos** continuem sendo **executados**, uma vez que, para a **concessionária**, não se vislumbra **nenhuma vantagem** na propositura de **ação judicial**, uma vez que, como visto, o serviço não poderá ser paralisado ou interrompido.

Assim, se, por hipótese, a razão para a rescisão do contrato estiver relacionada ao descumprimento de obrigações pela Administração Pública, inviabilizando a continuação do ajuste pelo concessionário, de **nenhuma valia** será a **propositura de medida judicial**, porque o **serviço não poderá** perder **solução de continuidade**.

■ *9.2.9.5. Anulação*

A quinta e penúltima forma de extinção dos contratos de concessão é a **anulação**, por meio da qual o ajuste é encerrado durante sua vigência por **razões de ilegalidade**, porque, como visto inúmeras vezes, a Administração Pública não pode conviver com vícios dessa natureza.

Nesse sentido, importante consignar que pela primeira vez permite o legislador que a **extinção** do contrato de concessão ocorra por **iniciativa** ou do **Poder Público**, que poderá fazê-lo de ofício ou por provocação, **ou** pelo **concessionário**, este último somente por intermédio do Poder **Judiciário**.

9.2.9.6. *Falência*

Aqui o legislador relaciona a **falência** ou a **extinção** da **empresa concessionária** ou o **falecimento** ou a incapacidade do **titular**, no caso de **empresa individual**, como formas extintivas do contrato de concessão.

Esta última hipótese não demanda maiores comentários, visto que sua **extinção** se impõe em face da **falta de condições financeiras ou jurídicas** para que o concessionário continue a executar o contrato de concessão, de acordo com as cláusulas inicialmente estabelecidas.

Nesse particular, sobreleva notar que a simples falta de **condições financeiras** não se revela suficiente para levar à **extinção** do **ajuste**, uma vez que perfeitamente possível imaginar a possibilidade de o concessionário se encontrar em precárias condições financeiras, apresentando, ainda, possibilidade de continuar arcando com as obrigações resultantes do contrato.

Outrossim, perfeitamente possível cogitar da configuração de **situação financeira precária**, mas já encaminhada com o acolhimento do pedido de **recuperação judicial**.

Para melhor visualização das causas da extinção das concessões, confira-se o seguinte quadro:

TERMO	Término do prazo inicialmente previsto	Art. 35 da Lei n. 8.987/95
ENCAMPAÇÃO	Razões de interesse público	Art. 37 da Lei n. 8.987/95
CADUCIDADE	Inexecução total ou parcial do contrato pelo concessionário	Arts. 38 e 27 da Lei n. 8.987/95
RESCISÃO	Descumprimento de obrigações pelo Poder concedente	Art. 39 da Lei n. 8.987/95
ANULAÇÃO	Razões de ilegalidade	Art. 35, V, da Lei n. 8.987/95
FALÊNCIA	Por falta de condições financeiras do concessionário	Art. 35, VI, da Lei n. 8.987/95
EXTINÇÃO DA CONCESSIONÁRIA	Por se tratar de contrato personalizado	Art. 35, VI, da Lei n. 8.987/95
FALECIMENTO OU INCAPACIDADE DO TITULAR, NO CASO DE EMPRESA INDIVIDUAL	Por se tratar de contrato personalizado	Art. 35, VI, da Lei n. 8.987/95

9.2.10. *Consequências da extinção das concessões: a reversão de bens e a reassunção de serviço*

Verificadas as hipóteses de extinção dos contratos de concessão, cumpre registrar, ainda, a título de encerramento desse tema, as **consequências** resultantes da **extinção** desses ajustes, previstas nos parágrafos do **art. 35** da Lei de Regência.

Dentro desse contexto, destaque, em primeiro lugar, para o instituto da **reversão**, através do qual, ao término da concessão, promove-se uma **transferência de bens** considerados **essenciais** para a continuidade da prestação dos serviços para o **patrimônio público**.

Diante desse cenário, em respeito ao princípio da **segurança das relações jurídicas**, não se poderia deixar ao livre critério das partes envolvidas a competência para relacionar quais os **bens** que seriam objeto dessa **transferência**.

Não por outra razão, no **§ 1º do art. 35**, o legislador deixa claro que a lista dos chamados **bens reversíveis**, vale dizer, aqueles que, ao término da concessão, serão transferidos para o patrimônio público, deverá encontrar-se em **dois momentos anteriores**.

No momento em que o **edital** de **licitação**, que antecede a formalização dos contratos, é tornado público, deve estar relacionada a cláusula determinando quais os bens que, no final do ajuste, reverterão para o Poder Público, para não ocasionar nenhum tipo de litígio **(art. 18, X)**, o mesmo se verificando no momento da **celebração do contrato (art. 23, X)**, como se vê:

> **Art. 18.** O edital de licitação será elaborado pelo poder concedente, observados, no que couber, os critérios e as normas gerais da legislação própria sobre licitações e contratos e conterá, especialmente: (...)
>
> X — a indicação dos bens reversíveis.
>
> **Art. 23.** São cláusulas essenciais do contrato de concessão as relativas: (...)
>
> X — aos bens reversíveis.

Dessa forma, a **extinção** do contrato de **concessão**, seja por qual razão for, **enseja** a **reversão** dos **bens** previamente relacionados no edital e no contrato para o Poder Público, surgindo, repita-se uma vez mais, como **consequência da extinção da concessão** e não como causa.

O mesmo raciocínio se aplica para a **reassunção** do serviço no final do contrato pelo Poder Público, uma vez que surge ela, da mesma forma, como **consequência e não** como **causa** dos ajustes, consoante o disposto no § 2º do art. 35:

> **Art. 35.** (...)
>
> § 2º Extinta a concessão, haverá a imediata assunção do serviço pelo poder concedente, procedendo-se aos levantamentos, avaliações e liquidações necessários.

A leitura do dispositivo reproduzido torna lógica a opção feita pelo legislador, uma vez que, **encerrada a concessão**, seja por que razão for, o serviço público, que até então vinha sendo prestado pelo concessionário, **não pode ter sua execução interrompida**.

Dessa forma, não sendo mais o concessionário a executá-lo, a atribuição é transferida para o Poder Público, na qualidade de titular do serviço, e isso para a preservação dos interesses da coletividade.

Para melhor visualização das consequências da extinção das concessões, confira-se o quadro:

REASSUNÇÃO DOS SERVIÇOS	Retomada da execução dos serviços pelo Poder Público, uma vez extinta a concessão	Art. 35, § 2º, da Lei n. 8.987/95
REVERSÃO DE BENS	Transferência para o patrimônio público de bens considerados essenciais para a continuidade do serviço, uma vez extinta a concessão	Arts. 35, § 1º, 18, X, e 23, X, da Lei n. 8.987/95

■ 9.3. DIFERENÇAS ENTRE CONCESSÕES E PERMISSÕES

Os **dois institutos**, disciplinados pela Lei n. 8.987/95, têm em **comum** o fato de se apresentarem como instrumentos através dos quais o Poder Público (titular) **transfere**, via **licitação**, a **execução** de serviços e obras públicas para **particulares** que objetivam **lucro**.

Sem embargo, apresentam **diferenças significativas**, que resultam das definições estabelecidas no nível desse diploma legal em seu **art. 2º**, que, em razão da oportunidade, uma vez mais se reproduz:

> **Art. 2º** (...)
>
> II — **concessão de serviço público:** a delegação de sua prestação, feita pelo poder concedente, mediante licitação, na modalidade de concorrência, à pessoa jurídica ou consórcio de empresas que demonstre capacidade para seu desempenho, por sua conta e risco e por prazo determinado; (...)
>
> IV — **permissão de serviço público:** a delegação, a título precário, mediante licitação, da prestação de serviços públicos, feita pelo poder concedente à pessoa física ou jurídica que demonstre capacidade para seu desempenho, por sua conta e risco.

Dentro desse contexto, para melhor visualização das diferenças apontadas pelo legislador, oportuna a elaboração do seguinte quadro:

	CONCESSÃO	PERMISSÃO
NATUREZA	Contrato	Ato administrativo
PRAZO	Sim	Não, por ser precária
LICITAÇÃO	Sim, mas só na modalidade de concorrência	Sim, e em qualquer modalidade
DESTINATÁRIOS	Pessoas jurídicas de forma isolada ou mediante consórcio	Pessoas físicas ou jurídicas, mas só de forma isolada
RESPONSABILIDADE	É do concessionário, sendo objetiva na variante do risco administrativo	É do permissionário, sendo objetiva na variante do risco administrativo

■ 9.4. QUADRO SINÓTICO

CONCESSÕES E PERMISSÕES DE SERVIÇOS PÚBLICOS	
DEFINIÇÃO E PERFIL CONSTITUCIONAL	Instrumentos através dos quais o Poder Público transfere tão somente a **execução** de serviços públicos para particulares. **Fundamento:** CF, art. 175.
DISCIPLINA INFRACONSTITUCIONAL	Lei n. 8.987/95.
SERVIÇO PÚBLICO ADEQUADO — CONCEITO	Art. 6º, § 1º: Serviço adequado é o que satisfaz as condições de regularidade, continuidade, eficiência, segurança, atualidade, generalidade, cortesia na sua prestação e modicidade das tarifas.

REFLEXOS	1. Se alguma dessas características não se configurar, a execução do serviço se torna ilegal. 2. Esta lei permite a interrupção da execução do serviço na hipótese de inadimplência do usuário (art. 6º, § 3º, II) em contraposição ao CDC, que veda essa possibilidade (art. 22).
POLÍTICA TARIFÁRIA	Sendo a tarifa a principal fonte de remuneração dos concessionários, necessária a estipulação de limites para que o valor a ser cobrado não fique ao livre critério do concessionário (arts. 9º, 10 e 11).
RESPONSABILIDADE DOS CONCESSIONÁRIOS E PERMISSIONÁRIOS	■ é objetiva; ■ prevista no art. 25 desta lei.
CONTRATAÇÃO DE TERCEIROS	■ fundamento art. 25, § 1º, desta lei; ■ natureza: contrato de direito privado; ■ licitação: desnecessidade; ■ sub-rogação perante a Administração: inexistente.
SUBCONCESSÕES	■ fundamento art. 26 desta lei; ■ natureza: contrato administrativo; ■ licitação: necessária na modalidade única de concorrência; ■ sub-rogação perante a administração: existente nos limites da subconcessão.
ENCARGOS DO PODER CONCEDENTE	Resultam da sua condição de titular (art. 29 desta lei).
ENCARGOS DA CONCESSIONÁRIA	Resultam da sua condição de simples executora do serviço (art. 31 desta lei).
INTERVENÇÃO	■ legitimidade: Poder concedente (art. 32); ■ objeto: assegurar adequação do serviço (art. 32); ■ instrumento: decreto (art. 32, parágrafo único); ■ requisito: abertura de processo administrativo, assegurada ampla defesa (art. 33, §§ 1º e 2º); ■ resultados: devolução do serviço à concessionária ou conforme a gravidade da irregularidade, a decretação de sua caducidade (art. 34).
FORMAS DE EXTINÇÃO (CAUSAS)	**Termo:** por força do término do prazo inicial. **Encampação:** por razões de interesse público. **Caducidade:** por descumprimento de obrigações pelo concessionário. **Rescisão:** por descumprimento de obrigações pelo Poder concedente. **Anulação:** por razões de ilegalidade. **Falência:** por falta de condições financeiras do concessionário.
CONSEQUÊNCIAS DA EXTINÇÃO	**Reversão de bens:** passagem de bens para o patrimônio público ao término da concessão (art. 35, § 1º; art. 18, X; e art. 23, X). **Reassunção de serviço:** retomada da execução pelo Poder Público ao término da concessão (art. 35, § 2º).
DIFERENÇAS ENTRE CONCESSÃO E PERMISSÃO	Resultam das definições oferecidas no art. 2º, II e IV, desta lei.

■ 9.5. SÚMULAS SOBRE CONCESSÕES E PERMISSÕES DE SERVIÇOS PÚBLICOS

■ 9.5.1. Súmulas vinculantes

19. A taxa cobrada exclusivamente em razão dos serviços públicos de coleta, remoção e tratamento ou destinação de lixo ou resíduos provenientes de imóveis, não viola o art. 145, II, da Constituição Federal.

41. O serviço de iluminação pública não pode ser remunerado mediante taxa.

9.5.2. Súmula do STF

545. Preços de serviços públicos e taxas não se confundem, porque estas, diferentemente daqueles, são compulsórias e têm sua cobrança condicionada à prévia autorização orçamentária, em relação à lei que as instituiu.

9.6. QUESTÕES

1. (Procurador Municipal — Prefeitura de Porto Alegre-RS — FUNDATEC — 2016) A respeito do tema concessão e permissão no serviço público, sabe-se que esses contratos dependem da realização de processo licitatório e, conforme previsão legal, existem diferentes causas para o encerramento destes vínculos. Sobre o assunto, é INCORRETO afirmar que:

a) Extinta a concessão, retornam ao poder concedente todos os bens reversíveis, direitos e privilégios transferidos ao concessionário, conforme previsto no edital e estabelecido no contrato.
b) Considera-se encampação a retomada do serviço pelo poder concedente durante o prazo da concessão, por motivo de interesse público, mediante lei autorizativa específica e após prévio pagamento de indenização.
c) A inexecução total ou parcial do contrato acarretará, a critério do poder concedente, a declaração de caducidade da concessão, respeitando-se procedimentos estabelecidos nos marcos legais existentes.
d) Contempla a lei nacional a possibilidade de rescisão judicial, a ser requerida pela concessionária, diante do inadimplemento contratual pelo Poder Público.
e) Existe a hipótese de encampação nos contratos de permissão.

2. (Promotor Substituto — MPE-PR — 2017) Sobre concessão de serviço público, assinale a alternativa incorreta:

a) As concessões patrocinadas de que cuida a Lei n. 11.079/04 (Lei das Parcerias Público-Privadas), em que mais de 70% (setenta por cento) da remuneração do parceiro privado for paga pela Administração Pública, dependerão de autorização legislativa.
b) Para as concessões especiais, previstas na Lei n. 11.079/04 (Lei das Parcerias Público-Privadas), o contrato de parceria público-privada não pode ter valor inferior a R$ 20.000.000,00 (vinte milhões de reais), bem como o seu tempo de duração não pode ser inferior a 5 (cinco) anos nem superior a 35 (trinta e cinco) anos, incluindo eventual prorrogação.
c) Conforme Lei n. 8.987/95 (Lei das Concessões e Permissões), a concessionária atua por sua conta e risco, cabendo-lhe responder por todos os prejuízos causados ao poder concedente, aos usuários ou a terceiros, sem que a fiscalização exercida pelo órgão competente exclua ou mesmo atenue essa responsabilidade.
d) Consoante a jurisprudência do Supremo Tribunal Federal, a responsabilidade civil das pessoas jurídicas de direito privado prestadoras de serviço público é objetiva relativamente a terceiros usuários do serviço público, entendimento que não pode ser estendido aos não usuários.
e) Segundo a Lei n. 8.987/95 (Lei das Concessões e Permissões), considera-se serviço adequado aquele que atende condições de continuidade, eficiência, regularidade, segurança, atualidade, generalidade, modicidade das tarifas e cortesia na sua prestação.

3. (Auditor Fiscal da Receita Estadual — Administração Tributária — SEGEP-MA — FCC — 2016) Sobre as concessões e permissões de serviços públicos considere as afirmativas abaixo.

I. Poderes concedentes são: a União, o Estado, o Distrito Federal, o Município e suas autarquias e fundações públicas em cuja competência se encontre o serviço público objeto de concessão ou permissão.
II. Concessão de serviço público é a delegação de sua prestação, feita pelo poder concedente, mediante licitação, na modalidade de concorrência, à pessoa jurídica ou consórcio de empresas que demonstre capacidade para seu desempenho, por sua conta e risco e por prazo determinado.
III. Permissão de serviço público é a delegação, a título precário, independentemente de licitação, da prestação de serviços públicos, feita pelo poder concedente à pessoa física ou jurídica que demonstre capacidade para seu desempenho, por sua conta e risco.

IV. Concessão de serviço público precedida da execução de obra pública é a construção, total ou parcial, conservação, reforma, ampliação ou melhoramento de quaisquer obras de interesse público, delegada pelo poder concedente, mediante licitação, na modalidade de concorrência, à pessoa jurídica ou consórcio de empresas que demonstre capacidade para a sua realização, por sua conta e risco, de forma que o investimento da concessionária seja remunerado e amortizado mediante a exploração do serviço ou da obra por prazo determinado.

Está correto o que consta APENAS em

a) I e II.
b) II e III.
c) III e IV.
d) II e IV.
e) I e III.

4. (Procurador Municipal — Prefeitura de Penalva - MA — IMA — 2017) No que tange aos serviços públicos, é CORRETO afirmar que:

a) A concessão de serviço público, em regra, terá caráter de exclusividade.
b) O contrato de concessão de serviço público é ajuste de Direito Administrativo, unilateral, oneroso, comutativo e realizado *intuitu personae*.
c) A encampação do serviço público é a retomada coativa do serviço, pelo poder concedente, durante o prazo da concessão, por motivo de interesse público.
d) Concessão de serviço público é a delegação de sua prestação, feita pelo poder concedente, mediante licitação, na modalidade de concorrência, à pessoa física ou jurídica que demonstre capacidade para seu desempenho, por sua conta e risco e por prazo determinado.

5. (Agente de Polícia — PC-PE — CESPE — 2016) Em relação à prestação de serviços públicos e à organização da administração pública, assinale a opção correta.

a) As sociedades de economia mista são entidades de direito privado constituídas exclusivamente para prestar serviços públicos, de modo que não podem explorar qualquer atividade econômica.
b) Em decorrência do princípio da continuidade do serviço público, admite-se que o poder concedente tenha prerrogativas contratuais em relação ao concessionário. Uma dessas prerrogativas é a possibilidade de encampação do serviço, quando necessária à sua continuidade.
c) A concessão de serviço público pode prever a delegação do serviço a um consórcio de empresas, caso em que o contrato de concessão terá prazo indeterminado.
d) Os serviços públicos serão gratuitos, ainda que prestados por meio de agentes delegados.
e) O poder público poderá criar uma autarquia para centralizar determinados serviços públicos autônomos. Nessa hipótese, esses serviços passam a integrar a administração direta, com gestão administrativa e financeira centralizadas no respectivo ente federativo.

6. (Procurador — Prefeitura de Campinas-SP — FCC — 2016) A concessão da exploração de serviço rodoviário intermunicipal previa a implantação de certo número de praças de pedágio, para que a arrecadação do pedágio refletisse o resultado apresentado no plano de negócios. Quando da instalação de uma dessas praças, a população local irresignou-se, promovendo diversas manifestações, alegando que o trecho escolhido limitaria o trânsito por onerar excessivamente os moradores de determinado bairro.

O poder concedente entendeu por cancelar a instalação da praça de pedágio, transferindo-a para ponto posterior aos limites daquele bairro.

A decisão

a) possibilita que o concessionário pleiteie a alteração de outras praças de pedágio, para obtenção da necessária compensação pela perda de receita experimentada, tendo em vista que o equilíbrio econômico-financeiro é um direito do contratado, e, como tal, permite que este determine o modo de restabelecimento dessa equação.
b) está dentro do juízo discricionário do poder concedente, cabendo ao concessionário acatar a ordem e providenciar a alteração da praça de pedágio, não cabendo qualquer questionamento, especialmente no que se refere à taxa interna de retorno.
c) pode implicar prejuízos ao concessionário, cujo modelo de negócio contemplou estimativa das receitas passíveis de serem obtidas com as praças de pedágio indicadas no edital de licitação da concessão, cabendo, nesse caso, reequilíbrio econômico financeiro.

d) implica necessário reequilíbrio econômico-financeiro em favor do concessionário, tendo em vista que se caracterizou fato da Administração, com direta intervenção nas condições da prestação do serviço público.
e) possui vício de vontade, tendo em vista que a decisão levada a efeito pelo poder concedente não foi motivada em razões e fundamentos de ordem técnica e econômica, mas sim puramente políticas, o que é vedado diante do regime dos contratos administrativos.

7. (Procurador Municipal — Prefeitura de Chapecó-SC — IOBV — 2016) Avalie as afirmações abaixo:

I. A concessão assim como a permissão para a prestação de um serviço público constitui-se num ato de delegação permanecendo, contudo, a titularidade com o poder público concedente, o que significa dizer, que ocorre uma descentralização administrativa por colaboração.
II. A concessão de um serviço público é precedida obrigatoriamente de licitação, na modalidade concorrência, e ocorrerá por conta e risco da concessionária, e sob a fiscalização do poder concedente.
III. A permissão administrativa para a prestação de um serviço público tem natureza de contrato de adesão, prazo determinado, se dá a título precário e poder ser revogada unilateralmente pelo poder público permitente.
IV. A concessão administrativa para a prestação de um serviço público tem natureza contratual, prazo determinado e não é cabível a revogação do contrato.

Assinale a alternativa certa:

a) Apenas as afirmativas I, III e IV estão corretas.
b) Apenas as afirmativas I e II estão corretas.
c) Apenas as afirmativas II e IV estão corretas.
d) I, II, III e IV estão corretas.

8. (Analista Judiciário — Área Judiciária — TRT-8ª Região (PA e AP) — CESPE — 2016) A modalidade de extinção da concessão fundada na perda, pela concessionária de serviços públicos, das condições econômicas, técnicas ou operacionais para manter a adequada prestação do serviço concedido denomina-se

a) encampação.
b) caducidade.
c) anulação.
d) revogação.
e) rescisão.

9. (Analista Judiciário — Área Judiciária — TRT-23ª Região (MT) — FCC — 2016) Transporte público de passageiros quase sempre é mencionado como exemplo de serviço público. A depender do modal de transporte ou mesmo das localidades envolvidas no deslocamento, pode se alterar a titularidade desse gênero de serviço público. A titularidade do serviço público

a) remanesce com o ente público ao qual foi atribuída pela legislação, passível de delegação para a iniciativa privada a execução material, salvo em se tratando de pessoa jurídica de direito público integrante da Administração indireta, como as autarquias, para as quais é admissível a delegação legal da titularidade.
b) está atrelada ao regime de execução imposto para o serviço público, tendo em vista que quando prestado sob regime de direito privado, a titularidade desloca-se para o delegatário, para que seja deste a integral responsabilidade pelos ônus e bônus, e quando prestado sob regime de direito público, a titularidade remanesce com o ente público.
c) também se altera quando ocorre a delegação da execução material para a iniciativa privada, pois o delegatário do serviço público assume integralmente a responsabilidade pelos ônus e bônus envolvidos com a prestação dessa atividade material.
d) não pode se alterar, nem se transferir em nenhuma hipótese de delegação de serviço, seja para ente com personalidade jurídica de direito público integrante da Administração pública indireta, seja para a iniciativa privada, tendo em vista que o regime de execução é sempre privado, independentemente da natureza jurídica do delegatário.
e) depende do que constar da autorização legislativa que deve ser editada especificamente para cada concessão ou permissão de serviço público, podendo ser transferida ao concessionário ou permissionário, mesmo que se trate de pessoa jurídica de direito privado, desde que a execução do serviço se dê em regime de direito público.

10. (Procurador Jurídico — Câmara Municipal de Poá-SP — VUNESP — 2016) No que concerne às formas de prestação de serviço público, é correto afirmar que:

a) Desconcentração é o contrato administrativo que traduz a transferência da execução de atividade estatal a determinada pessoa, não integrante da Administração.

b) Descentralização é o fato administrativo que traduz a transferência da execução de atividade estatal a determinada pessoa, integrante ou não da Administração.

c) Desconcentração é o processo interno e externo que objetiva substituir um órgão por dois ou mais, não integrantes da Administração, com a finalidade de prestação de serviço.

d) Descentralização é processo eminentemente interno; significa apenas a substituição de um órgão por dois ou mais com o objetivo de melhorar e acelerar a prestação de serviço.

e) Desconcentração é o fato administrativo que traduz a transferência da execução de atividade estatal a determinada pessoa, integrante ou não da Administração.

■ GABARITO ■

1. "e".
2. "d".
3. "d".
4. "c".
5. "b".
6. "c".
7. "d".
8. "b".
9. "a".
10. "b".

10

PARCERIAS PÚBLICO-PRIVADAS

10.1. PARCERIAS PÚBLICO-PRIVADAS

A questão relacionada às **parcerias público-privadas** tem ganhado **importância** cada vez maior diante da **realidade institucional** vivenciada pelo nosso país, na qual o Poder Público tem uma **quantidade crescente de demandas represadas** nos mais diversos setores, por força de **orçamentos** cada vez mais **apertados**.

Em outras palavras, cada vez menos a **Administração** apresenta **condições** de **atender sozinha** às **demandas** que se multiplicam nos mais diversos setores, exigindo **fortes investimentos** para a realização de **projetos de enorme envergadura**, como a construção de hidroelétricas, a melhoria da malha rodoviária, a construção de novas penitenciárias, estações de metrô, hospitais e escolas.

De outra parte, importante consignar que o **limite da capacidade** de **contribuição** do **setor privado** para com o Poder Público atingiu um **patamar insuportável**, na medida em que a **carga tributária** eleva-se a **padrões nunca antes vistos** em nosso País.

Nesse contexto, a **solução encontrada** foi procurar **atrair recursos privados** em condições mais favoráveis para fazer frente a esses projetos, garantindo, também, a credibilidade necessária para os compromissos contraídos pela Administração Pública com terceiros.

10.1.1. Definição e modalidades

De início, cumpre enfrentar a questão relacionada à **definição** e às **modalidades** de parcerias público-privadas, matéria disciplinada no **art. 2º da Lei n. 11.079/2004**, cuja redação a seguir se reproduz:

> **Art. 2º** Parceria público-privada é o contrato administrativo de concessão, na modalidade patrocinada ou administrativa.
>
> § 1º Concessão patrocinada é a concessão de serviços públicos ou de obras públicas de que trata a Lei n. 8.987, de 13 de fevereiro de 1995, quando envolver, adicionalmente à tarifa cobrada dos usuários contraprestação pecuniária do parceiro público ao parceiro privado.
>
> § 2º Concessão administrativa é o contrato de prestação de serviços de que a Administração Pública seja a usuária direta ou indireta, ainda que envolva execução de obra ou fornecimento e instalação de bens.

A leitura do **art. 2º** autoriza a conclusão segundo a qual o **traço característico** da parceria público-privada, na **modalidade patrocinada**, é a necessidade de uma contraprestação pecuniária do parceiro público ao privado.

Nesse particular, mais adiante, o legislador, nos **arts. 6º e 7º**, oferece um **detalhamento maior** do tema, estabelecendo o procedimento e os requisitos para a efetivação dessa contraprestação, nos seguintes termos:

> **Art. 6º** A contraprestação da Administração Pública nos contratos de parceria público-privada poderá ser feita por:
>
> I — ordem bancária;
>
> II — cessão de créditos não tributários;
>
> III — outorga de direitos em face da Administração Pública;
>
> IV — outorga de direitos sobre bens públicos dominicais;
>
> V — outros meios admitidos em lei.
>
> Parágrafo único. O contrato poderá prever o pagamento ao parceiro privado de remuneração variável vinculada ao seu desempenho, conforme metas e padrões de qualidade e disponibilidade definidos no contrato.
>
> **Art. 7º** A contraprestação da Administração Pública será obrigatoriamente precedida da disponibilização do serviço objeto do contrato de parceria público-privada.
>
> Parágrafo único. É facultado à Administração Pública, nos termos do contrato, efetuar o pagamento da contraprestação relativa a parcela fruível de serviço objeto do contrato de parceria público-privada.

A leitura dos dispositivos legais colacionados revela que a parceria público-privada, na **modalidade patrocinada**, representa a grande novidade introduzida em nosso ordenamento jurídico, na medida em que pressupõe o pagamento de uma **contraprestação pecuniária** que até o momento da edição da Lei n. 11.079/2004 não existia.

Destarte, até o surgimento desse diploma legal, a **principal fonte de arrecadação dos concessionários** era a **cobrança de tarifa dos usuários**, cujos limites estão delineados no Capítulo IV, denominado **"Política Tarifária"**, da **Lei n. 8.987/95**, regulamentadora do art. 175 da CF.

Dessa forma, para **atrair investimentos privados**, o legislador houve por bem aqui **acrescer** a possibilidade de **remuneração do parceiro privado pelo parceiro público**, diferencial que não se verifica para a modalidade administrativa.

Com efeito, partindo-se da letra do dispositivo legal, tem-se que essa **parceria público-privada**, na **modalidade administrativa**, ou **concessão administrativa** surge, tão somente, como **contrato** simples **de prestação de serviços** regulado pela Lei n. 8.666/93, com a agravante de estar agora incluído em regras especiais que permitem sua prestação sob outros parâmetros, em especial o **prazo** de **até 35 anos** e o **valor mínimo** de **R$ 20.000.000,00 (arts. 2º, § 4º, I, e 5º, I, da Lei n. 11.079/2004)**.

Assim, um simples contrato de prestação de serviço de coleta de lixo tem agora a possibilidade de ser enquadrado como parceria público-privada.

Em síntese, portanto, pelas **definições oferecidas pelo legislador**, a **concessão patrocinada**, como dito, tem como **traço característico** a **remuneração** do concessionário **por tarifas** e ainda por meio de uma **contraprestação pecuniária** pelo Poder Público.

De outra parte, na **concessão administrativa** temos um simples contrato de prestação de serviços, **não se cogitando**, pois, da **cobrança de tarifa dos usuários** por ter ele a Administração como usuária direta ou indireta, mas **tão somente** uma **contraprestação pecuniária**.

Nesse contexto, pode-se dizer que as obras e serviços públicos utilizáveis preponderantemente pelo setor privado, como rodovias, estações do metrô, como visto, enquadram-se na modalidade patrocinada, enquanto os serviços e obras que têm a Administração como usuária final, envolvendo a construção de hospitais ou presídios, sem cobrança de qualquer tarifa, amoldam-se ao perfil da concessão administrativa.

Assim, a título de encerramento deste tópico, tem-se que, com a edição da **Lei n. 11.079/2004**, surgem em nosso ordenamento jurídico **duas outras modalidades** diferentes **de concessão** juntando-se à concessão comum, única variante até então existente, regulada pela Lei n. 8.987/95.

Dentro desse contexto, para melhor visualização do cenário que se apresentou em matéria de concessões, a partir da edição da Lei n. 11.079/2004, apresentam-se as seguintes **modalidades:**

a) **Patrocinada:** incidente sobre a execução de obras e serviços públicos, remunerada por meio de tarifa e contraprestação pecuniária do Poder Público, regida pela Lei n. 11.079/2004.

b) **Administrativa:** incidente somente sobre a execução de serviços públicos, remunerada exclusivamente por contraprestação pecuniária do Poder Público, que surge como usuário final, regida pela Lei n. 11.079/2004.

c) **Comum:** incidente sobre obras e serviços públicos, remunerada tão somente por tarifa cobrada do usuário e regida pela Lei n. 8.987/95, conclusão que se atinge em razão da previsão estabelecida nos arts. 2º, § 3º, e 3º, § 2º, ambos da Lei n. 11.079/2004.

Para melhor visualização deste item, observe-se o seguinte quadro:

DEFINIÇÃO	Espécies de concessão
OBJETIVO	Atrair a iniciativa privada para a execução de obras e serviços de grande porte
MODALIDADES	**Patrocinada**, com previsão de dupla fonte de arrecadação pelo parceiro privado: cobrança de tarifa + recebimento de contraprestação pecuniária (art. 2º, § 1º) **Administrativa**, com previsão de única fonte de arrecadação do parceiro privado: recebimento de contraprestação pecuniária (art. 2º, § 2º)

■ 10.1.2. Competência para legislar e abrangência

A questão relativa à **competência para legislar** sobre **parcerias público-privadas** guarda íntima relação com as definições oferecidas a esse instituto, vistas no tópico anterior, uma vez que foi considerada pelo legislador uma modalidade de concessão.

Nesse contexto, surgindo as concessões como **espécies de contratos administrativos**, emerge cristalina a conclusão segundo a qual a **competência** para estabelecer normas sobre o tema foi entregue pela CF à **União**, a teor do disposto no **art. 22, XXVII:**

> **Art. 22.** Compete privativamente à União legislar sobre: (...)
>
> XXVII — normas gerais de licitação e contratação, em todas as modalidades, para as administrações públicas diretas, autárquicas e fundacionais da União, Estados, Distrito Federal e Municípios, obedecido o disposto no art. 37, XXI, e para as empresas públicas e sociedades de economia mista, nos termos do art. 173, § 1º, III.

A leitura do dispositivo reproduzido permite concluir que a **competência privativa da União** ali prevista é tão somente para a **edição de normas gerais**, o que acaba por permitir aos **Estados**, **Municípios** e ao **Distrito Federal** a possibilidade de legislar sobre o tema, editando **normas específicas** de acordo com as peculiaridades de seus territórios.

De resto, é o mesmo cenário que se verifica no **artigo inaugural** da **Lei n. 11.079/2004**, disciplinadora da matéria, o qual estabelece normas gerais aplicáveis para as quatro pessoas integrantes da Federação em sua estrutura direta e indireta. Confira-se:

> **Art. 1º** Esta Lei institui normas gerais para licitação e contratação de parceria público-privada no âmbito dos Poderes da União, dos Estados, do Distrito Federal e dos Municípios.
>
> Parágrafo único. Esta Lei aplica-se aos órgãos da administração pública direta dos Poderes Executivo e Legislativo, aos fundos especiais, às autarquias, às fundações públicas, às empresas públicas, às sociedades de economia mista e às demais entidades controladas direta ou indiretamente pela União, Estados, Distrito Federal e Municípios.

Nesse contexto, a questão relacionada à contratação de **parcerias público-privadas** também pode ser objeto de **legislação estadual**, **municipal** e **distrital**, desde que para o enfrentamento de **questões específicas** tão somente.

De se registrar, ainda, que a legislação ora em análise consagra **normas gerais** apenas em seus **cinco capítulos iniciais**, uma vez que o **Capítulo VI** reserva regras de **aplicabilidade tão somente para a União**, não sendo, pois, de cumprimento obrigatório para os demais entes federativos.

De se considerar também que, em se tratando de modalidades de concessões, o legislador corretamente estabeleceu a possibilidade de **aplicação subsidiária** das principais normas disciplinadoras do tema nos termos apresentados no **art. 3º**, a seguir reproduzido:

> **Art. 3º** As concessões administrativas regem-se por esta Lei, aplicando-se-lhes adicionalmente o disposto nos arts. 21, 23, 25 e 27 a 39 da Lei n. 8.987, de 13 de fevereiro de 1995, e no art. 31 da Lei n. 9.074, de 7 de julho de 1995.

§ 1º As concessões patrocinadas regem-se por esta Lei, aplicando-se-lhes subsidiariamente o disposto na Lei n. 8.987, de 13 de fevereiro de 1995, e nas leis que lhe são correlatas.

§ 2º As concessões comuns continuam regidas pela Lei n. 8.987, de 13 de fevereiro de 1995, e pelas leis que lhe são correlatas, não se lhes aplicando o disposto nesta Lei.

§ 3º Continuam regidos exclusivamente pela Lei n. 8.666, de 21 de junho de 1993, e pelas leis que lhe são correlatas os contratos administrativos que não caracterizem concessão comum, patrocinada ou administrativa.

Para melhor visualização deste item, confira-se o quadro:

COMPETÊNCIA PARA LEGISLAR	União, de acordo com o art. 22, XXVII, da CF
LEGISLAÇÃO	Lei n. 11.079/2004
ABRANGÊNCIA	Normas gerais sobre PPPs, art. 1º
EXCLUSÃO	Concessões comuns que continuam regidas pela Lei n. 8.987/95 (art. 2º, § 3º, da Lei n. 11.079/2004)
OUTRAS NORMAS	Aplicação subsidiária das Leis n. 8.987/95 e 8.666/93 (art. 3º, § 1º, da Lei n. 11.079/2004)

■ 10.1.3. Limites

Caracterizada a parceria público-privada como modalidade de concessão, o legislador houve por bem não deixar ao livre critério dos parceiros a celebração desses contratos, estabelecendo, ao revés, claros **limites** consignados no **§ 4º do art. 2º:**

Art. 2º (...)

§ 4º É vedada a celebração de contrato de parceria público-privada:

I — cujo valor do contrato seja inferior a R$ 10.000.000,00 (dez milhões de reais);

II — cujo período de prestação do serviço seja inferior a 5 (cinco) anos; ou

III — que tenha como objeto único o fornecimento de mão de obra, o fornecimento e instalação de equipamentos ou a execução de obra pública.

A reprodução do dispositivo permite concluir, inicialmente, que, para **transferência** da **execução** de serviços e obras públicas com **valor inferior a R$ 20.000.000,00**, apresenta-se como **único instrumento** a **concessão comum**, prevista na **Lei n. 8.987/95**, que, como visto, admite apenas a cobrança de tarifa dos usuários como única fonte de arrecadação do concessionário.

Por outro lado, se o **valor** se apresentar **igual ou superior** a **R$ 20.000.000,00**, abre-se a **possibilidade** de **utilização** da **concessão comum ou** das **parcerias público-privadas**, escolha que via de regra recai sobre a última opção, em especial sobre a **modalidade patrocinada** em razão da **dupla fonte** de **arrecadação** prevista pelo legislador, vale dizer, a percepção de uma remuneração paga pelo Poder Público acrescida da possibilidade da cobrança de tarifa dos usuários **(art. 2º, § 1º, da Lei n. 11.079/2004)**.

Por outro lado, de se destacar os **prazos** de **vigência** dessas PPPs (**mínimo de 5 anos** e **máximo de 35 anos**), pois muito **superior** ao **prazo-limite** de vigência dos **contratos administrativos em geral** (60 meses para serviços de natureza contínua), de acordo com a previsão estabelecida no **art. 57 da Lei n. 8.666/93**.

Em outras palavras, enquanto os cinco anos apresentam-se como prazo-limite para os contratos em geral, representam apenas o prazo mínimo para a celebração de PPPs, o que obviamente acabou por atrair a iniciativa privada para esses investimentos.

Por fim, o **limite** apresentado em relação ao **objeto** das **PPPs**, que **não pode** se **reduzir** a **apenas um dos três itens ali relacionados**, vale dizer, o fornecimento de mão de obra, o fornecimento e instalação de equipamentos ou a execução de obra pública, o que acaba por **facilitar**, sobremaneira, a **justificativa** para um **volume financeiro maior**, atraindo novamente a iniciativa privada.

Para melhor visualização deste item, observe-se o quadro:

LOCALIZAÇÃO	Art. 2º, § 4º, da Lei n. 11.079/2004
MODALIDADES	**Financeiro:** mínimo de R$ 20.000.000,00 **Prazo:** mínimo de 5 anos e máximo de 35 anos **Objeto:** proíbe-se a celebração de PPPs que tenham por objeto único: ■ execução de obra pública ■ fornecimento de mão de obra ■ fornecimento e instalação de equipamentos

■ 10.1.4. Diretrizes

Por seu turno, o **art. 4º** alinha as **diretrizes** que deverão ser obrigatoriamente respeitadas quando da celebração desses ajustes:

> **Art. 4º** Na contratação de parceria público-privada serão observadas as seguintes diretrizes:
>
> I — eficiência no cumprimento das missões de Estado e no emprego dos recursos da sociedade;
>
> II — respeito aos interesses e direitos dos destinatários dos serviços e dos entes privados incumbidos da sua execução;
>
> III — indelegabilidade das funções de regulação, jurisdicional, do exercício do poder de polícia e de outras atividades exclusivas do Estado;
>
> IV — responsabilidade fiscal na celebração e execução das parcerias;
>
> V — transparência dos procedimentos e das decisões;
>
> VI — repartição objetiva de riscos entre as partes;
>
> VII — sustentabilidade financeira e vantagens socioeconômicas dos projetos de parceria.

A leitura do dispositivo reproduzido revela a **preocupação do legislador** com a questão relacionada à **transparência** que deve envolver a celebração desses ajustes, medida louvável tendo em vista o grande porte das obras e serviços envolvidos, como **desdobramento do princípio da publicidade**.

De outra parte, importante destacar a questão da **responsabilidade** em razão desses ajustes, o que se **conclui** em razão da **necessidade de comprovação da**

sustentabilidade financeira, o que assume enorme importância em vista dos prazos extensos de sua duração.

Por fim, a novidade consistente ao momento de execução desses ajustes tendo em vista a possibilidade aberta pelo legislador de **repartição objetiva de riscos entre as partes**, vale dizer, parceiro público e privado, o que acabou por contribuir, uma vez mais, para **atrair** a **iniciativa privada**, em vista dos **prazos alongados de vigência** desses ajustes.

■ 10.1.5. Garantias oferecidas ao parceiro privado

Ainda sobre esse tema, a fim de estabelecer uma **segurança** maior para o **parceiro privado** que o encoraje a ingressar nesses empreendimentos, o legislador cuidou de relacionar de que forma as **obrigações pecuniárias do Poder Público** poderão ser garantidas.

Nesse particular, oportuna a reprodução do conteúdo do **art. 8º**, que acaba por relacionar, em caráter meramente exemplificativo, as seguintes possibilidades:

> **Art. 8º** As obrigações pecuniárias contraídas pela Administração Pública em contrato de parceria público-privada poderão ser garantidas mediante:
>
> I — vinculação de receitas, observado o disposto no inciso IV do art. 167 da Constituição Federal;
>
> II — instituição ou utilização de fundos especiais previstos em lei;
>
> III — contratação de seguro-garantia com as companhias seguradoras que não sejam controladas pelo Poder Público;
>
> IV — garantia prestada por organismos internacionais ou instituições financeiras que não sejam controladas pelo Poder Público;
>
> V — garantias prestadas por fundo garantidor ou empresa estatal criada para essa finalidade;
>
> VI — outros mecanismos admitidos em lei.

Das **garantias** relacionadas pelo **legislador**, chama a atenção, em razão de sua **constitucionalidade discutível**, aquela relacionada no inciso I, por **comprometer receitas públicas** para a **remuneração** de um **particular**.

Outrossim, ainda que se pudesse cogitar de sua constitucionalidade, a **aplicação** desse **dispositivo** legal revela-se **problemática** por força da necessidade de **atendimento** ao disposto no **art. 167, IV, da CF:**

> **Art. 167.** São vedados: (...)
>
> IV — a vinculação de receita de impostos a órgão, fundo ou despesa, ressalvadas a repartição do produto da arrecadação dos impostos a que se referem os arts. 158 e 159, a destinação de recursos para as ações e serviços públicos de saúde, para manutenção e desenvolvimento do ensino e para realização de atividades da administração tributária, como determinado, respectivamente, pelos arts. 198, § 2º, 212 e 37, XXII, e a prestação de garantias às operações de crédito por antecipação de receita, previstas no art. 165, § 8º, bem como o disposto no § 4º deste artigo.

Destarte, observa-se da redação reproduzida que a **Constituição proíbe**, ao menos como regra geral, a **vinculação da receita de impostos a órgão, fundo ou despesa**, não se vislumbrando nas exceções ali previstas nenhuma referência à remuneração de parceiros privados.

Esse aspecto assume relevo na medida em que autoriza a conclusão segundo a qual a **remuneração dos parceiros privados** só poderá ocorrer por meio de **receitas resultantes** da cobrança **de outras modalidades tributárias**, como as taxas e contribuições de melhoria.

Essa questão pode levar a um **comprometimento** dessas **parcerias**, pois os valores aqui envolvidos revelam-se extremamente elevados (mínimo de R$ 20.000.000,00) e há a **possibilidade** de a **arrecadação** de receitas, por meio de **taxas** e **contribuições**, ser **incompatível com esses valores**, ainda mais se considerando que, em larga escala, o STF reconheceu a inconstitucionalidade de diversas taxas, como a de lixo, a de luz etc.

Essa **possibilidade** também se revela **temerária**, tendo em vista ter estipulado a Lei n. 11.079/2004 um **prazo máximo de 35 anos** para a duração dessas parcerias público-privadas, o que, como consequência, levaria a um **comprometimento** de **receitas públicas** por esse longo período.

De outra parte, ainda em relação a essas garantias, importante destacar aquela prevista no **art. 8º**, em seus **incisos III e IV**, uma vez que, com o objetivo claro de atrair a iniciativa privada, permite o oferecimento de **seguro-garantia** com **seguradoras** que **não** sejam **controladas pelo Poder Público**, o mesmo se verificando com as garantias prestadas por instituições internacionais ou financeiras.

Sem dúvida, essa **possibilidade** aberta pelo legislador tem o condão de **atrair** a **iniciativa privada** para esses investimentos de alto valor, pois, na hipótese de não cumprimento de obrigações pelo Poder Público, terão a **possibilidade de acionar as instituições garantidoras**.

Por fim, cumpre destacar que a previsão de oferecimento de **garantia** pelo **Poder Público** representa novidade importante, uma vez que, até então, **não se vislumbrava essa possibilidade na Lei n. 8.666/93**, disciplinadora das licitações e contratos administrativos.

Com efeito, **referida legislação** só prevê, quando necessário, a **possibilidade** de o Poder Público exigir o **oferecimento** de **garantias** por parte do **contratado**, não se vendo na obrigação de apresentar garantias, o que deixava o particular em situação muito pouco confortável em relação a esses ajustes.

Destarte, como se verá com mais riqueza de detalhes em capítulo posterior, a **situação de desconforto** mencionada assume **contornos** muito **mais amplos** para o **contratado**, na medida em que a **Lei de Licitações**, que tem **aplicabilidade subsidiária** para as PPPs, permite ao **Poder Público atrasar** seus **pagamentos** em até 90 dias, desde que apresentada a justificativa condizente, a teor do disposto no **art. 78, XV**, da **Lei n. 8.666/93**.

Para melhor visualização deste item, veja-se o quadro:

LOCALIZAÇÃO	Art. 8º da Lei n. 11.079/2004
OBJETIVO	Assegurar o cumprimento de obrigações pelo Poder Público
NATUREZA	Elenco exemplificativo
RESTRIÇÃO	Comprometimento de verbas públicas: art. 167, IV, da CF

■ 10.1.6. Licitação

■ *10.1.6.1. Regras gerais*

Caracterizadas como espécies de contratos administrativos, essas **parcerias**, para serem **celebradas**, demandam **abertura** anterior de **procedimento licitatório**, que, nesse particular, comporta tão **somente** a **modalidade** de **concorrência pública**, a teor do disposto no **art. 10**.

Por sua vez, a **abertura** desse **procedimento**, em vista do grande porte das obras e serviços a serem executados, **depende** do preenchimento dos **requisitos** relacionados no **art. 10** da Lei n. **11.079/2004**, cuja leitura denota a preocupação do legislador com a compatibilidade dessas parcerias com as **diretrizes** estabelecidas na **Lei de Responsabilidade Fiscal**, diretrizes orçamentárias **(art. 10, III)** e o **plano plurianual (art. 10, V)**.

De outra parte, para garantir a legitimidade dessas parcerias, exigiu o legislador a **submissão** da minuta do **edital** e do **contrato** que o integra à **consulta pública (art. 10, VI)**, e a **autorização legislativa** específica para a modalidade patrocinada em que **mais de 70% da remuneração** do parceiro privado for **paga pela Administração (art. 10, § 3º)**.

De se registrar também a preocupação do legislador com a possibilidade de **interferência** dessas **parcerias** com a **questão ambiental**, traduzida pela **exigência de licença ambiental** prévia, a teor do **disposto** no **art. 10, VII**.

■ *10.1.6.2. Regras específicas sobre licitações nas PPPs*

Descritas como contratos administrativos, nada mais lógico do que aplicar a essas parcerias o mesmo procedimento previsto na Lei n. 8.666/93, sem, no entanto, descartar alguns itens específicos desse tipo de ajuste.

Assim é que, em seu **art. 12**, a lei em comentário estabelece a possibilidade de o **julgamento** ser **precedido** de uma **etapa eliminatória de classificação** de propostas técnicas, nos termos do inciso I, a seguir reproduzido:

> **Art. 12.** O certame para a contratação de parcerias público-privadas obedecerá ao procedimento previsto na legislação vigente sobre licitações e contratos administrativos e também ao seguinte:
>
> I — o julgamento poderá ser precedido de etapa de qualificação de propostas técnicas, desclassificando-se os licitantes que não alcançarem a pontuação mínima, os quais não participarão das etapas seguintes.

No inciso seguinte o legislador estabeleceu a possibilidade de o administrador adotar **critérios específicos de julgamento** além daqueles previstos na Lei n. 8.987/95. Confira-se:

> **Art. 12.** (...)
>
> II — o julgamento poderá adotar como critérios, além dos previstos nos incisos I e V do art. 15 da Lei n. 8.987, de 13 de fevereiro de 1995, os seguintes:
>
> *a)* menor valor da contraprestação a ser paga pela Administração Pública;
>
> *b)* melhor proposta em razão da combinação do critério da alínea *a* com o de melhor técnica, de acordo com os pesos estabelecidos no edital.

De se registrar ainda a possibilidade de **variação na forma de apresentação das propostas**, desde que nos limites estabelecidos no **inciso III:**

> **Art. 12.** (...)
>
> III — o edital definirá a forma de apresentação das propostas econômicas, admitindo-se:
>
> *a)* propostas escritas em envelopes lacrados; ou
>
> *b)* propostas escritas, seguidas de lances em viva voz.

Nesse contexto, se o **edital prescrever** a **forma escrita seguida de lances em viva voz**, então se aplicará a prescrição estabelecida no **§ 1º:**

> **Art. 12.** (...)
>
> § 1º Na hipótese da alínea *b* do inciso III do *caput* deste artigo:
>
> I — os lances em viva voz serão sempre oferecidos na ordem inversa da classificação das propostas escritas, sendo vedado ao edital limitar a quantidade de lances;
>
> II — o edital poderá restringir a apresentação de lances em viva voz aos licitantes cuja proposta escrita for no máximo 20% (vinte por cento) maior que o valor da melhor proposta.

De se ressaltar ainda a **possibilidade** conferida ao administrador de estabelecer a **inversão da ordem das fases de habilitação e julgamento**, a teor do disposto no **art. 13**, se essa medida se revelar necessária para atender ao interesse público:

> **Art. 13.** O edital poderá prever a inversão da ordem das fases de habilitação e julgamento, hipótese em que:
>
> I — encerrada a fase de classificação das propostas ou o oferecimento de lances, será aberto o invólucro com os documentos de habilitação do licitante mais bem classificado, para verificação do atendimento das condições fixadas no edital;
>
> II — verificado o atendimento das exigências do edital, o licitante será declarado vencedor;
>
> III — inabilitado o licitante melhor classificado, serão analisados os documentos habilitatórios do licitante com a proposta classificada em 2º (segundo) lugar, e assim, sucessivamente, até que um licitante classificado atenda às condições fixadas no edital;
>
> IV — proclamado o resultado final do certame, o objeto será adjudicado ao vencedor nas condições técnicas e econômicas por ele ofertadas.

Por derradeiro, para atender ao interesse público, permitiu o legislador **(art. 12, IV)** a possibilidade do **saneamento** de **falhas** ou de **correções** de **caráter formal** para não excluir desnecessariamente nenhuma proposta, ampliando a competitividade:

> **Art. 12.** (...)
> IV — o edital poderá prever a possibilidade de saneamento de falhas, de complementação de insuficiências ou ainda de correções de caráter formal no curso do procedimento, desde que o licitante possa satisfazer as exigências dentro do prazo fixado no instrumento convocatório.

Por outro lado, cumpre ainda observar que o legislador estabelece que, **proclamado** o **resultado final**, o objeto será **adjudicado** ao **vencedor**, a teor do disposto no **art. 13, IV**.

Para melhor visualização deste item, confira-se o quadro:

MODALIDADE	Admite apenas a concorrência pública: art. 10 da Lei n. 11.079/2004
REQUISITOS PARA A ABERTURA	Art. 10 da Lei n. 11.079/2004
PROCEDIMENTO	■ inversão das fases de julgamento e habilitação: art. 12, I, e art. 13 da Lei n. 11.079/2004 ■ critérios de julgamento: art. 12, II ■ formas de apresentação das propostas: art. 12, § 1º ■ saneamento de falhas: é permitido, art. 12, IV ■ arbitragem: possível a utilização, art. 11, III

■ 10.1.7. Sociedade de propósito específico

Encerrada a licitação e apurada a proposta vencedora, com o intuito de oferecer credibilidade a essas **parcerias**, o legislador houve por bem **condicionar** sua **celebração** à **constituição** de uma **sociedade** de **propósito específico**, com a **finalidade única** de implantar e gerir o objeto do ajuste, a teor do disposto no **art. 9º**. Confira-se:

> **Art. 9º** Antes da celebração do contrato, deverá ser constituída sociedade de propósito específico, incumbida de implantar e gerir o objeto da parceria.
> § 1º A transferência do controle da sociedade de propósito específico estará condicionada à autorização expressa da Administração Pública, nos termos do edital e do contrato, observado o disposto no parágrafo único do art. 27 da Lei n. 8.987, de 13 de fevereiro de 1995.
> § 2º A sociedade de propósito específico poderá assumir a forma de companhia aberta, com valores mobiliários admitidos a negociação no mercado.
> § 3º A sociedade de propósito específico deverá obedecer a padrões de governança corporativa e adotar contabilidade e demonstrações financeiras padronizadas, conforme regulamento.
> § 4º Fica vedado à Administração Pública ser titular da maioria do capital votante das sociedades de que trata este Capítulo.
> § 5º A vedação prevista no § 4º deste artigo não se aplica à eventual aquisição da maioria do capital votante da sociedade de propósito específico por instituição financeira controlada pelo Poder Público em caso de inadimplemento de contratos de financiamento.

Essa **sociedade**, por indicação do legislador, poderá **assumir a forma de companhia aberta (art. 9º, § 2º)**, ficando, por expressa determinação legal, o **parceiro público impedido** de ter a **titularidade da maioria do capital votante**, de acordo com a redação estabelecida no **§ 4º**, aspecto que, sem dúvida, também contribuirá para atrair o investidor privado.

Por fim, de forma a detalhar o perfil dessa sociedade de propósito específico, em especial acerca de seu controle, bem como de sua administração, oportuna a reprodução do disposto no art. 5º-A, acrescentado pela Lei n. 13.097/2015:

> **Art. 5º-A.** Para fins do inciso I do § 2º do art. 5º, considera-se:
>
> I — o controle da sociedade de propósito específico a propriedade resolúvel de ações ou quotas por seus financiadores e garantidores que atendam os requisitos do art. 116 da Lei n. 6.404, de 15 de dezembro de 1976;
>
> II — a administração temporária da sociedade de propósito específico, pelos financiadores e garantidores quando, sem a transferência da propriedade de ações ou quotas, forem outorgados os seguintes poderes:
>
> *a)* indicar os membros do Conselho de Administração, a serem eleitos em Assembleia Geral pelos acionistas, nas sociedades regidas pela Lei n. 6.404, de 15 de dezembro de 1976; ou administradores, a serem eleitos pelos quotistas, nas demais sociedades
>
> *b)* indicar os membros do Conselho Fiscal, a serem eleitos pelos acionistas ou quotistas controladores em Assembleia Geral;
>
> *c)* exercer poder de veto sobre qualquer proposta submetida à votação dos acionistas ou quotistas da concessionária, que representem, ou possam representar, prejuízos aos fins previstos no *caput* deste artigo;
>
> *d)* outros poderes necessários ao alcance dos fins previstos no *caput* deste artigo;
>
> § 1º A administração temporária autorizada pelo poder concedente não acarretará responsabilidade aos financiadores e garantidores em relação à tributação, encargos, ônus, sanções, obrigações ou compromissos com terceiros, inclusive com o poder concedente ou empregados.
>
> § 2º O Poder Concedente disciplinará sobre o prazo da administração temporária.

Para melhor visualização deste item, verifique-se o seguinte quadro:

NATUREZA	Pessoa jurídica
OBJETIVO	Implantação e gerenciamento do objeto da parceria: art. 9º
CONSTITUIÇÃO	Depois de encerrada a licitação e antes da celebração do contrato: art. 9º, *caput*
FORMA	Pode assumir a forma de companhia aberta: art. 9º, § 2º
RESTRIÇÃO	Não pode a Administração titularizar a maioria do capital votante: art. 9º, § 4º

■ 10.1.8. Cláusulas essenciais dos contratos de PPPs

Caracterizadas essas **parcerias** como **modalidades de concessão** e determinando-se a **aplicação subsidiária** da **Lei n. 8.987/95**, o legislador cuidou de relacionar algumas **cláusulas específicas** para esse tipo de ajuste, consideradas por ele como essenciais.

A matéria está disciplinada no **art. 5º**:

Art. 5º As cláusulas dos contratos de parceria público-privada atenderão ao disposto no art. 23 da Lei n. 8.987, de 13 de fevereiro de 1995, no que couber, devendo também prever:

I — o prazo de vigência do contrato, compatível com a amortização dos investimentos realizados, não inferior a 5 (cinco), nem superior a 35 (trinta e cinco) anos, incluindo eventual prorrogação;

II — as penalidades aplicáveis à Administração Pública e ao parceiro privado em caso de inadimplemento contratual, fixadas sempre de forma proporcional à gravidade da falta cometida, e às obrigações assumidas;

III — a repartição de riscos entre as partes, inclusive os referentes a caso fortuito, força maior, fato do príncipe e álea econômica extraordinária;

IV — as formas de remuneração e de atualização dos valores contratuais;

V — os mecanismos para a preservação da atualidade da prestação dos serviços;

VI — os fatos que caracterizem a inadimplência pecuniária do parceiro público, os modos e o prazo de regularização e, quando houver, a forma de acionamento da garantia;

VII — os critérios objetivos de avaliação do desempenho do parceiro privado;

VIII — a prestação, pelo parceiro privado, de garantias de execução suficientes e compatíveis com os ônus e riscos envolvidos, observados os limites dos §§ 3º e 5º do art. 56 da Lei n. 8.666, de 21 de junho de 1993, e, no que se refere às concessões patrocinadas, o disposto no inciso XV do art. 18 da Lei n. 8.987, de 13 de fevereiro de 1995;

IX — o compartilhamento com a Administração Pública de ganhos econômicos efetivos do parceiro privado decorrentes da redução do risco de crédito dos financiamentos utilizados pelo parceiro privado;

X — a realização de vistoria dos bens reversíveis, podendo o parceiro público reter os pagamentos ao parceiro privado, no valor necessário para reparar as irregularidades eventualmente detectadas;

XI — o cronograma e os marcos para o repasse ao parceiro privado das parcelas do aporte de recursos, na fase de investimentos do projeto e/ou após a disponibilização dos serviços, sempre que verificada a hipótese do § 2º do art. 6º desta Lei.

Da leitura do dispositivo reproduzido, destaca-se a **inclusão** de diversas **matérias que não aparecem nos contratos administrativos** regidos pela Lei n. 8.666/93, com o claro **objetivo** de **atrair** a **iniciativa privada** para empreendimentos de grande porte.

Assim, a título de exemplo, destaca-se, inicialmente, a previsão contida no **inciso I**, relacionada aos **prazos de vigência**, muito **mais extensos** do que aqueles previstos para os contratos administrativos em geral.

Com efeito, enquanto, em regra, como já visto, os **contratos em geral** apresentam um **prazo máximo de vigência de 60 meses**, a teor do disposto no **art. 57** da **Lei n. 8.666/93**, os contratos de parceria **público-privada apresentam prazo mínimo** de **5 anos**, **podendo chegar** a **35 anos**.

De outra parte, no **inciso II**, apresenta-se novidade de enorme importância, consistente na possibilidade de **aplicação** de **penalidades** à **Administração Pública**, em caso de inadimplemento contratual, situação que não aparece na Lei de Licitações e Contratos, que só prevê a incidência de sanções sobre o contratado.

Sem embargo, cumpre observar que, em razão da **aplicação subsidiária** da **Lei n. 8.666/93**, a atribuição dessas **sanções** ao **parceiro público** nos parece continuar na **dependência** da propositura de **medida judicial**, a teor do disposto no art. 79 do referido diploma legal.

Por outro lado, sobreleva notar que a **aplicação** dessas **penalidades** deverá ser norteada pelo **princípio da proporcionalidade**, em vista da infração cometida.

Por fim, destaca-se também a previsão estabelecida no **inciso III**, que apresenta a possibilidade de **repartição de riscos entre as partes**, por força da aparição durante a **execução** do **contrato** de **fatos imprevisíveis** que representem álea econômica extraordinária.

Assim é que, por força dessa previsão legal, o **surgimento durante** a **execução** do ajuste de **caso fortuito**, **força maior**, **fato do príncipe**, que até então eram suportados exclusivamente pelo contratado, agora admitem essa repartição de riscos, novamente com o objetivo de atrair a iniciativa privada.

Para melhor visualização deste item, confira-se o quadro:

CONTEÚDO	Cláusulas essenciais relacionadas no art. 5º
ESPÉCIES — DESTAQUES	■ prazo: mínimo de 5 anos, máximo de 35 anos ■ penalidades: aplicáveis às partes por inadimplemento de obrigações, art. 5º, II ■ repartição de riscos: entre as partes, inclusive em razão de fatos imprevisíveis, art. 5º, III
FORMAS DE REMUNERAÇÃO	Modalidades previstas no art. 5º, IV

■ 10.1.9. Da Lei n. 13.334, de 13 de setembro de 2016

A título de encerramento deste capítulo, oportuna a realização de comentários acerca da **Lei n. 13.334**, de 13 de setembro de 2016, que criou o **programa de parcerias de investimentos**, conhecido por PPI, com o **objetivo** de ampliar e **fortalecer** a **relação entre** o **Estado** e a **iniciativa privada** para a retomada do crescimento econômico, com a consequente geração de empregos **por meio** da celebração **de contratos de parceria**, consoante o disposto em seu artigo inaugural:

> **Art. 1º** Fica criado, no âmbito da Presidência da República, o Programa de Parcerias de Investimentos — PPI, destinado à ampliação e fortalecimento da interação entre o Estado e a iniciativa privada por meio da celebração de contratos de parceria para a execução de empreendimentos públicos de infraestrutura e de outras medidas de desestatização.

Nesse sentido, de forma a demonstrar a intenção do governo de promover o referido programa de parcerias, houve por bem o referido diploma legal estipular, de forma bem ampla, quais os **objetos** a **serem alcançados**, consoante se verifica do disposto em seu **art. 2º**:

Art. 2º São objetivos do PPI:

I — ampliar as oportunidades de investimento e emprego e estimular o desenvolvimento tecnológico e industrial, em harmonia com as metas de desenvolvimento social e econômico do País;

II — garantir a expansão com qualidade da infraestrutura pública, com tarifas adequadas;

III — promover ampla e justa competição na celebração das parcerias e na prestação dos serviços;

IV — assegurar a estabilidade e a segurança jurídica, com a garantia da mínima intervenção nos negócios e investimentos; e

V — fortalecer o papel regulador do Estado e a autonomia das entidades estatais de regulação.

Dentro desse contexto, no mesmo art. 1º, agora em seu § 1º, o legislador estabeleceu **limites para a incidência desse programa de parcerias:**

Art. 1º (...)

§ 1º Podem integrar o PPI:

I — os empreendimentos públicos de infraestrutura em execução ou a serem executados por meio de contratos de parceria celebrados pela administração pública direta e indireta da União;

II — os empreendimentos públicos de infraestrutura que, por delegação ou com o fomento da União, sejam executados por meio de contratos de parceria celebrados pela administração pública direta ou indireta dos Estados, do Distrito Federal ou dos Municípios; e

III — as demais medidas do Programa Nacional de Desestatização a que se refere a Lei n. 9.491, de 9 de setembro de 1997.

Em relação ao **instrumento escolhido** pelo legislador para a **viabilização** desse **programa** de **parcerias**, vale dizer, os contratos de parceria, de forma a demonstrar sua abrangência, incluiu o legislador, no **§ 2º**, as concessões comum, patrocinada e administrativa, nos seguintes termos:

Art. 1º (...)

§ 2º Para os fins desta Lei, consideram-se contratos de parceria a concessão comum, a concessão patrocinada, a concessão administrativa, a concessão regida por legislação setorial, a permissão de serviço público, o arrendamento de bem público, a concessão de direito real e os outros negócios público-privados que, em função de seu caráter estratégico e de sua complexidade, especificidade, volume de investimentos, longo prazo, riscos ou incertezas envolvidos, adotem estrutura jurídica semelhante.

Diante desse cenário, em vista da importância dessas diretrizes, houve por bem o legislador criar o **conselho do programa de parcerias de investimentos** da Presidência da República, com o objetivo básico de aconselhamento em relação aos projetos a serem incluídos nesses programas, consoante se verifica no **art. 7º:**

Art. 7º Fica criado o Conselho do Programa de Parcerias de Investimentos da Presidência da República — CPPI, com as seguintes competências:

> I — opinar, previamente à deliberação do Presidente da República, quanto às propostas dos órgãos ou entidades competentes, sobre as matérias previstas no art. 4º desta Lei;
>
> II — acompanhar a execução do PPI;
>
> III — formular propostas e representações fundamentadas aos Chefes do Poder Executivo dos Estados, do Distrito Federal e dos Municípios;
>
> IV — formular recomendações e orientações normativas aos órgãos, entidades e autoridades da administração pública da União;
>
> V — exercer as funções atribuídas:
>
> *a)* ao órgão gestor de parcerias público-privadas federais pela Lei n. 11.079, de 30 de dezembro de 2004;
>
> *b)* ao Conselho Nacional de Integração de Políticas de Transporte pela Lei n. 10.233, de 5 de junho de 2001; e
>
> *c)* ao Conselho Nacional de Desestatização pela Lei n. 9.491, de 9 de setembro de 1997;
>
> VI — editar o seu Regimento Interno.

Por sua vez, o **§ 1º** do referido dispositivo relaciona a **lista daqueles** que **integrarão esse conselho com o direito a voto**, com destaque para os presidentes do **BNDES** e da **Caixa Econômica Federal**, tendo em vista a perspectiva de financiamento econômico desses projetos.

Nesse sentido, merece também destaque a possibilidade atribuída pelo legislador ao **BNDES** de **constituição** e **participação de um fundo de apoio à estruturação de parcerias — FAEP**, que terá por finalidade a prestação onerosa, por meio de contrato, de serviços técnicos profissionais especializados para a estruturação dessas parcerias, com prazo inicial de 10 anos, a teor do disposto no **art. 14**.

Por derradeiro, importante destacar que, de forma a agilizar referido programa, estipulou o legislador a **desnecessidade de aprovação de lei** para a **abertura de licitação e a celebração dos contratos**, conforme disposição estabelecida em seu **art. 13**.

■ 10.1.10. Da Lei n. 13.448, de 5 de junho de 2017

Referida lei tem por **objeto** o estabelecimento de **diretrizes gerais** para a **prorrogação** e a **relicitação** de **contratos** definidos no **programa de parcerias** por meio da Lei n. 13.334/2016 para os setores rodoviário, ferroviário e aeroportuário na Administração Federal, a teor do disposto em seu **art. 1º**.

Em seu **art. 2º** criou, de forma a concretizar seus objetivos, dois importantes **mecanismos de renegociação** das condições existentes nos atuais contratos de concessão: a **prorrogação antecipada dos ajustes e a possibilidade de se promover uma relicitação**, tudo com a intenção de buscar alternativas para trazer novos investimentos.

Nesse sentido, de forma a explicitar esses **mecanismos**, o legislador os **definiu** em seu **art. 4º**. Confira-se:

> **Art. 4º** Para os fins desta Lei, considera-se:
>
> I — **prorrogação contratual:** alteração do prazo de vigência do contrato de parceria, expressamente admitida no respectivo edital ou no instrumento contratual original,

> realizada a critério do órgão ou da entidade competente e de comum acordo com o contratado, em razão do término da vigência do ajuste;
>
> II — **prorrogação antecipada:** alteração do prazo de vigência do contrato de parceria, quando expressamente admitida a prorrogação contratual no respectivo edital ou no instrumento contratual original, realizada a critério do órgão ou da entidade competente e de comum acordo com o contratado, produzindo efeitos antes do término da vigência do ajuste;
>
> III — **relicitação:** procedimento que compreende a extinção amigável do contrato de parceria e a celebração de novo ajuste negocial para o empreendimento, em novas condições contratuais e com novos contratados, mediante licitação promovida para esse fim.

Diante desse cenário, em relação à **prorrogação** desses **contratos**, poderá ela ocorrer por **iniciativa** de **qualquer** uma **das partes** contratantes, com **antecedência mínima de 24 meses** do término do contrato, abrindo-se a perspectiva, por parte do Poder Público, de utilização de um juízo de conveniência e oportunidade, nos termos do **art. 5º, §§ 1º e 2º**.

Outrossim, em relação a essa **prorrogação**, importante destacar que ela ocorrerá **uma única vez**, **por igual período** ou inferior ao prazo inicialmente fixado no contrato (art. 5º, § 3º), demandando **a inclusão de investimentos** não previstos inicialmente **(art. 6º)**, ficando **condicionada** aos **contratos de parceria cuja vigência** encontrar-se entre **cinquenta** e **noventa por cento do prazo original (art. 6º, § 1º)**.

Ainda sobre esse tema, importante anotar que a **prorrogação**, de forma a **assegurar eficiência** e **segurança**, fica **condicionada ao cumprimento das exigências** previstas no **art. 6º, § 2º**. Confira-se:

> **Art. 6º** (...)
>
> § 2º A prorrogação antecipada estará, ainda, condicionada ao atendimento das seguintes exigências por parte do contratado:
>
> I — quanto à concessão rodoviária, a execução de, no mínimo, 80% (oitenta por cento) das obras obrigatórias exigíveis entre o início da concessão e o encaminhamento da proposta de prorrogação antecipada, desconsideradas as hipóteses de inadimplemento contratual para as quais o contratado não tenha dado causa, conforme relatório elaborado pelo órgão ou pela entidade competente;
>
> II — quanto à concessão ferroviária, a prestação de serviço adequado, entendendo-se como tal o cumprimento, no período antecedente de 5 (cinco) anos, contado da data da proposta de antecipação da prorrogação, das metas de produção e de segurança definidas no contrato, por 3 (três) anos, ou das metas de segurança definidas no contrato, por 4 (quatro) anos.

Importante ainda anotar que, quando da celebração dessas **prorrogações antecipadas**, o **termo aditivo deverá contemplar**, obrigatoriamente, o **cronograma de investimentos** a serem realizados, bem como deverá prever **mecanismos** de forma a **inibir inexecuções futuras**, a teor do disposto no **art. 7º**.

Sobreleva notar, ainda, a necessidade de **apresentação de estudo técnico** que demonstre a **vantagem** dessa **prorrogação antecipada em relação a uma relicitação**, de acordo com a previsão estabelecida no **art. 8º**, permitindo assim o **controle da legitimidade** desses atos para a preservação do interesse público.

Outrossim, para assegurar a **transparência e a legitimidade** dessas **prorrogações antecipadas**, estabelece o legislador a necessidade de sua submissão, em caráter prévio, a uma **consulta pública**, conforme previsão estabelecida em seu **art. 11**, bem como a necessidade de **encaminhamento** do termo aditivo ao **TCU**.

De outra parte, em relação ao outro instrumento de renegociação, a **relicitação** do objeto do contrato acaba por **incidir** naquelas situações em que as **disposições do ajuste não estejam sendo cumpridas ou** quando os contratados demonstrem **incapacidade de cumprimento de suas obrigações**, conforme o disposto no **art. 13**.

Essa **relicitação** poderá se verificar de **forma consensual**, mas em condições definidas pelo Poder Público, conforme o disposto no **art. 14**.

Dentro desse contexto, de forma a permitir um **controle** mais **efetivo** desse mecanismo de renegociação, estabeleceu o legislador os **requisitos** que deverão estar obrigatoriamente preenchidos para sua **celebração**, a teor do disposto no **art. 14, § 2º:**

> **Art. 14.** A relicitação de que trata o art. 13 ocorrerá por meio de acordo entre as partes, nos termos e prazos definidos em ato do Poder Executivo. (...)
>
> § 2º Sem prejuízo de outros requisitos definidos em ato do Poder Executivo, a instauração do processo de relicitação é condicionada à apresentação, pelo contratado:
>
> I — das justificativas e dos elementos técnicos que demonstrem a necessidade e a conveniência da adoção do processo de relicitação, com as eventuais propostas de solução para as questões enfrentadas;
>
> II — da renúncia ao prazo para corrigir eventuais falhas e transgressões e para o enquadramento previsto no § 3º do art. 38 da Lei n. 8.987, de 13 de fevereiro de 1995, caso seja posteriormente instaurado ou retomado o processo de caducidade;
>
> III — de declaração formal quanto à intenção de aderir, de maneira irrevogável e irretratável, ao processo de relicitação do contrato de parceria, nos termos desta Lei;
>
> IV — da renúncia expressa quanto à participação no novo certame ou no futuro contrato de parceria relicitado, nos termos do art. 16 desta Lei;
>
> V — das informações necessárias à realização do processo de relicitação, em especial as demonstrações relacionadas aos investimentos em bens reversíveis vinculados ao empreendimento e aos eventuais instrumentos de financiamento utilizados no contrato, bem como de todos os contratos em vigor de cessão de uso de áreas para fins comerciais e de prestação de serviços, nos espaços sob a titularidade do atual contratado.

Importante destacar também a previsão contida no **art. 16**, restritiva quanto à **participação** nesse **processo** de **relicitação**. Confira-se:

> **Art. 16.** São impedidos de participar do certame licitatório da relicitação de que trata esta Lei:
>
> I — o contratado ou a Sociedade de Propósito Específico (SPE) responsável pela execução do contrato de parceria;

II — os acionistas da SPE responsável pela execução do contrato de parceria titulares de, no mínimo, 20% (vinte por cento) do capital votante em qualquer momento anterior à instauração do processo de relicitação.

Parágrafo único. As vedações de que trata este artigo também alcançam a participação das entidades mencionadas:

I — em consórcios constituídos para participar da relicitação;

II — no capital social de empresa participante da relicitação;

III — na nova SPE constituída para executar o empreendimento relicitado.

Revela-se também oportuna a referência à necessidade de esse **termo de renegociação** vir **instruído** de **estudos** de forma a legitimar sua celebração de acordo com a previsão estabelecida em seu **art. 17:**

Art. 17. O órgão ou a entidade competente promoverá o estudo técnico necessário de forma precisa, clara e suficiente para subsidiar a relicitação dos contratos de parceria, visando a assegurar sua viabilidade econômico-financeira e operacional.

§ 1º Sem prejuízo de outros elementos fixados na regulamentação do órgão ou da entidade competente, deverão constar do estudo técnico de que trata o *caput* deste artigo:

I — o cronograma de investimentos previstos;

II — as estimativas dos custos e das despesas operacionais;

III — as estimativas de demanda;

IV — a modelagem econômico-financeira;

V — as diretrizes ambientais, quando exigíveis, observado o cronograma de investimentos;

VI — as considerações sobre as principais questões jurídicas e regulatórias existentes;

VII — o levantamento de indenizações eventualmente devidas ao contratado pelos investimentos em bens reversíveis vinculados ao contrato de parceria realizados e não amortizados ou depreciados.

Por fim, de forma a emprestar **maior legitimidade** a essa **relicitação**, fixou o legislador a necessidade de ser ela submetida a uma **consulta pública (art. 18)**, bem como seu posterior **encaminhamento ao TCU (art. 19)**.

■ 10.1.11. Da Lei n. 13.529, de 4 de dezembro de 2017

A referida legislação dispõe sobre a participação da União em fundo de apoio à estruturação e ao desenvolvimento de projetos de concessões e parcerias público-privadas.

Em seu art. 1º, autoriza a União a participar de fundo que tenha por finalidade exclusiva financiar serviços técnicos profissionais especializados para apoiar a estruturação e o desenvolvimento de projetos de concessão e parcerias público-privadas da União, dos Estados, do Distrito Federal e dos Municípios, em regime isolado ou consorciado, até o limite de R$ 180.000.000,00 (cento e oitenta milhões de reais).

Essa participação, de acordo com o **art. 3º**, ocorrerá por meio da integralização de cotas, em moeda corrente, observada a disponibilidade orçamentária e financeira.

Por fim, cabe destacar que o seu **art. 6º reduziu o limite para a celebração de parcerias público-privadas de R$ 20.000.000,00 para R$ 10.000.000,00, alterando o art. 2º, § 4º, I, da Lei n. 11.079/2004.**

■ 10.2. QUADRO SINÓTICO

PARCERIAS PÚBLICO-PRIVADAS	
DEFINIÇÃO	É contrato administrativo de concessão.
COMPETÊNCIA PARA LEGISLAR	A competência foi entregue pela CF à União, a teor do disposto no art. 22, XXVII, mas, tão somente, para a edição de normas gerais, o que acaba por permitir aos Estados, Municípios e ao Distrito Federal a possibilidade de legislar sobre o tema, editando normas específicas de acordo com as peculiaridades de seus territórios (art. 1º da Lei n. 11.079/2004).
MODALIDADES	**Patrocinada:** é a concessão de serviços públicos ou de obras públicas de que trata a Lei n. 8.987, de 13 de fevereiro de 1995, quando envolver, adicionalmente à tarifa cobrada dos usuários, contraprestação pecuniária do parceiro público ao parceiro privado (art. 2º, § 1º, da Lei n. 11.079/2004). **Administrativa:** é o contrato de prestação de serviços de que a Administração Pública seja a usuária direta ou indireta, ainda que envolva execução de obra ou fornecimento e instalação de bens (art. 2º, § 2º, da Lei n. 11.079/2004).
LIMITES	Art. 2º, § 4º, da Lei n. 11.079/2004. **1. Valor:** nunca inferior a R$ 20.000.000,00 (vinte milhões de reais). **2. Prazo:** nunca inferior a 5 (cinco) anos ou superior a 35 (trinta e cinco). **3. Objeto:** proibição quanto ao fornecimento de mão de obra, ao fornecimento e instalação de equipamentos ou à execução de obra pública.
LICITAÇÃO	**Modalidade:** somente concorrência pública (art. 10) **Requisitos:** ■ compatibilidade com a Lei de Responsabilidade Fiscal (art. 10, II); ■ diretrizes orçamentárias (art. 10, III); ■ plano plurianual (art. 10, V); ■ consulta pública (art. 10, VI); ■ licença ambiental (art. 10, VII); ■ autorização legislativa (art. 10, § 3º).
SOCIEDADE DE PROPÓSITO ESPECÍFICO	**Previsão:** art. 9º. **Objeto:** implantar e gerir o objeto do ajuste. **Forma:** companhia aberta. **Restrição:** titularidade pelo parceiro público da maioria do capital votante.
CLÁUSULAS ESSENCIAIS DOS CONTRATOS (ART. 5º)	Prazo: mínimo de 5 e máximo de 35 anos (art. 5º, I). Incidência de penalidades para ambas as partes (art. 5º, II). Repartição de riscos resultantes de fatos imprevisíveis (art. 5º, III).

■ 10.3. QUESTÕES

1. (Procurador do Estado — PGE-AC — FMP Concursos — 2017) As cláusulas dos contratos de parceria público-privada não necessariamente devem prever

a) a repartição de riscos entre as partes, inclusive os referentes a caso fortuito, força maior, fato do príncipe e álea econômica extraordinária.

b) os critérios objetivos de avaliação do desempenho do parceiro privado.

c) as formas de remuneração e de atualização dos valores contratuais, bem como o prazo de vigência do contrato, compatível com a amortização dos investimentos realizados, respeitando-se os marcos temporais mínimo e máximo previstos em lei.
d) a possibilidade de eventual prorrogação contratual.
e) nenhuma das alternativas anteriores responde ao comando da questão.

2. (Juiz Federal Substituto — TRF-3ª Região — 2016) Dadas as assertivas abaixo, assinale a alternativa correta no que concerne à contratação de parceria público-privada no âmbito da administração pública.

I. Concessão patrocinada é o contrato de prestação de serviços de que a Administração Pública seja a usuária direta ou indireta, ainda que envolva execução de obra ou fornecimento e instalação de bens.
II. Concessão administrativa é a concessão de serviços públicos ou de obras públicas de que trata a Lei n. 8.987, de 13 de fevereiro de 1995, quando envolver, adicionalmente à tarifa cobrada dos usuários contraprestação pecuniária do parceiro público ao parceiro privado.
III. As cláusulas dos contratos de parceria público-privada deverão prever, dentre outros, o prazo de vigência do contrato, compatível com a amortização dos investimentos realizados, não inferior a 5 (cinco), nem superior a 35 (trinta e cinco) anos, incluindo eventual prorrogação.

Estão corretas:
a) I, II e III.
b) Apenas I.
c) Apenas II.
d) Apenas III.

3. (Juiz Substituto — TJ-RJ — VUNESP — 2016) O acordo firmado entre a Administração Pública e pessoa do setor privado com o objetivo de implantação ou gestão de serviços públicos, com eventual execução de obras ou fornecimento de bens, mediante financiamento do contratado, contraprestação pecuniária do Poder Público e compartilhamento dos riscos e dos ganhos entre os pactuantes, é denominado

a) contrato de parceria público-privada.
b) contrato de concessão comum.
c) termo de fomento.
d) contrato de gestão.
e) termo de colaboração.

4. (Procurador Jurídico — Câmara de Cambará-PR — FAFIPA — 2016) No que tange à lei 11.079 em seu artigo 2º, assinale a alternativa CORRETA.

a) É permitida a celebração de contrato de parceria público-privada cujo valor do contrato seja de R$ 5.000.000,00 (cinco milhões de reais).
b) É permitida a celebração de contrato de parceria público-privada cujo valor do contrato seja de R$ 10.000.000,00 (dez milhões de reais).
c) É permitida a celebração de contrato de parceria público-privada cujo período de prestação do serviço seja de três anos.
d) É permitida a celebração de contrato de parceria público-privada cujo período de prestação do serviço seja de sete anos.

5. (Procurador Municipal — Prefeitura de Penalva — MA — IMA — 2017) Acerca dos contratos de parceria público-privada, é CORRETO afirmar que:

a) É permitida a celebração de contrato de parceria público-privada que tenha como objeto único o fornecimento e instalação de equipamentos ou a execução de obra pública.
b) É vedada a celebração de contrato de parceria público-privada cujo valor do contrato seja inferior a vinte milhões de reais.

c) É vedada a celebração de contrato de parceria público-privada cujo período de prestação do serviço seja inferior a 10 (dez) anos.
d) A contraprestação da Administração Pública nos contratos de parceria público-privada não poderá ser feita por outorga de direitos sobre bens públicos dominicais.

6. (Analista Fiscal de Serviços — Prefeitura de São Paulo-SP — VUNESP — 2016) De acordo com as normas gerais para licitação e contratação de parceria público-privada no âmbito da administração pública, é hipótese permitida de celebração desse tipo de contrato

a) que tenha como objeto único o fornecimento e instalação de equipamentos.
b) cujo valor seja inferior a vinte milhões de reais.
c) que tenha como objeto único o fornecimento de mão de obra.
d) que tenha como objeto único a execução de obra pública.
e) cujo período de prestação do serviço seja superior a cinco anos.

7. (Técnico de Nível Superior — Administrador — Prefeitura de Teresina-PI — FCC — 2016) Considere que o Estado do Piauí pretenda ampliar e recuperar sua malha rodoviária e transferir a exploração das referidas rodovias à iniciativa privada, mediante cobrança de tarifa dos usuários. Entre as modalidades contratuais existentes, afigura-se adequada, para adoção dos fins colimados,

a) concessão patrocinada, com contraprestação pecuniária paga pela contratante, em complementação à receita tarifária auferida pelo concessionário.
b) concessão administrativa, tendo a Administração como usuária direta dos serviços concedidos.
c) empreitada integral, com possibilidade de obtenção de receitas acessórias para favorecer a modicidade tarifária.
d) concessão comum, mediante complementação da receita tarifária com contraprestação pecuniária paga pelo Estado.
e) concessão de serviços precedida de obra pública, com aporte de recursos do poder concedente na fase de prestação de serviços.

8. (ELETROBRAS-ELETROSUL — FCC — 2016) O Estado de Santa Catarina pretende firmar contrato de parceria público-privada, na modalidade patrocinada, para a concessão de serviços públicos relacionados à área de energia elétrica. Cumpre salientar que mais de 70% da remuneração do parceiro privado será paga pela Administração pública. A concessão pretendida

a) independe de autorização legislativa, mas é necessária a submissão da minuta de edital e de contrato à consulta pública.
b) deve ser precedida de licitação, na modalidade concorrência, não sendo necessário, no caso, a submissão da minuta de edital e de contrato à consulta pública.
c) é inviável, por não ser permitido contrato de parceria público privada em que mais de setenta por cento da remuneração do parceiro privado seja paga pela Administração pública.
d) dependerá de autorização legislativa geral, por ser imprescindível o aval do Poder Legislativo em concessões desta espécie.
e) dependerá de autorização legislativa específica.

9. (Advogado da União — AGU — CESPE — 2015) Acerca dos serviços públicos e dos bens públicos, julgue o item a seguir.

Situação hipotética: Durante a realização de obras resultantes de uma PPP firmada entre a União e determinada construtora, para a duplicação de uma rodovia federal, parte do asfalto foi destruída por uma forte tempestade. Assertiva: Nessa situação, independentemente de o referido problema ter decorrido de fato imprevisível, o Estado deverá solidarizar-se com os prejuízos sofridos pela empresa responsável pela obra.

( ) Certo ( ) Errado

10. (Juiz Substituto — TJ-PI — FCC — 2015) A Lei Federal n. 11.079/2004 instituiu o regime das Parcerias Público-Privadas. A propósito, considere as seguintes afirmações:

I. Parceria Público-Privada é o contrato administrativo de concessão na modalidade patrocinada ou administrativa.

II. Concessão patrocinada é a concessão de serviços públicos ou de obras públicas de que trata a Lei n. 8.987/1995, quando envolver, adicionalmente à tarifa cobrada dos usuários contraprestação pecuniária do parceiro público ao parceiro privado.

III. Concessão administrativa é o contrato de prestação de serviços de que a Administração Pública seja a usuária direta ou indireta, ainda que envolva execução de obra ou fornecimento e instalação de bens.

Está correto o que consta em

a) I, apenas.
b) I, II e III.
c) I e II, apenas.
d) III, apenas.
e) II e III, apenas.

■ GABARITO ■

1. "e".
2. "d".
3. "a".
4. "d".
5. "b".
6. "e".
7. "a".
8. "e".
9. "certo".
10. "b".

11

LICITAÇÕES

11.1. NOÇÕES GERAIS

Em primeiro lugar, cumpre **definir** o que é uma **licitação:** trata-se de um **procedimento administrativo** por meio do qual o Poder Público procura **selecionar** a **proposta mais vantajosa** para os interesses da coletividade **nos termos** expressamente previstos no **edital**.

Da definição proposta, o primeiro item a ser observado diz respeito ao fato de surgir a **licitação** como um **procedimento administrativo**.

Esse fato se deve à circunstância de ser a licitação constituída por **diversas fases**, diversas etapas, que surgem em **ordem cronológica** que não pode ser alterada, a fim de **selecionar** a **proposta mais vantajosa** para os interesses da coletividade.

Assim, em uma primeira passada de olhos, a licitação tem seu início, ao menos em sua **fase externa**, com a **publicação do edital**, surgindo **em seguida** as fases de **habilitação**, de **classificação**, a **homologação** e, por último, a **adjudicação**, nos termos apresentados pelo **art. 43 da Lei n. 8.666/93**, consoante se verifica:

> **Art. 43.** A licitação será processada e julgada com observância dos seguintes procedimentos:
>
> I — abertura dos envelopes contendo a documentação relativa à habilitação dos concorrentes, e sua apreciação;
>
> II — devolução dos envelopes fechados aos concorrentes inabilitados, contendo as respectivas propostas, desde que não tenha havido recurso ou após sua denegação;
>
> III — abertura dos envelopes contendo as propostas dos concorrentes habilitados, desde que transcorrido o prazo sem interposição de recurso, ou tenha havido desistência expressa, ou após o julgamento dos recursos interpostos;
>
> IV — verificação da conformidade de cada proposta com os requisitos do edital e, conforme o caso, com os preços correntes no mercado ou fixados por órgão oficial competente, ou ainda com os constantes do sistema de registro de preços, os quais deverão ser devidamente registrados na ata de julgamento, promovendo-se a desclassificação das propostas desconformes ou incompatíveis;
>
> V — julgamento e classificação das propostas de acordo com os critérios de avaliação constantes do edital;
>
> VI — deliberação da autoridade competente quanto à homologação e adjudicação do objeto da licitação.

Importante observar que essas **fases** são **independentes entre si**, revelando-se **impossível** uma **inversão** da **ordem** em que se apresentam, sob pena de anulação de todo o procedimento, **a menos que** sobrevenha **mudança** nesse sentido proveniente de **lei**.

Seguindo ainda pela definição proposta, tem-se que o **objetivo** a ser atingido em uma **licitação** é a **busca** da **proposta mais vantajosa** para o interesse público; única finalidade, aliás, a ser perseguida pela Administração Pública.

Outrossim, registre-se, a **proposta mais vantajosa** só poderá sagrar-se **vencedora se** for apresentada **dentro** dos estritos **limites** estabelecidos no **edital**, sob pena de quebra do princípio da igualdade.

A **proposta mais vantajosa** para os interesses da coletividade **nem sempre** será aquela que apresentar o **menor preço**, mas aquela que se revelar a melhor nos termos estabelecidos no edital.

Dentro desse contexto, importante registrar que a **obrigação** atribuída ao **Poder Público**, ao menos em regra, de promover **licitação** sempre que pretender adquirir ou alienar bens ou contratar serviços, encontra **fundamento** na expressa disposição constitucional, estabelecida em seu **art. 37, XXI**, cuja redação a seguir se reproduz:

> **Art. 37.** (...)
>
> XXI — ressalvados os casos especificados na legislação, as obras, serviços, compras e alienações serão contratados mediante processo de licitação pública que assegure igualdade de condições a todos os concorrentes, com cláusulas que estabeleçam obrigações de pagamento, mantidas as condições efetivas da proposta, nos termos da lei, o qual somente permitirá as exigências de qualificação técnica e econômica indispensáveis à garantia do cumprimento das obrigações.

A leitura do dispositivo reproduzido não só confirma a ideia segundo a qual tem a Administração a **obrigatoriedade** de **abertura** de **licitação**, em se tratando de **obras, serviços, compras** e **alienações**, como também determina o perfil desse procedimento.

Com efeito, estabelece a necessidade de que se assegure **igualdade** de **condições** a todos os concorrentes, bem como a necessidade de realização de **exigências** de **qualificação técnica** e **econômica**, mas apenas aquelas que se revelem **razoáveis** para o **cumprimento** das **obrigações** estabelecidas no contrato.

Em outras palavras, em razão da previsão estabelecida no dispositivo constitucional, qualquer **exigência** de qualificação técnica ou econômica que se revele **desproporcional** com as **obrigações** previstas no **contrato** será considerada **inconstitucional**.

Por derradeiro, da leitura do dispositivo em referência, visualiza-se a conclusão segundo a qual a **obrigatoriedade de abertura de licitação** se apresenta **tão somente** como **regra geral**, admitindo-se **exceções** nos casos especificados em **lei**.

DEFINIÇÃO	Procedimento administrativo
OBJETIVO	Seleção da proposta mais vantajosa para o interesse público
LIMITES	Aqueles estabelecidos no edital
FUNDAMENTO	Art. 37, XXI, da CF

■ 11.2. COMPETÊNCIA

É importante observar a **competência** para **legislar** em matéria de **licitações**, questão essa disciplinada no **art. 22, XXVII, da CF**, nos termos seguintes:

> **Art. 22.** Compete privativamente à União legislar sobre: (...)
> XXVII — normas gerais de licitação e contratação, em todas as modalidades, para as administrações públicas diretas, autárquicas e fundacionais da União, Estados, Distrito Federal e Municípios, obedecido o disposto no art. 37, XXI, e para as empresas públicas e sociedades de economia mista, nos termos do art. 173, § 1º, III.

A leitura do dispositivo constitucional deixa clara, portanto, a possibilidade de as quatro pessoas integrantes da nossa Federação, vale dizer, **União**, **Estados**, **Municípios** e **Distrito Federal**, **editarem normas** sobre esse tema, cada qual no seu campo específico de atuação.

Assim, enquanto a **União** tem competência para a edição de **normas gerais**, fica para os **Estados**, **Municípios** e **Distrito Federal** a competência para edição de **normas específicas** dentro de seu território.

Diga-se, também, que, além da competência para legislar, as **quatro pessoas mencionadas** apresentam **competência** para a **abertura** de **procedimentos licitatórios**, cada qual em seu campo de atuação.

Nesse sentido, foi editada a **Lei n. 8.666/93**, estabelecendo **normas gerais** sobre licitações aplicáveis inicialmente a todos os órgãos e pessoas localizados na estrutura da Administração direta e indireta respectivamente, nas quatro esferas de governo.

Sem embargo, cumpre registrar que a **incidência** dessa **legislação** sobre **empresas públicas** e **sociedades de economia mista** deixou de existir a partir da edição da **Lei federal n. 13.303/2016**, conhecida por Lei de **Responsabilidade** das **Estatais**, que estabeleceu, entre outros pontos, regras gerais em matéria de licitações **aplicáveis** para as **empresas públicas** e **sociedades de economia mista**.

Destarte, como já noticiado, o **artigo inaugural** da **referida legislação** estipulou a **incidência** de suas **regras para todas** as **empresas** públicas e **sociedades** de economia mista, independentemente, pois, de terem sido criadas para a **prestação de serviços públicos** ou a **exploração** de **atividades econômicas**. Confira-se:

> **Art. 1º** Esta Lei dispõe sobre o estatuto jurídico da empresa pública, da sociedade de economia mista e de suas subsidiárias, **abrangendo toda e qualquer empresa pública e sociedade de economia mista** da União, dos Estados, do Distrito Federal e dos Municípios **que explore atividade econômica** de produção ou comercialização de bens **ou de prestação de serviços**, ainda que a atividade econômica esteja sujeita ao regime de monopólio da União ou seja de prestação de serviços públicos.

Percebe-se, pois, da leitura do dispositivo reproduzido, ter o **legislador incluído** em uma **mesma norma estatais** que anteriormente se submetiam a **regimes jurídicos diversos** na dependência da atividade para a qual tenham sido criadas, vale dizer, prestação de **serviços públicos** ou **exploração** de **atividades econômicas**.

Dessa forma, se a Suprema Corte concluir pela **constitucionalidade** da referida **legislação**, essa situação implicará **sensível esvaziamento** da **Lei n. 8.666/93** quanto a seus **destinatários**, uma vez que terá aplicabilidade, tão somente, para os órgãos da **Administração direta**, bem como para **autarquias** e **fundações**.

Dentro desse contexto, passaremos em revista inicialmente as principais regras constantes da **Lei n. 8.666/93** para, logo em seguida, abordar aquelas estabelecidas pela **Lei n. 13.303/2016** que, cumpre registrar novamente, já foi objeto de questionamento quanto a sua constitucionalidade no STF, em janeiro de 2017, por meio da ADI 5.624, que até o momento de fechamento desta edição não foi pautada para julgamento.

COMPETÊNCIA PARA LEGISLAR	Dividida entre as quatro esferas de governo
FUNDAMENTO	Art. 22, XXVII, da CF
REFLEXO	União: edita normas gerais Estados, Municípios, Distrito Federal: normas específicas
LEGISLAÇÃO	Lei n. 8.666/93: estabelece normas gerais
DESTINATÁRIOS	Todos que se encontrem dentro da Administração, exceção às empresas públicas e sociedades de economia mista, por força da Lei n. 13.303/2016 (art. 1º)

■ 11.3. LEI N. 8.666/93

■ 11.3.1. Princípios

Quanto aos **princípios** que norteiam todo o **procedimento licitatório**, procuraremos relacionar apenas aqueles específicos para essa matéria, visto que, como se sabe, os demais princípios (de **caráter geral**), relacionados no ***caput*** do **art. 37 da CF**, também a ele se aplicam sem sombra de dúvida.

A abertura de qualquer licitação deverá nortear-se pelo cumprimento de princípios como os da legalidade, moralidade, eficiência, publicidade e impessoalidade.

Sem embargo, como se disse, existem alguns **princípios** relacionados pelo legislador que têm **aplicabilidade específica** para o tema relacionado às **licitações**, dos quais procuraremos pinçar os três principais, o que se fará em seguida.

■ 11.3.2. Vinculação ao edital

Entre aqueles considerados específicos, podemos destacar, de início, o da ***vinculação ao edital***, conforme previsão estabelecida no **art. 41 da Lei n. 8.666/93**, com as alterações que lhe sucederam:

> **Art. 41.** A Administração não pode descumprir as normas e condições do edital, ao qual se acha estritamente vinculada.

A existência desse princípio se justifica na medida em que, surgindo o **edital** como **lei interna das licitações**, a partir do instante em que suas regras se tornam públicas, tanto a **Administração** quanto os **licitantes** estarão a elas **vinculados**.

Dessa forma, nem o Poder Público poderá delas se afastar, estabelecendo, por exemplo, um novo critério de julgamento, nem os particulares participantes do certame poderão apresentar propostas, ainda que mais vantajosas, lançando mão de subterfúgios não estabelecidos no edital.

■ 11.3.3. Julgamento objetivo das propostas

O segundo princípio a ser relacionado é o do ***julgamento objetivo das propostas***, cuja previsão está no **art. 45** da mesma lei, como se verifica:

> **Art. 45.** O julgamento das propostas será objetivo, devendo a Comissão de licitação ou o responsável pelo convite realizá-lo em conformidade com os tipos de licitação, os critérios previamente estabelecidos no ato convocatório e de acordo com os fatores exclusivamente nele referidos, de maneira a possibilitar sua aferição pelos licitantes e pelos órgãos de controle.

Em outras palavras, o legislador procurou estabelecer a obrigação para o administrador de fixar entre os **critérios previstos na lei** aquele de **natureza objetiva** que melhor se adapte à situação concreta.

De se registrar que a **escolha** do administrador deve se **restringir** a um dos **critérios expressamente** previstos no **§ 1º** do **art. 45**, vale dizer:

> **Art. 45.** (...)
> I — a de menor preço (...)
> II — a de melhor técnica;
> III — a de técnica e preço;
> IV — a de maior lance ou oferta — nos casos de alienação de bens ou concessão de direito real de uso.

■ 11.3.4. Adjudicação compulsória

Apresenta-se também como princípio específico a ser mencionado em matéria de licitações, entre tantos outros, o da ***adjudicação compulsória***, segundo o qual a **Administração** Pública deve **entregar** o **objeto** da **licitação** à **proposta** considerada **vencedora**, nos termos previstos no edital.

Esse princípio traz como **consequência**, em primeiro lugar, a **liberação dos licitantes vencidos**, que, a partir desse momento, não estarão mais obrigados a manter os termos da proposta que formularam.

Outrossim, **impede** que a **Administração** Pública venha a **contratar com terceiros** que não aquele que tenha saído vencedor da licitação.

Em outras palavras, é importante observar que o **Poder Público não está obrigado** a celebrar **contrato** com o **licitante vencedor**, uma vez que razões de interesse público podem tornar inviável a contratação, ao menos naquele momento.

Seguindo por essa mesma linha de raciocínio, o **licitante vencedor** também **não tem direito adquirido** à **futura contratação**, nutrindo apenas uma expectativa de direito em relação a ela.

Cumpre observar, entretanto, que, se o Poder Público pretende contratar, só poderá fazê-lo com o licitante **vencedor**, que tem **direito adquirido**, **não podendo ser**

este preterido por terceiros. Essa conclusão se atinge por meio da leitura do **art. 50** da **Lei n. 8.666/93**, cuja redação a seguir se reproduz:

> **Art. 50.** A Administração não poderá celebrar o contrato com preterição da ordem de classificação das propostas ou com terceiros estranhos ao procedimento licitatório, sob pena de nulidade.

Esse princípio traz como **consequência** a necessidade de a **contratação**, caso ela seja efetuada, ser realizada **nos estritos limites previstos no edital**, não podendo conter uma vírgula a mais em relação a ele.

Explicitando, tem o licitante **vencedor** a **obrigação de manter os termos da proposta formulada**, dela não podendo se afastar, e a Administração tem o dever de exigir a sua manutenção, sob pena de burla do certame.

Destaca-se ainda que a **obrigação** do licitante **vencedor** de **manter** os termos da **proposta** inicialmente formulada **perdura** somente durante o prazo de **60 dias**, contados da data de sua entrega, a teor do disposto no **art. 64, § 3º:**

> **Art. 64.** (...)
> § 3º Decorridos 60 (sessenta) dias da data da entrega das propostas, sem convocação para a contratação, ficam os licitantes liberados dos compromissos assumidos.

Trata-se, como visto, de medida salutar, visto que impede possa o licitante ficar indefinidamente à mercê da Administração para a efetivação de uma futura e incerta contratação, o que não se justificaria.

■ 11.3.5. Princípio da isonomia

Em que pese se tratar de princípio geral da Administração, sua referência justifica-se por força da alteração promovida pela Lei n. 12.349/2010 em relação ao **art. 3º, § 1º, I, da Lei n. 8.666/93:**

> **Art. 3º** A licitação destina-se a garantir a observância do princípio constitucional da isonomia, a seleção da proposta mais vantajosa para a administração e a promoção do desenvolvimento nacional sustentável e será processada e julgada em estrita conformidade com os princípios básicos da legalidade, da impessoalidade, da moralidade, da igualdade, da publicidade, da probidade administrativa, da vinculação ao instrumento convocatório, do julgamento objetivo e dos que lhes são correlatos.
> § 1º (...)
> I — **admitir**, prever, incluir ou tolerar, nos atos de convocação, **cláusulas** ou condições **que comprometam, restrinjam ou frustrem o seu caráter competitivo**, inclusive nos casos de sociedades cooperativas, e estabeleçam preferências ou distinções em razão da naturalidade, da sede ou domicílio dos licitantes ou de qualquer outra circunstância impertinente ou irrelevante para o específico objeto do contrato, ressalvado o disposto nos §§ 5º a 12 deste artigo e no art. 3º da Lei n. 8.248, de 23 de outubro de 1991.

A redação do **dispositivo** reproduzido **demonstra a preocupação do legislador** com a questão relacionada à **sustentabilidade**, até então inexistente, **bem como** com a **inclusão** nas **vedações** estabelecidas no inciso I com as sociedades corporativas, até então excluídas.

Por fim, oportuno registrar a **exclusão** em relação a essas **restrições** do conteúdo dos **§§ 5º a 12 do art. 3º** da **Lei n. 8.666/93**, considerado pelo legislador como discriminações válidas.

Assim é que, a **título de exemplo**, o **§ 5º** abre a possibilidade de preferências para produtos manufaturados e serviços nacionais que atendam a normas técnicas brasileiras. Dentro desse contexto, a título de exemplificação ainda, apresenta-se **frustração do caráter competitivo da licitação** e, por via de consequência, **agressão** ao princípio da **isonomia**, a presença de qualquer **cláusula editalícia** que **discrimine** de **forma gratuita**, promovendo um **direcionamento** do **certame**.

Dessa forma, **inconstitucional cláusula editalícia** em licitação para **construção** de uma **escola em Município de pequeno porte** que **exigisse** que o **licitante** tivesse **sede** no próprio **Município**. Trata-se de cláusula que, além de **restritiva**, revela-se **insustentável**, uma vez que **frustra**, em razão de **caráter** geográfico, de forma injustificável, a **competitividade** do **certame**.

PRINCÍPIOS	NATUREZA	FUNDAMENTO
LEGALIDADE	Geral	Art. 37, *caput*, da CF
IMPESSOALIDADE	Geral	Art. 37, *caput*, da CF
MORALIDADE	Geral	Art. 37, *caput*, da CF
PUBLICIDADE	Geral	Art. 37, *caput*, da CF
EFICIÊNCIA	Geral	Art. 37, *caput*, da CF
VINCULAÇÃO AO EDITAL	Específico	Art. 41 da Lei n. 8.666/93
JULGAMENTO OBJETIVO DAS PROPOSTAS	Específico	Art. 45 da Lei n. 8.666/93
ADJUDICAÇÃO COMPULSÓRIA	Específico	Art. 50 da Lei n. 8.666/93
ISONOMIA	Específico	Art. 3º, § 1º, I, da Lei n. 8.666/93

■ 11.4. DA OBRIGATORIEDADE DE ABERTURA DE LICITAÇÃO

Por força dos comentários até esse momento apresentados, resulta nítida a conclusão segundo a qual a **obrigatoriedade de abertura de licitação**, **nos termos previstos por esta lei**, **incide** sobre **todas as figuras** incluídas na estrutura da **Administração Pública**, estejam elas na **estrutura direta (órgãos)** ou na **estrutura indireta (pessoas jurídicas)**, desde que **inexistente qualquer legislação específica em sentido contrário**. Dentro desse contexto, a obrigatoriedade de abertura de licitação incide sobre Ministérios, Secretarias de Estado, Subprefeituras, como também sobre autarquias, fundações, empresas públicas e sociedades de economia mista, estas últimas desde julho de 2016, sob a égide da Lei n. 13.303, levando em consideração o questionamento formulado através da ADI 5.624, de janeiro de 2017.

De resto, é o que se vê da previsão estabelecida no **art. 1º** da **Lei n. 8.666/93**, cuja redação a seguir se reproduz:

> **Art. 1º** Esta Lei estabelece normas gerais sobre licitações e contratos administrativos pertinentes a obras, serviços, inclusive de publicidade, compras, alienações e locações no âmbito dos Poderes da União, dos Estados, do Distrito Federal e dos Municípios.
>
> Parágrafo único. Subordinam-se ao regime desta Lei, além dos órgãos da administração direta, os fundos especiais, as autarquias, as fundações públicas, as **empresas públicas, as sociedades de economia mista** e demais entidades controladas direta ou indiretamente pela União, Estados, Distrito Federal e Municípios.

A leitura do dispositivo reproduzido, além de ratificar as observações deduzidas nos parágrafos anteriores, permite concluir que a **necessidade de abertura de licitação**, com base nessa lei, impõe-se para a execução de **obras e serviços, inclusive de publicidade, compras, alienações e locações**.

Dentro desse contexto, destaca-se a questão relacionada à celebração de contratos de publicidade, que até então poderiam ser ajustados sem a abertura de licitação, o que permitia a contratação da agência de publicidade responsável pela realização da campanha eleitoral, o que hoje não mais se admite.

OBRIGAÇÃO DE LICITAR	■ Lei n. 8.666/93 ■ Sim ■ Art. 1º: Administração direta e indireta das quatro esferas de governo	■ Lei n. 13.303/2016 ■ Sim ■ Art. 1º, c/c art. 28 — inclui todas as empresas e sociedades de economia mista

■ 11.5. PRESSUPOSTO PARA ABERTURA DE LICITAÇÃO

Por tudo o que se disse até este momento, resulta nítida a conclusão segundo a qual a **abertura de licitação**, por parte do Poder Público, **pressupõe** a comprovação da **viabilidade de competição**.

Com efeito, se a abertura de procedimento licitatório pressupõe a competição, em termos de igualdade, prevista no edital, entre os interessados em contratar com a Administração, **inexistindo a possibilidade de competição, não se licita**.

Esse aspecto assume importância, porque fundamental para **justificar as hipóteses de contratação direta** previstas inicialmente no **art. 37, XXI, da CF**, bem como na **Lei n. 8.666/93**, em especial aquelas veiculadas por inexigibilidade de licitação, a teor do disposto em seu **art. 25**, que será melhor analisado em itens subsequentes.

■ 11.6. FASES DA LICITAÇÃO

■ 11.6.1. Edital

Como visto no início, a **licitação** surge como um **procedimento administrativo**, na medida em que é **composta** por **diversas fases**, diversas etapas, todas elas **independentes entre si**, apresentando-se em **ordem cronológica** que não pode ser alterada, visando à celebração de um futuro contrato.

Outrossim, como também já observado, a **ordem** que **essas etapas aparecem** encontra-se estabelecida no **art. 43** da Lei de Regência, só comportando **alterações** se forem veiculadas através de **lei**.

Nesse contexto, a **primeira fase** é a do **edital**, que pode ser **definido** como **lei interna das licitações**, tendo em vista que traz em si as regras que serão desenvolvidas durante todo o procedimento.

Assim, a título de exemplo, o **art. 40** da **Lei n. 8.666/93** estabelece que, entre outros aspectos, o edital deverá conter o local, o dia e a hora para recebimento da documentação e das propostas e para a abertura dos envelopes.

Outrossim, o dispositivo estabelece que o **edital deverá contemplar** o **objeto da licitação**, em descrição sucinta e clara, proibindo-se, dessa forma, objetos descritos de maneira genérica, dificultando a elaboração das propostas.

Nele encontraremos a exigência de previsão de **prazo** e **condições para a assinatura de contrato** e as **sanções para o caso de inadimplência das obrigações contratuais**.

Encontrar-se-á também a exigência para o estabelecimento das **condições para participação** na **licitação** e a previsão para o **critério de julgamento** das **propostas**, com disposições claras e parâmetros objetivos.

Nos editais de licitação, poderá a Administração exigir da contratada que um percentual mínimo de sua mão de obra seja oriundo ou egresso do sistema prisional, com a finalidade de ressocialização do reeducando, de acordo com a previsão estabelecida na Lei n. 13.500, de 26 de outubro de 2017, que acresceu o § 5º ao art. 40 da Lei n. 8.666/93.

Outrossim, cumpre destacar que, quando da publicação do **edital**, alguns documentos, em caráter obrigatório, deverão vir como **anexos**, na forma prevista pelo **art. 40**, no **§ 2º**. Confira-se:

> **Art. 40.** (...)
>
> § 2º Constituem anexos do edital, dele fazendo parte integrante:
>
> I — o projeto básico e/ou executivo, com todas as suas partes, desenhos, especificações e outros complementos;
>
> II — orçamento estimado em planilhas de quantitativos e preços unitários;
>
> III — a minuta do contrato a ser firmado entre a Administração e o licitante vencedor;
>
> IV — as especificações complementares e as normas de execução pertinentes a licitação.

Do dispositivo legal reproduzido, percebe-se o cuidado do legislador em prescrever todas as **exigências necessárias**, de forma a **permitir a elaboração das propostas** pelos eventuais interessados em participar do certame.

Assim é que a **necessidade** de o **edital apresentar** os **projetos básico** e/ou **executivo** encontra justificativa, uma vez que **sem esses documentos não se vislumbra** a **possibilidade** de **elaboração** de **propostas técnicas**, ao menos **nos termos previstos por essa lei**, **cenário** que se **alterará**, por completo, quando da análise da lei do **regime diferenciado de contratações**, bem como da **Lei n. 13.303/2016**, o que se fará ao término deste capítulo.

Com efeito, não se trata de uma conclusão gratuita, mas que resulta das **definições** de **projeto básico** e/ou **executivo** estabelecidas pelo legislador, a teor do disposto no **art. 6º, IX** e **X**, respectivamente:

> **Art. 6º** (...)
>
> IX — Projeto Básico — conjunto de elementos necessários e suficientes, com nível de precisão adequado, para caracterizar a obra ou serviço, ou complexo de obras ou serviços objeto de licitação, elaborado com base nas indicações dos estudos técnicos preliminares, que assegurem a viabilidade técnica e o adequado tratamento do impacto ambiental do empreendimento, e que possibilite a avaliação do custo da obra e a definição dos métodos e do prazo de execução, devendo conter os seguintes elementos:
>
> *a)* desenvolvimento da solução escolhida de forma a fornecer visão global da obra e identificar todos os seus elementos constitutivos com clareza;
>
> *b)* soluções técnicas globais e localizadas, suficientemente detalhadas, de forma a minimizar a necessidade de reformulação ou de variantes durante as fases de elaboração do projeto executivo e de realização das obras e montagem;
>
> *c)* identificação dos tipos de serviços a executar e de materiais e equipamentos a incorporar a obra, bem como suas especificações que assegurem os melhores resultados para o empreendimento, sem frustrar o caráter competitivo para a sua execução;
>
> *d)* informações que possibilitem o estudo e a dedução de métodos construtivos, instalações provisórias e condições organizacionais para a obra, sem frustrar o caráter competitivo para a sua execução;
>
> *e)* subsídios para montagem do plano de licitação e gestão da obra, compreendendo a sua programação, a estratégia de suprimentos, as normas de fiscalização e outros dados necessários em cada caso;
>
> *f)* orçamento detalhado do custo global da obra, fundamentado em quantitativos de serviços e fornecimentos propriamente avaliados;
>
> X — Projeto Executivo — o conjunto dos elementos necessários e suficientes à execução completa da obra, de acordo com as normas pertinentes da Associação Brasileira de Normas Técnicas — ABNT.

Outrossim, a mesma preocupação resulta da previsão estabelecida no inciso II, que exige a apresentação, pelo Poder Público, de orçamento estimado para a execução da obra ou do serviço.

De resto, essas preocupações levaram o legislador a proibir a abertura de licitações sem que exista projeto básico aprovado e o orçamento detalhado, a teor do disposto no art. 7º, § 2º:

> **Art. 7º** (...)
>
> § 2º As obras e os serviços somente poderão ser licitados quando:
>
> I — houver projeto básico aprovado pela autoridade competente e disponível para exame dos interessados em participar do processo licitatório;
>
> II — existir orçamento detalhado em planilhas que expressem a composição de todos os seus custos unitários;
>
> III — houver previsão de recursos orçamentários que assegurem o pagamento das obrigações decorrentes de obras ou serviços a serem executadas no exercício financeiro em curso, de acordo com o respectivo cronograma;
>
> IV — o produto dela esperado estiver contemplado nas metas estabelecidas no Plano Plurianual de que trata o art. 165 da Constituição Federal, quando for o caso.

Por fim, entre os **documentos** que obrigatoriamente devem estar **anexados** ao **edital**, apresenta-se a **minuta do futuro contrato** a ser celebrado com o licitante vencedor, de forma a **evitar** que **alterações** possam ser promovidas, **fraudando** a **licitação** anterior.

Em outras palavras, por ocasião da celebração do contrato, o ajuste não poderá conter nem uma vírgula a mais nem a menos em relação à minuta do contrato, parte integrante do edital.

Trata-se de **medida importante**, de forma a **evitar** que o **contrato** seja **celebrado** em **condições diferentes** daquelas que originaram a **licitação**, em claro desrespeito aos licitantes que tiveram suas propostas excluídas do certame e, como corolário, em prejuízo ao interesse público.

Outrossim, uma vez **publicado** o **edital**, tanto a **Administração** Pública quanto os **licitantes** que se mostrarem interessados estarão **vinculados** às regras ali previstas, não podendo delas se afastar, a teor do disposto no **art. 41**, que consagra, como visto, o **princípio da vinculação ao edital** ou instrumento convocatório.

Embora a **regra geral** aponte para a **impossibilidade** de **modificação** das cláusulas do **edital** depois de sua publicação, o legislador prescreveu, entretanto, em **caráter excepcional**, a perspectiva de sua **modificação**, desde que respeitados os termos previstos no **art. 21, § 4º:**

> **Art. 21.** (...)
>
> § 4º Qualquer modificação no edital exige divulgação pela mesma forma que se deu o texto original, reabrindo-se o prazo inicialmente estabelecido, exceto quando (...) a alteração não afetar a formulação das propostas.

A leitura desse dispositivo legal revela, portanto, a **possibilidade** de **modificação** das cláusulas inicialmente fixadas no **edital**, desde que as **alterações** sejam **cercadas de ampla divulgação** para que todos os interessados tomem conhecimento, e desde que se reabra o prazo para a formulação de novas propostas caso isso se revele necessário.

Importante também observar a possibilidade aberta pelo legislador para a **impugnação das cláusulas** contidas no **edital**, tanto para aqueles que integram a licitação quanto para aqueles que a ela não aderiram.

Assim, nos termos do **art. 41** dessa lei, **qualquer cidadão** é **parte legítima** para **impugnar** o **edital** de licitação, desde que o faça até cinco dias úteis antes da data fixada para abertura dos envelopes de habilitação.

Nos termos do mesmo **art. 41**, agora em seu **§ 2º**, os **licitantes têm a mesma possibilidade**, desde que o façam até o segundo dia útil que antecede a abertura dos envelopes.

De se ressaltar, ainda, a **possibilidade aberta** a **qualquer licitante**, **ou** mesmo para **aqueles que não aderiram à licitação**, de fazer **representação** ao **Tribunal** de **Contas** contra irregularidades na aplicação dessa lei, o que, por óbvio, inclui impugnação ao edital, nos termos **do art. 113, § 1º:**

> **Art. 113.** (...)
>
> § 1º Qualquer licitante, contratado ou pessoa física ou jurídica poderá representar ao Tribunal de Contas ou aos órgãos integrantes do sistema de controle interno contra irregularidades na aplicação desta Lei, para os fins do disposto neste artigo.

Da mesma forma, de registrar-se a **possibilidade** de **qualquer** pessoa **provocar** a iniciativa do **Ministério Público** em relação a situações que caracterizem descumprimento da lei na forma do seu **art. 101**, *caput*:

> **Art. 101.** Qualquer pessoa poderá provocar, para os efeitos desta Lei, a iniciativa do Ministério Público, fornecendo-lhe, por escrito, informações sobre o fato e sua autoria, bem como as circunstâncias em que se deu a ocorrência.

11.6.2. Habilitação

A fase seguinte, denominada **habilitação**, é aquela em que o **Poder Público** procura **averiguar** as **condições pessoais de cada licitante**, de modo a concluir pela possibilidade ou não de ele arcar com as responsabilidades resultantes do futuro contrato caso saia vencedor.

A origem dessas exigências é encontrada no **art. 37, XXI, da CF**, cuja redação, pela pertinência, mais uma vez se reproduz:

> **Art. 37.** (...)
>
> XXI — ressalvados os casos especificados na legislação, as obras, serviços, compras e alienações serão contratados mediante processo de licitação pública que assegure igualdade de condições a todos os concorrentes, com cláusulas que estabeleçam obrigações de pagamento, mantidas as condições efetivas da proposta, nos termos da lei, o qual somente permitirá as exigências de qualificação técnica e econômica indispensáveis à garantia do cumprimento das obrigações.

Como se pode observar, a Constituição apenas admitiu que, nessa fase da licitação, o Poder Público faça somente exigências que se revelem indispensáveis para o cumprimento das obrigações resultantes do futuro contrato.

As **exigências**, portanto, a serem realizadas pelo administrador **não ficam ao seu livre critério**, mas, ao contrário, ao formulá-las, deverá ele justificar sua **pertinência em vista do objeto da licitação**.

A maneira pela qual esse dispositivo constitucional trata do tema em análise revela a **intenção** do **constituinte** de cercar as exigências de todas as **cautelas necessárias** para evitar **abusos de poder** por parte do administrador.

Em outras palavras, **traçando** esses **limites**, a **Constituição impede**, ou pelo menos dificulta, a possibilidade de o administrador estabelecer um nível de **exigência** que só possa ser **cumprido** por **determinadas pessoas**, ainda mais quando não apresente **nenhuma ligação lógica** com o **objeto** da **licitação** para direcioná-la, o que não se admite.

Ademais, importante observar que essa **restrição** estabelecida pelo legislador tem por **objetivo evitar** a **frustração** da **competitividade** da licitação, sob pena inclusive de caracterização de ilegalidade por desrespeito à previsão estabelecida no **art. 3º, § 1º, da Lei n. 8.666/93**, que relaciona as vedações atribuídas aos agentes públicos, em especial em seu inciso I:

> **Art. 3º** (...)
>
> § 1º (...)

> I — admitir, prever, incluir ou tolerar, nos atos de convocação, cláusulas ou condições que comprometam, restrinjam ou frustrem o seu caráter competitivo, inclusive nos casos de sociedades cooperativas, e estabeleçam preferências ou distinções em razão da naturalidade, da sede ou domicílio dos licitantes ou de qualquer outra circunstância impertinente ou irrelevante para o específico objeto do contrato, ressalvado o disposto nos §§ 5º a 12 deste artigo e no art. 3º da Lei n. 8.248, de 23 de outubro de 1991.

Outrossim, o mesmo diploma legal estabelece que o **desrespeito a essa diretriz** importa na **caracterização** de **crime** a teor no disposto em seu **art. 90**. Confira-se:

> **Art. 90.** Frustrar ou fraudar, mediante ajuste, combinação ou qualquer outro expediente, o **caráter competitivo do procedimento licitatório**, com o intuito de obter, para si ou para outrem, vantagem decorrente da adjudicação do objeto da licitação:
>
> Pena — detenção, de 2 (dois) a 4 (quatro) anos, e multa.

Sobre esse tema, importante ainda ressaltar que a caracterização da **frustração da competitividade** do certame também gera a possibilidade de **caracterização** de hipótese de **improbidade administrativa** em razão de danos causados ao erário, conforme se verifica da previsão estabelecida no **art. 10, VIII**, da **Lei n. 8.429/92:**

> **Art. 10.** Constitui ato de improbidade administrativa que causa lesão ao erário qualquer ação ou omissão, dolosa ou culposa, que enseje perda patrimonial, desvio, apropriação, malbaratamento ou dilapidação dos bens ou haveres das entidades referidas no art. 1º desta lei, e notadamente: (...)
>
> VIII — frustrar a licitude de processo licitatório ou de processo seletivo para celebração de parcerias com entidades sem fins lucrativos, ou dispensá-los indevidamente.

Regulamentando o tema, a lei ora em análise, em seu **art. 27**, estabeleceu o legislador que para essa fase do procedimento exigir-se-á dos interessados, exclusivamente, documentação relativa à **habilitação jurídica**, **qualificação técnica**, **qualificação econômico-financeira**, **regularidade fiscal** e **trabalhista**.

Com relação à **habilitação jurídica**, o **art. 28** relaciona, entre outros documentos a serem exigidos, a cédula de identidade, o registro comercial, o ato constitutivo, o estatuto ou o contrato social devidamente registrado e atualizado.

A **lista de documentos** relacionada pelo administrador bem está a demonstrar sua necessidade, de modo a **apurar** se o **licitante** interessado tem ou não **condições de assumir direitos** e contrair **obrigações**.

Com relação à **regularidade fiscal**, o legislador descreve no **art. 29**, entre outros, os seguintes documentos a serem apresentados: CPF ou CNPJ, prova de inscrição no Cadastro de Contribuintes, prova de regularidade para com a Fazenda Pública, prova de regularidade relativa à Seguridade Social e ao FGTS e prova de inexistência de débitos inadimplidos perante a Justiça do Trabalho.

Não se pode esquecer, destarte, que a exigência de prova de **regularidade relativa à Seguridade Social** e ao **FGTS** assume um **caráter fundamental**, na medida em que a **Constituição proíbe** ao administrador a **contratação** de qualquer **pessoa jurídica** em **débito** com o sistema de **Seguridade Social**, nos termos do **§ 3º** do **art. 195:**

> **Art. 195.** (...)
> § 3º A pessoa jurídica em débito com o sistema da seguridade social, como estabelecido em lei, não poderá contratar com o Poder Público nem dele receber benefícios ou incentivos fiscais ou creditícios.

Como se verifica, não se trata, portanto, de faculdade conferida ao administrador, mas de **obrigação** a ele **imposta** de **não efetuar contratações** com pessoas que estejam na situação descrita pelo comando constitucional.

Com relação à **qualificação técnica**, no **art. 30**, o legislador exige a comprovação de aptidão para desempenho de atividade pertinente e compatível em características, quantidades e prazos com o objeto da licitação.

Outrossim, exige a indicação de instalações e aparelhamento e de pessoal técnico que se encarregará da execução do futuro contrato e ainda do registro ou inscrição na entidade profissional competente, sem o qual será o licitante inabilitado.

Importante observar que a **comprovação dos requisitos** até aqui relacionados também está **revestida de formalidades, e a comprovação da aptidão de desempenho** deverá ser atestada por pessoas jurídicas de direito público ou privado registradas nas **entidades profissionais competentes**.

Por sua vez, o **§ 5º** do **art. 30 veda** a **exigência** de **comprovação** de atividade ou de aptidão **com limitação de tempo ou de época** ou, ainda, em locais específicos, que possa levar a uma **diminuição** da **competitividade**, salvo possa isso se justificar em razão do objeto da licitação.

Em outros termos, não **proibiu** o **legislador** a **exigência** de comprovação de atividades, o limite de tempo, época ou mesmo locais específicos, mas somente aquelas exigências **que não se justifiquem em razão do objeto a ser licitado**.

Assim, a exigência de comprovação de trabalhos anteriores ou o limite de tempo só encontram justificativa se a partir de determinada data, por exemplo, foi idealizado método revolucionário cuja tecnologia somente quem tiver exercido atividade depois daquele período poderia deter para sua realização. Dessa forma, não se justifica *a priori* a exigência de construção, por exemplo, de escolas nos últimos cinco anos, a menos que exista uma razão lógica para tanto.

Por derradeiro, a **documentação** relativa à **qualificação econômico-financeira**, disciplinada pelo **art. 31**, terá por **objetivo** propiciar ao Poder Público a **verificação** das **condições** dos participantes, nesse particular, para o **cumprimento** das **obrigações** resultantes do futuro contrato.

Assim, o legislador autorizou a possibilidade de o administrador exigir balanço patrimonial e demonstrações contábeis do último exercício social, certidão negativa de falência ou concordata e garantias, que, entretanto, não poderão ultrapassar 1% do valor estimado para a futura contratação.

Embora desnecessária, em razão da diretriz constitucional prevista no art. 37, XXI, cumpre observar a regra contida no **§ 1º do art. 31**, segundo a qual a **exigência** desses **índices** tem por **objetivo** verificar a **capacidade financeira do licitante** com vista aos compromissos que terá ele de assumir caso saia vencedor da licitação.

Dessa forma, o legislador deixa clara a **impossibilidade de exigência de limites** que poderão **restringir** em larga escala a **competitividade** dentro da licitação e, o que é pior, sem **nenhuma pertinência** com o **objeto** a ser **licitado**, caracterizando desvio de finalidade.

Cumpre ainda registrar que a própria **legislação**, com o intuito de **evitar** mais **burocracia**, abriu a **possibilidade** para que os eventuais **interessados** em participar de licitações **deixassem de apresentar**, a cada novo certame, **todos os documentos novamente**.

É o que se verifica pela possibilidade de edição de **registros cadastrais** para efeito de habilitação prévia a fim de simplificar as exigências da fase de habilitação, tendo **validade** por **um ano**, conforme previsão contida no **art. 34 da lei**.

De se observar, ainda, que a edição de **registro cadastral** para determinada empresa **não exclui** a **possibilidade**, no momento de participação de novas licitações, de **exigência** de **novos documentos** não abrangidos por esse registro.

O **§ 2º** do **art. 34**, outrossim, **faculta** às unidades administrativas a **utilização** de **registros cadastrais** de **outros órgãos** ou **entidades** da Administração Pública.

No particular acima, entendemos ser necessária observação quanto ao conteúdo do dispositivo legal, em especial quando torna a **aceitação do registro cadastral** apenas uma **faculdade** e não uma **obrigação** para a Administração Pública.

Como se sabe, a **CF**, em seu **art. 19, II**, estabelece ser **vedado** à União, aos Estados, ao Distrito Federal e aos Municípios **recusar fé** aos **documentos públicos:**

> **Art. 19.** É vedado à União, aos Estados, ao Distrito Federal e aos Municípios: (...)
> II — recusar fé aos documentos públicos.

Nesse sentido, quer nos parecer que a **aceitação** de **registros cadastrais** emitidos por pessoas integrantes da Federação **não representa** tão somente uma **faculdade, mas um dever** por força de expressa disposição constitucional.

Sem embargo, não é essa uma conclusão pacífica, admitindo posições contrárias, das quais destacamos a adotada pelo jurista Marçal Justen Filho[1]:

> "A possibilidade de utilização do CRC emitido por outra entidade depende da previsão no ato convocatório. A utilização de dados constantes de cadastros alheios é mera faculdade. Não é obrigatório que uma entidade aceite o CRC emitido por outra. Caberá a cada entidade deliberar acerca do tema".

Outrossim, em vista do largo prazo de vigência previsto para o certificado de **registro cadastral** (um ano), **nada impede** que, **posteriormente** à sua emissão, alguma **irregularidade** possa ser **constatada**, de modo a **impedir** a **habilitação** mesmo daquela empresa já cadastrada.

Assim, pode perfeitamente ocorrer que, por ocasião da emissão do certificado de **registro cadastral**, esteja determinada **empresa** com sua situação totalmente

1 *Comentários à Lei de Licitações e Contratos Administrativos*. Rio de Janeiro: Aide, 1993, p. 197.

regularizada perante a **Seguridade Social** e **posteriormente**, meses depois, **venha** ela a **apresentar** algum tipo de **pendência** que torne **impossível** a sua **habilitação**, ainda que de posse desse documento.

Dentro desse contexto, resulta **cristalina** a **conclusão** segundo a qual os **licitantes** que apresentarem **documentação irregular** estarão **inabilitados**, e aqueles cuja **documentação** estiver **em ordem** estarão **habilitados** para a fase seguinte.

Outrossim, importante registrar a **possibilidade** facultada pelo legislador à **Comissão** de **Licitações**, de **abertura** de **prazo** para a **correção** de **irregularidades** na documentação apresentada, desde que **todos** os **licitantes** tenham sido **inabilitados** e que, por óbvio, os **vícios** possam ser **corrigidos** no **prazo** de 8 dias úteis, a teor do disposto no **art. 48, § 3º:**

> **Art. 48.** (...)
>
> § 3º Quando todos os licitantes forem inabilitados ou todas as propostas forem desclassificadas, a Administração poderá fixar aos licitantes o prazo de oito dias úteis para a apresentação de nova documentação ou de outras propostas escoimadas das causas referidas neste artigo, facultada, no caso de convite, a redução deste prazo para três dias úteis.

A leitura do dispositivo legal permite concluir que a **abertura desse prazo** para correção de irregularidades na documentação apresentada representa **apenas uma faculdade** conferida à **Comissão de Licitações**, desde que, por óbvio, todos os licitantes tenham sido inabilitados.

Por fim, cumpre registrar que, das **decisões** tomadas pela **Comissão** de **Licitações** ao término dessa etapa, a lei abriu a **possibilidade** da apresentação de **recurso administrativo**, a teor do disposto no **art. 109, I, *a*,** que apresenta um prazo de 5 dias úteis:

> **Art. 109.** Dos atos da Administração decorrentes da aplicação desta Lei cabem:
>
> I — recurso, no prazo de 5 (cinco) dias úteis a contar da intimação do ato ou da lavratura da ata, nos casos de:
>
> *a)* habilitação ou inabilitação do licitante.

Outrossim, importante destacar que referido **recurso** é **dotado** de **efeito suspensivo**, na forma do **§ 2º** do mesmo dispositivo:

> **Art. 109.** (...)
>
> § 2º O recurso previsto nas alíneas *a* e *b* do inciso I deste artigo terá efeito suspensivo, podendo a autoridade competente, motivadamente e presentes razões de interesse público, atribuir ao recurso interposto eficácia suspensiva aos demais recursos.

Apresentado o **recurso**, os demais licitantes deverão ser comunicados, para que possam **impugná-lo** em um **prazo** de 5 dias úteis, conforme o disposto no **§ 3º:**

> **Art. 109.** (...)
>
> § 3º Interposto o recurso, será comunicado aos demais licitantes, que poderão impugná-lo no prazo de 5 (cinco) dias úteis.

Por fim, sobreleva notar que esse **recurso** deverá ser **dirigido** para a **autoridade superior** àquela que praticou o ato recorrido, vale dizer, a Comissão de Licitações, na forma disposta no **§ 4º** do mesmo dispositivo:

> **Art. 109.** (...)
>
> § 4º O recurso será dirigido à autoridade superior, por intermédio da que praticou o ato recorrido, a qual poderá reconsiderar sua decisão, no prazo de 5 (cinco) dias úteis, ou, nesse mesmo prazo, fazê-lo subir, devidamente informado, devendo, neste caso, a decisão ser proferida dentro do prazo de 5 (cinco) dias úteis, contado do recebimento do recurso, sob pena de responsabilidade.

■ 11.6.3. Classificação

Ultrapassada a fase de habilitação, os **licitantes inabilitados** estarão automaticamente **excluídos** da **licitação**, que ficará restrita àqueles que foram habilitados na fase anterior, os quais terão os envelopes contendo as **propostas comerciais** abertos e **analisados**.

A fase de **classificação**, portanto, tem por **objetivo** apreciar, **comparar** as **propostas comerciais** dos **habilitados** na **fase anterior** para se proceder ao julgamento conforme critério anteriormente previsto expressamente no edital.

Destaca-se que esse **critério** só poderá ser um daqueles relacionados pelo legislador no **art. 45**, a saber: **melhor técnica, menor preço, técnica e preço e o de maior lance ou oferta nos casos de alienação de bens ou concessão de direito real de uso**.

Nesse contexto, o legislador estabelece as hipóteses em que as **propostas** comerciais apresentadas deverão ser imediatamente **desclassificadas** pelo Poder Público.

A primeira delas, prevista no **art. 48, I**, diz respeito às propostas **que não atendam às exigências do edital**, porque, por melhor que possam ser, não se pode admitir sua aceitação se para tanto o licitante lançou mão de subterfúgios não autorizados no ato de convocação.

Efetivamente, fosse isso possível, estar-se-ia **ferindo** o **princípio da isonomia** e, por via de consequência, o da **competitividade livre**, que deve nortear todas as licitações, e as disposições contidas nos **§§ 1º** e **2º** do **art. 44**, consoante se verifica:

> **Art. 44.** (...)
>
> § 1º É vedada a utilização de qualquer elemento, critério ou fator sigiloso, secreto, subjetivo ou reservado que possa ainda que indiretamente elidir o princípio da igualdade entre os licitantes.
>
> § 2º Não se considerará qualquer oferta de vantagem não prevista no edital ou no convite, inclusive financiamentos subsidiados ou a fundo perdido, nem preço ou vantagem baseada nas ofertas dos demais licitantes.

Ademais, a necessidade de **desclassificação** dessas propostas resulta, ainda, da obrigatoriedade de **observância**, por todos os participantes do certame, das **regras**

previstas no **edital**, como consequência do princípio da **vinculação** ao **instrumento convocatório**, previsto, como já visto, no **art. 41** dessa lei.

Outrossim, da própria previsão estabelecida na **Constituição** Federal, em seu **art. 37, XXI**, quando estabelece a necessidade de assegurar **igualdade** de **condições entre todos os concorrentes**, o que restaria letra morta, fosse possível a admissão de propostas baseadas em itens não autorizados ou previstos pelo edital.

Também deverão ser imediatamente **desclassificadas** as **propostas** consideradas manifestamente **inexequíveis**, ainda que elaboradas dentro dos limites previstos no edital.

O legislador assim considerou **aquelas que não tenham demonstrado sua viabilidade** por intermédio de documentação, pois de nada adiantaria ter sido ela a melhor, dentro dos limites estabelecidos no edital, se o responsável não consegue comprovar condições para sua execução **(art. 48, II, § 1º)**.

De se registrar ainda que, em se verificando **empate** entre duas ou mais propostas, o legislador relaciona alguns **critérios de desempate**, nos termos do **art. 3º, § 2º**, com a redação modificada pela Lei n. 13.146/2015.

> **Art. 3º** (..)
>
> § 2º Em igualdade de condições, como critério de desempate, será assegurada preferência, sucessivamente, aos bens e serviços: (...)
>
> II — produzidos no País;
>
> III — produzidos ou prestados por empresas brasileiras.
>
> IV — produzidos ou prestados por empresas que invistam em pesquisa e no desenvolvimento de tecnologia no País
>
> V — produzidos ou prestados por empresas que comprovem cumprimento de reserva de cargos prevista em lei para pessoa com deficiência ou para reabilitado da Previdência Social e que atendam às regras de acessibilidade previstas na legislação.

Permanecendo o empate, aplica-se a regra estabelecida no **art. 45, § 2º**. Confira-se:

> **Art. 45.** (...)
>
> § 2º No caso de empate entre duas ou mais propostas, e após obedecido o disposto no *§ 2º do art. 3º* desta Lei, a classificação se fará, obrigatoriamente, por sorteio, em ato público, para o qual todos os licitantes serão convocados, vedado qualquer outro processo.

De outra parte, da mesma forma como visto por ocasião da fase de habilitação, também aqui permite o legislador poder a **Comissão de Licitações** abrir **prazo** para a **regularização** das **propostas comerciais**, desde que todos os licitantes tenham sido desclassificados, conclusão que resulta da previsão estabelecida no **art. 48, § 3º**, dessa lei, já reproduzida anteriormente.

Nesse sentido, importante ainda destacar a possibilidade de as **decisões** proferidas pela **Comissão** de **Licitações** serem **impugnadas** por meio da propositura de **recurso administrativo**, que, a exemplo daquele previsto para a fase de habilitação, também é **dotado** de **efeito suspensivo**, seguindo, quanto ao prazo para propositura, bem como endereçamento, as mesmas regras estabelecidas no já citado **art. 109**, agora no **inciso I, *b***.

Encerrada a fase de classificação, com a ordenação das propostas, em tese, o certame já estaria encerrado, pois o objetivo previsto pelo legislador, vale dizer, o de encontrar a proposta mais vantajosa para o interesse público, foi cumprido.

No entanto, a teor do disposto no **art. 43, VI**, estão previstas ainda as **fases de homologação** e **adjudicação**, que serão analisadas em seguida.

■ 11.6.4. Homologação

A fase seguinte é denominada **homologação**, em que o **Poder Público** tratará de **ratificar**, de confirmar, **ou não**, a **legalidade** de todos os **atos** até então **praticados**, o que será feito por **autoridade superior** àquela que comandou todo o procedimento até aquele momento.

Assim sendo, se, ao **analisar** todos os atos realizados nas **fases anteriores** o **administrador encontrar** alguma sorte de **ilegalidade**, deverá, de imediato, promover a **anulação** do **certame**.

De outra parte, **se não vislumbrar** nenhuma **irregularidade**, poderá, ainda, concluir pela necessidade de **revogação** do **certame**, desde que presentes razões de **conveniência** e **oportunidade**.

Essas situações encontram-se previstas no **art. 49, *caput*, da Lei n. 8.666/93:**

> **Art. 49.** A autoridade competente para a aprovação do procedimento somente poderá revogar a licitação por razões de interesse público decorrente de fato superveniente devidamente comprovado, pertinente e suficiente para justificar tal conduta, devendo anulá-la por ilegalidade, de ofício ou por provocação de terceiros, mediante parecer escrito e devidamente fundamentado.

Neste particular, importante destacar que dessas **decisões** que promovem a **anulação** ou **revogação** da licitação a lei prevê a **possibilidade** de apresentação de **recurso administrativo**, nos termos do **art. 109, I, *c***. Confira-se:

> **Art. 109.** Dos atos da Administração decorrentes da aplicação desta Lei cabem:
>
> I — recurso, no prazo de 5 (cinco) dias úteis a contar da intimação do ato ou da lavratura da ata, nos casos de: (...)
>
> *c)* anulação ou revogação da licitação.

Por derradeiro, **não se vislumbrando** nenhuma das **situações** anteriormente **descritas**, o certame será **homologado** e encaminhado para a fase de **adjudicação**.

■ 11.6.5. Adjudicação

A **fase** que **encerra** o **procedimento** de **licitação**, na forma prevista pelo **art. 43, VI**, é denominada adjudicação, por meio da qual o Poder Público **entrega** para a **proposta vencedora** o **objeto** da **licitação**.

Essa etapa traz como **efeitos**, em primeiro lugar, a **liberação** dos **licitantes vencidos** em relação às propostas apresentadas.

Em segundo lugar, **obriga** a **Administração** Pública, se pretender contratar, que o faça **apenas** com o **licitante vencedor**.

Isso significa que **não terá** o **vencedor** da licitação **direito adquirido** a um **futuro contrato**, uma vez que razões de interesse público podem respaldar uma atitude do Poder Público de não querer contratar naquele momento.

Por outro lado, se não tem o **licitante vencedor** direito adquirido ao futuro contrato, mas tão somente uma **expectativa de direito** em relação a ele, tem sim **direito adquirido** a **não ser preterido** por nenhum outro, mesmo que participante da licitação.

Assim, **se** por um lado não está a **Administração** Pública obrigada a **contratar**, se o fizer, **só** poderá fazê-lo **com** o **licitante vencedor**, sob pena de ilegalidade, consoante o disposto no **art. 50 da Lei n. 8.666/93**, que retrata o **princípio da adjudicação compulsória**, como já visto anteriormente:

> **Art. 50.** A Administração não poderá celebrar o contrato com preterição da ordem de classificação das propostas ou com terceiros estranhos ao procedimento licitatório, sob pena de nulidade.

O **terceiro** e último **efeito** gerado pela fase de adjudicação diz respeito à necessidade de o licitante **vencedor manter** os termos da **proposta** por ele apresentada **durante 60 dias**, a contar da data da sua entrega, sob pena de sofrer sanções.

Em outro dizer, como já visto, por força da redação apresentada pelo **art. 64, § 3º**, da lei, fica o vencedor obrigado, **sob pena** de **responsabilização**, a manter, pelo prazo nele previsto, os termos da proposta apresentada:

> **Art. 64.** (...)
>
> § 3º Decorridos 60 (sessenta) dias da data da entrega das propostas, sem convocação para a contratação, ficam os licitantes liberados dos compromissos assumidos.

Dessa forma, se a **convocação** pelo Poder Público para a **contratação** for feita **além dos 60 dias**, conforme a previsão do dispositivo legal, o licitante **vencedor não ficará obrigado a manter** os **termos** da **proposta** e, como consequência, não poderá ser penalizado por isso.

A título de encerramento deste item, sobreleva notar que a **ordem** de apresentação dessas **fases não pode ser alterada**, ao menos para as **licitações regidas por essa legislação**, o que não impede que o mesmo ocorra para aqueles certames disciplinados por outro diploma legal.

Este registro revela-se oportuno na medida em que, como se verá no item posterior, a **modalidade** de licitação denominada **"pregão"**, posto que regida por **lei específica**, **apresenta** algumas **variantes** quanto a essas **fases**; o **mesmo cenário** se verifica na legislação referente ao **regime diferenciado de contratação** (Lei n. 12.462/2011), bem como na **Lei n. 13.303/2016**, conhecida como Lei de Responsabilidade das Estatais, que serão analisadas ao final deste capítulo.

FASES	OBJETO	FUNDAMENTO NA LEI N. 8.666/93
EDITAL	Delimita a atuação dos licitantes, bem como da Administração	Art. 41: vinculação ao instrumento convocatório
HABILITAÇÃO	Averiguação das condições pessoais de cada licitante para o cumprimento das obrigações contratuais	■ Art. 28: habilitação jurídica ■ Art. 29: regularidade fiscal e trabalhista ■ Art. 30: qualificação técnica ■ Art. 31: qualificação econômico-financeira ■ Art. 34: registros cadastrais
CLASSIFICAÇÃO	Averiguação das propostas comerciais dos licitantes habilitados	■ Art. 45: critérios de julgamento ■ Art. 45, § 2º: critérios de desempate ■ Art. 48: hipóteses de desclassificação
HOMOLOGAÇÃO	Confirmar ou não a legalidade dos atos realizados nas etapas anteriores	Art. 49: anulação, revogação e homologação
ADJUDICAÇÃO	Entrega do objeto da licitação à proposta vencedora	Art. 50: adjudicação compulsória que impede contratações com preterição da ordem de classificação ou com terceiros

■ 11.7. MODALIDADES DE LICITAÇÃO

Outro tema importante a ser tratado, em matéria de licitações, diz respeito às **modalidades**, que só poderão ser aquelas relacionadas pelo legislador, conforme disposição contida no **art. 22, § 8º:**

> **Art. 22.** (...)
> § 8º É vedada a criação de outras modalidades de licitação ou a combinação das referidas neste artigo.

Sem embargo, oportuno relembrar que, nada obstante o conteúdo deste dispositivo, em **2002** foi **criada** a **modalidade "pregão"**, regida por **legislação específica**, que será analisada posteriormente aos comentários acerca das modalidades previstas no **art. 22 da Lei 8.666/1993**, o que se fará a seguir.

Outrossim, importante destacar que o conhecimento acerca das **modalidades** de **licitação** previstas nesta lei revela-se de enorme **importância**, uma vez que não basta ao administrador abrir licitação, de acordo com a diretriz estabelecida pela Constituição, pois terá também de **escolher** a **modalidade correta**, **nos termos** previstos no **art. 22** da lei disciplinadora da matéria.

Dentro desse contexto, partindo do pressuposto de que cada modalidade de licitação tem uma finalidade distinta, passaremos, em seguida, a analisar as **características de cada uma delas**, de acordo com as previsões estabelecidas pelo legislador.

■ 11.7.1. Concorrência

Sobre o assunto, a primeira modalidade de licitação a ser analisada é a **concorrência pública**, **aberta** a **quaisquer interessados** que comprovem, na fase de habilitação, possuir os requisitos mínimos de qualificação exigidos no edital **(art. 22, § 1º)**.

Ainda acerca dessa modalidade, cumpre observar a existência de algumas situações em que sua **utilização** se torna **obrigatória**, vedando-se a utilização das demais, consoante se verifica da redação estabelecida no **art. 23, §§ 3º e 4º:**

> **Art. 23.** (...)
>
> § 3º A concorrência é a modalidade de licitação cabível, qualquer que seja o valor de seu objeto, tanto na compra ou alienação de bens imóveis, ressalvado o disposto no art. 19, como nas concessões de direito real de uso e nas licitações internacionais, admitindo-se neste último caso, observados os limites deste artigo, a tomada de preços, quando o órgão ou entidade dispuser de cadastro internacional de fornecedores, ou o convite, quando não houver fornecedor do bem ou serviço no país. (Redação dada pela Lei n. 8.883/94)
>
> § 4º Nos casos em que couber convite, a Administração poderá utilizar a tomada de preços e, em qualquer caso, a concorrência.

Outrossim, não se pode perder de vista que, por força dos comentários deduzidos em capítulos anteriores, a modalidade de **concorrência pública** é a **única** que se apresenta **legítima** para a celebração de **contratos de concessão**, bem como de **contratos de parcerias público-privadas**, conforme disposição contida, respectivamente, nos **arts. 2º, II, da Lei n. 8.987/95** e **10, *caput,* da Lei n. 11.079/2004**. Confira-se:

> **Art. 2º** Para os fins do disposto nesta Lei, considera-se: (...)
>
> II — concessão de serviço público: a delegação de sua prestação, feita pelo poder concedente, mediante licitação, na **modalidade de concorrência**, à pessoa jurídica ou consórcio de empresas que demonstre capacidade para seu desempenho, por sua conta e risco e por prazo determinado;

> **Art. 10.** A contratação de parceria público-privada será precedida de licitação na **modalidade de concorrência**, estando a abertura do processo licitatório condicionada a:

■ 11.7.2. Tomada de preços

Seguindo os passos do legislador, a segunda modalidade de licitação relacionada é a **tomada de preços aberta** entre **interessados devidamente cadastrados, ou** que **atendam** a todas as **condições** exigidas para o cadastramento **até o terceiro dia anterior** à data do **recebimento** das **propostas** (art. 22, § 2º).

Nesse sentido, importante observar que o legislador, no **§ 9º** do **art. 22**, estabelece que, neste último caso, a **Administração** somente poderá **exigir** do **licitante não cadastrado** a **mesma documentação** exigida para aqueles que obtiveram um cadastramento, o que, convenhamos, seria desnecessário prescrever, por força do princípio da isonomia.

Portanto, percebe-se que, ao contrário do que se verificou em relação à concorrência pública, nessa modalidade de licitação **só poderão participar, em um primeiro momento**, aqueles que estejam previamente **cadastrados junto à Administração**.

Nesse particular, não se perca de vista a ideia de que o **cadastramento**, localizado no **art. 34** dessa lei, teve por **objetivo** permitir aos licitantes a **dispensa** de apresentação de toda a extensa **documentação** normalmente exigida em certames dessa natureza.

Assim sendo, aqueles que se encontram **cadastrados**, além da **isenção** de apresentação desses **documentos**, pelo prazo de um ano, também gozam da **vantagem** de **participar**, em um primeiro momento, dessa **modalidade** de **licitação**.

■ 11.7.3. Convite

A terceira modalidade de licitação relacionada é o **convite** aberto a **quaisquer interessados** do ramo pertinente ao seu objeto, cadastrados ou não, escolhidos e convidados, diz o legislador, em **número mínimo de três (art. 22, § 3º)**.

Sobreleva notar que a **possibilidade** de **participação** nessa modalidade de licitação pode ser **estendida aos demais cadastrados** que manifestarem **interesse** com **antecedência** de **até 24 horas** em relação à data de apresentação das propostas.

Ainda sobre o tema, importante registrar que o legislador **limitou** a **atuação** do **administrador** tanto para a hipótese em que existam **mais de três interessados** quanto para aquela em que esse número não possa ser atingido, a teor do disposto no art. 22, §§ 6º e 7º:

> **Art. 22.** (...)
>
> § 6º Na hipótese do § 3º deste artigo, existindo na praça mais de 3 (três) possíveis interessados, a cada novo convite, realizado para objeto idêntico ou assemelhado, é obrigatório o convite a, no mínimo, mais um interessado, enquanto existirem cadastrados não convidados nas últimas licitações.
>
> § 7º Quando, por limitações do mercado ou manifesto desinteresse dos convidados, for impossível a obtenção do número mínimo de licitantes exigidos no § 3º deste artigo, essas circunstâncias deverão ser devidamente justificadas no processo, sob pena de repetição do convite.

■ 11.7.4. Concurso

Modalidade de licitação aberta a **quaisquer interessados** voltada para a **escolha** de **trabalho técnico**, **científico** ou **artístico**, **mediante** a instituição de prêmios ou **remuneração** aos vencedores.

Trata-se, portanto, de modalidade de licitação que apresenta, ao contrário das demais até aqui analisadas, **objeto específico**, voltada à escolha de trabalhos com o perfil identificado no **art. 22, § 4º**, dessa lei.

Para essa modalidade, também não prevê o legislador **nenhum limite de valores**.

A título de exemplo, se o Poder Público tiver necessidade de escolha de um projeto arquitetônico para promover a revitalização de determinada região da cidade, os interessados irão competir entre si e o vencedor será remunerado.

■ 11.7.5. Leilão

Essa modalidade de licitação é aberta a **quaisquer interessados** na **compra** de **bens móveis inservíveis** para a **Administração** ou de **produtos legalmente apreendidos** ou **penhorados** ou para a alienação de bens imóveis (art. 22, § 5º).

Ainda em relação a essa modalidade, em especial acerca da parte final do dispositivo mencionado, oportuna a referência à situação descrita no **art. 19, III, dessa lei**, que permite a **adoção** dessa modalidade, mas **também** a da **concorrência**, nas hipóteses de alienação de bens públicos cuja aquisição tenha derivado de procedimentos judiciais ou dação em pagamento:

> **Art. 19.** Os bens imóveis da Administração Pública, cuja aquisição haja derivado de procedimentos judiciais ou de dação em pagamento, poderão ser alienados por ato da autoridade competente, observadas as seguintes regras: (...)
> III — adoção do procedimento licitatório, sob a modalidade de concorrência ou leilão.

Nesse contexto, importante consignar, uma vez mais, que a **concorrência pública** é modalidade de licitação, que, além das características mencionadas, pode ser **utilizada para qualquer tipo** de **contratação**, não sendo, entretanto, a recíproca verdadeira, nos termos previstos no **§ 4º** do **art. 23**, consoante se verifica da sua redação, a seguir reproduzida:

> **Art. 23.** (...)
> § 4º Nos casos em que couber convite, a Administração poderá utilizar a tomada de preços e, em qualquer caso, a concorrência.

■ 11.7.6. Registro de preços

Essa modalidade de licitação se aplica para as **compras realizadas** pelo **Poder Público**, de forma a se **obter maior eficiência** em relação aos valores praticados pelo mercado.

Nesse sentido, como o próprio nome indica, **sempre** que **possível** a **Administração promoverá** sistema prévio de **registro** de **preços**, a teor do disposto no **art. 15, II, da Lei n. 8.666/93**, alinhando-se aos valores estabelecidos pelo mercado, **evitando** o **superfaturamento**.

Dentro desse contexto, oportuno observar que, a teor do disposto no art. 15, § 3º, I, esse **registro** será **precedido** de **concorrência**, podendo ser **impugnado** por **qualquer cidadão (§ 6º)** em razão da incompatibilidade com os preços de mercado.

Importante dizer também que esse registro de preços terá **validade** por **prazo não** superior a **um ano**, conforme determina o art. 15, § 3º, IV, sendo que em relação a ele deverá ser oferecida ampla **publicidade** em relação a todas as compras realizadas pela Administração, dessa forma, a teor do disposto no **art. 16**.

Por fim, importante anotar que a questão relacionada a essa modalidade de licitação foi regulamentada pelo Decreto n. 7.892/2013.

Sobre esse tema, importante ainda anotar que o legislador houve por bem separar essas modalidades de licitação, estabelecendo limites quanto à faixa de valores para obras e serviços de engenharia e para compras e serviços, conforme disposição estabelecida no art. 23, cujos termos encontram-se sintetizados no seguinte quadro:

MODALIDADE (ART. 22)	OBRAS E SERVIÇOS DE ENGENHARIA (ART. 23, I)	COMPRAS E OUTROS SERVIÇOS (ART. 23, II)
CONCORRÊNCIA (ART. 22, I)	Acima de R$ 1.500.000,00 (art. 23, I, *c*)	Acima de R$ 600.000,00 (art. 23, II, *c*)
TOMADA DE PREÇOS (ART. 22, II)	Acima de R$ 150.000,00 até R$ 1.500.000,00 (art. 23, I, *b*)	Acima de R$ 80.000,00 até R$ 600.000,00 (art. 23, II, *b*)
CONVITE (ART. 22, III)	Até R$ 150.000,00 (art. 23, I, *a*)	Até R$ 80.000,00 (art. 23, II, *a*)

11.7.7. Pregão

Ainda sobre o tema, oportuno tecer algumas considerações acerca da modalidade de licitação denominada ***pregão***, disciplinada pela **Lei n. 10.520/2002**, que instituiu normas gerais no âmbito da União, Estados, Distrito Federal e Municípios.

O pregão tem por **objeto a aquisição de bens e serviços comuns**, vale dizer, aqueles cujos padrões de desempenho e qualidade possam ser objetivamente definidos pelo edital, por meio de especificações usuais no mercado, qualquer que seja o valor da contratação **(art. 1º e parágrafo único)**.

Trata-se, na verdade, de uma **tentativa** de o Poder Público **desburocratizar** o **procedimento licitatório**, procurando **simplificá-lo** para **obter melhores resultados** em vista do interesse público. Essa modalidade de licitação **inicia-se** com a **convocação** dos **interessados** por meio de publicação no *Diário Oficial*, em jornais de grande circulação e, facultativamente, por meios eletrônicos **(art. 4º, I)**.

A **fase de habilitação**, que se pode chamar apenas de prévia, uma vez que houve inversão com a fase de classificação, ao contrário do que se verificou nas outras modalidades, **resume-se a uma declaração feita pelo próprio licitante** de que está em **situação regular** perante a **Fazenda Nacional**, a **Seguridade Social** e o **FGTS** e de que **atende** às **exigências do edital** quanto à habilitação jurídica e qualificações técnica e econômico-financeira **(art. 4º, VII)**.

Em seguida, os interessados **aprovados na fase anterior** apresentam suas **propostas comerciais**, cuja compatibilidade com o edital será averiguada; o **critério** de **julgamento** será **único**, vale dizer, o de **menor preço (art. 4º, X)**.

No curso da sessão, o autor da **oferta de valor mais baixo** e os das **ofertas com preços** até **10% superiores** àquela poderão fazer **novos lances verbais** e **sucessivos** até a proclamação do vencedor **(art. 4º, VIII)**.

Por fim, não havendo pelo menos três ofertas nas condições definidas anteriormente, poderão os **autores** das **três melhores propostas** oferecer **novos lances** verbais e sucessivos até a proclamação do vencedor **(art. 4º, IX)**.

Encerrada a **etapa** de **competição** entre as propostas, o pregoeiro procederá à **abertura** do invólucro contendo os **documentos de habilitação** do licitante responsável pela **proposta vencedora**, para a verificação do atendimento das condições fixadas e da documentação exigida no edital **(art. 4º, XII)**.

No caso de **inabilitação** do proponente que tiver apresentado a melhor oferta, serão **analisados** os **documentos** habilitadores do **licitante classificado** em **segundo lugar**, e assim sucessivamente até que algum deles atenda às condições fixadas no edital **(art. 4º, XII)**.

Se a **oferta não for aceitável ou** se o licitante **desatender** às **exigências habilitatórias**, serão examinadas as ofertas subsequentes e a **qualificação dos demais licitantes**, até que se chegue a uma que atenda às condições do edital **(art. 4º, XVI)**.

Por fim, **apontado** o licitante **vencedor**, será a ele **adjudicado** o **objeto** da **licitação**, sendo posteriormente convocado para a assinatura do ajuste **(art. 4º, XXI e XXII)**.

De se anotar também que, em relação a essa modalidade de licitação, **aplicam-se subsidiariamente** as regras localizadas na **Lei n. 8.666/93**, a teor do disposto no **art. 9º**.

De se destacar ainda a possibilidade de utilização dessa modalidade de licitação para as compras e contratações de bens e serviços comuns pelo sistema de registro de preços, conforme previsão estabelecida no **art. 11** da **Lei n. 10.520/2002**.

Percebe-se que referida legislação introduziu importantes inovações em relação às diretrizes estabelecidas na Lei n. 8.666/93, tais como a inversão das fases de classificação e habilitação, a previsão de fase recursal única, bem como a inversão das fases de adjudicação e homologação, e ainda a possibilidade facultada ao pregoeiro de negociar diretamente com o vencedor para a obtenção de melhor preço.

MODALIDADES	HIPÓTESES DE CABIMENTO	FUNDAMENTO
CONCORRÊNCIA	Aberta a quaisquer interessados que preencham os requisitos do edital, nos limites de valores fixados no art. 23, sendo utilizada com exclusividade para contratações de maior valor; para concessões e PPPs	■ Lei n. 8.666/93, arts. 22, § 1º, e 23, §§ 3º e 4º ■ Lei n. 8.987/95, art. 2º ■ Lei n. 11.079/2004, art. 10
TOMADA DE PREÇOS	Aberta, em um primeiro momento, somente aos cadastrados ou que preencham os requisitos para tanto até três dias antes da data marcada para a apresentação das propostas, e nos limites de valores fixados pelo art. 23	Lei n. 8.666/93, art. 22, § 2º
CONVITE	Aberto em um primeiro momento apenas aos convidados (em número mínimo de três) ou aos cadastrados que pretendam participar	Lei n. 8.666/93, art. 22, §§ 3º e 6º
CONCURSO	Aberto a quaisquer interessados para a escolha de trabalho técnico, artístico ou científico mediante remuneração	Lei n. 8.666/93, art. 22, § 4º
LEILÃO	Aberta a quaisquer interessados para venda de bens móveis inservíveis ou de produtos legalmente apreendidos ou penhorados ou ainda para alienação de bens e móveis	Lei n. 8.666/93, art. 22, § 5º, e 23, § 3º
REGISTRO DE PREÇOS	Aberto a quaisquer interessados e voltado para as hipóteses de compras a serem realizadas pela Administração	Lei n. 8.666/93, art. 15
PREGÃO	Aberto a quaisquer interessados para a aquisição de bens e serviços comuns a preços de mercado	Lei n. 10.520/2002, art. 1º

	Inovações ■ inversão das fases de classificação e habilitação ■ critério único de julgamento: menor preço ■ oportunidade de segunda rodada de competição com lances viva-voz ■ habilitação: análise da documentação somente do vencedor ■ fase recursal única ■ inversão de adjudicação e homologação ■ possibilidade de participação on-line (pregão eletrônico)	

■ 11.8. CONTROLE DAS LICITAÇÕES

Sobre este tema, importante observar que o **controle das licitações** pode ser feito **interna** ou **externamente**.

Internamente, a **Administração** Pública poderá, como já visto, **anular** seus próprios atos quando detectada a presença de vícios de **ilegalidade**, ou **revogá-los** por razões de **conveniência** e **oportunidade**, situação essa que, de resto, estava consolidada pela **Súmula 473 do STF**.

Sem embargo, essa circunstância foi objeto de preocupação do legislador, consoante se verifica na redação do **art. 49**, que, pela oportunidade, mais uma vez se reproduz:

> **Art. 49.** A autoridade competente para a aprovação do procedimento somente poderá revogar a licitação por razões de interesse público decorrente de fato superveniente devidamente comprovado, pertinente e suficiente para justificar tal conduta, devendo anulá-la por ilegalidade, de ofício ou por provocação de terceiros, mediante parecer escrito e devidamente fundamentado.

A leitura desse dispositivo legal bem está a revelar os traços que distinguem os dois **instrumentos** por intermédio dos quais pode a Administração **extinguir** os **procedimentos licitatórios**.

Com efeito, por meio da **revogação**, a extinção ocorre por razões de **conveniência** e **oportunidade**, tratando-se, pois, de ato exclusivo da Administração, que só poderá fazê-lo para a **preservação** do **interesse público**.

Ao revés, na hipótese de a **extinção** ter lugar por força de **ilegalidade**, **não tem** ela mais a **faculdade**, **mas** o **dever** de **anular** o procedimento de ofício ou por meio da iniciativa de terceiros.

Nesse contexto, cumpre observar que a **provocação por terceiros não é livre**, mas deverá ocorrer mediante apresentação de **recursos administrativos**, na forma prevista no **art. 109** da Lei n. 8.666/93.

Em outras palavras, **ao término de cada uma das etapas de licitação**, poderão aqueles que se sentirem prejudicados por decisões supostamente ilegais, tomadas pela Comissão de Licitações, **apresentar recurso administrativo**, gerando **efeito**

suspensivo do processo, em se tratando de uma das hipóteses relacionadas no **§ 2º** do **art. 109**, vale dizer, habilitação ou inabilitação e julgamento das propostas.

Dentro desse contexto, cumpre registrar que, na hipótese de **anulação**, como regra geral, **não terá** o **contratado direito** a qualquer sorte de **indenização**, a menos que o contratado não tenha dado causa a ela, a teor do disposto nos **arts. 49** e **59** dessa lei.

Externamente, o **controle** poderá ser **realizado** pelo Poder **Judiciário**, visto que nenhuma lesão ou ameaça a direito será subtraída à sua apreciação, e também pelo **Ministério Público** ou pelo **Tribunal de Contas**, desde que por provocação de terceiros, conforme se vê na redação dos **arts. 101** e **113, § 1º:**

> **Art. 101.** Qualquer pessoa poderá provocar, para os efeitos desta Lei, a iniciativa do Ministério Público, fornecendo-lhe, por escrito, informações sobre o fato e sua autoria, bem como as circunstâncias em que se deu a ocorrência.

> **Art. 113.** (...)
> § 1º Qualquer licitante, contratado ou pessoa física ou jurídica poderá representar ao Tribunal de Contas ou aos órgãos integrantes do sistema de controle interno contra irregularidades na aplicação desta Lei, para os fins do disposto neste artigo.

ESPÉCIES	LEGITIMIDADE	HIPÓTESES
INTERNO	Administração Pública	Anulação e revogação (art. 49 da Lei n. 8.666/93)
EXTERNO	Tribunais de Contas, Ministério Público e Judiciário	Anulação (arts. 113, § 1º, e 101 da Lei n. 8.666/93; e art. 5º, XXXV, da CF)

■ 11.9. CRIMES PRATICADOS NAS LICITAÇÕES

Quanto aos **crimes** previstos na lei, as **hipóteses** estão relacionadas nos **arts. 89** e seguintes, e dentre elas se destacam:

- dispensar ou não exigir licitação fora das hipóteses previstas em lei **(art. 89)**;
- frustrar ou fraudar o caráter competitivo da licitação **(art. 90)**;
- admitir, possibilitar ou dar causa a qualquer modificação ou vantagem em favor do adjudicatário **(art. 92)**;
- devassar o sigilo de propostas **(art. 94)**.

Quanto a sua **natureza**, cumpre destacar que todos os **crimes** previstos nesse diploma legal são de **ação penal pública incondicionada**, cabendo ao **Ministério Público promovê-la**, conforme a redação prevista no **art. 100:**

> **Art. 100.** Os crimes definidos nesta Lei são de ação penal pública incondicionada, cabendo ao Ministério Público promovê-la.

Será admitida, sem embargo, **ação penal privada**, **subsidiária da pública**, se não ajuizada no prazo legal e cumpridas as formalidades exigidas pelo Código de Processo Penal e na forma do disposto no **art. 103** da Lei de Licitações e Contratos Administrativos.

> **Art. 103.** Será admitida ação penal privada subsidiária da pública, se esta não for ajuizada no prazo legal, aplicando-se, no que couber, o disposto nos arts. 29 e 30 do Código de Processo Penal.

Para melhor visualização, oportuna também a reprodução do disposto nos **arts. 29 e 30 do CPP:**

> **Art. 29.** Será admitida ação privada nos crimes de ação pública, se esta não for intentada no prazo legal, cabendo ao Ministério Público aditar a queixa, repudiá-la e oferecer denúncia substitutiva, intervir em todos os termos do processo, fornecer elementos de prova, interpor recurso e, a todo tempo, no caso de negligência do querelante, retomar a ação como parte principal.
>
> **Art. 30.** Ao ofendido ou a quem tenha qualidade para representá-lo caberá intentar a ação privada.

Por fim, a informação quanto à **aplicação** em caráter **subsidiário do Código de Processo Penal**, bem como da **Lei de Execução Penal**, do processamento e julgamento das infrações penais ali definidas **(art. 108)**.

NATUREZA	Comportam ação penal pública incondicionada (art. 101 da Lei n. 8.666/93) e ação privada subsidiária (art. 103 da Lei n. 8.666/93)
LEGITIMIDADE PARA PROPOSITURA DE AÇÕES	Ministério Público (art. 101 da Lei n. 8.666/93) e qualquer pessoa (na hipótese de ação privada subsidiária)
PRINCIPAIS MODALIDADES	Da Lei n. 8.666/93: ■ art. 89: dispensar ou inexigir licitação de forma ilegal ■ art. 90: frustrar o caráter competitivo da licitação ■ art. 94: devassar o sigilo das propostas ■ art. 97: admitir na licitação ou celebrar contrato com profissional inidôneo

■ 11.10. DISPENSA E INEXIGIBILIDADE DE LICITAÇÃO

Em que pese ter a Constituição estabelecido como regra geral a necessidade de abertura de licitação para todas as contratações e alienações levadas a efeito pelo Poder Público, estabeleceu ela mesma exceções a essa regra geral, por **contratações diretas**, a teor do disposto no **art. 37, XXI, da CF**, cuja redação mais uma vez a seguir se reproduz:

> **Art. 37.** (...)
>
> XXI — **ressalvados os casos especificados na legislação**, as obras, serviços, compras e alienações serão contratados mediante processo de licitação pública que assegure igualdade de condições a todos os concorrentes, com cláusulas que estabeleçam obrigações de pagamento, mantidas as condições efetivas da proposta, nos termos da lei, o qual somente permitirá as exigências de qualificação técnica e econômica indispensáveis à garantia do cumprimento das obrigações.

A leitura do dispositivo constitucional revela qual a **regra geral** aplicável em matéria de contratações pelo Poder Público, vale dizer, a que aponta para a necessidade de **abertura de licitação**.

Nesse contexto, não será demasiado recordar que a **exigência**, embora possa tornar (como de fato torna) a Administração lenta e morosa em seus procedimentos de aquisição de bens e serviços, bem como para sua alienação, **justifica-se** em razão dos **interesses** por ela **representados**.

Em outro dizer, trata-se de um **dever imposto** pelo nosso ordenamento jurídico para **evitar** a **prática de arbitrariedades** por parte do administrador, impedindo ou ao menos dificultando a possibilidade de desenvolver atividades visando atingir interesses pessoais.

Sem embargo, no próprio dispositivo constitucional torna-se clara a possibilidade de realização de **contratações diretas na forma especificada na legislação**.

Nesse contexto, surgem as **hipóteses de dispensa e de inexigibilidade de licitação**, que apresentam em comum entre si o fato de surgirem como possibilidades de **contratação direta**, excepcionando a regra geral estabelecida no comando constitucional.

Por se estribarem, contudo, em fundamentos diferenciados, essas hipóteses demandam uma análise em separado, iniciando-se pelas de dispensa relacionadas pelo legislador.

■ 11.10.1. Dispensa de licitação

O **traço comum** nas **hipóteses** de **dispensa** de licitação, todas elas relacionadas no **art. 24** da **Lei n. 8.666/93**, prende-se ao fato de que a **competição, em tese**, revela-se **possível**, sendo, como consequência, também possível a abertura de licitação.

Em outras palavras, em se tratando de **dispensa** de licitação, **fica a critério do administrador** a escolha pela abertura ou não do certame competitivo, **porque**, como visto, a **possibilidade** de **contratação direta também se apresenta**, desde que o caso concreto esteja inserido em uma das hipóteses abstratamente previstas no **art. 24** dessa lei.

Essa conclusão se justifica pela forma como foi feita a redação do ***caput* do art. 24**, a saber:

> **Art. 24.** É dispensável a licitação:

Nesse sentido, lícito concluir que, tivesse sido a intenção do legislador tornar obrigatória a contratação direta nas hipóteses do **art. 24**, teria ele dito "estará dispensada a licitação...", o que não ocorreu.

Com efeito, ao utilizar-se da expressão "é **dispensável**", tornou ele clara a diretriz que pretendeu implementar, tornando a **abertura** de **licitação** naquelas hipóteses apenas uma **faculdade e não** uma **obrigação** para o **administrador**.

Assim, passaremos em revista as **hipóteses** de **dispensa** de licitação, procurando agrupá-las em torno dos seguintes **critérios**: **valor**, **situação**, **características** do **contratado** e **características** do **objeto**.

■ 11.10.1.1. *Em razão do valor*

Primeiramente, levando em consideração o critério de valor, o legislador admite contratações diretas para obras e serviços de engenharia até os **limites fixados no art. 23**.

Assim é que, para o convite com dispensa de licitação, o limite máximo para contratações diretas é de R$ 150.000,00. Para a tomada de preços, o limite sobe para R$ 1.500.000,00. Por fim, no que se refere à concorrência, acima de R$ 1.500.000,00.

O **art. 24, I**, autoriza a contratação direta, por dispensa de licitação, para **obras e serviços de engenharia** com valor até 10% do **limite** previsto para o convite, vale dizer, até R$ 15.000,00.

Para **compras** e **serviços**, **não incluídos** os de **engenharia**, o legislador estabelece os seguintes **limites**: para o convite, até R$ 80.000,00; para a tomada de preços, até R$ 650.000,00; para a concorrência, acima de R$ 650.000,00.

Nesse contexto, o **inciso II do art. 24** estabelece a possibilidade de contratações diretas para **serviços** e **compras** de valor até 10% do limite previsto para o convite, ou seja, até R$ 8.000,00.

Como se percebe, o critério aqui adotado pelo legislador, vale dizer, o valor da contratação, autoriza a **dispensa** de **licitação**, **ainda que possam existir diversos fornecedores no mercado**, o que autorizaria, em tese, a abertura de licitação.

A título de exemplo, se a Administração Pública resolve comprar um quilo de café, por óbvio que o valor a ser pago fica bem abaixo daquele limite estabelecido pelo legislador para contratações por dispensa de licitação, autorizando a compra direta.

Nesse sentido, ainda que possam existir, como de fato existem, muitos fornecedores, o que possibilitaria em tese a abertura de licitação, ainda assim, **em razão do valor**, o **legislador autoriza contratações diretas**, ficando a critério do administrador a abertura ou não do certame.

Importante observar também que, não obstante a possibilidade aberta pelo legislador de **contratações diretas** para essas situações, a **Administração não poderá** pagar pela mercadoria a ser adquirida ou pelo serviço a ser prestado **sem providenciar** uma **pesquisa** prévia de **preços**, de modo a demonstrar que pagará pelo produto ou pelo serviço que contrata o preço médio praticado pelo mercado.

■ 11.10.1.2. *Em razão do momento da contratação*

O segundo critério a ser utilizado para justificar as hipóteses de **contratação direta**, por dispensa de licitação, é o da situação, do **momento em que a contratação for realizada**.

Sob esse aspecto, o que justifica a contratação direta não é o valor, como visto no tópico anterior, mas a **caracterização** de uma **situação excepcional**, **anormal**.

Assim, o legislador autoriza contratações diretas nos casos de **guerra**, **grave perturbação** da **ordem** ou mesmo em **situações emergenciais**, todas elas apresentando em comum entre si o fato de surgirem como **situações** de **anormalidade**.

Como exemplo: se o País estiver em guerra e houver necessidade de compra de armamentos, claro está que existem diversos fornecedores no mercado, o que, em tese, demandaria a abertura de licitação, visto que é viável a competição.

Sem embargo, em vista da natureza excepcional da situação, o legislador poderá autorizar **contratações diretas**, independentemente do valor a ser pago, desde que, por óbvio, seja um **valor médio praticado pelo mercado**.

Da mesma forma, a possibilidade de contratação direta, como visto, apresenta-se nas chamadas **situações emergenciais** que possam ocasionar prejuízo ou comprometer a segurança de pessoas, obras, serviços, equipamentos e outros bens públicos ou particulares, conforme previsão contida no **inciso IV** do **art. 24**.

Nesse contexto, está claro que a **imprevisibilidade** da **situação emergencial** é aspecto fundamental para que se possa cogitar uma **contratação direta**, não sendo, como consequência, possível a caracterização de uma situação dessa natureza por incúria da Administração Pública.

Em outras palavras, a caracterização de uma **situação emergencial**, de modo a justificar contratações diretas, só terá lugar diante da **demonstração de sua imprevisibilidade**.

Dessa mesma maneira, revela-se impossível a caracterização de uma situação emergencial quando o Poder Público, esquecendo-se do término do prazo de um contrato, providencia a abertura de licitação, tão somente faltando 15 dias para seu encerramento.

Claro que, nessas circunstâncias, não haveria tempo hábil para o encerramento da licitação de modo a celebrar um novo contrato, o que implicaria a perda de continuidade do serviço público prestado pelo contrato anterior.

Como essa **situação**, não obstante, foi **criada por erros cometidos pela Administração**, nossos **Tribunais não têm admitido contratações diretas** em razão de situação emergencial.

É o que consta das decisões a seguir, nas quais se verifica que a **imprevisibilidade** é o **requisito** que deve restar **caracterizado** para justificar essa modalidade de contratação direta:

> "Calamidade pública. Emergência. Dispensa de licitação. Lei 8.666/1993, art. 24, IV. Pressuposto para aplicação.
>
> 1. Que a situação adversa, dada como de emergência ou de calamidade pública, não se tenha originado, total ou parcialmente, da falta de planejamento, da desídia administrativa ou da má gestão dos recursos disponíveis, ou seja, que ela não possa, em alguma medida, ser atribuída a culpa ou dolo do agente público que tinha o dever de agir para prevenir a ocorrência de tal situação;
>
> 2. que exista urgência concreta e efetiva do atendimento à situação decorrente do estado emergencial ou calamitoso, visando afastar risco de danos a bens ou à saúde ou à vida de pessoas;
>
> 3. que o risco, além de concreto e efetivamente provável, mostre-se iminente e especialmente gravoso;

4. que a imediata efetivação, por meio de contratação com terceiro, de determinadas obras, serviços ou compras, segundo as especificações e quantitativos tecnicamente apurados, seja por meio adequado, efetivo e eficiente de afastar o risco iminente detectado" (TCU, TC 347/94, rel. Min. Carlos Atila, j. 01.06.1994, *RDA*, 197/266).

"Administrativo. Procedimento licitatório. Situação emergencial. Dispensa. Art. 24, inc. IV da Lei 8.666/1993. 1. Se o contrato é de prestação de serviço de conservação e limpeza, e a demora no procedimento torna-se incompatível com a urgência da celebração do contrato, esbarra-se numa situação emergencial. 2. A própria conveniência sobrepuja, nesse caso, às próprias razões determinantes do procedimento licitatório. *Decisão*: negar provimento à remessa, à unanimidade" (TJDFT, 2ª T. Cível, Remessa de Ofício n. 19990110208500, rel. Des. Edson Alfredo Smaniotto, j. 26.03.2001, *DJU,* 09.05.2001, p. 23).

Cumpre observar ainda que a possibilidade de **contratação direta**, por dispensa de licitação, por força de situação **emergencial**, legitima-se após a interrupção de contrato até então em vigor se o **serviço** assim o exigir, em razão de seu **caráter contínuo** e desde que não se configure prejuízo para o interesse público, consoante decidiu o Tribunal de Justiça do Distrito Federal:

"Estando efetivamente provado que os serviços contratados, a título emergencial, continuam a ser prestados, mesmo após esgotado o prazo contratual, não há nenhum impedimento para que essa situação seja reconhecida em juízo, tendo em vista a relação jurídica de continuidade, daí sobrevindo direitos e obrigações entre as partes. *Decisão*: conhecer o apelo e a remessa. Unânime. Preliminar rejeitada. Unânime. Negar provimento à remessa oficial e ao recurso voluntário. Unânime" (TJDFT, 4ª T. Cível, ACív e Remessa de Ofício 5265199, rel. Des. Lecir Manoel da Luz, j. 13.03.2000, *DJU,* 24.05.2000, p. 29).

Por fim, importante registrar a **alteração** promovida pela **Lei n. 13.500, de 26 de outubro de 2017**, que acrescentou ao **art. 24 o inciso XXXV**, autorizando **a dispensa de licitação para a construção, a ampliação, a reforma e o aprimoramento de estabelecimentos penais, desde que configurada situação de grave e iminente risco à segurança pública**.

▪ *11.10.1.3. Em razão das características do contratado*

O terceiro critério previsto pelo legislador é aquele que leva em consideração não o valor da contratação nem a excepcionalidade da situação, mas sim as **características** da **pessoa** a ser **contratada**.

Nesse contexto, surgem como **exemplos** as situações descritas no **inciso XVI do art. 24**, em que o legislador autoriza contratações diretas para a impressão de diários oficiais, de formulários padronizados de uso da Administração e de edições técnicas oficiais e para a prestação de serviços de informática à pessoa jurídica de direito público interno, por órgãos ou entidades que integrem a Administração Pública, criados para esse fim específico.

Percebe-se, pois, que o aspecto considerado pelo legislador no exemplo é o fato de a pessoa integrar a estrutura da Administração Pública para a realização dos serviços ali previstos e, por óbvio, com preços praticados pelo mercado.

De igual sorte, ainda utilizando o mesmo critério, prevê o legislador a possibilidade de contratação de **associação** de **portadores** de **deficiência física sem fins lucrativos**, desde que o preço seja compatível com o praticado no mercado **(art. 24, XX)**.

Outro exemplo a ser utilizado é o da contratação de **instituição brasileira incumbida**, regimental ou estatutariamente, de **pesquisa**, de ensino **ou desenvolvimento institucional**, ou de **instituição** dedicada à **recuperação social** do **preso**, desde que não tenha fins lucrativos e o valor da contratação também seja aquele praticado pelo mercado **(art. 24, XIII)**.

No mesmo sentido, inclui-se a possibilidade de contratação, por dispensa de licitação, das chamadas **organizações sociais** integrantes do terceiro setor **(art. 24, XXIV)**.

Os exemplos trazidos à colação bem estão a demonstrar a possibilidade, em tese, de abertura de licitação, por força da presença de diversos fornecedores no mercado, o que, no entanto, torna-se dispensável para privilegiar uma das pessoas ali relacionadas, vale dizer, entidades assistenciais ou que integrem a estrutura da Administração Pública.

A título de exemplificação, confira-se a seguinte ementa:

> "Aquisição de medicamentos junto ao Centro de Medicamentos do Paraná, Cemepar, e às Universidades de Londrina, Maringá e Ponta Grossa, sem obediência ao processo licitatório. Possibilidade, por se tratar de causa de dispensa enumerada no art. 24, XIII, da Lei 8.666/1993" (TCEPR, TC 40.966/93, rel. Cons. João Cândido F. da Cunha Pereira, j. 14.04.1994, *RTCEPR*, 110/196).

■ 11.10.1.4. *Em razão das características do objeto*

Por fim, pode ser utilizado o critério envolvendo as **características do objeto** a ser contratado para justificar as hipóteses de **contratação direta** por dispensa de licitação.

São exemplos: a contratação de **remanescente** de **obra**, **serviço** ou **fornecimento** em consequência de rescisão contratual conforme previsão do **inciso XI** do **art. 24**; a **compra** ou a **locação** de **imóvel** destinado ao atendimento das finalidades da Administração, cujas necessidades de instalação e localização condicionem sua escolha e desde que, por óbvio, o preço seja compatível com o valor de mercado, conforme previsão do **inciso X** do **art. 24**.

Ilustra bem esta última hipótese mencionada a seguinte ementa:

> "Licitação. Anulação do ato de locação do imóvel público, sendo correta a concessão remunerada de uso, precedida de licitação, conforme art. 2º da Lei 8.666/1993. Injustificada a dispensa de licitação pela possibilidade de existir mais de uma propriedade adequada ao objeto final da permuta. Impossibilidade de preferência a licitante de acordo com os princípios da moralidade e impessoalidade" (TCEPR, TC 17.656/94, rel. Cons. Artagão de Mattos Leão, j. 13.09.1994, *RTCEPR*, 111/134).

O mesmo raciocínio se impõe para as **compras** de **hortifrutigranjeiros**, pão e **outros gêneros perecíveis**, no tempo necessário para a realização de licitação e com base no preço do dia, conforme a redação do **inciso XII** do **art. 24**.

Dessa forma, fica fácil perceber, conforme dito anteriormente, que o **traço comum entre todas** as **hipóteses** de contratação direta, por **dispensa de licitação**, refere-se à **possibilidade**, em tese, de **instauração** de **competição** e, por consequência, de abertura de certame licitatório.

Resta claro que a **opção** pela abertura ou não de licitação fica a **critério** do **administrador**, desde que recaia em uma das hipóteses relacionadas pelo legislador, que não poderão ser por ele ampliadas, diga-se de passagem.

De se observar, ainda, que o legislador consagrou, também, **hipóteses** de **licitação dispensada** para a alienação de bens públicos móveis ou imóveis de acordo com a previsão estabelecida nos **incisos I** e **II** do **art. 17** da **Lei n. 8.666/93**.

Essas hipóteses são consideradas como de licitação dispensada, e não dispensável, a exemplo do que se verificou na redação estabelecida pelo *caput* do art. 24.

Nessa parte, surgem como **exemplos** a **doação para outro órgão ou entidade da Administração**, a **permuta** por outro imóvel, a **venda a outro órgão ou entidade da Administração Pública**, em se tratando de bens imóveis. Nesse particular, importante anotar ter a Suprema Corte decidido na ADIn 927-3/93 suspender a eficácia da expressão "permitida exclusivamente entre órgãos e entidades da administração pública" quanto aos Estados, Distrito Federal e aos Municípios.

Para os bens móveis aparecem as hipóteses de doação, permuta e venda de materiais e equipamentos para outros órgãos ou entidades da Administração Pública.

Por fim, cumpre registrar que essas **hipóteses** de **dispensa** de **licitação**, porque representam exceção à regra geral, devem ser **interpretadas** de **maneira restritiva**, não sendo possível ao administrador ampliá-las sem previsão legal, como se vê:

> "1. Inexiste ampliação de hipóteses de dispensa de licitação, pois a regra geral do Direito Administrativo é da obrigatoriedade de licitar. Exige-se a moralidade e a probidade públicas (CF, art. 37, XXI). 1.1. As exceções à compulsoriedade da licitação já vêm delineadas na Lei Federal, à qual deve-se conformar a legislação completiva candanga. 2. Entre o permissionário de box em feiras permanentes e o funcionamento de estabelecimentos comerciais deve haver isonomia. Se no caso de mudança destes há exigência de alvará, o mesmo sucederá com aquele. *Decisão*: conhecer. Dar provimento. Unânime" (TJDFT, 1ª T. Cível, ACív 4741798, rel. Des. João Mariosa, j. 19.04.1999, *DJU*, 23.06.1999, p. 37).

Dentro desse contexto, cumpre consignar que, por apresentarem exceções à regra geral, que obriga ao Poder Público abrir licitação, essas **hipóteses** de **contratação direta** deverão vir **instruídas** com toda a **documentação** necessária **a demonstrar** seu **cabimento**, a teor do disposto no **art. 26** da Lei de Licitações:

> **Art. 26.** As dispensas previstas nos §§ 2º e 4º do art. 17 e no inciso III e seguintes do art. 24, as situações de inexigibilidade referidas no art. 25, necessariamente justificadas, e o retardamento previsto no final do parágrafo único do art. 8º desta Lei deverão ser comunicados, dentro de 3 (três) dias, à autoridade superior, para ratificação e publicação na imprensa oficial, no prazo de 5 (cinco) dias, como condição para a eficácia dos atos.
>
> Parágrafo único. O processo de dispensa, de inexigibilidade ou de retardamento, previsto neste artigo, será instruído, no que couber, com os seguintes elementos:
>
> I — caracterização da situação emergencial ou calamitosa que justifique a dispensa, quando for o caso;
>
> II — razão da escolha do fornecedor ou executante;
>
> III — justificativa do preço;
>
> IV — documento de aprovação dos projetos de pesquisa aos quais os bens serão alocados.

De resto, a importância do cumprimento dessas exigências impostas pelo legislador apresenta-se de forma cristalina, em razão das consequências incidentes, uma vez que a **contratação direta fora das hipóteses** previstas nesse diploma legal **configura crime**, a teor do disposto no **art. 89:**

> **Art. 89.** Dispensar ou inexigir licitação fora das hipóteses previstas em Lei, ou deixar de observar as formalidades pertinentes à dispensa ou à inexigibilidade:
>
> Pena — detenção, de 3 (três) a 5 (cinco) anos, e multa.
>
> Parágrafo único. Na mesma pena incorre aquele que, tendo comprovadamente concorrido para a consumação da ilegalidade, beneficiou-se da dispensa ou inexigibilidade ilegal, para celebrar contrato com o Poder Público.

Outrossim, não se pode perder de vista que a **mesma matéria** encontra-se prevista, conforme já demonstrado, como hipótese de improbidade administrativa, a teor do disposto no **art. 10, VIII, da Lei n. 8.429/92:**

> **Art. 10.** Constitui ato de improbidade administrativa que causa lesão ao erário qualquer ação ou omissão, dolosa ou culposa, que enseje perda patrimonial, desvio, apropriação, malbaratamento ou dilapidação dos bens ou haveres das entidades referidas no art. 1º desta lei, e notadamente: (...)
>
> VIII — frustrar a licitude de processo licitatório ou dispensá-lo indevidamente.

Estabelecidas as considerações necessárias em relação às hipóteses de contratação direta, por dispensa de licitação, passaremos agora a analisar aquelas relacionadas pelo legislador com base no conceito de inexigibilidade.

■ 11.10.2. Inexigibilidade de licitação

As **hipóteses** de inexigibilidade de licitação estão no **art. 25 da Lei n. 8.666/93:**

> **Art. 25.** É inexigível a licitação quando houver inviabilidade de competição, em especial:

Da leitura do dispositivo legal se pode concluir que a única semelhança existente em relação às hipóteses de dispensa de licitação é a caracterização de contratações diretas, **excepcionando** a **regra geral** prevista no **art. 37, XXI, da Constituição**.

Surgem, também de maneira cristalina, as **diferenças entre** os **dois institutos**, na medida em que, enquanto nas hipóteses de **dispensa** de licitação a **competição**, em tese, é **possível**, permitindo consequentemente a abertura de licitação, o mesmo não se verifica com a ***inexigibilidade***.

Efetivamente, o dispositivo legal transcrito acima estabelece que as hipóteses de contratação direta só serão possíveis quando caracterizada a **inviabilidade de competição**.

Em outras palavras, são situações em que, não obstante possa o administrador pretender abrir uma licitação, ainda assim a tentativa seria inócua, por força da **impossibilidade de instauração de competição**.

Insistindo, **não se trata** de uma **possibilidade** aberta ao administrador, como ocorre nas hipóteses de dispensa, **mas de** uma **obrigação** a ele imposta, por razões de ordem lógica, uma vez que sem competição possível não se licita, conforme visto no início deste capítulo.

■ *11.10.2.1. Em razão de fornecedor ou representante comercial exclusivo*

Sobre o assunto, o legislador estabelece **três situações diferentes**, a começar por aquela que se refere à aquisição de materiais, equipamentos ou gêneros que só possam ser **fornecidos** por **produtor**, empresa ou **representante comercial exclusivos**, **vedada** a **preferência** de **marca**, a teor do disposto no **art. 25, I**, a seguir reproduzido:

> **Art. 25.** É inexigível a licitação quando houver inviabilidade de competição, em especial:
> I — para aquisição de materiais, equipamentos ou gêneros que só possam ser fornecidos por produtor, empresa ou representante comercial exclusivo, vedada a preferência de marca, devendo a comprovação de exclusividade ser feita através de atestado fornecido pelo órgão de registro do comércio do local em que se realizaria a licitação ou a obra ou serviço, pelo Sindicato, Federação ou Confederação Patronal, ou, ainda, pelas entidades equivalentes.

Nessa situação, por óbvio, se o objeto a ser adquirido tem um só fornecedor ou produtor exclusivo, de nada adiantaria a abertura de licitação, na medida em que somente esse fornecedor ou produtor é quem compareceria se houvesse interesse na licitação.

Claro que não poderia o legislador deixar de tomar as cautelas necessárias, exigindo que essa **exclusividade** seja **comprovada** por meio de **atestado fornecido** pelo **órgão** de **registro do comércio**, pelo sindicato, federação ou confederação patronal, para **evitar fraudes**.

Nesse sentido, oportuno observar o tratamento oferecido ao tema pelos Tribunais de Contas:

■ "A contratação de empresa para a ampliação de PABX, sem comprovação de que os equipamentos fornecidos pela empresa fossem os únicos compatíveis com rede já instalada, não satisfaz os requisitos do art. 25, I, da Lei 8.666/1993 sendo, no caso, viável a competição" (TCU, TC 300.061/95-1, rel. Min. Homero Santos, j. 03.07.1996, *DJU*, 23.07.1996, p. 13659).

■ "A exclusividade a que alude a lei pressupõe duas hipóteses: 1. ausência de outros objetos que atendam às necessidades da Administração, o que resulta na unidade de ofertante, pois só quem dele dispõe poderá fornecê-lo; 2. diversos objetos equivalentes, mas todos estão em mãos de um único fornecedor ou produtor. Escolha de marca. Exclusividade não comprovada. Irregularidade" (TCE, rel. Cons. Renato Martins Costa, j. 19.09.1995, *DOESP*, 27.09.1995, p. 21).

Aqui, sobreleva notar ainda que o legislador **proibiu** a **preferência** de **marca**, o que deve ser compreendido não de maneira absoluta, mas dentro dos limites impostos pela própria lei.

Com efeito, a proibição para a adoção de preferência para determinada marca tem por **objetivo evitar** a **prática** de **arbitrariedades** por parte do administrador, impedindo possa ele contratar diretamente com terceiros sem qualquer motivação de interesse público que justifique essa escolha.

Se **somente um produto** de determinada marca **tem condições** de **suprir** as **necessidades** da **Administração**, e estas, por seu turno, estão plenamente **justificadas**, não se vê por que não possa a contratação ser realizada diretamente com base no dispositivo legal sob comento.

■ *11.10.2.2. Em razão de notória especialização para a execução de serviços singulares*

Outra possibilidade aberta pelo legislador, nessa direção, é a da contratação de **profissionais notoriamente especializados** para o exercício de **atividades singulares**, conforme previsão estabelecida no **art. 25, II**. Confira-se:

> **Art. 25.** É inexigível a licitação quando houver inviabilidade de competição, em especial: (...)
> II — para contratação de serviços técnicos enumerados no *art. 13* desta Lei, de natureza singular, com profissionais ou empresas de notória especialização, vedada a inexigibilidade para serviços de publicidade e divulgação.

Essa perspectiva franqueada pelo legislador, contudo, exige o **cumprimento** de **dois requisitos** distintos para justificar a contratação direta:

- ■ a caracterização de um serviço de natureza singular;
- ■ a contratação de um profissional notoriamente especializado.

O **profissional notoriamente especializado** é aquele que, no setor em que atua, **conseguiu reconhecimento** dos **demais profissionais** em decorrência de desempenho anterior, estudos, experiências, publicações, organização, aparelhamento ou equipe técnica, a teor do disposto no **art. 25, § 1º:**

> **Art. 25.** (...)
> § 1º Considera-se de notória especialização o profissional ou empresa cujo conceito no campo de sua especialidade, decorrente de desempenho anterior, estudos, experiências, publicações, organização, aparelhamento, equipe técnica, ou de outros requisitos relacionados com suas atividades, permita inferir que o seu trabalho é essencial e indiscutivelmente o mais adequado à plena satisfação do objeto do contrato.

Em outros termos, o **profissional notoriamente especializado** é aquele que **se destaca dos demais** por alguns dos requisitos acima relacionados, de sorte que se torna o mais habilitado para a realização dos serviços.

De outra parte, cumpre observar, uma vez mais, que a **contratação** de um **profissional** dessa natureza só se **justifica se** for para a realização não de **serviços** comuns, mas daqueles **que exijam** a condição de **notoriedade** relacionada pelo legislador.

Oportuno destacar, outrossim, que o legislador, em vez de deixar ao livre critério do administrador o estabelecimento das hipóteses caracterizadoras de **serviços** de **natureza singular**, houve por bem relacioná-las, como se verifica na redação do **art. 13:**

> **Art. 13.** Para os fins desta Lei, consideram-se serviços técnicos profissionais especializados os trabalhos relativos a:
>
> I — estudos técnicos, planejamentos e projetos básicos ou executivos;
>
> II — pareceres, perícias e avaliações em geral;
>
> III — assessorias ou consultorias técnicas e auditorias financeiras ou tributárias;
>
> IV — fiscalização, supervisão ou gerenciamento de obras ou serviços;
>
> V — patrocínio ou defesa de causas judiciais ou administrativas;
>
> VI — treinamento e aperfeiçoamento de pessoal;
>
> VII — restauração de obras de arte e bens de valor histórico;
>
> VIII — (Vetado)

De se mencionar, ainda, que, mesmo quanto às atividades relacionadas pelo legislador, só poderão elas justificar uma **contratação direta**, por **profissionais** notoriamente **especializados**, **quando** o **serviço requeira** esse grau de **especialização**.

Em que pese, realmente, o **patrocínio** ou a **defesa** de **causas judiciais** ou administrativas estarem relacionados no artigo ora em análise e, portanto, em **tese justificarem contratações diretas**, não podemos concluir pela possibilidade de **contratação** direta de um **profissional** da **área jurídica**, ainda que notoriamente especializado, para **elaborar** uma **petição inicial** de **alimentos**.

Destarte, embora a situação apresentada se encaixe no contexto do patrocínio de uma ação judicial, **não se pode concluir** que a elaboração de uma **ação de alimentos** possa ser qualificada como um **serviço** de natureza **singular**.

Essa questão já foi enfrentada inúmeras vezes pelos nossos Tribunais, conforme demonstram os seguintes registros: TCERJ, rel. Cons. Humberto Braga, j. 25.04.1989, *RTCERJ*, maio 1990, p. 165; TCU, TC 16.921/96-8, rel. Min. José Antônio de Barreto Macedo, j. 11.12.1997, *BLC*, 10 out. 1998, p. 484; TCESP, TC 68.241/026/90, rel. Cons. Cláudio Ferraz de Alvarenga, j. 28.02.1996, *DOE*, 11.04.1996, p. 14; TCESP, TC 25.865/026/91, rel. Cons. Eduardo Bittencourt Carvalho, j. 27.03.1996, *DOE*, 18.04.1996, p. 25; TJDFT, 5ª T. Cível, ACív 3.819.295, rel. Des. Lia Fanuck, j. 13.05.1996, *DJU*. 07.08.1996, p. 13118.

De toda sorte, essa questão vem sendo enfrentada pela **Suprema Corte**, aguardando-se o julgamento do mérito da **ADC 45/2016**, proposta pelo **Conselho Federal da Ordem dos Advogados do Brasil** (OAB) no Supremo Tribunal Federal (STF) para que a Corte declare que são constitucionais os dispositivos da Lei de Licitações que permitem a contratação de advogados por entes públicos pela modalidade de **inexigibilidade de licitação**, com base no disposto nos **arts. 13, V**, e **25, II**, da **Lei n. 8.666/93**, em razão da confiança intrínseca à relação advogado e cliente.

Importante observar, também, que o legislador deixou claro seu entendimento quanto à **impossibilidade** de **contratações diretas**, por **inexigibilidade**, para **serviços** de **publicidade** e divulgação.

Essa previsão legal, estabelecida no **artigo inaugural** da **Lei n. 8.666/93**, elimina a possibilidade, usual até então, de contratação de empresas do setor com base no entendimento segundo o qual seus trabalhos não eram suscetíveis de comparação, inviabilizando-se, assim, a abertura de competição.

Essa **regra geral**, entrementes, admite **flexibilização** naquelas **hipóteses** em que restar **comprovada** a **inviabilidade** de **competição**. A propósito, confira-se: TCEPR, TC 23.881/94, rel. Cons. Rafael Iatauro, j. 21.07.1994, *RTCEPR,* 111, jul.-set. 1994, p. 109; TCEPR, TC 46.146/94, rel. Cons. Rafael Iatauro, *RTCEPR,* 114, abr.-jun. 1995, p. 235; AP 348-SC, rel. Min. Eros Grau, *Informativo do STF,* 474, 08.08.2007; TJSP, 10ª Câm. do 5º Grupo da Seção Criminal, HC 1032.132.3/4-0000-000, Matão-SP, rel. Des. Carlos Bueno, j. 14.03.2007.

■ *11.10.2.3. Setor artístico*

Por fim, entre as hipóteses de inexigibilidade relacionadas no **art. 25**, o legislador estabeleceu, no **inciso III**, a **contratação de profissional de qualquer setor artístico**, desde que **consagrado** pela **crítica especializada** ou pela **opinião pública**. Confira-se:

> **Art. 25.** É inexigível a licitação quando houver inviabilidade de competição, em especial:
> (...)
> III — para contratação de profissional de qualquer setor artístico, diretamente ou através de empresário exclusivo, desde que consagrado pela crítica especializada ou pela opinião pública.

Desse modo, se o artista a ser contratado tiver obtido o reconhecimento pelos profissionais do setor ou se aclamado pela população, poderá a Administração celebrar o **ajuste** de **modo direto**, por resultar **inviável** a **abertura** de **licitação**.

Convém destacar, contudo, que o **valor** da **contratação deverá refletir aquele** que o **profissional** do **setor artístico normalmente cobra** pela realização de seus espetáculos, para não caracterizar a prática de arbitrariedades pelo Poder Público.

Importante também mencionar que, por representarem exceções à regra geral que obriga o Poder Público a licitar sempre que for contratar serviços ou adquirir bens, o **legislador** houve por bem **cercar** as **hipóteses** de **contratação direta** de uma série de **cautelas** que deverão ser observadas pelo administrador.

Assim, da mesma forma como visto para as hipóteses de dispensa de licitação, no **parágrafo único** do **art. 26**, o legislador estabeleceu que os **processos** de **dispensa** e de inexigibilidade deverão ser **instruídos** com a **caracterização** da **situação emergencial** ou calamitosa, a razão da **escolha** do **fornecedor** ou do executante e a **justificativa do preço**, para evitar desvios de finalidade pelo administrador.

Outrossim, oportuno reiterar que o **descumprimento** dessas **exigências** estabelecidas pelo legislador leva à configuração de **crime**, a teor do disposto no **art. 89** do mesmo diploma legal.

Por fim, cumpre consignar que, por se tratar de contratação direta, resultante de inviabilidade de competição, as **hipóteses** de **inexigibilidade** previstas no **art. 25** configuram um **elenco** meramente **exemplificativo**, comportando, pois, ampliação.

	DISPENSA	INEXIGIBILIDADE
FUNDAMENTO	Art. 37, XXI, da CF, art. 24 da Lei n. 8.666/93 (licitação dispensável) e art. 17 (licitação dispensada)	Art. 37, XXI, da CF e art. 25 da Lei n. 8.666/93
CARACTERÍSTICA	Viabilidade de competição	Inviabilidade de competição
NATUREZA	Elenco exaustivo	Elenco exemplificativo
HIPÓTESES DE CABIMENTO	Art. 24 da Lei n. 8.666/93 ■ em razão do valor ■ em razão do momento ■ em razão das características do contratado ■ em razão das características do objeto	Art. 25 da Lei n. 8.666/93 ■ fornecedor ou representante comercial exclusivo ■ profissional notório para a execução de atividade singular (art. 13) ■ profissional do setor artístico reconhecido pela crítica ou pela opinião pública
MOTIVAÇÃO DAS DECISÕES PARA CONTRATAÇÕES DIRETAS	Sim — art. 26 da Lei n. 8.666/93	Sim — art. 26 da Lei n. 8.666/93
DESCUMPRIMENTO DAS DIRETRIZES	Crime — art. 89 da Lei n. 8.666/93	Crime — art. 89 da Lei n. 8.666/93

■ 11.11. LICITAÇÕES PELO REGIME DIFERENCIADO DE CONTRATAÇÕES (RDC)

Na **origem**, a incidência deste **Regime Diferenciado** de **Contratações** encontrava-se **restrita** aos contratos relacionados aos grandes eventos esportivos (**Copa das Confederações de 2013**, **Copa do Mundo de 2014** e **Jogos Olímpicos e Paralímpicos de 2016**) e às obras de infraestrutura e serviços para os aeroportos das capitais dos Estados da Federação localizados nas proximidades das cidades-sedes dos referidos eventos.

Atualmente, o **campo de aplicação do RDC** foi consideravelmente **ampliado** para englobar, além das hipóteses inicialmente previstas, as seguintes contratações: ações integrantes do Programa de Aceleração do Crescimento — **PAC** (incluído pela **Lei n. 12.745/2012**); obras e serviços de engenharia para **construção, ampliação, reforma** e administração **de estabelecimentos penais** e unidades de atendimento socioeducativo (art. 1º, VI, da Lei n. 12.462/2011, alterado pela **Lei n. 13.190/2015**); ações no âmbito da **segurança pública** (art. 1º, VII, da Lei n. 12.462/2011, alterado pela **Lei n. 13.190/2015**); obras e serviços de engenharia, relacionadas a melhorias na **mobilidade urbana** ou ampliação de infraestrutura logística (art. 1º, VIII, da Lei n. 12.462/2011, alterado pela **Lei n. 13.190/2015**); **contratos de locação de bens móveis** (contratos *built to suit* ou "sob medida ou encomenda"), nos quais o locador realiza prévia aquisição, construção ou reforma substancial, com ou sem aparelhamento de bens, por si mesmo ou para terceiros, do bem especificado pela Administração (arts.

1º, IX, e 47-A da Lei n. 12.462/2011, alterado pela **Lei n. 13.190/2015**); ações em órgãos e entidades dedicados à ciência, à tecnologia e à inovação (art. 1º, X, alterado pela Lei n. 13.243/2016); e obras e serviços de engenharia no âmbito dos sistemas públicos de **ensino** e de **pesquisa**, **ciência** e **tecnologia** (art. 1º, § 3º, da Lei n. 12.462/2011, alterado pela **Lei n. 13.190/2015**).

De forma exemplificativa, as **principais características** do RDC são:

Regime de "contratação integrada" de obras e serviços de engenharia: envolve a **elaboração** e o **desenvolvimento** dos **projetos básicos** e **executivos**, a **execução** de **obras e serviços** de engenharia, a montagem, a realização de testes, a pré-operação e todas as demais operações necessárias e suficientes para a entrega final do objeto.

Em relação a este item, cuja previsão encontra-se no **art. 9º, § 1º**, **inúmeras críticas** vêm sendo formuladas, uma vez que toda a elaboração e execução dos projetos básicos e executivo recairiam nas mãos de uma só pessoa, **comprometendo o princípio da competitividade**, situação que, se **acompanhada de dolo**, poderá resultar em configuração de hipótese de **improbidade administrativa**, a teor do disposto no **art. 10, VIII, da Lei n. 8.429/92**.

Em outras palavras, por esse regime de contratação a **obra** é **entregue pronta** para **ser usada**. Acerca deste item, ainda cumpre esclarecer que a **não exigência** do **projeto básico** incide **apenas para** as **obras** e **serviços** licitados sob a modalidade de **contratação integrada**, consoante se verifica da previsão estabelecida no **art. 8º, § 5º**, **não** se **aplicando** para as **demais formas** de **execução** indireta **(art. 2º, IV)**, em que deve estar à **disposição** do interessado **para consulta**.

Dessa forma, em vez de atribuir ao licitante a obrigatoriedade de previsão das características gerais da obra e do método de execução, **transferem-se** a ele **todos** os **riscos para** a **plena execução** do **ajuste**.

Para os que abraçam essa tese, abre-se a **perspectiva** de apresentação de **soluções distintas para** a **execução da obra**, atendendo aos princípios constitucionais da **eficiência** e da **economicidade**. De se esclarecer ainda que a questão envolvendo o regime de **contratação integrada** foi objeto da propositura da **ADI 4.655/DF**, em que o Procurador-Geral da República aponta para a configuração de inconstitucionalidade por desrespeito ao princípio da isonomia, uma vez que permite que a licitação ocorra sem a definição precisa do seu objeto, bem como do custo de sua execução, ainda em trâmite até o final desta edição.

Possibilidade de remuneração variável: **aplicável** tão somente para a **contratação** de **obras** e **serviços**, **vinculada** ao **desempenho** da **contratada** (contratos de *performance*), com base em metas, padrões de qualidade, critérios de sustentabilidade ambiental e prazo de entrega definidos no instrumento convocatório e no contrato **(art. 10 da Lei n. 12.462/2011)**. Assim como a repartição de riscos, a remuneração variável de acordo com o desempenho é **encontrada** na **Lei n. 11.079/2004**.

Fases do procedimento licitatório: de acordo com a previsão estabelecida no **art. 12**, são as seguintes as **etapas**: **fase preparatória**; **publicação do instrumento**

convocatório; apresentação de propostas ou lances; julgamento; habilitação; recursal; encerramento.

Percebe-se a **confirmação** da **tendência** inaugurada pela Lei do Pregão (**Lei n. 10.520/2002**, art. 4º, XII, **inversão obrigatória**) e na Lei das PPPs (**art. 13 da Lei n. 11.079/2004, inversão facultativa**).

Com efeito, verifica-se uma **inversão** entre as **fases de julgamento e habilitação (art. 12, VI e V, da Lei n. 12.462/2011)**.

Representa **importante inovação**, na medida em que implica um **ganho** significativo **de tempo**, uma vez que **evita** a **análise** da **documentação** de **todos** os **licitantes**, o que poderia comprometer o princípio da eficiência, a depender da quantidade de participantes.

Sem embargo, **excepcionalmente**, a **habilitação poderá anteceder** a **fase** de **julgamento**, hipótese que dependerá de **expressa previsão** no **instrumento convocatório** e de motivação (**art. 12, parágrafo único, da Lei n. 12.462/2011**).

De outra parte, em relação à **fase recursal**, a novidade é que será ela **única**, se **houver a inversão das fases** de **julgamento** e **habilitação** em que o recurso será apresentado apenas depois da habilitação do licitante vencedor, a teor do disposto no **art. 27**.

Por outro lado, se a fase de **habilitação** for **anterior**, então a possibilidade de **interposição** de **recurso** se dará ao **término** de **cada** uma dessas **etapas**.

Orçamento sigiloso (art. 6º da Lei n. 12.462/2011): o **orçamento estimado** para contratação **não será divulgado** aos licitantes (mas deve ser **disponibilizado** aos **órgãos** de **controle**), o que **difere** da **regra** estabelecida no **art. 40, § 2º, II, da Lei n. 8.666/93**, que exige sua apresentação no anexo do edital de licitação.

Trata-se de item introduzido pelo legislador com o **objetivo** de **evitar** a **prática** de **superfaturamento** e, como consequência, a configuração de **improbidade administrativa**, uma vez que forçaria o licitante a oferecer o melhor preço possível e não de acordo com aquele fixado pela Administração.

Trata-se de uma **tentativa** de **forçar** o **mercado** a **oferecer preços menores** de forma a beneficiar o interesse público. Sem embargo, referida medida **pode produzir efeito contrário**, permitindo a realização de **conluio** entre os diversos participantes, deixando a **Administração refém** de todos eles.

Modos de disputa: a lei prevê a realização das disputas entre os licitantes por meio de **lances abertos**, em que os licitantes oferecem suas propostas de modo público e sucessivo, crescentes ou decrescentes, conforme o critério de julgamento adotado, ou **lances fechados**, em que as propostas serão sigilosas até o dia determinado para a divulgação (**art. 17**), **repetindo regras** estabelecidas na Lei do Pregão (**Lei n. 10.520/2002**).

Critérios de julgamento: em relação a este item, são apresentados os seguintes **critérios** de **julgamento**: **menor preço ou maior desconto; técnica e preço; melhor técnica ou conteúdo artístico; maior oferta de preço ou maior retorno econômico**, **este último** adotado tão **somente** para a celebração de **contratos** de

eficiência de forma a propiciar **maior economia** para a **Administração**, o que leva, como corolário, à possibilidade de **remuneração** com **percentual** da **economia** gerada de acordo com a previsão estabelecida nos **arts. 18** e **23, § 1º, da Lei n. 12.462/2011**.

Para **melhor visualização** acerca das **novidades** trazidas por essa legislação se **comparadas** com **Lei n. 8.666/93**, tem-se que:

LEI N. 8.666/93	RDC
Menor preço	Menor preço ou maior desconto
Melhor técnica	Melhor técnica ou conteúdo artístico
Técnica e preço	Técnica e preço
Maior lance ou oferta	Maior oferta de preço
—	Maior retorno econômico

Critérios de desempate: em caso de **empate** entre **duas** ou **mais propostas**, prevê o legislador a utilização dos seguintes **critérios** de desempate: **disputa final, em que os licitantes empatados poderão apresentar nova proposta fechada em ato contínuo à classificação; avaliação do desempenho contratual prévio dos licitantes, desde que exista sistema objetivo de avaliação instituído (Administração Pública de resultados)**; critérios de preferência para os seguintes bens e serviços: produzidos ou prestados por empresas brasileiras com tecnologia desenvolvida no País, produzidos ou prestados por empresas que invistam em pesquisa e no desenvolvimento de tecnologia no País ou produzidos de acordo com o processo produtivo básico e sorteio.

Arbitragem: em relação a este item, a lei abriu a **possibilidade** de previsão para a **adoção** nesses contratos de **mecanismos privados** de **resolução** de **disputas**, inclusive **arbitragem**, a ser realizada no Brasil em língua portuguesa, e a **mediação**, **repetindo** faculdade já conferida na Lei do Pregão **(Lei n. 11.079/2004, art. 12)** e, de resto, já disciplinada pela própria Lei de Arbitragem (**art. 1º, § 1º, da Lei n. 9.307/96**, incluído pela **Lei n. 13.129/2015**).

Referida **legislação** também **manteve a tendência** à adoção de **procedimentos auxiliares da licitação**, a saber: **pré-qualificação permanente com a possibilidade inclusive de abertura de licitações direcionadas à participação exclusiva dos pré-qualificados (art. 30, §§ 1º, 2º e 5º); cadastramento (válido por até um ano — art. 31, *caput* e §§ 1º e 3º); sistema de registro de preços (art. 32, § 2º) e catálogo eletrônico de padronização (art. 33)**.

Destaque-se também a diretriz estabelecida no **art. 13** para utilização preferencial do **RDC eletrônico**.

Por fim, cumpre esclarecer que a legislação também estabeleceu **hipóteses de contratação direta** mediante **dispensa** e **inexigibilidade** de licitação **(art. 35)**, as mesmas regidas na **Lei n. 8.666/93** em seus **arts. 24** e **25**.

CARACTERÍSTICAS	FUNDAMENTOS NA LEI N. 12.462/2011
Regime de "contratação integrada" de obras e serviços de engenharia	Art. 9º, § 1º
Remuneração variável	Art. 10
Fases do procedimento licitatório	Art. 12 ▪ preparatória ▪ publicação do instrumento convocatório; apresentação de propostas ou lances ▪ julgamento ▪ habilitação ▪ recursal ▪ encerramento
Orçamento sigiloso	Art. 6º
Modos de disputa	Art. 17, aberto e fechado
Critérios de julgamento	Arts. 18 e 23, § 1º
Critérios de desempate	Art. 25
Arbitragem	Art. 44-A
Procedimentos auxiliares da licitação	Art. 30, §§ 1º, 2º e 5º; art. 31, *caput* e §§ 1º e 3º; art. 32, § 2º; art. 33
Hipóteses de contratação direta	Art. 35

▪ 11.12. DAS LICITAÇÕES NA LEI N. 13.303/2016 (RESPONSABILIDADE DAS ESTATAIS)

Esta talvez tenha sido a maior preocupação do **estatuto jurídico** da **empresa pública** e da **sociedade de economia mista**, haja vista que a lei **dispensou 56** dos seus **97 artigos a tratar desse assunto**.

Assim, ao mesmo tempo que **afastou** as **normas gerais** de licitações e contratos administrativos — notadamente da **Lei n. 8.666/93** —, o regime de licitações e contratações das estatais identifica-se e **consolida diversas normas** já conhecidas da legislação administrativa, tornando o **procedimento** bem **mais objetivo** em relação àqueles que já são conhecidos.

Dentro desse contexto, **conclui-se**, em razão da disposição estabelecida em seu **artigo inaugural**, que as **normas gerais** de licitações e contratos administrativos editadas anteriormente serão agora **aplicáveis** quase **exclusivamente** para os **órgãos** da **Administração direta** e **entidades** da **Administração indireta** com **personalidade** jurídica de **direito público**.

Exceção foi feita no estatuto jurídico da empresa pública, da sociedade de economia mista e suas subsidiárias quanto às **normas penais** da Lei Geral de Licitações e Contratos Administrativos, por força do que determina o **art. 41** da **Lei n. 13.303/2016**, a saber:

> **Art. 41.** Aplicam-se às licitações e contratos regidos por esta Lei as normas de direito penal contidas nos arts. 89 a 99 da Lei n. 8.666, de 21 de junho de 1993.

As **disposições** referentes às **licitações** e contratos foram previstas nos **arts. 28** a **84** da lei, contando com a seguinte estrutura e principais previsões:

11.12.1. Da exigência de licitação e dos casos de dispensa e de inexigibilidade (arts. 28 a 30)

Em relação a este tema, salta aos olhos, desde logo, a **redução** do **número** de **hipóteses** de **dispensa** de licitação de modo a excluir aquelas inaplicáveis às **estatais**.

Quanto às **hipóteses** de **inexigibilidade**, destaca-se a **supressão** da **singularidade** para contratação do profissional notório, diferenciando-se das diretrizes estabelecidas na Lei n. 8.666/93, em especial na previsão do seu art. 13.

Importante destacar ainda a **atualização** de **valores** para as **contratações diretas** por dispensa de licitação, o que não ocorria desde 1998.

Outro detalhe importante refere-se à **revogação** do **procedimento simplificado** de **licitação** até então atribuído à **Petrobras**, por força do disposto no **art. 96, II**, como consequência dos diversos desmandos verificados naquela estatal.

Dentro desse contexto, importante anotar a inovação, ao menos ao nível legislativo, quanto à **desnecessidade** de as **estatais promoverem licitação** quanto a suas **atividades-fim**, consoante se verifica da previsão estabelecida no **art. 28, § 3º**. Confira-se:

> **Art. 28.** Os contratos com terceiros destinados à prestação de serviços às empresas públicas e às sociedades de economia mista, inclusive de engenharia e de publicidade, à aquisição e à locação de bens, à alienação de bens e ativos integrantes do respectivo patrimônio ou à execução de obras a serem integradas a esse patrimônio, bem como à implementação de ônus real sobre tais bens, serão precedidos de licitação nos termos desta Lei, ressalvadas as hipóteses previstas nos arts. 29 e 30. (...)
>
> § 3º São as empresas públicas e as sociedades de economia mista dispensadas da observância dos dispositivos deste Capítulo nas seguintes situações:
>
> I — comercialização, prestação ou execução, de forma direta, pelas empresas mencionadas no *caput*, de produtos, serviços ou obras especificamente relacionados com seus respectivos objetos sociais;
>
> II — nos casos em que a escolha do parceiro esteja associada a suas características particulares, vinculada a oportunidades de negócio definidas e específicas, justificada a inviabilidade de procedimento competitivo.

11.12.2. Disposições de caráter geral sobre licitações e contratos (arts. 31 a 41)

Em relação a este item, **importante destacar** a previsão estabelecida no **art. 31** dessa lei quanto ao **objetivo** que justifica a abertura de **licitação**, vale dizer, assegurar a seleção da **proposta mais vantajosa**, o que já existia no nível da Lei n. 8.666/93, **acrescida** agora do detalhe referente à **necessidade** de **evitar** operações em que se caracterize **sobrepreço** ou **superfaturamento**, cujas definições aparecem no **§ 1º:**

> **Art. 31.** (...)
>
> § 1º Para os fins do disposto no *caput*, considera-se que há:

I — **sobrepreço** quando os preços orçados para a licitação ou os preços contratados são expressivamente superiores aos preços referenciais de mercado, podendo referir-se ao valor unitário de um item, se a licitação ou a contratação for por preços unitários de serviço, ou ao valor global do objeto, se a licitação ou a contratação for por preço global ou por empreitada;

II — **superfaturamento** quando houver dano ao patrimônio da empresa pública ou da sociedade de economia mista caracterizado, por exemplo:

a) pela medição de quantidades superiores às efetivamente executadas ou fornecidas;

b) pela deficiência na execução de obras e serviços de engenharia que resulte em diminuição da qualidade, da vida útil ou da segurança;

c) por alterações no orçamento de obras e de serviços de engenharia que causem o desequilíbrio econômico-financeiro do contrato em favor do contratado;

d) por outras alterações de cláusulas financeiras que gerem recebimentos contratuais antecipados, distorção do cronograma físico-financeiro, prorrogação injustificada do prazo contratual com custos adicionais para a empresa pública ou a sociedade de economia mista ou reajuste irregular de preços.

Outrossim, importante destacar a previsão acerca de **orçamento sigiloso (art. 34)**, **matéria** já **encontrada** na lei do **regime diferenciado de contratação:**

Art. 34. O valor estimado do contrato a ser celebrado pela empresa pública ou pela sociedade de economia mista será sigiloso, facultando-se à contratante, mediante justificação na fase de preparação prevista no inciso I do art. 51 desta Lei, conferir publicidade ao valor estimado do objeto da licitação, sem prejuízo da divulgação do detalhamento dos quantitativos e das demais informações necessárias para a elaboração das propostas.

§ 1º Na hipótese em que for adotado o critério de julgamento por maior desconto, a informação de que trata o *caput* deste artigo constará do instrumento convocatório.

§ 2º No caso de julgamento por melhor técnica, o valor do prêmio ou da remuneração será incluído no instrumento convocatório.

§ 3º A informação relativa ao valor estimado do objeto da licitação, ainda que tenha caráter sigiloso, será disponibilizada a órgãos de controle externo e interno, devendo a empresa pública ou a sociedade de economia mista registrar em documento formal sua disponibilização aos órgãos de controle, sempre que solicitado.

De outra parte, destaque para a previsão estabelecida no **art. 38** acerca dos **impedimentos para** a **participação** em **licitações** e contratações pelas estatais:

Art. 38. Estará impedida de participar de licitações e de ser contratada pela empresa pública ou sociedade de economia mista a empresa:

I — cujo administrador ou sócio detentor de mais de 5% (cinco por cento) do capital social seja diretor ou empregado da empresa pública ou sociedade de economia mista contratante;

II — suspensa pela empresa pública ou sociedade de economia mista;

III — declarada inidônea pela União, por Estado, pelo Distrito Federal ou pela unidade federativa a que está vinculada a empresa pública ou sociedade de economia mista, enquanto perdurarem os efeitos da sanção;

> IV — constituída por sócio de empresa que estiver suspensa, impedida ou declarada inidônea;
>
> V — cujo administrador seja sócio de empresa suspensa, impedida ou declarada inidônea;
>
> VI — constituída por sócio que tenha sido sócio ou administrador de empresa suspensa, impedida ou declarada inidônea, no período dos fatos que deram ensejo à sanção;
>
> VII — cujo administrador tenha sido sócio ou administrador de empresa suspensa, impedida ou declarada inidônea, no período dos fatos que deram ensejo à sanção;
>
> VIII — que tiver, nos seus quadros de diretoria, pessoa que participou, em razão de vínculo de mesma natureza, de empresa declarada inidônea.
>
> Parágrafo único. Aplica-se a vedação prevista no *caput*:
>
> I — à contratação do próprio empregado ou dirigente, como pessoa física, bem como à participação dele em procedimentos licitatórios, na condição de licitante;
>
> II — a quem tenha relação de parentesco, até o terceiro grau civil, com:
>
> *a)* dirigente de empresa pública ou sociedade de economia mista;
>
> *b)* empregado de empresa pública ou sociedade de economia mista cujas atribuições envolvam a atuação na área responsável pela licitação ou contratação;
>
> *c)* autoridade do ente público a que a empresa pública ou sociedade de economia mista esteja vinculada.
>
> III — cujo proprietário, mesmo na condição de sócio, tenha terminado seu prazo de gestão ou rompido seu vínculo com a respectiva empresa pública ou sociedade de economia mista promotora da licitação ou contratante há menos de 6 (seis) meses.

11.12.3. Das normas específicas para obras e serviços (arts. 42 a 46)

Em relação a este item, o destaque inicial direciona-se para as **definições** estabelecidas no **art. 42**, em especial para as de **contratação semi-integrada** e **integrada** previstas nos **incisos V** e **VI:**

> **Art. 42.** Na licitação e na contratação de obras e serviços por empresas públicas e sociedades de economia mista, serão observadas as seguintes definições: (...)
>
> V — contratação semi-integrada: contratação que envolve a elaboração e o desenvolvimento do projeto executivo, a execução de obras e serviços de engenharia, a montagem, a realização de testes, a pré-operação e as demais operações necessárias e suficientes para a entrega final do objeto, de acordo com o estabelecido nos §§ 1º e 3º deste artigo;
>
> VI — contratação integrada: contratação que envolve a elaboração e o desenvolvimento dos projetos básico e executivo, a execução de obras e serviços de engenharia, a montagem, a realização de testes, a pré-operação e as demais operações necessárias e suficientes para a entrega final do objeto, de acordo com o estabelecido nos §§ 1º, 2º e 3º deste artigo.

Com relação à contratação **semi-integrada**, trata-se de **novidade** que não aparecia no regime do RDC que **permite** a **alteração** do **projeto básico**, desde que **demonstrada** a **vantagem** para o **interesse público** para efeito de redução de preços, de prazo ou aumento de qualidade.

Em relação a essa modalidade de contratação, importante reproduzir o **§ 1º** do **art. 42**, que estabelece os requisitos a serem cumpridos:

Art. 42. (...)

§ 1º As contratações semi-integradas e integradas referidas, respectivamente, nos incisos V e VI do *caput* deste artigo restringir-se-ão a obras e serviços de engenharia e observarão os seguintes requisitos:

I — o instrumento convocatório deverá conter:

a) anteprojeto de engenharia, no caso de contratação integrada, com elementos técnicos que permitam a caracterização da obra ou do serviço e a elaboração e comparação, de forma isonômica, das propostas a serem ofertadas pelos particulares;

b) projeto básico, nos casos de empreitada por preço unitário, de empreitada por preço global, de empreitada integral e de contratação semi-integrada, nos termos definidos neste artigo;

c) documento técnico, com definição precisa das frações do empreendimento em que haverá liberdade de as contratadas inovarem em soluções metodológicas ou tecnológicas, seja em termos de modificação das soluções previamente delineadas no anteprojeto ou no projeto básico da licitação, seja em termos de detalhamento dos sistemas e procedimentos construtivos previstos nessas peças técnicas;

d) matriz de riscos;

II — o valor estimado do objeto a ser licitado será calculado com base em valores de mercado, em valores pagos pela administração pública em serviços e obras similares ou em avaliação do custo global da obra, aferido mediante orçamento sintético ou metodologia expedita ou paramétrica;

III — o critério de julgamento a ser adotado será o de menor preço ou de melhor combinação de técnica e preço, pontuando-se na avaliação técnica as vantagens e os benefícios que eventualmente forem oferecidos para cada produto ou solução;

IV — na contratação semi-integrada, o projeto básico poderá ser alterado, desde que demonstrada a superioridade das inovações em termos de redução de custos, de aumento da qualidade, de redução do prazo de execução e de facilidade de manutenção ou operação.

Já com relação à **contratação integrada**, oportuna a reprodução do **§ 2º:**

Art. 42. (...)

§ 2º No caso dos orçamentos das contratações integradas:

I — sempre que o anteprojeto da licitação, por seus elementos mínimos, assim o permitir, as estimativas de preço devem se basear em orçamento tão detalhado quanto possível, devendo a utilização de estimativas paramétricas e a avaliação aproximada baseada em outras obras similares ser realizadas somente nas frações do empreendimento não suficientemente detalhadas no anteprojeto da licitação, exigindo-se das contratadas, no mínimo, o mesmo nível de detalhamento em seus demonstrativos de formação de preços;

II — quando utilizada metodologia expedita ou paramétrica para abalizar o valor do empreendimento ou de fração dele, consideradas as disposições do inciso I, entre 2 (duas) ou mais técnicas estimativas possíveis, deve ser utilizada nas estimativas de preço-base a que viabilize a maior precisão orçamentária, exigindo-se das licitantes, no mínimo, o mesmo nível de detalhamento na motivação dos respectivos preços ofertados.

Por fim, cumpre registrar que **em ambas as modalidades** de contratação os **riscos** decorrentes de fatos supervenientes associados à escolha da solução de projeto básico pela contratante **serão** de sua responsabilidade, vale dizer, **do contratado**.

11.12.4. Das normas específicas para aquisição de bens (arts. 47 e 48)

Em relação a este item, o **legislador**, de forma a **evitar** o **direcionamento** da **licitação**, houve por bem determinar a **apresentação** de **justificativa** para a **escolha de marcas** de forma a não prejudicar o interesse público, conforme se verifica da previsão estabelecida no **art. 47**. Confira-se:

> **Art. 47.** A empresa pública e a sociedade de economia mista, na licitação para aquisição de bens, poderão:
>
> I — indicar marca ou modelo, nas seguintes hipóteses:
>
> *a)* em decorrência da necessidade de padronização do objeto;
>
> *b)* quando determinada marca ou modelo comercializado por mais de um fornecedor constituir o único capaz de atender o objeto do contrato;
>
> *c)* quando for necessária, para compreensão do objeto, a identificação de determinada marca ou modelo apto a servir como referência, situação em que será obrigatório o acréscimo da expressão "ou similar ou de melhor qualidade";
>
> II — exigir amostra do bem no procedimento de pré-qualificação e na fase de julgamento das propostas ou de lances, desde que justificada a necessidade de sua apresentação;
>
> III — solicitar a certificação da qualidade do produto ou do processo de fabricação, inclusive sob o aspecto ambiental, por instituição previamente credenciada.
>
> Parágrafo único. O edital poderá exigir, como condição de aceitabilidade da proposta, a adequação às normas da Associação Brasileira de Normas Técnicas (ABNT) ou a certificação da qualidade do produto por instituição credenciada pelo Sistema Nacional de Metrologia, Normalização e Qualidade Industrial (Sinmetro).

11.12.5. Das normas específicas para alienação de bens (arts. 49 e 50)

Em relação a este item, estabeleceu o legislador a necessidade de **realização** de **pesquisa prévia** de **preços, bem como** da **abertura de licitação**, de forma a evitar a alienação de bens abaixo dos valores de mercado, consoante se verifica do **art. 49:**

> **Art. 49.** A alienação de bens por empresas públicas e por sociedades de economia mista será precedida de:
>
> I — avaliação formal do bem contemplado, ressalvadas as hipóteses previstas nos incisos XVI a XVIII do art. 29;
>
> II — licitação, ressalvado o previsto no § 3º do art. 28;

11.12.6. Do procedimento de licitação (arts. 51 a 62)

Em relação a este item, o **legislador repetiu** basicamente as **fases** estabelecidas no **RDC**, consoante se verifica da previsão do **art. 51**, vale dizer: **preparação; divulgação; apresentação de lances ou propostas conforme o modo de disputa**

adotado; julgamento; verificação de efetividade dos lances ou propostas; negociação; habilitação; interposição de recursos; adjudicação do objeto; homologação do resultado ou **revogação do procedimento**.

Percebe-se mais uma vez a **inversão das fases** de **julgamento** e **habilitação**, de forma a proporcionar **ganho** de **tempo** importante para a Administração, bem como a previsão de uma etapa de **negociação com** o **vencedor**, de forma a **privilegiar** o **interesse público**.

Outrossim, a previsão de **fase única recursal**, na hipótese de configuração da **inversão** de **fases** noticiada no item anterior, consoante se verifica no **art. 59, *caput***.

Sem embargo, se a **ordem das fases** apontar para **inicialmente** a **habilitação** e **posteriormente** o **julgamento**, apresenta-se a **possibilidade dupla de recurso**, a teor do disposto no **art. 59, § 1º**.

Quanto aos **modos** de **disputa** entre os licitantes, o legislador **repetiu** aqueles previstos na lei do **RDC**, vale dizer, disputa **aberta** ou **fechada**, nos termos dos **arts. 52** e **53:**

> **Art. 52.** Poderão ser adotados os modos de disputa aberto ou fechado, ou, quando o objeto da licitação puder ser parcelado, a combinação de ambos, observado o disposto no inciso III do art. 32 desta Lei.
>
> § 1º No modo de disputa aberto, os licitantes apresentarão lances públicos e sucessivos, crescentes ou decrescentes, conforme o critério de julgamento adotado.
>
> § 2º No modo de disputa fechado, as propostas apresentadas pelos licitantes serão sigilosas até a data e a hora designadas para que sejam divulgadas.
>
> **Art. 53.** Quando for adotado o modo de disputa aberto, poderão ser admitidos:
>
> I — a apresentação de lances intermediários;
>
> II — o reinício da disputa aberta, após a definição do melhor lance, para definição das demais colocações, quando existir diferença de pelo menos 10% (dez por cento) entre o melhor lance e o subsequente.
>
> Parágrafo único. Consideram-se intermediários os lances:
>
> I — iguais ou inferiores ao maior já ofertado, quando adotado o julgamento pelo critério da maior oferta;
>
> II — iguais ou superiores ao menor já ofertado, quando adotados os demais critérios de julgamento.

Quanto aos **critérios** de **julgamento** das propostas, encontram-se eles relacionados no **art. 54**, onde mais uma vez se observa a adoção, em larga escala, dos **mesmos** já apresentados pelo **Regime Diferenciado de Contratações**, a saber:

> **Art. 54.** Poderão ser utilizados os seguintes critérios de julgamento:
>
> I — menor preço;
>
> II — maior desconto;
>
> III — melhor combinação de técnica e preço;
>
> IV — melhor técnica;
>
> V — melhor conteúdo artístico;
>
> VI — maior oferta de preço;

VII — maior retorno econômico;

VIII — melhor destinação de bens alienados.

De outra parte, o **art. 58** estabelece **exigências** a serem comprovadas na **fase de habilitação:**

Art. 58. A habilitação será apreciada exclusivamente a partir dos seguintes parâmetros:

I — exigência da apresentação de documentos aptos a comprovar a possibilidade da aquisição de direitos e da contração de obrigações por parte do licitante;

II — qualificação técnica, restrita a parcelas do objeto técnica ou economicamente relevantes, de acordo com parâmetros estabelecidos de forma expressa no instrumento convocatório;

III — capacidade econômica e financeira;

IV — recolhimento de quantia a título de adiantamento, tratando-se de licitações em que se utilize como critério de julgamento a maior oferta de preço.

Por sua vez, o legislador, nos **arts. 63** a **67**, relacionou **os mesmos procedimentos auxiliares** já mencionados na lei do **Regime Diferenciado de Contratações**, vale dizer, **pré-qualificação permanente; cadastramento; sistema de registro de preços e catálogo eletrônico de padronização**.

Quanto à possibilidade de **revogação** e **anulação** da licitação, estabelece o legislador a **competência** para aquele que tem **autoridade** para **homologar** o **resultado** do certame, a teor do disposto no **art. 62**.

Ainda sobre este item, importante anotar a previsão do **§ 3º**, que estabelece um **limite** para a **anulação** ou **revogação**, segundo a qual, **depois** de **iniciada** a **fase** de **apresentação** de **lances ou propostas**, a revogação ou a anulação **somente serão efetivadas** depois de se **conceder** aos **licitantes** interessados em contestá-las o direito ao **contraditório** e **ampla defesa**.

Por derradeiro, importante anotar que o legislador forneceu um **prazo** de **24 meses** para que as empresas públicas e sociedades de economia mistas já existentes se **adaptassem** aos termos da **nova legislação**.

Para melhor visualização das principais novidades, veja-se o seguinte quadro:

CARACTERÍSTICAS	FUNDAMENTO NA LEI N. 13.303/2016
ABRANGÊNCIA DA LEI	Art. 1º ■ empresas públicas e sociedades de economia mista, tanto as prestadoras de serviços públicos quanto as que exploram atividades econômicas
EXIGÊNCIA DE LICITAÇÃO E DOS CASOS DE DISPENSA E DE INEXIGIBILIDADE	Arts. 28 a 30 ■ redução do número de hipóteses de dispensa ■ supressão da singularidade da atividade para a contratação de profissionais notórios ■ desnecessidade de licitação para atividades-fim
DISPOSIÇÕES DE CARÁTER GERAL SOBRE LICITAÇÕES E CONTRATOS	Arts. 31 a 41: objetivo ■ evitar operações em que se caracterize sobrepreço ou superfaturamento ■ manutenção de orçamento sigiloso ■ impedimentos para participar da licitação

NORMAS ESPECÍFICAS PARA OBRAS E SERVIÇOS	Arts. 42 a 46 ■ contratações semi-integradas (art. 42, V) ■ contratações integradas (art. 42, VI)
NORMAS ESPECÍFICAS PARA AQUISIÇÃO DE BENS	Arts. 47 e 48 ■ necessidade de justificativa de marca (art. 47)
NORMAS ESPECÍFICAS PARA ALIENAÇÃO DE BENS	Arts. 49 e 50 ■ necessidade de pesquisa prévia de preços e abertura de licitação
PROCEDIMENTO DE LICITAÇÃO	Arts. 51 a 62 ■ preparação ■ divulgação ■ apresentação de lances ou propostas conforme o modo de disputa adotado ■ julgamento ■ verificação de efetividade dos lances ou propostas ■ negociação ■ habilitação ■ interposição de recursos ■ adjudicação do objeto ■ homologação do resultado ou revogação do procedimento

■ 11.13. QUADRO SINÓTICO

LICITAÇÕES	
DEFINIÇÃO	Procedimento administrativo por meio do qual o Poder Público procura selecionar a proposta mais vantajosa para os interesses da coletividade nos termos expressamente previstos no edital
FUNDAMENTO	CF, art. 37, XXI
COMPETÊNCIA PARA LEGISLAR	Privativa da União para a edição de normas gerais (CF, art. 22, XXVII)
PRINCÍPIOS ESPECÍFICOS	■ vinculação ao edital (Lei n. 8.666/93, art. 41) ■ julgamento objetivo das propostas (Lei n. 8.666/93, art. 45) ■ adjudicação compulsória (Lei n. 8.666/93, art. 50)
Fases	
EDITAL	Lei interna das licitações onde são fixadas as regras de cumprimento obrigatório para a Administração e os licitantes
HABILITAÇÃO	Fase em que o Poder Público verifica as condições pessoais de cada licitante (técnicas, jurídicas, fiscais e financeiras)
CLASSIFICAÇÃO	■ fase em que são julgadas as propostas comerciais dos licitantes habilitados na fase anterior ■ critérios de julgamento: Lei n. 8.666/93, art. 45
HOMOLOGAÇÃO	Fase em que o Poder Público (autoridade superior) ratifica ou não a legalidade dos atos até então praticados
ADJUDICAÇÃO	Fase que encerra a licitação, com a entrega de seu objeto para a proposta vencedora
Modalidades	
CONCORRÊNCIA	Modalidade de licitação aberta a quaisquer interessados que comprovem possuir os requisitos mínimos de qualificação exigidos no edital (art. 22, § 1º)
TOMADA DE PREÇOS	Modalidade de licitação aberta entre interessados devidamente cadastrados, ou que atendam a todas as condições exigidas para o cadastramento até o terceiro dia anterior à data do recebimento das propostas (art. 22, § 2º)

CONVITE	Modalidade de licitação aberta a quaisquer interessados do ramo pertinente a seu objeto, cadastrados ou não, escolhidos e convidados, diz o legislador, em número mínimo de três (art. 22, § 3º)
CONCURSO	Modalidade de licitação aberta a quaisquer interessados voltada para a escolha de trabalho técnico, científico ou artístico, mediante a instituição de prêmios ou remuneração aos vencedores
LEILÃO	Modalidade de licitação aberta a quaisquer interessados na compra de bens móveis inservíveis para a Administração ou de produtos legalmente apreendidos ou penhorados ou para a alienação de bens imóveis (art. 22, § 5º)
PREGÃO	Modalidade de licitação que tem por objeto a aquisição de bens e serviços comuns, vale dizer, aqueles cujos padrões de desempenho e qualidade possam ser objetivamente definidos pelo edital, por meio de especificações usuais no mercado, qualquer que seja o valor da contratação (Lei n. 10.520/2002, art. 1º, parágrafo único)
CONTROLE DAS LICITAÇÕES	**1. Interno:** anulação ou revogação (Lei n. 8.666/93, art. 49). **2. Externo:** ■ Poder Judiciário (CF, art. 5º, XXXV) ■ Ministério Público (Lei n. 8.666/93, art. 101) ■ Tribunal de Contas (Lei n. 8.666/93, art. 113, § 1º)
CRIMES PRATICADOS NAS LICITAÇÕES	**Hipóteses:** Lei n. 8.666/93, art. 89 **Natureza:** ação pública incondicionada (Lei n. 8.666/93, art. 100)
DISPENSA DE LICITAÇÃO	**Fundamento:** CF, art. 37, XXI **Pressuposto:** viabilidade de competição **Hipóteses:** Lei n. 8.666/93, art. 24 **Critérios:** valor do contrato, momento da contratação, características do contratado e características do objeto
INEXIGIBILIDADE DE LICITAÇÃO	**Fundamento:** CF, art. 37, XXI **Pressuposto:** inviabilidade de competição **Hipóteses:** Lei n. 8.666/93, art. 25 1. Fornecedor ou representante comercial exclusivo 2. Profissional notório (art. 25, § 1º) para a execução de atividade singular (art. 13) 3. Profissional do setor artístico reconhecido pela crítica especializada ou pela opinião pública

■ 11.14. QUESTÕES

1. (Técnico Administrativo — ANAC — ESAF — 2016) É dispensável a licitação, exceto:

a) nos casos de guerra ou grave perturbação da ordem.

b) quando a licitação anterior foi deserta e não puder ser repetida sem prejuízo para a administração pública, mantidas, neste caso, todas as condições preestabelecidas.

c) no caso de alienação aos legítimos possuidores diretos de bem imóvel para fins residenciais construídos em núcleos urbanos anexos a usinas hidrelétricas, desde que considerados dispensáveis na fase de operação dessas unidades e não integrem a categoria de bens reversíveis ao final da concessão.

d) para a aquisição ou restauração de obras de arte e objetos históricos de autenticidade certificada, desde que compatíveis ou inerentes às finalidades do órgão ou entidade.

e) na contratação realizada por empresa pública, ou sociedade de economia mista com suas subsidiárias e controladas, para a aquisição ou alienação de bens, prestação ou obtenção de serviços, desde que o preço contratado seja compatível com o praticado no mercado.

2. (Promotor Substituto — MPE-PR — 2016) Sobre licitação e contratos administrativos é correto afirmar:

a) A Lei n. 8.666/1993 considera Administração Pública a administração direta e indireta da União, dos Estados, do Distrito Federal e dos Municípios, abrangendo as entidades com personalidade jurídica de direito privado sob controle do poder público e das fundações por ele instituídas ou mantidas;

b) Não se exige licitação para contratação realizada por empresa pública ou sociedade de economia mista com suas subsidiárias e controladas, para a aquisição ou alienação de bens, prestação ou obtenção de serviços, desde que o preço contratado seja compatível com o praticado no mercado;

c) O instrumento de contrato somente é obrigatório nos casos de concorrência, de tomada de preços e convite, bem como nas dispensas e inexigibilidades cujos preços estejam compreendidos nos limites destas duas modalidades de licitação, e facultativo nos demais em que a Administração puder substituí-lo por outros instrumentos hábeis, tais como carta-contrato, nota de empenho de despesa, autorização de compra ou ordem de execução de serviço;

d) A critério da autoridade competente, em cada caso, e desde que prevista no instrumento convocatório, poderá ser exigida prestação de garantia nas contratações de obras, serviços e compras, cabendo ao contratante optar por uma das seguintes modalidades: caução em dinheiro ou em títulos da dívida pública, devendo estes ter sido emitidos sob a forma escritural, mediante registro em sistema centralizado de liquidação e de custódia autorizado pelo Banco Central do Brasil e avaliados pelos seus valores econômicos, conforme definido pelo Ministério da Fazenda, seguro-garantia ou fiança bancária;

e) Para aquisição de bens e serviços comuns, ou seja, aqueles cujos padrões de desempenho e qualidade possam ser objetivamente definidos pelo edital, por meio de especificações usuais no mercado, deverá ser adotada a licitação na modalidade de pregão.

3. (Técnico do Ministério Público Estadual — Área Administrativa — MPE-RN — COMPERVE — 2017) Entre os princípios informadores da licitação, estão o procedimento formal, a publicidade, a igualdade entre os licitantes, a vinculação aos termos do instrumento convocatório e a adjudicação compulsória. Nesse contexto, o princípio da

a) adjudicação compulsória não impede que a Administração Pública possa adiar a contratação quando haja motivo para tal.

b) publicidade impede que o conteúdo das propostas seja mantido em sigilo em qualquer momento do procedimento licitatório.

c) vinculação ao instrumento convocatório não se aplica no julgamento das propostas, aplicando-se na etapa inicial da licitação.

d) igualdade entre os licitantes impede que a lei de licitações preveja qualquer critério de desempate.

4. (Juiz de Direito Substituto — FAURGS — 2016) Acerca da licitação, assinale a alternativa correta.

a) A revogação da licitação pode ser feita a qualquer tempo, independentemente de qualquer requisito, por se tratar de matéria de conveniência e oportunidade da Administração.

b) O pregão é modalidade de licitação cujo valor não pode ultrapassar o limite para utilização do convite.

c) A habilitação, no Regime Diferenciado de Contratação, a que se refere a Lei n. 12.462/2011, é feita posteriormente ao julgamento, salvo se for estabelecida a sua realização antes da apresentação de propostas ou lances e antes do julgamento, por ato motivado, e com previsão no instrumento convocatório.

d) A licitação é automaticamente dispensada quando o valor da contratação é de até 10% do limite para a utilização da modalidade de convite.

e) A licitação é dispensável para a contratação de serviços técnico-profissionais especializados, de natureza singular, com profissionais ou empresas de notória especialização.

5. (Juiz — TJ-DFT — CESPE — 2016) A licitação é inexigível

a) para a contratação de fornecimento ou suprimento de energia elétrica e gás natural com concessionário, permissionário ou autorizado.

b) quando a União tiver de intervir no domínio econômico para regular preços ou normalizar o abastecimento.

c) se houver possibilidade de comprometimento da segurança nacional, nos casos estabelecidos em decreto do presidente da República, ouvido o Conselho de Defesa Nacional.

d) para a contratação de profissional de qualquer setor artístico, diretamente ou mediante empresário exclusivo, desde que o profissional seja consagrado pela crítica especializada ou pela opinião pública.
e) para a aquisição ou a restauração de obras de arte e objetos históricos, de autenticidade certificada, compatíveis ou inerentes às finalidades do órgão ou da entidade.

6. (Juiz Federal Substituto — TRF-3ª Região — 2016) Dadas as assertivas abaixo, assinale a alternativa correta.

I. A Administração pode unilateralmente modificar o contrato administrativo, para melhor adequá-lo às finalidades de interesse público, desde que respeitados os direitos do contratado.
II. É dispensável a licitação quando não acudirem interessados à licitação anterior e esta, justificadamente, não puder ser repetida sem prejuízo para a Administração.
III. Nos empreendimentos executados e explorados sob o regime de concessão, é vedado incluir no objeto da licitação a obtenção de recursos financeiros para a sua execução.

a) Está correta apenas a assertiva I.
b) Está correta apenas a assertiva II.
c) Estão corretas apenas as assertivas I e II.
d) Estão corretas todas as assertivas.
e) Nenhuma assertiva está correta.

7. (Técnico do Ministério Público Estadual — Área Administrativa — MPE-RN — COMPERVE — 2017) Nos termos do art. 37, XXI da Constituição Federal, a realização do procedimento licitatório é a regra para a contratação pela Administração Pública ressalvando, entretanto, a possibilidade de a legislação especificar casos em que a licitação não será realizada. A Lei 8.666/93 prevê hipóteses em que haverá dispensa ou inexigibilidade da licitação. Com base nas hipóteses legalmente previstas,

a) a inviabilidade de competição é a principal característica dos casos de dispensa de licitação, enquanto as hipóteses de inexigibilidade tratam de situações em que a concorrência é possível.
b) é vedada a dispensa de licitação de obra ou serviço de engenharia, seja qual for o valor da contratação, dada a incompatibilidade da dispensa com a modalidade de licitação.
c) a licitação é inexigível quando a União tiver que intervir no domínio econômico para regular preços ou normalizar o abastecimento, de modo a viabilizar o atendimento da supremacia do interesse público.
d) é dispensável a licitação para a aquisição ou restauração de obras de arte e objetos históricos, de autenticidade certificada, desde que compatíveis ou inerentes às finalidades do órgão ou entidade.

8. (Juiz Federal Substituto — TRF-3ª Região — 2016) Em determinado edital de licitação referente a serviços de engenharia de grande porte constou uma norma que exige, como requisito para os interessados, a comprovação de experiência anterior em obra similar à licitada. Sobre a referida imposição, em conformidade com o entendimento das Cortes Superiores, é possível afirmar que:

a) Trata-se de imposição inviável, já que desagasalhada de expressa previsão legal e porquanto frustra o direito à livre concorrência, até mesmo diante da conclusão de que os interessados podem demonstrar capacidade técnica a despeito de experiência anterior.
b) Trata-se de imposição viável, mas que deve ser abrandada de modo a se admitir que os interessados comprovem, por outros meios claros e incontroversos, a capacidade técnica para realização da obra.
c) Trata-se de imposição viável, porquanto se agasalha no propósito de permitir à Administração Pública a avaliação da capacidade técnica dos interessados, nos exatos termos do prescrito no inciso II do art. 30 da Lei n. 8.666/93.
d) Embora a ampliação do universo de participantes não possa ser implementada indiscriminadamente, de modo a comprometer a segurança dos contratos, a previsão é inviável porquanto evidentemente desproporcional.

9. (Juiz Federal Substituto — TRF-3ª Região — 2016) Com base na assertiva abaixo, assinale a alternativa correta:

Determinado ente da Administração Pública Federal realizou licitação para contratação de serviços de assistência técnica de informática, no valor estimado de R$ 600.000,00 (seiscentos mil reais).

Para tanto, (i) optou por realizar a licitação na modalidade tomada de preços. No curso dessa licitação, além da participação de interessados devidamente cadastrados, (ii) foi deferida a participação da empresa interessada X, que atendeu todas as condições exigidas para cadastramento no quarto dia anterior à data do recebimento das propostas, observada a necessária qualificação. (iii) O tipo da tomada de preços escolhida foi a de "melhor técnica" e o resumo do edital foi publicado no Diário Oficial da União com antecedência de 35 dias até o recebimento das propostas.

a) (i) A escolha pela tomada de preços é regular, mas o ente licitante também poderia ter optado pela concorrência; (ii) a participação de X deveria ter sido indeferida, pois não foi observado o prazo legal; (iii) a antecedência da publicação observou ao prazo legal mínimo.
b) (i) A escolha pela tomada de preços é regular, mas o ente licitante também poderia ter optado pela concorrência; (ii) a participação de X deveria ter sido deferida, pois ela atendeu ao prazo legal; (iii) a antecedência da publicação observou ao prazo legal mínimo.
c) (i) A escolha pela tomada de preços é irregular; (ii) a participação de X deveria ter sido indeferida, pois não foi observado o prazo legal; (iii) a antecedência da publicação não observou ao prazo legal mínimo.
d) (i) A escolha pela tomada de preços é irregular; (ii) a participação de X deveria ter sido deferida, pois foi observado o prazo legal; (iii) a antecedência da publicação observou ao prazo legal mínimo.

10. (Auditor de Controle Externo — Área Fiscalização — TCE-PA — CESPE — 2016) A respeito do controle da administração pública, do processo administrativo e da licitação, julgue o item a seguir.

Será nulo o edital de licitação que fixar o preço máximo admitido para a aquisição de bens comuns.

( ) Certo ( ) Errado

■ GABARITO ■

1. "c".
2. "a".
3. "a".
4. "c".
5. "d".
6. "c".
7. "d".
8. "c".
9. "b".
10. "errado".

12

CONTRATOS ADMINISTRATIVOS

■ 12.1. DEFINIÇÃO E REGIME JURÍDICO — CLÁUSULAS EXORBITANTES

Podem ser assim **definidos** todos aqueles **ajustes celebrados** pela **Administração** Pública por meio de regras previamente estipuladas por ela, sob um **regime** de **direito público**, visando à preservação dos **interesses** da **coletividade**.

Na definição proposta, resta claro que a marca **característica** dos **contratos celebrados** pela **Administração** Pública está no **regime jurídico** sob o qual os ajustes são fixados.

Em vista dos interesses a serem preservados, ou seja, os da coletividade, as **regras** são **impostas** de **modo unilateral** pelo **Poder Público**, sem que os particulares que com ele contratem possam estabelecer qualquer tipo de interferência.

Aos **olhos** dos **particulares**, os **contratos** administrativos **surgem** como **ajustes** de **adesão**, visto que não podem eles interferir de maneira alguma quando de sua elaboração.

Não se pode, aliás, esquecer que, como regra geral, os **contratos** administrativos são **precedidos** de **licitação**, cuja **face externa** é **inaugurada** pela publicação do **edital**, que traz, como visto, as regras que deverão ser seguidas durante todo o procedimento.

Pois bem, com essas regras, vários documentos instruem o **edital**, entre os quais encontramos a **minuta** do **futuro contrato**, de sorte que o particular saberá desde logo que, se porventura sagrar-se **vencedor** da **licitação**, o **contrato** a ser assinado **deverá refleti-la** integralmente, sob pena de **burla** do **procedimento licitatório**, representando afronta ao princípio da vinculação ao instrumento convocatório **(art. 62, § 1º, da Lei n. 8.666/93)**.

De resto, **não poderia ser diferente** a **diretriz** a ser aqui implementada **em virtude** dos **interesses divergentes** do **contratante** e do **contratado**, porque, enquanto a Administração Pública contratante pretende a realização do serviço ou a entrega do bem, o contratado, por seu turno, pretende o recebimento do valor previamente ajustado.

Dessa forma, o estabelecimento das **regras** que vão nortear todo o contrato durante sua execução, **impostas unilateralmente** pela **Administração** Pública, encontra plena **justificativa** nos **objetivos** por ela **perseguidos**.

A situação até aqui exposta, sem dúvida nenhuma, acaba por gerar inúmeros desdobramentos, na medida em que a **celebração** de um **contrato** sob **regras** de **direito público** atribuirá ao **Poder Público prerrogativas** que não serão estendidas aos particulares, criando um **cenário** completamente **diferente** daquele verificado nos **ajustes** regidos pelo **direito privado**, que disciplinam relações entre particulares.

Nesse contexto, partiremos para uma **análise comparativa** entre os dois tipos de ajuste, de modo a facilitar a compreensão das regras específicas que norteiam os contratos administrativos.

De início, cumpre destacar que os **contratos** celebrados entre **particulares** refletem **ajustes bilaterais** e só se aperfeiçoam quando as partes envolvidas estiverem totalmente de acordo em relação às cláusulas relacionadas.

Em outros termos, a elaboração dos **contratos** celebrados entre **particulares** é **realizada em conjunto** pelas **partes envolvidas**, cada qual procurando defender seus interesses.

Durante a **execução desses contratos**, se uma das partes **descumprir** suas **obrigações**, dará oportunidade para que a outra possa promover a **denunciação** do **ajuste** com base na cláusula da **"exceção de contrato não cumprido"**.

Da mesma forma, se uma das partes **descumpre** suas **obrigações**, abrirá oportunidade para que a outra possa **aplicar sanções**, **penalidades**, desde que previstas no instrumento assinado.

Essas situações são **características** dos **contratos** regidos pelo **direito privado**, na medida em que as **partes** envolvidas estejam em **situação** de **igualdade jurídica**, cada qual representando seus próprios interesses.

Assim, **nesses ajustes não se pode admitir** a concessão de qualquer **prerrogativa para** uma das **partes contratantes** que não seja estendida para a outra, a menos que tenha sido dado expresso consentimento nesse sentido.

Não é, sem dúvida, a **mesma situação** que encontraremos em relação aos **contratos administrativos**, em razão da presença do Poder Público, fato esse que trará inúmeros desdobramentos.

Com efeito, a participação da **Administração** nesses ajustes, efetivamente, faz com que a ela **sejam atribuídas prerrogativas**, **vantagens** que **não se estendem aos particulares**, que a colocam em **posição** de **superioridade** em relação a eles. Essa posição de superioridade, frise-se, não surge de maneira gratuita, mas **decorre** dos **interesses representados** por ela, os da coletividade.

Enquanto a **Administração** participa **representando** os **interesses** de **terceiros**, os **particulares** participam representando **seus próprios interesses**.

Insistindo, assim, nesse aspecto comparativo, tem-se que as **cláusulas desses contratos**, como visto, são **elaboradas unilateralmente** pelo **Poder Público**, não interferindo o particular contratado de maneira alguma.

No mesmo sentido, **durante** a **execução** dos **contratos**, também encontramos inúmeras diferenças, a começar por sua alteração. A **possibilidade** de **alteração unilateral** das **cláusulas** existe, mas sendo tão somente franqueada para a **Administração Pública**, na forma prevista, inicialmente, no **art. 65, I, da lei**.

De registrar-se, também, que somente o **Poder Público** dispõe da **prerrogativa** de **rescisão unilateral desses contratos**, invocando a "exceção de contrato não cumprido", regra essa que não se estende ao particular contratado.

Nesse sentido, como se verá melhor mais adiante, a Lei n. 8.666/93, em seu **art. 79**, abre a **possibilidade** de o **Poder Público rescindir esses ajustes**, ainda que o contratado não tenha feito rigorosamente nada de errado.

É a situação em que a **rescisão** do contrato tem por **fundamento razões** de **interesse público**, hipótese que seria inimaginável nos contratos celebrados entre particulares.

De igual forma, é atribuída somente à **Administração** a **possibilidade** de **aplicação unilateral** de **sanções** e **penalidades** ao particular contratado, em vista do descumprimento de suas obrigações.

A esse **conjunto** de **prerrogativas** conferidas à **Administração** Pública quando da celebração de contratos administrativos, por força dos interesses que representa, dá-se o nome de **"cláusulas exorbitantes"**.

Na Lei de Licitações e Contratos Administrativos, podemos encontrar bons **exemplos** de **cláusulas exorbitantes** em seu **art. 58**, cuja redação a seguir se reproduz:

> **Art. 58.** O regime jurídico dos contratos administrativos instituído por esta Lei confere à Administração, em relação a eles, a prerrogativa de:
>
> I — modificá-los, **unilateralmente**, para melhor adequação às finalidades de interesse público, respeitados os direitos do contratado;
>
> II — rescindi-los, **unilateralmente**, nos casos especificados no inc. I do art. 79 desta Lei;
>
> III — fiscalizar-lhes a execução;
>
> IV — aplicar sanções motivadas pela inexecução total ou parcial do ajuste;
>
> V — nos casos de serviços essenciais, ocupar provisoriamente bens móveis, imóveis, pessoal e serviços vinculados ao objeto do contrato, na hipótese de necessidade de acautelar apuração administrativa de faltas contratuais pelo contratado, bem como na hipótese de rescisão do contrato administrativo.

A **mesma situação**, outrossim, pode ser constatada na redação do **art. 56, § 1º**, que oferece ao **Poder Público** a faculdade de **exigir do contratado**, nos termos da lei, **garantia** nos contratos de obras, serviços e compras.

Constata-se também a **faculdade** conferida ao **Poder Público** de **revogar, unilateralmente**, os contratos diante da caracterização de **interesse público**, na forma disciplinada nos **arts. 49 e 59**.

Convém desde logo deixar claro que a previsão dessas **prerrogativas** para a **Administração não pode deixar ao desamparo o contratado**, que também deve ter seus **direitos** relativos à **parte econômica** que ditaram sua participação no ajuste preservado.

Outra, aliás, não é a conclusão atingida pela nossa melhor doutrina, conforme se verifica do excerto a seguir, extraído da obra do eminente publicista Celso Antônio Bandeira de Mello[1]:

---

[1] *Curso de direito administrativo*. 11. ed. São Paulo: Malheiros, 1999, p. 448.

> "Em suma, a figura jurídica designada por contrato administrativo esforça-se na seguinte dualidade: de um lado, o Poder Público usufrui de todos os poderes indispensáveis à preservação do interesse público substanciado no contrato. É bem de ver que estes entendem com sua execução e persistência. De outro lado, cabe ao particular integral garantia aos interesses privados que ditaram sua participação no vínculo, consoante os termos ali constituídos. Por isso está protegido às completas, assim na parte econômica que nas cláusulas porventura não interferentes com o interesse público a ser satisfeito por meio da avença travada entre ele e a Administração. (...)
> Não é difícil entender a lógica do instituto *sub examine*. Há duas ordens de interesses que se devem compor na relação em apreço. O interesse público, curado pela Administração, reclama dela flexibilidade suficiente para atendimento das vicissitudes administrativas e variações a que está sujeito. O interesse particular postula suprimento de uma legítima pretensão ao lucro, segundo os termos convencionados".

Outra não é a **linha adotada** pelos nossos **Tribunais**, considerando a presença dessas **cláusulas** como o aspecto **diferencial** dos **contratos administrativos**, conforme se verifica das decisões a seguir transcritas:

> "(...) Nenhum particular, ao contratar com o poder público, adquire direito à imutabilidade do contrato. A existência implícita de 'cláusulas exorbitantes' assegura a posição de supremacia do poder público contratante, no contrato tipicamente administrativo, como é o de concessão do direito real de uso, onde o interesse público, por ser predominante, pode justificar o cancelamento de condições previstas. *Decisão*: conhecer por unanimidade. Denegar a segurança e revogar a liminar por maioria" (TJDFT, Conselho Especial, MS 20000020059256, rel. Des. Everards Mota e Matos, j. 13.11.2001, *DJU*, 11.03.2002, p. 52).

> "(...) 2. Os contratos sobre concessões de serviço público são administrativos, distinguindo-se dos civis pela mutabilidade e pelas cláusulas exorbitantes: 'o Estado-cliente não deixa de ser o Estado-príncipe'" (STF, 2ª T., AgI 42.854-GB, rel. Min. Aliomar Baleeiro, j. 07.05.1968, *DJU*, 28.06.1968, p. 1753).

Importante registrar também a **aplicação**, em **caráter subsidiário**, da **"teoria geral dos contratos"** e das disposições de direito privado, a teor do disposto no **art. 54** da Lei de Licitações e Contratos Administrativos:

> **Art. 54.** Os contratos administrativos de que trata esta Lei regulam-se pelas suas cláusulas e pelos preceitos de direito público, aplicando-se-lhes, supletivamente, os princípios da teoria geral dos contratos e as disposições de direito privado.

De outra parte, quanto à **formalização** dos **contratos** administrativos, cumpre ressaltar que o **instrumento de contrato** é **obrigatório**, conforme regra geral estabelecida pelo **art. 62** do mesmo diploma legal, vislumbrando-se a possibilidade de sua substituição por **outros instrumentos**, como: **carta-contrato, nota de empenho de despesa, autorização de compra ou ordem de execução de serviços**.

Cabe observar, ainda, que a possibilidade de **substituição** do **termo contratual só** ocorrerá nas **hipóteses** de **compra** com entrega imediata e integral dos bens adquiridos, dos quais não resultem obrigações futuras, nos termos do **§ 4º** do **art. 62**.

A **publicação resumida** dos **contratos**, por seu turno, revela-se também **imprescindível**, surgindo como condição indispensável para sua eficácia, conforme a regra estipulada pelo **art. 61, parágrafo único**.

Essa diretriz estabelecida pelo legislador acaba concretizando o princípio da publicidade, estabelecido em nossa CF no *caput* do art. 37.

Importante anotar que o **uso** dessas **cláusulas exorbitantes** pela Administração encontra **limite** nas **cláusulas econômico-financeiras**, que não poderão ser alteradas sem prévia concordância do contratado **(art. 58, § 1º)**.

Assim, **quando** a **modificação** do ajuste **atingi-las**, **deverão ser imediatamente revistas** para que se mantenha o **equilíbrio contratual (art. 58, § 2º)**.

Para melhor visualização das informações contidas neste item, veja-se o seguinte quadro:

REGIME JURÍDICO	Regras de direito público e, em caráter subsidiário, a teoria geral dos contratos (art. 54)
CARACTERÍSTICA COMUM	Cláusulas exorbitantes que conferem prerrogativas permitindo que a Administração atue de forma unilateral: ■ elaboração unilateral dos contratos (art. 58) ■ alteração unilateral dos contratos (art. 58) ■ aplicação de sanções de forma unilateral (art. 58) ■ rescisão unilateral dos contratos (art. 79)
LIMITE	Cláusulas financeiras que deverão ser revistas para que se mantenha o equilíbrio contratual (art. 58, § 2º)

■ 12.2. CLÁUSULAS ESSENCIAIS DOS CONTRATOS

A Lei de Licitações e Contratos Administrativos também estabelece uma lista de **cláusulas** consideradas **essenciais**, no **art. 55:**

> **Art. 55.** São cláusulas necessárias em todo contrato as que estabeleçam:
>
> I — o objeto e seus elementos característicos;
>
> II — o regime de execução ou a forma de fornecimento;
>
> III — o preço e as condições de pagamento, os critérios, data-base e periodicidade do reajustamento de preços, os critérios de atualização monetária entre a data do adimplemento das obrigações e a do efetivo pagamento;
>
> IV — os prazos de início de etapas de execução, de conclusão, de entrega, de observação e de recebimento definitivo, conforme o caso;
>
> V — o crédito pelo qual correrá a despesa, com a indicação da classificação funcional programática e da categoria econômica;
>
> VI — as garantias oferecidas para assegurar sua plena execução, quando exigidas;
>
> VII — os direitos e as responsabilidades das partes, as penalidades cabíveis e os valores das multas;
>
> VIII — os casos de rescisão;
>
> IX — o reconhecimento dos direitos da Administração, em caso de rescisão administrativa prevista no art. 77 desta Lei;
>
> X — as condições de importação, a data e a taxa de câmbio para conversão, quando for o caso;

> XI — a vinculação ao edital de licitação ou ao termo que a dispensou ou a inexigiu, ao convite e à proposta do licitante vencedor;
>
> XII — a legislação aplicável à execução do contrato e especialmente aos casos omissos;
>
> XIII — a obrigação do contratado de manter, durante toda a execução do contrato, em compatibilidade com as obrigações por ele assumidas, todas as condições de habilitação e qualificação exigidas na licitação.

Entre aquelas relacionadas no dispositivo legal, encontramos a que determina a **inclusão** do **objeto** com seus elementos característicos, o **regime** de **execução** ou a **forma** de **fornecimento**, os **prazos de início de etapas de execução**, de **conclusão**, de entrega, e o **crédito pelo qual correrá a despesa**. Esta última cláusula evita que possa a Administração alegar, durante a execução do ajuste, a falta de verbas para financiá-lo.

No que se refere aos **prazos para a execução do contrato**, em primeiro lugar cumpre chamar a atenção para o fato de que nenhum contrato administrativo poderá ser celebrado sem que dele conste a existência de um prazo certo e determinado.

Não fosse suficiente a redação do art. 55, aliás, estabelecendo, em seu inciso IV, os prazos de execução como regras essenciais, o **art. 57, § 3º**, determina quais seriam eles:

> **Art. 57.** A duração dos contratos regidos por esta Lei ficará adstrita à vigência dos respectivos créditos orçamentários, exceto quanto aos relativos: (...)
>
> § 3º É vedado o contrato com prazo de vigência indeterminado.

Esse aspecto nos leva a indagar quanto ao **prazo** de **vigência** dos **contratos** administrativos, matéria disciplinada pelo ***caput*** do **art. 57** da mesma lei, acima reproduzido.

A leitura do dispositivo legal bem revela que, como **regra geral**, a duração dos contratos administrativos está diretamente relacionada à **vigência** dos **créditos orçamentários**.

Lícita, então, a **conclusão** segundo a qual a **duração** desses **ajustes não poderá ultrapassar** o **prazo** de **um ano**, exatamente aquele de **duração** dos **créditos** integrantes do **orçamento**.

Oportuno consignar, não obstante, que o próprio legislador estabelece **exceções**, permitindo a duração dos contratos administrativos por um **prazo maior**, desde que sobre eles recaia uma das hipóteses relacionadas nos diversos incisos do **art. 57**. Confira-se:

> **Art. 57.** A duração dos contratos regidos por esta Lei ficará adstrita à vigência dos respectivos créditos orçamentários, exceto quanto aos relativos:
>
> I — aos projetos cujos produtos estejam contemplados nas metas estabelecidas no plano plurianual, os quais poderão ser prorrogados, se houver interesse da Administração e desde que isso tenha sido previsto no ato convocatório;
>
> II — a prestação de serviços a serem executados de forma contínua, que poderão ter a sua duração prorrogada por iguais períodos com vistas a obtenção de preços e condições mais vantajosas para a Administração, limitada a sessenta meses. (Redação dada pela Lei n. 9.648/98)

> III — (Vetado)
>
> IV — ao aluguel de equipamentos e a utilização de programas de informática, podendo a duração estender-se pelo prazo de até 48 (quarenta e oito) meses após o início da vigência do contrato.
>
> V — às hipóteses previstas nos incisos IX, XIX, XXVIII e XXXI do art. 24, cujos contratos poderão ter vigência por até cento e vinte meses, caso haja interesse da administração.

A leitura do dispositivo reproduzido permite visualizar as **exceções à regra geral** estabelecidas no *caput.*

Dentro desse contexto, a primeira exceção que se apresenta é aquela que envolve os **projetos incluídos** no **plano plurianual**, vale dizer, aqueles cuja duração se estenda por mais de um exercício financeiro, extrapolando, assim, o prazo-limite de duração da peça orçamentária. Essa regra, aliás, decorre de diretriz expressamente estabelecida pela **Constituição Federal**, estampada em seu **art. 167, I**, quando impede o início de programas ou projetos não incluídos na lei orçamentária anual:

> **Art. 167.** São vedados:
>
> I — o início de programas ou projetos não incluídos na lei orçamentária anual.

Seguindo a mesma linha, o legislador permite o prolongamento do prazo para aqueles **serviços** a **serem executados de maneira contínua**, que poderão ser prorrogados por **até 60 meses**, admitindo-se, em caráter excepcional e desde que devidamente justificado, o seu **prolongamento por mais 12 meses**, a teor do disposto no **§ 4º** do **art. 57:**

> **Art. 57.** (...)
>
> § 4º Em caráter excepcional, devidamente justificado e mediante autorização da autoridade superior, o prazo de que trata o inciso II do *caput* deste artigo poderá ser prorrogado em até doze meses.

Permite ainda o legislador a utilização de um prazo mais elástico em se tratando do **aluguel** de **equipamentos** e da **utilização de programas de informática**, quando, então, esses ajustes poderão se prolongar pelo prazo de até **48 meses**.

Por derradeiro, oportuno anotar a possibilidade de estipulação de um **prazo** de **até 120 meses** para a duração de contratos nas hipóteses previstas nos incisos IX, XIX, XXVIII e XXXI do art. 24 da Lei n. 8.666/93, com a redação oferecida ao art. 57, V, da mesma lei, pela Lei n. 12.349/2010.

Esta última hipótese, que envolve **situações relacionadas** a temas como **segurança** e **defesa nacional**; **forças armadas**; **pesquisa científica**; **tecnologia**, não se apresenta como uma obrigação ao Poder Público, mas, tão somente, como uma faculdade a ser utilizada sempre que necessário para a preservação dos interesses da coletividade.

Para melhor visualização das informações apresentadas neste item, observe-se o quadro:

LOCALIZAÇÃO	Art. 55 da Lei n. 8.666/93
PRAZO	Regra geral: duração dos créditos orçamentários (art. 57, *caput*) Exceções: ■ projetos incluídos no plano plurianual ■ prestação de serviços de natureza contínua (60 meses) ■ aluguel de equipamentos e programas de informática (48 meses) ■ segurança nacional (120 meses)

■ 12.3. EXECUÇÃO DOS CONTRATOS

A matéria relativa à **execução** dos **contratos** administrativos está disciplinada na Lei n. 8.666/93, a partir do seu **art. 66:**

> **Art. 66.** O contrato deverá ser executado fielmente pelas partes, de acordo com as cláusulas avençadas e as normas desta Lei, respondendo cada uma pelas consequências de sua inexecução total ou parcial.

Essa redação acaba por refletir a regra denominada ***pacta sunt servanda***, segundo a qual os contratos deverão ser executados fielmente pelas partes em respeito às regras inicialmente pactuadas.

Inquestionavelmente, a manutenção dessa **diretriz**, **sem** qualquer tipo de **flexibilização**, **impediria** a **execução** de **diversos contratos**, em razão do **surgimento** de **situações supervenientes** e **imprevisíveis**, durante sua execução, que impedissem ou dificultassem, ao extremo, o seu cumprimento nas condições inicialmente fixadas.

Essa regra geral, contudo, admite **exceções**, cumpridos os requisitos mencionados, vale dizer: o surgimento de situações posteriores a sua celebração, sua **imprevisibilidade** e a **necessidade** de **recomposição** do **equilíbrio** inicial da equação **econômico-financeira**, matéria essa que será observada no tópico posterior e que retrata a denominada **teoria da imprevisão**.

Importante destacar que o legislador prescreve a necessidade de a **execução** dos contratos administrativos vir acompanhada e **fiscalizada** por um representante do **Poder Público**, para preservar os interesses da coletividade.

Da mesma forma, deverá o **contratado manter preposto** seu, desde que devidamente aceito pela Administração, para acompanhar a execução do ajuste, conforme previsão estabelecida no **art. 67, § 1º, da Lei n. 8.666/93**.

De outra parte, o legislador houve por bem estabelecer que a **responsabilidade** pelos danos **causados** ao **Poder Público** ou a **terceiros**, por **culpa** ou **dolo** do **contratado**, é **inteiramente deste**, tendência também verificada quanto aos **encargos trabalhistas**, **previdenciários**, **fiscais** e **comerciais**, conforme se observa da redação do **art. 71:**

> **Art. 71.** O contratado é responsável pelos encargos trabalhistas, previdenciários, fiscais e comerciais resultantes da execução do contrato.
>
> § 1º A inadimplência do contratado, com referência aos encargos trabalhistas, fiscais e comerciais não transfere à Administração Pública a responsabilidade por seu pagamento, nem poderá onerar o objeto do contrato ou restringir a regularização e o uso das obras e edificações, inclusive perante o Registro de Imóveis.

§ 2º A Administração Pública responde solidariamente com o contratado pelos encargos previdenciários resultantes da execução do contrato, nos termos do art. 31 da Lei n. 8.212, de 24 de julho de 1991.

§ 3º (Vetado)

Em relação ao dispositivo reproduzido, oportuna a referência acerca da constitucionalidade da previsão estabelecida em seu § 1º, apontando para a manutenção da responsabilidade do contratado, em se configurando sua inadimplência em relação aos encargos trabalhistas, fiscais e comerciais, matéria enfrentada pela Suprema Corte quando do julgamento da ADC 29.212/2010, em que concluiu por sua constitucionalidade.

Nesse particular, oportuno registrar que a **Suprema Corte**, em **março** de **2017**, apreciou o tema quando do julgamento do RE 760.931, referente à **responsabilidade subsidiária** da **Administração** em **encargos trabalhistas não adimplidos** pela empresa prestadora de serviço, resultando as seguintes conclusões:

> "a) pela impossibilidade de transferência automática para a Administração Pública da responsabilidade subsidiária pelo descumprimento das obrigações trabalhistas pela empresa terceirizada; b) pela viabilidade de responsabilização do ente público em caso de culpa comprovada em fiscalizar o cumprimento dessas obrigações; e c) competir à Administração Pública comprovar que fiscalizou adequadamente o cumprimento das obrigações trabalhistas pelo contratado".

Convém mencionar a possibilidade aberta pelo legislador para a **subcontratação** de **partes** da **obra**, **serviço** ou **fornecimento**, desde que **aprovada** a operação pelo **Poder Público (art. 72)**, sem o que, aliás, revestir-se-á de **ilegalidade**, dando oportunidade para a **rescisão unilateral** do contrato, na forma do **art. 78, VI:**

Art. 78. Constituem motivo para rescisão do contrato: (...)

VI — a subcontratação total ou parcial do seu objeto, a associação do contratado com outrem, a cessão ou transferência, total ou parcial, bem como a fusão, cisão ou incorporação, não admitidas no edital e no contrato.

Para melhor visualização das informações apresentadas neste item, tem-se o seguinte quadro:

EXECUÇÃO	Regra geral (art. 66): *pacta sunt servanda* Exceções: alterações possíveis quando do surgimento de fatos imprevisíveis que impeçam a execução do ajuste (teoria da imprevisão; áleas extraordinárias; cláusula *rebus sic stantibus*) Fatos geradores: ■ caso fortuito (danos causados por terceiros) ■ força maior (danos causados pela natureza) ■ fato do príncipe (danos causados pelo Poder Público atingindo todos os seus contratos) ■ fato da Administração (danos causados pelo Poder Público atingindo um ou apenas alguns de seus contratos)
MANUTENÇÃO DE PREPOSTO	Art. 67, § 1º

RESPONSABILIDADE POR ENCARGOS TRABALHISTAS, PREVIDENCIÁRIOS, FISCAIS E COMERCIAIS	Art. 71 RE 760.931: "a) pela impossibilidade de transferência automática para a Administração Pública da responsabilidade subsidiária pelo descumprimento das obrigações trabalhistas pela empresa terceirizada; b) pela viabilidade de responsabilização do ente público em caso de culpa comprovada em fiscalizar o cumprimento dessas obrigações; e c) competir à Administração Pública comprovar que fiscalizou adequadamente o cumprimento das obrigações trabalhistas pelo contratado".

■ 12.4. ALTERAÇÕES NOS CONTRATOS

Assume extrema importância a questão relativa à **alteração** das **cláusulas** dos **contratos**, em vista da possibilidade conferida à **Administração**, devido aos interesses que representa, de **modificá-las** de **modo unilateral**.

Em primeiro lugar, necessário dizer que as **modificações** serão produzidas mediante um **termo** de **aditamento**, que deverá vir acompanhado de sua respectiva publicação.

As **hipóteses** de **modificação** dos ajustes estão disciplinadas no **art. 65** da **Lei de Licitações** e Contratos Administrativos:

> **Art. 65.** Os contratos regidos por esta Lei poderão ser alterados, com as devidas justificativas, nos seguintes casos:
>
> I — unilateralmente pela Administração:
>
> *a)* quando houver modificação do projeto ou das especificações, para melhor adequação técnica aos seus objetivos;
>
> *b)* quando necessária a modificação do valor contratual em decorrência de acréscimo ou diminuição quantitativa de seu objeto, nos limites permitidos por esta Lei;
>
> II — por acordo das partes:
>
> *a)* quando conveniente a substituição da garantia de execução;
>
> *b)* quando necessária a modificação do regime de execução da obra ou serviço, bem como do modo de fornecimento, em face de verificação técnica da inaplicabilidade dos termos contratuais originários;
>
> *c)* quando necessária a modificação da forma de pagamento, por imposição de circunstâncias supervenientes, mantido o valor inicial atualizado, vedada a antecipação do pagamento, com relação ao cronograma financeiro fixado, sem a correspondente contraprestação de fornecimento de bens ou execução de obra ou serviço;
>
> *d)* para restabelecer a relação que as partes pactuaram inicialmente entre os encargos do contratado e a retribuição da Administração para a justa remuneração da obra, serviço ou fornecimento, objetivando a manutenção do equilíbrio econômico-financeiro inicial do contrato, na hipótese de sobreviverem fatos imprevisíveis, ou previsíveis porém de consequências incalculáveis, retardadores ou impeditivos da execução do ajustado, ou ainda, em caso de força maior, caso fortuito ou fato do príncipe, configurando álea econômica extraordinária e extracontratual.

Como se verifica, **qualquer alteração** a ser promovida nos ajustes deverá vir, obrigatoriamente, **acompanhada** das **razões** dos **fundamentos** que lhe deram origem.

12.4.1. Unilaterais

O **inciso I** do referido dispositivo legal estabelece as hipóteses em que essas **alterações** poderão ser promovidas **unilateralmente** pelo **Poder Público**, materializando as denominadas **"cláusulas exorbitantes"**.

Poderão, assim, as alterações ocorrer na **hipótese** de **modificação** do **projeto** ou das **especificações** para melhor adequação técnica a seus objetivos. Percebe-se que a possibilidade de **modificações** aqui permitida **não pode** ser confundida com a **alteração do objeto**, visto que representaria **burla** à **licitação** anterior.

Permite o legislador, outrossim, a alteração unilateral dos ajustes quando necessária a **modificação** do valor inicialmente pactuado como resultado de **acréscimo** ou **diminuição quantitativa** de **seu objeto**.

Observe-se, entretanto, que essas hipóteses **não ficam** ao **livre critério** da **Administração** para estabelecer o limite que achar por bem determinar. Ao contrário, deverá ela se submeter aos **limites** permitidos pela lei, como se verifica da leitura do **§ 1º do art. 65:**

> **Art. 65.** (...)
>
> § 1º O contratado fica obrigado a aceitar, nas mesmas condições contratuais, os acréscimos ou supressões que se fizerem nas obras, serviços ou compras, até 25% (vinte e cinco por cento) do valor inicial atualizado do contrato, e, no caso particular de reforma de edifício ou de equipamento, até o limite de 50% (cinquenta por cento) para os seus acréscimos.

Pode-se concluir, portanto, que o **aumento das quantidades além dos limites** estabelecidos na **lei** representa tentativa de **fraude à licitação** anterior, não se admitindo nem mesmo com a concordância do contratado.

Infelizmente, não é o mesmo que se verifica em relação às **hipóteses de supressão**, que **poderão exceder** esses **limites**, se as partes entrarem em acordo, como se verifica da leitura do **§ 2º** do **art. 65:**

> **Art. 65.** (...)
>
> § 2º Nenhum acréscimo ou supressão poderá exceder os limites estabelecidos no parágrafo anterior, salvo:
>
> I — (Vetado)
>
> II — as supressões resultantes de acordo celebrado entre os contratantes.

12.4.2. Bilaterais

Por outro lado, as **modificações** também poderão ser realizadas de **modo bilateral**, consoante as regras estipuladas no inciso II do **art. 65**, a saber:

> **Art. 65.** (...)
>
> II — por acordo das partes:
>
> *a)* quando conveniente a substituição da garantia de execução;
>
> *b)* quando necessária a modificação do regime de execução da obra ou serviço, bem como do modo de fornecimento, em face de verificação técnica da inaplicabilidade dos termos contratuais originários;

c) quando necessária a modificação da forma de pagamento, por imposição de circunstâncias supervenientes, mantido o valor inicial atualizado, vedada a antecipação do pagamento, com relação ao cronograma financeiro fixado, sem a correspondente contraprestação de fornecimento de bens ou execução de obra ou serviço;

d) para restabelecer a relação que as partes pactuaram inicialmente entre os encargos do contratado e a retribuição da Administração para a justa remuneração da obra, serviço ou fornecimento, objetivando a manutenção do equilíbrio econômico-financeiro inicial do contrato, na hipótese de sobreviverem fatos imprevisíveis, ou previsíveis porém de consequências incalculáveis, retardadores ou impeditivos da execução do ajustado, ou ainda, em caso de força maior, caso fortuito ou fato do príncipe, configurando álea econômica extraordinária e extracontratual.

12.4.2.1. *Teoria da imprevisão*

Das hipóteses reproduzidas, merece comentário mais prolongado a localizada na alínea *d*, porque consagra a denominada **"teoria da imprevisão"**, vale dizer, aquela que **autoriza** a **modificação** das **cláusulas contratuais** inicialmente pactuadas em vista do **surgimento** de **fatos supervenientes** e **imprevisíveis** capazes de **impedir** ou **dificultar** o **cumprimento** do **ajuste** nos termos inicialmente fixados.

Seu **objetivo**, conforme se conclui do próprio comando legal, é a **manutenção** do **equilíbrio econômico-financeiro** inicial do **contrato**, o que representa, de resto, um direito do contratado com respaldo constitucional, inclusive.

A CF, com efeito, ao trabalhar com esse tema no **art. 37, XXI**, estabeleceu que as **contratações** a serem realizadas pela Administração **devem respeitar** as **condições efetivas** da **proposta** formulada na licitação.

Ora, é bem de ver que, dessa maneira, qualquer **contingência**, **posterior** e **imprevisível**, que se verifique durante a **execução** do **ajuste** e que provoque comprovadamente o **desequilíbrio** da **equação inicial** autoriza a **aplicação** dessa **teoria**.

De resto, outra não foi a orientação oferecida ao tema pelos nossos Tribunais, consoante se verifica das ementas a seguir:

> "A alteração do contrato administrativo a fim de restabelecer a equação financeira inicial impõe a comprovação efetiva do desequilíbrio que, por ensejar dano imprevisível e insuportável, deve ser dividido entre os contratantes" (TRF, 5ª Região, *Repertório IOB de Jurisprudência* 16/93, p. 305).

> "(...) A teoria da imprevisão é plenamente aplicável aos contratos administrativos, se constatada a álea extraordinária a romper o equilíbrio financeiro do contrato, merecendo o mesmo ser revisto" (TJDFT, 1ª T. Cível, ACív 3399194, rel. Des. José Hilário de Vasconcelos, j. 12.12.1994, *DJU*, 01.02.1995, p. 668).

Observe-se, por oportuno, que a necessidade de **manutenção** do **equilíbrio inicial** da **equação** econômico-financeira não **se apresenta** somente naquelas situações que envolvam **alterações bilaterais**, consoante previsão do art. 65, II, *d*, mas, de igual sorte, impõe-se para as **alterações unilaterais** produzidas pela Administração.

Não fosse suficiente a lembrança quanto ao conteúdo do art. 37, XXI, da CF, o próprio legislador também se preocupou em deixar cristalina essa situação.

É o que se pode verificar da redação do **art. 65, § 6º**:

> **Art. 65.** (...)
>
> § 6º Em havendo alteração unilateral do contrato que aumente os encargos do contratado, a Administração deverá restabelecer, por aditamento, o equilíbrio econômico-financeiro inicial.

De resto, **essa orientação** do legislador também **se reflete** em outro ponto do diploma legal em análise, em especial no **art. 58, I**, cuja redação, pela oportunidade, uma vez mais se reproduz:

> **Art. 58.** (...)
>
> I — modificá-los, unilateralmente, para melhor adequação às finalidades de interesse público, respeitados os direitos do contratado.

A oportunidade dessa transcrição fica demonstrada partindo-se do pressuposto de que a **manutenção** dos termos iniciais da **equação econômico-financeira** consiste em **direito** constitucionalmente **assegurado** ao **contratado**.

De modo mais explícito a matéria foi disciplinada no **art. 58, § 2º**:

> **Art. 58.** (...)
>
> § 2º Na hipótese do inciso I deste artigo, as cláusulas econômico-financeiras do contrato deverão ser revistas para que se mantenha o equilíbrio contratual.

Nesse contexto, julgamos oportuno esclarecer que por **equação econômico-financeira** se deve entender o **equilíbrio inicial estabelecido** no momento da celebração do ajuste **entre** a **remuneração** do contratado **e** os **encargos** com os quais terá de arcar.

Ainda nesse âmbito, a **teoria da imprevisão** representa o **ressurgimento** da **cláusula *rebus sic stantibus* (a convenção não permanece em vigor se as coisas não permanecerem)**, **flexibilizando** a regra geral denominada ***pacta sunt servanda***, localizada no art. 66 dessa lei, na medida em que estabelece que os contratos só devem ser cumpridos fielmente pelas partes enquanto permanecerem as mesmas condições em que foram celebrados.

Nas palavras do sempre lembrado administrativista Hely Lopes Meirelles[2], encontramos bem retratada a função da teoria da imprevisão:

> "A teoria da imprevisão consiste no reconhecimento de que eventos novos, imprevistos e imprevisíveis, pelas partes e a elas não imputáveis, refletindo sobre a economia ou a execução do contrato, autorizam sua revisão, para ajustá-lo às circunstâncias supervenientes. É a aplicação da velha cláusula *rebus sic stantibus* aos contratos administrativos, a exemplo do que ocorre nos ajustes privados, a fim de que sua execução se realize sem a ruína do contratado, na superveniência de fatos não cogitados pelas partes, criando um ônus excessivo para uma delas, com vantagem desmedida para a outra.
>
> A aplicação dessa teoria, entre nós, assentava-se mais na equidade que no direito, visto que nenhuma lei a consagrava para os contratos administrativos. Foi a jurisprudência

2 *Direito administrativo brasileiro*. 24. ed. São Paulo: Malheiros, 1999, p. 218-219.

pátria que, seguindo os rumos do Conselho de Estado da França, estimulada pela doutrina, acabou admitindo a revisão de ajustes administrativos em razão de fatos supervenientes e altamente onerosos para o particular contratado".

Percebe-se, pois, que a **aplicação dessa teoria** só **se justifica** em vista de **acontecimentos posteriores** à celebração do contrato, **que não poderiam ter sido previstos** pelas partes e que tornem impossível ou dificultem ao extremo a sua execução nos termos inicialmente previstos.

Desse modo, a **aplicação dessa teoria** só terá lugar diante da caracterização do que se convencionou chamar de **"álea extraordinária"** e **extracontratual**, já que não prevista por ocasião da celebração do ajuste.

Oportuno registrar que a expressão ***álea*** representa os **riscos que o particular enfrenta** por ocasião de suas contratações com o Poder Público.

Assim, a ***álea ordinária*** representa os **riscos**, os prejuízos **normais** decorrentes da má gestão do contrato, razão pela qual sua caracterização não gera a possibilidade de aplicação da teoria para a revisão das cláusulas inicialmente fixadas.

Por seu turno, a ***álea extraordinária*** representa os **riscos**, os prejuízos **anormais resultantes da execução de um contrato**, razão pela qual sua caracterização gera a possibilidade de aplicação da teoria, modificando-se os termos iniciais do ajuste para a recomposição do equilíbrio inicial da equação econômico-financeira, ou seja, a relação de igualdade entre os encargos do contratado e a correspondente remuneração a que ele faz jus.

Surgem, destarte, como **hipóteses** de **aplicação** da **teoria** nos contratos administrativos, aquelas resultantes de **caso fortuito**, **força maior**, **fato do príncipe** e **fato da Administração**.

O **traço comum** entre as situações mencionadas, que justifica a aplicação da teoria da imprevisão, é o fato de que todas elas **representam situações supervenientes** e **imprevisíveis** que **dificultam** ou **impedem** a **realização** do **contrato** nos termos inicialmente fixados.

Assim, a situação envolvendo o conceito **"caso fortuito"** retrata aquela **criada pelo homem**, surgindo como exemplo a deflagração de um movimento grevista posterior à assinatura do contrato, impedindo que a empresa contratada possa cumprir o ajuste nos termos inicialmente fixados.

A mesma situação se verifica na hipótese de um bloqueio impedir a circulação de veículos por determinada estrada, impedindo a entrega de determinado bem no prazo inicialmente estabelecido.

Nesse contexto, surgem as situações decorrentes de **"força maior"**, vale dizer, **eventos da natureza** que impedem ou dificultam a execução do ajuste conforme o combinado inicialmente e que não poderiam ter sido previstos pelas partes, também justificando a aplicação da teoria ora em análise.

Surge como exemplo a presença de chuvas torrenciais em região normalmente sujeita a longos períodos de estiagem ou mesmo o exemplo contrário, uma vez que a falta constante de chuvas poderia trazer problemas quanto ao fornecimento de energia elétrica de modo a prejudicar a execução do contrato.

Dentro desse contexto, é importante registrar que, nada obstante a existência de **divergências** em sede **doutrinária** acerca dos conceitos de **"caso fortuito"** e **"força maior"**, a questão **perdeu** muito de sua **importância**, tendo em vista a previsão estabelecida no **art. 393, parágrafo único, do Código Civil:**

> **Art. 393.** O devedor não responde pelos prejuízos resultantes de caso fortuito ou força maior, se expressamente não se houver por eles responsabilizado.
>
> Parágrafo único. O caso fortuito ou de força maior verifica-se no fato necessário, cujos efeitos não era possível evitar ou impedir.

A leitura do dispositivo reproduzido permite concluir que o **legislador civil acabou** por **equiparar** os **institutos** do **caso fortuito** e da **força maior**, incluindo-os na categoria de fatos imprevisíveis, cujos efeitos, portanto, não seria possível evitar ou impedir.

O **fato do príncipe**, por sua vez, refere-se a uma **situação imprevisível** e posterior à celebração do contrato, impedindo ou dificultando, sobremaneira, sua execução, **criada pelo Poder Público**, que **incide sobre todos os contratos por ele celebrados**, autorizando a revisão das cláusulas inicialmente pactuadas.

Nesse particular, pela importância que o tema apresenta, lançamos mão, uma vez mais, dos preciosos ensinamentos de Hely Lopes Meirelles[3]:

> "Fato do príncipe é toda determinação estatal, positiva ou negativa, geral, imprevista e imprevisível, que onera substancialmente a execução do contrato administrativo. Essa oneração, constituindo álea extraordinária e extracontratual, desde que intolerável e impeditiva da execução do ajuste, obriga o Poder Público contratante a compensar integralmente os prejuízos suportados pela outra parte, a fim de possibilitar o prosseguimento da execução, e, se esta for impossível, rende ensejo à rescisão do contrato, com as indenizações cabíveis".

Resta claro, portanto, que, sendo uma **determinação estatal** de **caráter geral**, incidirá ela indiretamente sobre o contrato, visto que atingirá, de igual sorte, todos os demais ajustes.

Serve de exemplo para essa situação a criação de um novo tributo, porque representa um aumento de encargos para todos os contratados, demandando uma revisão das cláusulas inicialmente fixadas para o reequilíbrio da equação econômico-financeira.

No mesmo sentido, poderíamos encaixar situações criadas pelo governo que importem em medidas de racionamento de energia elétrica, visto que atingirão todos os contratos por ele celebrados, gerando a necessidade de sua revisão.

Por derradeiro, surgem as situações decorrentes do que se convencionou chamar de **"fato da Administração"**, que, nas palavras de Hely Lopes Meirelles[4], pode ser assim definido: "Fato da Administração é toda ação ou omissão do Poder Público que, incidindo direta e especificamente sobre o contrato, retarda ou impede sua execução".

---

3 *Direito administrativo brasileiro*. 24. ed. São Paulo: Malheiros, 1999, p. 221.

4 *Direito administrativo brasileiro*. 24. ed. São Paulo: Malheiros, 1999, p. 221.

Percebe-se, pois, a exemplo do que foi visto, que no "fato do príncipe" também estamos diante de uma **situação superveniente** e **imprevisível criada** pelo **Poder Público** que impede ou dificulta, sobremaneira, a execução do contrato nas condições inicialmente fixadas.

A **diferença** está em que, enquanto na **situação anterior** a atitude tomada pelo Poder Público gerava **reflexos apenas indiretos sobre** o **ajuste**, em razão do caráter geral da medida, **aqui** os **reflexos** são **diretos**, incidindo especificamente sobre o contrato e somente sobre ele.

Surgem como **exemplos** a não realização das desapropriações necessárias para que uma obra possa ser executada, a falta de pagamento que impeça o particular de cumprir os compromissos assumidos perante terceiros, levando a uma impossibilidade de cumprimento do ajuste, ao menos nos termos inicialmente estabelecidos.

De resto, essa situação, a depender das características apresentadas por cada caso concreto, apresenta-se como fato gerador da rescisão do ajuste, a teor do disposto no **art. 78, XVI**, da Lei n. 8.666/93:

> **Art. 78.** Constituem motivo para rescisão do contrato: (...)
>
> XVI — a não liberação, por parte da Administração, de área, local ou objeto para execução de obra, serviço ou fornecimento, nos prazos contratuais, bem como das fontes de materiais naturais especificadas no projeto.

O eminente administrativista ainda faz referência a outra situação que pode abrir ensejo à aplicação da teoria da imprevisão, a qual se convencionou denominar **"interferências imprevistas"**. São suas estas palavras:

> "São ocorrências materiais não cogitadas pelas partes na celebração do contrato, mas que surgem na sua execução de modo surpreendente e excepcional, dificultando e onerando extraordinariamente o prosseguimento e a conclusão dos trabalhos.
>
> As interferências imprevistas não se confundem com outras eventuais superveniências (caso fortuito, força maior, fato do príncipe, fato da administração), porque estas sobrevêm ao contrato, ao passo que aquelas o antecedem, mas se mantêm desconhecidas até serem reveladas através das obras e serviços em andamento, dada sua omissão nas sondagens ou sua imprevisibilidade para o local, em circunstâncias comuns de trabalho. Além disso, as interferências imprevistas não são impeditivas da execução do contrato, mas sim criadoras de maiores dificuldades e onerosidades para a conclusão dos trabalhos, o que enseja a adequação dos preços e dos prazos à nova realidade encontrada *in loco*, como numa obra pública, o encontro de um terreno rochoso e não arenoso, como indicado pela Administração, ou mesmo a passagem subterrânea de canalização ou dutos não revelados no projeto em execução"[5].

Por derradeiro, em vista da importância que o tema assume em nosso ordenamento jurídico, oportuno trazer à colação alguns **exemplos** de **julgados** em que a matéria foi debatida:

---

[5] *Direito administrativo brasileiro*. 24. ed. São Paulo: Malheiros, 1999, p. 222.

> "Teoria da imprevisão. Não é enquadrável no caso vertente, em que a previsibilidade, nas mutações contratuais, foi perfeitamente antevista. Acórdãos que não conflitam com o aresto embargado. Embargos não conhecidos" (STF, Embargos em RE 64.152, rel. Min. Adalicio Nogueira, j. 22.04.1971, *DJU*, 21.05.1971).

> "Segundo a jurisprudência do STJ, é inaplicável a teoria da imprevisão para acarretar reajustamentos do preço de imóvel, quando não concorrem causas ou acontecimentos excepcionais e imprevisíveis, capazes de inviabilizar o cumprimento da avença, sem graves prejuízos para uma parte, ou por enriquecer indevidamente a outra. Regimental improvido" (STJ, 3ª T., AGA 51.186/DF, rel. Min. Waldemar Zveiter, j. 26.09.1994, *DJU*, 03.10.1994).

> "(...) O aumento do piso salarial da categoria não se constitui fato imprevisível capaz de autorizar a revisão do contrato. Recurso não conhecido" (STJ, 2ª T., REsp 13.4797/DF, rel. Min. Paulo Gallotti, j. 16.05.2000, *DJU*, 01.08.2000).

> "(...) 2. Embora não previsto o reajustamento dos preços estabelecidos no contrato de obras públicas, a parte contratada não pode suportar os prejuízos decorrentes dos atrasos nos pagamentos das faturas, constitutivos de ilícito contratual, e na devolução das quantias remetidas a título de caução, em razão dos planos econômicos patrocinados pelo governo, impondo-se a atualização das mencionadas verbas até as datas dos seus respectivos pagamentos. Recurso especial conhecido, pelo fundamento da letra c, e provido" (STJ, 2ª T., REsp 35.991/SC, rel. Min. Peçanha Martins, j. 13.03.1997, *DJU*, 19.05.1997).

Por fim, para melhor visualização dos temas analisados neste item, confira-se o quadro:

FORMA	Sempre por escrito, acompanhada das razões que lhe deram origem
INSTRUMENTO	Termo de aditamento
ESPÉCIES	■ unilaterais: promovidas pela Administração no exercício de cláusula exorbitante (art. 65, I) ■ bilaterais: resultantes de acordo entre as partes (art. 65, II)
LIMITES	■ o objeto não poderá ser alterado, sob pena de fraude à licitação ■ as quantidades poderão ser alteradas por meio de acréscimos ou supressões em até 25% do valor inicial ■ nas hipóteses de reforma de edifício ou de equipamentos, o limite será de 50% para os seus acréscimos, somente ■ supressões resultantes de acordo poderão superar esses limites (art. 65, § 2º, II)
REVISÃO	Possível em razão da criação, alteração ou extinção de tributos ou encargos legais (art. 65, § 5º)
REFLEXO	Necessidade de restabelecimento do equilíbrio econômico-financeiro inicial (art. 65, § 6º)

■ 12.5. HIPÓTESES DE RESCISÃO

Ainda sobre os contratos administrativos, oportuno tecer alguns esclarecimentos em relação às **hipóteses de rescisão** dos ajustes, matéria essa que está prevista no **art. 79** da Lei de Licitações e Contratos Administrativos:

Art. 79. A rescisão do contrato poderá ser:

I — determinada por ato unilateral e escrito da Administração, nos casos enumerados nos incisos I a XII e XVII do artigo anterior;

II — amigável, por acordo entre as partes, reduzida a termo no processo da licitação, desde que haja conveniência para a Administração;

III — judicial, nos termos da legislação;

IV — (Vetado)

§ 1º A rescisão administrativa ou amigável deverá ser precedida de autorização escrita e fundamentada da autoridade competente.

§ 2º Quando a rescisão ocorrer, com base nos incisos XII a XVII do artigo anterior, sem que haja culpa do contratado, será este ressarcido dos prejuízos regularmente comprovados, que houver sofrido, tendo, ainda, direito a:

I — devolução de garantia;

II — pagamentos devidos pela execução do contrato até a data da rescisão;

III — pagamento do custo da desmobilização.

§ 3º (Vetado)

§ 4º (Vetado)

§ 5º Ocorrendo impedimento, paralisação ou sustação do contrato, o cronograma de execução será prorrogado automaticamente por igual tempo.

A leitura do dispositivo demonstra que os contratos administrativos poderão ser rescindidos de modo unilateral pela Administração Pública nas hipóteses em que houver descumprimento de obrigações contratuais pelo particular ou mesmo em vista da caracterização de interesse público.

12.5.1. Rescisão administrativa

É aquela **levada a efeito de forma unilateral pela Administração**, ou por **razões** de **interesse público ou** por **descumprimento de obrigações pelo contratado**, conforme o disposto no **art. 79, I, da Lei n. 8.666/93**, configurando, pois, **cláusula exorbitante**.

As características descritas autorizam a **conclusão** segundo a qual, se o fundamento utilizado para a rescisão apontar para razões de **interesse público**, terá o **contratado direito** a **indenização**, uma vez que **não contribuiu** para a **rescisão** do **ajuste**, consoante a previsão estabelecida no § 2º, anteriormente reproduzido.

A título de **exemplo**, perfeitamente possível a rescisão administrativa quando configurada proposta mais vantajosa para o interesse público, desde que devidamente comprovada. A propósito, confira-se a seguinte decisão do **Tribunal de Justiça de Minas Gerais:**

> "(...) 4) a rescisão dos contratos se justificava diante da proposta mais vantajosa, do manifesto interesse público, nos termos do art. 78, XII e 79, I, da Lei 8.666/93" (MS 000133.694-0/00, em 13.04.1999, *DOMJ*, 22.10.1999).

De outra parte, cenário totalmente diferente se apresenta quando a **rescisão unilateral resulta** de **descumprimento** de **obrigações contratuais pelo contratado**.

Destarte, quando for este o fundamento invocado pela Administração, o contratado, por se estar **imputando** a ele o **cometimento** de uma **irregularidade**, terá **direito** à **abertura** de **processo administrativo**, em que se assegure o **contraditório** e **ampla defesa**, diretriz que encontra seu fundamento maior no **art. 5º, LV, da Constituição**, em homenagem à cláusula do devido processo legal, que impede a incidência de qualquer condenação sem o cumprimento dessas exigências.

Outrossim, previsão de igual teor se encontra no **parágrafo único** do **art. 78** da **Lei n. 8.666/93**, que, **em respeito** a referida cláusula do **devido processo legal**, **exige** a apresentação de **motivação**; **abertura** de **processo** administrativo; **contraditório** e **ampla defesa** para todas as hipóteses de rescisão:

> **Art. 78.** (...)
>
> Parágrafo único. Os casos de rescisão contratual serão formalmente motivados nos autos do processo, assegurado o contraditório e a ampla defesa.

■ 12.5.2. Rescisão consensual

A **segunda forma** de **rescisão** é aquela que se verifica de maneira **amigável**, por acordo entre as partes, e desde que, por óbvio, exista sua **conveniência** para o **interesse público**, na forma prevista no **inciso II** do mesmo comando legal.

É que, como se sabe, os **interesses** das **partes** envolvidas em um **contrato dessa natureza** são **divergentes**, aguardando o Poder Público contratante o cumprimento do objeto do ajuste, enquanto o particular contratado aguarda o pagamento da remuneração conforme as regras inicialmente estabelecidas.

Assim, a **rescisão** amigável ou **consensual** só poderá ter lugar naquelas **situações** em que **restar evidente** o benefício que a paralisação da execução do ajuste trará para o **interesse público**, sendo, pois, necessário venha ela **acompanhada** da **competente justificativa**, bem como de autorização pela autoridade competente.

■ 12.5.3. Rescisão judicial

Por fim, prescreve o legislador a denominada **"rescisão judicial"**, vale dizer, aquela **proposta pelo particular** contratado em razão do **descumprimento de obrigações** contratuais pelo **Poder Público**.

Essa hipótese de rescisão, ao contrário da chamada rescisão administrativa, **não pode ser decretada unilateralmente pelo particular**, **dependendo** de **concordância** do **Poder Judiciário**, uma vez que ele está defendendo seus próprios interesses, enquanto o Poder Público representa os da coletividade.

Surgem como **exemplos legais**, que podem render ensejo à rescisão judicial, a **suspensão** da **execução** do **contrato** por **prazo superior** a **120 dias**, o **atraso superior a 90 dias** dos **pagamentos** devidos pela Administração Pública; situações essas que encontram exceções naquelas hipóteses de anormalidade, como calamidade pública ou grave perturbação da ordem, na forma dos **incisos XIV e XV do art. 78** dessa lei:

> **Art. 78.** Constituem motivo para rescisão do contrato: (...)
>
> XIV — a suspensão de sua execução, por ordem escrita da Administração, por prazo superior a 120 (cento e vinte) dias, salvo em caso de calamidade pública, grave perturbação da ordem interna ou guerra, ou ainda por repetidas suspensões que totalizem o mesmo prazo, independentemente do pagamento obrigatório de indenizações pelas sucessivas e contratualmente imprevistas desmobilizações e mobilizações e outras previstas, assegurado ao contrato, nesses casos, o direito de optar pela suspensão do cumprimento das obrigações assumidas até que seja normalizada a situação;
>
> XV — o atraso superior a 90 (noventa) dias dos pagamentos devidos pela Administração decorrentes de obras, serviços ou fornecimento, ou parcelas destes, já recebidos ou executados, salvo em caso de calamidade pública, grave perturbação da ordem interna ou guerra, assegurado ao contratado o direito de optar pela suspensão do cumprimento de suas obrigações até que seja normalizada a situação.

De se consignar, ainda, que, para as situações descritas no parágrafo anterior, o legislador oferece a **possibilidade** de o **particular** contratado **optar** pela **rescisão** do ajuste **ou** por sua **suspensão** até que seja normalizada a situação.

Por fim, para melhor visualização deste item, confira-se o quadro:

LOCALIZAÇÃO	Art. 79 da Lei n. 8.666/93
MODALIDADES	**Administrativa:** é a rescisão unilateral promovida pela Administração por **razões de interesse público** (mediante indenização) ou por **descumprimento de obrigações pelo contratado** (pressuposto: abertura de processo administrativo, assegurada ampla defesa). **Consensual:** promovida por acordo entre as partes que privilegie o interesse público. **Judicial:** promovida pelo contratado, junto ao Judiciário, por descumprimento de obrigações pela Administração.

■ 12.6. SANÇÕES ADMINISTRATIVAS

Nesse particular, importante destacar ter a Lei n. 8.666/93 relacionado as **sanções administrativas** a serem **aplicadas** tão **somente** para os **contratados** que **descumprirem** suas **obrigações** contratuais.

Esse destaque inicial revela-se importante, de forma a demonstrar a **diferença** existente em relação aos **contratos** de **parcerias público-privadas**, já objeto de comentários, em que se verifica a **possibilidade** de **incidência** de **sanções também** sobre a **Administração** Pública, a teor do disposto na **Lei n. 11.079/2004**, em seu **art. 5º, II**.

De outra parte, cumpre registrar que a **aplicação dessas sanções**, ainda que não consignada expressamente pelo legislador, **exige** a **abertura** de **processo** administrativo em que se assegure **contraditório** e **ampla defesa**.

De resto, oportuna a reprodução do disposto no **art. 87 da Lei n. 8.666/93:**

> **Art. 87.** Pela inexecução total ou parcial do contrato a Administração poderá, garantida a prévia defesa aplicar ao contratado as seguintes sanções:
>
> I — advertência;

II — multa, na forma prevista no instrumento convocatório ou no contrato;

III — suspensão temporária de participação em licitação e impedimento de contratar com a Administração, por prazo não superior a 2 (dois) anos;

IV — declaração de inidoneidade para licitar ou contratar com a Administração Pública enquanto perdurarem os motivos determinantes da punição ou até que seja promovida a reabilitação, perante à própria autoridade que aplicou a penalidade, que será concedida sempre que o contrato ressarcir a Administração pelos prejuízos resultantes e após ocorrido o prazo da sanção aplicada com base no inciso anterior.

§ 1º Se a multa aplicada for superior ao valor da garantia prestada, além da perda desta, responderá o contratado pela sua diferença, que será descontada dos pagamentos eventualmente devidos pela Administração ou cobrada judicialmente.

§ 2º As sanções previstas nos incisos I, III e IV deste artigo poderão ser aplicadas juntamente com a do inciso II, facultada a defesa prévia do interessado, no respectivo processo, no prazo de 5 (cinco) dias úteis.

§ 3º A sanção estabelecida no inciso IV deste artigo é de competência exclusiva do Ministro de Estado, do Secretário Estadual ou Municipal, conforme o caso, facultada a defesa do interessado no respectivo processo, no prazo de 10 (dez) dias da abertura de vista, podendo a reabilitação ser requerida após 2 (dois) anos de sua aplicação.

Para melhor visualização desse item, confira-se o quadro:

LOCALIZAÇÃO	Art. 87 da Lei n. 8.666/93
REQUISITO	Abertura de processo administrativo, assegurada ampla defesa (art. 87 e art. 5º, LV, da CF)
MODALIDADES	Art. 87 da Lei n. 8.666/93 ■ advertência ■ multa ■ suspensão temporária de participação em licitação ■ impedimento de contratar com a Administração por até 2 anos ■ declaração de inidoneidade para licitar ou contratar com a Administração até que se promova o ressarcimento dos prejuízos causados

■ 12.7. CONTROLE DOS CONTRATOS

A exemplo dos comentários realizados no capítulo relativo às licitações, o **controle** dos **contratos administrativos** pode assumir algumas variantes, **podendo-se realizar** de **forma interna** ou **externa**.

Assim, o **controle interno** é aquele **realizado pela** própria **Administração**, sob o ângulo da **legalidade** e da **conveniência** e **oportunidade**, a teor do disposto no **art. 59** dessa lei. Confira-se:

Art. 59. A declaração de nulidade do contrato administrativo opera retroativamente impedindo os efeitos jurídicos que ele, ordinariamente, deveria produzir, além de desconstituir os já produzidos.

Parágrafo único. A nulidade não exonera a Administração do dever de indenizar o contratado, pelo que este houver executado até à data em que ela for declarada e por outros prejuízos regularmente comprovados, contanto que não lhe seja imputável, promovendo-se a responsabilidade de quem lhe deu causa.

A leitura do dispositivo reproduzido justifica o destaque para a hipótese de anulação dos contratos administrativos, por razões de ilegalidade, uma vez que prevê a **possibilidade** de **pagamento** de indenização ao **contratado, desde que não tenha ele dado causa à extinção do ajuste**.

De outra parte, o **controle externo** poderá ser **promovido** pelo **Judiciário**, pelo **Ministério Público** e, ainda, pelos **Tribunais** de **Contas**, desde que **provocados** por **terceiros**, nos termos estipulados, respectivamente, nos **arts. 5º, XXXV, da CF, 101** e **113, § 1º**, da **Lei n. 8.666/93:**

> **Art. 5º** (...)
> XXXV — a lei não excluirá da apreciação do Poder Judiciário lesão ou ameaça a direito.
>
> **Art. 101.** Qualquer pessoa poderá provocar, para os efeitos desta Lei, a iniciativa do Ministério Público, fornecendo-lhe, por escrito, informações sobre o fato e sua autoria, bem como as circunstâncias em que se deu a ocorrência.
> Parágrafo único. Quando a comunicação for verbal, mandará a autoridade reduzi-la a termo, assinado pelo apresentante e por duas testemunhas. (...)
>
> **Art. 113.** O controle das despesas decorrentes dos contratos e demais instrumentos regidos por esta Lei será feito pelo Tribunal de Contas competente, na forma da legislação pertinente, ficando os órgãos interessados da Administração responsáveis pela demonstração da legalidade e regularidade da despesa e execução, nos termos da Constituição e sem prejuízo do sistema de controle interno nela previsto.
> § 1º Qualquer licitante, contratado ou pessoa física ou jurídica poderá representar ao Tribunal de Contas ou aos órgãos integrantes do sistema de controle interno contra irregularidades na aplicação desta Lei, para os fins do disposto neste artigo.
> § 2º Os Tribunais de Contas e os órgãos integrantes do sistema de controle interno poderão solicitar para exame, até o dia útil imediatamente anterior a data de recebimento das propostas, cópia do edital de licitação já publicado, obrigando-se os órgãos ou entidades da Administração interessada à adoção de medidas corretivas pertinentes que, em função desse exame, lhes forem determinadas.

Confira-se o quadro seguinte:

INTERNO	**Pela Administração, controle de legalidade** e de **mérito** realizado por meio da anulação ou revogação (**arts. 49 e 59** da Lei n. 8.666/93)
EXTERNO	■ **Pelo Judiciário: só o controle de legalidade** e mediante provocação de terceiros, tendo por fundamento o **art. 5º, XXXV, da CF** ■ **Pelo Ministério Público: só o controle de legalidade** e mediante provocação de terceiros, tendo por fundamento o **art. 101 da Lei n. 8.666/93** ■ **Pelos Tribunais de Contas: só o controle de legalidade** e mediante provocação de terceiros, tendo por fundamento o **art. 113, § 1º, da Lei n. 8.666/93**

■ 12.8. CONVÊNIOS E CONSÓRCIOS

Cabe alinhavar as **diferenças existentes entre** os **contratos** administrativos **e** os **convênios** e **consórcios**.

Nos contratos, os **interesses** das **partes** envolvidas são **divergentes**, uma vez que, como visto, enquanto o Poder Público procura o recebimento do objeto, na forma inicialmente convencionada, o particular contratado almeja o recebimento do pagamento ajustado.

Nos convênios e **consórcios**, algo diferente se verifica, na medida em que os **interesses das partes** envolvidas são **convergentes, comuns**.

Podem-se **definir** os **consórcios**, então, como **ajustes celebrados entre pessoas da mesma esfera de governo, visando atingir objetivos comuns**.

O **traço característico** dessa definição está no fato de que os **consórcios** só poderão ser **celebrados** por **pessoas integrantes** da **mesma esfera de governo**, vale dizer, entre Municípios ou entre Estados, surgindo como **exemplos** a realização de consórcios visando à despoluição de um rio que passe pelo território de ambos, à duplicação de uma estrada que liga dois Municípios ou que interesse a dois Estados limítrofes.

Por sua vez, os **convênios** também surgem como **ajustes celebrados** visando **atingir interesses comuns, mas** por **pessoas** de **diferentes esferas** de **governo, ou entre elas** e a **iniciativa privada**, o que não se verificava na hipótese anterior.

De se mencionar ainda que se **aplicam, no que couber**, aos convênios e consórcios as regras estabelecidas na Lei de Licitações e Contratos Administrativos, conforme o disposto em seu **art. 116:**

> **Art. 116.** Aplicam-se as disposições desta Lei, no que couber, aos convênios, acordos, ajustes e outros instrumentos congêneres celebrados por órgãos e entidades da Administração.

Nesse particular, confira-se a seguinte decisão proferida pelo Tribunal de Contas do Rio de Janeiro:

> "Termo aditivo. Convênio. Aplicam-se aos convênios, no que couber, as disposições da Lei 8.666/1993, incluindo-se a regra do *caput* do art. 71, que determina o ônus para o contratado dos encargos trabalhistas, previdenciários, fiscais e comerciais resultantes da execução do contrato" (TCERJ, Proc. 20.781-8/94, rel. Cons. José Luiz de Magalhães Lins, j. 08.07.1997, *RTCERJ* 37, jul.-set. 1997, p. 128).

■ 12.9. CONSÓRCIOS PÚBLICOS

A **questão** relacionada aos **consórcios públicos** foi **introduzida** na **CF** pela **EC n. 19/98**, que atribuiu a seguinte redação ao **art. 241:**

> **Art. 241.** A União, os Estados, o Distrito Federal e os Municípios disciplinarão por meio de lei os consórcios públicos e os convênios de cooperação entre os entes federados, autorizando a gestão associada de serviços públicos, bem como a transferência total ou parcial de encargos, serviços, pessoal e bens essenciais à continuidade dos serviços transferidos.

A redação do dispositivo constitucional reproduzida revela que o **objetivo** maior da **celebração** desses **consórcios** é o de promover uma **gestão associada** de **serviços públicos** por meio de uma **conjugação** de **esforços** entre os diversos **entes federativos** para fazer frente às demandas crescentes que se apresentam para o Poder Público na preservação dos interesses da coletividade que, de maneira isolada, não teriam como viabilizar.

De outra parte, o mesmo comando constitucional deixa claro que essa **matéria dependeria** de **regulamentação** posterior, o que veio a ocorrer, tão somente, em **abril** de **2005**, por meio da edição da **Lei n. 11.107**, **regulamentada** pelo **Decreto n. 6.017/2007**.

De início, cumpre observar que **referida legislação limita-se** a estabelecer **normas gerais** de aplicabilidade para os quatro entes federativos, consoante se verifica da redação estabelecida pelo seu **art. 1º:**

> **Art. 1º** Esta Lei dispõe sobre normas gerais para a União, os Estados, o Distrito Federal e os Municípios contratarem consórcios públicos para a realização de objetivos de interesse comum e dá outras providências.

A leitura do dispositivo reproduzido permite concluir pela possibilidade de **Estados**, **Municípios** e **Distrito Federal editarem leis específicas** em **relação** a **esse tema** para a realização de objetivos de interesse comum, que surge como a justificativa maior para a criação desses consórcios.

Nesse sentido, nada mais lógico do que concluir que esses **objetivos** de **interesse comum** só podem ser **aqueles acordados pelos consorciados** que, no entanto, não terão liberdade total quando de sua criação, consoante se verifica da redação do **art. 2º:**

> **Art. 2º** Os objetivos dos consórcios públicos serão determinados pelos entes da Federação que se consorciarem, observados os limites constitucionais.

Nesse contexto, para facilitar o **atingimento** desses **objetivos** de interesse comum acordados pelos entes consorciados, o legislador houve por bem **atribuir** uma série de **prerrogativas** a esses **consórcios**, conforme se verifica da redação estabelecida no **art. 2º, § 1º:**

> **Art. 2º** (...)
>
> § 1º Para o cumprimento de seus objetivos, o consórcio público poderá:
>
> I — firmar convênios, contratos, acordos de qualquer natureza, receber auxílios, contribuições e subvenções sociais ou econômicas de outras entidades e órgãos do governo;
>
> II — nos termos do contrato de consórcio de direito público, promover desapropriações e instituir servidões nos termos de declaração de utilidade ou necessidade pública, ou interesse social, realizada pelo Poder Público; e
>
> III — ser contratado pela administração direta ou indireta dos entes da Federação consorciados, dispensada a licitação.

Dentro desse contexto, cumpre assinalar que esses **consórcios poderão ser celebrados por diferentes esferas de governo ou não**. Assim, possível a celebração de consórcios entre Municípios; entre Estados; entre Municípios e Estados; entre Municípios e a União; entre Estados e a União.

Nesse sentido, **para que a União possa participar** de **consórcios** celebrados **entre Municípios**, **necessária a participação dos Estados** onde eles se encontram localizados.

A título de **exemplo**, para que a União possa participar de consórcio celebrado entre um Município integrante do Estado de São Paulo e outro integrante do Estado de Minas Gerais, necessária a participação dos dois Estados.

É a conclusão que resulta da previsão estabelecida no **art. 1º, § 2º:**

> **Art. 1º** (...)
> § 2º A União somente participará de consórcios públicos em que também façam parte todos os Estados em cujos territórios estejam situados os Municípios consorciados.

Quanto às **etapas** de **criação** desses **consórcios**, são elas:

- subscrição de protocolo de intenções **(art. 3º)**;
- ratificação mediante lei **(art. 5º)**;
- celebração do contrato de consórcio público **(art. 5º)**.

De outra parte, **criado** o **consórcio**, cumpre observar a **exigência legal** para a **criação** de uma **pessoa jurídica** com **personalidade independente** das **esferas** de **governo consorciadas**, com o **objetivo único** de **acompanhar** a **execução** das **obras** e **serviços** consorciados, de acordo com a previsão do **art. 1º, § 1º:**

> **Art. 1º** (...)
> § 1º O consórcio público constituirá associação pública ou pessoa jurídica de direito privado.

A depender da **personalidade jurídica atribuída a essa pessoa** (personalidade jurídica **de direito público**, constituindo uma associação pública) **(art. 6º, I)** ou de **direito privado** (mediante o atendimento dos requisitos da legislação civil) **(art. 6º, II)**, a **personalidade** do **consórcio** também **se altera**.

Assim é que **poderão assumir** uma **personalidade** de **direito público**, quando constituirão uma associação pública **integrante** da **Administração indireta dos entes consorciados, ou privado**, quando deverão **atender** às **normas** de **direito público e também** aos **requisitos** da **legislação civil:**

> **Art. 6º** O consórcio público adquirirá personalidade jurídica:
> I — de direito público, no caso de constituir associação pública, mediante a vigência das leis de ratificação do protocolo de intenções;
> II — de direito privado, mediante o atendimento dos requisitos da legislação civil.
> § 1º O consórcio público com personalidade jurídica de direito público integra a administração indireta de todos os entes da Federação consorciados.
> § 2º No caso de se revestir de personalidade jurídica de direito privado, o consórcio público observará as normas de direito público no que concerne à realização de licitação, celebração de contratos, prestação de contas e admissão de pessoal, que será regido pela Consolidação das Leis do Trabalho — CLT.

De se consignar, também, que **essa prescrição trouxe** como **corolário** a necessidade de **modificação** do **art. 41 do CC**, que passou a ter a seguinte redação:

> **Art. 41.** São pessoas jurídicas de direito público interno:
>
> I — a União;
>
> II — os Estados, o Distrito Federal e os Territórios;
>
> III — os Municípios;
>
> **IV — as autarquias, inclusive as associações públicas;**
>
> V — as demais entidades de caráter público criadas por lei.
>
> Parágrafo único. Salvo disposição em contrário, as pessoas jurídicas de direito público, a que se tenha dado estrutura de direito privado, regem-se, no que couber, quanto ao seu funcionamento, pelas normas deste Código.

Esse **aspecto**, relacionado à **personalidade jurídica** dos **consórcios**, **deverá** estar **esclarecido** por ocasião da subscrição de um **protocolo** de **intenções** pelos entes consorciados **(art. 3º)**, além de outros relacionados, cujas cláusulas obrigatórias estão fixadas no **art. 4º, em especial no inciso IV:**

> **Art. 4º** São cláusulas necessárias do protocolo de intenções as que estabeleçam:
>
> I — a denominação, a finalidade, o prazo de duração e a sede do consórcio;
>
> II — a identificação dos entes da Federação consorciados;
>
> III — a indicação da área de atuação do consórcio;
>
> **IV — a previsão de que o consórcio público é associação pública ou pessoa jurídica de direito privado sem fins econômicos;**
>
> V — os critérios para, em assuntos de interesse comum, autorizar o consórcio público a representar os entes da Federação consorciados perante outras esferas de governo;
>
> VI — as normas de convocação e funcionamento da assembleia geral, inclusive para a elaboração, aprovação e modificação dos estatutos do consórcio público;
>
> VII — a previsão de que a assembleia geral é a instância máxima do consórcio público e o número de votos para as suas deliberações;
>
> VIII — a forma de eleição e a duração do mandato do representante legal do consórcio público que, obrigatoriamente, deverá ser Chefe do Poder Executivo de ente da Federação consorciado;
>
> IX — o número, as formas de provimento e a remuneração dos empregados públicos, bem como os casos de contratação por tempo determinado para atender a necessidade temporária de excepcional interesse público;
>
> X — as condições para que o consórcio público celebre contrato de gestão ou termo de parceria;
>
> XI — a autorização para a gestão associada de serviços públicos, explicitando:
>
> *a)* as competências cujo exercício se transferiu ao consórcio público;
>
> *b)* os serviços públicos objeto da gestão associada e a área em que serão prestados;
>
> *c)* a autorização para licitar ou outorgar concessão, permissão ou autorização da prestação dos serviços;
>
> *d)* as condições a que deve obedecer o contrato de programa, no caso de a gestão associada envolver também a prestação de serviços por órgão ou entidade de um dos entes da Federação consorciados;
>
> *e)* os critérios técnicos para cálculo do valor das tarifas e de outros preços públicos, bem como para seu reajuste ou revisão; e

XII — o direito de qualquer dos contratantes, quando adimplente com suas obrigações, de exigir o pleno cumprimento das cláusulas do contrato de consórcio público.

Subscrito esse **protocolo** de **intenções**, que deverá ser publicado na imprensa oficial, **abre-se**, como já visto, **ensejo** para a **celebração** do **contrato** de consórcio público que, no entanto, só passará a gerar efeitos após a **ratificação** daquele por meio de **lei (art. 5º)**.

Outro aspecto importante a ser destacado refere-se à **transferência** de **recursos** financeiros aos **consórcios** públicos pelos seus integrantes, o que só poderá ocorrer mediante **contrato** de **rateio** formalizado a cada exercício financeiro **(art. 8º)**. Confira-se:

> **Art. 8º** Os entes consorciados somente entregarão recursos ao consórcio público mediante contrato de rateio.
>
> § 1º O contrato de rateio será formalizado em cada exercício financeiro e seu prazo de vigência não será superior ao das dotações que o suportam, com exceção dos contratos que tenham por objeto exclusivamente projetos consistentes em programas e ações contemplados em plano plurianual ou a gestão associada de serviços públicos custeados por tarifas ou outros preços públicos.
>
> § 2º É vedada a aplicação dos recursos entregues por meio de contrato de rateio para o atendimento de despesas genéricas, inclusive transferências ou operações de crédito.
>
> § 3º Os entes consorciados, isolados ou em conjunto, bem como o consórcio público, são partes legítimas para exigir o cumprimento das obrigações previstas no contrato de rateio.
>
> § 4º Com o objetivo de permitir o atendimento dos dispositivos da Lei Complementar n. 101, de 4 de maio de 2000, o consórcio público deve fornecer as informações necessárias para que sejam consolidadas, nas contas dos entes consorciados, todas as despesas realizadas com os recursos entregues em virtude de contrato de rateio, de forma que possam ser contabilizadas nas contas de cada ente da Federação na conformidade dos elementos econômicos e das atividades ou projetos atendidos.
>
> § 5º Poderá ser excluído do consórcio público, após prévia suspensão, o ente consorciado que não consignar, em sua lei orçamentária ou em créditos adicionais, as dotações suficientes para suportar as despesas assumidas por meio de contrato de rateio.

Nesse sentido, cumpre observar que o **legislador**, como se viu, houve por bem **condicionar** a **aplicação** desses **recursos** para **projetos** ou **programas específicos**, **proibindo** o atendimento de **despesas genéricas**, o que, sem dúvida nenhuma, oferecerá maior transparência às atividades consorciais.

Outrossim, essa previsão legal estabelecida no **art. 8º, § 2º**, também, por certo, **facilitará** o **cumprimento dessas obrigações** pelos próprios entes consorciados, **pelo próprio consórcio (art. 8º, § 3º)** e, também, pelos **Tribunais** de **Contas** competentes **(art. 9º, parágrafo único)**.

Por outro lado, cumpre fazer referência aos denominados **"contratos de programa"**, que serão **responsáveis** pela **instituição** das **obrigações** de um **ente federativo para com outro** ou para com o consórcio público, nos termos do **art. 13**.

Por derradeiro, cumpre observar que a celebração desse contrato de rateio, sem que exista suficiente e prévia dotação orçamentária ou com **inobservância** das **formalidades destacadas por essa lei**, **caracteriza** ato de **improbidade administrativa**, causador de danos ao erário, na forma prevista no **art. 18:**

> **Art. 18.** O art. 10 da Lei n. 8.429, de 2 de junho de 1992, passa a vigorar acrescido dos seguintes incisos:
>
> "Art. 10. (...)
>
> XIV — celebrar contrato ou outro instrumento que tenha por objeto a prestação de serviços públicos por meio da gestão associada sem observar as formalidades previstas na lei;
>
> XV — celebrar contrato de rateio de consórcio público sem suficiente e prévia dotação orçamentária, ou sem observar as formalidades previstas na lei" (NR).

Dentro desse contexto, para melhor visualização do tema, é oportuno citar o **exemplo** relacionado à criação da denominada **Autoridade Pública Olímpica** (APO) por meio da Lei n. 12.396, de 21 de março de 2011.

Referida legislação ratifica o **protocolo de intenções firmado entre** a **União**, o **Estado do Rio de Janeiro** e o **Município do Rio de Janeiro** com a finalidade de constituir **consórcio público**, para a execução das obras e serviços relacionados aos **jogos olímpicos** e **paralímpicos** em **2016**.

Nesse sentido, a **APO** apresentou a forma de **associação pública**, com **personalidade jurídica de direito público** e natureza autárquica, apresentando-se como a **instituição responsável** pela **aprovação** e **monitoramento** das **obras** e dos **serviços** que compõem a carteira de **projetos olímpicos** para o cumprimento das obrigações assumidas perante o Comitê Olímpico Internacional.

Assim sendo, a **criação** da **APO** teve por **objetivo** reunir esforços das esferas federal, estadual e municipal, com o intuito de **viabilizar** a execução das **obras** e **serviços** necessários para a realização dos **Jogos Olímpicos** e **Paralímpicos** em 2016.

Importante ainda consignar que esses **consórcios** estão **sujeitos** a **fiscalização** contábil, operacional e patrimonial dos **Tribunais de Contas**, conforme se verifica da previsão do **art. 9º**.

Por seu turno, a **retirada** de **qualquer esfera** de **governo** no consórcio público **dependerá** de **aprovação** em **assembleia geral**, conforme previsão estabelecida no **art. 11**, uma vez que poderá implicar um esvaziamento, comprometendo sua própria existência.

Por derradeiro, a possibilidade de **exclusão** de **esfera de governo** do consórcio público por **descumprimento** de **obrigações contratuais**, desde que assegurada a **ampla defesa**, conforme a previsão do **art. 8º, § 5º**.

Para melhor visualização desse item, confira-se o quadro:

CONSÓRCIOS ADMINISTRATIVOS	Acordos celebrados entre pessoas da mesma esfera de governo para o atingimento de objetivos de interesse comum, não resultando a criação de uma pessoa jurídica independente
CONVÊNIOS ADMINISTRATIVOS	Acordos celebrados entre pessoas de diferentes esferas de governo ou entre elas e a iniciativa privada, não resultando a criação de uma pessoa jurídica independente

LEGISLAÇÃO	Art. 116 da Lei n. 8.666/93
CONSÓRCIOS PÚBLICOS	Acordos de vontade celebrados entre as diversas esferas de governo visando uma gestão associada de serviços públicos de interesse comum, resultando a criação de pessoa jurídica independente
FUNDAMENTO	Art. 241 da CF
LEGISLAÇÃO	Lei n. 11.107/2005
INTEGRANTES	As diversas esferas de governo, sendo que a participação da União em consórcios celebrados entre Municípios dependerá da participação dos Estados onde eles se encontrem (art. 1º, § 2º)
OBJETIVOS	Definidos pelas próprias esferas de governo (art. 2º)
CRIAÇÃO (FASES)	■ aprovação de protocolo de intenções (art. 3º) ■ ratificação do protocolo por lei de iniciativa dos entes consorciados (art. 5º) ■ celebração do contrato de consórcio (art. 5º)
CONTRATO DE PROGRAMA	Designa as obrigações de cada ente consorciado (art. 13)
CONTRATO-RATEIO	Determina os recursos a serem entregues por cada esfera de governo aos entes consorciados (art. 8º)
CRIAÇÃO DE PESSOA JURÍDICA COM PERSONALIDADE DISTINTA DOS ENTES CONSORCIADOS	■ **Objetivo:** acompanhar a execução das obras e serviços consorciados ■ **Forma:** podem assumir a forma de associações públicas (integrando a Administração indireta dos entes consorciados) ou associação privada (art. 1º, § 1º, c/c o art. 6º)
FISCALIZAÇÃO	Serão fiscalizados pelos Tribunais de Contas (art. 9º, parágrafo único)
RETIRADA DA ESFERA DE GOVERNO	Possível, desde que aprovada em assembleia geral (art. 11)
EXCLUSÃO DA ESFERA DE GOVERNO	Possível, desde que assegurados o contraditório e ampla defesa (art. 8º, § 5º)
IMPROBIDADE	Resulta do descumprimento das regras previstas nessa lei, admitindo as modalidades dolosa ou culposa (art. 18)

■ 12.10. CONTRATOS NA LEI N. 13.303/2016

A matéria encontra-se disciplinada nos **arts. 68** a **84** da **Lei n. 13.303/2016**, e o primeiro ponto a ser destacado refere-se ao **regime jurídico:** na forma prevista pelo **art. 68**, esses ajustes são regulados pelas suas cláusulas, pelo disposto nessa lei e pelos **preceitos de direito privado**. Quanto às **cláusulas indispensáveis** para a celebração desses ajustes, encontram-se elas listadas no **art. 69**, não se visualizando, ao menos como regra geral, nenhuma grande inovação em relação ao elenco apresentado pelo art. 55 da Lei n. 8.666/93, exceção àquelas **específicas** como a **matriz de riscos** prevista no **inciso X**.

Outrossim, a diretriz estabelecida no **§ 2º**, resultante da adoção do **modo de disputa aberto**, demanda por parte do contratado a obrigação de reelaborar as planilhas com indicação dos quantitativos e dos custos unitários e ainda o detalhamento das bonificações e despesas indiretas e dos encargos sociais.

Por sua vez, quanto às **garantias** que poderão ser **exigidas pelas estatais**, em especial quanto às suas **modalidades** relacionadas no **art. 70**, não se visualiza nenhuma inovação em relação àquelas já contempladas na Lei n. 8.666/93.

Quanto ao **prazo** de **duração** dos **contratos**, a lei estabelece como **regra geral** o limite de **cinco anos**, relacionando **duas exceções**, a teor do disposto em seu **art. 71:**

> **Art. 71.** A duração dos contratos regidos por esta Lei não excederá a 5 (cinco) anos, contados a partir de sua celebração, exceto:
>
> I — para projetos contemplados no plano de negócios e investimentos da empresa pública ou da sociedade de economia mista;
>
> II — nos casos em que a pactuação por prazo superior a 5 (cinco) anos seja prática rotineira de mercado e a imposição desse prazo inviabilize ou onere excessivamente a realização do negócio.
>
> Parágrafo único. É vedado o contrato por prazo indeterminado.

Em seu **art. 72** encontra-se previsão inovadora segundo a qual os contratos **somente poderão** ser **alterados** por **acordo entre as partes** e desde que não resulte em violação da obrigação de licitar.

De outra parte, de forma a concretizar o **princípio** constitucional da **publicidade** e seguindo tendência já deflagrada pela Lei n. 12.527/2011 (Lei de Acesso a Informações Públicas), o **art. 74** permite a **qualquer interessado** o **conhecimento** dos **termos** do **contrato**, bem como a obtenção de cópia autêntica do seu inteiro teor.

Outro aspecto importante a ser destacado refere-se à **responsabilidade atribuída ao contratado** de reparar os danos resultantes de sua execução causados diretamente a terceiros ou a contratante, de forma objetiva, a teor do disposto em seu **art. 76**.

Ainda sobre esse tema, importante destacar a **responsabilidade** do **contratado** pelos **encargos trabalhistas**, **fiscais** e **comerciais**, que não se transfere à contratante, nos termos do **art. 77**.

Outro ponto a destacar refere-se à **possibilidade** de o **contratante promover** um **desconto** na **remuneração** do **contratado quando, durante a execução do ajuste, não restar configurada a economia prevista** no lance ou proposta formulados durante a **licitação** que teve como **critério** de **julgamento** o **maior retorno econômico**, de acordo com a previsão estabelecida no **art. 79**.

Com relação às **alterações contratuais**, poderão elas se verificar, por **acordo entre** as **partes**, nas hipóteses relacionadas no **art. 81**. Confira-se:

> **Art. 81.** Os contratos celebrados nos regimes previstos nos incisos I a V do art. 43 contarão com cláusula que estabeleça a possibilidade de alteração, por acordo entre as partes, nos seguintes casos:
>
> I — quando houver modificação do projeto ou das especificações, para melhor adequação técnica aos seus objetivos;
>
> II — quando necessária a modificação do valor contratual em decorrência de acréscimo ou diminuição quantitativa de seu objeto, nos limites permitidos por esta Lei;
>
> III — quando conveniente a substituição da garantia de execução;
>
> IV — quando necessária a modificação do regime de execução da obra ou serviço, bem como do modo de fornecimento, em face de verificação técnica da inaplicabilidade dos termos contratuais originários;

V — quando necessária a modificação da forma de pagamento, por imposição de circunstâncias supervenientes, mantido o valor inicial atualizado, vedada a antecipação do pagamento, com relação ao cronograma financeiro fixado, sem a correspondente contraprestação de fornecimento de bens ou execução de obra ou serviço;

VI — para restabelecer a relação que as partes pactuaram inicialmente entre os encargos do contratado e a retribuição da administração para a justa remuneração da obra, serviço ou fornecimento, objetivando a manutenção do equilíbrio econômico-financeiro inicial do contrato, na hipótese de sobrevirem fatos imprevisíveis, ou previsíveis porém de consequências incalculáveis, retardadores ou impeditivos da execução do ajustado, ou, ainda, em caso de força maior, caso fortuito ou fato do príncipe, configurando álea econômica extraordinária e extracontratual.

Ainda em relação às **alterações**, importante anotar a possibilidade de sua **celebração** por meio do **registro por apostilamento**, dispensando-se o termo aditivo, a teor do disposto no **§ 7º:**

Art. 81. (...)

§ 7º A variação do valor contratual para fazer face ao reajuste de preços previsto no próprio contrato e as atualizações, compensações ou penalizações financeiras decorrentes das condições de pagamento nele previstas, bem como o empenho de dotações orçamentárias suplementares até o limite do seu valor corrigido, não caracterizam alteração do contrato e podem ser registrados por simples apostila, dispensada a celebração de aditamento.

Merece também destaque a **limitação** dessas **alterações** que não poderão incidir sobre o **conteúdo da matriz de riscos**, de responsabilidade da contratada, de acordo com a previsão estabelecida em seu **§ 8º:**

Art. 81. (...)

§ 8º É vedada a celebração de aditivos decorrentes de eventos supervenientes alocados, na matriz de riscos, como de responsabilidade da contratada.

Ainda nesse dispositivo, vale mencionar a previsão do **§ 1º**, segundo a qual nas mesmas condições contratuais o contratado poderá aceitar os **acréscimos** ou **supressões** que se fizerem nas obras, serviços ou compras **até 25%** do valor inicial atualizado do contrato e, na hipótese de **reforma de edifício** ou de **equipamento, até** o limite de **50%** para seus acréscimos.

Percebe-se que, **contrariamente** ao que se verifica na **Lei n. 8.666/93**, em especial no seu art. **65, § 1º**, o **contratado não estará obrigado** a **aceitar** essas **alterações**, o que deixa de representar um dever para se transformar, tão somente, em uma faculdade.

De resto, é a mesma tendência que se apresenta no **§ 2º**, em que são permitidas, a exemplo do que se verifica na Lei n. 8.666/93, **supressões resultantes** de **acordo entre** os **contratantes**.

Importante ainda assinalar, em razão de sua importância, em que pese não representar nenhuma novidade em relação ao disposto no art. 58 da Lei n. 8.666/93, as previsões dos **§§ 5º e 6º**, que apontam para a **obrigação** de **manter**, do começo até o final do ajuste, o **equilíbrio** da **equação econômico-financeira:**

> **Art. 81.** (...)
>
> § 5º A criação, a alteração ou a extinção de quaisquer tributos ou encargos legais, bem como a superveniência de disposições legais, quando ocorridas após a data da apresentação da proposta, com comprovada repercussão nos preços contratados, implicarão a revisão destes para mais ou para menos, conforme o caso.
>
> § 6º Em havendo alteração do contrato que aumente os encargos do contratado, a empresa pública ou a sociedade de economia mista deverá restabelecer, por aditamento, o equilíbrio econômico-financeiro inicial.

Por derradeiro, importante anotar a **vedação** para a celebração de **termos aditivos**, por força do **surgimento**, durante a execução do ajuste, de **fatos supervenientes alocados** na **matriz** de **riscos**, como de **responsabilidade** da **contratada**, a teor do disposto no **art. 81, § 8º**.

Com relação a **sanções administrativas**, o **art. 83** dessa lei relaciona basicamente as mesmas modalidades previstas no art. 87 da Lei n. 8.666/93, que poderão ser **aplicadas** de **forma isolada** ou **conjunta**, desde que assegurados o **contraditório** e **ampla defesa**.

Finalizando, a previsão estabelecida no **art. 84** permite a aplicação da **pena** de **suspensão temporária** de **participação** em **licitação** e **impedimento** para **contratar** com **empresas** ou **sociedades** de **economia mista**, como consequência de irregularidades estranhas ao objeto do ajuste:

> **Art. 84.** As sanções previstas no inciso III do art. 83 poderão também ser aplicadas às empresas ou aos profissionais que, em razão dos contratos regidos por esta Lei:
>
> I — tenham sofrido condenação definitiva por praticarem, por meios dolosos, fraude fiscal no recolhimento de quaisquer tributos;
>
> II — tenham praticado atos ilícitos visando a frustrar os objetivos da licitação;
>
> III — demonstrem não possuir idoneidade para contratar com a empresa pública ou a sociedade de economia mista em virtude de atos ilícitos praticados.

Observe-se o quadro:

REGIME JURÍDICO	Regras de direito privado (art. 68)
CLÁUSULAS INDISPENSÁVEIS	O elenco encontra-se localizado no art. 69
MODOS DE DISPUTA	Aberto (art. 69, § 2º)
GARANTIAS	Relacionadas no art. 70
PRAZO	5 anos, como regra geral, contados a partir da sua celebração (art. 71)
ALTERAÇÕES	Somente por acordo entre as partes (arts. 72 e 81)
ACRÉSCIMOS E SUPRESSÕES	Mantidas as mesmas condições contratuais em até 25% como regra, ou 50% para reforma de edifício ou equipamento público

PUBLICIDADE	Permite o acesso a qualquer interessado às informações contidas no contrato (art. 74)
RESPONSABILIDADE	Objetiva, atribuída ao contratado em razão de vícios, defeitos ou incorreções resultantes da execução, bem como por danos causados a terceiros ou às estatais (art. 76)
RESPONSABILIDADE POR ENCARGOS TRABALHISTAS, FISCAIS E COMERCIAIS	Do contratado, na forma prevista pelo art. 77
SANÇÕES	Previstas nos arts. 83 e 84, tendo como pressuposto a abertura de processo administrativo, assegurada ampla defesa

■ 12.11. QUADRO SINÓTICO

CONTRATOS ADMINISTRATIVOS	
DEFINIÇÃO E REGIME JURÍDICO	Ajustes celebrados pela Administração Pública por meio de regras previamente estipuladas por ela, sob um regime de direito público, visando à preservação dos interesses da coletividade.
CLÁUSULAS EXORBITANTES	Conjunto de prerrogativas conferidas à Administração Pública quando da celebração de contratos administrativos, por força dos interesses que representa (Lei n. 8.666/93, art. 58).
CLÁUSULAS ESSENCIAIS DOS CONTRATOS	**Localização:** Lei n. 8.666/93, art. 55.
EXECUÇÃO DOS CONTRATOS	**Regra geral:** preservação das cláusulas pactuadas (Lei n. 8.666/93, art. 66). **Exceções:** quando do surgimento de situações posteriores à sua celebração marcadas pela imprevisibilidade e a necessidade de recomposição do equilíbrio inicial da equação econômico-financeira.
TEORIA DA IMPREVISÃO	**Definição:** tem aplicação no momento em que, durante a vigência do contrato, surgirem fatos supervenientes, imprevisíveis ou previsíveis mas de consequências incalculáveis que alterem o equilíbrio da equação econômico-financeira. **Objetivo:** recompor o equilíbrio da equação econômico-financeira. **Fatos geradores:** ■ caso fortuito; ■ força maior; ■ fato do príncipe; ■ fato da Administração; ■ interferências imprevistas.
ALTERAÇÃO NOS CONTRATOS	**Localização:** Lei n. 8.666/93, art. 65. **Requisito:** motivação. **Forma:** escrita. **Instrumento:** termo de aditamento. **Espécies:** ■ unilateral: Lei n. 8.666/93, art. 65, I; ■ bilateral: Lei n. 8.666/93, art. 65, II.
Formas de extinção	
RESCISÃO ADMINISTRATIVA	Promovida unilateralmente pelo Poder Público, por razões de interesse público ou por descumprimento de obrigações pelo contratado (Lei n. 8.666/93, art. 79, I).
RESCISÃO CONSENSUAL	Resultante de acordo entre as partes (Lei n. 8.666/93, art. 79, II).
RESCISÃO JUDICIAL	Promovida pelo contratado perante o Poder Judiciário por descumprimento de obrigações pela Administração (Lei n. 8.666/93, art. 79, III).

SANÇÕES ADMINISTRATIVAS	Art. 87 da Lei n. 8.666/93: devendo ser precedidas da abertura de processo administrativo, com contraditório e ampla defesa.
CONTROLE DOS CONTRATOS	Interno: realizado pela Administração (art. 59 da Lei n. 8.666/93). Externo: realizado pelo Judiciário (art. 5º, XXXV, da CF), Ministério Público (art. 101 da Lei n. 8.666/93) e Tribunal de Contas (art. 113 da Lei n. 8.666/93).
CONVÊNIOS	Ajustes celebrados por pessoas de diferentes esferas de governo, ou entre elas e a iniciativa privada, visando atingir interesses comuns.
CONSÓRCIOS	Ajustes celebrados entre pessoas da mesma esfera de governo, visando atingir objetivos comuns.
CONSÓRCIOS PÚBLICOS	**Fundamento:** CF, art. 241. **Legislação:** Lei n. 11.107/2005. **Objetivo:** promover uma gestão associada de serviços públicos por meio da conjugação de esforços entre os diversos entes federativos. **Personalidade jurídica:** poderão adquirir personalidade jurídica de direito público (associações públicas — CC, art. 41) ou privado (Lei n. 11.107/2005, art. 6º). **Cláusulas essenciais:** Lei n. 11.107/2005, art. 4º.

■ 12.12. QUESTÕES

1. (Juiz Substituto — TJ-RJ — VUNESP — 2016) Assinale a alternativa que corretamente discorre sobre aspectos do contrato administrativo.

a) Os contratos administrativos são regidos pela Lei Federal n. 8.666/93, regulando-se pelas suas cláusulas e pelos preceitos de direito público, não podendo haver aplicação supletiva dos princípios da teoria geral dos contratos, nem das disposições de direito privado.

b) Caberá ao Poder Público contratante optar por uma das seguintes modalidades de garantia: caução em dinheiro; caução em títulos da dívida pública, emitidos conforme definido pelo Banco Central do Brasil; seguro-garantia; fiança bancária.

c) A duração dos contratos fica adstrita à vigência dos respectivos créditos orçamentários, podendo, no caso de aluguel de equipamentos e utilização de programas de informática, a duração estender-se pelo prazo de até 60 (sessenta) meses após o início da vigência do contrato.

d) A declaração de nulidade do contrato administrativo opera retroativamente impedindo os efeitos jurídicos que ele, ordinariamente, deveria produzir, além de desconstituir os já produzidos, exonerando a Administração do dever de indenizar o contratado pelo que este houver executado até a data em que a nulidade for declarada.

e) São cláusulas necessárias em todo contrato as que estabeleçam a obrigação do contratado de manter, durante toda a execução do contrato, em compatibilidade com as obrigações por ele assumidas, todas as condições de habilitação e qualificação exigidas na licitação.

2. (Juiz de Direito Substituto — TJ-RS — FAURGS — 2016) Sobre os contratos administrativos, assinale a alternativa correta.

a) A Lei n. 8.666/93 proíbe o contrato por prazo indeterminado e também diz que toda a prorrogação de prazo deverá ser justificada por escrito e previamente autorizada pela autoridade competente para celebrar o contrato.

b) Os contratos administrativos podem ser rescindidos a qualquer tempo, discricionariamente, sem a necessidade de justificar a medida.

c) Nenhuma supressão de contrato administrativo pode ultrapassar 25% do valor inicial atualizado do contrato, ainda que haja o consenso entre as partes.

d) A aplicação das sanções administrativas, em contrato administrativo, tendo em vista o princípio da ampla defesa, somente poderá se dar após a viabilização da defesa no prazo de 15 (quinze) dias.

e) O recebimento definitivo da obra pelo Poder Público afasta a responsabilidade civil do contratado pela solidez e segurança da mesma.

3. (Juiz Substituto — TJ-PR — CESPE — 2017) O art. 58 da Lei n. 8.666/1993 prevê que o regime jurídico dos contratos administrativos por ela instituído confere à administração a prerrogativa de prever cláusulas exorbitantes. Ocorre que alguns contratos celebrados pela administração apenas incidem ou podem incidir parcialmente em cláusulas exorbitantes, pois são regidos predominantemente por normas de direito privado. Nesse sentido, assinale a opção que apresenta contrato celebrado pela administração, regido por normas do direito público, e pelas disposições do citado art. 58, independentemente de compatibilidade com as regras contratuais do direito privado.

a) contrato de locação em que o poder público seja locatário
b) contrato de seguro
c) contrato de financiamento
d) contrato de prestação de serviço técnico profissional de fiscalização de obras e serviços

4. (Procurador — Prefeitura de Paraty-RJ — RHS Consult — 2016) Dentre as várias prerrogativas consignadas pelas cláusulas exorbitantes, tem-se aquelas que se exteriorizam nos expostos a seguir, EXCETO:

a) Equilíbrio econômico e financeiro.
b) Revisão de preços e tarifas.
c) Inoponibilidade da exceção de contrato não cumprido.
d) Controle do contrato.
e) Impossibilidade de alteração e rescisão unilateral do contrato.

5. (Delegado de Polícia Civil — PC-PA — FUNCAB — 2016) Nicodemus, presidente de uma empreiteira, oferece a Caio, diretor de uma empresa concorrente, vantagem pecuniária para que este desista de participar do procedimento licitatório promovido pela Administração do Estado do Pará. Nesta hipótese, assinale a alternativa correta.

a) O fato é típico penal, mas não prevê detenção, apenas medidas educativas como a obrigação de assistir palestras sobre ética na Administração Pública e prevenção de fraudes em licitações.
b) No processamento e julgamento das infrações penais definidas na Lei de Licitações, assim como nos recursos e nas execuções que lhes digam respeito, ficam afastadas as regras previstas na Lei de Execução Penal.
c) Nicodemus responde por afastar ou procurar afastar licitante, mas Caio não responde, mesmo que tenha aceitado a vantagem oferecida.
d) O fato é atípico, tendo em vista tratar-se de crime próprio e, portanto, não podendo ser praticado por particular.
e) Qualquer pessoa que tiver conhecimento do fato poderá provocar a iniciativa do Ministério Público, fornecendo-lhe, por escrito ou verbalmente, informações sobre o fato e sua autoria, bem como as circunstâncias em que se deu a ocorrência.

6. (Procurador Municipal — Prefeitura de Porto Alegre-RS — FUNDATEC — 2016) As cláusulas exorbitantes nos contratos administrativos extrapolam as regras e características dos contratos em geral, determinando vantagem excessiva à Administração Pública. Entende-se a legitimidade do regime jurídico diferenciado desses contratos, e, sendo assim, sobre o tema, assinale a alternativa INCORRETA.

a) O Estado pode modificá-los unilateralmente para melhor adequação às finalidades de interesse público, respeitados os direitos do contratado.
b) O Estado pode aplicar sanções motivadas pela inexecução total ou parcial do ajuste.
c) As cláusulas econômico-financeiras e monetárias dos contratos administrativos não poderão ser alteradas sem a prévia concordância do contratado.
d) Em qualquer contexto, será nulo o contrato administrativo celebrado verbalmente com a Administração Pública.
e) As alterações unilaterais impostas pelo Poder Público nos contratos administrativos, dentro das margens legais, geram direito ao equilíbrio econômico-financeiro para o contratado.

7. (Procurador do Estado — SEGEP-MA — FCC — 2016) Selecionada por meio de licitação, na modalidade tomada de preços, a empresa Tudolimpo Ltda. foi contratada para prestação de serviços contínuos de limpeza em determinada repartição estadual, sendo que o contrato tem prazo de vigência de doze meses, iniciado em 1° de fevereiro de 2016. Todavia, em virtude de constantes falhas na execução contratual, a Administração decidiu, após regular processo administrativo, rescindir o contrato, a contar de 1° de maio. Nesse ínterim, convidou a empresa Limpabem Ltda., segunda colocada no certame, para assumir a execução do serviço, mediante a formalização de novo contrato. A propósito de tal situação,

a) a assunção da relação contratual pela empresa Limpabem Ltda. é facultativa, pois não está ela vinculada às condições oferecidas pela empresa vencedora do certame.
b) a Administração não poderia ter convidado a empresa Limpabem Ltda., ao contrário, deveria ter realizado nova licitação antes de promover nova contratação.
c) a Administração deve determinar a requisição dos recursos humanos e materiais, que ficarão à disposição da nova contratada durante o restante da vigência contratual.
d) deveria ter sido reaberta a fase de julgamento da licitação, para que as demais empresas habilitadas pudessem oferecer lances, visando a assunção da relação contratual de forma mais econômica para a Administração.
e) em vista do caráter emergencial da contratação, o novo contrato deverá ter sua vigência limitada a cento e oitenta dias, vedada a prorrogação.

8. (Defensor Público — DPE-BA — FCC — 2016) João, Defensor Público estadual, ao analisar os contratos com a administração pública, verificou a falta de um dos elementos formais do contrato. Segundo a Lei n. 8.666 de 1993, por determinação do artigo 55, esses elementos são:

I. o crédito pelo qual correrá a despesa, com a indicação da classificação funcional programática e da categoria econômica.
II. a cláusula de subcontratação unilateral *ad nutum*.
III. vinculação ao edital de licitação ou ao termo que a dispensou ou a inexigiu, ao convite e à proposta do licitante vencedor.
IV. o preço e as condições de pagamento, os critérios, data-base e periodicidade do reajustamento de preços, os critérios de atualização monetária entre a data do adimplemento das obrigações e a do efetivo pagamento.

Está correto o que se afirma APENAS em

a) I, III e IV.
b) I, II e IV.
c) I e II.
d) II e III.
e) III e IV.

9. (Conhecimentos Gerais — FUNAI — ESAF — 2016) Sobre os contratos administrativos regulados pela Lei n. 8.666, de 1993, assinale a opção incorreta.

a) O regime de execução ou a forma de fornecimento é cláusula necessária em todo contrato administrativo.
b) O contrato administrativo cujo objeto seja a prestação de serviços de forma contínua poderá ter a sua duração prorrogada, limitada a oitenta meses.
c) É vedado contrato administrativo com prazo de vigência indeterminado.
d) A prerrogativa de fiscalizar a execução dos contratos administrativos é conferida à Administração.
e) Os contratos decorrentes de dispensa ou de inexigibilidade de licitação devem atender aos termos do ato que os autorizou e da respectiva proposta.

10. (Procurador Jurídico — Prefeitura de Alumínio-SP — VUNESP — 2016) Com relação aos contratos administrativos, assinale a alternativa correta.

a) Em virtude do princípio do formalismo que inspira as atividades da Administração, os contratos administrativos deverão ser formalizados sempre por instrumento escrito.
b) Constituem cláusulas essenciais dos contratos administrativos aquelas indispensáveis à validade do negócio jurídico.
c) No caso de rescisão do contrato administrativo por razões de interesse público, o contratado não terá direito à reparação dos prejuízos causados.

d) O regime jurídico dos contratos administrativos confere à Administração, em relação a eles, a prerrogativa de aplicar sanções motivadas pela inexecução total ou parcial do ajuste, desde que previstas no contrato.
e) Cláusulas de privilégio constituem verdadeiros princípios de direito privado aplicáveis aos contratos administrativos de direito público.

■ GABARITO ■

1. "e".
2. "a".
3. "d".
4. "e".
5. "e".
6. "d".
7. "a".
8. "a".
9. "b".
10. "b".

13

RESPONSABILIDADE DO ESTADO

13.1. DEFINIÇÃO E DESDOBRAMENTOS

De início, cumpre estabelecer uma **definição** desse instituto, o que se faz nos termos seguintes: trata-se de uma **obrigação** atribuída ao **Poder Público** de **ressarcir** os **danos causados a terceiros**, pelos seus **agentes**, quando no **exercício de suas atribuições**.

Da definição oferecida, merecem destaque alguns pontos, a começar pela **obrigação** conferida ao **Poder Público** de **ressarcir danos** causados a terceiros.

Com efeito, oportuno destacar que o **dano indenizável** será somente aquele que apresentar as seguintes **características: certo, especial e anormal**.

13.1.1. Dano certo

É o dano real, **existente**, não podendo o Estado ser acionado em razão de danos virtuais, presumidos; aqueles que podem vir a acontecer ainda que sejam fortes os indícios nesse sentido.

Assim, se determinada pessoa vem experimentando prejuízos por diversos anos em seu imóvel por força de enchentes, sem que o Poder Público tenha esboçado, ao menos, qualquer providência, **não poderá ela ingressar** com **medida judicial**, em **caráter preventivo**, com base em suposições acerca do que poderá vir a acontecer no ano seguinte.

Estes **danos concretos** podem ser **materiais** ou **morais**, abrindo-se, inclusive, a possibilidade de cumulação dos dois em uma mesma ação, matéria esta objeto da **Súmula 37 do STJ**. Confira-se:

> "STJ Súmula n. 37 — 12/03/1992 — *DJ* 17.03.1992
> Indenizações — Danos — Material e Moral — Mesmo Fato — Cumulação
> São cumuláveis as indenizações por dano material e dano moral oriundos do mesmo fato".

13.1.2. Dano especial

Dano especial é o que **se contrapõe** à noção de **dano geral**, vale dizer, aquele que atinge a coletividade como um todo, devendo, pois, ser **individualizado**.

13.1.3. Dano anormal

É **aquele** que ultrapassa os problemas, as dificuldades da vida comum em sociedade, **causando** esses **prejuízos atípicos**.

13.1.4. Agentes públicos

Seguindo pela definição proposta, tem-se que o **dano** que apresentar essas características só será **indenizável** pelo Estado **quando provocado por agentes públicos**.

A utilização dessa expressão, vale dizer, **agentes públicos**, não ocorreu de maneira aleatória, mas, ao contrário, propositalmente, visto que **abrange todas** as **pessoas** que estão **dentro** da **estrutura** da **Administração** Pública.

Com efeito, essa expressão **abarca** os chamados **agentes políticos** (aqueles que formam a vontade superior do Estado, sem com ele manter uma relação profissional), os **servidores públicos**, expressão que acaba por englobar os **funcionários** públicos (os que titularizam cargos), os **empregados** públicos (os que titularizam empregos públicos) e os **contratados em caráter temporário** com base na previsão contida no **art. 37, IX, da CF**.

De igual sorte, acaba por **envolver também** os chamados **particulares** em **colaboração com o Estado**, que, embora não estejam dentro da sua estrutura, acabam integrando o conceito em razão da prestação temporária de serviços públicos, surgindo como **exemplos** a situação dos conscritos, vale dizer, os que prestam serviço militar obrigatório, bem como daqueles que recebem a convocação para o exercício da função de jurados.

A importância do conhecimento dessas expressões, "agente público", "servidor público", "funcionário público", resulta da abrangência de cada uma delas, não sendo outra razão pela qual a **Constituição Federal**, pela **primeira vez**, **lançou mão da expressão "agentes públicos"**, a teor do disposto no **art. 37, § 6º**, que será melhor analisado em seguida.

Nesse sentido, importante destacar, desde logo, que, ao utilizar essa expressão, a Constituição teve por **objetivo privilegiar** a **parte mais fraca dessa relação jurídica**, vale dizer, **a vítima**, passando a mensagem de que, se tiver ela sofrido um dano causado por qualquer pessoa que se encontre dentro da estrutura da Administração, poderá ingressar em juízo com ação de indenização em face do Estado.

13.1.5. Atuação na qualidade de agente público

Por derradeiro, importante observar que o **Estado** só poderá ser **acionado** para **ressarcimento** dos **danos** que apresentarem as características mencionadas, **desde que provocados** por **agentes públicos**, mas somente quando **no exercício de suas atribuições**.

Em outras palavras, **inviável** o pedido de **indenização** ante o Estado **se o agente** público causador do prejuízo a terceiros **estiver agindo** na **condição de** simples **particular**, fora, portanto, do exercício de suas atribuições.

Cita-se, a título de **exemplo**, a situação em que uma pessoa é atropelada por veículo dirigido por um agente público durante final de semana, sem que ele estivesse no exercício de suas atribuições.

Nesse particular, oportuno registrar ser de **importância secundária encontrar-se** o **agente** público **de folga**, por ocasião do dano causado a terceiros, **desde que** o tenha causado **lançando mão das prerrogativas do** seu **cargo** ou, em outras palavras, agindo nessa qualidade, a teor do disposto no **art. 37, § 6º, da CF**.

No mesmo sentido, se um policial convocado para fazer a segurança de um evento esportivo se envolve em briga com um torcedor, o Estado poderá ser acionado em juízo por ele.

Ao contrário, se foi assistir ao evento esportivo na qualidade de torcedor e se envolveu em briga com outro, neste caso o Estado não poderá ser acionado em juízo.

Desenvolvidos os itens necessários em vista da definição proposta, cabe agora buscar resposta para a pergunta mais importante a ser feita neste capítulo, vale dizer, **qual** o **modelo** de **responsabilidade do Estado consagrado em nosso ordenamento jurídico**?

Para tanto, partiremos de início para breves notícias envolvendo as **fases** de **evolução** desse instituto no **âmbito mundial**, para depois procurarmos verificar como ocorreu essa evolução aqui no Brasil e como ela está hoje em nossa Constituição.

Para melhor visualização desse item, veja-se o quadro:

DEFINIÇÃO	Obrigação atribuída ao Poder Público de indenizar danos causados a terceiros pelos seus agentes, agindo nessa qualidade
REQUISITOS	■ configuração de dano certo, especial e anormal ■ causado por um agente público ■ agindo nessa qualidade

■ 13.2. EVOLUÇÃO HISTÓRICA

■ 13.2.1. Irresponsabilidade

A **primeira fase** de evolução do instituto foi denominada fase da **"irresponsabilidade do Estado"**, em que o Poder Público não respondia por qualquer tipo de prejuízo causado a terceiros.

Essa fase, que experimentou seu **auge** na época do **Absolutismo** no continente europeu, está bem representada pela seguinte frase, acolhida pela nossa melhor doutrina: **"The King can do no wrong" (O Rei não pode errar jamais)**.

■ 13.2.2. Responsabilidade subjetiva

A **segunda fase** de evolução dessa teoria é a chamada fase da **"responsabilidade subjetiva"**, em que o **Estado**, que até então não respondia em hipótese alguma pelos prejuízos causados a terceiros, **passa** a **responder com base no conceito de culpa**.

Essa **culpa**, por sua vez, poderia recair sobre um agente ou, então, caracterizar-se como **anônima** naquelas situações em que não se conseguisse vislumbrar alguém especificamente responsável pela lesão causada a terceiros.

Por seu turno, se **anônima** a **culpa**, poderia apresentar **três variantes**, na forma a seguir descrita:

- **o serviço não funcionou;**
- **o serviço funcionou tardiamente;**
- **o serviço funcionou de maneira defeituosa.**

Esta etapa de evolução também é caracterizada por uma frase retirada de decisões proferidas de forma reiterada pelo **Conselho** de **Estado** na **França**, vertida nos seguintes termos: **"faute du service"**, traduzida por **culpa do serviço**.

Em uma primeira aproximação, verifica-se que essa teoria, que leva em consideração os danos causados por um serviço, apresenta-se, como visto, quando ele foi prestado ou foi executado de forma defeituosa, causando danos.

Dentro desse contexto, pode-se ampliar essa situação, concluindo que a expressão se **aplica para** as **hipóteses resultantes** de **omissões praticadas pela Administração**, outra não sendo a razão pela qual parte da doutrina entende que, nessa situação, a responsabilidade do Estado poderia ser subjetiva, como se verá melhor mais adiante.

13.2.3. Responsabilidade objetiva

A **terceira e última fase** de **evolução** desse instituto é denominada **"responsabilidade objetiva"**, em que o **Estado**, que anteriormente respondia com base no conceito de culpa, **continua** a **responder**, só que agora **com base** no **conceito** de **"nexo de causalidade"**.

O denominado **nexo causal** representa a **relação de causa e efeito existente entre o fato ocorrido e as consequências dele resultantes**.

Assim, sempre que se verificar uma **estreita relação entre** o **fato ocorrido** e as **consequências por ele provocadas**, torna-se possível o acionamento do Estado para a recomposição dos prejuízos, **sem** a **necessidade** de **comprovação** de **culpa ou dolo** para a caracterização de sua responsabilidade.

Surgem como **exemplos** a perda de um carro levado por uma forte inundação, a perda de uma casa em razão de enchentes, a perda de um parente em razão de uma transfusão de sangue mal realizada em um hospital público, a perda de um familiar durante uma rebelião ou mesmo como resultado de uma briga entre detentos.

De comum entre todas essas situações mencionadas está o fato de que elas apresentam uma íntima relação entre as circunstâncias descritas e os prejuízos delas resultantes, caracterizando-se o que se convencionou chamar de nexo causal.

Aliás, outra coisa não **representa** o **nexo causal** senão a **inversão** do **ônus da prova**, que, como regra geral, cabe a quem alega, mas que no caso fica a cargo da própria Administração Pública.

Essa modalidade de responsabilidade **pode apresentar-se sob duas variantes**, vale dizer, a do **risco integral** e a do **risco administrativo**, ambas apresentando como pressuposto a caracterização do nexo de causalidade.

13.2.3.1. *Risco integral*

Entende-se por **risco integral** aquela situação em que o **Estado responde por qualquer prejuízo causado a terceiros**, ainda que não tenha sido o responsável por ele, o que faz com que, uma vez **acionado, não possa invocar** em sua defesa as chamadas **"excludentes" ou "atenuantes" de responsabilidade**. Isso porque responde por qualquer prejuízo causado a terceiros, pouco importando saber se foram eles originários de **eventos provocados pela natureza, pelo homem ou** mesmo se resultado de **culpa exclusiva de quem o experimentou**.

De outra forma, as excludentes ou atenuantes de responsabilidade são aquelas situações que, como o próprio nome diz, afastam por completo a responsabilidade do Estado, podendo também atenuá-la, conforme o caso.

Surgem como situações típicas caracterizadoras dessas **excludentes ou atenuantes**, como visto, aquelas decorrentes de eventos **provocados pela natureza** ou **pelo homem** ou **por culpa exclusiva da vítima**.

13.2.3.2. *Risco administrativo*

A modalidade de **risco administrativo** é aquela em que o **Estado só responde por prejuízos que tiver ocasionado a terceiros**, podendo ter sua **responsabilidade afastada** nas hipóteses em que o dano foi causado por **eventos** da **natureza**, pelo **homem** ou **por culpa exclusiva da vítima**.

Dizendo de maneira diferente, naqueles países que adotarem a responsabilidade objetiva na modalidade de risco administrativo, o **Estado**, uma vez **acionado, poderá invocar em sua defesa as chamadas excludentes ou atenuantes de responsabilidade**.

Compreender qual o perfil da responsabilidade presente em cada Estado assume enorme importância, na medida em que permite a compreensão acerca dos requisitos a serem preenchidos para que o Estado possa ser acionado.

A título de exemplo, naqueles países que adotam o risco administrativo, o **Estado** pode procurar **afastar** por completo sua **responsabilidade** devido a **prejuízos causados por** um **furacão**, uma **tempestade** de enormes proporções, um ato de **vandalismo** ocasionado pelo homem, o que não se verifica naqueles Estados em que o risco é integral.

Dentro desse contexto, pode-se mencionar a hipótese envolvendo **transfusão** de **sangue** feita em vários **hospitais públicos** e **particulares**, inexistindo prova de quando, quem ou como ocorreu a contaminação, implicando **exclusão** de **responsabilidade**. Nesse sentido: TJSP, 9ª Câm. de Direito Público, ACív 093.719-5/5-00/SP, rel. Des. Yoshiaki Ichihara, v.u., j. 07.02.2001.

Verificadas as principais fases de evolução do instituto da responsabilidade do Estado, cabe averiguar agora como se desenvolveu ele em nosso país e como se apresenta agora, regulamentado em nossa Constituição.

Para melhor visualização desse item, observe-se o quadro:

FASES DE EVOLUÇÃO	■ **Irresponsabilidade do Estado:** "The King can do no wrong" (O Rei não pode errar jamais) ■ **Responsabilidade subjetiva:** culpa anônima — *faute du service* (culpa do serviço) Variantes: ■ o serviço não funcionou; ■ o serviço funcionou tardiamente; ■ o serviço funcionou de maneira defeituosa. ■ **Responsabilidade objetiva** (nexo causal): relação de causa e efeito existente entre o fato ocorrido e as consequências dele resultantes **Variantes:** **Risco integral:** o Estado responde por qualquer prejuízo causado a terceiros, não podendo invocar em sua defesa as chamadas "excludentes" ou "atenuantes" de responsabilidade (caso fortuito, força maior ou culpa da vítima) **Risco administrativo:** o Estado só responde por prejuízos que tiver ocasionado a terceiros, podendo invocar em sua defesa as chamadas excludentes ou atenuantes de responsabilidade (caso fortuito, força maior ou culpa da vítima)

■ 13.3. RESPONSABILIDADE DO ESTADO NO BRASIL

■ 13.3.1. Evolução histórica

A **CF/37**, em seu **art. 158**, assim regulamentava o tema:

> **Art. 158.** Os funcionários públicos são responsáveis solidariamente com a Fazenda nacional, estadual ou municipal por quaisquer prejuízos decorrentes de negligência, omissão ou abuso no exercício dos seus cargos.

Percebe-se da redação oferecida pela CF/37 que a intenção do constituinte foi a de estabelecer uma **responsabilidade solidária entre os funcionários públicos e a Administração**, desde que o prejuízo tivesse sido ocasionado por estes quando no exercício de suas atribuições.

Cogitando-se de solidariedade, isso implica a necessidade de a Fazenda Pública e o funcionário causador do prejuízo responderem com base no mesmo fundamento.

Nesse sentido, apontando a Constituição para prejuízos decorrentes de negligência, omissão ou abuso, **conclui-se** que, sob a égide da **Constituição** de **1937**, a **responsabilidade** do **Estado e do funcionário** era **subjetiva**.

Outrossim, **não se visualiza**, na redação do dispositivo constitucional reproduzido, **nenhuma referência** à propositura de uma **ação regressiva** por parte da Fazenda Pública resultante de condenação imposta pelo Judiciário.

Essa ausência de referência se **apresenta lógica**, **tendo em vista** a previsão de **solidariedade**, o que torna **desnecessária** a propositura de **ação** de **regresso** contra o funcionário responsável.

Percebe-se, pois, que o perfil apresentado por essa Constituição se revela totalmente divorciado daquele apresentado pela Constituição de 1988, ora em vigor, demandando, assim, uma análise das alterações produzidas nas Constituições posteriores.

A **CF/46**, em seu **art. 194**, trazia a seguinte redação:

> **Art. 194.** As pessoas jurídicas de direito público interno são civilmente responsáveis pelos danos que os seus funcionários, nessa qualidade, causem a terceiros.
>
> Parágrafo único. Caber-lhes-á ação regressiva contra os funcionários causadores do dano, quando tiver havido culpa destes.

A redação do **Texto Constitucional** de **1946** aponta para uma **diretriz diferenciada** em relação à anterior analisada, porque **desaparece** o instituto da **solidariedade**, **surgindo** em seu lugar a **possibilidade** de o **Estado**, representado aqui pelas pessoas jurídicas de direito público interno, **ingressar** com **ação regressiva contra** os **funcionários causadores** do **dano**, desde que caracterizada sua culpa e, por óbvio, desde que tenham causado prejuízo no exercício de suas atribuições.

Trata-se, como se vê, de uma **alteração significativa**, na medida em que acaba por **impedir** o que antes se revelava possível, ou seja, a **propositura** de uma **ação** de responsabilidade **contra** o **Estado e o funcionário** responsável pelo dano em **caráter solidário**.

Portanto, com a promulgação da **Constituição** de **1946**, **desaparecendo** a **solidariedade** entre a Fazenda Pública e o funcionário, resulta nítida a conclusão segundo a qual o **fundamento** para a **responsabilização** de **um e de outro passa** a **não ser** mais **o mesmo**.

Sendo assim, a partir dessa Constituição, **inaugura-se**, **no Brasil**, **a etapa da responsabilidade objetiva do Estado e a da responsabilidade subjetiva do funcionário**, apurada em sede de ação regressiva.

Claro que, para que se cogite da **propositura** dessa **ação regressiva** pelas pessoas jurídicas de direito público interno, o **pressuposto** é que tenham sido elas **condenadas** na **ação** contra elas **proposta pela vítima**.

Essa **diretriz**, como se poderá observar, foi **mantida** pelas **Constituições posteriores**, a começar pela de **1967**, que tratou do tema em seu **art. 105:**

> **Art. 105.** As pessoas jurídicas de direito público respondem pelos danos que os seus funcionários, nessa qualidade, causem a terceiros.
>
> Parágrafo único. Caberá ação regressiva contra o funcionário responsável, nos casos de culpa ou dolo.

Como se observa, a **disciplina** estabelecida em relação a esse tema pela **CF/67** em praticamente **nada diverge** daquela inaugurada pela de **1946**, **exceção** feita à **inclusão**, entre os **requisitos** para a propositura de **ação regressiva** contra o funcionário, do **dolo**, visto que, **até então**, **somente** se verificava em casos de caracterização de **culpa**.

Por seu turno, a EC n. 1/69 disciplinou o tema em seu art. 107, da seguinte forma:

> **Art. 107.** As pessoas jurídicas de direito público responderão pelos danos que seus funcionários, nessa qualidade, causarem a terceiros.
>
> Parágrafo único. Caberá ação regressiva contra o funcionário responsável, nos casos de culpa ou dolo.

Fácil de se observar que a redação oferecida por essa Constituição **em nada difere** daquela **verificada na CF/67, mantendo-se**, pois, a **diretriz** estabelecida pela **CF/46**, segundo a qual a **medida** judicial buscando a **reparação** de **danos** deveria ser **oferecida contra** as **pessoas jurídicas** de **direito público**, que, uma vez **condenadas**, poderiam ingressar com **ação** de **regresso** contra o **funcionário** responsável nas hipóteses de **culpa** ou **dolo**.

Passado em revista o processo de evolução histórica do instituto em nosso país, cumpre agora averiguar qual o **perfil** por ele **assumido** na **Constituição em vigor**, o que se fará a seguir.

O quadro a seguir explica este item:

CF/37	Art. 158: responsabilidade subjetiva e solidária entre o funcionário público e a Fazenda Pública. Nenhuma referência para ação regressiva
CF/46	Art. 194: responsabilidade objetiva das pessoas jurídicas de direito público interno e subjetiva para os funcionários em ação regressiva
CF/67	Art. 105: responsabilidade objetiva das pessoas jurídicas de direito público e subjetiva do funcionário em ação regressiva
EC N. 1/69	Art. 107: responsabilidade objetiva das pessoas jurídicas de direito público e subjetiva do funcionário em ação regressiva

■ 13.3.2. Perfil atual

Atualmente, a responsabilidade do Estado resulta de danos relacionados à prestação de serviços públicos, atividades econômicas e omissões, matérias que serão vistas em sequência.

■ *13.3.2.1. Danos resultantes da prestação de serviços públicos*

Atualmente, a matéria encontra-se disciplinada em **diversos artigos** da **Constituição**, a **depender** da **natureza** da **atividade** causadora do dano.

Assim é que, se o dano experimentado pela vítima resultar da prestação de serviços públicos, encontra-se regulamentado no **art. 37, § 6º, da CF:**

> **Art. 37.** (...)
>
> § 6º As pessoas jurídicas de direito público e as de direito privado prestadoras de serviços públicos responderão pelos danos que seus agentes, nessa qualidade, causarem a terceiros, assegurado o direito de regresso contra o responsável nos casos de dolo ou culpa.

A redação oferecida pelo **Texto Constitucional** em **vigor**, não obstante manter a estrutura anteriormente estabelecida a partir da CF/46, acabou por trazer **importantes inovações**.

Assim, **em primeiro lugar**, começa por demonstrar quais as **pessoas que responderão** pelos danos ocasionados a terceiros, vale dizer, aquelas que poderão ser acionadas: as **pessoas jurídicas de direito público e as de direito privado prestadoras de serviços públicos**.

Observa-se, nesse particular, um **acréscimo** em relação às **Constituições anteriores**, que **só admitiam** essa **possibilidade** para as **pessoas jurídicas** de direito **público**.

Ao assim proceder, a atual **Constituição alargou** as **possibilidades** em relação àqueles que podem assumir a responsabilidade pelos prejuízos causados a terceiros, **contemplando, também**, as **pessoas jurídicas** de **direito privado**, desde que sejam elas **prestadoras de serviços públicos**.

Percebe-se, portanto, que o **critério adotado** pelo **Texto Constitucional** para estabelecer quais são as pessoas que poderão ser acionadas pelos prejuízos causados a terceiros, na forma do disposto no **§ 6º do art. 37**, não foi, em absoluto, o da sua localização, pouco importando estarem elas dentro ou fora da estrutura da Administração Pública.

Ao contrário, o **critério prestigiado foi** o **da natureza da atividade por elas desenvolvida**. **Responderão** na forma desse dispositivo constitucional **somente aquelas que forem prestadoras** de **serviço público**.

Nunca será demasiado lembrar que as **pessoas jurídicas** de **direito público** somente poderão ser criadas para a execução de serviços públicos, **respondendo sempre** na **forma** do **dispositivo em análise** em razão dos prejuízos causados a terceiros.

Essa circunstância, entretanto, não se verifica com as **pessoas** jurídicas de **direito privado**, uma vez que, como também poderão ser criadas para a exploração de atividade econômica, só **responderão** pelos prejuízos causados a terceiros, na forma do **§ 6º do art. 37, se forem prestadoras de serviços públicos**.

Essa **conclusão** assume importância enorme, pois passa a permitir que os **particulares** que estejam **executando serviços públicos**, na qualidade de **concessionários**, **permissionários** ou **autorizatários**, **possam ser acionados** pelos prejuízos causados na **forma** do **dispositivo**.

Nesse particular, oportuno registrar decisão de extrema importância proferida pela nossa Corte Suprema no **Recurso Extraordinário n. 591.874**, mudando sua orientação anterior, para **reconhecer** a **responsabilidade objetiva** de **concessionária** de serviços **públicos** em relação aos **danos causados a não usuários**. Nessa decisão, o STF reconheceu também que, em nome do princípio da isonomia e em razão da redação dos **arts. 37, § 6º**, da Constituição Federal e **25 da Lei n. 8.987/95, não se pode diferenciar o usuário do não usuário do serviço, para efeito de responsabilização do causador do dano**.

Em outras palavras, assume **caráter secundário** para efeito de configuração da responsabilidade objetiva **quem causou** o **dano** (se pessoa integrante ou não da Administração), **bem como quem sofreu** o **dano** (se usuário ou não do serviço).

Assume relevo, sim, **saber qual** a **atividade** desenvolvida quando da configuração do dano.

Com efeito, em se tratando de prestação de **serviços públicos**, a responsabilidade **será sempre objetiva**, quer estivesse à frente da execução a Administração Pública ou tenha ela sido transferida para particulares (concessionários, permissionários).

Referida decisão da Corte Suprema foi tomada quando da análise de recurso interposto por uma empresa de transporte coletivo, condenada em instâncias inferiores pelo atropelamento de um ciclista que veio a falecer e teve sua repercussão geral reconhecida por unanimidade.

Pela **importância** da **nova orientação** estabelecida em **agosto** de **2009**, oportuna a **transcrição** da ementa do referido **julgado**:

> "Constitucional. Responsabilidade do Estado. Art. 37, § 6º, da Constituição. Pessoas jurídicas de direito privado prestadoras de serviço público. Concessionário ou permissionário do serviço de transporte coletivo. Responsabilidade objetiva em relação a terceiros não usuários do serviço. Recurso desprovido. I — **A responsabilidade civil das pessoas jurídicas de direito privado prestadoras de serviço público é objetiva relativamente a terceiros usuários e não usuários do serviço**, segundo decorre do **art. 37, § 6º**, da Constituição Federal. II — A inequívoca presença do nexo de causalidade entre o ato administrativo e o dano causado ao terceiro não usuário do serviço público é condição suficiente para estabelecer a responsabilidade objetiva da pessoa jurídica de direito privado. III — Recurso extraordinário desprovido" (RE 591.874, rel. Min. Ricardo Lewandowski, TP, j. 26.08.2009, Repercussão Geral, *DJ* 18.12.2009, Ementário v. 02387-10, p. 1820).

■ *13.3.2.1.1. Da ação regressiva contra o agente causador do dano*

Essa questão, disciplinada na **parte final** da redação do **§ 6º** do **art. 37**, não foi incluída até aqui para a determinação do perfil da responsabilidade do Estado, por **referir-se** a uma **relação jurídica** totalmente **diferente**, visto que **envolve** de um lado o **Estado e** de outro o **agente público**, responsável pelo dano causado a terceiros.

Por certo, o **pressuposto** para que o **Estado** possa **se voltar** contra o **agente** responsável pelo dano causado a terceiros é que tenha sido ele **condenado na primeira relação jurídica** em virtude da ação de indenização contra ele proposta.

Preenchido esse pressuposto, uma vez que não faria sentido o Estado voltar-se contra o agente se não houvesse sido condenado na primeira relação jurídica, **o agente será responsabilizado, desde que comprovada sua culpa ou dolo**.

Trata-se, pois, de uma **nova relação jurídica, que exige**, para eventual condenação, **requisitos** totalmente **diversos** daqueles previstos no momento de se tentar responsabilizar o Estado.

Efetivamente, enquanto a responsabilização deste depende da caracterização do nexo causal, a **condenação** do **agente depende**, como visto, da **caracterização** de **culpa** ou **dolo**.

Sem embargo, cumpre registrar a **possibilidade aberta** pelos nossos **tribunais** da propositura de **ação** de **indenização** em **face** do **Estado** e do **agente**. Nesse sentido: STF, RE 90.071-3, Pleno, recorrente: Sade. Sul Americana de Engenharia S.A., recorrido: Arceu Chaise.

Esse acórdão, publicado em 1981 (*RT* 544/81), já naquele momento refletia a tendência de nossos Tribunais, em particular de nossa Suprema Corte, acolhendo a **possibilidade** de o **agente público** ser **acionado com a pessoa jurídica**, configurando, aliás, hipótese de **litisconsórcio facultativo típico**.

Nesse particular, em vista da importância da qual se reveste o tema ora em discussão, entendemos oportuna a transcrição de um trecho do voto vencedor proferido pelo então relator, Min. Cunha Peixoto, nos termos a seguir reproduzidos:

> "A Constituição, destarte, estatuiu que as pessoas de direito público interno são civilmente responsáveis pelos danos que seus funcionários nessa qualidade causarem a terceiros, permitindo-lhe, porém, voltar-se contra o autor do dano, quando este agiu com culpa ou dolo. Abandonou o princípio da solidariedade para adotar o da ação regressiva.
> 4. Há, pois, uma única dívida e duas responsabilidades: a da Administração perante o lesado, em princípio, baseada na teoria do risco administrativo, e a do autor do dano, com fundamento na teoria da culpa. Quem deve ao lesado, em princípio, é aquela; mas este também é responsável pela dívida, desde que tenha agido com culpa ou dolo".

Essa afirmativa, todavia, não leva, *data venia,* ao extremismo de Hely Lopes Meirelles[1] de que a ação só pode ser ajuizada contra a autoridade pública responsável, não sendo possível a inclusão do servidor na demanda, pois não há dúvida de que existe conexão entre as duas ações: contra a Administração e a desta contra o autor do dano.

Daí lecionar Pontes de Miranda[2], em escólio ao art. 106 da CF/1967:

> "O Estado, réu na ação, pode requerer a citação do funcionário público, ou pessoa que exerce o cargo; porque há conexão de causas. Bem assim fazê-lo cita o autor. Há litisconsórcio facultativo.
> 5. Por outro lado, a norma visa à proteção do lesado. Propondo ação apenas contra a Administração, compete-lhe provar apenas a materialidade do fato e o nexo de causalidade. Isto é, que do ato praticado pelo funcionário lhe adveio dano. Nada mais. Se dirigir o pleito contra o funcionário, terá também de demonstrar a culpa ou dolo do autor do dano. E a interpretação do dispositivo constitucional, no sentido de permitir, facultativamente, admissibilidade da ação também contra o funcionário, autor do dano, sobre não acarretar nenhum prejuízo, quer à Administração, quer ao funcionário, mais se coaduna com os princípios que disciplinam a matéria.
> Isto porque a Administração, sobre não poder nunca isentar de responsabilidade seus servidores, uma vez que não possui disponibilidade sobre o patrimônio público, não se prejudica com a integração do funcionário à lide, uma vez que a confissão dos fatos alegados pelo autor, por parte do funcionário, afetaria apenas sua defesa e não a da Administração, cuja responsabilidade se baseia na teoria do risco administrativo.
> Ao funcionário interessa intervir na ação não só para assegurar o justo valor da indenização, mas também para evitar as despesas de dois processos: o movido contra a Administração e o desta contra ele.
> A letra e o espírito do art. 107, que reproduz os arts. 194 da CF/1946 e 105 da CF/1967, permitem a participação do funcionário no processo, uma vez que o Poder Público executado por ato de seu representante, lesivo a terceiro, tem direito de exigir, diante do princípio da regressividade, do autor do dano aquilo que pagou ao prejudicado".

Percebe-se, pois, que, **mesmo sob** a **égide** da **Constituição** de **1967**, o **STF** adotava **entendimento** no sentido de **admitir a denunciação da lide** ao agente público quando da propositura de ação visando a reparação de danos experimentados por terceiros.

---

1 MEIRELLES, Hely Lopes. *Direito administrativo brasileiro.* 24. ed. São Paulo: Malheiros, 1999, p. 610.

2 *Comentários à Constituição de 1967.* 3. ed. Rio de Janeiro: Forense, 1987. v. 3, p. 544.

Sem embargo, cumpre observar ser esta uma matéria cujas diretrizes se alternam muito com o passar do tempo. Nesse sentido, **não admitindo** o **litisconsórcio**: STF, RE 327.904/SP, rel. Min. Carlos Britto, j. 15.08.2006.

■ *13.3.2.1.2. Da prescrição*

A matéria, principalmente após o advento do **Código Civil de 2002**, está a merecer um cuidado todo especial em razão das disposições ali contidas que parecem, em um primeiro momento, negar validade aos diplomas legais até então disciplinadores do tema.

Destarte, o **Decreto n. 20.910/32** preconizou em seu **art. 1º** o **prazo** de **cinco anos** para a prescrição das dívidas passivas da União, Estados, Municípios e Distrito Federal e para qualquer direito ou ação contra a Fazenda, contados da data em que verificado o fato em que se fundarem:

> **Art. 1º** As dívidas passivas da União, dos Estados e dos Municípios, bem assim todo e qualquer direito ou ação contra a Fazenda federal, estadual ou municipal, seja qual for a sua natureza, prescrevem em cinco anos contados da data do ato ou fato do qual se originarem.

Essa **diretriz** foi **reafirmada** pelo **Decreto-lei n. 4.597/42**, que a estendeu, em seu **art. 1º**, para as autarquias e entidades e órgãos paraestatais criados por lei e mantidos mediante impostos, taxas ou quaisquer contribuições.

Por seu turno, a **Lei n. 9.494/97** ratificou em seu **art. 1º-C** a **prescrição** em **cinco anos** para obter indenização dos danos causados por agentes de pessoas jurídicas de direito público e de pessoas jurídicas de direito privado prestadoras de serviços públicos. Confira-se:

> **Art. 1º-C.** Prescreverá em cinco anos o direito de obter indenização dos danos causados por agentes de pessoas jurídicas de direito público e de pessoas jurídicas de direito privado prestadoras de serviços públicos.

De outra parte, de se registrar também a diretriz estabelecida pela **Súmula 39** do **STJ:**

> **Súmula 39 do STJ:** Prescreve em vinte anos a ação para haver indenização, por responsabilidade civil, de sociedade de economia mista.

Cumpre observar, ainda, que o **Código Civil** em vigor trouxe algumas novidades em relação ao tema, consoante se verifica na redação do **art. 206, § 3º, V**. Confira-se:

> **Art. 206.** Prescreve: (...)
> § 3º Em três anos: (...)
> V — a pretensão de reparação civil.

A **leitura** do **dispositivo legal autoriza** uma **conclusão** inicial segundo a qual o **prazo prescricional** para as ações contra a Fazenda Pública seria único, de **três anos**.

Sem embargo, essa análise inicial não resiste a uma **interpretação sistemática** do diploma civil, a demonstrar que esses prazos podem experimentar variações, de acordo com as características peculiares de cada caso concreto, em razão da regra estabelecida no **art. 2.028:**

> **Art. 2.028.** Serão os da lei anterior os prazos, quando reduzidos por este Código, e se, na data de sua entrada em vigor, já houver transcorrido mais da metade do tempo estabelecido na lei revogada.

Nesse contexto, em comentários ao referido dispositivo, posiciona-se o ilustre Procurador do Estado de São Paulo Luiz Duarte de Oliveira[3]:

> "Pode-se concluir, portanto, que a prescrição liberatória das pretensões dirigidas em face das Fazendas Públicas será sempre a de menor prazo, não podendo ultrapassar, em qualquer hipótese, os cinco anos instituídos pelo Dec. 20.910/1932.
>
> Nessa senda, não havendo óbice à aplicação dos prazos prescricionais inferiores a cinco anos, trazidos pelo atual Código Civil, em relação às Fazendas Públicas, há de se perquirir sobre a existência de algum conflito intertemporal de normas, a demandar o emprego do seu art. 2.028, *verbis*:
>
> 'Serão os da lei anterior os prazos, quando reduzidos por este Código, e se, na data de sua entrada em vigor, já houver transcorrido mais da metade do tempo estabelecido na lei revogada'.
>
> De início, chegamos a acreditar efetivamente que sim, pois as ações de responsabilidade civil movidas em face do Estado, por exemplo, que prescreveriam no prazo de cinco anos (Dec. 20.910/1932, art. 1º) passariam, doravante, a prescrever em três (art. 206, § 3º, V).
>
> Com isso, todos os prazos prescricionais que, iniciados na vigência do anterior Código Civil, ainda estivessem em curso na data da vigência da nova codificação, deveriam se submeter à regra daquele art. 2.028.
>
> Contudo, melhor examinando a questão, verifica-se que, em verdade, o novo Código não tratou de reduzir o prazo das pretensões indenizatórias. Cuidou, sim, de enunciar uma nova modalidade de pretensão que deveria contar com prazo prescricional diferenciado. Ausência de similitude entre o objeto da regra do art. 1º do Dec. de 1932 e o do art. 206, § 3º, V, referenda assertiva.
>
> Sem conflito intertemporal a ser solucionado, as pretensões indenizatórias em face das Fazendas Públicas — apenas para aproveitar o exemplo — que tenham por objeto evento danoso ocorrido até a entrada em vigor do atual Código Civil (0:00 horas do dia 10.01.2003), prescreveram em cinco anos, na forma instituída pelo Dec. 20.910/1932. Já aquelas pretensões ressarcitórias, estribadas em dano ocorrido após a vigência da codificação, terão prazo prescricional trienal, como quer a nova lei civil".

Dentro desse contexto, percebe-se nitidamente a existência de **diversos posicionamentos** relacionados a este tema, em especial **a partir de 2002**, com a entrada em vigor do **novo Código Civil**.

---

3 *A prescrição no novo Código Civil* — uma análise interdisciplinar. São Paulo: Saraiva, 2005, p. 56.

De se registrar, ainda, que nossos Tribunais, em especial o **STJ**, mantêm entendimento no sentido da aplicação da **prescrição quinquenal** a todo e qualquer direito ou ação contra a Fazenda Federal, Estadual ou Municipal, seja qual for a sua natureza:

■ "PROCESSUAL CIVIL E ADMINISTRATIVO. PRESCRIÇÃO QUINQUENAL. APLICAÇÃO DO ART. 20.910/32. RESSARCIMENTO AO SUS. TABELA TUNEP. MATÉRIA FÁTICO-PROBATÓRIA. SÚMULA 7 DO STJ. 1. O acórdão recorrido encontra-se em consonância com a jurisprudência desta Corte, no sentido de que é quinquenal o prazo de prescrição nas ações indenizatórias ajuizadas contra a Fazenda Pública, nos termos do art. 1º do Decreto 20.910/32. Pelo princípio da isonomia, o mesmo prazo deve ser aplicado nos casos em que a Fazenda Pública é autora. Precedentes" (AgRg no AREsp 850760/RS, rel. Min. Humberto Martins, 2ª T., j. 07.04.2016).

■ "PROCESSUAL CIVIL. EMBARGOS DE DECLARAÇÃO. ART. 535, INCS. I E II, DO CPC. OMISSÃO, CONTRADIÇÃO OU OBSCURIDADE. AUSÊNCIA. 1. Os embargos de declaração, conforme dispõe o art. 535, incs. I e II, do CPC, destinam-se a suprir omissão, afastar obscuridade ou eliminar contradição existente no julgado, o que não ocorre na hipótese em apreço. 2. A jurisprudência desta Corte Superior firmou-se no sentido de que a 'prescrição contra a Fazenda Pública é quinquenal, mesmo em ações indenizatórias, uma vez que é regida pelo Decreto 20.910/32, tendo como termo inicial a data do ato ou fato do qual originou a lesão ao patrimônio material ou imaterial' (AgRg no REsp 1.221.455/RJ, Rel. Ministro Napoleão Nunes Maia Filho, Primeira Turma, *DJe* 14/9/2015). 3. Portanto, o termo inicial seria da negativa administrativa do direito, ou seja, em 7/10/2008. Assim, tendo em vista que a ação foi proposta em 6/2/2012, não está prescrita. 4. Ante o exposto, acolho os embargos de declaração, sem efeitos infringentes, apenas para prestar os referidos esclarecimentos" (EDcl nos EDcl no AgRg no AREsp 731.826/DF, rel. Min. Diva Malerbi, 2ª T., j. 19.04.2016).

A título de encerramento deste item, oportuno noticiar a existência de **precedentes** no nível do **STJ** concluindo pela **inexistência** de **prazo prescricional** para ações de ressarcimento por força de **danos** experimentados no **período** de **ditadura:**

■ "Processual civil. Administrativo. Agravo regimental no recurso especial. Código de Processo Civil de 1973. Aplicabilidade. Argumentos insuficientes para desconstituir a decisão atacada. Regime militar. Perseguição política. Indenização por danos morais. Imprescritibilidade. Incidência da Súmula n. 83/STJ. I — Consoante o decidido pelo Plenário desta Corte na sessão realizada em 09.03.2016, o regime recursal será determinado pela data da publicação do provimento jurisdicional impugnado. Assim sendo, *in casu*, aplica-se o Código de Processo Civil de 1973. II — É pacífico o entendimento no Superior Tribunal de Justiça segundo o qual é imprescritível a ação em que se pleiteia indenização por danos ocorridos durante o Regime Militar. III — O recurso especial, interposto pela alínea *a* e/ou pela alínea *c*, do inciso III, do art. 105, da Constituição da República, não merece prosperar quando o acórdão recorrido encontra-se em sintonia com a jurisprudência dessa Corte, a teor da Súmula n. 83/STJ. IV — A Agravante não apresenta, no regimental, argumentos suficientes para desconstituir a decisão agravada. V — Agravo Regimental improvido" (STJ, 1ª T., AgRg no REsp 1479984/RS, rel. Min. Regina Helena Costa, j. 26.04.2016).

"Administrativo e processual civil. Recurso especial. Anistiado político. Ofensa ao art. 535 do CPC. Inocorrência. Responsabilidade civil do Estado. Perseguição política ocorrida durante o regime militar instaurado em 1964. Prazo prescricional. Inaplicabilidade do art. 1º do Decreto 20.910/32. Violação de direitos humanos fundamentais. Imprescritibilidade. Precedentes. Art. 16 da Lei n. 10.559/02. Reparação econômica no âmbito administrativo que não inibe a reivindicação de danos morais pelo anistiado na via judicial. Juros e correção incidentes sobre o valor da condenação. Aplicabilidade do art. 1º-F da Lei n. 9.494/97 com a redação dada pela Lei n. 11.960/09. Recurso da União parcialmente acolhido. 1. Não ocorre ofensa ao art. 535 do CPC, quando a Corte de origem dirime, fundamentadamente, as questões que lhe são submetidas, apreciando integralmente a controvérsia posta nos autos 2. Conforme jurisprudência do STJ, 'a prescrição quinquenal, disposta no art. 1º do Decreto 20.910/1932, não se aplica aos danos decorrentes de violação de direitos fundamentais, os quais são imprescritíveis, principalmente quando ocorreram durante o Regime Militar, época em que os jurisdicionados não podiam deduzir a contento suas pretensões' (2ª T., AgRg no AREsp 302.979/PR, rel. Min. Castro Meira, *DJe* 5/6/2013)" (1ª T., REsp 1485260/PR, rel. Min. Sérgio Kukina, j. 05.04.2016)

De resto, é a **mesma conclusão** que se extrai em relação a **danos ambientais**, conforme jurisprudência consolidada no nível do STJ:

"Administrativo e processual civil. Ação civil pública. Dano ambiental. Imprescritibilidade da ação. Aceitação de medida reparatória. Revolvimento de fatos e provas. Impossibilidade. Incidência da Súmula 7/STJ. Controvérsia não deslindada pela origem. Ausência de prequestionamento. Divergência jurisprudencial. Inexistência de identidade fática e jurídica. Da impossibilidade de inovação de fundamentos que não foram objeto de análise pela Corte *a quo*. (...) 2. **A jurisprudência desta Corte é firme no sentido de que as infrações ao meio ambiente são de caráter continuado, motivo pelo qual as ações de pretensão de cessação dos danos ambientais são imprescritíveis**" (2ª T., AgRg no REsp 1421163/SP, 2013/0265458-3, rel. Min. Humberto Martins, j. 06.11.2014).

"Administrativo. Ambiental. Processual civil. Agravo regimental no recurso especial. Ação civil pública. Termo de ajustamento de conduta. Descumprimento. Execução. Caracterização. Obrigação. Reparação. Dano ambiental. Imprescritibilidade. Impossibilidade. Revisão. Acervo probatório. Súmula 07/STJ. Inviabilidade. Interpretação. Cláusula contratual. Súmula 05/STJ. 1. **É imprescritível a pretensão reparatória de danos ambientais, na esteira de reiterada jurisprudência deste Superior Tribunal de Justiça**, a qual não se aplica ao caso concreto, no entanto, porque a obrigação transcrita em termo de ajustamento de conduta não está configurada dessa forma, segundo o texto do acórdão impugnado. 2. Dessa forma, uma vez que a natureza da obrigação foi definida pelo Tribunal *a quo* a partir do contexto fático-probatório dos autos, sobretudo do termo de ajustamento de conduta, como diversa de reparatória de dano ambiental, a reforma dessa conclusão, com o fim de pontuar a imprescritibilidade, demanda a revisão do acervo fático-probatório e do TAC, o que encontra óbice nas Súmulas 05 e 07 do Superior Tribunal de Justiça. 3. Agravo regimental não provido" (2ª T., AgRg no REsp 1466096/RS, 2014/0164922-1, rel. Min. Mauro Campbell Marques, j. 24.03.2015).

■ *13.3.2.1.3. Da prescrição para a propositura de ação regressiva*

Ainda sobre este tema, oportuno registrar que as discussões noticiadas no item anterior não se aplicam quando se tratar de **prescrição em favor da Fazenda**, que, condenada, insurge-se em sede de **ação regressiva** contra o agente público responsável pelo dano experimentado pela vítima, uma vez que, para recompor o seu patrimônio, dela não se cogita, a teor do disposto no **art. 37, § 5º, da CF:**

> **Art. 37.** (...)
> § 5º A lei estabelecerá os prazos de prescrição para ilícitos praticados por qualquer agente, servidor ou não, que causem prejuízos ao erário, **ressalvadas as respectivas ações de ressarcimento**.

Em outras palavras, tem-se que a **ação** de **regresso** da Administração em face do servidor **é imprescritível**, conclusão que se atinge **em vista do interesse público** a ser preservado. Nesse sentido, oportuno registrar que a **Suprema Corte**, em **fevereiro de 2016**, através do seu **órgão pleno**, houve por bem **flexibilizar esse entendimento concluindo pela existência de prescrição** em **danos** à Fazenda Pública **decorrentes** de **ilícito civil** diante da necessidade de **garantir certeza** e **segurança** nas relações sociais, sobretudo no campo patrimonial.

Assim é que os Ministros firmaram tese de **repercussão geral** no sentido de que **"é prescritível a ação de reparação de danos à Fazenda Pública decorrente de ilícito civil"**. Essa tese foi elaborada no julgamento do **RE 669.069**, em que se discutiu o prazo de prescrição das ações de ressarcimento por danos causados ao erário.

Sem embargo, no **mesmo julgamento**, **concluíram** os Ministros que essa **tese não alcança** prejuízos que decorram de **ato de improbidade** administrativa.

De acordo com o relator do processo, Ministro Teori Zavascki, a **ressalva** contida na **parte final** do **§ 5º** do **art. 37 da Constituição Federal**, que remete a lei à fixação de prazos de prescrição para ilícitos que causem prejuízos ao erário, mas excetua respectivas ações de ressarcimento, **deve ser entendida de forma estrita**. Segundo ele, uma **interpretação ampla** da ressalva final **conduziria** à **imprescritibilidade** de **toda** e **qualquer ação** de **ressarcimento** movida pelo erário, mesmo as fundadas em ilícitos civis que não decorram de culpa ou dolo, **gerando incerteza** e **insegurança** nas relações sociais.

Dentro desse contexto, para melhor visualização das diretrizes estabelecidas no art. 37, § 6º, da Constituição, oportuna a elaboração do seguinte esquema:

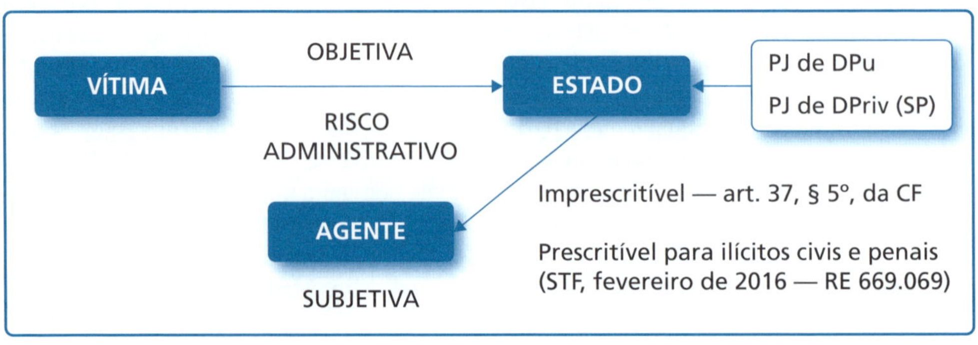

De início, pela **diretriz** oferecida pela atual **Constituição Federal**, as **ações** visando à **recomposição** de **danos** causados pelos agentes públicos, quando, agindo nessa qualidade, **deverão** ser **respondidas** pelas **pessoas jurídicas** de **direito público** e pelas de **direito privado prestadoras de serviços públicos** e não por seus agentes.

Essa **linha** de **raciocínio** se **consolida** por meio de regra básica de **hermenêutica**, segundo a qual o **conteúdo** de um **parágrafo**, de um inciso, de uma alínea **só poderá ser compreendido em consonância com o do *caput* do artigo**.

Nesse sentido, **o *caput* do art. 37 relaciona**, **entre** os **princípios** que norteiam toda a atividade administrativa, o da **impessoalidade**, segundo o qual — e este é apenas um de seus desdobramentos — toda atitude tomada por um agente público tem por objetivo representar a Administração, que, por sua vez, representa os interesses da coletividade, questão abordada quando da análise desse princípio nos capítulos iniciais desta obra.

Sob esse aspecto, não se cogitaria da possibilidade de propositura de ação judicial diretamente contra o agente responsável pelo ato, não sendo outras as conclusões atingidas pelo constitucionalista José Afonso da Silva[4]:

> "O princípio ou regra da impessoalidade da Administração Pública significa que os atos e provimentos administrativos são imputáveis não ao funcionário que os pratica, mas ao órgão ou entidade administrativa em nome do qual age o funcionário. Este é um mero agente da Administração Pública, de sorte que não é ele o autor institucional do ato. Ele é apenas o órgão que formalmente manifesta a vontade estatal. Por conseguinte, o administrado não se confronta com o funcionário X ou Y que expediu o ato, mas com a entidade cuja vontade foi manifestada por ele. É que a 'primeira regra do estilo administrativo é a objetividade', que está em estreita relação com a impessoalidade. Logo, as realizações administrativo-governamentais não são do funcionário ou autoridade, mas da entidade pública e em nome de quem as produzira. (...)
>
> Por isso é que a responsabilidade, para com terceiro, é sempre da Administração, como veremos logo mais".

Mais adiante, o renomado publicista reitera as conclusões atingidas no trecho acima da seguinte forma:

> "A obrigação de indenizar é da pessoa jurídica a que pertencer o agente. O prejudicado há que mover a ação de indenização contra a Fazenda Pública respectiva ou contra a pessoa jurídica privada prestadora de serviço público, não contra o agente causador do dano. O princípio da impessoalidade vale aqui também"[5].

Cumpre observar, sem embargo, que **essa tese**, **embora derivada** da própria **Constituição**, não é pacífica em nossa **doutrina** e **jurisprudência**.

A redação até este ponto desenvolvida bem está a demonstrar que a **responsabilidade** do **Estado** em nosso ordenamento jurídico, por **danos resultantes da prestação de serviços públicos**, é **objetiva**, apresentando-se na modalidade de **risco administrativo**.

---

4 *Curso de direito constitucional positivo*. 15. ed. São Paulo: Malheiros, 1998, p. 645-651.

5 *Curso de direito constitucional positivo*. 15. ed. São Paulo: Malheiros, 1998, p. 645.

Em outras palavras, baseia-se ela no conceito de **nexo de causalidade**, **permitindo** ao **Estado**, uma vez acionado pelo terceiro lesado, **invocar** em sua defesa as chamadas **excludentes ou atenuantes** de **responsabilidade**.

13.3.2.1.4. *Da variante do risco integral*

Sem embargo, oportuna a referência quanto à existência de **precedentes jurisprudenciais** apontando para a **incidência** da variante do **risco integral**, vale dizer, **impedindo** o **Estado** de **invocar** em sua defesa as **excludentes ou atenuantes** de **responsabilidade**. Nesses precedentes, responsabiliza-se o Poder Público por não ter garantido a segurança do cidadão como contrapartida dos impostos já elevados que é obrigado a suportar. Nesse sentido: TJRJ, 17ª Câm. Cív, ACív 21505/2000/RJ, rel. Des. Raul Celso Lins e Silva, j. 25.04.2001.

De resto, é a **mesma orientação** que se verifica no nível do **Superior Tribunal de Justiça** quando do julgamento do **REsp 1373788/SP**, em que apontou ser a responsabilidade civil por danos ambientais, seja por lesão ao meio ambiente propriamente dito (dano ambiental público), seja por ofensa a direitos individuais (dano ambiental privado), objetiva, fundada na teoria do risco integral, em face do disposto no **art. 14, § 1º, da Lei n. 6.938/81**. Confira-se:

> "RECURSO ESPECIAL. RESPONSABILIDADE CIVIL. DANO AMBIENTAL PRIVADO. RESÍDUO INDUSTRIAL. QUEIMADURAS EM ADOLESCENTE. REPARAÇÃO DOS DANOS MATERIAIS E MORAIS. 1 — Demanda indenizatória movida por jovem que sofreu graves queimaduras nas pernas ao manter contato com resíduo industrial depositado em área rural. 2 — A responsabilidade civil por danos ambientais, seja por lesão ao meio ambiente propriamente dito (dano ambiental público), seja por ofensa a direitos individuais (dano ambiental privado), é objetiva, fundada na teoria do risco integral, em face do disposto no art. 14, § 1º, da Lei n. 6.938/81. 3 — A colocação de placas no local indicando a presença de material orgânico não é suficiente para excluir a responsabilidade civil. 4 — Irrelevância da eventual culpa exclusiva ou concorrente da vítima. 5 — *Quantum* indenizatório arbitrado com razoabilidade pelas instâncias de origem. Súmula 07/STJ. 6 — Alteração do termo inicial da correção monetária (Súmula 362/STJ). 7 — Recurso especial parcialmente provido".

Por sua vez, para melhor visualização do tema, oportuna a reprodução do dispositivo legal ali mencionado, vale dizer, o **art. 14, § 1º, da Lei n. 6.938/81:**

> **Art. 14.** Sem prejuízo das penalidades definidas pela legislação federal, estadual e municipal, o não cumprimento das medidas necessárias à preservação ou correção dos inconvenientes e danos causados pela degradação da qualidade ambiental sujeitará os transgressores: (...)
>
> § 1º Sem obstar a aplicação das penalidades previstas neste artigo, é o poluidor obrigado, independentemente da existência de culpa, a indenizar ou reparar os danos causados ao meio ambiente e a terceiros, afetados por sua atividade. O Ministério Público da União e dos Estados terá legitimidade para propor ação de responsabilidade civil e criminal, por danos causados ao meio ambiente.

Com devido respeito, a **leitura** do **dispositivo reproduzido autoriza**, tão somente, a **conclusão** pela caracterização da **responsabilidade objetiva** por **danos ambientais, não se verificando nenhuma referência quanto à incidência da variante do risco integral**.

Desta forma, quer nos parecer que, ainda que a teoria do **risco integral** se apresente como uma modalidade extremada, que inibe a possibilidade de utilização das chamadas excludentes ou atenuantes de responsabilidade, ainda assim sua incidência **deve resultar** de **expressa disposição legal**, o que aqui não se verifica.

De resto, outra não é a conclusão que resulta da leitura das disposições contidas no **art. 225** da **Constituição Federal**, que disciplinam as questões relacionadas ao meio ambiente.

Dessa forma, manter a conclusão pela incidência da variante do **risco integral** em relação aos **danos** ambientais pode levar ao **atingimento** de **conclusões indesejáveis** em vista das diretrizes já estabelecidas pelo nosso ordenamento jurídico.

Assim é que, a título de **exemplo**, se nas cercanias de um parque nacional coloca inúmeras placas avisando acerca da possibilidade de realização de fogueiras; se quando da entrada no referido parque obriga os usuários a assinar um termo de responsabilidade, ratificando essa proibição, não poderá ele ser responsabilizado se posteriormente um dos usuários realizar uma fogueira provocando o incêndio com grandes proporções.

O mesmo se verifica em relação a danos resultantes de **atividades nucleares**, em que pese não ter sido outra a **conclusão** extraída pelo **STJ** no mesmo julgado, de **2014**, com base na previsão estabelecida no art. 21, XXIII, *d*, da Constituição Federal.

Destarte, percorrendo referido dispositivo, não se visualiza nenhuma indicação expressa nesse sentido:

> **Art. 21.** Compete à União: (...)
>
> XXIII — explorar os serviços e instalações nucleares de qualquer natureza e exercer monopólio estatal sobre a pesquisa, a lavra, o enriquecimento e reprocessamento, a industrialização e o comércio de minérios nucleares e seus derivados, atendidos os seguintes princípios e condições: (...)
>
> *d)* a responsabilidade civil por danos nucleares independe da existência de culpa.

Portanto, uma vez mais, verifica-se que a **única conclusão** a extrair do **dispositivo constitucional** é a mesma, vale dizer, que neste momento a **responsabilidade** seria **sem culpa**, vale dizer, objetiva.

Nesse sentido, importante anotar que a **variante** do **risco integral só terá lugar** para aquela situação de **dano resultante** de **atentado terrorista praticado** em **aeronave brasileira**, pois **resultante** de expressa disposição contida na **Lei n. 10.744/2003**, item que será abordado com maior vagar em breve trecho ainda dentro deste capítulo.

Para melhor visualização do que foi falado nesse item, observe-se o quadro:

DANOS CAUSADOS PELO ESTADO RESULTANTES DA PRESTAÇÃO DE SERVIÇOS PÚBLICOS	
FUNDAMENTO	Art. 37, § 6º, da CF
PERFIL	Responsabilidade objetiva (nexo causal) na variante do risco administrativo
AÇÃO REGRESSIVA	Possível em face do agente público
PRESCRIÇÃO — REGRA GERAL	5 anos de prescrição: Decreto n. 20.910/32, posição consolidada no nível do STJ
PRESCRIÇÃO — VARIAÇÕES	■ Código Civil: 3 anos, art. 206, § 3º, V ■ Súmula 39 do STJ: 20 anos, por responsabilidade civil, de sociedade de economia mista
IMPRESCRITIBILIDADE (STJ)	■ Danos resultantes de atos praticados na época da ditadura ■ Danos ambientais
AÇÃO REGRESSIVA	■ Imprescritibilidade (art. 37, § 5º, da CF) Divergência: STF, fevereiro de 2016 — RE 669.069, repercussão geral: prescritível a ação de reparação de danos à Fazenda Pública decorrente de ilícito civil
RISCO INTEGRAL	Para danos ambientais e nucleares (jurisprudência STJ) e para atentados terroristas (Lei n. 10.744/2003)

■ *13.3.2.2. Dos danos resultantes de exploração de atividades econômicas*

Da mesma forma, poderíamos concluir que **nem todas as pessoas** que integram a **estrutura** da **Administração** Pública **responderão na forma prevista no dispositivo constitucional ora analisado**.

É o que se verifica, destarte, com as **empresas públicas** e as **sociedades de economia mista** criadas para a **exploração** de **atividades econômicas**, excluídas que foram do comando constitucional.

Aliás, como visto anteriormente, **essas pessoas**, quando exploradoras de atividade econômica, **respondem** pelas **obrigações civis contraídas com terceiros** basicamente pelo **mesmo regime** previsto para a **iniciativa privada**, na forma prevista pelo **art. 173, § 1º, II, da CF**. Confira-se:

> **Art. 173.** Ressalvados os casos previstos nesta Constituição, a exploração direta de atividade econômica pelo Estado só será permitida quando necessária aos imperativos da segurança nacional ou a relevante interesse coletivo, conforme definidos em lei.
>
> § 1º A lei estabelecerá o estatuto jurídico da empresa pública, da sociedade de economia mista e de suas subsidiárias que explorem atividade econômica de produção ou comercialização de bens ou de prestação de serviços, dispondo sobre: (...)
>
> II — a sujeição ao regime jurídico próprio das empresas privadas, inclusive quanto aos direitos e obrigações civis, comerciais, trabalhistas e tributários.

Portanto, verifica-se que, quando da **exploração** de **atividades econômicas** através de empresas públicas e sociedades de economia mista, o Estado, por atuar em **regime** de **competição com a iniciativa privada**, deverá submeter-se, em **respeito** ao **princípio da livre concorrência**, balizador de todo esse setor, ao **mesmo regime jurídico das empresas privadas**, não podendo experimentar privilégios que a elas não se estendam em relação aos itens ali colocados de forma meramente exemplificativa, vale dizer, **direitos e obrigações civis, comerciais, trabalhistas e tributárias**.

Nesse sentido, oportuna a citação do disposto no **art. 173, § 2º**, que **impede** a atribuição de **benefícios fiscais que não se estendam para a iniciativa privada:**

> **Art. 173.** (...)
> § 2º As empresas públicas e as sociedades de economia mista não poderão gozar de privilégios fiscais não extensivos às do setor privado.

Dentro desse contexto, essas **empresas** e **sociedades de economia mista não poderão receber**, contrariamente ao que se vê para aquelas criadas para a prestação de serviços públicos, nem **imunidade nem isenção** de **impostos** que também não se estendam para a iniciativa privada, sob pena de configuração de um **esvaziamento** do princípio da **livre concorrência**, que não se pode admitir.

Nesse sentido, cumpre averiguar de que forma nosso ordenamento jurídico prevê a responsabilidade das empresas privadas, matéria que se encontra disciplinada no **Código Civil**, inicialmente em seu **art. 186:**

> **Art. 186.** Aquele que, por ação ou omissão voluntária, negligência ou imprudência, violar direito e causar dano a outrem, ainda que exclusivamente moral, comete ato ilícito.

Percebe-se da redação reproduzida que o **Código Civil**, ao menos como **regra geral**, prescreve para as pessoas jurídicas que causem danos a terceiros a **responsabilidade subjetiva**, mesmo perfil que deverá ser adotado para a empresa pública e a sociedade de economia mista, criadas para a exploração de atividade econômica, por se encontrarem em regime de competição.

Cumpre observar, outrossim, que a forma de responsabilização de particulares prevista no **art. 927** do **Código Civil também** se apresenta como **subjetiva**, vale dizer, baseada nos conceitos de culpa e dolo:

> **Art. 927.** Aquele que, por ato ilícito (arts. 186 e 187), causar dano a outrem, fica obrigado a repará-lo.

Nesse sentido ainda, oportuno consignar que no mesmo dispositivo, agora em seu **parágrafo único**, admite-se, também, a **responsabilidade objetiva** na forma ali estabelecida:

> **Art. 927.** (...)
> Parágrafo único. Haverá obrigação de reparar o dano, independentemente de culpa, nos casos especificados em lei, ou quando a atividade normalmente desenvolvida pelo autor do dano implicar, por sua natureza, risco para os direitos de outrem.

Dentro desse contexto, uma vez que o **Código Civil admite a responsabilidade sem culpa** nos **casos especificados** em **lei**, **oportuna** também a **referência ao Código de Defesa do Consumidor**, que estabelece a **responsabilidade objetiva do fornecedor de serviços**, consoante se verifica da redação de seu **art. 14:**

> **Art. 14.** O fornecedor de serviços responde, **independentemente da existência de culpa**, pela reparação dos danos causados aos consumidores por defeitos relativos à prestação dos serviços, bem como por informações insuficientes ou inadequadas sobre sua fruição e riscos.

De toda sorte, nada obstante as oscilações do legislador, o certo é que a **empresa pública** e a **sociedade** de **economia mista** exploradoras de **atividade econômica** foram **excluídas** da regra do **art. 37, § 6º, da CF** e **responderão** pelos danos causados a terceiros da **mesma forma** que a **iniciativa privada**, com as variantes verificadas.

FUNDAMENTO	Art. 173, § 1º, II, da CF
PERFIL	O Estado responde da mesma forma que a iniciativa privada por se encontrar em regime de competição (art. 173, § 1º, II, da CF)
DESTINATÁRIOS	Apenas empresas públicas e sociedades de economia mista (art. 173, § 1º, II, da CF)
HIPÓTESES	Segurança nacional e relevante interesse coletivo (art. 173, *caput,* da CF)
CÓDIGO CIVIL	Regra geral: art. 186 (responsabilidade subjetiva) Exceção: art. 927, parágrafo único (responsabilidade objetiva, por expressa disposição de lei ou quando a atividade, por sua natureza, implicar riscos para terceiros)

■ *13.3.2.3. Responsabilidade do Estado resultante de omissão*

Analisado o perfil de **responsabilidade** do **Estado** quando o dano resulta da prestação de um serviço público, oportuno agora o enfrentamento da questão relacionada a danos **resultantes de omissão**, matéria marcada por **intensa divergência** quer no **campo doutrinário**, quer no **campo jurisprudencial**, resultante, em larga escala, da **inexistência** de **dispositivo constitucional** disciplinador **do tema, bem como de dispositivos legais e ainda de súmulas**.

Oportuno registrar aqui a existência de **divergência doutrinária** encabeçada por Celso Antônio Bandeira de Mello, para quem a responsabilidade do Estado no Brasil só será objetiva se o prejuízo causado a terceiros for resultado de ato praticado por agente público.

Se decorrente de **prejuízos causados por força** de **omissão** praticada pelo Poder Público, entende ser a **responsabilidade subjetiva**, sendo necessária, portanto, a comprovação de culpa. São suas estas palavras:

> "As afirmações doutrinárias e jurisprudenciais no país, caracterizando genericamente a responsabilidade pública como de natureza objetiva, não distinguem entre comportamentos comissivos e omissivos do Estado. Isto se deve, quanto menos em parte, a que

> supõem, erroneamente, que é responsabilidade objetiva a responsabilidade por *faute du service*, ou seja, a que tem lugar quando o serviço não funcionou, funcionou mal, ou funcionou tarde, segundo a fórmula clássica oriunda da sistematização de Paul Duez e acolhida pela jurisprudência administrativa francesa. Em realidade, a *faute du service* apresenta-se, antes, em geral, como uma 'forma publicizada de noção de culpa', para usar a expressão feliz de Francis Paul Benoit.
>
> Assim, parece-nos que é preciso distinguir, como ensinou Oswaldo Aranha Bandeira de Mello, entre atos comissivos, nos quais a responsabilidade é objetiva, e atos omissivos, em que a responsabilidade depende de dolo ou culpa, ou seja, do descumprimento de um dever jurídico. Julgamos necessário acrescentar, entretanto, que também haverá responsabilidade objetiva nos casos de guarda de coisas ou pessoas perigosas, o que é demandado pela ideia de risco-proveito, e naqueles outros nos quais, mesmo não sendo o Estado o próprio autor do dano, uma atuação positiva sua concorreu decisivamente para fazê-lo eclodir.
>
> Fora daí, o que pode ocorrer são casos de 'culpa presumida', em que caiba ao Poder Público o ônus de provar que nela não incidiu. Vale observar que, em despeito das afirmações teóricas da doutrina e jurisprudência brasileiras, na prática, as soluções que apresentam praticamente coincidem com o esquema lógico que consideramos correto, pois as decisões judiciais, embora mencionando responsabilidade objetiva nos casos de dano por comportamento omissivo, estão sempre a fundamentar-se largamente na culpa, por negligência ou imprudência do Poder Público, por deixar de acorrer tempestiva e eficientemente para impedir evento danoso a terceiro"[6].

De outra parte, oportuno registrar a **existência** de **posicionamento distinto** representado por aqueles que entendem ser a **responsabilidade do Estado resultante** de **omissão**, **também objetiva**, encontrando lastro no próprio **art. 37, § 6º,** da **Constituição Federal**, onde se lê que o Estado responde "pelos danos que os seus agentes nesta qualidade causarem a terceiros", não se visualizando nenhuma distinção entre aqueles resultantes de atos e omissões.

Para estes, a manutenção desse **perfil objetivo** da **responsabilidade** também para as hipóteses resultantes de **omissão** representa uma forma de **continuar privilegiando** a parte mais fraca dessa relação jurídica, vale dizer, **o usuário**, compatibilizando-se com a evolução histórica desse instituto, que, como já se viu, partiu da tese da irresponsabilidade do Estado para atingir a responsabilidade objetiva, facilitando a tarefa do particular atingido uma vez, que também aqui só terá de comprovar o nexo causal.

As **decisões** proferidas pelos nossos **Tribunais**, como se disse, **longe estão** de **pacificar** o **tema**, refletindo, ao contrário, as incertezas de nossa doutrina. Nesse sentido, inicialmente os seguintes julgados do **STJ** em que se conclui que a responsabilidade civil do Estado por **condutas omissivas** é **subjetiva**, devendo ser comprovados a negligência na atuação estatal, o dano e o nexo de causalidade. Confiram-se os seguintes precedentes:

---

6 *Conteúdo jurídico do princípio da igualdade*. 3. ed. São Paulo: Revista dos Tribunais, 1993, p. 140.

> "Administrativo. Processual civil. Violação do art. 535 do CPC. Alegação genérica. Súmula 284/STF. Responsabilidade civil do Estado. Omissão. Nexo de causalidade. Danos morais e materiais. Reexame de fatos e provas. Impossibilidade. Súmula 7/STJ. 1. A alegação genérica de violação do artigo 535 do Código de Processo Civil, sem explicitar os pontos em que teria sido omisso o acórdão recorrido, atrai a aplicação do disposto na Súmula 284/STF. 2. Nos termos da jurisprudência do STJ, a responsabilidade civil do estado por condutas omissivas é subjetiva, sendo necessário, dessa forma, comprovar a negligência na atuação estatal, o dano e o nexo causal entre ambos. 3. O Tribunal de origem, com base no conjunto fático probatório dos autos, expressamente consignou que 'restou evidente o nexo de causalidade entre a omissão do ente municipal e o evento danoso'. 4. Dessa forma, não há como modificar a premissa fática, pois para tal é indispensável o reexame do contexto fático-probatório dos autos, o que é vedado por esta Corte, pelo óbice da Súmula 7/STJ. Agravo regimental improvido" (2ª T., AgRg no AREsp 501507/RJ, rel. Min. Humberto Martins, j. 27.05.2014, *DJE* 02.06.2014).

Sem embargo, como já se disse, a **divergência** encontra-se instalada **dentro** do **mesmo Tribunal:**

> "Direito administrativo. Responsabilidade civil do Estado. Rompimento de barragem. Ausência de monitoramento. Omissão caracterizada. Responsabilidade objetiva do Estado. Danos materiais e danos morais. Verificação do nexo de causalidade. Fixação do valor da indenização. Necessidade de reexame do contexto fático-probatório. Súmula 7/STJ. 1. Na hipótese em exame, a avaliação da culpa do recorrente; a verificação do nexo de causalidade e o arbitramento de novo valor de indenização, são questões que demandam o reexame do contexto fático-probatório, o que é inadmissível pelas vias de Recurso Especial em razão do óbice da Súmula 7/STJ. Precedentes. 2. Agravo Regimental não provido" (2ª T., AgRg no AREsp 702.705/PB, 2015/0095072-7, rel. Min. Herman Benjamin, j. 01.09.2015).

No referido julgado, mesmo levando em consideração o obstáculo apresentado pela Súmula 7, o Tribunal manteve a decisão pela responsabilidade objetiva do Estado por força do rompimento de uma barragem em que se caracterizou ausência de monitoramento.

Dentro desse contexto, oportuna a transcrição de trecho de **decisão** proferida pelo **STF já em 1996**, sintetizando a questão nos seguintes termos:

> "(...) Teoria do risco administrativo, consagrada em sucessivos documentos constitucionais brasileiros desde a Carta Política de 1946, confere fundamento doutrinário à **responsabilidade civil objetiva** do Poder Público pelos danos a que os agentes públicos houverem dado causa, **por ação ou por omissão**. Essa concepção teórica que informa o princípio constitucional da responsabilidade civil objetiva do Poder Público, faz emergir, da mera ocorrência do ato lesivo causado à vítima pelo Estado, o dever de indenizá-la pelo dano pessoal e/ou patrimonial sofrido, independentemente de caracterização de culpa dos agentes estatais ou de demonstração de falta do serviço público (*RTJ* 55/503, 71/99, 91/377, 99/1155 e 131/417)" (1ª T., RE 109.615/RJ, rel. Min. Celso de Mello, j. 28.05.1996, Repercussão Geral, *DJ* 02.08.1996, p. 25785, Ementário v. 1835-01, p. 81).

A **decisão** reproduzida **não** se mostra **isolada**, pois acompanhada de **outras** no nível da **Corte Suprema**, em que pese a Súmula 279, que impede a reapreciação de conjunto fático em sede de recurso extraordinário. Confira-se a seguinte ementa, **exarada em 2013** pela **1ª Turma**:

> "Agravo Regimental no Recurso Extraordinário com Recurso Administrativo. Estabelecimento Público de Ensino. **Acidente envolvendo alunos**. **Omissão** do Poder Público. **Responsabilidade Objetiva**. Elementos da responsabilidade Civil Estatal demonstrados na origem. Reexame de fatos e provas. Impossibilidade. Precedentes. 1. **A jurisprudência da corte firmou-se no sentido de que as pessoas jurídicas de Direito Público respondem objetivamente pelos danos que causarem a terceiros com fundamento no art. 37, § 6º, da Constituição Federal, tanto por atos comissivos quanto por omissivos, desde que demonstrado o nexo casal entre o dano e a omissão do poder público**. 2. O Tribunal de origem concluiu, com base nos fatos e nas provas dos autos que restaram devidamente emostados os pressupostos necessários à configuração da responsabilidade extracontratual do Estado. 3. Inadmissível, em recurso extraordinário, o reexame de fatos e provas dos autos. Incidência da Súmula 279/STF. 4. Agravo Regimental não provido" (AIRE 754.778/RGS).

Da leitura do **excerto** jurisprudencial reproduzido, nada obstante o óbice imposto pela Súmula 279 da **Suprema Corte**, que impede o reexame de fatos e provas em sede de recurso extraordinário, **abraçou-se** aqui a **tese** da **responsabilidade objetiva**.

De resto, o **mesmo cenário** se verifica por ocasião do julgamento, pela **2ª Turma**, em **2015**, de situação envolvendo a **responsabilidade** civil do **Estado** por **erro médico** resultando em deficiência visual do paciente:

> "Agravo Regimental em Recurso Extraordinário com Agravo. 2. Direito Administrativo. Responsabilidade Civil do Estado. Erro Médico. 3. Nexo causal. Revolvimento do acervo fático-probatório e da legislação infraconstitucional aplicável. Súmula 279. 4. Ausência de argumentos suficientes a infirmar a decisão recorrida. 5. Agravo Regimental a que se nega provimento. Indexação. Descabimento, Recurso Extraordinário, Reexame, Matéria de Fato, Matéria de Prova, Possibilidade, **Responsabilização**, **Poder** Público, Decorrência, **serviço médico/hospitalar**, resultado, deficiência visual. Possibilidade, exceção, **responsabilidade civil objetiva**, **omissão**" (2ª T., ARE 846.471/RJ, j. 02.02.2015, rel. Min. Gilmar Mendes).

Também na **1ª Turma**, em **2015**, em razão de danos resultantes por queda em desnível entre a rua e o bueiro, conhecido por "boca de lobo", assim se pronunciou:

> "(...) teoria do risco administrativo. Inteligência do art. 37, § 6º da CRFB/88. Para importação da responsabilidade à Administração Pública se faz necessário comprovar que houve uma omissão específica, ou seja que tenha sido a ausência da atuação do Estado que criou a situação propícia para a produção do dano, quando tinha o dever de impedir sua ocorrência. **No caso, restou configurado o nexo de causalidade entre a falta como dever de manutenção e de conservação da via pública pelo município para a situação lesiva, quando tinha o dever de agir para impedi-la. Responsabilidade objetiva da Administração Pública**. Precedentes" (ARE 847.116/RJ, rel. Min. Luiz Fux).

Importante citar ainda a **decisão** proferida em **fevereiro** de **2017** pela **Suprema Corte** em **recurso extraordinário** promovido pela Defensoria Pública do Mato Grosso do Sul, em que, através do seu **órgão pleno**, concluiu pela possibilidade de **responsabilização** do **Estado** por **danos materiais** e **morais** sofridos por **presidiários encarcerados** em **cadeias superlotadas ou** com **más condições de saúde e higiene:**

> "Considerando que é dever do Estado, imposto pelo sistema normativo, manter em seus presídios os padrões mínimos de humanidade previstos no ordenamento jurídico, é de sua responsabilidade, nos termos do art. 37, § 6º da Constituição, a obrigação de ressarcir os danos, inclusive morais, comprovadamente causados aos detentos em decorrência da falta ou insuficiência das condições legais de encarceramento".

Portanto, concluiu a Suprema Corte tratar-se aqui de responsabilidade objetiva do Estado, agregando-se o argumento quanto à obrigatoriedade de ele zelar pela integridade física e moral dos presos, com base no art. 5º, XLIX, da Constituição:

> **Art. 5º** (...)
> XLIX — é assegurado aos presos o respeito à integridade física e moral.

No mesmo julgado, a Suprema Corte houve por bem rechaçar a "teoria da reserva do possível", em razão de déficit orçamentário, utilizada pela Administração como excludente de responsabilidade para justificar as calamitosas condições em que se encontram os presídios brasileiros.

RESPONSABILIDADE POR OMISSÃO	Divergência, alguns entendendo ser subjetiva (*faute du service*), outros concluindo ser objetiva com base no art. 37, § 6º, da CF
JURISPRUDÊNCIA	Divergência, inexistindo qualquer súmula em relação a este tema, prevalecendo, para efeito de concurso, a responsabilidade subjetiva

A amplitude atingida por este tema fez com que as decisões proferidas pelos nossos Tribunais fossem as mais variadas. Dessa forma, pedimos vênia ao leitor para sistematizá-las conforme a matéria discutida.

a) Responsabilidade do Estado em relação aos detentos

Em relação a esse tema, o **STJ** já consolidou a tese segundo a qual o Estado possui **responsabilidade objetiva** nos casos de **morte** de custodiado em **unidade prisional**, conforme se verifica dos seguintes precedentes:

- AgRg no AREsp 850.954/CE, rel. Min. Sérgio Kukina, 1ª T., j. 10.03.2016, *DJE* 28.03.2016.
- AgRg no AREsp 729.565/PE, rel. Min. Benedito Gonçalves, 1ª T., j. 22.09.2015, *DJE* 28.09.2015.
- AgRg no AREsp 528.911/MA, rel. Min. Olindo Menezes (Desembargador Convocado do TRF 1ª Região), 1ª T., j. 16.06.2015, *DJE* 25.06.2015.
- AgRg no AREsp 622.716/PE, rel. Min. Og Fernandes, 2ª T., j. 17.03.2015, *DJE* 20.03.2015.

- AgRg no AREsp 467.394/PE, rel. Min. Marga Tessler (Juíza Federal Convocada do TRF 4ª Região), 1ª T., j. 05.03.2015, *DJE* 13.03.2015.
- AgRg no AREsp 492.804/PE, rel. Min. Assusete Magalhães, 2ª T., j. 18.09.2014, *DJE* 30.09.2014.

Ainda sobre esse tema, vale conferir os precedentes no nível do **STJ** segundo os quais o **Estado responde objetivamente** pelo **suicídio** de **preso** ocorrido no **interior** de **estabelecimento prisional**:

- REsp 1549522/RJ, rel. Min. Herman Benjamin, 2ª T., j. 03.09.2015, *DJE* 10.11.2015.
- REsp 1435687/MG, rel. Min. Humberto Martins, 2ª T., j. 07.05.2015, *DJE* 19.05.2015.
- AgRg no Ag 1307100/PR, Rel. Min. Sérgio Kukina, 1ª T., j. 21.10.2014, *DJE* 24.10.2014.
- EDcl no AgRg no REsp 1305259/SC, rel. Min. Mauro Campbell Marques, 2ª T., j. 15.08.2013, *DJE* 22.08.2013.
- REsp 1014520/DF, rel. Min. Francisco Falcão, rel. p/ acórdão Min. Luiz Fux,1ª T., j. 02.06.2009, *DJE* 01.07.2009.
- REsp 780.500/PR, rel. Min. Eliana Calmon, 2ª T., j. 04.09.2007, *DJ* 26.09.2007.

Por fim, cabe destacar a orientação pacificada no nível do **STJ** segundo a qual o **Estado não responde** civilmente **por atos ilícitos praticados** por **foragidos** do **sistema penitenciário**, **salvo** quando os **danos decorrem** direta ou imediatamente do ato de **fuga:**

- AgRg no AREsp 173.291/PR, rel. Min. Castro Meira, 2ª T., j. 07.08.2012, *DJE* 21.08.2012.
- REsp 980.844/RS, rel. Min. Luiz Fux, 1ª T., j. 19.03.2009, *DJE* 22.04.2009.
- REsp 719.738/RS, rel. Min. Teori Albino Zavascki, 1ª T., j. 16.09.2008, *DJE* 22.09.2008.

Essas decisões envolvendo **morte de detentos** que estavam sob a **tutela** do **Estado** demonstram a tendência dos nossos Tribunais à adoção da teoria da **responsabilidade objetiva** com base no **nexo** de **causalidade**, admitindo, ademais, a **invocação** das **excludentes** ou **atenuantes** de **responsabilidade** por força da variante do risco administrativo.

Aliás, oportuno registrar que o fundamento para a caracterização desse nexo de causalidade está na redação do **art. 5º, XLIX, da Constituição Federal**, que obriga o Estado a zelar pela integridade física e moral dos presos.

b) Responsabilidade do Estado em decorrência de atividade policial

Também por se caracterizar como situação comum que de forma reiterada chega aos nossos Tribunais, de rigor a referência a **precedentes** no nível do **STJ** que concluem ser **objetiva** a **responsabilidade** civil do Estado pelas lesões sofridas por **vítima baleada** em razão de **tiroteio** ocorrido entre policiais e assaltantes:

- REsp 1266517/PR, rel. Min. Mauro Campbell Marques, 2ª T., j. 04.12.2012, *DJE* 10.12.2012.
- REsp 1236412/ES, rel. Min. Castro Meira, 2ª T., j. 02.02.2012, *DJE* 17.02.2012.
- REsp 1140025/MG, rel. Min. Eliana Calmon, 2ª T., j. 02.09.2010, *DJE* 22.09.2010.

Essas três decisões consolidam a tendência à **responsabilidade objetiva** do **Estado**, na medida em que relevam a um **plano secundário** a **origem dos disparos** por arma de fogo, considerando apenas a caracterização do nexo causal.

c) Responsabilidade do Estado resultante de caso fortuito / força maior

Em relação a este tema, a **importância** resulta da possibilidade de **utilização**, por parte do réu, da denominada **variante** do **risco administrativo** em razão da configuração de caso fortuito, força maior ou culpa da vítima para **excluir** ou **atenuar** sua **responsabilidade**.

- TJSP, ACív 219.774-1, rel. Des. Barbosa Pereira, j. 05.08.1994.
- TJSP, ACív 97.568-1, rel. Des. Fonseca Tavares, j. 16.08.1989.
- TJSP, ACív 64569-5/2, rel. Des. Torres de Carvalho, j. 22.05.2000.
- *JTJSP* 89/202.
- *RT* 275/319.
- *RT* 455/74.
- TJSP, 9ª Câm. de Direito Público, ACív 79.861-5/SP, rel. Des. Rui Cascaldi, v.u., j. 13.09.2000, *JTJ* 237/69.

Essas decisões mostram comportamentos diferentes de nossos **Tribunais** por força das características diversas apresentadas pelos casos submetidos a sua análise.

Com efeito, na **primeira delas** entendeu-se pela não caracterização de **força maior**, uma vez que o prejuízo foi ocasionado por queda de árvore em vista do estado de deterioração de suas raízes.

Na **segunda decisão**, a **responsabilidade** do Estado, em que pese caracterizada por força de sua omissão no trabalho de desassoreamento de rio, foi **atenuada** em **vista** das **fortes chuvas**.

Por fim, a **terceira decisão** caracteriza hipótese excludente de responsabilidade na medida em que **atribui**, **com exclusividade**, **às fortes** chuvas o **fato causador** do **dano**.

A propósito desse tema, confiram-se ainda as seguintes decisões:

- TJRS, 9ª Câm. Cív., ACív 70012194130, rel. Des. Odone Sanguiné, j. 14.09.2005, *DJU* 27.09.2005.
- TJDF, 4ª T. Cív., ACív 20050150080730, rel. Des. Humberto Adjuto Ulhôa, j. 27.10.2005, *DJU* 06.12.2005, p. 143.
- *RJTJSP* 28/93.

Nestas decisões, com base na **variante do risco administrativo**, **afasta-se** a **responsabilidade** do **Estado** por força da caracterização da **culpa exclusiva** da **vítima**, que deixou de tomar as cautelas devidas para a proteção de seu patrimônio, ou em razão da presença de um índice pluviométrico elevado na região, único responsável pelo dano ocasionado, ou, ainda, por culpa da vítima, ao instalar suas atividades em região sujeita a frequentes inundações.

d) Dano moral

■ TJSP, 8ª Câm. de Direito Público, ACív 049.742-5/2-00/Guarulhos, rel. Des. Paulo Travain, v.u., j. 09.12.1999, *RT* 778/246.

Referido acórdão discutiu a **responsabilidade** do **Estado** em razão de resultado equivocado de **exame laboratorial** fornecido por **ambulatório público** apurando que a autora era possuidora do vírus HIV, o que não restou comprovado posteriormente. Assim, não obstante reconhecer a caracterização do **nexo** de **causalidade**, acabou por acolher parcialmente a medida judicial proposta por entender **não comprovada** a **existência** de **dano material** ao paciente que recebeu o resultado incorreto.

Sem embargo, uma vez caracterizado o fundamento que em tese rende ensejo à responsabilização do Poder Público, concluiu pela **viabilidade** do ingresso de **ação judicial** pleiteando **reparação** por eventuais **danos morais** provocados pelo erro cometido pelo Estado.

e) Colisão com viatura policial

■ TJSP, 9ª Câm. de Direito Público, ACív 071.333-5/2-00/SP, rel. Des. Rui Cascaldi, v.u., j. 09.08.2000, *RT* 783/266.

Referido acórdão discutiu questão relacionada à **responsabilidade** do **Estado** resultante de **acidente** de **trânsito** envolvendo **viatura policial** que, atendendo **situação** de **emergência**, cruzou o farol vermelho com a sirene ligada.

Em vista das características apresentadas, vale dizer, utilização pelo agente público que conduzia a viatura de todas as cautelas necessárias como sirene e por tratar-se de situação de emergência, não vislumbrou o Tribunal de Justiça de São Paulo a possibilidade de sua responsabilização.

f) Erro médico

■ TRF-2ª Região, 2ª T., AP 97.02.17297-7/RJ, rel. Des. Federal Paulo Espírito Santo, v.u., j. 08.09.1999, *RT* 775/402.

Neste julgado discutiu-se a **responsabilidade** do **Estado** em decorrência de **erro médico** praticado em **hospital público que levou paciente operado de apêndice à condição de tetraplégico, surdo e mudo**.

A **conclusão** atingida foi pela responsabilização do Poder Público **com base** na **teoria** da **responsabilidade objetiva**, por força da configuração do nexo de causalidade pela íntima ligação entre a conduta do agente público, no exercício de suas atribuições, e o dano experimentado pelo paciente.

De registrar-se, ainda, que a **responsabilização** do **Estado** restou consolidada por ter o **procedimento** médico se **desenvolvido** em **hospital público**, sendo, outrossim, de nenhuma relevância ter o agente público agido com culpa ou dolo ao causar o dano.

Essa **situação**, infelizmente, **multiplica-se** em nosso país por força das **péssimas condições** de **nossos hospitais**, bem como do sistema de saúde em geral, e também de muitos dos profissionais que atuam nessa área, por força da formação que receberam nos bancos universitários.

Dentro desse contexto, e apenas para efeito de exemplificação, registre-se a situação envolvendo erro médico configurado em **operação de sinusite realizada em hospital público que levou o paciente ao estado de coma**. Nesse sentido:

- TRF-2ª Região, 2ª T., ACív 99.02.20871-1/RJ, rel. Des. Federal Castro Aguiar, v.u., j. 03.05.2000, *RT* 783/445.

Uma vez mais se verifica no caso vertente a aplicação da teoria da **responsabilidade objetiva** do **Estado**, consoante visto no julgado anterior em decorrência de **dano ocasionado** por ato praticado por agente público, em **hospital público**.

De se chamar a atenção para o fato de que o **simples erro médico não** se revela suficiente para a **caracterização** da **responsabilidade** do **Estado**, sendo também necessária a configuração do nexo de causalidade para demonstrar a íntima relação de pertinência entre o fato ocorrido e as consequências dele resultantes.

A título de encerramento deste item, oportuna a referência à **condenação** imposta ao Governo do Estado do Rio de Janeiro, por **danos morais** à família de um **menino de 9 anos, tratado como se tivesse meningite** e posteriormente vindo a óbito quando se descobriu ser ele **na verdade portador de dengue**, proferida em março de 2016 pela 5ª Câmara Cível do TJRJ.

13.4. PONTOS POLÊMICOS

Como visto, o tema ora em discussão, em razão de sua extensão, acaba por gerar entendimentos diversificados tanto em sede doutrinária quanto jurisprudencial, revelando-se oportuna a referência a mais alguns destes itens.

13.4.1. Denunciação da lide

Sobre o assunto, o primeiro ponto a ser abordado refere-se à **possibilidade ou não** de o **Estado**, uma vez acionado pelo particular lesado, **denunciar** à **lide** o **agente responsável** pelo dano.

Essa questão, como alertado anteriormente, longe está de tornar-se pacífica, razão pela qual nos propomos aqui a fixar os **principais pontos** da **controvérsia**, sem prejuízo de emitirmos ao final nossa opinião.

Para autores do porte de Celso Antônio Bandeira de Mello e Hely Lopes Meirelles, a **possibilidade** de **denunciação** da **lide** se revela **inexistente**, tendo em vista que os fundamentos para a responsabilidade do Estado e do agente são diversos, o que, inquestionavelmente, dificultaria o embasamento da futura decisão judicial. São suas estas palavras:

> "Revendo posição anteriormente assumida, estamos em que tem razão Weida Zancaner ao sustentar o descabimento de tal denunciação. Ela implicaria, como disse a citada autora, mesclar-se o tema de uma responsabilidade objetiva — a do Estado — com elementos peculiares à responsabilidade subjetiva — a do funcionário. Procede sua assertiva de que, ademais, haveria prejuízos para o autor, porquanto 'procrastinar o reconhecimento de um legítimo direito da vítima, fazendo com que este dependa da solução de um outro conflito intersubjetivo de interesses (entre o Estado e o funcionário), constitui um retardamento injustificado do direito do lesado, considerando-se que este conflito é estranho ao direito da vítima, não necessário para a efetivação do ressarcimento a que tem a vítima direito'"[7].

> "A reparação do dano causado pela Administração a terceiros obtém-se amigavelmente ou por meio da ação de indenização, e, uma vez indenizada a lesão da vítima, fica a entidade pública com o direito de voltar-se contra o servidor culpado para haver dele o despendido, através da ação regressiva autorizada pelo § 6º do art. 37 da CF.
> O legislador constituinte bem separou as responsabilidades: o Estado indeniza a vítima; o agente indeniza o Estado, regressivamente"[8].

Posição intermediária é aquela assumida por Maria Sylvia Zanella Di Pietro, para quem a **denunciação** da **lide**, em matéria de responsabilidade do Estado, **só terá lugar** naquelas situações em que a **ação proposta** se **baseia** na **culpa** do agente público.

Em contrapartida, quando a ação proposta se fundar na culpa anônima do serviço ou na responsabilidade objetiva, a denunciação da lide não poderá ser utilizada. São suas palavras:

> "Quando se trata de ação fundada na culpa anônima do serviço ou apenas na responsabilidade objetiva decorrente do risco, a denunciação não cabe, porque o denunciante estaria incluindo novo fundamento na ação: a culpa ou dolo do funcionário, não arguida pelo autor;
> Quando se trata de ação fundada na responsabilidade objetiva do Estado, mas com arguição de culpa do agente público, a denunciação da lide é cabível, como também é possível o litisconsórcio facultativo (com citação da pessoa jurídica e de seu agente) ou a propositura da ação diretamente contra o agente público"[9].

De se registrar também que a **Lei n. 8.112/90** (o Estatuto dos Servidores Públicos Federais), em seu **art. 122, § 2º**, parece não admitir a possibilidade de denunciação da lide, como se verifica da redação a seguir:

---

7 MELLO, Celso Antônio Bandeira de. *Curso de direito administrativo*. 11. ed. São Paulo: Malheiros, 1999, p. 692.

8 MEIRELLES, Hely Lopes. *Direito administrativo brasileiro*. 24. ed. São Paulo: Malheiros, 1999, p. 592.

9 DI PIETRO, Maria Sylvia Zanella. *Direito administrativo*. 15. ed. São Paulo: Atlas, 2003, p. 537.

Art. 122. (...)

§ 2º Tratando-se de dano causado a terceiros, responderá o servidor perante a Fazenda Pública, em ação regressiva.

Ainda sobre o tema, oportuno também registrar que os nossos **Tribunais**, longe de pacificarem o entendimento sobre o assunto, acabam por demonstrar uma **tendência** no sentido da **admissão** da **denunciação** da **lide**, como fazem ver os seguintes julgados, todos do STJ:

- "(...) 1. 'Conforme jurisprudência assentada na 1ª Seção desta Corte, no ERESP 313.886/RN, rel. Min. Eliana Calmon, *DJ* 22.03.2004, 'a denunciação da lide ao agente do Estado em ação fundada na responsabilidade prevista no art. 37, § 6º, da CF/1988 não é obrigatória, vez que a primeira relação jurídica funda-se na culpa objetiva e a segunda na culpa subjetiva, fundamento novo não constante da lide originária'' (REsp 537.688/DF, 1ª T., rel. Min. Teori Albino Zavascki, *DJU* 02.05.2005)" (AgRg no Ag. 731148/Ap; AgRg no AgI 2005/0213820-7, rel. Min. Denise Arruda, *DJU* 31.08.2006, p. 220).

- "1. Não é obrigatória a denunciação à lide do agente, nas ações de indenização baseadas na responsabilidade civil objetiva do Estado" (REsp 650190/MG e 2004/0041372-4, rel. Min. Castro Meira, *DJU* 05.04.2006, p. 175).

- "(...) 1. 'A denunciação da lide, como modalidade de intervenção de terceiros, busca aos princípios da economia e da presteza na entrega da prestação jurisdicional, não devendo ser prestigiada quando susceptível de pôr em risco tais princípios' (REsp 43367/SP, 4ª T., rel. Min. Sálvio de Figueiredo Teixeira, *DJU* de 24.6.1996)" (REsp 770.590/BA; REsp 2005/0125548-4, rel. Min. Teori Albino Zavascki, *DJU* 03.04.2006, p. 267).

- "3. A denunciação da lide ao agente do Estado em ação fundada na responsabilidade prevista no art. 37, § 6º, da CF/1988 não é obrigatória, vez que a primeira relação jurídica funda-se na culpa objetiva e a segunda na culpa subjetiva, fundamento novo não constante da lide originária. 4. Não perde o Estado o direito de regresso se não denuncia a lide ao seu preposto (precedentes jurisprudenciais)" (REsp 661696/PR e 2004/0069021-4, rel. Min. Eliana Calmon, *DJU* 10.10.2005, p. 311).

- "1. Não é obrigatória a denunciação à lide de servidor público nas ações de indenização fundadas na responsabilidade civil objetiva do Estado. Precedentes" (REsp 237.180/RN; REsp 1999/0099974-6, rel. Min. João Otávio de Noronha, *DJU* 22.08.2005, p. 184).

- "1. Esta Corte perfilhou entendimento de que não é obrigatória a denunciação à lide do agente, nas ações de indenização baseadas na responsabilidade civil objetiva do Estado, mesmo em casos de acidente de trânsito" (REsp 91.202/SP; REsp 1996/0018740-1, rel. Min. Castro Meira, *DJU* 13.12.2004, p. 268).

- "I — É entendimento assente nesta Corte Superior de que a denunciação à lide do agente causador do dano, em ações de indenização por responsabilidade civil do Estado, não seria obrigatória, permanecendo a possibilidade de a Administração exercer seu direito de regresso, posteriormente, em ação apropriada" (AgRg no Ag. 471590/PR; AgRg no AgI 2002/0114535-3, rel. Min. Francisco Falcão, *DJU* 08.09.2003, p. 225).

> "'A denunciação da lide ao agente do Estado em ação fundada na responsabilidade prevista no art. 37, § 6º, da CF/1988 não é obrigatória, vez que a primeira relação jurídica funda-se na culpa objetiva e a segunda na culpa subjetiva, fundamento novo não constante da lide originária' (REsp 184.571/SP, rel. Min. Eliana Calmon, *DJ* 13.08.2001). A não aceitação da litisdenunciação não impede o exercício do direito de regresso, tendo em vista que a Constituição Federal assegura esse direito ao Estado para que, em ação própria, obtenha o ressarcimento do prejuízo. Recurso especial não conhecido" (REsp 448409/SP; REsp 2002/0089359-1, rel. Min. Franciulli Netto, *DJU* 04.08.2003, p. 269).

Essa **tendência**, sem embargo, verificada no **STJ**, **não elimina** a possibilidade de **decisões** em **sentido contrário**, ficando na dependência das características apresentadas em cada caso concreto. Confira-se:

> "Se a autora não fundou a ação na culpa do agente policial, mas apenas na responsabilidade objetiva do Estado, não nega vigência ao art. 70, III, CPC, o acórdão que indeferiu a denunciação à lide alvitrada pelo réu" (STJ, 2ª T., REsp 55.913/RS, rel. Min. Antônio de Pádua Ribeiro, *DJU* 13.03.1995, *RJTJRS* 171/32).

Apresentadas as **diversas correntes doutrinárias** e **jurisprudenciais**, temos para nós que a melhor **solução** é aquela oferecida pela Professora Maria Sylvia Zanella Di Pietro, que aponta para a possibilidade de denunciação da lide tão somente para aquelas situações em que tanto o agente quanto o Estado respondam com base no mesmo fundamento pelos danos causados.

■ 13.4.2. Ação direta contra o agente

De outra parte, necessário também mencionar a existência de **divergências** quanto à possibilidade de o particular lesado ingressar com a **ação diretamente contra** o **agente** responsável pelo dano causado.

Enquanto **parcela** de nossa **doutrina**, liderada por Hely Lopes Meirelles, **rejeita essa possibilidade** com base na redação oferecida pelo Texto Constitucional, **outra**, encabeçada por Celso Antônio Bandeira de Mello, **admite essa perspectiva**.

Procura o eminente jurista fundamentar sua tese na circunstância de que o dispositivo constitucional não teve sua redação idealizada para a proteção do agente causador do dano, mas sim para atender aos interesses do particular lesado.

Nesse sentido, entende o administrativista que não admitir a perspectiva de o particular lesado escolher contra quem pretende propor ação significaria reduzir substancialmente suas chances, além de proteger de maneira indevida o agente que o causou. São suas palavras:

> "A norma visa a proteger o administrado, oferecendo-lhe um patrimônio solvente e a possibilidade da responsabilidade objetiva em muitos casos. Daí não se segue que haja restringido sua possibilidade de proceder contra quem lhe causou dano. Sendo um dispositivo protetor do administrado, descabe extrair dele restrições ao lesado. A interpretação deve coincidir com o sentido para o qual caminha a norma, ao invés de sacar dela conclusões que caminham na direção inversa, benéfica apenas ao presumido autor do dano. (...)

Daí a conclusão de que o preceptivo é volvido à defesa do administrado e do Estado ou de quem lhe faça as vezes, não se podendo vislumbrar nele intenções salvaguardadoras do agente. A circunstância de haver acautelado os interesses do lesado e dos condenados a indenizar não autoriza concluir que acobertou o agente público, limitando sua responsabilização ao caso de ação regressiva movida pelo Poder Público judicialmente condenado"[10].

■ 13.4.3. Atos legislativos e judiciais

Existe a **possibilidade** de o **Estado responder** por **danos causados** a terceiros em razão de **atos legislativos e judiciais**, sem que se possa cogitar do enfraquecimento da separação entre os Poderes.

Não fosse suficiente a redação oferecida pelo **§ 6º do art. 37**, em especial quanto à utilização da expressão "agentes públicos" — o que por si só estaria abrangendo tanto os Magistrados quanto os agentes políticos —, a própria CF reiterou essa diretriz ao estabelecer no **art. 5º, LXXV**, a responsabilidade do Estado em relação ao condenado por erro judiciário:

> **Art. 5º** (...)
> LXXV — o Estado indenizará o condenado por erro judiciário, assim como o que ficar preso além do tempo fixado na sentença.

Em relação, outrossim, aos **atos legislativos**, temos para nós que a linha de **raciocínio não pode ser outra** no sentido de abrir-se a **possibilidade** de **responsabilização** do **Estado**, desde que, por óbvio, tenha ocorrido o **reconhecimento** da **inconstitucionalidade** da **lei pelo Poder Judiciário**, pela via de ação direta, por gerar **efeitos *erga omnes*** ou pela via de exceção ou defesa, desde que o Senado Federal, acionado pelo STF, imprima à decisão os mesmos efeitos, valendo-se da previsão estabelecida no art. 52, X, da Lei Maior.

■ 13.4.4. Responsabilidade por dano ambiental e nuclear

Não fosse suficiente a redação do **§ 6º do art. 37 da CF** para caracterizar a responsabilidade do Estado para os prejuízos resultantes de **atividades nucleares**, a confirmação surge por meio da redação oferecida pelo **art. 21, XXIII, *d***, como se vê:

> **Art. 21.** Compete à União: (...)
> XXIII — explorar os serviços e instalações nucleares de qualquer natureza e exercer monopólio estatal sobre a pesquisa, a lavra, o enriquecimento e reprocessamento, a industrialização e o comércio de minérios nucleares e seus derivados, atendidos os seguintes princípios e condições: (...)
> *d)* a responsabilidade civil por danos nucleares independe da existência de culpa.

[10] MELLO, Celso Antônio Bandeira de. *Curso de direito administrativo*. 11. ed. São Paulo: Malheiros, 1999, p. 691.

A redação do dispositivo constitucional demonstra claramente que a **responsabilidade** do Estado por danos resultantes de **atividades nucleares** é **objetiva**, ou seja, tem por base a caracterização do nexo de causalidade.

O mesmo se verifica em relação à sua responsabilidade por **danos ambientais**, por força da redação oferecida pelo **art. 225 da CF:**

> **Art. 225.** Todos têm direito ao meio ambiente ecologicamente equilibrado, bem de uso comum do povo e essencial à sadia qualidade de vida, impondo-se ao Poder Público e à coletividade o dever de defendê-lo e preservá-lo para as presentes e futuras gerações.

Embora o dispositivo reproduzido não tenha especificado a forma de responsabilização do Estado por força de danos ambientais, a matéria está pacificada em nossos Tribunais. Nesse sentido:

- TJSP, Ag. 38.159-5, rel. Des. José Santana, j. 06.08.1997.
- TJRO, ACív 97.002524-6, rel. Des. Zelite Andrade Carneiro, j. 20.02.1998.
- TJPR, ACív 16.414, rel. Juiz Airvaldo Stela Alves, j. 07.02.2000.
- TJSP, ACív 5.578-5, rel. Des. Antonio Villen, j. 04.03.1998.

Assim, resulta clara a responsabilidade objetiva do Estado em matéria ambiental, revelando, de igual sorte, a impossibilidade de denunciação da lide ao agente por ele responsável em vista dos regimes diferenciados, com base na redação oferecida pelo **art. 14, § 1º, da Lei n. 6.938/81**, que a seguir se reproduz:

> **Art. 14.** (...)
>
> § 1º Sem obstar a aplicação das penalidades previstas neste artigo, é o poluidor obrigado, **independentemente da existência de culpa**, a indenizar ou reparar os danos causados ao meio ambiente e a terceiros, afetados por sua atividade. O Ministério Público da União e dos Estados terá legitimidade para propor ação de responsabilidade civil e criminal, por danos causados ao meio ambiente.

Destarte, enquanto a responsabilização do Poder Público tem por base o nexo de causalidade, a do agente tem por lastro a caracterização da sua culpa ou dolo.

Por outro lado, cumpre observar que, embora pacífica a **responsabilidade objetiva** do Estado, o **mesmo não se pode dizer em relação ao risco ser integral ou administrativo**, porque objeto de **divergências** entre a doutrina e a jurisprudência, conforme já visto anteriormente dentro deste capítulo.

Sem embargo, não se pode deixar de registrar a existência de opiniões em sentido contrário abraçando a tese da **responsabilidade subjetiva** do Estado em que pese a diretriz do **art. 14, § 1º, da Lei n. 6.938/81**.

Nesse sentido, procuram lastrear a conclusão partindo da premissa de que, em se tratando de omissão praticada pelo Poder Público, a única possibilidade aberta pela Constituição seria a da responsabilidade subjetiva.

Sob esse aspecto, uma legislação ordinária não poderia contrariar a diretriz estabelecida pela Lei Maior, sob pena de subversão de hierarquia de normas jurídicas, pois implicaria interpretar a Constituição à luz da lei, o que não se admitiria.

Nesse contexto, cumpre apenas registrar não ser esse, como visto, o entendimento que tem sido adotado pelos nossos Tribunais.

Assim sendo, importante anotar tese pacificada no nível do **STJ** segundo a qual há **responsabilidade** civil do **Estado** nas hipóteses em que a **omissão** de seu dever de **fiscalizar** for determinante para a concretização ou o agravamento de **danos ambientais**.

- AgRg no REsp 1497096/RJ, rel. Min. Mauro Campbell Marques, 2ª T., j. 15.12.2015, *DJE* 18.12.2015.
- AgRg no REsp 1001780/PR, rel. Min. Teori Albino Zavascki, 1ª T., j. 27.09.2011, *DJE* 04.10.2011.
- REsp 1071741/SP, rel. Min. Herman Benjamin, 2ª T., j. 24.03.2009, *DJE* 16.12.2010.
- REsp 1113789/SP, rel. Min. Castro Meira, 2ª T., j. 16.06.2009, *DJE* 29.06.2009.

13.4.5. Responsabilidade por danos resultantes de atentados terroristas

A abertura de um tópico específico para cuidar dessa hipótese justifica-se por tratar-se, talvez, da única a comportar, de modo inquestionável, a **modalidade** de **risco integral por força de expressa disposição legal**.

Com efeito, a matéria está disciplinada na **Lei n. 10.744/2003**, que dispõe sobre a assunção, pela União, de **responsabilidades civis perante terceiros no caso de atentados terroristas, atos de guerra ou eventos correlatos, contra aeronaves de matrícula brasileira** operadas por empresas brasileiras de transporte aéreo público, excluídas as empresas de táxi aéreo.

A questão do risco integral é explicitada nos termos do art. 1º:

> **Art. 1º** Fica a União autorizada, na forma e critérios estabelecidos pelo Poder Executivo, a assumir despesas de responsabilidades civis perante terceiros na hipótese da ocorrência de danos a bens e pessoas, passageiros ou não, provocados por atentados terroristas, atos de guerra ou eventos correlatos, ocorridos no Brasil ou no exterior, contra aeronaves de matrícula brasileira operadas por empresas brasileiras de transporte aéreo público, excluídas as empresas de táxi aéreo.

Nesse contexto, para dissipar quaisquer dúvidas que possam impedir a assunção dessa responsabilidade pela União, o legislador houve por bem definir alguns **conceitos importantes**, consoante se verifica nos **§§ 3º, 4º e 5º** do **art. 1º** citado:

> **Art. 1º** (...)
>
> § 3º Entende-se por **atos de guerra** qualquer guerra, invasão, atos inimigos estrangeiros, hostilidades com ou sem guerra declarada, guerra civil, rebelião, revolução, insurreição, lei marcial, poder militar ou usurpado ou tentativas para usurpação do poder.
>
> § 4º Entende-se por **ato terrorista** qualquer ato de uma ou mais pessoas, sendo ou não agentes de um poder soberano, com fins políticos ou terroristas, seja a perda ou dano dele resultante acidental ou intencional.

> § 5º Os **eventos correlatos**, a que se refere o *caput* deste artigo, incluem greves, tumultos, comoções civis, distúrbios trabalhistas, ato malicioso, ato de sabotagem, confisco, nacionalização, apreensão, sujeição, detenção, apropriação, sequestro ou qualquer apreensão ilegal ou exercício indevido de controle da aeronave ou da tripulação em voo por parte de qualquer pessoa ou pessoas a bordo da aeronave sem consentimento do explorador.

Por fim, cumpre anotar que a **responsabilidade para atestar a legitimidade dessas despesas** foi entregue para o **Ministro** de Estado da **Defesa**, nos termos do **art. 3º:**

> **Art. 3º** Caberá ao Ministro de Estado da Defesa, ouvidos os órgãos competentes, atestar que a despesa a que se refere o art. 1º desta Lei ocorreu em virtude de atentados terroristas, atos de guerra ou eventos correlatos.

■ 13.4.6. Notários

A questão relativa à **responsabilidade do Estado** acerca dos **atos praticados pelos notários** demanda uma análise do perfil constitucional e legal atribuído a esse tema, a começar pela transcrição do **art. 236 da Lei Maior:**

> **Art. 236.** Os serviços notariais e de registro são exercidos em caráter privado, por delegação do Poder Público.
>
> § 1º Lei regulará as atividades, disciplinará a responsabilidade civil e criminal dos notários, dos oficiais de registro e de seus prepostos, e definirá a fiscalização de seus atos pelo Poder Judiciário.
>
> § 2º Lei federal estabelecerá normas gerais para fixação de emolumentos relativos aos atos praticados pelos serviços notariais e de registro.
>
> § 3º O ingresso na atividade notarial e de registro depende de concurso público de provas e títulos, não se permitindo que qualquer serventia fique vaga, sem abertura de concurso de provimento ou de remoção, por mais de seis meses.

A leitura do dispositivo reproduzido deixa entrever que a **atividade notarial** retrata **modalidade** de **serviço público** cuja **titularidade**, portanto, fica reservada à **Administração** que, no entanto, **por delegação**, **transfere-a** para **particulares** que vão exercê-la em caráter privado.

Outrossim, em que pese o § 3º preconizar o ingresso por meio de concurso público, não se vislumbra **nenhuma referência** acerca da **titularização** de **cargos públicos**, o que **exclui** os **notários** do **conceito** de **servidor público**, pelo menos em sentido estrito.

Em outras palavras, os notários, ainda que considerados servidores públicos em sentido amplo, não poderiam, por exercerem atividades em caráter privado, por delegação do Poder Público, titularizar cargos em caráter efetivo.

De se registrar, ainda, que a **jurisprudência** do **STF** tem os **serviços notariais** e de registro como **espécie** de **serviço público**.

Nesse contexto, cumpre observar que, em **2005**, o **STF** mudou sua orientação a respeito desse tema por ocasião do julgamento da **ADI 2.602**, proposta pela **Anoreg**, a qual buscava o reconhecimento da inconstitucionalidade de norma editada pelo Poder Judiciário de Minas Gerais que determinava a aposentadoria compulsória de notários e registradores das serventias extrajudiciais.

Por maioria, os Ministros julgaram procedente a ADI, destacando-se, nesse particular, o voto proferido pelo Ministro Carlos Britto, por suas importantes considerações acerca da natureza dessa atividade:

> "I — serviços notariais e de registro são atividades próprias do Poder Público, pela clara razão de que, se não o fossem, nenhum sentido haveria para a remissão que a Lei Maior expressamente faz ao instituto da delegação a pessoas privadas. É dizer: atividades de senhorio público, por certo, porém obrigatoriamente exercidas em caráter privado (CF, art. 236, *caput*). Não facultativamente, como se dá, agora sim, com a prestação dos serviços públicos, desde que a opção pela via privada (que é uma via indireta) se dê por força de lei de cada pessoa federada que titularize tais serviços;
>
> II — cuida-se de atividades jurídicas do Estado, e não de atividades simplesmente materiais, cuja prestação é traspassada para os particulares mediante delegação (já foi assinalado). Não por conduto dos mecanismos da concessão ou da permissão, normados pelo *caput* do art. 175 da Constituição como instrumentos contratuais de privatização do exercício dessa atividade material (não propriamente jurídica) em que se constituem os serviços públicos".

Mais adiante, o eminente Ministro arremata sua linha de raciocínio acerca da natureza jurídica da atividade notarial nos seguintes termos:

> "Numa frase, então, serviços notariais e de registro são típicas atividades estatais, mas não são serviços públicos, propriamente. Categorizam-se como atividade jurídica *stricto sensu*, assemelhadamente às atividades jurisdicionais. E como função pública *lato sensu*, a exemplo das funções de legislação, diplomacia, defesa nacional, segurança pública, trânsito, controle externo e tantos outros cometimentos que, nem por ser de exclusivo domínio estatal, passam a se confundir com serviço público. (...)
>
> Enfim, as marcantes diferenciações pululam a partir do próprio texto da Magna Carta Federal, permitindo-nos a serena enunciação de que as atividades notariais e de registro nem se traduzem em serviços públicos nem tampouco em cargos públicos efetivos".

Nesse contexto, diante desse precioso aporte jurisprudencial, surge agora a questão da **responsabilidade pelos atos praticados no exercício dessa atividade**, que foi delineada no **§ 1º**, o qual, por seu turno, acabou por transferi-la para o legislador ordinário.

Nesse sentido, foi editada a **Lei n. 8.935/94**, que **regulamentou** o **art. 236 da CF, dispondo sobre serviços notariais e de registro**, da qual destacamos os dispositivos que fazem referência à questão da responsabilidade:

> **Art. 22.** Os notários e oficiais de registro responderão pelos danos que eles e seus prepostos causem a terceiros, na prática de atos próprios da serventia, assegurado aos primeiros direito de regresso no caso de dolo ou culpa dos prepostos.

> **Art. 23.** A responsabilidade civil independe da criminal.
>
> **Art. 24.** A responsabilidade criminal será individualizada, aplicando-se, no que couber, a legislação relativa aos crimes contra a administração pública.
>
> Parágrafo único. A individualização prevista no *caput* não exime os notários e os oficiais de registro de sua responsabilidade civil.

A leitura desses dispositivos legais permite concluir que os **notários** e **oficiais** de **registro responderão** por **atos praticados pelos seus prepostos** que causem danos a terceiros e por sua vez, em razão da natureza dessa atividade, **possível** a **responsabilização** do **Estado**, não sendo outra a posição adotada pela nossa **jurisprudência**. Nesse sentido:

- RE 209.354-AgRg, rel. Min. Carlos Velloso, *DJU* 16.04.1999.
- ADIn 1.378-MC, rel. Min. Celso de Mello, *DJU* 30.05.1997.
- RE 201.595, rel. Min. Marco Aurélio, *DJU* 20.04.2001.
- RE 212.724, rel. Min. Maurício Corrêa, *DJU* 06.08.1999.
- STJ, 2ª T., REsp 439.465/MS, rel. Min. Paulo Medina, v.u., j. 15.10.2002, *DJU* 09.12.2002.

Nesse sentido, cumpre registrar que os inúmeros posicionamentos verificados sobre este tema perderam fôlego a partir da **edição** da **Lei federal n. 13.286**, em **10 de maio de 2016**, que, **dispondo** sobre a **responsabilidade civil de notários e registradores**, alterou a redação do art. 22 da Lei n. 8.935/94, nos seguintes termos:

> **Art. 22.** Os notários e oficiais de registro são civilmente responsáveis por todos os prejuízos que causarem a terceiros, por culpa ou dolo, pessoalmente, pelos substitutos que designarem ou escreventes que autorizarem, assegurado o direito de regresso.

Percebe-se do dispositivo legal reproduzido a **pacificação** do **entendimento**, pelo menos ao **nível legislativo**, quanto à possibilidade de **responsabilização** dos **notários** e **oficiais de registro**, de **forma subjetiva**, estendendo-se tanto para aquelas situações que o dano foi por eles causado quanto para aquelas em que o prejuízo resultou de atos de seus substitutos ou escreventes.

Outrossim, o mesmo diploma legal estipulou a **prescrição** para pretensão de **reparação civil** em **3 anos contados a partir da lavratura do ato registral ou notarial**, a teor do disposto no parágrafo único:

> **Art. 22.** (...)
>
> Parágrafo único. Prescreve em três anos a pretensão de reparação civil, contado o prazo da data de lavratura do ato registral ou notarial.

Ainda que prevaleçam dúvidas acerca da **constitucionalidade** dessa **lei, por implicar atribuir um perfil diferenciado de responsabilidade a essa categoria de agentes públicos**, enquanto não advier qualquer manifestação do Poder Judiciário, com efeito *erga omnes,* a conclusão que se apresenta em relação a este item é aquela que resulta da expressa previsão legal, dotada que é de presunção de legitimidade.

Sem embargo, importante anotar que, mesmo diante do perfil legal atribuído ao tema, essa diretriz legal, extremamente prejudicial ao usuário do serviço, não inibe a **possibilidade** de **utilização, pelo juiz, diante de características apresentadas diante do caso concreto, de inverter o ônus da prova**, a teor do disposto no **art. 373, § 1º, do CPC:**

> **Art. 373.** O ônus da prova incumbe:
>
> I — ao autor, quanto ao fato constitutivo de seu direito;
>
> II — ao réu, quanto à existência de fato impeditivo, modificativo ou extintivo do direito do autor.
>
> **§ 1º Nos casos previstos em lei ou diante de peculiaridades da causa relacionadas à impossibilidade ou à excessiva dificuldade de cumprir o encargo nos termos do *caput* ou à maior facilidade de obtenção da prova do fato contrário, poderá o juiz atribuir o ônus da prova de modo diverso, desde que o faça por decisão fundamentada, caso em que deverá dar à parte a oportunidade de se desincumbir do ônus que lhe foi atribuído.**
>
> § 2º A decisão prevista no § 1º deste artigo não pode gerar situação em que a desincumbência do encargo pela parte seja impossível ou excessivamente difícil.

Por derradeiro, cabe enfrentar a questão relacionada à **responsabilidade** do **Estado** por **danos resultantes** de **atividade notarial**, visualizando-se **divergências** tanto no nível doutrinário quanto jurisprudencial entre consagrar sua **responsabilidade direta ou** sua responsabilidade **subsidiária**.

Nesse sentido, sobreleva notar que a matéria poderá ter uma solução definitiva em breve data, quando o **STF** pautar o julgamento do mérito do **Recurso Extraordinário n. 842.846**, relator o Ministro Luiz Fux, cuja repercussão geral já foi reconhecida em 17 de novembro de **2014**.

> "Recurso extraordinário. Administrativo. Dano material. Omissões e atos danosas de tabeliães e registradores. Atividade delegada. Art. 236 da Constituição da República. Responsabilidade do tabelião e do oficial de registro. Responsabilidade civil do Estado. Caráter primário, solidário ou subsidiário da responsabilidade estatal. Responsabilidade objetiva ou subjetiva. Controvérsia. Art. 37, § 6º, da CRFB/88. Repercussão geral reconhecida."

Percebe-se da ementa reproduzida que, ao enfrentar o mérito desse recurso, a **Suprema Corte deverá apontar** não só o **perfil** da **responsabilidade** dos **notários**, confirmando ou não a diretriz fixada pela Lei n. 13.286/2016, **como também** se a **responsabilidade** do **Estado** será **direta ou subsidiária**.

DENUNCIAÇÃO DA LIDE	Divergência doutrinária e jurisprudencial, alguns admitindo, outros não, e ainda a posição intermediária, a depender do fundamento utilizado na ação proposta: se com base em culpa ou dolo, SIM; se com base em nexo causal, NÃO.
AÇÃO DIRETA CONTRA O AGENTE	Divergência doutrinária e jurisprudencial, alguns admitindo, outros não, em razão da previsão estabelecida no art. 37, § 6º, da CF, que estabelece a propositura da ação em face da pessoa jurídica e ação de regresso contra o agente na hipótese de condenação.

ATOS LEGISLATIVOS E JUDICIAIS	Possível sem que implique afronta ao princípio da separação dos Poderes. Na hipótese de atos legislativos, desde que baseada no reconhecimento de sua inconstitucionalidade, por decisão judicial com trânsito em julgado e com efeito *erga omnes*. Na hipótese de atos judiciais, não só por força do enquadramento dos juízes na condição de agentes públicos (art. 37, § 6º), mas também por erro judicial (art. 5º, LXXV).
RESPONSABILIDADE POR DANO AMBIENTAL E NUCLEAR	Possível. Quanto ao dano nuclear na forma prevista pelo art. 21, XXIII, *d*: objetiva na variante do risco administrativo, em que pesem precedentes do STJ apontando para o risco integral com base na Lei n. 6.453/77. Quanto ao dano ambiental, o mesmo raciocínio se impõe, com precedente do STJ para a variante do risco integral com base na Lei n. 6.938/81, art. 14, § 1º.
RESPONSABILIDADE POR DANOS RESULTANTES DE ATENTADOS TERRORISTAS	Possível, sendo objetiva na variante do risco integral por força do disposto na Lei n. 10.744/2003.
NOTÁRIOS	Possível, na forma prevista pela Lei n. 13.286/2016, vale dizer, subjetiva. Importante anotar a possibilidade atribuída aos juízes, pelo CPC, em seu art. 737, § 1º, de inversão do ônus da prova. Por fim, quanto à responsabilidade do Estado, prevalece divergência jurisprudencial quanto a ser ela direta ou subsidiária, aguardando-se julgamento do mérito do RE 842846, de 2014, com repercussão geral reconhecida.

■ 13.5. QUADRO SINÓTICO

RESPONSABILIDADE DO ESTADO	
DEFINIÇÃO	Obrigação atribuída ao Poder Público de ressarcir os danos causados a terceiros, pelos seus agentes, quando no exercício de suas atribuições.
Requisitos	
DANO CERTO	É o dano real, existente, não podendo o Estado ser acionado em razão de danos virtuais.
DANO ESPECIAL	É o que se contrapõe à noção de dano geral, vale dizer, aquele que atinge a coletividade como um todo, devendo, pois, ser individualizado.
DANO ANORMAL	É aquele que ultrapassa os problemas, as dificuldades da vida comum em sociedade, causando esses prejuízos atípicos.
AGENTES PÚBLICOS	Esta expressão abrange todas as pessoas que estão dentro da estrutura da Administração Pública. **Espécies:** **1. Agentes políticos:** aqueles que formam a vontade superior do Estado, sem com ele manter uma relação profissional. **2. Servidores públicos:** **a) Funcionários públicos:** os que titularizam cargos. **b) Empregados públicos:** os que titularizam empregos públicos. **c) Temporários:** contratados por prazo determinado com base na previsão contida no art. 37, IX, da CF. **3. Particulares em colaboração com o Estado:** aqueles que, embora não estejam dentro da estrutura administrativa, acabam integrando este conceito em razão da prestação temporária de serviços públicos.
NESTA QUALIDADE	O Estado só poderá ser acionado para ressarcimento dos danos provocados por agentes públicos, mas somente quando no exercício de suas atribuições, e não atuando como um simples particular.

<table>
<tr><th colspan="2">Evolução histórica</th></tr>
<tr><td>FASE DA IRRESPONSABILIDADE</td><td>O Poder Público não respondia por quaisquer tipos de prejuízos causados a terceiros.
Esse período é caracterizado pela frase "The King can do no wrong" (O Rei não pode errar).</td></tr>
<tr><td>RESPONSABILIDADE SUBJETIVA</td><td>O Estado, que até então não respondia pelos prejuízos causados a terceiros, passa a responder com base no conceito de culpa.
Uma culpa anônima, pois, recaindo não sobre um agente em especial, mas sobre o serviço que resultou no dano, porque:
■ não funcionou;
■ funcionou tardiamente;
■ funcionou de maneira defeituosa.
Este período é marcado por uma frase resultante de decisões proferidas pelo Conselho de Estado na França: faute du service (culpa do serviço).
Geralmente utilizada quando o dano é resultante de omissões praticadas pelo Poder Público.</td></tr>
<tr><td>RESPONSABILIDADE OBJETIVA</td><td>O Estado, que anteriormente respondia com base no conceito de culpa, continua a responder, só que agora com base no conceito de "nexo de causalidade".
O denominado nexo causal representa a relação de causa e efeito existente entre o fato ocorrido e as consequências dele resultantes.
Exemplos:
■ perda de um carro levado por uma forte inundação;
■ perda de uma casa em razão de enchentes;
■ perda de um parente em razão de uma transfusão de sangue mal realizada em hospital público;
■ perda de um familiar durante uma rebelião ou mesmo como resultado de briga entre detentos.</td></tr>
<tr><td>VARIANTES</td><td>1. Risco integral: o Estado responde por qualquer prejuízo causado a terceiros, ainda que não tenha sido o responsável por ele.
■ Impossibilidade de invocar em sua defesa as chamadas "excludentes" ou "atenuantes" de responsabilidade.
2. Risco administrativo: o Estado só responde por prejuízos que tiver ocasionado a terceiros.
■ Assim, uma vez acionado, poderá invocar em sua defesa as chamadas excludentes ou atenuantes de responsabilidade (caso fortuito, força maior e culpa da vítima).</td></tr>
<tr><th colspan="2">Responsabilidade do Estado no Brasil</th></tr>
<tr><td>PERFIL ATUAL</td><td>Responsabilidade objetiva na variante do risco administrativo (CF, art. 37, § 6º).</td></tr>
<tr><th colspan="2">Pontos polêmicos</th></tr>
<tr><td>TIPO</td><td>Alguns admitem responsabilidade subjetiva quando o dano for resultante de omissões do Poder Público.</td></tr>
<tr><td>VARIANTE</td><td>Alguns admitem a variante do risco integral nas hipóteses de:
a) atentado terrorista (Lei n. 10.744/2003);
b) dano nuclear;
c) dano ambiental.</td></tr>
<tr><td>DENUNCIAÇÃO DA LIDE</td><td>Tem-se admitido quando os fundamentos para a responsabilização do Estado e do agente forem os mesmos.</td></tr>
</table>

AÇÃO DIRETA CONTRA O AGENTE	Alguns admitem essa possibilidade para a facilitação da tarefa de quem experimentou o dano.
PRESCRIÇÃO	Divergência doutrinária e jurisprudencial: ■ 3 anos. Fundamento: CC, art. 206, § 3º, V. ■ 5 anos. Fundamento: Decreto n. 20.910/32 e REsp 969.613.
NOTÁRIOS	Responsabilidade objetiva (CF, art. 236, c/c a Lei n. 8.935/94, art. 22; STF, ADIn 2.602/2005).

■ 13.6. SÚMULAS SOBRE RESPONSABILIDADE DO ESTADO

■ 13.6.1. Súmula vinculante

11. Só é lícito o uso de algemas em casos de resistência e de fundado receio de fuga ou de perigo à integridade física própria ou alheia, por parte do preso ou de terceiros, justificada a excepcionalidade por escrito, sob pena de responsabilidade disciplinar, civil e penal do agente ou da autoridade e de nulidade da prisão ou do ato processual a que se refere, sem prejuízo da responsabilidade civil do Estado.

■ 13.6.2. Súmulas do STJ

37. São cumuláveis as indenizações por dano material e dano moral oriundos do mesmo fato.

39. Prescreve em vinte anos a ação para haver indenização, por responsabilidade civil, de sociedade de economia mista.

■ 13.7. QUESTÕES

1. (Juiz de Direito Substituto — TJ-RS — FAURGS — 2016) Sobre a responsabilidade civil tratada no parágrafo sexto do artigo 37 da Constituição Federal, assinale a alternativa correta.

a) As pessoas jurídicas com personalidade de direito privado prestadoras de serviços públicos, por terem natureza jurídica privada, não respondem por danos causados por seus empregados nessa atividade segundo a norma constante do parágrafo sexto do artigo 37 da Constituição Federal.

b) A responsabilidade civil prevista no parágrafo sexto do artigo 37 da Constituição Federal é aplicável somente às pessoas jurídicas de direito público que exercem as atividades da administração pública direta.

c) As pessoas jurídicas de direito público e as de direito privado prestadoras de serviços públicos responderão pelos danos que seus agentes, nessa qualidade, causarem a terceiros, sendo assegurado o direito de regresso contra o responsável nos casos de dolo ou culpa.

d) Os danos causados a terceiros que impliquem em responsabilidade civil prevista no parágrafo sexto do artigo 37 da Constituição Federal limitam-se aos danos pessoais quando acarretados exclusivamente pelos agentes públicos, nessa qualidade e ocupantes efetivos de cargos públicos do Poder Executivo.

e) O direito de regresso contra o responsável, em caso de responsabilidade civil prevista no parágrafo sexto do artigo 37 da Constituição Federal, é assegurado somente em caso de dolo, excluída a culpa.

2. (Juiz Substituto — TJ-PR — CESPE — 2017) O art. 58 da Lei n. 8.666/1993 prevê que o regime jurídico dos contratos administrativos por ela instituído confere à administração a prerrogativa de prever cláusulas exorbitantes. Ocorre que alguns contratos celebrados pela administração apenas incidem ou podem incidir parcialmente em cláusulas exorbitantes, pois são regidos predominantemente por normas de direito privado. Nesse sentido, assinale a opção que apresenta contrato cele-

brado pela administração, regido por normas do direito público, e pelas disposições do citado art. 58, independentemente de compatibilidade com as regras contratuais do direito privado.

a) contrato de locação em que o poder público seja locatário
b) contrato de seguro
c) contrato de financiamento
d) contrato de prestação de serviço técnico profissional de fiscalização de obras e serviços

3. (Advogado — Prefeitura de Natal-RN — IDECAN — 2016) Para a doutrina e jurisprudência dominantes, a Responsabilidade Civil do Estado é subjetiva quando:

a) Houver dano ambiental.
b) A sua conduta for omissiva.
c) A sua conduta for comissiva.
d) For o caso de danos nucleares.

4. (Juiz — TJ-DFT — CESPE — 2016) Uma pessoa absolutamente incapaz foi internada em hospital psiquiátrico integrante da administração pública estadual, para tratamento de grave doença psiquiátrica. Um mês depois da internação, durante o período noturno, foi constatado que essa pessoa faleceu, após cometer suicídio nas dependências do hospital.

Com base nessa situação hipotética e nos elementos da responsabilidade civil por danos a terceiros, assinale a opção correta.

a) Caso os servidores do hospital estivessem em greve, sendo mantido o percentual necessário para a continuidade do serviço público, e o servidor responsável pela fiscalização do quarto do paciente tivesse aderido ao movimento paredista, este agente público responderá pelo dano causado aos familiares do interno.
b) O estado poderá ser acionado e condenado a ressarcir os danos morais causados aos genitores do interno, já que tinha o dever de garantir a vida e a saúde do paciente, respondendo objetivamente pelas circunstâncias do óbito.
c) O estado não tem obrigação de indenizar danos causados a terceiros, diante da inexistência de risco da atividade exercida e de nexo de causalidade entre a conduta omissiva estatal e o dano sofrido pelos familiares do interno.
d) Os pais do interno, para ingressar com demanda indenizatória em desfavor do estado, devem provar o dano moral sofrido, demonstrando a existência de sofrimento em decorrência do falecimento do filho.
e) A obrigação do estado de indenizar é afastada se invocada a reserva do possível, caso fique demonstrado que a verba disponível em orçamento somente permitia a manutenção de um terço dos servidores necessários ao funcionamento do hospital.

5. (Procurador Autárquico — DER-CE — UECE-CEV — 2016) No que diz respeito à previsão constitucional da responsabilidade civil da Administração Pública, assinale a afirmação correta.

a) Somente as pessoas jurídicas de direito público responderão pelos danos que seus agentes, nessa qualidade, causarem a terceiros, assegurado o direito de regresso contra o responsável nos casos de dolo ou culpa.
b) Somente as pessoas jurídicas de direito privado prestadoras de serviços públicos responderão pelos danos que seus agentes, nessa qualidade, causarem a terceiros, assegurado o direito de regresso contra o responsável nos casos de dolo ou culpa.
c) As pessoas jurídicas de direito público e as de direito privado prestadoras de serviços públicos responderão pelos danos que seus agentes, nessa qualidade, causarem a terceiros, assegurado o direito de regresso contra o responsável nos casos de dolo ou culpa.
d) As pessoas jurídicas de direito público e as de direito privado responderão pelos danos que seus agentes, nessa qualidade, causarem a terceiros, assegurado o direito de regresso contra o responsável nos casos de dolo ou culpa.

6. (Técnico Judiciário — Área Administrativa — TRE-BA — CESPE — 2017) Maria, professora de escola da rede pública, recebeu de um aluno ameaças de agressão e, mais de uma vez, avisou à direção da escola, que se manteve inerte. Com a consumação das agressões pelo aluno, a professora ajuizou ação indenizatória contra o Estado.

A respeito dessa situação hipotética e de aspectos legais a ela pertinentes, assinale a opção correta.

a) A responsabilidade civil por conduta omissiva independe da demonstração do nexo de causalidade.

b) A ação deverá ser julgada improcedente, haja vista que o Estado só responde por atos comissivos.
c) A ação deverá ser julgada improcedente, tendo em vista que o causador do dano não é agente estatal.
d) A responsabilidade do Estado derivou do descumprimento do dever legal, a ele atribuído, de impedir a consumação do dano.
e) As condutas omissivas do Estado que causem danos a terceiros invariavelmente dão ensejo à responsabilidade civil.

7. (Juiz Federal Substituto — TRF-3ª Região — 2016) Dadas as assertivas abaixo, assinale a alternativa correta.

a) As empresas públicas, pessoas jurídicas de direito privado, são submetidas à responsabilidade civil objetiva, independentemente de seu objeto.
b) A pessoa jurídica prestadora de serviços públicos se sujeita à responsabilidade civil objetiva, ainda que estes sejam prestados por concessionárias e permissionárias e ainda que o dano seja causado a usuário ou terceiro.
c) A responsabilidade civil por danos nucleares é integral, podendo ser afastada em casos extremos de força maior.
d) Segundo precedentes do STJ, o roubo em face do Estado, mediante uso de arma de fogo, é fato de terceiro que, em regra, não é equiparável à força maior, razão pela qual não afasta a responsabilidade objetiva do Estado, caso verificados danos a terceiros.

8. (Juiz Federal Substituto — TRT-3ª Região — 2016) Dadas as assertivas abaixo, assinale a alternativa incorreta.

a) Em regra, em casos de suicídio de preso dentro do estabelecimento prisional, embora configurada responsabilidade objetiva do Estado, não há dever de indenizar já que o dano decorre de culpa exclusiva da vítima.
b) A responsabilidade por danos ao meio ambiente, decorrentes da atividade ou do empreendimento, independe da demonstração da ilicitude do ato.
c) A violência praticada por aluno em face de outro aluno dentro de escola pública é hipótese que implica responsabilidade objetiva do Estado e seu respectivo dever de indenizar.
d) Doutrina e jurisprudência divergem sobre a possibilidade de acionamento do servidor público diretamente pelo terceiro prejudicado (*per saltum*), havendo precedentes das Cortes Superiores em ambos os sentidos.

9. (Juiz Substituto — TJ-RJ — VUNESP — 2016) Considere a seguinte situação hipotética. Integrantes de movimento popular invadiram imóvel rural pertencente à empresa X, localizada no Município São Fidélis, Estado do Rio de Janeiro. Os integrantes do movimento permaneceram no local, embora a empresa X tenha tomado todas as providências judiciais cabíveis a fim de obter a reintegração de posse, até mesmo com pedido de intervenção federal deferido pelo Tribunal de Justiça do Estado do Rio de Janeiro, em virtude do descumprimento, por parte da Polícia Militar Estadual, de requisição de força policial, judicialmente determinada. Decide a Empresa X ajuizar ação de indenização em face do Estado do Rio de Janeiro.

A respeito deste caso, é correto afirmar que

a) é possível julgar a ação procedente, com a condenação do Estado do Rio de Janeiro, pela atual adoção da teoria do risco social, segundo a qual o foco da responsabilidade civil é a vítima, e não o autor do dano, de modo que a reparação estaria a cargo de toda a coletividade, dando ensejo ao que se denomina de socialização dos riscos.
b) a ação indenizatória poderá ser julgada procedente para imputar ao Estado a responsabilidade pelos danos causados pela ação coletiva de terceiros, desde que comprovada a omissão culposa do Poder Público, como ocorreu no caso em tela.
c) não poderá ser julgada procedente a ação proposta pela Empresa X, tendo em vista que desde a Constituição de 1946, o Brasil adota a teoria do risco administrativo, cabendo indenização por danos aos quais os agentes públicos tiverem dado causa por ação dolosa.
d) cabe o julgamento pela procedência da demanda da Empresa X, em razão da adoção da teoria do risco integral no ordenamento jurídico brasileiro, sendo dispensável o estabelecimento de liame entre a conduta do Poder Público e o resultado danoso causado.

e) é necessário que seja decretada a improcedência da demanda, pois o Estado-Membro, no caso, o Rio de Janeiro, não pode ser responsabilizado pela ausência de força policial para reintegração, já que o ato antecedente, de realizar a reforma agrária, era de competência da União.

10. (Analista Judiciário — Área Administrativa — TRE-BA — CESPE — 2017) Em caso de acidente de trânsito que envolva automóvel particular e veículo pertencente à administração pública, a comprovação de culpa exclusiva do particular pelos danos causados caracteriza

a) causa excludente da responsabilidade civil do Estado.
b) motivo para a responsabilização do Estado pelos prejuízos, em decorrência das teorias civilistas.
c) causa atenuante da responsabilidade civil do Estado.
d) motivo para que nenhuma das partes envolvidas seja responsabilizada, por se tratar de caso fortuito.
e) motivo para a responsabilização do Estado pelos prejuízos, em decorrência da responsabilidade objetiva.

■ GABARITO ■

1. "c".
2. "d".
3. "b".
4. "b".
5. "c".
6. "d".
7. "b".
8. "a".
9. "b".
10. "a".

14

SERVIDORES PÚBLICOS

■ 14.1. NOÇÕES GERAIS

Primeiramente, cumpre observar que a **expressão *servidores públicos* acaba restringindo**, por demais, o **universo** de **pessoas** localizadas **dentro** da **Administração** Pública, por excluir, como visto, diversas categorias da sua incidência.

Assim, acompanhando a classificação proposta por Celso Antônio Bandeira de Mello, a **expressão** mais **adequada** seria **"agentes públicos", que**, na classificação sugerida pelo administrativista, **abrange: agentes políticos e servidores públicos, subdivididos em: funcionários públicos (os que titularizam cargos públicos), empregados públicos (os que titularizam empregos públicos) e os contratados em caráter temporário**, na forma do **art. 37, IX, da CF:**

> **Art. 37.** (...)
>
> IX — a lei estabelecerá os casos de contratação por tempo determinado para atender a necessidade temporária de excepcional interesse público.

A **expressão *agentes públicos*** também **inclui** os **particulares** em **colaboração com** o **Estado**, vale dizer, aqueles que, mesmo não ocupando cargos ou empregos na estrutura da Administração Pública, incluem-se na categoria de agentes, por estarem, ainda que em caráter transitório, exercendo serviços públicos.

A **competência para legislar** sobre essa matéria **pertence** às **quatro pessoas integrantes da nossa Federação**, cada qual, por óbvio, no campo de atuação que lhe foi reservado pela Constituição.

Não se pode deixar de mencionar que essas **competências não são ilimitadas**, mas, ao contrário, **deverão obedecer** às **diretrizes impostas** pela **Constituição Federal**, em particular aos princípios relacionados no *caput* do art. 37.

Essas **limitações não impedem** o **legislador infraconstitucional** de **inovar em relação ao Texto Maior**, desde que não afronte as diretrizes ali afixadas.

Assim, na **legislação infraconstitucional** encontramos **situações não previstas na Constituição** Federal, **como** as **vantagens e os deveres atribuídos aos servidores públicos, sem que esse fato represente alguma sorte de inconstitucionalidade**.

Estabelecidos os contornos gerais que balizarão este capítulo, passaremos em revista os principais itens a ele relacionados na Constituição Federal, a começar pelo ingresso na estrutura de cargos e empregos na Administração Pública.

Para melhor visualização do que foi dito, veja-se o quadro a seguir:

AGENTES PÚBLICOS	Expressão que abrange: agentes políticos e servidores públicos, subdivididos estes em: funcionários públicos (os que titularizam cargos públicos), empregados públicos (os que titularizam empregos públicos), os contratados em caráter temporário, na forma do art. 37, IX, da CF, e os particulares em colaboração com o Estado
COMPETÊNCIA PARA LEGISLAR	Pertence às quatro pessoas integrantes da nossa Federação, cada qual, por óbvio, no campo de atuação que lhe foi reservado pela Constituição

■ 14.2. LEGITIMIDADE PARA INGRESSO

Nesse contexto, o primeiro aspecto importante a ser considerado diz respeito àquelas **pessoas que podem ter acesso** à estrutura de **cargos** e **empregos** da Administração Pública.

A redação oferecida pela EC n. 19/98, no **art. 37, I,** da **CF**, ampliou essa possibilidade para os **brasileiros e estrangeiros:**

> **Art. 37.** (...)
> I — os cargos, empregos e funções públicas são acessíveis aos brasileiros que preencham os requisitos estabelecidos em lei, assim como aos estrangeiros, na forma da lei.

A leitura do dispositivo constitucional demonstra que a **possibilidade** de **acesso** a cargos e empregos públicos foi **ampliada** para os **estrangeiros**, o que anteriormente só se verificava quando da **contratação** de **professores** por universidades, a teor do disposto no **art. 207, § 1º, da Constituição Federal:**

> **Art. 207.** As universidades gozam de autonomia didático-científica, administrativa e de gestão financeira e patrimonial, e obedecerão ao princípio de indissociabilidade entre ensino, pesquisa e extensão.
> § 1º É facultado às universidades admitir professores, técnicos e cientistas estrangeiros, na forma da lei.

Cumpre esclarecer que **essa perspectiva não foi franqueada** a qualquer brasileiro ou estrangeiro, mas **apenas para aqueles que preencherem os requisitos estabelecidos em lei.**

É perfeitamente **possível** ao **legislador infraconstitucional**, portanto, o estabelecimento de **restrições** para o **acesso** de brasileiros e estrangeiros aos **cargos**, **empregos** e **funções** públicos, como: idade, grau de escolaridade, cada qual em sua esfera de atuação.

É exatamente o que se observa na redação oferecida pelo **art. 5º** da **Lei n. 8.112/90** (Estatuto dos Servidores Públicos Federais), quando relaciona entre os requisitos básicos para a investidura em cargo público:

- a nacionalidade brasileira;
- o gozo dos direitos políticos;
- a quitação com as obrigações militares e eleitorais;
- o nível de escolaridade exigido para o exercício do cargo;

- a idade mínima de 18 anos;
- a aptidão física e mental.

Oportuno destacar, contudo, que o **legislador** ainda **abriu** a **possibilidade** para a realização de **novas exigências**, desde que relacionadas com as atribuições do cargo, a teor do disposto no **§ 1º** do mesmo dispositivo:

> **Art. 5º** (...)
>
> § 1º As atribuições do cargo podem justificar a exigência de outros requisitos estabelecidos em lei.

É claro que essas outras exigências **só terão legitimidade se guardarem compatibilidade com a natureza e a complexidade dos cargos** e **empregos** a serem preenchidos, não ficando ao livre critério do administrador estabelecê-las.

A formulação das **exigências** deverá vir **acompanhada** das **razões** que as justificaram, para permitir um **controle** de **legalidade** pelo **Judiciário** quando acionado por aqueles que se sentirem lesados por elas.

Nesse contexto, oportuno destacar a **possibilidade** de o **Poder Público averiguar** a **vida pregressa** do **candidato** como condição para sua nomeação e posse, conforme se verifica da decisão a seguir reproduzida:

> "(...) 4. É lícito à administração apreciar a vida pregressa de candidato a serviço público e, observando determinadas situações não recomendadoras do ingresso no serviço público, inabilitar o concorrente, desde que fundamentado em critérios objetivos" (TJDFT, 1ª Câm. Civ., Ação Rescisória 20010020049420, rel. Des. Romeu Gonzaga Neiva, j. 12.12.2001, *DJU* 12.06.2002, p. 168).

De registrar-se, também, a existência de **cargos** que **a Constituição restringiu** tão somente para os **brasileiros natos**, excluindo assim os brasileiros naturalizados e os estrangeiros, por razões óbvias.

É o que se verifica da leitura do **art. 12, § 3º, da CF**, no qual estão relacionados, entre outros, os cargos que materializam a **linha sucessória** do **Presidente** da **República**, com o objetivo de preservar a soberania do País.

Por fim, importante registrar que **cargos**, **empregos** e **funções** representam um **conjunto de atribuições e responsabilidades conferidos ao servidor submetido, respectivamente, aos regimes profissionais estatutário, celetista, e a um regime híbrido, no último caso** lembrando-se que a ritualização de funções não está ligada a um cargo ou emprego público.

Para melhor visualização deste item, verifique-se o quadro:

OBJETO	Titularização de cargos, empregos e funções
DEFINIÇÕES	Conjunto de atribuições e responsabilidades conferidos ao servidor submetido, respectivamente, aos regimes profissionais estatutário, celetista, e a um regime híbrido, no último caso
LEGITIMIDADE	Brasileiros e estrangeiros que preencham os requisitos estabelecidos em lei
FUNDAMENTO	Art. 37, I, da CF e art. 5º da Lei n. 8.112/90

14.3. FORMA DE INGRESSO

Outro ponto importante a ser observado diz respeito à **forma** de **ingresso** na **estrutura** da **Administração Pública**, matéria essa disciplinada pelo **art. 37, II:**

> **Art. 37.** (...)
> II — a investidura em cargo ou emprego público depende de aprovação prévia em concurso público de provas ou de provas e títulos, de acordo com a natureza e a complexidade do cargo ou emprego, na forma prevista em lei, ressalvadas as nomeações para cargo em comissão declarado em lei de livre nomeação e exoneração.

A leitura do dispositivo constitucional gera, sem dúvida, desdobramentos, a começar pela **regra geral** ali apontada, segundo a qual a **investidura** em **cargo** ou **emprego** público depende de **concurso público**.

Nesse sentido, cumpre consignar, de início, que a expressão **"investidura"**, utilizada pela Constituição, apresenta-se como **sinônimo** de **titularização** ou de **provimento**.

Essa **diretriz constitucional** tem **aplicabilidade** tanto na hipótese de **investidura** em **cargo** quanto em **emprego** público, não se estabelecendo, pois, nenhuma diferenciação nesse particular entre os regimes estatutário e celetista.

Considera-se que essa **regra geral** deve, de igual sorte, ser **aplicada** não somente **para** a **primeira investidura** em cargo ou emprego público, **mas também** para as **investiduras derivadas**, ou seja, aquelas em que o agente, titularizando cargo ou emprego, passa a titularizar outro, ainda que em outra carreira.

Em outros termos, o que se procura demonstrar é que a **exigência** de **concurso** público não se limita à primeira investidura, mas deverá sempre ser aplicada **quando houver** a **necessidade** de **preenchimento** de **cargos** ou **empregos** públicos, diretriz estabelecida pela **Súmula Vinculante 43 do STF:**

> **Súmula Vinculante 43:** É inconstitucional toda modalidade de provimento que propicie ao servidor investir-se, sem prévia aprovação em concurso público destinado ao seu provimento, em cargo que não integra a carreira na qual anteriormente investido.

É bem verdade que, para a **investidura derivada**, vale dizer, quando o servidor já titulariza um cargo ou emprego e se transfere para outro, o **perfil** a ser conferido para o **concurso** público **será outro**, visto que **terá** ele um **caráter interno**, vale dizer, somente para aqueles que integram a Administração Pública e satisfizerem as exigências do cargo ou do emprego a serem preenchidos.

A **diretriz** não é gratuita, ao revés, **decorre** do ***princípio da eficiência***, relacionado no *caput* do art. 37, e deve prevalecer para **evitar** que o **preenchimento** de **cargos** ou **empregos** para aqueles que estão dentro da estrutura da Administração seja realizado de **maneira aleatória**, por meio de critérios **subjetivos**, permitindo desigualdade de condições para os que manifestarem interesse.

A **exigência** pela realização do **concurso** público, também nessas situações, revela-se **necessária**, para **dificultar favoritismos** ou **perseguições** incompatíveis com o interesse público.

Nesse contexto, sobreleva notar que a **exigência** de **concurso** público também **se estende** para o **provimento** de **cargos** que **não integram** a **carreira** na qual o servidor estava anteriormente investido.

Em outras palavras, ainda que o servidor estivesse ocupando um **cargo público**, para **ocupar outro** em **carreira diversa** deverá se **submeter** a **novo concurso** público.

De resto, outra não foi a orientação pacificada pelo **STF** inicialmente através da **Súmula 685:**

> **Súmula 685 do STF:** É inconstitucional toda modalidade de provimento que propicie ao servidor investir-se, sem prévia aprovação em concurso público destinado ao seu provimento, em cargo que não integra a carreira na qual anteriormente investido.

Em **momento posterior**, como já se disse, a **Suprema Corte** houve por bem **reiterar** a **diretriz** ali estabelecida para atribuir-lhe um caráter vinculante, consoante se verifica da **Súmula Vinculante 43**.

Seguindo ainda a redação oferecida pelo dispositivo constitucional, tem-se que a **Constituição Federal proibiu** a realização de **concursos única** e **exclusivamente** com **base** em **títulos**, para evitar, uma vez mais, ações arbitrárias do administrador.

O mesmo dispositivo acabou por pacificar, com a redação oferecida, a questão relativa a ficar ou não ao livre critério do administrador o estabelecimento das provas e títulos a serem exigidos.

Estabeleceu a Constituição Federal que as **provas** e os **títulos só poderiam ser aqueles que se revelassem compatíveis com a natureza e a complexidade do cargo ou emprego colocados em disputa**.

Ao exigir, dessa forma, títulos e ao veicular provas, o **administrador terá de demonstrar** sua **correspondência**, sua **compatibilidade** com os **cargos** e **empregos** oferecidos.

A exigência de um título de doutor em Direito, por **exemplo**, como requisito para a participação em concursos para a Magistratura e Ministério Público não se justifica, na medida em que não revela nenhuma correspondência com a natureza dos cargos oferecidos.

Realmente, o bacharel em Direito que em momento algum de sua vida tenha demonstrado interesse pela obtenção daquele título universitário poderá perfeitamente reunir condições para o bom exercício das funções das quais estaria alijado se esse critério pudesse ser utilizado.

A **propósito desse tema, muitas controvérsias têm sido geradas**, podendo as principais ser enumeradas da seguinte maneira:

a) Pode o Judiciário apreciar o mérito das questões formuladas em concurso público?

b) Pode o Judiciário apreciar a validade da realização de exames orais?
c) A exigência de aprovação em exames psicotécnicos é legal?
d) A realização de exames médicos é legal?

Por ser cada vez maior a incidência de questões dessa natureza levadas à apreciação do Judiciário, oportuna a transcrição da **Súmula 686 do STF:**

> **Súmula 686 do STF:** Só por lei se pode sujeitar a exame psicotécnico a habilitação de candidato a cargo público.

Diante de problemas relacionados à aplicação da referida súmula, em que pese a clareza de seu verbete, a **Suprema Corte** optou por repetir o seu enunciado, atribuindo-lhe o caráter vinculante resultando na publicação da **Súmula Vinculante 44**. Confira-se:

> **Súmula Vinculante 44:** Só por lei se pode sujeitar a exame psicotécnico a habilitação de candidato a cargo público.

Nesse particular, oportuna a referência a julgado proferido pela **Suprema Corte**, ainda que em caráter liminar, através de **decisão monocrática** do **Ministro Edson Fachin** em **março de 2017**, quando do julgamento da **Reclamação n. 25.209-MC/SP**, conforme consta no ***Informativo* n. 856**.

No **referido julgado**, o **Ministro concluiu** que a exigência de teste psicológico **em concurso** tão **somente com base** em previsão contida **em decreto não satisfaz** a **exigência** reclamada pela **Súmula Vinculante 44**, invocando os seguintes precedentes:

> "Estão presentes os pressupostos processuais para o deferimento da medida. Com efeito, no que tange à relevância do argumentos apresentados, **esta Corte há muito consolidou o entendimento segundo o qual apenas por lei pode a Administração submeter os candidatos em concurso público ao exame psicotécnico como requisito para o ingresso no cargo**. De fato, a **Súmula 686** da Corte assentou que 'só por lei se pode sujeitar a exame psicotécnico a habilitação de candidato a cargo público'.
>
> Posteriormente, quando do julgamento do **AI 758.533 QO-RG**, Rel. Ministro Gilmar Mendes, Pleno, *DJe* 13.08.2010, o Tribunal confirmou o entendimento em sede de repercussão geral:
>
> > 'Questão de ordem. Agravo de Instrumento. Conversão em recurso extraordinário (CPC, art. 544, §§ 3º e 4º). 2. Exame psicotécnico. Previsão em lei em sentido material. Indispensabilidade. Critérios objetivos. Obrigatoriedade. 3. Jurisprudência pacificada na Corte. Repercussão Geral. Aplicabilidade. 4. Questão de ordem acolhida para reconhecer a repercussão geral, reafirmar a jurisprudência do Tribunal, negar provimento ao recurso e autorizar a adoção dos procedimentos relacionados à repercussão geral' (AI 758.533 QO-RG, rel. Min. Gilmar Mendes, j. 23.06.2010, Repercussão Geral — Mérito, *DJe*-149, divulg 12.08.2010, public 13.08.2010 ement vol-02410-04 p. 779).

A confirmação do **precedente** em sede de repercussão geral **levou** a **Corte** a, posteriormente, **aprovar** o enunciado da **Súmula Vinculante 44**, cuja redação é idêntica à Súmula 686.

Registre-se que diversos são os precedentes que aplicam esse entendimento aos concursos públicos para a Polícia Militar, não se vislumbrando, por ora, qualquer distinção que pudesse eximir o acórdão reclamado da observância da orientação do Supremo Tribunal Federal. Isso porque, nos termos do art. 927, II, do Código de Processo Civil, os Tribunais devem observar os enunciados da súmula vinculante, somente podendo afastá-los se, nos termos do art. 489, VI, do CPC, demonstrarem a distinção do caso em julgamento relativamente ao precedente desta Corte.

No caso em exame, a inobservância da Súmula foi justificada ao fundamento de que 'A realização de exames psicológicos para ingresso na carreira policial militar está prevista no Decreto n. 54.911/09, sendo certo que a legislação aplicável à espécie está expressamente indicada no edital. A avaliação psicológica realizada como etapa do concurso de ingresso nos quadros da Polícia Militar do Estado de São Paulo observou o princípio da legalidade' (eDOC 12, p. 2).

O embasamento em decreto não atende a necessidade indicada pelo precedente desta Corte, como já puderam assentar os seguintes precedentes:

> 'CONSTITUCIONAL. ADMINISTRATIVO. AGRAVO REGIMENTAL EM AGRAVO DE INSTRUMENTO. EXAME PSICOTÉCNICO. NECESSIDADE DE LEI. MATÉRIA INFRACONSTITUCIONAL. PRECEDENTES. 1. A exigência do exame psicotécnico, prevista somente por Decreto, não serve como condição para negar o ingresso do servidor na carreira da Polícia Militar, 2. **A jurisprudência do Supremo Tribunal Federal está pacificada quanto à necessidade de lei em sentido formal para exigência de exame psicotécnico**. 3. Para divergir da conclusão a que chegou o Tribunal *a quo*, necessário se faria o exame da legislação infraconstitucional 4. Agravo regimental improvido' (AI 676.675 AgR, REL. Min. Ellen Gracie, 2ª T., j. 08.09.2009, *DJe*-181 divulg 24.09.2009 public 25.09.2009 ement vol-02375-08 p. 2126).
>
> **'A exigência de exame psicotécnico, como requisito ou condição necessária ao acesso a determinados cargos públicos, somente é possível, nos termos da Constituição Federal, se houver lei em sentido material que expressamente o autorize, além de previsão no edital do certame.**
>
> É necessário um grau mínimo de objetividade e de publicidade dos critérios que nortearão a avaliação psicotécnica. A ausência desses requisitos torna o ato ilegítimo, por não possibilitar o acesso à tutela jurisdicional para a verificação de lesão de direito individual pelo uso desses critérios.
>
> Segurança denegada' (MS 30822, rel. Min. Ricardo Lewandowski, 2ª T., j. 05.06.2012, processo eletrônico *DJe*-124 divulg 25.06.2012 public 26.06.2012).

Assim, relevantes os fundamentos trazidos pelo reclamante, o requisito da urgência também se faz presente, a fim de que não se delongue a possibilidade de participação em curso para o ingresso na carreira.

Ante o exposto, com fulcro nos arts. 989, II, do Código de Processo Civil, determino a suspensão do ato reclamado até o julgamento final da presente reclamação, com a imediata inscrição do Reclamante no curso previsto pelo Edital DP-1/321/2015, ou equivalente, fornecido pela Polícia Militar do Estado de São Paulo".

Nesse contexto, cumpre observar que a utilização do **critério "idade"**, a nosso ver, só se revela **possível**, conforme visto em capítulo anterior, no momento da abordagem acerca do **princípio da isonomia**, **quando compatível** com a **natureza** e **complexidade** dos **cargos** ou empregos oferecidos, o que nem sempre se verifica.

De resto, cumpre observar que a questão foi pacificada pelo **STF** por meio da edição da **Súmula 683:**

> **Súmula 683 do STF:** O limite de idade para a inscrição em concurso público só se legitima em face do art. 7º, XXX, da Constituição, quando possa ser justificado pela natureza das atribuições do cargo a ser preenchido.

Sem embargo, como as súmulas não têm efeito vinculante, oportuno conferir a esse respeito a seguinte **decisão** proferida pelo **Tribunal de Justiça do Distrito Federal:**

> "Concurso público. Idade. Limite para ingresso no serviço público. Não recepção da norma limitadora. Não foram recepcionadas as leis que limitam o ingresso no serviço público em razão da idade. A Constituição Federal de 1988, ao remeter à legislação ordinária a normatização dos concursos públicos, evidentemente, não permitiu ao legislador ordinário que limitasse aquilo que ela própria não restringiu. **A idade não mais pode ser exigida como fator obstativo à acessibilidade ao serviço público**, excetuados, evidentemente, os limites mínimos para o trabalho e o máximo, que coincide com o estabelecimento para aposentadoria compulsória" (**TJDFT**, 3ª T. Cível, ACív 2610691, rel. Des. Vasquez Cruxên, j. 17.05.1993, *DJU* 11.08.1993, p. 31242).

Aliás, oportuno registrar que essa questão relacionada à idade também foi apreciada pelo **CNJ** quando da edição da **Resolução** n. **75**, em especial no **art. 13, § 5º**, que dispõe:

> **Art. 13.** (...)
> § 5º O edital do concurso não poderá estabelecer limite máximo de idade inferior a 65 (sessenta e cinco) anos.

Assim, exsurge claro que a utilização de **critérios aleatórios** para a escolha das provas e dos títulos a serem exigidos dos eventuais candidatos representa **agressão** aos **princípios** da **isonomia**, da **proporcionalidade** e da **razoabilidade**, os quais devem nortear toda a atividade administrativa.

De outra parte, a necessidade de as **exigências** contidas nos **editais** serem compreendidas à luz desses princípios aplica-se como regra geral, merecendo destaque em razão de algumas divergências que têm surgido à questão **relacionada** aos documentos exigidos na etapa denominada **"investigação social"**.

Com efeito, **legítima** a **investigação** levada a efeito pela comissão de concurso acerca da **vida pretérita** do **candidato** de forma a evitar a titularização de cargos públicos, por parte daqueles que já tenham sido atingidos por uma **condenação** em **caráter definitivo**, vale dizer, com força de trânsito em julgado, em respeito ao princípio constitucional da moralidade.

Diante desse cenário, o que **não se pode admitir** é a **exclusão** de **candidatos** nessa fase do concurso em razão da constatação de **precedentes negativos** no **nível administrativo ou** mesmo no nível **judicial sem** que o **trânsito em julgado** tenha sido alcançado.

Em outras palavras, de forma contrária ao que têm entendido alguns tribunais estaduais, revela-se **inconstitucional** a referida **exclusão** tão **somente** pela **constatação** da **abertura** de um **inquérito policial**, ou mesmo quando já tenha se verificado seu encerramento.

Destarte, admitir a referida possibilidade implicaria **agressão** inequívoca ao princípio da **presunção** de **inocência** concretizado no **art. 5º, LVII, da Constituição:**

> **Art. 5º** (...)
>
> LVII — ninguém será considerado culpado até o trânsito em julgado de sentença penal condenatória.

De resto, esta é a **orientação** que já se encontra **consolidada** no nível da nossa **Suprema Corte**, sendo oportuna a reprodução de acórdão relatado pelo **Ministro Dias Toffoli**, acolhido, por unanimidade, pela **1ª Turma**, em decisão publicada em 19 de novembro de **2013**. Confira-se:

> "Agravo regimental no recurso extraordinário com agravo. Competência do relator para negar seguimento a recurso manifestamente inadmissível. Ato administrativo ilegal. Controle judicial. Possibilidade. **Concurso público. Soldado da Polícia Militar. Inquérito policial. Investigação social. Exclusão do certame. Princípio da presunção de inocência. Violação. Impossibilidade.** Precedentes. 1 (...) 2. Não viola o princípio da separação dos poderes o controle de legalidade exercido pelo Poder Judiciário sobre os atos administrativos, incluídos aqueles praticados durante a realização de concurso público. **3. A jurisprudência da Corte firmou o entendimento de que viola o princípio da presunção de inocência a exclusão de certame público de candidato que responda a inquérito policial ou ação penal sem trânsito em julgado da sentença condenatória.** 4. Agravo regimental não provido" (ARE 753331 AgR, rel. Min. Dias Toffoli, 1ª T., j. 17.09.2013, acórdão eletrônico *DJe*-228 divulg 19.11.2013 public 20.11.2013).

De resto, foi a **mesma orientação** adotada pela 1ª Turma, em outro precedente, agora relatado pela **Ministra Rosa Weber**, em **agosto** de **2013:**

> "Direito administrativo. Concurso público. Polícia Militar. Candidato. Eliminação na fase de investigação social. Ausência de caráter condenatório. Princípios da presunção de inocência e da legalidade. As razões do agravo regimental não são aptas a infirmar os fundamentos que lastrearam a decisão agravada. Acórdão recorrido publicado em 26.10.2012. **A jurisprudência desta Corte firmou o entendimento de que viola o princípio da presunção de inocência a exclusão de certame público de candidato**

que responda a inquérito policial ou ação penal sem trânsito em julgado da sentença condenatória. Precedentes. (...). As razões do agravo regimental não são aptas a infirmar os fundamentos que lastrearam a decisão agravada. Agravo regimental conhecido e não provido" (ARE 754528 AgR, rel. Min. Rosa Weber, 1ª T., j. 20.08.2013, acórdão eletrônico — STF *DJe*-172 divulg 02.09.2013 public 03.09.2013).

Os **dois excertos** recentes apenas **ratificam** a **orientação** já **sedimentada**, há muito tempo, no nível da **Corte Suprema**, como bem revela o acórdão a seguir colacionado, publicado em **2004**, com a relatoria do **Ministro Marco Aurélio Mello:**

"RECURSO ORDINÁRIO EM *HABEAS CORPUS* N. 80.071-8 RIO GRANDE DO SUL RELATOR: MIN. MARCO AURÉLIO SEGUNDA TURMA — 13/03/2001 *HABEAS CORPUS* — EMPATE. Verificado o empate no julgamento de *habeas corpus*, prevalece o entendimento da corrente mais favorável ao Paciente. PENA-BASE — CIRCUNSTÂNCIAS JUDICIAIS — MAUS ANTECEDENTES — PROCESSOS EM CURSO E PROCESSOS EXTINTOS PELA PRESCRIÇÃO DA PRETENSÃO PUNITIVA — CONSIDERAÇÃO — IMPROPRIEDADE. Conflita com o princípio da não culpabilidade — 'ninguém será considerado culpado até o trânsito em julgado de sentença penal condenatória' (artigo 5º, inciso LVII da Constituição Federal) — evocar processos em curso e outros extintos pela prescrição da pretensão punitiva a título de circunstâncias judiciais (artigo 59 do Código Penal), exacerbando a pena-base com fundamento na configuração de maus antecedentes".

Nesse processo, oportuna a **reprodução** de trecho do **voto**-vista proferido pelo **Ministro Celso de Mello:**

"O Senhor Ministro Celso de Mello: Peço vênia para acompanhar o voto do eminente Relator, pois também entendo, na linha de diversas decisões que já proferi nesta Suprema Corte (*RTJ* 136/627 — *RTJ* 139/885, v.g.), que a mera sujeição de alguém a simples investigações policiais, ou a persecução criminais ainda em curso, não basta, só por si — ante a inexistência de condenação penal transitada em julgado — para justificar a afirmação de que o réu não possui bons antecedentes. Na realidade, a simples existência de situações processuais ainda não definidas revela-se insuficiente para legitimar a recusa jurisdicional de determinados benefícios legais que só podem ser negados àqueles que já sofreram condenação penal irrecorrível".

No mesmo voto, para lastrear sua linha de raciocínio, o eminente Ministro cita os **magistérios** de **Damásio E. de Jesus** e **Celso Delmanto**, **Roberto Delmanto**, **Roberto Delmanto Júnior** e **Fábio M. de Almeida Delmanto:**

"Por isso mesmo, assinala DAMÁSIO E. DE JESUS ('Código Penal Anotado', p. 140/141, 1989, Saraiva), não devem ser considerados como antecedentes, prejudicando o réu, **processos em curso** (TACrimSP, RvCrim 124.212, *JTACrimSP, 78*:14); **inquéritos em andamento** (TACrimSP, RvCrim 124.212, *JTACrim, 74*:14); **sentenças condenatórias ainda não confirmadas** (TACrimSP, RvCrim 121.212, *JTACrimSP, 78*:14); simples indiciamento em inquérito policial (TACrimSP, Acrim 331.713, *RT, 586*:338); fatos posteriores não relacionados ao crime (TFR, Acrim 6.448, *DJU*, 14 nov. 1985, p. 20614); fatos anteriores à maioridade penal (TACrimSP, Acrim 245.015, *JTACrimSP,*

> *67*:310); sentenças absolutórias (*RT, 572*:391); referência feita pelo delegado de polícia de que o indivíduo tem vários inquéritos contra si (*JTACRimSP*, 65/67); simples denúncia (*JTACrimSP*, 49:243); periculosidade (*JTACrimSP, 54*:425); e revelia de natureza estritamente processual (TACrimSP, HC 155.748, *JTACrimSP, 90*:88)".

> Também perfilha igual orientação o magistério de Celso Delmanto, Roberto Delmanto, Roberto Delmanto Junior e Fábio M. de Almeida Delmanto[1], cuja lição, no tema, acentua, com inteira propriedade, que, na dosagem das sanções penais, **"não devem ser considerados autos de flagrante (...), inquéritos, mesmo com indiciamento (...) e processos em andamento (...), ou ainda, sentenças pendentes de recurso (...), sendo necessário o trânsito em julgado destas (...), em face do princípio constitucional da presunção de inocência..."**.

Mais adiante, o eminente Ministro atinge conclusões de extrema valia para o desate da questão posta em debate nos presentes autos:

> "Esse entendimento — que se revela atento e fiel à presunção constitucional de não culpabilidade (CF, art. 5º, LVII) — adverte corretamente, com apoio na jurisprudência dos Tribunais (RT 418/286 — RT 422/307 — RT 572/391 — RT 586/338), **que processos penais em curso, ou inquéritos policiais em andamento ou, até mesmo, condenações criminais ainda sujeitas a recurso não podem ser considerados, enquanto episódios processuais suscetíveis de pronunciamento judicial absolutório, como elementos evidenciadores de maus antecedentes do réu. É por essa razão que o Supremo Tribunal Federal já decidiu, por unânime votação, que 'Não podem repercutir, contra o réu, situações jurídico-processuais ainda não definidas por decisão irrecorrível do Poder Judiciário, especialmente naquelas hipóteses de inexistências de título penal condenatório definitivamente constituído'"** (RTJ 139/885, rel. Min. Celso de Mello) (grifo nosso).

Portanto, resulta **cristalina** a **conclusão** segundo a qual, **com base**, tão somente, em **processos administrativos** ainda **em curso**, **impossível** a **configuração** de **maus antecedentes**, de forma a justificar a exclusão de candidato aprovado em concurso público.

Esta **decisão não é isolada**, uma vez que essa **tese**, como já se disse, já se encontra **consolidada** naquela **Corte**, revelando-se oportuna, agora, a reprodução de ementas relatadas pelo **Ministro Celso de Mello:**

> "*Habeas Corpus* 84.687-4 Mato Grosso do Sul. Relator: Min. Celso de Mello. Segunda Turma — 26/10/2004. Ementa: Princípio da insignificância — Identificação dos vetores cuja presença legitima o recolhimento desse postulado de política criminal — Consequente descaracterização da tipicidade penal em seu aspecto material — Delito de furto — *Res furtiva* (um simples boné) no valor de R$ 10,00 — Doutrina — Considerações em torno da jurisprudência do Supremo Tribunal Federal — Mera existência de inquéritos ou de processos penais ainda em curso — Ausência de condenação penal irrecorrível — Princípio constitucional da não culpabilidade (CF, art. 5º, LVII) — Pedido deferido".

[1] *Código Penal comentado*. 5. ed. Renovar, 2000, p. 107.

"*Habeas Corpus* n. 79.966-3 São Paulo. Redator para o acórdão: Min. Celso de Mello. Segunda Turma: 13/06/2000. Ementa: *Habeas Corpus* — Injustificada exacerbação da pena com base na mera existência de inquéritos ou de processos penais ainda em curso — Ausência de condenação penal irrecorrível — Princípio pedido deferido, em parte. O princípio constitucional da não culpabilidade, inscrito no art. 5º, LVII, da Carta Política não permite que se formule, contra o réu, juízo negativo de maus antecedentes, fundado na mera instauração de inquéritos policiais em andamento, ou na existência de processos penais em curso, ou, até mesmo, na ocorrência de condenações criminais ainda sujeitas a recurso, revelando-se arbitrária a exacerbação da pena, quando apoiada em situações processuais indefinidas, pois somente títulos penais condenatórios, revestidos da autoridade da coisa julgada, podem legitimar tratamento jurídico desfavorável ao sentenciado. Doutrina. Precedentes".

Nesse processo, oportuna, também, a reprodução de trecho do **voto** proferido pelo eminente **Ministro Marco Aurélio Mello:**

"Em ambos aos processos que geraram a distribuição por prevenção, deferi liminar, entendendo incabível a exacerbação da pena ante os processos em curso, e, mais do que isso, ser extravagante a reciprocidade, a partir da figura da continuidade delitiva. **Fiz ver que a ordem natural das coisas, a organicidade do direito, excluem a esdrúxula reciprocidade, e que o princípio da não culpabilidade afasta a consideração do fato de estarem sendo os Pacientes acusados em processos em andamento**" (grifo nosso).

Não fossem suficientes as decisões colacionadas, o que se admite apenas para argumentar, uma vez que demonstram, de forma inequívoca, a consolidação da **tese** no nível da **Suprema Corte**, a **mesma orientação** vem sendo adotada pelo **Superior Tribunal de Justiça**, consoante se verifica do seguinte excerto julgado em 2 de junho de 2015, com relatoria do **Ministro Reynaldo Soares da Fonseca:**

"Relator: Ministro Reynaldo Soares da Fonseca. Agravante: Estado do Paraná. Procurador: Márcia Dieguez Leuzinger e Outro(s). Agravado: Alexandre Vieira de Camargo. Advogado: Paulo Aurélio Perez Minikowski. Ementa: Processual civil e administrativo. Agravo regimental no recurso em mandado de segurança. Concurso público. Agente penitenciário. Investigação social. Exclusão. Violação ao princípio da presunção de inocência. Direito à nomeação e posse. **1. Esta Corte e o Supremo Tribunal Federal consolidaram entendimento no sentido de que, em obediência à estrita ordem classificatória, não pode a administração deixar de nomear candidato que teve êxito em todas as fases do concurso público, por responder a inquérito policial ou ação penal sem trânsito em julgado da sentença condenatória.** 2. Agravo regimental improvido. ACÓRDÃO. Vistos, relatados e discutidos os autos em que são partes as acima indicadas, acordam os Ministros da Quinta Turma do Superior Tribunal de Justiça, por unanimidade, negar provimento ao agravo regimental. Os Srs. Ministros Newton Trisotto (Desembargador Convocado do TJ/SC), Leopoldo de Arruda Raposo (Desembargador convocado do TJ/PE), Felix Fischer e Gurgel de Faria votaram com o Sr. Ministro Relator. Brasília, 02 de junho de 2015, Ministro Reynaldo Soares da Fonseca" (AgRg no Recurso em Mandado de Segurança n. 25.257/PR 2007/0226633-2).

No bojo do referido voto, o relator demonstra a existência de inúmeros **precedentes** no nível daquela Corte, julgados pela **1ª, 2ª, 5ª e 6ª Turmas**. Confira-se:

"Administrativo e processual civil. Mandado de segurança. Concurso público. Procurador da Fazenda Nacional. Sindicância de vida pregressa. Legitimidade passiva do Advogado-Geral da União. **Desclassificação em face da existência de inquérito policial. Ofensa ao princípio da presunção de inocência**. 1. Hipótese em que a impetrante foi excluída do certame na fase de sindicância pregressa por ter respondido a inquérito policial, por exercício irregular da advocacia (assinatura do 'livro de advogados' em cadeia pública enquanto ainda era estagiária), o qual restou arquivado em razão de prescrição. 2. (...) 3. A tese trazida na impetração encontra amparo na jurisprudência. Documento: 48513153 — RELATÓRIO E VOTO — e também a do STF, **que se orientam, em remansosa maioria, pela vulneração ao princípio constitucional da presunção de inocência quando, em fase de investigação social de concurso público, houver a eliminação de candidato em decorrência da simples instauração de inquérito policial ou do curso de ação penal, sem trânsito em julgado. Precedentes:** AgRg no RMS 39.580/PE, Rel. Min. Mauro Campbell Marques, **Segunda Turma, *DJe* 18/02/2014**; AgRg no RMS 24.283/RO, Rel. Min. Jorge Mussi, **Quinta Turma, *DJe* 08/06/2012**; AgRg no RMS 28.825/AC, Rel. Min. Maria Thereza de Assis Moura, **Sexta Turma, *DJe* 21/03/2012**; AgRg no RMS 29.627/AC, Rel. Min. Adilson Vieira Macabu (Des. Convocado do TJ/RJ), **Quinta Turma, *DJe* 09/08/2012**; AgRg no REsp 1.173.592/MG, Rel. Min. Gilson Dipp, **Quinta Turma, *DJe* 06/12/2010**; RMS 32657/RO, Rel. Min. Arnaldo Esteves Lima, **Primeira Turma, *DJe* 14/10/2010**. 4. Soma-se a isso que, do que se tem nos autos, não se vislumbra que a candidata possua um padrão de comportamento social ou moral reprovável, a ponto de impossibilitá-la do exercício do cargo para o qual concorreu e foi devidamente aprovada, mormente porque os fatos a ela imputados ocorreram em 2002; o inquérito policial tramitou por vários anos sem a apresentação de denúncia por parte do Ministério Público, acabando arquivado em 2008 em face da prescrição em perspectiva (fls. 68/71); as omissões acerca das condutas adotadas diante da abertura do inquérito policial não têm o condão de configurar grave desvio de conduta; e não há prova da alegada falsidade ideológica, tampouco informação de reincidência ou cometimento de qualquer outra conduta desabonadora no decorrer desses anos (consoante certidões de 'nada consta' de diversos órgãos públicos — fls. 78/99). 5. Segurança concedida, para, reconhecida a nulidade do ato administrativo que desligou a candidata do certame em questão, determinar seja a mesma considerada aprovada, com a posterior nomeação e posse no cargo de PFN. Prejudicado o agravo regimental".

Assim sendo, diante das decisões colacionadas, revela-se **impossível** a **exclusão** de **candidatos** baseada, tão somente, em **procedimento administrativo** ainda **em curso**.

Importante registrar ainda que as **exigências** para os candidatos deverão ser **feitas** no **momento** da **posse** e **não na inscrição**, como se observa da **Súmula 266** do **STJ:**

Súmula 266 do STJ: O diploma ou habilitação legal para o exercício do cargo deve ser exigido na posse e não na inscrição para o concurso público.

14.3.1. Dos candidatos portadores de necessidades especiais

De se mencionar, também, que a **regra geral** exigindo a realização de **concurso** público também deverá ser **aplicada** para as pessoas **portadoras** de **deficiência**, sendo necessário, contudo, o respeito à redação prevista no **inciso VIII** do **art. 37** da **CF:**

> **Art. 37.** (...)
>
> VIII — a lei reservará percentual dos cargos e empregos públicos para as pessoas portadoras de deficiência e definirá os critérios de sua admissão.

Destarte, a **regra constitucional**, diante disso, deve ser **compreendida** não de maneira isolada do contexto em que se insere, mas, ao revés, de **modo sistemático**, levando em consideração os princípios que norteiam o tema.

É que o **objetivo constitucional**, ao estabelecer regras próprias para os portadores de deficiência física, foi, inquestionavelmente, o de **impedir** que **fossem eles prejudicados em relação aos demais candidatos**.

Nesse sentido, estabeleceu a **Constituição** uma espécie de **reserva** de **mercado** como forma de permitir a eles a possibilidade de **acesso** aos **cargos** e **empregos** públicos, sendo necessária, entretanto, a aprovação em concurso público.

Em outras palavras, **demonstrada** a sua **aptidão** para ocupar o cargo ou emprego, por intermédio do **concurso** público ao qual se submeteram, **terão** eles a **prerrogativa** dos **cargos reservados** por imposição constitucional.

É a conclusão que se impõe, por ser a única que se compatibiliza com o princípio da eficiência relacionado no ***caput*** do **art. 37. Concluir de modo diferente conduziria** a **situação inaceitável** pela qual a **simples condição de deficiente**, por si só, já se revelaria **suficiente para assegurar cargos ou empregos** dentro da Administração, o que não se admite.

Nesse particular, oportuna a transcrição da decisão proferida pelo **Tribunal de Justiça do Distrito Federal:**

> "(...) Se a deficiência da candidata não é incompatível com as atribuições do cargo, impõe-se garantir à mesma o pleno acesso ao mesmo, em homenagem à regra constitucional que reserva percentual de vagas nos concursos públicos para os deficientes, visando inseri-los no mercado de trabalho e tornando-os produtivos, regra que só tem recebido encômios, pois o deficiente, qualquer que seja a origem, natureza ou gravidade de seus transtornos, deve desfrutar a vida de uma forma mais decorosa e plena possível. *Decisão*: conhecer. Unânime. No mérito rejeitar os embargos. Maioria" (TJDFT, 2ª Câm. Cível, EI na ACív 19980110160592, rel. Des. Carmelita Brasil, j. 14.11.2001, *DJU* 07.08.2002, p. 34).

De outra parte, o **constituinte deixou para** o **legislador** a tarefa de **estabelecer** o **percentual** de **vagas a serem reservadas para os deficientes**, sendo oportuno conferir a esse respeito a redação oferecida pelo **art. 5º, § 2º**, da **Lei n. 8.112/90:**

> **Art. 5º** (...)
>
> § 2º Às pessoas portadoras de deficiência é assegurado o direito de se inscrever em concurso público para provimento de cargo cujas atribuições sejam compatíveis com a deficiência de que são portadoras; para tais pessoas serão reservadas até 20% (vinte por cento) das vagas oferecidas no concurso.

Fosse **outro** o **entendimento** a ser adotado, estaríamos diante de uma **conclusão insustentável**, como mencionado, segundo a qual a simples condição de deficiente seria, por si só, suficiente para que o interessado pudesse titularizar cargos ou empregos públicos, o que não se justifica, mesmo diante das **Súmulas 377** e **552** do **STJ:**

> **Súmula 377 do STJ:** O portador de visão monocular tem direito de concorrer, em concurso público, às vagas reservadas aos deficientes.
>
> **Súmula 552 do STJ:** O portador de surdez unilateral não se qualifica como pessoa com deficiência para o fim de disputar as vagas reservadas em concursos públicos.

Com efeito, ainda que os candidatos portadores dessas necessidades especiais sejam autorizados em tese a concorrer às vagas a eles reservadas, **nada impede sejam eles excluídos** do **certame** se **constatado** por **comissão multidisciplinar não apresentarem condições mínimas para** o **exercício das atribuições do cargo** colocado em disputa.

Nesse contexto, de **forma** a **evitar** a edição de **atos arbitrários** durante o certame, oportuno registrar que **todos os atos** realizados em um **concurso público** pela Administração deverão vir **acompanhados** das **razões** que deram origem a eles.

Essa conclusão assume importância ainda maior quando as decisões tomadas pela Comissão de Concursos implicarem a exclusão do candidato.

De resto, outro não foi o entendimento pacificado pelo **STF** por meio da edição da **Súmula 684:**

> **Súmula 684 do STF:** É inconstitucional o veto não motivado à participação de candidato a concurso público.

Nesse particular, oportuna a referência para a decisão monocrática proferida pelo Ministro Edson Fachin, em fevereiro de 2017, reproduzida no *Informativo* n. 854, em que se discute, em sede de mandado de segurança, a exclusão de candidato com deficiência visual do concurso para procurador da República, com base em alterações promovidas pelo art. 2º, *caput*, da Lei n. 13.146/2015:

> "Trata-se de mandado de segurança impetrado por Rafael Luis Innocente e Vanessa Maria Feletti em face de ato do Procurador-Geral da República que indeferiu recursos por eles interpostos contra decisão que os inabilitou a concorrer na condição de pessoa com deficiência no 29º concurso público para provimento de cargos de procurador da república.
>
> Os impetrantes afirmam terem feito a juntada de laudo médico comprovando possuírem visão monocular irreversível. Narram, no entanto, que a autoridade impetrada, acatando parecer jurídico de Comissão Especial, indeferiu suas inscrições no concurso na condição de pessoas com deficiência (Edital PGR/MPF n. 27, de 9/11/2016), sob o argumento de que 'a visão monocular não se enquadra no conceito de deficiência previsto no art. 2º, *caput*, da Lei n. 13.146/2015' (eDOC 1, p. 11)".

No **referido julgado**, o **Procurador-Geral** da **República argumentou** que a referida **Súmula 377** do **STJ** estaria **revogada** pelas **alterações supervenientes** nela inseridas na Convenção Sobre os Direitos da Pessoa com Deficiência **(Decreto n. 6.949/2009)**, aprovada com ***status* de emenda constitucional**, nos termos do **art. 5º, § 3º, da CF**, bem como na Lei Brasileira de Inclusão da Pessoa com Deficiência **(Lei n. 13.146/2015)**.

O **Ministro Fachin concluiu** pelo **acolhimento** do **pedido** deduzido pelo **impetrante**, uma vez que a **regulamentação** da avaliação dos impedimentos prevista na **Lei n. 13.146/2015 (art. 124) ainda não se encontra em vigor:**

> "Em que pese o reconhecimento da alteração conceitual, é preciso observar que a substituição do conceito biomédico não teve por condão impossibilitar que determinadas condições físicas sejam reconhecidas como deficiência. O que a Convenção e a Lei de Inclusão exigem é, na verdade, que se faça uma avaliação dos impedimentos de longo prazo que uma pessoa possui à luz da interação com uma ou mais barreiras.
>
> É certo que a regulamentação dessa avaliação é exigência da Lei 13.146, mas tal exigência ainda não está em vigor (art. 124 da Lei). Nada obstante, o próprio Decreto 3.298/99 dá, em seu art. 43, importantes diretrizes para a comissão multidisciplinar:
>
> 'Art. 43. O órgão responsável pela realização do concurso terá a assistência de equipe multiprofissional composta de três profissionais capacitados e atuantes nas áreas das deficiências em questão, sendo um deles médico, e três profissionais integrantes da carreira almejada pelo candidato.
>
> § 1º A equipe multiprofissional emitirá parecer observando:
>
> I — as informações prestadas pelo candidato no ato da inscrição;
>
> II — a natureza das atribuições e tarefas essenciais do cargo ou da função a desempenhar;
>
> III — a viabilidade das condições de acessibilidade e as adequações do ambiente de trabalho na execução das tarefas;
>
> IV — a possibilidade de uso, pelo candidato, de equipamentos ou outros meios que habitualmente utilize; e
>
> V — a CID e outros padrões reconhecidos nacional e internacionalmente.
>
> § 2º A equipe multiprofissional avaliará a compatibilidade entre as atribuições do cargo e a deficiência do candidato durante o estágio probatório.'
>
> Esses seriam, assim, parâmetros razoáveis para se 'avaliar a deficiência', como preconiza o art. 2º da Lei 13.146".

Mais adiante, o **Ministro defere** o pedido de **liminar, entendendo** que, **sem** a **regulamentação** necessária da **Lei n. 13.146/2015**, impossível a revogação da **Súmula 377** do **STJ:**

> "Inexistente a regulamentação preconizada pelo art. 2º, § 1º, da Lei de Inclusão e avaliada a deficiência apenas à luz dos impedimentos de longo prazo, não há razão, *primo ictu oculi*, para que a jurisprudência consolidada desta Corte deixe de ter aplicação.
>
> Noutras palavras, o que se afiguraria ilegal, ao menos neste momento de análise processual, seria simplesmente afirmar, como fez o ato coator, que determinados impedimentos deixaram, com a promulgação da Convenção, de se configurar deficiência, dispensando-se o poder público, quando da avaliação da condição, de cotejá-la com as barreiras.
>
> Ante o exposto, defiro o pedido de liminar para garantir a ambos os impetrantes o deferimento provisório de sua inscrição, na qualidade de pessoa com deficiência, no 29º Concurso Público para provimento de cargos de Procurador da República (Edital PGR/MPF n. 14/2016).

> Notifique-se a autoridade coatora, a fim de que, no prazo de 10 (dez) dias, preste informações (art. 7º, I, da Lei 12.016/2009)".

Por derradeiro, cumpre observar que a **exigência** do **concurso** público **estende-se** para a investidura em cargos e empregos na **Administração Pública direta e indireta, ainda que** possamos aqui encontrar pessoas jurídicas que estejam **explorando atividade econômica**.

Destarte, a previsão contida no **art. 173, § 1º, da CF**, mormente a estabelecida em seu **inciso II**, que exige a submissão das empresas públicas e sociedades de economia mista ao regime jurídico das empresas privadas, não afasta para elas a exigência de investidura por aprovação em concurso público em vista dos princípios relacionados no *caput* do art. 37 da CF, **conclusão** que **não restou afastada pela edição da Lei n. 13.303/2016**, que regulamentou a matéria.

Em outras palavras, a publicação do referido **diploma legal não afasta** a **necessidade** de as empresas públicas e sociedades de economia mista, exploradoras de atividade econômica, **abrirem concurso** para **preenchimento** de **vagas** existentes em seus quadros, em que pese encontrarem-se em regime de competição com a iniciativa privada.

Dessa forma, ainda que a previsão constitucional aponte para a necessidade de elas se submeterem ao mesmo regime jurídico das empresas privadas, **atribuir** a **elas** a **possibilidade de contratação sem concurso implicaria conferir um cheque em branco**, o que não se admite, tendo em vista integrarem elas a estrutura da Administração Pública, submetendo-se aos princípios relacionados no art. 37, *caput*, da Constituição.

Dentro desse contexto, a título de encerramento deste item, cumpre deixar claro que o **ciclo de investidura**, vale dizer, de titularização de um cargo público, **não se esgota na aprovação em concurso público**, que representa apenas a primeira de três etapas a serem cumpridas.

Com efeito, o candidato aprovado em concurso público, para que possa se considerar **titular** de um **cargo**, **depende**, **ainda**, de **nomeação e posse**, que não são etapas automáticas.

Diante desse cenário, apresentam-se alguns questionamentos, consistentes em saber se o candidato aprovado em concurso público tem direito subjetivo à nomeação e se aquele que foi nomeado tem direito subjetivo à posse.

Essas questões, que já se encontram pacificadas pela jurisprudência de nossos tribunais, em especial do STF e do STJ, serão apreciadas logo em seguida aos comentários acerca das situações em que o ingresso na estrutura da Administração Pública, para a titularização de cargos e empregos, não depende de aprovação em concurso público, objeto do próximo item.

■ 14.3.2. Exceções à regra geral

Ainda investigando a redação desse dispositivo constitucional, encontramos as **exceções** que permitem o **preenchimento** de **cargos** e empregos públicos **sem** a necessidade de **concurso**.

A Constituição ressalva da regra geral até aqui mencionada as nomeações para **cargos em comissão** declarados, em lei, de livre nomeação e exoneração.

É preciso, contudo, que se diga que a nomeação para esses cargos, a partir da EC n. 19/98, deverá respeitar a diretriz estabelecida pelo **inciso V** do **art. 37:**

> **Art. 37.** (...)
> V — as funções de confiança, exercidas exclusivamente por servidores ocupantes de cargo efetivo, e os cargos em comissão, a serem preenchidos por servidores de carreira nos casos, condições e percentuais mínimos previstos em lei, destinam-se apenas às atribuições de direção, chefia e assessoramento.

Em relação ainda ao provimento de **cargos em comissão**, em que pese a redação estabelecida na parte final do **art. 37, II**, da **CF**, quanto a serem eles de livre nomeação, cumpre observar que essa diretriz deve ser entendida à luz dos princípios que regem a matéria.

Com efeito, o provimento desses cargos não pode se realizar em desrespeito, por exemplo, aos princípios da moralidade, impessoalidade, isonomia, situação essa muito bem captada pelo **STF** quando do julgamento da **Adecon 12**, relatada pelo **Ministro Carlos Britto**, que reconheceu a **legitimidade** da **Resolução n. 7/2005** do **Conselho Nacional de Justiça contra o nepotismo**:

> "(...) Noutro giro, os condicionamentos impostos pela Resolução em foco não atentam contra a liberdade de nomeação e exoneração dos cargos em comissão e funções de confiança (incs. II e V do art. 37). Isto porque a interpretação dos mencionados incisos não pode se desapegar dos princípios que se veiculam pelo *caput* do mesmo art. 37. Donde o juízo de que as restrições constantes do ato normativo do CNJ são, no rigor dos termos, as mesmas restrições já impostas pela Constituição de 1988, dedutíveis dos republicanos princípios da impessoalidade, da eficiência, da igualdade e da moralidade. É dizer: o que já era constitucionalmente proibido permanece com essa tipificação, porém, agora, mais expletivamente positivado" (Adecon-MC 12/DF, rel. Min. Carlos Britto, j. 16.02.2006, *DJU* 01.09.2006, p. 15).

De resto, essa **linha** de **argumentação** foi **consolidada** por meio da edição, pelo **STF**, da **Súmula Vinculante 13**, que proíbe o preenchimento desses cargos em comissão por parentes até o terceiro grau do administrador:

> **Súmula Vinculante 13:** A nomeação de cônjuge, companheiro ou parente em linha reta, colateral ou por afinidade, até o terceiro grau, inclusive, da autoridade nomeante ou de servidor da mesma pessoa jurídica investido em cargo de direção, chefia ou assessoramento, para o exercício de cargo em comissão ou de confiança ou, ainda, de função gratificada na administração pública direta e indireta em qualquer dos poderes da União, dos Estados, do Distrito Federal e dos Municípios, compreendido o ajuste mediante designações recíprocas, viola a Constituição Federal.

A edição desta súmula em boa hora demonstra que, nada obstante a CF estabelecer que cargos em comissão são de livre nomeação, essa diretriz **não autoriza a conclusão pela possibilidade de titularização desses cargos por qualquer pessoa**.

Ao revés, apenas permite concluir que a investidura nesses cargos independe de aprovação prévia em concurso público, algo totalmente diferente.

Excepciona de igual sorte a **regra geral** da investidura por concurso público, a **contratação** realizada por **prazo determinado, para a titularização de funções,** na forma preconizada pelo **art. 37, IX, da CF:**

> **Art. 37.** (...)
> IX — a lei estabelecerá os casos de contratação por tempo determinado para atender a necessidade temporária de excepcional interesse público.

Com efeito, essas **contratações** terão lugar somente diante daquelas **situações imprevisíveis que não podem aguardar o tempo necessário para a realização de concurso público**.

Nesse sentido, legítimo concluir que seu **prazo** de **duração** fica intimamente relacionado ao **término** do **concurso** a ser aberto visando à contratação de servidores em caráter permanente.

Em outras palavras, essas contratações, por dispensarem a realização de concurso público, têm de ser dotadas de começo, meio e fim, **não podendo**, pois, **prolongar-se** por **prazo indeterminado**.

Por derradeiro, importante deixar consignado que essas **contratações temporárias** foram disciplinadas pela **Lei n. 8.745/93**, em que se destacam, inicialmente, as hipóteses configuradoras de situações emergenciais, de excepcional interesse público, previstas no **art. 2º:**

> **Art. 2º** Considera-se necessidade temporária de excepcional interesse público:
> I — assistência a situações de calamidade pública;
> II — assistência a emergências em saúde pública;
> III — realização de recenseamentos e outras pesquisas de natureza estatística efetuadas pela Fundação Instituto Brasileiro de Geografia e Estatística — IBGE;
> IV — admissão de professor substituto e professor visitante;
> V — admissão de professor e pesquisador visitante estrangeiro;
> VI — atividades:
> *a)* especiais nas organizações das Forças Armadas para atender à área industrial ou a encargos temporários de obras e serviços de engenharia;
> *b)* de identificação e demarcação territorial;
> *c)* (Revogada pela Lei n. 10.667, de 2003)
> *d)* finalísticas do Hospital das Forças Armadas;
> *e)* de pesquisa e desenvolvimento de produtos destinados à segurança de sistemas de informações, sob responsabilidade do Centro de Pesquisa e Desenvolvimento para a Segurança das Comunicações — CEPESC;
> *f)* de vigilância e inspeção, relacionadas à defesa agropecuária, no âmbito do Ministério da Agricultura e do Abastecimento, para atendimento de situações emergenciais ligadas ao comércio internacional de produtos de origem animal ou vegetal ou de iminente risco à saúde animal, vegetal ou humana;

g) desenvolvidas no âmbito dos projetos do Sistema de Vigilância da Amazônia — SIVAM e do Sistema de Proteção da Amazônia — SIPAM;

h) técnicas especializadas, no âmbito de projetos de cooperação com prazo determinado, implementados mediante acordos internacionais, desde que haja, em seu desempenho, subordinação do contratado ao órgão ou entidade pública.

i) técnicas especializadas necessárias à implantação de órgãos ou entidades ou de novas atribuições definidas para organizações existentes ou as decorrentes de aumento transitório no volume de trabalho que não possam ser atendidas mediante a aplicação do art. 74 da Lei n. 8.112, de 11 de dezembro de 1990;

j) técnicas especializadas de tecnologia da informação, de comunicação e de revisão de processos de trabalho, não alcançadas pela alínea i e que não se caracterizem como atividades permanentes do órgão ou entidade;

l) didático-pedagógicas em escolas de governo; e

m) de assistência à saúde para comunidades indígenas; e

VII — admissão de professor, pesquisador e tecnólogo substitutos para suprir a falta de professor, pesquisador ou tecnólogo ocupante de cargo efetivo, decorrente de licença para exercer atividade empresarial relativa à inovação.

VIII — admissão de pesquisador, nacional ou estrangeiro, para projeto de pesquisa com prazo determinado, em instituição destinada à pesquisa; e

IX — combate a emergências ambientais, na hipótese de declaração, pelo Ministro de Estado do Meio Ambiente, da existência de emergência ambiental na região específica.

X — admissão de professor para suprir demandas decorrentes da expansão das instituições federais de ensino, respeitados os limites e as condições fixados em ato conjunto dos Ministérios do Planejamento, Orçamento e Gestão e da Educação.

§ 1º A contratação de professor substituto de que trata o inciso IV do *caput* poderá ocorrer para suprir a falta de professor efetivo em razão de:

I — vacância do cargo;

II — afastamento ou licença, na forma do regulamento; ou

III — nomeação para ocupar cargo de direção de reitor, vice-reitor, pró-reitor e diretor de *campus*.

§ 2º O número total de professores de que trata o inciso IV do *caput* não poderá ultrapassar 20% (vinte por cento) do total de docentes efetivos em exercício na instituição federal de ensino.

§ 3º As contratações a que se refere a alínea *h* do inciso VI serão feitas exclusivamente por projeto, vedado o aproveitamento dos contratados em qualquer área da administração pública.

§ 4º Ato do Poder Executivo disporá, para efeitos desta Lei, sobre a declaração de emergências em saúde pública.

§ 5º A contratação de professor visitante e de professor visitante estrangeiro, de que tratam os incisos IV e V do *caput*, tem por objetivo:

I — apoiar a execução dos programas de pós-graduação *stricto sensu*;

II — contribuir para o aprimoramento de programas de ensino, pesquisa e extensão;

III — contribuir para a execução de programas de capacitação docente; ou

IV — viabilizar o intercâmbio científico e tecnológico.

§ 6º A contratação de professor visitante e o professor visitante estrangeiro, de que tratam os incisos IV e V do *caput*, deverão:

I — atender a requisitos de titulação e competência profissional; ou

II — ter reconhecido renome em sua área profissional, atestado por deliberação do Conselho Superior da instituição contratante.

§ 7º São requisitos mínimos de titulação e competência profissional para a contratação de professor visitante ou de professor visitante estrangeiro, de que tratam os incisos IV e V do *caput*:

I — ser portador do título de doutor, no mínimo, há 2 (dois) anos;

II — ser docente ou pesquisador de reconhecida competência em sua área; e

III — ter produção científica relevante, preferencialmente nos últimos 5 (cinco) anos.

§ 8º Excepcionalmente, no âmbito das Instituições da Rede Federal de Educação Profissional, Científica e Tecnológica, poderão ser contratados professor visitante ou professor visitante estrangeiro, sem o título de doutor, desde que possuam comprovada competência em ensino, pesquisa e extensão tecnológicos ou reconhecimento da qualificação profissional pelo mercado de trabalho, na forma prevista pelo Conselho Superior da instituição contratante.

§ 9º A contratação de professores substitutos, professores visitantes e professores visitantes estrangeiros poderá ser autorizada pelo dirigente da instituição, condicionada à existência de recursos orçamentários e financeiros para fazer frente às despesas decorrentes da contratação e ao quantitativo máximo de contratos estabelecido para a IFE.

§ 10. A contratação dos professores substitutos fica limitada ao regime de trabalho de 20 (vinte) horas ou 40 (quarenta) horas.

A leitura do **dispositivo reproduzido** bem demonstra o **equívoco** cometido pelo **legislador**, uma vez que se percebe, com meridiana clareza, que muitas das **situações** ali **descritas não se revelam** configuradoras de **situações emergenciais**, de excepcional interesse público.

Outrossim, no referido diploma legal, oportuno destacar, também, por se tratar de situações que envolvem **contratações temporárias**, quais os **prazos-limite** relacionados pelo legislador, o que se verifica no **art. 4º:**

Art. 4º As contratações serão feitas por tempo determinado, observados os seguintes prazos máximos:

I — 6 (seis) meses, nos casos dos incisos I, II e IX do *caput* do art. 2º desta Lei;

II — 1 (um) ano, nos casos dos incisos III e IV, das alíneas *d* e *f* do inciso VI e do inciso X do *caput* do art. 2º;

III — dois anos, nos casos do inciso VI, alíneas *b, e* e *m,* do art. 2º;

IV — 3 (três) anos, nos casos das alíneas *h* e *l* do inciso VI e dos incisos VII e VIII do *caput* do art. 2º desta Lei; (Alterado pela Lei n. 11.784/2008)

V — 4 (quatro) anos, nos casos do inciso V e das alíneas *a, g, i* e *j* do inciso VI do *caput* do art. 2º desta Lei.

Parágrafo único. É admitida a prorrogação dos contratos:

I — nos casos dos incisos III e IV, das alíneas *b, d* e *f* do inciso VI e do inciso X do *caput* do art. 2º, desde que o prazo total não exceda a 2 (dois) anos;

II — no caso do inciso VI, alínea *e,* do art. 2º, desde que o prazo total não exceda três anos;

III — nos casos do inciso V, das alíneas *a, h, l* e *m* do inciso VI e do inciso VIII do *caput* do art. 2º desta Lei, desde que o prazo total não exceda a quatro anos;

IV — no caso das alíneas *g*, *i* e *j* do inciso VI do *caput* do art. 2º desta Lei, desde que o prazo total não exceda a 5 (cinco) anos;

V — no caso do inciso VII do art. 2º, desde que o prazo total não exceda 6 (seis) anos.

VI — nos casos dos incisos I e II do *caput* do art. 2º desta Lei, pelo prazo necessário à superação da situação de calamidade pública ou das situações de emergências em saúde pública, desde que não exceda a dois anos.

Nesse contexto, surge, ainda, como exceção, a decisão proferida pelo **STF** na **ADIn 3.026**, relatada pelo **Ministro Eros Grau** em 8 de **junho** de **2006**, em que se estabeleceu a **desnecessidade** de a **OAB**, em que pese sua natureza autárquica, **contratar** por **meio** de **concurso** público. Confira-se:

> "(...) 2. Não procede a alegação de que a OAB sujeita-se aos ditames impostos à Administração Pública Direta e Indireta. (...)
>
> 7. A Ordem dos Advogados do Brasil, cujas características são autonomia e independência, não pode ser tida como congênere dos demais órgãos de fiscalização profissional. A OAB não está voltada exclusivamente a finalidades corporativas. Possui finalidade institucional. (...)
>
> 10. Incabível a exigência de concurso público para admissão dos contratados sob o regime trabalhista pela OAB".

14.3.3. Prazo de validade do concurso, nomeação e posse

Outro ponto importante a ser observado diz respeito ao **prazo** de **validade** do concurso público, questão disciplinada pelo **inciso III** do **art. 37**, da seguinte forma:

Art. 37. (...)

III — o prazo de validade do concurso público será de até dois anos, prorrogável uma vez, por igual período.

A redação desse dispositivo, de aparente clareza, tem, entretanto, gerado algumas dificuldades, por não se atentar a seus exatos termos.

Com efeito, o **prazo** de **validade** de um concurso público, como de maneira equivocada se imagina em um primeiro momento, **não é de dois anos**, **mas** de **"até dois anos"**, o que se revela completamente diferente.

Tivesse a Constituição estabelecido prazo de dois anos, não restaria para o administrador nenhum espaço para o estabelecimento de prazo diferenciado, o que geraria consequência imediata em relação ao período de sua prorrogação. **Tivessem, destarte, todos os concursos públicos o prazo único de dois anos, sua renovação por mais um período levaria ao prazo único de quatro anos, o que não se compatibiliza com a regra constitucional.**

Deveras, ao estipular que o **prazo** será de **"até dois anos"**, a **Constituição abriu** a **possibilidade** para que o **administrador estabeleça**, de acordo com suas conveniências, **prazos inferiores**, que serviriam, pois, como um teto a ser atingido.

Nesse contexto, é perfeitamente possível que os concursos públicos apresentem prazos diferentes, como os de 12, 19, 23 meses, visto serem todos eles inferiores ao limite máximo estabelecido pela Constituição.

Sem dúvida nenhuma, sendo esse o entendimento correto, uma vez que derivado da redação constitucional, como **desdobramento lógico, os concursos poderão ser prorrogados por uma única vez e somente por igual período**.

Assim, previsto um prazo inicial de validade de um ano, o concurso poderá ser prorrogado por uma vez e por mais um ano, sendo importante anotar que **não se trata** aqui de uma obrigação conferida à Administração, **mas de uma simples faculdade, não** se **caracterizando, assim, nenhum direito subjetivo dos candidatos aprovados** que possa ser deduzido em juízo.

Seguindo essa linha, diz a Constituição que, **durante** o **prazo** de **validade** do **concurso** público, o **candidato aprovado** goza de certas **prerrogativas**, como se vê da redação do **inciso IV:**

> **Art. 37.** (...)
>
> IV — durante o prazo improrrogável previsto no edital de convocação, aquele aprovado em concurso público de provas ou de provas e títulos será convocado com prioridade sobre novos concursados para assumir cargo ou emprego, na carreira.

Essa redação bem está a demonstrar que, durante o prazo de validade do concurso público, os **aprovados não terão direito adquirido à contratação**; nem a Administração Pública, por consequência, tem a obrigação de contratá-los.

A conclusão a ser extraída é a de que durante o prazo de validade do concurso público os **aprovados** têm, **sim**, um **direito adquirido**: o de não serem **preteridos por nenhum outro**, ainda que proveniente de outro concurso público. Nesse sentido: TJDFT, Conselho Especial, MS 20000020043282, rel. Des. Eduardo de Moraes Oliveira, j. 19.12.2000, *DJU* 15.08.2001, p. 26.

Assim, se por um lado a Administração Pública não tem a obrigação de contratar durante o prazo de validade de um concurso, alegando, por exemplo, situações de interesse público, por outro lado, **se quiser fazê-lo**, **só** o poderá **em relação aos aprovados**.

Note-se que a **regra constitucional se aplica inclusive** para aquelas **situações** em que a **Administração** resolva **abrir**, **durante** o **prazo** de **validade** de um **concurso**, **outro para preenchimento das mesmas vagas**.

Nessas situações, **ainda que** os **novos concursados** possam ter **obtido notas superiores** aos aprovados no **concurso anterior**, **não poderão ser contratados** durante o prazo de validade do primeiro concurso sem que isso represente **agressão** ao **dispositivo constitucional**.

Nesse particular, aliás, cumpre mencionar que a **Lei n. 8.112/90** foi ainda mais rigorosa ao **proibir** a abertura de **novo concurso enquanto houver candidato aprovado em concurso anterior** com **prazo de validade não expirado**, como se infere da redação do seu **art. 12, § 2º:**

> **Art. 12.** (...)
>
> § 2º Não se abrirá novo concurso enquanto houver candidato aprovado em concurso anterior com prazo de validade não expirado.

De resto, acerca do tema, importante trazer à colação o conteúdo da **Súmula 15 do STF**, cuja redação foi vazada nos seguintes termos:

> **Súmula 15 do STF:** Dentro do prazo de validade do concurso, o candidato aprovado tem o direito à nomeação, quando o cargo for preenchido sem observância da classificação.

Em comentários ao conteúdo desta, o jurista Roberto Rosas[2] teceu as seguintes observações:

> "Hely Lopes Meirelles pensa da mesma forma, porque a conveniência e oportunidade do provimento ficam à inteira discrição do Poder Público. O que não se admite é a nomeação de outro candidato, que não o vencedor do concurso (*Direito Administrativo brasileiro*. 20. ed. p. 376); assim decidiu o STF. Só há direito caso se verifique o preenchimento, no prazo de validade do concurso, por terceiro, ou fora da classificação (*RTJ* 56/654)".

De outra parte, cumpre observar que o **STJ**, em fevereiro de **2008**, quando do julgamento do **RMS 20.718**, **concluiu** que **candidato aprovado** em concurso público, **dentro** do **número** de **vagas** previsto no edital, possui **direito líquido e certo à nomeação**.

Assim, por maioria de votos, os Ministros integrantes da **6ª Turma** entenderam que a publicação do instrumento convocatório (edital) configura ato discricionário da Administração Pública, ensejando, em contrapartida, **direito subjetivo à nomeação e à posse para os candidatos aprovados e classificados dentro do número de vagas previstas**.

Outrossim, a **mesma diretriz** foi reiterada por aquela Corte no julgamento do **RMS 19.478**, em maio de **2008**, quando a mesma **6ª Turma**, por **unanimidade**, determinou que candidato aprovado em concurso realizado pelo TJSP, para o preenchimento de vaga para o cargo de oficial de justiça, homologado em **outubro** de **1999**, fosse nomeado, entendimento hoje já consolidado no nível de todas as Turmas daquela Corte.

Em vista desse cenário, importante registrar que o **mesmo entendimento** também já foi adotado pelo **STF**, desde 23 de abril de **2009**, quando reconheceu sua repercussão geral no **RE 598.099/MS**, nos seguintes termos:

> "Direito Administrativo. Concurso Público. 2. Direito líquido e certo à nomeação do candidato aprovado entre as vagas previstas no edital de concurso público. 3. Oposição ao poder discricionário da Administração Pública. 4. Alegação de violação dos arts. 5º, inciso LXIX, e 37, *caput* e inciso IV, da Constituição Federal. 5. Repercussão geral reconhecida".

Em **agosto** de **2011**, a **Suprema Corte**, ao apreciar o mérito do referido recurso, em decisão que se revelou um verdadeiro **divisor** de **águas** sobre essa matéria, **con-**

[2] *Direito sumular*. 9. ed. São Paulo: Malheiros, 1998, p. 22.

firmou a existência de direito subjetivo à nomeação para os candidatos aprovados dentro do número de vagas previsto no edital.

Essa **decisão, baseada** em especial nos **princípios** da **boa-fé** e da **segurança das relações jurídicas**, em vista da **repercussão geral** anteriormente reconhecida, extrapola o interesse das partes envolvidas, atingindo todos os demais processos com o mesmo objeto. Em razão de sua importância, oportuna a reprodução do **verbete** ora comentado.

> "Recurso extraordinário. Repercussão geral. Concurso público. Previsão de vagas em edital. Direito à nomeação dos candidatos aprovados. I. Direito à nomeação. Candidato aprovado dentro do número de vagas previstas no edital. Dentro do prazo de validade do concurso, a Administração poderá escolher o momento no qual se realizará a nomeação, mas não poderá dispor sobre a própria nomeação, a qual, de acordo com o edital, passa a constituir um direito do concursando aprovado e, dessa forma, um dever imposto ao poder público. Uma vez publicado o edital do concurso com número específico de vagas, o ato da Administração que declara os candidatos aprovados no certame cria um dever de nomeação para a própria Administração e, portanto, um direito à nomeação titularizado pelo candidato aprovado dentro desse número de vagas. II. ADMINISTRAÇÃO PÚBLICA. PRINCÍPIO DA SEGURANÇA JURÍDICA. BOA-FÉ. PROTEÇÃO À CONFIANÇA. O dever de boa-fé da Administração Pública exige o respeito incondicional às regras do edital, inclusive quanto à previsão das vagas do concurso público. Isso igualmente decorre de um necessário e incondicional respeito à segurança jurídica como princípio do Estado de Direito. Tem-se, aqui, o princípio da segurança jurídica como princípio de proteção à confiança. Quando a Administração torna público um edital de concurso, convocando todos os cidadãos a participarem de seleção para o preenchimento de determinadas vagas no serviço público, ela impreterivelmente gera uma expectativa quanto ao seu comportamento segundo as regras previstas nesse edital. Aqueles cidadãos que decidem se inscrever e participar do certame público depositam sua confiança no Estado administrador, que deve atuar de forma responsável quanto às normas do edital e observar o princípio da segurança jurídica como guia de comportamento. Isso quer dizer, em outros termos, que o comportamento da Administração Pública no decorrer do concurso público deve se pautar pela boa-fé, tanto no sentido objetivo quanto no aspecto subjetivo de respeito à confiança nela depositada por todos os cidadãos. III. SITUAÇÕES EXCEPCIONAIS. NECESSIDADE DE MOTIVAÇÃO. CONTROLE PELO PODER JUDICIÁRIO. Quando se afirma que a Administração Pública tem a obrigação de nomear os aprovados dentro do número de vagas previsto no edital, deve-se levar em consideração a possibilidade de situações excepcionalíssimas que justifiquem soluções diferenciadas, devidamente motivadas de acordo com o interesse público. Não se pode ignorar que determinadas situações excepcionais podem exigir a recusa da Administração Pública de nomear novos servidores. Para justificar o excepcionalíssimo não cumprimento do dever de nomeação por parte da Administração Pública, é necessário que a situação justificadora seja dotada das seguintes características: a) Superveniência: os eventuais fatos ensejadores de uma situação excepcional devem ser necessariamente posteriores à publicação do edital do certame público; b) Imprevisibilidade: a situação deve ser determinada por circunstâncias extraordinárias, imprevisíveis à época da publicação do edital; c) Gravidade: os acontecimentos extraordinários e

imprevisíveis devem ser extremamente graves, implicando onerosidade excessiva, dificuldade ou mesmo impossibilidade de cumprimento efetivo das regras do edital; d) Necessidade: a solução drástica e excepcional de não cumprimento do dever de nomeação deve ser extremamente necessária, de forma que a Administração somente pode adotar tal medida quando absolutamente não existirem outros meios menos gravosos para lidar com a situação excepcional e imprevisível. De toda forma, a recusa de nomear candidato aprovado dentro do número de vagas deve ser devidamente motivada e, dessa forma, passível de controle pelo Poder Judiciário. IV. FORÇA NORMATIVA DO PRINCÍPIO DO CONCURSO PÚBLICO. Esse entendimento, na medida em que atesta a existência de um direito subjetivo à nomeação, reconhece e preserva da melhor forma a força normativa do princípio do concurso público, que vincula diretamente a Administração. É preciso reconhecer que a efetividade da exigência constitucional do concurso público, como uma incomensurável conquista da cidadania no Brasil, permanece condicionada à observância, pelo Poder Público, de normas de organização e procedimento e, principalmente, de garantias fundamentais que possibilitem o seu pleno exercício pelos cidadãos. O reconhecimento de um direito subjetivo à nomeação deve passar a impor limites à atuação da Administração Pública e dela exigir o estrito cumprimento das normas que regem os certames, com especial observância dos deveres de boa-fé e incondicional respeito à confiança dos cidadãos. O princípio constitucional do concurso público é fortalecido quando o Poder Público assegura e observa as garantias fundamentais que viabilizam a efetividade desse princípio. Ao lado das garantias de publicidade, isonomia, transparência, impessoalidade, entre outras, o direito à nomeação representa também uma garantia fundamental da plena efetividade do princípio do concurso público. V. NEGADO PROVIMENTO AO RECURSO EXTRAORDINÁRIO".

Diante dessa **nova orientação**, a **Administração não poderá manter seus procedimentos anteriores**, sob pena de agressão a todos os princípios relacionados no art. 37 da CF, **a menos** que se concretize uma **situação de interesse público** devidamente justificada, o que demanda análise caso a caso.

De outra parte, importante registrar a **polêmica** criada em torno da possibilidade atribuída ao Poder Público de **abertura de concursos** públicos tão somente para preenchimento de **cadastro de reserva**.

Com efeito, **para muitos** se trata de uma **tentativa** da Administração de **burlar** a **diretriz constitucional** que exige a abertura de concurso para preenchimento de cargos e empregos, tão somente.

Não fosse esse aspecto suficiente para o questionamento da legitimidade dessa iniciativa, cumpre ainda fazer referência à **polêmica relacionada** aos **direitos daqueles aprovados** para esse **cadastro** de **reserva**, na hipótese de **vagas inexistentes**.

Nesse particular, **desde que existente a demanda**, nossos Tribunais têm atribuído a essas pessoas **direito** à **nomeação**, sob pena de frustração ilegítima de suas expectativas.

Dentro desse contexto, importante consignar que o **direito à nomeação surge** a partir do instante em que se revelar cristalina a **existência** de **demanda**, sob pena de esvaziamento da diretriz estabelecida no art. 37, II e IV, da CF.

Por outro lado, digna de nota também a **possibilidade** de **nomeação imediata** dos **aprovados** em **concurso** a partir do momento em que as **atribuições** dos cargos colocados em disputa sejam **terceirizadas**.

Nesse sentido, importante esclarecer que a **conclusão** extraída **não inviabiliza terceirizações** realizadas pelo Poder Público, principalmente quando implicarem redução de despesa, bem como conferir maior eficiência para a execução de serviços públicos.

Ao revés, o que se entende **ilegal** é a **terceirização recaindo sobre atribuições de cargos colocados em disputa** dentro de um concurso que se encontre ainda **dentro do prazo de validade**, uma vez que implicaria agressão indireta às diretrizes estabelecidas pela Constituição, e como consequência, **frustração** da **expectativa** daqueles que, **aprovados** no **certame**, aguardam ansiosamente por uma nomeação.

Não se trata de conclusão gratuita, pois já atingida por diversos de nossos Tribunais, a começar pela orientação oferecida pelo **STF, em 14 de fevereiro de 2012**, através de sua **1ª Turma**, em **AgRg no RE com Agravo n. 660.141/AL**, relatado pela **Ministra Cármen Lúcia:**

> "Agravo Regimental no Recurso Extraordinário com Agravo. Constitucional. Concurso público. Existência de candidato aprovado. Impossibilidade de contratação precária no prazo de validade do concurso. Precedentes. Agravo Regimental ao qual se nega provimento".

A ementa reproduzida não deixa dúvidas quanto à **orientação** já **consolidada** em nossa **Suprema Corte** em relação a essa matéria.

Sem embargo, para que não se pense tratar-se de julgado isolado, a eminente relatora relacionou **precedentes no nível daquela Corte:**

> "(...) 5. Este Supremo Tribunal assentou que o candidato aprovado em concurso público não pode ter sua nomeação preterida em razão da ocupação precária de atribuições próprias do exercício de cargo efetivo vago, dentro do prazo de validade do concurso. Nesse sentido: '*Agravo regimental em agravo de instrumento. 2. Existência de candidatos aprovados em concurso público. 3. Contratação de temporários. 3. Preterição. Precedentes do STF. 4. Agravo regimental a que se nega provimento*'" (AI 776.070-AgR, rel. Min. Gilmar Mendes, 2ª T., *DJe* 22.3.2011).

> "SERVIDOR PÚBLICO. CONCURSO PÚBLICO. Cargo. Nomeação. Preterição da ordem de classificação e contratação precária. Fatos não demonstrados. Segurança concedida em parte. Suspensão. Indeferimento. Inexistência de lesão à ordem pública. Agravo regimental improvido. Não há risco de grave lesão à ordem pública na decisão judicial que determina seja observada a ordem classificatória em concurso público, a fim de evitar preterição de concursados pela contratação de temporários, quando comprovada a necessidade do serviço" (SS 4196-AgR, Rel. Min. Cezar Peluso, Plenário, *DJe* 27.8.2010).

> "AGRAVO REGIMENTAL NO AGRAVO DE INSTRUMENTO. CONCURSO PÚBLICO. TERCEIRIZAÇÃO DE VAGA. PRETERIÇÃO DE CANDIDATOS APROVADOS. DIREITO À NOMEAÇÃO. REEXAME DE PROVAS. IMPOSSIBILIDADE EM

RECURSO EXTRAORDINÁRIO. 1. Uma vez comprovada a existência da vaga, sendo esta preenchida, ainda que precariamente, fica caracterizada a preterição do candidato aprovado em concurso. 2. Reexame de fatos e provas. Inviabilidade do recurso extraordinário. Súmula n. 279 do Supremo Tribunal Federal. Agravo regimental a que se nega provimento" (AI 777.644-AgR, rel. Min. Eros Grau, 2ª T., *DJe* 14.5.2010). ARE 660.141 AGR/AL.

Outrossim, o zelo que marca os votos proferidos pela eminente Ministra levaram-na também a citar importante **precedente do TST**:

"(...) 4. O Tribunal Superior do Trabalho decidiu: 'É certo que uma empresa como a Petrobras tem direito de se utilizar de modernos instrumentos de gestão pessoal, como é o caso da terceirização de serviços, que, bem empregada, diminui custos, agiliza a produção, gera empregos, etc. Inclusive, quanto ao contrato havido entre a reclamada e a prestadora de serviços de segurança, o Tribunal Regional afirmou que é 'sem vícios de forma e conteúdo', não se vislumbrando 'motivos para rescindi-lo por ordem judicial'. Contudo, a contratação de terceirizados em detrimento de aprovados em concurso público, ainda que para formação de cadastro de reserva, acabou por conceder aos últimos direito subjetivo à nomeação, tendo-se em vista que a Petrobras deixou claro a exigência de vagas e a necessidade de pessoal' (fl. 1506v)".

Outrossim, a mesma orientação encontra-se no **precedente** relatado pelo **Ministro Sepúlveda Pertence**, nos autos do **AI-AGR-STF 440.895 — *DJ* 20.10.2006:**

"Concurso público: terceirização da vaga: preterição de candidatos aprovados: direito à nomeação: uma vez comprovada a existência da vaga, sendo esta preenchida, ainda que precariamente, fica caracterizada a preterição do candidato aprovado em concurso. 2. Recurso extraordinário: não se presta para o reexame das provas e fatos em que se fundamentou o acórdão recorrido: incidência da Súmula 279".

Na mesma toada encontra-se o posicionamento do Egrégio **Superior Tribunal de Justiça**, em decisão proferida em julho de 2011, pela **5ª Turma**, por unanimidade:

"Administrativo. Agravo regimental no recurso especial. Concurso público. Médico oftalmologista da Universidade Federal Fluminense. Contratação temporária dentro do prazo de validade do concurso. Comprovada a preterição do candidato aprovado no certame. Reconhecido o direito à nomeação. Nova qualificação jurídica dos fatos delimitados no aresto recorrido. Não incidência da Súmula 7/STJ. Agravo regimental desprovido. 1. A manutenção de contratos temporários para suprir a demanda por Médicos Oftalmologistas, demonstra a necessidade premente de pessoal para o desempenho da atividade, revelando flagrante preterição daqueles que, aprovados em concurso ainda válido, estariam aptos a ocupar o cargo; circunstância que, a teor da Jurisprudência desta Corte Superior, faz surgir o direito subjetivo do candidato à nomeação. 2. O reexame vedado em sede de Recurso Especial, nos moldes da Súmula 7/STJ, cinge-se à existência ou correção dos fatos delimitados na sentença e no acórdão recorrido; a atribuição de nova qualificação jurídica a um fato é perfeitamente possível ao STJ, pois está adstrita ao debate de matéria de direito (AgRg no EREsp 134.108/DF, Corte Especial, Rel. Min. Eduardo Ribeiro, *DJU* 16.08.1999). 3. Agravo Regimental desprovido" (AgRg no REsp 1.124.373-RJ (2009/0030001-6), rel. Min. Napoleão Nunes Maia Filho).

Por fim, o **Egrégio Tribunal Regional Federal da 2ª Região** já se posicionou no mesmo sentido dos Tribunais Superiores:

> "ADMINISTRATIVO. CONCURSO PÚBLICO. CANDIDATO APROVADO FORA DO NÚMERO DE VAGAS. CONTRATAÇÃO TEMPORÁRIA. PROVA INEQUÍVOCA DE DISPONIBILIDADE DE DUAS VAGAS. DIREITO SUBJETIVO À NOMEAÇÃO. 1. Pedido de efeito suspensivo recursal julgado prejudicado. 2. Afastada a ilegitimidade *ad causam* alegada pela ré, tendo em vista o artigo 207 da Constituição Federal de 1988 dispor que '*as universidades gozam de autonomia didático-científica, administrativa e de gestão financeira e patrimonial*'. Desta forma, o ato de determinar o número de vagas para o cargo de professor do seu quadro funcional, assim como provê-lo, é da sua própria alçada e não do Ministério do Planejamento, Orçamento e Gestão ou, de forma complementar, do Ministério da Educação. 3. É firme a jurisprudência pátria no sentido de que os candidatos aprovados em concurso público possuem mera expectativa ao provimento do cargo. Porém, há que ser observada no caso concreto a existência, ou não, de situações pelas quais a expectativa de direito reverte-se em direito subjetivo à nomeação, entre elas a contratação de terceiros quando ainda transcorrendo o prazo de validade do concurso. 4. Por seu turno, o Superior Tribunal de Justiça, analisando demandas em que os candidatos não alcançaram a colocação dentre as vagas disponibilizadas no edital de regência do concurso, vem decidindo no sentido de que estes detêm mera expectativa ao provimento do cargo. Porém, também nessa hipótese, há que ser observada, no caso concreto, a ocorrência, ou não, de situações pelas quais a expectativa de direito reverte-se em direito subjetivo ao provimento do cargo, quais sejam: a) se preterido na ordem de classificação (Súmula 15/STF); b) se aberto novo concurso público na vigência do anterior; ou c) se durante o prazo de validade do concurso, for contratado outro servidor a título precário para exercer as mesmas funções do cargo para o qual o candidato foi aprovado. 5. Assim, para o candidato aprovado fora do número de vagas o direito subjetivo à nomeação não surge automaticamente da contratação temporária de terceiros quando ainda transcorrendo o prazo de validade do concurso, pois, para tanto, se mostra necessária a comprovação de que as contratações ocorreram pela necessidade de preenchimento de cargos efetivos, em manifesta preterição àqueles que, aprovados em concurso ainda válido, estariam aptos a ocupar o mesmo cargo ou função. 6. De acordo com o Edital n. 4, de 9 de maio de 2005, que regeu o certame prestado pelo autor, foi aberta uma vaga para a área de Economia, sendo que o referido concurso teria validade pelo prazo de um ano, contado a partir da data de sua homologação, conforme previsto no item 10. 7. Destarte, mesmo que o concurso tenha visado o preenchimento de somente uma vaga, já preenchida pelo segundo colocado no certame, em razão da desistência do primeiro colocado, tem-se que restou demonstrado nos autos a existência de vagas na carreira do Magistério Superior pertencentes ao quadro de Pessoal da Universidade ré no departamento para a qual o autor foi aprovado, e que vieram a ser preenchidas por professores substitutos, contratados quando ainda em pleno curso o tempo de eficácia do certame em tela, evidenciando a necessidade de professores ao atendimento da demanda do ensino, de modo que exsurgiu o direito do autor ao provimento do cargo. 8. Descabe a irresignação da União quanto à parte da sentença que a condenou ao reembolso do valor já adiantado a tal título pelo autor. Ocorre que, não obstante o artigo 24-A da Lei n. 9.028/95, incluído pela Medida Provisória n. 2.180-35, de 2001, assim como o artigo 4º, inciso I, da Lei n. 9.289/96, isentarem a União, suas autarquias e fundações ao pagamento de custas na Justiça Federal, estes dispositivos legais não a eximem,

contudo, ao reembolso desta despesa judiciária sempre que forem sucumbentes na demanda. Ao contrário, há manifesta previsão legal referente ao seu dever de reembolsar as custas no caso de restar sucumbente na demanda, conforme o disposto no parágrafo único do artigo 4º da Lei n. 9.289/96 9. Remessa necessária e apelo conhecidos e desprovidos" (AC 2005.50.01.012532-7, 7ª T. Especializada, rel. Des. Federal Jose Antonio Lisboa Neiva, *DJU* 16.03.2011).

- "ADMINISTRATIVO. PROFESSOR DE DIREITO DA UNIVERSIDADE FEDERAL DO ESPÍRITO SANTO. CONCURSO PÚBLICO. APROVAÇÃO. CONTRATAÇÃO TEMPORÁRIA. LEI N. 8.745/93. EXISTÊNCIA DE CARGOS VAGOS EFETIVOS. I —Se por um lado inexistem dúvidas de que a aprovação em concurso público gera mera expectativa de direito à nomeação aos candidatos aprovados no certame, não se podendo compelir a Administração Pública nomeá-los, já que tal fato encontra-se no âmbito de seu poder discricionário (conveniência e oportunidade). Por outro lado, à Administração Pública é vedado, dentro do prazo de validade de determinado certame, promover processo seletivo para contratação de pessoal, ainda que de forma precária, para desempenhar as mesmas funções que seriam exercidas por aqueles candidatos aprovados no concurso público, quando há cargos vagos efetivos. II — Desaparece a discricionariedade administrativa, transformando a mera expectativa em direito subjetivo à nomeação de candidato aprovado em concurso público, no momento em que Administração Pública contrata profissionais temporários para ocupar cargos efetivos existentes e vagos, preterindo candidatos aprovados em concurso público, ainda válido, para ocupar o mesmo cargo ou função. III — Remessa necessária e apelação desprovidas" (AC 2003.50.01.004561-0, 8ª T. Especializada, rel. Juiz Federal Convocado Marcelo Pereira no afast. Relator, E-DJF2R 06.12.2010).

- "ADMINISTRATIVO. CONCURSO PÚBLICO. CANDIDATOS APROVADOS. CONTRATAÇÃO TEMPORÁRIA. ILEGALIDADE. I — A Autora-Apelada logrou êxito em certame realizado visando o provimento de cargo público efetivo de Professora Assistente da UFES. II — Ajuíza a presente demanda em razão de alegada preterição cometida pela Administração Pública, uma vez que, ainda no prazo de validade do referido concurso, realizou a Parte Ré processo seletivo simplificado para contratação temporária e excepcional de novos professores. III — É inconteste nos autos que a Autora logrou aprovação em segundo lugar no concurso para o cargo que disputou. Também é incontroverso que, durante o prazo de validade do concurso, a Administração efetuou processo seletivo para contratação temporária de novos professores, sendo certo que a Autora logrou classificação em 2º lugar, dentro do número de vagas oferecidas no processo seletivo para contratação de profissionais temporários. IV — Caracterizada está, assim, a preterição da Autora, porquanto aprovada em concurso público e, não obstante a existência de vagas, procedeu a Administração, durante o prazo do concurso em testilha, à processo seletivo para contratação de profissionais temporários para exercer a mesma função. VI — Precedentes. VII — Remessa Necessária e Apelação da UFES improvidas" (Ap. REEX 2007.50.01.005748-3, 7ª T. Especializada, rel. Des. Federal Reis Friede, *DJU* 15.06.2009).

- "Constitucional e administrativo. Concurso público. Professor assistente da UFES. Candidato classificado em terceiro lugar. Comprovação da existência de 3 vagas preenchidas através da contratação de professores temporários. Direito à nomeação. Art. 37,

IV, da CF/88. 1. Trata-se de remessa necessária e de recurso de apelação interposto pela UFES contra sentença que julgou parcialmente procedente o pedido, condenando a autarquia a nomear o autor para o cargo de Professor Assistente na Área de Macroeconomia, junto ao Departamento de Economia da ré. 2. Preliminar de ilegitimidade passiva da UFES rejeitada pois, nos termos do art. 207 da CF/88, as universidades gozam de autonomia didático-científica, administrativa e de gestão financeira e patrimonial, sendo que o provimento dos cargos vagos é, portanto, sua responsabilidade, e não do Ministério do Planejamento, como alegado. 3. Na hipótese, restou comprovado que, durante o prazo de validade do concurso no qual o autor foi aprovado, existiam vagas para o cargo em questão, que estariam sendo ocupadas em caráter precário e temporário por professores substitutos. 4. Desta maneira, conforme jurisprudência do e. Supremo Tribunal Federal, surge para o candidato aprovado em concurso público o direito à nomeação, quando a Administração, apesar de existentes candidatos aprovados em concurso público decide prover a vaga através de professor temporário. 5. Remessa necessária e recurso improvidos" (AC 2005.50.01.011562-0, 8ª T. Especializada, rel. Juíza Federal Convocada Maria Alice Paim Lyard, *DJU* 31.03.2009).

"Administrativo — Servidor público — Concurso — Professor universitário — Candidato classificado em segundo lugar — Prova inequívoca de disponibilidade de duas vagas — Direito subjetivo à nomeação. 1 — Não há dúvida sobre a legitimidade do questionamento acerca de uma eventual ilicitude na contratação temporária de professores substitutos pela UFES, à luz da Lei 8.745/93, que regula a matéria. Mas tal apreciação não passa necessariamente pelo reconhecimento automático de um suposto direito subjetivo do apelado, o que está condicionado à efetiva existência de vagas a preencher. 2 — Em princípio, o concurso teria visado ao preenchimento de apenas uma vaga, o que, em princípio, iria ao encontro da tese da UFES, já que a única vaga ofertada já teria sido preenchida pelo primeiro colocado no certame. Assim, não se classificando o autor dentro do número de vagas existente, não haveria que se falar em preterimento na ordem classificatória, tampouco, logicamente, num suposto direito subjetivo ao preenchimento dessa suposta vaga, que nunca teria existido juridicamente, por, supostamente, nunca ter sido criada por Lei. 3 — No entanto, a tese da UFES não se sustenta, à luz da prova dos autos. A uma, porque, ao contrário do alegado, o Edital em momento algum se refere expressamente à oferta de apenas uma vaga para o cargo pretendido pelo Apelado (fls. 25/27), sendo omisso a respeito. A duas, porque a existência de duas vagas não preenchidas mostra-se inequívoca à luz da informação contida no documento de fl. 38, não infirmado pela apelante, o que torna patente o preterimento do autor na ordem classificatória, na medida em que vagas existentes e não preenchidas foram ocupadas por professores substitutos contratados, justamente no período de validade do concurso em tela, situação que transforma a expectativa de direito do ora apelado em direito subjetivo à nomeação. 4 — Precedente do E. STF. 5 — Remessa necessária e apelação desprovidas, tornando definitivo o provimento antecipatório deferido na sentença" (AC 2006.50.01.007119-0, 8ª T. Especializada, rel. Des. Federal Poul Erik Dyrlund, *DJU* 23.07.2008).

Da mesma forma, ilícita a terceirização quando incidente sobre atribuições comuns ao cargo anteriormente colocado em disputa, sem nenhum grau de complexidade que pudesse justificá-la.

Por fim, a **ilicitude** também se apresenta quando a **terceirização** incide sobre atividades de **natureza contínua** e, o que é mais grave, **formalizada de maneira precária.**

Esse aspecto assume relevo, tendo em vista a **prática**, cada vez mais **corriqueira**, de **terceirização** dessas **atividades** pelo Poder Público, em especial aquelas de **natureza jurídica**, por meio do **credenciamento de escritórios de advocacia** para a execução de **tarefas comuns**, frustrando a expectativa dos candidatos aprovados em concurso.

Ainda sobre o assunto, cumpre observar que o **ciclo de investidura**, dentro da Administração Pública, tem, no concurso público, apenas a sua primeira etapa, que **se completa com a nomeação e a posse**.

Essa **matéria**, aliás, não foi **disciplinada** pela Constituição Federal, mas sim pelo **legislador ordinário**.

Assim é que, ao disciplinar o tema, em relação à nomeação, a **Lei n. 8.112/90**, em seu **art. 9º**, estabeleceu que ela pode ser concretizada em caráter efetivo, quando se tratar de cargo isolado ou de carreira, e em comissão para cargos de confiança livre de exoneração, sempre precedida de concurso público.

Nesse momento, **oportuno indagar** se o **candidato nomeado** em razão de sua aprovação em concurso **tem** ou **não direito subjetivo** a tomar **posse** no cargo para o qual concorreu.

Nesse particular, oportuno o registro em relação ao conteúdo da **Súmula 16 do STF:**

> **Súmula 16 do STF:** Funcionário nomeado por concurso tem direito à posse.

A leitura do verbete reproduzido induz à conclusão segundo a qual a posse para aqueles funcionários nomeados através de concurso seria automática, o que, no entanto, não se sustenta em vista da **edição, posterior à súmula**, da **Lei n. 8.112/90**, que, neste particular, **relacionou exigências** que devem ser cumpridas para que o candidato nomeado possa tomar **posse no cargo, em seus arts. 13 e 14**.

Nesse sentido, estabelece o legislador que deverá ocorrer no **prazo de 30 dias**, contados da publicação do ato de provimento, quando então o **servidor** deverá **apresentar** sua **declaração** de **bens** e **valores e a declaração** quanto ao **exercício ou não de outro cargo**, **emprego** ou **função** pública incompatíveis com aquele para o qual se pretende tomar posse.

De se mencionar, também, que o ato de **posse dependerá** de **prévia inspeção médica oficial**, só devendo ser empossado aquele que for julgado apto física e mentalmente para o exercício do cargo, conforme o disposto no **art. 14** da lei.

Sobreleva notar ainda que a **nomeação** do **candidato** tem de ser feita em **caráter pessoal**, na medida em que não se revela razoável atribuir-lhe a obrigatoriedade de acompanhamento constante do *Diário Oficial*, outra não sendo a conclusão atingida pelo **Tribunal de Justiça do Distrito Federal**, como se vê:

> "(...) 1. Não pode a Administração exigir que o candidato aprovado em concurso público passe um, dois ou mais anos (a depender do prazo de validade do concurso) procedendo à leitura sistemática do *DODF*, à qual ninguém (salvo se por injunção do próprio ofício) está obrigado, para verificar se foi nomeado" (TJDFT, Conselho Especial, MS 507.095, rel. Des. Júlio de Oliveira, j. 09.04.1996, *DJU* 02.10.1996, p. 17393).

Outrossim, nada impede que a **posse** possa ser feita **por procuração específica**, conforme se verifica da previsão estabelecida no **art. 13, § 3º, da Lei n. 8.112/90.**

Por outro lado, em que pese o **ciclo** de **investidura encerrar-se** com a **posse** no **cargo**, conforme previsão estabelecida no **art. 7º** dessa lei, o **servidor** terá ainda **necessidade** de ingressar no **efetivo desempenho** das **atribuições** do cargo no prazo de **15 dias**, contados a partir da posse, sob **pena** de **exoneração**, consoante o disposto no **§ 2º do art. 15** da mesma lei:

> **Art. 15.** (...)
>
> § 2º O servidor será exonerado do cargo ou será tornado sem efeito o ato de sua designação para função de confiança, se não entrar em exercício nos prazos previstos neste artigo, observado o disposto no art. 18.

Para melhor visualização deste item, verifique-se o quadro:

FORMAS DE TITULARIZAÇÃO DE CARGOS E EMPREGOS PÚBLICOS	
REGRA GERAL	■ Aprovação em **concurso** público de provas ou provas e títulos, com prazo de validade de até 2 anos, admitida uma prorrogação (art. 37, III, da CF) ■ **Nomeação** (direito assegurado apenas para os candidatos aprovados dentro do número de vagas previsto no edital, respeitada a ordem de classificação — Súmula 15 do STF) ■ **Posse** (Lei n. 8.112/90, art. 7º, Súmula 16 do STF, assegurada apenas para aqueles que preencherem os requisitos estabelecidos em lei: arts. 13 e 14)
EXTENSÃO	O cumprimento dessas etapas é exigido para qualquer investidura (originária ou derivada, na mesma carreira ou em outra — Súmula Vinculante 43), na Administração direta ou indireta das quatro esferas de governo.
CANDIDATOS PORTADORES DE NECESSIDADES ESPECIAIS	Submetem-se às mesmas etapas, concorrendo entre si para as vagas reservadas no edital (Art. 37, VIII, da CF; art. 5º, § 2º, da Lei n. 8.112/90; Súmulas 377 e 552 do STJ; Convenção Sobre os Direitos da Pessoa com Deficiência — Decreto n. 6.949/2009 —, aprovada com *status* de emenda constitucional nos termos do art. 5º, § 3º, da CF; Lei Brasileira de Inclusão da Pessoa com Deficiência — Lei n. 13.146/2015).
EXCEÇÕES	■ Cargos em comissão (art. 37, II, da CF) ■ Funções de confiança, cargos em comissão para atribuições de chefia, direção e assessoramento (art. 37, V, da CF) ■ OAB (ADIn 3.016/2006) ■ Funções para situações de excepcional interesse público (art. 37, IX, da CF e Lei n. 8.745/93)

■ 14.3.4. Estágio probatório

Mais uma vez, aliás, por força de expressa disposição legal, a **partir** da entrada em **exercício** é que se começa a computar o **prazo do estágio probatório**, conforme a previsão contida no **art. 20 da Lei n. 8.112/90**. Confira-se:

> **Art. 20.** Ao entrar em exercício, o servidor nomeado para cargo de provimento efetivo ficará sujeito a estágio probatório por período de 24 (vinte e quatro) meses, durante o qual a sua aptidão e capacidade serão objeto de avaliação para o desempenho do cargo, observados os seguintes fatores:

Da leitura do dispositivo reproduzido, um comentário inicial se faz necessário, no sentido de esclarecer que, nada obstante ter o legislador estabelecido um **prazo** de 24 meses para a **duração** do **estágio probatório**, a jurisprudência dos nossos Tribunais, em especial o **Superior Tribunal de Justiça**, já concluiu que o prazo é de **3 anos**, a teor do disposto no **art. 41, *caput*, da Constituição**.

É **durante esse período**, como se viu, que a Administração Pública verificará a **aptidão** e a **capacidade** de **desempenho** do servidor **para** o **cargo**, avaliando, entre outros itens, de acordo ainda com a redação do mesmo dispositivo, os seguintes:

- assiduidade;
- disciplina;
- capacidade de iniciativa;
- produtividade;
- responsabilidade.

Cumpre observar, uma vez mais, que a atual redação do **art. 20** pode ter sua **constitucionalidade contestada**, na medida em que o **art. 41, *caput*, da CF** prescreve a exigência de **três anos** de efetivo exercício para a aquisição da **estabilidade**.

Ainda sobre o tema, importante destacar a **impossibilidade** de a **Administração demitir** ou **exonerar** o funcionário, nesse período, **sem** oferecer a ele **contraditório** e **ampla defesa**, conforme orientação pacificada **pelo STF**, por meio da **Súmula 21:**

> **Súmula 21 do STF:** Funcionário em estágio probatório não pode ser exonerado nem demitido sem inquérito ou sem as formalidades legais de apuração de sua capacidade.

Nada impede, **outrossim**, que a **exoneração** recaia sobre o servidor em estágio probatório, desde que **decorrente** da **extinção** do **cargo**, conforme também decidiu nossa **Corte Suprema**, a teor do disposto em sua **Súmula 22:**

> **Súmula 22 do STF:** O estágio probatório não protege o funcionário contra a extinção do cargo.

Ultrapassado o período de **estágio** probatório, o servidor cuja nomeação se verificar em caráter efetivo, vale dizer, precedida de concurso público, não poderá ainda almejar a aquisição da **estabilidade**, pelo menos **não de forma automática**, tema que será abordado em seguida, em tópico específico, devido à importância de que se reveste.

O quadro a seguir resume o assunto:

DEFINIÇÃO	Período de experiência pelo qual passa o servidor para apuração de sua eficiência para as atribuições do cargo
CONTEÚDO	Assiduidade, produtividade, disciplina, respeito à hierarquia, capacidade de iniciativa: Lei n. 8.112/90, art. 20

EXTINÇÃO DO CARGO	Conduz à exclusão do servidor dos quadros da Administração: Súmula 22 do STF
REPROVAÇÃO	Resulta de configuração de ilegalidade (demissão) ou não atendimento das outras exigências ali estabelecidas (exoneração), demandando a abertura de inquérito administrativo, assegurada ampla defesa: Súmula 21, do STF
DURAÇÃO	3 anos para as carreiras que atribuem aos servidores aprovados a aquisição de estabilidade: art. 41, *caput*, da CF

■ 14.4. ESTABILIDADE

A **estabilidade** representa **garantia** de **permanência** no **serviço** assegurada aos servidores que preencherem os requisitos relacionados pela Constituição Federal.

Com a edição da EC n. 19/98, a **passagem** para a **estabilidade não se faz mais automaticamente**, demandando a realização de uma **avaliação de desempenho**, na forma do disposto no **art. 41, § 4º, da CF:**

> **Art. 41.** (...)
>
> § 4º Como condição para a aquisição da estabilidade, é obrigatória a avaliação especial de desempenho por comissão instituída para essa finalidade.

Como visto, embora expressamente prevista, a realização da **avaliação de desempenho** até o presente momento não foi concretizada, na medida em que **depende** da edição de **regulamentação posterior** que **ainda não foi levada a efeito**.

Preenchidos todos esses **requisitos**, ou seja, nomeação em caráter efetivo, estágio probatório de três anos e aprovação em avaliação de desempenho, o **servidor adquire** a chamada **estabilidade**, que lhe garante a **permanência** no **serviço** público e não no cargo, como de maneira inadvertida alguns entendem.

Nesse particular ainda, oportuno observar que, nada obstante tenha a Constituição Federal feito referência tão somente a cargos para a **aquisição de estabilidade**, existem aqueles que advogam a tese segundo a qual a possibilidade **também se estenderia para os que titularizam emprego**.

Essa tese apresenta forte sustentação na jurisprudência trabalhista, da qual se destaca a **Súmula 390 do TST:**

> "390. Estabilidade. Art. 41 da CF/1988. Celetista. Administração direta, autárquica ou fundacional. Aplicabilidade. Empregado de empresa pública e sociedade de economia mista. Inaplicável (Conversão das Orientações Jurisprudenciais 229 e 265 da SDI-1 e da Orientação Jurisprudencial 22 da SDI-2. Res. 129/2005, *DJ* 20.04.2005).
>
> I — O servidor público celetista da administração direta, autárquica ou fundacional é beneficiário da estabilidade prevista no art. 41 da CF/1988 (ex-OJ 265 da SDI-1. Inserida em 27.09.2002 e ex-OJ 22 da SDI-2. Inserida em 20.09.2000).
>
> II — Ao empregado de empresa pública ou de sociedade de economia mista, ainda que admitido mediante aprovação em concurso público, não é garantida a estabilidade prevista no art. 41 da CF/1988 (ex-OJ 229. Inserida em 20.06.2001)".

Assim, verifica-se que, mesmo com a extensão promovida pela **Súmula 390 do TST**, a possibilidade de **aquisição de estabilidade** por parte daqueles que titularizam

empregos na Administração Pública **não se revela ilimitada**, pois **incidente apenas** sobre aqueles que se encontram na Administração indireta, nas **autarquias** e **fundações**, em que pese sua aprovação em concurso público.

Diante desse cenário, uma vez que a estabilidade assegura apenas a permanência no serviço, tem-se, como consequência lógica, que a **extinção** do **cargo** e a **declaração** de sua **desnecessidade não fazem com que o servidor seja excluído da estrutura da Administração**, visto que a garantia assegurada ao que ostenta a condição de estável é a de permanência no serviço.

De resto, outra não foi a diretriz estabelecida pela **CF**, como se verifica na redação do seu **art. 41, § 3º:**

> **Art. 41.** (...)
>
> § 3º Extinto o cargo ou declarada a sua desnecessidade, o servidor estável ficará em disponibilidade, com remuneração proporcional ao tempo de serviço, até seu adequado aproveitamento em outro cargo.

A redação desse dispositivo foi alterada pela EC n. 19/98, em especial quanto à **remuneração** atribuída ao servidor nessa condição, que **deixou** de **ser integral** para ser **proporcional ao tempo de serviço até seu reaproveitamento**.

Cumpre alertar, nesse contexto, para os cuidados que se deve ter em relação ao tema ora analisado, de modo a evitar confusões entre os conceitos de **estabilidade** e **vitaliciedade**.

Com efeito, enquanto a **estabilidade**, como visto, assegura efetivamente a **permanência** do **servidor** no serviço, a **vitaliciedade** assegura sua **permanência** no **cargo**, incidindo não sobre todas as carreiras, mas tão somente em relação àquelas relacionadas pela própria Constituição.

Registre-se, também, a existência de **outras diferenças** entre os institutos, a começar pela constatação de que, embora tanto a estabilidade quanto a vitaliciedade demandem nomeação em caráter efetivo, ou seja, precedida de concurso público, o **estágio probatório** para a **estabilidade** é de **três anos**, enquanto o da **vitaliciedade** é de **apenas dois**. Enquanto a **perda do cargo** pelo **servidor vitalício**, outrossim, só poderá ocorrer mediante **sentença judicial com trânsito em julgado** ou de **deliberação do Tribunal ao qual esteja o Juiz vinculado (antes do seu vitaliciamento)**, o **servidor estável** só **perderá** o **cargo** desde que caracterizada uma das hipóteses relacionadas no **art. 41, § 1º:**

> **Art. 41.** (...)
>
> § 1º O servidor público estável só perderá o cargo:
>
> I — em virtude de sentença judicial transitada em julgado;
>
> II — mediante processo administrativo em que lhe seja assegurada ampla defesa;
>
> III — mediante procedimento de avaliação periódica de desempenho, na forma de lei complementar, assegurada ampla defesa.

Importante mencionar a possibilidade de o **servidor público estável perder** o **cargo** por excesso de despesas, na forma do disposto no **art. 169 da CF:**

> **Art. 169.** A despesa com pessoal ativo e inativo da União, dos Estados, do Distrito Federal e dos Municípios não poderá exceder os limites estabelecidos em lei complementar.

Pela redação oferecida por esse dispositivo constitucional, conclui-se com facilidade que o **administrador não é livre para estabelecer o percentual de gastos com sua folha de pessoal** em relação a sua arrecadação, devendo, ao contrário, restringi-lo aos limites estabelecidos em lei complementar.

Aqui, convém mencionar que, a título de regulamentação desse tema, está em vigor a **LC n. 101/2000**, denominada **Lei de Responsabilidade Fiscal**, que estabeleceu, em seu **art. 19**, para a **União**, o limite máximo de **50% de sua receita corrente** para gastos com folha de pessoal, em relação à arrecadação, e de **60% para os Estados, Municípios e Distrito Federal:**

> **Art. 19.** Para os fins do disposto no *caput* do art. 169 da Constituição, a despesa total com pessoal, em cada período de apuração e em cada ente da Federação, não poderá exceder os percentuais da receita corrente líquida, a seguir discriminados:
>
> I — União: 50% (cinquenta por cento);
>
> II — Estados: 60% (sessenta por cento);
>
> III — Municípios: 60% (sessenta por cento).

Trata-se de mais uma **previsão legal procurando conferir eficiência** para a Administração Pública, na medida em que traz como consequência a **possibilidade** de **investimentos** em **obras** e **serviços**, o que até então raramente se verificava em razão de a folha de pagamento consumir quase toda a arrecadação.

Nessa parte, ofereceu a Constituição ao administrador os **instrumentos** necessários **para o cumprimento dessas metas**, como se verifica na redação do **§ 3º** do **art. 169:**

> **Art. 169.** (...)
>
> § 3º Para o cumprimento dos limites estabelecidos com base neste artigo, durante o prazo fixado na lei complementar referida no *caput*, a União, os Estados, o Distrito Federal e os Municípios adotarão as seguintes providências:
>
> I — redução em pelo menos vinte por cento das despesas com cargos em comissão e funções de confiança;
>
> II — exoneração dos servidores não estáveis.

Tomadas as medidas propostas pela Constituição sem que o administrador tenha alcançado os limites fixados na lei complementar, o próprio Texto Maior autoriza a **perda do cargo** pelo **servidor estável**, nos termos fixados pelo **§ 4º** do mesmo dispositivo, consoante se verifica:

> **Art. 169.** (...)
>
> § 4º Se as medidas adotadas com base no parágrafo anterior não forem suficientes para assegurar o cumprimento da determinação da lei complementar referida neste artigo, o servidor estável poderá perder o cargo, desde que ato normativo motivado de cada um dos Poderes especifique a atividade funcional, o órgão ou unidade administrativa objeto da redução de pessoal.

Dessa forma, a **perda** do **cargo** pelo **servidor estável** deverá se materializar por meio de **ato administrativo** devidamente **motivado**, principalmente por não derivar de nenhuma sorte de irregularidade.

A devida motivação integrada pelos itens apontados pelo próprio dispositivo constitucional impede, ou ao menos **dificulta**, a prática de **atos arbitrários** por parte do administrador.

O **não cumprimento das metas de gastos** impostas pela lei complementar, por si só, **não se revela suficiente** para **justificar a perda do cargo** concretamente, **sendo necessário**, outrossim, **que o servidor possa saber o porquê de a escolha** ter recaído sobre ele e não sobre outro, evitando-se perseguições por parte do administrador.

De se dizer, ainda, que essa **questão** foi objeto de **regulamentação** pela **Lei federal n. 9.801/99**, que dispõe sobre as normas gerais para a perda de cargo público por excesso de despesa:

> **Art. 1º** Esta Lei regula a exoneração de servidor público estável com fundamento no § 4º e seguintes do art. 169 da Constituição Federal.
>
> **Art. 2º** A exoneração a que alude o art. 1º será precedida de ato normativo motivado dos Chefes de cada um dos Poderes da União, dos Estados, dos Municípios e do Distrito Federal.
>
> § 1º O ato normativo deverá especificar:
>
> I — a economia de recursos e o número correspondente de servidores a serem exonerados;
>
> II — a atividade funcional e o órgão ou a unidade administrativa objeto de redução de pessoal;
>
> III — o critério geral impessoal escolhido para a identificação dos servidores estáveis a serem desligados dos respectivos cargos;
>
> IV — os critérios e as garantias especiais escolhidos para identificação dos servidores estáveis que, em decorrência das atribuições do cargo efetivo, desenvolvam atividades exclusivas de Estado;
>
> V — o prazo de pagamento da indenização devida pela perda do cargo;
>
> VI — os créditos orçamentários para o pagamento das indenizações.
>
> § 2º O critério geral para identificação impessoal a que se refere o inciso III do § 1º será escolhido entre:
>
> I — menor tempo de serviço público;
>
> II — maior remuneração;
>
> III — menor idade.
>
> § 3º O critério geral eleito poderá ser combinado com o critério complementar do menor número de dependentes para fins de formação de uma listagem de classificação.
>
> **Art. 3º** A exoneração de servidor estável que desenvolva atividade exclusiva de Estado, assim definida em lei, observará as seguintes condições:
>
> I — somente será admitida quando a exoneração de servidores dos demais cargos do órgão ou da unidade administrativa objeto da redução de pessoal tenha alcançado, pelo menos, trinta por cento do total desses cargos;
>
> II — cada ato reduzirá em no máximo trinta por cento o número de servidores que desenvolvam atividades exclusivas de Estado.

> **Art. 4º** Os cargos vagos em decorrência da dispensa de servidores estáveis de que trata esta Lei serão declarados extintos, sendo vedada a criação de cargo, emprego ou função com atribuições iguais ou assemelhadas pelo prazo de quatro anos.

A **leitura** dos **dispositivos** reproduzidos bem **demonstra**, uma vez mais, a **importância** assumida pelo **princípio da motivação** em relação a todos os atos administrativos, principalmente para aqueles que impliquem a exoneração de servidores, uma vez que não precedida de qualquer sorte de irregularidade.

Outrossim, a **importância** dessa **legislação tem se ampliado** em vista das **reiteradas situações** em que a **Administração** Pública **tem superado os limites previstos na Lei de Responsabilidade Fiscal** em relação ao pagamento de folha de pessoal.

Ainda sobre este item, importante anotar que a **Constituição Federal**, de **forma** a **evitar perseguições** de natureza pessoal, **estipulou** a **impossibilidade** de efetivação de **novas contratações** para o exercício das **mesmas atribuições pelo prazo de 4 anos**, conforme se verifica do **art. 169, § 6º**. Confira-se:

> **Art. 169.** (...)
>
> § 6º O cargo objeto da redução prevista nos parágrafos anteriores será considerado extinto, vedada a criação de cargo, emprego ou função com atribuições iguais ou assemelhadas pelo prazo de quatro anos.

Assim, importante deixar consignado, uma vez mais, que as **carreiras** que **atribuem vitaliciedade** para seus integrantes serão tão **somente aquelas** que **tiverem expressa previsão constitucional**, surgindo como exemplos a **Magistratura (art. 95 da CF)** e o **Ministério Público (art. 128, § 5º, I, da CF)**.

De outra parte, as demais **carreiras que não tiverem expressa previsão constitucional** só poderão oferecer a seus integrantes, pelo **critério residual**, àqueles aprovados em estágio probatório, a **estabilidade**.

Diante do cenário apresentado, de forma a facilitar a visualização das **diferenças** existentes **entre** os institutos da **estabilidade** e da **vitaliciedade**, conveniente a apresentação do seguinte **quadro comparativo:**

	ESTABILIDADE	VITALICIEDADE
OBJETO	Assegura a permanência no serviço	Assegura a permanência no cargo
REQUISITOS PARA A AQUISIÇÃO	■ ser titular de cargo efetivo ■ mediante concurso ■ estágio probatório de 3 anos ■ aprovação em avaliação de desempenho (CF, art. 41, § 4º)	■ ser titular de cargo efetivo ■ mediante concurso ■ estágio probatório de 2 anos
HIPÓTESES DE PERDA	Art. 41, § 1º, c/c o art. 169, § 4º	■ sentença judicial com trânsito em julgado ■ decisão proferida que o juiz esteja vinculado
CRITÉRIOS ADOTADOS PELA CF	Residual (somente quando não houver previsão expressa para a vitaliciedade)	Expresso na Constituição. **Exemplos:** ■ art. 95, I (Magistratura) ■ art. 128, § 5º, I, *a* (Ministério Público)

Por derradeiro, importante deixar consignado que a exigência de aprovação em concurso público e a titularização de um cargo em caráter efetivo para a **aquisição da estabilidade** encontram **exceção** em relação às chamadas **agências reguladoras**.

Com efeito, seu **regime especial**, conforme já comentado anteriormente, **atribui** a seus **dirigentes estabilidade durante o período de vigência de seus mandatos**, conforme previsão estabelecida na legislação que as criou.

A concessão da referida estabilidade, como já se viu, tem por **objetivo aumentar o grau de autonomia dessas agências** em relação ao Poder Executivo responsável por sua criação.

De toda sorte, sobreleva notar que os cargos de ponta dessas agências, em que pese configurarem cargos em **comissão**, de livre nomeação, preenchidos, pois, **sem a aprovação em concurso**, **dotam** seus **integrantes de estabilidade** pelos motivos já apresentados, excepcionando a regra geral do **art. 41, *caput*, da Constituição**.

Trata-se, portanto, de uma **estabilidade atípica**, pois atribuída àqueles que titularizam mandato, por **prazo determinado**, cuja nomeação **não resulta de aprovação em concurso**, a teor do disposto no **art. 9º** da **Lei federal n. 9.986/2000**.

> **Art. 9º** Os Conselheiros e os Diretores somente perderão o mandato em caso de renúncia, de condenação judicial transitada em julgado ou de processo administrativo disciplinar.
>
> Parágrafo único. A lei de criação da Agência poderá prever outras condições para a perda do mandato.

Para melhor visualização do item, confira-se o quadro:

DEFINIÇÃO	Garantia atribuída ao servidor que lhe assegura a permanência no serviço
EXTINÇÃO DO CARGO	Leva o servidor a ser colocado em disponibilidade remunerada com vencimentos proporcionais ao tempo de serviço: art. 41, § 3º, da CF
REQUISITOS PARA A AQUISIÇÃO: ART. 41, *CAPUT*, DA CF	▪ aprovação em concurso ▪ titularização de cargo em caráter efetivo ▪ aprovação em estágio probatório de 3 anos
EXTENSÃO	Para os titulares de empregos públicos na Administração direta, autárquica e fundacional: Súmula 390 do TST
ESTABILIDADE ATÍPICA	Atribuída aos dirigentes de agências reguladoras durante a vigência de seus mandatos: Lei n. 9.986/2000, art. 9º
HIPÓTESES DE PERDA	**Art. 41, § 1º, da CF** ▪ sentença judicial com trânsito em julgado ▪ processo administrativo, assegurada ampla defesa ▪ insuficiência de desempenho **Art. 169, *caput* e §§ 3º e 4º, da CF** ▪ por excesso de despesa no pagamento de folha de pessoal, superando os limites estabelecidos no art. 19 da LC n. 101/2000 (Lei de Responsabilidade Fiscal)

▪ 14.5. REMUNERAÇÃO

Outro ponto importante a ser destacado em matéria de servidores públicos diz respeito ao **regime** de **remuneração**, que sofreu profundas **modificações** a partir da **EC n. 19/98**.

A partir da promulgação da referida emenda, passamos a encontrar dentro da Administração Pública **servidores remunerados com base no conceito de vencimentos** e **aqueles remunerados a partir do conceito de subsídio**.

Convém esclarecer qual o **conceito de subsídio** utilizado pela CF, matéria essa disciplinada pelo **art. 39, § 4º**, cuja redação a seguir se reproduz:

> **Art. 39.** (...)
> § 4º O membro de Poder, o detentor de mandato eletivo, os Ministros de Estado e os Secretários Estaduais e Municipais serão remunerados exclusivamente por subsídio fixado em parcela única, vedado o acréscimo de qualquer gratificação, adicional, abono, prêmio, verba de representação ou outra espécie remuneratória, obedecido, em qualquer caso, o disposto no art. 37, X e XI.

Esse dispositivo constitucional está a revelar que o **subsídio** pode ser traduzido como a **remuneração paga em parcela única**, **vedado qualquer acréscimo financeiro**, **tendo como destinatários** não qualquer servidor público, mas tão somente aqueles relacionados no dispositivo, a saber:

- membro de Poder;
- detentor de mandato eletivo;
- Ministros de Estado;
- Secretários Estaduais e Municipais.

Mencionamos ainda que, embora não relacionados expressamente no dispositivo, a **mesma diretriz** se apresenta para os **servidores policiais**, consoante a previsão estabelecida no **art. 144, § 9º**, da própria **CF**:

> **Art. 144.** (...)
> § 9º A remuneração dos servidores policiais integrantes dos órgãos relacionados neste artigo será fixada na forma do § 4º do art. 39.

Também se aplica a remuneração por subsídio aos demais **servidores organizados em carreira**, só que agora em caráter facultativo, a teor do disposto no **art. 39, § 8º, da CF:**

> **Art. 39.** (...)
> § 8º A remuneração dos servidores públicos organizados em carreira poderá ser fixada nos termos do § 4º.

Dentro desse contexto, de forma a afastar qualquer tipo de dúvida, importante deixar registrado que os **integrantes da Magistratura (art. 95 da CF)**, bem como do **Ministério Público (art. 128, § 5º, I, da CF)**, também são remunerados através desse sistema.

A despeito disso, encontramos ainda os **servidores remunerados** pelo conceito de **vencimentos**, **expressão essa que envolve o vencimento (salário-base) acrescido das vantagens às quais fizerem eles jus**, por força de tempo de serviço, das características próprias da atividade desenvolvida etc.

De toda sorte, **independentemente** do **regime** a que estiver submetido o servidor, a Constituição estabelece, com extrema clareza, o **limite máximo de remuneração** dentro da Administração Pública, isto é, **o que percebem os Ministros do STF a título de subsídio**.

Como integrantes de Poder, contudo, só poderiam ser remunerados dessa forma se feita uma interpretação sistemática que leve em consideração o conteúdo do art. 39, § 4º, já analisado.

De resto, é exatamente essa a diretriz estabelecida no **art. 37, XI**, da **CF**, que, no entanto, teve sua **redação reformulada pela EC n. 41/2003**, que incluiu a figura dos **subtetos nos níveis estadual, municipal e distrital**, conforme se verifica da redação a seguir reproduzida:

> **Art. 37.** (...)
>
> XI — a **remuneração** e o **subsídio** dos ocupantes de cargos, funções e empregos públicos da administração direta, autárquica e fundacional, dos membros de qualquer dos Poderes da União, dos Estados, do Distrito Federal e dos Municípios, dos detentores de mandato eletivo e dos demais agentes políticos e os proventos, pensões ou outra espécie remuneratória, percebidos cumulativamente ou não, incluídas as vantagens pessoais ou de qualquer outra natureza, **não poderão exceder o subsídio mensal**, em espécie, dos **Ministros do Supremo Tribunal Federal**, aplicando-se como limite, nos Municípios, o subsídio do Prefeito, e nos Estados e no Distrito Federal, o subsídio mensal do Governador no âmbito do Poder Executivo, o subsídio dos Deputados Estaduais e Distritais no âmbito do Poder Legislativo e o subsídio dos Desembargadores do Tribunal de Justiça, limitado a noventa inteiros e vinte e cinco centésimos por cento do subsídio mensal, em espécie, dos Ministros do Supremo Tribunal Federal, no âmbito do Poder Judiciário, aplicável este limite aos membros do Ministério Público, aos Procuradores e aos Defensores Públicos.

Como se percebe, o **objetivo** da **Constituição** foi o de estabelecer um **teto** para a **remuneração** dos **servidores** públicos, **independentemente** do **regime remuneratório** ao qual estejam submetidos, para procurar mais eficiência no setor.

Nota-se, nessa direção, que, com o intuito de evitar situações que pudessem escapar da regra geral aqui estabelecida, a **Constituição procurou abranger não só o vencimento** do servidor, **mas** também **qualquer outra espécie remuneratória** a que possa ele fazer jus, o mesmo raciocínio aplicando-se para o recebimento de proventos, pensões e para as hipóteses envolvendo acumulação.

Em relação ao conteúdo do referido dispositivo, importante destacar, ainda, ter a **EC n. 41/2003 incluído no teto de remuneração as vantagens de caráter pessoal e de qualquer outra natureza percebidas pelo servidor**.

Essa **alteração** constitucional implicou a **necessidade** de a **Suprema Corte alterar posicionamento anterior**, em que sustentava que essas vantagens estariam excluídas do teto de remuneração.

Outrossim, ainda sobre esse tormentoso tema, cumpre anotar a modificação estabelecida **pela EC n. 47/2005**, incluindo no **art. 37** o **§ 11**, nos seguintes termos:

> **Art. 37.** (...)
> § 11. Não serão computadas, para efeito dos limites remuneratórios de que trata o inciso XI do *caput* deste artigo, as **parcelas de caráter indenizatório previstas em lei**.

De outra parte, em relação aos **subtetos** fixados no **art. 37, XI**, a **EC n. 47/2005** facultou aos Estados e ao Distrito Federal o estabelecimento de um **limite único**, nos seguintes termos:

> **Art. 37.** (...)
> § 12. Para os fins do disposto no inciso XI do *caput* deste artigo, fica facultado aos Estados e ao Distrito Federal fixar, em seu âmbito, mediante emenda às respectivas Constituições e Lei Orgânica, como limite único, o subsídio mensal dos Desembargadores do respectivo Tribunal de Justiça, limitado a noventa inteiros e vinte e cinco centésimos por cento do subsídio mensal dos Ministros do Supremo Tribunal Federal, não se aplicando o disposto neste parágrafo aos subsídios dos Deputados Estaduais e Distritais e dos Vereadores.

O grande problema que nesse ponto se verificava é que a **fixação do valor do subsídio dos Ministros do STF dependia de regulamentação por lei de iniciativa conjunta dos Presidentes da República, do Senado Federal, da Câmara dos Deputados e do STF, na forma prevista no art. 48, XV, da CF, que teve sua redação alterada pela EC n. 41/2003**.

Destarte, estabeleceu que a **fixação** do **valor** do **subsídio** dos **Ministros** do **STF** passa a ser de **competência do Congresso Nacional**, como se verifica da redação a seguir reproduzida:

> **Art. 48.** Cabe ao Congresso Nacional, com a sanção do Presidente da República, não exigida esta para o especificado nos arts. 49, 51 e 52, dispor sobre todas as matérias de competência da União, especialmente sobre: (...)
> XV — fixação do subsídio dos Ministros do Supremo Tribunal Federal, observado o que dispõem os arts. 39, § 4º; 150, II; 153, III; e 153, § 2º, I.

Essa alteração veio em boa hora, uma vez que, passados diversos anos da promulgação da EC n. 19/98, introdutora dessa regra, referida lei ainda não tinha sido editada, por falta de acordo entre as quatro autoridades encarregadas da propositura do projeto, o que tornou inviável a aplicação dessa regra.

De toda sorte, em relação aos **subtetos**, a Constituição, na **parte final** do inciso **XI** do **art. 37**, houve por bem estabelecer, no **nível estadual**, **três** deles, na forma a seguir discriminada:

1) para servidores lotados no Poder Executivo, o subteto passou a ser a remuneração percebida pelo Governador do Estado;
2) para servidores lotados no Poder Legislativo, o subteto passou a ser a remuneração percebida pelos Deputados Estaduais;
3) para servidores lotados no Poder Judiciário, o subteto passou a ser a remuneração percebida por um Desembargador do Tribunal de Justiça.

No **nível municipal**, referido dispositivo estabeleceu **subteto único**, vale dizer, o **subsídio** percebido pelo **Prefeito**.

Assim, resulta clara a **intenção** da **Constituição**, ao criar esses **subtetos, de adaptar** o pagamento de **folha de pessoal às condições financeiras de Estados e Municípios**, em razão das enormes diferenças de arrecadação de tributos existentes entre eles.

Por derradeiro, importante destacar que, na parte final do referido dispositivo constitucional, estabeleceu-se regra segundo a qual os **Desembargadores do Tribunal de Justiça** terão como **limite de remuneração 90,25% do subsídio mensal, em espécie, dos Ministros do Supremo Tribunal Federal, aplicável esse limite aos membros do Ministério Público, aos Procuradores e aos Defensores Públicos**.

De outra parte, importante observar, ainda, que essa **diretriz**, em termos de **remuneração, estende-se** para as **empresas públicas** e **sociedades de economia mista**, mas tão somente para aquelas **que receberem recursos** da **Administração direta para pagamento de pessoal**, conforme se verifica da redação do **§ 9º** do **art. 37:**

> **Art. 37.** (...)
>
> § 9º O disposto no inciso XI aplica-se às empresas públicas e às sociedades de economia mista, e suas subsidiárias, que receberem recursos da União, dos Estados, do Distrito Federal ou dos Municípios para pagamento de despesas de pessoal ou de custeio em geral.

A redação do dispositivo reproduzido permite concluir, lançando mão de uma interpretação a contrário, que as **empresas públicas e sociedades de economia mista que não forem dependentes de verbas do orçamento para pagamento de suas despesas com pessoal ou de custeio em geral poderão remunerar seus servidores acima do teto estabelecido pela Constituição**.

Em outras palavras, para **empresas públicas** e **sociedades de economia mista** que forem **autossuficientes**, vale dizer, que com a arrecadação resultante das atividades exercidas pagam seus compromissos, **permite-se que a remuneração ultrapasse o teto constitucional**.

De resto, essa é a única interpretação que se revela possível, tendo em vista a redação apresentada pelo art. 37, IX, que fez referência tão somente àquelas empresas públicas e sociedades de economia mista que não são autossuficientes.

Ainda sobre o assunto, oportuno lembrar que a Constituição também assegura aos **servidores públicos** uma **revisão geral**, **anual** e **sem distinção de índices**, e sempre na mesma data, a depender de lei de iniciativa do chefe do Poder Executivo, conforme previsão estabelecida nos **arts. 37, X, e 61, § 1º, II, *a*:**

> **Art. 37.** (...)
>
> X — a remuneração dos servidores públicos e o subsídio de que trata o § 4º do art. 39 somente poderão ser fixados ou alterados por lei específica, observada a iniciativa privativa em cada caso, assegurada revisão geral anual, sempre na mesma data e sem distinção de índices.

Art. 61. A iniciativa das leis complementares e ordinárias cabe a qualquer membro ou Comissão da Câmara dos Deputados, do Senado Federal ou do Congresso Nacional, ao Presidente da República, ao Supremo Tribunal Federal, aos Tribunais Superiores, ao Procurador-Geral da República e aos cidadãos, na forma e nos casos previstos nesta Constituição.

§ 1º São de iniciativa privativa do Presidente da República as leis que: (...)

II — disponham sobre:

a) criação de cargos, funções ou empregos públicos na administração direta e autárquica ou aumento de sua remuneração.

Acerca dessa matéria, a **Constituição Federal** ainda **proibiu** a **vinculação** ou **equiparação** de **espécies remuneratórias**, a teor do disposto no **inciso XIII** do **art. 37**, para efeito de remuneração de pessoal, diretriz que justificou a edição, pelo **Supremo Tribunal Federal**, da **Súmula 339:**

"**STF Súmula n. 339** — 13/12/1963 — *Súmula da Jurisprudência Predominante do Supremo Tribunal Federal — Anexo ao Regimento Interno. Edição: Imprensa Nacional, 1964, p. 148.*

Cabimento — Poder Judiciário — Função Legislativa — Aumento de Vencimentos de Servidores Públicos — Fundamento de Isonomia

Não cabe ao Poder Judiciário, que não tem função legislativa, aumentar vencimentos de servidores públicos sob fundamento de isonomia".

Por seu turno, o **inciso XV do art. 37** estabelece a **regra geral** para a **irredutibilidade** do **subsídio** e dos **vencimentos** dos servidores públicos, **a menos** que, por óbvio, **estejam eles sendo percebidos** em **desacordo com a Constituição Federal**, quando, então, não poderão invocar em seu benefício o direito adquirido.

Por fim, sobre esse tema, importante deixar consignado o entendimento adotado pelo legislador quanto à **natureza alimentar** dessa **remuneração**, o que impede, como regra geral, ser ela objeto de arresto, sequestro ou penhora, a teor do disposto na **Lei n. 8.112/90**, em seu **art. 48:**

Art. 48. O vencimento, a remuneração e o provento não serão objeto de arresto, sequestro ou penhora, exceto nos casos de prestação de alimentos resultante de decisão judicial.

A leitura do dispositivo reproduzido permite concluir que a regra geral acima mencionada comporta **exceção**, para aquelas situações em que a **dívida contraída** pelo servidor também tenha **natureza alimentar**, e desde que tenha sido reconhecida pelo Judiciário.

Importante também dizer que a Constituição preocupou-se com a fixação de um **piso** em relação à **remuneração** dos **servidores**, conclusão que se atinge através da redação do **art. 39, § 3º**, que estende para eles as disposições contidas no **art. 7º**, em especial aquela prevista nos **incisos IV e VII**, que estabelece garantia de salário nunca inferior ao mínimo para aqueles que recebem remuneração variável.

Sobre este item, oportuna ainda a reprodução das **Súmulas Vinculantes 4, 6, 16** e **42:**

> **Súmula Vinculante 4:** Salvo nos casos previstos na Constituição, o salário mínimo não pode ser usado como indexador de base de cálculo de vantagem de servidor público ou de empregado, nem ser substituído por decisão judicial.
> **Súmula Vinculante 6:** Não viola a Constituição o estabelecimento de remuneração inferior ao salário mínimo para as praças prestadoras de serviço militar inicial.
> **Súmula Vinculante 16:** Os artigos 7º, IV, e 39, § 3º (redação da EC 19/98), da Constituição, referem-se ao total da remuneração percebida pelo servidor público.
> **Súmula Vinculante 42:** É inconstitucional a vinculação do reajuste de vencimentos de servidores estaduais ou municipais a índices federais de correção monetária.

O quadro a seguir resume o exposto:

SISTEMAS DE REMUNERAÇÃO	Sistema de subsídio (impede a percepção de vantagens): art. 39, § 4º, da CF. Sistema de vencimentos ou remuneração: autoriza a percepção de vantagens: Lei n. 8.112/90, art. 40
TETO	O que ganham os Ministros do STF a título de subsídio: art. 37, XI, da CF
DESTINATÁRIOS	Todos aqueles que se encontram dentro da Administração titularizando cargos, empregos, funções e mandatos; os que acumulam cargos; os que recebem proventos; os pensionistas: art. 37, XI, da CF
EXTENSÃO	Inclui todas as vantagens percebidas pelo servidor, de natureza pessoal ou de qualquer outra natureza: art. 37, XI, da CF
EXCEÇÕES	■ Empresas públicas e sociedades de economia mista e suas subsidiárias que não dependam de verbas orçamentárias para pagamento de despesas de pessoal ou de custeio em geral: art. 37, § 9º ■ As verbas indenizatórias: art. 37, XI, da CF
SUBTETOS	Objetivo: adaptação da folha de pagamento à realidade financeira de Estados e Municípios Estaduais: ■ para servidores lotados no Poder Executivo: o subsídio do Governador ■ para servidores lotados no Legislativo: o subsídio dos Deputados Estaduais ■ para servidores lotados no Judiciário: o subsídio dos Desembargadores do Tribunal de Justiça ■ Desembargadores; membros do Ministério Público; Procuradores e Defensores Públicos têm como limite 90,25% dos subsídios dos Ministros do STF Municipal ■ para todos os servidores, o subsídio do Prefeito
PISO	O valor mínimo da remuneração (somando-se salário e vantagens) não pode ser inferior ao do salário mínimo: art. 39, § 3º, da CF, art. 7º, IV, da CF e Súmula Vinculante 16
REVISÃO	Por lei específica, geral anual na mesma data e sem distinção de índices: art. 37, X, da CF
REDUÇÃO	**Regra geral:** proibida na forma do art. 37, XVI, da CF **Exceção:** permitida quando percebida de forma inconstitucional

■ 14.6. ACUMULAÇÃO REMUNERADA

De outra parte, cumpre estabelecer alguns registros em relação ao tema da **acumulação** de **cargos**, **empregos** e **funções**, matéria disciplinada inicialmente no **inciso XVI** do **art. 37**, cuja redação, alterada pela EC n. 34/2001, segue:

> **Art. 37.** (...)
> XVI — é vedada a acumulação remunerada de cargos públicos, exceto quando houver compatibilidade de horários, observado em qualquer caso o disposto no inciso XI:
> *a)* a de dois cargos de professor;
> *b)* a de um cargo de professor com outro técnico ou científico;
> *c)* a de dois cargos ou empregos privativos de profissionais de saúde, com profissões regulamentadas.

O dispositivo constitucional autoriza a conclusão segundo a qual, **em princípio**, a **acumulação remunerada de cargos está proibida, autorizando-se a flexibilização** da regra quando respeitados os requisitos fixados nesse dispositivo.

Assim, em **primeiro lugar**, exige a Constituição a **comprovação** da **compatibilidade** de **horários**, visto que o servidor não pode estar em dois lugares ao mesmo tempo.

Esse requisito não se limita à situação descrita no parágrafo anterior, **podendo ser aplicado também** para aquelas **hipóteses** em que, embora aparentemente exista compatibilidade de horários, o **acúmulo** de **cargos implicaria queda total de rendimento do servidor** em relação às atividades que desenvolve.

Exige também a Constituição **que o resultado dessa acumulação remunerada não ultrapasse os limites estabelecidos no inciso XI do art. 37**, vale dizer, que não ultrapasse o valor do subsídio percebido pelos Ministros do STF.

Nesse particular, importante registrar **decisão** proferida pelo **STF** em 27 de **abril** de **2017**, por intermédio de seu órgão **pleno**, com **repercussão geral** reconhecida, em que, por 10 votos a 1, concluiu que o **cálculo** do **teto vale para cada salário isoladamente e não sobre a soma das remunerações**.

No referido julgamento, decidiu a **Suprema Corte**, **negando provimento** aos **Recursos Extraordinários n. 602.043** e **612.975**, que um servidor não pode ficar sem receber remuneração total pelo serviço prestado, se a própria Constituição autoriza a acumulação lícita dos cargos.

Cumpridos esses **requisitos**, a **acumulação** remunerada de cargos **só poderá ocorrer** se recair ela em uma das três **hipóteses relacionadas no dispositivo**, das quais se destaca a relacionada à possibilidade de acumulação de cargo técnico ou científico, em razão da dificuldade que o conceito envolve. Nesse sentido: TJDFT, 1ª Câm. Cível, EI na ACív 530702001, rel. Des. Wellington Medeiros, rel. designado Hermenegildo Gonçalves, j. 15.05.2002, *DJU* 25.09.2002, p. 31; TJDFT, 3ª T. Cível, ACív 19980110428946, rel. Des. Nívio Gonçalves, j. 27.03.2000, *DJU* 17.05.2000, p. 28; STF, 2ª T., RE 381.204/RS, rel. Min. Ellen Gracie, j. 11.10.2005, *DJU* 11.11.2005.

Outrossim, em relação ao mesmo dispositivo, importante destacar que a hipótese contida no **inciso III** foi objeto de alteração, por meio da **EC n. 34/2001, ampliando-se seus destinatários**.

Com efeito, antes da referida emenda constitucional, a hipótese de acumulação restringia-se aos cargos privativos de médico, sendo que a **redação atual ampliou para cargos e empregos privativos de profissionais da área da saúde, com profissões regulamentadas**.

Assim, pela alteração produzida, **possível**, agora, **que enfermeiros, dentistas, psicólogos possam também se beneficiar de acumulação** de cargos dentro da Administração Pública.

Cumpre observar, também, que as possibilidades de acumulação não se esgotam nesse dispositivo analisado, porque **outras exceções** foram previstas na própria Constituição.

Com efeito, não se pode esquecer que a possibilidade de acumulação remunerada de cargos também se estende, desde que comprovada a compatibilidade de horários, e que o resultado da acumulação não exceda o valor do subsídio dos Ministros do STF, para os **integrantes** do **Poder Judiciário e do Ministério Público**, conforme previsão estabelecida, respectivamente, pelos **arts. 95, parágrafo único, I**, e **128, § 5º, II, *d*, da CF**, como se observa:

> **Art. 95.** (...)
>
> Parágrafo único. Aos juízes é vedado:
>
> I — exercer, ainda que em disponibilidade, outro cargo ou função, salvo uma de magistério;

> **Art. 128.** (...)
>
> § 5º (...)
>
> II — as seguintes vedações: (...)
>
> *d)* exercer, ainda que em disponibilidade, qualquer outra função pública, salvo uma de magistério.

Convém lembrar que essa **proibição se estende para os servidores lotados na estrutura** da **Administração indireta**, independentemente da titularização de **cargos**, **empregos** e **funções**, conforme se verifica na redação do **inciso XVII** do **art. 37:**

> **Art. 37.** (...)
>
> XVII — a proibição de acumular estende-se a empregos e funções e abrange autarquias, fundações, empresas públicas, sociedades de economia mista, suas subsidiárias, e sociedades controladas, direta ou indiretamente, pelo poder público.

A **ampliação** dessa proibição constitucional assume uma lógica inafastável, na medida em que **procura evitar** possam surgir exceções que **desequiparem, de maneira injustificada, servidores** lotados na Administração direta e indireta.

Importante notar, também, ter a Constituição Federal estabelecido regras específicas acerca dessa proibição para os **detentores de mandato eletivo**, como se observa da redação do **art. 38:**

> **Art. 38.** Ao servidor público da administração direta, autárquica e fundacional, no exercício de mandato eletivo, aplicam-se as seguintes disposições:
>
> I — tratando-se de mandato eletivo federal, estadual ou distrital, ficará afastado de seu cargo, emprego ou função;
>
> II — investido no mandato de Prefeito, será afastado do cargo, emprego ou função, sendo-lhe facultado optar pela sua remuneração;

> III — investido no mandato de Vereador, havendo compatibilidade de horários, perceberá as vantagens de seu cargo, emprego ou função, sem prejuízo da remuneração do cargo eletivo, e, não havendo compatibilidade, será aplicada a norma do inciso anterior.

Percebe-se, pois, que, em se tratando de **mandato eletivo federal**, **estadual ou distrital**, não se vislumbra nenhuma alteração em relação ao até aqui observado, na medida em que a **possibilidade de acumulação** remunerada **não se apresenta**.

De outra parte, não é o mesmo que se verifica em relação àqueles que ocupam **mandato eletivo municipal**, uma vez que a Constituição Federal introduziu modificações em vista das enormes diferenças existentes entre os Municípios, quer em razão de seus territórios, quer em vista de sua população.

É que, no **caso do Prefeito**, foi imposta a **necessidade de afastamento do cargo, emprego** ou **função** anterior, podendo, entretanto, optar ele pela remuneração que lhe for mais conveniente.

Para a situação envolvendo os **Vereadores**, a Constituição Federal estabelece duas variantes, todas elas girando em torno da **existência ou não de compatibilidade de horários**.

Desse modo, **havendo compatibilidade de horários**, o **Vereador poderá perceber as vantagens do cargo, emprego ou função, sem prejuízo da remuneração do cargo eletivo**.

Ao revés, não se verificando essa compatibilidade, realidade que se tem revelado comum nos Municípios de pequeno porte, deverá ele optar por uma das remunerações.

Ainda, em relação ao tema, importante lembrar que a Constituição proíbe, como regra geral, a possibilidade de **acumulação de proventos de aposentadoria com a remuneração de cargo**, **emprego ou função**.

Flexibiliza, contudo, essa regra geral, admitindo a possibilidade da acumulação para os cargos acumuláveis na forma por ela autorizada, em especial no **art. 37, XVI**, e para os cargos eletivos e os providos em comissão, como se verifica da redação do **§ 10** do **art. 37**, a seguir reproduzida:

> **Art. 37.** (...)
>
> § 10. É vedada a percepção simultânea de proventos de aposentadoria decorrentes do art. 40 ou dos arts. 42 e 142 com a remuneração de cargo, emprego ou função pública, ressalvados os cargos acumuláveis na forma desta Constituição, os cargos eletivos e os cargos em comissão declarados em lei de livre nomeação e exoneração.

O estabelecimento dessa diretriz, por meio da EC n. 20/98, acabou por eliminar as dúvidas até então existentes em relação a esse tema em nossa doutrina e jurisprudência.

Importante observar, ainda, que a **acumulação** de cargos dentro da Administração **apenas se configura** a partir do instante em que o **servidor titularize mais de um cargo**, o que só se verifica **a partir da posse**.

Em outras palavras, antes desse momento não se vislumbra a menor possibilidade de acumulação de cargos e, como consequência, da aplicação de qualquer sanção.

Outrossim, oportuno deixar registrado que a importância atribuída a esse tema foi enorme, tendo em vista que, **configurada** a **acumulação ilegal**, a **pena prevista é a de demissão**, a teor do disposto no **art. 132, XII, da Lei n. 8.112/90**. Confira-se:

> **Art. 132.** A demissão será aplicada nos seguintes casos: (...)
> XII — acumulação ilegal de cargos, empregos ou funções públicas.

Nesse particular, ainda, oportuno anotar que, em ser **art. 133**, o mesmo diploma legal estabelece a **possibilidade** de o **servidor**, uma vez **notificado** acerca da **acumulação ilegal** de cargos, **optar por um deles**, de forma a evitar a continuidade do processo administrativo.

Em seu **§ 5º**, o legislador reitera que, **feita a opção** pelo servidor, até o **último dia de prazo para a defesa restará configurada sua boa-fé**, hipótese em que se converterá automaticamente em pedido de exoneração do outro cargo. Sem embargo, caracterizada a acumulação ilegal e comprovada a má-fé do servidor, aí então se configura a pena de demissão, a teor do disposto no **§ 6º**.

Por derradeiro, outro ponto importante diz respeito à **legalidade** da **acumulação**, por servidor público municipal, de **cargo** público **com** a **função** de **membro** do **Conselho** de **Administração** de **sociedade de economia mista**, **empresas públicas, autarquias e fundações**, em vista da previsão estabelecida no **art. 37, XVI e XVII, da Constituição** Federal.

A leitura dos dispositivos constitucionais mencionados autorizaria uma conclusão inicial, baseada exclusivamente em uma **interpretação literal**, quanto à **proibição** de acumulação de cargos com funções públicas e, como corolário, pela ilegalidade dessa situação.

Sem embargo, **não é a mesma conclusão** que se extrai quando levada a efeito uma **interpretação sistemática** do Texto Constitucional, considerando as razões que justificaram as diretrizes estabelecidas nos referidos dispositivos.

Com efeito, **o que procurou a Constituição foi evitar a acumulação de vínculos empregatícios** envolvendo servidores públicos, submetidos ao regime estatutário, celetista ou mesmo no exercício de funções.

Em outras palavras, o **alcance da regra constitucional** vem no sentido de abranger, tão somente, os **servidores** públicos que **mantenham duplo vínculo laboral**.

Assim, lançando mão de uma interpretação sistemática, conclui-se que a **proibição** para o **acúmulo de funções**, a que se refere o inciso XVII da Constituição, **alcança apenas** aquelas exercidas sob **vínculo empregatício**, acompanhando a proibição estabelecida para os regimes jurídicos estatutário (cargos públicos) e celetista (empregos públicos).

Portanto, estender essas proibições para aqueles que acumulam cargos com funções não submetidas a um vínculo empregatício, consoante se verifica com os Conselhos de Administração, configura conclusão que destoa das diretrizes estabelecidas pela Constituição.

De resto, a prevalecer a **linha de raciocínio ampliativa**, segundo a qual a vedação constitucional poderia atingir o exercício de qualquer tipo de função, e não somente aquelas em sentido estrito, isso **levaria a conclusões indesejáveis, contrárias ao interesse público**, o que não se pode admitir.

Em outro dizer, **a prevalecer essa conclusão**, o que se admite apenas para argumentar, **tornar-se-ia ilícita a contratação direta de profissionais, por inexigibilidade de licitação**, para a **elaboração de pareceres**, pois também no **exercício de funções** públicas, mas **em sentido amplo**.

Dentro desse contexto, importante salientar não se tratar de conclusão gratuita a necessidade de promover uma interpretação restritiva dos dispositivos constitucionais que presidem a matéria.

Com efeito, sobreleva notar que essa linha de raciocínio vai ao encontro da previsão estabelecida na **Lei n. 8.112/90**, em especial em seu **art. 119**, parágrafo único, cuja redação a seguir se reproduz:

> **Art. 119.** O servidor não poderá exercer mais de um cargo em comissão, exceto no caso previsto no parágrafo único do art. 9º, nem ser remunerado pela participação em órgão de deliberação coletiva.
>
> Parágrafo único. O disposto neste artigo não se aplica à remuneração devida pela participação em conselhos de administração e fiscal das empresas públicas e sociedades de economia mista, suas subsidiárias e controladas, bem como quaisquer empresas ou entidades em que a União, direta ou indiretamente, detenha participação no capital social, observado o que, a respeito, dispuser legislação específica.

A **leitura do dispositivo legal** reproduzido deixa entrever a **abertura** ali oferecida **para** a **remuneração** devida pela **participação** em **Conselhos** de **Administração e Fiscal** nas estatais ali relacionadas.

Nesse sentido, de se registrar que a constitucionalidade do referido comando legal foi questionada, no nível de nossa **Suprema Corte**, por meio da **ADI 1.485-4**, que teve por objeto a legitimidade da retribuição financeira atribuída a servidor integrante de Conselho de Administração e Fiscal dessas entidades.

O **pedido de liminar** deduzido para sustar, de plano, os efeitos do referido dispositivo foi **negado** pelo então **Ministro Relator, Néri da Silveira**, sendo que as razões contidas no seu voto condutor foram acolhidas, por unanimidade, pelos demais integrantes da Corte.

Dessa forma, em razão da importância da linha de argumentação deduzida pelo eminente **Ministro**, para o presente caso, oportuna a reprodução de alguns **trechos de sua manifestação**.

Assim é que, de início, o Ministro reconheceu que a Constituição Federal veda a acumulação de cargos e funções, a teor do disposto no inciso XVII do art. 37. Confira-se:

> "(...) É certo que o inciso XVI do art. 37 da Constituição veda a acumulação remunerada de cargos públicos, ressalvadas as hipóteses enumeradas na regra maior indicada. Também o inciso XVII do mesmo artigo 37 estipula que 'a proibição de acumular estende-se a empregos e funções e abrange autarquias, empresas públicas, sociedades de economia mista e fundações mantidas pelo poder público' (...)".

Sem embargo, em seguida, corretamente, asseverou que essa **vedação não pode atingir o exercício de funções gratificadas**, *stricto sensu*, exercidas em **Conselhos** de **Administração e Fiscal:**

> "(...) Compreendo, entretanto, que não se reveste de relevância jurídica, a autorizar, desde logo, a suspensão de vigência das normas legais impugnadas, a fundamentação desenvolvida na inicial. Não se cuida, nos conselhos de administração e fiscal, do exercício de cargos em comissão ou de funções gratificadas, *stricto sensu*. Em se tratando de pessoas jurídicas de direito privado, de outra parte, não se caracteriza sequer a participação nesses conselhos caro exercício de função pública, *stricto sensu*. (...)".

Por derradeiro, observa os **inconvenientes** da adoção de uma **interpretação ampliativa** das vedações constitucionais, em vista de seus nefastos efeitos para outras situações, que até então se revelavam legítimas:

> "(...) É exato, ainda, que ao servidor não é vedado o exercício de função de chefia, cuja retribuição, na forma da lei, se acrescenta à remuneração do cargo de provimento efetivo. Não se trata, então, de acumulação de cargos, vedada pelo art. 37, XVI, da Lei Maior. A observação cresce de ponto, no caso concreto, em que se disciplina exercício por servidor de função em conselho de entidade de direito privado, com remuneração que guarda antes caráter correspondente a retribuição de representação. (...)".

Dessa forma, percebe-se que, no nível da **Suprema Corte**, a orientação adotada pelo Pleno, quando da apreciação da referida ADI, abona a **legitimidade da situação ora discutida.**

Outrossim, **de forma** a **reforçar** essa **conclusão**, importante anotar que a mesma linha de raciocínio foi adotada por **diversos órgãos** da **Administração** Pública **Federal**, consoante se verifica das ementas a seguir reproduzidas:

> "**Procuradoria-Geral da Fazenda Nacional** — Parecer PGFN n. *1.071/96*, de 1º de julho de 1996:
>
> 25. Frente ao exposto, conclui-se inexistir óbice constitucional à remuneração de conselheiro fiscal ou de administração de empresa pública, sociedade de economia mista ou empresa da qual participe a União, mesmo quando tais ofícios estejam ocupados por servidores públicos federais ou empregados de empresas estatais controladas direta ou indiretamente pela União. (...)".

> "**Advocacia-Geral da União** — Parecer de 4 de julho de 2003
>
> 3. Em virtude dessas ponderações, esta Advocacia-Geral manifesta-se pela manutenção, *de meritis*, desse mesmo teor denegatório, rechaçando a pecha de inconstitucionalidade assacada contra os arts. 2º e 5º da Lei n. 9.292/96, por não contrariarem os incs. XVI e XVII do art. 37 da CF/88, uma vez que a função nos Conselhos de administração e fiscal das empresas públicas e sociedades de economia mista, bem como de quaisquer outras entidades sob controle direto ou indireto da União, não caracteriza a natureza de uma função pública, *stricto sensu*".

> "**Consultoria Jurídica do Ministério o Planejamento e Orçamento** — Parecer/GM/CONJUR/MPO n. *865/96*, de 2 de setembro de 1996:

11 — Destarte, a remuneração mensal prevista na lei n. 9.292, paga ao servidor público pelo exercício do mandato em colegiados, constitui retribuição pelo encargo, por natureza transitória, por isso mesmo não alcançada pela proibição de acumular inserida no art. 37, XVI, da Constituição Federal".

"**Consultoria Jurídica do Ministério da Administração Federal e Reforma do Estado** — Nota Jurídica n. 081/CONJUR/MARE, de 6 de setembro de 1996, citando o parecer da PGFN acima mencionado.

6. Por todo o exposto, pedimos vênia para referendar o entendimento firmado por aquela douta Procuradoria, concluindo de nossa parte inexistir óbice constitucional à remuneração dos membros dos conselhos de administração e fiscal das entidades mencionadas na lei n. 9.292/96, não merecendo ser acolhida a procedência da Ação Direta de Inconstitucionalidade n. 1.485-4/600, proposta pelo Partido dos Trabalhadores e pelo Partido Democrático Trabalhista junto à Suprema Corte".

"**Advocacia do Senado Federal** — Parecer S/N, de 18 de setembro de 1996:

Ao nosso ver, não configura função pública efetiva aquela exercida pelo servidor como membro de conselho administrativo e fiscal de empresa estatal ou de economia mista, subsidiária ou controlada da União, mas múnus para o qual é ele designado à base do critério de confiança e que vem acrescer consideravelmente atribuições que extrapolam os limites das funções usuais do seu cargo efetivo, equiparando-se a uma 'função comissionada', para a qual não é justo a ausência de retribuição que, no caso, sequer é considerada remuneração para efeito de teto, aposentadoria ou incorporação à maneira de quintos e sobre ela não incidindo nenhum encargo social.

Assim sendo, somos do entendimento que a Lei n. 9.292, de 12 de julho de 1996 é formal e materialmente irrepreensível, mantendo obediência ao ordenamento constitucional, carecendo de fundamento jurídico a arguição de sua inconstitucionalidade, pelo que deve a presente ação ser julgada improcedente".

"**Procuradoria Geral da República** — Parecer n. 4891GB, de 22 de agosto de 2003

8. Em conformidade com o entendimento jurisprudencial firmado por esta Excelsa Corte, quando do julgamento da medida cautelar, a hipótese prevista nos dispositivos legais impugnados não encontra empecilho na proibição de acumulação remunerada de cargos, empregos e funções públicas, prevista nos incisos XVI e XVII do artigo 37 da Constituição da República. Gomo bem pontuou sua Excelência, o Ministro-Relator, 'não se cuida, nos conselhos de administração e fiscal, do exercício de cargos em comissão ou de funções gratificadas, *stricto sensu*'. Em se tratando de pessoas jurídicas de direito privado, de outra parte, não se caracteriza sequer a participação nesses conselhos como exercício de função pública *stricto sensu*.

9. Descaracterizada, portanto, a participação em conselhos de administração e fiscal das empresas públicas e sociedades de economia mista, suas subsidiárias e controladas, e de entidades sob controle direto ou indireto da União, como exercício típico de função pública, nada obsta à acumulação remunerada de suas atribuições.

10. Destarte, forçoso concluir que não há, num exame mais acurado e de cognição exauriente, razão para se modificar o entendimento sustentado por este Excelso Pretório quando do julgamento da medida cautelar.

11. Ante o exposto, opino pela improcedência do pedido de declaração de inconstitucionalidade. (...)".

De outra parte, importante salientar que as mesmas conclusões até este passo atingidas, no nível federal, prevalecem também no nível municipal.

Dentro desse contexto, oportuno destacar que essa orientação também foi abraçada pelo então **Procurador-Geral do Município de São Paulo**, em **parecer exarado em 2005**, cuja ementa a seguir se reproduz:

> "Ementa n. 10.734
>
> Servidor público. Acúmulo de cargo com o de membro do conselho de administração de sociedade de economia mista. Afronta ao dispositivo constitucional estabelecido no artigo 37, inciso XVI e XVII não caracterizada. Julgamento favorável do Tribunal de Contas do Município de São Paulo e parecer no mesmo sentido do Ministério Público Estadual. Possibilidade de acúmulo".

No bojo do referido parecer, destaca-se, inicialmente, a conclusão final ali atingida:

> "Muito mais poderia ser dito sobre o assunto, mas entendo que o exposto até agora é mais do que suficiente para dizer que a resposta ao formulado é no sentido de que é perfeitamente legal o acúmulo remunerado do cargo de servidor público com o de membro do conselho de administração de sociedade de economia mista municipal, não havendo nenhuma violação dos dispositivos constitucionais ou da lei federal n. 8.429 de 12 de junho de 1992".

Outrossim, passando os olhos pelo conteúdo do referido parecer, visualiza-se a correta conclusão ali atingida em relação às atribuições de conselheiro de administração e fiscal: trata-se do exercício de função, em sentido amplo, que não pode ser atingida pela vedação constitucional. Confira-se:

> "(...) Diante desse rol de atividades, que não são aquelas desenvolvidas quotidianamente pelos dirigentes das sociedades de economia mista, que são os diretores, está claro que se está diante de uma função *lato sensu* não é aquela consignada no texto constitucional ora em discussão, como bem salientou o ministro Nery da Silveira ao negar liminar naquela ação referida. (...)".

Mais adiante, o ilustre parecerista, estabelecendo um cotejo com a situação envolvendo membro de conselho de autarquia, assevera o caráter secundário dos valores percebidos durante esse período de acumulação:

> "(...) Ora, se membro de conselho de autarquia pode ter sua atividade remunerada por força de entendimento hoje vigente na administração, o que dizer de membro do conselho de administração de sociedade de economia mista? E não se diga que pelo fato dos valores a receber serem bastante diferentes a situação mudaria. É óbvio que não, a natureza jurídica é idêntica, não tendo o legislador estabelecido nenhum parâmetro monetário para mudança de entendimento. (...)".

Mais adiante, destaca ser essa a mesma conclusão já atingida pelo Egrégio Tribunal de Contas do Estado de São Paulo:

> "TC50829/026/90-Consulta da Companhia de Habitação da Baixada Santista, sobre remuneração dos membros do Conselho de Administração Fiscal. Vistos, relatados e discutidos os autos do Processo TC 50862/026/90, onde o Diretor-Presidente da companhia de Habitação da Baixada Santista indagou: 1 — Em virtude da deliberação TCA 2054-86/03, que revogou a Resolução TCA 563/79 sobre acumulação, de cargos deve aquela companhia remunerar todos os membros dos conselhos de administração e fiscal, ainda que os mesmos recebam remuneração de prefeituras acionistas das empresas, em especial da acionista majoritária, à Prefeitura Municipal de Santos? Tal remuneração não implicaria na acumulação remunerada vedada pelo artigo 37, inciso XVII da Constituição Federal cuja regra se repete no artigo 67, inciso XIX da Lei Orgânica do Município de Santos? O Tribunal Pleno, em sessão de 24 de outubro de 1990 pelo voto do substituto de Conselheiro Sérgio Ciqueira Rossi e dos Conselheiros Paulo de Tarso Santos, Antonio Roque Citadini e Orlando Zancaner, preliminarmente, resolveu conhecer da consulta e quanto ao mérito, por maioria de votos, deliberou: responder afirmativamente ao primeiro quesito, no sentido de que a consulente pode remunerar os membros ao conselho de administração e fiscal da empresa".

Por derradeiro, assevera ser essa a mesma posição adotada pelo **Tribunal de Contas do Município de São Paulo** quando da apreciação do processo administrativo n. 72.003.001.94-14, onde se discutiu a legalidade do procedimento do então Vereador Odilon Guedes, que, além de exercer seu mandato legislativo, exercia as funções de conselheiro junto ao Anhembi e ao "Prodam", comportamento esse que foi objeto, inclusive, de apuração do Ministério Público.

No referido processo, aquela Corte concluiu, por **unanimidade**, pela **licitude da acumulação** remuneratória em discussão, entendendo não existir qualquer afronta a dispositivos constitucionais.

No bojo desse processo, destaca o parecer exarado pelo **Ministério Público de São Paulo**, que entendeu lícita a situação, destacando-se o seguinte trecho:

> "(...) com base nas lições retroestampadas, verifica-se que Odilon Guedes exerceu funções junto à Prodam e ao Anhembi, como membro dos Conselhos Administrativo e Fiscal, respectivamente, em cada empresa, sem contudo, com elas manter qualquer vínculo empregatício ou estatutário, caracterizando, pois, nítida atividade afeta a agente honorífico.
>
> É certo que o interessado percebeu 'jetton' ou ajuda de custo pela atividade efetivamente desempenhada, ou seja, recebeu 'gratificação de presença' em relação a cada uma das reuniões que compareceu, o que, contudo, não é vedado pela legislação vigente e não corresponde a provento resultante de vínculo empregatício ou estatutário para com a Administração Pública. (...)".

Assim sendo, diante de todos os aportes trazidos à colação, conclui-se pela **impossibilidade** de promover um **alargamento** da **vedação estabelecida** na **Constituição**, para alcançar o exercício de funções, em sentido amplo, em que não se verifica nenhuma relação jurídica profissional estabelecida, vale dizer, nenhum vínculo empregatício.

Destarte, não se pode perder de vista que a **proibição constitucional**, como já se disse, **alcança**, por razões de cunho lógico, **tão somente** aqueles **servidores** que se **submetam** a um **duplo vínculo empregatício, e não aqueles que titularizam uma função *lato sensu***.

Dessa forma, como corolário, não incidindo a vedação constitucional para situações como essa, de **secundária importância** a questão relacionada aos **valores percebidos**, em razão da licitude da acumulação.

Para melhor visualização deste item, observe-se o seguinte quadro:

REGRA GERAL	Proibição: art. 37, XVI, da CF
EXTENSÃO	Cargos, empregos e funções na administração direta e indireta nas quatro esferas de Governo
EXCEÇÕES	Permitidas, desde que cumpridas as exigências estabelecidas no art. 37, XVI, da CF
REQUISITOS PARA A ACUMULAÇÃO	■ comprovação de compatibilidade de horários: art. 37, XVI, da CF ■ que o resultado financeiro da acumulação não ultrapasse o teto de remuneração: art. 37, XVI, da CF (**STF, Pleno, REs 602.043 e 612.975:** o cálculo do teto vale para cada salário isoladamente e não sobre a soma das remunerações, **27.04.2017**)
HIPÓTESES	■ dois cargos de professor: art. 37, XVI, da CF ■ um cargo de professor com outro técnico ou científico: art. 37, XVI, da CF ■ dois cargos ou empregos privativos de profissionais da área da saúde com profissões regulamentadas ■ Juízes com uma de magistério: art. 95, parágrafo único, da CF ■ Promotores com uma de magistério: art. 128, § 5º, II, da CF
ACUMULAÇÃO DE CARGO COM MANDATO ELETIVO	Proibida em regra, exceção feita ao mandato de Vereador e se houver compatibilidade de horários: art. 38, III, da CF
ACUMULAÇÃO DE CARGO COM FUNÇÕES NÃO SUBMETIDAS A VÍNCULO EMPREGATÍCIO	Possível consoante se verifica com funções exercidas em Conselhos de Administração, de autarquias, fundações e sociedades de economia mista: art. 119, parágrafo único, da Lei n. 8.112/90 e STF, ADI 1.485-4

■ 14.7. REGIME JURÍDICO ÚNICO

De se consignar que, em matéria de servidores públicos, **a EC n. 19/98 eliminou a figura do regime jurídico único**, até então existente, válido para a Administração direta, autárquica e fundacional.

Antes da promulgação da referida emenda constitucional, contudo, o mesmo regime jurídico adotado para os servidores da Administração direta deveria ser seguido, obrigatoriamente, para as autarquias e fundações, o que não mais se verifica.

Pela **nova sistemática** adotada pela Constituição, portanto, **poderão autarquias e fundações**, como podiam empresas públicas e sociedades de economia mista, **adotar regime jurídico diferenciado** do aplicado na Administração direta para os seus servidores.

Outrossim, oportuno registrar que, em **02.08.2007**, o **Plenário** do **STF** acabou por deferir cautelar, com efeito *ex nunc*, na **ADI 2.135**, declarando a **inconstitucionalidade da nova redação do art. 39, oferecida pela EC n. 19/98**.

Pela importância do tema, oportuna a reprodução da **ementa:**

> "Medida cautelar em ação direta de inconstitucionalidade. Poder constituinte reformador. Processo legislativo. Emenda Constitucional 19, de 04.06.1998. Art. 39, *caput*, da Constituição Federal. Servidores públicos. Regime jurídico único. Proposta de implementação, durante a atividade constituinte derivada, da figura do contrato de emprego público. Inovação que não obteve a aprovação da maioria de três quintos dos membros da câmara dos deputados quando da apreciação, em primeiro turno, do destaque para votação em separado (DVS) n. 9. Substituição, na elaboração da proposta levada a segundo turno, da redação original do *caput* do art. 39 pelo texto inicialmente previsto para o parágrafo 2º do mesmo dispositivo, nos termos do substitutivo aprovado. Supressão, do Texto Constitucional, da expressa menção ao sistema de regime jurídico único dos servidores da Administração Pública. Reconhecimento, pela maioria do plenário do Supremo Tribunal Federal, da plausibilidade da alegação de vício formal por ofensa ao art. 60, § 2º, da Constituição Federal. Relevância jurídica das demais alegações de inconstitucionalidade formal e material rejeitada por unanimidade. 1. A matéria votada em destaque na Câmara dos Deputados no DVS n. 9 não foi aprovada em primeiro turno, pois obteve apenas 298 votos e não os 308 necessários. Manteve-se, assim, o então vigente *caput* do art. 39, que tratava do regime jurídico único, incompatível com a figura do emprego público. 2. O deslocamento do texto do § 2º do art. 39, nos termos do substitutivo aprovado, para o *caput* desse mesmo dispositivo representou, assim, uma tentativa de superar a não aprovação do DVS n. 9 e evitar a permanência do regime jurídico único previsto na redação original suprimida, circunstância que permitiu a implementação do contrato de emprego público ainda que à revelia da regra constitucional que exige o *quorum* de três quintos para aprovação de qualquer mudança constitucional. 3. Pedido de medida cautelar deferido, dessa forma, quanto ao *caput* do art. 39 da Constituição Federal, ressalvando-se, em decorrência dos efeitos *ex nunc* da decisão, a subsistência, até o julgamento definitivo da ação, da validade dos atos anteriormente praticados com base em legislações eventualmente editadas durante a vigência do dispositivo ora suspenso. 4. Ação direta julgada prejudicada quanto ao art. 26 da EC 19/1998, pelo exaurimento do prazo estipulado para sua vigência. 5. Vícios formais e materiais dos demais dispositivos constitucionais impugnados, todos oriundos da EC 19/1998, aparentemente inexistentes ante a constatação de que as mudanças de redação promovidas no curso do processo legislativo não alteraram substancialmente o sentido das proposições ao final aprovadas e de que não há direito adquirido à manutenção de regime jurídico anterior. 6. Pedido de medida cautelar parcialmente deferido".

Dessa forma, ainda que em caráter transitório, uma vez que dependente da resolução do mérito, **volta** a **vigorar** o chamado **regime jurídico único**.

Verifique-se o seguinte quadro:

REDAÇÃO ORIGINAL: CF/88	Institui regime jurídico único para a Administração direta, autárquica e fundacional
EMENDA CONSTITUCIONAL N. 19/98	Elimina o regime jurídico único
2007: STF, ADI 2.135	Declara a inconstitucionalidade da nova redação do art. 39, oferecida pela EC n. 19/98, resgatando o regime jurídico único

14.8. REGIME DE APOSENTADORIA

14.8.1. Regras gerais

Cumpre estabelecer algumas considerações em matéria de **regime de aposentadoria** dos servidores públicos, disciplinado o assunto no **art. 40** da **CF**.

O referido dispositivo, que já tinha sofrido **inúmeras modificações** com a promulgação da **EC n. 20/98**, foi novamente alterado com a promulgação da **EC n. 41/2003**, sentidas logo em seu *caput*, cuja redação a seguir se reproduz:

> **Art. 40.** Aos servidores titulares de cargos efetivos da União, dos Estados, do Distrito Federal e dos Municípios, incluídas suas autarquias e fundações, é assegurado regime de previdência de caráter contributivo e solidário, mediante contribuição do respectivo ente público, dos servidores ativos e inativos e dos pensionistas, observados critérios que preservem o equilíbrio financeiro e atuarial e o disposto neste artigo.

A **EC n. 41/2003** manteve a natureza do regime de previdência antes previsto pela EC n. 20/98, uma vez que o **critério continuou** a **ser** o **"tempo de contribuição"**, o que faz com que só possam aposentar-se por essas regras os servidores que, em alguma medida, tenham contribuído para a seguridade social, quando em atividade.

De outra parte, oportuno consignar que a **Constituição permite** ao servidor **computar**, para efeito de aposentadoria, **todo o tempo de contribuição na Administração** Pública, independentemente da esfera de Governo em que tenha titularizado cargo público.

Assim é que, a título de exemplo, o servidor federal poderá computar o tempo de contribuição em Estados e Municípios, conclusão que se atinge por força da redação estabelecida no **art. 40, § 9º**. Confira-se:

> **Art. 40.** (...)
>
> § 9º O tempo de contribuição federal, estadual ou municipal será contado para efeito de aposentadoria e o tempo de serviço correspondente para efeito de disponibilidade.

A **mesma conclusão** se atinge para o **servidor** que tenha **contribuído** durante determinado período para o **Regime Geral de Previdência**, hipótese em que haverá uma compensação financeira entre os dois regimes, consoante se verifica da redação do **art. 201, § 9º, da CF:**

> **Art. 201.** (...)
>
> § 9º Para efeito de aposentadoria, é assegurada a contagem recíproca do tempo de contribuição na administração pública e na atividade privada, rural e urbana, hipótese em que os diversos regimes de previdência social se compensarão financeiramente, segundo critérios estabelecidos em lei.

O segundo ponto a ser registrado refere-se aos **destinatários da regra**, visto que não se aplica ela a qualquer **servidor** público, mas tão somente aos que sejam **titulares de cargos efetivos** na Administração direta e nas autarquias e fundações.

Por exclusão, assim, **não serão destinatários os servidores** públicos **que** não **ocupem** cargos, mas **empregos**, e também os que não estejam investidos em cargos efetivos, vale dizer, aqueles cuja nomeação não tenha sido precedida de concurso público, o que se verifica nos **cargos em comissão**.

Também **não surgem como destinatários** dessas regras os **servidores que ocupem cargos em sociedades de economia mista e empresas públicas**, aplicando-se a estes as regras do Regime Geral de Previdência.

Outra não é, aliás, a orientação que se verifica mediante a leitura do **§ 13 do art. 40:**

> **Art. 40.** (...)
> § 13. Ao servidor ocupante, exclusivamente, de cargo em comissão declarado em lei de livre nomeação e exoneração bem como de outro cargo temporário ou de emprego público, aplica-se o regime geral de previdência social.

Em terceiro lugar, a redação desse dispositivo bem está a revelar que esse **regime** de **previdência será financiado** por contribuições do respectivo ente público, dos servidores ativos e inativos e dos pensionistas.

Nesse particular, a grande alteração produzida pela **EC n. 41/2003** refere-se à **possibilidade** de incidência de **contribuição** em relação aos **inativos** e **pensionistas que até então estavam isentos**.

■ 14.8.2. Teto para o valor das aposentadorias

Essa matéria experimentou sensível **alteração** por força das regras estabelecidas pela **EC n. 41/2003**, que dividiu os servidores, para efeito dessa finalidade, em duas categorias.

Para os **atuais servidores**, continua a valer o mesmo teto federal anterior, vale dizer, o valor do **subsídio** dos **Ministros** do **STF e os novos subtetos estaduais e municipais a teor do disposto na redação do art. 37, XI, da CF**, que a seguir se reproduz:

> **Art. 37.** (...)
> XI — a remuneração e o subsídio dos ocupantes de cargos, funções e empregos públicos da administração direta, autárquica e fundacional, dos membros de qualquer dos Poderes da União, dos Estados, do Distrito Federal e dos Municípios, dos detentores de mandato eletivo e dos demais agentes políticos e os proventos, pensões ou outra espécie remuneratória, percebidos cumulativamente ou não, incluídas as vantagens pessoais ou de qualquer outra natureza, não poderão exceder o subsídio mensal, em espécie, dos Ministros do Supremo Tribunal Federal, aplicando-se como limite, nos Municípios, o subsídio do Prefeito, e nos Estados e no Distrito Federal, o subsídio mensal do Governador no âmbito do Poder Executivo, o subsídio dos Deputados Estaduais e Distritais no âmbito do Poder Legislativo e o subsídio dos Desembargadores do Tribunal de Justiça, limitado a noventa inteiros e vinte e cinco centésimos por cento do subsídio mensal, em espécie, dos Ministros do Supremo Tribunal Federal, no âmbito do Poder Judiciário, aplicável este limite aos membros do Ministério Público, aos Procuradores e aos Defensores Públicos.

Sem embargo, para os **futuros servidores**, o **teto** no regime próprio de previdência passa a ser o **limite máximo de benefício previsto para o regime geral de Previdência Social**, a teor do art. 5º da EC n. 41/2003, vale dizer, R$ 2.400,00 (dois mil e quatrocentos reais), reajustado de maneira a preservar, em caráter permanente, o seu valor real.

De outra parte, sobreleva notar que os valores excedentes a esse limite deverão estar vinculados ao **Fundo de Previdência Complementar** na forma prevista no **art. 40, §§ 14 e 15,** da **CF**, de acordo com a redação que lhes foi atribuída pela **EC n. 41/2003**.

Nesse contexto, por iniciativa do Poder Executivo, será **instituído o regime de previdência complementar** aos servidores federais, estaduais e municipais, **por intermédio de entidade fechada**, para cobertura de benefícios com valores superiores ao limite máximo do regime geral de Previdência Social, conforme visto no parágrafo anterior.

■ 14.8.3. Paridade nos reajustes

Essa matéria sofreu profundas **alterações** em razão da promulgação da **EC n. 41/2003.** Antes de sua promulgação, as aposentadorias e pensões eram reajustadas de maneira paritária em relação aos vencimentos e remunerações dos servidores em atividade na forma descrita pelo art. **40, § 8º, da CF**.

Com a promulgação da EC n. 41/2003, termina a paridade para os futuros servidores, o que se verifica da redação conferida ao art. 40, § 8º, da CF:

> **Art. 40.** (...)
> § 8º É assegurado o reajustamento dos benefícios para preservar-lhes, em caráter permanente, o valor real, conforme critérios estabelecidos em lei.

■ 14.8.4. Forma de cálculo do valor dos proventos

Antes de adentrarmos a análise das hipóteses de aposentadoria previstas na Constituição Federal, cumpre registrar que a **EC n. 41/2003** estabeleceu profunda **alteração na forma de cálculo desses proventos**, como se verifica da redação do **art. 40, § 1º**, da **CF**, que a seguir se reproduz:

> **Art. 40.** (...)
> § 1º Os servidores abrangidos pelo regime de previdência de que trata este artigo serão aposentados, calculados os seus proventos a partir dos valores fixados na forma dos §§ 3º e 17:

Por seu turno, os **§§ 3º e 17** acima mencionados apresentam a seguinte redação, respectivamente:

> **Art. 40.** (...)
> § 3º Para o cálculo dos proventos de aposentadoria, por ocasião da sua concessão, serão consideradas as remunerações utilizadas como base para as contribuições do servidor aos regimes de previdência de que tratam este artigo e o art. 201, na forma da lei. (...)
> § 17. Todos os valores de remuneração considerados para o cálculo do benefício previsto no § 3º serão devidamente atualizados, na forma da lei.

Dessa forma, verifica-se que os servidores não mais poderão se aposentar, ao menos como regra geral, com benefício igual ao valor integral do último salário ou remuneração, a teor do disposto na antiga redação do **art. 40, § 3º**, da CF.

Assim, para os atuais servidores a integralidade será mantida somente para aqueles que cumprirem os seguintes requisitos estabelecidos pelo **art. 6º da referida emenda:**

a) idade mínima para aposentadoria — 60 anos para homens e 55 anos para mulheres;

b) tempo mínimo de contribuição — 35 anos para homens e 30 anos para mulheres;

c) 20 anos de efetivo exercício no serviço público;

d) 10 anos de efetivo exercício na carreira e 5 anos no cargo em que se der a aposentadoria.

No que se refere aos atuais servidores que tenham cumprido todos os requisitos até a data de publicação da emenda em análise, a aposentadoria voluntária, em termos integrais ou proporcionais, será calculada de acordo com a legislação da época ou nas condições da legislação vigente, consoante a redação do **art. 3º**, ***caput*** e **§ 2º**, da **EC n. 41/2003**.

Por derradeiro, cumpre consignar a **possibilidade** estabelecida pelo **art. 3º** da **EC n. 47/2005** de **aposentadoria com proventos integrais para aqueles que tenham ingressado no serviço público até 16 de dezembro de 1998**, desde que preenchidos os seguintes **requisitos:**

> **Art. 3º** (...)
> I — trinta e cinco anos de contribuição, se homem, e trinta anos de contribuição, se mulher;
> II — vinte e cinco anos de efetivo exercício no serviço público, quinze anos de carreira e cinco anos no cargo em que se der a aposentadoria;
> III — idade mínima resultante da redução, relativamente aos limites do art. 40, § 1º, inciso III, alínea *a*, da Constituição Federal, de um ano de idade para cada ano de contribuição que exceder a condição prevista no inciso I do *caput* deste artigo.

Estabelecidas as observações preliminares relacionadas à fórmula de cálculo dos proventos, cumpre agora adentrar as modalidades de aposentadoria.

■ 14.8.5. Hipóteses de aposentadoria

■ *14.8.5.1. Aposentadoria por invalidez*

Nesse contexto, a primeira hipótese, denominada aposentadoria por invalidez, está prevista no **art. 40, § 1º, I,** da **CF**, cuja redação a seguir se reproduz:

> **Art. 40.** (...)
> I — por invalidez permanente, sendo os proventos proporcionais ao tempo de contribuição, exceto se decorrente de acidente em serviço, moléstia profissional ou doença grave, contagiosa ou incurável, na forma da lei.

Esse dispositivo constitucional demonstra que o primeiro **fato gerador** das hipóteses de aposentadoria é a **invalidez permanente**, não sendo, assim, suficiente a simples invalidez temporária para autorizar a aposentadoria com base nele.

Caracterizado o fato gerador mencionado no dispositivo constitucional, cumpre observar que os **proventos**, contrariamente ao que se poderia imaginar em um primeiro momento, serão, **como regra geral, proporcionais ao tempo de contribuição** e não integrais.

Sobreleva notar, sem embargo, que a própria **Constituição Federal tratou** de **excepcionar** a **regra geral** em relação aos **proventos** a serem recebidos, na medida em que estabelece a possibilidade de serem **integrais** se a **invalidez** permanente **decorrer de:**

- acidente em serviço;
- moléstia profissional;
- doença grave, contagiosa ou incurável, especificada em lei.

14.8.5.2. *Aposentadoria compulsória*

A segunda hipótese de aposentadoria, denominada **compulsória**, está regulamentada na forma do **inciso II** do mesmo dispositivo constitucional, da seguinte forma:

> **Art. 40.** (...)
> II — compulsoriamente, com proventos proporcionais ao tempo de contribuição, aos 70 (setenta) anos de idade, ou aos 75 (setenta e cinco) anos de idade, na forma de lei complementar.

Como se observa, o **fato gerador** relacionado pela Constituição Federal revela-se extremamente objetivo, visto que, ao **atingir o limite de idade ali estabelecido**, traz como obrigação a aposentadoria do servidor, não se tratando de mera possibilidade para ele e muito menos de atividade discricionária por parte do Poder Público.

Atingido o limite constitucional de idade, referida aposentadoria gera para o servidor o **direito à percepção** de proventos que serão, como visto, **proporcionais** ao tempo de contribuição, tornando-se irrelevante, por exemplo, a existência de problemas anteriores em sua vida funcional.

Nesse particular, importante destacar a decisão proferida pelo STF, em fevereiro de 2017, no RE 647.827/PR, com relatoria do Ministro Gilmar Mendes, em que concluiu que não se aplica a aposentadoria compulsória aos titulares de serventias judiciais não estatizadas, desde que não sejam ocupantes de cargo público efetivo e não recebam remuneração proveniente dos cofres públicos (*Informativo* n. 854, de fevereiro de 2017).

14.8.5.3. *Aposentadoria voluntária*

A terceira hipótese de aposentadoria, chamada de voluntária, experimentou profundas alterações em razão da promulgação da **EC n. 41/2003**.

No que se refere aos atuais servidores que tenham cumprido todos os requisitos até a data de publicação da emenda, a aposentadoria voluntária, em termos integrais ou proporcionais, será calculada de acordo com a legislação da época ou nas condições da legislação vigente, consoante a redação do **art. 3º, *caput* e § 2º, da EC n. 41/2003**.

Em relação aos futuros servidores, acaba a integralidade, e o **valor do benefício será calculado pela média das remunerações** utilizadas como base para as contribuições ao regime próprio e ao regime geral de previdência, conforme a redação do **art. 40, §§ 1º, 3º** e **17**, da **CF**, oferecida pela EC n. 41/2003.

De se considerar, ainda, que essas **hipóteses** de **aposentadoria** representam um **elenco meramente exemplificativo, comportando, pois**, a adoção de outras, denominadas **"especiais"**, desde que preenchidos os **requisitos** estabelecidos no **art. 40, § 4º**, com a redação que lhe foi atribuída pela **EC n. 47/2005**. Confira-se:

> **Art. 40.** (...)
>
> § 4º É vedada a adoção de requisitos e critérios diferenciados para a concessão de aposentadoria aos abrangidos pelo regime de que trata este artigo, ressalvados, nos termos definidos em leis complementares, os casos de servidores:
>
> I — portadores de deficiência;
>
> II — que exerçam atividades de risco;
>
> III — cujas atividades sejam exercidas sob condições especiais que prejudiquem a saúde ou a integridade física.

Por derradeiro, cumpre registrar que, em relação à **aposentadoria especial** dos servidores **professores**, encontra-se ela prevista no **art. 40, § 5º**, da **CF**, nos seguintes termos:

> **Art. 40.** (...)
>
> § 5º Os requisitos de idade e de tempo de contribuição serão reduzidos em cinco anos, em relação ao disposto no § 1º, III, *a*, para o professor que comprove exclusivamente tempo de efetivo exercício das funções de magistério na educação infantil e no ensino fundamental e médio.

Outrossim, foi objeto de **súmula** do **STF**, que estabeleceu **não ser válido** o **tempo de serviço prestado fora de sala de aula**, como se vê:

> **Súmula 726 do STF:** Para efeito de aposentadoria especial de professores, não se computa o tempo de serviço prestado fora da sala de aula.

Para melhor visualização deste item, observe-se o quadro:

NATUREZA DO REGIME	Natureza contributiva, desde a EC n. 20/98: art. 40, *caput*, da CF.
CRITÉRIO DE APOSENTADORIA	Desde a EC n. 20/98: art. 40, *caput*, da CF, o critério é o tempo de contribuição.
EXTENSÃO DO CRITÉRIO	A CF permite a utilização de qualquer tempo de contribuição, tanto no setor público (art. 40, § 9º) quanto no setor privado (art. 201, § 9º), hipótese em que os sistemas se compensarão financeiramente.

DESTINATÁRIOS	Os servidores públicos que titularizem cargos efetivos (art. 40, *caput*, da CF), o que exclui os que titularizam cargos em comissão, empregos públicos, os temporários, que se aposentam pelo regime geral de previdência: art. 40, § 13, da CF.
MODALIDADES	Encontram-se previstas no art. 40, § 1º, da CF: ■ **por invalidez** permanente que impeça o exercício das atribuições do cargo, com proventos proporcionais em regra; ■ **compulsória:** pelo atingimento do limite máximo de idade previsto na Constituição (75 anos), com proventos proporcionais ao tempo de contribuição; ■ **voluntária:** por iniciativa do servidor, desde que preenchidos os requisitos estabelecidos na CF.
APOSENTADORIAS ESPECIAIS	Relacionadas no art. 40, § 4º, da CF, exigem a aprovação de lei complementar e incidência apenas sobre as situações ali relacionadas. ■ portadores de deficiência; ■ que exerçam atividades de risco; ■ cujas atividades sejam exercidas sob condições especiais que prejudiquem a saúde ou a integridade física.
TETO	Encontra-se previsto no art. 40, § 11, da CF, sendo o mesmo incidente sobre os servidores em atividade, vale dizer, o que ganham os Ministros do STF a título de subsídio.
CRITÉRIOS	Encontram-se previstos no art. 40, §§ 2º e 3º, da CF: ■ não poderão exceder a remuneração do respectivo servidor, no cargo efetivo em que se deu a aposentadoria ou que serviu de referência para a concessão da pensão ■ as remunerações utilizadas como base para as contribuições do servidor aos regimes de previdência de que tratam este artigo e o art. 201, na forma da lei
ACUMULAÇÃO DE APOSENTADORIAS	Permitida (art. 40, § 6º) nas hipóteses de acumulação de cargos autorizadas pela Constituição: art. 37, XVI, da CF.

■ 14.9. DIREITO DE GREVE E DE SINDICALIZAÇÃO

Esta **Constituição**, pela **primeira vez**, atribui aos servidores públicos a **possibilidade** de deflagração de **movimento grevista**, **bem como** de **sindicalização**, nos termos estabelecidos pelo **art. 37, VI e VII**, cuja redação a seguir se reproduz:

> **Art. 37.** (...)
>
> VI — é garantido ao servidor público civil o direito à livre associação sindical;
>
> VII — O direito de greve será exercido nos termos e nos limites definidos em lei específica.

Como se vê, em relação ao **direito de greve**, se por um lado a Constituição inovou conferindo esse direito aos servidores, por outro tornou-o **dependente** da edição **de lei posterior**, esvaziando em muito a possibilidade de seu uso.

Dentro desse contexto, passados diversos anos sem que a referida e necessária lei tivesse sido editada, nossa **Suprema Corte passou** a **receber** uma enxurrada de **ações** propostas por servidores públicos na **tentativa de suprir essa omissão inconstitucional** praticada pelo Poder Público.

Assim, em 25.10.**2007**, a **Corte Suprema** decidiu, por unanimidade, **acolher a ideia da omissão inconstitucional**, **determinando** a **aplicação**, no que **couber**, das

regras previstas para o **setor privado (Lei n. 7.783/89)**. A decisão foi tomada no julgamento dos **Mandados de Injunção n. 670, 708 e 712**, criando condições para o exercício desse direito.

De toda sorte, importante deixar consignada a **orientação** já **consolidada**, em especial nos **Tribunais, que proíbem a** deflagração de **greve total, em se tratando de prestação de serviços públicos**.

Referida **orientação diferencia**, de forma certeira, os **movimentos grevistas** deflagrados no **setor privado** e no **setor público**, em razão das consequências geradas.

Destarte, greve total no **setor privado**, implicando, pois, sua paralisação, acaba por prejudicar fundamentalmente o empregador, que é um particular.

Em contrapartida, **greve total** no **serviço público**, em especial incidindo sobre serviços de **caráter essencial**, implicaria interrupção indevida, **prejudicando diretamente** a **coletividade**, o que não se justifica.

Diante desse cenário, como se disse, os **Tribunais** têm entendimento consolidado, segundo o qual, em se tratando de **serviço público**, um **percentual** deve permanecer **à disposição da população**.

Nesse sentido, percebe-se o acerto dessa orientação, pois inimagináveis as consequências da paralisação total de serviços como o de transporte coletivo, o de saúde, entre outros.

Neste particular, importante destacar **decisão** proferida pelo **STF**, em **agosto de 2017**, através do **Pleno**, quando do julgamento do **RE 846.854/SP**, com relatoria para o acórdão do Ministro Alexandre de Moraes, segundo a qual a **justiça comum**, Federal ou Estadual, é **competente para julgar a abusividade de greve de servidores públicos celetistas da Administração Pública direta, autarquias e fundações públicas**.

Dentro desse contexto, também com o objetivo de preservação do interesse público, a **Lei n. 7.783/89**, que disciplina o **direito de greve no setor privado e que incide, no que couber, para greves no setor público**, ao menos até a edição de legislação específica, prescreveu a necessidade de a categoria que pretende deflagrar movimento dessa natureza de providenciar **aviso prévio**, com a **antecedência mínima** de **72 horas** para serviços ou atividades essenciais, a teor do disposto em seu **art. 13**. Confira-se:

> **Art. 13.** Na greve em serviços ou atividades essenciais, ficam as entidades sindicais ou os trabalhadores, conforme o caso, obrigados a comunicar a decisão aos empregadores e aos usuários com antecedência mínima de 72 (setenta e duas) horas da paralisação.

Portanto, conclui-se, sem nenhuma dificuldade, que **movimentos grevistas** que **não atendam** à **exigência** estabelecida no dispositivo reproduzido caracterizam-se como **ilegais**, abrindo a possibilidade de pedidos de indenização por parte daqueles que comprovarem a configuração de danos.

Nesse particular, importante deixar registrado que o **conceito** de **serviço essencial** não se revela aleatório, tendo em vista expressa disposição contida no **art. 10** do referido diploma legal:

Art. 10. São considerados serviços ou atividades essenciais:

I — tratamento e abastecimento de água; produção e distribuição de energia elétrica, gás e combustíveis;

II — assistência médica e hospitalar;

III — distribuição e comercialização de medicamentos e alimentos;

IV — funerários;

V — transporte coletivo;

VI — captação e tratamento de esgoto e lixo;

VII — telecomunicações;

VIII — guarda, uso e controle de substâncias radioativas, equipamentos e materiais nucleares;

IX — processamento de dados ligados a serviços essenciais;

X — controle de tráfego aéreo;

XI — compensação bancária.

Acerca do dispositivo legal reproduzido, importante deixar consignado tratar-se, pela redação utilizada, de **elenco taxativo**, que, portanto, não comporta ampliação.

Sem embargo, a nosso ver, nada impede que esse elenco possa ser ampliado, se configurada outra hipótese de serviço essencial que não esteja ali prevista, tudo para a preservação dos interesses da coletividade.

Destarte, não se pode esquecer que a referida legislação é de 1989, e que, ao longo do tempo, outras situações envolvendo a prestação de serviços públicos poderão surgir, justificando a possibilidade de **ampliação desse elenco** inicial, desde que acompanhada das respectivas justificativas para que se possa averiguar sua legalidade.

De toda sorte, para que essas alterações ocorram, o **instrumento único** a ser utilizado é a **lei**.

Importante ainda destacar que a possibilidade de **deflagração** de **movimentos grevistas não foi franqueada pela Constituição a todos os servidores**.

Com efeito, **servidores militares**, pela própria posição que ocupam, estão **proibidos** de deflagrar movimentos dessa natureza, consoante se verifica da redação estabelecida pelo **art. 142, § 3º, IV**.

Art. 142. As Forças Armadas, constituídas pela Marinha, pelo Exército e pela Aeronáutica, são instituições nacionais permanentes e regulares, organizadas com base na hierarquia e na disciplina, sob a autoridade suprema do Presidente da República, e destinam-se à defesa da Pátria, à garantia dos poderes constitucionais e, por iniciativa de qualquer destes, da lei e da ordem.

§ 3º Os membros das Forças Armadas são denominados militares, aplicando-se-lhes, além das que vierem a ser fixadas em lei, as seguintes disposições: (...)

IV — ao militar são proibidas a sindicalização e a greve.

Ainda sobre este item, importante registrar decisão proferida pela **Suprema Corte**, em **abril** de **2017**, através do seu **órgão pleno**, dando provimento ao **Recurso Extraordinário** com Agravo Interposto n. 654.432/GO, relator o Ministro Alexandre de Moraes, que concluiu pela **possibilidade** de **extensão** aos **policiais civis** da vedação do **direito** de **greve** dos policiais militares, com **repercussão geral reconhecida**.

No referido julgado, importante destacar o seguinte trecho constante no ***Informativo* n. 860**, de **abril** de **2017:**

> "Prevaleceu o voto do ministro Alexandre de Moraes. Para ele, a interpretação teleológica dos arts. 9º, 37, VII, e 144 da Constituição Federal (CF) veda a possibilidade do exercício de greve a todas as carreiras policiais previstas no citado art. 144. Não seria necessário, ademais, utilizar de analogia com o art. 142, § 3º, IV, da CF, relativamente à situação dos policiais militares".

Mais adiante, o Ministro Relator asseverou quanto à necessidade de oferecer às carreiras policiais um tratamento diferenciado em vista de seu posicionamento constitucional. Confira-se:

> "Esclareceu que a Constituição tratou das carreiras policiais de forma diferenciada ao deixá-las de fora do capítulo específico dos servidores públicos. Segundo o ministro, as carreiras policiais são carreiras de Estado sem paralelo na atividade privada, visto que constituem o braço armado do Estado para a segurança pública, assim como as Forças Armadas são o braço armado para a segurança nacional. Diversamente do que ocorre com a educação e a saúde — que são essenciais para o Estado, mas têm paralelo na iniciativa privada —, não há possibilidade de exercício de segurança pública seja ostensiva pela Polícia Militar, seja de polícia judiciária pela Polícia Civil e pela Polícia Federal, na União. Em outras palavras, não há possibilidade de nenhum outro órgão da iniciativa privada suprir essa atividade, que, por si só, é importantíssima e, se paralisada, afeta ainda o exercício do Ministério Público e do próprio Poder Judiciário".

Diante desse cenário, esclareceu que, em vista da necessidade da manutenção da segurança e da paz social, essas carreiras não podem se valer do direito de greve:

> "Portanto, a prevalência do interesse público e do interesse social na manutenção da ordem pública, da segurança pública, da paz social sobre o interesse de determinadas categorias de servidores públicos — o gênero servidores públicos; a espécie carreiras policiais — deve excluir a possibilidade do exercício do direito de greve por parte das carreiras policiais, dada a sua incompatibilidade com a interpretação teleológica do texto constitucional, em especial dos arts. 9º, § 1º; e 37, VII da CF".

Portanto, a partir desse julgado, por força da repercussão geral ali reconhecida, **qualquer movimento grevista deflagrado por policiais civis será considerado inconstitucional.**

De outra parte, em relação ao **direito de sindicalização**, não resta a menor dúvida quanto a ser esta uma **expressiva conquista** atribuída pela Constituição aos **servidores**, uma vez que permitida a **defesa** de seus **direitos** por intermédio de **órgão** de **classe**.

Outrossim, importante deixar consignado que, na forma dos **arts. 37, VI,** e **142, § 3º, IV,** da **Constituição**, por redações diferenciadas, estabeleceu-se a **mesma diretriz**, segundo a qual esse direito, a exemplo do **direito** de greve, foi **franqueado tão somente para os servidores civis**.

Ainda em relação a esse tema, vale a pena registrar que o **Plenário** do **Supremo Tribunal Federal** (STF), em **outubro de 2016**, concluiu o julgamento do **Recurso Extraordinário** (RE) n. **693.456**, com **repercussão geral reconhecida**, que discute a **constitucionalidade do desconto dos dias parados em razão de greve de servidor**.

Por 6 votos a 4, o **Plenário decidiu** que a **Administração** Pública deve **fazer o corte do ponto dos grevistas, mas admitiu** a possibilidade de compensação dos dias parados **mediante acordo**. Também foi decidido que o desconto não poderá ser feito caso o movimento grevista tenha sido motivado por conduta ilícita do próprio Poder Público.

Ao final do julgamento foi aprovada a seguinte tese de repercussão geral: "A administração pública deve proceder ao desconto dos dias de paralisação decorrentes do exercício do direito de greve pelos servidores públicos, em virtude da suspensão do vínculo funcional que dela decorre, permitida a compensação em caso de acordo. O desconto será, contudo, incabível se ficar demonstrado que a greve foi provocada por conduta ilícita do Poder Público".

Essa decisão significa que o Estado só pode pagar pelo serviço prestado. A regra deve ser aplicada pelos Juízes de todo o país, mas com uma **exceção**. Com efeito, **impede a incidência do desconto nas hipóteses em que a paralisação for motivada por quebra de acordo de trabalho, como o atraso no pagamento de salários.**

Assim, o Supremo decidiu que os servidores públicos que entrarem em greve podem ter o salário imediatamente cortado, como já acontece na iniciativa privada.

Nessa decisão, oportuna a reprodução do voto do **Ministro Ricardo Lewandowski**, que votou contra o corte do ponto, argumentando que só concordaria com a suspensão do pagamento depois que a Justiça considerasse a greve ilegal:

> "Minha preocupação dá já a presunção da abusividade logo de início. Logo que se deflagra a greve, cortam-se os vencimentos, porque se entende que é abusiva em princípio. Até que sobrevenha uma decisão judicial. Eu penso que os vencimentos, em princípio, são devidos, até que o Judiciário se pronuncie e diga que é ilegal ou abusiva".

No **mesmo julgado**, oportuna também a reprodução de trecho do voto proferido pelo **Ministro Gilmar Mendes**, que votou a favor do corte, lembrando dos prejuízos que greves longas causam à população:

> "Veja por exemplo a greve hoje dos peritos do INSS. Causa tumulto enorme. Nós vimos o custo das greves aqui. Os processos que não eram preparados. Agora, têm o direito essas pessoas de terem o salário assegurado? Isso é greve, é férias, o que é isso? Como que isso se enquadra? Nós assistimos aí às universidades públicas paradas por cinco meses e não se faz nada".

O quadro a seguir sintetiza o exposto:

FUNDAMENTO	Art. 37, VI e VII, da CF
NATUREZA JURÍDICA DA NORMA	Inicialmente, entendeu a Suprema Corte tratar-se de norma de eficácia limitada, entendimento alterado para norma de eficácia contida

STF, 2007	Concluiu que, enquanto não editada a necessária legislação, aplicam-se, no que couber, as regras estabelecidas na Lei n. 7.783/89 (greve no setor privado)
STF, OUTUBRO 2016	Concluiu pela possibilidade de a Administração promover o corte no ponto dos servidores grevistas
DESTINATÁRIOS	A CF autorizou a deflagração de greve somente para os servidores públicos civis, vedando-a para os militares: art. 142, § 3º, IV
STF, ABRIL DE 2017	Concluiu pela extensão da proibição para os servidores públicos civis integrantes de carreiras policiais relacionadas no art. 144

■ 14.10. DIREITOS E DEVERES INFRACONSTITUCIONAIS

A fixação, pela Constituição, das regras básicas relativas ao **regime dos servidores públicos** não esgota o tema, não impedindo o **legislador infraconstitucional** de discipliná-lo, inclusive, como se disse no início, inovando sobre ele, estabelecendo obrigações e direitos.

Sobre isso, importante atentar que a **matéria** relativa aos servidores públicos é daquelas **que comportam leis federais, estaduais, municipais e distritais**, cada qual, por óbvio, em seu campo de atuação.

Desse modo, perfeitamente possível que a matéria seja disciplinada de modo diferenciado nas diversas esferas de Governo, desde que respeitados os princípios estabelecidos pela Constituição Federal.

Tecidas as considerações iniciais, passaremos agora em revista alguns dos principais deveres e direitos atribuídos aos servidores, sendo necessário esclarecer que nossa análise se restringirá às previsões contidas na legislação federal.

■ 14.10.1. Regime disciplinar

A matéria é disciplinada pela **Lei n. 8.112/90**, que, a partir de seu **art. 116**, trabalha com o regime disciplinar dos servidores, relacionando uma série de deveres, entre os quais destacamos o de observar as normas legais e regulamentares (inc. **III**), cumprir as ordens superiores, exceto quando manifestamente ilegais (inc. **IV**), guardar sigilo sobre assunto da repartição (inc. **VIII**), ser assíduo e pontual no serviço (inc. **X**).

Seguindo pelo tema, o legislador estabeleceu diversas proibições que incidem sobre o servidor na forma do disposto no **art. 117**, em que se destacam: retirar, sem prévia anuência da autoridade competente, qualquer documento ou objeto da repartição (inc. **II**), manter sob sua chefia imediata, em cargo ou função de confiança, cônjuge, companheiro ou parente até o segundo grau civil (inc. **VIII**), valer-se do cargo para lograr proveito pessoal ou de outrem, em detrimento da dignidade da função pública (inc. **IX**), receber propina, comissão, presente ou vantagem de qualquer espécie em razão de suas atribuições (inc. **XII**), utilizar pessoal ou recursos materiais da repartição em serviços ou atividades particulares (inc. **XVI**).

A caracterização do descumprimento de qualquer uma dessas situações relacionadas nos dois artigos abrirá ensejo para a aplicação de penalidades na forma prevista por essa lei.

Nesse sentido, importante registrar que o legislador estabeleceu, no **art. 142, prazos diferenciados para a apuração dessas irregularidades**:

a) 5 anos: para infrações puníveis com demissão, cassação de aposentadoria ou disponibilidade e destituição de cargo em comissão;
b) 2 anos: para as hipóteses de suspensão;
c) 180 dias: para as infrações puníveis com advertência.

Outrossim, quanto ao **marco inicial para a contagem desse prazo**, verifica-se aqui uma incongruência praticada pelo legislador, uma vez que abriu duas possibilidades distintas.

Assim é que, para as **infrações que não tenham implicações penais**, estabeleceu que o prazo começa a fluir a partir do instante em que o fato se tornou conhecido, na forma do **art. 142, § 1º**, o que confere um caráter extremamente subjetivo a essa previsão.

Destarte, como é possível ter certeza acerca do exato momento em que a Administração tomou conhecimento do fato? Ainda se há de perquirir: basta que qualquer agente público tome conhecimento do fato ou somente por intermédio de uma autoridade?

De outra parte, em relação às **infrações que configurem também um ilícito penal**, a diretriz não foi a mesma, na medida em que se aplicam aqui as regras previstas no Código Penal, a teor do disposto no **§ 2º**.

Por seu turno, no Diploma Penal, observa-se que o **prazo começa** a **fluir a partir do momento em que o fato se tornou conhecido**, o que confere alto grau de subjetividade, a ser apurado em cada caso concreto.

Dentro desse contexto, cumpre observar ainda que o **prazo** para apuração dessas irregularidades, em que pesem respeitáveis manifestações doutrinárias em sentido contrário, apresenta, por força da previsão estabelecida na **Lei n. 8.112/90, art. 142, § 3º, natureza prescricional** e **não decadencial**, admitindo, pois, suspensão e interrupção. Confira-se:

> **Art. 142.** (...)
> § 3º A abertura de sindicância ou a instauração de processo disciplinar interrompe a prescrição até a decisão final proferida por autoridade competente.

■ *14.10.1.1. Sindicância e processo disciplinar*

De início, cumpre observar que as supostas **faltas** devem ser **apuradas** sempre **por intermédio** de **sindicância** ou de **processo** administrativo **disciplinar**, não se cogitando outra possibilidade.

Nesse particular, cumpre explicitar que a apuração de qualquer irregularidade praticada pelo servidor deverá ser permeada pelos princípios do **contraditório** e da **ampla defesa**, na forma disciplinada no **art. 5º, LV, da CF**.

Com efeito, além de assegurar que ninguém será privado da sua liberdade e de seus bens sem o devido processo legal (inc. LIV), o constituinte assegurou, pela redação do inc. LV, o contraditório e ampla defesa na forma seguinte:

> **Art. 5º** (...)
> LV — aos litigantes, em processo judicial ou administrativo, e aos acusados em geral são assegurados o contraditório e ampla defesa, com os meios e recursos a ela inerentes.

O dispositivo constitucional demonstra que a **regra** ali estabelecida deve ser **aplicada para** a **apuração** de **qualquer** sorte de **irregularidade** praticada pelos servidores, **seja qual for a sua natureza.**

Neste particular, importante deixar consignado que esses **requisitos** todos **também terão lugar** na **hipótese** de **flagrante** prática de qualquer sorte de ilegalidade.

Destarte, em situações dessa natureza, em que pese a impossibilidade de negativa por parte do servidor, tanto do ilícito praticado quanto de sua autoria, tem ele o **direito** de **justificar** a **conduta praticada**, com o **objetivo** de **alcançar** uma **desclassificação** da **sanção** inicialmente idealizada na portaria que inaugura o processo disciplinar.

Com efeito, por meio das justificativas apresentadas, o servidor pretende que se levem em consideração itens como as **atenuantes** e **agravantes** que **levaram** à **prática** do **ilícito**, que, aliás, resultam de expressa disposição legal, a teor do disposto no **art. 128** da **Lei n. 8.112/90**.

Nesse sentido, de forma a concretizar ainda mais o direito ao **contraditório** e à **ampla defesa**, importante anotar a redação estabelecida no **art. 133** da **Constituição Federal**, que representa talvez a maior conquista da OAB:

> **Art. 133.** O advogado é indispensável à administração da justiça, sendo inviolável por seus atos e manifestações no exercício da profissão, nos limites da lei.

No mesmo sentido, a **Súmula 343 do STJ:**

> **Súmula 343 do STJ:** É obrigatória a presença de advogado em todas as fases do processo administrativo disciplinar.

Nesse sentido ainda, oportuna a reprodução do **art. 156 da Lei n. 8.112/90**, que assegura ao servidor o direito de acompanhamento do processo por intermédio de procurador.

> **Art. 156.** É assegurado ao servidor o direito de acompanhar o processo pessoalmente ou por intermédio de procurador, arrolar e reinquirir testemunhas, produzir provas e contraprovas e formular quesitos, quando se tratar de prova pericial.

Dentro desse contexto, cumpre observar que nossa **Suprema Corte** acabou por editar a **Súmula Vinculante 5**. Confira-se:

> **Súmula Vinculante 5:** A falta de defesa técnica por advogado no processo administrativo disciplinar não ofende a Constituição.

Em relação a ela, a **Suprema Corte**, em **novembro** de **2016, rejeitou**, por 6 votos a 5, **proposta** de **cancelamento promovida** pela **OAB**, sob o argumento de que não haveria reiteradas decisões da Corte para a edição do verbete. Além disso, não seria possível aceitar que um leigo que não conhece o processo em sua complexidade pudesse ser incumbido de manejar ingredientes tão complicados de modo a promover um trabalho que seja minimamente eficiente e à altura dos postulados constitucionais.

Sobreleva notar que a **diretriz constitucional se aplica** também às apurações levadas a efeito por meio de **sindicância**, ainda que não se possa confundi-la com o conceito de processo administrativo disciplinar.

Destarte, ainda que a Constituição Federal nenhuma referência expressa tenha feito em relação à sindicância, também aqui se apresenta a necessidade de conferir contraditório e ampla defesa, na medida em que dela pode resultar a aplicação de sanções.

Outra não foi a orientação dada pelo próprio legislador, consoante se verifica na redação do **art. 143 da Lei n. 8.112/90**, a seguir reproduzida:

> **Art. 143.** A autoridade que tiver ciência de irregularidade no serviço público é obrigada a promover a sua apuração imediata, mediante sindicância ou processo administrativo disciplinar, assegurada ao acusado ampla defesa.

O **aspecto comum entre a sindicância e o processo** administrativo disciplinar está, portanto, no fato de que ambos surgem como instrumentos voltados à apuração de irregularidades praticadas pelo servidor.

Sem embargo, cumpre observar que o **campo** de **atuação** reservado pelo legislador para as **sindicâncias** é muito mais **restrito, uma vez que são voltadas a apurar infrações que comportem no máximo a suspensão por até 30 dias**.

Em outras palavras, o administrador somente poderá lançar mão da sindicância para a apuração de irregularidades de porte médio que comportem a sanção acima mencionada, a teor do disposto no **art. 145 da Lei n. 8.112/90**, que a seguir se reproduz:

> **Art. 145.** Da sindicância poderá resultar:
>
> I — arquivamento do processo;
>
> II — aplicação de penalidade de advertência ou suspensão de até 30 (trinta) dias;
>
> III — instauração de processo disciplinar.

Com relação ao **prazo para a conclusão da sindicância**, não poderá ele exceder os 30 dias, conforme se verifica da redação do **parágrafo único**:

> **Art. 145.** (...)
>
> Parágrafo único. O prazo para conclusão da sindicância não excederá 30 (trinta) dias, podendo ser prorrogado por igual período, a critério da autoridade superior.

Nesse contexto, resulta clara a conclusão segundo a qual o legislador delimitou o campo de atuação desses dois instrumentos, limitando a sindicância para aquelas infrações mais brandas e o **processo disciplinar** para as demais, em **caráter obrigatório**, a teor do disposto no **art. 146**.

> **Art. 146.** Sempre que o ilícito praticado pelo servidor ensejar a imposição de penalidade de suspensão por mais de 30 (trinta) dias, de demissão, cassação de aposentadoria ou disponibilidade, ou destituição de cargo em comissão, será obrigatória a instauração de processo disciplinar.

Essa observação revela-se importante, uma vez que demanda a interpretação conjunta do dispositivo colacionado com o **art. 148**, cuja redação a seguir se reproduz:

> **Art. 148.** O processo disciplinar é o instrumento destinado a apurar responsabilidade de servidor por infração praticada no exercício de suas atribuições, ou que tenha relação com as atribuições do cargo em que se encontre investido.

A leitura conjunta dos dois dispositivos deixa entrever a intenção do legislador de tornar **obrigatória** a **abertura** de **processo disciplinar** quando o ilícito ensejar **penalidade** de **suspensão superior** a **30 dias**, não descartando, no entanto, a possibilidade de sua utilização também para as hipóteses que comportam sindicância.

De outra parte, em razão da gravidade das ilicitudes que comportam **processo administrativo disciplinar**, sua estrutura de desenvolvimento revela-se mais complexa do que a prevista para a sindicância, comportando **três fases** diferentes, sintetizadas na redação do **art. 151**. Confira-se:

> **Art. 151.** O processo disciplinar se desenvolve nas seguintes fases:
> I — instauração, com a publicação do ato que constituir a comissão;
> II — inquérito administrativo, que compreende instrução, defesa e relatório;
> III — julgamento.

Dentro desse contexto, importante anotar que, no curso desse **processo disciplinar**, surge a obrigação do administrador de dar **cumprimento** a algumas **exigências** que resultam de princípios constitucionais, sumariadas da seguinte forma:

a) obrigação de apuração dos fatos: resulta ela do princípio da oficialidade;
b) obrigação de oferecer devido processo legal: resultante da regra estabelecida no art. 5º, LV, da CF, a ser aplicada mesmo na hipótese de flagrante, uma vez que, ainda que o servidor não possa negar nem o fato nem sua autoria, tem o direito de apresentar suas razões, evitando-se, inclusive, a aplicação do princípio da verdade sabida;
c) obrigação de produzir provas: de forma a justificar a imposição de eventual penalidade em razão do princípio da presunção de inocência, estabelecido no art. 5º, LVII;
d) obrigação de decidir: de forma a impedir que o processo possa ficar paralisado indefinidamente, colocando o servidor à mercê do administrador. Essa questão, inclusive, mereceu especial atenção na Lei n. 9.784/99, que regula os processos na área federal, em especial nos arts. 48 e 49;
e) obrigação de motivar seus atos e decisões: para que se possa estabelecer um controle de legalidade. A propósito, não será demasiado relembrar que motivar implica oferecer o fundamento legal e a causa da sanção disciplinar, conforme se verifica no art. 128, parágrafo único, da Lei n. 8.112/90;
f) obrigação de encerrar o processo em prazo razoável: considerando que este passou a ser um direito fundamental, a teor do disposto no art. 5º LXXVIII, da CF.

Dentro desse contexto, importante anotar, inicialmente, que a **fase de instauração** verifica-se com a **publicação** de uma **portaria** que deverá, no mínimo, em respeito ao princípio do devido processo legal, **descrever** detalhadamente a **suposta conduta irregular** praticada pelo servidor, **bem como seu enquadramento legal**.

Outrossim, estabelece o legislador, em respeito aos princípios da impessoalidade e da segurança das relações jurídicas, que essa **comissão** será **conduzida apenas** por **servidores estáveis**, em número de três, de forma a diminuir pressões de todo tipo que possam vir de autoridades superiores, consoante a previsão estabelecida no **art. 149**.

Em relação a seu **presidente**, o mesmo dispositivo acrescenta que deverá ser ele ocupante de **cargo** efetivo **superior** ou de mesmo nível, ou ter **nível** de **escolaridade igual** ou **superior** ao do **indiciado**.

Importante observar ainda que, quando da **abertura** desse **processo**, possível determinar o **afastamento** do **servidor (art. 147)** se caracterizados os indícios de que sua manutenção no cargo possa comprometer a fase de produção de provas.

O **afastamento** cautelar se dá **até** o **final** do **processo**, sem prejuízo da remuneração.

De outra parte, em relação à fase denominada inquérito administrativo, como demonstra o legislador (art. 151), compreende os momentos da instrução (produção de provas), defesa e relatório final apresentado pela comissão processante à autoridade competente para o julgamento.

A esse respeito, confiram-se as seguintes súmulas:

> **Súmula 591 do STJ:** É permitida a prova emprestada no processo administrativo disciplinar, desde que devidamente autorizada pelo juízo competente e respeitados o contraditório e a ampla defesa.
>
> **Súmula 343 do STJ:** É obrigatória a presença de advogado em todas as fases do processo administrativo disciplinar.
>
> **Súmula Vinculante 5:** A falta de defesa técnica por advogado no processo administrativo disciplinar não ofende a Constituição.

Por fim, na **fase do julgamento** será proferida a decisão pela autoridade competente, nos termos estabelecidos pelo **art. 141:**

> **Art. 141.** As penalidades disciplinares serão aplicadas:
>
> I — pelo Presidente da República, pelos Presidentes das Casas do Poder Legislativo e dos Tribunais Federais e pelo Procurador-Geral da República, quando se tratar de demissão e cassação de aposentadoria ou disponibilidade de servidor vinculado ao respectivo Poder, órgão, ou entidade;
>
> II — pelas autoridades administrativas de hierarquia imediatamente inferior àquelas mencionadas no inciso anterior quando se tratar de suspensão superior a 30 (trinta) dias;
>
> III — pelo chefe da repartição e outras autoridades na forma dos respectivos regimentos ou regulamentos, nos casos de advertência ou de suspensão de até 30 (trinta) dias;
>
> IV — pela autoridade que houver feito a nomeação, quando se tratar de destituição de cargo em comissão.

Nesse sentido, oportuno registrar que o **prazo** razoável para sua **conclusão** foi aquele estabelecido pelo legislador: 60 dias, nos termos do **art. 152**, a seguir reproduzido:

> **Art. 152.** O prazo para a conclusão do processo disciplinar não excederá 60 (sessenta) dias, contados da data de publicação do ato que constituir a comissão, admitida a sua prorrogação por igual prazo, quando as circunstâncias o exigirem.

Dessa forma, levando ainda em consideração que o legislador ofereceu **20 dias contados** do **recebimento do processo** para que a autoridade profira sua decisão **(art. 167)**, tem-se que o prazo final para a conclusão do processo será de 140 dias.

Por fim, uma questão ainda é merecedora de comentários: se o **julgamento ocorrer depois** de **expirado** o **prazo** estabelecido pelo legislador, qual será a consequência? A solução encontra-se prevista no **art. 169, § 1º**, que a seguir se reproduz:

> **Art. 169.** (...)
> § 1º O julgamento fora do prazo legal não implica nulidade do processo.

Sem embargo, entendemos que esse dispositivo é de **constitucionalidade duvidosa**, em especial por afrontar a redação estabelecida no **art. 5º, LXXVIII, da CF**, que, por sua vez, materializa os princípios da segurança e da estabilidade das relações jurídicas, bem como o da eficiência.

Destarte, o dispositivo legal acaba por permitir que o processo administrativo disciplinar possa se estender indefinidamente, gerando insegurança, instabilidade, contrariando a diretriz constitucional.

Nesse sentido, o STJ acabou por equacionar a questão ao editar, em setembro de 2017, a Súmula 592. Confira-se:

> **Súmula 592:** O excesso de prazo para a conclusão do processo administrativo disciplinar só causa nulidade se houver demonstração de prejuízo à defesa.

Outrossim, cumpre relembrar que, em nome desses princípios, a prescrição é que surge como direito fundamental e não o contrário. Assim, as **hipóteses de imprescritibilidade serão tão somente aquelas que tiverem expressa previsão constitucional**, consoante se verifica das situações descritas no art. 5º, XLII (racismo) e XLIV (crimes contra o Estado Democrático de Direito), e no art. 37, § 5º (para as ações de ressarcimento em face do agente responsável).

Entendemos que a situação descrita no **art. 169, § 1º**, só se justificaria excepcionalmente e desde que em vista da complexidade do tema (necessidade de perícias, exames de sanidade) ou de falta de lealdade, de boa-fé do servidor investigado (por meio de atitudes meramente protelatórias).

■ *14.10.1.2. Penalidades*

Sobre esse assunto, fixados os instrumentos previstos pelo legislador para a apuração de irregularidades praticadas pelos servidores, cumpre agora averiguar quais as **penalidades** que poderão incidir sobre eles.

Como se procurou demonstrar, a Constituição Federal atribuiu ao legislador ordinário a tarefa de estabelecer quais as espécies de **penalidades** a serem impostas aos **servidores**, podendo essa lista, assim, variar conforme a esfera de Governo com a qual estivermos tratando, visto que a competência para legislar sobre a matéria pertence às quatro pessoas integrantes de nossa federação.

A título de exemplo, a **Lei n. 8.112/90** (Estatuto dos Servidores Públicos Civis da União) relaciona em seu **art. 127** as seguintes penalidades:

> **Art. 127.** São penalidades disciplinares:
>
> I — advertência;
>
> II — suspensão;
>
> III — demissão;
>
> IV — cassação de aposentadoria ou disponibilidade;
>
> V — destituição de cargo em comissão;
>
> VI — destituição de função comissionada.

Importante mencionar que, em todas elas, a **aplicação de penalidades** deverá vir **acompanhada** dos **motivos** que lhe deram origem, **sob pena** de caracterização, nas hipóteses de **omissão** do administrador, de crime de **condescendência penal**, na forma do disposto no **art. 320 do CP:**

> **Art. 320.** Deixar o funcionário, por indulgência, de responsabilizar subordinado que cometeu infração no exercício do cargo ou, quando lhe falte competência, não levar o fato ao conhecimento da autoridade competente.

De resto, essa exigência derivada da **cláusula constitucional do devido processo legal** tem por objetivo permitir ao acusado a **ampla defesa e** o **contraditório**, encontrando-se materializada no **art. 128, parágrafo único**, da mesma lei:

> **Art. 128.** (...)
>
> Parágrafo único. O ato de imposição da penalidade mencionará sempre o fundamento legal e a causa da sanção disciplinar.

Oportuno também registrar que a aplicação de penalidades deverá ser antecedida de uma análise criteriosa por parte do administrador, que leve em consideração os itens relacionados no **art. 128** da lei ora em análise, cuja redação a seguir se reproduz:

> **Art. 128.** Na aplicação das penalidades serão consideradas a natureza e a gravidade da infração cometida, os danos que dela provierem para o serviço público, as circunstâncias agravantes ou atenuantes e os antecedentes funcionais.

Sem dúvida nenhuma, é **regra de extrema importância**, porque **impede** o administrador de **aplicar penalidades com ausência de critérios**, obrigando-o, ao contrário, a explicitar as razões que o levaram a aplicar ou deixar de aplicar penalidades diante das características que nortearam o caso concreto.

A leitura desse dispositivo legal revela tratar-se de uma **concretização dos princípios da razoabilidade, da proporcionalidade e da finalidade**, que devem nortear todas as atividades administrativas.

Assim, se a **pena aplicada** pelo administrador se revelar **incompatível** com a **situação concreta** colocada sob sua apreciação, se não levou ele em consideração os itens relacionados no **art. 128** da **Lei 8.112/90**, a **sanção poderá ser anulada**, inclusive pelo Poder Judiciário, por tratar-se de aspectos relativos à legalidade do ato.

14.10.1.3. *Da responsabilidade*

A **responsabilização do servidor** em vista das infrações por ele cometidas poderá verificar-se, em **caráter simultâneo**, nos campos **civil**, **penal** e **administrativo**, por serem independentes entre si, outra não sendo a orientação oferecida pelo legislador no **art. 125:**

> **Art. 125.** As sanções civis, penais e administrativas poderão cumular-se, sendo independentes entre si.

Por derradeiro, relevante anotar a previsão legal segundo a qual o **afastamento da responsabilidade administrativa** do servidor, em vista de **sentença penal que absolve**, só se verificará quando esta tiver por fundamento a **negativa** da existência **do fato ou da autoria**, a teor do disposto no **art. 126:**

> **Art. 126.** A responsabilidade administrativa do servidor será afastada no caso de absolvição criminal que negue a existência do fato ou sua autoria.

Observa-se, pois, que a **absolvição penal por si só não** tem o condão de **afastar** a **responsabilidade administrativa** do servidor, ficando na inteira dependência dos argumentos que a embasaram.

Com efeito, a **decisão** proferida pelo **Judiciário** absolvendo o servidor só terá **repercussão** na **esfera administrativa** se fundamentada pela **negativa** do **fato ou da autoria**, mas não se em vista de incidência de prescrição. Nesse sentido: STJ, 6ª T., REsp 448.132/PE, rel. Min. Paulo Medina, v.u., j. 08.11.2005, *DJU* 19.12.2005, p. 480.

Nesse contexto, cumpre registrar a **possibilidade** de o **Judiciário rever decisão** proferida pela **Administração** quando esta **afrontar princípios constitucionais**, em especial quando se revelar desproporcional.

Outra não foi a decisão proferida pelo **STF**, relatada pelo eminente **Ministro Carlos Britto:**

> "Embora o Judiciário não possa substituir-se à Administração na punição do servidor, pode determinar a esta, em homenagem ao princípio da proporcionalidade, a aplicação de pena menos severa, compatível com a falta cometida e a previsão legal" (STF, RMS 24.901, rel. Min. Carlos Britto, *DJU* 11.02.2005).

Por fim, cumpre observar que a **aplicação** dessas **sanções** disciplinares não fica ao livre critério do administrador também quanto ao prazo, devendo seguir, ao revés, as **regras de prescrição** estipuladas no **art. 142**.

Assim, para as infrações puníveis com demissão, cassação de aposentadoria ou disponibilidade e destituição de cargo em comissão, o legislador prevê prazo de **cinco anos**.

Por sua vez, para as infrações apenadas com suspensão, o prazo é de **dois anos**, e de **180 dias** para aquelas sancionadas com advertência.

O **início** dos **referidos prazos prescricionais** começa a ser computado **a partir da data** em que o **fato** se tornou **conhecido**, conforme o previsto no **§ 1º do art. 142**.

De outra parte, sobreleva notar que esses **prazos** comportam **interrupção** diante da abertura de sindicância ou da instauração de processo disciplinar, a teor do disposto no **§ 3º do art. 142**.

■ 14.10.2. Pedido de revisão

Proferida a decisão na esfera administrativa, importante ressaltar não ter ela força de coisa julgada, uma vez que terá o servidor a possibilidade de ingressar com **pedido de revisão**.

Para revisão dessa decisão, a lei prescreve o **pedido**, que **poderá** ser **formulado** a **qualquer tempo** em razão de **fatos novos** ou, ainda, por força da **inadequação da penalidade** aplicada **(art. 174 da Lei n. 8.112/90)**.

A **legitimidade** para a propositura desse pedido pertence ao próprio **servidor** ou a **qualquer pessoa da família**, em caso de falecimento ou ausência, a teor do disposto no **art. 174, § 1º**.

O pedido de revisão deverá ser **encaminhado** para o **Ministro** de **Estado** ou autoridade equivalente, que, se o deferir, encaminhará para julgamento pela mesma autoridade responsável pela decisão anterior **(arts. 177 e 181)**.

Por derradeiro, cumpre estabelecer que, se **julgada procedente** a **revisão**, será declarada sem efeito a penalidade anteriormente aplicada, restabelecendo-se todos os direitos do servidor **(art. 182)**.

Nesse contexto, sobreleva notar ainda que a **revisão** do **processo não poderá resultar no agravamento da penalidade** anteriormente imposta **(art. 182, parágrafo único)**, a menos que os fatos novos apresentados autorizem decisão em sentido contrário, conforme têm entendido os Tribunais, em especial o Superior Tribunal de Justiça.

Assim sendo, se por ocasião do pedido de revisão ficar demonstrado que a **irregularidade** praticada pelo servidor é muito **mais grave** do que aquela inicialmente apreciada, com certeza **o agravamento da sanção será possível**.

■ 14.10.3. Direitos e vantagens

De outra parte, se o legislador confere deveres, obrigações, em caráter cogente ao servidor público, também atribui a ele **direitos** traduzidos por meio de **vantagens pecuniárias ou não**.

A título de exemplo, o legislador federal, a partir do **art. 40 da Lei n. 8.112/90**, disciplina o tema, relacionando como direito maior aquele relativo à obtenção de

remuneração e como demais **vantagens as gratificações adicionais, licenças e indenizações**, cada qual com fato gerador diferenciado, e podendo ser relacionada de maneira também diferenciada por esfera de Governo.

Em relação à sua **remuneração**, importante destacar que o legislador, preservando diretriz constitucional, garante sua **irredutibilidade** nos termos previstos no **art. 41, § 3º**, como se vê:

> **Art. 41.** (...)
>
> § 3º O vencimento do cargo efetivo, acrescido das vantagens de caráter permanente, é irredutível.

Ainda sobre a **remuneração**, nenhum **desconto** poderá incidir sobre ela, como regra geral, que só encontra exceção quando derivar de imposição legal ou mandado judicial **(art. 45)**.

Estipulou ainda o legislador que a **remuneração não poderá ser objeto de arresto, sequestro ou penhora, salvo se hipótese de prestação de alimentos resultante de decisão judicial (art. 48)**.

De outra parte, além da remuneração, o legislador, como visto, também consagra **outras vantagens** para o servidor, algumas de caráter pecuniário, outras, não.

De início, cumpre observar aquelas que apresentam o perfil pecuniário, relacionadas no **art. 49:**

> **Art. 49.** Além do vencimento, poderão ser pagas ao servidor as seguintes vantagens:
>
> I — indenizações;
>
> II — gratificações;
>
> III — adicionais.

As **vantagens** relacionadas nesse dispositivo legal apresentam **de comum entre si** o **caráter pecuniário**, e, pelas características particulares de cada um, somente as gratificações e os adicionais admitem incorporação ao vencimento do servidor, nos casos e condições indicados em lei **(art. 49, § 2º)**.

O fato a ser ressaltado é que, ao estabelecer esses direitos, assim como visto para as obrigações, não pode o legislador ordinário deixar de reconhecer a relação mínima fixada pela Constituição Federal, só podendo, aliás, ir além dela se respeitados os princípios nela fixados.

Assim, no **âmbito federal**, surgem, entre outros, a **gratificação pelo exercício de função de direção, chefia e assessoramento (art. 61, I); adicional pelo exercício de atividades insalubres, perigosas ou penosas (art. 61, IV); adicional de férias (art. 61, VII)**.

A propósito do tema, oportuna a reprodução de trecho da obra de Hely Lopes Meirelles[3] em que o reconhecido administrativista estabelece uma comparação entre adicionais e gratificações:

---

[3] *Direito administrativo brasileiro*. 24. ed. São Paulo: Malheiros, 1999, p. 432-433.

"O que caracteriza o adicional e o distingue da gratificação é o ser aquele uma recompensa ao tempo do servidor, ou uma retribuição pelo desempenho de funções especiais que refogem da rotina burocrática, e esta, uma compensação por serviços comuns executados em condições anormais para o servidor, ou uma ajuda pessoal em face de certas situações que agravam o orçamento do servido. O adicional relaciona-se com o tempo ou com a função; a gratificação relaciona-se com o serviço ou com o servidor".

Entre as vantagens de caráter remuneratório, o legislador relacionou, também, as indenizações que podem ser discriminadas na forma seguinte:

a) ajuda de custo, destinada a compensar as despesas do servidor, quando transferido para uma nova sede no interesse da Administração (art. 53);
b) diárias, destinadas a compensar as despesas do servidor com o afastamento temporário da sede a serviço (art. 58);
c) indenização de transporte destinada a compensar as despesas do servidor com a utilização de meio próprio de locomoção para execução de serviços externos relacionados às suas atribuições (art. 60);
d) auxílio-moradia, que consiste no ressarcimento das despesas comprovadamente realizadas pelo servidor com aluguel de moradia ou com meio de hospedagem administrado por empresa hoteleira, no prazo de um mês após a comprovação da despesa pelo servidor (art. 60-A).

Para melhor visualização deste item, observe-se o quadro:

DEVERES	Localizados no art. 116 da Lei n. 8.112/90
PROIBIÇÕES	Localizados no art. 117 da Lei n. 8.112/90
SANÇÕES	Localizadas no art. 127 da Lei n. 8.112/90: ■ advertência; ■ suspensão; ■ demissão; ■ cassação de aposentadoria ou disponibilidade; ■ destituição de cargo em comissão; ■ destituição de função comissionada.
MOTIVAÇÃO	A necessidade de motivação envolve o cumprimento dos quatro itens localizados no art. 128 da Lei n. 8.112/90. ■ natureza e gravidade da infração cometida; ■ os danos que causou; ■ as agravantes e atenuantes no caso concreto; ■ antecedentes do servidor.
COMPETÊNCIA	A competência para a aplicação de sanções varia conforme a gravidade da infração cometida: art. 141 da Lei n. 8.112/90. ■ pelo Presidente da República, pelos Presidentes das Casas do Poder Legislativo e dos Tribunais Federais e pelo Procurador-Geral da República, quando se tratar de demissão e cassação de aposentadoria ou disponibilidade de servidor vinculado ao respectivo Poder, órgão, ou entidade; ■ pelas autoridades administrativas de hierarquia imediatamente inferior àquelas mencionadas no inciso anterior, quando se tratar de suspensão superior a 30 dias; ■ pelo chefe da repartição e outras autoridades na forma dos respectivos regimentos ou regulamentos, nos casos de advertência ou de suspensão de até 30 dias; ■ pela autoridade que houver feito a nomeação, quando se tratar de destituição de cargo em comissão.

RESPONSABILIDADE	A responsabilidade dos servidores encontra-se prevista nos arts. 121 a 126 da Lei n. 8.112/90, destacando-se os seguintes itens: ■ extensão: nas esferas civil, administrativa e penal, independentes entre si, com a exceção do art. 126, *a*, para a hipótese de negação do ilícito ou de autoria em que a decisão judicial obriga a Administração; ■ perfil: subjetiva; ■ extensão para herdeiros: possível no limite da herança recebida.
PRESCRIÇÃO	Os prazos de prescrição encontram-se previstos no art. 142 da Lei n. 8.112/90, variando conforme a gravidade da infração, nos seguintes termos: ■ 5 anos, quanto às infrações puníveis com demissão, cassação de aposentadoria ou disponibilidade e destituição de cargo em comissão; ■ 2 anos, quanto à suspensão; ■ 180 dias, quanto à advertência. **Início do prazo:** a partir do momento em que a Administração toma conhecimento da infração cometida (art. 142, § 1º). **Interrupção do prazo:** com a abertura de sindicância ou processo administrativo disciplinar (art. 142, § 3º).
INSTRUMENTOS PARA A APURAÇÃO DE IRREGULARIDADES	**Espécies:** sindicância e processo administrativo disciplinar: art. 143 da Lei n. 8.112/90. **Limite:** a sindicância só pode ser utilizada para a apuração de irregularidades que comportem a pena de suspensão por até 30 dias: art. 145 da Lei n. 8.112/90. **Fases do processo:** abertura (mediante portaria) de inquérito administrativo (produção de provas e julgamento). Art. 151 da Lei n. 8.112/90. **Requisito para aplicação de sanções:** oferecimento de contraditório e ampla defesa, mesmo na hipótese de flagrante. **Súmulas:** 343 do STJ e Vinculante 5 do STF.
PEDIDO DE REVISÃO	**Fatos geradores:** fato novo ou inadequação da pena: art. 174. **Prazo:** a qualquer tempo: art. 174. **Legitimidade para a propositura:** o servidor, qualquer pessoa da família ou ainda o Ministério Público: art. 174, §§ 1º e 2º. **Competência:** será direcionado ao Ministro de Estado ou autoridade equivalente: art. 177. **Efeitos da decisão:** julgado procedente o pedido, proíbe-se o agravamento da pena: art. 182, parágrafo único.

■ 14.10.4. Das licenças

Ao lado dessas vantagens de caráter pecuniário, o legislador relacionou também aquelas que não apresentam esse perfil, surgindo como exemplo a previsão das diversas **licenças**.

Nesse contexto, a partir do **art. 81**, destacou o legislador, entre outras: por motivo **de doença** em **pessoa da família** (art. 83); por motivo de **afastamento do cônjuge** ou **companheiro** (art. 84); para o **serviço militar** (art. 85); para **atividade política** (art. 86); para **capacitação** (art. 87); para **tratar de interesses particulares** (art. 91); e para o **desempenho de mandato classista** (art. 92).

Neste elenco de licenças relacionado pelo legislador, **algumas se apresentam como atos vinculados** para a Administração, que sobre elas não poderá exercer um juízo de valores, a exemplo do que se verifica para o **serviço militar**, para a **atividade política** ou para o **desempenho** de **mandato classista**.

De outra parte, **outras** se apresentam como **atos discricionários** para a Administração, que sobre elas poderá exercer um juízo de valores, a exemplo do que se verifica para aquela relacionada à **doença em família**, para **capacitação**, ou ainda para **assuntos** de **interesse particular**.

Por derradeiro, é oportuno anotar que essa lista, em vista do **princípio federativo**, apresenta **variações entre** as diversas **esferas de governo**, surgindo como exemplo a licença para capacitação, que, no nível federal, substituiu a licença-prêmio ainda existente nas esferas estadual e municipal.

Para melhor visualização deste item, o quadro a seguir apresenta um resumo do assunto:

FATO GERADOR	Perfil
DOENÇA EM FAMÍLIA: ART. 83	Ato discricionário que, se atendido, autoriza a licença sem prejuízo da remuneração até 60 dias e sem remuneração por mais 90
AFASTAMENTO DO CÔNJUGE: ART. 84	Ato discricionário que, se atendido, autoriza a licença sem remuneração e por tempo indeterminado
SERVIÇO MILITAR: ART. 85	Ato vinculado que, atendido, autoriza a licença sem remuneração (vencimentos pagos pela arma em que o servidor presta o serviço militar) com prazo de volta até 30 dias depois de sua conclusão
ATIVIDADE POLÍTICA: ART. 86	Ato vinculado que, atendido, autoriza a licença sem remuneração (da escolha do nome na convenção do partido até o registro de sua candidatura) e com remuneração do registro de sua candidatura até 10 dias depois das eleições
LICENÇA PARA CAPACITAÇÃO: ART. 87	Ato discricionário que, se atendido, autoriza a licença sem prejuízo da remuneração e no máximo por três meses, desde que o servidor comprove um quinquênio de efetivo exercício no cargo
INTERESSE PARTICULAR: ART. 91	Ato discricionário que, se atendido, autoriza a licença sem remuneração por até três anos, desde que o servidor não se encontre em estágio probatório
MANDATO CLASSISTA: ART. 92	Ato vinculado que, atendido, autoriza a licença sem remuneração (vencimentos pagos pela entidade de classe onde o mandato é exercido) com prazo de volta quando do término do mandato

■ 14.10.5. Das hipóteses de provimento derivado de cargos públicos

Para melhor compreensão deste item, importante, de início, dizer que por **provimento** se entende a **titularização** de um **cargo público**.

Possui esse **provimento** duas **modalidades** distintas: **originário**, que não pressupõe a existência de uma relação jurídica anterior com a Administração que se inicia com a aprovação em concurso, passa pela nomeação e se encerra com a posse; já o provimento **derivado** é aquele que pressupõe a existência de uma relação jurídica anterior com a Administração, vale dizer, a titularização de um cargo.

Assim, aplica-se àquelas situações em que o servidor se transfere do cargo que já ocupava para outro, apresentando-se nas **modalidades vertical** (**com progressão** na **carreira**) e **horizontal** (**sem progressão** na **carreira**).

Dentro desse contexto, apresenta-se ainda o **provimento derivado horizontal por reingresso**, aquele em que o servidor retorna ao cargo anteriormente ocupado, por razões diversas, que serão a seguir comentadas.

Assim é que as hipóteses de provimento derivado encontram-se relacionadas na **Lei n. 8.112/90**, podendo ser sumariadas da seguinte forma:

a) Promoção: trata-se da única hipótese de provimento derivado vertical, prevista no art. 8º, uma vez que o servidor transfere-se do cargo que ocupava para outro com progressão na carreira, ou por razões de antiguidade ou de merecimento.

b) Readaptação: hipótese de provimento derivado horizontal prevista no art. 24, em que o servidor transfere-se do cargo que ocupava para outro, adaptado às deficiências físicas ou mentais que passou a experimentar.

c) Reversão: hipótese de provimento derivado horizontal por reingresso prevista no art. 25, em que o servidor aposentado retorna ao cargo que ocupava a pedido ou por iniciativa da Administração.

d) Reintegração: hipótese de provimento horizontal por reingresso prevista no art. 28, em que o servidor estável retorna ao cargo que ocupava por decisão administrativa ou judicial.

e) Recondução: hipótese de provimento horizontal por reingresso prevista no art. 29, em que o servidor estável retorna ao cargo por inabilitação em estágio probatório para outro cargo, ou por força da reintegração do antigo ocupante do cargo para o qual se transferiu.

f) Reaproveitamento: hipótese de provimento horizontal por reingresso prevista no art. 30, em que o servidor colocado em disponibilidade remunerada retorna por decisão tomada pelo administrador.

Por fim, cabe uma observação em relação ao instituto da **remoção**, incluído pelo legislador em capítulo diferenciado, que apresenta sua definição nos termos do **art. 36**. Confira-se:

> **Art. 36.** Remoção é o deslocamento do servidor, a pedido ou de ofício, no âmbito do mesmo quadro, com ou sem mudança de sede.

No mesmo dispositivo, estabeleceu o legislador **três modalidades de remoção, uma de ofício e duas a pedido do servidor**, nos seguintes termos:

> **Art. 36.** (...)
>
> Parágrafo único. Para fins do disposto neste artigo, entende-se por modalidades de remoção:
>
> I — **de ofício**, no interesse da Administração;
>
> II — **a pedido**, a critério da Administração;
>
> III — **a pedido**, para outra localidade, **independentemente do interesse da Administração:**
>
> *a)* para acompanhar cônjuge ou companheiro, também servidor público civil ou militar, de qualquer dos Poderes da União, dos Estados, do Distrito Federal e dos Municípios, que foi deslocado no interesse da Administração;
>
> *b)* por motivo de saúde do servidor, cônjuge, companheiro ou dependente que viva às suas expensas e conste do seu assentamento funcional, condicionada à comprovação por junta médica oficial;
>
> *c)* em virtude de processo seletivo promovido, na hipótese em que o número de interessados for superior ao número de vagas, de acordo com normas preestabelecidas pelo órgão ou entidade em que aqueles estejam lotados.

Vejamos o quadro:

HIPÓTESES DE PROVIMENTO	PERFIL
PROMOÇÃO (ART. 8º)	Transferência do servidor, por merecimento ou antiguidade, para cargo superior na carreira
READAPTAÇÃO (ART. 24)	Transferência do servidor para outro cargo, sem progressão na carreira, compatível com as limitações físicas e ou mentais que passou a experimentar
REVERSÃO (ART. 25)	Retorno à atividade, no mesmo cargo, do servidor aposentado no interesse da Administração ou por invalidez quando junta médica oficial declarar insubsistentes os motivos da aposentadoria
REINTEGRAÇÃO (ART. 28)	Retorno ao cargo do servidor estável por decisão administrativa ou judicial
RECONDUÇÃO (ART. 29)	Retorno ao cargo do servidor estável por inabilitação em estágio probatório para outro cargo ou por reintegração do antigo ocupante do cargo para o qual se transferiu por decisão judicial
REAPROVEITAMENTO (ART. 30)	Retorno ao cargo do servidor colocado em disponibilidade remunerada

■ 14.10.6. Da remoção do servidor

A questão relacionada à **remoção** do servidor, em que pese estar incluída no **Título II** da **Lei n. 8.112/90**, não se confunde nem com as hipóteses de provimento derivado dos cargos públicos, vistas no item anterior, nem com as hipóteses de vacância, que serão analisadas no item posterior.

O instituto, que se encontra previsto no **art. 36**, lá é **definido** como o deslocamento do servidor, a pedido ou de ofício, no mesmo quadro, com ou sem mudança de sede, apresentando **três modalidades** a teor do previsto no **art. 36, parágrafo único**. Confira-se:

> **Art. 36.** Remoção é o deslocamento do servidor, a pedido ou de ofício, no âmbito do mesmo quadro, com ou sem mudança de sede.
>
> Parágrafo único. Para fins do disposto neste artigo, entende-se por modalidades de remoção:
>
> I — de ofício, no interesse da Administração;
>
> II — a pedido, a critério da Administração;
>
> III — a pedido, para outra localidade, independentemente do interesse da Administração:
>
> *a)* para acompanhar cônjuge ou companheiro, também servidor público civil ou militar, de qualquer dos Poderes da União, dos Estados, do Distrito Federal e dos Municípios, que foi deslocado no interesse da Administração;
>
> *b)* por motivo de saúde do servidor, cônjuge, companheiro ou dependente que viva às suas expensas e conste do seu assentamento funcional, condicionada à comprovação por junta médica oficial;
>
> *c)* em virtude de processo seletivo promovido, na hipótese em que o número de interessados for superior ao número de vagas, de acordo com normas preestabelecidas pelo órgão ou entidade em que aqueles estejam lotados.

Observe-se o quadro:

LOCALIZAÇÃO	Título II da Lei n. 8.112/90, não se confundindo nem com as hipóteses de provimento derivado de cargos nem com as hipóteses de vacância
FUNDAMENTO LEGAL	Art. 36 da Lei n. 8.112/90

DEFINIÇÃO	É o deslocamento do servidor, a pedido ou de ofício, no mesmo quadro, com ou sem mudança de sede
MODALIDADES	Apresenta três modalidades: ■ de ofício, no interesse da Administração ■ a pedido, a critério da Administração ■ a pedido, para outra localidade, independentemente do interesse da Administração

■ 14.10.7. Vacância dos cargos

Por fim, cabe uma palavra em relação às hipóteses de **vacância de cargos públicos**, relacionadas, em nível federal, no **art. 33 da Lei n. 8.112/90**, da seguinte forma:

> **Art. 33.** A vacância do cargo público decorrerá de:
> I — exoneração;
> II — demissão;
> III — promoção;
> IV — (revogado);
> V — (revogado);
> VI — readaptação;
> VII — aposentadoria;
> VIII — posse em outro cargo inacumulável;
> IX — falecimento.

O elenco de hipóteses relacionadas pelo legislador demonstra que variadas são as razões que levam à vacância dos cargos públicos.

Destarte, algumas surgem como resultado da saída do servidor dos quadros da Administração, como resultado da aplicação de uma sanção disciplinar, como é o caso da **demissão**, outras sem esse caráter de penalidade, como ocorre com a **exoneração**, a **aposentadoria**, e outras ainda de modo natural, como o **falecimento**.

Temos ainda as hipóteses em que o cargo vaga em consequência da assunção de outro cargo pelo servidor por razões variadas, surgindo nesse contexto a **promoção**, a **transferência**, a **readaptação** e a **posse**.

Para melhor visualização deste item, verifique-se o quadro:

EXONERAÇÃO	Hipótese de vacância do cargo que não pressupõe a prática de ilícito pelo servidor
DEMISSÃO	Hipótese de vacância do cargo que pressupõe a prática de ilícito pelo servidor (exigindo a abertura de processo, com o oferecimento de contraditório e ampla defesa): Súmula 20 do STF
PROMOÇÃO	Hipótese de vacância do cargo que resulta da transferência do servidor para outro, por merecimento ou antiguidade, com progressão na carreira
READAPTAÇÃO	Hipótese de vacância do cargo que resulta da transferência do servidor para outro, sem progressão na carreira, adaptado a suas limitações físicas e ou mentais

APOSENTADORIA	Hipótese de vacância do cargo que resulta da transferência do servidor para a inatividade, por invalidez; em razão da idade (compulsória) ou de forma voluntária
POSSE	Hipótese de vacância do cargo que resulta da acumulação em outro cargo inacumulável
FALECIMENTO	Hipótese de vacância do cargo que resulta da morte do servidor

■ 14.11. QUADRO SINÓTICO

SERVIDORES PÚBLICOS	
LEGITIMIDADE PARA INGRESSO	Brasileiros e estrangeiros que preencham os requisitos estabelecidos em lei (CF, art. 37, I, e Lei n. 8.112/90, art. 5º)
FORMA DE INGRESSO	Regra geral: a investidura em cargos e empregos depende de aprovação prévia em concurso público (CF, art. 37, II), completando-se com a nomeação e a posse
EXCEÇÕES À REGRA GERAL	■ cargos em comissão (CF, art. 37, II, *in fine*) ■ contratações temporárias (CF, art. 37, IX) ■ quinto constitucional (CF, art. 94)
PRAZO DE VALIDADE DO CONCURSO	Até dois anos, prorrogável uma vez por igual período (CF, art. 37, III)
REFLEXOS IMPORTANTES	O candidato aprovado em um concurso tem apenas expectativa de direito quanto à nomeação, não podendo ser preterido por novos concursados durante o prazo de validade do certame (CF, art. 37, IV)
ESTÁGIO PROBATÓRIO	**Definição:** período de experiência pelo qual passa o servidor para apuração de sua eficiência em relação a itens práticos não apurados no concurso (Lei n. 8.112/90, art. 20) **Prazo de vigência:** três ou dois anos, em se tratando, respectivamente, de aquisição de estabilidade ou vitaliciedade
ESTABILIDADE	**Definição:** garantia atribuída ao servidor que lhe assegura a permanência no serviço **Aquisição:** CF, art. 41 **Hipóteses de perda do cargo:** CF, art. 41, § 1º, c/c o art. 169, § 4º
REMUNERAÇÃO	**Sistemas:** a) subsídio (CF, art. 39, § 4º) b) vencimentos (Lei n. 8.112/90, art. 41) **Destinatários:** sistema de subsídio: só aqueles expressamente previstos na CF **Exemplos:** ■ membros de Poder (CF, art 39, § 4º) ■ detentores de mandato eletivo (CF, art 39, § 4º) ■ ministros (CF, art 39, § 4º) ■ secretários (CF, art 39, § 4º) ■ carreiras policiais (CF, art. 144, § 9º) **b)** Sistema de vencimentos: critério residual **Teto:** o que ganham os Ministros do STF (CF, art. 37, XI) **Subtetos estaduais:** CF, art. 37, XI **Subteto municipal:** CF, art. 37, XI **Revisão:** CF, art. 37, X **Redução:** impossibilidade como regra geral, nos termos do art. 37, XV, da CF

<table>
<tr><td>ACUMULAÇÃO REMUNERADA</td><td>Regra geral: vedação, nos termos do art. 37, XVI, da CF
Extensão: para cargos e empregos na Administração direta e indireta (CF, art. 37, XVII)
Exceções:
a) Pré-requisitos: compatibilidade de horários e impossibilidade de superar o teto (CF, art. 37, XVI)
b) Hipóteses (CF, art. 37, XVI):
■ dois cargos de professor
■ um de professor e outro técnico ou científico
■ dois cargos ou empregos privativos de profissionais da área da saúde
c) Outras:
■ Juiz de Direito e professor (CF, art. 95, parágrafo único, I)
■ Promotor de Justiça e professor (CF, art. 128, § 5º, II, d)
d) Acumulação de vencimentos com proventos: possibilidade aberta pelo art. 37, § 10, da CF</td></tr>
<tr><td>REGIME JURÍDICO ÚNICO</td><td>Restaurado liminarmente, com efeito ex nunc, pela decisão proferida pelo STF na ADIn 2.135, de 02.08.2007</td></tr>
<tr><td>REGIME DE APOSENTADORIA</td><td>Natureza do sistema: contributiva (CF, art. 40, caput)
Tempo de contribuição: pode ser aproveitado qualquer tempo de contribuição, tanto na esfera pública quanto na privada (CF, arts. 40, § 9º, e 201, § 9º)
Destinatários: servidores titulares de cargo efetivo (CF, art. 40, caput)
Excluídos (CF, art. 40, § 13):
■ os que não são servidores (agentes políticos)
■ os que não titularizam cargos (empregados públicos)
■ os que titularizam cargos de forma provisória (cargos em comissão, temporários)</td></tr>
<tr><td colspan="2">Modalidades</td></tr>
<tr><td>INVALIDEZ</td><td>CF, art. 40, § 1º, I</td></tr>
<tr><td>COMPULSÓRIA</td><td>CF, art. 40, § 1º, II</td></tr>
<tr><td>VOLUNTÁRIA</td><td>CF, art. 40, § 1º, III</td></tr>
<tr><td>TETO PARA O VALOR DAS APOSENTADORIAS</td><td>O que ganham os Ministros do STF (CF, art. 40, § 11)</td></tr>
<tr><td>ACUMULAÇÃO</td><td>Possibilidade, nos termos do art. 40, § 6º, da CF</td></tr>
<tr><td>FORMA DE CÁLCULO DO VALOR DOS PROVENTOS</td><td>Primeiro limite: não poderá exceder a remuneração do cargo em que se deu a aposentadoria (CF, art. 40, § 2º)
Segundo limite: as remunerações utilizadas como base para as contribuições</td></tr>
<tr><td colspan="2">Direitos e deveres infraconstitucionais</td></tr>
<tr><td>REGIME DISCIPLINAR</td><td>Localização: Lei n. 8.112/90, art. 143 e s.
Instrumentos: processo administrativo disciplinar e sindicância
Requisitos: contraditório, ampla defesa (CF, art. 5º, LIV e LV) e motivação (Lei n. 8.112/90, art. 128)</td></tr>
<tr><td>PEDIDO DE REVISÃO</td><td>Prazo: não existe (Lei n. 8.112/90, art. 174)
Hipóteses: fatos novos ou inadequação da pena (Lei n. 8.112/90, art. 174)
Legitimidade: servidor e/ou família e/ou Ministério Público (Lei n. 8.112/90, art. 174, § 1º)
Decisão: impossibilidade da reformatio in pejus (Lei n. 8.112/90, art. 182, parágrafo único)</td></tr>
</table>

VANTAGENS	■ indenizações (Lei n. 8.112/90, art. 49) ■ gratificações (Lei n. 8.112/90, art. 49) ■ adicionais (Lei n. 8.112/90, art. 49)
VACÂNCIA DOS CARGOS (LEI N. 8.112/90, ART. 33)	■ exoneração ■ demissão ■ promoção ■ readaptação ■ aposentadoria ■ posse em outro cargo inacumulável ■ falecimento

■ 14.12. SÚMULAS SOBRE SERVIDORES PÚBLICOS

■ 14.12.1. Súmulas do STF

11. A vitaliciedade não impede a extinção do cargo, ficando o funcionário em disponibilidade, com todos os vencimentos.

15. Dentro do prazo de validade do concurso, o candidato aprovado tem o direito à nomeação, quando o cargo for preenchido sem observância da classificação.

16. Funcionário nomeado por concurso tem direito à posse.

17. A nomeação de funcionário sem concurso pode ser desfeita antes da posse.

19. É inadmissível segunda punição de servidor público, baseada no mesmo processo em que se fundou a primeira.

20. É necessário processo administrativo com ampla defesa, para demissão de funcionário admitido por concurso.

21. Funcionário em estágio probatório não pode ser exonerado nem demitido sem inquérito ou sem as formalidades legais de apuração de sua capacidade.

22. O estágio probatório não protege o funcionário contra a extinção do cargo.

24. Funcionário interino substituto é livremente demissível, mesmo antes de cessar a causa da substituição.

26. Os servidores do Instituto de Aposentadoria e Pensões dos Industriários não podem acumular a sua gratificação bienal com o adicional de tempo de serviço previsto no Estatuto dos Funcionários Civis da União.

27. Os servidores públicos não têm vencimentos irredutíveis, prerrogativa dos membros do Poder Judiciário e dos que lhes são equiparados.

36. Servidor vitalício está sujeito à aposentadoria compulsória, em razão da idade.

37. Não tem direito de se aposentar pelo Tesouro Nacional o servidor que não satisfizer as condições estabelecidas na legislação do serviço público federal, ainda que aposentado pela respectiva instituição previdenciária, com direito, em tese, a duas aposentadorias.

38. Reclassificação posterior à aposentadoria não aproveita ao servidor aposentado.

39. À falta de lei, funcionário em disponibilidade não pode exigir, judicialmente, o seu aproveitamento, que fica subordinado ao critério de conveniência da administração.

46. Desmembramento de serventia de justiça não viola o princípio de vitaliciedade do serventuário.

50. A lei pode estabelecer condições para a demissão de extranumerário.

316. A simples adesão a greve não constitui falta grave.

339. Não cabe ao Poder Judiciário, que não tem função legislativa, aumentar vencimentos de servidores públicos sob fundamento de isonomia.

358. O servidor público em disponibilidade tem direito aos vencimentos integrais do cargo.

647. Compete privativamente à União legislar sobre vencimentos dos membros das polícias civil e militar do Distrito Federal.

671. Os servidores públicos e os trabalhadores em geral têm direito, no que concerne à URP de abril/maio de 1988, apenas ao valor correspondente a 7/30 de 16,19% sobre os vencimentos e salários pertinentes aos meses de abril e maio de 1988, não cumulativamente, devidamente corrigido até o efetivo pagamento.

678. São inconstitucionais os incisos I e III do art. 7º da Lei 8.162/91, que afastam, para efeito de anuênio e de licença-prêmio, a contagem do tempo de serviço regido pela CLT dos servidores que passaram a submeter-se ao Regime Jurídico Único.

679. A fixação de vencimentos dos servidores públicos não pode ser objeto de convenção coletiva.

680. O direito ao auxílio-alimentação não se estende aos servidores inativos.

681. É inconstitucional a vinculação do reajuste de vencimentos de servidores estaduais ou municipais a índices federais de correção monetária.

682. Não ofende a Constituição a correção monetária no pagamento com atraso dos vencimentos de servidores públicos.

683. O limite de idade para a inscrição em concurso público só se legitima em face do art. 7º, XXX, da Constituição, quando possa ser justificado pela natureza das atribuições do cargo a ser preenchido.

684. É inconstitucional o veto não motivado à participação de candidato a concurso público.

685. É inconstitucional toda modalidade de provimento que propicie ao servidor investir-se, sem prévia aprovação em concurso público destinado ao seu provimento, em cargo que não integra a carreira na qual anteriormente investido.

686. Só por lei se pode sujeitar a exame psicotécnico a habilitação de candidato a cargo público.

■ 14.12.2. Súmulas vinculantes

4. Salvo nos casos previstos na Constituição, o salário mínimo não pode ser usado como indexador de base de cálculo de vantagem de servidor público ou de empregado, nem ser substituído por decisão judicial.

5. A falta de defesa técnica por advogado no processo administrativo disciplinar não ofende a Constituição.

6. Não viola a Constituição o estabelecimento de remuneração inferior ao salário mínimo para as praças prestadoras de serviço militar inicial.

15. O cálculo de gratificações e outras vantagens do servidor público não incide sobre o abono utilizado para se atingir o salário mínimo.

16. Os artigos 7º, IV, e 39, § 3º (redação da EC 19/98), da Constituição, referem-se ao total da remuneração percebida pelo servidor público.

20. A Gratificação de Desempenho de Atividade Técnico-Administrativa — GDATA, instituída pela Lei n. 10.404/2002, deve ser deferida aos inativos nos valores correspondentes a 37,5 (trinta e sete vírgula cinco) pontos no período de fevereiro a maio de 2002 e, nos termos do artigo 5º, parágrafo único, da Lei n. 10.404/2002, no período de junho de 2002 até a conclusão dos efeitos do último ciclo de avaliação a que se refere o artigo 1º da Medida Provisória n. 198/2004, a partir da qual passa a ser de 60 (sessenta) pontos.

33. Aplicam-se ao servidor público, no que couber, as regras do regime geral da previdência social sobre aposentadoria especial de que trata o artigo 40, § 4º, inciso III da Constituição Federal, até a edição de lei complementar específica.

34. A Gratificação de Desempenho de Atividade de Seguridade Social e do Trabalho — GDASST, instituída pela Lei 10.483/2002, deve ser estendida aos inativos no valor correspondente a 60 (sessenta) pontos, desde o advento da Medida Provisória 198/2004, convertida na Lei 10.971/2004, quando tais inativos façam jus à paridade constitucional (EC 20/1998, 41/2003 e 47/2005).

37. Não cabe ao Poder Judiciário, que não tem função legislativa, aumentar vencimentos de servidores públicos sob o fundamento de isonomia.

39. Compete privativamente à União legislar sobre vencimentos dos membros das polícias civil e militar e do corpo de bombeiros militar do Distrito Federal.

42. É inconstitucional a vinculação do reajuste de vencimentos de servidores estaduais ou municipais a índices federais de correção monetária.

43. É inconstitucional toda modalidade de provimento que propicie ao servidor investir-se, sem prévia aprovação em concurso público destinado ao seu provimento, em cargo que não integra a carreira na qual anteriormente investido.

44. Só por lei se pode sujeitar a exame psicotécnico a habilitação de candidato a cargo público.

51. O reajuste de 28,86%, concedido aos servidores militares pelas Leis 8.622/1993 e 8.627/1993, estende-se aos servidores civis do poder executivo, observadas as eventuais compensações decorrentes dos reajustes diferenciados concedidos pelos mesmos diplomas legais.

14.12.3. Súmulas do STJ

39. Prescreve em vinte anos a ação para haver indenização, por responsabilidade civil, de sociedade de economia mista.

97. Compete à Justiça do Trabalho processar e julgar reclamação de servidor público relativamente a vantagens trabalhistas anteriores à instituição do Regime Jurídico Único.

103. Incluem-se entre os imóveis funcionais que podem ser vendidos os administrados pelas forças armadas e ocupados pelos servidores civis.

136. O pagamento de licença-prêmio não gozada por necessidade do serviço não está sujeito ao Imposto de Renda.

137. Compete à Justiça Comum Estadual processar e julgar ação de servidor público municipal, pleiteando direitos relativos ao vínculo estatutário.

147. Compete a Justiça Federal processar e julgar os crimes praticados contra funcionário público federal, quando relacionados com o exercício da função.

172. Compete a Justiça Comum processar e julgar militar por crime de abuso de autoridade, ainda que praticado em serviço.

173. Compete a Justiça Federal processar e julgar o pedido de reintegração em cargo público federal, ainda que o servidor tenha sido dispensado antes da instituição do Regime Jurídico Único.

218. Compete à Justiça dos Estados processar e julgar ação de servidor estadual decorrente de direitos e vantagens estatutárias no exercício de cargo em comissão.

266. O diploma ou habilitação legal para o exercício do cargo deve ser exigido na posse e não na inscrição para o concurso público.

346. É vedada aos militares temporários, para aquisição de estabilidade, a contagem em dobro de férias e licenças não gozadas.

377. O portador de visão monocular tem direito de concorrer, em concurso público, às vagas reservadas aos deficientes.

378. Reconhecido o desvio de função, o servidor faz jus às diferenças salariais decorrentes.

552. O portador de surdez unilateral não se qualifica como pessoa com deficiência para o fim de disputar as vagas reservadas em concursos públicos.

591. É permitida a prova emprestada no processo administrativo disciplinar, desde que devidamente autorizada pelo juízo competente e respeitados o contraditório e a ampla defesa.

592. O excesso de prazo para a conclusão do processo administrativo disciplinar só causa nulidade se houver demonstração de prejuízo à defesa.

■ 14.13. QUESTÕES

1. (Procurador Jurídico — Câmara de Santa Maria Madalena-RJ — IBADE — 2016) Ao servidor investido em mandato eletivo, aplica-se a seguinte disposição:

a) investido no mandato de Prefeito, será afastado do cargo, sendo-lhe vedado optar pela sua remuneração.
b) o servidor investido em mandato eletivo ou classista poderá ser removido ou redistribuído de ofício para localidade diversa daquela onde exerce o mandato.
c) investido no mandato de vereador, havendo compatibilidade de horário, perceberá as vantagens de seu cargo, sem prejuízo da remuneração do cargo eletivo.
d) no caso de afastamento do cargo, o servidor não contribuirá para a seguridade social como se em exercício estivesse.
e) tratando-se de mandato federal, estadual ou distrital, não ficará afastado do cargo.

2. (Técnico Administrativo — ANAC — ESAF — 2016) A respeito dos cargos públicos e das funções de confiança, assinale a opção incorreta.

a) A existência do cargo público está condicionada à adoção de regime jurídico estatutário.
b) Quando o agente público tem sua relação jurídica com o poder público definida diretamente por lei, o lugar a ser ocupado pelo agente, independentemente de se tratar de agente político ou de servidor público, dentro da estrutura da administração pública estatal, será um cargo público.
c) Todo cargo tem função; há situações excepcionais, todavia, em que o agente público poderá desempenhar função sem ocupar cargo público.
d) Desde que o servidor ocupe cargo efetivo, ele pode ser nomeado para exercer função de confiança.
e) Os ocupantes dos cargos em comissão são servidores públicos.

3. (Delegado de Polícia Civil — PC-CA — FUNCAB — 2016) Madalena estava estudando para o concurso público de fiscal de rendas há três anos, quando saiu o edital deste concurso para o preenchimento de dez vagas. Segundo informação do órgão tributário noticiado na mídia haveria quarenta cargos vagos para esta função. Realizada a prova objetiva, fase única deste certame, a candidata obteve a décima segunda colocação. Conforme o entendimento dos tribunais superiores, responda a opção em que o candidato terá direito subjetivo à nomeação.

a) Quando o candidato for aprovado para determinado cargo, mesmo fora do número de vagas previstas no edital, e houver cargos vagos além dos previstos no edital do certame.
b) Quando o candidato for aprovado dentro do número de vagas previsto no edital, não havendo exceção a esta regra, nem mesmo por fato superveniente, imprevisível e grave.
c) Quando surgirem novas vagas, ou for aberto novo concurso durante a validade do certame anterior, e ocorrer à preterição de candidatos aprovados fora das vagas de forma motivada por parte da administração.
d) Não há hipótese em que o candidato aprovado em concurso público tenha direito subjetivo à nomeação, já que a nomeação de aprovados em concurso público é dotada da discricionariedade administrativa, sendo a aprovação mera expectativa de direito à nomeação.
e) Quando houver preterição na nomeação por não observância da ordem de classificação.

4. (Analista Judiciário — Área Judiciária — TRE-BA — CESPE — 2017) Após a regular tramitação de processo administrativo disciplinar instaurado contra servidor público federal, a comissão processante propôs, em relatório, penalidade de suspensão de sessenta dias.

Nessa situação, segundo entendimento do Superior Tribunal de Justiça, a autoridade julgadora

a) pode divergir da conclusão do relatório, podendo majorar ou diminuir a penalidade administrativa.
b) pode alterar a capitulação da infração, mas deve manter a penalidade administrativa proposta.
c) deve acatar a conclusão do relatório e aplicar a penalidade administrativa proposta.
d) deve acatar a conclusão do relatório, podendo majorar a penalidade administrativa, mas não diminuí-la.
e) pode divergir da conclusão do relatório, mas não pode diminuir a penalidade administrativa.

5. (Técnico Judiciário — Área Administrativa — TRT-24ª Região (MS) — FCC — 2017) Claudia e Joana são servidoras públicas federais, tendo praticado faltas disciplinares no exercício de suas atribuições. Claudia faltou ao serviço, sem causa justificada, por sessenta dias, interpoladamente, durante o período de doze meses. Joana, de histórico exemplar vez que nunca sofrera qualquer penalidade administrativa, opôs resistência injustificada à execução de determinado serviço. Cumpre salientar que ambas as servidoras ainda não foram processadas administrativamente embora a Administração já tenha conhecimento dos fatos praticados. Nos termos da Lei n. 8.112/1990, as ações disciplinares relativas às infrações praticadas pelas servidoras prescreverão em

a) 5 anos e 2 anos, respectivamente, contados tais prazos a partir da data em que os fatos se tornaram conhecidos pela Administração.
b) 2 anos e 180 dias, respectivamente, contados tais prazos a partir da data em que os fatos se tornaram conhecidos pela Administração.

c) 5 anos e 180 dias, respectivamente, contados tais prazos a partir da data em que os fatos se tornaram conhecidos pela Administração.
d) 2 anos, contado tal prazo da data em que praticadas as condutas.
e) 5 anos, contado tal prazo da data em que praticadas as condutas.

6. (Juiz Federal Substituto — TRF-3ª Região — 2016) Dadas as assertivas abaixo, assinale a alternativa correta.

a) Os vencimentos dos cargos do Poder Executivo e do Poder Judiciário não poderão ser superiores aos pagos pelo Poder Legislativo.
b) As funções de confiança, exercidas exclusivamente por servidores ocupantes de cargo efetivo, e os cargos em comissão, a serem preenchidos por servidores de carreira nos casos, condições e percentuais mínimos previstos em lei, destinam-se apenas às atribuições de direção, chefia e assessoramento.
c) O regime de emprego público regulamentado pela Lei n. 9.962/2000 incide apenas sobre os servidores da administração pública federal.
d) Embora afaste-se o reconhecimento de direito adquirido a regime jurídico, o servidor público tem direito à aplicação irrestrita da norma que prevê a irredutibilidade de seus vencimentos.

7. (Auditor — IF Sudeste-MG — FCM — 2016) No que se refere ao Regime Jurídico dos Servidores Públicos Federais, NÃO é forma de provimento de cargo público a(o)

a) remoção.
b) promoção.
c) nomeação.
d) readaptação.
e) aproveitamento.

8. (Assistente em Administração — UFSC — 2016) Considerando o disposto na Lei 8.112/1990, assinale a alternativa CORRETA.

a) A posse ocorrerá no prazo de quarenta e cinco dias, contados da publicação do ato de provimento.
b) A investidura em cargo público ocorrerá com o exercício.
c) As únicas formas de provimento de cargo público são a nomeação, a promoção, a readaptação e a posse.
d) O prazo para o servidor empossado em cargo público entrar em exercício é de quinze dias, contados da data da posse.
e) Ao entrar em exercício, o servidor nomeado para cargo de provimento efetivo ficará sujeito a estágio probatório pelo período de doze meses.

9. (Assistente Técnico de Gestão em Saúde — FIOCRUZ — 2016) A Lei 8.112/90, que instituiu o Regime Jurídico dos Servidores Públicos Civis da União, estabelece algumas situações especiais que podem acometer os servidores. Com relação a estas situações especiais, no âmbito do serviço público, analise as assertivas abaixo.

I. A reintegração é a reinvestidura do servidor estável no cargo anteriormente ocupado, ou no cargo resultante de sua transformação, quando invalidada a sua demissão por decisão administrativa ou judicial, com ressarcimento de todas as vantagens.
II. Reversão é o retorno à atividade de servidor aposentado no interesse da administração, desde que uma junta médica oficial declare insubsistentes os motivos da aposentadoria.
III. Readaptação é a investidura do servidor em cargo de atribuições e responsabilidades compatíveis com a limitação que tenha sofrido em sua capacidade física ou mental verificada em inspeção médica.

Das assertivas acima, são verdadeiras:

a) apenas II e III.
b) apenas II.
c) apenas I e III.
d) I, II e III.
e) apenas I e II.

10. (Analista Judiciário — Área Administrativa — TRF-3ª Região — FCC — 2016) O descumprimento de deveres e obrigações pode dar ensejo à aplicação de penalidades, devendo ser respeitada a relação entre a natureza e especificidade da sanção e a competência para sua imposição, tal como prevista na Lei n. 8.112/1990, do que é exemplo a penalidade de

a) suspensão superior a 30 dias, cuja competência para aplicação é privativa da autoridade máxima do ente ao qual esteja vinculado o servidor, qual seja, por exemplo, o Presidente do Tribunal Federal em questão.
b) suspensão, seja qual for o prazo, em razão da gravidade, privativa da autoridade de hierarquia imediatamente inferior à autoridade máxima do ente ao qual esteja vinculado o servidor, ou seja, por exemplo, Ministro de Estado.
c) demissão, privativa da autoridade máxima do órgão do ente ao qual esteja vinculado o servidor, ou seja, por exemplo, Ministro de Estado ou Presidente de Tribunal Federal.
d) cassação de aposentadoria, a ser aplicada pela autoridade máxima do ente ao qual esteja vinculado o servidor, como, por exemplo, o Presidente da República.
e) cassação de aposentadoria ou suspensão por prazo superior a 30 dias, cuja aplicação é competência privativa da autoridade máxima do ente ao qual esteja vinculado o servidor, ou seja, por exemplo, Ministro de Estado ou Presidente de Tribunal Federal.

■ GABARITO ■

1. "c".
2. "d".
3. "e".
4. "a".
5. "c".
6. "b".
7. "a".
8. "d".
9. "c".
10. "d".

15

DIREITO DE PROPRIEDADE

15.1. PERFIL CONSTITUCIONAL — LOCALIZAÇÃO E DEFINIÇÃO

O **direito de propriedade** está previsto na Constituição Federal em diversos pontos, destacando-se, em primeiro lugar, sua disciplina **entre os direitos e as garantias fundamentais**, incluindo-se, portanto, entre as denominadas cláusulas pétreas. É o que se verifica das previsões estabelecidas no **art. 5º, *caput*, incisos XXII, LIV e LV**, a seguir reproduzidos:

> **Art. 5º** (...)
> XXII — é garantido o direito de propriedade; (...)
> LIV — ninguém será privado da liberdade ou de seus bens sem o devido processo legal;
> LV — aos litigantes, em processo judicial ou administrativo, e aos acusados em geral são assegurados o contraditório e ampla defesa, com os meios e recursos a ela inerentes.

Sem embargo, cumpre esclarecer que no mesmo dispositivo a Constituição houve por bem demonstrar **não se tratar de direito a ser exercido de forma ilimitada** pelo proprietário, uma vez que se atribuiu a ele uma **restrição**, vale dizer, a necessidade de dar a ela uma **função social**, nos termos estabelecidos no **inciso XXIII**. Confira-se:

> **Art. 5º** (...)
> XXIII — a propriedade atenderá a sua função social.

Percebe-se, pois, que o tema **propriedade** representa **simultaneamente** para o proprietário de bens um **direito** e um **dever fundamental**, este último gerando, na hipótese de descumprimento, sanções em razão da caracterização de inconstitucionalidade.

Nesse particular, poderia causar estranheza o fato de a Constituição ter inserido no art. 5º uma restrição em se tratando de direitos e garantias fundamentais.

Trata-se apenas de uma primeira impressão desfeita quando se observa que o **art. 5º** se localiza no Capítulo I do Título II da Constituição, denominado "Dos **Direitos e Deveres Individuais e Coletivos**", de forma a demonstrar que ao longo dos 78 incisos existe espaço para a **presença também de restrições a direitos**.

A Constituição, outrossim, houve por bem inseri-lo como um dos **princípios** basilares de toda a sua **ordem econômica**, entre aqueles que estão, pois, no **art. 170**, como se vê:

> **Art. 170.** A ordem econômica, fundada na valorização do trabalho humano e na livre iniciativa, tem por fim assegurar a todos existência digna, conforme os ditames da justiça social, observados os seguintes princípios: (...)
> II — propriedade privada;
> III — função social da propriedade.

Para a **definição** do direito de propriedade, pode-se tomar por empréstimo aquela oferecida pelo **art. 1.228 do Código Civil**, na forma a seguir discriminada:

> **Art. 1.228.** O proprietário tem a faculdade de usar, gozar e dispor da coisa, e o direito de reavê-la do poder de quem quer que injustamente a possua ou detenha.

Assim, esse **direito abrange bens móveis, imóveis, materiais e imateriais**, e a Constituição Federal não o garante de maneira absoluta — ao contrário, exige que o proprietário ofereça ao bem uma função social.

Nesse particular, oportuno dizer que pela primeira vez o constituinte se preocupou com uma **definição do conceito de função social da propriedade**, tanto para aquelas localizadas na **região urbana** quanto para as localizadas na **zona rural**.

Dentro desse contexto, resulta inequívoca a importância do conhecimento acerca da **função social** da propriedade. O proprietário que descumprir essa diretriz estará **descumprindo a Constituição**, gerando, como consequência, a possibilidade de **incidência de sanções**.

Para melhor visualização deste item, observe-se o quadro:

DEFINIÇÃO	**Código Civil, art. 1.228.** O proprietário tem a faculdade de usar, gozar e dispor da coisa, e o direito de reavê-la do poder de quem quer que injustamente a possua ou detenha.
EXTENSÃO	Bens móveis, imóveis, materiais e imateriais (propriedade sobre direitos autorais).
IMPORTÂNCIA	Incluído entre os direitos fundamentais (art. 5º, *caput* e inciso XXII, da CF) e como princípio da ordem econômica (art. 170, II, da CF).
LIMITE	O proprietário deverá dar a sua propriedade uma função social (art. 5º, XXIII, da CF).

■ 15.1.1. Função social da propriedade

■ *15.1.1.1. Da propriedade urbana*

Assim, diz o Texto Constitucional que o **imóvel urbano** cumpre sua **função social** quando atende às exigências estabelecidas no **plano diretor**, conforme se verifica na redação do **art. 182, § 2º**, a seguir reproduzida:

> **Art. 182.** (...)
> § 2º A propriedade urbana cumpre sua função social quando atende às exigências fundamentais de ordenação da cidade expressas no plano diretor.

A definição proposta pela Constituição Federal impõe, sem dúvida, averiguações acerca do **conceito de plano diretor**, uma vez que, como visto, a propriedade urbana deverá adequar-se às diretrizes por ele estabelecidas.

A própria Constituição Federal cuidou de estabelecer o conceito de plano diretor, fazendo-o no **§ 1º do art. 182**, como se vê:

> **Art. 182.** (...)
> § 1º O plano diretor, aprovado pela Câmara Municipal, obrigatório para cidades com mais de vinte mil habitantes, é o instrumento básico da política de desenvolvimento e de expansão urbana.

Resta claro, portanto, que a **propriedade urbana** só se considera cumpridora da **função social** se estiver compatibilizada com as regras fixadas no **plano diretor**, por meio das quais se tenta obter o desenvolvimento, a expansão urbana, a fim de garantir o bem-estar de seus habitantes, conforme regra estabelecida no ***caput*** do **art. 182**.

Assim, o **plano diretor** fica responsável por estabelecer, a título de exemplo, o **zoneamento das cidades**, vale dizer, aquelas regiões em que somente residências poderão ser construídas, aquelas que só comportam atividades comerciais, aquelas que só permitem a construção de edifícios, aquelas que não permitem a circulação de veículos, aquelas cujas construções deverão ser preservadas em sua forma original e aquelas em que nenhuma construção poderá ser realizada por representarem áreas de preservação ambiental.

Outrossim, oportuno consignar que a matéria relacionada ao **plano diretor** está também disciplinada na **Lei n. 10.257/2001** — **Estatuto da Cidade** — a partir do seu **art. 39**, merecendo destaque a regra estipulada no **art. 41**, que amplia as hipóteses previstas na Constituição nas quais a sua elaboração revela-se obrigatória. Confira-se:

> **Art. 41.** O plano diretor é obrigatório para cidades:
> I — com mais de vinte mil habitantes;
> II — integrantes de regiões metropolitanas e aglomerações urbanas;
> III — onde o Poder Público municipal pretenda utilizar os instrumentos previstos no § 4º do art. 182 da Constituição Federal;
> IV — integrantes de áreas de especial interesse turístico;
> V — inseridas na área de influência de empreendimentos ou atividades com significativo impacto ambiental de âmbito regional ou nacional.
> VI — incluídas no cadastro nacional de Municípios com áreas suscetíveis à ocorrência de deslizamentos de grande impacto, inundações bruscas ou processos geológicos ou hidrológicos correlatos
> § 1º No caso da realização de empreendimentos ou atividades enquadrados no inciso V do *caput*, os recursos técnicos e financeiros para a elaboração do plano diretor estarão inseridos entre as medidas de compensação adotadas.
> § 2º No caso de cidades com mais de quinhentos mil habitantes, deverá ser elaborado um plano de transporte urbano integrado, compatível com o plano diretor ou nele inserido.
> § 3º As cidades de que trata o *caput* deste artigo devem elaborar plano de rotas acessíveis, compatível com o plano diretor no qual está inserido, que disponha sobre os passeios públicos a serem implantados ou reformados pelo poder público, com vistas a garantir acessibilidade da pessoa com deficiência ou com mobilidade reduzida a todas

> as rotas e vias existentes, inclusive as que concentrem os focos geradores de maior circulação de pedestres, como os órgãos públicos e os locais de prestação de serviços públicos e privados de saúde, educação, assistência social, esporte, cultura, correios e telégrafos, bancos, entre outros, sempre que possível de maneira integrada com os sistemas de transporte coletivo de passageiros.

Do dispositivo legal reproduzido, cumpre destacar a hipótese descrita no **inciso III**, uma vez que estabelece, de maneira cristalina, a **impossibilidade de aplicação das sanções** estabelecidas na Constituição Federal aos **imóveis urbanos** que **não cumprirem sua função social sem a aprovação da lei criadora do plano diretor**.

De outra parte, sobreleva notar que o **art. 39, § 4º**, desse diploma legal preconiza a necessidade da **revisão** da lei que instituir o **plano diretor** pelo menos **a cada 10 anos**.

No contexto, parece-nos claro que o **imóvel urbano** que não estiver afinado com essas diretrizes não estará cumprindo sua **função social**, ficando, por via de consequência, sujeito às **penalidades** relacionadas pelo Texto Constitucional, a teor do disposto no **art. 182, § 4º:**

> **Art. 182.** (...)
>
> § 4º É facultado ao Poder Público municipal, mediante lei específica para área incluída no plano diretor, exigir, nos termos da lei federal, do proprietário do solo urbano não edificado, subutilizado ou não utilizado, que promova seu adequado aproveitamento, sob pena, sucessivamente, de:
>
> I — parcelamento ou edificação compulsórios;
>
> II — imposto sobre a propriedade predial e territorial urbana progressivo no tempo;
>
> III — desapropriação com pagamento mediante títulos da dívida pública de emissão previamente aprovada pelo Senado Federal, com prazo de resgate de até dez anos, em parcelas anuais, iguais e sucessivas, assegurados o valor real da indenização e os juros legais.

Outrossim, cumpre observar que essa matéria foi disciplinada com maior riqueza de detalhes também pela **Lei n. 10.257/2001**, que, como visto, estabelece normas de ordem pública e interesse social para regular o uso da propriedade urbana em prol do bem coletivo, da segurança e do bem-estar dos cidadãos e do equilíbrio ambiental.

Dessa forma, entre os instrumentos da política urbana relacionados pelo legislador, oportuno destacar de início aqueles que regulamentam as **sanções relacionadas** pela **Constituição**, a começar pela questão do **parcelamento, edificação ou utilização compulsórios**.

Essa matéria está disciplinada nos termos estabelecidos nos **arts. 5º e 6º**. Confira-se:

> **Art. 5º** Lei municipal específica para área incluída no plano diretor poderá determinar o parcelamento, a edificação ou a utilização compulsórios do solo urbano não edificado, subutilizado ou não utilizado, devendo fixar as condições e os prazos para implementação da referida obrigação.
>
> § 1º Considera-se subutilizado o imóvel:
>
> I — cujo aproveitamento seja inferior ao mínimo definido no plano diretor ou em legislação dele decorrente;

II — (Vetado)

§ 2º O proprietário será notificado pelo Poder Executivo municipal para o cumprimento da obrigação, devendo a notificação ser averbada no cartório de registro de imóveis.

§ 3º A notificação far-se-á:

I — por funcionário do órgão competente do Poder Público municipal, ao proprietário do imóvel ou, no caso de este ser pessoa jurídica, a quem tenha poderes de gerência geral ou administração;

II — por edital quando frustrada, por três vezes, a tentativa de notificação na forma prevista pelo inciso I.

§ 4º Os prazos a que se refere o *caput* não poderão ser inferiores a:

I — um ano, a partir da notificação, para que seja protocolado o projeto no órgão municipal competente;

II — dois anos, a partir da aprovação do projeto, para iniciar as obras do empreendimento.

§ 5º Em empreendimentos de grande porte, em caráter excepcional, a lei municipal específica a que se refere o *caput* poderá prever a conclusão em etapas, assegurando-se que o projeto aprovado compreenda o empreendimento como um todo.

Art. 6º A transmissão do imóvel, por ato *inter vivos* ou *causa mortis*, posterior à data da notificação, transfere as obrigações de parcelamento, edificação ou utilização previstas no art. 5º desta Lei, sem interrupção de quaisquer prazos.

De outra parte, a questão relacionada à incidência do **IPTU progressivo no tempo** sobre a propriedade que não cumpre sua função social está disciplinada no **art. 7º:**

Art. 7º Em caso de descumprimento das condições e dos prazos previstos na forma do *caput* do art. 5º desta Lei, ou não sendo cumpridas as etapas previstas no § 5º do art. 5º desta Lei, o Município procederá à aplicação do imposto sobre a propriedade predial e territorial urbana (IPTU) progressivo no tempo, mediante a majoração da alíquota pelo prazo de cinco anos consecutivos.

§ 1º O valor da alíquota a ser aplicado a cada ano será fixado na lei específica a que se refere o *caput* do art. 5º desta Lei e não excederá a duas vezes o valor referente ao ano anterior, respeitada a alíquota máxima de quinze por cento.

§ 2º Caso a obrigação de parcelar, edificar ou utilizar não esteja atendida em cinco anos, o Município manterá a cobrança pela alíquota máxima, até que se cumpra a referida obrigação, garantida a prerrogativa prevista no art. 8º.

§ 3º É vedada a concessão de isenções ou de anistia relativas à tributação progressiva de que trata este artigo.

Por seu turno, o **art. 8º** do referido diploma legal disciplina o problema da **desapropriação** incidente sobre o imóvel urbano que não cumpre sua função social, detalhando melhor a previsão estabelecida no art. 182, § 4º, III, da CF, nos seguintes termos:

Art. 8º Decorridos cinco anos de cobrança do IPTU progressivo sem que o proprietário tenha cumprido a obrigação de parcelamento, edificação ou utilização, o Município poderá proceder à desapropriação do imóvel, com pagamento em títulos da dívida pública.

§ 1º Os títulos da dívida pública terão prévia aprovação pelo Senado Federal e serão resgatados no prazo de até dez anos, em prestações anuais, iguais e sucessivas, assegurados o valor real da indenização e os juros legais de seis por cento ao ano.

§ 2º O valor real da indenização:

I — refletirá o valor da base de cálculo do IPTU, descontado o montante incorporado em função de obras realizadas pelo Poder Público na área onde o mesmo se localiza após a notificação de que trata o § 2º do art. 5º desta Lei;

II — não computará expectativas de ganhos, lucros cessantes e juros compensatórios.

§ 3º Os títulos de que trata este artigo não terão poder liberatório para pagamento de tributos.

§ 4º O Município procederá ao adequado aproveitamento do imóvel no prazo máximo de cinco anos, contado a partir da sua incorporação ao patrimônio público.

§ 5º O aproveitamento do imóvel poderá ser efetivado diretamente pelo Poder Público ou por meio de alienação ou concessão a terceiros, observando-se, nesses casos, o devido procedimento licitatório.

§ 6º Ficam mantidas para o adquirente de imóvel nos termos do § 5º as mesmas obrigações de parcelamento, edificação ou utilização previstas no art. 5º desta Lei.

15.1.1.2. Da propriedade rural

A Constituição também tratou de definir o que é **função social da propriedade rural**, na forma do **art. 186**, a seguir reproduzido:

Art. 186. A função social é cumprida quando a propriedade rural atende, simultaneamente, segundo critérios e graus de exigência estabelecidos em lei, aos seguintes requisitos:

I — aproveitamento racional e adequado;

II — utilização adequada dos recursos naturais disponíveis e preservação do meio ambiente;

III — observância das disposições que regulam as relações de trabalho;

IV — exploração que favoreça o bem-estar dos proprietários e dos trabalhadores.

Como bem se observa, o dispositivo constitucional estabelece a necessidade de a **propriedade rural cumprir** não apenas um dos **quatro requisitos** ali relacionados, mas os quatro **simultaneamente**.

Não fosse essa uma grande dificuldade, em razão do conteúdo dos **quatro incisos**, sobreleva notar que todos eles foram **vazados** por intermédio de redação que abusou de **expressões subjetivas, dificultando a caracterização**, em cada caso concreto, das propriedades que não estejam cumprindo sua função social.

Nesse particular, cumpre observar que a matéria foi objeto de regulamentação pela **Lei n. 8.629/93**, que dispõe sobre a regulamentação dos dispositivos constitucionais relativos à reforma agrária, destacando-se inicialmente a previsão estabelecida em seu **art. 9º**, em especial em seus parágrafos:

Art. 9º A função social é cumprida quando a propriedade rural atende, simultaneamente, segundo graus e critérios estabelecidos nesta lei, os seguintes requisitos:

I — aproveitamento racional e adequado;

II — utilização adequada dos recursos naturais disponíveis e preservação do meio ambiente;

III — observância das disposições que regulam as relações de trabalho;

IV — exploração que favoreça o bem-estar dos proprietários e dos trabalhadores.

§ 1º Considera-se racional e adequado o aproveitamento que atinja os graus de utilização da terra e de eficiência na exploração especificados nos §§ 1º a 7º do art. 6º desta lei.

§ 2º Considera-se adequada a utilização dos recursos naturais disponíveis quando a exploração se faz respeitando a vocação natural da terra, de modo a manter o potencial produtivo da propriedade.

§ 3º Considera-se preservação do meio ambiente a manutenção das características próprias do meio natural e da qualidade dos recursos ambientais, na medida adequada à manutenção do equilíbrio ecológico da propriedade e da saúde e qualidade de vida das comunidades vizinhas.

§ 4º A observância das disposições que regulam as relações de trabalho implica tanto o respeito às leis trabalhistas e aos contratos coletivos de trabalho, como às disposições que disciplinam os contratos de arrendamento e parceria rurais.

§ 5º A exploração que favorece o bem-estar dos proprietários e trabalhadores rurais é a que objetiva o atendimento das necessidades básicas dos que trabalham a terra, observa as normas de segurança do trabalho e não provoca conflitos e tensões sociais no imóvel.

§ 6º (Vetado)

Percebe-se do **dispositivo reproduzido** que, nada obstante a tentativa levada a efeito pelo legislador de melhor detalhar o tema, **manteve ainda expressões subjetivas**, abrindo campo para interpretação.

Outrossim, também na tentativa de melhor detalhar as diretrizes constitucionais, informa o legislador que os **parâmetros** por ele utilizados **serão ajustados periodicamente, levando em consideração os avanços tecnológicos**. É o que se vê na redação estabelecida pelo **art. 11**. Confira-se:

Art. 11. Os parâmetros, índices e indicadores que informam o conceito de produtividade serão ajustados, periodicamente, de modo a levar em conta o progresso científico e tecnológico da agricultura e o desenvolvimento regional, pelos Ministros de Estado do Desenvolvimento Agrário e da Agricultura e do Abastecimento, ouvido o Conselho Nacional de Política Agrícola.

Ainda sobre esse item, de forma a balizar as ações deduzidas pelo Poder Público incidentes sobre as propriedades rurais, relacionou o legislador no **art. 10** as **áreas consideradas não aproveitáveis:**

Art. 10. Para efeito do que dispõe esta lei, consideram-se não aproveitáveis:

I — as áreas ocupadas por construções e instalações, excetuadas aquelas destinadas a fins produtivos, como estufas, viveiros, sementeiros, tanques de reprodução e criação de peixes e outros semelhantes;

II — as áreas comprovadamente imprestáveis para qualquer tipo de exploração agrícola, pecuária, florestal ou extrativa vegetal;

III — as áreas sob efetiva exploração mineral;

IV — as áreas de efetiva preservação permanente e demais áreas protegidas por legislação relativa à conservação dos recursos naturais e à preservação do meio ambiente.

De toda sorte, o **não cumprimento da função social** pelo proprietário rural também **implicará** a **possibilidade** de **incidirem** sobre sua propriedade as **penalidades** previstas na própria Constituição Federal, vale dizer, a **desapropriação para fins de reforma agrária**, nos termos apresentados pelo **art. 184:**

> **Art. 184.** Compete à União desapropriar por interesse social, para fins de reforma agrária, o imóvel rural que não esteja cumprindo sua função social, mediante prévia e justa indenização em títulos da dívida agrária, com cláusula de preservação do valor real, resgatáveis no prazo de até vinte anos, a partir do segundo ano de sua emissão, e cuja utilização será definida em lei.

Por derradeiro, importante anotar ter a **Constituição excluído** da **incidência** em planos de **reforma agrária** a **pequena** e **média propriedade rural**, bem como a propriedade produtiva, a teor do disposto em seu **art. 185:**

> **Art. 185.** São insuscetíveis de desapropriação para fins de reforma agrária:
>
> I — a pequena e média propriedade rural, assim definida em lei, desde que seu proprietário não possua outra;
>
> II — a propriedade produtiva.

Uma pequena passada de olhos pelo **dispositivo constitucional** demonstra que as duas hipóteses ali relacionadas apresentam uma **redação subjetiva**, demandando posterior **regulamentação** promovida pela **Lei n. 8.629/93**, que em seu **art. 4º** cuidou de relacionar os **conceitos** de **pequena**, **média** e **grande propriedade**. Confira-se:

> **Art. 4º** Para os efeitos desta lei, conceituam-se:
>
> I — Imóvel Rural — o prédio rústico de área contínua, qualquer que seja a sua localização, que se destine ou possa se destinar à exploração agrícola, pecuária, extrativa vegetal, florestal ou agroindustrial;
>
> II — Pequena Propriedade — o imóvel rural:
>
> *a)* de área compreendida entre 1 (um) e 4 (quatro) módulos fiscais;
>
> *b)* (Vetado)
>
> *c)* (Vetado)
>
> III — Média Propriedade — o imóvel rural:
>
> *a)* de área superior a 4 (quatro) e até 15 (quinze) módulos fiscais;
>
> *b)* (Vetado)
>
> Parágrafo único. São insuscetíveis de desapropriação para fins de reforma agrária a pequena e a média propriedade rural, desde que o seu proprietário não possua outra propriedade rural.

Por seu turno, o **conceito de propriedade produtiva** foi disciplinado em seu **art. 6º**, que a seguir se reproduz:

> **Art. 6º** Considera-se propriedade produtiva aquela que, explorada econômica e racionalmente, atinge, simultaneamente, graus de utilização da terra e de eficiência na exploração, segundo índices fixados pelo órgão federal competente.

> § 1º O grau de utilização da terra, para efeito do *caput* deste artigo, deverá ser igual ou superior a 80% (oitenta por cento), calculado pela relação percentual entre a área efetivamente utilizada e a área aproveitável total do imóvel.
>
> § 2º O grau de eficiência na exploração da terra deverá ser igual ou superior a 100% (cem por cento), e será obtido de acordo com a seguinte sistemática:
>
> I — para os produtos vegetais, divide-se a quantidade colhida de cada produto pelos respectivos índices de rendimento estabelecidos pelo órgão competente do Poder Executivo, para cada Microrregião Homogênea;
>
> II — para a exploração pecuária, divide-se o número total de Unidades Animais (UA) do rebanho, pelo índice de lotação estabelecido pelo órgão competente do Poder Executivo, para cada Microrregião Homogênea;
>
> III — a soma dos resultados obtidos na forma dos incisos I e II deste artigo, dividida pela área efetivamente utilizada e multiplicada por 100 (cem), determina o grau de eficiência na exploração.
>
> § 3º Consideram-se efetivamente utilizadas:
>
> I — as áreas plantadas com produtos vegetais;
>
> II — as áreas de pastagens nativas e plantadas, observado o índice de lotação por zona de pecuária, fixado pelo Poder Executivo;
>
> III — as áreas de exploração extrativa vegetal ou florestal, observados os índices de rendimento estabelecidos pelo órgão competente do Poder Executivo, para cada Microrregião Homogênea, e a legislação ambiental;
>
> IV — as áreas de exploração de florestas nativas, de acordo com plano de exploração e nas condições estabelecidas pelo órgão federal competente;
>
> V — as áreas sob processos técnicos de formação ou recuperação de pastagens ou de culturas permanentes
>
> V — as áreas sob processos técnicos de formação ou recuperação de pastagens ou de culturas permanentes, tecnicamente conduzidas e devidamente comprovadas, mediante documentação e Anotação de Responsabilidade Técnica.

A título de encerramento deste item, cumpre registrar ter o **legislador excluído** da **possibilidade** de **desapropriação** para fins de **reforma agrária** o **imóvel rural** que comprove estar sendo **objeto de implantação de projeto técnico** nos termos do **art. 7º:**

> **Art. 7º** Não será passível de desapropriação, para fins de reforma agrária, o imóvel que comprove estar sendo objeto de implantação de projeto técnico que atenda aos seguintes requisitos:
>
> I — seja elaborado por profissional legalmente habilitado e identificado;
>
> II — esteja cumprindo o cronograma físico-financeiro originalmente previsto, não admitidas prorrogações dos prazos;
>
> III — preveja que, no mínimo, 80% (oitenta por cento) da área total aproveitável do imóvel seja efetivamente utilizada em, no máximo, 3 (três) anos para as culturas anuais e 5 (cinco) anos para as culturas permanentes;
>
> IV — haja sido aprovado pelo órgão federal competente, na forma estabelecida em regulamento, no mínimo seis meses antes da comunicação de que tratam os §§ 2º e 3º do art. 2º.

Parágrafo único. Os prazos previstos no inciso III deste artigo poderão ser prorrogados em até 50% (cinquenta por cento), desde que o projeto receba, anualmente, a aprovação do órgão competente para fiscalização e tenha sua implantação iniciada no prazo de 6 (seis) meses, contado de sua aprovação.

Ainda oportuno registrar que, de acordo com entendimento consolidado no nível do **STJ**, o processo expropriatório para fins de **reforma agrária** será **suspenso** quando da ocorrência de **invasão ao imóvel**. É o que estabelece a **Súmula 354**. Confira-se:

> **Súmula 354:** A invasão do imóvel é causa de suspensão do processo expropriatório para fins de reforma agrária.

Oferecido o desenho constitucional para o direito de propriedade por meio do qual se verificou não assumir ele um caráter absoluto, cumpre agora estabelecer algumas observações importantes em relação aos denominados **meios de intervenção na propriedade**.

Para melhor visualização deste item, verifique-se o quadro a seguir:

FUNÇÃO SOCIAL DA PROPRIEDADE	
FUNDAMENTO	Art. 5º, XXIII, da CF
PROPRIEDADE URBANA	**Definição:** cumpre a função social quando atende às exigências contidas no plano diretor (art. 182, §§ 1º e 2º, da CF e arts. 39 e 41 da Lei n. 10.257/2001) **Sanções:** ■ edificação ou parcelamentos compulsórios (art. 182, § 4º, I, da CF e arts. 5º e 6º da Lei n. 10.257/2001) ■ incidência de IPTU progressivo no tempo (art. 182, § 4º, II, da CF e art. 7º da Lei n. 10.257/2001) ■ desapropriação (art. 182, § 4º, III, da CF e art. 8º da Lei n. 10.257/2001)
PROPRIEDADE RURAL	**Definição:** cumpre a função social quando atende às exigências contidas no art. 186 da CF no e art. 9º da Lei n. 8.629/93 **Sanção:** desapropriação para fins de reforma agrária (art. 184 da CF) **Exclusão:** a pequena e média propriedade rural e a propriedade produtiva (art. 185 da CF e arts. 4º, 6º e 7º da Lei n. 8.629/93)

■ 15.2. MEIOS DE INTERVENÇÃO NA PROPRIEDADE

Sob essa rubrica serão analisados, em caráter comparativo, quanto às semelhanças e diferenças, os seguintes institutos:

- ■ desapropriação;
- ■ confisco;
- ■ requisição;
- ■ ocupação;
- ■ limitação;
- ■ servidão;
- ■ tombamento.

Nesse particular, importante salientar que a **ordem em que foram relacionados** esses meios de intervenção na propriedade **não se revela aleatória**, uma vez que os **dois primeiros** (desapropriação e confisco) implicam a **transferência compulsória da propriedade**; os **dois seguintes** (requisição e ocupação) implicam a **transferência compulsória da posse**; por derradeiro, as **três últimas** (limitação, servidão e tombamento) implicam tão somente a incidência de **restrições quanto ao uso**.

O esquema a seguir resume o assunto:

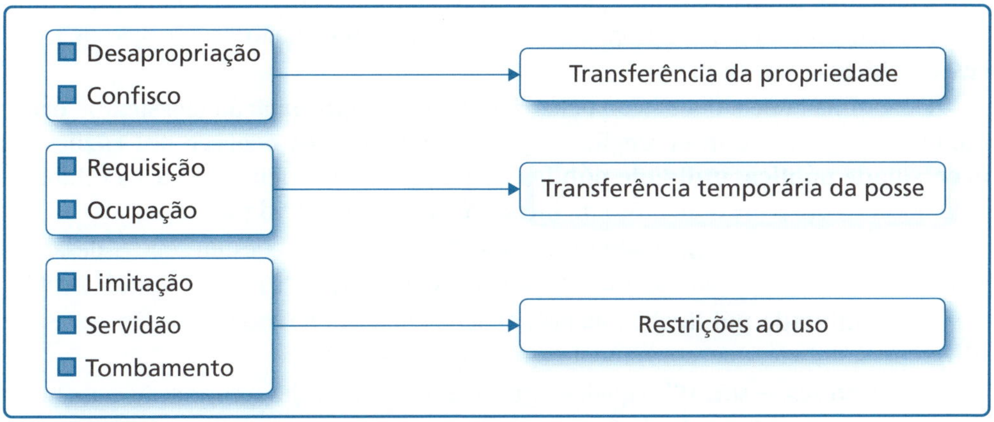

Relacionados os instrumentos por meio dos quais se pode cogitar de uma intervenção na propriedade, passaremos agora a examinar as características apresentadas por cada um.

■ 15.2.1. Desapropriação

■ *15.2.1.1. Definição e desdobramentos*

A **desapropriação** surge como um **meio** de **intervenção** na **propriedade**, **de caráter compulsório, por meio do qual o Poder Público a retira de terceiros por razões de interesse público ou pelo não cumprimento de sua função social, mediante o pagamento de uma contrapartida, nos termos previstos pela CF**, sendo essa matéria disciplinada pelo **Decreto-lei n. 3.365/41** e pela **Lei n. 4.132/62**.

Da **definição oferecida**, o **primeiro ponto** a ser ressaltado é aquele que faz referência a surgir a desapropriação como um **meio de intervenção** na propriedade **de caráter compulsório**, vale dizer, por iniciativa unilateral do Poder Público.

Nesse particular, importante observar que, em regra, essa **transferência compulsória** se dá **do patrimônio do particular para o patrimônio público**, o que não impede que, a título de **exceção**, possa ela incidir sobre **bens públicos**.

Neste caso, sobreleva notar que a **União** pode promover **desapropriação** de **Estados** e **Municípios**; os **Estados** poderão desapropriar **Municípios**, que, por sua vez, **não podem desapropriar nenhuma esfera de governo**, conforme se verifica da previsão estabelecida no **art. 2º, § 2º**, do **Decreto-lei n. 3.365/41**.

O **segundo aspecto** a ser enfrentado diz respeito aos motivos que podem dar ensejo a um processo de desapropriação, que são: a **caracterização do interesse público ou** o cometimento de **alguma irregularidade** pelo proprietário, não oferecendo a seu imóvel uma função social.

A primeira possibilidade apontada, ou seja, a caracterização de **interesse público**, permite à **Administração suprimir** um **direito** constitucionalmente **assegurado**, sem que o **particular** possa fazer algo a respeito, **ainda que tenha** ele **cumprido todas as suas obrigações**.

Em outras palavras, o fato gerador da desapropriação aqui não é a prática de alguma irregularidade pelo proprietário, mas a **caracterização** de situação de **interesse público**.

Denominada pela doutrina e pelos Tribunais **desapropriação clássica** ou **ordinária**, essa forma de **intervenção** na propriedade **poderá ocorrer** por **razões** de **necessidade pública**, **utilidade pública** ou por **interesse social**, na forma estabelecida por lei, conforme o disposto no **inciso XXIV** do **art. 5º da CF**.

Consideram-se de **"necessidade pública"** aquelas situações em que a desapropriação surge como medida imprescindível para que o interesse público seja alcançado.

Por **"utilidade pública"**, aquelas situações em que a desapropriação se revela não imprescindível, mas conveniente para o interesse público.

Por **"interesse social"**, aquelas situações em que a desapropriação tem lugar para efeito de assentamento de pessoas.

Seja qual for a situação entre as relacionadas no inciso XXIV do art. 5º que deu ensejo ao processo expropriatório, **todas elas**, por não partirem do pressuposto do cometimento de irregularidades pelo proprietário, **demandam** uma **contrapartida** concretizada pelo **pagamento de indenização**. Esta, conforme a diretriz constitucional, deverá apresentar o seguinte perfil: ser **prévia**, **justa** e **paga** em **dinheiro**, uma vez que, repita-se, o proprietário que ora perde seu imóvel não contribuiu para que isso acontecesse com a prática de nenhuma irregularidade.

Dessa forma, ao oferecer à indenização a ser paga o perfil acima relacionado, vale dizer, prévia, justa e em dinheiro, procurou a Constituição demonstrar que **ao particular**, do qual foi subtraído compulsoriamente o bem, **deverá ser oferecida condição suficiente** para que possa ele **adquirir outro do mesmo padrão** e com as mesmas características.

Em outras palavras, se **por um lado não pode ele se insurgir contra** um **procedimento dessa natureza**, em razão da supremacia do interesse público sobre o seu, **por outro**, **não pode o Poder Público deixá-lo em condição pior** do que estava.

É o que ocorrerá, a título de exemplo, diante de uma situação peculiar em que o particular desapropriado, não recebendo o valor justo para efeito de indenização, coloque-se em situação precária por não possuir outro imóvel para onde possa ir.

Diante desse cenário, oportuna a referência a decisão proferida pelo **Supremo Tribunal Federal**, em **novembro de 2015**, quando do julgamento do **Recurso Extraordinário n. 922.144**, com relatoria do **Ministro Luís Roberto Barroso**, em que o **plenário virtual** reconheceu, por unanimidade, a **repercussão geral** do **tema** ali

discutido, vale dizer, **se** a **indenização prévia em dinheiro** para a desapropriação por necessidade ou utilidade pública, prevista no art. 5º, XIV, da CF, **compatibiliza-se** ou não com o **regime de precatórios** instituído pelo **art. 100**.

Em outras palavras, se o regime de precatórios se aplica ou não à verba indenizatória em caso de desapropriação, pois o processo deve ser precedido de indenização prévia justa em dinheiro.

Outrossim, a **relevância social do tema** estaria **caracterizada** em vista dos **reiterados atrasos** do Poder Público em **cumprir** o **regime** de **precatórios**, mesmo diante dos sucessivos regimes especiais editados por emendas constitucionais com o objetivo de aumentar o prazo de quitação das ordens judiciais.

Nas palavras do Ministro relator, **estão contrapostos um direito fundamental, o da indenização prévia, e uma norma estruturante da ordem orçamentária e financeira nacional, o regime de precatórios**.

No entendimento do relator, a **relevância econômica decorre do fato de o direito à propriedade ou, no caso, à justa e prévia indenização corresponder à tutela mais elementar da expressão patrimonial dos indivíduos**. Segundo ele, perder todo ou quase todo o patrimônio acumulado ao longo dos anos pode colocar em risco a subsistência do particular. Por outro lado, pondera, o regime de precatórios é essencial para a organização financeira do Estado, e exceções a ele devem ser vistas com cautela em razão do potencial desestabilizador nas contas públicas.

Em relação à **relevância social**, o **Ministro** relator destacou que a **desapropriação** constitui uma das mais **drásticas intervenções** estatais **sobre a autonomia individual** e que, mesmo compensada financeiramente, tem forte impacto na vida dos expropriados. Ressaltou, entretanto, que a viabilização de desapropriações é de suma importância para atingir interesses sociais coletivos, como a construção de escolas e hospitais, e que a observância de ordem cronológica de pagamentos assegura a isonomia entre os credores judiciais do Estado, além da distribuição equânime dos ônus de eventual inadimplência estatal.

Quanto à **relevância jurídica**, o **relator consignou** que o caso proporciona a **discussão sobre o sentido e o alcance** de **dispositivos** que, mesmo constando do texto original da **Constituição de 1988**, suscitam dúvidas até hoje. Segundo ele, **isso talvez decorra do fato** de que a **legislação** infraconstitucional **sobre a matéria** seja centrada em norma da **década de 1940** (Decreto-lei n. 3.365/41), objeto de **frequentes impugnações** pela não recepção ou de arguições incidentais de inconstitucionalidade. Anotou, ainda, que da última vez que o STF tratou do tema, em 1999, houve significativo dissenso entre os Ministros.

"De lá para cá, muito na compreensão do direito de propriedade e no direito administrativo em geral se alterou no país, o que reforça a importância de o tema ser reapreciado pelo Tribunal", concluiu o relator em sua manifestação.

A **análise do mérito do referido recurso**, cuja repercussão geral foi reconhecida em 2015, é **aguardada com enorme expectativa** por toda a comunidade jurídica uma vez que, se a Suprema Corte reconhecer a incompatibilidade entre a indenização prévia prevista no art. 5º, XXIV, da CF, com o regime de precatórios estabelecido no art. 100, **beneficiará**, de forma inequívoca, os **proprietários** que estejam perdendo suas propriedades, **criando**, por certo, **dificuldades** de intensa magnitude para o **Poder Público**, seguindo tendência estabelecida pela **Emenda Constitucional n. 94**, promulgada em **dezembro de 2016**, em especial quando acrescentou o art. 101 ao Ato das Disposições Transitórias, estabelecendo um **prazo-limite até 2020 para o pagamento dos precatórios**. Confira-se:

> **Art. 101.** Os Estados, o Distrito Federal e os Municípios que, em 25 de março de 2015, estiverem em mora com o pagamento de seus precatórios quitarão até 31 de dezembro de 2020 seus débitos vencidos e os que vencerão dentro desse período, depositando, mensalmente, em conta especial do Tribunal de Justiça local, sob única e exclusiva administração desse, 1/12 (um doze avos) do valor calculado percentualmente sobre as respectivas receitas correntes líquidas, apuradas no segundo mês anterior ao mês de pagamento, em percentual suficiente para a quitação de seus débitos e, ainda que variável, nunca inferior, em cada exercício, à média do comprometimento percentual da receita corrente líquida no período de 2012 a 2014, em conformidade com plano de pagamento a ser anualmente apresentado ao Tribunal de Justiça local.

Cumpre observar que outro totalmente **diverso** será o **perfil** da **indenização** em relação àquelas **propriedades que não estejam cumprindo** sua **função social**.

Com efeito, por ser outro o fundamento, ou seja, a prática de uma irregularidade, influenciará sobremaneira o perfil da indenização a ser paga ao proprietário.

Convém que fique claro, desde logo, que essa modalidade de **desapropriação**, denominada ***extraordinária***, embora apresente outro fundamento, vale dizer, a prática de irregularidades pelo proprietário, **não deixa de permitir** que faça ele jus ao recebimento de **indenização**.

Sem embargo, ela **não apresentará**, por razões óbvias, o **mesmo perfil**, uma vez que **não será paga de maneira prévia**, **como também não será em dinheiro**.

Isso ocorre pelo fato de ela surgir em **decorrência da prática de irregularidades**, aparecendo, pois, como uma sanção, uma penalidade imposta ao proprietário, por não ter ele cumprido seus deveres constitucionais.

Assim, para o imóvel urbano, a **CF**, em seu **art. 182, § 4º**, estabelece para a propriedade que não cumprir sua função social as seguintes penalidades, como já visto:

- parcelamento ou edificação compulsórios;
- imposto sobre a propriedade predial e territorial urbana progressivo no tempo;
- desapropriação com pagamento mediante títulos da dívida pública, de emissão previamente aprovada pelo Senado Federal, com prazo de resgate de até dez anos, em parcelas anuais, iguais e sucessivas, assegurados o valor real da indenização e os juros legais.

Dessa forma, o **pagamento em títulos da dívida pública**, **resgatáveis em até 10 anos**, representa inquestionavelmente uma **penalidade** imposta ao proprietário por não ter ele oferecido à sua propriedade uma **função social**.

No mesmo sentido, encontramos a diretriz constitucional oferecida para a **propriedade rural** que não estiver cumprindo sua função social, a teor do disposto no **art. 184**, cuja redação segue:

> **Art. 184.** Compete à União desapropriar por interesse social, para fins de reforma agrária, o imóvel rural que não esteja cumprindo sua função social, mediante prévia e justa indenização em títulos da dívida agrária, com cláusula de preservação do valor real, resgatável no prazo de até vinte anos, a partir do segundo ano de sua emissão, e cuja utilização será definida em lei.

Observa-se que, no caso da propriedade rural, sua desapropriação para fins de reforma agrária se verifica com **pagamento** por **meio de títulos da dívida agrária, com prazo de resgate superior ao previsto para os imóveis urbanos**.

Houve por bem a **Constituição Federal excluir** da possibilidade de **desapropriação** para **fins de reforma agrária** a **pequena e média propriedade rural**, desde que seu proprietário não possua outra, e a propriedade produtiva, tudo nos termos a serem estabelecidos por lei **(art. 185)**, matéria regulamentada, como já visto, pela **Lei n. 8.629/93**, em seus **arts. 4º, 6º e 7º**.

Extraídas as consequências importantes da definição de desapropriação, outro ponto que merece referência diz respeito à competência para legislar e para efetivar esse procedimento.

Para melhor visualização do item, observe-se o quadro a seguir:

DEFINIÇÃO	Meio de intervenção na propriedade em que ela é transferida compulsoriamente para o patrimônio público
DESTINATÁRIOS	Em regra, incide sobre bens particulares, e excepcionalmente sobre bens públicos (Decreto-lei n. 3.365/41, art. 2º, § 2º)
FUNDAMENTOS	■ razões de interesse público que se tripartem em necessidade pública, utilidade pública ou interesse social ■ razões de inconstitucionalidade ligadas ao descumprimento da função social
INDENIZAÇÃO	■ quando por razões de interesse público será prévia, justa e em dinheiro (art. 5º, XXIV, da CF) ■ quando por razões de inconstitucionalidade será paga em títulos da dívida pública regatáveis em até 10 anos (imóveis urbanos, art. 182, § 4º, III, da CF) ou em títulos da dívida agrária, resgatáveis em até 20 anos para imóveis rurais (art. 184 da CF)

■ *15.2.1.2. Competência para legislar e desapropriar*

A **competência para legislar** sobre o tema relativo à desapropriação pertence, em caráter privativo, à **União**, a teor do disposto no **art. 22, II, da CF**, sendo, pois, vedada aos Estados, Municípios e ao Distrito Federal a edição de normas sobre ele. Confira-se:

> **Art. 22.** Compete privativamente à União legislar sobre: (...)
> II — desapropriação.

Nesse sentido, toda a **legislação** sobre o tema é de **origem federal**, destacando-se o **Decreto-lei n. 3.365/41**, conhecido por Lei Geral das Desapropriações, e a **Lei n. 4.132/62**, que disciplina as hipóteses de desapropriação por interesse social.

Nesse particular, para que se possa melhor compreender os itens que serão abordados mais adiante sobre o tema, oportuno estabelecer alguns comentários acerca do momento em que a referida legislação foi editada, em especial o **Decreto n. 3.365/41**.

Cabe esclarecer que referido decreto foi **editado** durante a **vigência** do chamado **"Estado Novo"**, **período ditatorial** em que a presidência era ocupada por Getúlio Vargas.

Nessa época, o então Presidente adotou uma série de medidas de caráter autoritário, dentre as quais se destaca o **fechamento do Congresso Nacional**, passando ele a legislar sozinho, através da edição de decretos.

Esse breve relato assume enorme importância, uma vez que **ajuda a compreender inúmeras** das **disposições** contidas no **referido decreto,** que, infelizmente, de acordo com o entendimento já consolidado em nossa **Suprema Corte**, foi **recepcionado** pelas **Constituições** que o sucederam, em especial a de 1988, encontrando-se em pleno vigor, em que pese sua origem autoritária.

Quanto à **competência para desapropriar**, se esse procedimento tiver por fundamento a **supremacia do interesse público sobre o do particular**, então podemos concluir que pertence às quatro pessoas integrantes da nossa Federação, vale dizer, **União**, **Estados**, **Municípios** e **Distrito Federal**, cada uma em seu campo próprio de atuação.

Sobre isso, aliás, convém mencionar a **possibilidade** de a **União**, conforme já visto, **desapropriar bens de Estados, Municípios** e do **Distrito Federal**, na forma do disposto no art. 2º, § 2º, do Decreto-lei n. 3.365/41, cuja redação a seguir se reproduz:

> **Art. 2º** (...)
>
> § 2º Os bens do domínio dos Estados, Municípios, Distrito Federal e Territórios poderão ser desapropriados pela União, e os dos Municípios pelos Estados, mas, em qualquer caso, ao ato deverá preceder a autorização legislativa.

Sem embargo, se o **fundamento** da desapropriação for a **prática** de **irregularidades** pelo proprietário, em razão do **não cumprimento** de sua **função social**, conforme determinação constitucional, então a **competência** para tanto **restringe-se à União, na esfera rural, e aos Municípios para os imóveis urbanos**.

Não se trata de conclusão gratuita, pois, no caso dos imóveis rurais, encontra fundamento no **art. 184 da Constituição**, que atribuiu somente à **União** a competência para promover desapropriações para fins de reforma agrária.

De outra parte, em relação aos **imóveis localizados na área urbana**, a conclusão pela competência dos **Municípios** justifica-se, uma vez que a desapropriação, como sanção, só poderá incidir sobre os bens que não cumprirem sua função social, vale dizer, que não atenderem às diretrizes fixadas no plano diretor, elaborado por essa esfera de governo.

Veja-se o seguinte quadro:

COMPETÊNCIA PARA LEGISLAR	Privativa da União (art. 22, II, da CF)
LEGISLAÇÃO	■ Decreto-lei n. 3.365/41 (norma geral de desapropriações) ■ Lei n. 4.132/62 (desapropriação por interesse social)
COMPETÊNCIA PARA DESAPROPRIAR	■ por razões de interesse público, pertence às quatro esferas de governo ■ por razões de inconstitucionalidade, pertence à União (se recair sobre imóveis rurais) ou aos Municípios (se recair sobre imóveis urbanos)

■ *15.2.1.3. Fases da desapropriação*

Esse procedimento expropriatório é dotado de **duas fases distintas:** uma delas denominada ***fase declaratória*** e a outra ***fase executiva***, cada qual com características totalmente diferentes e se prestando a objetivos diversos.

■ *15.2.1.3.1. Declaratória*

A fase declaratória consiste na declaração de necessidade pública, utilidade pública ou interesse social do bem a ser expropriado.

A **titularidade** para essa declaração pertence ao **Poder Público**, admitindo-se, ainda, legitimidade para a **Aneel**, por meio da **Lei n. 9.074/95**; e para os **concessionários**, desde que devidamente autorizados pela Administração, conforme previsão estabelecida na **Lei n. 8.987/95**, em seus **arts. 18, XII, 29, VIII, e 31, VI**, como se verifica:

> **Art. 18.** O edital de licitação será elaborado pelo poder concedente, observados, no que couber, os critérios e as normas gerais da legislação própria sobre licitações e contratos e conterá, especialmente: (...)
>
> XII — a expressa indicação do responsável pelo ônus das desapropriações necessárias à execução do serviço ou da obra pública, ou para a instituição de servidão administrativa; (...)

> **Art. 29.** Incumbe ao poder concedente: (...)
>
> VIII — declarar de utilidade pública os bens necessários à execução do serviço ou obra pública, promovendo as desapropriações diretamente ou mediante outorga de poderes à concessionária, caso em que será desta a responsabilidade pelas indenizações cabíveis; (...)

> **Art. 31.** Incumbe à concessionária: (...)
>
> VI — promover as desapropriações e constituir servidões autorizadas pelo poder concedente, conforme previsto no edital e no contrato.

Essa possibilidade, diga-se de passagem, é prevista no **Decreto-lei n. 3.365/41**, em seu **art. 3º**, cuja redação a seguir se reproduz:

> **Art. 3º** Os concessionários de serviços públicos e os estabelecimentos de caráter público ou que exerçam funções delegadas de poder público poderão promover desapropriações mediante autorização expressa, constante de lei ou contrato.

Por sua vez, o **instrumento** a ser utilizado, como regra geral, para efetivar a declaração de desapropriação é o **decreto**, expedido pelo Poder Executivo, como se verifica do **art. 6º do Decreto-lei n. 3.365/1941:**

> **Art. 6º** A declaração de utilidade pública dar-se-á por decreto do Presidente da República, Governador, Interventor ou Prefeito.

Sem embargo, cumpre observar que essa **regra geral** pode ser **excepcionada** mediante a edição de uma **lei de efeitos concretos**, possibilidade essa aberta pelo **art. 8º** do mesmo diploma legal, como se vê:

> **Art. 8º** O Poder Legislativo poderá tomar a iniciativa da desapropriação, cumprindo, neste caso, ao Executivo, praticar os atos necessários à sua efetivação.

No contexto, esclarecidas as questões relativas ao instrumento e à titularidade, cumpre investigar agora qual deverá ser o **conteúdo** desse **decreto de desapropriação.**

Em primeiro lugar, representa ele a **manifestação compulsória** de vontade do Poder Público, **submetendo** determinado **bem** ao **regime de expropriação.**

Assim, **deverá** o decreto **explicitar** o **fundamento legal** da desapropriação para que o particular possa acompanhar seu desenvolvimento posterior e também para orientar eventuais medidas que sejam propostas posteriormente perante o Poder Judiciário.

É obrigação do decreto não só **identificar** o **bem** que está sendo desapropriado, mas também a **destinação** de **interesse público que será conferida a ele.**

Também deverá o decreto **apontar** os **recursos orçamentários** que subsidiarão o pagamento da indenização devida ao expropriado.

Por fim, o decreto, ao ser publicado, deverá **delimitar com precisão** a **extensão da área** a ser desapropriada, não só para que se possa **apurar** quais os **imóveis** que estão **incluídos** ou **excluídos**, mas também para resolver situação importante em que a desapropriação recaiu apenas sob parte de um imóvel, deixando a excluída sem nenhum tipo de possibilidade de aproveitamento, situação que autoriza o **pedido de extensão da desapropriação** para abranger a totalidade do bem, na fórmula estabelecida **pelo Decreto-lei n. 3.365/41**, no **art. 27**. Confira-se:

> **Art. 27.** O juiz indicará na sentença os fatos que motivaram o seu convencimento e deverá atender, especialmente, à estimação dos bens para efeitos fiscais; ao preço de aquisição e interesse que deles aufere o proprietário; à sua situação, estado de conservação e segurança; ao valor venal dos da mesma espécie, nos últimos cinco anos, **e à valorização ou depreciação de área remanescente, pertencente ao réu**.

Preenchidos esses requisitos, oportuno agora consignar os **efeitos jurídicos** decorrentes da edição de um **decreto expropriatório.**

Em primeiro lugar, **fica o bem submetido ao regime jurídico próprio para essas situações,** não tendo mais, a partir desse momento, o proprietário os mesmos poderes que possuía antes sobre ele.

A edição do decreto expropriatório traz como desdobramento a **fixação do estado do bem**, inclusive quanto às **benfeitorias** nele existentes, o que, sem dúvida, gera reflexos no momento de calcular o montante a ser pago a título de **indenização**.

Só poderão, efetivamente, ser incluídas no valor da indenização as benfeitorias existentes no bem no momento da edição do decreto de desapropriação e aquelas consideradas **necessárias** ou ainda as **úteis** ou **voluptuárias**, desde que devidamente autorizadas pelo Poder Público.

Aliás, diga-se de passagem, o **pagamento** das **benfeitorias necessárias** e das **úteis**, quando devidamente autorizadas, será feito em **dinheiro**, consoante previsão contida no **art. 184, § 1º, da CF** e no **art. 5º, § 1º, da Lei n. 8.629/93**, a seguir reproduzidos:

> **Art. 184.** (...)
> § 1º As benfeitorias úteis e necessárias serão indenizadas em dinheiro.

> **Art. 5º** A desapropriação por interesse social, aplicável ao imóvel rural que não cumpra sua função social, importa prévia e justa indenização em títulos da dívida agrária.
> § 1º As benfeitorias úteis e necessárias serão indenizadas em dinheiro.

De se registrar, ainda, que, a partir da edição do decreto de desapropriação, passa o Poder Público a ter o direito de penetrar, sem abusos, no interior do bem para a realização de verificações e medições, hipótese essa que não pode ser confundida com a chamada "imissão provisória na posse", que será posteriormente analisada.

Por fim, a **edição do decreto faz iniciar o prazo de caducidade da declaração** e, por via de consequência, o início do prazo de prescrição e decadência das medidas e ações, visando a sua impugnação.

Nesse particular, **se** o fundamento da desapropriação for a "**necessidade pública** ou **utilidade pública**", o prazo de caducidade da declaração será de **cinco anos**, conforme regra estabelecida no **art. 10 do Decreto-lei n. 3.365/41:**

> **Art. 10.** A desapropriação deverá efetivar-se mediante acordo ou intentar-se judicialmente dentro de cinco anos, contados da data da expedição do respectivo decreto e findos os quais este caducará.

De outra parte, **se** o fundamento para a deflagração do procedimento expropriatório for o **interesse social**, esse prazo será de **dois anos,** na forma prevista no **art. 3º da Lei n. 4.132/62**. Confira-se:

> **Art. 3º** O expropriante tem o prazo de 2 (dois) anos, a partir da decretação da desapropriação por interesse social, para efetivar a aludida desapropriação e iniciar as providências de aproveitamento do bem expropriado.

Este tema apresenta enorme importância, uma vez que, como se verá no item seguinte, **se durante** o **prazo de validade** do decreto **ocorrer um desvio de finalidade (tredestinação), o expropriado passará a ter direito a um pedido de retrocessão**.

Para melhor compreensão do tema, sobreleva notar que a expressão "tredestinação" implica mudança de finalidade no bojo de uma desapropriação.

A **tredestinação**, segundo diretriz fixada pelos nossos Tribunais, **pode se apresentar como lícita ou ilícita**.

A **tredestinação lícita** é aquela que **implica uma mudança de finalidade depois de editado o decreto expropriatório, mantendo-se, ainda, uma situação de interesse público**.

É o que se verifica, a título de exemplo, quando, ao ser publicado, o decreto expropriatório aponta como destinação a ser atribuída ao bem a construção de uma escola, o que, de forma inequívoca, configura uma situação de interesse público.

Posteriormente, altera-se a destinação inicialmente fixada, para a construção de um hospital ou de uma delegacia, em vista da mudança de prioridades para aquela região.

Neste caso, mesmo diante da mudança da destinação inicialmente apresentada, o expropriado nada poderá fazer, desde que preservado o interesse da coletividade.

Em outras palavras, a questão não poderá ser levada à apreciação do Judiciário, tendo em vista a não configuração de nenhuma ilegalidade.

De outra parte, apresenta-se a **tredestinação como ilícita sempre que configurada uma mudança na destinação inicialmente apontada pelo decreto expropriatório, em que não se configure a preservação dos interesses da coletividade.**

Neste caso, caracteriza-se um **desvio de finalidade**, que, como forma de **ilegalidade** que é, gera a possibilidade de sua apreciação pelo Judiciário, em razão dos argumentos já deduzidos no parágrafo anterior.

Em outras palavras, diante dessa situação, poderá o expropriado que se viu privado compulsória e unilateralmente da sua propriedade, sem que tenha contribuído para tanto, buscar seus direitos perante o Judiciário.

A título de exemplo, cite-se a situação em que o decreto expropriatório aponta para a construção de um parque (situação de interesse público) e, posteriormente, constata-se a construção de um hotel ou de um *shopping center*.

Nesse caso, inequívoco o **desvio de finalidade**, uma vez que as investidas do Poder Público no setor imobiliário ou de construção civil não refletem uma situação de interesse público que justifique a transferência compulsória da propriedade do particular, que, repita-se, em nenhuma medida contribuiu para que ela tivesse lugar.

Dentro desse contexto, resulta nítida a conclusão segundo a qual **nada mais justo**, diante de situações como as descritas anteriormente, **atribuir ao expropriado** a **possibilidade de pleitear de volta a propriedade que lhe foi subtraída de forma compulsória e unilateral, cenário em que aparece com destaque o instituto da retrocessão**.

■ *15.2.1.3.1.1. Da retrocessão*

Como anteriormente noticiado, é importante estabelecer algumas reflexões acerca do instituto da **retrocessão**, que nada mais **é** que **a obrigação atribuída ao Poder Público de oferecer o bem de volta ao antigo proprietário, caso não dê a ele uma finalidade de interesse público ou mesmo nenhuma finalidade**.

A matéria estava disciplinada pelo **art. 1.150 do Código Civil revogado**, cuja redação dizia:

> **Art. 1.150.** A União, o Estado ou o Município oferecerá ao ex-proprietário o imóvel desapropriado pelo preço que o foi, caso não tenha o destino para que se desapropriou.

Sem dúvida nenhuma, essa regra estabelecida pelo Código Civil revogado encontrava sua razão de ser na medida em que, se o fundamento para a desapropriação que determinou a perda unilateral do bem pelo particular foi a supremacia do interesse público, nada mais lógico do que permitir a ele que tenha de volta o seu imóvel mediante a devolução do preço pago a título de indenização.

Sem embargo, essa **diretriz** estabelecida pelo **Código Civil revogado encontrava forte obstáculo na previsão contida no art. 35 do Decreto-lei n. 3.365/41**, como se verifica em sua redação:

> **Art. 35.** Os bens expropriados, uma vez incorporados à Fazenda Pública, não podem ser objeto de reivindicação, ainda que fundada em nulidade do processo de desapropriação. Qualquer ação julgada procedente resolver-se-á em perdas e danos

Inquestionavelmente, é uma **regra merecedora de contestação quanto a sua constitucionalidade**, na medida em que a resolução do problema em perdas e danos, como propõe o dispositivo ora analisado, pode não satisfazer os interesses daquele que perdeu o bem de maneira compulsória.

Poderá ter ele, destarte, todo o interesse em obter o bem de volta pelo próprio valor sentimental que possa ter, e que, aliás, só perdeu em razão da alegação de supremacia do interesse público sobre o seu.

Sem embargo, a **tendência** que tem **prevalecido** em **nossos Tribunais é exatamente aquela estabelecida pelo decreto-lei** ora em análise, como se verifica das **decisões** a seguir reproduzidas:

> "(...) Transitado em julgado o reconhecimento da impossibilidade de retrocessão do imóvel por já incorporado ao patrimônio público e cedido a terceiros, razoável é o entendimento, em consonância com doutrina e jurisprudência, do cabimento de perdas e danos aos expropriados. Recurso extraordinário não conhecido" (STF, REsp 99.571, rel. Min. Rafael Mayer, j. 14.10.1982, *DJU* 09.03.1984).

> "(...) É escólio assente na jurisprudência desta Corte que o direito a retrocessão, desde que o bem expropriado já esteja incorporado ao patrimônio público, resolve-se em perdas e danos, excluída a reivindicação (...)" (STJ, 1ª T., ROMS 0000408/90, rel. Min. Demócrito Reinaldo, *DJU* 04.11.1991).

No mesmo sentido, encontramos as conclusões de Diogenes Gasparini· consoante se verifica do excerto a seguir colacionado:

> "A retrocessão nos tempos atuais já não tem esse sentido. Hoje, por força doutrinária e jurisprudencial é um direito pessoal que proporciona ao expropriado, tão só, perdas e danos, caso o expropriante não lhe ofereça o bem quando desistir de utilizá-lo num fim de interesse público".

De outra parte, cumpre consignar **que a mesma conclusão não se aplica para aquelas situações em que o Poder Público oferece ao bem expropriado destino diverso do declarado no decreto expropriatório, desde que mantida finalidade de interesse público**, como já visto, quando tem a Administração a possibilidade de promover alterações de percurso, e desde que, como visto, o interesse da coletividade esteja resguardado.

A título de exemplo, se o Poder Público declara um bem como de utilidade pública, visando à construção de uma delegacia, e, posteriormente, tem necessidade de construir uma escola, não terá o particular desapropriado direito a qualquer sorte de indenização, porque mantida a finalidade de interesse público.

De resto, outra não tem sido a **orientação** estabelecida pelos **nossos Tribunais**, como se vê da ementa a seguir reproduzida:

> "(...) Em tendo o ente público dado ao imóvel desapropriado destino diverso daquele declarado no ato de desapropriação por obstáculo criado pela Fepam, mostra-se descabida a pretensão dos autores à retrocessão, mormente em se considerando que a nova destinação é de utilidade pública. Negaram provimento à apelação" (TJRS, 3ª Câm. Cív., ACív 70012906491, rel. Des. Matilde Chabar Maia, j. 11.05.2006, *DJU* 09.06.2006).

Foi a mesma conclusão atingida por Diogenes Gasparini[1]:

> "Diga-se, por fim, que não enseja a retrocessão a alteração específica da finalidade, desde que a nova destinação também guarde um fim de necessidade pública, utilidade pública ou interesse social, consoante já decidiu o STF em mais de uma oportunidade (*RDA* 116/309 e 127/440), nem nas hipóteses em que o bem é entregue a terceiros e há nessa transferência interesse público ou quando o bem foi utilizado substancialmente numa finalidade pública" (*RDA* 72/192).

A respeito desse assunto, a **solução apresentada pelos nossos Tribunais, equacionando o problema da retrocessão em perdas e danos**, diante da previsão estabelecida no **art. 35 do Decreto-lei n. 3.365/41**, não poderia ser utilizada para aquelas hipóteses em que o administrador, incidindo no vício de desvio de finalidade, transfere o imóvel desapropriado para terceiros.

Com efeito, se assim fosse, estar-se-ia premiando o ato viciado, uma vez que, **embora caracterizada a ilegalidade** praticada, **não poderia o ex-proprietário ter de volta o bem** que perdeu compulsoriamente em razão de um interesse público que não se configurou.

A transferência compulsória e unilateral da propriedade lastreou-se na supremacia do interesse público sobre o do particular, pois não faz sentido não possa ele pleitear a devolução do bem naquelas hipóteses em que o Poder Público não conferiu a ele nenhuma finalidade de interesse público.

Sem embargo, **nossos Tribunais, como visto em inúmeras oportunidades, não têm assim entendido, procurando embasamento na regra estabelecida no**

---

1 *Direito administrativo*. 8. ed. São Paulo: Saraiva, 2003, p. 654.

art. 35 do Decreto-lei n. 3.365/41, o qual impede que bens incorporados ao patrimônio público sejam objeto de reivindicação.

O instituto no Código Civil de 2002

Por derradeiro, cumpre registrar que essa matéria mereceu nova redação **com a entrada em vigor do Código Civil**, a teor do disposto em seu **art. 519**, cuja redação a seguir se reproduz:

> **Art. 519.** Se a coisa expropriada para fins de necessidade ou utilidade pública, ou por interesse social, não tiver o destino para que se desapropriou, ou não for utilizada em obras ou serviços públicos, caberá ao expropriado direito de preferência pelo preço atual da coisa.

A redação oferecida pelo Código Civil de 2002 aperfeiçoou aquela estabelecida pelo Código revogado, na medida em que acrescentou, para efeito do exercício do direito de preferência, a hipótese de a coisa expropriada não ter sido utilizada em outras obras ou serviços públicos.

Dessa forma, o **legislador** acabou por sanar deficiência apresentada pela redação anterior, **reafirmando o que estava pacificado em doutrina e jurisprudência, vale dizer, que o expropriado não faz jus a nenhum direito por ter a Administração mudado a finalidade inicial, mantendo ainda uma situação de interesse público**.

Ao contrário, quando a **mudança de finalidade não preservar o interesse público**, configurando **ilegalidade**, o pedido de **retrocessão** terá lugar, resolvendo-se por **indenização por perdas e danos**.

Sobreleva notar, ainda, que, por força da regra estipulada no **art. 520**, esse **direito de preferência não se transfere para os herdeiros**, o que, de resto, era previsto no art. 1.157 do Código revogado.

Nesse contexto, cumpre ainda consignar que o **expropriado**, portanto, **só pode lançar mão** do direito de **retrocessão** quando houver **desvio de poder** rotulado de **tredestinação** ou **tresdestinação ilícita**, conforme visto anteriormente, revelando-se oportuna, nesse particular, a transcrição das lições de Márcio Fernando Elias Rosa[2]:

> "A tredestinação, para alguns 'tresdestinação', corresponde ao desvio de finalidade havido na desapropriação. É evidenciada pelo não uso do bem ou porque a destinação ulterior não corresponde à indicada no ato expropriatório. É fundamental que o destino não corresponda a nenhuma hipótese de necessidade ou utilidade pública, ou interesse social para que seja configurada a tredestinação".

Seguindo a mesma orientação, temos as lições de Maria Sylvia Zanella Di Pietro[3] abaixo reproduzidas:

---

[2] *Direito administrativo*. 6. ed. São Paulo: Saraiva, 2004 (Sinopses Jurídicas, v. 19), p. 164.

[3] *Direito administrativo*. 18. ed. São Paulo: Atlas, 2005, p. 181.

"A retrocessão cabe quando o Poder Público não dê ao imóvel a utilização para a qual se fez a desapropriação, estando pacífica na jurisprudência a tese de que o expropriado não pode fazer valer o seu direito quando o expropriante dê ao imóvel uma destinação pública diversa daquela mencionada no ato expropriatório; por outras palavras, desde que o imóvel seja utilizado para um fim público qualquer, ainda que não o especificado originariamente, não ocorre o direito de retrocessão. Este só é possível em caso de desvio de poder (finalidade contrária ao interesse público, como, por exemplo, perseguição ou favoritismo a pessoas indeterminadas), também chamado, na desapropriação, de tredestinação, ou quando o imóvel seja transferido a terceiros, a qualquer título, nas hipóteses em que essa transferência não era possível".

Em síntese conclusiva, tem-se que os **pedidos de retrocessão** deduzidos pelo expropriado que teve, de forma injusta, unilateral e compulsória, subtraída a propriedade de seu bem se resolvem **tão somente através de indenização por perdas e danos**, seguindo-se a diretriz estabelecida no **art. 35 do Decreto-lei n. 3.365/41**, que, como já se disse, segundo entendimento já consolidado pela nossa Suprema Corte, encontra-se ainda em vigor.

A propósito, acerca da questão relacionada a pedido de retrocessão, por força da caracterização de tredestinação, confiram-se os seguintes julgados:

- "Pretensão dos autores de anulação do ato expropriatório, mediante a devolução do valor indenizatório — Impossibilidade. Área desapropriada destinada à construção de rodovia. Devolução do imóvel, ou pagamento da contrapartida indenitária, que somente se mostra cabível no caso da não destinação do bem à utilidade pública. Comprovado nos autos que a área expropriada se encontra em faixa de domínio de rodovia, portanto, atendido o interesse público. Ação julgada improcedente em 1º grau. Decisão mantida. RECURSO DESPROVIDO" (APL 30073755720138260224-SP, 3007375-57.2013.8.26.0224, rel. Isabel Cogan, 12ª Câmara de Direito Público, j. 31.07.2015).

- "ADMINISTRATIVO. E PROCESSUAL CIVIL. DESAPROPRIAÇÃO. MUNICÍPIO DE CUBATÃO. TREDESTINAÇÃO LÍCITA. RETROCESSÃO. INOCORRÊNCIA 1. O Tribunal de origem, ao avaliar o conteúdo fático probatório dos autos, concluiu que não houve retrocessão, pois o imóvel recebeu destinação pública relevante. 2. A discussão sobre eventual cláusula de renúncia ao direito de preempção inserida em escritura pública de desapropriação amigável se mostra inócua após constatada a não ocorrência da retrocessão. 3. Recurso especial não provido" (REsp 814570/SP 2006/0019893-5, rel. Min. Mauro Campbell Marques, 2ª T., j. 17.08.2010).

- "PROCESSUAL CIVIL E ADMINISTRATIVO. RECURSO ESPECIAL. AÇÃO DE RETROCESSÃO. ART. 1.150 DO CÓDIGO CIVIL. DESVIO DE FINALIDADE PÚBLICA DE BEM DESAPROPRIADO. NÃO OCORRÊNCIA. BEM DESTINADO AO ATENDIMENTO DE FINALIDADE PÚBLICA DIVERSA. RETROCESSÃO LÍCITA. 1. Não há falar em retrocessão se ao bem expropriado for dada destinação que atende ao interesse público, ainda que diversa da inicialmente prevista no decreto expropriatório. 2. A Primeira Turma desta Corte, no julgamento do REsp 710.065/SP (Rel. Min. José Delgado, *DJ* de 6.6.2005), firmou a orientação de que a afetação da área poli-

> gonal da extinta 'Vila Parisi' e áreas contíguas (localizadas no Município de Cubatão/SP) — cuja destinação inicial era a implantação de um parque ecológico —, para a instalação de um polo industrial metal-mecânico, um terminal intermodal de cargas rodoviário, um centro de pesquisas ambientais, um posto de abastecimento de combustíveis, um centro comercial com 32 módulos de 32 metros cada, um estacionamento, e um restaurante/lanchonete, atingiu, de qualquer modo, a finalidade pública inerente às desapropriações. 3. Recurso especial não provido" (REsp 866651/SP 2006/0105408-3, rel. Min. Mauro Campbell Marques, 2ª T., j. 21.09.2010).

Para melhor visualização deste item, veja-se o quadro:

OBJETO	Declarar um bem como sendo objeto de uma desapropriação
LEGITIMIDADE	Pertence ao Poder Público, que poderá transferi-la para concessionários e permissionários, de acordo com a previsão estabelecida no art. 3º do Decreto-lei n. 3.365/41
INSTRUMENTO	Como regra geral, mediante decreto de desapropriação (art. 6º do Decreto-lei n. 3.365/41) e excepcionalmente mediante lei (art. 8º do Decreto-lei n. 3.365/41)
CONTEÚDO	Ao ser publicado, o decreto deverá apresentar as seguintes informações consideradas essenciais: ■ a descrição da área a ser desapropriada ■ o fundamento da desapropriação ■ a destinação a ser conferida ao bem ■ a rubrica orçamentária que vai subsidiar as despesas
TRESDESTINAÇÃO	Representa mudança na finalidade inicial atribuída ao bem, podendo se apresentar sobre duas modalidades: ■ lícita: quando a mudança de destinação preserva o interesse público ■ ilícita: quando a mudança de destinação não preserva o interesse público, configurando desvio de finalidade
RETROCESSÃO	**Definição**: pedido formulado junto ao Judiciário pelo proprietário do bem quando atingido por uma tresdestinação ilícita **Fundamento**: art. 519 do CC **Consequência:** julgado procedente o pedido, resolve-se em indenização por perdas e danos, segundo posição pacificada no STJ, com fundamento no art. 35 do Decreto-lei n. 3.365/41
CONSEQUÊNCIAS DA PUBLICAÇÃO DO DECRETO	■ fixa o estado de conservação do bem para efeito de indenização ■ autoriza o Poder Público a ingressar no bem para inspeções e levantamentos ■ inicia o prazo de caducidade do decreto, que será de 5 anos, se o fundamento for o interesse público (art. 10, parágrafo único, do Decreto-lei n. 3.365/41), ou de 2 anos, se por razões de interesse social (Lei n. 4.132/62, art. 3º)

■ *15.2.1.3.2. Executória*

A **fase executória** da desapropriação tem por **objeto** a adoção das medidas necessárias para sua implementação, vale dizer, a **discussão do valor a ser pago a título de indenização**.

Se essa fase for **desenvolvida perante o Poder Judiciário**, porque pode se resolver na **esfera administrativa**, consoante o disposto na parte inicial do **art. 10** acima reproduzido, o **Decreto-lei n. 3.365/41** estabelece limites para as discussões, restringindo-as ao preço e a vícios existentes no processo.

Em outros termos, está o **Judiciário proibido de apreciar**, se caracterizadas ficaram as **hipóteses de utilidade pública**, conforme previsão contida no **art. 9º:**

> **Art. 9º** Ao Poder Judiciário é vedado, no processo de desapropriação, decidir se se verificam ou não os casos de utilidade pública.

Essa **previsão**, sem dúvida nenhuma, acaba gerando **polêmica** em torno de sua constitucionalidade, principalmente em vista da cláusula do devido processo legal, estabelecida no **art. 5º, LV, da CF:**

> **Art. 5º** (...)
> LV — ninguém será privado da liberdade ou de seus bens sem o devido processo legal.

Nesse sentido, o mesmo diploma legal, em seu **art. 20**, estabelece que a **contestação** a ser apresentada **só poderá versar** sobre **vícios do processo** judicial **ou impugnação do preço**, e, no contexto, qualquer outra questão deverá ser decidida por ação direta, como se vê:

> **Art. 20.** A contestação só poderá versar sobre vício do processo judicial ou impugnação do preço; qualquer outra questão deverá ser decidida por ação direta.

Sob esse aspecto, encontraremos aqueles que defendem a constitucionalidade dessas regras, visto que elas não impedem a apreciação de eventuais ilegalidades pelo Judiciário, mas tão somente no bojo da ação de desapropriação.

É o que se observa de decisão proferida pelo antigo **Tribunal Regional Federal**, cuja ementa a seguir se reproduz:

> "A lei não impede a discussão judiciária em torno do fundamento da desapropriação, no caso de eventual abuso por parte do Poder Público; também não impede que qualquer alegação de violação de direito individual seja examinada pelo Poder Judiciário. Só que tais discussões deverão ocorrer em ação própria" (m.v., *RTRF* 102/94).

Assim, se algum **vício de ilegalidade** for vislumbrado no decreto expropriatório, surge como melhor alternativa para sua discussão a **propositura** de uma **ação anulatória**, que tramitará pelo procedimento ordinário, com a plena **possibilidade** de **pedido de liminar ou antecipação de tutela**, a fim de **frear a tramitação da ação de desapropriação**, enquanto não apreciado o seu mérito.

Essa fase tramita pelo **procedimento ordinário**, apresentando, no entanto, algumas **características específicas**, a começar pela **petição inicial**, que, além dos requisitos exigidos pelo Código de Processo Civil, deverá conter a oferta do preço, ser instruída com um exemplar do contrato ou do *Diário Oficial* que houver publicado o decreto de desapropriação, e a planta do bem, contendo todas as suas características e confrontações **(art. 13)**.

■ *15.2.1.3.3. Da imissão provisória na posse*

Destaca-se também a possibilidade de o Poder Público solicitar **imissão provisória na posse**, vale dizer, a transferência da posse no início da lide proposta, desde que preenchidos os **requisitos** exigidos pelo legislador.

O fundamento para esse pedido está na caracterização de **situação de urgência**, e exige do Poder Público a **realização de** um **depósito** para permitir que o proprietário possa suportar o prejuízo em razão da perda da posse do bem, nesse momento conforme previsões estabelecidas no **art. 15 do Decreto-lei n. 3.365/41**. Confira-se:

> **Art. 15.** Se o expropriante alegar urgência e depositar quantia arbitrada de conformidade com o art. 685 do Código de Processo Civil, o juiz mandará imiti-lo provisoriamente na posse dos bens;
>
> § 1º A imissão provisória poderá ser feita, independente da citação do réu, mediante o depósito:
>
> *a)* do preço oferecido, se este for superior a 20 (vinte) vezes o valor locativo, caso o imóvel esteja sujeito ao imposto predial;
>
> *b)* da quantia correspondente a 20 (vinte) vezes o valor locativo, estando o imóvel sujeito ao imposto predial e sendo menor o preço oferecido;
>
> *c)* do valor cadastral do imóvel, para fins de lançamento do imposto territorial, urbano ou rural, caso o referido valor tenha sido atualizado no ano fiscal imediatamente anterior;
>
> *d)* não tendo havido a atualização a que se refere o inciso *c*, o juiz fixará independente de avaliação, a importância do depósito, tendo em vista a época em que houver sido fixado originalmente o valor cadastral e a valorização ou desvalorização posterior do imóvel.
>
> § 2º A alegação de urgência, que não poderá ser renovada, obrigará o expropriante a requerer a imissão provisória dentro do prazo improrrogável de 120 (cento e vinte) dias.
>
> § 3º Excedido o prazo fixado no parágrafo anterior não será concedida a imissão provisória.
>
> § 4º A imissão provisória na posse será registrada no registro de imóveis competente.
>
> **Art. 15-A.** No caso de imissão prévia na posse, na desapropriação por necessidade ou utilidade pública e interesse social, inclusive para fins de reforma agrária, havendo divergência entre o preço ofertado em juízo e o valor do bem, fixado na sentença, expressos em termos reais, incidirão juros compensatórios de até seis por cento ao ano sobre o valor da diferença eventualmente apurada, a contar da imissão na posse, vedado o cálculo de juros compostos.
>
> § 1º Os juros compensatórios destinam-se, apenas, a compensar a perda de renda comprovadamente sofrida pelo proprietário.
>
> § 2º Não serão devidos juros compensatórios quando o imóvel possuir graus de utilização da terra e de eficiência na exploração iguais a zero.
>
> § 3º O disposto no *caput* deste artigo aplica-se também às ações ordinárias de indenização por apossamento administrativo ou desapropriação indireta, bem assim às ações que visem a indenização por restrições decorrentes de atos do Poder Público, em especial aqueles destinados à proteção ambiental, incidindo os juros sobre o valor fixado na sentença.
>
> § 4º Nas ações referidas no § 3º, não será o Poder Público onerado por juros compensatórios relativos a período anterior à aquisição da propriedade ou posse titulada pelo autor da ação.

> **Art. 15-B.** Nas ações a que se refere o art. 15-A, os juros moratórios destinam-se a recompor a perda decorrente do atraso no efetivo pagamento da indenização fixada na decisão final de mérito, e somente serão devidos à razão de até seis por cento ao ano, a partir de 1º de janeiro do exercício seguinte àquele em que o pagamento deveria ser feito, nos termos do art. 100 da Constituição.

A propósito do tema, oportuno mencionar a orientação oferecida pelo **Supremo Tribunal Federal** concluindo pela constitucionalidade desse dispositivo, consoante se verifica da **Súmula 652**, a seguir reproduzida:

> **Súmula 652 do STF:** Não contraria a Constituição o art. 15, § 1º, do Decreto-lei 3.365/1941 (Lei da desapropriação por utilidade pública).

A matéria vem regulamentada pelo **Decreto n. 1.075/70**, no qual se verifica que, se o valor arbitrado pelo Juiz for superior à oferta feita pelo Poder Público, o depósito deverá ser complementado para que atinja a metade do valor indicado.

Em contrapartida, se o valor arbitrado for inferior ou igual ao dobro do preço oferecido, então o proprietário poderá levantar 80% do valor oferecido, desde que preenchidos os requisitos estabelecidos pelo **art. 34 do Decreto-lei n. 3.365/41**, como se vê:

> **Art. 34.** O levantamento do preço será deferido mediante prova de propriedade, de quitação de dívidas fiscais que recaiam sobre o bem expropriado, e publicação de editais, com prazo de 10 dias, para conhecimento de terceiros.

■ *15.2.1.3.4. Da imissão provisória na posse e os fundos de comércio*

Questão importante consiste em saber se a indenização paga a título de **imissão provisória na posse também se estende para o titular do fundo de comércio, em especial se for pessoa diferente daquela que detém a titularidade da propriedade**.

Inicialmente, percebe-se a importância atribuída pela Constituição ao tema, pois alçou à condição de direito fundamental a questão relacionada à indenização a ser paga em processos dessa natureza.

Em outras palavras, incluiu o pagamento de indenização nesses casos como matéria de fundamental importância, o que, por óbvio, acaba por gerar reflexos em sede de interpretação do seu conteúdo.

Assim é que a inserção do tema entre os direitos fundamentais assume relevo, já que as características peculiares de um Texto Constitucional impõem a utilização de princípios específicos para a interpretação de suas normas, outra não sendo a conclusão extraída pelo eminente jurista Luís Roberto Barroso: "Embora seja uma lei, e como tal deva ser interpretada, a Constituição merece uma apreciação destacada dentro do sistema à vista do conjunto de peculiaridades que singularizam suas normas"[4].

---

[4] BARROSO, Luis Roberto. *Interpretação e aplicação da Constituição.* 2. ed. São Paulo: Saraiva, 1998, p. 101.

Dentro desse contexto, cumpre observar que, em vista da natureza peculiar assumida pelo Texto Constitucional, suas normas devem ser interpretadas por princípios específicos, dentre os quais se destaca, pela importância de que se reveste, o **princípio da efetividade**.

Referido princípio de hermenêutica, aplicado em especial para as normas constitucionais que preconizem direitos fundamentais, exige do intérprete o esforço de **extrair do comando constitucional o máximo de eficácia possível**, outra não sendo a conclusão atingida, respectivamente, pelo eminente mestre do Direito Constitucional Jorge Miranda[5]:

> "Deve assentar-se no postulado de que todas as normas constitucionais são verdadeiras normas jurídicas e desempenham uma função útil no ordenamento. A nenhuma pode dar-se uma interpretação que lhe retire ou diminua sua razão de ser. Mais: a uma norma fundamental tem de ser atribuído o sentido que mais eficácia lhe dê; a cada norma constitucional é preciso conferir, ligada a todas as outras normas, o máximo de capacidade de regulamentação".

Pois bem. Referido princípio de hermenêutica reveste-se de enorme importância, por força do enquadramento constitucional da matéria colocada sob discussão.

Destarte, se o interesse público for o fundamento utilizado para justificar a desapropriação, impõe-se, desde logo, uma análise do disposto no art. 5º, XXIV, da Constituição, em especial em relação aos destinatários da norma.

Nesse sentido, mesmo diante do silêncio da Lei Maior a respeito, resulta nítida a conclusão segundo a qual o pagamento de indenização, no bojo de um processo de desapropriação que tenha por fundamento razões de interesse público, deve alcançar todos aqueles que forem por ele atingidos, independentemente da posição ocupada.

Em outras palavras, em respeito ao **princípio da máxima efetividade** a ser conferido às normas constitucionais, em especial aquelas veiculadoras de direitos fundamentais, a única interpretação possível do dispositivo em referência é aquela que aponta para a **necessidade de extensão do pagamento de indenização não somente ao proprietário do bem expropriado, mas a todos aqueles que, de alguma forma, sejam atingidos pelo ato**.

Nesse particular, importante deixar consignado não se tratar de conclusão gratuita, uma vez que também esses terceiros, a exemplo do proprietário, em nada contribuíram para a efetivação do processo expropriatório.

Concluir de forma diferente, impondo limitações que a Lei Maior não impôs, implicaria inaceitável critério de interpretação, pois totalmente desgarrado dos princípios de hermenêutica que incidem sobre normas dessa natureza, em especial o da máxima efetividade a ser conferida a elas.

Em outro dizer, levar a cabo **interpretação restritiva**, **conferindo direito à indenização somente ao proprietário do bem**, representaria inconcebível esvazia-

[5] *Manual de direito constitucional*. 2. ed. Coimbra, 1983. t. 2, p. 229.

mento de norma fundamental que consagra direito fundamental, o que não se pode admitir.

Insistindo, configuraria inaceitável agressão a todo o arcabouço constitucional, que, se por um lado atribuiu ao Poder Público a possibilidade, em respeito aos interesses que representa, de promover processos dessa natureza, de forma unilateral, de outro tratou de assegurar àquele que experimenta prejuízo o direito ao justo ressarcimento, nos termos ali vazados.

De outra parte, ainda se debruçando sobre o conteúdo do referido comando constitucional, depara-se com **outra questão de significativa importância, consistente em saber qual o significado a ser conferido às expressões "prévia e justa"** ali consignadas.

Nesse sentido, em que pese a **natureza subjetiva**, aberta, vaga, que envolve esses conceitos, próprios, diga-se de passagem, de um diploma de natureza política como a Constituição, possível a construção de uma definição que procure, através desses princípios específicos de interpretação, atribuir-lhes um **contorno mínimo que garanta um ressarcimento justo para todos aqueles que em nada contribuíram para justificar o prejuízo experimentado.**

Em outras palavras, qualquer definição a respeito deverá levar em consideração ser a **indenização devida** um direito **fundamental**, uma vez que o processo expropriatório não teve como causa nenhuma irregularidade praticada por parte daqueles por ele atingidos, independentemente da posição que ocupem.

Dessa forma, oportuna a reprodução de excertos de nossa **doutrina**, destacando-se, de início, aqueles relacionados ao conceito de indenização prévia:

> "O fato de ter de ser prévia essa indenização levou os autores a buscar o momento em que se consuma a desapropriação, ou seja, quando o bem deixa de pertencer ao patrimônio do expropriado e passa a integrar o do Poder expropriante. Encontrado esse momento, prévia será, então, a indenização que lhe antecedeu. Procurou-se, destarte, responder à indagação: prévia a quê? **A resposta veio: prévia à posse; à declaração expropriatória**"[6].

> "Indenização prévia: indenização prévia significa que o expropriante deverá pagar ou depositar o preço **antes de entrar na posse do imóvel**"[7].

> "Prévia indenização significa o pagamento do valor real do bem antes de o expropriado exercer qualquer dos poderes derivados do domínio, principalmente a imissão da posse. Conquanto seja constitucional e legal a imissão provisória na posse (*RTJ* 101/717), o expropriante deve depositar o valor real, integral e atualizado do bem para poder valer-se dessa prerrogativa, sem o que não terá sido cumprido o mandamento constitucional da prévia indenização"[8].

---

6 GASPARINI, Diogenes. *Direito administrativo*. 13. ed. São Paulo, Saraiva, p. 826.

7 MEIRELLES, Hely Lopes. *Direito administrativo brasileiro*. 27. ed. São Paulo, Malheiros, p. 587.

8 NERY JUNIOR, Nelson; NERY, Rosa Maria de Andrade. *Código de Processo Civil comentado*. 3. ed. São Paulo: Revista dos Tribunais, 1997, p. 135.

Percebe-se, pois, dos excertos doutrinários colacionados, o entendimento unânime quanto ao significado do **conceito de indenização prévia, vale dizer, aquela percebida no momento da transferência da posse**.

Nada mais lógico, uma vez constituir essa a **única interpretação possível** a oferecer **máxima efetividade** ao dispositivo constitucional, já que é a partir da transferência da posse que o proprietário perde todos os direitos relativos à propriedade.

Ora, é bem de ver que, se **a partir da transferência da posse é que se perdem todos os direitos econômicos em relação ao bem**, de rigor que a mesma orientação deva prevalecer em relação a terceiros que tenham, ainda que temporariamente, apenas a posse sobre ele.

Destarte, a **perda da posse** para o **locatário titular** de **fundo de comércio** implicará sua total ruína, em vista dos investimentos que fez, sem que tenha contribuído para o processo de desapropriação.

De outra parte, explorando ainda o **perfil** constitucional da **indenização**, defronta-se agora com a questão de sua **justiça**, **conceito subjetivo**, que levou nossa melhor doutrina à elaboração da seguinte construção:

> "Indenização justa, prevista no art. 5º, XXIV, da Constituição, é aquela que corresponde real e efetivamente ao valor do bem expropriado, ou seja, aquela cuja importância deixe o expropriado absolutamente indene, sem prejuízo algum em seu patrimônio. Indenização justa é a que se consubstancia em importância que habilita o proprietário a adquirir outro bem perfeitamente equivalente e exime de qualquer detrimento"[9].

> "Exige a CF que a indenização seja justa, sem o que a desapropriação não se aperfeiçoa. Destarte, cabe saber o que é essa justa indenização, já que a legislação não a define. Justa é a indenização paga ao expropriado e que mantém inalterável seu patrimônio. Antes e depois da expropriação tem-se, em valor, o mesmo montante, idêntico patrimônio. Com a desapropriação esse montante não se altera. A quantidade patrimonial é a mesma, embora tenha variado a composição dos bens"[10].

Os excertos doutrinários reproduzidos oferecem o rumo a ser dado à indenização em processo expropriatório que tenha por fundamento razões de interesse público, tendo em vista a diretriz constitucional estabelecida no art. 5º, XXIV.

Nesse sentido, se o **pagamento da indenização tem por objetivo evitar que o atingido pela desapropriação não experimente nenhum prejuízo, que possa manter seu patrimônio inalterável, obviamente essa diretriz, por força do princípio da máxima efetividade e também em respeito a princípios constitucionais como razoabilidade e isonomia, deve se estender ao fundo de comércio, sob pena de o valor não corresponder real e efetivamente ao do bem expropriado, consoante a disposição contida no art. 5º, XXIV, da Constituição**.

---

9 MELLO, Celso Antônio Bandeira de. *Curso de direito administrativo*. 18. ed. São Paulo, Malheiros, p. 811.

10 GASPARINI, Diogenes. *Direito administrativo*. 13. ed. São Paulo, Saraiva, 2008, p. 827.

Outrossim, a mesma conclusão se impõe em relação a todos aqueles que forem prejudicados pelo ato expropriatório, tais como o locatário, já que para ele não contribuiu.

Dentro desse contexto, importante salientar que a mesma diretriz interpretativa aplicada para o comando constitucional por óbvio deverá ter lugar para a interpretação do diploma legal disciplinador da matéria.

Trata-se da incidência do princípio da interpretação conforme a Constituição, segundo o qual o sentido das normas infraconstitucionais deve ser captado pelo intérprete no contexto da ordem constitucional em que se insere.

Em outras palavras, trata-se de procurar, entre os diversos sentidos a serem oferecidos a uma norma infraconstitucional, aquele que se torna possível em vista dos princípios adotados pela Lei Maior.

A esse respeito, oportunas as lições do reconhecido constitucionalista português Jorge Miranda:

> "A interpretação conforme a Constituição não consiste tanto em escolher, entre vários sentidos possíveis e normais de qualquer preceito, o que seja mais conforme com a Constituição, quanto em discernir, no limite, na fronteira da inconstitucionalidade — um sentido que, conquanto não aparente ou não decorrente de outros elementos de interpretação, é o sentido necessário e o que torna possível por virtude da força conformadora da Lei Fundamental"[11].

A referência a esse princípio de interpretação justifica-se em vista das regras estabelecidas no Decreto-lei n. 3.365/41, principal norma disciplinadora da questão relacionada à desapropriação.

Referido decreto foi editado em momento singular da história brasileira, denominado Estado Novo, fortemente marcado pelo autoritarismo.

Diante desse cenário, digno de registro que o então Presidente da República, Getúlio Vargas, entre outras medidas tomadas naquele momento, determinou o fechamento do Congresso Nacional, passando a legislar sozinho por meio de decretos, sendo o que estabelece regras para processos de desapropriação daqueles de maior relevo.

Assim sendo, em razão de seu berço autoritário, impõe-se a conclusão segundo a qual suas regras ou não teriam sido recepcionadas pelas Constituições posteriores, ou deveriam ser interpretadas conforme a Constituição em vigor, de forma a afastar descompassos inaceitáveis com as diretrizes estabelecidas pela Lei Maior.

De resto, a propósito do tema, oportuna a reprodução das lições do constitucionalista Celso Ribeiro Bastos, por ocasião da promulgação da vigente Constituição:

> "Em uma apreciação genérica, o que se pode notar, é que nosso procedimento expropriatório ainda é fortemente marcado por um autoritarismo estatal próprio do momento

[11] MIRANDA, Jorge. *Manual de direito constitucional*. 2. ed. Coimbra, 1983. t. 2, p. 233.

> em que foi editado o documento básico que o informa; qual seja, o Decreto Lei n. 3.365/41. (...)
>
> Seria muito importante aproveitar-se o advento da nova Constituição para passar-se em revista tanto a legislação quanto a jurisprudência anteriores, a fim de verificar-se até que ponto podem ser recepcionadas pela nova Constituição. (...)
>
> Não se desconhece que, dado o caráter compulsório da desapropriação, o direito do expropriado vê-se reduzido praticamente à questão do preço. **Mas isto não é razão para que se descuide da discussão sobre a própria configuração dos pressupostos constitucionais.**
>
> De nada adianta a Constituição condicionar a expropriação à ocorrência de modalidade que ela elenca, se ao depois a legislação ordinária se incumbe de tornar a discussão sobre eles praticamente invocável (...)
>
> É, portanto, ponto que está a merecer uma profunda revisão, este da desapropriação. Se é certo que o Estado não pode ver-se tolhido na implementação das obras de interesse da coletividade, **não é menos certo, no entanto, que os parâmetros constitucionais devem ser respeitados** dentro do espírito de que, nada obstante a indenização, remanesce sempre um resíduo de lesão de interesse individual não reparado pelo Estado. **Em consequência disto, toda dúvida interpretativa deve resolver-se em favor do particular**"[12].

Os trechos colacionados revelam sua importância, ainda mais considerando que o malsinado decreto encontra-se em pleno vigor.

Destarte, se o entendimento predominante aponta para sua recepção pela atual Constituição, restaria ao **intérprete** a **opção única** de procurar **extrair de seus dispositivos, muitos deles de cunho autoritário, o sentido possível que os compatibilize com as diretrizes estabelecidas pela Lei Maior**.

A respeito desse assunto, exsurge cristalina a conclusão pela necessidade de utilização pelo intérprete desses importantes parâmetros de interpretação, em relação ao perfil do instituto da imissão provisória na posse previsto no art. 15 do Decreto-lei n. 3.365/41. Confira-se:

> **Art. 15.** Se o expropriante alegar urgência e depositar quantia arbitrada de conformidade com o art. 685 do Código de Processo Civil, o juiz mandará imiti-lo provisoriamente na posse dos bens;
>
> Parágrafo único. (Revogado pela Lei n. 2.786, de 1956)
>
> § 1º A imissão provisória poderá ser feita, independente da citação do réu, mediante o depósito: (Incluído pela Lei n. 2.786, de 1956)
>
> *a)* do preço oferecido, se este for superior a 20 (vinte) vezes o valor locativo, caso o imóvel esteja sujeito ao imposto predial; (Incluída pela Lei n. 2.786, de 1956)
>
> *b)* da quantia correspondente a 20 (vinte) vezes o valor locativo, estando o imóvel sujeito ao imposto predial e sendo menor o preço oferecido; (Incluída pela Lei n. 2.786, de 1956)
>
> *c)* do valor cadastral do imóvel, para fins de lançamento do imposto territorial, urbano ou rural, caso o referido valor tenha sido atualizado no ano fiscal imediatamente anterior; (Incluída pela Lei n. 2.786, de 1956)

---

12 BASTOS, Celso Ribeiro. *Comentários à Constituição do Brasil*. São Paulo: Saraiva, v. 2, p. 133-134.

> *d)* não tendo havido a atualização a que se refere o inciso *c,* o juiz fixará independente de avaliação, a importância do depósito, tendo em vista a época em que houver sido fixado originalmente o valor cadastral e a valorização ou desvalorização posterior do imóvel. (Incluída pela Lei n. 2.786, de 1956)
>
> § 2º A alegação de urgência, que não poderá ser renovada, obrigará o expropriante a requerer a imissão provisória dentro do prazo improrrogável de 120 (cento e vinte) dias. (Incluído pela Lei n. 2.786, de 1956)
>
> § 3º Excedido o prazo fixado no parágrafo anterior não será concedida a imissão provisória. (Incluído pela Lei n. 2.786, de 1956)
>
> § 4º A imissão provisória na posse será registrada no registro de imóveis competente. (Incluído pela Lei n. 11.977, de 2009).

Com efeito, em vista da orientação consolidada em nossa **Corte Suprema** acerca da **constitucionalidade do** referido **dispositivo**, inclusive em relação a seus parágrafos, resta ao **intérprete**, como já se disse, a **opção única** de procurar dele **extrair** o **sentido único que** o **compatibilize com a Constituição.**

Dessa forma, oportuno deixar consignado que referido instituto, por implicar a perda prematura da posse, impõe o cumprimento das exigências formuladas no dispositivo legal invocado, dentre as quais se destaca a **necessidade de realização de depósito com o objetivo único de compensar o expropriado por essa transferência compulsória**.

Outrossim, é bem de ver que o rigor desse instituto revela-se manifesto, pois acaba por retirar do proprietário a possibilidade de extrair do bem toda e qualquer finalidade lucrativa.

Em outro dizer, acaba por corresponder a uma perda implícita da própria propriedade, outra não sendo a conclusão atingida pelo jurista carioca José dos Santos Carvalho Filho. Confira-se:

> "A despeito de a imissão na posse não apresentar ainda a transferência de domínio do bem sujeito à desapropriação, é inegável que, mesmo sendo provisória, seus efeitos são severos para com o proprietário. Na prática, a imissão na posse provoca o total impedimento para que o proprietário volte a usufruir a propriedade, ou seja, sob visão de ordem prática, o que há realmente é a perda da propriedade"[13].

Importante deixar consignado que, em razão dos nefastos efeitos que faz incidir sobre o proprietário, **inviável** a configuração da **imissão provisória na posse sem o cumprimento das exigências** estabelecidas pelo **legislador**, em especial sem o depósito da quantia suficiente para compensá-lo por sua perda prematura.

Dentro deste contexto, em respeito às diretrizes constitucionais estabelecidas e por força dos princípios constitucionais de hermenêutica invocados, tem-se, como único sentido possível a ser conferido ao disposto ao art. 15 do Decreto-lei 3.365/41, de forma a compatibilizá-lo com a Lei Maior, aquele que estende também para o

---

[13] CARVALHO FILHO, José dos Santos. *Manual de direito administrativo.* 15. ed. São Paulo: Lumen Juris, 2006, p. 691.

locatário, titular de fundo de comércio, a mesma prerrogativa de receber valor necessário para compensá-lo pela perda da posse.

Com efeito, não será demasiado lembrar que **também ele experimenta** os **nefastos efeitos** da **imissão provisória na posse**, sem que tenha contribuído para tanto, e, o que é mais grave, ficando completamente inviabilizado em termos econômicos, não só pelos investimentos realizados em relação ao fundo de comércio, mas, também, pela impossibilidade de continuar levando adiante qualquer atividade.

Neste particular, tem-se que **não estender ao locatário proprietário de fundo de comércio os benefícios do depósito a título de imissão provisória na posse implicará** levar a efeito a interpretação de um dispositivo legal, fazendo **tábula rasa** dos **cânones constitucionais** relacionados, o que não se pode admitir.

Diante desse cenário, se a **extensão do pagamento de indenização** ao locatário **titular** de **fundo de comércio** se apresenta como **única alternativa interpretativa compatível** com a natureza das **normas constitucionais**, a mesma conclusão se impõe em relação a princípios basilares de nossa Lei Maior.

De outra parte, resulta cristalina a conclusão segundo a qual o **não oferecimento de indenização** antecipada ao titular de fundo de comércio, por força de concessão de imissão provisória na posse, representa também inequívoca **agressão ao princípio** constitucional **da isonomia**.

Com efeito, o fator de discriminação utilizado, vale dizer, a condição de locatário do bem expropriado, encontra-se totalmente divorciado da finalidade a ser atingida, vale dizer, a compensação pela perda prematura da posse.

Dentro desse contexto, quer nos parecer que, em respeito ao **princípio da igualdade processual**, tem o locatário do imóvel desapropriado e **titular** de **fundo de comércio direito** à **indenização prévia**, sem a qual experimentará inaceitável queda em seu padrão de vida, já que não deu causa ao processo expropriatório.

Em síntese, a compatibilização da discriminação levada a efeito com a Lei Maior depende do seu alinhamento com a finalidade estabelecida pela Constituição. Nesse particular, acerca do conteúdo jurídico do princípio da igualdade, oportunas as lições de Celso Antônio Bandeira de Mello:

> "Em verdade, o que se tem de indagar para concluir se uma norma desatende à igualdade ou se convive bem com ela é o seguinte: se o tratamento diverso outorgado a uns for 'justificável', por existir uma 'correlação lógica' entre o 'fator de discrímen' tomado em conta e o regramento que se lhe deu, a norma ou a conduta são compatíveis com o princípio da igualdade; se, pelo contrário, inexistir esta relação de congruência lógica ou — o que ainda seria mais flagrante — se nem ao menos houvesse um fator de discrímen identificável, a norma ou conduta serão incompatíveis com o princípio da igualdade"[14].

Mais adiante, o eminente jurista dá sequência à sua linha de raciocínio:

[14] MELLO, Celso Antônio Bandeira de. *Grandes temas de direito administrativo*. 1. ed. 2. tir. São Paulo: Malheiros, 2009, p. 196.

> "É sempre possível desigualar entre categorias de pessoas **desde que haja uma razão prestante, aceitável, que não brigue com os valores consagrados no texto constitucional; isto é, que não implique exaltar desvalores**, como em seguida melhor se dirá. Logo, existindo a relação de pertinência lógica referida os não abrangidos pela regra carecerão da possibilidade de reclamar em seu prol o tratamento deferido a outros e que não lhes foi outorgado. Inversamente, inexistindo uma relação de pertinência (tal como a indicada), os não abrangidos pela regra poderão invocar em seu favor a necessidade de atender-se ao preceito igualitário"[15].

Na sequência, o eminente professor conclui pela impossibilidade de aceitação de qualquer discriminação que se revele descompassada com os valores prestigiados pela Constituição:

> "Bem por isso, não são aceitáveis em face do princípio da igualdade distinções que, embora tenham em seu abono uma racionalidade em abstrato, contendem com estes valores sociais que a Constituição prestigiou"[16].

Por fim, arremata seus preciosos ensinamentos insistindo que a averiguação acerca da legitimidade da discriminação promovida demanda uma análise de sua compatibilidade com os vetores estabelecidos pela Lei Maior.

> "(...) ao cabo do quanto se disse, é possível afirmar, sem receio, que o princípio da igualdade consiste em assegurar regramento uniforme às pessoas que não sejam entre si diferenciáveis por razões lógica e substancialmente (isto é, à face da Constituição) afinadas com eventual disparidade de tratamento. (...)
> O que se visa com o preceito isonômico é a impedir favoritismos ou perseguições. É obstar a agravos injustificados, vale dizer, que incidam apenas sobre uma classe de pessoas em despeito de inexistir uma racionalidade apta a fundamentar uma diferenciação entre elas que seja compatível com os valores sociais aceitos no texto Constitucional"[17].

A importância dos excertos colacionados está no fato de que resulta cristalina deles a conclusão segundo a qual a não inclusão de parcela corresponde ao fundo de comércio, titularizado pelo locatário, a título de indenização implicará discriminação odiosa, uma vez que em grave descompasso com o princípio constitucional da isonomia, levando também de roldão a diretriz estabelecida nos arts. 5º, XXIV, e 182, § 3º.

Com efeito, não se poderá cogitar de **indenização justa**, tornando letra morta também os princípios de hermenêutica da **máxima efetividade**, bem como o da interpretação conforme a Constituição.

Portanto, resulta evidente a conclusão segundo a qual, se o legislador exige, para a configuração da imissão provisória na posse, a realização de depósito para compensação da perda prematura da posse, de rigor sua extensão para o

---

[15] MELLO, Celso Antônio Bandeira de. *Grandes temas de direito administrativo*, p. 196.

[16] *Grandes temas de direito administrativo*, p. 197.

[17] *Grandes temas de direito administrativo*, p. 198.

locatário para a apuração do valor de fundo de comércio, sob pena de agressão às diretrizes constitucionais de regência.

Nesse particular, oportuno deixar desde já consignado que o **direito** de que se reveste o **locatário independe** inclusive de encontrar-se ele protegido pelas disposições contidas na **Lei n. 8.425/91**, em especial em seu art. 75.

A **jurisprudência** de **nossos tribunais** entendeu ser esse um direito que se configura mesmo para os locatários que não se encontrem nessa situação, consoante melhor se verá, a breve trecho.

Em outro dizer, sob pena de inaceitável esvaziamento das diretrizes constitucionais, a **imissão provisória na posse** deverá ficar **condicionada** ao **depósito** do **valor a ser pago a título de indenização em relação ao fundo de comércio**.

Destarte, não se pode perder de vista que o objetivo é o de ressarcir o locatário, titular do fundo de comércio por perdas e danos experimentados para os quais não deu causa.

Entendimento diverso implicaria **esvaziamento** da diretriz estabelecida na Constituição Federal, em especial no disposto no **art. 5º, XXIV**, o que não se pode admitir.

Como mencionado anteriormente, resolvida a questão relativa à imissão provisória na posse, o procedimento segue pelo rito ordinário, lembrando-se de que a contestação só poderá versar sobre vício processual ou impugnação do preço oferecido.

A ação de desapropriação, portanto, é daquelas que admitem a produção de provas para auxiliar no livre convencimento do Juiz quanto ao efetivo valor a ser fixado para efeitos de indenização.

Nesse sentido, cumpre destacar que, em vista do objeto dessa fase executiva, vale dizer, o arbitramento do valor a ser pago a título de indenização, **assume relevo a produção de prova pericial** para o oferecimento de importantes subsídios para o Magistrado.

Assim, quando da realização do **laudo pericial** que deverá ser entregue em cartório até cinco dias antes da data marcada para a realização da audiência, deve constar o valor a ser pago a título de indenização em relação às benfeitorias na forma do disposto no **art. 26, § 1º**. Confira-se:

> **Art. 26.** No valor da indenização, que será contemporâneo da avaliação, não se incluirão os direitos de terceiros contra o expropriado.
>
> § 1º Serão atendidas as benfeitorias necessárias feitas após a desapropriação; as úteis, quando feitas com autorização do expropriante.

Encerrada a **fase de instrução,** o juiz proferirá a **sentença** fixando o prazo da indenização de acordo com as previsões estabelecidas nos **arts. 24 e 27 do Decreto-lei n. 3.365/41:**

> **Art. 24.** Na audiência de instrução e julgamento proceder-se-á na conformidade do Código de Processo Civil. Encerrado o debate, o juiz proferirá sentença fixando o preço da indenização.

Parágrafo único. Se não se julgar habilitado a decidir, o juiz designará desde logo outra audiência que se realizará dentro de 10 dias afim de publicar a sentença.

Art. 27. O juiz indicará na sentença os fatos que motivaram o seu convencimento e deverá atender, especialmente, à estimação dos bens para efeitos fiscais; ao preço de aquisição e interesse que deles aufere o proprietário; à sua situação, estado de conservação e segurança; ao valor venal dos da mesma espécie, nos últimos cinco anos, e à valorização ou depreciação de área remanescente, pertencente ao réu.

Essa **indenização**, por seu turno, deverá ser **justa**, nos termos propostos pela Constituição Federal, **o que envolve os seguintes itens**, pacificados em nossa doutrina e em nossos Tribunais:

- o valor do bem, incluindo-se aqui as benfeitorias nele existentes;
- lucros cessantes e danos emergentes;
- juros compensatórios;
- juros moratórios;
- honorários advocatícios;
- correção monetária.

Nesse sentido, oportuna a reprodução das seguintes **súmulas** do **STF** e do **STJ**:

Súmula 416 do STF: Pela demora no pagamento do preço da desapropriação não cabe indenização complementar além dos juros.

Súmula 561 do STF: Em desapropriação, é devida a correção monetária até a data do efetivo pagamento da indenização, devendo proceder-se à atualização do cálculo, ainda que por mais de uma vez.

Súmula 562 do STF: Na indenização de danos materiais decorrentes de ato ilícito cabe a atualização de seu valor, utilizando-se, para esse fim, dentre outros critérios, dos índices de correção monetária.

Súmula 12 do STJ: Em desapropriação, são cumuláveis juros compensatórios e moratórios.

Súmula 56 do STJ: Na desapropriação para instituir servidão administrativa são devidos os juros compensatórios pela limitação de uso da propriedade.

Súmula 67 do STJ: Na desapropriação, cabe a atualização monetária, ainda que por mais de uma vez, independente do decurso de prazo superior a um ano entre o cálculo e o efetivo pagamento da indenização.

Súmula 69 do STJ: Na desapropriação direta, os juros compensatórios são devidos desde a antecipada imissão na posse e, na desapropriação indireta, a partir da efetiva ocupação do imóvel.

Súmula 70 do STJ: Os juros moratórios, na desapropriação direta ou indireta, contam-se desde o trânsito em julgado da sentença.

Súmula 102 do STJ: A incidência dos juros moratórios sobre os compensatórios, nas ações expropriatórias, não constitui anatocismo vedado em lei.

Súmula 113 do STJ: Os juros compensatórios, na desapropriação direta, incidem a partir da imissão na posse, calculados sobre o valor da indenização, corrigido monetariamente.

Súmula 114 do STJ: Os juros compensatórios, na desapropriação indireta, incidem a partir da ocupação, calculados sobre o valor da indenização, corrigido monetariamente.

Súmula 119 do STJ: A ação de desapropriação indireta prescreve em vinte anos.

Súmula 131 do STJ: Nas ações de desapropriação incluem-se no cálculo da verba advocatícia as parcelas relativas aos juros compensatórios e moratórios, devidamente corrigidas.

Súmula 141 do STJ: Os honorários de advogado em desapropriação direta são calculados sobre a diferença entre a indenização e a oferta, corrigidas monetariamente.

Súmula 354 do STJ: A invasão do imóvel é causa de suspensão do processo expropriatório para fins de reforma agrária.

■ *15.2.1.4. Modalidades*

Em relação a este item, oportuno o registro acerca de três delas.

■ *15.2.1.4.1. Desapropriação por zona*

Também denominada **desapropriação extensiva**, está disciplinada no **art. 4º do Decreto-lei n. 3.365/41**, nos seguintes termos:

> **Art. 4º** A desapropriação poderá abranger a área contígua necessária ao desenvolvimento da obra a que se destina, e as zonas que se valorizem extraordinariamente, em consequência da realização do serviço. Em qualquer caso, a declaração de utilidade pública deverá compreendê-las, mencionando-se quais as indispensáveis à continuação da obra e as que se destinem à revenda.

Em especial no último caso, os efeitos dessa modalidade de desapropriação, em vista da **valorização extraordinária experimentada pelo bem**, **acabam por se assemelhar aos da contribuição de melhoria**, com a agravante injustificável de implicar a perda da propriedade.

A nosso ver, não se justifica essa transferência compulsória apenas porque a área contígua experimentou **valorização imobiliária**, por não ser essa, cristalinamente, uma situação de **interesse público**.

De toda sorte, **essa previsão**, assim como todo o decreto ora em análise, segundo a orientação já consolidada no **STF**, **encontra-se em pleno vigor**, já que o respectivo diploma legal, segundo a Suprema Corte, foi recepcionado pela atual Constituição, em que pese sua origem autoritária, como já visto.

■ *15.2.1.4.2. Desapropriação para industrialização ou urbanização*

Está disciplinada no mesmo **Decreto-lei n. 3.365/41**, agora em seu **art. 5º, *i***, consoante se verifica de sua redação a seguir reproduzida:

> **Art. 5º** Consideram-se casos de utilidade pública: (...)
>
> i) a abertura, conservação e melhoramento de vias ou logradouros públicos; a execução de planos de urbanização; o parcelamento do solo, com ou sem edificação, para sua melhor utilização econômica, higiênica ou estética; a construção ou ampliação de distritos industriais.

Ainda no mesmo dispositivo legal, foram estipuladas as **exigências a serem cumpridas** para permitir a construção ou ampliação desses distritos, conforme se observa da redação dos §§ 1º e 2º:

> **Art. 5º** (...)
>
> § 1º A construção ou ampliação de distritos industriais, de que trata a alínea *i* do *caput* deste artigo, inclui o loteamento das áreas necessárias à instalação de indústrias e atividades correlatas, bem como a revenda ou locação dos respectivos lotes a empresas previamente qualificadas.
>
> § 2º A efetivação da desapropriação para fins de criação ou ampliação de distritos industriais depende de aprovação, prévia e expressa, pelo Poder Público competente, do respectivo projeto de implantação.

■ *15.2.1.4.3. Desapropriação indireta*

É a modalidade de desapropriação que se processa sem a observância do procedimento legal estipulado, sendo por esse fato equiparada a um esbulho.

Deve ser **impugnada**, pois, por intermédio de **ação possessória** ajuizada no momento oportuno, ou seja, antes de se conferir destinação pública ao bem.

Em relação ao prazo de **prescrição** para a propositura de **medida judicial**, cumpre observar que o tema experimentou uma série de oscilações que foram muito bem sintetizadas por Maria Sylvia Zanella Di Pietro[18]:

> "Em termos de prescrição, entendia-se que na desapropriação indireta o prazo não é o quinquenal, previsto pelo Decreto 20.910 de 6.1.1932, para as ações contra a Fazenda Pública, e sim o prazo de 20 anos que o Código Civil de 1916 estabelecia para o usucapião extraordinário (*RTJ* 37/297, 47/134 e 63/232). Embora se pleiteie indenização, argumentava-se que o direito do proprietário permanece enquanto o proprietário do imóvel não perde a propriedade pelo usucapião extraordinário em favor do Poder Público; considerava-se o prazo desse usucapião e não do ordinário porque o Poder Público não tem, no caso, justo título e boa-fé, já que o apossamento decorre de ato ilícito. O direito à indenização, no caso, aparecia como um sucedâneo do direito de reivindicação do imóvel, ficando sujeito ao mesmo prazo prescricional.
>
> No entanto, com a redação dada ao art. 10, parágrafo único, do Decreto-lei 3.365/1941, pela Medida Provisória 2.183/2001, o direito de propor ação de indenização por apossamento administrativo ou desapropriação indireta extingue-se em cinco anos. Com essa norma, ficou derrogada a jurisprudência anterior sobre a matéria.
>
> Ocorre que essa Medida Provisória foi objeto da ADIn 2.260/DF, tendo sido acolhida liminar por acórdão publicado no *DOU* 02.08.2002, ficando, até julgamento final,

[18] *Direito administrativo*. 18. ed. São Paulo: Atlas, 2005, p. 178.

restabelecida a jurisprudência anterior sobre a matéria. Só que hoje, o prazo para o usucapião é de 15 anos, conforme art. 1.238 do novo Código Civil".

A título de complementação da síntese levada a efeito pela eminente autora, cumpre registrar que em 30 de junho de **2004** a referida ação direta de inconstitucionalidade foi arquivada pelo **STF**.

Sobreleva notar que essa matéria, por força da decisão proferida pelo STF, longe está de encontrar-se pacificada, consoante se verifica da decisão do **STJ** a seguir colacionada, publicada em **2005:**

> "(...) 4. O prazo prescricional da ação de desapropriação indireta é vintenário, não se aplicando a prescrição quinquenal do Decreto-lei 20.910/1932, matéria que, ademais, restou sumulada no Verbete 119, do STJ, que assim dispõe, *verbis*: 'A ação de desapropriação indireta *prescreve em vinte anos*' (Precedentes: REsp 591948/SP; deste relator, *DJ* 29.11.2004; REsp 259.948, rel. Min. Eliana Calmon, *DJ* 12.04.2004; REsp 535535, rel. Min. José Delgado, *DJ* 22.03.2004; REsp 443.852, rel. Min. José Delgado, *DJ* 10.11.2003; REsp 243833, rel. Min. Franciulli Netto, *DJ* 19.12.2003; REsp 258021, rel. Min. Peçanha Martins, rel. p/ Acórdão Eliana Calmon, *DJ* 08.09.2003; REsp 94152, rel. Min. Peçanha Martins, *DJ* 23.11.1998)" (REsp 664395/SP e 2004/0071990-0, rel. Min. Luiz Fux, *DJU* 12.09.2005, p. 222).

A propósito desse tema, cumpre observar que a jurisprudência de nossos Tribunais, em que pese reconhecer nessa modalidade de desapropriação uma forma de esbulho, tem se limitado a admitir apenas o direito do expropriado a uma indenização. Nesse sentido:

> "PROCESSUAL CIVIL E ADMINISTRATIVO. DESAPROPRIAÇÃO. REEXAME DE FATOS. SÚMULA 7/STJ. LIMITAÇÃO ADMINISTRATIVA. DIREITO AMBIENTAL. ESVAZIAMENTO ECONÔMICO. AUSÊNCIA DE APOSSAMENTO. DESAPROPRIAÇÃO INDIRETA. NÃO OCORRÊNCIA. PRECEDENTES. 1. Recurso especial em que se discute reconhecimento de desapropriação indireta e consequente indenização decorrentes de ato do poder público que limitou o direito de propriedade da parte recorrente, visto que o imóvel estava localizado em área de preservação ambiental. 2. O Tribunal de origem consignou que não houve desapropriação indireta por parte do Município, mas tão somente limitação administrativa, ressaltando o fato de os autores continuarem residindo no terreno e na casa dos quais alegam ter sido expropriados. Embora a parte defenda a inviabilidade de morar no local, o Tribunal declarou que a limitação administrativa feita pelo Município impossibilita a ampliação da edificação, mas não lhe prejudica a possibilidade de moradia. Afastar tal premissa encontra óbice na Súmula 7 desta Corte Superior. 3. 'Não há desapropriação indireta sem que haja o efetivo apossamento da propriedade pelo Poder Público. Desse modo, as restrições ao direito de propriedade, impostas por normas ambientais, ainda que esvaziem o conteúdo econômico, não se constituem desapropriação indireta. O que ocorre com a edição de leis ambientais que restringem o uso da propriedade é a limitação administrativa, cujos prejuízos causados devem ser indenizados por meio de ação de direito pessoal, e não de direito real, como é o caso da ação em face de desapropriação indireta' (AgRg nos EDcl no AREsp 457.837/MG, Rel. Ministro Humberto Martins, Segunda Turma, *DJe* 22/5/2014). Agravo regimental improvido" (AgRg no REsp 1389132/SC 2013/0202211-0, rel. Min. Humberto Martins, 2ª T., j. 19.05.2015).

■ "PROCESSUAL CIVIL E ADMINISTRATIVO. AGRAVO EM RECURSO ESPECIAL. DESAPROPRIAÇÃO INDIRETA. PRESCRIÇÃO. DIREITO REAL. PRESCRIÇÃO VINTENÁRIA. SÚMULA 119/STJ. CÓDIGO CIVIL DE 2002. REDUÇÃO DO PRAZO. ART. 1.238. PRECEDENTES. 1. Com fundamento no art. 550 do Código Civil de 1916, o STJ firmou a orientação de que 'a ação de desapropriação indireta prescreve em 20 anos' (Súmula 119/STJ). 2. O Código Civil de 2002 reduziu o prazo do usucapião extraordinário (art. 1.238), devendo-se, a partir de então, observadas as regras de transição previstas no *Codex* (art. 2.028), adotá-lo nas expropriatórias indiretas. Precedentes. 3. Agravo Regimental não provido" (AgRg no AREsp 650160/ES 2015/0006542-5, rel. Min. Herman Benjamin, 2ª T., j. 05.05.2015).

■ "ADMINISTRATIVO E PROCESSUAL CIVIL. AGRAVO REGIMENTAL NO RECURSO ESPECIAL. DESAPROPRIAÇÃO INDIRETA. JUSTA INDENIZAÇÃO. REVISÃO. SÚMULA N. 7/STJ. JUROS COMPENSATÓRIOS. TERMO INICIAL. OCUPAÇÃO. SÚMULA 69/STJ. 1. O apelo nobre não reúne condições de admissibilidade no que respeita à justa indenização do imóvel (cálculo do coeficiente de servidão/laudo pericial), porquanto seria necessário revisar fatos e provas; e o exame do arcabouço fático-probatório dos autos é defeso ao STJ, porque não pode funcionar como terceira instância revisora ou tribunal de apelação reiterada. Súmula 7/STJ. Precedentes: AgRg nos EDcl no REsp 1377445/RN, Rel. Ministro Napoleão Nunes Maia Filho, Primeira Turma, *DJe* 16/12/2014 e AgRg no REsp 1448972/CE, Rel. Ministra Assusete Magalhães, Segunda Turma, *DJe* 03/12/2014. 2. Os juros compensatórios destinam-se a compensar o que o desapropriado deixou de ganhar com a perda antecipada do imóvel, ressarcir o impedimento do uso e gozo econômico do bem, ou o que deixou de lucrar, motivo pelo qual incidem a partir da imissão na posse do imóvel expropriado, consoante o disposto no verbete sumular n. 69 desta Corte: 'Na desapropriação direta, os juros compensatórios são devidos desde a antecipada imissão na posse e, na desapropriação indireta, a partir da efetiva ocupação do imóvel'. 3. Agravo regimental não provido" (AgRg no REsp 1458700/SC 2012/0270061-5, rel. Min. Benedito Gonçalves, 1ª T., j. 03.03.2015).

Percebe-se das decisões reproduzidas a dificuldade de apreciação pelo **STJ** da questão relacionada ao **valor da indenização** devida, tendo em vista a necessidade de reapreciação do conjunto fático, o que faz incidir a vedação estabelecida pela **Súmula 7** daquela Corte.

Estabelecidas as observações que nos pareceram pertinentes em relação à desapropriação, cumpre agora passar em revista os outros meios de intervenção na propriedade enumerados no início deste capítulo.

Para melhor visualização deste item, observe-se o seguinte quadro:

OBJETO	Discussão do valor a ser pago a título de indenização
MODALIDADES	**Administrativa**: se houver acordo quanto ao valor a ser pago a título de indenização (art. 10 do Decreto-lei n. 3.365/41) ou **Judicial:** se não houver acordo quanto ao valor a ser pago a título de indenização (art. 10 do Decreto-lei n. 3.365/41)

PROCESSO JUDICIAL	**Instrumento:** ação de desapropriação proposta pelo Poder Público **Legislação:** Decreto-lei n. 3.365/41 e CPC, em caráter subsidiário **Petição inicial:** deverá atender aos requisitos estabelecidos no art. 13 do Decreto-lei n. 3.365/41 **Imissão provisória na posse:** possível desde que preenchidas as exigências estabelecidas no art. 15 do Decreto-lei n. 3.365/41: ■ configuração de urgência ■ efetivação de depósito a favor do expropriado **Contestação:** só poderá versar sobre impugnação do preço ou vícios processuais (art. 20 do Decreto-lei n. 3.365/41) **Instrução:** admitidas todas as provas produzidas por meios lícitos, com destaque para a pericia (arts. 14 e 23 do Decreto-lei n. 3.365/41) **Benfeitorias:** deverão ser computadas no valor da indenização, nos termos do art. 26 **Sentença:** tem por objeto único a fixação do valor da indenização (arts. 24 e 27 do Decreto-lei n. 3.365/41) **Apelação:** recebida no duplo efeito se promovida pelo Poder Público, e apenas no efeito devolutivo quando interposta pelo expropriado (art. 28 do Decreto-lei n. 3.365/41)
MODALIDADES DE DESAPROPRIAÇÃO	**Indireta:** sinônimo de desapropriação ilegal **Por zona:** abrange área contígua necessária para o desenvolvimento da obra e as áreas que experimentem valorização imobiliária (art. 4º do Decreto-lei n. 3.365/41)

■ 15.2.2. Confisco

A segunda forma de intervenção na propriedade a ser mencionada é o **confisco**. Ele implica sua transferência, sendo, como regra geral, proibido pela Constituição em razão das características que apresenta, com uma única exceção, apresentada pelo **art. 243**, cuja redação a seguir se reproduz:

> **Art. 243.** As propriedades rurais e urbanas de qualquer região do País onde forem localizadas culturas ilegais de plantas psicotrópicas ou a exploração de trabalho escravo na forma da lei serão expropriadas e destinadas à reforma agrária e a programas de habitação popular, sem qualquer indenização ao proprietário e sem prejuízo de outras sanções previstas em lei, observado, no que couber, o disposto no art. 5º.
>
> Parágrafo único. Todo e qualquer bem de valor econômico apreendido em decorrência do tráfico ilícito de entorpecentes e drogas afins e da exploração de trabalho escravo será confiscado e reverterá a fundo especial com destinação específica, na forma da lei.

A redação oferecida por esse dispositivo constitucional bem está a revelar a razão para estar ele proibido, como regra geral, em nosso ordenamento jurídico. **Com efeito, o confisco terá lugar somente nas hipóteses descritas no dispositivo, não sendo, pois, suficiente a caracterização de uma situação de ilegalidade.**

Em outras palavras, só poderá ser utilizado diante da caracterização de uma **plantação ilegal** de **psicotrópicos** ou pela **configuração de trabalho escravo**, quando, então, a Constituição estabelece a desapropriação do bem **sem que** seu antigo **proprietário faça jus a qualquer tipo de indenização**.

Ao revés, **além da perda da propriedade**, o que por si só representa sanção grave, visto que **não haverá indenização**, fica também o proprietário **sujeito** às demais **sanções** pela **prática de** um **crime**.

De sua parte, o administrador não poderá conferir ao bem expropriado qualquer tipo de finalidade pública, porque o dispositivo constitucional o obriga a destiná-lo exclusivamente para o atendimento das situações ali relacionadas.

Como conclusão, verifica-se que, de todos os **meios de intervenção** na propriedade analisados, os únicos que importam **transferência da propriedade**, se bem que por razões diferentes, são a **desapropriação e o confisco**, e todos os demais, também por motivos diferenciados, importam tão somente restrições quanto ao uso, implicando ou não a perda da posse.

Por fim, cumpre registrar que alguns autores preferem o **enquadramento** do **confisco** como uma **modalidade** de propriedade, uma vez que implica também sua transferência compulsória para o patrimônio público.

Optamos por não incluí-lo como modalidade de desapropriação, tendo em vista as **importantes diferenças** existentes em relação a esse meio de intervenção na propriedade, a começar pelos fatos geradores, passando pelas sanções que deles resultam, vale dizer, a possibilidade de incidência de sanções de natureza penal e sem oferecer direito a indenização.

De resto, outra não foi a orientação adotada pela **Suprema Corte** em **dezembro** de **2016**, quando da apreciação do **RE 635.336/PE**, relatado pelo Ministro Gilmar Mendes, matéria que consta no ***Informativo* n. 851**, de **1º de fevereiro de 2017**.

Do referido julgado, destaca-se inicialmente a **ementa,** vazada nos seguintes termos:

> "Direito Constitucional — Expropriação. Cultivo ilegal de plantas psicotrópicas: expropriação e responsabilidade do proprietário".

Nesse julgado, destaca-se que a **responsabilidade do proprietário** pode ser afastada desde que comprovado que não incorreu em **culpa**. Confira-se:

> "A expropriação prevista no art. 243 da CF pode ser afastada, desde que o proprietário comprove que não incorreu em culpa, ainda que 'in vigilando' ou 'in elegendo'. Com essa orientação, o Plenário negou provimento a recurso extraordinário em que se discutia a natureza jurídica da responsabilidade do proprietário de terras nas quais localizada cultura ilegal de plantas psicotrópicas.

Dentro desse contexto, deixou consignado o Ministro relator a necessidade de **oferecimento de ampla defesa**, por se tratar de direito fundamental:

> "Prevaleceu o entendimento do ministro Gilmar Mendes (relator). Asseverou que a redação dada ao art. 243 pela Emenda Constitucional 81/2014, além de incluir a exploração de trabalho escravo como nova hipótese de cabimento do confisco, suprimiu a previsão de que a expropriação seria imediata e inseriu a observância dos direitos fundamentais previstos no art. 5º, no que couber".

De outra parte, pontificou o relator a **impossibilidade de incluir o confisco como modalidade de desapropriação**, por força das características apresentadas:

> "Salientou que o instituto previsto no art. 243 da CF não é verdadeira espécie de desapropriação, mas uma penalidade imposta ao proprietário que praticou a atividade ilícita de cultivar plantas psicotrópicas, sem autorização prévia do órgão sanitário do Ministério da Saúde. Portanto, a expropriação é espécie de confisco constitucional e tem caráter sancionatório".

Por fim, concluiu a Suprema Corte que o **dever de fiscalização** atribuído ao **proprietário não é ilimitado**, impondo-se a aplicação do **princípio da razoabilidade:**

> "Dessa forma, a função social da propriedade impõe ao proprietário o dever de zelar pelo uso lícito de seu terreno, ainda que não esteja na posse direta. Entretanto, esse dever não é ilimitado, e somente se pode exigir do proprietário que evite o ilícito quando evitá-lo esteja razoavelmente ao seu alcance. Ou seja, o proprietário pode afastar sua responsabilidade se demonstrar que não incorreu em culpa, que foi esbulhado ou até enganado por possuidor ou detentor. Nessas hipóteses, tem o ônus de demonstrar que não incorreu em culpa, ainda que 'in vigilando' ou 'in elegendo'. Segundo o relator, em caso de condomínio, havendo boa-fé de apenas alguns dos proprietários, a sanção deve ser aplicada e ao proprietário inocente cabe buscar reparação dos demais".

■ 15.2.3. Requisição

Trata-se de um **meio de intervenção na propriedade** que implica a **transferência compulsória e temporária da posse**, utilizada nas **hipóteses de iminente perigo público**, na forma descrita pela CF em seu **art. 5º, XXV**, cuja redação a seguir se reproduz:

> **Art. 5º** (...)
> XXV — no caso de iminente perigo público, a autoridade competente poderá usar de propriedade particular, assegurada ao proprietário indenização ulterior, se houver dano.

A redação do dispositivo constitucional bem está a demonstrar tratar-se aqui de um meio de intervenção na propriedade que traz, temporariamente, **a transferência da posse**, em momento algum se cogitando da transferência da propriedade.

Essa **transferência da posse**, que se apresenta de modo **unilateral**, somente terá lugar naquelas **hipóteses** que **indiquem** a **proximidade**, a **perspectiva de um perigo público**, não sendo necessária a sua caracterização, podendo gerar indenização para o proprietário, mas tão somente se houver dano.

Perfeitamente **possível** que a requisição apresente **caráter não oneroso**, desde que durante o período de uso do bem o Poder Público não produza nenhum prejuízo para o imóvel.

De outra parte, cumpre observar que o **prazo da requisição**, por força do motivo que dá ensejo a ela, **estende-se enquanto estiverem presentes indícios de perigo público.**

Surgem como exemplos as situações em que a Administração Pública necessita da posse de determinado imóvel para combater um furacão, um incêndio de grandes proporções ou mesmo para efetuar reparos em uma ponte que esteja prestes a cair.

15.2.4. Ocupação

A ocupação também surge como **meio de intervenção na propriedade** que implica a **transferência compulsória e temporária da posse**, incidindo, como regra geral, sobre terrenos não edificados, **sem que haja necessidade da comprovação de situação de perigo público**.

Esse meio de intervenção é utilizado, via de regra, para **depósito de materiais** durante a realização de determinado serviço, de modo a evitar deslocamentos desnecessários da própria Administração quanto a seu **maquinário** ou mesmo quanto aos materiais que deverão ser transportados.

15.2.5. Limitação administrativa

A limitação administrativa pode ser traduzida como **meio de intervenção na propriedade** que traz **restrições quanto ao uso**, sem perda da posse, por meio de **imposição geral**, **gratuita** e **unilateral**.

Surgem como exemplos as posturas municipais que obrigam o proprietário que pretende construir a obedecer a certo recuo da calçada, a respeitar as restrições quanto à altura das construções, a impossibilidade de se construírem imóveis comerciais em áreas residenciais e vice-versa e a proibição de construção em áreas de proteção de mananciais.

Como se percebe, são **restrições impostas em caráter geral**, vale dizer, a todos aqueles que pretendam construir, razão pela qual **têm caráter gratuito**, não demandando o pagamento de nenhum tipo de indenização.

Percebe-se que, ao contrário do que se verificou com a requisição e a ocupação, esse meio de intervenção na propriedade **não importa em transferência da posse, embora traga restrições quanto ao uso**.

15.2.6. Servidão administrativa

As servidões administrativas se caracterizam também como **meio de intervenção na propriedade** que **traz restrições quanto ao uso**, sem perda da posse, traduzidas pela **imposição de um ônus real** para assegurar a realização e a conservação de obras e serviços.

As servidões administrativas representam **restrições de caráter específico**, na medida em que não incidem sobre todos os bens, mas apenas sobre alguns, o que lhes confere um **caráter oneroso**, ou seja, autorizando o pagamento de indenização proporcional ao prejuízo causado.

Surgem como exemplos de situações caracterizadoras de servidões administrativas a imposição compulsória pelo Poder Público da passagem de rede elétrica por uma ou por algumas propriedades determinadas, a passagem de uma rede de tubulação de água, gás ou petróleo.

Destarte, são **imposições que recaem de modo unilateral apenas sobre algumas propriedades**, podendo, assim, dar ensejo ao pagamento de indenização caso impliquem elas prejuízo ao proprietário.

Oportuno mencionar a existência de uma **exceção** representada pela **colocação** em imóveis de esquina de **placas indicativas** do nome da rua, uma vez **que não autorizam** pleito de **indenização**, ainda que possam levar a uma desvalorização.

15.2.7. Tombamento

O tombamento também pode ser definido como um **meio de intervenção na propriedade** que traz **restrições quanto a** seu **uso, por razões histórias, artísticas, culturais ou ambientais**.

Esse instituto encontra seu **fundamento** primeiro na própria **Constituição Federal**, no Capítulo relativo à Cultura, mais especificamente, no **art. 216, *caput*** e **§ 1º**. Confira-se:

> **Art. 216**. Constituem patrimônio cultural brasileiro os bens de natureza material e imaterial, tomados individualmente ou em conjunto, portadores de referência à identidade, à ação, à memória dos diferentes grupos formadores da sociedade brasileira, nos quais se incluem:
>
> I — as formas de expressão;
>
> II — os modos de criar, fazer e viver;
>
> III — as criações científicas, artísticas e tecnológicas;
>
> IV — as obras, objetos, documentos, edificações e demais espaços destinados às manifestações artístico-culturais;
>
> V — os conjuntos urbanos e sítios de valor histórico, paisagístico, artístico, arqueológico, paleontológico, ecológico e científico.
>
> § 1º O Poder Público, com a colaboração da comunidade, promoverá e protegerá o patrimônio cultural brasileiro, por meio de inventários, registros, vigilância, tombamento e desapropriação, e de outras formas de acautelamento e preservação.

A palavra **"tombar"**, a propósito, **significa registrar**, **inventariar**, **inscrever nos arquivos do reino**, que eram guardados, em Portugal, na Torre do Tombo, resultando daí o nome que lhe foi conferido.

Ao contrário do que se poderia imaginar em um primeiro momento, portanto, o **tombamento não importa em transferência da propriedade, mas tão somente em restrições** quanto a seu **uso**, de modo a preservar o valor histórico ou artístico do bem.

Pode ou não assumir caráter oneroso na direta dependência dos prejuízos eventualmente impostos ao proprietário, que poderá inclusive alienar o bem, desde que prevista cláusula quanto à impossibilidade de modificação de sua arquitetura pelas razões expostas.

Essa modalidade de intervenção na propriedade traz como **primeiro efeito** a **obrigação do proprietário de preservar o bem, não podendo destruí-lo, demoli-lo ou mesmo alterar sua estrutura**.

Fica o **proprietário**, assim, **obrigado** a **aceitar** a **fiscalização** permanente por parte do **Poder Público**, nos termos previamente ajustados, para acompanhar o estado de conservação do bem.

Por derradeiro, cumpre observar que o **tombamento** também **traz restrições** quanto ao uso da **propriedade dos imóveis vizinhos** ao bem tombado, na medida em que não poderão eles fazer qualquer tipo de construção que impeça ou reduza sua visibilidade, nem colocar anúncios ou cartazes que possam conduzir à mesma situação.

A matéria é disciplinada pelo **Decreto-lei n. 25/37**, recepcionado que foi pelas Constituições que lhe seguiram, com destaque para a previsão estabelecida em seu **art. 18:**

> **Art. 18.** Sem prévia autorização do Serviço do Patrimônio Histórico e Artístico Nacional, não se poderá, na vizinhança da coisa tombada, fazer construção que lhe impeça ou reduza a visibilidade, nem nela colocar anúncios ou cartazes, sob pena de ser mandada destruir a obra ou retirar o objeto, impondo-se neste caso a multa de cinquenta por cento do valor do mesmo objeto.

Resta observar que a **distância** do bem tombado em **que incide essa restrição** depende de regramento **estabelecido por cada município** em razão da competência a eles estabelecido pelo **art. 30, VIII, da CF**, para o estabelecimento de regras para o uso e a ocupação do solo urbano.

Dentro desse contexto, em relação ao tombamento de bens pertencentes ao patrimônio de particulares, o referido diploma legal, em seu **art. 6º**, estabelece que poderá assumir ele **duas modalidades**: a **voluntária** e a **compulsória**.

Quanto à **voluntária**, uma das possibilidades estabelecidas no **art. 7º** é aquela em que o proprietário *notificado* concede sua anuência, por escrito, à inscrição do bem em um dos livros do tombo.

De outra parte, em relação ao **tombamento compulsório**, a característica marcante refere-se à recusa do proprietário em anuir à pretensão deduzida pela Administração.

De toda sorte, emerge cristalina a conclusão segundo a qual, independentemente da modalidade de tombamento, a **notificação do proprietário reveste-se de caráter fundamental até mesmo porque, inexistente ela, não terá ele como manifestar sua intenção de anuir ou não ao ato pretendido pela Administração**.

Mais adiante, levando em consideração que a decisão pelo tombamento ou não de um bem representa o ato final de um procedimento, o legislador, em seu **art. 9º**, não só reiterou a necessidade de **notificação do proprietário** como, também, estabeleceu prazo para eventual impugnação. Confira-se:

> **Art. 9º** O tombamento compulsório se fará de acordo com o seguinte processo:
>
> 1) o Serviço do Patrimônio Histórico e Artístico Nacional, por seu órgão competente, **notificará o proprietário para anuir ao tombamento**, dentro do prazo de quinze dias, **a contar do recebimento da notificação**, ou para, si o quiser impugnar, oferecer dentro do mesmo prazo as razões de sua impugnação.

No mesmo sentido as conclusões atingidas pelo Tribunal Regional Federal da 1ª Região:

> **"ADMINISTRATIVO. TOMBAMENTO. ATO COMPLEXO. DEMOLIÇÃO** DE CONSTRUÇÃO ANTERIOR À HOMOLOGAÇÃO. IMPOSSIBILIDADE. 1. O artigo 9º do Decreto-lei n. 25/37 dispõe que somente o **ato** formal de **tombamento** inscrito no livro próprio do Poder Público competente estabelece a afetação. Sendo assim a mera publicação do edital de **tombamento** não basta para a produção dos efeitos deste, que

só se torna **ato** perfeito a partir da homologação. 2. Se de todas as provas produzidas no processo restou inequívoco que a **demolição** do antigo imóvel e a construção do outro ocorreram antes de se tornar perfeito o **ato** de **tombamento**, deve o pedido ser rejeitado. 3. Recurso provido" (REsp/MT 760.885, rel. Min. Luiz Fux, TRF-1ª Região, Apelação Cível n. 1999.01.00.005008-4/MT).

Por derradeiro, em seu **art. 10**, o legislador estabelece que o **caráter provisório ou definitivo** do **tombamento** só poderá ser considerado com o início do processo através da necessária notificação:

> **Art. 10.** O tombamento dos bens, a que se refere o art. 6º desta lei, será considerado provisório ou definitivo, conforme esteja o respectivo processo **iniciado pela notificação** ou concluído pela inscrição dos referidos bens no competente Livro do Tombo.
>
> Parágrafo único. Para todos os efeitos, salvo a disposição do art. 13 desta lei, o tombamento provisório se equiparará ao definitivo.

Para melhor visualização deste item, observe-se o quadro:

CONFISCO	**Definição:** meio de intervenção na propriedade que implica sua transferência compulsória nas hipóteses previstas no art. 243 da CF **Hipóteses:** localização de culturas ilegais de psicotrópicos ou exploração de trabalho escravo **Sanções:** perda da propriedade, sem prejuízo de sanções de natureza penal. **Indenização:** não terá direito
REQUISIÇÃO	**Definição:** meio de intervenção na propriedade que implica a transferência compulsória e temporária da posse **Hipótese:** diante da caracterização de situação de iminente perigo público **Fundamento:** art. 5º, XXV, da CF **Indenização:** terá direito, se houver dano
OCUPAÇÃO	**Definição:** meio de intervenção na propriedade que implica a transferência compulsória e temporária da posse **Hipótese:** diante da caracterização de interesse público **Indenização:** terá direito, se houver dano
LIMITAÇÃO ADMINISTRATIVA	**Definição:** meio de intervenção na propriedade que implica restrições ao uso, gerais (atinge a todos os bens) e gratuitas (sem direito a indenização)
SERVIDÃO ADMINISTRATIVA	**Definição:** meio de intervenção na propriedade que implica restrições ao uso, específicas (atinge apenas um ou alguns bens) e onerosas (com direito a indenização)
TOMBAMENTO	**Definição:** meio de intervenção na propriedade que implica restrições ao uso, específicas (atinge apenas um ou alguns bens) e onerosas (com direito a indenização), por razões históricas, artísticas, culturais ou ambientais **Fundamento:** art. 216, § 1º, da CF e Decreto n. 25/37

■ 15.2.8. Meios de intervenção na propriedade regulados pelo Estatuto da Cidade — Lei n. 10.257/2001

Além dos meios de intervenção na propriedade relacionados, cumpre consignar que o **Estatuto da Cidade, editado para regulamentar o capítulo da política urbana** na **CF**, criou outros instrumentos de intervenção urbana, o que justifica a referência a alguns deles.

15.2.8.1. *Direito de superfície*

É o **direito atribuído a terceiros de utilização do solo, subsolo, espaço aéreo**, respeitada a legislação urbana. Essa matéria foi abordada pelo **art. 21** do Estatuto da Cidade, nos seguintes termos:

> **Art. 21.** O proprietário urbano poderá conceder a outrem o direito de superfície do seu terreno, por tempo determinado ou indeterminado, mediante escritura pública registrada no cartório de registro de imóveis.
>
> § 1º O direito de superfície abrange o direito de utilizar o solo, o subsolo ou o espaço aéreo relativo ao terreno, na forma estabelecida no contrato respectivo, atendida a legislação urbanística.

15.2.8.2. *Direito de preempção*

É o direito atribuído ao Poder Público de preferência para a aquisição de imóvel urbano objeto de alienação. Esse instrumento de política urbana está regulamentado nos **arts. 25, 26 e 27**, na forma a seguir discriminada:

> **Art. 25.** O direito de preempção confere ao Poder Público municipal preferência para aquisição de imóvel urbano objeto de alienação onerosa entre particulares.
>
> § 1º Lei municipal, baseada no plano diretor, delimitará as áreas em que incidirá o direito de preempção e fixará prazo de vigência, não superior a cinco anos, renovável a partir de um ano após o decurso do prazo inicial de vigência.
>
> § 2º O direito de preempção fica assegurado durante o prazo de vigência fixado na forma do § 1º, independentemente do número de alienações referentes ao mesmo imóvel.
>
> **Art. 26.** O direito de preempção será exercido sempre que o Poder Público necessitar de áreas para:
>
> I — regularização fundiária;
>
> II — execução de programas e projetos habitacionais de interesse social;
>
> III — constituição de reserva fundiária;
>
> IV — ordenamento e direcionamento da expansão urbana;
>
> V — implantação de equipamentos urbanos e comunitários;
>
> VI — criação de espaços públicos de lazer e áreas verdes;
>
> VII — criação de unidades de conservação ou proteção de outras áreas de interesse ambiental;
>
> VIII — proteção de áreas de interesse histórico, cultural ou paisagístico;
>
> IX — (Vetado)
>
> Parágrafo único. A lei municipal prevista no § 1º do art. 25 desta Lei deverá enquadrar cada área em que incidirá o direito de preempção em uma ou mais das finalidades enumeradas por este artigo.
>
> **Art. 27.** O proprietário deverá notificar sua intenção de alienar o imóvel, para que o Município, no prazo máximo de trinta dias, manifeste por escrito seu interesse em comprá-lo.
>
> § 1º À notificação mencionada no *caput* será anexada proposta de compra assinada por terceiro interessado na aquisição do imóvel, da qual constarão preço, condições de pagamento e prazo de validade.

§ 2º O Município fará publicar, em órgão oficial e em pelo menos um jornal local ou regional de grande circulação, edital de aviso da notificação recebida nos termos do *caput* e da intenção de aquisição do imóvel nas condições da proposta apresentada.

§ 3º Transcorrido o prazo mencionado no *caput* sem manifestação, fica o proprietário autorizado a realizar a alienação para terceiros, nas condições da proposta apresentada.

§ 4º Concretizada a venda a terceiro, o proprietário fica obrigado a apresentar ao Município, no prazo de trinta dias, cópia do instrumento público de alienação do imóvel.

§ 5º A alienação processada em condições diversas da proposta apresentada é nula de pleno direito.

§ 6º Ocorrida a hipótese prevista no § 5º o Município poderá adquirir o imóvel pelo valor da base de cálculo do IPTU ou pelo valor indicado na proposta apresentada, se este for inferior àquele.

■ *15.2.8.3. Outorga onerosa do direito de construir*

É o **direito atribuído ao proprietário de construção acima do coeficiente de aproveitamento básico** (relação entre a área edificável e a área total do imóvel), normalmente permitido, mediante o **oferecimento de uma contrapartida ao Poder Público**. Essa matéria está regulada nos **arts. 28 a 31**. Confira-se:

Art. 28. O plano diretor poderá fixar áreas nas quais o direito de construir poderá ser exercido acima do coeficiente de aproveitamento básico adotado, mediante contrapartida a ser prestada pelo beneficiário.

§ 1º Para os efeitos desta Lei, coeficiente de aproveitamento é a relação entre a área edificável e a área do terreno.

§ 2º O plano diretor poderá fixar coeficiente de aproveitamento básico único para toda a zona urbana ou diferenciado para áreas específicas dentro da zona urbana.

§ 3º O plano diretor definirá os limites máximos a serem atingidos pelos coeficientes de aproveitamento, considerando a proporcionalidade entre a infraestrutura existente e o aumento de densidade esperado em cada área.

Art. 29. O plano diretor poderá fixar áreas nas quais poderá ser permitida alteração de uso do solo, mediante contrapartida a ser prestada pelo beneficiário.

Art. 30. Lei municipal específica estabelecerá as condições a serem observadas para a outorga onerosa do direito de construir e de alteração de uso, determinando:

I — a fórmula de cálculo para a cobrança;

II — os casos passíveis de isenção do pagamento da outorga;

III — a contrapartida do beneficiário.

Art. 31. Os recursos auferidos com a adoção da outorga onerosa do direito de construir e de alteração de uso serão aplicados com as finalidades previstas nos incisos I a IX do art. 26 desta Lei.

■ *15.2.8.4. Operações urbanas consorciadas*

Nesse contexto, de se mencionar, também, a inclusão como **instrumento de política urbana** das chamadas operações urbanas consorciadas, cujo perfil consta nos **arts. 32 a 34**.

Art. 32. Lei municipal específica, baseada no plano diretor, poderá delimitar área para aplicação de operações consorciadas.

§ 1º Considera-se operação urbana consorciada o conjunto de intervenções e medidas coordenadas pelo Poder Público municipal, com a participação dos proprietários, moradores, usuários permanentes e investidores privados, com o objetivo de alcançar em uma área transformações urbanísticas estruturais, melhorias sociais e a valorização ambiental.

§ 2º Poderão ser previstas nas operações urbanas consorciadas, entre outras medidas:

I — a modificação de índices e características de parcelamento, uso e ocupação do solo e subsolo, bem como alterações das normas edilícias, considerado o impacto ambiental delas decorrente;

II — a regularização de construções, reformas ou ampliações executadas em desacordo com a legislação vigente.

III — a concessão de incentivos a operações urbanas que utilizam tecnologias visando a redução de impactos ambientais, e que comprovem a utilização, nas construções e uso de edificações urbanas, de tecnologias que reduzam os impactos ambientais e economizem recursos naturais, especificadas as modalidades de *design* e de obras a serem contempladas.

Art. 33. Da lei específica que aprovar a operação urbana consorciada constará o plano de operação urbana consorciada, contendo, no mínimo:

I — definição da área a ser atingida;

II — programa básico de ocupação da área;

III — programa de atendimento econômico e social para a população diretamente afetada pela operação;

IV — finalidades da operação;

V — estudo prévio de impacto de vizinhança;

VI — contrapartida a ser exigida dos proprietários, usuários permanentes e investidores privados em função da utilização dos benefícios previstos nos incisos I, II e III do § 2º do art. 32 desta Lei;

VII — forma de controle da operação, obrigatoriamente compartilhado com representação da sociedade civil.

VIII — natureza dos incentivos a serem concedidos aos proprietários, usuários permanentes e investidores privados, uma vez atendido o disposto no inciso III do § 2º do art. 32 desta Lei.

§ 1º Os recursos obtidos pelo Poder Público municipal na forma do inciso VI deste artigo serão aplicados exclusivamente na própria operação urbana consorciada.

§ 2º A partir da aprovação da lei específica de que trata o *caput,* são nulas as licenças e autorizações a cargo do Poder Público municipal expedidas em desacordo com o plano de operação urbana consorciada.

Art. 34. A lei específica que aprovar a operação urbana consorciada poderá prever a emissão pelo Município de quantidade determinada de certificados de potencial adicional de construção, que serão alienados em leilão ou utilizados diretamente no pagamento das obras necessárias à própria operação.

§ 1º Os certificados de potencial adicional de construção serão livremente negociados, mas conversíveis em direito de construir unicamente na área objeto da operação.

§ 2º Apresentado pedido de licença para construir, o certificado de potencial adicional será utilizado no pagamento da área de construção que supere os padrões estabelecidos pela legislação de uso e ocupação do solo, até o limite fixado pela lei específica que aprovar a operação urbana consorciada

Art. 34-A. Nas regiões metropolitanas ou nas aglomerações urbanas instituídas por lei complementar estadual, poderão ser realizadas operações urbanas consorciadas interfederativas, aprovadas por leis estaduais específicas.

Parágrafo único. As disposições dos arts. 32 a 34 desta Lei aplicam-se às operações urbanas consorciadas interfederativas previstas no *caput* deste artigo, no que couber.

■ *15.2.8.5. Estudo de impacto de vizinhança*

Por derradeiro, importante relacionar, também, como **instrumento de política urbana**, o estudo de impacto de vizinhança **para a obtenção de licenças ou autorizações de construção**, nos termos dos **arts. 36 a 38**. Confira-se:

Art. 36. Lei municipal definirá os empreendimentos e atividades privados ou públicos em área urbana que dependerão de elaboração de estudo prévio de impacto de vizinhança (EIV) para obter as licenças ou autorizações de construção, ampliação ou funcionamento a cargo do Poder Público municipal.

Art. 37. O EIV será executado de forma a contemplar os efeitos positivos e negativos do empreendimento ou atividade quanto à qualidade de vida da população residente na área e suas proximidades, incluindo a análise, no mínimo, das seguintes questões:

I — adensamento populacional;

II — equipamentos urbanos e comunitários;

III — uso e ocupação do solo;

IV — valorização imobiliária;

V — geração de tráfego e demanda por transporte público;

VI — ventilação e iluminação;

VII — paisagem urbana e patrimônio natural e cultural.

Parágrafo único. Dar-se-á publicidade aos documentos integrantes do EIV, que ficarão disponíveis para consulta, no órgão competente do Poder Público municipal, por qualquer interessado.

Art. 38. A elaboração do EIV não substitui a elaboração e a aprovação de estudo prévio de impacto ambiental (EIA), requeridas nos termos da legislação ambiental.

Finalmente, cumpre consignar que a importância dada a esse tema pelo Estatuto da Cidade levou o legislador a prescrever como **atos de improbidade administrativa**, nos termos da **Lei n. 8.429/92**, os atos praticados pelo Prefeito que **implicarem o descumprimento das regras ali estabelecidas**, a teor do disposto no seu **art. 52:**

Art. 52. Sem prejuízo da punição de outros agentes públicos envolvidos e da aplicação de outras sanções cabíveis, o Prefeito incorre em improbidade administrativa, nos termos da Lei n. 8.429, de 2 de junho de 1992, quando:

I — (Vetado)

II — deixar de proceder, no prazo de cinco anos, o adequado aproveitamento do imóvel incorporado ao patrimônio público, conforme o disposto no § 4º do art. 8º desta Lei;

III — utilizar áreas obtidas por meio do direito de preempção em desacordo com o disposto no art. 26 desta Lei;

IV — aplicar os recursos auferidos com a outorga onerosa do direito de construir e de alteração de uso em desacordo com o previsto no art. 31 desta Lei;

V — aplicar os recursos auferidos com operações consorciadas em desacordo com o previsto no § 1º do art. 33 desta Lei;

VI — impedir ou deixar de garantir os requisitos contidos nos incisos I a III do § 4º do art. 40 desta Lei;

VII — deixar de tomar as providências necessárias para garantir a observância do disposto no § 3º do art. 40 e no art. 50 desta Lei;

VIII — adquirir imóvel objeto de direito de preempção, nos termos dos arts. 25 a 27 desta Lei, pelo valor da proposta apresentada, se este for, comprovadamente, superior ao de mercado.

Importante salientar ainda ter o legislador relacionado, em seu **art. 52, novas hipóteses de improbidade administrativa** em razão do descumprimento das regras por ele estabelecidas.

Assim, a título de exemplificação, pode-se mencionar as seguintes situações:

a) utilização indevida das áreas obtidas como resultado do direito de preempção;
b) aplicação indevida de recursos obtidos com a outorga onerosa de uso;
c) aplicação indevida de recursos obtidos com operações urbanas consorciadas.

Para melhor visualização do item, verifique-se o quadro:

DIREITO DE SUPERFÍCIE	É o direito atribuído a terceiros de utilização do solo, subsolo, espaço aéreo, respeitada a legislação urbana (art. 21 da Lei n. 10.257/2001)
DIREITO DE PREEMPÇÃO	É o direito atribuído ao Poder Público de preferência para a aquisição de imóvel urbano objeto de alienação (arts. 25, 26 e 27 da Lei n. 10.257/2001)
OUTORGA ONEROSA DO DIREITO DE CONSTRUIR	É o direito atribuído ao proprietário de construção acima do coeficiente de aproveitamento básico. (arts. 28 a 31 da Lei n. 10.257/2001)
OPERAÇÕES URBANAS CONSORCIADAS	Conjunto de intervenções e medidas coordenadas pelo Poder Público municipal, com a participação dos proprietários, moradores, usuários permanentes e investidores privados, com o objetivo de alcançar em uma área transformações urbanísticas estruturais, melhorias sociais e a valorização ambiental (arts. 32 a 34 da Lei n. 10.257/2001)
ESTUDO DE IMPACTO DE VIZINHANÇA	Instrumento de política urbana para a obtenção de licenças ou autorizações de construção (arts. 36 a 38 da Lei n. 10.257/2001)

■ 15.3. QUADRO SINÓTICO

DIREITO DE PROPRIEDADE	
PERFIL CONSTITUCIONAL	**1. Importância:** direito fundamental (CF, art. 5°, *caput* e inciso XXII). **2. Perda:** somente com o devido processo legal (CF, art. 5°, LIV). **3. Restrição:** atendimento à função social (CF, art. 5°, XXIII). **4. Função social:** **a) Propriedade urbana:** atendimento às diretrizes do plano diretor (CF, art. 182, § 2°). **Sanções** (CF, art. 182, § 4°): ■ edificação ou parcelamento compulsório; ■ IPTU progressivo; ■ desapropriação. **b) Propriedade rural:** atendimento às exigências do art. 186 da CF. **Sanção** (CF, art. 184): desapropriação para fins de reforma agrária.
Meios de intervenção na propriedade	
DESAPROPRIAÇÃO	Transferência compulsória da *propriedade*.
CONFISCO	Transferência compulsória da *propriedade* (CF, art. 243).
REQUISIÇÃO	Transferência compulsória da *posse* (CF, art. 5°, XXV).
OCUPAÇÃO	Transferência compulsória da *posse* por interesse público.
LIMITAÇÃO ADMINISTRATIVA	Restrições *quanto ao uso*, genéricas e gratuitas. **Exemplos:** ■ zoneamento; ■ recuo mínimo da calçada; ■ altura dos prédios.
SERVIDÃO ADMINISTRATIVA	Restrições *quanto ao uso* específicas e onerosas. **Exemplos:** ■ passagem de rede elétrica; ■ passagem de gasoduto; ■ passagem de oleoduto.
TOMBAMENTO	Restrições *quanto ao uso* específicas e onerosas por razões históricas, artísticas e culturais.
MEIOS DE INTERVENÇÃO NA PROPRIEDADE REGULADOS PELO ESTATUTO DA CIDADE (LEI N. 10.257/2001)	■ usucapião especial: art. 9°; ■ usucapião coletivo: art. 10; ■ direito de superfície: art. 21; ■ direito de preempção: art. 25; ■ outorga onerosa: art. 28; ■ operações urbanas consorciadas: art. 32.

■ 15.4. SÚMULAS SOBRE DIREITO DE PROPRIEDADE

■ 15.4.1. Súmulas do STF

23. Verificados os pressupostos legais para o licenciamento da obra, não o impede a declaração de utilidade pública para desapropriação do imóvel, mas o valor da obra não se incluirá na indenização, quando a desapropriação for efetivada.

416. Pela demora no pagamento do preço da desapropriação não cabe indenização complementar além dos juros.

561. Em desapropriação, é devida a correção monetária até a data do efetivo pagamento da indenização, devendo proceder-se à atualização do cálculo, ainda que por mais de uma vez.

562. Na indenização de danos materiais decorrentes de ato ilícito cabe a atualização de seu valor, utilizando-se, para esse fim, dentre outros critérios, dos índices de correção monetária.

618. Na desapropriação, direta ou indireta, a taxa dos juros compensatórios é de 12% (doze por cento) ao ano.

652. Não contraria a Constituição o art. 15, § 1º, do Dl. 3.365/41 (Lei da Desapropriação por utilidade pública).

■ 15.4.2. Súmulas do STJ

12. Em desapropriação, são cumuláveis juros compensatórios e moratórios.

56. Na desapropriação para instituir servidão administrativa são devidos os juros compensatórios pela limitação de uso da propriedade.

67. Na desapropriação, cabe a atualização monetária, ainda que por mais de uma vez, independente do decurso de prazo superior a um ano entre o cálculo e o efetivo pagamento da indenização.

69. Na desapropriação direta, os juros compensatórios são devidos desde a antecipada imissão na posse e, na desapropriação indireta, a partir da efetiva ocupação do imóvel.

70. Os juros moratórios, na desapropriação direta ou indireta, contam-se desde o trânsito em julgado da sentença.

102. A incidência dos juros moratórios sobre os compensatórios, nas ações expropriatórias, não constitui anatocismo vedado em lei.

113. Os juros compensatórios, na desapropriação direta, incidem a partir da imissão na posse, calculados sobre o valor da indenização, corrigido monetariamente.

114. Os juros compensatórios, na desapropriação indireta, incidem a partir da ocupação, calculados sobre o valor da indenização, corrigido monetariamente.

119. A ação de desapropriação indireta prescreve em vinte anos.

131. Nas ações de desapropriação incluem-se no cálculo da verba advocatícia as parcelas relativas aos juros compensatórios e moratórios, devidamente corrigidas.

141. Os honorários de advogado em desapropriação direta são calculados sobre a diferença entre a indenização e a oferta, corrigidas monetariamente.

354. A invasão do imóvel é causa de suspensão do processo expropriatório para fins de reforma agrária.

408. Nas ações de desapropriação, os juros compensatórios incidentes após a Medida Provisória n. 1.577, de 11.06.1997, devem ser fixados em 6% ao ano até 13.09.2001 e, a partir de então, em 12% ao ano, na forma da Súmula n. 618 do Supremo Tribunal Federal.

■ 15.5. QUESTÕES

1. (Promotor de Justiça Substituto — MPE-RR — CESPE — 2017) Concluído determinado processo de desapropriação, com o pagamento integral do valor e a incorporação do bem ao patrimônio do poder público, este decidiu devolver o bem expropriado ao antigo dono, por não lhe ter sido atribuída a destinação prevista no decreto expropriatório nem qualquer outra destinação pública.

Essa reversão do procedimento expropriatório é denominada

a) tredestinação lícita.
b) desapropriação indireta.
c) desistência da desapropriação.
d) retrocessão.

2. (Juiz Substituto — TJ-AM — CESPE — 2016) A CF, em seu artigo 5º, XXII, garante o direito de propriedade; no inciso XXIII do mesmo artigo, condiciona o exercício desse direito ao atendimento da função social. Acerca da intervenção do Estado na propriedade privada, assinale a opção correta.

a) A ocupação temporária é direito real, uma vez que só incide sobre a propriedade imóvel.
b) A limitação administrativa enseja ao pagamento de indenização em favor dos proprietários.
c) As modalidades de intervenção supressiva incluem a desapropriação e a ocupação temporária.
d) A requisição é modalidade de intervenção em que o Estado utiliza propriedade particular no caso de perigo público iminente.
e) É exemplo de servidão administrativa a utilização temporária de terrenos particulares contíguos a estradas em construção ou em reforma, para, por exemplo, a alocação transitória de máquinas de asfalto.

3. (Promotor de Justiça Substituto — MPE-RR — CESPE — 2017) O bem de propriedade particular tombado pelo Serviço do Patrimônio Histórico e Artístico Nacional poderá

a) sair do país se houver transferência de domínio.
b) sair do país, por prazo indeterminado, desde que autorizado.
c) ser alienado, cabendo ao adquirente fazê-lo constar do devido registro.
d) ser reparado ou restaurado sem prévia autorização do órgão competente.

4. (Analista do Ministério Público — Processual — MPE-RJ — FGV — 2016) Com o escopo de promover melhoria no sistema de mobilidade urbana, o Estado do Rio de Janeiro resolveu ampliar determinada estrada que comportará significativo aumento no tráfego de veículos em razão dos jogos olímpicos. Durante as obras de reforma e ampliação da via expressa, foi necessária a utilização temporária de terrenos particulares contíguos à estrada, para a alocação transitória de máquinas de asfalto, equipamentos de serviço e pequenas barracas de operários. Para viabilizar tal utilização dos imóveis privados, o Governo do Estado, ao intervir na propriedade, se valeu do instituto da:

a) servidão administrativa, que acarreta a prévia indenização ao particular, cujo valor pode ser arbitrado pela via administrativa caso haja acordo, ou judicialmente;
b) ocupação temporária, que enseja indenização ao particular se o uso pelo poder público acarretar comprovado prejuízo ao proprietário;
c) requisição administrativa, que, independentemente de risco iminente, enseja ao particular indenização na proporção da diminuição do uso de sua propriedade;
d) desapropriação temporária, que acarreta a prévia indenização ao particular, cujo valor pode ser arbitrado pela via administrativa caso haja acordo, ou judicialmente;
e) limitação administrativa, que enseja necessária e ulterior indenização ao particular, cujo valor varia de acordo com a diminuição do uso de sua propriedade.

5. (Procurador — IPSMI — VUNESP — 2016) Sobre o instituto da desapropriação, assinale a alternativa correta.

a) O direito de extensão é o direito de o expropriado exigir a devolução do bem desapropriado que não foi utilizado pelo Poder Público para atender o interesse público.
b) A desapropriação por zona abrange a área contígua necessária ao desenvolvimento de obras públicas e as zonas que valorizarem extraordinariamente em decorrência da realização do serviço.

c) Pode o expropriado discutir em sua defesa apresentada em sede de ação de desapropriação qualquer matéria, em respeito ao princípio do devido processo legal.
d) A indenização em todas as modalidades de desapropriação deve sempre ser prévia, justa e em dinheiro.
e) Os bens expropriados, uma vez incorporados à Fazenda Pública, podem ser objeto de reivindicação quando comprovada a nulidade do processo de desapropriação.

6. (Juiz de Direito Substituto — TJ-RS — FAURGS — 2016) A limitação de caráter geral, estabelecida em lei, que condiciona o uso da propriedade pelo titular, chama-se

a) servidão administrativa.
b) limitação administrativa.
c) ocupação temporária.
d) requisição.
e) tombamento.

7. (Procurador do Estado — PGE-AM — CESPE — 2016) Acerca da intervenção do Estado no direito de propriedade, julgue o item subsequente.

A limitação administrativa é instituída pela administração pública sobre determinado imóvel privado, para atendimento do interesse público, sem operar transferência de domínio, nem de posse, nem do uso total do bem a terceiros ou ao poder público.

( ) Certo ( ) Errado

8. (Defensor Público — DPE-ES — FCC — 2016) A propósito da intervenção do Estado na propriedade, a Constituição Federal dispõe que

a) a pequena propriedade rural, assim definida em lei, desde que trabalhada pela família, não será objeto de desapropriação.
b) no caso de iminente perigo público, a autoridade competente poderá usar de propriedade particular, assegurada ao proprietário indenização ulterior, se houver dano ou lucros cessantes.
c) compete exclusivamente à União desapropriar por interesse social, para fins de reforma agrária, o imóvel rural que não esteja cumprindo sua função social, mediante prévia e justa indenização em títulos da dívida agrária.
d) o confisco decorrente da cultura ilegal de plantas psicotrópicas e pela exploração de trabalho escravo aplica-se somente às propriedades rurais.
e) a descoberta de jazida de recursos minerais em terrenos particulares implica na imediata desapropriação de tais recursos, sendo o proprietário compensado por meio de participação na exploração da lavra.

9. (Procurador Municipal — Prefeitura de Porto Alegre-RS — FUNDATEC — 2016) Acerca da intervenção do Estado na propriedade, assinale a alternativa correta.

a) Na desapropriação, por interesse social para fins de reforma agrária, a indenização prévia e justa, em títulos da dívida agrária, somente abrange as benfeitorias úteis.
b) A requisição, em qualquer das hipóteses, não é indenizável.
c) A servidão administrativa, por suas características, determina que a indenização paga ao proprietário do imóvel corresponda ao valor total do bem.
d) Os bens públicos não contemplam a hipótese de tombamento.
e) A caducidade da declaração de utilidade pública em uma desapropriação resulta do decurso do tempo sem o Poder Público desencadear atos concretos para torná-la uma realidade.

10. (Procurador Municipal — Prefeitura de Itupeva-SP — FUNRIO — 2016) Determinado bem é objeto de ato de desapropriação por utilidade pública. Constitui um efeito da declaração de desapropriação o início do prazo de caducidade do decreto expropriatório que, nos termos do Decreto-Lei n. 3.365/41, o prazo de conclusão da desapropriação é de:

a) cinco anos
b) seis anos

c) sete anos
d) oito anos
e) nove anos

■ GABARITO ■

1. "d".
2. "d".
3. "c".
4. "b".
5. "b".
6. "b".
7. "errado".
8. "c".
9. "e".
10. "a".

16

BENS PÚBLICOS

■ 16.1. DEFINIÇÃO

O primeiro ponto a ser observado em relação ao tema diz respeito à necessidade de uma **definição** acerca de **bens públicos**, podendo-se tomar por empréstimo aquela oferecida pelo **CC/2002** em seu **art. 98**, cuja redação a seguir se reproduz:

> **Art. 98.** São públicos os bens do domínio nacional pertencentes às pessoas jurídicas de direito público interno; todos os outros são particulares, seja qual for a pessoa a que pertencerem.

Nesse particular, importante registrar que o **Código Civil considera pessoa jurídica de direito público interno** aquelas relacionadas no **art. 41**. Confira-se:

> **Art. 41.** São pessoas jurídicas de direito público interno:
> I — a União;
> II — os Estados, o Distrito Federal e os Territórios;
> III — os Municípios;
> IV — as autarquias, inclusive as associações públicas;
> V — as demais entidades de caráter público criadas por lei.

A **definição** oferecida pelo **legislador**, quer nos parecer, **padece de maior amplitude**, na medida em que acaba por **excluir** aqueles **bens** que, embora não pertencentes a essas **pessoas jurídicas de direito público**, vale dizer, **pessoas jurídicas de direito privado**, estejam **afetos à prestação de serviços públicos**.

O **critério que** se **poderia determinar** para a **definição desses bens** teria por base, portanto, a **natureza da atividade que estiver sendo desenvolvida**, o que, sem dúvida, acaba por gerar inúmeros desdobramentos, visto que os bens dessa natureza ficarão sujeitos a regime jurídico totalmente diferenciado, com regras próprias, em relação aos chamados bens particulares.

Nesse sentido, poderemos **definir bens públicos** como todos **aqueles pertencentes às pessoas jurídicas de direito público, integrantes da Administração direta e indireta, e aqueles que, embora não pertencentes a essas pessoas, estejam afetados à prestação de serviços públicos**, o que acabaria por abranger, também, os bens diretamente relacionados aos serviços públicos executados por concessionários e permissionários.

Nesse contexto, o **problema** resultante da **definição** oferecida pelo **Código Civil** é que ela **não atinge pessoas** que, embora integrantes da Administração indireta, **sejam dotadas de personalidade jurídica de direito privado**, caso das **empresas públicas** e **sociedades de economia mista**.

Destarte, a seguir pela **definição** oferecida pelo **Código Civil**, os **bens integrantes** do patrimônio **dessas pessoas não seriam considerados públicos**, mas particulares, o que não se pode admitir.

Nesse particular, importante a transcrição dos ensinamentos do jurista Hely Lopes Meirelles[1]:

> "Quanto aos bens das empresas estatais (empresas públicas e sociedades de economia mista), entendemos que são, também, bens públicos com destinação especial e administração particular das instituições a que foram transferidos para consecução dos fins estatutários. A origem e a natureza total ou predominante desses bens continuam públicas; sua destinação é de interesse público; apenas a sua administração é confiada a uma entidade de personalidade privada, que os utilizará na forma da lei instituidora e do estatuto regedor da instituição. A destinação especial desses bens sujeita-os aos preceitos da lei que autorizou a transferência do patrimônio estatal ao paraestatal, a fim de atender aos objetivos visados pelo poder público, criador da entidade. Esse patrimônio, embora incorporado a uma instituição de personalidade privada, continua vinculado ao serviço público, apenas prestado de forma descentralizada ou indireta por uma empresa estatal, de estrutura comercial, civil ou, mesmo, especial. Mas, *lato sensu*, é patrimônio público, tanto assim que na extinção da entidade reverte ao ente estatal que o criou, e qualquer ato que o lese poderá ser invalidado por ação popular (Lei Federal 4.717/1965, art. 1º)".

O excerto doutrinário colacionado confirma a **necessidade** de **interpretar** com cuidado a regra estabelecida no **art. 98 do CC**, de **maneira ampliativa**, para incluir na categoria de públicos, ainda que de uso especial, os bens integrantes do patrimônio das empresas públicas e sociedades de economia mista.

Essa conclusão revela-se de extrema importância, uma vez que **gerará inúmeros desdobramentos**, principalmente quanto à inclusão desses bens no regime jurídico especial que os preside e que será mais bem analisado ainda neste capítulo.

De outra parte, acaba por gerar **reflexos** também em **matéria eleitoral**, já que a questão relacionada aos bens públicos, no nível da **Lei n. 9.504/97**, disciplinadora das eleições, apresenta no mínimo três referências dignas de registro.

Assim é que em seu **art. 8º, § 2º, abre a possibilidade de oferecimento aos partidos políticos de realização de suas convenções em prédios públicos**.

> **Art. 8º** (...)
>
> § 2º Para a realização das convenções de escolha de candidatos, os partidos políticos poderão usar gratuitamente prédios públicos, responsabilizando-se por danos causados com a realização do evento.

[1] *Direito administrativo brasileiro*. 30. ed. São Paulo: Malheiros, 2005, p. 501.

Assim, a depender do conceito de bens públicos adotado, essa utilização pode ser mais ou menos ampla.

Outrossim, oportuno registrar a **proibição** estabelecida pelo **legislador eleitoral** de **propaganda em bens públicos**, a teor do disposto no art. 37. Confira-se:

> **Art. 37.** Nos bens cujo uso dependa de cessão ou permissão do poder público, ou que a ele pertençam, e nos bens de uso comum, inclusive postes de iluminação pública, sinalização de tráfego, viadutos, passarelas, pontes, paradas de ônibus e outros equipamentos urbanos, é vedada a veiculação de propaganda de qualquer natureza, inclusive pichação, inscrição a tinta e exposição de placas, estandartes, faixas, cavaletes, bonecos e assemelhados.

Dessa forma, a depender do conceito de bens públicos utilizado, a proibição poderá assumir contornos diferentes.

Por fim, a proibição estabelecida no **art. 73, I, do mesmo diploma legal** para a **cessão** de **bens públicos** nos **três meses anteriores** à **realização das eleições**, no capítulo reservado para as condutas vedadas aos agentes públicos, com o objetivo de manter a igualdade entre os candidatos.

> **Art. 73.** São proibidas aos agentes públicos, servidores ou não, as seguintes condutas tendentes a afetar a igualdade de oportunidades entre candidatos nos pleitos eleitorais:
>
> I — ceder ou usar, em benefício de candidato, partido político ou coligação, bens móveis ou imóveis **pertencentes à administração direta ou indireta** da União, dos Estados, do Distrito Federal, dos Territórios e dos Municípios, ressalvada a realização de convenção partidária.

Percebe-se, do **dispositivo reproduzido**, a adoção de **critério diferenciado pelo legislador eleitoral, em relação àquele adotado pelo Código Civil**, incluindo o conceito de bens públicos todos aqueles integrantes da Administração direta e indireta das quatro esferas de governo.

De toda sorte, é importante observar que essa **definição acaba abrangendo** os **bens móveis** e **também** os bens **imóveis**, que se submeterão, em vista de sua natureza, ao regime jurídico que lhes é peculiar.

Para melhor visualização deste item, acompanhe-se o quadro a seguir:

DEFINIÇÃO LEGAL	São públicos os bens do domínio nacional pertencentes à União, aos Estados ou aos Municípios. Todos os outros são particulares, seja qual for a pessoa a que pertencerem **(art. 98 do Código Civil)**
CRITÉRIO	Personalidade jurídica atribuída à pessoa
EXTENSÃO	■ União ■ Estados, Distrito Federal e Territórios ■ Municípios ■ autarquias, inclusive as associações públicas ■ demais entidades de caráter público criadas por lei **(art. 41 do Código Civil)**
REFLEXOS	Exclusão das pessoas jurídicas de direito privado, ainda que integrantes da Administração Pública

■ 16.2. CLASSIFICAÇÃO

Os bens públicos apresentam **diversos critérios de classificação**, dentre os quais se destaca aquele previsto pelo **art. 99 do CC/2002:**

> **Art. 99.** Os bens públicos são:
>
> I — os de uso comum do povo, tais como os mares, rios, estradas, ruas e praças;
>
> II — os de uso especial, tais como os edifícios ou terrenos destinados a serviço ou estabelecimento da administração federal, estadual, territorial ou municipal, inclusive os de suas autarquias;
>
> III — os dominicais, que constituem o patrimônio das pessoas jurídicas de direito público, como objeto de direito pessoal, ou real, de cada uma dessas entidades.
>
> Parágrafo único. Não dispondo a lei em contrário, consideram-se dominicais os bens pertencentes às pessoas jurídicas de direito público a que se tenha dado estrutura de direito privado.

O **dispositivo legal** reproduzido revela uma **redação deficiente**, na medida em que **traz apenas** como regra geral **exemplos** dessas categorias, **sem**, **no entanto**, **apresentar** o **conceito** de cada uma delas, o que se fará a seguir.

Os **bens de uso comum**, como visto, são destinados ao uso indistinto de todos e podem assumir um caráter gratuito ou oneroso na direta dependência das leis estabelecidas pela União, Estados, Municípios e Distrito Federal, não sendo outra a redação oferecida pelo **art. 103 do CC/2002**, como se vê:

> **Art. 103.** O uso comum dos bens públicos pode ser gratuito, ou retribuído, conforme for estabelecido legalmente pela entidade a cuja administração pertencerem.

Assim, enquanto, como regra geral, a **utilização das vias públicas** tem **caráter gratuito**, **algumas podem ser objeto de cobrança**, caso das chamadas "zonas azuis", ou também como se verifica em relação às **estradas**, cujo uso pressupõe o pagamento de **pedágio**.

Percebe-se, portanto, ao contrário do que se poderia imaginar em um primeiro momento, que os **bens de uso comum estão**, sim, **afetados a uma finalidade específica**.

Essa circunstância, sem dúvida, gerará importantes **reflexos**, como se verá mais adiante, em particular quando estivermos tratando da **possibilidade ou não de alienação desses bens**, em especial quanto aos requisitos necessários para tanto.

Os **bens de uso especial**, como proposto pela definição oferecida pelo Código Civil de 2002, são aqueles afetados a determinado serviço ou a um estabelecimento público, surgindo como **exemplos repartições públicas, teatros, universidades, museus, escolas públicas, cemitérios, aeroportos, estádios de futebol e ginásios esportivos públicos**.

Esses bens, a exemplo dos de uso comum, também são de **utilização gratuita** ou **onerosa** na forma prevista pelo **art. 103 do Código Civil**.

Por seu turno, os chamados **bens dominiais ou dominicais** são denominados "próprios do Estado", uma vez que não apresentam nenhuma destinação pública definida.

Representam seu **patrimônio disponível**, por não estarem aplicados, ou melhor, afetados nem a um uso comum nem a um uso especial, e **em relação a eles o Poder Público exerce poderes de proprietário, incidindo direitos reais e pessoais**. São as chamadas **terras** vazias ou **devolutas**, às quais as pessoas comuns do povo não têm acesso.

Por força das características por eles apresentadas, são os **únicos** que **não necessitam de desafetação** nos momentos em que o Poder Público cogitar de sua alienação.

Portanto, o **critério adotado** para melhor **compreensão** da **classificação** apresentada pelo **Código Civil é o de sua destinação**, expressão que apresenta como **sinônimos técnicos afetação** ou **consagração**.

Assim, **afetar ou consagrar um bem significa conferir** a ele uma **destinação**, assim como **desafetar** ou **desconsagrar** implica **retirar dele** a **destinação** até então existente, **figuras que só poderão incidir sobre bens de uso comum e bens de uso especial**.

Nesse sentido, em relação à **União**, estão eles relacionados no **art. 20 da CF**, cuja redação segue:

> **Art. 20.** São bens da União:
>
> I — os que atualmente lhe pertencem e os que lhe vierem a ser atribuídos;
>
> II — as terras devolutas indispensáveis à defesa das fronteiras, das fortificações e construções militares, das vias federais de comunicação e a preservação ambiental, definidas em lei;
>
> III — os lagos, rios e quaisquer correntes de água em terrenos de seu domínio, ou que banhem mais de um Estado, sirvam de limites com outros países, ou se estendam a território estrangeiro ou dele provenham, bem como os terrenos marginais e as praias fluviais;
>
> IV — as ilhas fluviais e lacustres nas zonas limítrofes com outros países; as praias marítimas; as ilhas oceânicas e as costeiras, excluídas, destas, as que contenham a sede de Municípios, exceto aquelas áreas afetadas ao serviço público e a unidade ambiental federal, e as referidas no art. 26, II;
>
> V — os recursos naturais da plataforma continental e da zona econômica exclusiva;
>
> VI — o mar territorial;
>
> VII — os terrenos de marinha e seus acrescidos;
>
> VIII — os potenciais de energia hidráulica;
>
> IX — os recursos minerais, inclusive os do subsolo;
>
> X — as cavidades naturais subterrâneas e os sítios arqueológicos e pré-históricos;
>
> XI — as terras tradicionalmente ocupadas pelos índios.

Em relação ao último item do dispositivo reproduzido, aquele relacionado no inciso XI, vale comentar ainda que, em relação às **terras** que **ocupam**, os **índios** têm **tão somente** a **posse, cabendo-lhes o usufruto exclusivo** das riquezas do solo, dos rios e dos lagos nelas existentes, conforme previsão estabelecida no **art. 231, § 2º, da Constituição**.

Em relação a esses bens, oportuna a reprodução das **Súmulas 479, 480 e 650 do Supremo Tribunal Federal:**

Súmula 479 do STF: As margens dos rios navegáveis são de domínio público, insuscetíveis de expropriação e, por isso mesmo, excluídas de indenização.

Súmula 480 do STF: Pertencem ao domínio e administração da União, nos termos dos arts. 4º, IV e 186, da Constituição Federal de 1967, as terras ocupadas por silvícolas.

Súmula 650 do STF: Os incisos I e XI do art. 20 da CF não alcançam terras de aldeamentos extintos, ainda que ocupadas por indígenas em passado remoto.

Para melhor visualização deste item, vejamos o quadro a seguir:

CLASSIFICAÇÃO	
CRITÉRIO	Destinação atribuída ao bem
LOCALIZAÇÃO	Art. 99 do Código Civil
ESPÉCIES	■ **Bens de uso comum** são destinados ao uso indistinto de todos e podem assumir caráter gratuito ou oneroso na direta dependência das leis estabelecidas pela União, Estados, Municípios e Distrito Federal ■ **Bens de uso especial** são aqueles afetados a determinado serviço ou a um estabelecimento público, de uso gratuito ou oneroso ■ **Bens dominiais ou dominicais** são denominados "próprios do Estado", uma vez que não apresentam nenhuma destinação pública definida. Representam seu patrimônio disponível por não estarem afetados nem a um uso comum nem a um uso especial, e em relação a eles o Poder Público exerce poderes de proprietário, incidindo direitos reais e pessoais. São as chamadas terras vazias ou devolutas, às quais as pessoas comum do povo não têm acesso
USO	Gratuito ou oneroso (art. 103 do Código Civil)

■ 16.3. REGIME JURÍDICO

Passado em revista o principal critério de classificação dos bens públicos, cumpre agora averiguar o aspecto talvez mais importante em relação a eles, aquele relativo ao **regime jurídico ao qual estão submetidos**.

Em outras palavras, verifiquemos quais são as **regras especiais às quais esses bens estão submetidos** para que possamos diferenciá-las daquelas aplicáveis aos bens particulares.

Nesse contexto, o regime jurídico ao qual estão submetidos esses bens lhes confere **quatro características** importantes, vale dizer: **inalienabilidade**, **impenhorabilidade**, **imprescritibilidade** e **não onerabilidade**, que serão a seguir analisadas.

■ 16.3.1. Inalienabilidade

Como regra geral, essa característica **impede sejam** os **bens públicos alienados**, isto é, não podem ser eles vendidos, permutados ou doados, em vista dos interesses aqui representados, que são os da coletividade.

Sem embargo, essa **regra geral acaba sendo excepcionada**, desde que preenchidos os **requisitos** exigidos pelo legislador, consoante se verifica da redação dos **arts. 100 e 101 do CC/2002**, a seguir reproduzida:

> **Art. 100.** Os bens públicos de uso comum do povo e os de uso especial são inalienáveis, enquanto conservarem a sua qualificação, na forma que a lei determinar.
> **Art. 101.** Os bens públicos dominicais podem ser alienados, observadas as exigências da lei.

Nesse sentido, os requisitos mencionados podem ser descritos da seguinte forma:

- caracterização do interesse público;
- necessidade de prévia avaliação para evitar possa o bem público ser alienado por preços muito abaixo daqueles praticados pelo mercado;
- necessidade, como regra geral, de abertura de licitação na modalidade de concorrência pública ou mesmo por meio do leilão;
- necessidade de autorização legislativa em se tratando de bens imóveis;
- necessidade de sua desafetação conforme sua natureza.

Nesse particular, oportuno observar, uma vez mais, que por **"desafetação"** ou **"desconsagração" se deve entender** a retirada do bem da destinação específica anteriormente a ele atribuída, o que, via de regra, ocorre no bojo da própria lei que autoriza sua alienação.

Importante deixar registrado que, **em vista da obrigatoriedade de lei** para promover a referida **desafetação, impossível** cogitar da possibilidade de sua **configuração de forma tácita, vale dizer, pela simples falta de uso**.

Em outras palavras, **impossível cogitar** da possibilidade de **transferência** de um **bem de uso comum ou especial para** a categoria de bem **dominical pela simples falta de uso** ao longo do tempo.

A **necessidade de desafetação** se apresenta para os chamados **bens de uso comum** e para os de **uso especial**, sendo **dispensada**, por razões óbvias, para os chamados **bens dominicais**, por não estarem eles atrelados a nenhuma finalidade específica.

Em relação aos **bens móveis**, exige-se a **caracterização do interesse público, de avaliação prévia, além de licitação na modalidade de leilão**.

De registrar-se, ainda, que o **legislador** houve por bem **dispensar** a **necessidade de licitação** nas hipóteses por ele relacionadas no **art. 17 da Lei n. 8.666/93**, cuja redação a seguir se reproduz:

> **Art. 17.** A alienação de bens da Administração Pública, subordinada à existência de interesse público devidamente justificado, será precedida de avaliação e obedecerá às seguintes normas:
> I — quando imóveis, dependerá de autorização legislativa para órgãos da Administração direta e entidades autárquicas e fundacionais e para todos, inclusive as entidades paraestatais, dependerá de avaliação prévia e de licitação na modalidade de concorrência, dispensada esta nos seguintes casos:
> *a)* dação em pagamento;
> *b)* doação, permitida exclusivamente para outro órgão ou entidade da Administração Pública, de qualquer esfera de governo ressalvado o disposto nas alíneas *f*, *h* e *i*;

c) permuta por outro imóvel que atenda aos requisitos constantes do inciso X do art. 24 desta Lei;

d) investidura;

e) venda a outro órgão ou entidade da Administração Pública, de qualquer esfera de governo;

f) alienação gratuita ou onerosa, aforamento, concessão de direito real de uso, locação ou permissão de uso de bens imóveis residenciais construídos, destinados ou efetivamente utilizados no âmbito de programas habitacionais ou de regularização fundiária de interesse social desenvolvidos por órgãos ou entidades da administração pública;

g) procedimentos de legitimação de posse de que trata o art. 29 da Lei n. 6.383, de 7 de dezembro de 1976, mediante iniciativa e deliberação dos órgãos da Administração Pública em cuja competência legal inclua-se tal atribuição;

h) alienação gratuita ou onerosa, aforamento, concessão de direito real de uso, locação ou permissão de uso de bens imóveis de uso comercial de âmbito local com área de até 250 m² (duzentos e cinquenta metros quadrados) e inseridos no âmbito de programas de regularização fundiária de interesse social desenvolvidos por órgãos ou entidades da administração pública;

i) alienação e concessão de direito real de uso, gratuita ou onerosa, de terras públicas rurais da União na Amazônia Legal onde incidam ocupações até o limite de 15 (quinze) módulos fiscais ou 1.500 ha (mil e quinhentos hectares), para fins de regularização fundiária, atendidos os requisitos legais;

II — quando móveis, dependerá de avaliação prévia e de licitação, dispensada esta nos seguintes casos:

a) doação, permitida exclusivamente para fins de uso de interesse social, após avaliação de sua oportunidade e conveniência socioeconômica, relativamente à escolha de outra forma de alienação;

b) permuta, permitida exclusivamente entre órgãos ou entidades da Administração Pública;

c) venda de ações, que poderão ser negociadas em bolsa, observada a legislação específica;

d) venda de títulos, na forma da legislação pertinente;

e) venda de bens produzidos ou comercializados por órgãos ou entidades da Administração Pública, em virtude de suas finalidades;

f) venda de materiais e equipamentos para outros órgãos ou entidades da Administração Pública, sem utilização previsível por quem deles dispõe.

Verificados os **requisitos** necessários para a **alienação** de um **bem público**, cumpre passar em revista as diversas **modalidades**, que podem ser delineadas na forma seguinte:

a) Venda: contrato por meio do qual uma das partes transfere a propriedade de um bem a outra mediante preço certo e em dinheiro. Exige o cumprimento dos seguintes requisitos: autorização legislativa quando se tratar de bens imóveis, desafetação, avaliação prévia e licitação.

Em se tratando de bens móveis, serão necessários os mesmos requisitos, exceção feita à autorização legislativa, podendo surgir o leilão como modalidade de licitação a ser utilizada.

b) Doação: contrato pelo qual uma pessoa, por liberalidade, transfere bem de seu patrimônio para o de outra, que o aceita, podendo se dar com encargo ou não, quando recebe o nome de doação pura.

De toda sorte, **só se aperfeiçoa com a aceitação do donatário**, apresentando a necessária comprovação dos seguintes requisitos: lei autorizadora, desafetação, avaliação prévia e licitação, exceção feita àquela direcionada para órgão ou pessoa integrante da própria Administração Pública, de acordo com a previsão estabelecida no art. 17 da Lei n. 8.666/93.

c) Dação: entrega de um bem, que não seja dinheiro, para equacionar dívida anterior, só se aperfeiçoando com o consentimento do credor em recebê-la em substituição à prestação devida e exigindo o cumprimento dos seguintes requisitos: lei autorizadora e prévia avaliação, sendo desnecessária a licitação por ter destinatário certo.

d) Permuta: modalidade de alienação por meio da qual as partes transferem e recebem um bem que se substitui reciprocamente em seu patrimônio, exigindo lei autorizadora e prévia avaliação, sendo também desnecessária a licitação, por razões óbvias.

e) Investidura: incorporação de área pública isoladamente inaproveitável, sendo definida pelo art. 17, § 3º, da Lei n. 8.666/93, cuja redação a seguir se reproduz:

> **Art. 17.** (...)
>
> § 3º Entende-se por investidura, para os fins desta lei:
>
> I — a alienação aos proprietários de imóveis lindeiros de área remanescente ou resultante de obra pública, área esta que se tornar inaproveitável isoladamente, por preço nunca inferior ao da avaliação e desde que esse não ultrapasse a 50% (cinquenta por cento) do valor constante da alínea *a* do inciso II do art. 23 desta Lei.

Essa modalidade de alienação exige lei autorizadora e avaliação prévia, ficando dispensada a realização de licitação, a menos que exista mais de um proprietário de área lindeira interessado na aquisição.

f) Concessão de domínio: forma de alienação que recai sobre terras devolutas da União, Estados, Municípios e Distrito Federal, conforme se verifica da redação do art. 188, § 1º, da CF, que a seguir se reproduz:

> **Art. 188.** (...)
>
> § 1º A alienação ou a concessão, a qualquer título, de terras públicas com área superior a dois mil e quinhentos hectares a pessoa física ou jurídica, ainda que por interposta pessoa, dependerá de prévia aprovação do Congresso Nacional.

Em razão da definição oferecida, torna-se claro que os requisitos a serem preenchidos para essa modalidade de alienação são: autorização legislativa e avaliação prévia.

g) Legitimação de posse: transferência de domínio de terra devoluta ocupada por longo tempo por particular que nela se instala, cultivando-a ou levantando edificação para seu uso.

Necessário frisar que **não se cogita aqui** da existência de **usucapião de bem público**, visto que vedada essa hipótese pela Constituição Federal, **mas**, sim, **de reconhecimento pelo Poder Público** quanto à conveniência **de** se **legitimar** esse tipo de **ocupação**.

De outra parte, quanto às **formas** de **aquisição de bens pela Administração Pública**, encontramos os seguintes **instrumentos: dação, compra, desapropriação, confisco, permuta, doação e usucapião**.

16.3.2. Impenhorabilidade

Essa característica dos bens públicos **impede** sejam eles, **como regra geral, oferecidos em garantia para o cumprimento das obrigações contraídas pela Administração Pública**.

Em princípio, **impede recaia** sobre eles a **penhora**, e essa regra não se apresenta de maneira gratuita, porque deriva diretamente da diretriz estabelecida pela **CF** em **seu art. 100**.

Destarte, o referido dispositivo constitucional estabelece que a **execução contra a Fazenda Pública** será feita por meio de sentença judicial, obedecendo-se à **ordem cronológica da apresentação dos precatórios**, como se verifica de sua redação, a seguir reproduzida:

> **Art. 100.** Os pagamentos devidos pelas Fazendas Públicas Federal, Estaduais, Distrital e Municipais, em virtude de sentença judiciária, far-se-ão exclusivamente na ordem cronológica de apresentação dos precatórios e à conta dos créditos respectivos, proibida a designação de casos ou de pessoas nas dotações orçamentárias e nos créditos adicionais abertos para este fim. (Redação dada pela Emenda Constitucional n. 62/2009)

Pode-se concluir, portanto, que a **execução contra a Fazenda Pública** segue por um **procedimento específico**, **que em nada se assemelha** àquelas regras previstas no **Código de Processo Civil** em se tratando de entidades particulares.

Com efeito, a execução contra o Poder Público depende de **sentença judicial** que tenha seu **trânsito em julgado**, em virtude do qual são formados os chamados **precatórios**.

Estes, por seu turno, de acordo com a **previsão constitucional**, deverão ser **resgatados** não de maneira aleatória pelo administrador, mas, ao contrário, respeitando-se a **ordem cronológica** de **sua apresentação**.

Nesse contexto, **abrindo-se a possibilidade de serem os bens públicos oferecidos em garantia** para o cumprimento das obrigações contraídas pela Administração, a **regra constitucional** ora analisada **restaria letra morta**, o que não se admite.

Cogitando-se a possibilidade de garantirem eles essas obrigações, restaria inequivocamente **desrespeitada** a **regra** que determina a **observância** da **ordem cronológica** de **apresentação dos precatórios**.

A lógica dessa diretriz constitucional encontra, outrossim, **desdobramentos** no próprio **art. 100**, na medida em que se exige a inclusão no orçamento das entidades de direito público de verbas necessárias para seu resgate, como se observa do **§ 5º**, a seguir reproduzido:

> **Art. 100.** (...)
>
> § 5º É obrigatória a inclusão, no orçamento das entidades de direito público, de verba necessária ao pagamento de seus débitos, oriundos de sentenças transitadas em julgado, constantes de precatórios judiciários apresentados até 1º de julho, fazendo-se o pagamento até o final do exercício seguinte, quando terão seus valores atualizados monetariamente. (Redação dada pela Emenda Constitucional n. 62/2009)

Seguindo-se pela letra da Constituição Federal, o pagamento desses precatórios apresentados até o dia 1º de julho de cada ano deveria ser feito, no máximo, até o final do exercício seguinte, sob pena de incidência das sanções também previstas nesse dispositivo.

Destarte, o **pagamento** dos **precatórios fora da ordem cronológica** de sua apresentação pode **gerar**, por parte do **credor prejudicado**, um **pedido de sequestro** de quantia necessária à satisfação do débito, além da possibilidade de **intervenção federal** ou **estadual**.

Sem prejuízo, a autoridade responsável por essa quebra da ordem cronológica de pagamentos incorrerá na prática de **crime de responsabilidade**, conforme previsão estabelecida no **§ 7º** do mesmo artigo:

> **Art. 100.** (...)
>
> § 7º O Presidente do Tribunal competente que, por ato comissivo ou omissivo, retardar ou tentar frustrar a liquidação regular de precatórios incorrerá em crime de responsabilidade e responderá, também, perante o Conselho Nacional de Justiça. (Incluído pela Emenda Constitucional n. 62/2009)

Ora, é bem de ver, **todas essas regras** estabelecidas no artigo em análise, muitas delas acrescentadas pela EC n. 30/2000, **acabam** por **impedir que os bens públicos possam ser oferecidos em garantia** para o cumprimento de obrigações assumidas pela Administração.

Em relação aos **créditos** de **natureza alimentar**, a previsão está no **art. 86, § 3º**, do Ato das Disposições Constitucionais Transitórias, com a redação dada pela EC n. 37/2002, a seguir reproduzida:

> **Art. 86.** (...)
>
> § 3º Observada a ordem cronológica de sua apresentação, os débitos de natureza alimentícia previstos neste artigo terão precedência para o pagamento sobre todos os demais.

Assim, os **créditos dessa natureza dependem** de **precatórios** e **devem observar** a **ordem cronológica** de sua apresentação.

De resto, outra não foi a orientação pacificada pelo **STF** a teor do disposto na **Súmula 655**, cuja redação a seguir se reproduz:

Súmula 655 do STF: A exceção prevista no art. 100, *caput*, da Constituição, em favor dos créditos de natureza alimentícia, não dispensa a expedição de precatório, limitando-se a isentá-los da observância da ordem cronológica dos precatórios decorrentes de condenações de outra natureza.

A propósito, por **verbas alimentares** a **Constituição** enumerou as seguintes em seu **art. 100, § 1º**. Confira-se:

> **Art. 100.** (...)
>
> § 1º Os débitos de natureza alimentícia compreendem aqueles decorrentes de salários, vencimentos, proventos, pensões e suas complementações, benefícios previdenciários e indenizações por morte ou por invalidez, fundadas em responsabilidade civil, em virtude de sentença judicial transitada em julgado, e serão pagos com preferência sobre todos os demais débitos, exceto sobre aqueles referidos no § 2º deste artigo. (Redação dada pela Emenda Constitucional n. 62/2009)

Por sua vez, o **§ 2º** do mesmo dispositivo experimentou ao longo do tempo inúmeras alterações, sendo a última resultado da promulgação da **Emenda Constitucional n. 94, de dezembro de 2016**. Confira-se:

> **Art. 100.** (...)
>
> § 2º Os débitos de natureza alimentícia cujos titulares, originários ou por sucessão hereditária, tenham 60 (sessenta) anos de idade, ou sejam portadores de doença grave, ou pessoas com deficiência, assim definidos na forma da lei, serão pagos com preferência sobre todos os demais débitos, até o valor equivalente ao triplo fixado em lei para os fins do disposto no § 3º deste artigo, admitido o fracionamento para essa finalidade, sendo que o restante será pago na ordem cronológica de apresentação do precatório. (Redação dada pela Emenda Constitucional n. 94/2016)

De outra parte, merece destaque a questão relacionada aos **créditos** considerados de **pequeno valor**, a teor do disposto nos **§§ 3º e 4º** do referido dispositivo constitucional:

> **Art. 100.** (...)
>
> § 3º O disposto no *caput* deste artigo relativamente à expedição de precatórios não se aplica aos pagamentos de obrigações definidas em leis como de pequeno valor que as Fazendas referidas devam fazer em virtude de sentença judicial transitada em julgado. (Redação dada pela Emenda Constitucional n. 62/2009)
>
> § 4º Para os fins do disposto no § 3º, poderão ser fixados, por leis próprias, valores distintos às entidades de direito público, segundo as diferentes capacidades econômicas, sendo o mínimo igual ao valor do maior benefício do regime geral de previdência social. (Redação dada pela Emenda Constitucional n. 62/2009)

Ainda nesse tema, resta enfrentar uma questão importante que resulta da redação oferecida pelo art. 100 da CF, consistente em saber se essa regra da impenhorabilidade também se aplica para as empresas públicas e sociedades de economia mista.

Destarte, o **dispositivo constitucional** mencionado estabelece diretrizes para os pagamentos devidos pela **Fazenda Pública** em virtude de sentença judicial, o que **acaba por excluir de sua incidência pessoas jurídicas de direito privado, como alertado no início do capítulo.**

Sem embargo, a questão relacionada à **impossibilidade de incidência de penhora** sobre o patrimônio dessas entidades **relaciona-se** intimamente à **necessidade** de **assegurar** a **execução dos serviços públicos sem qualquer sorte de interrupção**.

Em outras palavras, a **penhora só poderá recair sobre o patrimônio dessas entidades se o bem escolhido não prejudicar a continuidade da prestação dos serviços públicos**, que deve ser mantida a qualquer custo, não sendo outra a conclusão atingida pela jurista Maria Sylvia Zanella Di Pietro[2]:

> "É sabido que a administração pública está sujeita a uma série de princípios, dentre os quais o da continuidade dos serviços públicos. Se fosse possível às entidades da administração indireta, mesmo empresas públicas, sociedades de economia mista e concessionárias de serviços públicos, alienar livremente esses bens, ou se os mesmos pudessem ser penhorados, hipotecados, adquiridos por usucapião, haveria uma interrupção do serviço público. E o serviço é considerado público precisamente porque atende às necessidades essenciais da coletividade. Daí a impossibilidade da sua paralisação e daí a sua submissão a regime jurídico publicístico.
>
> Por isso mesmo, entende-se que, se a entidade presta serviço público, os bens que estejam vinculados à prestação do serviço não podem ser objeto de penhora, ainda que a entidade tenha personalidade jurídica de direito privado".

Mais adiante, a administrativista conclui da seguinte forma seu raciocínio:

> "Portanto, são bens públicos de uso especial não só os bens das autarquias e das fundações públicas como também os das entidades de direito privado prestadoras de serviços públicos, desde que afetados diretamente a essa finalidade"[3].

Conclui-se, pois, que o **critério a ser utilizado** para **determinar** a **possibilidade** de **incidência** ou não **de penhora** sobre determinado bem integrante do patrimônio de pessoa jurídica de direito privado é o de sua **afetação à prestação de um serviço público**.

Com efeito, não se pode esquecer que as **empresas públicas** e so**ciedades de economia mista** podem ser criadas para a exploração de **atividades econômicas**, quando então a **regra** da **impenhorabilidade acaba por não incidir**, outra não sendo a opinião de Diogenes Gasparini[4]:

> "Também são bens públicos, consoante essa definição, os de propriedade de terceiros quando vinculados à prestação de serviço público.

---

[2] *Direito administrativo.* 18. ed. São Paulo: Atlas, 2005, p. 410.

[3] *Direito administrativo.* 18. ed. São Paulo: Atlas, 2005, p. 410.

[4] *Direito administrativo.* 9. ed. São Paulo: Saraiva, 2004, p. 711.

> Destarte, os bens de certa empresa privada, concessionária do serviço funerário municipal, vinculados à prestação desse serviço, são bens públicos. Desse modo, não são, salvo em sentido amplíssimo, bens públicos os que integram o patrimônio de empresas governamentais (sociedades de economia mista, empresa pública, subsidiárias) exploradoras de atividade econômica, porque pessoas privadas (CF, art. 173, § 1º, II). Ademais, ditos bens não estão vinculados à execução de qualquer serviço público".

Adotando o mesmo entendimento, encontramos as observações de Celso Antônio Bandeira de Mello[5]:

> "Bens públicos são todos os bens que pertencem às pessoas jurídicas de Direito Público, isto é, União, Estados, Distrito Federal, Municípios, respectivas autarquias e fundações de Direito Público (estas últimas, aliás, não passam de autarquias designadas pela base estrutural que possuem), bem como os que, embora não pertencentes a tais pessoas, estejam afetados à prestação de um serviço público".

Nesse sentido, importante observar que a edição da **Lei n. 13.303**, em **julho** de **2016, regulamentando o art. 173, § 1º, da Constituição, em nada alterou essa situação**.

Mais adiante, arrematando suas considerações sobre o tema, o mesmo autor assevera:

> "Assim, todos os bens que estiverem sujeitos ao mesmo regime público deverão ser havidos como bens públicos. Ora, bens particulares quando afetados a uma atividade pública (enquanto o estiverem) ficam submissos ao mesmo regime jurídico dos bens de propriedade pública. Logo, têm que estar incluídos no conceito de bem público"[6].

Nesse contexto, revela-se também oportuna a referência a **excerto do STF equiparando a Empresa Brasileira de Correios e Telégrafos à Fazenda Pública**, de modo a permitir pudesse ela usufruir do privilégio da **impenhorabilidade** de **seus bens**, tendo em vista ter sido ela **criada** para a **prestação de serviços públicos** e não se submetendo, pois, ao regime estabelecido para as empresas privadas, por **não encontrar-se em regime de competição** com elas, **afastando** a diretriz estabelecida no **art. 173, § 1º, II, da Constituição Federal**.

■ RE 230.051-ED, rel. Min. Maurício Corrêa, *DJU* 08.08.2003.

De resto, a **mesma discussão** teve lugar em relação às **sociedades de economia mista** em questão envolvendo a **Companhia do Metropolitano de São Paulo**, pois **criada** para a **prestação** de **serviços públicos**, **não se encontrando em regime de competição** com a iniciativa privada. Nesse sentido:

■ AC 669 MC/SP, rel. Min. Carlos Britto, j. 06.10.2005, *DJU* 26.05.2006, p. 7;

---

5 *Curso de direito administrativo*. 18. ed. São Paulo: Malheiros, 2005, p. 837.

6 *Curso de direito administrativo*. 18. ed. São Paulo: Malheiros, 2005, p. 838.

- REsp 343.968/SP e 2001/0118725-4, rel. Min. Nancy Andrighi, *DJU* 04.03.2002, p. 255;
- REsp 521.047/SP e 2003/0067345-0, rel. Min. Luiz Fux, *DJU* 16.02.2004, p. 214.

Nesse particular, oportuna ainda a referência a **recente julgado** da **Suprema Corte**, quando do julgamento, em **23.03.2017**, da **ADPF 387/PI, rel. Min. Gilmar Mendes**.

No referido julgado, o **Plenário cassou decisões** do **Tribunal Regional do Trabalho** da 22ª Região (Piauí) que resultaram no **bloqueio**, **penhora** e **liberação** de **valores** da conta única estadual **para** o **pagamento** de **verbas** trabalhistas de empregados da **Empresa de Gestão de Recursos do Estado do Piauí S/A** (Emgerpi).

O relator destacou que tais **atos violam** diretamente o regime de precatórios estabelecido no **art. 100 da Constituição Federal**, uma vez que, nada obstante tratar-se de **sociedade de economia mista**, trata-se de empresa de gestão de recursos do Estado do Piauí, **prestadora de serviço público** não concorrencial — inserindo-se, portanto, nesse regime, nos termos da jurisprudência do STF.

A importância desse julgado está em que o Plenário do STF concluiu, com efeitos *erga omnes*, que, mesmo diante da expressão "Fazenda Pública", adotada no art. 100 da CF, só não se sujeitam ao regime de precatório as empresas públicas e sociedades de economia mista exploradoras de atividades econômicas.

Com efeito, por se encontrarem em regime de **livre concorrência**, submetem-se ao **mesmo regime de execução das empresas privadas**.

Oportuno destacar, ainda, a edição da **Súmula 733** pelo **STF**, que impede o ajuizamento de recurso extraordinário em matéria relacionada a precatórios, nos seguintes termos:

> **Súmula 733 do STF:** Não cabe recurso extraordinário contra decisão proferida no processamento de precatórios.

■ 16.3.3. Imprescritibilidade

Essa característica impede recaia sobre os bens públicos a **usucapião**, independentemente da natureza deles, encontrando **amparo** na **Constituição Federal** em vigor, **tanto para os imóveis urbanos quanto para os rurais**, como se verifica, respectivamente, dos dispositivos a seguir reproduzidos:

> **Art. 183.** (...)
>
> § 3º Os imóveis públicos não serão adquiridos por usucapião. (...)

> **Art. 191.** (...)
>
> Parágrafo único. Os imóveis públicos não serão adquiridos por usucapião.

A redação idêntica dos dois dispositivos constitucionais tem aplicabilidade para os imóveis públicos urbanos e também para os imóveis públicos rurais, respectivamente, diretriz presente também no **STF** por meio da **Súmula 340**, cuja redação a seguir se reproduz:

> **Súmula 340 do STF:** Desde a vigência do Código Civil os bens dominicais e os demais bens públicos não podem ser adquiridos por usucapião.

A leitura da súmula reproduzida permite concluir que essa **diretriz** já se encontra **firmada** pelo STF mesmo antes da promulgação da Constituição de 1988, pois a **referência ali estabelecida aponta para o Código Civil de 1916**.

Em outras palavras, desde essa época **entende a Corte Suprema** ser **impossível que os bens públicos sejam adquiridos pela usucapião**.

De outra parte, a **referida súmula**, de forma a evitar qualquer tipo de dúvida a respeito, **ofereceu especial destaque para os bens dominicais**, **incluindo-os na regra que veda sua aquisição pela usucapião**.

Essa **preocupação** da **Suprema Corte** encontra **justificativa**, uma vez que, como já visto, os **bens dominicais** são aqueles que **não têm nenhuma destinação** específica incidindo, surgindo como exemplo as chamadas terras devolutas ou terras vazias.

Assim sendo, a **referida súmula**, através do destaque que fez, **deixou claro que mesmo sobre essas terras vazias não se pode cogitar de sua aquisição por meio da usucapião**.

De resto, a mesma previsão está no **art. 102 do CC/2002**, como se vê:

> **Art. 102.** Os bens públicos não estão sujeitos a usucapião.

Percebe-se, portanto, que também aqui o **cenário** envolvendo os bens públicos revela-se **totalmente diferente** daquele que se apresenta em relação aos **bens particulares**, que **poderão ser adquiridos por meio de usucapião**, desde que **preenchidas** as **exigências estabelecidas** em **lei**, vale dizer, posse por **5 anos consecutivos**; **sem qualquer tipo de oposição**; **que o uso seja para fins próprios ou da família e que não tenha aquele que reivindica a propriedade nenhuma outra**.

Destarte, essa **possibilidade** franqueada pela lei acaba **atingindo** o **proprietário** de imóvel **particular**, **penalizando-o por sua negligência**, ao permitir que durante tanto tempo alguém pudesse ter a posse de um bem seu, sem qualquer tipo de oposição.

Por óbvio, **a mesma situação não poderia se apresentar em relação aos bens públicos**, uma vez que a possibilidade de sua aquisição pela usucapião **implicaria penalizar não o administrador negligente**, que se encontra ali temporariamente, até o final de seu mandato, **mas sim a coletividade**, o que não se pode admitir.

16.3.4. A não onerabilidade

Essa característica **impede a incidência sobre bens públicos de qualquer ônus real**, cenário mais uma vez totalmente distinto daquele incidente sobre bens particulares, em razão dos interesses que devem ser preservados, vale dizer, os da coletividade.

Para melhor visualização deste item, o quadro abaixo traz um resumo do assunto tratado:

REGIME JURÍDICO	
CARACTERÍSTICAS	■ **Inalienabilidade:** como regra geral, impede sejam os bens públicos alienados, isto é, não podem ser eles vendidos, permutados ou doados, em vista dos interesses aqui representados, que são os da coletividade. Excepcionalmente será ela permitida, atendidas as exigências estabelecidas nos arts. 100 e 101 do Código Civil ■ **Impenhorabilidade:** impede sejam os bens públicos oferecidos em garantia para o cumprimento das obrigações contraídas pela Administração Pública (art. 100 da CF, bem como para a preservação da continuidade da prestação de serviços públicos) ■ **Imprescritibilidade:** impede recaia sobre os bens públicos a usucapião, independentemente da natureza deles, encontrando amparo na Constituição Federal em vigor, tanto para os imóveis urbanos (art. 183, § 3º) quanto para os rurais (art. 191, parágrafo único), bem como no Código Civil (art. 102) e na Súmula 340 do STF ■ **Não onerabilidade:** impede a incidência sobre bens públicos de qualquer ônus real

■ 16.4. USO DOS BENS PÚBLICOS

Oportuno passar em revista as **hipóteses de uso dos bens públicos**, que apresentam, obviamente, **regras próprias**, que serão a seguir analisadas.

De início, cumpre observar que os **bens públicos** são **administrados** pelas **pessoas políticas** que **detêm sua propriedade**, de acordo com as prescrições estabelecidas na Constituição Federal.

Como consequência, de um lado a elas é atribuído o **poder de administrá-los**, o que **compreende a faculdade de utilizá-los segundo sua natureza e destinação**, e de outro há também a obrigação de conservação e aprimoramento, consoante o disposto no **art. 23, I, III e IV, da CF**, cuja redação a seguir se reproduz:

> **Art. 23.** É competência comum da União, dos Estados, do Distrito Federal e dos Municípios:
>
> I — zelar pela guarda da Constituição, das leis e das instituições democráticas e conservar o patrimônio público; (...)
>
> III — proteger os documentos, as obras e outros bens de valor histórico, artístico e cultural, os monumentos, as paisagens naturais notáveis e os sítios arqueológicos;
>
> IV — impedir a evasão, a destruição e a descaracterização de obras de arte e de outros bens de valor histórico, artístico ou cultural.

Nesse contexto, com o intuito de criar melhores condições para a preservação do patrimônio público, a Lei Maior atribuiu aos Municípios a possibilidade de criação de **Guardas Municipais**, a teor do disposto no **art. 144, § 8º**. Confira-se:

> **Art. 144.** (...)
>
> § 8º Os Municípios poderão constituir guardas municipais destinadas à proteção de seus bens, serviços e instalações, conforme dispuser a lei.

Assim, a **omissão** dessas pessoas **quanto à correta utilização dos bens**, de igual sorte, permitindo sua deterioração, **importa em responsabilização**, na medida em que revela comportamentos incompatíveis com o princípio da indisponibilidade dos bens e interesses públicos.

Nesse particular, oportuno relembrar a **competência** atribuída aos **Municípios** pela **CF** para a **fiscalização** do **uso e ocupação do solo urbano** e para a proteção do patrimônio histórico cultural na forma estipulada, respectivamente, no **art. 30, VIII** e **IX**. Confira-se:

> **Art. 30.** (...)
>
> VIII — promover, no que couber, adequado ordenamento territorial, mediante planejamento e controle do uso, do parcelamento e da ocupação do solo urbano;
>
> IX — promover a proteção do patrimônio histórico-cultural local, observada a legislação e a ação fiscalizadora federal e estadual.

Dessa forma, por força dos dispositivos constitucionais reproduzidos, legitima-se a conclusão pela possibilidade de atribuir-se **responsabilidade** aos **Municípios** por **má fiscalização** da **ocupação** do **solo urbano**, principalmente se causadora de prejuízos a terceiros.

Assim, se o Município permite a **construção** de um **loteamento** em **área de preservação ambiental** ou autoriza a **construção** de **prédios** que tirem ou **diminuam** a **visibilidade** de um **bem tombado**, gerando, como consequência, o embargo das obras e prejuízo aos adquirentes, é possível a sua **responsabilização**.

Importante salientar que o exercício das **atribuições quanto** ao **uso** e à **conservação independe** de qualquer **autorização legislativa** em respeito ao princípio da separação dos Poderes.

Nesse contexto, perfeitamente **possível** que o **Poder Público competente** estabeleça **regras** para a correta **utilização** dos **bens**, servindo como **exemplos** as leis de trânsito, o estabelecimento das áreas denominadas "zonas azuis", a proibição de circulação de veículos por determinadas regiões etc.

Da mesma forma, os **particulares** que **forem se utilizar desses bens**, em situações incomuns, também deverão solicitar **autorização do Poder Público**, surgindo como exemplo o transporte de cargas pesadas ou perigosas por meio de veículos longos, demandando uma autorização especial para que possam circular em horário específico sem prejudicar o trânsito, que já se apresenta extremamente difícil.

No mesmo sentido, encontramos a necessidade de **aviso prévio** ao **Poder Público** quando da **realização** de **comícios** ou **passeatas**, porque, embora não possa a Administração impedir sua realização, deve ser notificada para que possa tomar as providências necessárias em relação ao trânsito e à segurança, até mesmo para prevenir a responsabilidade por possíveis incidentes, a teor do disposto no **art. 5º, XVI, da Constituição Federal:**

> **Art. 5º** (...)
> XVI — todos podem reunir-se pacificamente, sem armas, em locais abertos ao público, independentemente de autorização, desde que não frustrem outra reunião anteriormente convocada para o mesmo local, sendo apenas exigido prévio aviso à autoridade competente.

De resto, a mesma orientação apresenta-se no **art. 39 da Lei n. 9.504/97**, que **disciplina** as **eleições**. Confira-se:

> **Art. 39.** A realização de qualquer ato de propaganda partidária ou eleitoral, em recinto aberto ou fechado, não depende de licença da polícia.
>
> § 1º O candidato, partido ou coligação promotora do ato fará a devida comunicação à autoridade policial em, no mínimo, vinte e quatro horas antes de sua realização, a fim de que esta lhe garanta, segundo a prioridade do aviso, o direito contra quem tencione usar o local no mesmo dia e horário
>
> § 2º A autoridade policial tomará as providências necessárias à garantia da realização do ato e ao funcionamento do tráfego e dos serviços públicos que o evento possa afetar.

Feitas essas observações preliminares acerca do uso dos bens públicos, cumpre agora analisar os **instrumentos por meio dos quais pode a Administração repassar para terceiros o seu uso**, o que se fará a seguir.

16.4.1. Autorização

Em primeiro lugar, surge a **autorização de uso**, que pode ser definida como **ato administrativo**, **unilateral**, **discricionário** e **precário**, por meio do qual a autoridade administrativa faculta, no **interesse** do **particular**, **sem licitação**, o uso de um bem público para utilização em caráter episódico, precário, de curtíssima duração.

A **autorização de uso**, como se pode observar, tem como característica maior o seu **alto grau** de **precariedade**, além de ser **concedida** no **interesse** do **particular**, surgindo como exemplos o tráfego de veículos com características especiais, como visto anteriormente, o fechamento de uma rua para a realização de festas típicas por um final de semana, a instalação de mesas e cadeiras em frente a estabelecimentos comerciais, a utilização de um terreno público por um circo, também por um tempo extremamente curto.

Dessa forma, em razão de sua **precariedade**, **pode** ela **ser desfeita** a qualquer momento **sem** pagamento de **indenização**.

16.4.2. Permissão

O segundo instrumento a ser investigado é a **permissão** de **uso**, que pode ser definida como **ato unilateral**, **precário** e **discricionário**, pelo qual a Administração faculta a terceiros, **por meio** de **licitação**, o uso de um bem público para **fins de interesse coletivo**.

Estabelecendo-se um traço comparativo com a autorização de uso, percebe-se que as **três diferenças** importantes se referem ao **grau de precariedade** (aqui extremamente menor), **interesse**, que no caso não é exclusivamente do particular, mas sim da **coletividade** e, por fim, a necessidade de **abertura de licitação**.

Surgem como exemplos dessa modalidade de transferência de uso a instalação de banca de jornal, porque a calçada é um bem público, a instalação de barracas em feiras livres, de boxes em mercados municipais.

16.4.3. Concessão

O terceiro instrumento a averiguar é denominado **concessão de uso**, definido como **contrato administrativo** por meio do qual o Poder Público transfere, por **prazo certo** e **determinado, mediante licitação na modalidade única de concorrência pública**, o uso de um bem para terceiros, visando ao cumprimento de uma finalidade específica nos termos e condições fixados no ajuste.

Percebe-se que o **grau de precariedade** aqui é **inexistente**, uma vez que essa transferência, como visto, realiza-se por meio de contrato administrativo, que apresenta como característica comum a **existência** de **prazo certo e determinado**, o que impede seja ele desfeito, a qualquer momento, sem que se possa cogitar do pagamento de indenização e, por fim, **a necessidade de abertura de licitação na modalidade única de concorrência pública**.

Surgem como exemplos dessas circunstâncias a concessão para o uso de uma área de um aeroporto para um restaurante, um zoológico ou um parque municipal, para uma lanchonete ou um quiosque de flores em um cemitério, a exploração de equipamentos públicos em um parque público, bem como a exploração de um estádio de futebol ou ginásio poliesportivo etc.

16.4.4. Concessão de direito real

A quarta figura a ser analisada é a da **concessão de direito real de uso**, definida como **contrato** por meio do qual se **transfere**, como **direito real**, o **uso remunerado** ou **gratuito** de um **imóvel não edificado, mediante licitação na modalidade única de concorrência pública**.

Por via de consequência, a modalidade de transferência de uso **não se aplica a imóveis construídos** e **mesmo** em **relação a bens móveis**, sendo disciplinada pelo **Decreto-lei n. 271/67**, que estabelece quais os únicos objetivos possíveis de serem atingidos por essa via.

A concessão de direito real de uso só **poderá ter por objetivo** a edificação, a urbanização, a industrialização e o cultivo da terra, **revestindo-se** de **ilegalidade** sua utilização para qualquer outra finalidade.

16.4.5. Cessão

Por derradeiro, temos a figura da **cessão de uso**, que importa na **transferência** do **uso de certo bem de um órgão para outro**, **dentro da mesma pessoa política**, por **tempo certo** e **determinado**.

Essa forma de transferência **não** é **remunerada** e **dispensa autorização legislativa e licitação**, aperfeiçoando-se por simples termo de cessão.

Observe-se o quadro:

USO DOS BENS PÚBLICOS	
LEGITIMIDADE	São administrados pelas pessoas políticas que detêm a sua propriedade, de acordo com as prescrições estabelecidas na Constituição Federal
OMISSÃO	A omissão dessas pessoas quanto à correta utilização dos bens, permitindo sua deterioração, importa em responsabilização, na medida em que revela comportamentos incompatíveis com o princípio da indisponibilidade dos bens e interesses públicos
INSTRUMENTOS PARA A TRANSFERÊNCIA DO USO	■ **Autorização de uso:** ato administrativo, unilateral, discricionário e precário, por meio do qual a autoridade administrativa faculta, no interesse do particular, sem licitação, o uso de um bem público para utilização em caráter episódico, precário, de curtíssima duração ■ **Permissão de uso:** ato unilateral, precário e discricionário, pelo qual a Administração faculta a terceiros, por meio de licitação, o uso de um bem público para fins de interesse coletivo ■ **Concessão de uso:** contrato administrativo por meio do qual o Poder Público transfere, por prazo certo e determinado, mediante licitação na modalidade única de concorrência pública, o uso de um bem para terceiros, visando ao cumprimento de uma finalidade específica nos termos e condições fixados no ajuste ■ **Concessão de direito real de uso:** contrato por meio do qual se transfere, como direito real, o uso remunerado ou gratuito de um imóvel não edificado, mediante licitação na modalidade única de concorrência pública ■ **Cessão de uso:** importa na transferência do uso de certo bem de um órgão para outro, dentro da mesma pessoa política, por tempo certo e determinado

■ 16.5. ESPÉCIES DE BENS

■ 16.5.1. Noções gerais

Cada uma das pessoas integrantes de nossa Federação possui bens públicos que, aliás, como se viu, ficam sob sua responsabilidade.

Nesse contexto, trabalharemos apenas com as espécies de **bens pertencentes à União**, na medida em que a **Constituição** optou por relacioná-los de maneira expressa, a teor do disposto em seu **art. 20**, que mais uma vez se reproduz:

> **Art. 20.** São bens da União:
>
> I — os que atualmente lhe pertencem e os que lhe vierem a ser atribuídos;
>
> II — as terras devolutas indispensáveis à defesa das fronteiras, das fortificações e construções militares, das vias federais de comunicação e a preservação ambiental, definidas em lei;
>
> III — os lagos, rios e quaisquer correntes de água em terrenos de seu domínio, ou que banhem mais de um Estado, sirvam de limites com outros países, ou se estendam a território estrangeiro ou dele provenham, bem como os terrenos marginais e as praias fluviais;
>
> IV — as ilhas fluviais e lacustres nas zonas limítrofes com outros países; as praias marítimas; as ilhas oceânicas e as costeiras, excluídas, destas, as que contenham a sede de Municípios, exceto aquelas áreas afetadas ao serviço público e a unidade ambiental federal, e as referidas no art. 26, II;
>
> V — os recursos naturais da plataforma continental e da zona econômica exclusiva;

VI — o mar territorial;

VII — os terrenos de marinha e seus acrescidos;

VIII — os potenciais de energia hidráulica;

IX — os recursos minerais, inclusive os do subsolo;

X — as cavidades naturais subterrâneas e os sítios arqueológicos e pré-históricos;

XI — as terras tradicionalmente ocupadas pelos índios.

Para facilitar sua visualização, resolvemos sistematizá-los da seguinte forma: bens terrestres, aquaviários e integrantes do subsolo.

16.5.2. Modalidades

16.5.2.1. Bens terrestres

a) Terras devolutas

Em relação aos bens terrestres, a primeira figura relacionada pela Constituição compreende as chamadas terras devolutas, expressão sinônima de terras vazias, ou seja, aquelas que não estão afetadas nem a uma finalidade de uso comum, nem a uma finalidade de uso especial, razão pela qual foram inseridas na categoria de bens dominiais, representando, por esse aspecto, o patrimônio disponível do Estado.

As terras devolutas, que integram o patrimônio da União, são aquelas relacionadas no inciso II do art. 20, voltadas ao atingimento das seguintes finalidades: preservação ambiental e defesa de fronteiras, de fortificações militares e de vias federais de comunicação.

b) Terras tradicionalmente ocupadas pelos índios

Relacionadas no inciso XI do art. 20, pertencem ao patrimônio da União, que nessa qualidade é a responsável pela sua demarcação, restando para os índios apenas o seu usufruto, a teor do disposto no art. 231, § 2º, da CF. Confira-se:

> **Art. 231.** São reconhecidos aos índios sua organização social, costumes, línguas, crenças e tradições, e os direitos originários sobre as terras que tradicionalmente ocupam, competindo à União demarcá-las, proteger e fazer respeitar todos os seus bens. (...)
>
> § 2º As terras tradicionalmente ocupadas pelos índios destinam-se a sua posse permanente, cabendo-lhes o usufruto exclusivo das riquezas do solo, dos rios e dos lagos nelas existentes.

c) Faixa de fronteira

Compreende a faixa de terra com largura de 150 km voltada à defesa de nossas fronteiras, a teor do disposto no art. 20, § 2º, da CF.

16.5.2.2. Bens aquaviários

a) Mar territorial

O mar territorial corresponde a uma faixa de 12 milhas, contadas do litoral continental, sobre a qual o Estado exerce poderes de soberania (arts. 20, VI, da CF e 1º da Lei n. 8.617/93).

b) Zona econômica exclusiva

É uma faixa de 12 a 200 milhas, sobre a qual o Estado exerce poderes de exploração dos recursos naturais do mar (arts. 20, V, da CF e 4º da Lei n. 8.617/93).

c) Plataforma continental

É o prolongamento natural das terras da superfície sob a água do mar. Em outras palavras, trata-se da porção de terras submersas que apresenta a mesma estrutura geológica das terras do continente (arts. 20, V, da CF e 11 da Lei n. 8.617/93).

d) Lagos e rios

Pertencem ao patrimônio da União os lagos e os rios que banharem mais de um Estado, fizerem limite com outro país ou se estendam a território estrangeiro ou dele provenham (art. 20, III, da CF).

e) Terrenos de marinha

São formados pela porção de terras banhada pelas águas dos rios navegáveis ou pelas águas do mar (arts. 20, VII, da CF e 2º e 3º do Decreto-lei n. 9.760/46).

f) Ilhas

Esses bens, também relacionados como patrimônio da União, merecem destaque especial por força da alteração promovida pela EC n. 46/2005, que deu nova redação ao art. 20, IV, da CF, nos seguintes termos:

> **Art. 20.** (...)
>
> IV — as ilhas fluviais e lacustres nas zonas limítrofes com outros países; as praias marítimas; as ilhas oceânicas e as costeiras, excluídas, destas, as que contenham a sede de Municípios, exceto aquelas áreas afetadas ao serviço público e a unidade ambiental federal, e as referidas no art. 26, II.

■ *16.5.2.3. Subsolo*

Nessa categoria estão todas as riquezas minerais, além dos sítios arqueológicos e pré-históricos, a teor do disposto nos incisos IX e X do art. 20.

■ *16.5.2.4. Bens estaduais e os integrantes do patrimônio nacional*

Por derradeiro, convém registrar a possibilidade franqueada aos Estados, Municípios e Distrito Federal de participação na exploração dessas riquezas, desde que essa exploração esteja estabelecida e regulamentada por lei, conforme o disposto no art. 20, § 1º, da CF.

De outra parte, quanto aos **bens públicos estaduais**, a **Constituição** os relacionou, por exclusão, em seu **art. 26**.

Importante, ainda, fazer referência aos **bens integrantes do patrimônio nacional** relacionados no **art. 225, § 4º, da CF**. Confira-se:

> **Art. 225.** (...)
>
> § 4º A Floresta Amazônica brasileira, a Mata Atlântica, a Serra do Mar, o Pantanal Mato-Grossense e a Zona Costeira são patrimônio nacional, e sua utilização far-se-á, na

forma da lei, dentro de condições que assegurem a preservação do meio ambiente, inclusive quanto ao uso dos recursos naturais.

Examine-se o quadro a seguir:

ESPÉCIES DE BENS PERTENCENTES À UNIÃO	
BENS TERRESTRES	■ **Terras devolutas:** aquelas relacionadas no inciso II do art. 20, voltadas ao atingimento das seguintes finalidades: preservação ambiental e defesa de fronteiras, de fortificações militares e de vias federais de comunicação. ■ **Terras tradicionalmente ocupadas pelos índios:** relacionadas no inciso XI do art. 20, pertencem ao patrimônio da União, que nessa qualidade é a responsável pela sua demarcação, restando para os índios apenas o seu usufruto, a teor do disposto no art. 231, § 2º, da CF. ■ **Faixa de fronteira:** compreende a faixa de terra com largura de 150 km voltada à defesa de nossas fronteiras, a teor do disposto no art. 20, § 2º, da CF.
BENS AQUAVIÁRIOS	■ **Mar territorial:** corresponde a uma faixa de 12 milhas, contadas do litoral continental, sobre a qual o Estado exerce poderes de soberania (arts. 20, VI, da CF e 1º da Lei n. 8.617/93). ■ **Zona econômica exclusiva:** faixa de 12 a 200 milhas, sobre a qual o Estado exerce poderes de exploração dos recursos naturais do mar (arts. 20, V, da CF e 4º da Lei n. 8.617/93). ■ **Plataforma continental:** é o prolongamento natural das terras da superfície sob a água do mar. Em outras palavras, trata-se da porção de terras submersas que apresenta a mesma estrutura geológica das terras do continente (arts. 20, V, da CF e 11 da Lei n. 8.617/93). ■ **Lagos e rios:** pertencem ao patrimônio da União os lagos e os rios que banharem mais de um Estado, fizerem limite com outro país ou se estendam a território estrangeiro ou dele provenham (art. 20, III, da CF). ■ **Terrenos de marinha:** são formados pela porção de terras banhada pelas águas dos rios navegáveis ou pelas águas do mar (arts. 20, VII, da CF e 2º e 3º do Dec.-lei n. 9.760/46). ■ **Ilhas:** pertencem ao patrimônio da União as ilhas fluviais e lacustres nas zonas limítrofes com outros países; as praias marítimas; as ilhas oceânicas e as costeiras, excluídas, destas, as que contenham a sede de Municípios, exceto aquelas áreas afetadas ao serviço público e a unidade ambiental federal, e as referidas no art. 26, II, da CF.
SUBSOLO	Pertencem ao patrimônio da União todas as riquezas minerais, além de os sítios arqueológicos e pré-históricos, a teor do disposto nos incisos IX e X do art. 20.
BENS ESTADUAIS	São aqueles relacionados no art. 26 da Constituição: ■ as águas superficiais ou subterrâneas, fluentes, emergentes e em depósito, ressalvadas, neste caso, na forma da lei, as decorrentes de obras da União; ■ as áreas, nas ilhas oceânicas e costeiras, que estiverem no seu domínio, excluídas aquelas sob domínio da União, Municípios ou terceiros; ■ as ilhas fluviais e lacustres não pertencentes à União; ■ as terras devolutas não compreendidas entre as da União.
INTEGRANTES DO PATRIMÔNIO NACIONAL	São aqueles relacionados no art. 225, § 4º, da Constituição: ■ a Floresta Amazônica; ■ a Mata Atlântica; ■ a Serra do Mar; ■ o Pantanal Mato-Grossense; ■ a Zona Costeira.

■ 16.6. QUADRO SINÓTICO

BENS PÚBLICOS	
DEFINIÇÃO	Os que integram o patrimônio das pessoas jurídicas de direito público (CC, art. 98).
CLASSIFICAÇÃO	**Principal critério:** CC, art. 99. **Bens de uso comum:** afetados a toda a população: **Exemplos:** ■ mares; ■ rios; ■ estradas; ■ ruas; ■ praças. **Bens de uso especial:** afetados a uma finalidade específica. **Exemplos:** ■ repartições públicas; ■ aeroportos; ■ rodoviárias; ■ ginásios; ■ estádios; ■ bibliotecas; ■ escolas; ■ viaturas; ■ cemitérios. **Bens dominicais:** não estão afetados. **Exemplo:** terras devolutas (vazias).
Regime jurídico	
INALIENABILIDADE	**Regra geral:** não podem ser alienados. **Exceção:** alienação possível, desde que preenchidos os seguintes requisitos: ■ interesse público; ■ pesquisa prévia de preços; ■ licitação (concorrência ou leilão); ■ desafetação (bens de uso comum e especial); ■ autorização legislativa (bens imóveis).
IMPRESCRITIBILIDADE	Impossibilidade de aquisição por usucapião (CF, art. 183, § 3º, e art. 191, parágrafo único; Súmula 340 do STF; CC, art. 102).
IMPENHORABILIDADE	Impossibilidade de serem oferecidos em garantia para o cumprimento de obrigações contraídas pela Administração. **Fundamento:** a possibilidade de penhora implicaria desrespeito à ordem cronológica de liquidação de precatórios prevista no art. 100 da CF, além da perspectiva de interrupção da prestação de serviços públicos.
USO DOS BENS PÚBLICOS	A fixação de regras para o uso de bens públicos foi partilhada entre União, Estados, Municípios e DF. **Conservação:** como corolário, foi ela atribuída às mesmas pessoas (CF, art. 23, I).
Instrumentos para a transferência do uso para particulares	
AUTORIZAÇÃO	Ato administrativo, unilateral e discricionário, por meio do qual a autoridade administrativa faculta, no interesse do particular, o uso de um bem público para utilização em caráter episódico, precário, de curtíssima duração. **Exemplos:** ■ fechamento de ruas; ■ utilização de terreno para eventos em finais de semana.

PERMISSÃO	Ato unilateral, precário e discricionário, pelo qual a Administração faculta a terceiros o uso de um bem público para fins de interesse coletivo. **Exemplos:** ■ instalação de banca de jornal; ■ instalação de barracas em feiras livres; ■ instalação de boxes em mercados municipais; ■ colocação de mesas e cadeiras em frente a estabelecimentos comerciais.
CONCESSÃO	Contrato administrativo por meio do qual o Poder Público transfere, por prazo certo e determinado, o uso de um bem para terceiros, visando ao cumprimento de uma finalidade específica nos termos e condições fixados no ajuste. **Exemplos:** ■ construção de restaurantes, quiosques ou lojas em aeroportos, rodoviárias etc.; ■ instalação de um restaurante em zoológico ou em parque municipal; ■ instalação de uma lanchonete ou de um quiosque de flores em um cemitério.
CONCESSÃO DE DIREITO REAL	Contrato por meio do qual se transfere, como direito real, o uso remunerado ou gratuito de um imóvel não edificado. **Finalidade:** a concessão de direito real de uso só poderá ter por objetivo a edificação, a urbanização, a industrialização e o cultivo da terra (Decreto n. 271/67).
Bens da União	
NOÇÕES GERAIS	Cada uma das pessoas integrantes de nossa Federação possui bens públicos que, aliás, como se viu, ficam sob sua responsabilidade. **Bens da União:** aqueles relacionados no art. 20 da CF.
MODALIDADES	**Bens dos Estados:** CF, art. 26. **Bens dos Municípios:** CF, art. 30, VIII e IX. **Bens integrantes do patrimônio nacional:** CF, art. 225, § 4º.

■ 16.7. SÚMULAS SOBRE BENS PÚBLICOS

■ 16.7.1. Súmulas do STF

340. Desde a vigência do Código Civil, os bens dominicais, como os demais bens públicos, não podem ser adquiridos por usucapião.

479. As margens dos rios navegáveis são de domínio público, insuscetíveis de expropriação e, por isso mesmo, excluídas de indenização.

480. Pertencem ao domínio e administração da União, nos termos dos arts. 4º, IV e 186, da Constituição Federal de 1967, as terras ocupadas por silvícolas.

487. Será deferida a posse a quem, evidentemente, tiver o domínio, se com base neste for ela disputada.

650. Os incisos I e XI do art. 20 da CF não alcançam terras de aldeamentos extintos, ainda que ocupadas por indígenas em passado remoto.

■ 16.8. QUESTÕES

1. (Analista de Controle — Jurídica — TCE-PR — CESPE — 2016) Determinado órgão da administração pública pretende disponibilizar, mediante contrato por prazo determinado, uma área do prédio de sua sede — um bem público — para um particular instalar refeitório destinado aos servidores desse órgão.

Nessa situação, de acordo com a doutrina pertinente, o instituto legalmente adequado para se disponibilizar o uso privativo do bem público por particular é a

a) concessão de uso.
b) cessão de uso.
c) autorização de uso.
d) concessão de direito real de uso.
e) permissão de uso.

2. (Procurador do Estado — SEGEP-MA — FCC — 2016) O Governo do Estado do Maranhão decidiu constituir uma parceria público-privada na modalidade concessão administrativa, com a finalidade de contratar a construção de um estabelecimento prisional e a prestação de serviços associados a esse estabelecimento. Para garantia do recebimento da contraprestação pecuniária pelo parceiro privado, um imóvel onde funciona uma escola pública estadual, de propriedade do Estado, foi transferido ao Fundo Garantidor de Parcerias do Estado do Maranhão, após autorização da Assembleia Legislativa. Uma vez construída a unidade prisional e iniciada a prestação dos serviços a ela associados, o Estado passou a atrasar o pagamento da contraprestação devida ao parceiro privado. Por conta da inadimplência, o parceiro privado ajuizou ação de execução da dívida estatal, pleiteando em juízo a penhora do imóvel em que está instalado o estabelecimento escolar. Em vista de tal situação, é correto afirmar que

a) por se tratar de bem imóvel, deveria ser solicitada a hipoteca e não a penhora, que é utilizada apenas para bens móveis e semoventes.
b) em razão da natureza autárquica do Fundo, é impossível a penhora de bens de seu domínio.
c) a transferência do imóvel para o Fundo Garantidor é nula, visto que deveria ter ocorrida a prévia desafetação do bem.
d) em face da transferência para o Fundo Garantidor, o imóvel tornou-se bem de natureza particular, o que possibilita a sua constrição judicial para satisfação da dívida.
e) quaisquer bens pertencentes ao Estado e às entidades por ele controladas são impenhoráveis e, portanto, o pedido de penhora deve ser negado.

3. (Procurador do Estado — PGE-MT — FCC — 2016) Acerca do regime jurídico dos bens públicos, é correto afirmar:

a) Os bens de uso especial, dada a sua condição de inalienabilidade, não podem ser objeto de concessão de uso.
b) Chama-se desafetação o processo pelo qual um bem de uso comum do povo é convertido em bem de uso especial.
c) A investidura é hipótese legal de alienação de bens imóveis em que é dispensada a realização do procedimento licitatório.
d) Os bens pertencentes ao Fundo Garantidor de Parcerias Público-Privadas (Lei Federal n. 11.079/2004), embora possam ser oferecidos em garantia dos créditos do parceiro privado, mantêm a qualidade de bens públicos.
e) Os bens pertencentes às empresas públicas são públicos, diferentemente dos bens pertencentes às sociedades de economia mista.

4. (Procurador Jurídico — Prefeitura de Alumínio-SP — VUNESP — 2016) As Escolas Municipais do Município de Alumínio são

a) bens de uso especial e, no tocante ao regime jurídico, são inalienáveis enquanto estiverem afetados.
b) bens de uso comum e, no tocante ao regime jurídico, são inalienáveis enquanto estiverem afetados.
c) bens dominicais e, no tocante ao regime jurídico, são inalienáveis enquanto estiverem afetados.
d) bens de uso comum e, no tocante ao regime jurídico, não há qualquer restrição à sua alienação.
e) bens de uso especial e, no tocante ao regime jurídico, não há qualquer restrição à sua alienação.

5. (Procurador — Prefeitura de Paulínia-SP — FGV — 2016) Com relação ao regime jurídico dos bens públicos, assinale V para a afirmativa verdadeira e F para a falsa.

( ) A alienação de bem público imóvel municipal depende de autorização legislativa.
( ) É possível que a Administração Pública adquira bem imóvel por usucapião.
( ) Os Municípios não constam da vocação hereditária de aquisição de propriedade, caso o antigo proprietário faleça sem que sobreviva qualquer herdeiro.

As afirmativas são, respectivamente,

a) V, V e F.
b) V, F e F.
c) V, F e V.
d) F, V e F.
e) F, V e V.

6. (Procurador Municipal — Prefeitura de Chapecó-SC — IOBV — 2016) Com respeito aos bens públicos, assinale a alternativa incorreta.

a) As terras habitadas pelos índios em caráter permanente são bens pertencentes à União, e por possuírem destinação específica, são classificados como bens públicos de uso especial.
b) Uma faixa de fronteira é um bem público, e corresponde à área de cento e cinquenta quilômetros de largura, que corre paralelamente à linha terrestre demarcatória da divisa entre o território nacional e os países estrangeiros. Estas terras, por sua vez, são insuscetíveis de usucapião.
c) Terrenos reservados são bens públicos banhados pelas correntes navegáveis, fora do alcance das marés, que se estendem até a distância de quinze metros para a parte da terra, contados desde a linha média das enchentes ordinárias.
d) Os terrenos de marinha são as áreas banhadas pela água do mar, ou dos rios navegáveis, que se estendem à distância de trinta e três metros para a área terrestres, contados da linha do preamar médio do ano de mil oitocentos e trinta e um, devendo seus ocupantes pagarem laudêmio à União, uma vez que trata-se de bem público.

7. (Titular de Serviços de Notas e de Registros — Remoção — TJ-MG — CONSULPLAN — 2017) Com relação aos bens públicos, é correto afirmar que

a) os bens dominicais, não estando afetados a finalidade pública específica, podem ser alienados por meio de institutos do direito privado (compra e venda, doação, permuta) ou do direito público (investidura, legitimação de posse e retrocessão).
b) a concessão de uso de bem público dispensa licitação.
c) compra, permuta ou doação com encargo de bens imóveis dependerá de interesse público devidamente justificado, prévia avaliação e de licitação na modalidade concorrência.
d) são classificados como bens de uso comum do povo aqueles de utilização pública a exemplo dos imóveis onde se encontram instaladas as repartições públicas da Administração municipal, estadual ou federal e os museus.

8. (Procurador Jurídico — Câmara de Marília-SP — VUNESP — 2016) Assinale a alternativa que corretamente discorre sobre os bens públicos sob a perspectiva do direito administrativo pátrio.

a) Os bens públicos não são bens de qualquer natureza, porque na categoria de bens públicos se inserem os bens corpóreos, como móveis, imóveis ou semoventes, excluindo-se os incorpóreos, como créditos, direitos e ações.
b) A propósito da titularidade dos bens públicos, há uma particularidade a destacar, os titulares não são as pessoas jurídicas públicas, e sim os órgãos que as compõem, como o Tribunal de Justiça, a Assembleia Legislativa e o Ministério Público.
c) São bens municipais aqueles localizados em seu território e que constituam as terras devolutas necessárias à defesa das fronteiras, das fortificações e construções militares e os terrenos de marinha e seus acrescidos.
d) São públicos os bens do domínio nacional pertencentes às pessoas jurídicas de direito público interno; todos os outros são particulares, seja qual for a pessoa a que pertencerem.
e) Os bens dominicais são aqueles que se destinam à utilização geral pelos indivíduos, podendo ser federais, estaduais ou municipais, neles prevalecendo o sentido de destinação pública, pela utilização efetiva destes pelos membros da coletividade.

9. (Promotor de Justiça Substituto — MPE-MG — FUNDEP (Gestão de Concursos) — 2017) Analise as seguintes assertivas sobre bens públicos:

I. A venda de bens públicos imóveis será obrigatoriamente precedida de licitação e depende também de autorização legislativa, interesse público devidamente justificado e avaliação prévia.

II. Independe de transcrição imobiliária a concessão de domínio que tiver como destinatário pessoa estatal.
III. A doação de bens móveis públicos é admissível exclusivamente para fins de interesse social e depende de avaliação prévia e autorização legal.
IV. A alienação ou a concessão, a qualquer título, de terras públicas com área superior a dois mil e quinhentos hectares a pessoa física ou jurídica, ainda que por interposta pessoa, dependerá de prévia aprovação do Congresso Nacional, exceto quando a alienação ou concessão de terras públicas tiver por finalidade reforma agrária.

Somente está CORRETO o que se afirma em:

a) I e II.
b) I e III.
c) II e III.
d) II e IV.

10. (Juiz Federal Substituto — TRF-3ª Região — 2016) Dadas as assertivas abaixo, assinale a alternativa correta. São bens da União:

I. O mar territorial, entendido como uma faixa de doze milhas marítimas de largura, medidas a partir da linha de baixa-mar do litoral continental e insular, tal como indicada nas cartas náuticas de grande escala, reconhecidas oficialmente no Brasil.
II. Os recursos naturais da plataforma continental, entendida como o subsolo das áreas submarinas que se estendem além do seu mar territorial, em toda a extensão do prolongamento natural de seu território terrestre, até o bordo exterior da margem continental, ou até uma distância de cento e cinquenta milhas marítimas das linhas de base, a partir das quais se mede a largura do mar territorial, nos casos em que o bordo exterior da margem continental não atinja essa distância.
III. Os recursos naturais da zona econômica exclusiva, entendida como uma faixa que se estende das doze às duzentas milhas marítimas, contadas a partir das linhas de base que servem para medir a largura do mar territorial.

Estão corretas:

a) I, II e III.
b) I e III.
c) II e III.
d) Apenas III.

■ GABARITO ■

1. "a".
2. "c".
3. "c".
4. "a".
5. "a".
6. "b".
7. "a".
8. "d".
9. "d".
10. "b".

17

PROCESSO ADMINISTRATIVO FEDERAL

17.1. NOÇÕES GERAIS

A matéria está disciplinada, no âmbito da Administração Federal, direta e indireta, pela **Lei n. 9.784/99**, que, logo em seu **art. 1º**, **define** seu **objeto** da seguinte forma:

> **Art. 1º** Esta lei estabelece normas básicas sobre o processo administrativo no âmbito da Administração Federal, direta e indireta, visando, em especial, à proteção dos direitos dos administrados e ao melhor cumprimento dos fins da Administração.

Nesse contexto, importante salientar que a **edição dessa lei não revoga** as **normas** que disciplinam os **processos administrativos específicos**, que continuarão, pois, em vigor, aplicando-se apenas em caráter subsidiário o seu conteúdo.

De resto, é o que se conclui por meio da leitura do **art. 69**, cuja redação diz:

> **Art. 69.** Os processos administrativos específicos continuarão a reger-se por lei própria, aplicando-se-lhes apenas subsidiariamente os preceitos desta lei.

Para maior compreensão, observe-se o quadro:

LEGISLAÇÃO	Lei n. 9.784/99
OBJETO	Estabelece normas gerais sobre processos administrativos para a Administração federal direta e indireta (art. 1º)
EXTENSÃO	Aplicabilidade para os órgãos Legislativo e Judiciário da União quando do desempenho de função pública (art. 1º, § 1º)
OBJETIVO	Proteção dos direitos dos administrados (art. 1º)
LIMITE	Não se aplica a referida legislação para os processos administrativos específicos regidos por leis próprias (art. 69)

17.2. PRINCÍPIOS

Sem dúvida nenhuma, outro aspecto importante a ser considerado diz respeito aos **princípios** que deverão nortear toda a atividade da Administração Pública Federal em **matéria** de **processos administrativos**.

Estão eles relacionados, de maneira exemplificativa, no **art. 2º** dessa lei, cuja redação é:

Art. 2º A Administração Pública obedecerá, dentre outros, aos princípios da legalidade, finalidade, motivação, razoabilidade, proporcionalidade, moralidade, ampla defesa, contraditório, segurança jurídica, interesse público e eficiência.

Como se observa da leitura do dispositivo legal transcrito, além de oferecer a essa **relação** de princípios um **caráter meramente exemplificativo**, o legislador houve por bem, desde logo, ampliá-la, se levarmos em consideração aqueles relacionados no art. 37, *caput*, da CF.

Realmente, surgem aqui, a título de inovação, os princípios da **finalidade, motivação, razoabilidade, proporcionalidade, ampla defesa, contraditório, segurança jurídica e interesse público**.

Neste particular, oportuno registrar que, em nome dos princípios do **contraditório** e da **ampla defesa**, importantes vertentes da cláusula do **devido processo legal**, nossa Corte Suprema editou a **Súmula Vinculante 21**, a qual veda a fixação de exigências de caráter financeiro para a propositura de recursos administrativos. Confira-se:

> **Súmula Vinculante 21:** É inconstitucional a exigência de depósito ou arrolamento prévios de dinheiro ou bens para admissibilidade de recurso administrativo.

Essa orientação revela-se de extremo acerto, uma vez que, além de **compatibilizar-se** com o **art. 5º, XXXIV, *a*, da Constituição**, impede também que, em nome de aspectos financeiros, esvazie-se a diretriz da **ampla defesa** estabelecida no **art. 5º, LV**.

Sem embargo, **não podemos concluir** que a **relação** de **princípios** é **exaustiva**, em vista da **expressão "dentre outros"** utilizada pelo legislador.

Também não podemos ignorar a necessidade de utilização dos princípios da publicidade e da impessoalidade, que, nada obstante não surgirem no dispositivo em análise, estão expressamente previstos no mencionado comando constitucional.

De toda sorte, importante mencionar que a presença desses princípios se fará sentir, a título de desdobramento, por toda a análise que se realizará em relação aos dispositivos presentes nesse diploma legal.

LOCALIZAÇÃO	Art. 2º da Lei n. 9.784/99
NATUREZA	Elenco meramente exemplificativo
ESPÉCIES	■ legalidade ■ finalidade ■ motivação ■ razoabilidade ■ proporcionalidade ■ moralidade ■ ampla defesa ■ contraditório ■ segurança jurídica ■ interesse publico ■ eficiência

17.2.1. Critérios de atuação e direitos dos administrados

No **art. 2º** o legislador, depois de relacionar, como visto, os princípios norteadores da atividade administrativa, houve por bem, no **parágrafo único**, relacionar os **critérios de atuação** a serem observados. Confira-se:

> **Art. 2º** (...)
> Parágrafo único. Nos processos administrativos serão observados, entre outros, os critérios de: (...)

Dentro desse contexto, no próprio **art. 2º**, o legislador teve o cuidado de estabelecer o que se deve entender por **proporcionalidade** ou **razoabilidade**, como se verifica da leitura do **parágrafo único, inciso VI:**

> **Art. 2º** (...)
> Parágrafo único. (...)
> VI — adequação entre meios e fins, vedada a imposição de obrigações, restrições e sanções em medida superior àquelas estritamente necessárias ao atendimento do interesse público.

Não há dúvida de que essa **previsão legal** acaba, de maneira expressa, **impedindo** possa o **administrador tomar medidas** que **não se revelem adequadas**, que não demonstrem correspondência com os fatos que lhe foram trazidos para a apreciação e que não se revelem necessárias para o atendimento do interesse público.

Outrossim, **impede** a **aplicação** de **sanções** que **não tenham correspondência com os fatos** que foram **apurados** no curso do processo e, portanto, em medida superior ao necessário para a preservação do interesse público.

Essa prescrição legal surge como desdobramento natural dos princípios da razoabilidade e da proporcionalidade mencionados no *caput* do art. 2º da lei, que **tem por objetivo assegurar maior proteção** dos **direitos** dos **administrados** e balizar o desenvolvimento das atividades do administrador, conforme previsto no art. 1º.

A mesma situação se verifica em relação ao **princípio da motivação**, uma vez que o legislador se preocupou em estabelecer o que se deve entender por essa diretriz, o que se verifica do **art. 2º, parágrafo único, VII:**

> **Art. 2º** (...)
> VII — indicação dos pressupostos de fato e de direito que determinarem a decisão.

Essa previsão legal, embora singela em seu conteúdo, **gera desdobramentos** importantíssimos, na medida em que **confirma** a **conclusão** atingida nos capítulos iniciais desta obra, em particular quando da análise dos princípios, **segundo a qual, ao editar um ato, deve** o **administrador mencionar** não só o **dispositivo legal** no qual procurou amparo para sua decisão **mas também os fatos** que, concretamente, o levaram a aplicar o dispositivo genérico, abstrato e impessoal para o caso colocado sob sua apreciação.

A preocupação do legislador em assegurar os direitos dos administrados e balizar a atividade do administrador torna-se nítida, uma vez mais, com a abertura de capítulo específico voltado ao tema da **motivação, composto por** um **único artigo**, mas que traz uma riqueza enorme, como se verifica:

> **Art. 50.** Os atos administrativos deverão ser motivados, com indicação dos fatos e dos fundamentos jurídicos, quando:
>
> I — neguem, limitem ou afetem direitos ou interesses;
>
> II — imponham ou agravem deveres, encargos ou sanções;
>
> III — decidam processos administrativos de concurso ou seleção pública;
>
> IV — dispensem ou declarem a inexigibilidade de processo licitatório;
>
> V — decidam recursos administrativos;
>
> VI — decorram de reexame de ofício;
>
> VII — deixem de aplicar a jurisprudência firmada sobre a questão ou discrepem de pareceres, laudos, propostas e relatórios oficiais;
>
> VIII — importem anulação, revogação, suspensão ou convalidação de ato administrativo.
>
> § 1º A motivação deve ser explícita, clara e congruente, podendo consistir em declaração de concordância com fundamentos de anteriores pareceres, informações, decisões ou propostas que, neste caso, serão parte integrante do ato.
>
> § 2º Na solução de vários assuntos da mesma natureza, pode ser utilizado meio mecânico que reproduza os fundamentos das decisões, desde que não prejudique direito ou garantia dos interessados.
>
> § 3º A motivação das decisões de órgãos colegiados e comissões ou de decisões constará da respectiva ata ou de termo escrito.

Essas **exigências**, com toda a certeza, foram **inseridas** pelo legislador com o claro **objetivo** de **oferecer** maior **proteção aos direitos dos administrados**, na medida em que conferem a eles diversas possibilidades de defesa a partir do instante em que tomarem conhecimento das razões que levaram o administrador a agir daquela forma.

Sem embargo, como visto anteriormente, é exatamente **a partir do conhecimento dessas razões**, que nortearam a atividade do administrador, que o **Poder Judiciário terá condições**, desde que provocado por terceiros, de **estabelecer** um **controle de legalidade** dos atos.

Nesse contexto, poderemos mencionar, ainda, como **desdobramento** da previsão do **princípio da motivação**, nos termos propostos pelo art. 2º, parágrafo único, VII, a regra estabelecida no **art. 38** dessa lei, em especial a relacionada no **§ 2º**, como se verifica:

> **Art. 38.** O interessado poderá, na fase instrutória e antes da tomada da decisão, juntar documentos e pareceres, requerer diligências e perícias, bem como aduzir alegações referentes à matéria objeto do processo.
>
> § 1º Os elementos probatórios deverão ser considerados na motivação do relatório e da decisão.
>
> § 2º Somente poderão ser recusadas, mediante decisão fundamentada, as provas propostas pelos interessados quando sejam ilícitas, impertinentes, desnecessárias ou protelatórias.

A **mesma realidade**, de resto, pode ser observada quando da leitura da redação do **art. 47** dessa lei, em que o legislador, a título de encerramento do capítulo relativo à instrução, esclarece quais os itens que deverão constar dessa decisão:

> **Art. 47.** O órgão de instrução que não for competente para emitir a decisão final elaborará relatório indicando o pedido inicial, o conteúdo das fases do procedimento e formulará proposta de decisão, objetivamente justificada, encaminhando o processo à autoridade competente.

Em outro momento, o legislador, como desdobramento do **princípio da publicidade**, assegura para o administrado o **direito a ter ciência da tramitação de processos** e, como consequência, **vista dos autos, cópia de documentos**, para propiciar o **contraditório** e **ampla defesa**, oferecendo especial proteção aos seus direitos, conforme previsão estabelecida no art. 1º dessa lei.

É o que se verifica por meio da leitura do **art. 3º, II**, cuja redação a seguir se reproduz:

> **Art. 3º** O administrado tem os seguintes direitos perante a Administração, sem prejuízo de outros que lhe sejam assegurados: (...)
>
> II — ter ciência da tramitação dos processos administrativos em que tenha a condição de interessado, ter vista dos autos, obter cópias de documentos neles contidos e conhecer as decisões proferidas.

Ainda neste dispositivo, importante destacar a previsão estabelecida no **inciso IV**, em que o legislador relaciona como **direito do administrado** o de **fazer-se assistir por advogado**, nos seguintes termos:

> **Art. 3º** (...)
>
> IV — fazer-se assistir, facultativamente, por advogado, salvo quando obrigatória a representação, por força de lei.

Percebe-se pelo dispositivo reproduzido que volta à cena a importância atribuída ao **advogado** para a concretização do **princípio do devido processo legal**, em especial em relação à **ampla defesa**.

Essa condição do advogado resulta, como já visto, da previsão estabelecida no **art. 133** da **Constituição**, da **Súmula 343 do STJ**, bem como da **Súmula Vinculante 5**, que, pela oportunidade, uma vez mais a seguir se reproduz:

> **Art. 133.** O advogado é indispensável à administração da justiça, sendo inviolável por seus atos e manifestações no exercício da profissão, nos limites da lei.

> **Súmula 343 do STJ:** É obrigatória a presença de advogado em todas as fases do processo administrativo disciplinar.
>
> **Súmula Vinculante 5:** A falta de defesa técnica por advogado no processo administrativo disciplinar não ofende a Constituição.

Em relação a esta última, como já visto, foi ela objeto de pedido de cancelamento por parte da OAB, decidido pela **Suprema Corte** em **novembro** de **2016**, em que **concluiu** pela **manutenção de seu verbete**.

Nesse sentido, cumpre reiterar que a **aplicação dessa súmula**, em respeito ao princípio da ampla defesa, **só terá lugar para aquelas situações em que no curso de um processo administrativo o acusado, por mera liberalidade, abre mão desse direito**.

Ainda sobre este item, importante observar que de nada adiantaria o oferecimento de **defesa técnica por advogado** não tivesse ele **amplo acesso** a todo o **conteúdo** do **processo**.

Essa situação, que em um primeiro momento se apresenta óbvia, levou a **Suprema Corte** à necessidade de sumular a matéria, consoante se verifica do verbete da **Súmula Vinculante 14**, a seguir reproduzida:

> **Súmula Vinculante 14:** É direito do defensor, no interesse do representado, ter acesso amplo aos elementos de prova que, já documentados em procedimento investigatório realizado por órgão com competência de polícia judiciária, digam respeito ao exercício do direito de defesa.

Por fim, oportuno anotar que essa situação não se confunde com aquela envolvendo os **terceiros interessados**, que poderão ter o **direito à vista do processo restrito** para situações que possam colocar em **risco** o **direito** à **privacidade**, à **honra** ou à **imagem**, conforme se verifica da previsão estabelecida no **art. 46**.

> **Art. 46.** Os interessados têm direito à vista do processo e a obter certidões ou cópias reprográficas dos dados e documentos que o integram, ressalvados os dados e documentos de terceiros protegidos por sigilo ou pelo direito à privacidade, à honra e à imagem.

De outra parte, passados em revista os princípios básicos que norteiam todo o procedimento administrativo, além dos desdobramentos deles resultantes, dentro e fora dessa lei, passamos, agora, a averiguar algumas **noções importantes** em relação ao **processo administrativo propriamente dito**, em especial quanto às suas **etapas de desenvolvimento**, o que se fará a seguir.

Para melhor visualização deste item, observe-se o seguinte quadro:

CRITÉRIOS DE ATUAÇÃO DA ADMINISTRAÇÃO	**Localização:** art. 2º, parágrafo único **Destaques:** ■ razoabilidade (art. 2º, parágrafo único, VI) ■ motivação (arts. 2º, parágrafo único, VII; 38; 47 e 50) ■ garantia dos direitos à comunicação, à apresentação de alegações finais, à produção de provas e à interposição de recursos, nos processos de que possam resultar sanções e nas situações de litígio ■ proibição de cobrança de despesas processuais, ressalvadas as previstas em lei ■ interpretação da norma administrativa da forma que melhor garanta o atendimento do fim público a que se dirige, vedada a aplicação retroativa de nova interpretação

DIREITOS DOS ADMINISTRADOS	**Localização:** art. 3º, parágrafo único **Natureza:** elenco meramente exemplificativo **Destaques:** ■ ter ciência da tramitação dos processos em que tenha condição de interessado ■ ter vista dos autos ■ obtenção de cópias de documentos ■ assistência facultativa por advogado, salvo quando obrigatória por força de lei

■ 17.3. ETAPAS DO PROCESSO ADMINISTRATIVO

O **início do processo** pode verificar-se de acordo com a previsão contida no **art. 5º**, de ofício ou a pedido do interessado, e o próprio legislador cuidou de relacionar aqueles que podem ser assim considerados por meio da redação do **art. 9º**, a seguir reproduzida:

> **Art. 9º** São legitimados como interessados no processo administrativo:
>
> I — pessoas físicas ou jurídicas que o iniciem como titulares de direitos ou interesses individuais ou no exercício do direito de representação;
>
> II — aqueles que, sem terem iniciado o processo, têm direitos ou interesses que possam ser afetados pela decisão a ser adotada;
>
> III — as organizações e associações representativas, no tocante a direitos e interesses coletivos;
>
> IV — as pessoas ou as associações legalmente constituídas quanto a direitos ou interesses difusos.

A **competência** para abrir, desenvolver e encerrar o **processo administrativo**, outrossim, deve obedecer aos critérios previstos em lei, sendo ela **irrenunciável**, conforme se verifica da redação do **art. 11:**

> **Art. 11.** A competência é irrenunciável e se exerce pelos órgãos administrativos a que foi atribuída como própria, salvo os casos de delegação e avocação legalmente admitidos.

Observa-se que o dispositivo surge como **desdobramento** do denominado **poder hierárquico**, atribuído ao Poder Público, por meio do qual tem ele competência para estabelecer sua organização, sua estrutura interna.

Assim, torna-se claro que o **processo administrativo aberto**, **desenvolvido** e **encerrado por pessoa incompetente** para tanto **é nulo**, devendo, pois, ser desconsiderados todos os efeitos por ele gerados.

De toda sorte, como visto no **art. 11**, se a **regra geral** aponta para a **impossibilidade** de **delegação** das **competências** atribuídas ao administrador, excepcionalmente poderá fazê-lo, de forma legítima, nas hipóteses autorizadas por lei.

Dentro desse contexto, importante observar que, para concluir pela **possibilidade ou não de delegação de competências**, o legislador lançou mão do critério expresso, vale dizer, estabeleceu em quais situações ela não poderá ocorrer, a teor do disposto no seu **art. 13**, a seguir reproduzido:

> **Art. 13.** Não podem ser objeto de delegação:
> I — a edição de atos de caráter normativo;
> II — a decisão de recursos administrativos;
> III — as matérias de competência exclusiva do órgão ou autoridade.

Percebe-se, portanto, da orientação oferecida pelo legislador, que, exceção feita às hipóteses relacionadas no art. 13, **todas as demais podem ser objeto de delegação**, de forma legítima.

De resto, é a conclusão que se extrai da leitura conjunta dos arts. 11, parte final, e 13, já reproduzidos.

Assim, a título de exemplificação, não incide nessa proibição estabelecida no art. 13 a situação envolvendo a instauração de processo e mesmo a designação de membros integrantes da comissão processante, outra não sendo a orientação consolidada no nível de nossa Suprema Corte, consoante decisão proferida em abril de 2013, no RMS 31.207-DF, relatado pelo Ministro Dias Toffoli.

> "Recurso ordinário em mandado de segurança. Agente da Polícia Federal. Processo administrativo disciplinar. Vício de incompetência da autoridade para instaurar processo e para designar membros da comissão processante. Não ocorrência. Possibilidade de delegação de competência. Recurso não provido. 1. Delegação de competência para designar os membros de comissão disciplinar amparada na legislação pátria, na medida em que não há ressalva legal apta a impedi-la, além de ser evidente que a designação combatida não se caracteriza como exclusiva (arts. 11, 12 e 13 da Lei n. 9.784/99). Precedente. O Decreto n. 73.332/72 não extrapola os limites impostos pela Lei n. 4.878/65. Não ocorrência de abuso do poder regulamentar. 2. A designação de comissão disciplinar posteriormente ao fato, por si só, não configura violação do princípio do juiz natural, pois à autoridade se impõe a apuração somente a partir da ciência de irregularidade, conforme o art. 143 da Lei n. 8.112/90. Não se faz evidente nos autos eletrônicos qualquer prejuízo à defesa do recorrente que imponha o reconhecimento da nulidade por afronta ao disposto no § 2º do art. 53 da Lei n. 4.878/65. 3. Recurso não provido".

Na referida decisão, a **Suprema Corte** concluiu pela **inexistência de vício de incompetência** de autoridade nas situações mencionadas no parágrafo anterior, vale dizer, para instauração de processo e para designação de membros da comissão processante.

De outra parte, ainda em relação ao tema relacionado à competência dentro do processo administrativo disciplinar, verificou-se, através da reprodução do art. 11, a possibilidade, ainda que em caráter excepcional, de se promover uma **avocação de competências**, desde que, por óbvio, **respeitados** os **limites** estabelecidos pelo referido **diploma legal**.

Nesse particular, sobreleva notar que a matéria encontra-se registrada no **art. 15**, cuja redação a seguir se reproduz:

> **Art. 15.** Será permitida, em caráter excepcional e por motivos relevantes devidamente justificados, a avocação temporária de competência atribuída a órgão hierarquicamente inferior.

A leitura do dispositivo reproduzido permite inferir quais as **exigências** relacionadas pelo legislador **para legitimar a avocação de competências**, a começar pela necessidade de **motivação**, para que se possa apurar acerca da caracterização de situação de interesse público.

De outra parte, que essa avocação de competências só poderá ser promovida por **autoridade superior**, em relação a competências de autoridade inferior, vedando-se, por óbvio, o contrário.

Por derradeiro, essa transferência de competências **não poderá vir em caráter permanente**, mas, ao revés, por prazo determinado.

Assim sendo, a título de conclusão, tem-se que a **avocação** promovida em **desrespeito** a uma dessas **exigências** fixadas pelo legislador **revela-se ilegal**, abrindo a possibilidade daquele que por ela foi atingido de buscar direitos lesados no Judiciário.

A título de exemplificação, observa-se a possibilidade de avocação de competências para aquelas situações em que o superior hierárquico percebe que a matéria que se encontra nas mãos de um de seus subordinados apresenta enorme importância, ou ainda para aquelas circunstâncias em que percebe ele que seu subordinado está postergando, de forma injustificada, a solução de um processo que se encontra em suas mãos.

De toda sorte, importante anotar que **ambas as figuras apresentam suporte no chamado poder hierárquico**, uma vez que para que, se possa cogitar essa transferência de competências, pressupõe-se a existência de uma relação de hierarquia e subordinação.

Da mesma forma, com o objetivo de assegurar o cumprimento do princípio da impessoalidade e de oferecer concretude ao disposto no art. 1º dessa lei, o **art. 18 relaciona** as **pessoas** que estão **impedidas** de **atuar em processo administrativo:**

> **Art. 18.** É impedido de atuar em processo administrativo o servidor ou autoridade que:
>
> I — tenha interesse direto ou indireto na matéria;
>
> II — tenha participado ou venha a participar como perito, testemunha ou representante ou se tais situações ocorrem quanto ao cônjuge, companheiro ou parente e afins até o terceiro grau;
>
> III — esteja litigando judicial ou administrativamente com o interessado ou respectivo cônjuge ou companheiro.

Por óbvio, a **atuação** nesses processos **por pessoas atingidas por essas vedações** estabelecidas pela lei, no dispositivo reproduzido, **levam à nulidade dos atos** e decisões por elas proferidas, abrindo-se, uma vez mais, a perspectiva de seu controle pelo Judiciário.

Quanto ao **trâmite do processo administrativo**, frise-se que a Lei n. 12.008/2009 acrescentou o **art. 69-A** à Lei n. 9.784/99, para prever a **prioridade** de **tramitação** dos **processos** em que figurem como parte ou interessado pessoas em determinadas situações, como segue:

> **Art. 69-A.** Terão prioridade na tramitação, em qualquer órgão ou instância, os procedimentos administrativos em que figure como parte ou interessado:

> I — pessoa com idade igual ou superior a 60 (sessenta) anos;
>
> II — pessoa portadora de deficiência, física ou mental;
>
> III — (Vetado)
>
> IV — pessoa portadora de tuberculose ativa, esclerose múltipla, neoplasia maligna, hanseníase, paralisia irreversível e incapacitante, cardiopatia grave, doença de Parkinson, espondiloartrose anquilosante, nefropatia grave, hepatopatia grave, estados avançados da doença de Paget (osteíte deformante), contaminação por radiação, síndrome de imunodeficiência adquirida, ou outra doença grave, com base em conclusão da medicina especializada, mesmo que a doença tenha sido contraída após o início do processo.
>
> § 1º A pessoa interessada na obtenção do benefício, juntando prova de sua condição, deverá requerê-lo à autoridade administrativa competente, que determinará as providências a serem cumpridas.
>
> § 2º Deferida a prioridade, os autos receberão identificação própria que evidencie o regime de tramitação prioritária.

De outra parte, quanto às previsões contidas no capítulo relativo à **forma, tempo** e **lugar dos atos do processo**, chama a atenção a regra estabelecida no **art. 22, § 1º**, que determina, em linhas gerais, a necessidade de os **atos** integrantes do processo serem **exteriorizados por escrito**, como se vê:

> **Art. 22.** Os atos do processo administrativo não dependem de forma determinada senão quando a lei expressamente a exigir.
>
> § 1º Os atos do processo devem ser produzidos por escrito, em vernáculo, com a data e o local de sua realização e a assinatura da autoridade responsável.

Inquestionavelmente, a inserção dessa regra tem por **objetivo** cristalino **permitir** o **controle dos atos** praticados pela Administração, assegurando, por via de consequência, mais proteção aos direitos dos administrados, conforme previsão estabelecida no art. 1º.

Com efeito, a **obrigação** de serem eles **exteriorizados por escrito**, aliada à necessidade de virem acompanhados dos **fundamentos de fato e de direito**, conforme previsão estabelecida no **art. 2º, VII**, confere a possibilidade de **contraditório e ampla defesa**, segundo regra constitucional.

Aliás, não é outra a diretriz estabelecida pelo próprio legislador ao tratar da **comunicação dos atos aos administrados**, como se verifica do **art. 26, § 1º, VI**, cuja redação a seguir se reproduz:

> **Art. 26.** O órgão competente perante o qual tramita o processo administrativo determinará a intimação do interessado para a ciência de decisão ou a efetivação de diligências.
>
> § 1º A intimação deverá conter: (...)
>
> VI — a indicação dos fatos e fundamentos legais pertinentes.

Uma vez mais se verifica que o legislador, em nome dos princípios do **contraditório**, da **ampla defesa** e da **motivação**, estipulou a **necessidade** de os **atos** praticados em um processo administrativo virem **acompanhados** das **razões** que lhes deram origem, a fim de também permitir um controle efetivo de legalidade pelo Poder Judiciário.

Quanto ao aspecto específico relativo à **instrução** desses **processos administrativos**, cumpre destacar, em primeiro lugar, a regra estabelecida no **art. 30**, que, reproduzindo diretriz constitucional, torna **inadmissível** a **prova obtida por meio ilícito**.

Registre-se também a possibilidade de se abrir período de **consulta pública** para a manifestação de terceiros naquelas situações em que a matéria do processo envolver **assunto de interesse geral**, consoante o disposto no **art. 31**.

Curioso observar que, não obstante ser franqueada a terceiros a possibilidade de participação no processo, essa situação não os equipara às pessoas relacionadas no art. 9º.

Sem embargo, assegura-lhes o direito à obtenção de respostas fundamentadas por parte da Administração, conforme previsão estabelecida no § 2º do art. 31.

Oportuno consignar, ainda, a possibilidade de realização de **audiências públicas** para **matérias** consideradas **relevantes**, de forma a permitir mais debates **para a obtenção de subsídios** a nortear a decisão a ser tomada, visto que, conforme observado, deverá ela vir **acompanhada** das **razões**, dos **fundamentos que lhe deram origem**, conforme previsão estabelecida no **art. 32**.

Encerrada a fase de instrução, a lei reserva um capítulo apenas para asseverar o **dever** do **administrador** de **proferir** a **decisão**, conforme se verifica das previsões estabelecidas nos **arts. 48 e 49**.

> **Art. 48.** A Administração tem o dever de explicitamente emitir decisão nos processos administrativos e sobre solicitações ou reclamações, em matéria de sua competência.
>
> **Art. 49.** Concluída a instrução de processo administrativo, a Administração tem o prazo de até trinta dias para decidir, salvo prorrogação por igual período expressamente motivada.

A leitura dos dispositivos reproduzidos bem demonstra a **intenção** do legislador de **conferir celeridade** à **tramitação** desse **processo**, impedindo que perdure de forma indefinida a prejuízo do interesse público.

Oportuno referir que essa **diretriz**, inaugurada no nível administrativo por esse diploma legal, foi **ratificada** posteriormente com a inclusão do **inciso LXXVIII** no **art. 5º da CF**, promovida pela Emenda Constitucional n. 45, promulgada em 2004. Confira-se:

> **Art. 5º** (...)
>
> LXXVIII — a todos, no âmbito judicial e administrativo, são assegurados a razoável duração do processo e os meios que garantam a celeridade de sua tramitação.

De resto, sobreleva notar que o **descumprimento dessa orientação** legal abre a **possibilidade** de **propositura de mandado de segurança**, por descumprimento dos princípios da legalidade, da eficiência e do respeito aos direitos subjetivos da cidadania, conforme já decidiu o **STJ**, no REsp 980.271-SC, relatado pelo Ministro José Delgado em 18 de **dezembro** de **2007**.

> "ADMINISTRATIVO. RECURSO ESPECIAL. MANDADO DE SEGURANÇA. PROCESSO ADMINISTRATIVO. DEMORA EM DECIDIR. 1. De acordo com o art. 49 da Lei n. 9.784, de 29.01.1999, concluída a instrução de processo administrativo, a Administração tem o prazo de até trinta e dois dias para decidir, salvo prorrogação por igual período expressamente motivada. 2. Comprovada a omissão da autoridade administrativa em decidir no prazo acima definido, há de se confirmar mandado de segurança concedido para que, no caso, a Receita Federal analise e decida os pedidos de ressarcimento formulados pela recorrida no prazo de 120 (cento e vinte) dias. Multa devida pelo descumprimento. 3. Homenagem que a Administração Pública deve prestar aos princípios da legalidade, da eficiência e do respeito aos direitos subjetivos da cidadania. 4. Recurso especial não provido."

Proferida a respectiva decisão, devidamente fundamentada, dela caberá **recurso administrativo** somente por **razões** de **legalidade** e de **mérito**, conforme a regra estabelecida no **art. 56**.

Esse **recurso**, que **não terá efeito suspensivo** como regra geral **(art. 61)**, deverá ser **encaminhado** para a **autoridade** que **proferiu** a **decisão (art. 56, § 1º)**, apresentando **legitimidade** para fazê-lo as pessoas relacionadas no **art. 58**. Confira-se:

> **Art. 58.** Têm legitimidade para interpor recurso administrativo:
>
> I — os titulares de direitos e interesses que forem parte no processo;
>
> II — aqueles cujos direitos ou interesses forem indiretamente afetados pela decisão recorrida;
>
> III — as organizações e associações representativas, no tocante a direitos e interesses coletivos;
>
> IV — os cidadãos ou associações, quanto a direitos ou interesses difusos.

Importante consignar, ainda, pela oportunidade, que a propositura desse **recurso não pode sofrer barreiras** de **caráter financeiro** a teor do disposto na **Súmula Vinculante 21 do STF**.

> "STF Súmula Vinculante n. 21 — PSV 21 — *DJe* n. 223/2009 — Tribunal Pleno de 29/10/2009 — *DJe* n. 210, p. 1, em 10/11/2009 — *DOU* de 10/11/2009, p. 1.
>
> Constitucionalidade — Exigência de Depósito ou Arrolamento Prévios de Dinheiro ou Bens para Admissibilidade de Recurso Administrativo.
>
> É inconstitucional a exigência de depósito ou arrolamento prévios de dinheiro ou bens para admissibilidade de recurso administrativo."

Nesse contexto, sobreleva notar que os processos administrativos dos quais resultem sanções não poderão implicar **agravamento da penalidade** inicialmente imposta, na hipótese de propositura de **pedido de revisão**, conforme se verifica na regra estabelecida no **art. 65**, cuja redação a seguir se reproduz:

> **Art. 65.** Os processos administrativos de que resultem sanções poderão ser revistos, a qualquer tempo, a pedido ou de ofício, quando surgirem fatos novos ou circunstâncias relevantes suscetíveis de justificar a inadequação da sanção aplicada.
>
> Parágrafo único. Da revisão do processo não poderá resultar agravamento da sanção.

Em que pese a clareza do dispositivo legal reproduzido, importante deixar consignado que a **jurisprudência vem admitindo** a aplicação da ***reformatio in pejus*** para aquelas situações em que, por ocasião da apreciação do pedido de revisão, **fatos novos** surgirem, autorizando a conclusão de que a irregularidade inicialmente praticada pelo investigado apresenta gravidade muito maior do que aquela apurada anteriormente.

De resto, é o que se verifica da seguinte decisão, proferida pelo **Supremo Tribunal Federal** em **2012:**

> "Agravo regimental no recurso extraordinário com agravo. Administrativo. Atendimento bancário. Regulamentação por normas infraconstitucionais locais. Possibilidade. Repercussão geral reconhecida para ratificar a jurisprudência da Corte. Processo administrativo. Recrudescimento da sanção administrativa em recurso do administrado. Princípio da autotutela. Possibilidade. 1. Os municípios têm competência para regulamentar o atendimento ao público em instituições bancárias, uma vez que se trata de matéria de interesse local. 2. A jurisprudência da Corte sobre a matéria foi ratificada pelo Plenário desta Corte quando do julgamento do RE 610.221, da Relatoria da E. Min. Ellen Gracie, cuja Repercussão Geral restou reconhecida. 3. A possibilidade da administração pública, em fase de recurso administrativo, anular, modificar ou extinguir os atos administrativos em razão de legalidade, conveniência e oportunidade, é corolário dos princípios da hierarquia e da finalidade, não havendo se falar em *reformatio in pejus* no âmbito administrativo, desde que seja dada a oportunidade de ampla defesa e o contraditório ao administrado e sejam observados os prazos prescricionais. 4. *In casu*, o acórdão recorrido assentou: 'ADMINISTRATIVO — FUNCIONAMENTO DOS BANCOS — EXIGÊNCIAS CONTIDAS EM LEI ESTADUAL E MUNICIPAL — LEGALIDADE. 1. A jurisprudência do STF e do STJ reconheceu como possível lei estadual e municipal fazerem exigências quanto ao funcionamento das agências bancárias, em tudo que não houver interferência com a atividade financeira do estabelecimento (precedentes). 2. Leis estadual e municipal cuja arguição de inconstitucionalidade não logrou êxito perante o Tribunal de Justiça do Estado do RJ. 3. Em processo administrativo não se observa o princípio da 'non reformatio in pejus' como corolário do poder de autotutela da administração, traduzido no princípio de que a administração pode anular os seus próprios atos. As exceções devem vir expressas em lei. 4. Recurso ordinário desprovido.' 5. Agravo Regimental no Recurso Extraordinário com Agravo a que se nega provimento" (ARE 641054 AgRg, rel. Min. Luiz Fux, 1ª T., j. 22.05.2012).

Para melhor visualização deste item, verifique-se o quadro a seguir:

	ETAPAS DO PROCESSO ADMINISTRATIVO
INÍCIO	De ofício ou a pedido de interessado (arts. 5º e 9º)
COMPETÊNCIA	É irrenunciável, salvo os casos de delegação e avocação legalmente admitidos (arts. 11, 13 e 15)
IMPEDIMENTOS	É impedido de atuar em processo administrativo o servidor ou a autoridade que: ■ tenha interesse direto ou indireto na matéria ■ tenha participado ou venha a participar como perito, testemunha ou representante, ou se tais situações ocorrerem quanto ao cônjuge, companheiro ou parente e afins até o terceiro grau ■ esteja litigando judicial ou administrativamente com o interessado ou respectivo cônjuge ou companheiro (art. 18)

PRIORIDADE DE TRAMITAÇÃO	Terão prioridade os processos em que figure como parte ou interessado: ■ pessoa com idade igual ou superior a 60 anos ■ pessoa portadora de deficiência física ou mental ■ pessoa portadora de doença grave (art. 69-A)
FORMA, TEMPO E LUGAR	Os atos do processo devem: ■ ser produzidos por escrito (art. 22, § 11°) ■ acompanhados da devida motivação (art. 2°, parágrafo único, VII) ■ assegurada ampla defesa (art. 26)
INSTRUÇÃO	São inadmissíveis as provas admitidas por meios ilícitos ■ consulta pública: quando a matéria envolver assunto de interesse geral (art. 31) ■ audiência pública: diante da relevância da questão (art. 32) ■ cabe ao interessado a prova dos fatos que tenha alegado (art. 36) ■ elementos probatórios deverão ser considerados na motivação do relatório e da decisão (art. 38, § 1°)
DECISÃO	A Administração tem o dever de emitir decisão em 30 dias, concluída a fase de instrução (arts. 48 e 49 e 5°, LXXVIII, da CF)
RECURSO	■ Prazo: 10 dias (art. 59) ■ Competência: dirigido à autoridade que proferiu a decisão (art. 56, § 1°) ■ Legitimidade (art. 58): I — os titulares de direitos e interesses que forem parte no processo II — aqueles cujos direitos ou interesses forem indiretamente afetados pela decisão recorrida III — as organizações e associações representativas, no tocante a direitos e interesses coletivos IV — os cidadãos ou associações, quanto a direitos ou interesses difusos ■ Caução: proibida a exigência (art. 56, § 2°, e Súmula Vinculante 21 do STF) ■ Efeitos: em geral são recebidos apenas no efeito devolutivo (art. 61)
PEDIDO DE REVISÃO	■ fundamentos: fato novo e inadequação da pena (arts. 65 e 2°, parágrafo único, VI) ■ prazo: a qualquer tempo (art. 65) ■ efeitos da decisão: não poderá resultar em agravamento da sanção (art. 65, parágrafo único)

■ 17.4. DA ANULAÇÃO, REVOGAÇÃO E CONVALIDAÇÃO

Nesse particular, em vista da importância deste tema, o legislador houve por bem reservar o Capítulo XIV da Lei n. 9.784/99 para disciplinar algumas de suas nuances.

Nesse sentido, **franqueou ao administrador a perspectiva de anular e rever seus próprios atos, na forma disposta no art. 53**, a seguir reproduzido:

> **Art. 53.** A Administração deve anular seus próprios atos, quando eivados de vícios de legalidade, e pode revogá-los por motivo de conveniência ou oportunidade, respeitados os direitos adquiridos.

A leitura desse dispositivo deixa entrever a **obrigação** do **administrador de anular** seus próprios atos, em vista da ilegalidade que os reveste, e a **faculdade** de **revogá-los** em razão de sua conveniência ou oportunidade.

Ao assim proceder, o legislador nada mais fez do que **ratificar** a **tendência** pacificada em nosso ordenamento jurídico resultante da **Súmula 473 do STF**, como se vê:

Súmula 473 do STF: A Administração pode anular seus próprios atos, quando eivados de vícios que os tornem ilegais, porque deles não se originam direitos, ou revogá-los, por conveniência ou oportunidade, respeitados os direitos adquiridos e ressalvada, em todos os casos, a apreciação judicial.

A reprodução da súmula revela a **adoção** de **maior rigor por parte do legislador**, uma vez que se percebe atribuir a ele o **dever** de **anular** seus próprios atos, quando ilegais, **enquanto** a **Suprema Corte apenas** atribuiu **a possibilidade de anulação**.

Outrossim, houve por bem estabelecer o **prazo de cinco anos para** a Administração **anular** atos de que decorram **efeitos favoráveis** aos **destinatários**, sendo de **natureza decadencial**, conforme previsão estipulada no **art. 54:**

Art. 54. O direito da Administração de anular os atos administrativos de que decorram efeitos favoráveis para os destinatários decai em 5 anos contados da data em que foram praticados, salvo comprovada má-fé.

A propósito, confira-se a seguinte ementa:

"ADMINISTRATIVO. MANDADO DE SEGURANÇA. SERVIDOR PÚBLICO FEDERAL APOSENTADO. REVISÃO DE VANTAGEM INCORPORADA. ILEGITIMIDADE PASSIVA 'AD CAUSAM' DO TCU. DECADÊNCIA DO DIREITO DA ADMINISTRAÇÃO DE PROMOVER A REVISÃO. ART. 54 DA LEI N. 9.784/99. 1. Em sede de mandado de segurança, a autoridade impetrada é aquela que pratica o ato e tem competência legal para corrigir a sua ilegalidade. O egrégio Supremo Tribunal Federal já se pronunciou no sentido de considerar a ilegitimidade do Tribunal de Contas da União para figurar no polo passivo de mandado de segurança quando a sua decisão não tiver caráter impositivo. 2. A despeito de a Administração possuir o poder--dever de revisar os seus atos e de invalidá-los quando eivados de vícios, por ato próprio ou mediante provocação dos interessados (Lei n. 8.112/90, art. 114), esse mesmo poder-dever de revisão dos atos administrativos está limitado no tempo, consoante expressamente dispõe o art. 54 da Lei n. 9.784, de 29/01/1999, que regula o processo administrativo no âmbito da Administração Pública Federal. Precedentes do STJ e deste Tribunal. 3. Decadência decretada no caso, posto que, entre a data da aposentadoria do Impetrante (15/05/1991) até a revisão do ato que lhe concedeu a aposentadoria (06/10/2010), já havia decorrido mais de cinco anos da vigência do art. 54 da Lei n. 9.784/99. 4. Apelação a que se dá provimento, para conceder a segurança postulada" (AC 408197420114013800/MG 0040819-74.2011.4.01.3800, rel. Des. Federal Néviton Guedes, 1ª T., 16.04.2013).

Essa **regra geral**, entretanto, foi **flexibilizada** pelo próprio dispositivo em análise, ao estipular, em sua parte final, a expressão **"salvo comprovada má-fé"**.

Assim sendo, **para aqueles** atingidos por atos administrativos que estejam **imbuídos de má-fé**, esse **prazo** de cinco anos, previsto no dispositivo legal reproduzido, **poderá ser mais extenso**, sem que o legislador tenha fixado qual seria ele, o que deixa a questão em aberto.

A propósito do tema, confira-se a seguinte **decisão**, proferida em **maio de 2015:**

> "ADMINISTRATIVO. AGRAVO REGIMENTAL. ANISTIA POLÍTICA. DECADÊNCIA DO DIREITO DE ANULAR O RESPECTIVO ATO. ART. 54, *CAPUT*, LEI 9.784/99. SÚMULA 83/STJ. 1. O prazo de decadência para a Administração anular os atos administrativos de que decorram efeitos patrimoniais contínuos contar-se-á da percepção do primeiro pagamento. Ademais, ultrapassado o prazo quinquenal para anulação do ato administrativo, a decadência somente poderá ser afastada se demonstrada a má-fé do administrado. 2. A matéria versada no presente recurso já foi objeto de análise pela Primeira Seção, por ocasião do julgamento do MS 18.606/DF, firmando entendimento no sentido de reconhecer a ocorrência da decadência do direito de anulação da portaria concessiva de anistia, quando decorrer o prazo decadencial de cinco anos, previsto no art. 54, *caput*, da Lei 9.784/99, entre a Portaria que concedeu a anistia e a Portaria individual que a anulou. 3. Dessume-se que o acórdão recorrido está em sintonia com o atual entendimento do STJ, razão pela qual não merece prosperar a irresignação. Incide, *in casu*, o princípio estabelecido na Súmula 83/STJ: 'Não se conhece do Recurso Especial pela divergência, quando a orientação do Tribunal se firmou no mesmo sentido da decisão recorrida'. 4. Agravo Regimental não provido" (AgRg no REsp 1521604/RN 2015/0064625-0, rel. Min. Herman Benjamin, 2ª T., 07.05.2015).

Por fim, registre-se que o legislador consignou, expressamente, a **possibilidade de convalidação dos atos administrativos**, consoante se verifica da regra estabelecida no **art. 55**, cuja redação a seguir se reproduz:

> **Art. 55.** Em decisão na qual se evidencie não acarretar nem lesão ao interesse público nem prejuízo a terceiros, os atos que apresentarem defeitos sanáveis poderão ser convalidados pela própria Administração.

Verifica-se, portanto, que a possibilidade de **convalidação** das decisões proferidas em processos administrativos revela-se plena, **desde que preenchidos** os **requisitos** aqui estabelecidos, vale dizer:

- não tenham acarretado lesão ao interesse público;
- não tenham acarretado prejuízo a terceiros;
- seja o defeito sanável.

Nesse particular, em referência ao último item relacionado pelo legislador, importante deixar consignado que em algumas hipóteses o vício inicialmente apresentado pelo ato revela-se passível de correção, enquanto em outras a possibilidade não se apresenta.

Assim, a título de exemplo, tem-se que, se o **vício** inicialmente apresentado pelo ato estiver **radicado** na **falta de motivação**, claro está que a **possibilidade** de sua **convalidação** se apresenta, uma vez que o ato continuará sendo rigorosamente o mesmo, apenas agora acompanhado das razões necessárias que faltaram de início.

Em contrapartida, se o **vício** inicialmente apresentado pelo ato estiver **radicado em** seu **objeto**, **por ser ilícito**, **ou em sua finalidade**, por não configurar situação de interesse público, claro está que a **possibilidade de convalidação não se apresenta**.

Com efeito, ao se **alterar** o **objeto ou** a **finalidade**, o **ato** inicial **não será mais o mesmo**, o que impede, por razões lógicas, a perspectiva de sua correção.

Convém destacar, também, a necessidade de o ato de **convalidação** vir **acompanhado** das **razões**, dos **motivos** que deram origem a ele, seguindo, dessa forma, a regra geral aplicável a todos os atos administrativos.

É oportuno registrar a disposição expressa nesse sentido, estabelecida pelo legislador no **art. 50**, quando, ao observar que todos os **atos** administrativos deverão ser **motivados** com a indicação dos fatos e dos fundamentos jurídicos, incluiu no **inciso IV** a **hipótese** que **importe em convalidação**.

De outra parte, sobreleva notar a **possibilidade** franqueada às **outras esferas** de **Governo**, para a **edição de leis** relacionadas a este tema, desde que **respeitados** os **limites fixados pela legislação federal**.

Para melhor visualização deste item, verifique-se o quadro a seguir:

ANULAÇÃO	Por razões de legalidade, com efeito *ex tunc*, com prazo decadencial de cinco anos (arts. 53, 54 e Súmula 473 do STF)
REVOGAÇÃO	Por razões de conveniência ou oportunidade, com efeito *ex nunc* (art. 53 e Súmula 473 do STF)
CONVALIDAÇÃO	Possível, desde que cumpridas as seguintes exigências (art. 55): ■ não tenha acarretado lesão ao interesse público e nem prejuízo a terceiros ■ o vício apresentado possa ser corrigido

■ 17.5. QUADRO SINÓTICO

PROCESSO ADMINISTRATIVO FEDERAL	
LEGISLAÇÃO	A matéria está disciplinada na Lei n. 9.784/99, aplicando-se, subsidiariamente, aos processos administrativos específicos (art. 69)
CAMPO DE INCIDÊNCIA	Administração direta e indireta da União
OBJETO	Proteção dos direitos dos administrados e melhor adequação aos fins da Administração (art. 1º)
PRINCÍPIOS	Elenco exemplificativo e ampliado em relação ao art. 37 da CF (art. 2º)
CRITÉRIOS DE ATUAÇÃO DA ADMINISTRAÇÃO	Elenco exemplificativo (art. 2º, parágrafo único)
DIREITOS DOS ADMINISTRADOS	Elenco exemplificativo (art. 3º)
ETAPAS DO PROCESSO ADMINISTRATIVO	■ **início** (art. 5º) ■ **intimação** (art. 26) ■ **delegação e avocação de competências** (arts. 11, 13 e 15) ■ **impedimentos** (art. 18) ■ **instrução** (art. 29 a 47), destacando-se: ■ provas admitidas (art. 30) ■ realização de consulta pública (art. 31) ■ realização de audiência pública (art. 32) ■ **decisão** (arts. 48 e 49) ■ **anulação e revogação** (arts. 53 e 54) ■ **convalidação** (art. 55) ■ **recursos administrativos** (arts. 56 a 64) ■ **revisão administrativa** (art. 65)

17.6. SÚMULAS SOBRE PROCESSO ADMINISTRATIVO

17.6.1. Súmulas vinculantes

5. A falta de defesa técnica por advogado no processo administrativo disciplinar não ofende a Constituição.

14. É direito do defensor, no interesse do representado, ter acesso amplo aos elementos de prova que, já documentados em procedimento investigatório realizado por órgão com competência de polícia judiciária, digam respeito ao exercício do direito de defesa.

21. É inconstitucional a exigência de depósito ou arrolamento prévios de dinheiro ou bens para admissibilidade de recurso administrativo.

17.6.2. Súmulas do STJ

343. É obrigatória a presença de advogado em todas as fases do processo administrativo disciplinar.

467. Prescreve em cinco anos, contados do término do processo administrativo, a pretensão da Administração Pública de promover a execução da multa por infração ambiental.

17.7. QUESTÕES

1. (Escrivão de Polícia Civil — PC-PA — FUNCAB — 2016) Considerando a Lei n. 9.784/1999, que regulamenta o processo administrativo, assinale a opção correta.

a) O julgamento acatará o relatório da comissão, salvo quando contrário às provas dos autos.
b) Pode ser objeto de delegação a decisão de recursos administrativos.
c) A revisão administrativa pode resultar agravamento da sanção.
d) Os prazos do recurso no processo administrativo não se exclui o dia do começo e inclui-se o dia do vencimento.
e) A delegação pode ser encarada como a possibilidade de o órgão administrativo de maior hierarquia arrogar-se competência de órgão hierarquicamente inferior.

2. (Procurador do Estado — PGE-MT — FCC — 2016) A Lei n. 9.784/99 (Lei Federal de Processos Administrativos) estabelece que

a) é admitida a participação de terceiros no processo administrativo.
b) é faculdade do administrado fazer-se assistir por advogado, exceto nos processos disciplinares em que a defesa técnica é obrigatória.
c) é expressamente vedada a apresentação de requerimento formulado de maneira oral pelo interessado, em vista do princípio da segurança jurídica.
d) a condução do processo administrativo é absolutamente indelegável.
e) é admitida a avocação temporária de competência atribuída a órgão hierarquicamente superior.

3. (Analista Judiciário — Área Judiciária — TRE-PE — CESPE — 2017) Conforme a Lei n. 9.784/1999, nos processos administrativos, a administração pública está proibida de aplicar nova interpretação de forma retroativa, em decorrência do princípio do(a)

a) segurança jurídica.
b) legalidade.
c) informalismo ou formalismo mitigado.
d) oficialidade.
e) finalidade.

4. (Técnico Judiciário — Área Administrativa — TRT-12ª Região (SC) — FGV — 2017) José, Técnico Judiciário do Tribunal Regional do Trabalho de Santa Catarina, ocupante do cargo em comissão de supervisor do departamento de recursos humanos do Tribunal, praticou ato administrativo que era de competência do diretor daquele departamento.

De acordo com a doutrina de Direito Administrativo e a Lei n. 9.784/99, o ato praticado por José:

a) deve ser anulado pela autoridade competente, eis que vícios de competência são insanáveis, com efeitos *ex tunc*, pelo princípio da segurança jurídica e para evitar prejuízos a terceiros;
b) deve ser anulado pela autoridade competente, pois se trata de ato vinculado em razão do vício de competência, que não admite retificação, devendo atender ao princípio da legalidade e observar o interesse público;
c) deve ser anulado pela autoridade competente, pois se trata de matéria de ordem pública, regida por normas cogentes que não admitem a retificação do ato por parte do agente que deveria originalmente tê-lo praticado;
d) pode ser convalidado pela autoridade competente, por meio da ratificação do ato, caso entenda conveniente e oportuno, desde que sanável o vício e não haja prejuízos a terceiros, bem como seja atendido o interesse público;
e) pode ser convalidado pela autoridade competente, por meio da prática de novo ato que substitua o anterior, com efeitos *ex nunc*, sendo tal aproveitamento um ato vinculado, cuja prática é obrigatória pelo agente superior.

5. (Juiz do Trabalho Substituto — TRT-2ª Região — 2016) A respeito das disposições da Lei n. 9.784/99 que estabelece normas básicas sobre o processo administrativo, no âmbito da Administração Federal direta e indireta, visando, em especial, à proteção dos direitos dos administrados e ao melhor cumprimento dos fins da Administração, analise as seguintes proposições:

I. Os preceitos da Lei n. 9.784/99, também se aplicam aos órgãos do Poder Judiciário da União, quando no desempenho de função administrativa.
II. São legitimados como interessados no processo administrativo, entre outros, aqueles que, sem terem iniciado o processo, têm direitos ou interesses que possam ser afetados pela decisão a ser adotada.
III. No processo administrativo podem ser objeto de delegação, pela autoridade competente, entre outros, a edição de atos de caráter normativo e a decisão de recursos administrativos.
IV. No processo administrativo pode ser arguida a suspeição de autoridade ou servidor que tenha amizade íntima ou inimizade notória com algum dos interessados ou com os respectivos cônjuges, companheiros, parentes e afins até o terceiro grau. O indeferimento de alegação de suspeição poderá ser objeto de recurso, sem efeito suspensivo.
V. A Administração tem o dever de explicitamente emitir decisão nos processos administrativos e sobre solicitações ou reclamações, em matéria de sua competência. Concluída a instrução de processo administrativo, a Administração tem o prazo de até noventa dias para decidir, salvo prorrogação por igual período expressamente motivada.

Responda:

a) Somente as proposições I, II e IV estão correta.
b) Somente as proposições I, III e V estão correta.
c) Somente as proposições II, III e IV estão corretas.
d) Somente as proposições II, III e V estão corretas.
e) Todas as proposições estão corretas.

6. (Titular de Serviços de Notas e de Registros — Provimento — TJ-SP — VUNESP — 2016) De acordo com a Súmula Vinculante n. 5, do Supremo Tribunal Federal,

a) a falta de defesa técnica por advogado no processo administrativo disciplinar não ofende a Constituição apenas quando a pena aplicada foi a de advertência.
b) a falta de defesa técnica por advogado no processo administrativo disciplinar é causa de nulidade.
c) a falta de defesa técnica por advogado no processo administrativo disciplinar ofende a Constituição apenas quando a pena aplicada foi a de demissão.
d) a falta de defesa técnica por advogado no processo administrativo disciplinar não ofende a Constituição.

7. (Analista Judiciário — Área Judiciária — TRT-8ª Região (AP e PA) — CESPE — 2016) Acerca dos atos administrativos e do processo administrativo, assinale a opção correta conforme a Lei n. 9.784/1999.

a) O direito da administração de anular os seus próprios atos decai em cinco anos, ainda que constatada a má-fé do destinatário do ato.
b) A convalidação dos atos administrativos que apresentem defeitos sanáveis pode ser feita pela administração, desde que esses atos não acarretem lesão ao interesse público ou prejuízo a terceiros.
c) O ato de exoneração do servidor público ocupante de cargo em comissão e os atos administrativos que decidam recursos administrativos dispensam motivação.
d) A competência para a edição de atos normativos poderá ser delegada.
e) A revogação do ato administrativo ocorre nas hipóteses de ilegalidade, devendo retroagir com efeitos *ex tunc* para desconstituir as relações jurídicas criadas com base no ato revogado.

8. (Juiz Substituto — TJ-AM — CESPE — 2016) Conforme a Lei n. 9.784 /1999, que trata dos atos administrativos, são indelegáveis

a) a edição de atos normativos e as matérias de competência exclusiva do órgão.
b) a elaboração de ofícios e a avaliação de recursos administrativos.
c) a decisão de recursos administrativos e as matérias de competência privativa de autoridade.
d) a revisão de atos administrativos e a edição de atos normativos.
e) as matérias de competência exclusiva e a publicação de edital.

9. (Oficial de Chancelaria — MRE — FGV — 2016) Em matéria de competência administrativa, consoante ensina a doutrina de Direito Administrativo, o fenômeno da avocação ocorre quando a autoridade hierarquicamente:

a) superior delega a agente administrativo de plano hierárquico inferior atribuição para praticar determinado ato;
b) superior convalida ato administrativo praticado por agente administrativo de plano hierárquico inferior;
c) superior atrai para sua esfera decisória a prática de ato da competência natural de agente com menor hierarquia;
d) inferior pratica determinado ato administrativo que foge à sua esfera de atribuição, em caso de grave risco iminente;
e) inferior solicita a seu superior hierárquico autorização para praticar ato originariamente fora de sua atribuição

10. (Titular de Serviços de Notas e de Registros — Remoção — TJ-PA — IESES — 2016) A Lei 9.784 estabelece normas básicas sobre o processo administrativo no âmbito da Administração Federal direta e indireta, visando, em especial, à proteção dos direitos dos administrados e ao melhor cumprimento dos fins da Administração. De acordo com a citada lei, têm legitimidade para interpor recurso administrativo:

a) Aqueles cujos direitos ou interesses forem indiretamente afetados pela decisão recorrida; as organizações e associações representativas, no tocante a direitos e interesses coletivos; os cidadãos ou associações, quanto a direitos ou interesses difusos.
b) Os titulares de direitos e interesses que forem parte no processo; aqueles cujos direitos ou interesses forem indiretamente afetados pela decisão recorrida; as organizações e associações representativas, no tocante a direitos e interesses coletivos; os cidadãos ou associações, quanto a direitos ou interesses difusos.
c) Os titulares de direitos e interesses que forem parte no processo; aqueles cujos direitos ou interesses forem indiretamente afetados pela decisão recorrida; os cidadãos ou associações, quanto a direitos ou interesses difusos.
d) Os titulares de direitos e interesses que forem parte no processo; aqueles cujos direitos ou interesses forem indiretamente afetados pela decisão recorrida; as organizações e associações representativas, no tocante a direitos e interesses coletivos.

■ GABARITO ■

1. "a".
2. "a".
3. "a".
4. "d".
5. "a".
6. "d".
7. "b".
8. "a".
9. "c".
10. "b".

18

ORDEM ECONÔMICA

18.1. NOÇÕES GERAIS

A **ordem econômica**, que encontra seus **fundamentos** na **valorização** do **trabalho humano** e na **livre-iniciativa**, é presidida pelos **princípios** elencados no **art. 170**, em razão dos quais se legitima a conclusão segundo a qual apresenta ela um **perfil capitalista**, visto que calcada na apropriação particular dos meios de produção e na iniciativa privada.

Não se trata de **colocação** de natureza política ou ideológica, mas **decorrente** das **diretrizes** eleitas pela **Constituição**, o que traz **desdobramentos** de ordem jurídica.

Destarte, em vista da inserção da **livre-iniciativa** como **fundamento** da **ordem econômica**, tem-se que o **exercício** de **atividades** nesse setor é **assegurado a todos**, independentemente de autorização dos órgãos públicos, ao menos como regra geral, a teor do disposto no **art. 170, parágrafo único, da CF**.

De outra parte, cumpre consignar ter a nossa **Constituição** se preocupado também com a **vertente social de nossa ordem econômica**, ao estipular a **valorização** do **trabalho humano** como outro de seus **fundamentos** e preconizar que seu objetivo é assegurar a todos **existência digna**, conforme os ditames da **justiça social (arts. 1º, III e IV e 170, *caput*, da CF)**.

Seguindo essa linha, permitiu-se a participação do Estado na exploração da atividade econômica, mediante o cumprimento de determinadas balizas, com o claro intuito de preservar os interesses da coletividade, evitando assim uma concorrência desigual.

Nesse sentido, ainda, é que se justifica a presença, entre os **princípios** que serão analisados no tópico seguinte, de alguns com **forte apelo social**, caso da função social da propriedade **(art. 170, III)**, da defesa do consumidor **(art. 170, V)**, da defesa do meio ambiente **(art. 170, VI)**, da redução das desigualdades regionais e sociais **(art. 170, VII)**, da busca do pleno emprego **(art. 170, VIII)** e do tratamento favorecido para as empresas de pequeno porte **(art. 170, IX)**.

A importância do tema relativo à ordem econômica surgiu pela primeira vez em nosso país na Constituição de 1934, marcada fortemente pelas influências trazidas pela Constituição de Weimar de 1919, bem como pela Constituição mexicana de 1917, de nítida tendência social.

Para melhor visualização, observe-se o quadro a seguir:

FUNDAMENTOS DA ORDEM ECONÔMICA	▪ valorização do trabalho humano (arts. 1º, IV e 170, *caput,* da CF) ▪ livre-iniciativa (arts. 1º, IV e 170, *caput,* da CF)
OBJETIVO	Assegurar a todos existência digna, conforme os ditames da justiça social (arts. 1º, III e 170, *caput,* da CF)

▪ 18.2. PRINCÍPIOS

O **rol** de **princípios** balizadores de toda a ordem econômica foi **ampliado** em relação à Constituição anterior, trazendo **alterações importantes**, incluindo temas candentes como os da **defesa do consumidor**, do **meio ambiente**, da **redução das desigualdades regionais e sociais** e da **busca do pleno emprego**.

Assim, a liberdade para o **exercício** de qualquer **atividade econômica** só será considerada **legítima** se e na medida em que estiver voltada ao **atingimento** da **justiça social e** ao atendimento dos **princípios** elencados nos incisos do **art. 170**.

Trata-se de dispositivo de **caráter cogente** tanto para a **Administração Pública**, direta e indireta, quanto para a **iniciativa privada**.

▪ 18.2.1. Princípio da soberania nacional

O princípio em tela surge como um **desdobramento** do previsto no **inciso I do art. 1º** do **Texto Constitucional**, que coloca a soberania como um dos fundamentos da República Federativa do Brasil.

A intenção da Constituição surge cristalina, ou seja, é a de procurar **assegurar** a **autonomia econômica** do **Brasil** em relação aos demais Estados.

Essa **tendência**, de resto, vem demonstrada em outros passos de nossa Lei Maior ao se conferir, por exemplo, **tratamento favorecido** às **empresas** de **pequeno porte**, constituídas sob as leis brasileiras e que tenham sua sede e administração no País, consoante redação oferecida pela EC n. 6/95 ao **inciso IX do art. 170**.

Sem embargo, esse princípio deve ser entendido à luz da nova ordem internacional, que, sem dúvida, tornou obsoleto o conceito clássico de soberania nacional.

Com efeito, hoje é absolutamente ilusório pensar em soberania como a prerrogativa do Estado de, no **âmbito interno**, decidir de maneira incontrastável sobre todas as questões e, no **externo**, de manter uma **relação de coordenação com os demais Estados**.

Cada vez mais se torna **evidente** a **interferência internacional na gestão dos negócios internos dos Estados**, a dependência das nações subdesenvolvidas ou em desenvolvimento relativamente àquelas mais ricas e, inclusive, a intervenção armada, os embargos econômicos e o isolacionismo a que são condenados os Estados que se rebelam contra a dominação explícita a que os querem submeter.

Dessa forma, há que se entender o princípio da **soberania nacional** como aquele que **impõe ao Estado a necessidade de planejar as atividades econômicas de maneira a garantir a autonomia da Nação relativamente àqueles setores que são essenciais a sua continuidade**.

■ 18.2.2. Princípio da propriedade privada e função social da propriedade

A preocupação com esse tema foi intensa, refletindo em diversos Capítulos do Texto Constitucional. Com efeito, o **direito de propriedade** surge regulamentado nos **incisos XXII a XXV do art. 5º**, nos quais são fixados os seus contornos.

Nesse sentido, os princípios ora em análise não poderão discrepar do previsto no restante do Texto Constitucional. Assim é que o direito de **propriedade assume** uma **feição relativa** e **não absoluta**, já que **subordinado** ao **cumprimento** de sua **função social**.

Por seu turno, o princípio da **função social da propriedade** não se encontra marcado por um vazio semântico. É que suas balizas, tanto para a propriedade **urbana como** para a **rural**, estão claramente definidas, respectivamente, nos **arts. 182, § 2º**, e **186** do **Texto Magno**, conforme já visto no capítulo relacionado à propriedade.

Assim, em síntese, tem-se que a **utilização** da **propriedade** é plenamente autorizada desde que voltada ao **cumprimento** dos **princípios** de **toda a ordem econômica**, da qual surge como um dos alicerces.

Desse modo, **fica proibida**, por exemplo, **a utilização da propriedade que resulte em agressão ao meio ambiente e à soberania nacional**.

■ 18.2.3. Princípio da livre concorrência

O princípio da livre concorrência surge como um **desdobramento** da **livre-iniciativa**, inserido como um dos fundamentos da ordem econômica.

Tem por **objetivo impedir** a **formação de monopólio** no mercado, conforme se verifica do disposto no **art. 173, § 4º**, assim redigido:

> **Art. 173.** (...)
>
> § 4º A lei reprimirá o abuso do poder econômico que vise à dominação dos mercados, à eliminação da concorrência e ao aumento arbitrário dos lucros.

Nesse sentido, de forma a permitir a concessão de **igualdade de condições a todos os que venham a exercer atividade econômica** foi que a Constituição estipulou como regra geral "o livre exercício de atividade econômica, independentemente de autorização do Poder Público", conforme estipula o **art. 170, parágrafo único**.

De igual sorte, cuidou de **excepcionar** essa **regra geral** ao conferir, no **inciso IX do art. 170**, tratamento favorecido para as empresas de pequeno porte constituídas sobre as leis brasileiras e que tenham sua sede e administração no País. Também abriu **perspectiva** para que o **legislador** infraconstitucional possa relacionar **hipóteses** em que o exercício de atividade econômica **dependa de autorização do Poder Público (art. 170, parágrafo único)**.

Por fim, cumpre registrar que, em respeito a esse princípio, o STF houve por bem sumular a matéria (Súmula 686) posteriormente transformada na Súmula Vinculante 49. Confira-se:

Súmula Vinculante 49: Ofende o princípio da livre concorrência lei municipal que impede a instalação de estabelecimentos comerciais do mesmo ramo em determinada área.

18.2.4. Princípio da defesa do consumidor

A nomeação desse princípio entre aqueles que direcionam a ordem econômica reflete a preocupação do Texto Constitucional em seguir a **tendência mundial** sobre esse tema.

Destarte, as **relações** de **consumo retratam** assunto relativo a **direitos difusos**, na medida em que somos todos, potencialmente, consumidores, inclusive o próprio Estado.

Outra não foi, aliás, a razão pela qual a Constituição trouxe previsão dessa matéria em outros Títulos, elegendo-a como **direito fundamental (art. 5º, XXXII)**, o que resultou na edição da **Lei n. 8.078/90 (Código de Defesa do Consumidor)**.

Nesse sentido, **qualquer pessoa que pretenda atuar na área econômica, seja integrante da iniciativa privada ou o próprio Estado, deverá condicionar-se ao cumprimento dos direitos do consumidor**.

Nesse particular, serve de exemplo a previsão contida no **art. 150, § 5º**, que determina o esclarecimento dos consumidores acerca dos impostos incidentes sobre mercadorias e serviços.

18.2.5. Princípio da defesa do meio ambiente

18.2.5.1. Diretrizes constitucionais

Elevado ao nível constitucional pela primeira vez, o princípio referido passa a **condicionar toda a atividade produtiva ao respeito ao meio ambiente**, nos termos do **art. 170, VI**, cuja redação foi alterada pela EC n. 42/2003:

> **Art. 170.** (...)
>
> VI — defesa do meio ambiente, inclusive mediante tratamento diferenciado conforme o impacto ambiental dos produtos e serviços e de seus processos de elaboração e prestação.

Dessa forma, **possibilita** ao **Poder Público** interferir, exercendo o **poder** de **polícia**, para que esse objetivo não seja descumprido.

De outra parte, seguindo a mesma tendência, a Constituição nomeou a **preservação** do **meio ambiente** como uma das exigências caracterizadoras do **cumprimento** da **função social** da **propriedade rural**, como já visto **(art. 186, II)**.

Logo, a **propriedade** que **não seguir** essa **diretriz** ficará sujeita à **desapropriação** por interesse social para fins de **reforma agrária**, nos termos propostos pelo **art. 184**.

O **meio ambiente** foi **alçado** à **condição** de **bem de uso comum do povo**, e, portanto, qualquer atividade que provoque seu desequilíbrio abre oportunidade ao Poder Público para tomar as atitudes a ele permitidas pelo art. 225.

Nesse sentido, no mesmo dispositivo estabeleceu a Lei Maior, e nem poderia ser diferente, não só o **dever** do **Poder Público** de **defendê-lo** e **preservá-lo**, mas também os meios para tornar efetivo o cumprimento dessas diretrizes.

Dentro desse contexto, merecem destaque as previsões contidas nos **incisos I, III, IV** e **VII** do **art. 225, § 1º, da Lei Maior**, em vista das características apresentadas:

> **Art. 225.** (...)
>
> § 1º Para assegurar a efetividade desse direito, incumbe ao Poder Público:
>
> I — preservar e restaurar os processos ecológicos essenciais e prover o manejo ecológico das espécies e ecossistemas; (...)
>
> III — definir, em todas as unidades da Federação, espaços territoriais e seus componentes a serem especialmente protegidos, sendo a alteração e a supressão permitidas somente através de lei, vedada qualquer utilização que comprometa a integridade dos atributos que justifiquem sua proteção;
>
> IV — exigir, na forma da lei, para instalação de obra ou atividade potencialmente causadora de significativa degradação do meio ambiente, estudo prévio de impacto ambiental, a que se dará publicidade; (...)
>
> VII — proteger a fauna e a flora, vedadas, na forma da lei, as práticas que coloquem em risco sua função ecológica, provoquem a extinção de espécies ou submetam os animais a crueldade.

De resto, os próprios **dispositivos constitucionais** invocados são, com apoio sólido em jurisprudência e doutrina, os **responsáveis** pela possibilidade de **obtenção** de medidas **liminares** para **paralisar medidas** tomadas pelo **Poder Público** que possam **comprometer** o **equilíbrio ambiental**.

A **ausência** de atenção à **preservação ambiental** é razão jurídica suficiente a caracterizar o ***fumus boni iuris***, tendo em vista as **diretrizes** fixadas pela **Constituição** Federal. De outra parte, o ***periculum in mora*** estará presente, quando evidente o **risco** de **danos irreparáveis** para o **meio ambiente**, o que se verifica, a título de exemplo, com a propositura de uma ação de desapropriação incidindo sobre área de preservação permanente.

Com efeito, o **prejuízo ambiental** restará não só **inequívoco**, mas de **difícil reversão**, ao passo que a concessão da medida liminar pleiteada não trará maiores prejuízos.

Não se pode perder de vista que a **não concessão** de medida **liminar** acabará por **atingir** o **princípio da preservação**, centrado no pressuposto de que mais vale prevenir a ocorrência de danos ambientais que simplesmente remediá-los.

Esse princípio encontra-se implícito, como já se disse, no **art. 225** da **Lei Maior**, através da exigência do cumprimento de diversos requisitos para a instalação de atividades que impliquem degradação ambiental, em especial pela exigência de apresentação de **Estudo Prévio de Impacto Ambiental**.

Essas diretrizes trazem, subjacente, a ideia de que, perante **incertezas** acerca dos **perigos** que determinada **atividade** causa, dever-se-á **acautelar** antes de mais acerca do **risco ambiental**.

De resto, outra não é, e nem poderia ser, a conclusão atingida pela nossa melhor doutrina, consoante se verifica do excerto extraído da obra de Édis Milaré[1]:

> "O princípio da prevenção é basilar em direito ambiental, concernindo a prioridade que deve ser dada às medidas que evitem o nascimento de atentados ao meio ambiente, de modo a reduzir ou eliminar, as causas de ações suscetíveis de alterar a sua qualidade".
>
> "O dano potencial não vem carimbado e com traços gritantes, demandando análise meticulosa para identificá-lo, indicar suas consequências e apontar, sem subterfúgios, os meios de o impedir ou reduzir. Na dúvida, emprega-se o princípio da precaução e deve-se escolher a metodologia que a Constituição Federal previu: o Estudo de Impacto Ambiental"[2].
>
> "Em direito ambiental, deve-se, sempre que possível, buscar a prevenção, pois remediar normalmente não é possível, dada a natureza irreversível dos danos ambientais, em regra. Exemplo de sua aplicação é a exigência de estudo ambiental para o licenciamento de atividade apta a causar degradação ambiental"[3].
>
> "Trata-se de um dos princípios mais importantes que norteiam o direito ambiental. De fato, a prevenção é preceito fundamental, uma vez que os danos ambientais, na maioria das vezes, são irreversíveis e irreparáveis. Para tanto, basta pensar: como recuperar uma espécie extinta? Como erradicar os efeitos de Chernobyl? Ou, de que forma restituir uma floresta milenar que fora devastada e que abrigava milhares de ecossistemas diferentes, cada um com o seu essencial papel na natureza? Diante da impotência do sistema jurídico, incapaz de restabelecer, igualdade de condições, uma situação idêntica à anterior, adota-se o princípio da prevenção do dano ao meio ambiente, como sustentáculo do direito ambiental, consubstanciando-se como seu objetivo fundamental"[4].

Mais adiante, o eminente jurista reafirma suas conclusões ao asseverar que:

> "A nossa Constituição de 1988 expressamente adotou o princípio da prevenção ao preceituar no *caput* do art. 225, o dever do Poder Publico e da coletividade de proteger e preservar o meio ambiente para as presentes e futuras gerações"[5].

Por derradeiro, destaca as inúmeras possibilidades atribuídas ao **Poder Judiciário** para **contribuir** para o **implemento** dessas **diretrizes constitucionais**, entre as quais a concessão de liminares para obstaculizar a continuidade de obra impactadora do meio ambiente:

> "O princípio da preservação encontra-se presente ainda na ótica do Poder Judiciário e da Administração. Com efeito, a aplicação da jurisdição coletiva, que contempla mecanismos de tutela mais adaptados aos direitos difusos, objetivando impedir a continuidade

---

1 *Direito do ambiente.* São Paulo: RT, 2005, p. 166.

2 MACHADO, Paulo Affonso Leme. *Direito ambiental brasileiro.* 16. ed. São Paulo: Malheiros, 2008, p. 266.

3 AMADO, Frederico Augusto Di Trindade. *Direito ambiental esquematizado.* 2. ed. São Paulo: Método, 2011, p. 41.

4 FIORILLO, Celso Antonio Pacheco. *Curso de direito ambiental brasileiro.* 9. ed. São Paulo: Saraiva, 2008, p. 35.

5 FIORILLO, Celso Antonio Pacheco. *Curso de direito ambiental brasileiro*, p. 43.

do evento danoso, bem como a possibilidade de ajuizamento de ações que apenas visem uma atuação preventiva, a fim de evitar o início de uma degradação (através de liminares, de tutela antecipada), a aplicação do real e efetivo acesso à justiça e o princípio da igualdade real, estabelecendo tratamento paritário entre os litigantes, são instrumentos utilizados com vistas a salvaguardar o meio ambiente e a qualidade de vida"[6].

No mesmo sentido, a orientação consolidada em nossa **Corte Suprema** por meio do voto proferido pelo Ministro Carlos Britto em sede de **AgRg na Medida Cautelar em Ação Cível Originária n. 876-0-BA**.

O eminente Ministro, em comentários ao art. 225 da Lei Maior, assim se pronunciou:

> "A partir desse artigo, é que surgem vários princípios de caráter ambiental, como o princípio da precaução e o da prevenção, que embora coloquialmente sejam palavras sinônimas, sejam coisas iguais, tecnicamente não. Um, objetiva evitar riscos ao meio ambiente, com todas as medidas necessárias de prevenção; outro, que é o da Precaução, traduz-se no seguinte: em caso de dúvida, se há ou não há lesão ao meio ambiente, não se faz a obra. Estanca-se ou paralisa-se a atividade" (ACO 876-MC — AGR/BA).

No mesmo sentido, o entendimento consolidado pelo **TRF da 1ª Região:**

> "(...) III. Ademais a medida administrativa, em comento, harmoniza-se com o princípio da precaução, já consagrado em nosso ordenamento Jurídico, inclusive com *status* de regra de direito internacional, ao ser incluído na Declaração do Rio, como resultado da conferência das Nações Unidas sobre meio ambiente e desenvolvimento — Rio/1992, como determina o seu princípio 15, nestas letras: 'Com a finalidade de proteger o meio ambiente, os Estados devem aplicar amplamente o critério da precaução, conforme suas capacidades. Quando houver perigo de dano grave ou irreversível, a falta de uma certeza absoluta não deverá ser utilizada para postergar-se a adoção de medidas eficazes para prevenir a degradação ambiental. (...)'" (TRF 1ª Região AMS 2003. 3800053528-2).

Dentro desse contexto, na **hipótese** de **dúvida**, ***in dubio pro ambiente***, incorporando a ideia de **risco** no rol dos **princípios ambientais**, promovendo uma **inversão do ônus da prova**, no sentido de que é o potencial poluidor quem passa a ter de provar que sua atividade não causa danos ao meio ambiente.

De resto, outra não foi a orientação adotada pelo **Superior Tribunal de Justiça**, sustentando, com base nesse princípio da precaução, a **possibilidade de inversão do ônus da prova nas demandas ambientais**, carreando ao réu (suposto poluidor) a obrigação de provar que sua atividade não é perigosa nem poluidora. Confira-se:

> "(...) Processual civil e ambiental — Ação civil pública — Dano ambiental — Adiantamento de honorários periciais pelo *Parquet* — Matéria prejudicada — Inversão do ônus da prova — Art. 6º VIII da Lei 8.078/1990 c/c o art. 21 da Lei 7.347/1985 — Princípio da precaução
>
> 1. (...)

[6] FIORILLO, Celso Antonio Pacheco. *Curso de direito ambiental brasileiro*, p. 44.

> 2. (...)
> 3. Justifica-se a inversão do ônus da prova, transferindo-se para o empreendedor da atividade potencialmente perigosa o ônus de demonstrar a segurança do empreendimento, a partir da interpretação do art. 6º VIII da Lei n. 8.078/90 c/c o art. 21 da Lei n. 7.347/85, conjugada ao princípio ambiental da precaução" (REsp 972.902-RS, rel. Min. Eliana Calmon. j. 25.08.2009).

Em sede doutrinária, abraçando a mesma tese, encontram-se a lições de Celso Antonio Pacheco Fiorillo:

> "Oportuno salientar que a Constituição estabeleceu uma presunção de que toda obra ou atividade é significativamente impactante ao meio ambiente, cabendo portanto, àquele que possui o projeto demonstrar o contrário, não se sujeitando, dessa feita, à incidência e execução do EIA/RIMA"[7].

18.2.6. Princípio da redução das desigualdades regionais e sociais

O princípio em análise aparece como **corolário** do **disposto** no **art. 3º** do **Texto Constitucional**, que insere entre os objetivos fundamentais da República Federativa do Brasil a **erradicação** da **pobreza** e a **redução** das **desigualdades regionais** e **sociais**.

Assim, toda atividade desenvolvida pelo Poder Público, bem como pela iniciativa privada, que implique **exploração** de **atividade econômica** deverá levar em consideração o **respeito** não só a esse **princípio** como a todos os demais, **sob pena de inconstitucionalidade**.

Esse princípio autoriza a concessão, por exemplo, de incentivos fiscais, por parte do Poder Público, visando ao incremento da atividade econômica em certas regiões, de forma a reduzir as desigualdades.

18.2.7. Princípio da busca do pleno emprego

Esse princípio é de importância candente, na medida em que deve surgir como **balizador** das **políticas econômicas** a serem desenvolvidas e idealizadas pelo Estado brasileiro.

Assim é que qualquer **política** desenvolvida pelo Poder Público que **provoque efeitos recessivos**, gerando **desemprego**, estará em claro descompasso com o previsto nesse dispositivo da Constituição, podendo, pois, ser declarada **inconstitucional**, além de possibilitar a **responsabilização** de seus autores.

Sem embargo, reduzir a aplicabilidade desse princípio somente à ótica anteriormente analisada implicaria amesquinhar por demais a intenção do Constituinte ao inseri-lo na ordem econômica.

Na era da globalização em que vivemos e em razão da extrema competitividade existente no mercado de trabalho, dar **cumprimento a esse princípio** se traduz,

[7] FIORILLO, Celso Antonio Pacheco. *Curso de direito ambiental brasileiro*, p. 91.

também, na **obrigação** atribuída ao **Poder Público** de **preparar** de forma adequada a sua **população** para o enfrentamento dessa acirrada disputa.

Em outras palavras, significa **oferecer as condições mínimas** para que o indivíduo possa sair do seu curso profissionalizante apto a **enfrentar** o **mercado de trabalho**.

Assim, significa a obrigação de o Poder Público **investir verbas** suficientes na área de **educação** de forma a abrir a um número cada vez maior de pessoas a possibilidade de **ingresso** nesse **mercado de trabalho**.

Com efeito, a busca desenfreada pela abertura de novos postos de trabalho para combater o processo recessivo que atinge a economia mundial por si só não se revela suficiente para a resolução desse impasse se não vier acompanhada das medidas necessárias ao preparo do indivíduo para o ingresso nesse mercado.

Em síntese, pois, a previsão desse princípio representa um **conjunto** de **obrigações** a serem **implementadas pelo Estado de forma a concretizar os fundamentos da ordem econômica, mas com íntima relação com a ordem social**.

Por fim, **em respeito** a **esse princípio**, justifica-se a possibilidade de o Poder Público atribuir aos chamados **serviços sociais autônomos** o benefício de **isenção** de **contribuição** para a **seguridade social**, tendo em vista executarem elas serviços de interesse público que levam à geração de empregos.

É a situação em que se encontram as pessoas jurídicas integrantes do chamado "sistema S", vale dizer, Sesc, Senac, Senai, Sebrae.

A propósito, oportuna a reprodução do **art. 240** da **Constituição Federal:**

> **Art. 240.** Ficam ressalvadas do disposto no art. 195 as atuais contribuições compulsórias dos empregadores sobre a folha de salários, destinadas às entidades privadas de serviço social e de formação profissional vinculadas ao sistema sindical.

■ 18.2.8. Princípio do tratamento favorecido para empresas de pequeno porte

Esse princípio, alojado no **inciso IX** do **art. 170**, cuja redação foi dada pela **EC n. 6/95**, teve o condão de oferecer maior grau de concretude aos fundamentos da ordem econômica, na medida em que **valoriza o trabalho, de acordo com os ditames da justiça social**.

É aí que surgem as **empresas de pequeno porte**, ao lado das **microempresas**, como as **maiores geradoras de emprego**. Pode-se mesmo afirmar que representam mais de 50% de todos os empregos oferecidos no País, constituindo-se em **base da economia nacional**.

Dessa forma, a atribuição de tratamento favorecido para as empresas de pequeno porte, constituídas sob as leis brasileiras e que tenham sua sede e administração no País, tem o intuito de **garantir-lhes condições mínimas** de **competição com as demais**.

Nesse sentido, cumpre observar que esse **tratamento favorecido**, embora carente de melhor delineamento, não poderá ser feito de forma arbitrária, mas, tão somente, **direcionado ao cumprimento das diretrizes eleitas pela Constituição**.

A título de **exemplo**, a própria Constituição autoriza a concessão de incentivos visando à **simplificação** de suas **obrigações administrativas**, **tributárias**, **previdenciárias** e **creditícias**, ou pela eliminação ou redução destas por meio de lei, consoante o disposto no **art. 179**. Confira-se:

> **Art. 179.** A União, os Estados, o Distrito Federal e os Municípios dispensarão às microempresas e às empresas de pequeno porte, assim definidas em lei, tratamento jurídico diferenciado, visando a incentivá-las pela simplificação de suas obrigações administrativas, tributárias, previdenciárias e creditícias, ou pela eliminação ou redução destas por meio de lei.

Nesse sentido, o conteúdo da **Lei n. 9.317**, de 5 de dezembro de **1996**, que, ao dispor sobre o **regime tributário** das microempresas e das empresas de pequeno porte, instituiu o **Simples** (Sistema Integrado de Pagamento de Impostos e Contribuições). Passou a tratar, também, do assunto a **Lei n. 9.841**, de 5 de outubro de **1999**.

Em conclusão, os fundamentos da nossa ordem econômica indicam a presença de uma economia de mercado de natureza capitalista, que, entretanto, prioriza a valorização do trabalho humano.

De outra parte, cumpre salientar que a regra segundo a qual a Constituição Federal tem por fim assegurar a todos existência digna, conforme os ditames da justiça social, deve ser entendida como um superprincípio a nortear a interpretação de todos os demais esculpidos nos diversos incisos do art. 170.

Para melhor visualização deste item, observe-se o quadro:

PRINCÍPIOS	
SOBERANIA NACIONAL	Assegura a autonomia econômica do Brasil em relação aos demais Estados (art. 170, I, da CF), apresentando-se ainda como um dos fundamentos da República Federativa do Brasil (art. 1º, I, da CF).
PROPRIEDADE PRIVADA	■ Assegura a inviolabilidade da propriedade em face da execução de atividades econômicas (art. 170, II, da CF). ■ Reitera-se a regra estabelecida no art. 5º, *caput* e inciso XXII, da CF.
FUNÇÃO SOCIAL DA PROPRIEDADE	Nenhuma atividade econômica poderá atentar contra a função social da propriedade (art. 5º, XXIII, da CF), nos termos estabelecidos nos arts. 182, § 2º, e 186 da CF. Previsto no art. 170, III.
LIVRE CONCORRÊNCIA	Garante a igualdade de condições entre os que exploram a atividade econômica (art. 173, § 1º, II, e 173, § 2º, da CF); inibe a formação de monopólios (art. 170, IV, da CF), e impede a edição de leis que restrinjam, de forma indevida, a instauração de competição (Súmula Vinculante 49).
DEFESA DO CONSUMIDOR	Nenhuma atividade econômica será legítima se afrontar direitos do consumidor (arts. 170, V, e 5º, XXXII, da CF).
DEFESA DO MEIO AMBIENTE	Condiciona toda a atividade econômica ao respeito ao meio ambiente (arts. 170, VI, e 225 da CF).
REDUÇÃO DAS DESIGUALDADES REGIONAIS SOCIAIS	Condiciona o exercício da atividade econômica, surgindo como corolário do art. 3º, III, da CF, que prevê como objetivo fundamental a erradicação da pobreza, da marginalização e a redução dessas desigualdades (art. 170, VII, da CF).

BUSCA DO PLENO EMPREGO	Condiciona o exercício de atividades econômicas, em especial aquelas que provoquem efeitos recessivos gerando desemprego (art. 170, VIII, da CF), autorizando ainda a concessão de benefícios para os serviços sociais autônomos (art. 240 da CF).
TRATAMENTO FAVORECIDO PARA EMPRESAS DE PEQUENO PORTE	Tem por objetivo fortalecer o princípio da livre concorrência, permitindo que essas empresas possam atuar no mercado, gerando mais empregos (arts. 170, IX, e 179 da CF), Lei n. 9.317, de 5 de dezembro de 1996, que dispõe sobre o regime tributário das microempresas e das empresas de pequeno porte e instituiu o Simples (Sistema Integrado de Pagamento de Impostos e Contribuições); e Lei n. 9.841, de 5 de outubro de 1999.

■ 18.3. MODOS DE ATUAÇÃO DO ESTADO NA ECONOMIA

A Constituição reservou para o Estado a possibilidade de atuar na ordem econômica de quatro formas diferenciadas:

a) como explorador da atividade econômica (art. 173);
b) como prestador de serviços públicos (art. 175);
c) como executor de atividades monopolísticas (art. 177);
d) como agente normativo e regulador (art. 174).

■ 18.3.1. Como explorador de atividade econômica

Quando da exploração da atividade econômica, tem como **destinatários** não só a **União**, mas de igual sorte as demais esferas de Governo integrantes da Federação, quais sejam, **Estados-membros**, **Municípios** e **Distrito Federal**, só poderá a Administração Pública atuar, como regra geral, para fazer frente às **hipóteses** descritas no **art. 173**, vale dizer, para a preservação da **segurança nacional** e diante de situações de **relevante interesse coletivo**.

Sem embargo, importante observar que em sua atuação **não poderá** ser **atribuída** ao Estado **nenhuma prerrogativa que não seja estendida para o setor privado** que com ele compete, por força dos princípios elencados no **art. 170**, em especial o da **livre concorrência**.

Com efeito, **não faria** o **menor sentido** o Estado explorar qualquer atividade econômica, em concorrência, pois, com a iniciativa privada, **gozando de privilégios** a ele inerentes, vale dizer, **imunidade tributária, imprescritibilidade, impenhorabilidade e inalienabilidade de seus bens**.

À evidência, surgem essas prerrogativas como instrumentos que devem ser utilizados pelo administrador de molde a atingir o interesse público, do qual é mero gestor e não proprietário.

Assim, não encontra o menor respaldo, quando da exploração de qualquer atividade econômica, a inserção desses **privilégios**, pois deixaria em **situação de** nítida **desvantagem** os setores da **iniciativa privada** que com a Administração viessem a concorrer.

De resto, cumpre observar que essa situação teria o condão de colocar em **derrocada** o **princípio** da **livre concorrência** e, como corolário, o da **livre-iniciativa**, do qual é fiel expressão e que surge como um dos fundamentos da nossa ordem econômica e financeira, nos termos do previsto no **art. 170**.

Assim, pois, cumpre salientar que a submissão a **regime idêntico** ao da **iniciativa privada só se aplica** quando o Estado **explorar atividade econômica**.

Importante salientar que **essa diretriz permanecerá** em vigor mesmo naquelas situações em que o Estado estiver atuando, na **atividade econômica**, **por meio de empresas públicas ou sociedades de economia mista**, o que mereceu preocupação especial da Constituição, consoante se verifica da redação do **§ 1º** do **art. 173**, bem como de seus incisos, oferecida pela EC n. 19/98:

> **Art. 173.** (...)
>
> § 1º A lei estabelecerá o estatuto jurídico da empresa pública, da sociedade de economia mista e de suas subsidiárias que explorem atividade econômica de produção ou comercialização de bens ou de prestação de serviços, dispondo sobre:
>
> I — sua função social e formas de fiscalização pelo Estado e pela sociedade;
>
> II — a sujeição ao regime jurídico próprio das empresas privadas, inclusive quanto aos direitos e obrigações civis, comerciais, trabalhistas e tributários;
>
> III — licitação e contratação de obras, serviços, compras e alienações, observados os princípios da administração pública;
>
> IV — a constituição e o funcionamento dos conselhos de administração e fiscal, com a participação de acionistas minoritários;
>
> V — os mandatos, a avaliação de desempenho e a responsabilidade dos administradores.

Nesse particular, cumpre relembrar que o referido **dispositivo constitucional** foi objeto de **regulamentação** por meio da edição da **Lei n. 13.303/2016**, que ficou conhecida como **Lei de Responsabilidade das Estatais**.

Para melhor visualização, verifique-se o quadro:

HIPÓTESES	A exploração de atividades econômicas pelo Estado só se legitima se recair em uma das hipóteses previstas no art. 173, *caput*, da CF ■ segurança nacional ■ relevante interesse coletivo
REGIME JURÍDICO	Submete-se o Estado ao mesmo regime jurídico das empresas privadas, inclusive quanto aos direitos e obrigações civis, comerciais, trabalhistas e tributários (art. 173, § 1º, II, da CF)
PESSOAS	O Estado só poderá explorar atividades econômicas por intermédio de empresas públicas e sociedades de economia mista, disciplinadas por legislação específica (art. 173, § 1º, da CF e Lei n. 13.303/2016)
PRIVILÉGIOS	As empresas públicas e sociedades de economia mista, em respeito ao princípio da livre concorrência, não poderão perceber nenhum privilégio que não se estenda para a iniciativa privada (art. 173, § 2º, da CF)

■ 18.3.2. Como prestador de serviços públicos

De início, cumpre enfrentar problema de difícil solução, consistente em saber a exata **conceituação** da expressão **"serviço público"**.

Com efeito, diversas incursões a esse tema foram feitas, chegando autores de nomeada a conclusões diversas.

Nesse sentido, ainda, levando em consideração a necessidade de interpretar as normas constitucionais não de forma isolada do contexto em que se inserem, mas, ao revés, de forma sistemática de molde a adequá-las aos demais preceptivos, preferimos adotar a **classificação proposta pelo ex-Ministro do STF Eros Roberto Grau**. O eminente jurista, abeberando-se em nossa forma federativa de Estado, partiu da premissa de que por serviços públicos se entendem **aqueles** que **devem ser exercidos, por expressa disposição constitucional**, pela União, Estados, Municípios e Distrito Federal. Confira-se:

> "Cumpre distinguir, desde logo, os serviços públicos privativos dos serviços públicos não privativos. Entre os primeiros, aqueles cuja prestação é privativa do Estado (União, Estado-membro, ou Município), ainda que admitida a possibilidade de entidades do setor privado desenvolvê-los, apenas e tão somente, contudo, em regime de concessão ou permissão (art. 175 da Constituição de 1988). Entre os restantes — serviços públicos não privativos — aqueles que têm por substrato atividade econômica que tanto pode ser desenvolvida pelo Estado enquanto serviço público, quanto pelo setor privado, caracterizando-se tal desenvolvimento, então, como modalidade de atividade econômica em sentido estrito"[8].

Assim, em síntese, ficará o Estado sujeito a regimes jurídicos diversos na estrita dependência do tipo de atividade por ele levada a efeito.

Quando se tratar de exploração de **atividades econômicas**, atuará em **regime** de **igualdade** com os particulares, **sem** qualquer sorte de **privilégios**, consoante o disposto no **§ 2º** do **art. 173 do Texto Magno** e, se pública, com todas as prerrogativas inerentes à sua função de gestor do patrimônio público.

Dentro desse contexto é que, como já noticiado, a constitucionalidade da **Lei n. 13.303/2016** revela-se **duvidosa ao apresentar, em seu artigo inaugural, como destinatárias das regras ali estabelecidas tanto as empresas públicas e sociedades de economia mista exploradoras de atividade econômica como aquelas prestadoras de serviços públicos, ainda que em regime de monopólio**. Confira-se:

> **Art. 1º** Esta Lei dispõe sobre o estatuto jurídico da empresa pública, da sociedade de economia mista e de suas subsidiárias, abrangendo toda e qualquer empresa pública e sociedade de economia mista da União, dos Estados, do Distrito Federal e dos Municípios que explore atividade econômica de produção ou comercialização de bens ou de prestação de serviços, ainda que a atividade econômica esteja sujeita ao regime de monopólio da União ou seja de prestação de serviços públicos.

Destarte, percebe-se que o **legislador** foi muito além do limite estabelecido pela Constituição no art. 173, § 1º, **passando a estabelecer** um **conjunto** de **regras único para qualquer modalidade de empresa pública e sociedade de economia mista**, aparentemente contrariando as diretrizes constitucionais incidentes sobre o tema até então.

---

[8] GRAU, Eros Roberto. *A ordem econômica na Constituição de 1988*: interpretação e crítica. São Paulo: Malheiros, 1997, p. 149-150.

Cumpre observar, aliás, que a prestação do **serviço público**, conforme já observado no capítulo correspondente, tem sua **titularidade** sempre nas mãos da **Administração** com o intuito de proteger o interesse da coletividade.

Por sua vez, essa **prestação** poder-se-á verificar de forma **centralizada**, quando então será prestada **pela própria Administração**, por meio de órgãos seus ou **descentralizada**, quando sua execução será **repassada para terceiros**, integrantes de sua estrutura indireta (**autarquias**, **fundações**, **empresas públicas** e **sociedades de economia mista**) ou para particulares, por meio de **concessões**, **permissões** e **autorizações** de serviços, mediante regras previamente estabelecidas pelo **Poder Público**, o qual **manterá**, ainda, seu **poder** de **fiscalização** sobre o serviço, podendo, ainda, **aplicar penalidades** em razão de seu descumprimento.

É o que se depreende do conteúdo do **art. 175 da Constituição**, cuja redação a seguir se reproduz:

> **Art. 175.** Incumbe ao Poder Público, na forma da lei, diretamente ou sob regime de concessão ou permissão, sempre através de licitação, a prestação de serviços públicos.

Como se verifica, a questão relativa às **concessões** e **permissões** demandou, por expressa disposição constitucional, regulamentação que se deu pela edição das **Leis ns. 8.987**, de 13 de fevereiro de **1995**, **9.074**, de 7 de julho de **1995**, e **9.427**, de 27 de dezembro de **1996**, responsável, esta última, pela criação da Agência Nacional de Energia Elétrica (Aneel).

Observe-se o quadro a seguir:

FUNDAMENTO	Art. 175 da CF
LIMITE	A execução de serviços públicos, em razão da localização do art. 175 (ordem econômica), deverá respeitar os limites impostos pelo art. 170 da CF
TITULARIZAÇÃO	A titularização de serviços públicos pertence ao Poder Público, dividida entre as quatro esferas de Governo, por força de diretrizes constitucionais (art. 175 da CF)
FORMAS DE EXECUÇÃO	■ direta: quando levada a efeito pela própria administração pública ■ indireta: quando transferida, via concessão e permissão, para particulares que objetivam lucro (art. 175 da CF)
LICITAÇÃO	Necessária quando a execução do serviço for transferida, via concessão e permissão, para particulares que objetivam lucro (art. 175 da CF)

■ 18.3.3. Como executor de atividades monopolísticas

A terceira forma de atuação do Estado na ordem econômica verifica-se por meio do **exercício de atividades monopolísticas**, a teor do disposto no **art. 177 da CF:**

> **Art. 177.** Constituem monopólio da União:
>
> I — a pesquisa e a lavra das jazidas de petróleo e gás natural e outros hidrocarbonetos fluidos;
>
> II — a refinação do petróleo nacional ou estrangeiro;

III — a importação e exportação dos produtos e derivados básicos resultantes das atividades previstas nos incisos anteriores;

IV — o transporte marítimo do petróleo bruto de origem nacional ou de derivados básicos de petróleo produzidos no País, bem assim o transporte, por meio de conduto, de petróleo bruto, seus derivados e gás natural de qualquer origem;

V — a pesquisa, a lavra, o enriquecimento, o reprocessamento, a industrialização e o comércio de minérios e minerais nucleares e seus derivados, com exceção dos radioisótopos cuja produção, comercialização e utilização poderão ser autorizadas sob regime de permissão, conforme as alíneas *b* e *c* do inciso XXIII do *caput* do art. 21 desta Constituição Federal.

Essas **hipóteses**, que **representam**, por força de expressa disposição constitucional, **exceção** ao **princípio** da **livre-iniciativa** das atividades econômicas, foram objeto de regulamentação por meio da **EC n. 9/95**.

Com efeito, referida **emenda acabou** por **flexibilizar** as **quatro primeiras hipóteses** de atividades monopolísticas, relacionadas ao **setor petrolífero**, abrindo oportunidade para que a União pudesse contratar a execução dessas atividades com empresas estatais ou privadas, desde que obedecidos os termos da lei na forma do **§ 1º**, cuja redação foi oferecida pela **EC n. 9/95:**

Art. 177. (...)

§ 1º A União poderá contratar com empresas estatais ou privadas a realização das atividades previstas nos incisos I a IV deste artigo observadas as condições estabelecidas em lei.

De outra parte, cumpre consignar que a hipótese descrita no **inciso V** teve sua redação também alterada pela **EC n. 49/2006**, que **abriu para a iniciativa privada a possibilidade de produção, comercialização e utilização de radioisótopos sob o regime de permissão**.

Por fim, cumpre anotar que ao longo da Constituição, em especial em seu art. 21, verificam-se algumas **situações de monopólio implícito** relacionadas a serviços públicos, entre as quais se destacam a emissão de moedas (inciso VII) e o serviço postal (inciso X).

Em relação a este último, cumpre recordar que em **2009** o **STF** julgou improcedente a **ADPF 46**, mantendo em vigor os dispositivos da **Lei n. 6.538/78**, em especial o disposto em seu art. 9º, que estabelece a **exploração** pela **União** dos seguintes serviços em **regime de monopólio:**

Art. 1º Esta Lei regula os direitos e obrigações concernentes ao serviço postal e ao serviço de telegrama em todo o território do País, incluídos as águas territoriais e o espaço aéreo, assim como nos lugares em que princípios e convenções internacionais lhes reconheçam extraterritorialidade.

Art. 9º São exploradas pela União, em regime de monopólio, as seguintes atividades postais:

I — recebimento, transporte e entrega, no território nacional, e a expedição, para o exterior, de carta e cartão-postal;

II — recebimento, transporte e entrega, no território nacional, e a expedição, para o exterior, de correspondência agrupada:

III — fabricação, emissão de selos e de outras fórmulas de franqueamento postal.

De se destacar ainda a referência à atuação da União, por intermédio da EBCT, em regime de monopólio, estabelecida no RE 601.392/PR, relatado pelo Ministro Gilmar Mendes, em que se contestava acórdão proferido pelo Tribunal Regional Federal da 4ª Região, assim ementado:

> "TRIBUTÁRIO. IMUNIDADE RECÍPROCA. EMPRESA BRASILEIRA DE CORREIOS E TELÉGRAFOS. SERVIÇOS TIPICAMENTE POSTAIS ABARCADOS PELO **MONOPÓLIO**. 1. A ECT, empresa pública que presta serviços postais, os quais são de competência da União, está abrangida pela imunidade tributária prevista no artigo 150, inciso VI, letra *a* da Constituição Federal. 2. A imunidade aqui delineada, entretanto, restringe-se aos serviços tipicamente postais mencionados no art. 9º da Lei n. 6.538/78, sendo lícito ao município na cobrança de ISS, relativamente aos serviços não abarcados pelo monopólio concedido pela União" (Fls. 462).

O quadro a seguir resume o tema em estudo:

FUNDAMENTO	Art. 177 da CF
TITULARIDADE	O art. 177 atribui essa possibilidade apenas para a União
HIPÓTESES	Apenas aquelas relacionadas no art. 177 da Constituição: ■ a pesquisa e a lavra das jazidas de petróleo e gás natural e outros hidrocarbonetos fluidos ■ a refinação do petróleo nacional ou estrangeiro ■ a importação e exportação dos produtos e derivados básicos resultantes das atividades previstas nos incisos anteriores ■ o transporte marítimo do petróleo bruto de origem nacional ou de derivados básicos de petróleo produzidos no País, bem assim o transporte, por meio de conduto, de petróleo bruto, seus derivados e gás natural de qualquer origem ■ a pesquisa, a lavra, o enriquecimento, o reprocessamento, a industrialização e o comércio de minérios e minerais nucleares e seus derivados, com exceção dos radioisótopos cuja produção, comercialização e utilização poderão ser autorizadas sob regime de permissão, conforme as alíneas *b* e *c* do inc. XXIII do *caput* do art. 21 desta Constituição Federal
HIPÓTESES IMPLÍCITAS	Envolvem alguns serviços públicos identificados ao longo da Constituição, em especial em seu art. 21, com destaque para a emissão de moedas e o serviço postal, este último já com reconhecimento pelo STF (ADPF 46/2009)

■ 18.3.4. Como agente normativo e regulador

A atuação do Estado como **agente normativo e regulador** encontra-se disciplinada nos termos estampados no **art. 174 da Constituição**, cuja redação a seguir se reproduz:

> **Art. 174.** Como agente normativo e regulador da atividade econômica, o Estado exercerá, na forma da lei, as funções de fiscalização, incentivo e planejamento, sendo este determinante para o setor público e indicativo para o setor privado.

Assim, na qualidade de **agente normativo** e **regulador**, o **Estado**, no exercício do poder de polícia a ele conferido, **procura resguardar** o **cumprimento** pelos particulares, quando no exercício de atividade econômica, dos **princípios** elencados no **art. 170** do Texto Constitucional.

Dessa forma, vislumbram-se da redação do **art. 174** três diferentes funções para o Estado:

> **a) Fiscalização:** em que ele acompanha o comportamento da iniciativa privada em relação aos princípios balizadores da ordem econômica, impedindo e sancionando aqueles que extrapolem esses limites; destaca-se aqui a atuação não só de órgãos como o CADE e a Secretaria de Defesa Econômica, vinculados ao Ministério da Justiça para coibir o abuso do poder econômico (Lei n. 8.884/94), mas, também, a atuação das chamadas Agências Reguladoras.
>
> **b) Incentivo:** aqui o Estado atua estimulando o implemento e o desenvolvimento de atividades econômicas por meio da concessão de benefícios, surgindo como exemplo as hipóteses relacionadas nos arts. 170, IX, e 179.
>
> **c) Planejamento:** nesse particular, o Estado idealiza as diretrizes a serem implementadas quando do exercício de atividades econômicas, sendo elas determinantes tão somente para o Poder Público e apenas indicativas para o setor privado, sob pena de esvaziamento do princípio da livre-iniciativa.

Hoje, conforme o **art. 3º da Lei n. 12.529/2011**, essa atuação passa a ser realizada de modo mais amplo pelo **Sistema Brasileiro de Defesa da Concorrência** (SBDC), que é formado pelo **CADE** e pela **Secretaria de Acompanhamento Econômico do Ministério da Fazenda**.

Nesse particular, pela oportunidade do tema, importante deixar consignado que o **CADE** apresenta **natureza jurídica autárquica**, encontrando-se **vinculado** ao **Ministério da Justiça**, conclusão que não se revela gratuita, pois resultante de expressa disposição contida no **art. 4º da Lei n. 12.529/2011**. Confira-se:

> **Art. 4º** O CADE é entidade judicante com jurisdição em todo o território nacional, que se constitui em autarquia federal, vinculada ao Ministério da Justiça, com sede e foro no Distrito Federal, e competências previstas nesta Lei.

Visualize-se o quadro a seguir:

FUNDAMENTO	Art. 174 da CF
COMPETÊNCIAS	■ **Fiscalização:** em que ele acompanha o comportamento da iniciativa privada em relação aos princípios balizadores da ordem econômica, impedindo e sancionando aqueles que extrapolem esses limites; destaca-se aqui a atuação não só de órgãos como o CADE e a Secretaria de Defesa Econômica, vinculados ao Ministério da Justiça para coibir o abuso do poder econômico (Lei n. 8.884/94), mas também a atuação das chamadas Agências Reguladoras. ■ **Incentivo:** aqui o Estado atua estimulando o implemento e o desenvolvimento de atividades econômicas por meio da concessão de benefícios, surgindo como exemplo as hipóteses relacionadas nos arts. 170, IX, e 179. ■ **Planejamento:** nesse particular, o Estado idealiza as diretrizes a serem implementadas quando do exercício de atividades econômicas, sendo elas determinantes tão somente para o Poder Público e apenas indicativas para o setor privado, sob pena de esvaziamento do princípio da livre-iniciativa.

18.4. QUADRO SINÓTICO

ORDEM ECONÔMICA	
Princípios	
SOBERANIA NACIONAL	Assegura a autonomia econômica do Brasil em relação aos demais Estados (art. 170, I)
PROPRIEDADE PRIVADA	■ Assegura a inviolabilidade da propriedade em face da execução de atividades econômicas (art. 170, II) ■ Reitera-se a regra estabelecida no art. 5º, *caput* e inciso XXII
FUNÇÃO SOCIAL DA PROPRIEDADE	Nenhuma atividade econômica poderá atentar contra a função social da propriedade nos termos estabelecidos nos arts. 182, § 2º, e 186 da CF. Previsto no art. 170, III
LIVRE CONCORRÊNCIA	Garante a igualdade de condições entre os que exploram a atividade econômica e inibe a formação de monopólios (art. 170, IV)
DEFESA DO CONSUMIDOR	Nenhuma atividade econômica será legítima se afrontar direitos do consumidor (arts. 170, V, e 5º, XXXII)
DEFESA DO MEIO AMBIENTE	Condiciona toda a atividade econômica ao respeito ao meio ambiente (arts. 170, VI, e 225)
REDUÇÃO DAS DESIGUALDADES REGIONAIS SOCIAIS	Condiciona o exercício da atividade econômica, surgindo como corolário do art. 3º, III, que prevê como objetivo fundamental a erradicação da pobreza, da marginalização e a redução dessas desigualdades (art. 170, VII)
BUSCA DO PLENO EMPREGO	Condiciona o exercício de atividades econômicas, em especial aquelas que provoquem efeitos recessivos gerando desemprego (art. 170, VIII)
TRATAMENTO FAVORECIDO PARA EMPRESAS DE PEQUENO PORTE	Tem por objetivo fortalecer o princípio da livre concorrência, permitindo que essas empresas possam atuar no mercado, gerando mais empregos (art. 170, IX)
Modos de atuação do Estado na economia	
COMO EXPLORADOR DA ATIVIDADE ECONÔMICA	Art. 173
COMO PRESTADOR DE SERVIÇOS PÚBLICOS	Art. 175
COMO EXECUTOR DE ATIVIDADES MONOPOLÍSTICAS	Art. 177
COMO AGENTE NORMATIVO E REGULADOR	Art. 174

18.5. SÚMULA SOBRE INTERVENÇÃO DO ESTADO NA ORDEM ECONÔMICA

18.5.1. Súmula vinculante

49 Ofende o princípio da livre concorrência lei municipal que impede a instalação de estabelecimentos comerciais do mesmo ramo em determinada área.

18.6. QUESTÕES

1. (Promotor de Justiça — MPE-SC — 2016) Como agente normativo e regulador da atividade econômica, o Estado exercerá, na forma da lei, as funções de fiscalização, incentivo e planejamento, sendo este determinante tanto para o setor público quanto para o setor privado.

( ) Certo ( ) Errado

2. (Procurador Municipal — Prefeitura de Teixeira de Freitas-BA — IBEG — 2016) Sobre a Ordem Constitucional Econômica do Brasil, analise as assertivas e assinale a alternativa correta:

I. a exploração direta de atividade econômica pelo Estado somente será admitida quando necessária aos imperativos da segurança nacional ou a relevante interesse coletivo, conforme definidos em lei.
II. a lei reprimirá o abuso do poder econômico que vise à dominação dos mercados, à eliminação da concorrência e ao aumento arbitrário dos lucros.
III. o Estado deve atuar como agente regulador da atividade econômica, exercendo as funções de fiscalização e incentivo. Por determinação constitucional, cabe exclusivamente ao setor privado a função de planejamento.
IV. a defesa do meio ambiente constitui um dos princípios informadores da atividade econômica, inclusive mediante tratamento diferenciado conforme o impacto ambiental dos produtos e serviços e de seus processos de elaboração e prestação.

a) apenas as assertivas I e II são verdadeiras.
b) apenas as assertivas I e III são verdadeiras.
c) apenas as assertivas II e III são verdadeiras.
d) apenas as assertivas III e IV são verdadeiras.
e) apenas as assertivas II e IV são verdadeiras.

3. (Juiz — TJ-DFT — 2016) Considerando-se as normas contidas na CF acerca da ordem econômica, é correto afirmar que

a) fundando-se a ordem econômica na valorização do trabalho humano e na livre-iniciativa, é vedada a exigência, por lei, de autorizações por órgãos públicos, para o exercício de qualquer atividade econômica.
b) a União, os estados, o DF e os municípios devem incentivar o turismo, como fator de desenvolvimento social e econômico.
c) apenas a livre concorrência e a defesa do consumidor são princípios de observância obrigatória.
d) a refinação do petróleo nacional ou estrangeiro constitui monopólio da União, que pode, para realizá-la, contratar apenas empresas estatais, observadas as condições estabelecidas em lei.
e) a concessão de serviço público deve ser precedida sempre de licitação. A permissão de serviço público, porém, deverá ser feita por contratação direta.

4. (Procurador Jurídico — Prefeitura de Suzano-SP — VUNESP — 2015) A respeito da ordem econômica e financeira, é correto afirmar, nos moldes da Constituição Federal, que

a) é vedada a exploração direta de atividade econômica pelo Estado, cabendo a este as funções de regular o mercado e fiscalizar a atividade econômica privada.
b) a pesquisa e a lavra das jazidas de petróleo e gás natural e outros hidrocarbonetos fluidos é da competência do Estado onde se situar o respectivo recurso.
c) tratamento favorecido para as empresas de pequeno porte constituídas sob as leis brasileiras e que tenham sua sede e administração no País é um dos princípios da ordem econômica.
d) é assegurado a todos o livre exercício de qualquer atividade econômica, desde que obtida a devida autorização dos respectivos órgãos públicos.
e) a lei reprimirá o abuso do poder econômico que vise à dominação dos mercados, à redução da concorrência e à atividade de obtenção de lucros.

5. (Procurador do Ministério Público — TCU — CESPE — 2015) A respeito da ordem econômica prevista na CF, especialmente no que se refere à prestação de serviços públicos, assinale a opção correta.

a) A exploração direta das atividades econômicas cabe preferencialmente ao setor privado e excepcionalmente ao Estado, daí a razão pela qual é inadmissível, inclusive em prestígio ao princípio constitucional da livre concorrência, que o desempenho dessas atividades dependa de prévias autorizações do poder público.
b) O serviço postal é exemplo de atividade econômica em sentido estrito prestada pelo Estado em regime de monopólio legal, conforme consolidado pela jurisprudência do STF.
c) A partir dos anos 90 do século passado, mediante os processos de desestatização e com a introdução no Brasil do conceito de serviço público competitivo ou serviço público econômico,

passou-se a admitir a aplicação do princípio da livre concorrência também às empresas públicas prestadoras de serviço público.

d) O conceito de atividade econômica, em sentido estrito, opõe-se ao de serviço público, notadamente no que toca à titularidade: a atividade econômica cabe preferencialmente ao setor privado; os serviços públicos, por sua vez, são da competência direta ou indireta do Estado por meio de concessão ou permissão. Essa diferenciação quanto à titularidade, contudo, não determina uma diversificação quanto ao regime jurídico, pois ambos os conceitos referem-se à atividade econômica em sentido amplo.

e) Pode o Estado ser o titular exclusivo de um serviço público sem ter o dever de prestá-lo diretamente ou por meio de criatura sua, pois são admitidos legalmente os regimes de concessão ou permissão com a transferência do exercício da atividade por entidades privadas, tendo o Estado, nesses casos, o dever de fiscalizar a qualidade do serviço prestado.

6. (Procurador do Ministério Público — TCU — CESPE — 2015) Assinale a opção correta no que se refere aos princípios gerais da atividade econômica e às entidades estatais prestadoras de serviços públicos.

a) O estatuto jurídico da empresa pública, da sociedade de economia mista e de suas subsidiárias que explorem atividade econômica está sujeito ao regime jurídico próprio das empresas privadas, razão por que não se aplicam a elas as disposições constantes da Lei de Acesso à Informação.

b) As empresas públicas e as sociedades de economia mista que executem atividades em regime de concorrência estão sujeitas ao regime jurídico próprio das empresas privadas. Isso não as impede, porém, de se beneficiarem do sistema de pagamento por precatório de dívidas decorrentes de decisões judiciais, conforme previsão constitucional.

c) É nula a contratação para a investidura em cargo ou emprego público nas empresas públicas ou nas sociedades de economia mista que exerçam atividades econômicas sem prévia aprovação em concurso público, razão pela qual ela não gera efeitos trabalhistas, ressalvado o pagamento do saldo de salários dos dias efetivamente trabalhados, sob pena de enriquecimento sem causa.

d) O estatuto jurídico da empresa pública, da sociedade de economia mista e de suas subsidiárias que explorem atividade econômica está sujeito ao regime jurídico próprio das empresas privadas, o que justifica estarem todas elas dispensadas do dever de realizar licitações, bem como do dever da observância dos princípios próprios da administração pública.

e) Na ponderação entre o princípio do tratamento favorecido às empresas de pequeno porte constituídas sob as leis brasileiras, o princípio da igualdade e o da supremacia do interesse público, devem preponderar estes dois últimos, sendo inadmissível tratamento privilegiado às propostas formuladas por empresas de pequeno porte nos procedimentos licitatórios.

7. (Procurador do Estado — PGE-MT — FCC — 2016) Ao atuar como agente normativo e regulador da atividade econômica, o Estado dispõe de variados meios de intervenção, com vistas a propiciar o desenvolvimento nacional equilibrado. NÃO é considerada uma intervenção válida

a) o estabelecimento, por lei federal, de monopólio do serviço postal.

b) a fixação, por lei estadual, de piso salarial regional, no tocante às categorias que não tenham esse mínimo estabelecido em lei federal, convenção ou acordo coletivo.

c) a criação, por lei federal, de passe livre em favor de deficientes físicos, no transporte interestadual.

d) a limitação, por lei municipal, de número de estabelecimentos comerciais do mesmo ramo em determinada área.

e) a fixação, por lei municipal, de horário para funcionamento de estabelecimentos comerciais.

8. (Procurador da Fazenda Nacional — PGFN — ESAF 2015) No concernente à intervenção do Estado no domínio econômico, indique a opção incorreta.

a) Segundo entendimento do Supremo Tribunal Federal, o serviço postal não consubstancia atividade econômica em sentido estrito, porquanto se trata de exclusividade na prestação de serviços, denotando, assim, situação de privilégio.

b) Na intervenção por absorção ou participação o Estado atua como agente econômico.

c) O Estado, por meio da intervenção por direção, utiliza-se de comandos imperativos que, se forem descumpridos, sujeitam o infrator a sanções negativas.

d) A exploração de atividade econômica pelas empresas públicas e sociedades de economia mista constitui intervenção estatal indireta no domínio econômico.
e) A atividade econômica em sentido amplo é gênero que compreende duas espécies, o serviço público e a atividade econômica em sentido estrito.

9. (Juiz do Trabalho — TRT-23ª Região — 2011) De acordo com a Constituição da República de 1988, a ordem econômica, fundada na valorização do trabalho humano e na livre-iniciativa, tem por fim assegurar a todos existência digna, conforme os ditames da justiça social. Assinale o item que NÃO corresponde a um princípio consagrado expressamente na Constituição quanto à ordem econômica:

a) Função social da propriedade.
b) Defesa do meio ambiente, inclusive mediante tratamento diferenciado conforme o impacto ambiental dos produtos e serviços e de seus processos de elaboração e prestação.
c) Livre associativismo e cooperativismo.
d) Redução das desigualdades regionais e sociais.
e) Busca do pleno emprego.

10. (Ministério Público/PR — 2011) Integram os princípios gerais da ordem econômica:

a) Soberania nacional, propriedade privada e defesa do consumidor.
b) Livre concorrência, função social da propriedade e tratamento favorecido para as empresas de pequeno porte constituídas sob as leis brasileiras e que tenham sua sede e administração no País.
c) Busca do pleno emprego, soberania nacional e livre concorrência.
d) Redução das desigualdades regionais e sociais, defesa do consumidor e defesa do meio ambiente.
e) Todas as alternativas anteriores estão corretas.

■ GABARITO ■

1. "errado".
2. "e".
3. "b".
4. "c".
5. "e".
6. "c".
7. "d".
8. "d".
9. "c".
10. "e".

19

FORMAS DE CONTROLE SOBRE A ADMINISTRAÇÃO

■ 19.1. NOÇÕES GERAIS

Com o objetivo de assegurar que a Administração Pública atue estritamente para a **preservação dos interesses da coletividade**, e em consonância com os **princípios** que comandam sua atividade, em especial o da **legalidade**, segundo o qual ela só poderá editar atos se houver anterior previsão em lei, o **ordenamento jurídico abriu** a **possibilidade** de estabelecimento de **controle sobre seus atos**.

Esse **controle**, que poderá ser feito tanto pelo **Legislativo** quanto pela própria **Administração** e, ainda, pelo **Judiciário**, apresenta um **limite** de natureza objetiva, em especial quando se tratar de controle externo.

Com efeito, o **controle** realizado pelo **Legislativo** e pelo **Judiciário** deverá respeitar os **limites** impostos pelo princípio da **separação entre os Poderes** (**art. 2º** da **CF**), restringindo-se ao aspecto de sua **legalidade**, **sem** a **possibilidade**, pois, de **incidir** sobre o **mérito** dos atos administrativos se forem eles legítimos, vale dizer, voltados à preservação dos interesses da coletividade.

Esse controle de legalidade poderá se estender para os chamados atos *interna corporis* sem representar qualquer agressão ao princípio constitucional da separação entre os Poderes.

Dentro desse contexto, ainda que os atos editados pela Administração possam atingir direitos de terceiros, que nenhuma irregularidade tenham praticado, não poderão ser levados à apreciação desses dois Poderes, em **respeito** não só ao **princípio** da **separação** como, também, ao da **supremacia** do **interesse público sobre** o do **particular**.

■ 19.2. DAS MODALIDADES

■ 19.2.1. Controle interno

Esse controle pode ser **realizado de ofício**, vale dizer, pela própria **Administração, ou** mediante **provocação de terceiros**.

■ *19.2.1.1. Controle de ofício*

Trata-se do **poder atribuído** à **Administração** para, de **ofício**, **rever** seus **próprios atos**, em homenagem ao princípio da **autotutela**, sempre para a preservação do interesse público.

Dentro desse contexto, cumpre registrar que tal controle, ao contrário daquele realizado pelo Legislativo e pelo Judiciário, **não** se **restringe** ao **campo** da **legalidade**, **podendo atingir** também o **mérito** do ato, por razões de conveniência e oportunidade.

Assim, de forma a facilitar a visualização do tema, reproduzimos uma vez mais o quadro sinótico apresentado no capítulo relacionado aos atos administrativos, em especial quanto às formas de extinção:

	ANULAÇÃO	REVOGAÇÃO
FUNDAMENTO	Ilegalidade	Conveniência e oportunidade
TITULAR	Administração e Judiciário	Administração
EFEITOS DA DECISÃO	*Ex tunc*	*Ex nunc*
PRAZO	5 anos (Lei n. 9.784/99, art. 54), salvo comprovada má-fé	Não há

Nesse particular, de forma a sintetizar a questão relacionada à anulação e revogação dos atos administrativos, importante a reprodução da **Súmula 473** do STF:

> **Súmula 473 do STF:** A administração pode anular seus próprios atos, quando eivados de vícios que os tornam ilegais, porque deles não se originam direitos; ou revogá-los, por motivo de conveniência ou oportunidade, respeitados os direitos adquiridos, e ressalvada, em todos os casos, a apreciação judicial.

De resto, importante recordar que a **mesma previsão**, com **maior rigor**, encontra-se prevista no **art. 53 da Lei n. 9.784/99**, que disciplina processos administrativos na área federal. Confira-se:

> **Art. 53.** A Administração deve anular seus próprios atos, quando eivados de vício de legalidade, e pode revogá-los por motivo de conveniência ou oportunidade, respeitados os direitos adquiridos.

Quanto à questão da **anulação**, oportuno recuperar a ideia da possibilidade de **convalidação** destes atos, desde que **satisfeitas** as **exigências** estabelecidas pelo legislador, a teor do disposto no **art. 55 da Lei n. 9.784/99:**

> **Art. 55.** Em decisão na qual se evidencie não acarretarem lesão ao interesse público nem prejuízo a terceiros, os atos que apresentarem defeitos sanáveis poderão ser convalidados pela própria Administração.

De outra parte, importante consignar a existência de **restrições** quanto à **revogação** desses atos por razões de ordem lógica. **Assim, não podem ser objeto de revogação os atos consumados e os exauridos; os que constituem direitos adquiridos; os complexos, os compostos, os vinculados, bem como os chamados atos enunciativos ou declaratórios**.

■ *19.2.1.2. Por provocação de terceiros*

O **controle** realizado pela **própria Administração** também pode ser **feito** por **provocação** de **terceiros**, encontrando um **duplo fundamento constitucional**, consoante se verifica, inicialmente, da previsão estabelecida no **art. 37, § 3º**, que disciplina as formas de participação do usuário na Administração.

> **Art. 37.** (...)
> § 3º A lei disciplinará as formas de participação do usuário na administração pública direta e indireta, regulando especialmente:
> I — as reclamações relativas à prestação dos serviços públicos em geral, asseguradas a manutenção de serviços de atendimento ao usuário e a avaliação periódica, externa e interna, da qualidade dos serviços;
> II — o acesso dos usuários a registros administrativos e a informações sobre atos de governo, observado o disposto no art. 5º, X e XXXIII;
> III — a disciplina da representação contra o exercício negligente ou abusivo de cargo, emprego ou função na administração pública.

Da leitura do dispositivo reproduzido, percebe-se ter a **Constituição franqueado** ao **usuário três formas** importantes **de participação na Administração:**

- apresentação de reclamações relacionadas à prestação de serviços públicos;
- acesso dos usuários a registros administrativos e a atos de governo;
- representação contra atos que configurem abuso de poder.

De outra parte, a possibilidade de **controle** dos **atos administrativos** por **provocação de terceiros** encontra também fundamento no **direito de petição**, previsto no **art. 5º, XXXIV, *a*, da Constituição**, cuja redação a seguir se reproduz:

> **Art. 5º** (...)
> XXXIV — são a todos assegurados, independentemente do pagamento de taxas:
> *a)* o direito de petição aos Poderes Públicos em defesa de direito ou contra ilegalidade ou abuso de poder.

A leitura do dispositivo reproduzido permite concluir que esse direito atribui ao **administrado** a possibilidade de **peticionar** para a **Administração** Pública, nas **seguintes hipóteses:**

a) para defesas de direitos;
b) acerca de prática de ilegalidades;
c) acerca da prática de abuso de poder.

De outra parte, no mesmo dispositivo constitucional, destaca-se aspecto de fundamental importância para a **viabilização desse direito**, referente a ser ele utilizado **independentemente do pagamento de taxas**.

Sobre esse aspecto, importante a reprodução da **Súmula 373 do STJ** e da **Súmula Vinculante 21 do STF**, que confirmam a diretriz constitucional, nos seguintes termos:

> **Súmula 373 do STJ:** É ilegítima a exigência de depósito prévio para admissibilidade de recurso administrativo.
> **Súmula Vinculante 21:** É inconstitucional a exigência de depósito ou arrolamento prévios de dinheiro ou bens para admissibilidade de recurso administrativo.

Percebe-se, pois, que qualquer **previsão legal** ou qualquer **ato administrativo** que **contrarie** essa **diretriz** abre a **possibilidade**, para aquele que se sentir lesado, de **buscar** seus **direitos** perante o **Judiciário**.

Ainda sobre o **direito de petição**, importante deixar consignado ter sido ele disciplinado pela **Lei n. 8.112/90**, pelos seus **arts. 104 a 115**, que, para melhor visualização do tema, são a seguir reproduzidos:

> **Art. 104.** É assegurado ao servidor o direito de requerer aos Poderes Públicos, em defesa de direito ou interesse legítimo.
>
> **Art. 105.** O requerimento será dirigido à autoridade competente para decidi-lo e encaminhado por intermédio daquela a que estiver imediatamente subordinado o requerente.
>
> **Art. 106.** Cabe pedido de reconsideração à autoridade que houver expedido o ato ou proferido a primeira decisão, não podendo ser renovado.
>
> Parágrafo único. O requerimento e o pedido de reconsideração de que tratam os artigos anteriores deverão ser despachados no prazo de 5 (cinco) dias e decididos dentro de 30 (trinta) dias.
>
> **Art. 107.** Caberá recurso:
>
> I — do indeferimento do pedido de reconsideração;
>
> II — das decisões sobre os recursos sucessivamente interpostos.
>
> § 1º O recurso será dirigido à autoridade imediatamente superior à que tiver expedido o ato ou proferido a decisão, e, sucessivamente, em escala ascendente, às demais autoridades.
>
> § 2º O recurso será encaminhado por intermédio da autoridade a que estiver imediatamente subordinado o requerente.
>
> **Art. 108.** O prazo para interposição de pedido de reconsideração ou de recurso é de 30 (trinta) dias, a contar da publicação ou da ciência, pelo interessado, da decisão recorrida.
>
> **Art. 109.** O recurso poderá ser recebido com efeito suspensivo, a juízo da autoridade competente.
>
> Parágrafo único. Em caso de provimento do pedido de reconsideração ou do recurso, os efeitos da decisão retroagirão à data do ato impugnado.
>
> **Art. 110.** O direito de requerer prescreve:
>
> I — em 5 (cinco) anos, quanto aos atos de demissão e de cassação de aposentadoria ou disponibilidade, ou que afetem interesse patrimonial e créditos resultantes das relações de trabalho;
>
> II — em 120 (cento e vinte) dias, nos demais casos, salvo quando outro prazo for fixado em lei.
>
> Parágrafo único. O prazo de prescrição será contado da data da publicação do ato impugnado ou da data da ciência pelo interessado, quando o ato não for publicado.
>
> **Art. 111.** O pedido de reconsideração e o recurso, quando cabíveis, interrompem a prescrição.

> **Art. 112.** A prescrição é da ordem pública, não podendo ser relevada pela administração.
>
> **Art. 113.** Para o exercício do direito de petição, é assegurada vista do processo ou documento, na repartição, ao servidor ou a procurador por ele constituído.
>
> **Art. 114.** A administração deverá rever seus atos, a qualquer tempo, quando eivados de ilegalidade.
>
> **Art. 115.** São fatais e improrrogáveis os prazos estabelecidos neste Capítulo, salvo motivo de força maior.

Dentro desse contexto maior fixado pela Constituição, merecem destaque alguns **instrumentos previstos** no **nível infraconstitucional** para **viabilizar esse controle**, mediante provocação de terceiros.

a) Pedido de reconsideração: por meio dele, o interessado requer o reexame do ato à própria autoridade que o emitiu, sendo disciplinado nos arts. 106 e s. da Lei n. 8.112/90, que prevê um prazo de 30 dias para que seja proferida uma decisão.

De outra parte, em relação à **decisão proferida**, importante consignar **comportar** ela **recurso**, na forma do **art. 107, I**, do mesmo diploma legal, que será **dirigido** à **autoridade** imediatamente **superior**, a teor do disposto no § 1º, podendo ser recebido com efeito suspensivo, a juízo da autoridade competente (art. 109).

Oportuno destacar, ainda, que, em caso de **provimento do recurso**, os **efeitos** da **decisão retroagirão à data do ato impugnado** (art. 109, parágrafo único).

Por fim, cabe assinalar que o **direito** de requerer **prescreve em 5 anos**, quanto aos atos de demissão e de cassação de aposentadoria, entre outros, na forma do **art. 110, I, e** em **120 dias nos demais**. Pedido dessa natureza interrompe a prescrição (art. 111), sendo ela de ordem pública (art. 112).

b) Recurso administrativo hierárquico: é o **pedido** de **reexame dirigido inicialmente** à **mesma autoridade que proferiu a decisão**, que, se optar por sua não reconsideração, encaminhará o pedido à autoridade superior, tudo de acordo com o previsto na **Lei n. 9.784/99**, que disciplina os processos administrativos na área federal, em especial nos **arts. 56 a 65**.

Dentro desse contexto, na forma do **art. 56**, apresenta como **fatos geradores** razões de legalidade e de mérito. Sua interposição **independe de caução** (o que se encontra de acordo com as diretrizes constitucionais), salvo exigência legal (o que se torna questionável, pelos mesmos fundamentos), tudo na forma prevista pelo art. 56, § 2º.

Têm **legitimidade** para sua interposição as pessoas relacionadas no **art. 58** do referido diploma legal:

> **Art. 58.** Têm legitimidade para interpor recurso administrativo:
>
> I — os titulares de direitos e interesses que forem parte no processo;
>
> II — aqueles cujos direitos ou interesses forem indiretamente afetados pela decisão recorrida;
>
> III — as organizações e associações representativas, no tocante a direitos e interesses coletivos;
>
> IV — os cidadãos ou associações, quanto a direitos ou interesses difusos.

De outra parte, salvo disposição legal específica, o **prazo** para sua **interposição** será de **10 dias**, contados da ciência ou divulgação oficial da decisão recorrida **(art. 59)**.

Outrossim, importante deixar consignado que, salvo disposição legal em contrário, esse **recurso não apresenta efeito suspensivo**.

Por fim, cumpre registrar que, quando as **instâncias recursais** pertencerem a uma mesma estrutura, de um ente ou órgão, o **recurso hierárquico** é chamado de **próprio**, e sua propositura **independe** de **expressa previsão legal**. **Quando não pertencerem à mesma estrutura, recebe o nome de impróprio, exigindo a expressa previsão em lei**.

c) Representação: trata-se de **denúncia acerca** de **irregularidades feita perante** a **Administração Pública**, o Ministério Público ou o Tribunal de Contas, destacando-se, diante desse cenário, as seguintes hipóteses:

a) por abuso de autoridade (Lei n. 4.898/65, art. 3º, § 4º);
b) por abuso de autoridade no Judiciário (art. 103, *b,* § 4º, III, da CF);
c) por abuso de autoridade no MP (art. 130, *a,* § 2º, III, da CF);
d) por abuso de autoridade perante o Tribunal de Contas (art. 74, § 2º, da CF).

d) Reclamação: trata-se de outra modalidade de controle dos atos administrativos, que **incide** nas **hipóteses** em que a **decisão proferida pela Administração contraria enunciado** de **súmula do Supremo Tribunal Federal**, matéria que se encontra disciplinada no **art. 103-A, § 3º, da CF**.

> **Art. 103-A.** O Supremo Tribunal Federal poderá, de ofício ou por provocação, mediante decisão de dois terços dos seus membros, após reiteradas decisões sobre matéria constitucional, aprovar súmula que, a partir de sua publicação na imprensa oficial, terá efeito vinculante em relação aos demais órgãos do Poder Judiciário e à administração pública direta e indireta, nas esferas federal, estadual e municipal, bem como proceder à sua revisão ou cancelamento, na forma estabelecida em lei. (...)
>
> § 3º Do ato administrativo ou decisão judicial que contrariar a súmula aplicável ou que indevidamente a aplicar, caberá reclamação ao Supremo Tribunal Federal que, julgando-a procedente, anulará o ato administrativo ou cassará a decisão judicial reclamada, e determinará que outra seja proferida com ou sem a aplicação da súmula, conforme o caso.

e) Pedido de revisão: trata-se de **espécie de controle dos atos administrativos**, levado a efeito, em especial, pelo servidor atingido, **objetivando** um **reexame da decisão**.

Pode ser apresentado a qualquer momento, tendo como hipóteses geradoras a configuração de fato novo e a inadequação da sanção.

A matéria encontra-se disciplinada nos **arts. 174 a 182** da **Lei n. 8.112/90**, e, em especial, no art. 165 da Lei n. 9.784/99.

Como fecho deste item, oportuno tecer comentários acerca da possibilidade de a **decisão** proferida nesse **pedido** de **revisão importar** em **agravamento** da **situação** do **servidor**. Em outras palavras, a probabilidade de incidência da ***reformatio in pejus***.

Nesse particular, importante a reprodução dos **arts. 182**, parágrafo único, da **Lei n. 8.112/90** e **65**, **parágrafo único**, da **Lei n. 9.784/99**, onde se vê que o legislador **impede** o **agravamento** da situação do servidor. Confira-se:

> **Art. 182.** (...)
>
> Parágrafo único. Da revisão do processo não poderá resultar agravamento de penalidade.
>
> **Art. 65.** (...)
>
> Parágrafo único. Da revisão do processo não poderá resultar agravamento da sanção.

Sem embargo, cumpre esclarecer que essa **conclusão prevalece, tão somente,** para aquelas **situações em que o cenário dentro do qual foi proferida a primeira decisão não tenha sido modificado por ocasião do pedido de revisão**.

Em outras palavras, que fatos novos não tenham sido apresentados, conduzindo à conclusão segundo a qual a **irregularidade praticada** pelo servidor teve natureza **muito mais grave do que a que se imaginava** em um primeiro momento.

Para melhor visualização do assunto, o quadro a seguir será útil:

CONTROLE INTERNO	
LEGITIMIDADE	O controle interno é realizado pela própria Administração, de ofício ou por provocação de terceiros
CONTEÚDO	A Administração revê seus próprios atos, anulando-os, quando ilegais, ou revogando-os, por razões de conveniência ou oportunidade, duas vertentes do princípio da autotutela. Esse controle encontra-se materializado na Súmula 473 do STF, bem como no art. 53 da Lei n. 9.784/99
INSTRUMENTOS	O controle **interno** por **provocação** de **terceiros** é realizado por meio do **direito de petição** previsto no art. 5º, XXXIV, *a*, da CF, independentemente do pagamento de taxas. Nesse sentido, as Súmulas 73 do STJ e Vinculante 21, e ainda a Lei n. 8.112/90, arts. 104 e 115 São variantes do direito de petição: ■ **representação:** para denunciar ilegalidades ou abusos de poder ■ **reclamação:** para reconhecimento de direitos ■ **reconsideração:** para reexame de fatos pela própria autoridade que proferiu a decisão ■ **recurso hierárquico:** para reexame de fatos por autoridade superior, que se apresenta sob as seguintes modalidades: **próprio**, quando a autoridade superior se encontra na estrutura do próprio órgão; e **impróprio**, quando se encontra fora da sua estrutura ■ **pedido de revisão:** para reexame da questão diante de fatos novos ou por inadequação da pena

■ 19.3. CONTROLE LEGISLATIVO SOBRE A ADMINISTRAÇÃO

Esse controle, em respeito ao princípio da **separação entre os Poderes, restringe-se**, tão somente, à **legalidade dos atos administrativos**, apresentando-se na **modalidade política e financeira**.

■ 19.3.1. Modalidade política

Nesse particular, cumpre esclarecer, de início, que, mesmo em respeito ao princípio da **separação entre os Poderes**, a **Constituição** acabou por **fortalecer** imensamente o **Legislativo**, aumentando sobremaneira suas competências.

Esta **tendência se justifica**, em termos históricos, em razão da **perspectiva** idealizada por muitos dos constituintes à **implementação** de um sistema **parlamentarista** no Brasil **por ocasião** da elaboração da **Constituição de 1988**, o que acabou não ocorrendo.

Dessa forma, manteve-se um **sistema presidencialista**, **atípico**, pois com **inúmeras competências** atribuídas ao **Legislativo**, **próprias** de um **sistema parlamentarista**.

Dentro desse contexto, destacam-se as seguintes competências:

a) competência atribuída ao **Congresso Nacional** para apreciação, *a priori* ou *a posteriori*, dos atos editados pelo Poder Executivo, a teor do disposto nos diversos incisos do **art. 49 da CF**, destacando-se, a título de exemplo, os **incisos I, II, III, IV, XII, XIV e XVII**;

b) competências atribuídas ao **Senado Federal**, a teor do disposto no **art. 52**, em especial nos **incisos III, IV, V e XI**;

c) competência para a **convocação de autoridades** para a **prestação de informações**, a teor do disposto no **art. 50**, que prevê, para o não comparecimento sem justificativa, a configuração de **crime de responsabilidade**;

d) competência para pedir **informações**, a teor do disposto no **art. 50, § 2º**, que deverá ser cumprida em um prazo de 30 dias, sob pena de configuração de **crime de responsabilidade**;

e) competência atribuída ao **Senado** para processar e julgar as autoridades ali relacionadas, pela prática de **crimes de responsabilidade (art. 52, I e II)**;

f) competência atribuída ao **Congresso Nacional** para sustar atos normativos do Executivo, que exorbitem o poder regulamentar, na forma do **art. 49, V**.

g) competência atribuída às **Casas do Congresso**, de forma isolada ou conjunta, para a instalação de **Comissões Parlamentares de Inquérito (CPIs)**.

Esta última previsão configura **competência** atribuída às duas Casas Legislativas, de **natureza investigativa**, às quais se conferiram **poderes próprios do Judiciário**, na forma prevista no **art. 58, § 3º, da CF:**

> **Art. 58.** (...)
>
> § 3º As comissões parlamentares de inquérito, que terão poderes de investigação próprios das autoridades judiciais, além de outros previstos nos regimentos das respectivas Casas, serão criadas pela Câmara dos Deputados e pelo Senado Federal, em conjunto ou separadamente, mediante requerimento de um terço de seus membros, para a apuração de fato determinado e por prazo certo, sendo suas conclusões, se for o caso, encaminhadas ao Ministério Público, para que promova a responsabilidade civil ou criminal dos infratores.

Cumpre consignar ter a **Constituição** estabelecido um **limite** para a **atuação dessas comissões** ao determinar, no dispositivo reproduzido, que só poderão ser instauradas para **apuração** de **fato específico**, por **prazo determinado**, desde que **não ultrapasse uma legislatura**, vale dizer, quatro anos.

De outra parte, sobreleva notar terem elas a **possibilidade** de **quebrar**, como corolário, diretamente e **sem autorização judicial**, **sigilos bancário** e **fiscal**.

Importante registrar que as **conclusões atingidas** por uma **CPI não possuem força suficiente para gerar a propositura de ações judiciais**, em razão dos limites impostos pelo **art. 58, § 3º, da CF**.

Destarte, percebe-se, da leitura do dispositivo referenciado, ter a Lei Maior estabelecido um claro limite ao asseverar que suas **conclusões** serão **encaminhadas** para o **Ministério Público**, a fim de que promova a responsabilidade civil e penal.

Para melhor visualização, examine-se o quadro:

CONTROLE EXTERNO — LEGISLATIVO — POLÍTICO	
LEGITIMIDADE	Legislativo
LIMITE	Somente controle de legalidade, em respeito ao princípio da separação entre os Poderes
CONTROLE POLÍTICO — HIPÓTESES CONSTITUCIONAIS	■ competência atribuída ao **Congresso Nacional** para apreciação, *a priori* ou *a posteriori*, dos atos editados pelo Poder Executivo, a teor do disposto nos diversos incisos do **art. 49 da CF**, destacando-se, a título de exemplo, os **incisos I, II, III, IV, XII, XIV e XVII** ■ **competências** atribuídas ao **Senado Federal**, a teor do disposto no **art. 52**, em especial nos **incisos III, IV, V e XI** ■ **competência** para a **convocação de autoridades** para a **prestação de informações**, a teor do disposto no **art. 50**, que prevê, para o não comparecimento sem justificativa, a configuração de **crime de responsabilidade** ■ **competência** para pedir **informações**, a teor do disposto no **art. 50, § 2º**, que deverá ser cumprida em um prazo de 30 dias, sob pena de configuração de **crime de responsabilidade** ■ **competência** atribuída ao **Senado** para processar e julgar as autoridades ali relacionadas, pela prática de **crimes de responsabilidade (art. 52, I e II)** ■ **competência** atribuída ao **Congresso Nacional** para sustar atos normativos do Executivo, que exorbitem o poder regulamentar, na forma do **art. 49, V** ■ **competência** atribuída às **Casas do Congresso**, de forma isolada ou conjunta, para a instalação de **Comissões Parlamentares de Inquérito (CPIs)**

■ 19.3.2. Controle financeiro

■ *19.3.2.1. Dos Tribunais de Contas*

a) Posicionamento constitucional e competências

Sob esse aspecto, todos os **atos** e **contratos celebrados** pela **Administração** são encaminhados para **análise** pelo **Legislativo**, **iniciando-se** esse exame pelo **Tribunal de Contas**.

Em relação ao **Tribunal de Contas**, oportuno um aprofundamento do tema, procurando extrair da **Constituição** algumas **diretrizes importantes**.

Assim é que a **Constituição Federal** de 1988 trouxe **inovações** significativas no que se refere à **fiscalização externa**, de natureza contábil, financeira e orçamentária **do Poder Público**, incluindo-se aqui a Administração direta e indireta.

O primeiro aspecto digno de registro diz respeito à **posição ocupada** pelos **Tribunais de Contas**, o que vem esclarecido pelo **art. 71 da Carta Magna:**

> **Art. 71.** O controle externo, a cargo do Congresso Nacional, será exercido com o auxílio do Tribunal de Contas da União, ao qual compete (...).

A leitura do dispositivo constitucional invocado não deixa margem a qualquer dúvida quanto ao **papel** a ser **desempenhado** pelos **Tribunais de Contas**, vale dizer, o de **auxiliares do Poder Legislativo**.

Assim, as **decisões** pronunciadas por esses órgãos assumem a feição de **pareceres** técnicos, que **deverão ser submetidos**, necessariamente, ao crivo do Poder **Legislativo**, que, por seu turno, **poderá fazer** com que **deixem de prevalecer**, caso atinja o ***quorum*** de **dois terços** exigido pela Constituição **(art. 31, § 2º)**.

Emerge clara a conclusão segundo a qual, na qualidade de **órgão auxiliar**, **não terão** as **decisões** por ele proferidas a característica de **definitividade**, já que o Poder **Legislativo**, do qual surge como auxiliar, **poderá decidir em sentido contrário**, **mesma conclusão** que se atinge em **relação** ao **Poder Judiciário**, que terá plena competência para reapreciá-las quando configurada alguma sorte de **ilegalidade**.

Outra conclusão importante pode ser sacada do *caput* do art. 71, no sentido de que, salvo a exceção expressamente configurada nos §§ 1º e 2º, para os casos de sustação de contratos, na qualidade de órgão auxiliar, **não poderão** os **Tribunais de Contas assinar** qualquer **prazo para que** o **Poder Legislativo se pronuncie** acerca de suas decisões, sob pena de subverter-se completamente a ordem dos papéis.

O **terceiro ponto** digno de registro diz respeito à **ampliação** significativa de suas **competências**, **não só** com **relação** ao seu **alcance mas também** no que se refere a seu **conteúdo**, como se verifica da leitura do **art. 70** e de seu **parágrafo único:**

> **Art. 70.** A fiscalização contábil, financeira, orçamentária, operacional e patrimonial da União e das entidades da administração direta e indireta, quanto à legalidade, legitimidade, economicidade, aplicação das subvenções e renúncia de receitas, será exercida pelo Congresso Nacional, mediante controle externo, e pelo sistema de controle interno de cada Poder.
>
> Parágrafo único. Prestará contas qualquer pessoa física ou jurídica, pública ou privada, que utilize, arrecade, guarde, gerencie ou administre dinheiro, bens e valores públicos ou pelos quais a União responda, ou que, em nome desta, assuma obrigações de natureza pecuniária.

Por outro lado, ao exercerem seu poder fiscalizatório, não podem fazê-lo de forma arbitrária. Ao revés, deverão ater-se à análise dos aspectos contábeis, financeiros, orçamentários, operacionais e patrimoniais e somente quanto a sua legalidade, legitimidade e economicidade (art. 70).

A **representação** e a **defesa extrajudicial** nesses casos do **art. 70**, quando a parte for ente da Administração Pública federal direta ou indireta, **serão feitas** pela **Advocacia-Geral** da **União**, conforme o **art. 1º do Decreto n. 7.153/2010**.

Como visto anteriormente, no que respeita às atribuições conferidas às Cortes de Contas, registra-se grande ampliação.

No **rol exaustivo de matérias** elencadas no **art. 71 do Texto Constitucional**, destaca-se a prevista no **inciso I**, assim redigido:

> **Art. 71.** (...)
> I — apreciar as contas prestadas anualmente pelo Presidente da República, mediante parecer prévio que deverá ser elaborado em sessenta dias a contar de seu recebimento.

Esse dispositivo **submete**, nitidamente, o **Tribunal de Contas**, quando no exercício desse mister, a **dois limites:** um de **ordem material** e outro de **ordem formal**.

Assim é que, quando da análise das contas do Executivo, deverá essa Corte, **quanto ao mérito**, ater-se aos **aspectos de legalidade, legitimidade e economicidade**, consoante o disposto no ***caput* do art. 70**.

De outra parte, terá de desempenhar essa tarefa em **prazo inferior** a **60 dias**, **sob pena** de incidir no **vício de inconstitucionalidade**.

O **inciso II**, ao estipular a competência das Cortes para julgar as contas dos administradores e demais responsáveis por dinheiro, bens e valores públicos da Administração direta e indireta, já **não coloca prazo** para que essas **providências sejam tomadas**.

A inserção da **expressão "julgar"** no **texto constitucional** nos parece **imprópria**, devendo ser **interpretada** de **forma restritiva**, sob pena de subverter-se a independência do Legislativo, ao qual se subordina. Isso porque, como auxiliar do Legislativo, o **Tribunal de Contas não julga**, **não exerce a jurisdição**, mas somente emite pareceres técnicos.

Dentro desse contexto, em que pese esse posicionamento a ele atribuído pela Constituição, até então prevalecia o entendimento de que os **administradores** que tivessem suas **contas rejeitadas** por esses Tribunais **não poderiam se candidatar a mandatos eletivos**, a menos que propusessem no nível judicial ação para desconstituir referida decisão, matéria disciplinada pela **Súmula 1 do TSE:**

> **Súmula 1:** Proposta a ação para desconstituir a decisão que rejeitou as contas, anteriormente à impugnação, fica suspensa a inelegibilidade.

Ocorre que referida **súmula** foi **cancelada** em **maio** de **2016**, restando tão somente a esse respeito a previsão estabelecida na **Lei Complementar n. 64/90** (Lei de Inelegibilidades), com as modificações introduzidas pela Lei Complementar n. 135/2010 (Lei da Ficha Limpa).

> **Art. 1º** São inelegíveis: (...)
> *g)* os que tiverem suas contas relativas ao exercício de cargos ou funções públicas rejeitadas por irregularidade insanável que configure ato doloso de improbidade administrativa, e por decisão irrecorrível do órgão competente, salvo se esta houver sido suspensa ou anulada pelo Poder Judiciário, para as eleições que se realizarem nos 8 (oito) anos seguintes, contados a partir da data da decisão, aplicando-se o disposto no inciso II do art. 71 da Constituição Federal, a todos os ordenadores de despesa, sem exclusão de mandatários que houverem agido nessa condição.

Da leitura do dispositivo reproduzido percebe-se que a importância atribuída a esses tribunais restou preservada, mantendo-se a inelegibilidade quando configurada a rejeição de contas por decisão irrecorrível.

Sem embargo, cumpre consignar que o **Supremo Tribunal Federal**, em **agosto** de **2016**, proferiu **decisão** que implicou um **esvaziamento dessas competências em relação ao campo eleitoral**.

Destarte, a **Suprema Corte**, levando em consideração que esses tribunais se apresentam como órgãos auxiliares do Poder Legislativo, **concluiu que a decisão pela rejeição de contas por eles proferida não seria suficiente para levar o administrador à condição de inelegível**.

Assim, por **maioria** de **votos**, o **Plenário decidiu**, no **RE 848.826**, **que é exclusivamente da Câmara Municipal a competência para julgar as contas de Governo e as contas de gestão dos prefeitos, cabendo ao Tribunal de Contas auxiliar o Poder Legislativo municipal, emitir parecer prévio e opinativo, que somente poderá ser derrubado por decisão de 2/3 dos vereadores**.

No **julgamento do RE 729.744**, de relatoria do Ministro Gilmar Mendes, o **Plenário decidiu, também** por maioria de votos, vencidos os Ministros Luiz Fux e Dias Toffoli, **que**, em **caso de omissão** da **Câmara** Municipal, **o parecer emitido pelo Tribunal de Contas não gera a inelegibilidade prevista no art. 1º, I, *g*, da Lei Complementar n. 64/90**. Esse dispositivo, que teve sua redação dada pela Lei da Ficha Limpa, aponta como inelegíveis aqueles que "tiverem suas contas relativas ao exercício de cargos ou funções públicas rejeitadas por irregularidade insanável que configure ato doloso de improbidade administrativa, e por decisão irrecorrível do órgão competente, para as eleições que se realizarem nos oito anos seguintes, contados a partir da data da decisão, aplicando-se o disposto no **inciso II** do **art. 71** da **Constituição Federal**".

De acordo com o relator do recurso, Ministro Gilmar Mendes, **quando se trata de contas do chefe do Poder Executivo, a Constituição confere à Casa Legislativa, além do desempenho de suas funções institucionais legislativas, a função de controle e fiscalização de suas contas, em razão de sua condição de órgão de Poder, a qual se desenvolve por meio de um processo político-administrativo, cuja instrução se inicia na apreciação técnica do Tribunal de Contas**.

No **âmbito municipal**, o **controle** externo das **contas** do prefeito também constitui uma das prerrogativas institucionais da **Câmara de Vereadores**, que exercerá com o **auxílio** dos **Tribunais de Contas do Estado ou do Município**, **onde houver:**

> "Entendo, portanto, que a **competência** para o **julgamento** das **contas** anuais dos **prefeitos** eleitos pelo povo **é do Poder Legislativo** (nos termos do **artigo 71, inciso I, da Constituição Federal**), que é órgão constituído por representantes democraticamente eleitos para averiguar, além da sua adequação orçamentária, sua destinação em prol dos interesses da população ali representada. **Seu parecer**, nesse caso, **é opinativo**, **não sendo apto a produzir consequências como a inelegibilidade** prevista no artigo 1º, I, *g*, da Lei complementar 64/90", afirmou o relator, ressaltando que esse entendimento é adotado pelo Tribunal Superior Eleitoral (TSE).

De outra sorte, **ofereceu a Constituição à Corte de Contas**, para o exercício desses misteres, novos **instrumentos**, de molde a tornar mais ágil e eficaz o seu papel.

É o que se conclui da possibilidade a eles conferida de realizar, por iniciativa própria, **inspeções** e **auditorias** de **natureza contábil**, **financeira**, **orçamentária**, **operacional** e **patrimonial** nas unidades administrativas dos Poderes Legislativo, Executivo e Judiciário, bem como nas entidades paraestatais, consoante o disposto no **inciso IV** do **art. 71**.

Da mesma forma, encontram-se as competências previstas no **inciso IX** para **assinar prazo** para o **cumprimento** de suas **determinações**, bem como a expressa no **inciso X**, para **sustar**, se não atendidas suas determinações, a **execução do ato impugnado**, comunicando a decisão à Câmara dos Deputados e ao Senado Federal.

Nesse particular, a Constituição adotou **procedimento diverso para** os **contratos**, quando então a **sustação** ficará a **cargo** do próprio **Legislativo (art. 71, § 1º)**.

Sem embargo, é bem de ver que, por expressa determinação constitucional, **não providenciadas** as **medidas** cabíveis no prazo ali estipulado, **prevalecerá** a **decisão** que os **Tribunais** tomarem a esse respeito **(art. 71, § 2º)**.

Por derradeiro, importante registrar que as **decisões** proferidas por esses **Tribunais**, as quais impliquem imputação de débito ou multa, **terão eficácia de título executivo (art. 71, § 3º)**.

As **disposições** aqui esmiuçadas **se aplicam, no que couber**, aos **Tribunais de Contas estaduais** e **municipais** onde estes últimos existirem.

É que, por força de disposição contida no **art. 31, § 4º**, a **Constituição**, a partir do instante em que foi promulgada, vedou a criação de novos Tribunais, conselhos ou órgãos de contas municipais.

Assim, **hoje**, em nosso país, **apenas** um **reduzido número** de **Municípios** ainda **possui Tribunal de Contas próprio**.

Nesses casos, terão os **Municípios não incluídos nessa situação** todos os seus **atos apreciados**, inicialmente, pelo **Tribunal de Contas do Estado** ao qual pertencem, **que funcionará**, assim, na condição de **auxiliar** da **Câmara dos Vereadores**.

Dessa forma, a **reapreciação** das **decisões** tomadas pelos **Tribunais de Contas Estaduais**, se **relativas** às **contas** do **Estado**, será realizada pela **Assembleia Legislativa**; contudo, relativamente às **contas municipais**, será levada a efeito pela **Câmara de Vereadores** e não pela Assembleia Legislativa.

Por derradeiro, oportuno registrar que, em relação a esse tema, as **decisões** serão **precedidas de** abertura de **processo com ampla defesa**. A esse respeito, o **STF** editou a **Súmula Vinculante 3**. Confira-se:

> **Súmula Vinculante 3:** Nos processos perante o Tribunal de Contas da União asseguram-se o contraditório e a ampla defesa quando da decisão puder resultar anulação ou revogação de ato administrativo que beneficie o interessado, excetuada a apreciação da legalidade do ato de concessão inicial de aposentadoria, reforma e pensão.

b) Composição, nomeação, prerrogativas e impedimentos

O **Tribunal de Contas da União** é **integrado** por **nove Ministros**, nomeados entre os brasileiros que satisfaçam os requisitos estabelecidos no **art. 73, § 1º, da CF**.

Art. 73. (...)

§ 1º Os Ministros do Tribunal de Contas da União serão nomeados dentre brasileiros que satisfaçam os seguintes requisitos:

I — mais de trinta e cinco e menos de sessenta e cinco anos de idade;

II — idoneidade moral e reputação ilibada;

III — notórios conhecimentos jurídicos, contábeis, econômicos e financeiros ou de administração pública;

IV — mais de dez anos de exercício de função ou de efetiva atividade profissional que exija os conhecimentos mencionados no inciso anterior.

Por sua vez, a **escolha** de seus integrantes é feita tanto pelo **Presidente da República**, com a **aprovação** do **Senado**, quanto pelo Congresso Nacional, respeitados os limites fixados no **§ 2º** do mesmo dispositivo constitucional.

Por fim, cumpre notar que os **integrantes** do Tribunal são dotados das **mesmas garantias**, **prerrogativas**, **impedimentos**, **vencimentos** e **vantagens dos Ministros do STJ**, a teor do disposto no **art. 73, § 3º, da CF**.

Para melhor visualização deste item, observe-se o quadro:

CONTROLE EXTERNO — LEGISLATIVO — FINANCEIRO	
LEGITIMIDADE	Legislativo, com o auxílio dos Tribunais de Contas
LIMITE	Só controle de legalidade em respeito ao princípio da separação entre os Poderes
TRIBUNAIS DE CONTAS	**posição:** órgãos auxiliares do Poder Legislativo **decisões:** não são dotadas de força de coisa julgada, comportando reforma quer pelo Legislativo (art. 31, § 2º, da CF), quer pelo Judiciário, quando ilegais **prazo para o cumprimento das decisões:** salvo a exceção expressamente configurada nos §§ 1º e 2º, para os casos de sustação de contratos, na qualidade de órgão auxiliar, não poderão os Tribunais de Contas assinar qualquer prazo para que o Poder Legislativo se pronuncie acerca de suas decisões, sob pena de subverter completamente a ordem dos papéis **alcance das decisões:** controle efetuado pelos Tribunais de Contas atinge todos os órgãos e pessoas integrantes da Administração, bem como os particulares que manuseiam verbas públicas (arts. 70, *caput* e parágrafo único) **eficácia das decisões:** as decisões proferidas por esses Tribunais que impliquem imputação de débito ou multa terão eficácia de título executivo (art. 71, § 3º) **pressuposto para a tomada de decisões:** as decisões serão precedidas de abertura de processo com ampla defesa. Súmula Vinculante 3 **composição:** o Tribunal de Contas da União é integrado por nove Ministros, nomeados entre os brasileiros que satisfaçam os requisitos estabelecidos no art. 73, § 1º, da CF **garantias atribuídas aos Ministros:** os integrantes do Tribunal são dotados das mesmas garantias, prerrogativas, impedimentos, vencimentos e vantagens dos Ministros do STJ (art. 73, § 3º, da CF)

■ 19.4. CONTROLE JUDICIAL — NOÇÕES GERAIS

Em relação ao **controle** feito pelo **Judiciário**, importante deixar consignado, uma vez mais, tratar-se **tão somente** de controle de **legalidade**, em homenagem ao princípio da **separação entre os Poderes**.

Dentro desse contexto, importante relembrar que o sistema brasileiro adotou o sistema inglês, de **jurisdição una**, segundo o qual todos os atos e decisões da Administração podem ser revistos pelo Poder Judiciário, a teor do disposto no **art. 5º, XXXV, da Constituição, exceção feita** aos **crimes** de **responsabilidade**, de competência do Senado Federal, em razão de sua natureza política, no exercício de uma função atípica.

Como regra geral, o **Judiciário pode ser provocado** sempre que houver **violação de direitos ou ilegalidade** expressa ou implícita, permitindo anular o ato ou a decisão administrativa, quando o Juiz, em regra, apreciará a questão proferindo **decisão** de mérito, **substituindo** a **decisão administrativa**.

Importante deixar registrado que o **acesso ao Judiciário não depende**, ao menos como regra geral, do **esgotamento das vias administrativas**, apresentando-se como **exceção**, inicialmente, aquela relacionada à **Justiça Desportiva**, na forma do **art. 217, § 1º, da Constituição:**

> **Art. 217.** É dever do Estado fomentar práticas desportivas formais e não formais, como direito de cada um, observados: (...)
>
> § 1º O Poder Judiciário só admitirá ações relativas à disciplina e às competições desportivas após esgotarem-se as instâncias da justiça desportiva, reguladas em lei.

Com efeito, importante que se diga que a previsão constitucional encontra justificativa no fato de que a **Justiça Desportiva não integra a estrutura do Poder Judiciário**, tratando-se, pois, de Justiça administrativa.

Oportuno o registro relacionado à **outra exceção**, que envolve a ação de ***habeas data***, uma vez que, por força da **Súmula 2** do **STJ**, o conhecimento dessa ação pelo Judiciário depende da comprovação de que a informação já foi solicitada na esfera administrativa, não se obtendo nenhuma resposta ou ao menos uma que fosse satisfatória, **mesma diretriz** apresentada pela **Lei n. 9.507/97** (Lei do *Habeas Data*), em seu **art. 8º, parágrafo único, I**.

Encerrados os comentários iniciais em relação ao controle judicial, cabe agora uma análise acerca das **principais garantias previstas** no **nível constitucional** para a defesa dos inúmeros direitos por ela assegurados, tanto em caráter preventivo quanto repressivo.

Dentro desse contexto, serão abordadas as seguintes ações, sem preocupação com aspectos de natureza processual, por refugirem ao objeto desta obra:

- *habeas corpus*;
- *habeas data*;
- mandado de segurança;
- mandado de injunção;
- ação popular.

Verifique-se o quadro:

NOÇÕES GERAIS	
LIMITE	Somente controle de legalidade, em respeito ao princípio da separação entre os Poderes
EXTENSÃO	Esse controle de legalidade se estende aos atos *interna corporis*, sem que represente agressão ao princípio da separação entre os Poderes
SISTEMA ADOTADO	Jurisdição una, com fundamento no art. 5º, XXXV, da CF, exceção feita aos crimes de responsabilidade, de competência do Senado Federal, no exercício de uma função atípica
ESGOTAMENTO DAS VIAS ADMINISTRATIVAS	Em regra, não é necessário, apresentando-se como exceções as questões envolvendo a Justiça Desportiva (art. 217, § 1º, da CF) e o *habeas data* (Súmula 2 do STJ e Lei n. 9.507/97, art. 8º, parágrafo único, I)
MOMENTO	Admite-se o controle preventivo e repressivo, com base no disposto no art. 5º, XXXV, da CF

■ 19.4.1. *Habeas corpus*

Trata-se de **garantia constitucional** regulada no **inciso LXVIII** do **art. 5º da CF**, cuja redação a seguir se reproduz:

> **Art. 5º** (...)
>
> LXVIII — conceder-se-á *habeas corpus* sempre que alguém sofrer ou se achar ameaçado de sofrer violência ou coação em sua liberdade de locomoção, por ilegalidade ou abuso de poder.

■ *19.4.1.1. Histórico*

Trata-se, historicamente, da **primeira garantia** de **direitos fundamentais**, concedida por João Sem Terra, monarca inglês, com a Magna Carta, em 1215, e formalizada pelo ***Habeas Corpus Act,*** em **1679**.

O conteúdo dessa garantia não sofreu grandes alterações no decorrer dos séculos. Confirma-se essa assertiva pelo cotejo entre o dispositivo do Texto Constitucional brasileiro supratranscrito e o artigo XXIX da Magna Carta, cujo teor era o seguinte:

> **Artigo XXIX.** Nenhum homem livre será detido, nem preso, nem deportado ou exilado, nem privado de qualquer modo de sua liberdade ou de seus costumes livres, nem por tal modo o meteremos no cárcere; a não ser em virtude de julgamento legal de seus semelhantes e segundo a lei do país. Não venderemos, nem recusaremos ou retardaremos o direito ou a justiça.

No Brasil, já em 1821 (alvará emitido por Dom Pedro I em 23 de maio de 1821), assegurou-se a liberdade de locomoção, ainda que não se tivesse adotado a denominação de *habeas corpus*, só utilizada pelo **Código Criminal de 1830**.

Entre nós, o *habeas corpus* foi **alçado** à **categoria** de **garantia constitucional** na **Carta de 1891** e, daí por diante, foi mantido por todas as demais Constituições.

É relevante consignar que, no Brasil, o ***habeas corpus*** foi utilizado como forma de **garantir não só a liberdade física, mas também todos os demais direitos que tinham como pressuposto para seu exercício a liberdade de locomoção**.

A generosidade na utilização desse instituto recebeu o nome de **teoria brasileira do *habeas corpus***. Fomentada pela doutrina e pela jurisprudência, só **retrocedeu** por virtude da **Reforma Constitucional de 1926**, que impôs fosse essa garantia utilizada apenas para aqueles casos de lesão ou ameaça de lesão da liberdade de ir e vir.

Sobre o tema, esclarecedoras as palavras de J. M. Othon Sidou[1]:

> "A interpretação desafrontosa, quanto a que o *habeas corpus* de 1891 abrigava todos os direitos fundamentais que tivessem na liberdade individual o seu suporte, passou a ser universalmente conhecida como 'teoria brasileira do *habeas corpus*' e indefinida no começo do século, estava plenamente amadurecida em sua segunda década. Tornara-se induvidoso que, na sistemática, o remédio tutelava qualquer direito violado, desde que tivesse como pressuposto a liberdade de locomoção.
>
> A teoria era simplíssima, autêntico ovo de Colombo, à mais singela observação do texto constitucional.
>
> Que garante o *habeas corpus*? A resposta universal é: a liberdade de locomoção. Qual o pressuposto objetivo, letra constitucional à vista do remédio heroico? A violência ou coação ilegal. E qual o seu pressuposto subjetivo? A ilegalidade ou o abuso de poder, ou seja, a afronta a qualquer princípio constitucionalmente consagrado. Desde pois que essa afronta se cometa em forma de privação da liberdade de locomoção, caso é de *habeas corpus*.
>
> Armado esse esquema, ver-se-á que direta ou indiretamente todos os princípios constitucionalmente consagrados só se podem exercitar tendo como pressuposto a liberdade individual de ir, vir e permanecer, em casa ou em lugares públicos, sem qualquer vedação além das expressamente assentadas no próprio estatuto básico".

Nesse sentido: STJ, 6.ª T., HC 3.000/MG, rel. Min. Adhemar Maciel, j. em 13.02.1995, *DJU* de 20.03.1995, p. 6144.

▪ *19.4.1.2. Objeto e partes*

Do que até aqui foi dito e mesmo da literalidade do comando constitucional esculpido no inciso LXVIII do art. 5º, resulta claro que o ***habeas corpus* objetiva proteger a liberdade de locomoção**.

Pode pedir a ordem de *habeas corpus* **qualquer pessoa**, em defesa de sua liberdade física ou mesmo em favor de terceiro, o **Ministério Público ou** o próprio **Juiz, de ofício**, pode concedê-lo. Em razão da natureza da garantia, prescinde-se seja o **pedido formulado por advogado (art. 654 do CPP)**.

---

1 *As garantias ativas dos direitos coletivos segundo a nova Constituição: habeas data*, mandado de injunção, *habeas corpus*, mandado de segurança, ação popular. 4. ed. Rio de Janeiro: Forense, 1992, p. 126-127.

A **jurisprudência** de nossos Tribunais **tem admitido** a impetração de ***habeas corpus* por pessoa jurídica**. Em qualquer hipótese, contudo, o paciente (aquele em favor de quem a ordem é solicitada) deverá ser, sempre, pessoa física.

O *habeas corpus* é meio idôneo a pôr cobro a restrições impostas à liberdade física, quer emane o ato ilegal ou abusivo de autoridade administrativa, policial, quer o constrangimento decorra de ato judicial.

Nada obstante, **tem-se reconhecido**, também, a **possibilidade** de utilização do ***habeas corpus*** nas hipóteses em que a **coação ilegal** à liberdade de locomoção **decorrer de ato de particular**.

Trata-se, aqui, daquelas situações em que é temerária a ação policial para pôr fim à ilegalidade, por exemplo, retenção de paciente em hospital por falta de pagamento das despesas, escravidão branca etc. Nesse sentido: TJSP, 3ª CCrim, RHC 137.873-3/Votuporanga, rel. Des. Luiz Pantaleão, j. 01.03.1993.

Guardando o mesmo entendimento, encontramos em nossa doutrina as lições de Fernando Capez[2]:

> "Prevalece o entendimento de que pode ser impetrado *Habeas Corpus* contra ato de particular, pois a Constituição fala não só em coação por abuso de poder, mas também por ilegalidade. Por exemplo: filho que interna pais em clínicas psiquiátricas para deles se ver livre".

Nesse contexto, oportuno tecer algumas considerações sobre o que se entende por **violência** e por **coação ilegal**.

- ***Violência*:** é o constrangimento físico efetivo ou iminente (exemplos: prisão ou expedição de mandado de prisão).
- ***Coação*:** constrangimento por meios físicos ou morais a um *facere* ou *non facere* **(art. 648 do CPP)**.

A coação será ilegal quando não houver justa causa; quando a prisão for determinada por autoridade incompetente; quando não for admitida a fiança nos casos em que a lei prevê a possibilidade; quando, extinta a punibilidade, o indivíduo for perseguido ou, estando preso, tiver sua liberação retardada por protelação burocrática.

Anote-se também que a **ação** de ***habeas corpus*** é **isenta** de **custas (art. 5º, LXXVII)**.

De outra parte, tanto a lei quanto a jurisprudência admitem a impetração do ***habeas corpus***, por exemplo, para **trancamento** de **ação penal** ou de **inquérito policial**.

Outrossim, a jurisprudência de nossos Tribunais tem também admitido a **impetração dessa garantia constitucional** para **coibir decisões que possam, ainda que de forma indireta, levar a um comprometimento dessa liberdade de locomoção**.

Assim é que se tem **admitido** o ***habeas corpus*** para fazer frente a **decisões** que **comprometam** o **devido processo legal**, a exemplo daquela que indefira produções

2 *Curso de processo penal*. 7. ed. São Paulo, Saraiva, 2001, p. 470.

de provas, podendo conduzir à efetivação de uma prisão e comprometendo, dessa forma, a liberdade de ir e vir. Nesse sentido, a jurisprudência do **STF**, através do **HC 82.354**, de relatoria do Ministro Sepúlveda Pertence, em que se concluiu que o cerceamento da atuação permitida à defesa do indiciado no inquérito policial poderá refletir-se em prejuízo de sua defesa no processo e, em tese, redundar em condenação à pena privativa de liberdade ou na manutenção desta.

Dentro desse contexto, a potencialidade de **danos causados** por **cerceamento** de **defesa legitima** o manejo do **HC**.

Conclui-se, pois, que o reconhecimento da possibilidade de utilização do **HC** para casos dessa natureza faz com que ele se transforme em um importante **instrumento** de **tutela** para a **preservação da cláusula do devido processo legal**.

■ *19.4.1.3. Competência*

A **competência** para conhecer do *habeas corpus* vai ser **determinada** pela **natureza** da **autoridade** que **praticou** o **ato ilegal ou abusivo**. É dizer, se o agente coator for autoridade federal, a competência é da Justiça Federal; se estadual, o julgamento caberá a Juízes ou Tribunais estaduais.

É importante consignar que o próprio **Texto Constitucional**, no capítulo relacionado ao Poder Judiciário, prevê expressamente a competência para processar e julgar o *habeas corpus*, nas hipóteses que discrimina.

Assim é que o **art. 102, I, *d*** e ***i***, dispõe competir ao **Supremo Tribunal Federal** processar e julgar, originariamente, *habeas corpus* em favor do Presidente e do Vice-Presidente da República, membros do Congresso Nacional, seus próprios Ministros, o Procurador-Geral da República, Ministros de Estado, membros dos Tribunais Superiores, os do Tribunal de Contas da União e os chefes de missão diplomática de caráter permanente e, também, aqueles cujo coator for Tribunal Superior ou quando o coator ou paciente for autoridade ou funcionário, cujos atos estejam sujeitos diretamente à jurisdição do Supremo Tribunal Federal, ou caso se trate de crime sujeito à mesma jurisdição em uma única instância (redação dada pela **EC n. 22/99**).

De igual sorte, compete, também, ao **Supremo Tribunal Federal** julgar em **grau de recurso ordinário** os ***habeas corpi*** decididos em única instância pelos Tribunais Superiores, mas apenas naqueles casos em que a ordem for denegada **(art. 102, II, *a*, da CF)**.

A competência do **Superior Tribunal de Justiça** na matéria vem disciplinada no **art. 105, I, *c*; II, *a***; a dos **Tribunais Regionais Federais, no art. 108, I, *d*, e II**; a dos **Juízes federais, no art. 109, VII**; a dos **Tribunais Regionais Eleitorais, no art. 121, § 3º, V**, combinado com **art. 105, I, *c***.

■ *19.4.1.4. "Habeas corpus" preventivo e liberatório*

Conclui-se, ainda, da dicção do inciso LXVIII do art. 5º que o ***habeas corpus*** pode ser **preventivo ou liberatório**.

O **primeiro**, autêntico salvo-conduto, é cabível quando a **restrição** à **liberdade** de **locomoção ainda não se consumou**, mas há justo e fundamentado receio de que venha a ocorrer. O **liberatório**, por sua vez, é utilizável se a **lesão** ao direito de ir e vir **já é efetiva**.

19.4.1.5. O caso Olga Benário Prestes

Digna de registro a questão envolvendo o único pedido de ***habeas corpus*** levado a efeito em nosso país perante a **Suprema Corte** com o intuito de **garantir** que o **paciente permanecesse preso**.

Trata-se da questão envolvendo **Olga Benário Prestes**, que ingressou, por intermédio do seu **advogado, Heitor Lima**, com pedido de ***habeas corpus*** **para que não fosse ela entregue ao Governo alemão sob a acusação de vínculo com o comunismo**.

No pedido apresentado, a **argumentação** principal consistiu no fato de **estar ela grávida** de sete meses de um **brasileiro** e de que a pena transcenderia à pessoa da acusada.

Apenas para efeito de nota, cumpre registrar que o **pedido** foi **indeferido** por **unanimidade** pelos integrantes da **Corte Suprema**. Confira-se:

> "*Habeas Corpus* n. 26.155. Estrangeira — Expulsão do território nacional — Quando se justifica. **ACÓRDÃO:** Vistos, relatados e discutidos estes autos de *habeas corpus* impetrado pelo Dr. Heitor Lima em favor de Maria Prestes, que ora se encontra recolhida à Casa de Detenção, a fim de ser expulsa do território nacional, como perigosa à ordem pública e nociva aos interesses do país.
>
> A Corte Suprema, indeferindo não somente a requisição dos autos do respectivo processo administrativo, como também o comparecimento da paciente e bem assim a perícia médica a fim de constatar o seu alegado estado de gravidez, e
>
> Atendendo a que a mesma paciente é estrangeira e a sua permanência no país compromete a segurança nacional, conforme se depreende das informações prestadas pelo Exmo. Sr. Ministro da Justiça:
>
> Atendendo a que, em casos tais não há como invocar a garantia constitucional do *habeas corpus*, à vista do disposto no art. 2 do decreto n. 702, de 21 de março deste ano:
>
> Acordam por maioria, não tomar conhecimento do pedido.
>
> Custas pelo impetrante.
>
> Corte Suprema, 17 de junho de 1936. — E. Lins, presidente. — Bento de Faria, relator.
>
> (A decisão foi a seguinte: 'Não conheceram do pedido, contra os votos dos senhores ministros Carlos Maximiliano, Carvalho Mourão e Eduardo Espínola, que conheciam e indeferiam.')"

Observe-se o quadro a seguir:

DEFINIÇÃO	Trata-se de garantia constitucional regulada no inciso LXVIII do art. 5º da CF
OBJETO	Objetiva proteger a liberdade de locomoção, atingida por ilegalidade ou abuso de poder. Trata-se também de direito líquido e certo, consoante se verifica da redação do art. 5º, LXIX, da CF

SUJEITO ATIVO	■ Pode pedir a ordem de *habeas corpus* qualquer pessoa em defesa de sua liberdade física ou mesmo em favor de terceiro, o Ministério Público, ou o próprio Juiz, de ofício, pode concedê-lo. Em razão da natureza da garantia, prescinde-se seja o pedido formulado por advogado (art. 654 do CPP) ■ A jurisprudência de nossos Tribunais tem admitido a impetração de *habeas corpus* por pessoa jurídica. Em qualquer hipótese, contudo, o paciente (aquele em favor de quem a ordem é solicitada) deverá ser, sempre, pessoa física
SUJEITO PASSIVO	■ O *habeas corpus* é meio idôneo a pôr cobro a restrições impostas à liberdade física, quer emane o ato ilegal ou abusivo de autoridade administrativa, policial, quer o constrangimento decorra de ato judicial ■ Nada obstante, tem-se reconhecido, também, a possibilidade de utilização do *habeas corpus* nas hipóteses em que a coação ilegal à liberdade de locomoção decorrer de ato de particular
COMPETÊNCIA	A competência para conhecer do *habeas corpus* vai ser determinada pela natureza da autoridade que praticou o ato ilegal ou abusivo Assim: ■ **Supremo Tribunal Federal:** art. 102, I, *d* e *i*, (competência originária) ■ **Supremo Tribunal Federal:** julgar em grau de recurso ordinário os *habeas corpi* decididos em única instância pelos Tribunais Superiores, mas apenas naqueles casos em que a ordem for denegada (art. 102, II, *a*, da CF) ■ **Superior Tribunal de Justiça:** art. 105, I, *c*; II, *a* ■ **Tribunais Regionais Federais:** art. 108, I, *d*, e II ■ **Juízes federais:** art. 109, VII ■ **Tribunais Regionais Eleitorais:** art. 121, § 3º, V, combinado com art. 105, I, *c*
CUSTAS	Isento de custas (art. 5º, LXXVII, da CF)
MODALIDADES	Preventivo e liberatório (art. 5º, LXVIII, da CF)
LIMITE	Não caberá *habeas corpus* a punições disciplinares militares (art. 142, § 2º, da CF)

■ 19.4.2. *Habeas data*

Entre as inovações introduzidas pela Constituição Federal de 1988 no campo das garantias aos direitos fundamentais figura o instituto do ***habeas data***, previsto no **inciso LXXII do art. 5º:**

> **Art. 5º** (...)
>
> LXXII — conceder-se-á *habeas data*:
>
> *a)* para assegurar o conhecimento de informações relativas à pessoa do impetrante, constantes de registros ou bancos de dados de entidades governamentais ou de caráter público;
>
> *b)* para a retificação de dados, quando não se prefira fazê-lo por processo sigiloso, judicial ou administrativo.

Sua origem remonta, segundo alguns, a uma Convenção do Conselho da Europa para a proteção das pessoas em relação ao tratamento automatizado de dados de caráter pessoal, firmada em 28 de janeiro de 1981.

■ *19.4.2.1. Objeto*

Destina-se o ***habeas data*** a **garantir** ao indivíduo, fundamentalmente, o **direito de acesso aos registros ou bancos de dados de entidades governamentais ou de caráter público, para conhecimento, correção ou justificação de dados pessoais que deles constem**.

Essa garantia constitucional foi regulamentada pela **Lei n. 9.507**, de 12 de novembro de **1997**, que disciplinou o direito de acesso a informações e o rito processual do *habeas data*.

De outra parte, cumpre observar que **do direito** ao **conhecimento** de dados pessoais **decorrem vários outros** que lhe dão substância. Façamos uma breve análise de cada um:

> **a) direito de acesso:** consistente na prerrogativa de obtenção desses dados. Tal direito é universal e abrange todos os dados pessoais constantes de registros ou banco de dados de entidades governamentais ou de caráter público;
>
> **b) direito ao esclarecimento:** a entidade depositária dos dados deve informar com que objetivo os coletou;
>
> **c) direito de contestação:** é a possibilidade de o impetrante discutir a veracidade das informações contidas nos registros ou bancos de dados;
>
> **d) direito de atualização:** implica a possibilidade de supressão, inclusão ou retificação de dados que estejam desatualizados.

Aliás, outra não foi a tendência adotada pelo legislador ao prever, ao lado das duas hipóteses já consagradas pela Constituição, a possibilidade de concessão de ***habeas data* para a contestação ou explicação de dados**, consoante se verifica da redação do **art. 7º, III, da Lei n. 9.507/97:**

> **Art. 7º** Conceder-se-á *habeas data*: (...)
>
> III — para a anotação nos assentamentos do interessado, de contestação ou explicação sobre dado verdadeiro mas justificável e que esteja sob pendência judicial ou amigável.

Outrossim, ainda com relação ao seu objeto, importante salientar que a garantia do ***habeas data* não se aplica** ao **direito** esculpido no **inciso XXXIII** do **art. 5º** da **CF**, nos seguintes termos:

> **Art. 5º** (...)
>
> XXXIII — todos têm direito a receber dos órgãos públicos informações de seu interesse particular, ou de interesse coletivo ou geral, que serão prestadas no prazo da lei, sob pena de responsabilidade, ressalvadas aquelas cujo sigilo seja imprescindível à segurança da sociedade e do Estado.

Esse dispositivo, como se vê, trata da prerrogativa, a todos deferida, de obter dos órgãos públicos informações de seu interesse particular, ou de interesse coletivo ou geral, o que não guarda correlação alguma com o *habeas data*.

Destarte, enquanto esta última visa a **assegurar** o **direito** de **conhecimento** de **dados pessoais**, o **inciso XXXIII** do **art. 5º** tem por escopo garantir o acesso a **informações de interesse particular**, **coletivo** ou **geral**.

A **Constituição da República**, ao proclamar o direito a esse tipo de informações, existentes em órgãos públicos, emprestou-lhe caráter limitado e relativo, pois **exonerou** o **Estado** do **dever** de **prestá-las**, nos casos restritos em que se tornasse **imprescindível** resguardar a **segurança** do **Estado** e da **sociedade**.

De outra parte, o direito garantido pelo ***habeas data*** **não é relativo nem limitado**, mas prerrogativa que não admite se lhe oponha qualquer restrição. É dizer, **se os informes requeridos forem relativos à pessoa do impetrante (espécie) e não de seu interesse pessoal (gênero), o Estado está obrigado a, em resposta ao *habeas data* impetrado, fornecê-los integralmente**.

Ao revés, se o impetrante se utilizar dessa garantia constitucional para obter **informações acerca** de **outras pessoas, ainda que desaparecidas**, merecerá **indeferimento**, uma vez que **não caracterizadora** da situação descrita no **inciso LXXII** do **art. 5º** da **Carta Magna**. Nesse sentido: **TRF-3ª Região**, 2ª T., AHD 90.03.040473/SP, rel. Juíza Ramza Tartuce, j. 22.11.1994, *DJU* 01.02.1995, p. 3040.

Assim, pois, em nosso entender, tal **situação comporta impetração de mandado de segurança com fundamento** na lesão ao direito previsto no **inciso XXXIII** do **art. 5º**, pois se trata aqui de informação de interesse particular e não de caráter pessoal.

Dentro desse contexto, se alguém pretende obter informações acerca do paradeiro de uma terceira pessoa, ou acerca do proprietário de determinado veículo que se evadiu do local de um sinistro, ou, ainda, acerca da existência de planos de desapropriação para determinada área, e o pedido for indevidamente negado, não será hipótese de *habeas data,* mas de mandado de segurança, por não se tratar de informação personalíssima.

Apropriado consignar, ainda, que o direito à obtenção de uma informação personalíssima, por meio de *habeas data,* também caracteriza direito líquido e certo em razão da redação apresentada pelo art. 5º, LXIX, da CF.

Com efeito, lá se verifica que o **mandado de segurança** será utilizado para **proteger direito líquido e certo não amparado por *habeas corpus* ou *habeas data,*** demonstrando que o direito de locomoção e o de obtenção de informações personalíssimas também se incluem nessa categoria.

■ *19.4.2.2. Partes*

Em face do até agora exposto, a **legitimação ativa** para a impetração de ***habeas data*** pertence a **qualquer pessoa física ou jurídica** que pretenda obter informações a seu respeito armazenadas nos bancos de dados descritos no **inciso LXXII** do **art. 5º** da **Constituição** de 1988 e no **art. 1º, parágrafo único**, da **Lei n. 9.507/97**. Nesse sentido: TRF-2ª Região, 4.ª T., Ac. 95.02.182251/RJ, rel. Juiz Clélio Erthal, j. 08.11.1995, *DJU* 30.01.1996, p. 3224.

De outra parte, merece algumas considerações a questão relativa à **sujeição passiva** do ***habeas data*** em função da redação oferecida pelo **inciso LXXII**.

Deveras, o dispositivo invocado faz referência às **entidades governamentais** e **àquelas de caráter público**.

No que se refere à primeira categoria, vale dizer, as **entidades governamentais**, não se tergiversa com relação a seu conteúdo, incluindo-se as **pessoas jurídicas componentes** da **Administração direta** e **indireta** do Estado.

Por outro lado, no que se refere às **pessoas jurídicas de caráter público**, cumpre observar que o **critério** que irá **identificá-las** não é o de sua **natureza** jurídica, mas sim a **dos dados** por elas **armazenados**.

No mesmo sentido caminham as lições de J. J. Calmon de Passos[3]: "Vê-se, pois, que o 'caráter público' da entidade nada tem a ver com sua condição de pessoa jurídica de direito público ou de direito privado, sendo pertinente apenas indagar-se da privacidade ou publicidade da utilização dos dados registrados ou armazenados".

Se a natureza dos dados coletados for pública, ou seja, se estiverem franqueados a todos os que desejarem a eles ter acesso, então a negativa renderá ensejo à propositura do *habeas data*.

De resto, foi a mesma tendência adotada pela **Lei n. 9.507/97**, como se verifica do seu **art. 1º, parágrafo único:**

> **Art. 1º** (...) (Vetado)
>
> Parágrafo único. Considera-se de caráter público todo registro ou banco de dados contendo informações que sejam ou que possam ser transmitidas a terceiros ou que não sejam de uso privativo do órgão ou entidade produtora ou depositária das informações.

A título de **exemplo**, podemos citar o caso do Serviço de Proteção ao Crédito, entidade que, em que pese ser uma pessoa jurídica de direito privado, armazena seus dados com a finalidade de oferecê-los àqueles que, pertencentes ao comércio, desejarem obtê-los no intuito de verificar o histórico de eventual cliente.

No mesmo contexto, encontramos as entidades que armazenem dados relacionados a consumidores, conclusão que se baseia na previsão estabelecida no **art. 43 do CDC**. Confira-se:

> **Art. 43.** O consumidor, sem prejuízo do disposto no art. 86, terá acesso às informações existentes em cadastros, fichas, registros e dados pessoais e de consumo arquivados sobre ele, bem como sobre as suas respectivas fontes.
>
> § 1º Os cadastros e dados de consumidores devem ser objetivos, claros, verdadeiros e em linguagem de fácil compreensão, não podendo conter informações negativas referentes a período superior a cinco anos.
>
> § 2º A abertura de cadastro, ficha, registro e dados pessoais e de consumo deverá ser comunicada por escrito ao consumidor, quando não solicitada por ele.
>
> § 3º O consumidor, sempre que encontrar inexatidão nos seus dados e cadastros, poderá exigir sua imediata correção, devendo o arquivista, no prazo de cinco dias úteis, comunicar a alteração aos eventuais destinatários das informações incorretas.
>
> § 4º Os bancos de dados e cadastros relativos a consumidores, os serviços de proteção ao crédito e congêneres são considerados entidades de caráter público.
>
> § 5º Consumada a prescrição relativa à cobrança de débitos do consumidor, não serão fornecidas, pelos respectivos Sistemas de Proteção ao Crédito, quaisquer informações que possam impedir ou dificultar novo acesso ao crédito junto aos fornecedores.

[3] *Mandado de segurança coletivo, mandado de injunção,* habeas data, *Constituição e processo.* Rio de Janeiro: Forense, 1989, p. 141.

§ 6º Todas as informações de que trata o *caput* deste artigo devem ser disponibilizadas em formatos acessíveis, inclusive para a pessoa com deficiência, mediante solicitação do consumidor.

Assim, temos para nós que, diante de situações como as descritas, a **recusa** da entidade a **fornecer** esses **dados** abrirá a oportunidade para ajuizamento do ***habeas data***.

Em contrapartida, se a **natureza** dos **dados armazenados for privada**, é dizer, não voltada ao conhecimento público, como é o caso dos bancos privados, em que seu conhecimento só interessa à própria entidade e ao correntista, o **ajuizamento dessa garantia constitucional não terá lugar**.

■ 19.4.2.3. Esgotamento das vias administrativas

Outro aspecto que merece destaque, sobre o qual já se deu notícia no início deste capítulo, é aquele que diz respeito à **necessidade** de **tentar resolver a questão no âmbito administrativo** antes de procurar o Poder Judiciário.

Essa questão, em que pese nossa discordância, uma vez que a Constituição não estabeleceu nenhuma restrição nesse sentido, ganha relevo em função da **Súmula 2** do **Superior Tribunal de Justiça**, nos seguintes termos:

> **Súmula 2 do STJ:** Não cabe o *habeas data* (CF, art. 5º, LXII, *a*) se não houve recusa de informações por parte da autoridade administrativa.

De forma a corroborar a orientação daquela Corte de Justiça, a **Lei n. 9.507/97**, em seu **art. 8º, parágrafo único**, I, assim dispôs:

Art. 8º (...)

Parágrafo único. A petição inicial deverá ser instruída com prova:

I — da recusa ao acesso às informações ou do decurso de mais de dez dias sem decisão.

Assim, por ocasião do **ajuizamento** do ***habeas data***, deverá o impetrante fazer **prova da recusa**, por parte da entidade que detém os dados, em fornecê-los, o que poderá ser feito acostando-se à peça preambular cópia do requerimento formulado administrativamente.

■ 19.4.2.4. Competência

Importante salientar que a **Constituição Federal** estabeleceu, no que se refere à competência para o julgamento de medidas dessa natureza, alguns casos de forma expressa.

Nesse sentido, o **art. 102, I, *d*, e II, *a***, determinante da competência de nossa **Corte Suprema**, o **art. 105, I, *b***, estabelecedor da competência do **Superior Tribunal de Justiça**, o **art. 108, I, *c***, consagrador da competência dos **Tribunais**

Regionais Federais, e o **art. 109, VIII**, determinante da competência dos **Juízes Federais**.

Essas regras de competência foram complementadas pelo **art. 20 da Lei n. 9.507/97**, cuja redação a seguir se reproduz:

> **Art. 20.** O julgamento do *habeas data* compete:
>
> I — originariamente:
>
> *a)* ao Supremo Tribunal Federal, contra atos do Presidente da República, das Mesas da Câmara dos Deputados e do Senado Federal, do Tribunal de Contas da União, do Procurador-Geral da República e do próprio Supremo Tribunal Federal;
>
> *b)* ao Superior Tribunal de Justiça, contra atos de Ministro de Estado ou do próprio Tribunal;
>
> *c)* aos Tribunais Regionais Federais contra atos do próprio Tribunal ou de juiz federal;
>
> *d)* a juiz federal, contra ato de autoridade federal, excetuados os casos de competência dos tribunais federais;
>
> *e)* a tribunais estaduais, segundo o disposto na Constituição do Estado;
>
> *f)* a juiz estadual, nos demais casos;
>
> II — em grau de recurso:
>
> *a)* ao Supremo Tribunal Federal, quando a decisão denegatória for proferida em única instância pelos Tribunais Superiores;
>
> *b)* ao Superior Tribunal de Justiça, quando a decisão for proferida em única instância pelos Tribunais Regionais Federais;
>
> *c)* aos Tribunais Regionais Federais, quando a decisão for proferida por juiz federal;
>
> *d)* aos Tribunais Estaduais e ao do Distrito Federal e Territórios, conforme dispuserem a respectiva Constituição e a lei que organizar a Justiça do Distrito Federal;
>
> III — mediante recurso extraordinário ao Supremo Tribunal Federal, nos casos previstos na Constituição.

Importante observar, também, que os processos de ***habeas data*** terão **prioridade** sobre todos os demais, **exceção** feita ao ***habeas corpus* e** ao **mandado de segurança**, consoante previsão contida no **art. 19 da lei regulamentadora**.

Por derradeiro, cumpre registrar que o **procedimento** administrativo para acesso a essas informações e a ação de ***habeas data*** são **gratuitos**, conforme previsão contida no **inciso LXXVII do art. 5º da CF** e no **art. 21 da Lei n. 9.507/97**.

Verifique-se o quadro a seguir:

DEFINIÇÃO	Trata-se de garantia constitucional regulada no inciso LXXII do art. 5º da CF.
OBJETO	Garantir ao indivíduo o direito de acesso aos registros ou bancos de dados de entidades governamentais ou de caráter público, para conhecimento, correção ou justificação de dados pessoais que deles constem. Também caracteriza direito líquido e certo em razão da redação apresentada pelo art. 5º, LXIX, da CF.

EXTENSÃO	De acordo com o disposto no art. 7º da Lei n. 9.507/97, a extensão do objeto do *habeas data* abrange os seguintes itens: ■ **direito de acesso:** consistente na prerrogativa de obtenção desses dados. Tal direito é universal e abrange todos os dados pessoais constantes de registros ou banco de dados de entidades governamentais ou de caráter público; ■ **direito ao esclarecimento:** a entidade depositária dos dados deve informar com que objetivo os coletou; ■ **direito de contestação:** é a possibilidade de o impetrante discutir a veracidade das informações contidas nos registros ou bancos de dados; ■ **direito de atualização:** implica a possibilidade de supressão, inclusão ou retificação de dados que estejam desatualizados.
LIMITE	Importante salientar que a garantia do *habeas data* não se aplica ao direito esculpido no inciso XXXIII do art. 5º da CF, que, se atingido, poderá ser combatido por meio de mandado de segurança.
SUJEITO ATIVO	Qualquer pessoa física ou jurídica que pretenda obter informações a seu respeito armazenadas nos bancos de dados descritos no inciso LXXII do art. 5º da Constituição de 1988 e no art. 1º, parágrafo único, da Lei n. 9.507/97.
SUJEITO PASSIVO	**Entidades governamentais** e aquelas de **caráter público:** ■ **entidades governamentais:** são as pessoas jurídicas componentes da Administração direta e indireta do Estado; ■ **pessoas jurídicas de caráter público:** considera-se todo registro ou banco de dados contendo informações que sejam ou que possam ser transmitidas a terceiros ou que não sejam de uso privativo do órgão ou entidade produtora ou depositária das informações (Lei n. 9.507/97, art. 1º, parágrafo único). No mesmo contexto encontramos as entidades que armazenem **dados relacionados a consumidores**, conclusão que se baseia na previsão estabelecida no **art. 43 do CDC.**
ESGOTAMENTO DAS VIAS ADMINISTRATIVAS	Sim, de acordo com a previsão estabelecida na Súmula 2 do Superior Tribunal de Justiça e na Lei n. 9.507/97, em seu art. 8º, parágrafo único, I.
COMPETÊNCIA	**Originariamente:** ■ ao **Supremo Tribunal Federal**, contra atos do Presidente da República, das Mesas da Câmara dos Deputados e do Senado Federal, do Tribunal de Contas da União, do Procurador-Geral da República e do próprio Supremo Tribunal Federal; ■ ao **Superior Tribunal de Justiça**, contra atos de Ministro de Estado ou do próprio Tribunal; ■ aos **Tribunais Regionais Federais,** contra atos do próprio Tribunal ou de Juiz Federal; ■ a **Juiz Federal**, contra ato de autoridade federal, excetuados os casos de competência dos Tribunais Federais; ■ a **Tribunais Estaduais**, segundo o disposto na Constituição do Estado; ■ a **Juiz Estadual**, nos demais casos. **Em grau de recurso:** ■ ao **Supremo Tribunal Federal**, quando a decisão denegatória for proferida em única instância pelos Tribunais Superiores; ■ ao **Superior Tribunal de Justiça**, quando a decisão for proferida em única instância pelos Tribunais Regionais Federais; ■ aos **Tribunais Regionais Federais**, quando a decisão for proferida por Juiz Federal; ■ aos **Tribunais Estaduais** e ao do **Distrito Federal** e **Territórios**, conforme dispuserem a respectiva Constituição e a lei que organizar a Justiça do Distrito Federal; **Mediante recurso extraordinário, ao Supremo Tribunal Federal, nos casos previstos na Constituição.**
CUSTAS	Gratuidade, conforme previsão contida no inciso LXXVII do art. 5º da CF e no art. 21 da Lei n. 9.507/97.

■ 19.4.3. Mandado de segurança

Criação da doutrina e jurisprudência pátrias como reação à restrição imposta ao *habeas corpus*, com a Reforma Constitucional de 1926, o mandado de segurança foi **introduzido** em nosso sistema jurídico constitucional pelo **Texto de 1934**.

A **Constituição atual** manteve a previsão do mandado de segurança individual em seu **inciso LXIX e criou uma variação para a proteção dos direitos coletivos em seu inciso LXX**.

Em razão de apresentarem diferenças significativas, principalmente no que se refere a seu objeto e à sujeição ativa, serão abordados em separado.

■ *19.4.3.1. Mandado de segurança individual*

A redação oferecida pela Constituição a essa garantia não se afasta daquelas que vinham sendo adotadas pelos textos anteriores, como se verifica:

> **Art. 5º** (...)
> LXIX — conceder-se-á mandado de segurança para proteger direito líquido e certo, não amparado por *habeas corpus* ou *habeas data*, quando o responsável pela ilegalidade ou abuso de poder for autoridade pública ou agente de pessoa jurídica no exercício de atribuições do Poder Público.

Sua disciplina infraconstitucional é feita pela **Lei n. 12.016/2009**, que consolidou a matéria, **aplicando-se subsidiariamente o Código de Processo Civil**.

■ *19.4.3.1.1. Objeto*

No que se refere a seu **objeto**, observa-se que o mandado de segurança não se destina à **proteção** de qualquer **direito líquido e certo**.

Com efeito, o próprio **comando constitucional exclui** do campo de **incidência** do **mandado de segurança de agressões à liberdade de locomoção (uma vez que protegida pelo *habeas corpus*), bem como a recusa indevida de acesso a informações de caráter pessoal constantes de registros ou bancos de dados de entidades governamentais ou de caráter público (protegida pelo *habeas data*)**.

Dessa forma, cumpre, em seguida, averiguar qual o entendimento predominante no que respeita ao **conceito** de **direito líquido e certo**.

É pacífico na doutrina e na jurisprudência que a **expressão "direito líquido e certo" é imprópria**, isso porque o direito é sempre líquido e certo. Os **fatos**, estes sim, **é que precisam ser demonstrados de plano**, no momento da impetração, para autorizarem a interposição do *mandamus*.

O Mestre Celso Ribeiro Bastos[4] assim se pronunciou:

> "A solução correta, no entanto, é a que faz residir o caráter de líquido e certo não na vontade normativa, mas nos fatos invocados pelo impetrante como aptos a produzirem

[4] *Curso de direito constitucional*. 19. ed. São Paulo, Saraiva, 1998, p. 239.

os efeitos colimados. Mais precisamente, ainda, na própria materialidade ou existência fática da situação jurídica. Para que o juiz possa superar a fase preliminar do cabimento ou não do mandado, ele há de verificar a satisfação prévia desse requisito específico para o acesso ao *writ*: a comprovação dos elementos fáticos em que o autor funda a sua pretensão".

A necessidade de **comprovação, no momento da impetração, dos fatos** narrados pelo impetrante, caracterizadora do conceito de direito líquido e certo, **decorre** da **inexistência** de **fase probatória**.

Em outras palavras, o que se está a dizer é que as **provas** a serem utilizadas em **mandado** de **segurança somente poderão ser aquelas pré-constituídas**.

Nesse contexto, se houver **necessidade** de produção de **outras provas** para a comprovação do direito alegado, **terá** a **parte** interessada **que se valer de outro instrumento** que não o mandado de segurança. Nesse sentido:

- **STF**, Tribunal Pleno, Agms 21.188/DF, rel. p/ acórdão Min. Carlos Velloso, j. 07.11.1990, *DJU* 19.04.1991, p. 4582;
- **TRF-2ª Região**, 3ª T., Edams 93.02.174590/RJ, rel. Juiz Celso Passos, j. 11.04.1995, *DJU* 16.11.1995, p. 78668.

Outrossim, **ainda em relação ao objeto**, cumpre anotar que o **cabimento do mandado de segurança** só terá lugar se a **agressão** ao **direito líquido** e **certo** não amparado por *habeas corpus* ou *habeas data* **resultar de ilegalidade ou abuso de poder**.

Destarte, pode-se perfeitamente imaginar uma **agressão** a **direito líquido** e **certo resultante** da necessidade de manutenção de um **interesse público, o que não gera**, portanto, a **possibilidade** de propositura de um **mandado de segurança**.

É o que se verifica, a título de exemplo, quando o Poder Público resolve transferir uma propriedade para a construção de uma escola sem que, portanto, o expropriado tivesse cometido qualquer sorte de irregularidade.

O STF vem aceitando mandado de segurança contra atos jurisdicionais irrecorríveis emanados de Ministros do próprio STF, como houve no *Caso Sean* **(MC em MS 28.524-DF)**.

Superada a questão preliminar relativa aos requisitos de admissibilidade, constitucionalmente previstos, para ensejar o cabimento do mandado de segurança, ingressamos, agora, na análise da legitimidade ativa e passiva.

■ *19.4.3.1.2. Partes*

Para a impetração do mandado de segurança individual **estão legitimadas todas as pessoas, físicas, jurídicas ou mesmo universalidades de bens e direitos** (espólio, massa falida etc.), que tenham um direito individual líquido e certo lesado ou ameaçado de lesão por ato de autoridade pública ou de agente de pessoa jurídica no exercício de função pública, desde que esse ato seja ilegal ou abusivo, conforme se verifica da redação do **art. 1º da Lei n. 12.016/2009**. Confira-se:

Art. 1º Conceder-se-á mandado de segurança para proteger direito líquido e certo, não amparado por *habeas corpus* ou *habeas data*, sempre que, ilegalmente ou com abuso de poder, qualquer pessoa física ou jurídica sofrer violação ou houver justo receio de sofrê-la por parte de autoridade, seja de que categoria for e sejam quais forem as funções que exerça.

No que respeita à **sujeição passiva**, a diretriz constitucional aponta para atos ou omissões de **autoridade pública** e de **agente** de **pessoa jurídica no exercício de atribuições do Poder Público**.

Cumpre registrar que **autoridade**, para efeito de mandado de segurança, é o **agente público investido de poder de decisão** para anular o ato atacado ou para suprir omissão lesiva de direito líquido e certo do impetrante, **não se confundindo**, portanto, **com o mero executor**, conclusão que se extrai da redação do **art. 1º, § 2º, III, da Lei n. 9.784/99**, que disciplina os processos administrativos na área federal. Confira-se:

Art. 1º (...)

§ 2º Para os fins desta lei, consideram-se: (...)

III — autoridade — o servidor ou agente público dotado de poder de decisão.

Outrossim, o **conceito de autoridade** encontra-se também disciplinado pela **Lei n. 12.016/2009**.

Art. 1º (...)

§ 1º Equiparam-se às autoridades, para os efeitos desta Lei, os representantes ou órgãos de partidos políticos e os administradores de entidades autárquicas, bem como os dirigentes de pessoas jurídicas ou as pessoas naturais no exercício de atribuições do poder público, somente no que disser respeito a essas atribuições.

§ 2º Não cabe mandado de segurança contra os atos de gestão comercial praticados pelos administradores de empresas públicas, de sociedade de economia mista e de concessionárias de serviço público.

§ 3º Quando o direito ameaçado ou violado couber a várias pessoas, qualquer delas poderá requerer o mandado de segurança.

Dentro desse contexto, cumpre registrar a disposição específica estabelecida pela **Lei n. 12.016/2009** em relação a **autoridade federal**, conforme previsão contida no seu **art. 2º:**

Art. 2º Considerar-se-á federal a autoridade coatora se as consequências de ordem patrimonial do ato contra o qual se requer o mandado houverem de ser suportadas pela União ou entidade por ela controlada.

De outra parte, por **agente de pessoa jurídica no exercício de atribuições do Poder Público deve-se entender o particular que esteja executando um serviço público por meio de uma das formas permitidas pelo nosso ordenamento jurídico**.

Nesse contexto é que surge, por **exemplo**, a possibilidade de impetração de mandado de segurança contra ato ou omissão ilegais ou abusivos praticados por diretor de estabelecimento particular de ensino.

Destarte, embora pertencente à iniciativa privada, exerce serviço público constitucionalmente delineado, vale dizer, a educação, consoante se verifica dos **arts. 205** e **209 da Constituição:**

> **Art. 205.** A educação, direito de todos e dever do Estado e da família, será promovida e incentivada com a colaboração da sociedade, visando ao pleno desenvolvimento da pessoa, seu preparo para o exercício da cidadania e sua qualificação para o trabalho.
>
> **Art. 209.** O ensino é livre à iniciativa privada, atendidas as seguintes condições.

Em síntese, pois, é **cabível** o **mandado** de **segurança** contra qualquer **particular** que se encontre no **exercício de atividades públicas**, possibilidade também franqueada pela **Súmula 510 do STF**. Confira-se:

> **Súmula 510 do STF:** Praticado o ato por autoridade, no exercício de competência delegada, contra ela cabe o mandado de segurança ou a medida judicial.

Sem embargo, sobreleva notar não se tratar de questão mansa e pacífica o ponto relativo à determinação do **sujeito passivo**, pois em sede doutrinária e jurisprudencial variadas são as formulações elaboradas por autores de renome.

Sem prejuízo dessas divergências, quer nos parecer terem perdido fôlego, por força da previsão contida no **art. 6º da Lei n. 12.016/2009**, que exige a indicação não só da autoridade coatora, mas da pessoa jurídica que integra ou à qual se acha vinculada ou para a qual exerce atribuições:

> **Art. 6º** A petição inicial, que deverá preencher os requisitos estabelecidos pela lei processual, será apresentada em 2 (duas) vias com os documentos que instruírem a primeira reproduzidos na segunda e indicará, além da autoridade coatora, a pessoa jurídica que esta integra, à qual se acha vinculada ou da qual exerce atribuições.

Nesse sentido, ainda, não será demasiado reiterar o conceito de **autoridade coatora** estabelecido pelo legislador, a teor do disposto no **art. 6º, § 3º**, do referido diploma legal:

> **Art. 6º** (...)
>
> § 3º Considera-se autoridade coatora aquela que tenha praticado o ato impugnado ou da qual emane a ordem para a sua prática.

■ *19.4.3.1.3. Liminar*

Outro ponto a merecer registro diz respeito à possibilidade, aberta pelo legislador, de **pedido de** medida **liminar** com o intuito de evitar que o direito pereça.

Para tanto, basta que o impetrante demonstre a ocorrência dos dois requisitos ensejadores do deferimento da medida, quais sejam, o ***fumus boni iuris*** e o ***periculum in mora***, consoante disposto no **art. 7º, III, da Lei n. 12.016/2009:**

> **Art. 7º** Ao despachar a inicial, o juiz ordenará: (...)
>
> III — que se suspenda o ato que deu motivo ao pedido, quando houver fundamento relevante e do ato impugnado puder resultar a ineficácia da medida, caso seja finalmente deferida, sendo facultado exigir do impetrante caução, fiança ou depósito, com o objetivo de assegurar o ressarcimento à pessoa jurídica.

Sobre o tema, oportuno registrar que por ***fumus boni iuris*** **não se deve entender a certeza da existência do direito, o que se verificará por ocasião do julgamento do mérito, mas tão somente a existência de indícios**.

De outra parte, em relação ao ***periculum in mora***, **deve o impetrante comprovar que a não concessão imediata da prestação jurisdicional poderá conduzir ao perecimento do direito por ocasião do julgamento do mérito**.

Nesse sentido, importante observar que a **concessão** ou **não** de **liminar não caracteriza ato discricionário**, **mas**, ao revés, ato **de subsunção**, não sendo outra a opinião esposada por Lúcia Valle Figueiredo[5]:

> "Existentes os dois fundamentos, entendemos que o magistrado não faz juízo discricionário, no sentido comum em que a palavra é normalmente concebida. Faz juízo de subsunção. Avalia, por juízo técnico, se existem o relevante fundamento do *periculum in mora*. Se existentes ambos, consoante nosso entender, o juiz não pode negar a liminar".

Importante anotar, também, que a **concessão** da medida **liminar não vincula** o **Juiz** a, necessariamente, conceder a segurança por **ocasião** do **julgamento** do **mérito**.

O julgador fica absolutamente livre para, tendo concedido a liminar, cassá-la a qualquer momento ou, mesmo, para denegar a segurança.

De igual sorte, **negada** a **liminar**, **nada impede que o magistrado venha a concedê-la em outro momento processual**, reconsiderando a decisão anterior, ou ainda que, ao decidir o mérito, o faça favoravelmente ao impetrante.

Ainda no que respeita à **liminar**, **impõe-se denegá-la sempre que fundada nos mesmos argumentos que motivam a impetração ou** naqueles casos em que possui **caráter satisfativo**, ou seja, sua concessão produz os mesmos efeitos colimados com a impetração do *writ*. É que, nesses casos, estar-se-ia gerando a perda do objeto do mandado de segurança.

De outra parte, cumpre observar que a concessão da **liminar não terá lugar em todas as situações caracterizadoras de lesão a direito líquido e certo**.

Com efeito, além daquelas situações em que esses dois requisitos legais não restarem caracterizados, a **lei veda** a **concessão dessa medida** em se tratando de temas por ela nomeados, consoante se verifica da seguinte previsão:

> **Art. 7º** (...)
>
> § 2º Não será concedida medida liminar que tenha por objeto a compensação de créditos tributários, a entrega de mercadorias e bens provenientes do exterior, a reclassificação

[5] *Curso de direito administrativo*. 5. ed. São Paulo: Malheiros, 2001, p. 367.

ou equiparação de servidores públicos e a concessão de aumento ou a extensão de vantagens ou pagamento de qualquer natureza.

Concedida ou denegada a liminar, caberá **agravo** de **instrumento**, a teor do disposto no **art. 7º, § 1º, da Lei n. 12.016/2009:**

> **Art. 7º** (...)
>
> § 1º Da decisão do juiz de primeiro grau que conceder ou denegar a liminar caberá agravo de instrumento, observado o disposto na Lei n. 5.869, de 11 de janeiro de 1973 — Código de Processo Civil.

Outrossim, oportuno consignar a **possibilidade franqueada** pelo legislador **à pessoa jurídica de direito público ou ao Ministério Público** de **requerer** a **suspensão** da execução da liminar concedida, sendo que dessa decisão caberá agravo, sem efeito suspensivo, tudo a teor do disposto no **art. 15 do referido diploma legal:**

> **Art. 15.** Quando, a requerimento de pessoa jurídica de direito público interessada ou do Ministério Público e para evitar grave lesão à ordem, à saúde, à segurança e à economia públicas, o presidente do tribunal ao qual couber o conhecimento do respectivo recurso suspender, em decisão fundamentada, a execução da liminar e da sentença, dessa decisão caberá agravo, sem efeito suspensivo, no prazo de 5 (cinco) dias, que será levado a julgamento na sessão seguinte à sua interposição.
>
> § 1º Indeferido o pedido de suspensão ou provido o agravo a que se refere o *caput* deste artigo, caberá novo pedido de suspensão ao presidente do tribunal competente para conhecer de eventual recurso especial ou extraordinário.
>
> § 2º É cabível também o pedido de suspensão a que se refere o § 1º deste artigo, quando negado provimento a agravo de instrumento interposto contra a liminar a que se refere este artigo.
>
> § 3º A interposição de agravo de instrumento contra liminar concedida nas ações movidas contra o poder público e seus agentes não prejudica nem condiciona o julgamento do pedido de suspensão a que se refere este artigo.
>
> § 4º O presidente do tribunal poderá conferir ao pedido efeito suspensivo liminar se constatar, em juízo prévio, a plausibilidade do direito invocado e a urgência na concessão da medida.
>
> § 5º As liminares cujo objeto seja idêntico poderão ser suspensas em uma única decisão, podendo o presidente do tribunal estender os efeitos da suspensão a liminares supervenientes, mediante simples aditamento do pedido original.

De outra parte, importante estabelecer que a autoridade coatora apontada terá **prazo** de **10 dias para apresentação** de **informações**, contados a partir de sua notificação, a teor do disposto no **art. 7º, I. Findo esse prazo**, abre-se lapso temporal de **10 dias** para a manifestação do **Ministério Público**, a teor do disposto no **art. 12**.

Com ou sem a manifestação do Ministério Público, os **autos** serão **conclusos** ao **Juiz** para que profira, em **30 dias**, sua **decisão** na forma estabelecida no **art. 12, parágrafo único**.

De outra parte, da **sentença** que **concede ou denega** mandado de segurança cabe **recurso de apelação** nos **limites** impostos pelo **art. 14**, sendo que poderá ela ser executada provisoriamente nos termos do **§ 3º:**

> **Art. 14.** Da sentença, denegando ou concedendo o mandado, cabe apelação.
>
> § 1º Concedida a segurança, a sentença estará sujeita obrigatoriamente ao duplo grau de jurisdição.
>
> § 2º Estende-se à autoridade coatora o direito de recorrer.
>
> § 3º A sentença que conceder o mandado de segurança pode ser executada provisoriamente, salvo nos casos em que for vedada a concessão da medida liminar.

■ *19.4.3.1.4. Prazo*

Embora **inexistente** qualquer **diretriz constitucional** nesse sentido, por expressa disposição legal, o direito de impetrar o mandado de segurança termina em **120 dias** a **contar** do **conhecimento**, pelo impetrante, da prática do ato ou omissão lesivos, conforme se verifica do disposto no **art. 23 da Lei n. 12.016/2009:**

> **Art. 23.** O direito de requerer mandado de segurança extinguir-se-á decorridos 120 (cento e vinte) dias, contados da ciência, pelo interessado, do ato impugnado.

Dentro desse contexto, cumpre observar tratar-se de **prazo de natureza decadencial**, cuja constitucionalidade já foi confirmada pelo **STF**, por meio da edição da **Súmula 632**. Confira-se:

> **Súmula 632 do STF:** É constitucional lei que fixa o prazo de decadência para a impetração de mandado de segurança.

De outra parte, lógico que a **comprovação** da **ciência** do ato para que comece a fluir o prazo de 120 dias para a impetração do mandado de segurança **não fica ao livre critério do impetrante**.

Dentre as diversas formas de cientificação, vale destacar a publicação do ato, a comunicação por correspondência e o momento a partir do qual o interessado, pessoalmente e de modo inequívoco, se dá por ciente.

■ *19.4.3.2. Mandado de segurança coletivo*

Conforme já noticiado, a Constituição em vigor criou uma **variante** do **mandado** de **segurança individual voltada** à proteção dos **direitos coletivos e difusos**, com a seguinte redação:

> **Art. 5º** (...)
>
> LXX — o mandado de segurança coletivo pode ser impetrado por:
>
> *a)* partido político com representação no Congresso Nacional;
>
> *b)* organização sindical, entidade de classe ou associação legalmente constituída e em funcionamento há pelo menos um ano, em defesa dos interesses de seus membros ou associados.

A leitura desse dispositivo bem demonstra que as **diferenças** existentes **em relação ao mandado de segurança individual** referem-se a seu **objeto**, bem como à **legitimação para impetrá-lo**.

Quanto ao mais, aplicam-se ao mandado de segurança coletivo todas as disposições até aqui analisadas, inclusive quanto às regras processuais.

Feitas essas considerações iniciais, todas elas decorrentes da redação oferecida pela Constituição, passaremos agora à análise dos **pontos específicos** relativos a seu **objeto** e **legitimação ativa**.

■ *19.4.3.2.1. Objeto*

No que respeita ao mandado de segurança coletivo, seu **objeto continua sendo a proteção do direito líquido e certo**.

Dessa forma, também no mandado de segurança coletivo existe a necessidade de comprovação dos fatos narrados na inicial em razão da inexistência de fase probatória posterior.

O **direito líquido e certo aqui protegido é o coletivo**, vale dizer, aquele que **transcende** a **esfera individual** e cuja definição foi bem captada por Hely Lopes Meirelles[6]:

> "Direito coletivo, para fins de mandado de segurança, é o que pertence a uma coletividade ou categoria representada por partido político, por organização sindical, por entidade de classe ou por associação legalmente constituída e em funcionamento há pelo menos um ano, como diz a Constituição (art. 5º, LXX, *a* e *b*).
>
> Repetimos que, no nosso entender, o mandado de segurança coletivo só se presta a defender direito líquido e certo da categoria, não de um ou de alguns membros da entidade representativa.
>
> No mandado de segurança coletivo postular-se-á direito de uma categoria ou classe, não de pessoas ou grupo, embora essas estejam filiadas a uma entidade constituída para agregar pessoas com o mesmo objetivo profissional ou social. A entidade que impetrar mandado de segurança deve fazê-lo em nome próprio mas em defesa de direito de todos os seus membros que tenham um direito ou uma prerrogativa a defender judicialmente".

Por fim, existe a possibilidade estabelecida pelo legislador de **proteção, por meio dessa garantia constitucional**, dos chamados **direitos individuais homogêneos**, tudo de acordo com o disposto no **art. 21, parágrafo único, da Lei n. 12.016/2009:**

> **Art. 21.** (...)
>
> Parágrafo único. Os direitos protegidos pelo mandado de segurança coletivo podem ser:
>
> I — coletivos, assim entendidos, para efeito desta Lei, os transindividuais, de natureza indivisível, de que seja titular grupo ou categoria de pessoas ligadas entre si ou com a parte contrária por uma relação jurídica básica;
>
> II — individuais homogêneos, assim entendidos, para efeito desta Lei, os decorrentes de origem comum e da atividade ou situação específica da totalidade ou de parte dos associados ou membros do impetrante.

---

6 *Mandado de segurança*. 13. ed. São Paulo: RT, 1989, p. 14-15.

■ 19.4.3.2.2. Legitimidade ativa, sentença e liminar

No que se refere à **legitimidade** para a propositura de mandado de segurança coletivo, a Constituição estipulou, de forma expressa, as pessoas competentes para o exercício desse mister:

> **Art. 5º** (...)
> LXX — o mandado de segurança coletivo pode ser impetrado por:
> *a)* partido político com representação no Congresso Nacional;
> *b)* organização sindical, entidade de classe ou associação legalmente constituída e em funcionamento há pelo menos um ano, em defesa dos interesses de seus membros ou associados.

a) Partidos políticos

Em primeiro lugar aparecem os **partidos políticos** com **representação no Congresso Nacional**. Nesse sentido, diante do silêncio da Constituição quanto a essa representatividade, é de entender-se que a presença de um único parlamentar, na Câmara dos Deputados ou no Senado Federal, será suficiente para legitimá-los.

b) Organização sindical, entidade de classe ou associação

Embora alinhadas em conjunto pela Constituição, as **diferenças entre essas pessoas** está a demandar uma análise em separado.

Assim é que a Carta Magna estabeleceu, em seu **art. 8º, III**, o papel a ser exercido pelos **sindicatos** em relação à categoria que representam:

> **Art. 8º** É livre a associação profissional ou sindical, observado o seguinte: (...)
> III — ao sindicato cabe a defesa dos direitos e interesses coletivos ou individuais da categoria, inclusive em questões judiciais ou administrativas.

Em vista desse perfil adotado para os **sindicatos** é que **deles não se exige** o **preenchimento de nenhum outro requisito**, **de forma a legitimá-los** para a impetração de mandado de **segurança coletivo**, que não seja estar legalmente constituído e na defesa de seus membros e associados.

Situação diferente é aquela prevista para as **entidades** de **classe** e **associações**, já que para estas a Constituição exige a **comprovação de três requisitos:**

- estar legalmente constituída;
- funcionar há pelo menos um ano;
- defender os interesses de seus membros ou associados.

Dessa forma, resta claro que as associações e **entidades de classe não poderão ingressar** em juízo, por intermédio de **mandado de segurança coletivo**, para a **defesa de qualquer direito. Ao contrário, só poderão exercer essa competência para salvaguardar interesses de seus membros ou associados e que guardem pertinência com seu objeto social**.

No que respeita à necessidade de **autorização específica** para representarem, em juízo, seus associados ou filiados, reiteramos posição adotada quando tratamos do tema relativo à liberdade de associação.

Assim é que, existindo previsão expressa no estatuto, desnecessária autorização específica. Nesse sentido:

> **Súmula 629 do STF:** A impetração de mandado de segurança coletivo por entidade de classe em favor dos associados independe da autorização destes.

Por fim, cumpre destacar que a **legitimidade** da **entidade** de **classe** para a propositura de mandado de segurança se mantém ainda que a **pretensão possa interessar** a apenas uma **parte da categoria**, conclusão que se lastreia na **Súmula 630 do STF**. Confira-se:

> **Súmula 630 do STF:** A entidade de classe tem legitimação para o mandado de segurança ainda quando a pretensão veiculada interesse apenas a uma parte da respectiva categoria.

De resto, a matéria encontra-se disciplinada no **art. 21 da Lei n. 12.016/2009:**

> **Art. 21.** O mandado de segurança coletivo pode ser impetrado por partido político com representação no Congresso Nacional, na defesa de seus interesses legítimos relativos a seus integrantes ou à finalidade partidária, ou por organização sindical, entidade de classe ou associação legalmente constituída e em funcionamento há, pelo menos, 1 (um) ano, em defesa de direitos líquidos e certos da totalidade, ou de parte, dos seus membros ou associados, na forma dos seus estatutos e desde que pertinentes às suas finalidades, dispensada, para tanto, autorização especial.

Importante registrar a possibilidade de concessão da **liminar apenas após a audiência do representante judicial da pessoa jurídica de direito público, conforme o disposto no art. 22, § 2º**.

De outro giro, oportuno salientar que a **sentença** aqui **fará coisa julgada somente para os membros do grupo ou categoria substituídos pelo impetrante, a teor do disposto no art. 22, *caput***.

■ *19.4.3.2.3. Considerações finais*

Decorre dos preceptivos constitucionais analisados que o **mandado de segurança**, quer o individual, quer o coletivo, pode ser utilizado para **pôr cobro** a **ações** ou **omissões** do **Poder Público**.

Ademais, **não é necessário que a lesão já se tenha efetivado**; basta o justo receio de que venha a ocorrer para que se possa impetrar o mandado de segurança, aqui, de **caráter preventivo**.

O que se objetiva, na verdade, é a proteção do próprio direito. Tanto isso é verdade que **não se admite**, pela via do mandado de segurança, a **indenização de direito já irremediavelmente lesado**. Nesse caso, busca-se a **reparação** por **perdas** e **danos por meio de ação própria**.

19.4.3.2.4. Principais enunciados da súmula do Supremo Tribunal Federal

> **Súmula 266 do STF:** Não cabe mandado de segurança contra lei em tese.

Referido enunciado **impede** o ajuizamento do **mandado de segurança** para atacar a **lei genericamente considerada**, em vista da existência de ação específica em nosso ordenamento jurídico voltada para essa finalidade.

Trata-se da ação direta de inconstitucionalidade, que tem por objetivo a retirada do mundo jurídico de lei ou ato normativo inconstitucionais, bem como da arguição por descumprimento de preceito fundamental. Nesse sentido: STF, AgMS 21.881/DF, Tribunal Pleno, rel. Min. Celso de Mello, j. 03.03.1994, *DJU* 22.04.1994, p. 8925.

Sem embargo, anote-se a **possibilidade** de utilização do **mandado de segurança** para combater **ato normativo inconstitucional** de **efeitos concretos**. Cite-se como exemplo lei que declara de utilidade pública um bem imóvel.

A propósito do conceito de leis e decretos de **efeitos concretos**, assim se manifestou o publicista Hely Lopes Meirelles[7]: "Leis e decretos de efeitos concretos entendem-se aqueles que trazem em si mesmos o resultado específico pretendido, citando, entre os exemplos, as leis que proíbem atividades ou condutas individuais".

> **Súmula 267 do STF:** Não cabe mandado de segurança contra ato judicial passível de recurso ou correição.

Esse enunciado **impede** a propositura de **mandado de segurança** naquelas hipóteses em que o **ordenamento jurídico** processual **prevê** a utilização de **recurso específico**. Não é óbice, contudo, a que o mandado de segurança seja utilizado para conferir efeito suspensivo a recursos que não o possuem.

> **Súmula 268 do STF:** Não cabe mandado de segurança contra decisão judicial com trânsito em julgado.

A redação desse **enunciado assume relevo** tendo em vista a existência em nosso ordenamento processual de ação específica voltada a desconstituir os efeitos de uma decisão judicial com trânsito em julgado.

Trata-se da **ação rescisória** prevista no **art. 966 do Novo Código de Processo Civil**, a ser utilizada somente se caracterizada uma das hipóteses ali contempladas.

Nesse sentido, oportuna a transcrição dos ensinamentos de Roberto Rosas[8], que, em comentários a essa súmula, assim se manifestou:

---

7 *Mandado de segurança*. 25. ed. São Paulo: Malheiros, 2003, p. 40.

8 *Direito sumular*. 9. ed. São Paulo: Malheiros, 1998, p. 106.

> "A Lei do Mandado de Segurança (Lei n. 1.533/1951 [atual Lei n. 12.016/2009]) admite esse remédio contra atos judiciais e não contra decisão transitada em julgado, como substituto da ação rescisória.
>
> Admitir-se o mandado de segurança seria burlar a coisa julgada material, que não admite recurso ordinário ou extraordinário. Se a parte não usa dos recursos cabíveis, não é lícito dar-lhe sucedâneo através do mandado de segurança. Não se argumentará com a liquidez e certeza do direito. Se for positivo, o recurso cabível atendê-lo-á".

Súmula 429: A existência de recurso administrativo com efeito suspensivo não impede o uso de mandado de segurança contra omissão da autoridade.

Nesse enunciado vê-se que o Supremo Tribunal Federal entende **cabível a impetração de mandado de segurança, ainda que exista recurso administrativo com efeito suspensivo**, uma vez que, em caso de omissão, tal recurso não tem o condão de fazer cessar a lesão ou ameaça ao direito líquido e certo.

Com efeito, a única forma de garantir o direito é determinando a prática do ato do qual a autoridade coatora está se omitindo, e isso é impossível por meio do recurso administrativo.

O mesmo não ocorre quando se tratar de ato lesivo a direito líquido e certo. Nessa hipótese, se houver recurso com efeito suspensivo, será inviável a utilização do mandado de segurança.

Súmula 430: Pedido de reconsideração na via administrativa não interrompe prazo para o mandado de segurança.

O **conteúdo** desse **enunciado perdeu relevo a partir da promulgação da Constituição em vigor, na medida em que não mais se exige o esgotamento das vias administrativas, nem mesmo seu acionamento, para ingressar com medida judicial**.

De resto, está ele compatibilizado com a natureza do prazo para ingressar com o mandado de segurança que, como visto, é decadencial.

De outra parte, para efeito de aplicação dessa súmula, faz-se necessária a definição do que vem a ser pedido de reconsideração. Para tanto, lançamos mão de excerto extraído da obra de Roberto Rosas[9]: "Do ponto de vista estrito, pedido de reconsideração não é recurso administrativo. Se a lei, porém, admite a reconsideração como espécie de recurso, então da decisão é contado o prazo para o mandado de segurança".

Súmula 510 do STF: Praticado o ato por autoridade, no exercício de competência delegada, contra ela cabe o mandado de segurança ou a medida judicial.

---

9 *Direito sumular*. 9. ed. São Paulo: Malheiros, 1998, p. 179.

Esse enunciado surgiu em decorrência de previsão inserida na antiga Lei do Mandado de Segurança (art. 1º, § 1º, da Lei n. 1.533/51), agora elevada ao nível constitucional, como se verifica da redação do inciso LXIX do art. 5º, em especial de sua parte final, em que se consagra a possibilidade de ingressar com mandado de segurança contra agente de pessoa jurídica no exercício de atribuições do Poder Público. A **Lei n. 12.016/2009**, atual Lei do Mandado de Segurança, traz semelhante previsão também no **art. 1º**.

> **Súmula 625 do STF:** Controvérsia sobre matéria de direito não impede concessão de mandado de segurança.

A edição dessa súmula colocou um ponto-final em uma questão que, infelizmente, vinha se repetindo em larga escala, consistente no indeferimento de iniciais em mandado de segurança por força de suposta dificuldade jurídica no enfrentamento das questões ali veiculadas.

Dentro desse contexto, por meio dessa súmula a Suprema Corte reafirma, uma vez mais, a tese segundo a qual no mandado de segurança, sendo as provas pré-constituídas, a discussão só poderá girar em torno de questões de direito, independentemente de sua complexidade.

> **Súmula 626 do STF:** A suspensão da liminar em mandado de segurança, salvo determinação em contrário da decisão que a deferir, vigorará até o trânsito em julgado da decisão definitiva de concessão da segurança ou, havendo recurso, até a sua manutenção pelo Supremo Tribunal Federal, desde que o objeto da liminar deferida coincida, total ou parcialmente, com o da impetração.

A edição dessa súmula regulamenta a questão relacionada aos efeitos da liminar em mandado de segurança, em especial a hipótese de sua suspensão.

Com efeito, estabelece, em regra, que vigorará ela até o trânsito em julgado da decisão definitiva, o que se justifica para efeito de preservação do interesse público.

No entanto, para que essa diretriz se materialize, é necessário que o objeto da liminar coincida total ou parcialmente com o da impetração.

> **Súmula 629 do STF:** A impetração de mandado de segurança coletivo por entidade de classe em favor dos associados independe da autorização destes.

Em boa hora, como já se comentou, nossa Suprema Corte editou referida súmula, uma vez que a partir dela, ainda que não tenha efeito vinculante, **inibe-se** a **possibilidade** até então corriqueira **de Magistrados exigirem** das **entidades** de **classe**, por ocasião da impetração de segurança, **ata de assembleia geral extraordinária autorizando a propositura da medida**.

Essa situação trazia inequívocos problemas tanto para as grandes quanto para as pequenas entidades de classe, em razão da dificuldade de reunião de seus filiados ou mesmo em razão do aspecto financeiro, uma vez que a convocação para essas assembleias demanda publicação em órgão de imprensa de grande circulação.

Assim, a partir dessa súmula, a **simples previsão estatutária revela-se suficiente** para oferecer legitimidade para a ação proposta.

> **Súmula 630 do STF:** A entidade de classe tem legitimação para o mandado de segurança ainda quando a pretensão veiculada interesse apenas a uma parte da respectiva categoria.

Com a edição dessa súmula, a Suprema Corte **valoriza** ainda mais o **papel das entidades de classe**, na medida em que estabelece que a **questão veiculada** por meio do **mandado de segurança** proposto **não precisa ser de interesse de toda a categoria.**

Em outras palavras, basta que uma parcela da categoria tenha o interesse para que a legitimidade acabe se configurando.

Nesse sentido, ainda, oportuno destacar que o conteúdo dessa **súmula não estabelece qual o percentual da categoria** interessado na questão, o que abre espaço para variantes de acordo com as características de cada caso concreto.

> **Súmula 631 do STF:** Extingue-se o processo de mandado de segurança se o impetrante não promove, no prazo assinado, a citação do litisconsorte passivo necessário.

Essa súmula acaba **estendendo** para o **mandado de segurança** regra geral que já se apresenta para as ações em geral, a teor do disposto no **art. 115, parágrafo único**, do **NCPC**, segundo a qual a ação proposta é extinta sem julgamento do mérito, por força da não configuração da citação de litisconsorte passivo necessário.

> **Súmula 632 do STF:** É constitucional lei que fixa o prazo de decadência para a impetração de mandado de segurança.

Com a edição dessa súmula, a Suprema Corte encerrou a discussão até então existente acerca da **constitucionalidade** do **prazo** de **120 dias** para a propositura do mandado de segurança, previsto no art. 18 da antiga Lei do Mandado de Segurança (Lei n. 1.533/51), atual **art. 23 da Lei n. 12.016/2009**.

Com efeito, entendiam alguns que o legislador ordinário não poderia estabelecer esse limite, uma vez que implicaria restrição à utilização de uma garantia, ainda mais quando a própria Constituição não a estabeleceu.

Por fim, por intermédio dessa súmula, nossa Suprema Corte também confirmou a **natureza decadencial desse prazo**, o que traz como corolário a impossibilidade de sua suspensão ou interrupção.

Para melhor visualização deste item, verifique-se o quadro:

MANDADO DE SEGURANÇA	
DEFINIÇÃO	Garantia constitucional disciplinada no art. 5º, LXIX e LXX, da CF.
LEGISLAÇÃO	Sua disciplina infraconstitucional é feita pela Lei n. 12.016/2009, que consolidou a matéria, aplicando-se subsidiariamente o Código de Processo Civil.
OBJETO	No que se refere a seu objeto, observa-se que o mandado de segurança se destina à proteção de direito líquido e certo, vale dizer, os fatos têm de ser comprovados de plano, no momento do ajuizamento da petição inicial.
EXTENSÃO	O próprio comando constitucional exclui do campo de incidência do mandado de segurança as agressões à liberdade de locomoção (protegida pelo *habeas corpus*), bem como a recusa indevida de acesso a informações de caráter pessoal constantes de registros ou bancos de dados de entidades governamentais ou de caráter público (protegida pelo *habeas data*).
SUJEITO ATIVO	Estão legitimadas todas as pessoas, físicas, jurídicas ou mesmo universalidades de bens e direitos (espólio, massa falida etc.), que tenham um direito individual líquido e certo lesado ou ameaçado de lesão por ato de autoridade pública ou de agente de pessoa jurídica no exercício de função pública, desde que esse ato seja ilegal ou abusivo, conforme se verifica da redação do art. 1º da Lei n. 12.016/2009.
SUJEITO PASSIVO	**Autoridade pública** e **agente de pessoa jurídica no exercício de atribuições do Poder Público**. **Autoridade** é o agente público investido de poder de decisão para anular o ato atacado ou para suprir omissão lesiva de direito líquido e certo do impetrante, não se confundindo, portanto, com o mero executor, conclusão que se extrai da redação do **art. 1º, § 2º, III, da Lei n. 9.784/99**, que disciplina os processos administrativos na área federal. **Agente de pessoa jurídica no exercício de atribuições do Poder Público** é o particular que esteja executando serviço público por meio de uma das formas permitidas pelo nosso ordenamento jurídico. Assim, cabível o mandado de segurança contra qualquer particular que se encontre no exercício de atividades públicas, possibilidade também franqueada pela **Súmula 510 do STF**.
LIMINAR	Possível, desde que se demonstre a ocorrência dos dois requisitos ensejadores do deferimento da medida, quais sejam, o *fumus boni iuris* e o *periculum in mora*, consoante o disposto no **art. 7º, III, da Lei n. 12.016/2009**.
RECURSOS	Concedida ou denegada a liminar, caberá agravo de instrumento a teor do disposto no art. 7º, § 1º, da Lei n. 12.016/2009. Outrossim, oportuno consignar a possibilidade franqueada pelo legislador à pessoa jurídica de direito público ou ao Ministério Público de requerer a suspensão da execução da liminar concedida. Dessa decisão caberá agravo, sem efeito suspensivo, tudo a teor do disposto no art. 15 do referido diploma legal.
PRAZO	Por expressa disposição legal, o direito de impetrar o mandado de segurança termina em 120 dias a contar do conhecimento, pelo impetrante, da prática do ato ou omissão lesivos, conforme se verifica do disposto no art. 23 da Lei n. 12.016/2009. Trata-se de prazo de natureza decadencial, cuja constitucionalidade já foi confirmada pelo STF, por meio da edição da Súmula 632.
MANDADO DE SEGURANÇA COLETIVO	■ **Fundamento:** art. 5º, LXX, da CF. ■ **Objeto:** voltado à proteção de direitos líquidos e certos, coletivos e difusos, e direitos individuais homogêneos, de acordo com o disposto no art. 21, parágrafo único, da Lei n. 12.016/2009.

	■ **Legitimidade ativa:** partidos políticos com representação no Congresso Nacional e organização sindical, entidade de classe ou associação legalmente constituída e em funcionamento há pelo menos um ano, em defesa dos interesses de seus membros ou associados. Entidades de classe não poderão ingressar em juízo, por intermédio de mandado de segurança coletivo, para a defesa de qualquer direito. Ao contrário, só poderão exercer essa competência para salvaguardar interesses de seus membros ou associados e que guardem pertinência com seu objeto social (Súmulas 629 e 630 do STF; art. 21 da Lei n. 12.016/2009).
ESPÉCIES	Admite-se mandado de segurança em caráter preventivo e repressivo.

■ 19.4.4. Mandado de injunção

■ *19.4.4.1. Objeto*

A questão relativa à **eficácia** e **aplicabilidade** das **normas constitucionais** sempre foi objeto de **polêmica** na doutrina e na jurisprudência.

Em especial, as **divergências** voltavam-se para as **normas** de **eficácia limitada**, vale dizer, aquelas que, gerando efeitos mínimos a partir de sua edição, ficavam na dependência da elaboração de leis posteriores.

Nesse contexto, **bastaria a mora** do órgão encarregado de sua edição **para que o direito**, embora já expressamente previsto na Constituição, **restasse letra morta**.

Dessa forma, **com** o **intuito** de **minimizar** os problemas relativos às **omissões** do **Poder Legislativo**, ou mesmo dos **Poderes Executivo** e **Judiciário**, foi que a **Constituição** vigente **inseriu** em nosso ordenamento jurídico, entre as garantias fundamentais, o **mandado de injunção**, nos seguintes termos:

> **Art. 5º** (...)
> LXXI — conceder-se-á mandado de injunção sempre que a falta de norma regulamentadora torne inviável o exercício dos direitos e liberdades constitucionais e das prerrogativas inerentes à nacionalidade, à soberania e à cidadania.

Outrossim, essa garantia constitucional foi alvo de **regulamentação** com a edição da **Lei n. 13.300/2016**, com destaque inicial para a previsão estabelecida em seu **art. 2º:**

> **Art. 2º** Conceder-se-á mandado de injunção sempre que a falta total ou parcial de norma regulamentadora torne inviável o exercício dos direitos e liberdades constitucionais e das prerrogativas inerentes à nacionalidade, à soberania e à cidadania.
> Parágrafo único. Considera-se parcial a regulamentação quando forem insuficientes as normas editadas pelo órgão legislador competente.

Assim, o **mandado** de **injunção** pode ser **definido como a garantia constitucional destinada a assegurar o gozo de direitos e liberdades constitucionais, bem como as prerrogativas inerentes à nacionalidade, à soberania e à cidadania, sempre que não puderem ser exercidos por falta de norma regulamentadora**.

■ *19.4.4.2. Origem*

Muito se tem discutido sobre a **origem** e a fonte inspiradora dessa nova **garantia constitucional**. Para alguns, decorre ela da ***injunction*** do **direito inglês** e **norte--americano**, ainda que o ***writ of injunction*** apresente características diferenciadas, já que utilizado na jurisdição de equidade, para que o Juiz diga o direito aplicável para os casos de vazio normativo.

Em contrapartida, **outros afirmam** que **essa garantia já existia**, ainda que **de forma implícita**, em nosso ordenamento jurídico por disposição **expressa** da **Lei de Introdução às Normas do Direito Brasileiro** (antiga Lei de Introdução ao Código Civil), que em seu **art. 4º** estipula:

> **Art. 4º** Quando a lei for omissa, o juiz decidirá o caso de acordo com a analogia, os costumes e os princípios gerais de direito.

No **mesmo sentido**, encontramos o **art. 140 do NCPC**, vazado nos seguintes termos:

> **Art. 140.** O juiz não se exime de decidir sob a alegação de lacuna ou obscuridade do ordenamento jurídico.

De toda sorte, a **inserção** no Texto Magno **de medida dessa natureza**, ao lado da ação direta de inconstitucionalidade por omissão, com a qual guarda alguma similitude, como se verá, **assume importância extrema, evitando que dispositivos constitucionais continuem inaplicáveis em face das omissões praticadas em geral pelo Poder Legislativo**.

■ *19.4.4.3. Pressupostos*

Em função do até aqui exposto, conclui-se que os **pressupostos** para o **cabimento** dessa garantia constitucional são basicamente os seguintes:

a) existência expressa de direitos e liberdades, bem como de prerrogativas inerentes à nacionalidade, à soberania e à cidadania, no Texto Constitucional;
b) estarem essas prerrogativas previstas em normas constitucionais programáticas;
c) falta de norma regulamentadora que habilite ao exercício dos direitos, liberdades e prerrogativas acima mencionados.

Sobre esse ponto, oportunas as palavras de J. M. Othon Sidou[10]:

> "Quando a Carta de Princípios reconhece ou erige um direito, uma liberdade ou uma prerrogativa, esse direito, essa liberdade ou essa prerrogativa impõe execução pronta. É da índole da lei, toda lei, ter efeito imediato, sem dilação. A lei não nasce do nada; tem,

[10] *As garantias ativas dos direitos coletivos segundo a nova Constituição*: *habeas data*, mandado de injunção, *habeas corpus*, mandado de segurança, ação popular. 4. ed. Rio de Janeiro: Forense, 1992, p. 412.

sempre, motivação superior ditada pela consciência coletiva, e, do mesmo modo não nasce para nada, como se fosse um objeto de adorno. A ausência de regulamentação para que direito, liberdade ou prerrogativa possa fluir e atingir seu intuito teleológico pode não configurar ilegalidade; pode não constituir abuso de poder, mas configura agravo de direito decorrente de negligência indesculpável, que ao direito incumbe curar. É para isto que se ergue a injunção, ou imposição, viabilizada pelo Poder Judiciário".

Esse requisito apresenta uma feição particular, já que, **se a redação do comando constitucional apontar para a edição de uma lei deixando ao critério do legislador o momento de editá-la, não será caso de mandado de injunção**.

Nesse sentido, oportuna a transcrição de trecho de **acórdão** da **Suprema Corte**, que não conheceu do mandado de injunção interposto exatamente por esse fato:

> "(...) 2. Tratando-se de mera faculdade conferida ao legislador, que ainda não a exercitou, não há direito constitucional já criado, e cujo exercício esteja dependendo de norma regulamentadora" (STF, Plenário, MI 425-1/DF, rel. Min. Sydney Sanches, j. 29.09.1994, *DJU* de 11.11.1994, p. 30635).

■ *19.4.4.4. Partes*

O **sujeito ativo** dessa garantia será **qualquer pessoa física** ou **jurídica**, **privada** ou **pública**, que se sentir impossibilitada de utilizar-se de direito já expressamente assegurado no Texto Magno pela ausência de norma regulamentadora, conforme se verifica da previsão estabelecida no **art. 3º da Lei n. 13.300/2016**, que cuidou também de relacionar aqueles que comporão o **polo passivo** dessa ação. Confira-se:

> **Art. 3º** São legitimados para o mandado de injunção, como impetrantes, as pessoas naturais ou jurídicas que se afirmam titulares dos direitos, das liberdades ou das prerrogativas referidos no art. 2º e, como impetrado, o Poder, o órgão ou a autoridade com atribuição para editar a norma regulamentadora.

■ *19.4.4.5. Competência*

A **competência** para conhecer de causas dessa natureza **não é concentrada em único órgão, oscilando em função da autoridade omissa**.

Assim é que, quando a elaboração de norma regulamentadora for atribuição do Presidente da República, do Congresso Nacional, da Câmara dos Deputados, do Senado Federal, das Mesas de uma dessas Casas Legislativas, do Tribunal de Contas da União, de um dos Tribunais Superiores ou do próprio Supremo Tribunal Federal, competirá à nossa **Suprema Corte** conhecer da demanda **em caráter originário (art. 102, I, *q*)**.

De outra parte, quando a **atribuição** for **de órgão, entidade ou autoridade federal** da **Administração direta ou indireta**, excetuados os casos de competência do Supremo Tribunal Federal e dos órgãos da Justiça Militar, da Justiça Eleitoral, da Justiça do Trabalho e da Justiça Federal, a **competência** será do **Superior Tribunal** de **Justiça (art. 105, I, *h*)**.

19.4.4.6. *Natureza e efeitos da decisão*

Inquestionavelmente, era esse o ponto de maior polêmica dentro desse tema até a edição da **Lei n. 13.300/2016**, em especial em seus **arts. 8º, 9º, 10 e 11**. Confira-se:

> **Art. 8º** Reconhecido o estado de mora legislativa, será deferida a injunção para:
>
> I — determinar prazo razoável para que o impetrado promova a edição da norma regulamentadora;
>
> II — estabelecer as condições em que se dará o exercício dos direitos, das liberdades ou das prerrogativas reclamados ou, se for o caso, as condições em que poderá o interessado promover ação própria visando a exercê-los, caso não seja suprida a mora legislativa no prazo determinado.
>
> Parágrafo único. Será dispensada a determinação a que se refere o inciso I do *caput* quando comprovado que o impetrado deixou de atender, em mandado de injunção anterior, ao prazo estabelecido para a edição da norma.
>
> **Art. 9º** A decisão terá eficácia subjetiva limitada às partes e produzirá efeitos até o advento da norma regulamentadora.
>
> § 1º Poderá ser conferida eficácia *ultra partes* ou *erga omnes* à decisão, quando isso for inerente ou indispensável ao exercício do direito, da liberdade ou da prerrogativa objeto da impetração.
>
> § 2º Transitada em julgado a decisão, seus efeitos poderão ser estendidos aos casos análogos por decisão monocrática do relator.
>
> § 3º O indeferimento do pedido por insuficiência de prova não impede a renovação da impetração fundada em outros elementos probatórios.
>
> **Art. 10.** Sem prejuízo dos efeitos já produzidos, a decisão poderá ser revista, a pedido de qualquer interessado, quando sobrevierem relevantes modificações das circunstâncias de fato ou de direito.
>
> Parágrafo único. A ação de revisão observará, no que couber, o procedimento estabelecido nesta Lei.
>
> **Art. 11.** A norma regulamentadora superveniente produzirá efeitos *ex nunc* em relação aos beneficiados por decisão transitada em julgado, salvo se a aplicação da norma editada lhes for mais favorável.
>
> Parágrafo único. Estará prejudicada a impetração se a norma regulamentadora for editada antes da decisão, caso em que o processo será extinto sem resolução de mérito.

19.4.4.7. *Do mandado de injunção coletivo*

Em relação a este item, em que pese **não ter a Constituição** dito uma só palavra, contrariamente o que fez em relação ao mandado de segurança, a **Lei n. 13.300/2016** ocupou-se deste tema, não só admitindo essa possibilidade, mas também disciplinando aqueles **legitimados para sua propositura**, consoante se verifica da redação do **art. 12:**

> **Art. 12.** O mandado de injunção coletivo pode ser promovido:
>
> I — pelo Ministério Público, quando a tutela requerida for especialmente relevante para a defesa da ordem jurídica, do regime democrático ou dos interesses sociais ou individuais indisponíveis;

> II — por partido político com representação no Congresso Nacional, para assegurar o exercício de direitos, liberdades e prerrogativas de seus integrantes ou relacionados com a finalidade partidária;
>
> III — por organização sindical, entidade de classe ou associação legalmente constituída e em funcionamento há pelo menos 1 (um) ano, para assegurar o exercício de direitos, liberdades e prerrogativas em favor da totalidade ou de parte de seus membros ou associados, na forma de seus estatutos e desde que pertinentes a suas finalidades, dispensada, para tanto, autorização especial;
>
> IV — pela Defensoria Pública, quando a tutela requerida for especialmente relevante para a promoção dos direitos humanos e a defesa dos direitos individuais e coletivos dos necessitados, na forma do inciso LXXIV do art. 5º da Constituição Federal.
>
> Parágrafo único. Os direitos, as liberdades e as prerrogativas protegidos por mandado de injunção coletivo são os pertencentes, indistintamente, a uma coletividade indeterminada de pessoas ou determinada por grupo, classe ou categoria.

Por fim, referido diploma legal acabou por equacionar o problema relacionado aos **efeitos da decisão** proferida nos termos previstos no **art. 13**. Confira-se:

> **Art. 13.** No mandado de injunção coletivo, a sentença fará coisa julgada limitadamente às pessoas integrantes da coletividade, do grupo, da classe ou da categoria substituídos pelo impetrante, sem prejuízo do disposto nos §§ 1º e 2º do art. 9º.
>
> Parágrafo único. O mandado de injunção coletivo não induz litispendência em relação aos individuais, mas os efeitos da coisa julgada não beneficiarão o impetrante que não requerer a desistência da demanda individual no prazo de 30 (trinta) dias a contar da ciência comprovada da impetração coletiva.

■ *19.4.4.8. Mandado de injunção e ação direta de inconstitucionalidade por omissão*

Cumpre estabelecer uma **comparação**, ainda que singela, entre o **mandado de injunção** e a **ação direta de inconstitucionalidade** por **omissão**.

Ambas as garantias visam a dar efetividade às normas constitucionais carentes de regulamentação, cessando, contudo, aqui os pontos de similitude entre as duas.

No que se refere ao **objeto**, enquanto a decisão do **mandado de injunção** apresenta **caráter constitutivo**, procurando oferecer **solução para o caso concreto**, aspecto corroborado pela decisão de nossa **Suprema Corte** referida no item anterior, na **ação direta de inconstitucionalidade por omissão** a **decisão tem natureza declaratória** da mora e visa a introduzir no ordenamento jurídico a norma necessária a garantir a efetividade do comando constitucional, a teor do disposto no **art. 102, § 2º**.

No que respeita ao **sujeito ativo**, enquanto no **mandado de injunção** poderá ser **qualquer pessoa física ou jurídica** impossibilitada de exercer direito, individual ou coletivo, já expresso, por falta de norma regulamentadora, na **ação direta de inconstitucionalidade por omissão** só estão titularizadas aquelas **pessoas** expressamente **arroladas** no **art. 103 do Texto Magno**.

Por derradeiro, cumpre observar que, com relação à **competência** para conhecimento de causas dessa natureza, uma vez mais a diferença se estabelece, pois, enquanto para o **mandado de injunção é ela difusa**, para a **ação direta de inconstitucionalidade por omissão** é **concentrada**, e o único órgão habilitado para conhecê-la é o **Supremo Tribunal Federal**.

Aliás, as diferenças existentes entre esses dois institutos foram bem captadas por Flávia Piovesan[11]:

> "No sentido de pontuar as diferenças entre o mandado de injunção e a ação direta de inconstitucionalidade por omissão, conclui-se que, embora ambos os instrumentos constituam mecanismos de controle da inconstitucionalidade por omissão, o mandado de injunção é instrumento de tutela de direito subjetivo, que não se confunde com a ação direta de inconstitucionalidade por omissão, que é instrumento de tutela de direito objetivo. No mandado de injunção objetiva-se tornar viável o exercício de um direito; na ação direta de inconstitucionalidade por omissão, objetiva-se tornar efetiva uma norma constitucional. Assim, os efeitos da decisão quando do julgamento do mandado de injunção são *inter partes*, restritos ao caso concreto, enquanto que na ação direta de inconstitucionalidade por omissão os efeitos são *erga omnes*".

No mesmo sentido encontramos as preciosas lições do Ministro Carlos Mário da Silva Velloso[12]:

> "A diferença entre mandado de injunção e ação direta de inconstitucionalidade por omissão está (...) nisto: na ação de inconstitucionalidade por omissão (...) a matéria é versada apenas em abstrato e, declarada a inconstitucionalidade por omissão, será dada ciência ao poder competente para a adoção das providências necessárias e, em se tratando de órgão administrativo para fazê-lo no prazo de 30 dias (CF, art. 103, § 2º). No mandado de injunção, reconhecendo o juiz ou tribunal que o direito que a Constituição concede é ineficaz ou inviável, em razão da ausência de norma infraconstitucional, fará ele, juiz ou tribunal, por força do próprio mandado de injunção, a integração do direito à ordem jurídica, assim tornando-o eficaz e exercitável".

Acompanhe-se o resumo no quadro:

MANDADO DE INJUNÇÃO	
DEFINIÇÃO	Garantia constitucional, disciplinada no art. 5º, LXXI, da CF.
LEGISLAÇÃO	Essa garantia constitucional foi alvo de regulamentação com a edição da Lei n. 13.300/2016.
OBJETO	Garantia constitucional destinada a assegurar o gozo de direitos e liberdades constitucionais, bem como as prerrogativas inerentes à nacionalidade, à soberania e à cidadania, sempre que não puderem ser exercidos por falta de norma regulamentadora (art. 5º, LXXI, da CF e art. 2º da Lei n. 13.300/2016).

[11] *Proteção judicial contra omissões legislativas*. São Paulo: RT, 1995, p. 178.

[12] *As novas garantias constitucionais*: o mandado de segurança coletivo, o *habeas data*, o mandado de injunção e a ação popular para a defesa da moralidade administrativa. *RT*, v. 644, jun. 1989, p. 14.

PRESSUPOSTOS	■ existência expressa de direitos e liberdades, bem como de prerrogativas inerentes à nacionalidade, à soberania e à cidadania, no Texto Constitucional; ■ estarem essas prerrogativas previstas em normas constitucionais programáticas; ■ falta de norma regulamentadora que habilite ao exercício dos direitos, liberdades e prerrogativas acima mencionados.
SUJEITO ATIVO	Qualquer pessoa física ou jurídica, privada ou pública, que se sentir impossibilitada de utilizar-se de direito já expressamente assegurado no Texto Magno pela ausência de norma regulamentadora (art. 3º da Lei n. 13.300/2016).
SUJEITO PASSIVO	Poder, órgão ou a autoridade com atribuição para editar a norma regulamentadora (art. 3º da Lei n. 13.300/2016).
COMPETÊNCIA	Sua natureza não é concentrada em único órgão, oscilando em função da autoridade omissa. Assim: ■ **Supremo Tribunal Federal,** em **caráter originário:** ■ "q) O mandado de injunção, quando a elaboração da norma regulamentadora for atribuição do Presidente da República, do Congresso Nacional, da Câmara dos Deputados, do Senado Federal, das Mesas de uma dessas Casas Legislativas, do Tribunal de Contas da União, de um dos Tribunais Superiores, ou do próprio Supremo Tribunal Federal" (art. 102, I, *q*, da CF). ■ "II — **Julgar, em recurso ordinário:** a) o *habeas corpus*, o mandado de segurança, o *habeas data* e o mandado de injunção decididos em única instância pelos Tribunais Superiores, se denegatória a decisão" (art. 102, II, *a*, da CF) ■ **Superior Tribunal de Justiça:** ■ "I — processar e julgar, originariamente: (...) ■ h) o mandado de injunção, quando a elaboração da norma regulamentadora for atribuição de órgão, entidade ou autoridade federal, da Administração direta ou indireta, excetuados os casos de competência do Supremo Tribunal Federal e dos órgãos da Justiça Militar, da Justiça Eleitoral, da Justiça do Trabalho e da Justiça Federal" (art. 105, I, *h, da CF*): ■ **TSE:** ■ "§ 4º Das decisões dos Tribunais Regionais Eleitorais somente caberá recurso quando: (...) ■ V — denegarem *habeas corpus*, mandado de segurança, *habeas data* ou mandado de injunção" (art. 121, § 4º, V, da CF).
DECISÃO	Quanto aos efeitos da decisão, a matéria encontra-se disciplinada na **Lei n. 13.300/2016**, em especial em seus **arts. 8º, 9º, 10 e 11:** "Art. 8º Reconhecido o estado de mora legislativa, será deferida a injunção para: I — determinar prazo razoável para que o impetrado promova a edição da norma regulamentadora; II — estabelecer as condições em que se dará o exercício dos direitos, das liberdades ou das prerrogativas reclamados ou, se for o caso, as condições em que poderá o interessado promover ação própria visando a exercê-los, caso não seja suprida a mora legislativa no prazo determinado. Art. 9º A decisão terá eficácia subjetiva limitada às partes e produzirá efeitos até o advento da norma regulamentadora. § 1º Poderá ser conferida eficácia *ultra partes* ou *erga omnes* à decisão, quando isso for inerente ou indispensável ao exercício do direito, da liberdade ou da prerrogativa objeto da impetração. § 2º **Transitada em julgado** a decisão, seus efeitos poderão ser estendidos aos casos análogos por decisão monocrática do relator. § 3º O **indeferimento do pedido** por insuficiência de prova não impede a renovação da impetração fundada em outros elementos probatórios. Art. 10. Sem prejuízo dos efeitos já produzidos, a decisão poderá ser revista, a pedido de qualquer interessado, quando sobrevierem relevantes modificações das circunstâncias de fato ou de direito. Parágrafo único. A ação de revisão observará, no que couber, o procedimento estabelecido nesta Lei. Art. 11. A norma regulamentadora superveniente produzirá efeitos *ex nunc* em relação aos beneficiados por decisão transitada em julgado, salvo se a aplicação da norma editada lhes for mais favorável.

MANDADO DE INJUNÇÃO COLETIVO	**Possibilidade:** sim, de acordo com o art. 12 da Lei n. 13.300/2016. **Legitimidade:** I — pelo Ministério Público, quando a tutela requerida for especialmente relevante para a defesa da ordem jurídica, do regime democrático ou dos interesses sociais ou individuais indisponíveis; II — por partido político com representação no Congresso Nacional, para assegurar o exercício de direitos, liberdades e prerrogativas de seus integrantes ou relacionados com a finalidade partidária; III — por organização sindical, entidade de classe ou associação legalmente constituída e em funcionamento há pelo menos 1 (um) ano, para assegurar o exercício de direitos, liberdades e prerrogativas em favor da totalidade ou de parte de seus membros ou associados, na forma de seus estatutos e desde que pertinentes a suas finalidades, dispensada, para tanto, autorização especial; IV — pela Defensoria Pública, quando a tutela requerida for especialmente relevante para a promoção dos direitos humanos e a defesa dos direitos individuais e coletivos dos necessitados, na forma do inciso LXXIV do art. 5º da Constituição Federal (art. 12 da Lei n. 13.300/2016). **Efeitos da decisão:** Produz coisa julgada limitadamente às pessoas integrantes da coletividade, do grupo, da classe ou da categoria substituídos pelo impetrante, sem prejuízo do disposto nos §§ 1º e 2º do art. 9º (art. 13 da Lei n. 13.300/2016).

■ 19.4.5. Ação popular

■ *19.4.5.1. Conceito*

A ação popular surge como garantia constitucional voltada a obter a invalidação de atos lesivos ao interesse público.

Seu **objetivo**, portanto, é **permitir** o **acesso** ao **Judiciário em defesa** não de direito próprio, mas da **coletividade**, já lesado ou em vias de o ser. Nesse sentido, surge, ao lado do voto, da iniciativa legislativa popular, do plebiscito e do referendo, como importante **instrumento** de **exercício da democracia direta**, concretizando a previsão contida no **art. 1º, parágrafo único**, do **Texto Constitucional**.

■ *19.4.5.2. Objeto*

Introduzida pela primeira vez na **Constituição de 1934**, a ação popular teve seu perfil alterado pela Carta em vigor, conforme se verifica da redação do **art. 5º, LXXIII:**

> **Art. 5º** (...)
> LXXIII — qualquer cidadão é parte legítima para propor ação popular que vise a anular ato lesivo ao patrimônio público ou de entidade de que o Estado participe, à moralidade administrativa, ao meio ambiente e ao patrimônio histórico e cultural, ficando o autor, salvo comprovada má-fé, isento de custas judiciais e do ônus da sucumbência.

A leitura do dispositivo constitucional está a demonstrar que, em relação às Constituições anteriores, o **objeto** dessa garantia foi **alargado**, **passando a consagrar a imoralidade administrativa como elemento ensejador da nulidade do ato**, não sendo outra a lição de Lúcia Valle Figueiredo[13]:

[13] *Curso de direito administrativo*. 5. ed. São Paulo: Malheiros, 2001, p. 408.

"Na atual ação popular constitucional, temos abertura com relação a que os atos lesivos não são apenas ao patrimônio público, mas também à moralidade administrativa. É dizer, a moralidade administrativa, encartada como princípio, como se verifica no art. 37 da Constituição da República, deve também poder contar com instrumental jurídico hábil a controlá-la. Pretende-se, é óbvio, que o patrimônio público não seja malbaratado. Que o administrador sirva à comunidade e não que se sirva desta".

Interessante anotar, também, que a **Constituição atribuiu** uma **extensão ampla** à **expressão "patrimônio público"**, preservável pela via da ação popular.

De fato, **incluem-se** na noção de patrimônio público **não apenas os valores em moeda** pertencentes à Administração direta, indireta e fundacional, **mas também** o daquelas **pessoas jurídicas de que o Estado participe, por exemplo, subvencionando-as**.

Demais disso, como já apontado, a **ação popular** é **eficiente, ainda**, **para evitar ou coarctar lesão ao meio ambiente, ao patrimônio histórico e cultural e para anular atos administrativos que atentem contra o princípio da moralidade, que deve, nos termos do art. 37, informar a atuação dos Poderes Públicos**.

A ação popular é **cabível** não apenas **para anular atos** que, **concretamente**, **estejam lesando** o **patrimônio público**, **mas também**, **preventivamente**, para evitar que a lesão se efetive.

O desejável é que esse remédio constitucional seja utilizado para evitar o dano irreparável ao patrimônio público cuja recomposição seja possível. No entanto, ainda que assim não seja, cabe a condenação em perdas e danos.

■ *19.4.5.3. Pressupostos*

Da redação oferecida pela Constituição resta clara a **necessidade** de **preenchimento** de **dois pressupostos** de forma a viabilizar o ajuizamento da ação popular:

a) Lesividade: neste particular, o autor popular terá de demonstrar que a ação ou omissão do administrador ocasionou ou está ameaçando de lesão o patrimônio público ou a moralidade administrativa.

Outrossim, oportuno registrar que, em caráter exemplificativo, a **Lei n. 4.717/65**, reguladora da matéria, elencou **hipóteses caracterizadoras** de **atos lesivos** ao **patrimônio público**, nos **arts. 2º, 3º** e **4º**.

Assim é que situações tais como a admissão ao serviço público; a compra e venda de bens; a realização de concorrência pública e a concessão de vantagens durante a execução de um contrato administrativo, feitos de forma irregular, já caracterizam, por expressa disposição legal, atos lesivos ao patrimônio público.

Sobreleva notar, também, que **outras situações caracterizadoras de lesividade** foram elencadas na **Lei n. 8.429/92**, disciplinadora das hipóteses de **improbidade administrativa**.

Assim é que o **art. 10** prevê, entre outras, as seguintes: permitir ou facilitar a aquisição, permuta ou locação de bem ou serviço por preço superior ao de mercado; frustrar a legalidade do processo licitatório ou dispensá-lo indevidamente; permitir, facilitar ou concorrer para que terceiro se enriqueça ilicitamente.

b) Cidadania: tendo em vista tratar-se de um direito político, a ação popular é instrumento privativo do titular desse tipo de prerrogativa, ou seja, o cidadão.

O termo "cidadão" é utilizado em sua significação técnica: o indivíduo, nacional (nato ou naturalizado), no gozo dos direitos políticos.

Em outras palavras, a **competência** para a defesa judicial do patrimônio público é **vedada aos estrangeiros, aos nacionais (natos ou naturalizados) que não tenham implementado as condições necessárias à aquisição dos direitos políticos e, também, aos nacionais (natos ou naturalizados) que tenham perdido ou estejam com seus direitos políticos suspensos**.

A **prova dessa condição** de cidadania será feita com a apresentação do **título de eleitor** e do comprovante de votação no último pleito ou da justificativa de ausência.

De resto, outra não é a regra adotada pelo legislador, como se verifica da leitura do **art. 1º, § 3º, da Lei n. 4.717/65:**

> **Art. 1º** (...)
>
> § 3º A prova da cidadania, para ingresso em juízo, será feita com o título eleitoral, ou com documento que a ele corresponda.

■ *19.4.5.4. Partes*

A **sujeição ativa da ação popular**, como já visto, não pertence a **qualquer** pessoa, mas somente ao **cidadão**, ou seja, aquele que está no pleno gozo dos direitos políticos.

Por via de consequência, as **pessoas jurídicas não terão legitimidade** para a propositura dessa garantia constitucional, entendimento que decorre não só do dispositivo constitucional, mas também da **Súmula 365 do Supremo Tribunal Federal:**

> **Súmula 365 do STF:** Pessoa jurídica não tem legitimidade para propor ação popular.

Da mesma forma, **não terá legitimidade o Ministério Público**, uma vez que o requisito de cidadania é inerente à pessoa física.

No **polo passivo** devem figurar, obrigatoriamente, por força do disposto no ***caput*** do **art. 6º** da lei reguladora da ação popular, o **agente que praticou o ato**, o **representante legal da pessoa jurídica** que teve seu patrimônio lesado e **terceiros** que, eventualmente, tenham se beneficiado com o ato praticado.

O **representante do órgão** que teve seu patrimônio lesado, outrossim, **pode abster-se de contestar e, até mesmo, passar para o polo ativo da ação, ao lado do autor popular, a teor do disposto no art. 6º, § 3º, da Lei n. 4.717/65:**

> **Art. 6º** (...)
>
> § 3º A pessoa jurídica de direito público ou de direito privado, cujo ato seja objeto de impugnação, poderá abster-se de contestar o pedido, ou poderá atuar ao lado do autor, desde que isso se afigure útil ao interesse público, a juízo do respectivo representante legal ou dirigente.

O **Ministério Público deve**, necessariamente, **funcionar** como **fiscal da lei** e **substituir o autor popular caso este venha a desistir de continuar na ação**, desde que entenda configurado o ato lesivo, a teor do disposto no **art. 9º da Lei n. 4.717/65**.

■ *19.4.5.5. Competência*

O **critério determinante** para a fixação da competência para o julgamento da ação popular é o da **origem do ato ou omissão** a serem impugnados **(art. 5º, *caput*, da Lei n. 4.717/65)**.

Assim, pois, se o patrimônio lesado ou ameaçado de lesão for da União, a competência será da Justiça Federal. Se estadual ou municipal, será da Justiça Estadual.

Ainda dentro desse tema, oportuno observar que, **em se verificando interesse simultâneo** das **pessoas mencionadas**, a questão será resolvida de acordo com a diretriz estabelecida no **art. 5º, § 2º, da Lei n. 4.717/65:**

> **Art. 5º** (...)
>
> § 2º Quando o pleito interessar simultaneamente à União e a qualquer outra pessoa ou entidade, será competente o juiz das causas da União, se houver; quando interessar simultaneamente ao Estado e ao Município, será competente o juiz das causas do Estado, se houver.

Nesse particular, importante destacar a **decisão** proferida pelo **STF**, em **abril de 2017**, quando do julgamento da **PET 6.910-MC/DF**, com **relatoria do Ministro Celso de Mello**, que aponta para a **inexistência de competência originária da corte, por ausência de prévia previsão constitucional, para processar e julgar ação popular em face de autoridades e órgãos da União.** Confira-se:

> "EMENTA: AÇÃO POPULAR. 'OPERAÇÃO CARNE FRACA'. AJUIZAMENTO CONTRA O DIRETOR-GERAL DO DEPARTAMENTO DE POLÍCIA FEDERAL E CONTRA A PRÓPRIA POLÍCIA FEDERAL. AUSÊNCIA DE COMPETÊNCIA ORIGINÁRIA DO SUPREMO TRIBUNAL FEDERAL. AÇÃO POPULAR DE QUE NÃO SE CONHECE.
>
> — O Supremo Tribunal Federal — por ausência de previsão constitucional — não dispõe de competência originária para processar e julgar ação popular promovida contra o Diretor-Geral do Departamento de Polícia Federal ou ajuizada contra qualquer outro órgão ou autoridade, como o próprio Presidente da República, ou as Mesas da Câmara dos Deputados ou do Senado Federal ou, ainda, contra qualquer dos Tribunais Superiores da União. Jurisprudência. Doutrina. Ação popular de que não se conhece.
>
> — A competência originária do Supremo Tribunal Federal, por qualificar-se como um complexo de atribuições jurisdicionais de extração essencialmente constitucional — e ante o regime de direito estrito a que se acha submetida —, não comporta a possibilidade de ser estendida a situações que extravasem os limites fixados, em 'numerus clausus', pelo rol exaustivo inscrito no art. 102, I, da Constituição da República, que sequer prevê o julgamento, em sede originária, da ação popular. Doutrina. Precedentes" (*Informativo* n. 860, de abril de 2017).

19.4.5.6. *Liminar*

Nesse particular, cumpre apenas registrar a **possibilidade** de **sua concessão** na defesa do patrimônio público, **desde que presentes** os requisitos do ***periculum in mora*** e do ***fumus boni iuris***.

De resto, essa perspectiva decorre da redação do **§ 4º do art. 5º da Lei n. 4.717/65:**

> **Art. 5º** (...)
>
> § 4º Na defesa do patrimônio público caberá a suspensão liminar do ato lesivo impugnado.

19.4.5.7. *Efeitos da decisão*

A **sentença** que **julgar procedente** a ação **produzirá os seguintes efeitos:** decretação da nulidade do ato que lesa ou ameaça de lesão o patrimônio público, ou que atenta contra o princípio da moralidade administrativa; recomposição do patrimônio público lesado ou indenização; responsabilização penal, se for o caso, por meio de denúncia a ser oferecida pelo Ministério Público; e responsabilização administrativa, por exemplo, perda do cargo.

Em se tratando de omissão, a **decisão judicial deverá assegurar a realização do ato**.

A **ação popular submete-se ao duplo grau de jurisdição** obrigatório, se for julgada improcedente. O recurso, portanto, será de ofício, caso o autor popular, terceiro ou o Ministério Público não recorram. **Se**, no entanto, a ação foi **julgada procedente**, **apenas** aqueles **que ocuparam o polo passivo poderão recorrer**.

O **autor popular** está **isento** das **custas** e dos ônus da sucumbência, salvo se for comprovada a litigância de má-fé **(art. 5º, LXXIII, da CF)**.

A **ação popular** prescreve no prazo de cinco anos, consoante o disposto no **art. 21 da Lei n. 4.717/65**.

19.4.5.8. *Ação popular e ação civil pública*

Como já visto, o **objeto** da **ação popular inclui** a possibilidade de sua utilização para o **combate** aos **atos lesivos** ao **meio ambiente**, assunto esse tipicamente caracterizado como **interesse difuso**.

Dessa forma, teríamos uma **superposição**, já que a medida judicial cabível para a apuração de responsabilidades por danos causados ao meio ambiente, a bens e direitos de valor artístico, estético, histórico, turístico e paisagístico seria a **ação civil pública**.

A própria **Lei n. 7.347**, de 24 de julho de **1985**, entretanto, em seu **art. 1º**, já trata de resolver esse impasse nos seguintes termos:

> **Art. 1º** Regem-se pelas disposições desta Lei, sem prejuízo da ação popular, as ações de responsabilidade por danos causados:
>
> I — ao meio ambiente;
>
> II — ao consumidor;

III — a bens e direitos de valor artístico, estético, histórico, turístico e paisagístico;

IV — (Vetado)

Dessa maneira, por força de expressa disposição legal, conclui-se que essas duas medidas judiciais poderão ser utilizadas para combate a atos lesivos, nesse setor.

As **diferenças** circunscrevem-se, basicamente, à questão da **legitimidade ativa**, já que, enquanto para a **ação popular** a única pessoa legitimada para propô-la é o **cidadão**, o mesmo não se verifica para a **ação civil pública**.

Destarte, a Constituição prescreve a **legitimidade ativa** para o **Ministério Público** entre suas funções institucionais, consoante se verifica do seu **art. 129, III:**

> **Art. 129.** São funções institucionais do Ministério Público: (...)
>
> III — promover o inquérito civil e a ação civil pública, para a proteção do patrimônio público e social, do meio ambiente e de outros interesses difusos e coletivos.

É necessário mencionar que essa **legitimidade** ativa **não é exclusiva**, tendo em vista que não impede a de terceiros nas hipóteses discriminadas na Constituição e na lei **(art. 129, § 1º, da CF/88)**.

Nesse sentido, o **art. 5º da Lei n. 7.347/85 estende** essa possibilidade para, entre outros, a defensoria pública, autarquias, empresas públicas, fundações, sociedades de economia mista e também para associações constituídas há pelo menos um ano e que incluam entre suas finalidades institucionais a proteção a esses bens e valores.

> **Art. 5º** Têm legitimidade para propor a ação principal e a ação cautelar:
>
> I — o Ministério Público;
>
> II — a Defensoria Pública;
>
> III — a União, os Estados, o Distrito Federal e os Municípios;
>
> IV — a autarquia, empresa pública, fundação ou sociedade de economia mista;
>
> V — a associação que, concomitantemente:
>
> *a)* esteja constituída há pelo menos 1 (um) ano nos termos da lei civil;
>
> *b)* inclua, entre suas finalidades institucionais, a proteção ao patrimônio público e social, ao meio ambiente, ao consumidor, à ordem econômica, à livre concorrência, aos direitos de grupos raciais, étnicos ou religiosos ou ao patrimônio artístico, estético, histórico, turístico e paisagístico.
>
> § 1º O Ministério Público, se não intervier no processo como parte, atuará obrigatoriamente como fiscal da lei.
>
> § 2º Fica facultado ao Poder Público e a outras associações legitimadas nos termos deste artigo habilitar-se como litisconsortes de qualquer das partes.
>
> § 3º Em caso de desistência infundada ou abandono da ação por associação legitimada, o Ministério Público ou outro legitimado assumirá a titularidade ativa.
>
> § 4º O requisito da pré-constituição poderá ser dispensado pelo juiz, quando haja manifesto interesse social evidenciado pela dimensão ou característica do dano, ou pela relevância do bem jurídico a ser protegido.

§ 5º Admitir-se-á o litisconsórcio facultativo entre os Ministérios Públicos da União, do Distrito Federal e dos Estados na defesa dos interesses e direitos de que cuida esta lei.

§ 6º Os órgãos públicos legitimados poderão tomar dos interessados compromisso de ajustamento de sua conduta às exigências legais, mediante cominações, que terá eficácia de título executivo extrajudicial.

Por derradeiro, oportuno registrar que a **sentença** proferida da **ação civil pública** terá força de coisa **julgada *erga omnes***, nos termos estabelecidos no art. 16. Confira-se:

Art. 16. A sentença civil fará coisa julgada erga omnes, nos limites da competência territorial do órgão prolator, exceto se o pedido for julgado improcedente por insuficiência de provas, hipótese em que qualquer legitimado poderá intentar outra ação com idêntico fundamento, valendo-se de nova prova.

Visualizemos o quadro a seguir:

AÇÃO POPULAR	
DEFINIÇÃO	Garantia constitucional disciplinada no art. 5º, LXXIII, da CF
LEGISLAÇÃO	A matéria encontra-se disciplinada na Lei n. 4.717/65
OBJETO	Anular ato lesivo ao patrimônio público ou de entidade de que o Estado participe, à moralidade administrativa, ao meio ambiente e ao patrimônio histórico e cultural
PRESSUPOSTOS	**Lesividade:** hipóteses caracterizadoras: arts. 2º, 3º e 4º da Lei n. 4.717/65 **Cidadania:** condição comprovada pela apresentação do título de eleitor: art. 1º, § 3º, da Lei n. 4.717/65
SUJEITO ATIVO	Qualquer cidadão, ou seja, o nacional de um Estado que se encontre no pleno gozo dos direitos políticos Por via de consequência, as pessoas jurídicas não terão legitimidade para a propositura dessa garantia constitucional (Súmula 365 do STF) Da mesma forma, não terá legitimidade o Ministério Público, uma vez que o requisito de cidadania é inerente à pessoa física, embora tenha ele legitimidade para substituir o autor popular na hipótese de desistência da ação (art. 9º Lei n. 4.717/65)
SUJEITO PASSIVO	No polo passivo devem figurar, obrigatoriamente, por força do disposto no *caput* do art. 6º da lei reguladora da ação popular, o agente que praticou o ato, o representante legal da pessoa jurídica que teve seu patrimônio lesado e terceiros que, eventualmente, tenham se beneficiado com o ato praticado O representante do órgão que teve seu patrimônio lesado, outrossim, pode abster-se de contestar e, até mesmo, passar para o polo ativo da ação, ao lado do autor popular, a teor do disposto no art. 6º, § 3º, da Lei n. 4.717/65
COMPETÊNCIA	O critério determinante para a fixação da competência para o julgamento da ação popular é o da origem do ato ou omissão a serem impugnados (art. 5º, *caput,* da Lei n. 4.717/65) Em se verificando interesse simultâneo das pessoas mencionadas, a questão será resolvida de acordo com a diretriz estabelecida no art. 5º, § 2º, da Lei n. 4.717/65
LIMINAR	Possibilidade da sua concessão, desde que presentes os requisitos do *periculum in mora* e do *fumus boni iuris* (§ 4º do art. 5º da Lei n. 4.717/65)

DECISÃO	A sentença que julgar procedente a ação produzirá os seguintes efeitos: ■ decretação da nulidade do ato que lesa ou ameaça de lesão o patrimônio público, ou que atenta contra o princípio da moralidade administrativa ■ recomposição do patrimônio público lesado ou indenização ■ responsabilização penal, se for o caso, por meio de denúncia a ser oferecida pelo Ministério Público e ■ responsabilização administrativa, por exemplo, perda do cargo (arts. 11 e 12 da Lei n. 4.717/65) **Eficácia:** a sentença terá eficácia de coisa julgada e, em regra, efeitos *erga omnes* (art. 18 da Lei n. 4.717/65) **Exceção:** improcedência da ação por deficiência de prova (art. 18 da Lei n. 4.717/65)
CUSTAS	Fica o autor, salvo comprovada má-fé, isento de custas judiciais e do ônus da sucumbência (art. 5º, LXXIII, da CF)
PRESCRIÇÃO	A ação popular prescreve no prazo de cinco anos, consoante o disposto no art. 21 da Lei n. 4.717/65

■ 19.5. QUADRO SINÓTICO

FORMAS DE CONTROLE SOBRE A ADMINISTRAÇÃO	
DE OFÍCIO	Autotutela (Súmula 473 do STF)
POR PROVOCAÇÃO: FUNDAMENTO: ART. 37, §§ 3º E 5º, XXXIV, *A*, DA CF	Instrumentos: ■ representação ■ reclamação ■ pedido de reconsideração ■ recurso hierárquico ■ pedido de revisão
Controle legislativo	
POLÍTICO	■ Competências do Congresso ■ Competências do Senado ■ Competências das Comissões para convocação para depoimentos e para fornecimento de informações ■ CPIs ■ Competência do Senado para julgar por crime de responsabilidade ■ Competência do Congresso, específica para sustar atos normativos
FINANCEIRO	Realizado pelo Legislativo, com o auxílio dos Tribunais de Contas (posição constitucional; competências; estrutura; natureza das suas decisões).
Controle judicial	
HABEAS CORPUS	Garantia constitucional voltada à proteção da liberdade de locomoção quando atingida por violência ou coação em razão de ilegalidade ou abuso de poder (art. 5º, LXVIII)
HABEAS DATA	Garantia constitucional voltada a assegurar o direito de acesso, esclarecimento, contestação e atualização de informações de caráter personalíssimo armazenadas em bancos de dados de entidades governamentais ou de caráter público (art. 5º, LXXII)
MANDADO DE SEGURANÇA	Garantia constitucional voltada a proteger direitos líquidos e certos não amparados por *habeas corpus* ou *habeas data* atingidos por ilegalidade ou abuso de poder (art. 5º, LXIX)

MANDADO DE INJUNÇÃO	Garantia constitucional utilizada para assegurar o exercício de direitos e liberdades expressamente previstos na CF, inviabilizado pela ausência de norma regulamentadora (art. 5º, LXXI)
AÇÃO POPULAR	Garantia constitucional voltada a combater atos lesivos ao patrimônio público, bem como à moralidade administrativa, ao meio ambiente e ao patrimônio histórico e cultural (art. 5º, LXXIII)

■ 19.6. SÚMULAS SOBRE FORMAS DE CONTROLE SOBRE A ADMINISTRAÇÃO

■ 19.6.1. Súmulas do STF

101. O mandado de segurança não substitui a ação popular.

266. Não cabe mandado de segurança contra lei em tese.

267. Não cabe mandado de segurança contra ato judicial passível de recurso ou correição.

268. Não cabe mandado de segurança contra decisão judicial com trânsito em julgado.

269. O mandado de segurança não é substitutivo de ação de cobrança.

271. Concessão de mandado de segurança não produz efeitos patrimoniais em relação a período pretérito, os quais devem ser reclamados administrativamente ou pela via judicial própria.

272. Não se admite como ordinário recurso extraordinário de decisão denegatória de mandado de segurança.

304. Decisão denegatória de mandado de segurança, não fazendo coisa julgada contra o impetrante, não impede o uso da ação própria.

319. O prazo do recurso ordinário para o Supremo Tribunal Federal, em *habeas corpus* ou mandado de segurança, é de cinco dias.

330. O Supremo Tribunal Federal não é competente para conhecer de mandado de segurança contra atos dos Tribunais de Justiça dos Estados.

365. Pessoa jurídica não tem legitimidade para propor ação popular.

383. A prescrição em favor da Fazenda Pública recomeça a correr, por dois anos e meio, a partir do ato interruptivo, mas não fica reduzida aquém de cinco anos, embora o titular do direito a interrompa durante a primeira metade do prazo.

392. O prazo para recorrer de acórdão concessivo de segurança conta-se da publicação oficial de suas conclusões, e não da anterior ciência à autoridade para cumprimento da decisão.

395. Não se conhece de recurso de *habeas corpus* cujo objeto seja resolver sobre o ônus das custas, por não estar mais em causa a liberdade de locomoção.

405. Denegado o mandado de segurança pela sentença, ou no julgamento do agravo, dela interposto, fica sem efeito a liminar concedida, retroagindo os efeitos da decisão contrária.

429. A existência de recurso administrativo com efeito suspensivo não impede o uso do mandado de segurança contra omissão da autoridade.

430. Pedido de reconsideração na via administrativa não interrompe o prazo para o mandado de segurança.

431. É nulo o julgamento de recurso criminal, na segunda instância, sem prévia intimação, ou publicação da pauta, salvo em *habeas corpus*.

474. Não há direito líquido e certo, amparado pelo mandado de segurança, quando se escuda em lei cujos efeitos foram anulados por outra, declarada constitucional pelo Supremo Tribunal Federal.

510. Praticado o ato por autoridade, no exercício de competência delegada, contra ela cabe o mandado de segurança ou a medida judicial.

511. Compete à Justiça Federal, em ambas as instâncias, processar e julgar as causas entre autarquias federais e entidades públicas locais, inclusive mandados de segurança, ressalvada a ação fiscal, nos termos da Constituição Federal de 1967, art. 119, § 3º.

512. Não cabe condenação em honorários de advogado na ação de mandado de segurança.

606. Não cabe *habeas corpus* originário para o Tribunal Pleno de decisão de Turma, ou do Plenário, proferida em *habeas corpus* ou no respectivo recurso.

624. Não compete ao Supremo Tribunal Federal conhecer originariamente de mandado de segurança contra atos de outros tribunais.

625. Controvérsia sobre matéria de direito não impede concessão de mandado de segurança.

626. A suspensão da liminar em mandado de segurança, salvo determinação em contrário da decisão que a deferir, vigorará até o trânsito em julgado da decisão definitiva de concessão da segurança ou, havendo recurso, até a sua manutenção pelo Supremo Tribunal Federal, desde que o objeto da liminar deferida coincida, total ou parcialmente, com o da impetração.

627. No mandado de segurança contra a nomeação de magistrado da competência do Presidente da República, este é considerado autoridade coatora, ainda que o fundamento da impetração seja nulidade ocorrida em fase anterior do procedimento.

629. A impetração de mandado de segurança coletivo por entidade de classe em favor dos associados independe da autorização destes.

630. A entidade de classe tem legitimação para o mandado de segurança ainda quando a pretensão veiculada interesse apenas a uma parte da respectiva categoria.

631. Extingue-se o processo de mandado de segurança se o impetrante não promove, no prazo assinado, a citação do litisconsorte passivo necessário.

632. É constitucional lei que fixa o prazo de decadência para a impetração de mandado de segurança.

690. Compete originariamente ao Supremo Tribunal Federal o julgamento de *habeas corpus* contra decisão de turma recursal de juizados especiais criminais.

691. Não compete ao Supremo Tribunal Federal conhecer de *habeas corpus* impetrado contra decisão do Relator que, em *habeas corpus* requerido a tribunal superior, indefere a liminar.

692. Não se conhece de *habeas corpus* contra omissão de relator de extradição, se fundado em fato ou direito estrangeiro cuja prova não constava dos autos, nem foi ele provocado a respeito.

693. Não cabe *habeas corpus* contra decisão condenatória a pena de multa, ou relativo a processo em curso por infração penal a que a pena pecuniária seja a única cominada.

694. Não cabe *habeas corpus* contra a imposição da pena de exclusão de militar ou de perda de patente ou de função pública.

695. Não cabe *habeas corpus* quando já extinta a pena privativa de liberdade.

■ 19.6.2. Súmulas do STJ

2. Não cabe o *habeas data* (CF, art. 5, LXXII, letra "a") se não houve recusa de informações por parte da autoridade administrativa.

41. O Superior Tribunal de Justiça não tem competência para processar e julgar, originariamente, mandado de segurança contra ato de outros Tribunais ou dos respectivos órgãos.

105. Na ação de mandado de segurança não se admite condenação em honorários advocatícios.

169. São inadmissíveis embargos infringentes no processo de mandado de segurança.

177. O Superior Tribunal de Justiça é incompetente para processar e julgar, originariamente, mandado de segurança contra ato de órgão colegiado presidido por Ministro de Estado.

202. A impetração de segurança por terceiro, contra ato judicial, não se condiciona a interposição de recurso.

213. O mandado de segurança constitui ação adequada para a declaração do direito à compensação tributária.

329. O Ministério Público tem legitimidade para propor ação civil pública em defesa do patrimônio público.

333. Cabe mandado de segurança contra ato praticado em licitação promovida por sociedade de economia mista ou empresa pública.

373. É ilegítima a exigência de depósito prévio para admissibilidade de recurso administrativo.

376. Compete à turma recursal processar e julgar o mandado de segurança contra ato de juizado especial.

460. É incabível o mandado de segurança para convalidar a compensação tributária realizada pelo contribuinte.

■ 19.7. QUESTÕES

1. (Analista de Planejamento e Orçamento — ESAF — 2015) As opções a seguir correspondem a meios de controle dos atos administrativos previstos na Constituição Federal, exceto:

a) Ação Popular, que objetiva a anulação ou a declaração de nulidade de atos lesivos ao Patrimônio Público, à moralidade Administrativa, ao Meio Ambiente e ao Patrimônio Histórico e Cultural.

b) Ação de Improbidade Administrativa, que visa proteger o patrimônio público, o meio ambiente e outros direitos difusos e coletivos; é ajuizada pelo Ministério Público.

c) *Habeas Corpus*, que visa proteger o direito de locomoção sempre que alguém ou se achar ameaçado de sofrer violência ou coação em sua liberdade de locomoção, por ilegalidade ou abuso de poder.
d) *Habeas Data*, que visa proteger o direito a informações relativas à pessoa do impetrante, constante de registro ou banco de dados de entidades governamentais ou de caráter público.
e) Mandado de Injunção, utilizado sempre que a falta de norma regulamentadora torne inviável o exercício dos direitos e liberdades constitucionais e das prerrogativas inerentes à nacionalidade, à soberania e à cidadania.

2. (Técnico Judiciário — Área Administrativa — TRE-BA — CESPE — 2017) Assinale a opção correta com relação ao controle administrativo.

a) Os recursos hierárquicos próprios podem ser dirigidos a outros órgãos que não aqueles de onde se originar o ato impugnado.
b) É constitucional a exigência de depósito em dinheiro como requisito para a interposição de recurso administrativo.
c) A supervisão da administração direta sobre a indireta depende de expressa previsão legal.
d) O exercício do direito de petição, mecanismo tradicional de controle popular, depende do pagamento de taxas.
e) O pedido de reconsideração suspende o prazo para a interposição de recurso administrativo.

3. (Analista Judiciário — TRE-AP — FCC — 2015) Considere as assertivas abaixo.

I. Aristóteles, administrado, ingressou com ação judicial, pleiteando ao Poder Judiciário que examinasse ato administrativo, sob o aspecto da legalidade. O Judiciário recusou-se a analisar o ato, por se tratar de ato discricionário.
II. Davi, administrado, ingressou com Reclamação Constitucional contra ato administrativo que contrariou Súmula Vinculante do Supremo Tribunal Federal. A Corte Suprema julgou procedente a Reclamação e anulou o ato administrativo.
III. Os atos *interna corporis* da Administração Pública, em regra, são apreciados pelo Poder Judiciário.

No que concerne ao controle judicial dos atos administrativos, está correto o que se afirma em

a) II, apenas.
b) I, apenas.
c) I, II e III.
d) II e III, apenas.
e) III, apenas.

4. (Titular de Serviços de Notas e de Registros — Provimento — TJ-MG — CONSULPLAN — 2016) Quanto ao controle dos atos administrativos, é correto afirmar:

a) O princípio da razoabilidade não se insere na esfera de autonomia do Poder Judiciário na análise de conclusão de Processo Administrativo Disciplinar.
b) A Administração Pública, no exercício de autotutela, não poderá invalidar ato administrativo discricionário em razão da análise de seu mérito.
c) Se cabe recurso administrativo com efeito suspensivo independentemente de caução, não cabe mandado de segurança contra o ato impugnado.
d) Cabe mandado de segurança contra ato normativo identificado por sua flagrante inconveniência.

5. (Delegado de Polícia Civil — PC-AC — IBADE — 2017) Quanto ao Controle da Administração Pública, é correto afirmar:

a) Quanto aos sistemas de controle da Administração Pública, o ordenamento brasileiro filiou-se ao sistema francês ou de dualidade de jurisdição, na medida em que vários órgãos colegiados administrativos possuem a função atípica de julgamento de recursos administrativos.
b) A Administração pode anular seus próprios atos, quando eivados de vícios que os tornam ilegais, porque deles não se originam direitos; ou revogá-los, por motivo de conveniência ou oportunidade, respeitados os direitos adquiridos, e ressalvada, em todos os casos, a apreciação judicial.

c) Por inexistir hierarquia entre a administração direta e a administração indireta, veda-se o controle administrativo desta por aquela. Neste norte de ideias, caso a administração direta discorde da atuação da administração indireta, o caso controvertido deve ser judicializado.
d) Como regra, para que um ato da Administração Pública seja controlado pelo Poder Judiciário, deve o interessado esgotar a via administrativa percorrendo todas as suas instâncias.
e) Os Tribunais de Contas dos Estados integram o Poder Judiciário estadual e exercem controle externo da Administração Pública.

6. (Escrivão de Polícia — PC-PE — CESPE — 2016) A respeito do controle dos atos e contratos administrativos, assinale a opção correta.
a) No controle externo da administração financeira e orçamentária, os tribunais de contas devem realizar o controle prévio dos atos ou contratos da administração direta ou indireta.
b) É vedado ao Poder Judiciário realizar o controle de mérito de atos discricionários que não contrariarem qualquer princípio administrativo.
c) O controle de legalidade ou legitimidade do ato administrativo, no sistema brasileiro, compete privativamente ao Poder Judiciário.
d) No controle de legalidade ou de legitimidade, o ato administrativo ilegal só pode ser revogado.
e) No controle administrativo, a administração pode anular seus próprios atos, mas não revogá-los.

7. (Procurador Jurídico — Prefeitura de Várzea Paulista-SP — VUNESP — 2016) No que concerne ao controle judicial dos atos administrativos, é correto afirmar que o Brasil adota o Sistema
a) do Contencioso Administrativo, podendo ser preventivo ou corretivo e decorrente de ações constitucionais: *habeas corpus, habeas data*, mandado de segurança, mandado de injunção, ação popular e ação civil pública.
b) do Contencioso Administrativo, podendo ser unicamente corretivo e decorrente de ações constitucionais: *habeas corpus, habeas data*, mandado de segurança, mandado de injunção, ação popular e ação civil pública.
c) Misto (Contencioso Administrativo e Unidade de Jurisdição), podendo ser preventivo ou corretivo e decorrente de ações constitucionais: *habeas corpus, habeas data*, mandado de segurança, mandado de injunção, ação popular e ação civil pública.
d) da Unidade de Jurisdição, podendo ser preventivo ou corretivo e decorrente de ações constitucionais: *habeas corpus, habeas data*, mandado de segurança, mandado de injunção, ação popular e ação civil pública.
e) da Unidade de Jurisdição, podendo ser unicamente corretivo e decorrente de ações constitucionais: *habeas corpus, habeas data*, mandado de segurança, mandado de injunção, ação popular e ação civil pública.

8. (Juiz Substituto — TJ-PB — CESPE — 2015) Acerca do controle jurisdicional dos atos administrativos, assinale a opção correta.
a) As ações judiciais de controle dos atos da administração pública não podem ser manejadas se a lesão a interesse particular for apenas potencial e não efetiva.
b) Caso um particular a quem a administração pública tenha negado pedido de acesso a informação de interesse coletivo impetre *habeas data* para pedir que a justiça lhe garanta essa informação, o juiz que receber a causa deverá admitir a ação e decidir em favor do autor.
c) Para ser admitida pelo juiz, a ação popular deverá comprovar a ilegalidade e a lesividade do ato administrativo que constitua seu objeto, uma vez que essa comprovação é pressuposto elementar da procedência da ação popular e da consequente condenação dos responsáveis ao ressarcimento ao erário.
d) Deve ser considerada inadmissível uma ACP ajuizada por sociedade de economia mista contra ato administrativo supostamente lesivo ao meio ambiente, uma vez que essa espécie de sociedade carece de legitimidade para a propositura desse tipo de ação.
e) Situação hipotética: Leandro participou de concurso público em que concorreu a vaga destinada a pessoa com deficiência, mas foi eliminado por laudo pericial da administração pública que alegava ausência de deficiência. Inconformado, ele impetrou mandado de

segurança contra a decisão, juntando aos autos laudo pericial particular que contradizia o laudo da administração. Assertiva: Nessa situação, foi adequada a impetração do mandado de segurança, e o juiz deverá designar perito para a realização de avaliação judicial definitiva.

9. (Analista Judiciário — Analista Administrativo — TJ-PI — FGV — 2015) Em matéria de controle da Administração Pública, o controle externo dos atos praticados pelo Poder Executivo por parte do Poder Judiciário:

a) se restringe à análise da legalidade dos atos, eis que ao Poder Judiciário, em regra, é vedada a análise do mérito dos atos administrativos;

b) abrange o controle de legalidade e de mérito dos atos administrativos, podendo o Judiciário, em regra, respectivamente, anular os ilegais e revogar os inoportunos ou inconvenientes;

c) abrange o controle de legalidade e de mérito dos atos administrativos, podendo o Judiciário, respectivamente, anular os inoportunos ou inconvenientes e revogar os ilegais;

d) se restringe à análise do mérito dos atos, eis que ao Poder Judiciário, em regra, é vedada a análise da legalidade formal dos atos administrativos;

e) é o mais amplo possível, cabendo ao Judiciário, em última instância, analisar o acerto da discricionariedade administrativa e da legalidade formal dos atos, em respeito ao princípio da inafastabilidade do controle jurisdicional.

10. (Escrivão de Polícia Civil de 1ª Classe — PC-CE — VUNESP — 2015) Com relação ao controle administrativo, é correto afirmar que

a) por controle judicial entende-se o controle interno que o Poder Judiciário realiza com seus próprios atos, não podendo incidir sobre as atividades administrativas do Estado.

b) o controle, em razão da legalidade dos atos administrativos, é exercido tanto pela Administração como pelo Poder Judiciário.

c) o Tribunal de Contas é o órgão do Poder Judiciário encarregado do controle financeiro da Administração Pública.

d) não poderá o Poder Legislativo fiscalizar as atividades da Administração Pública.

e) somente o Ministério Público poderá fiscalizar os atos dos administradores públicos.

■ GABARITO ■

1. "b".
2. "c".
3. "a".
4. "c".
5. "b".
6. "b".
7. "d".
8. "c".
9. "a".
10. "b".

REFERÊNCIAS

ADC 12: DECISÃO HISTÓRICA DO SUPREMO PÕE FIM AO NEPOTISMO NO JUDICIÁRIO. Disponível em: <http://www.stf.jus.br/portal/cms/verNoticiaDetalhe.asp?idConteudo=115820>. Acesso em: 17 fev. 2017.

AMADO, Frederico Augusto Di Trindade. *Direito ambiental esquematizado*. 2. ed. São Paulo: Método, 2011.

BANDEIRA DE MELLO, Celso Antônio. *Conteúdo jurídico do princípio da igualdade*. 3. ed. São Paulo: Revista dos Tribunais, 1993.

______. *Curso de direito administrativo*. 11. ed. São Paulo: Malheiros, 1999; 17. ed. 2004; 18. ed. 2005.

______. *Grandes temas de direito administrativo*. 1. ed. 2. tir. São Paulo: Malheiros, 2009.

BARROSO, Luis Roberto. *Interpretação e aplicação da Constituição*. 2. ed. São Paulo: Saraiva, 1998.

BASTOS, Celso Ribeiro. *Comentários à Constituição do Brasil*. São Paulo: Saraiva. v. 2.

______. *Curso de direito constitucional*. 19. ed. São Paulo: Saraiva, 1998.

CALMON DE PASSOS, J. J. *Mandado de segurança coletivo, mandado de injunção,* habeas data, *Constituição e processo*. Rio de Janeiro: Forense, 1989.

CAMMAROSANO, Márcio. Admissão de pessoal nas empresas estatais em face da Constituição. *RDP*, São Paulo, n. 91, [19--].

CAPEZ, Fernando. *Curso de processo penal*. 7. ed. São Paulo: Saraiva, 2001.

CARDOZO, José Eduardo Martins. As empresas públicas e as sociedades de economia mista e o dever de realizar concursos públicos no direito brasileiro. *Jus Navigandi*, Teresina, n. 17, ago. 1997.

CARVALHO FILHO, José dos Santos. *Manual de direito administrativo*. 15. ed. São Paulo: Lumen Juris, 2006.

DI PIETRO, Maria Sylvia Zanella. Concurso público na Administração indireta. *RDP*, São Paulo, n. 93, jan.-mar. 1990.

______. *Direito administrativo*. 10. ed. São Paulo: Atlas, 1999; 15. ed. 2003; 18. ed. 2005.

FAGUNDES, Miguel Seabra. *Controle dos atos administrativos pelo Poder Judiciário*. 5. ed. Rio de Janeiro: Forense, 1979.

FERREIRA, Sérgio de Andrea. O direito administrativo das empresas governamentais brasileiras. *RDA*, Rio de Janeiro, v. 136, p. 1-33, [197-?].

FIGUEIREDO, Lúcia Valle. *Curso de direito administrativo*. 4. ed. São Paulo: Malheiros, 2000; 5. ed. 2001.

FIGUEIREDO, Marcelo. *Probidade administrativa*. 3. ed. São Paulo: Malheiros, 1998.

GASPARINI, Diogenes. *Direito administrativo*. 5. ed. São Paulo: Saraiva, 2000; 7. ed. 2002; 8. ed. 2003; 9. ed. 2004; 13. ed. 2008.

GONÇALVES, Carlos Roberto. *Responsabilidade civil*. 6. ed. São Paulo: Saraiva, 1995.

GRAU, Eros Roberto. *A ordem econômica na Constituição de 1988*: interpretação e crítica. São Paulo: Malheiros, 1997.

JUSTEN FILHO, Marçal. *Comentários à Lei de Licitações e Contratos Administrativos*. Rio de Janeiro: Aide, 1993.

MACHADO, Paulo Affonso Leme. *Direito ambiental brasileiro*. 16. ed. São Paulo: Malheiros, 2008.

MAZZILLI, Hugo Nigro. Concurso público na Administração. *RT*, São Paulo, n. 716, 1995.

MEIRELLES, Hely Lopes. *Direito administrativo brasileiro*. 24. ed. São Paulo: Malheiros, 1999; 25. ed. 2003; 30. ed. 2005.

______. *Mandado de segurança*. 13. ed. São Paulo: RT, 1989.

MILARÉ, Édis. *Direito do ambiente*. São Paulo: RT, 2005.

MIRANDA, Jorge. *Manual de direito constitucional*. 2. ed. Coimbra, 1983. t. 2.

MORAES, Alexandre de. *Constituição do Brasil interpretada*. São Paulo: Atlas, 2002.

NERY JUNIOR, Nelson; NERY, Rosa Maria de Andrade. *Código de Processo Civil comentado*. 3. ed. São Paulo: Revista dos Tribunais, 1997.

OLIVEIRA, Luiz Duarte de. A prescrição das ações movidas em face da Fazenda Pública e o Código Civil de 2002. In: CIANCI, Mirna (Coord.). *Prescrição no novo Código Civil*: uma análise interdisciplinar. São Paulo: Saraiva, 2005.

PIOVESAN, Flávia. *Proteção judicial contra omissões legislativas*. São Paulo: RT, 1995.

PONTES DE MIRANDA, Francisco C. *Comentários à Constituição de 1967*. 3. ed. Rio de Janeiro: Forense, 1987. v. 3.

ROSA, Márcio Fernando Elias. *Direito administrativo*. 4. ed. São Paulo: Saraiva, 2003 (Sinopses Jurídicas, v. 19); 6. ed. 2004.

ROSAS, Roberto. *Direito sumular*. 9. ed. São Paulo: Malheiros, 1998.

SIDOU, J. J. Othon. *As garantias ativas dos direitos coletivos segundo a nova Constituição: habeas data,* mandado de injunção, *habeas corpus,* mandado de segurança, ação popular. 4. ed. Rio de Janeiro: Forense, 1992.

SILVA, José Afonso da. *Curso de direito constitucional positivo*. 15. ed. São Paulo: Malheiros, 1998.

______. *Comentário contextual à Constituição*. São Paulo: Malheiros.

VARGAS, Alexis Galiás de Souza. *Organizações sociais e contrato de gestão*. Dissertação (Mestrado em Direito Administrativo) — Pontifícia Universidade Católica de São Paulo. São Paulo (no prelo).

VELLOSO, Carlos Mário da Silva. *As novas garantias constitucionais*: o mandado de segurança coletivo, o *habeas data*, o mandado de injunção e a ação popular para a defesa da moralidade administrativa. *RT*, v. 644, jun. 1989.